中国共产党
西吉历史大事记

（1949—2022）

中共西吉县委党史和地方志研究室　编

图书在版编目(CIP)数据

中国共产党西吉历史大事记：1949—2022/中共西吉县委党史和地方志研究室编.--北京：中国文史出版社，2024.7

ISBN 978-7-5205-4650-8

Ⅰ.①中… Ⅱ.①中… Ⅲ.①中国共产党－地方组织—大事记—西吉县—1949-2022Ⅳ.①D235.434

中国国家版本馆CIP数据核字(2024)第076863号

责任编辑：梁玉梅

出版发行：中国文史出版社

社　　址：北京市海淀区西八里庄路69号　邮　编：100142

电　　话：010-81136606　81136602　81136603(发行部)

传　　真：010-81136655

印　　装：宁夏银报智能印刷科技有限公司

经　　销：全国新华书店

开　　本：880mm×1230mm　1/16

印　　张：42.5

字　　数：855千字

版　　次：2024年7月第1版

印　　次：2024年7月第1次印刷

定　　价：268.00元

编纂委员会

编纂人员

凡 例

一、《中国共产党西吉历史大事记》坚持以马克思列宁主义、毛泽东思想、邓小平理论、“三个代表”重要思想、科学发展观、习近平新时代中国特色社会主义思想为指导，坚持辩证唯物主义和历史唯物主义的立场、观点和方法，真实、全面、客观记述中华人民共和国成立以来，在党中央、国务院和自治区党委、区政府，固原市委、市政府的正确领导和大力关怀支持下，西吉县政治、经济、文化、生态、社会和党的建设领域的重点事件。

二、《中国共产党西吉历史大事记》以记录传承党在西吉光辉历史、汲取历史经验智慧，服务科学决策、民主决策、正确决策，弘扬向上向善精神根脉、凝聚发展合力，推动构建和谐西吉、文明西吉、美丽西吉为宗旨，力求政治性、思想性、资料性相统一。

三、《中国共产党西吉历史大事记》记录大事上限起自1949年8月西吉县解放，下限截至2022年12月31日。

四、《中国共产党西吉历史大事记》记述的地域范围为2022年年底西吉县行政区域。

五、《中国共产党西吉历史大事记》采用编年体与纪事本末体相结合的体例，以编年叙事为主，以简述事件本末为辅，力求记述事件有始有终、脉络清晰，本末相宜、完整见效。

六、《中国共产党西吉历史大事记》收录大事坚持系统性与重点性相结合，客观真实记录中华人民共和国成立以来西吉县各领域、各行业的大事、要事、特事、新事，充分反映在社会主义革命和建设时期、改革开放和社会主义现代化新时期、中国特色社会主义进入新时代的宏伟进程中，西吉县委团结带领各级组织和广大干部群众艰苦探索、锐意进取、砥砺前行的辉煌历程和发展成就。同时也对发生的自然灾害、事故灾难、公共卫生等突发事件进行了客观、真实记述。

七、《中国共产党西吉历史大事记》行文严格遵循史志书编纂标准，史志结合、文随史出，通过当代视角还原历史真实，注重体现时代特色、地方风貌。

八、《中国共产党西吉历史大事记》使用规范的现代语体文记述，遵从现代汉语语法规范。使用的标点符号、数字、计量单位均遵从国家规定，用字遵从《简化字总表》、标点符号遵从国标（GB/T15834-2011）《标点符号用法》、数字遵从国标（GB/T15835-2011）《出版物上数字用法》。

九、《中国共产党西吉历史大事记》使用公元纪年。所记大事的时间，同一天发生的，其后条目依次用“同日”“▲”表述；时间只能确定到月的，一律置于当月之末，如“是月”，其后依事件先后次序用“▲”表述；时间只能确定到年的，一律置于当年之末，如“是年”，其后条目用“▲”表述。

十、《中国共产党西吉历史大事记》记述内容采用第三人称表述；行文涉及机构、会议、文件、职衔、地名等，一般均取事件发生时的称谓；涉及的部分机构名、地名，为记述方便一般使用简称。如：“中国共产党宁夏回族自治区委员会”简称“自治区党委”，“宁夏回族自治区人民政府”简称“自治区政府”，“宁夏回族自治区人民代表大会常务委员会”简称“自治区人大常委会”，“中国人民政治协商会议宁夏回族自治区委员会”简称“自治区政协”；“中国共产党固原市委员会”简称“市委”，“固原市人民政府”简称“市政府”，“固原市人民代表大会常务委员会”简称“市人大常委会”，“中国人民政治协商会议固原市委员会”简称“市政协”；“中国共产党西吉县委员会”简称“县委”，“西吉县人民政府”简称“县政府”，“西吉县人民代表大会常务委员会”简称“县人大常委会”，“中国人民政治协商会议西吉县委员会”简称“县政协”。

十一、《中国共产党西吉历史大事记》基础资料主要取自《西吉县志》《续编西吉县志》《西吉年鉴》等各类公开出版物及相关官方网站和西吉县各部门（单位）提供的文献、档案，书中采用数据若出现差异，均以西吉县统计局公布数据为准。

目 录

前　言

今年是中国共产党成立103周年，是中华人民共和国成立75周年。

在百年接续奋斗中，中国共产党团结带领全国人民浴血奋战、百折不挠进行新民主主义革命，自力更生、发愤图强开展社会主义革命和建设，解放思想、锐意进取推进改革开放和社会主义现代化建设，自信自强、守正创新开创新时代中国特色社会主义伟大事业，开辟了伟大道路，创立了伟大理论，建立了伟大功业，铸就了伟大精神，积累了宝贵经验，创造了中华民族发展史、人类社会进步史上令人刮目相看的奇迹，取得了经济快速发展和社会长期稳定的巨大成就，成功走出了中国式现代化道路，创造了人类文明新形态。

西吉解放以来的奋斗历程和辉煌成就，是新中国实现伟大飞跃的一个缩影。新中国成立后，在党中央亲切关怀和党的民族政策光辉照耀下，西吉人民战天斗地、顽强拼搏，持续向贫困发起一轮又一轮冲锋，特别是党的十八大以来，西吉县委团结带领全县人民以敢教日月换新天的奋斗姿态，以不到长城非好汉的革命状态，攻坚克难、砥砺前行，决战脱贫攻坚，决胜全面建成小康社会，奋勇翻越贫困路上"六盘山"，彻底撕下了千百年"苦瘠甲天下"的贫困标签。昔日的荒山秃岭变成高原绿岛，贫困群众从缺衣少粮、食不果腹到家境殷实、迈向小康，从靠天吃饭、广种薄收到产业化、规模化，从水贵如油、出行靠走到户户通自来水、村村通客车，从上不起学、看不起病到学有所教、病有所医，从住窑洞、土坯房到住安全砖瓦房。西吉人民发自肺腑感念总书记、感恩党中央、感谢共产党。

以史为鉴、开创未来，注重总结历史经验是党的优良传统。把党的历史和成功经验及优良作风学习好、传承好、发扬好、实践好，是党员干部的一项重要政治任务，是实现中华民族伟大复兴的实践要求，是增强"四个意识"、坚定"四个自信"、做到"两个维护"的必然要求。《中国共产党西吉历史大事记（1949—2022）》以传承党在西吉光辉历史、汲取历史经验智慧，服务科学决策、民主决策、正确决策，弘扬向上向善精神根脉、凝聚发展合力，推动构建和谐西吉、文明西吉、美丽西吉为宗旨，全面、系统、客观记录1949年至2022年全县政治、经济、文化、生态、社会和党的建设领域的大事、要事、特事、新事，坚持政治性、思想性、资料性相统一，力求发挥"存史、资政、团结、育人"作用。

攻坚永无止境，奋斗未有穷期。站在新起点、新征程上，西吉将赓续红色基因，继续发扬伟大长征精神、脱贫攻坚精神，全面推进乡村振兴，加快富民强县步伐，着力打造"西部福地，吉祥如意"文旅品牌，奋力谱写社会主义现代化美丽新西吉。

1949年

2月 中共海固工委派王玉民(西吉人)到西吉县开展地下工作。

3月 车万宝受海固工委派遣,化装成商人,从固原来到什字路、新店子(当时属固原县)一带活动。发展马青万、马彦福两人加入共产党。并通过马青万、马彦福的介绍,车万宝和马国璠的家属取得联系,利用马国璠在当地的影响,在其家属的协助下,将宣传品散发到当地少数民族群众之中。车万宝还给沙沟大寨的马广武(宗教人士)写信,赞扬他曾支持过海固农民起义的正义行为,并介绍了党的民族宗教政策,希望他与共产党合作,为解放西吉多做工作。

7月26日 中共中央西北局任命马思义为会宁地委委员、军分区副司令员。

8月2日 晚,慑于中国人民解放军大兵压境,国民党西吉县县长古希贤带领随从人员携带县府印鉴、公款、枪支,逃往兰州。

8月9日 中国人民解放军十九兵团六十三军一八八师某团解放了西吉,国民党西吉县自卫队队长率部投诚。

8月11日 “回民骑兵团”奉命开进家乡西吉县。

8月13日 “回民骑兵团”政委马克率两个连的兵力进驻西吉,接管县城。六十三军一八八师某团撤离西吉,奉命向兰州挺进。

8月18日 西吉县人民政府正式成立。任命艾青山为西吉县人民政府代理县长。

8月 中共定西地委派“回民骑兵团”干部10名、陇东随军工作团干部19名、山西晋南随军工作团干部和野战军干部各1名及原在西吉的地下工作者3名,共34名干部(其中中共党员23名),到西吉县开展接管建政工作。

同月 西吉县武装科成立,受定西军分区和县政府双重领导。

▲西吉县政府召开全县教职员工会议。县委书记白长富讲了话。会上,将原12所中心小学改成完全小学。会议对教师进行了思想动员和政策教育,各学校于9月5日正式开学。

▲为支援解放兰州,西吉县政府组织动员群众给定西驻军送公粮3万多公斤。

9月13日 “回民骑兵团”政治处主任沙里士任西吉县县长,艾青山被任命为“回民骑兵团”团长。

9月16日 定西分区行政督察专员公署成立。西吉县隶属定西专署管辖。

9月下旬 “回民骑兵团”六连进驻西吉。

9月 经中共西北局批准,由白长富、沙里士、蔡伯珍三人组成中共西吉县委员会。白长富任书记,蔡伯珍任副书记。县委设立组织部、宣传部、秘书室。隶属于中共甘肃省定西地委。

同月 县政府设立秘书室、一科(民政科)、二科(财政科)、三科(教育科)、四科(建设科)和公安局等工作机构。

▲ 县政府将全县行政区域划分为六个区(城关区、将台区、新营区、白崖区、平峰区、蒙宣区)、52个乡。

▲ 县境土匪骚扰破坏猖獗,为剿匪安民,县政府组建起45人的县警卫大队,并在六个区建立79人的武装工作队。

10月3日 城关、新营、蒙宣、白崖、将台、平峰六个区公署成立,县委指定了临时负责人。

10月12日 西吉县人民政府颁发《禁止吸食鸦片烟和赌博活动的布告》。

10月16日 县委、县政府和驻县解放军在县城召开军民大会,庆祝中华人民共和国成立。晚上举行了灯炬游行等活动。

10月19日 县直机关召开中共党员会议,参加会议的党员12名,宣布成立西吉县第一个党支部——县直机关党支部。王怀琇任支部书记,党支部下设两个党小组。

同日 县政府召开扩大会议,研究部署收缴反动武装枪支和乡镇政权接管工作。

10月22日 县委召开工作会议。研究审查各区武工队队员工作;研究决定将投诚的原国民党西吉县自卫队划归县人民武装大队领导,对投诚的125名人员进行认真审查。对因家庭劳力少、有困难和有其他原因的遣返回乡。留用74人,参加县大队,分编为5个班,并对他们加强政治学习和军事训练。

10月30日 县政府召开区长联席会议,研究剿匪和秋冬农业生产工作。会议要求各区以剿匪为中心,整顿武工队,发动群众秋翻地、抢修道路,做好征粮准备工作。

10月 县政府设立西吉县粮食科、西吉县工商科。

11月3日 根据定西地委决定:县委任命了城关、新营、蒙宣、平峰、将台、白崖六个区的区委书记(或副书记)、区长(或副区长),并配备了工作人员。

11月7日至11日 西吉县第一届各界人民代表会议在县城召开,出席会议代表90名。会议听取县长沙里士作的县人民政府工作报告、定西地委副书记马思义作的《关于目前时事及西吉县土匪活动情况的报告》、县委书记白长富作的《今后工作任务的报告》,会议还听取了代表提案解答及会议总结报告。

11月13日 县委召开扩大会议,讨论研究县人民武装大队整训及整编工作。定西行政公署副专员陆为公出席会议并讲话。

11月 西吉县人民政府动员组织群众给固原驻军运送军粮164765公斤。

同月 西吉县农民协会成立,蔡伯珍兼任主席。

12月2日 西吉县剿匪指挥部成立。

12月11日 县委、县政府决定再次派干部及武工队下到农村开展剿匪、征粮、建政工作。

12月19日 县委召开工作会议,听取各区社会治安和征粮工作情况汇报,研究部署进一步发动群众开展剿匪工作。

12月 县人民政府动员群众223人,组成担架队支援解放四川,并动员妇女做军鞋777双。

同月 西吉县民主妇女联合会成立,蔡伯珍兼任主任。

▲ 西吉县人民法院成立,为县政府工作机构,沙里士兼任院长。

是年 全县总户数14526户,总人口89142人。全县地区生产总值461万元,其中第一产业400万元、第二产业6万元、第三产业55万元。农作物播种面积102.46万亩,粮食总产3605.5万公斤、油料总产382万公斤。地方财政收入40万元,地方财政支出40万元。

1950年

1月4日 县委、县政府派出工作组到新营区、白崖区检查剿匪、征粮、建政工作。

1月17日 "回民骑兵团"第六连撤销建制。

1月24日 县委、政府派出工作组到将台区、蒙宣区、平峰区检查剿匪、征粮、建政工作。

1月 甘肃省派西吉县建政干部童万里在新营区开展工作过程中被土匪杀害。

2月9日至12日 城关、白崖两区先后4次召开4000多人参加的群众大会,斗争土匪头子、恶霸地主周寅昌、周凤歧、周凤武父子。斗争大会的召开,打击了匪特的反动气焰,教育了群众,锻炼了干部。

2月11日 全县52个乡完成建政工作,选配了乡长、文书、农会主任、民兵中队长。

2月15日至23日 县委召开区委书记、区长联席会议。会议中心议题是检查和总结两个月的剿匪、征粮、建政工作,安排部署春耕生产和下一步剿匪、征粮、建政工作。

2月25日 经过2个月持续剿匪,县内14股土匪被歼灭,捕获匪徒52人,缴获长短枪支40支、子弹1400多发,另有3股土匪向人民政府缴械投降,有力保护了人民群众的生命财产安全和新生的人民政权。

2月 各区、各乡先后召开农民代表会议。至本月底,全县从农民积极分子中发展农民协会会员3523名,组建村农民协会小组434个。

3月 陈光任中共西吉县委副书记。

3月16日 西吉县首届农民代表大会召开。

3月19日 县委贯彻执行中共西北局、中共甘肃省委关于加强在职干部理论学习的指示,制定实施《西吉县在职干部学习计划》。

3月25日至27日 西吉县第二届各界人民代表会议召开,出席会议代表133名。会议听取《关于发动群众开展大生产运动的报告》,讨论研究解决耕畜、农具、籽种等农业生产问题,提出互相调剂、低息借贷、多种早熟作物、厉行节约等具体措施。

3月 为解决贫困农民春播种子短缺问题,县委决定从公粮和全县干部第四季度口粮中抽出175000公斤小麦,发放给缺籽种的贫困农户。

4月17日 县委、县政府举办区、乡干部训练班,为进一步做好剿匪肃特、恢复生产、减租清债和开展土改工作打好基础。

4月18日 全县完成购买人民胜利折实公债6335元。

4月下旬 中国人民银行西吉营业所成立。

5月8日 匪首马云山(原国民党八十二军旅长)在平凉、固原、海原策动发生反革命武装叛乱,西吉县海应斋、苏克武等土匪加入叛乱,波及马莲、硝河、偏城、王民等地。

同日 "回民骑兵团"奉命派一、四连赴西吉驻防,消灭土匪、镇压反革命叛乱。

5月上旬 西吉县剿匪肃特委员会成立。委员会由驻军、县委、县政府领导7人组成,县委书记白长富任主任、"骑二旅"参谋长陈寿华任副主任。

5月15日 "回民骑兵团"一连连长马登科带40多人赴偏城捕捉叛乱分子时遭到伏击,2名战士牺牲。

5月18日 50余名土匪抢劫马莲乡集市,许多商贩和农民群众的财物被抢劫一空,并抢走马莲乡政府长枪5支、税务所税款160元。

5月21日 "五八"叛匪在固原县张易区骆驼巷集结散匪,企图重反,准备二次攻打平凉城。人民解放军包围于西吉县偏城乡,击毙叛匪129名、俘虏83名,匪首马云山乘隙潜逃。偏城一战给叛匪以决定性打击。

5月24日 县委、县政府在县城召开群众大会,庆祝解放军偏城歼匪大捷。

5月25日 县委召开财经工作会议。县委书记白长富对做好财经工作提出要求、作出部署、讲明政策。

5月26日 县委根据甘肃省委指示精神,对县、区、乡政府和群众团体机构设置及人员配备进行了编制。

5月28日 县委、县政府召开工作会议,对全县剿匪肃特工作进行再安排、再部署。

5月31日 县委召开干部大会,讨论研究整编问题,安排部署物资清理工作。会议决定从6月1日开始,各机关单位按新编制方案作财政预算。

5月 西吉县供销合作社成立,张国蕃任主任。

同月 中国新民主主义青年团西吉县工委成立,邓溪晨兼任青年团工委书记。

6月19日 县委、县政府对全机关事业单位干部、职工和中小学教职员工进行整编。经过整编,全县有中学1所、完小10所、初小35所,教职员工由129人整编为103人。

6月 中国新民主主义青年团西吉县工委在县直机关、公安大队、西吉中学开展建团工作。当年建立机关团支部1个、区团委6个,发展团员42名。

同月 根据甘肃省人民政府命令,西吉县隶属平凉专区管辖。

7月6日 县委举办减租培训班,参加学员94人,历时25天。县委书记白长富作了政治动员报告,县长沙里士作了工作条例和如何发动群众的报告,公安局局长韩占录作了治安工作报告。

7月7日 "回民骑兵团"三连连长朱怀富带一个排,在石山马圈沟活捉匪首马风歧等3人。

7月13日 遵照中国人民保卫世界和平大会委员会通告,县委召开县直各机关负责人、群众团体负责人和各完小校长会议,研究成立了西吉县保卫世界和平签名运动委员会,随后县上派干部到各区开展工作,各区也相应成立了保卫世界和平签名运动分会。全县签名人数达41480名。

7月15日至25日 县委、县政府连续召开三次会议,对剿匪工作进行总结和安排部署。会议要求,今后各区把剿匪工作作为重中之重,密切关注掌握土匪活动动向,以白崖区为重点,采取政治争取为主,配合军事清剿,尽快消灭匪患危害。

7月 西吉县武装科改建为中国人民解放军西吉县人民武装部(属军队序列),隶属平凉军分区领导。同时,各区也相继成立了区人民武装部。

8月10日至18日 县委召开县、区、乡三级干部会议,传达贯彻中共中央《关于在全党全军开展整风运动的指示》精神,紧扣检查工作作风、领导干部中存在的官僚主义、命令主义、无组织无纪律问题,采用批评与自我批评的方法,整顿了各级干部的思想和作风。通过这次会议,提高了各级干部的思想认识、加强了团结统一、增强了工作责任感。

8月16日 白崖区、将台区遭受冰雹袭击,造成6051亩农作物绝产。县政府及时给灾区群众发放救灾粮6942.5公斤。

8月30日 县委召开复员工作会议,讨论研究县公安大队指战员复员问题。

8月31日 西吉县第二次农民代表大会召开,出席会议代表50名。会议主题是进一步发动农民代表协助各级人民政府做好剿匪、粮食征购工作。会议还选举产生了西吉县农民协会委员会,蔡伯珍任主席,念海玉、李占奎任副主席。

同月 西吉县工商业联合会筹备委员会成立。

9月5日至6日 县委召开扩大会议,县委书记白长富传达贯彻中共甘肃省党的代表会议精神,安排部署全县整党整风工作。

9月11日 县委召开区委书记、区长联席会议,传达贯彻中共平凉地委关于剿匪肃特工作指示精神,研究部署剿匪、联防、民兵建设工作和选拔优秀青年充实干部队伍等工作。

9月13日 西吉县复员退伍军人安置委员会成立,沙里士任主任,白长富任副主任。

9月14日 县政府发出《关于各区、乡成立复员委员会的通知》。要求各区、乡复员委员会必须做好复员军人的欢迎、接待和安置工作。

9月20日 中共西吉县纪律检查委员会设立,沙里士兼任书记。

9月25日 西吉县持续开展"五八"叛乱残匪围剿,捕获叛匪23名,缴获长枪4支、短枪1支、手榴弹2枚;破获一贯道案件一起,教育引导33户92名道徒自愿退出道会。

9月28日 县委作出《关于整顿干部作风的计划》,对全县干部中存在的官僚主义、命令主义、违法乱纪行为进行检查、检举和整顿,端正了干部作风,密切了党群干群关系,提高了工作效率。

10月上旬 县、区、乡均成立了冬学委员会,冬学运动普及全县。

10月18日 蒙宣区第八乡(三合乡)乡长王应川被特务李有财杀害,年仅29岁。

10月22日 西吉县人民检察署成立,郭文玉任检察署长。

10月26日 县委召开县、区、乡三级干部会议,传达贯彻中共平凉分区第一次代表会议精神,总结剿匪肃特工作,对干部中强迫命令、违法乱纪行为等进行检查整改,安排部署剿匪肃特、征粮、民族团结和开展冬季副业生产等工作。

11月11日 县政府发出《关于征粮问题的指示》,要求各区、乡开好各种会议,宣传好征粮条例和征粮政策,做好征粮工作。

11月16日 县委下达《关于征粮、剿匪工作指示》,强调征粮与剿匪工作必须紧密结合进行;对乡村政权、农会、民兵等组织要同时进行整顿;严格按标准和程序发展党、团员,坚持成熟一个、发展一个,防止拉夫凑数。

12月12日 县委发出《重视加强征粮工作的指示》,要求全县各级组织全面做好征粮工作。

12月 经中共甘肃省委批准,中共西吉县委员会始设常务委员会,由白长富、蔡伯珍、沙里士、郭文玉四人组成。县委委员有苏彩云、邓溪晨。

是年 全县总户数15431户,总人口92473人。全县地区生产总值491万元,其中第一产业420万元、第二产业6万元、第三产业65万元。农作物播种面积122.68万亩,粮食总产3599万公斤、油料总产465.5万公斤。地方财政收入44.5万元,地方财政支出2.1万元,社会商品零售总额97万元。

▲ 全县范围内开展了群众性的抗美援朝运动。

1951年

1月4日 全县发展中国新民主主义青年团团员73名,建立团支部6个,配备团干部16名。

1月8日 贾庆礼任中共西吉县委书记。

1月13日 西吉县税务局设立,苟志恭任局长。

2月4日 西吉县召开公判大会,判处打击一批土匪、恶霸分子。

3月6日 县政府发出《关于一九五一年学校教育工作的指示》,提出教育工作要继续整顿各完小、初小,大力动员学龄儿童入学,做好私塾改造工作。

3月11日至17日 县委、县政府召开县、区、乡三级干部会议,总结1950年剿匪、农业生产、征粮等工作,安排部署1951年工作。

3月17日 县委、县政府召开会议,研究贯彻落实党的民族统战政策工作。

3月19日 中国人民银行西吉县营业所代收全县人民捐献抗美援朝武器款3.72万元、银圆1700块、白银180两。

3月22日 县人民监察委员会设立,苏彩云兼任主任。

3月27日 县委、县政府印发《西吉县土地改革工作实施计划》。土地改革的方针政策是:依靠贫农、雇农,团结中农,中立富农,有步骤、有计划地消灭封建剥削制度,发展农业生产。

同日 西吉县首次妇女代表大会在县城召开。会议讨论确定了妇女联合会今后的工作任务,选举产生了西吉县妇女联合会第一届委员会,田舜珍当选为主任。

5月1日至4日 全县组织开展了庆祝"五一""五四"活动和抗美援朝游行示威活动。

5月3日 县委、县政府召开县、区、乡三级干部会议,安排部署抗美援朝、镇压反革命和土地改革工作。

5月11日 中国人民银行西吉县支行正式成立。

5月17日 西吉县扩军动员委员会成立,全县人民群众以实际行动投入轰轰烈烈的抗美援朝、保家卫国运动中,广大青年踊跃报名参加志愿军,报名青年达900多名,被批准参军的420名。

5月23日 县政府拨款在城关粮库、将台粮库修建50万公斤容量的砖木结构仿苏式仓房各一栋。这是西吉县历史上第一次建造大容量的房式粮食仓库。

6月1日 西吉县抗美援朝分会积极响应中国人民抗美援朝总会《关于推行爱国公约、捐献飞机大炮和优待烈军属的号召》,组织动员全县人民群众积极开展增产节约运动,掀起捐献爱国热潮,对3户烈属、692户军属、60名复员退伍军人进行优抚慰问,为280户烈军属帮耕代种。

6月24日 西吉县清查委员会成立。清查范围是县委、县政府、公安大队、民主党派、群众团体、财经、文教等部门的一切工作人员;审查对象主要是上述部门中的留用人员和新吸收的知识分子干部;打击对象主要是各种反革命分子及思想作风不纯的人员。

7月2日 西吉县农民协会委员会对原入会的3523名会员进行组织整顿,清理出不合格会员19名。1951年新发展农会会员719名,全县实有会员4223名。

7月8日 西吉县对1002名民兵进行组织整顿,清理出队157名,新吸收民兵73名。

7月26日 西吉县召开县、区、乡三级干部会议,学习贯彻征粮工作政策、征粮工作条例,讨论落实征粮工作任务。会议要求各区、乡在查实土地、定好等级、评好产量的基础上,做好公粮征计入库工作。

8月10日 县委举办暑假教师学习会,集中全县教师学习党的政治理论和方针政策,帮助教职员工提高爱国主义思想。

9月12日 《毛泽东选集》第一卷在西吉县发行。

9月16日 县委召开三级干部会议,认真学习贯彻《中华人民共和国土地改革法》,全面部署安排土改工作。会议要求土改工作干部要吃透政策精神、掌握工作方法,严格按照“全面布置、分期进行、重点试办、逐渐推广与稳步前进”的方针做好全县土改工作。

9月24日至26日 西吉县第三届各界人民代表会议在县城召开,出席会议代表139名。会议听取县委副书记蔡伯珍作的《关于更加深入地支援抗美援朝、镇压反革命分子、消灭匪特、加强地方武装力量、保卫胜利果实的报告》,安排部署征粮、农业生产等工作。

9月 根据中央人民政府和最高人民法院《关于镇压反革命的指示》,县委领导开展了镇压反革命运动。至1951年9月底,对国民党统治时设在西吉县的6个特务组织进行了清查,查出特务头目7人、成员204人,取缔了6个反动会道门组织,处决大恶霸、反革命分子、惯匪头子27名,有力地打击了敌人的嚣张气焰,保卫了新生的人民政权和群众生命财产安全。

10月28日 由中共西北局、中共甘肃省委、中共平凉专区和西吉县委抽调311名干部,组成西吉县土改工作团,到农村开展土地改革运动,于1952年1月29日在四个乡完成第一期土改任务。

11月28日 西吉县在城关、新营、蒙宣三个区的22个乡开展第二期土改工作,于1952年3月19日结束。

12月4日 西吉县土改委员会成立,沙里士任主任。

同日 西吉县委召开土改工作团会议,传达学习中共平凉地委会议精神,总结土改试点工作。会议认为,全县土改工作坚持正确方针政策,发动贫雇农、团结中农,土改运动是健康的,成绩是主要的。

12月22日 西吉县农民业余教育冬学委员会成立,沙里士任主任。全县建立冬学50处,学员4051人;建立读报识字组62个,参加人员1751人。

是年 全县组织变工互助小组1434个,帮助4721户雇农和贫农适时进行了春耕播种。

▲ 全县大旱,白崖、将台、城关等区又遭受冰雹、大风、霜冻等自然灾害。全县受灾农户占总农户的94.7%,县政府给受灾群众发放救济款0.15万元、贷款66.5万元。

▲ 全县总户数16415户,总人口101290人。全县地区生产总值589万元,其中第一产业510万元、第二产业8万元、第三产业71万元。农作物播种面积139.94万亩,粮食总

产4439万公斤、油料总产503.5万公斤。地方财政收入78.2万元,地方财政支出11.7万元,社会商品零售总额107万元。

1952年

1月28日 县委和县土改工作团召开土改工作组长汇报会,各区、乡汇报了土改工作进展情况。会议还讨论制定了《西吉县第三期土改工作实施办法》。

2月8日 县委、县政府贯彻中华人民共和国政务院人民监察委员会《关于反贪污、反浪费、反官僚主义斗争的指示》,在县、区机关单位开展"三反"运动。至4月底,共揭发出贪污分子106人,其中贪污1万元以上的"大老虎"1人、贪污1000元以上的"小老虎"26人、贪污1000元以下的贪污分子79人。

2月21日 西吉县第三期土改工作在白崖、将台、平峰3个区、26个乡进行。

3月23日 县土改工作团在将台区召开群众大会,分别对恶霸地主吴效堂、韩万德、苏元让、马学纯进行控诉和斗争。

3月 夏寨乡乡长王具成、农会主任丁良秀被反革命分子杀害。

4月2日 潜伏在西吉的国民党特务马晓东纠集土匪、反动地主和国民党残渣余孽,在白崖区陶堡乡叶家沟村煽动发起反革命武装叛乱(简称"四二"叛乱)。这次叛乱波及全县6个区的37个乡、94个行政村、248个自然村,裹胁群众5800多人。

4月3日 中共平凉地委决定抽调干部,组成工作团进驻西吉,在西吉县成立剿匪指挥部,平凉军分区副司令员马思义任团长,地委组织部长张可夫任副团长,县委书记、县长参加指挥部工作,兰州军区派部队昼夜兼程赶赴西吉平叛。经过宣传党的政策、发动群众、采取政治分化与武装斗争相结合的策略,使叛乱很快得以平息。

4月4日 "回民骑兵团"参谋长徐延贵率领一连骑兵从定西出发,奔赴西吉县平息"四二"反革命叛乱。

4月5日 中共平凉地委发出《平息叛乱,保护土改、春耕生产的指示》。指出,对这一次叛乱必须以军事打击为主,政治争取为辅。凡有匪乱的地区,当前中心任务是团结回汉族人民剿灭土匪,保卫春耕;出事之区、乡及附近区、乡全部暂停土改,土改工作队变为武工队,配合解放军及民兵深入群众宣传政策,做好群众工作,对被裹胁、被骗参叛、自动归来之群众,应迅速予以安抚,召集群众会,让其揭露反革命土匪的罪恶,教育群众;对顽抗之股匪,坚决予以消灭。在剿匪中,各部队及各级干部均应遵守纪律。西吉县委根据平凉地委这一指示,集中精力,通力配合,抓好平叛工作。

4月6日 "回民骑兵团"进至西吉县泉儿湾,与叛匪600人激战,毙俘叛乱分子40多人。

4月7日 叛匪围攻西吉县城,"回民骑兵团"骑兵连全力防守。14时出击,将叛乱分子击出城区。战斗中7名指战员牺牲、11人受伤。

4月15日 "回民骑兵团"团长艾青山率领两个步兵连进驻西吉县,参与平息叛乱。

4月20日 西北军政委员会慰问团就"四二"叛乱发出《给西(吉)、海(原)、固(原)、隆(德)等县同胞的慰问信》。

4月22日 县委书记贾庆礼在甘肃省工作团全体干部会议上作了题为《西吉县匪特叛乱情况的汇报》。《汇报》指出:这次叛乱是潜伏的国民党特务分子、反革命分子、恶霸地主、惯匪、有罪恶的伪乡保人员及在乡的伪反动军官勾结在一起,披着宗教外衣,煽动策划的,其目的是破坏土改运动、破坏生产,进而颠覆人民政权。

同日 县委召开干部会议,研究讨论平叛和生产救灾工作。

4月24日 县委作出《关于当前平息匪患的重要指示》。主要内容是:坚定不移做好剿匪防匪工作,进一步做好民族统战工作,抓紧抓好生产救灾工作。

4月27日 甘肃省卫生厅派医疗队到西吉,为群众免费疗伤治病。

同日 "回民骑兵团"与人民解放军八师二十三团协同作战,将叛乱分子包围于黄土圈山,给予沉重打击。

4月30日 县政府发出《生产救灾工作指示》。甘肃省人民政府拨发西吉县首批救济款9.5万元,帮助群众解决生产生活困难。

5月2日 西北军政委员会主席彭德怀委派以马震武为团长的西北慰问团到西吉慰问。慰问团分赴各区、乡慰问群众,宣传党的政策,揭露反革命分子的罪恶阴谋。

5月5日 县委召开县、区干部会议,平凉专署专员王治邦指导会议并讲话,要求全县各级干部深入基层、深入群众,全力做好平叛善后工作和生产救灾工作。

5月14日 县委召开各区工作组长汇报会,听取各区平叛善后和生产救灾工作。强调:要迅速深入发动群众,保卫生产、保卫胜利果实,更加注重做好民族团结工作。

6月1日 中国人民保险公司西吉县办事处成立。

6月14日 县委在《"四二"叛乱的检查》中指出:这次叛乱,破坏公路桥梁6座,电杆电线40公里,抢劫公粮485750公斤,残杀解放军战士22名,致伤致残民兵和土改工作队员9名。

6月18日 县委再次召开各区工作组长会议,汇报讨论进一步发动群众、剿匪防匪和生产救灾工作。

7月11日 中共甘肃省委派工作团到西吉县城关区的五个乡开展宣传慰问和救济救灾工作。

7月15日 县委召开全委会议,研究决定全体县委委员于7月16日分片下乡传达县委会议精神,抓好农业生产、救灾、夏收和治安保卫工作。

7月17日 "四二"叛乱首犯、骨干等32人向人民政府缴械投降。

7月24日 县委召开扩大会议，研究决定干部配备问题，对县委各部门、县政府各科（室）、各群众团体和区委、区公署的负责人做了适当调整。

7月30日 县委发出《紧急指示》，要求各级党政军民全体动员，加强力量，突击夏收；加强民兵治安工作，保卫夏收，严防坏人破坏；抓紧夏选，选好籽种，为来年生产打好基础；加强互助变工组领导，帮助烈军属和缺少劳力的困难户抢收夏粮。

7月 县委书记贾庆礼、县长沙里士先后调离西吉，罗文蔚任县委书记、代县长。

8月5日 甘肃省人民政府给西吉县拨发救济款9.5万元、贷款8.3万元，帮助群众解决生产生活困难。

8月6日 县委召开会议，传达学习中共甘肃省委组织工作会议和中共平凉地委组织工作会议精神，研究部署培训选拔农村青年积极分子工作。

8月10日 根据中共中央《关于整顿党的基层组织的决议》《关于发展新党员的决议》，西吉县委对全县党员进行系统教育，对全县基层党组织进行全面整顿，揭发和批判了党内存在和正在滋长着的非无产阶级思想和行为，纯洁了组织，提高了党的战斗力，为国民经济的恢复和完成新的历史任务提供了可靠的组织保证。

8月15日 西吉县工商业联合会成立，马明芳任主任。

8月26日 县委召开会议，传达贯彻中共西北局法院工作会议精神，专题研究整顿改造旧法律思想与组织问题，提出在法院干部配备上，宁缺毋滥，宁肯少些、但要好些的原则。

同日 西吉县保密委员会成立。

8月30日 中共平凉地委作出《对西吉剿匪方针任务的批示》。指出当前总的方针是：加强回汉团结，深入发动群众，严密防止匪乱再起，保卫生产，保卫土改胜利果实。

同日 县委召开各区区长、工作组长联席会议，总结剿匪肃特、平叛工作，部署今后工作任务。

9月21日 全县司法改革工作会议召开，经过学习讨论，批判了旧法律观点，改变了“坐堂问案”的旧衙门作风，树立了走群众路线的审判方式。

9月23日 根据甘肃省委《关于做好庆祝中华人民共和国成立三周年暨天兰铁路全线通车的通知》精神，西吉县组织开展跳秧歌、歌咏会、放幻灯、黑板报、上街游行等庆祝活动。

9月 西吉县人民政府设立卫生科。

10月13日至15日 西吉县第四届各界人民代表会议召开，出席会议代表194名。会议听取县委书记、代县长罗文蔚作的政府工作报告，选举产生西吉县各界人民代表会议常务委员会，罗文蔚当选主席。

10月19日 县委召开县、区、乡三级干部会议，检查总结民族统战政策执行情况，学习征粮条例，研究部署冬季生产、征粮、整党建党和干部培训等工作。

10月30日 县委召开组织、宣传工作会议,总结中华人民共和国成立三年来的组织、宣传工作,对各区、县直机关干部作了新调整,提拔一批新干部和少数民族干部,加强了宣传队伍建设。

11月8日 县委印发《关于目前情况与对公安工作的安排报告》,《报告》提出:要团结教育群众,缩小打击面,分化瓦解敌人;各区要建立治保委员会,各乡要建立治保小组,发动群众,加强农村治安保卫工作;加强对在押人犯的管理教育工作,加强机关单位枪支弹药管理工作。

11月9日 中共平凉地委书记惠庆祺到西吉检查指导工作,听取西吉县委关于社会治安、农业生产和干部情况汇报,对西吉县加强党的建设、民族统战工作、干部教育提出要求,并决定将西吉县1952年的公粮由2万石减为1.5万石。

11月15日 县委召开财贸、卫生工作会议,对财贸、卫生医疗如何为基层、为群众服务进行专题研究,决定组织医疗卫生、粮食、供销、贸易、银行等单位人员到白崖、兴平等地送医送药、送货下乡,登门收购。决定在白崖区建立卫生所。

11月19日 西吉县统战委员会成立,吴敦善任主任。

12月1日 西吉县剿匪委员会召开会议,传达贯彻中共平凉地委"以政治争取分化匪之内部为主,军事清剿为辅,执行中分别对待,流窜股匪坚决歼灭"的剿匪方针,对西吉驻军和县公安大队的布防作了部署。

12月3日 县委作出《冬防剿匪工作计划的指示》,提出加强冬防剿匪是冬季防卫工作的中心任务。

12月30日 最高人民检察署通报了《西吉县人民检察署关于蒙宣区非正常死亡及区乡干部违反政策调查报告摘要》。指出:西吉县人民检察署对该县蒙宣区的非正常死亡和区乡干部乱捕、乱押、乱打现象作了典型调查,给领导上很大帮助。要求全国各地都要调查研究,掌握政策,向各种违法犯罪现象作斗争。

12月31日 县委召开扩大会议,传达贯彻中共西北局宣传工作会议精神。会议指出,宣传工作要为经济建设服务,密切联系实际,克服形式主义,宣传的中心是党的方针政策。

是年 全县总户数17227户,总人口108645人。全县地区生产总值706万元,其中第一产业610万元、第二产业9万元、第三产业87万元。农作物播种面积147.62万亩,粮食总产5438.5万公斤、油料总产553万公斤。地方财政收入33.1万元,地方财政支出18.4万元,社会商品零售总额122万元。

▲ 西吉中学附设师范班一个,招收学生48名。

▲ 全县有23个乡、2548户农民的54052亩庄稼遭受自然灾害,给农民群众生活、生产造成极大困难。人民政府共发放救济款19万元,帮助群众解决困难。

1953年

1月21日　县委召开区委书记会议，传达学习《人民日报》社论《迎接1953年的伟大任务》，讨论研究西吉县1953年生产计划，并对民族统战工作、生产救灾和整党建党工作进行部署安排。

2月10日　县委抽调干部组成宣传队，分赴全县6个区、18个乡，开展党的统战和民族政策宣传教育活动。

2月18日　县委召开县、区、乡三级干部会议，传达学习中共中央《关于农业生产互助合作的决议(草案)》，检查总结1952年工作，安排部署1953年剿匪治安、开展互助合作运动、加强统战民族等工作。

2月27日　县委发出《关于开展爱国卫生突击月工作的指示》。要求各级政府机关、学校都要成立爱国卫生运动委员会，农村以互助组为单位组成爱国卫生小组，广泛开展爱国卫生运动，防止春夏流行病发生，以利生产建设和粉碎美帝国主义进行细菌战的阴谋。

3月8日　西吉县第一次互助组组长代表会议召开，总结交流建立互助组的经验，讨论研究互助合作运动中的政策问题。

3月9日　县委下发《西吉县第三期整党建党计划》，要求以各区委组织委员为骨干，由组织部牵头组成工作组，在全县开展第三期整党建党工作。

3月16日　西吉县人民武装委员会成立，罗文蔚任主任。

3月25日　西吉县文化馆成立。

5月1日　中国新民主主义青年团西吉县第一次代表会议召开，听取并讨论《关于团县委三年来的工作报告》，表彰奖励一批优秀团员，选举产生了中国新民主主义青年团西吉县第一届委员会和出席甘肃省团代表大会的代表，邓溪晨当选为团县委书记。

5月4日　根据中共中央《关于农业生产互助合作的决议》，全县建立农业生产互助组1868个，参加农户6705户，占全县总农户的38%。其中常年互助组139个，参加农户632户。

5月16日　西吉县教育科改称西吉县文教科。

5月22日　县委向中共甘肃省委、中共平凉地委上报《西吉县一年来民族统战工作报告》。《报告》指出，一年来，西吉县委认真贯彻党的民族统战政策，培养和提拔少数民族干部27名，安置民主人士12名，培训少数民族积极分子86名，召开宗教人士座谈会3次，参加人数达500人次，宣传了党的民族统战政策，进一步加强了各民族与人民政府的联系。

6月11日 县委召开三级干部会议,传达贯彻中共中央《关于反对官僚主义、反对命令主义和反对违法乱纪的指示》精神、中共甘肃省委和中共平凉地委《关于开展“新三反”运动的指示》精神,检查批评纠正了全县各级干部中存在的官僚主义、命令主义和违法乱纪的问题,对全县进一步做好反对官僚主义、反对命令主义和反对违法乱纪作出部署。

6月30日 西吉县与全国同步开展第一次人口普查。经过普查统计,全县共有23307户、139590人,其中回族75930人,占总人口的54.4%。

7月12日 西海固工委发出《下半年生产救灾工作初步计划》,要求集中力量搞好生产救灾工作,决定给西吉县2万灾民拨发救济款7.7万元,调拨救灾粮食35万公斤,以解决受灾群众生活和生产上的困难。

8月3日 西吉县林业工作站成立。

8月5日 西吉县邮电局成立。

8月10日 中共西吉县委统一战线工作部成立。

8月19日 西吉县统计科成立。

9月8日 蔡伯珍任中共西吉县委书记,吴敦善任西吉县人民政府县长。

10月13日 西吉县人民武装部改称西吉县兵役局,李德福任局长,蔡伯珍任政委。

11月1日 西海固回族自治区人民政府成立,西吉县改属甘肃省西海固回族自治区管辖。

11月12日 县委召开扩大会议,传达贯彻中共中央《关于实行粮食计划收购与计划供应的决议》,研究决定全县执行粮食统购统销政策,关闭粮食自由市场,城镇居民口粮开始计划供应。

12月9日 经甘肃省人民政府批准,将静宁县单民区和隆德县兴隆区划归西吉县,设立西吉县单民区、西吉县兴隆区。

12月30日 县委作出《统购统销工作中干部应遵守的八项纪律》,要求各级干部必须加强党在过渡时期总路线、总任务和统购统销政策学习,工作中必须走群众路线;各级领导要深入检查,具体指导,发现问题,及时解决。

是年 国家给西吉县拨款18万元搞公路建设,全县修筑公路127公里,修通西吉至静宁公路,修建县城西闸门石台木面桥(称西月桥)、何家店子木排架桥等12座。

▲ 全县23个乡建立党支部,县直机关党支部发展到16个,全县共有中共党员282名、农村区委10个、基层党支部39个。

▲ 全县总户数21613户,总人口131257人。全县地区生产总值589万元,其中第一产业480万元、第二产业11万元、第三产业98万元。农作物播种面积157.68万亩,粮食总产3596.5万公斤、油料总产221.5万公斤。地方财政收入51.1万元,地方财政支出46.6万元,社会商品零售总额182万元。

1954年

1月4日 县委发出《关于购粮工作中值得注意的几个问题的通知》,要求各级干部要广泛深入地向群众宣传讲解党的政策,消除群众顾虑,做好购粮工作。

1月6日 县委召开会议,对扩大货币回笼,对动员社会各界储蓄作出部署。

1月15日 县政府发出《加强冬季生产的指示》,要求各区、乡切实扭转忽视冬季生产的倾向,加强对互助合作运动领导,做好1954年生产计划。

1月27日 县委转发西海固地委《关于目前统购粮食入仓阶段及入仓结束以后的工作指示》,要求各区、乡党组织完成统购粮食入仓工作后,全力抓好生产救灾,搞好冬季副业生产,为春耕生产做好准备,并进一步向农民进行农业社会主义改造的教育,以推动互助合作运动的发展。

2月10日 西吉县响应中央人民政府为国家工业建设筹集建设资金号召,全县认购公债券31297元,超额完成任务。

2月13日 县委下发《一九五四年上半年工作安排意见》。《意见》指出:生产救灾是农村压倒一切的中心工作,在搞好春耕生产的同时,结束土改和完成普选工作。

2月17日 西吉县选举工作开始。全县登记选民64382人,参加选举选民48367人;选举产生乡人民代表大会代表1597人、县人民代表大会代表146人。

2月19日至21日 西吉县各界人民代表会议在县城召开,出席会议代表102名。会议听取并讨论《关于一九五三年西吉县人民政府工作概况和一九五四年上半年工作任务的报告》;讨论研究土地改革、生产救灾工作;选举产生西吉县人民代表委员会,杨诚忠当选为主席。

3月28日 中共西海固地委为解决西吉县灾区群众春播缺少籽种的困难,决定给西吉县灾区群众借贷小麦籽种70万公斤。

3月 邓溪晨任中共西吉县委副书记。

5月30日 中共西海固地委决定,固原县张易区的什字乡、官堡乡划归西吉县,设立什字区。时,全县辖11个区、68个乡。

6月2日 县委印发《关于一九五四年下半年农村党支部教育工作计划》。《计划》要求农村党支部每月组织党员学习2次,各区委派专人进行辅导讲解。学校的主要内容是中共七届四中全会公报、党在过渡时期的总路线和《党章》。

6月3日 县委印发《刘满仓互助组挑战书和生产计划》。刘满仓互助组科学安排生产计划,多打粮食,支援国家工业建设,是全县先进互助组,县委号召全县互助组向他们进行挑战。

6月6日 县委批转《蒙宣区委关于互助合作、生产救灾工作报告》。认为《报告》反映情况具体，检查深入。要求各区委在领导生产中都能深入一线检查工作，总结经验，发现问题，及时解决。

6月8日 中共西海固地委印发《关于西海固各县宪法讨论委员会名单的批复》，同意西吉县宪法草案讨论委员会由21人组成，蔡伯珍任主任，吴敦善任副主任，下设办公室，邓溪晨任办公室主任。

6月15日 共青团西吉县委印发《关于一九五四年下半年团的组织巩固与发展工作意见》。全县时有团支部65个，团员805名。

6月22日至25日 西吉县第一届人民代表大会第一次会议在县城举行，到会代表126名。会议听取审议县长吴敦善作的《关于1954年工作概况和1955年工作意见的报告》《县人民政府五年来工作概况及今后工作任务的报告》，讨论研究《关于发展农业生产的决议》《关于宣传学习贯彻宪法草案的决议》《关于加强民族团结的决议》《关于巩固社会治安的决议》，选举产生出席甘肃省人民代表大会代表。

7月1日 县委召开区委书记会议，传达中共西海固地委会议精神，学习《中华人民共和国宪法草案》，检查总结互助合作等工作。

7月6日 县委召开县、区、乡三级干部会议，讨论研究夏收和夏购工作。

7月23日 县委印发《关于贯彻中央七届四中全会，增强党的团结决议的报告》。《报告》指出：维护和巩固党的团结是每个党员、每个干部的分内之事，必须作为自己言论和行动的准则；必须加强马列主义的学习，不断提高政治觉悟和理论水平；必须加强党的总路线学习，坚持走互助合作化的道路；必须加强民族统战政策的学习，搞好民族团结；必须发扬民主，开展批评与自我批评，巩固党的团结，提高工作效率；必须牢记毛主席"谦虚谨慎，戒骄戒躁"的教导，克服和防止骄傲自满情绪；必须严格遵守党和国家机密，反对自由主义、小广播；必须严格党内组织生活，加强组织纪律性；必须严格遵守请示汇报制度，保证党的政策的贯彻执行。

7月24日 县委印发《关于一九五五年至一九五七年农业社、互助组发展计划》，对全县建设农业社、发展互助组作出部署。

7月25日 县委印发《关于召开中国共产党西吉县代表大会的通知》。全县时有基层党支部39个、党员315名。

7月27日 西吉县召开宗教人士代表座谈会，传达学习《关于宪法草案的报告》和西海固回族自治区第一届二次人民代表会议精神。

8月6日 县委印发《一九五四年下半年建党工作计划》。提出要积极负责地、严肃慎重地、有计划有领导地进行建党工作。

8月23日 县委贯彻中共中央和中共甘肃省委关于抓好干部理论教育的指示精神，召开会议专题研究讨论干部理论教育工作，制定全县干部理论教育工作计划，确保全县干部理论教育工作落到实处。

9月6日 县委召开区委书记联席会议,传达学习中共甘肃省代表会议精神,研究安排全县建党工作。

9月9日 全县第一个信用合作社——城关区小川乡信用合作社成立。

9月11日 根据中央人民政府政务院《关于实行棉布计划收购和计划供应的命令》,全县棉布开始凭票计划供应。1954年全县共发放布票188.07万市尺。

同日 根据中央人民政府政务院《关于在全国实行计划收购油料的决定》,全县开始实行油脂、油料统购统销。

9月16日 杨诚忠任中共西吉县委书记。

10月8日至12日 中国共产党西吉县第一次代表大会召开,出席会议代表57名,代表全县315名共产党员。会议听取审议杨诚忠作的《五年来工作及今后任务》的工作报告,选举产生中共西吉县第一届委员会,杨诚忠当选县委书记。

11月5日 全县第一个初级农业生产合作社——红星农业社成立。红星农业社以城关区袁河乡刘满仓互助组为基础,按照"自愿入社,土地入股,按比例分红(土地40%、劳力60%),评工记分,按劳记酬"的原则建立,为全县农业生产合作社建立作出了示范。

11月9日 县委召开宗教人士座谈会,传达学习毛泽东主席在全国第一届人民代表大会第一次会议上的讲话精神、《中华人民共和国宪法起草工作报告》等文件。

11月16日 县委下发通知,要求各区委把工作重心转移到发展互助合作方面来。

11月22日 县委下发《关于加强油籽收购工作的通知》,要求各区委加强油籽收购工作领导,确保按期完成油籽入库任务。

12月4日 西吉县人民检察署更名为"西吉县人民检察院"。

是年 全县总户数24270户,总人口151068人。全县地区生产总值885万元,其中第一产业758万元、第二产业12万元、第三产业115万元。农作物播种面积158.2万亩,粮食总产6360万公斤、油料总产596万公斤。地方财政收入33.3万元,地方财政支出50.9万元,社会商品零售总额288万元。

1955年

1月3日至9日 县委举办"发展互助合作社"干部训练班,传达学习了中共中央《关于发展农业生产合作社的决议》和甘肃省委发展互助合作社会议精神,讨论西吉县发展互助合作社方法措施。

1月13日 县委设立合作部。

2月10日 县委成立工商业改造工作组,对县城私营工商业进行社会主义改造工作。

3月1日 按照国务院《关于发行新的人民币和收回现行的人民币的命令》,中国人民银行西吉县支行在全县设立11个点,进行新旧人民币的兑换工作(新币1元等于旧币1万元)。

3月8日至12日 西吉县第一届人民代表大会第二次会议召开,出席会议代表113名。会议审议县政府1955年工作计划,讨论以互助合作为中心的农业生产运动,听取县委书记杨诚忠作的"关于贯彻《兵役法》和当前国际形势的报告",选举产生西吉县人民委员会,吴敦善当选县长。

4月3日至8日 县委召开全县办社干部会议,传达学习全国第四次互助合作会议精神、中共西海固地委第一次办社干部会议精神。对已建立的农业生产合作社进行检查和总结,讨论研究整顿、巩固和发展农业生产合作社的问题。时全县建立初级农业生产合作社30个。

4月8日至11日 县委召开区委书记、党员区长联席会议,传达贯彻中央财经工作会议精神、中共西海固地委《关于迅速布置定产、定购、定销工作的指示》,讨论并确定全县1955年粮食定产、定购、定销工作任务。

5月15日至19日 县委召开区委书记联席会议,研究加强"办社"工作组织领导,改进工作方法,进一步做好发展农业生产合作社工作。

6月16日 中共西海固地委批转《关于西吉县蒙宣区取缔一贯道工作总结报告》,指出1951年取缔反动会道门时,西吉县蒙宣区对一贯道曾进行过登记,但没有从组织上彻底摧毁,登记后大部分道首仍有阴谋复辟活动。1954年11月,西海固回族自治区和西吉县公安局抽调干部45名,组织工作组对该区一贯道复道活动进行侦查,掌握情况后,于1955年4月19日逮捕道首19名,管制道首12名,登记具结悔改的道首12名,登记退道的道徒264人,宣布无罪的228人。通过这次取缔一贯道工作,清理出一贯道道首村长、民兵各1人,纯洁了乡村政权。

6月30日 西吉县人民委员会下发《关于开展1955年夏、秋季爱国卫生运动及进一步做好卫生防疫工作的指示》。要求充分发动群众,开展深入细致的爱国卫生宣传教育活动,认真贯彻"防重于治"的方针,全面搞好卫生大扫除活动。

7月1日 西吉县国家机关工作人员实行货币工资制。

9月1日至7日 中国共产党西吉县一届二次代表会议召开,出席会议代表100名。会议听取审议杨诚忠作的工作报告,对巩固和发展农业合作化、西吉县发展国民经济第一个五年计划(草案)作出决议,选举产生县委监察委员会。

9月8日至15日 县委召开县、区、乡三级干部会议,研究布置粮食定产、定购、定销工作。

9月17日 县人民委员会作出《关于粮食定产、定购、定销工作指示》,要求以乡为单位,确定产量,并向群众公布国家购销任务。

10月6日 县委下发《关于加强领导农业合作化的指示》,强调搞好农业合作社,关键在于加强党的领导,党委书记要亲自抓,全党办社。

10月7日 中共西吉县政法党组、中共西吉县财经党组成立。

10月10日 西吉县抽调县、区、乡干部300名赴农村指导开展建社工作。

10月11日 县委印发《关于肃反工作情况报告及今后工作指示》,指出从7月开始至10月8日,全县共逮捕各类反革命分子84名,其中特务20名、土匪23名、一贯道首9名、恶霸1名、其他反革命分子31名。

10月18日至30日 县委召开县、区、乡三级干部会议,传达学习毛泽东主席《关于农业合作化问题》的指示、中共党的七届六中全会关于农业合作化问题的决议及决议草案的说明,总结以合作化为中心的各项工作,部署安排全县建社工作。

11月8日至12日 西吉县第一届人民代表大会第三次会议召开,到会代表129人。会议听取讨论西吉县人民委员会《关于动员组织广大农民群众迎接农业合作化高潮的决议》。

同月 西吉县改属甘肃省固原回族自治州管辖。

12月1日至4日 县委召开区委书记联席会议,检查总结交流建立农业生产合作社工作。要求在建社过程中,必须注意质量问题,不但要办多,而且要办好。在建新社的同时,必须做好原有农业社的整社和扩社工作,并注意做好建党、建团工作。

12月20日至26日 县委召开县、区、乡三级干部会议,总结第一批建社工作,布置第二批建社任务。时全县已建立初级农业生产合作社341个,入社农户达13933户,占总农户的57.9%。

是年 全县总户数24687户,总人口157124人。全县地区生产总值1167万元,其中第一产业1016万元、第二产业18万元、第三产业133万元。农作物播种面积178.81万亩,粮食总产7470.5万公斤、油料总产1142万公斤。地方财政收入87.7万元,地方财政支出86.6万元,社会商品零售总额392万元。

1956年

1月1日 全县广泛开展《中华人民共和国兵役法》和征兵工作宣传。

1月8日 西吉县设立水利水保科。

1月10日 西吉县设立财贸部、工交部、文教部。

1月15日 西吉县私营工商业社会主义改造小组成立,并召开全县工商界各行业群众大会,宣布对全县手工业和私营工商业进行社会主义改造。

2月3日 西吉县第四次劳动模范会议召开,对全县各行各业评选出的118名劳动模范进行表彰奖励。

2月6日 西吉县建立农业生产合作社工作基本完成。全县共建立初级农业生产合作社468个,入社农户22673户,占总农户的90.7%。

2月12日至17日 县委召开区委书记、区长、乡支部书记会议,传达学习中共甘肃省委《关于贯彻执行中央农业发展纲要四十条具体规划》、中共固原回族自治州委《关于集中一切力量做好春耕生产准备工作的指示》,研究部署整社、增产工作,研究发展小型水利工作,研究部署镇压反革命工作,研究解决改进各级领导思想方法和工作方法问题。

2月20日 县委召开扩大会议,讨论贯彻中共中央《关于知识分子问题的指示》精神。要求各级党委采取有效措施,充分动员和发挥知识分子的力量,扩大知识分子队伍,尽快改变科学文化落后状况。决定成立县人委文教党组,做好在知识分子中建党建团工作。

3月17日至18日 县委召开扩大会议,传达贯彻中共甘肃省委第一次区委书记联席会议精神,讨论制定全县粮食增产措施。

3月20日 西吉县广播站、西吉县畜牧兽医站建立。

3月22日 全县文教工作会议召开,讨论研究《西吉县1956—1962年文教事业远景规划》。

4月10日 中国农业银行西吉县支行成立。

4月15日至20日 县委召开扩大会议,传达中共中央关于勤俭办社的指示,检查总结全县建社工作存在的问题,总结经验,部署今后工作任务。

4月24日 县委组织工作组分赴兴平、白崖两区,检查指导春耕生产,宣传党的政策,揭露反革命分子造谣惑众,稳定群众情绪,安定农村生产生活秩序。

4月 西吉县试点建设高级农业生产合作社6个,入社农户283户。

5月16日 西吉县商业局成立。

5月27日 中国共产党西吉县第二次代表大会召开,出席会议代表207名,代表全县1360名共产党员。会议听取审议杨诚忠作的《关于一年来工作情况和今后任务的报告》和曹德庆作的县委监委工作报告;传达学习中共西海固自治区第一次代表大会精神;选举产生中共西吉县第二届委员会,杨诚忠当选县委书记,曹德庆当选县委监察委员会书记。大会号召全体共产党员认清形势,团结奋斗,为全面完成第一个“五年计划”而努力奋斗。

6月1日 西吉县人民委员会设立手工业管理科,建设科改称农业科,工商科改称交通科。

6月4日 县委召开常委会议,决定成立西吉县计划委员会,张玉珍任主任。

6月15日 青年团西吉县第二次代表大会召开,出席会议代表90名。会议听取审议团县委工作报告,部署今后工作任务,选举产生共青团西吉县第二届委员会,卫明洁当选为书记。

6月26日 县委召开全县优秀教师代表会议,总结交流教育教学经验。

7月28日 西吉县选举委员会抽调干部在硝河区夏寨乡进行选民登记和兵役登记试点工作。

8月1日 《西吉报》正式出刊。截至1957年5月25日停刊,《西吉报》共刊出44期。

9月3日 根据中共西海固回族自治区党委撤区并乡指示,西吉县撤销硝河、平峰、单民3个区23个乡,并入将台区、兴平区、兴隆区。届时全县有8个区、45个乡。

9月18日 县委召开扩大会议,传达贯彻中共中央、国务院《关于加强农业生产合作社的生产领导和组织建设的指示》,提出了贯彻执行意见。

10月8日至12日 西吉县第二届人民代表大会第一次会议召开,出席会议代表180名。会议听取审议县长吴敦善代表第一届县人民委员会作的工作报告,讨论贯彻中共中央、国务院《关于加强农业生产合作社的生产领导和组织建设的指示》,选举产生西吉县第二届人民委员会委员,吴敦善当选为县长。

10月18日 县委召开肃反运动动员部署大会。

10月25日 西吉县卫生院改称西吉县人民医院,设立住院部和手术室。

11月7日 西吉县工会联合会成立。

11月22日 齐政显任中共西吉县委书记。

11月25日 西吉县卫生防疫站成立。

是年 全县总户数25619户,总人口157124人。全县地区生产总值1439万元,其中第一产业1247万元、第二产业29万元、第三产业163万元。农作物播种面积192.14万亩,粮食总产7500万公斤、油料总产1631.5万公斤。地方财政收入88.9万元,地方财政支出116.5万元,社会商品零售总额430万元。

1957年

1月10日 西吉县第三次工商界代表会议召开,听取讨论马明芳作的工作报告和财务报告,听取讨论县长吴敦善作的《关于目前私营商业争取自我改造等问题的报告》,选举产生西吉县工商联第三届执委会,马明芳当选主任。

1月21日 县委批转王绳武、张德清同志《关于对已入社的地主、富农和反革命分子如何加强改造的意见》,要求各级党组织切实加强领导,认真做好对已入社的地主、富农和反革命分子的改造工作。

2月1日 西吉县气象站成立。

2月22日 马保国任西吉县委副书记。

3月19日至24日　县委召开县、区、乡三级干部会议，传达学习中共固原州委会议精神，讨论研究1957年生产计划，讨论研究增产节约、精简机构、下放干部、充实基层等工作，研究分析高级合作化后党内外干部、群众、各阶层的思想情况。

4月8日　县委下发《关于工商界开始肃反工作的安排意见》。

4月12日　西吉县兵役局改称为西吉县人民武装部。

4月16日　县委设立巡视组，加强巡视工作。

5月　西吉县完成机构精简工作，整编合并行政单位6个、企事业单位3个，下放干部到基层76人，精简编余人员316名。

7月8日　县委召开县、区、乡三级干部会议，总结上半年工作，布置夏收、夏购工作。

7月18日　西吉县整风领导小组成立，全县整风反右运动开始。

9月25日至29日　西吉县第二届人民代表大会第二次会议召开，出席会议代表181名。会议听取审议县人民委员会工作报告、县人民法院工作报告，讨论全县整风反右运动。

9月26日　县委抽派446名脱产干部到8个区、45个乡、132个农业社开展社会主义与资本主义两条道路大辩论。

11月26日　县委发出《关于进一步加强和开展农村大辩论的指示》。

11月27日　县委发出《关于立即组织全民学习讨论四十条纲要(1956年到1967年的全国农业发展纲要)的通知》，要求各级党委认真组织学习，在全县掀起农业生产新高潮。

12月4日　西吉县整党工作开始。这次整党是在整风运动和反右派斗争的基础上对全县党组织进行的一次整顿。

12月13日至17日　西吉县人民武装部召开第二次全县民兵代表会议，对民兵工作进行部署安排。

12月20日　西吉县农业技术推广站成立。

是年　全县总户数26407户，总人口166936人。全县地区生产总值1237万元，其中第一产业1048万元、第二产业23万元、第三产业166万元。农作物播种面积189.39万亩，粮食总产6242.5万公斤、油料总产1060.5万公斤。地方财政收入86.9万元，地方财政支出105.5万元，社会商品零售总额386万元。

1958年

2月22日至3月12日　县委召开县、区、乡、社四级干部会议，传达学习中共中央关于整风和反右派斗争会议及文件精神，讨论研究西吉县第二个五年计划。

3月19日　县委向全县发出“鼓足干劲、快马加鞭、千方百计、苦战三年”的号召。

3月20日 全县选举工作开始,选出县第三届人大代表173名。

3月22日 西吉县第一座中型水库——马莲川水库开始动工兴建。计划投资77万元,设计库容1955.3万立方米,灌溉面积21475亩。

4月5日 西吉县农具修配厂建立。

4月13日 王瑞刚任中共西吉县委第一书记,齐政显任第二书记。

4月16日 西吉县农业科更名为西吉县农业建设局。

5月12日 西吉县月亮山牧场建立。

5月16日 西吉县工交科成立、西吉县妇幼保健站成立。

6月10日至15日 县委召开了区委书记扩大会议,检查汇报并研究部署农田基本建设、田间管理、农业增产措施;讨论研究工业建设任务和措施;研究对敌斗争策略,部署治安工作。

6月17日 西吉县第四次妇女代表大会召开,听取审议李桂芬作的工作报告,部署今后妇女工作任务,选举产生西吉县妇女联合会第四届委员会和出席自治区妇女代表会议代表。梁静宜当选为主任。

6月22日 西吉县人民委员会印发《西吉县工业交通事业发展第二个五年规划(1958—1962年)》。

6月23日 西吉县铜矿建立,地址在火石寨乡。

6月25日 根据上级决定,固原回族自治州人民医院人员和设备下放给西吉,改称西吉县人民医院;原西吉县人民医院人员和设备下放到什字乡,成立什字医院。

7月3日 西吉县完成民兵与预备役合编工作。全县整编一类预备役中队43个、分队78个1405人;整编二类预备役中队17个、分队63个1324人。

8月15日 西吉县粮油加工厂建立。

8月20日 火石寨铜矿建成冶炼厂,时有职工200人。

8月25日至29日 县委在新营区召开县、区、乡、社四级干部工农业现场会议,观摩学习石寺铜矿、新营区部分农业合作社、社办工厂、民办完小、幼儿园和畜牧业生产。

9月11日 县委决定在将台区进行人民公社建设试点工作。

9月13日至17日 西吉县第三届人民代表大会第一次会议召开,到会代表123人。会议听取审议县人民委员会工作报告、县人民法院工作报告、西吉县"一五"计划执行和"二五"计划建议的报告,选举产生县第三届人民委员会。吴敦善当选县长,李思聪当选县法院院长。

9月15日 西吉县人民医院开办附属卫生学校,学制两年。

9月16日 全县抽调288名干部和2200名民工,组成6个炼铜大队,赴火石寨采矿炼铜。

9月22日至23日 县委召开县、区、乡书记会议,传达贯彻宁夏工委扩大会议精神,研究完成固原州委下达西吉县炼铜110吨任务,会议确定由县委第一书记王瑞刚挂帅,组建5321人的冶炼大军。

9月29日 县委贯彻落实毛泽东主席“大办民兵师”号召,全县编制民兵师1个、民兵团29个、民兵营227个、民兵连1004个,民兵人数达到85825人。

10月8日 西吉县兴隆区所辖杨河、张程、官堡三乡(2098户、13976人)划归隆德县管辖。

10月11日至16日 县委召开县、区、乡、社四级干部会议,研究建立人民公社的规模、机构、方法、步骤等具体事宜,决定在10月21日前全县实现人民公社化,抽调县、区、乡干部296人,组成16个建社工作组,深入农村开展建社工作。

10月14日至16日 县委召开全县工业会议,研究部署工业建设。

10月17日 中共宁夏工委下发通知,撤销固原回族自治州,设立固原专员公署,西吉县隶属固原专署领导。

10月20日 西吉县撤销区、乡建制,建成人民公社16个,参加人民公社的农民25283户,占全县农户总数的99.91%。在16个公社中编制60个营、221个连,开办1020个公共食堂。公社社员开始了“组织军事化、生活食堂化、劳动集体化、行动战斗化”的生活。

10月25日 宁夏回族自治区成立,西吉县划归宁夏回族自治区管辖。

10月28日 县委肃反领导小组召开肃反工作总结会议。全县共查出反革命分子和各种坏分子64人,其中,给予刑事处分的16人、行政处分的40人、不予处分的6人、未作处理的2人。

同日 全县16个人民公社设立党的委员会。

11月 西吉县兵役委员会改称为西吉县人民武装委员会;西吉县兵役局改称为西吉县人民武装部。

12月1日至4日 县委召开全县公社食堂工作会议,各公社负责人及食堂管理人员汇报交流食堂管理做法经验,提出食堂建设存在的问题,县委书记王瑞刚对进一步做好食堂工作进行部署。

12月2日 全县征兵工作会议召开,传达贯彻宁夏军区征兵工作会议精神,部署开展全县征兵工作。圆满完成征集新兵100名任务。

12月7日至10日 县委召开全县民兵干部工作会议,总结全民皆兵工作,研究贯彻劳武结合,组织军事化、行动战斗化、生活集体化措施,研究民兵工作体制和各级民兵干部职责、民兵训练问题。根据上级要求,对民兵建制进行重新整编,全县编制民兵师1个、民兵团17个、基干民兵营64个、基干民兵连356个,组编民兵54996人,占全县总人口的34%。

12月14日 县委召开全县整党工作会议,决定从1958年12月开始到1959年3月,在全县机关、学校、工矿、企业、农村开展整党工作。

12月15日 县委成立炼铜临时党委和炼铜指挥部,组织采矿炼铜大军,建起土高炉114座、土方炉117座,采矿石2859吨,炼铜2316公斤。

12月18日 西吉县档案馆成立,隶属县委办公室领导。

12月20日 西吉县科学技术学会、西吉县农业科学研究所、西吉县农业中学、西吉县初级师范学校、西吉卫生学校、西吉县卫生防疫站成立。

是年 全县建立基层工会11个、工会小组69个,发展会员834名,占职工总数2527人的33%。

▲全县各公社均设立武装部,配备武装干事1至2名。

▲全县总户数25552户,总人口157564人。全县地区生产总值1128万元,其中第一产业896万元、第二产业58万元、第三产业174万元。农作物播种面积181.07万亩,粮食总产6097.5万公斤、油料总产351.5万公斤。地方财政收入51.7万元,地方财政支出211.2万元,社会商品零售总额425万元。

1959年

1月13日至17日 中国共产党西吉县第三次代表大会召开,到会代表152名,代表全县2702名共产党员。会议听取审议县委工作报告,传达学习中共中央《关于人民公社若干问题的决议》,研究部署当年工作,选举产生中共西吉县第三届委员会、监委会和出席宁夏回族自治区党代会代表。王瑞刚当选县委第一书记,曹德庆当选监委书记。

1月20日 县委召开区、地、县、社抽调干部会议,传达学习贯彻中共六中全会精神和《关于人民公社若干问题的决议》,组建整社工作组,帮助指导全县16个人民公社开展整社工作,纠正“一平二调三收款”突出问题,办好公共食堂,肯定人民公社优越性。

2月11日 共青团西吉县第三次代表大会召开,听取团县委工作报告,讨论部署今后的工作任务,选举产生共青团西吉县第三届委员会和出席宁夏回族自治区首次团代会代表。喜鸿文当选团县委书记。

2月17日 县委落实中共中央文件精神,决定成立西吉县联社,下设农林水牧部、政法公安部、财贸粮食部、生活福利部、劳动武装部、文教卫生部、工业交通部、计划委员会、科学技术委员会、办公室。

2月23日 县人民委员会决定,成立规划办公室,对全县土壤及农林牧副渔等各项生产用地,以公社为单位,进行一次全面细致地整体规划,做到宜农种地、宜林造林、宜牧放牧、宜渔养鱼。

2月28日 西吉县科学技术协会与西吉县科学技术委员会合署办公,一套班子,挂两个牌子。

3月24日至4月1日 县委召开县、社、大队、生产队四级干部会议,传达学习贯彻郑州会议、上海会议精神,研究解决人民公社建设中存在的"一切归公"和"越大、越公、越好"的错误做法。会议决定选派优秀干部担任人民公社领导工作,解决好"一平二调三收款"问题,切实办好人民公社。

4月19日至24日 县委在将台人民公社召开扩大会议,传达贯彻中共八届七中全会精神(关于人民公社十三个问题),研究西吉县贯彻落实意见,部署农业生产和群众生活。

4月24日 西吉县铜矿(火石寨石寺嵝岘矿点)发生岩石塌落,造成重大伤亡事故,打死施工工人6人,打伤3人。

4月25日至5月9日 县委在将台人民公社开展两个代表会(人民公社党代会和社员代表会)试点工作。

5月4日 县人民检察院检察长马德福出席了全国公安、检察、司法先进集体和先进工作者代表大会。

5月23日 自治区党委下发《关于人民公社若干问题的具体规定》。《规定》明确对人民公社实行分级管理、确定基本核算单位、制定分配方案、帮助穷队改变面貌、促进公社商品生产、加强劳动管理及公社管理机构等具体问题。

5月26日 自治区党委批转区党委统战部《关于设立县(市)政协和建立健全各界人士学习委员会的方案》。西吉县委统战部、宣传部牵头成立西吉县各界人士学习委员会,组织全县各界人士学习政治理论和党的方针政策。

6月20日 西吉县人民委员会贯彻自治区党委《关于人民公社若干问题的具体规定》,允许社员私人喂养家畜、家禽;恢复自留地,按人均耕地的5%划给社员自留地;鼓励社员在屋旁、村旁、水旁、路旁的零星闲散土地耕种农作物;社员房前屋后的零星树木归还个人所有。

6月25日 白崖公社女民兵王玉花在洪水中抢救集体牲畜时光荣牺牲,年仅27岁。县委作出决定,追认王玉花为建设社会主义积极分子和妇女模范,号召广大妇女学习王玉花热爱集体和英勇献身的精神。

7月13日至20日 县委召开县、公社、生产大队、生产小队四级干部会议,学习贯彻自治区党委《关于执行〈中共中央关于人民公社夏收分配的指示〉》精神,研究部署夏收、夏粮征购、夏收分配工作,要求夏收分配中必须执行按劳分配、等价交换的原则。

7月20日 县委召开县、公社干部会议,学习讨论自治区党委《关于伊斯兰教工作的指示》,结合西吉实际提出具体贯彻意见。

7月25日 西吉县群众运输管理站与运输合作社合并,成立西吉县国营运输队,时有大胶车38辆。

8月10日 县委下发《关于更改公社、大小队名称的通知》,要求各人民公社、生产大队、生产小队的名称一律以地名冠用。

9月18日 县委召开扩大会议,研究贯彻落实党的八届八中全会决议和宁夏区党委扩大会议精神,动员全县各级组织和干部群众进一步开展增产节约运动。

9月28日 中共西吉县委党校成立。

10月1日 西吉县新华书店成立。

10月8日 为迎接中华人民共和国成立10周年大庆,全县利用农村电话线路传送广播节目信号,各大队通了广播。

10月15日 西吉县人民医院被评为全国先进单位,院长张玉栋参加全国群英会。

10月30日 西吉县第四次工商界代表会议召开,传达学习全区私营工商业改造经验交流会议精神,选举产生西吉县工商联第四届执委会,马明芳当选为主任。

11月10日 黄家川中型水库、什字路中型水库动工兴建。

11月17日 县委秘书室改为中共西吉县委办公室,并设立西吉县档案馆。

12月4日至13日 县委召开县、公社、生产大队、生产小队四级干部会议,传达贯彻自治区党委六级干部会议精神。

12月6日 县委成立工作组,由书记处书记齐政显带队,到将台公社进行整社试点。

12月15日 县委成立整社整风领导小组,从区、地、县、社、队抽调干部2160人,在全县范围内开展整社整风运动。

12月25日 县委批复县人民委员会党组《关于改市斤16两制为10两制》的报告。

是年 全县总户数26581户,总人口157193人。全县地区生产总值1122万元,其中第一产业846万元、第二产业76万元、第三产业200万元。农作物播种面积170.19万亩,粮食总产5326.5万公斤、油料总产351.5万公斤。地方财政收入13.7万元,地方财政支出252.1万元,社会商品零售总额618万元。

1960年

3月2日 西吉县第五次妇女代表大会召开,出席会议代表193名。会议听取审议工作报告,讨论部署今后工作任务,表彰奖励先进集体、先进个人,选举产生西吉县妇联第五届委员会,梁静宜当选为主任。

3月8日 西吉县修配厂车修组工人李秀珍被全国妇联授予"三八红旗手"荣誉称号。

3月12日 宁夏区党委批转西吉县委《关于整社运动中非正常死亡人员情况的报告》,要求各地党委既要注意放手发动群众,也要防止和纠正可能发生的偏差,确保运动健康发展;对在整社中发生的非正常死亡事件,要认真查清原因,区别不同情况,慎重处理。属于违法乱纪,有意打击报复、打骂体罚群众或是坏人整好人而致伤人命的,应当分情节严肃处理,严重的要依法制裁。

4月26日 县委召开全县社会主义建设先进集体和先进个人代表大会,到会代表140人。会议讨论总结社会主义建设经验做法。

5月2日 县委贯彻中共中央《关于农村人民公社当前政策问题的紧急指示信》精神,决定在全县农村开展反对官僚主义、反对命令主义、反对贪污浪费的"三反"运动。

5月3日 县委批转县人委党组《关于对一九六〇年文化教育工作安排意见》。《意见》指出,要积极发展各项教育事业,努力提高教育质量,加快普及农村教育和扫除青壮年文盲。

5月26日 共青团西吉县第四次代表大会召开,出席会议代表114名。会议听取讨论团县委工作报告,讨论确定今后团的工作任务,表彰奖励了一批先进集体和优秀团员,选举产生了共青团西吉县第四届委员会。

5月28日 县委召开扩大会议,传达学习《中共中央关于开展"三反"运动的指示》,研究制定西吉县贯彻党的阶级路线、阶级政策和开展"三反"运动的方针政策、方法步骤。

6月30日 县委批转县人委党组《关于开展教学改革的意见》。《意见》根据西吉实际情况,提出小学教育实行五年一贯制,中学开展三三制教学改革试验。

9月10日 县委按照自治区党委的统一部署,在县直机关开展了反坏人坏事的"双反"运动。

9月26日 全县农村"双反"运动开始。

10月6日 根据中共中央《关于全党动手,大办农业、大办粮食的指示》精神,县委决定对城镇粮食供应进行整顿,在原供应6178人的基础上,精简压缩768人,并按工种对定量标准做了调整。

10月7日 县委决定对县、社工业企业进行调整。全县42个厂合并为30个,精简职工349人,全部充实到农业生产第一线。

10月10日 县委决定县直机关干部实行"三、三、四制",即30%的干部留机关工作;30%的干部下农村蹲点;40%的干部下放到生产大队、生产队分别担任支书、队长,直接参加农业生产。

11月1日 县委贯彻落实中共中央《关于农村人民公社当前政策问题的紧急指示信》(十二条)的精神,在全县农村开展整风整社运动。通过反"五风"(即共产风、浮夸风、命令风、干部的特殊化风、瞎指挥生产风)和纠正"一平二调"的错误做法,调动了广大社员群众的生产积极性。

11月2日 全县开展第四次普选工作,选出西吉县第四届人大代表265人。

11月10日 西吉县蒙宣公社三合完小、白崖公社大寨幼儿园、王民公社三岔口托儿所被全国妇联授予"儿童工作先进集体"荣誉称号;马桂花、王廷良、周章根被授予"儿童工作先进工作者"荣誉称号。

12月29日至31日 西吉县第四届人民代表大会召开,到会代表236名。会议听取审议县人民委员会关于1959年至1960年工作情况和今后工作任务的报告、县人民法院工作报告、县人民检察院工作报告,选举产生县人民委员会委员,黄克富当选为县长,姚存德当选为县法院院长。

是年 全县总户数28316户,总人口156126人。全县地区生产总值1014万元,其中第一产业720万元、第二产业102万元、第三产业192万元。农作物播种面积197.38万亩,粮食总产2792.5万公斤、油料总产208万公斤。地方财政收入52.6万元,地方财政支出304.3万元,社会商品零售总额494万元。

1961年

1月5日 根据中共中央《关于坚决地认真地清理劳动力,加强农业生产第一线的紧急指示》,西吉县委、县人委合并为一套班子,县直部门(单位)由74个精简合并为58个,县直机关工作人员精简537名,公社干部精简65名。

1月29日 县委召开扩大会议,研究部署群众生活安排、整风整社、春耕生产等工作。

2月10日 县委抽调146名干部到农村开展反对"共产风"、纠正"一平二调"为主要内容的整风整社运动。

2月20日至25日 县委召开扩大会议,学习贯彻自治区党委八次扩大会议和固原地委扩大会议精神,采取放手发动群众、充分发扬民主、开展批评与自我批评和摆事实、讲道理的方法,对县委领导工作作风中存在的问题进行深刻全面的检查。

4月11日 县委下发《关于发行退赔期票的通知》。《通知》指出,根据中共中央指示和区党委决定,在国家补助我县的退赔款中,由西吉县人民银行发行退赔期票20万元。

4月23日至25日 县委召开全委会议,传达学习自治区党委三级干部会议精神,研究贯彻《农村人民公社工作条例60条(草案)》具体措施,决定成立工作组由县委书记王瑞刚带队,到城关公社万崖大队对社、队规模调整、财产财务处理、收益分配、执行"三包"等进行调查研究,提出具体解决方案。

5月2日至8日 县委召开县、社、大队三级干部会议,传达贯彻自治区三级干部会议精神,贯彻落实《农村人民公社工作条例(草案)》(即农业六十条),讨论解决平均主义问题。

5月10日 县委决定在城镇开展整风运动,在县直机关、企事业单位采取"大鸣、大放、大整、大改"的方法,整顿领导干部不深入实际的官僚主义作风、干部强迫命令、瞎指挥和浮夸风。

5月19日 马莲人民公社、三合人民公社、沙沟人民公社、公易人民公社成立。时全县共有人民公社20个。

6月6日 西吉县人民武装部党委成立。

7月17日至21日 县委召开三级干部会议，传达学习中央工作会议精神、自治区党委三级干部会议精神，研究部署夏收、口粮分配、农业生产等工作。

7月24日 县委决定，成立西吉县退赔委员会、西吉县精简编制领导小组、西吉县运输指挥部。

8月16日至31日 县委召开县、社、大队三级干部会议，总结1959年至1961年工作经验教训，检查县委领导作风，研究全面贯彻《农村人民公社工作条例》措施。

9月1日 西吉县初级中学改为西吉中学，首次招收高中一年级学生36名。

9月10日 县委印发《关于减少城镇人口和精简职工的意见》。《意见》提出三年内全县精简城镇人口831人、职工259人。

9月14日 县委决定设立西吉县农业办公室、西吉县财贸办公室。

10月13日 县委决定成立西吉县社会甄别处理领导小组、西吉县右派分子处理领导小组。

11月6日至11日 县委召开三级干部会议，研究落实粮、油、肉等农副产品征购工作，安排部署粮食大包干、群众生活和社会主义教育等事宜。

11月15日 县委决定在全县农村开展整风整社、社会主义教育运动。

11月29日至12月4日 政协西吉县第一届委员会第一次会议召开，听取讨论县委书记王瑞刚作的《关于形势、今冬明春工作任务及民族宗教统战工作的报告》，选举产生政协西吉县第一届委员会委员，王瑞刚当选为主席，马进仓、于志祥、刘宗汉当选为副主席。

是年 全县划给社员群众自留地85905亩，开放17个农村集市贸易，精简733名职工和城镇居民回农村参加农业生产。

▲ 全县建立畜牧改良配种站75处，选育本地良种公畜437头，引进良种公畜96头，有计划对全县牛、马、驴进行改良。

▲ 国家给西吉县灾区人民群众发放救灾粮388.75万公斤、救灾款12.2万元。

▲ 全县清理退赔“一平二调”款808.35万元，当年兑现578.96万元，占应退赔款总额的71.62%。

▲ 全县总户数29706户，总人口155372人。全县地区生产总值1252万元，其中第一产业1036万元、第二产业24万元、第三产业192万元。农作物播种面积157.38万亩，粮食总产3900万公斤、油料总产177万公斤。地方财政收入42.5万元，地方财政支出307.3万元，社会商品零售总额533万元。

1962年

1月8日 全县组织工作会议召开,传达学习中共中央《关于轮训干部的决定》、中共中央批转中央组织部《关于教育管理党员的报告》、自治区党委关于轮训干部的计划和全区组织工作会议精神,检查总结全县组织工作经验教训,研究部署干部教育轮训、党员教育管理和接收新党员等工作。

1月11日 中共中央扩大会议(七千人大会)召开,西吉县委书记王瑞刚、副书记齐政显参加。

1月17日 县委召开县、社、大队三级干部会议,传达贯彻固原地委关于群众生活安排的会议精神,要求各级干部克服盲目乐观情绪,管好粮食、安排好群众生活、完成粮食入库任务。

2月12日 县委下发《关于切实重视防火工作的通知》。

3月1日 夏寨人民公社、玉桥人民公社、红耀人民公社成立。时全县有人民公社23个。

4月23日 根据中共中央《关于改变农村人民公社基本核算单位问题的指示》,县委对全县生产大队和生产小队的规模进行调整,将原20个人民公社、256个大队、1015个生产队调整为23个人民公社、258个大队、1285个生产队。

5月25日 县委召开全县工作会议,传达贯彻全区工作会议精神,研究落实粮油征购及其他农副产品采购任务,研究部署抗旱减灾工作。

8月22日 县委下发《关于贯彻〈中共西北局关于组织党员干部认真学习毛泽东思想的决定〉的安排意见》,全县迅速掀起学习毛泽东思想高潮。

8月27日 县委下发《关于恢复和发展农业生产的意见》。《意见》提出,保护社员自留地、饲料地、自留畜、自育羊、自养猪收益,鼓励社员发展家庭副业增加财富,允许社员自产的粮食、油品、牲畜、家禽等进入市场交易。生产队生产的粮食、油料和皮毛等,完成国家征购任务后,剩余部分也可进入市场交易。

9月21日 县委下发《关于加强对共青团、妇联工作领导的通知》,要求各级党委必须加强对共青团、妇联工作的领导,定期检查指导,切实解决具体困难,不断提高青年、妇女干部的政治思想水平,充分发挥他们的作用。

11月1日至6日 西吉县第四届人民代表大会第二次会议召开,到会代表141人。会议传达学习中共八届十中全会精神,听取和审议县人委会工作报告。

11月2日至6日 政协西吉县第一届委员会第二次会议召开,听取审议政协西吉县委员会工作报告,学习中共八届十中全会精神、自治区民族工作会议精神。

12月6日至10日 县委召开扩大会议，传达学习中共八届十中全会精神、宁夏区党委十二次扩大会议精神。决定从12月下旬开始，以落后队为重点，全面开展整风整社工作。

12月16日 西吉县委农村工作部成立。

12月18日 县委决定恢复西吉县农业技术推广站、西吉县林业技术推广站、西吉县水利技术推广站、西吉县畜牧技术推广站、西吉县农机技术推广站。

12月20日 西吉县电影发行放映大队成立。

是年 全县总户数29969户，总人口158801人。全县地区生产总值1096万元，其中第一产业902万元、第二产业20万元、第三产业174万元。农作物播种面积153.3万亩，粮食总产3401.5万公斤、油料总产32万公斤。地方财政收入54.1万元，地方财政支出172.2万元，社会商品零售总额477万元。

1963年

1月6日 西吉县第五次工商联合会代表会议召开，出席会议代表24名。会议审查通过上届执委会工作报告，选举产生西吉县工商联第五届执委会，马明芳当选为主任。

1月10日 宁夏区党委通知撤销县委书记处，王瑞刚继任中共西吉县委书记。

2月18日 固原地委决定，西吉县设立兴隆区、苏堡区。兴隆区辖兴隆、玉桥、公易、什字、将台、马莲、王民7个公社；苏堡区辖蒙宣、田坪、大坪、平峰、红耀、三合6个公社。

2月23日 县委印发《关于发生火灾情况的通报》。《通报》指出，从元月以来，县内连续发生火灾10起，烧毁草场7300余亩、林木800余亩，要求全县各级组织和干部切实加强防火工作。

3月11日 全县第五次选举工作开始，选出西吉县第五届人民代表大会代表211人。

4月6日至14日 县委召开扩大会议，传达贯彻中共中央工作会议精神、自治区党委第十一次扩大会议精神，检查总结全县农村社会主义教育工作，研究部署继续开展社会主义教育、增产节约、社员生产生活及树立贫下中农优势等工作。

4月7日 县委决定成立西吉县防疫领导小组，抽调32名医务人员到城关、兴隆、蒙宣等8个公社开展麻疹、百日咳、流感、小儿肺炎防治工作。

5月16日 共青团西吉县第五次代表大会召开，听取审议团县委工作报告，表彰奖励一批先进集体和个人，选举产生共青团西吉县第五届委员会和出席自治区第二次团代会的代表。

5月22日 县委作出《关于各级干部参加劳动的决定》。要求县直部门(单位)干部每年参加劳动40—50天，各厂矿、事业单位干部每年参加劳动2—3个月，公社干部每年参加劳动60—70天,大队、生产队干部每年参加劳动150—250天,不脱产干部同工人一样参加劳动。

6月18日 县委召开工作会议,讨论总结改造“穷队”经验,研究制定改造“穷队”工作方针、政策和措施。

7月1日 县委决定在县直部门(单位)开展增产节约和“五反”运动(反贪污盗窃、反铺张浪费、反投机倒把、反官僚主义、反分散主义)。

8月2日至13日 县委召开扩大会议,传达贯彻自治区党委扩大会议精神,讨论分析全县阶级斗争形势,检查总结1962年冬至1963年春农村社会主义教育运动经验教训,部署安排社会主义教育运动,研究部署农业生产、农副产品收购和整顿“小自由”等工作。

8月20日 县委印发《关于在农村开展社会主义教育运动的安排》,要求从1963年8月开始至1965年上半年,以公社为单位,分两期在全县开展社会主义教育运动,教育干部、打击敌人、搞好“四清”(清账目、清财产、清工分、清粮食)。

11月3日至13日 县委召开县、公社、大队、生产队四级干部会议,传达贯彻中央工作会议精神、自治区党委十二次扩大会议精神,深入领会社会主义教育运动的目的、意义和方法;分析讨论全县经济和阶级斗争形势,研究部署粮食工作和分配事宜,检查总结干部参加劳动及处理“小自由”过宽等问题。

12月12日至21日 中共西吉县第四次代表大会召开,到会代表155人,代表全县3310名共产党员。会议认真传达学习毛泽东主席关于阶级、阶级矛盾和阶级斗争的论述,听取审议王瑞刚代表县委作的工作报告,选举产生中共西吉县第四届委员会、西吉县监察委员会。王瑞刚当选县委书记、齐政显当选县监察委员会书记。

12月24日至30日 西吉县第五届人民代表大会召开,到会代表141人。会议传达学习中共中央《关于目前农村工作中若干问题的决定(草案)》《关于农村社会主义教育运动中一些具体政策的规定(草案)》,听取审议县人民委员会工作报告、县人民法院工作报告和财政预算执行情况的报告,选举产生县人民委员会、县法院院长。黄克富当选为县长、姚存德当选为县法院院长。

同日 政协西吉县第一届委员会第三次会议召开。会议传达学习中共中央《关于目前农村工作中若干问题的决定(草案)》《关于农村社会主义教育运动中一些具体政策的规定(草案)》和全国政协三届四次会议精神,听取审议政协西吉县常委会工作报告,听取县委书记、县政协主席王瑞刚作的《关于当前形势的报告》。

是年 全县总户数30936户,总人口166282人。全县地区生产总值2075万元,其中第一产业1858万元、第二产业27万元、第三产业190万元。农作物播种面积169.33万亩,粮食总产7037.5万公斤、油料总产288.5万公斤。地方财政收入55.5万元,地方财政支出233.7万元,社会商品零售总额495万元。

1964年

1月20日 中国农业银行西吉县支行恢复成立。

2月19日 县委常委会(扩大)会议召开,传达贯彻自治区党代会精神,研究部署春耕生产、社会主义教育运动、群众生活安排、增产节约、粮食管理等工作。

3月5日 西吉县第六次妇女代表大会召开,出席会议代表111名。会议听取审议梁静宜作的工作报告,讨论确定今后妇女工作任务,表彰奖励先进妇女代表,选举产生西吉县妇联第六届委员会。梁静宜当选县妇联主任。

3月10日 县委召开全县学习毛泽东主席著作先进单位和积极分子代表会议,总结交流学习毛泽东主席著作的经验,评选出席自治区学习毛泽东主席著作积极分子代表会议代表。

3月17日 县委财贸政治工作部成立。

3月26日 县委抽调238名干部在马莲、将台、什字3个公社的43个大队、198个生产队开展第二批社会主义教育运动。

4月7日 县委发出《关于限期收回苏联代印的三种票子的通知》,从1964年4月15日停止流通苏联代印的“叁元、伍元、拾元”3种面额钞票,限期30天兑换完毕。

5月21日至26日 县委召开县、社、大队干部会议,传达贯彻中共固原地委工作会议精神,检查总结全县在执行党的方针、政策、阶级路线和党务工作、领导作风方面的问题。

6月1日 县委批转县人口普查领导小组《关于进行人口普查工作的安排意见》。

6月9日 县委批转县委组织部《关于结合农村社会主义教育运动整顿党的基层组织的安排意见》。要求各级党委切实从思想上、政治上、组织上抓好基层组织整顿,使党的基层组织真正成为革命的战斗堡垒。

6月13日 县委发出《关于加强领导、发动群众,做好抗灾工作的通知》,动员组织干部群众全力开展抗灾减灾工作。

7月1日 当日零时第二次全国人口普查开始。经普查,全县共有31654户、170583人,其中回族80433人,占总人口的47.2%,其他少数民族27人。

7月25日 县委发出《关于做好防汛工作的通知》,对全县防汛工作作出具体安排。

8月10日 县委批转县委组织部《关于一九六四年上半年干部参加集体生产劳动情况和今后意见的报告》,对干部参加劳动进行总结和部署。

9月4日至7日 县委召开县、社、大队三级干部会议,传达学习中央工作会议精神、自治区党委扩大会议精神,检查总结全县社会主义教育运动经验教训,讨论提出“民主革命不彻底”的表现、原因及危害,研究部署民主革命“补课”工作,安排布置农业生产、粮食征购、农副产品收购和群众生活。

9月22日 县委批转县武装部《关于民兵工作的意见》,对全县民兵工作作出部署安排。

10月16日 县委批转县人委党组《关于立即开展水土保持和秋季造林运动的安排意见》,对全县开展水土保持和造林工作作出动员部署。

10月29日至11月4日 县委召开全委(扩大)会议,传达贯彻宁夏区党委精神、固原地委会议精神,分析研判全县政治形势、经济形势,检查批评一些领导同志存在的右倾思想,研究部署"以阶级斗争为纲,一手抓革命、一手抓生产,促进生产高潮"。

是年 全县总户数31650户,总人口173482人。全县地区生产总值1805万元,其中第一产业1569万元、第二产业36万元、第三产业200万元。农作物播种面积176.13万亩,粮食总产6397万公斤、油料总产354.5万公斤。地方财政收入76.9万元,地方财政支出215万元,社会商品零售总额654万元。

1965年

1月5日 县委发出《关于当前农村工作安排意见》。《意见》指出,当前工作必须认真贯彻以阶级斗争为纲,以生产为中心的方针,分期分批抓好社会主义教育运动,变冬闲为冬忙,抓好冬季农业生产,搞好决算分配、粮油入库、社员生活安排,转变工作作风,大胆放手发动群众,为农业全面丰收而努力奋斗。

2月7日至14日 县委召开县、社、大队、生产队四级干部会议,传达学习中共中央文件《农村社会主义教育运动中目前提出的一些问题》("二十三条"),学习大寨经验,研究安排农业和各项生产建设任务,研究部署社会主义教育工作。

2月15日 县委、县人委发出《关于一九六五年农业生产安排的通知》。《通知》指出,继续贯彻"以粮为纲,多种经营"方针,坚决依靠贫下中农,大力发扬大寨精神,大鼓革命干劲、大振革命精神、大抓增产措施,广泛扎实地开展比、学、赶、帮运动。

2月21日 西吉县第一届贫下中农代表会议召开,到会代表845名。会议选举成立西吉县贫下中农协会筹备委员会,杨文奇当选主席。

3月21日 县委下发《关于农村开展社会主义教育运动的安排意见》,明确要求从3月下旬至5月上旬,在蒙宣、三合、平峰、红耀、大坪、田坪6个公社的64个大队、376个生产队开展第三期社教运动;从5月上旬至6月20日在城关、新营、马莲、将台、什字5个公社的75个大队、384个生产队开展第四期社教运动。

5月3日 根据宁夏区党委指示,县委成立"四项欠款"清理办公室,对全县农村社队、个人1961年以前所欠国家的赊销款、预付款、预购定金和农业贷款进行清理和处理

(豁免),免除农民旧债负担。

5月15日 县委召开全县后进生产队工作会议,学习传达中共中央、宁夏区党委文件精神,总结交流改进后进生产队工作经验,研究部署改进后进生产队工作。

5月21日 自治区人民政府批准成立西吉县白崖区,为县人民委员会派出机关,辖白崖、偏城、沙沟、火石寨4个人民公社。

6月2日 县委召开会议,对全县城镇社会主义教育运动作出部署安排。

7月1日 西吉县供销社党总支成立。

8月17日 县委印发《关于1965—1970年农业生产规划》。《规划》提出,全县农业生产坚决贯彻“以粮为纲,多种经营”的方针,经过努力1970年粮食总产达到1亿公斤、油料1000万公斤、大家畜8.4万头、羊25万只、猪6万头,人均实现千斤粮、百斤油、1只羊,户均大家畜2头,人均现金收入50元以上。

8月19日 西吉县人民防空委员会成立,李应录任主任。

9月18日至25日 县委召开扩大会议,学习传达中共中央、宁夏区党委文件精神,讨论分析全县阶级斗争、生产斗争形势,研究部署社会主义教育、备战、生产和进一步开展学习毛泽东主席著作等工作。

10月21日至11月12日 县委召开县、区、社、大队四级干部和贫下中农代表会议,学习传达中共中央、宁夏区党委文件精神,重点揭露了县、区、社领导班子和干部存在的问题。

11月20日 全县第六次选举工作开始,选出西吉县第六届人民代表大会代表210人。后因全面开展社会主义教育运动,西吉县第六届人民代表大会未能按期召开。

12月21日 宁夏回族自治区“社教”先遣队87人进驻西吉县直机关和区、公社,指导帮助全县开展“四清”(清政治、清经济、清组织、清思想)运动。

12月24日至31日 县委召开扩大会议,传达贯彻中共中央工作会议精神、宁夏区党委工作会议精神、固原地委工作会议精神,认真贯彻毛泽东主席备战、备荒、为人民的指示,讨论研究党的建设和培养革命接班人问题,讨论制定《西吉县“三五”规划》主要指标和1966年生产任务。

是年 全县总户数32828户,总人口182172人。全县地区生产总值2277万元,其中第一产业2005万元、第二产业48万元、第三产业224万元。农作物播种面积182.09万亩,粮食总产7533.5万公斤、油料总产500.5万公斤。地方财政收入79.6万元,地方财政支出210万元,社会商品零售总额564万元。

1966年

1月18日　西吉县人民银行与西吉县农业银行合并。

2月11日　县委发出《关于组织党员和广大干部学习焦裕禄同志的决定》,要求全县党员和干部以实际行动学习焦裕禄同志。

5月5日至7日　县委召开县、区、社、大队四级干部会议,听取自治区社教团负责人彭林柏作的社会主义教育运动的报告、固原地委副书记夏生秀作的农业生产的报告。会议要求各级干部以焦裕禄为榜样,对照检查自己,寻找差距、鼓舞斗志,全面搞好社会主义教育运动、全面做好农业生产。

5月15日　宁夏回族自治区社会主义教育工作团340人进驻西吉县,指导帮助全县开展"四清"(清经济、清思想、清政治、清组织)运动。

5月16日　《中国共产党中央委员会通知》(简称"五一六通知")下发后,全县掀起揪斗宣传、文化、教育等单位负责人为主要对象的"斗黑帮"浪潮。

5月18日　西吉县委按照自治区党委指示,将"四清运动"纳入"文化大革命"之中,由"社教"工作团统一领导,统一安排。

5月20日　县委财贸政治工作部撤销。

6月1日　县委发出《关于学习毛主席语录的通知》,号召全县干部群众积极学习毛主席语录,用毛泽东思想武装头脑。

7月9日　县委印发《关于认真做好支援穷队物资发放工作的通知》。《通知》指出,党和国家给西吉县投资了大量资金和大批物资,帮助贫穷生产队发展生产,其中大胶车275辆、小胶车2621辆、播种机42台、犁1740台、油桶435个、喷雾(粉)器1200个、牛119头、骡马27头,投入发展资金10.9万元、投放贷款34万元。

7月11日　县委召开扩大会议,传达贯彻宁夏区党委《关于狠抓增秋补夏,搞好夏收工作的指示》和固原地委《关于抗灾减灾、发展生产、节约备荒的指示》,研究部署下半年工作。

7月13日　县委发出《高举毛泽东思想伟大红旗,发扬彻底革命精神,认真做好抗灾减灾、发展生产、节约备荒工作的通知》。

7月18日　自治区派驻西吉县社教工作团在西吉县体育广场召开万人大会,并在21个公社设立分会场,全县70800多名干部职工和社员群众听取了自治区负责人马信关于开展社会主义教育运动的讲话。

8月14日　县委发出《关于组织学习讨论〈中共中央关于无产阶级文化大革命的决定〉的通知》,对全县学习讨论开展无产阶级文化大革命作出安排。

8月16日 县委和自治区派驻西吉县社教团召开全县教师会议,在文教系统首先开展揭发批判“三家村”“四家店”和反党反社会主义分子斗争。

9月3日 县委、自治区派驻西吉县社教团在西吉县体育广场召开进行“无产阶级文化大革命”万人大会。会后,全县各机关单位、学校、社队开始组建“红卫兵”组织,全县迅速掀起“大串联、大字报、大辩论”热潮。

9月8日 根据中共中央精神,县委发出《紧急通知》。《通知》指出,热烈欢迎广大工农兵群众、全体革命学生、革命干部、革命职工群众,对县委工作、对县委任何成员提出批评,揭发批判县委的缺点错误;绝不允许挑动学生斗学生、挑动群众斗群众,绝不允许提出“保卫县委”等口号。

10月16日 西吉县商业局与西吉县供销合作社合并为西吉县商业局。

10月26日 西吉县第二次贫下中农代表大会召开,出席会议代表495名。选举成立西吉县贫下中农协会委员会,杨文奇当选主席。会议对各级贫协组织进行整顿,全县贫协会员发展到54942名,占贫下中农社员总数的85%。

11月11日 自治区派驻西吉县社教团党委、西吉县委下发通知,要求各级党委结合“四清”政治斗争和生产建设抓紧调整农民粮食负担工作,把任务落实到生产队,教育群众发扬爱国主义精神,抓紧粮食打碾,早交粮、交好粮,掀起粮食入库高潮。

11月24日 县委、县人委发出通知,实行推荐与选拔相结合的新招生办法,以利于更多地吸收工农兵革命青年进入学校学习。

12月7日 西吉县召开第四次学习毛主席著作先进单位和积极分子代表大会,进一步推动学习毛主席著作深入开展。

12月15日 县委发出《关于认真做好保护牲畜安全过冬工作的意见》,对全县保护牲畜安全过冬作出部署。

12月18日 西吉县财政局、西吉县税务局合并为西吉县财税局。

是年 全县总户数32965户,总人口186076人。全县地区生产总值1600万元,其中第一产业1330万元、第二产业41万元、第三产业229万元。农作物播种面积177.94万亩,粮食总产4906万公斤、油料总产433万公斤。地方财政收入101.3万元,地方财政支出435.5万元,社会商品零售总额849万元。

1967年

1月6日 西吉县大批领导干部被批判、“靠边站”,各级党政组织开始陷于瘫痪。

2月28日至3月2日 西吉县人武部主持召开县、区、社、大队、生产队主要干部和武装民兵干部会议,传达贯彻毛泽东主席“抓革命、促生产”“备战、备荒,为人民”指示、《中共中央给全国农村人民公社贫下中农和各级干部的信》和周恩来总理的指示。县人武部部长余荣作了动员报告。

3月1日 县人武部发出《关于大抓革命、狠抓生产,迅速掀起春耕生产高潮的意见》,对全县抓革命、促生产作出安排。

3月24日 县人武部党委决定,成立"西吉县抓革命,促生产第一线指挥部",行使县委、县人民委员会的部分权力,受县人武部党委领导。

5月5日至10日 西吉县第三次贫下中农代表大会召开,听取上届县贫协委员会工作报告,选举产生县贫下中农代表大会委员会,王俊山当选县贫协主席。

12月1日 国家给全县农民发放救济(灾)款21.7万元,救灾粮221万公斤。

是年 全县总户数32263户,总人口188572人。全县地区生产总值1866万元,其中第一产业1621万元、第二产业36万元、第三产业209元。农作物播种面积188.93万亩,粮食总产6473.5万公斤、油料总产439.5万公斤。地方财政收入51万元,地方财政支出276.3万元,社会商品零售总额687万元。

1968年

4月3日 经固原地区革命委员会筹备小组批准,新营人民公社革命委员会、夏寨人民公社革命委员会成立。

8月20日 根据自治区革命委员会批示,西吉县革命委员会成立,实行一元化领导。韩洪兰任县革命委员会主任,任伯元、李应录、赵具清、王自力任副主任。

8月26日 西吉县革命委员会第一次会议召开,学习毛泽东主席最新指示和《人民日报》《解放军报》《红旗》杂志重要社论,讨论总结全县无产阶级文化大革命开展情况和发展形势,研究部署今后战斗任务。

8月31日 县革委会下发《关于认真学习、宣传、贯彻、落实毛主席最新指示的安排意见》,组建以工人阶级为主体、有解放军战士参加的毛泽东思想宣传队,进驻学校和机关单位,宣传毛泽东思想。

9月5日 县革委会发出《关于将台粮库储存黄米发热霉变情况的通报》,对相关责任人作出处理,要求全县粮库加强储备粮检查和保管工作,防止发生类似事件。

9月9日至15日 县革委会召开全县"抓革命,促生产"会议,传达学习自治区"抓革命、促生产"会议精神,听取县革委会主任韩洪兰作的《关于当前形势和今后任务的报告》,总结交流活学活用毛主席著作、开展革命大批判、清理阶级队伍、增产节约等经验成绩,研究部署全县抓革命、促生产工作。

9月22日 县革委会召开首届活学活用毛泽东思想积极分子代表会议,全县评选出学习毛主席著作积极分子280名、先进单位47个。

9月23日 西吉县“深挖”办公室成立,负责领导和组织实施全县深挖“叛、特、反、资”工作。

9月26日 全县23个人民公社成立革命委员会;县直机关、学校、厂矿、企事业单位、大队普遍成立革命委员会或革命领导小组。

9月28日 根据毛泽东主席“教育要革命”的指示,全县开始实行贫下中农管理学校。各公社相继成立社、队革命委员会成员、贫下中农代表和革命教师三结合的管理机构,接管学校管理工作。

10月11日 西吉县贫下中农代表大会常设委员会成立,赵具清任主任。

10月22日 县革委会在何家店子开办“七一四”干校,将原党政机关、公检法的171名干部集中到干校,编成1个连、3个排、9个班,组织他们一边参加劳动,一边进行“斗、批、改”。

11月14日至16日 县革委会召开县、社两级革委会党员代表大会,传达学习中共八届十二中全会精神、自治区革委会党员代表会议精神、固原地区革委会党员代表会议精神,会议号召全县革命群众全面落实中共八届十二中全会提出的战斗任务,迎接中共九大胜利召开。

11月16日 县革委会、县人武部支左小组作出《关于深入学习、宣传、落实八届十二中全会精神的决定》,派出210个宣传队深入各社、大队、生产队宣传贯彻中共八届十二中全会精神。

是年 全县总户数35085户,总人口199042人。全县地区生产总值1373万元,其中第一产业1129万元、第二产业38万元、第三产业206万元。农作物播种面积174.56万亩,粮食总产4830万公斤、油料总产278万公斤。地方财政收入103.7万元,地方财政支出191.4万元,社会商品零售总额573万元。

1969年

1月1日 根据自治区革命委员会和宁夏驻军支左小组会议精神,全县深入开展学习贯彻毛泽东主席“清理阶级队伍,一要抓紧,二要注意政策”指示。

1月4日 西吉县整党领导小组成立,任伯元任组长。

1月19日 县革委会、县人武部支左小组发出《关于调整、充实、更新、提高公社革委会领导班子的意见》,对公社革委会领导班子建设作出规范性要求。

1月21日 县革委会批转《西吉县保卫处关于民事婚姻权限下放处理意见的报告》。《报告》要求各级革委会在抓好中心工作的同时,加强对民事婚姻工作的领导,定期检查总结,发现问题,及时纠正。

2月11日 西吉县农技站、水保林业站、畜牧站合并成立西吉县农业服务站。

3月7日 全县春季征兵工作圆满完成,向人民解放军输送新兵190名。

3月14日 西吉县知识青年上山下乡工作办公室成立,专门负责知识青年和城镇居民上山下乡指导服务工作。

4月23日 县革委会办公室印发《关于认真做好档案清理、移交工作的通知》,对全县文书档案整理归档、鉴定移交提出明确要求,作出部署安排。

6月6日 西吉县革委会"双反"复查专案办公室成立,对1960年"双反"运动中涉及的188名国家干部职工和365名大、小队干部、社员群众的问题进行复查,对错开除党籍的11人、错开除公职的52人予以平反,并恢复党籍和公职;对农村基层干部和社员群众被错捕错管的195人进行了平反。

6月24日 西吉县工交局、西吉县财税局撤销,恢复成立西吉县税务局。

6月25日 西吉县印刷厂建成投产。

8月15日 全县23个人民公社恢复公社党委。

8月22日 县革委会召开会议,审议《西吉县十年远景规划(草案)》。

8月24日至29日 县革委会召开会议,认真学习贯彻毛泽东主席关于"无产阶级专政下继续革命"指示,实行开门整风,广泛征求群众意见,听取群众批评。

9月4日 县革委会下发《关于转变领导作风的决定》,对全县转变领导作风作出部署安排。

9月13日至16日 全县信访、文档工作会议召开,传达贯彻自治区信访、文档工作会议精神,总结全县信访、文档工作,交流经验、寻找差距,明确方向、制定措施。

9月18日 西吉县战备领导小组成立,韩洪兰任组长,统一领导全县战备、防空和民兵组建工作。

9月20日 西吉县邮电局撤销,成立西吉县邮政局、西吉县电信局,电信局归县人武部领导。

10月10日 县革委会召开会议,认真学习贯彻中共中央《关于增补、调动、撤换各级革命委员会成员的通知》,对完善各级革命委员会、纯洁各级领导班子、巩固革命大联合、体现贫下中农优势作出部署。

10月23日 县革委会召开会议,研究决定在县级机关成立民兵团和武装直属排、在全县23个公社成立民兵团和武装基干连事宜。

11月24日 县革委会印发《关于加强保密工作的紧急通知》,对全县加强保密教育、严格保密纪律、健全保密制度、加强保密工作领导提出规范要求。

12月1日 县革委会决定在兴平公社开展"两条道路"斗争教育试点工作。

12月5日 县革委会下发《关于今冬明春在农村进行两条道路斗争教育的安排意

见》,对全县进行两条道路斗争教育作出部署。

12月9日 县革委会组织成立毛泽东思想宣传队,在工交、财贸系统和白崖、沙沟、火石寨、偏城、硝河、王民、什字、夏寨、城关、西滩、新营、大坪12个公社开展“两条道路”斗争教育运动。

是年 全县总户数36342户,总人口208211人。全县地区生产总值1353万元,其中第一产业1082万元、第二产业44万元、第三产业227万元。农作物播种面积172.95万亩,粮食总产4420万公斤、油料总产284万公斤。地方财政收入108万元,地方财政支出283.4万元,社会商品零售总额698万元。

1970年

1月15日 西吉县农业机械管理供应站成立。

1月18日 县革委会、县人民武装部联合下发《关于开展“三诉、三查”教育的通知》。“三诉”即控诉旧社会阶级压迫、剥削之苦,控诉复辟资本主义的罪行,控诉苏修社会帝国主义的罪行;“三查”即查政权观念、战备观念,查“两不怕”的革命精神,查从全局出发搞好本职工作的思想。

2月12日至19日 县革委会召开县、社、大队、生产队四级干部会议,传达贯彻自治区农业生产会议精神,听取县革委会工作报告,部署安排农业生产,观摩学大寨先进典型兴隆公社段家沟生产队和什字公社冯岔口生产队。

2月15日 县革委会召开会议,部署全县开展“一打三反”(打击反革命破坏活动,反对贪污盗窃、反对投机倒把、反对铺张浪费)运动,并在县食品公司进行试点。

3月7日 西吉县水利服务站成立。

3月17日 县革委会下派工作队到玉桥、兴隆、将台、硝河、夏寨、城关6个公社的69个大队357个生产队和玉桥、夏寨2个公社的企事业单位开展第一批“一打三反”运动。

3月21日 西吉县革委会地震工作领导小组成立。

4月10日 西吉县农技站、西吉县农机站、西吉县畜牧站、西吉县水利站、西吉县林业站恢复设立。

5月20日 西吉县人防办公室撤销,成立西吉县战备办公室,承担战备、防空和支前工作。

5月22日 西吉县财税局恢复设立。

5月26日 全县计划工作会议召开,审议通过《西吉县“四五”国民经济计划和社会发展纲要》。

6月12日 县革委会下发《关于更高地举起毛泽东思想伟大旗帜,保持和发扬延安精神,迅速改变西吉面貌的决定》。

6月24日 县革委会决定树立什字公社保卫大队冯岔口生产队、兴隆公社兴隆大队段家沟生产队为活学活用毛泽东思想先进集体。

7月10日至14日 县革委会召开全县三级干部会议,传达贯彻自治区粮食会议精神、卫生会议精神、广播新闻会议精神,研究部署全县粮食工作、卫生工作、广播新闻工作。

8月1日 西吉县卫生防疫站、西吉县妇幼保健站成立。

8月11日 西吉县革委会党的核心小组成立,韩洪兰任组长、于士华任副组长。

8月24日 县革委会党的核心小组发出《关于开展路线分析活动的指示》,要求各级领导虚心听取群众意见,放手发动群众,充分运用大鸣、大放、大字报、大辩论的威力,主动引火烧身,自觉上纲上线,确保全县群众性路线分析活动蓬勃兴起。

8月28日 西吉县保密委员会成立,任伯元任主任。

9月15日 县革委会党的核心小组决定成立西吉县农田基本建设大会战指挥部,以公社或大队为单位,采取大兵团作战的方法,平调劳动力,大搞农田水利基本建设。

10月5日 西吉县工交手工业管理局成立,西吉县手工业联社撤销。

11月4日 县革委会决定成立《兵要地志》编写办公室,《兵要地志》编纂工作启动。

11月17日 县革委会党的核心小组批转县革委会政治处《关于认真做好整团建团工作的安排意见》。

11月28日 县革委会党的核心小组批转县革委会保卫处《关于加强今冬明春对敌斗争的几点意见》。

12月3日 凌晨3时13分,蒙宣公社(震湖乡)发生5.5级地震,波及大坪、三合、兴平、平峰等4个公社、20个大队、45个生产队,震塌震裂窑洞、房屋7200多间,造成117人死亡、408人受伤,打死牛驴等大家畜45头、羊220多只、猪24头。中共中央、毛泽东主席极为重视关怀。当日,兰州军区、自治区革委会、固原地区革委会即派救灾部队、地震工作队、医疗队赶赴灾区,西吉县革委会组织医务人员、干部职工、民兵成立医疗救灾抢险队第一时间赶到灾区抢救群众生命财产。国务院地震工作小组主要负责人,区、地革委会负责人康健民、刘震环、程焕卿、李凯国等先后赶到灾区,慰问受灾群众,指挥救灾工作。

12月7日 西吉县召开征兵工作会议,部署征兵工作,圆满完成190名新兵征集任务。

12月26日 西吉县野营训练指挥部成立,主要职能是负责全县各工厂、学校、机关开展军训。

12月27日 县革委会党的核心小组批转县革委会保卫处《关于加强深挖隐蔽敌人的安排意见》。《意见》指出,开展与隐蔽敌人和特务分子斗争,是加强战备、应对国内外阶级斗争形势、巩固无产阶级专政、维护国家安全的需要，各级党委必须高度重视，放手发动群众，抓实抓细工作落实。

12月31日 县革委会党的核心小组隆重召开军民大会，对蒙宣(震湖乡)地震抢险救灾先进单位和先进个人表彰奖励。

是年 全县总户数37584户，总人口214593人。全县地区生产总值1578万元，其中第一产业1290万元、第二产业52万元、第三产业236万元。农作物播种面积174.87万亩，粮食总产5278.5万公斤、油料总产444万公斤。地方财政收入108.5万元，地方财政支出361.1万元，社会商品零售总额711万元。

1971年

1月7日 经县革委会党的核心小组研究，确定出席自治区第三次党代会代表17名，其中工人代表1名、贫下中农代表12名、其他劳动人民代表1名、革命知识分子代表1名、革命干部代表2名。

1月13日至17日 县革委会党的核心小组召开“开门整风”会议，分析、检查贯彻毛泽东思想和党的路线方针政策情况，突出解决调查研究不深入、领导作风不深入、工作落实不细致和右倾畏难情绪等问题。

1月18日 县革委会党的核心小组下发《关于切实加强当前对敌斗争的意见》，对深入开展对敌斗争作出部署。

1月20日 县革委会印发《1971年至1975年国民经济发展规划》(“四五”规划)。“规划”提出，加快农业机械化，积极发展“五小”工业，抓好交通运输、财贸、文教卫生事业发展，到1975年，全县粮食总产达到1.5亿公斤、工业总产值达到700万元。

2月6日 县革委会党的核心小组研究决定，为解决干部、职工缺少问题，从农村选拔200名无产阶级文化大革命积极分子充实到公社干部、小学教师和财贸队伍。具体方案为以农带干公社干部80名，以农带商营业员、保管员100名(其中商业系统80名、粮食系统20名)，代课教师20名。

2月8日至17日 县革委会召开县、社、大队、生产队四级干部会议，学习讨论《人民日报》社论“农业学大寨”，传达贯彻自治区革委会《关于继续深入开展“农业学大寨”群众运动的决定》，讨论通过县革委会《关于进一步开展“农业学大寨”群众运动的决定》。

2月19日 全县卫生工作会议召开，研究部署全民卫生防疫工作。

3月15日 县革委会党的核心小组下发《关于调整充实毛泽东思想宣传队临时党委的通知》。临时党委由五人组成，赫九存任书记，赵世伦任副书记。

3月17日 根据自治区革命委员会、宁夏军区命令，县革委会、县人武部下发《关于征集少数民族兵的命令》，决定在全县征集少数民族新兵90名。

4月17日 自治区革委会党的核心小组通知，免去韩洪兰西吉县革委会党的核心小组组长、西吉县革委会主任职务。

4月21日 自治区革委会党的核心小组通知，任命王培章为西吉县革委会党的核心小组组长、西吉县革委会主任。

4月22日至28日 中国共产党西吉县第五次代表大会召开，参会代表347名，代表全县5171名共产党员。会议听取审议王培章代表县革委会党的核心小组作的《沿着毛主席的无产阶级革命路线继续革命，乘胜前进》的报告；审议通过《关于加强思想和政治路线教育，继续深入开展“农业学大寨”群众运动的决定》；选举产生中共西吉县第五届委员会，王培章当选县委书记。

4月29日 西吉县计划生育领导小组成立。

5月17日 县革委会党的核心小组作出《关于贯彻执行中央“通知”精神，把批陈整风运动推向纵深发展的安排意见》。《意见》根据中央规定范围，组织县委委员、公社书记、县直部门（单位）党支部书记学习领会文件精神，采取边讨论、边揭发、边批判的方法，提高各级领导干部马列主义、毛泽东思想理论水平，增强识别真假马克思列宁主义的能力，增强执行和捍卫毛主席革命路线的自觉性。

5月21日 自治区革委会党的核心小组作出《关于成立中国共产党西吉县委员会的批复》，批准同意中共西吉县第五次代表大会选举产生的县委领导班子。中国共产党西吉县委员会正式恢复。

6月17日 县委批转县革委会政治处《关于当前妇女工作中有关问题的请示报告》。《报告》指出，各级党组织要进一步重视加强对妇女工作的领导，认真整顿好基层妇女组织，成立公社、大队妇女委员会，充分发挥广大妇女在社会主义革命和社会主义建设中的积极作用。

7月4日 西吉县计划生育领导小组改为西吉县计划生育委员会，李应录兼任主任。

7月28日 县委发出《关于新营、三合公社在“一打三反”运动中违反政策情况的通报》。《通报》指出，新营公社、三合公社在“一打三反”运动中以批修整风、路线教育为纲，放手发动群众，狠抓阶级斗争，取得了一定成绩。但也发生搞逼供信、挂黑牌等错误做法，没有严格区分两类不同性质的矛盾。县委要求各公社党委、各宣传队党支部对本公社执行政策情况，迅速开展一次严肃认真地全面检查，坚决纠正错误做法。

8月9日至12日 县委召开扩大会议，传达学习自治区第三次党代会精神，研究部署整党、路线教育工作，总结交流“农业学大寨”开展情况，提出“举旗抓纲向前进，灾害面前更坚定，学大寨、赶昔阳，誓叫西吉换新貌”工作口号。

8月13日 根据自治区文件精神，全县粮食征购基数由原来“一定三年不变”改为“一定五年不变”。西吉县粮食征购基数为825万公斤，完成基数后的超购数实行加价

50%;油料征购实行定面积、定产量、定任务“三定”政策。

8月16日 全县农田基本建设现场会议在平峰公社召开。县委要求各公社党委认真学习平峰公社农田基本建设经验做法,发动群众掀起农田基本建设新高潮,从根本上解决防旱抗旱问题。

8月20日 西吉县工商行政管理局成立,下设城关、兴隆、什字、新营、苏堡、兴平、平峰、公易、马莲、将台、硝河、偏城12个市场管理所。

8月25日 县革委会制定下发《葫芦河流域、清水河流域综合治理规划》。《规划》提出,“两河”治理坚持标本兼治、工程措施与生物措施相结合、长远利益与当前利益相结合的原则,统筹做好修梯田、打坝淤地、引洪漫地、造林种草等水土保持工作。

8月30日 县革委会决定成立西吉县清产核资领导小组,任伯元任组长。

9月4日 县委印发《关于各级干部管理和任免问题的通知》,对全县各级干部管理和任免作出具体规定。

9月10日 根据自治区党委《关于扩大范围传达反党分子陈伯达罪行的通知》精神,县委决定抽调10名县级干部,划片区向811名干部传达文件精神。

9月27日 县委决定开展农村第二批“一打三反”运动和整顿社队领导班子工作。主要任务是以“两个阶级、两条道路、两条路线”斗争为纲,突出路线教育,抓紧“一打三反”运动,整顿好社队领导班子,进一步开展“农业学大寨”群众运动,打好农业翻身仗。

10月5日 县委发出《关于加强民兵建设,搞好民兵工作“三落实”的通知》。《通知》要求各级党委提高对民兵战略地位的认识,加强对民兵工作的统一领导,确定专人抓好民兵工作“三落实”,加强战备。

10月17日 县委下发《关于今冬明春农村工作安排意见》。《意见》提出,要高举毛泽东思想伟大旗帜,深入扎实开展“农业学大寨”群众运动,掀起以农田基本建设为中心的备耕生产新高潮,鼓足干劲、力争上游,大打农业翻身仗,夺取1972年农业大丰收。

10月20日 西吉县卫生局、西吉县农业局恢复成立。

10月24日 中共西吉县工交局总支委员会、中共西吉县商业局总支委员会成立。

11月24日 县委向固原地委、自治区党委上报《关于传达贯彻中共中央68号文件情况的报告》。《报告》指出,西吉县从10月31日至11月18日,按照先党内后党外的原则,逐级传达林彪反党事件。全县有105691人听取“文件”精神传达,召开声讨批判大会3814场(次)。

12月6日至12日 中国西吉县委五届二次会议在平峰公社召开,传达学习中共中央(1971)68号文件精神和《人民日报》社论《认真总结加强党的领导经验》,讨论研究打好农业翻身仗的思路举措办法,观摩学习平峰公社芦沟大队、张武大队、权岔大队生产经验。

12月18日至25日 全县出版、教育、文艺创作会议召开,学习传达国务院《关于出版工作座谈会的报告》《全国教育工作会议纪要》和全区出版、教育、文艺创作工作会议精神,讨论制定贯彻全国、全区出版、教育、文艺创作工作会议精神的意见和措施。

12月20日至28日 县委逐级组织传达讨论“粉碎林、陈反党集团反革命政变斗争”材料,全县96803人听取“材料”传达,并召开批判会889场(次)。

是年 全县总户数38537户,总人口220823人。全县地区生产总值1579万元,其中第一产业1226万元、第二产业88万元、第三产业265万元。农作物播种面积175.21万亩,粮食总产5096.5万公斤、油料总产265.5万公斤。地方财政收入96.2万元,地方财政支出470.4万元,社会商品零售总额750万元。

1972年

1月13日 县革委会召开清产核资推进会议,通报全县清产核资进展情况,明确下一步要加强党的领导、抓紧积压物资调剂处理、抓好行政及事业单位清产核资工作要求。

1月24日 中共中央、国务院在北京召开宁夏固原地区工作座谈会,到会的有宁夏回族自治区、固原地区和所属五县的负责人。会议重点研究了固原地区执行民族政策和经济建设等问题。会后,中共中央以〔1972〕22号文件批转了座谈会纪要和公安部、农业部联合调查报告,对固原地区进一步安定社会秩序、加强民族团结、发展经济文化起到了重要指导作用。

1月31日 县委发出《关于传达贯彻中发〔1972〕3号文件、4号文件的通知》。“通知”指出,全面传达贯彻中央〔1972〕3号文件、4号文件是落实毛泽东主席伟大战略部署,进一步深入揭发批判林彪、陈伯达反党集团罪行的重要举措,是深入进行思想和政治路线教育的重要内容,是当前的头等大事,各级党委必须切实抓紧、抓细、抓好。

2月5日 经县委研究决定并报固原地委审批,对全县12个公社的23个生产队的规模进行了适当调整。

2月12日 国务院派遣的北京医疗队西吉分队一行15人到达西吉,与火石寨、新营、城关、将台等4个公社卫生院医务人员协同工作,到23个大队、100多个生产队巡回医疗,诊治患者2万多人次,开展手术180多例,培训卫生员30多人。

2月16日 县委召开扩大会议,认真学习领会《中共中央关于宁夏固原地区工作座谈会纪要》和中央领导指示精神,深刻分析认识全县工作存在的问题、不足和根源,推动思想转弯,增强改正错误的思想自觉、行动自觉。

2月19日 西吉县民政局、西吉县文教局恢复成立,县工交手工业管理局改称西吉县工交局。

2月20日 西吉县农业机械管理局、西吉县水电局、西吉县计划统计局成立。

2月21日至28日 县委召开县、公社、大队、生产队四级干部会议,深入传达贯彻

“中央〔1972〕3号文件、4号文件”精神，广泛揭发批判林彪反党叛国罪行；全面学习贯彻《中共中央关于宁夏固原地区工作座谈会纪要》精神，研究审定《关于贯彻落实〈中共中央关于宁夏固原地区工作座谈会纪要〉的安排意见》，进一步统一全县干部思想认识，坚定改正错误、加快改变西吉落后面貌的信心和决心。

2月29日　县委、县革委会发出《关于切实做好爱畜、保畜工作的紧急通知》，对保护耕畜提出明确要求。

3月3日　县委决定，抽调349名干部组成宣传队派往各公社开展落实党的民族政策和宗教政策、纠正平叛扩大化错误，为“运动”中被错判、错管、错戴、错划的群众平反。

3月23日　西吉县武装民兵独立连成立，由147人组成，下设3个排、1个直属班，配发各种武器123支，其中冲锋枪46支、轻机枪1挺、步枪65支。

3月28日　西吉县水保林业站撤销，宁夏林业建设第四团成立。

4月10日　西吉县后端马场建立。

5月19日　马廷荣任西吉县委第一副书记。

5月22日　西吉县林业局成立。

6月13日　西吉县体育运动委员会成立，受县革委会和县武装部双重领导。

6月15日　共青团西吉县第六次代表大会召开。

6月19日　西吉县民兵师成立，张学康任民兵师师长、王培章任政治委员。

6月23日　县委下发《关于第三批农宣队工作的安排意见》，对全县开展第三批路线教育和“农业学大寨”群众运动作出安排。

6月28日　县委发出通知，要求各公社党委、县直机关各党总支、支部进一步加强对新闻通讯和广播宣传工作的领导，切实抓好新闻通讯和广播宣传队伍思想建设和组织建设。

6月30日　县委发出《关于认真做好“三夏”准备工作的通知》，对抓好“三夏”工作作出安排。

7月5日　县委发出《关于认真执行区党委〔1972〕28号文件精神，切实加强保密工作的通知》，对进一步加强保密工作作出安排部署。

7月19日　县委发出《关于抓好夏收工作的紧急通知》，要求各级领导亲临夏收第一线，参加夏收、指导夏收；各行各业要全力以赴，支援夏收；正确处理好收、耕、种、选、运、管各个环节，做到全面兼顾，防止顾此失彼。

7月22日　县委研究决定，吸收录用少数民族干部26人，其中提拔为县直机关、公社领导的18人。

8月6日　县委下发《关于加强民兵建设的安排意见》，对加强民兵建设作出安排部署。

8月7日至10日　县委召开扩大会议，认真学习毛泽东主席重要文章、重要批示、重要讲话,传达贯彻自治区批林整风会议精神,开展整风和自我检查教育。

10月1日 西吉县举办首次农民体育运动会,23个公社派代表队参加、参赛运动员320人。

10月7日 中共林建四团委员会成立,高凤宝任书记,于作善、陈占甲任副书记。

10月8日 全县抗旱工作会议召开,传达贯彻自治区抗旱会议精神,研究制定全县开展抗旱斗争的措施。

10月25日 全县卫生工作会议召开,传达贯彻全区地方性甲状腺肿、慢性支气管炎防治和计划生育工作会议精神,对大办农村合作社医疗站作出部署。

10月30日 县革委会发出《关于严禁宰杀役牛的通知》。

11月1日 西吉县人民法院恢复行使职能,姚存德任县人民法院院长。

11月5日 县委、县革委发布《关于一九七二年冬季征兵的命令》。上级分配我县冬季征兵名额235人,其中消防民警14人。

11月8日至11日 全县扫盲工作会议召开,传达贯彻固原地区扫盲工作会议精神,新营公社、城关公社南河生产队、什字公社冯岔口生产队和蒙宣公社红庄大队交流举办政治夜校、开展扫盲工作的经验,实地观摩城关公社南河生产队政治夜校,产生《全县扫盲工作会议纪要》。

11月20日 县委研究决定,成立兰宜公路工程西吉县指挥部,组织成立116人的武装基干民兵连,配合交通部公路建筑工程二处施工。

11月21日至24日 全县粮食工作会议召开,认真学习毛泽东主席关于粮食问题的指示,传达贯彻自治区、固原地区粮食工作会议精神,讨论分析全县粮食生产形势,研究制定促进粮食生产具体措施。

11月 胡启立任中共西吉县委副书记、县革委会副主任。

12月1日 县委批转县保卫处《关于认真做好冬防工作的安排意见》。《意见》要求全县冬明春继续抓好批林整风工作,密切注视敌情动向,牢固地掌握对敌斗争的主动权;狠抓各类案件侦破,坚决打击阶级敌人的破坏活动;落实“四防”措施,做好群众性安全保卫工作;坚决制止赌博活动;加强基层治安保卫组织建设。

12月26日 县委召开第三期“农宣队”工作总结会议。在第三期路线教育中,全县共破获政治案件3起、经济案件648起,进一步深化了两条路线教育,提高干部群众思想觉悟。

12月28日 马廷荣任中共西吉县委书记、县革委会主任。

是年 夏寨水库、杨庄水库、大庄水库、谢寨水库建成蓄水。

▲原隶属宁夏军区党委领导的县人民武装部党委,改由固原军分区党委和西吉县委双重领导。

▲全县总户数39340户,总人口228694人。全县地区生产总值1542万元,其中第一

产业1165万元、第二产业118万元、第三产业259万元。农作物播种面积177.33万亩,粮食总产4985.5万公斤、油料总产403.5万公斤。地方财政收入105.1万元,地方财政支出751.6万元,社会商品零售总额892万元。

1973年

1月6日 县人民武装部党委作出《关于在民兵中深入开展向雷锋同志学习活动的决定》。

1月18日至25日 西吉县第三届贫下中农代表大会召开,到会代表1682人。会议总结上年工作,交流"农业学大寨"经验,表彰奖励一批"农业学大寨"先进单位、先进个人,讨论制定今后工作任务,审定通过《关于进一步开展农业学大寨群众运动的倡议》,选举产生西吉县第三届贫下中农协会委员会,高凤宝当选为主席。

1月27日 县委下发《关于贯彻落实党的农村经济政策若干问题的意见》。《意见》提出勤俭办社、民主理财、按劳计酬、全面发展、加强管理等贯彻落实措施。

3月3日至7日 县革委会政治处、县人武部联合召开新闻通讯工作座谈会,传达贯彻自治区、固原地区新闻通讯工作会议精神,总结交流全县新闻通讯工作经验,并产生《西吉县新闻通讯工作座谈会会议纪要》。

3月7日 县革委会发出《关于开展春季植树造林运动的通知》,对全县开展春季植树造林进行动员部署。

3月11日 县革委会批转县卫生防疫站《关于加强传染病防治工作的报告》。

3月15日 县委抽调干部组织春耕宣传服务队,深入各生产队开展春耕生产动员、宣传、落实工作。

3月20日 全县卫生工作会议召开,重点对地方病防治进行安排部署。

3月21日 中共西吉县委员会防治地方病领导小组成立,赵世伦任组长,办公室设在县防疫站。

3月28日 县委下发《关于落实党的干部政策和知识分子政策的意见》。《意见》提出,严肃认真落实好党的干部政策和知识分子政策、严格区分和正确处理两类不同性质的矛盾、积极慎重地在知识分子中发展党员。

3月29日 县人民法院增设刑事审判庭和民事审判庭。

4月3日 县委召开抗旱紧急会议,传达贯彻自治区革委会《关于战胜干旱,夺取丰收的紧急指示》,研究制定抗旱措施。

4月5日 县手工业消雹炮弹厂在生产中,因工人操作不当引起爆炸,造成严重事故。县委要求各公社党委、机关、企事业党支部,对安全保卫工作进行一次全面彻底检查,健全制度、落实责任、堵塞漏洞、防患于未然,确保国家、集体和人民生命财产不受损失。

4月14日 县委下发通知,要求各级党委把防治地方病工作列入议事日程,实行专业队伍和群众运动相结合,打一场拔源检索的歼灭战,尽快控制、消灭地方病,确保"农业学大寨"运动顺利进行。

4月16日 县委发出通知,要求县直部门(单位)除留关键岗位人员值班外,其他干部全部到公社、大队、生产队帮助开展农田水利建设、农业生产、抗旱保畜、疾病防治等工作,促进全县抗旱斗争深入发展。

4月30日 县委发出《关于狠抓后进队转化工作的通知》,要求各公社学习夏寨公社党委做法经验,深入调查研究、找准问题症结、积极发动群众,全面推进后进队转化。

5月10日 县革委会批转县法院《关于恢复和健全人民调解委员会的报告》,要求各公社革委会尽快恢复和健全基层人民调解组织。

5月15日 县革委会向固原地区革委会上报《关于当前疫情的报告》。《报告》指出,由于去冬今春雨雪较少,气候干燥,县内传染病多发。1月至4月,全县发病人数7200例、死亡65人。疫情发生后,县委第一时间组织开展防治工作,使疫情在短时间得到控制。

5月20日至24日 县委召开批林整风会议,传达学习中共中央〔1973〕15号文件精神、自治区党委(扩大)会议精神,进一步揭发批判林彪反革命修正主义路线的极右实质和罪行。县委要求各级党委认真进行整风、严于解剖自己、纠正不正之风、提高路线觉悟、增强革命团结。

5月28日 县革委会决定将夏寨水库、东坡水库、鱼儿河水库建设民工增加到4656人,其中夏寨水库1543人、东坡水库1157人、鱼儿河水库1956人,以保证3座水库早日竣工,发挥灌溉效益。

6月3日至6日 西吉县第七届妇女代表大会召开,总结妇女工作,讨论制定今后工作任务,表彰奖励先进集体、先进个人,选举产生西吉县第七届妇女委员会,张国华当选妇女委员会主任。

6月11日至12日 玉桥、兴隆、什字、马莲、将台、硝河、夏寨、白崖、沙沟、偏城、火石寨等11个公社的85个大队367个生产队遭受严重冰雹袭击,造成313950亩粮食作物严重受灾,其中绝产面积189251亩,损失牲畜13头、羊288只。

6月13日 自治区党委、固原地委派工作组赴西吉县检查指导救灾工作,并及时落实救灾籽种、化肥和救灾资金。县、社两级机关抽调366名干部组成抗旱工作队由县委常委带队深入抗灾自救第一线,指导帮助群众开展抗灾自救工作。

6月29日 县革委会下发《关于一九七三年高等学校和中等专业学校在我县招生的通知》。《通知》指出,1973年全国和全区12所大专院校、中等专业学校自"文化大革命"以来,首次在我县采取"自愿报名、群众推荐、领导批准、学校复核"的办法进行招生,全县共招生180名,其中高等学校42名,中等专业学校138名。

7月20日 全县文教系统先进集体和先进工作者代表会议召开。

7月26日 县委发出通知,张德清任政法口党的核心小组组长。

7月28日 县革委会派出调查组,选择蒙宣公社和平大队(干旱区)、白崖公社白崖大队(阴湿区)、将台公社明荣大队(半干旱区)3个不同类型的大队,采取分品种估产、大队平衡、公社审定等方法,对粮食产量进行调查。

8月3日 县委下发《关于调整县党委、革委会办事机构的通知》。决定县委办公室和县革委会办公室合并,撤销县革委会政治处、生产处、保卫处,恢复县委组织部、宣传部、统一战线工作部,恢复西吉县公安局。

8月28日 银川市医疗队赴马莲公社开展巡回医疗服务,诊治农民患者9450人(次),开展手术治疗80人(次),培训卫生人员10人(次)。

8月31日 县委作出《关于表彰文教系统先进集体、先进工作者的决定》,授予白崖公社党委等11个单位为文教系统先进集体、王廷良等13名同志为文教系统先进工作者。

9月22日至28日 县委召开全委扩大会议,传达学习中共第十次代表大会精神。中共中央候补委员马金花介绍了中共第十次代表大会的盛况和见到毛泽东主席时的幸福情景。会议决定结合学习贯彻中共第十次代表大会精神,继续抓好农村“两条道路”路线斗争教育。

10月6日 县委研究决定,组织80多人的“地甲病”普查队深入全县每一个村庄,逐户、逐人登记检查,查出“地甲病”患者7494人,主要分布在火石寨、白崖公社。

10月13日 固原、定西两地三县鼠疫联防会议在西吉县召开,交流工作经验,统一思想认识,明确工作任务。

10月16日 固原地区卫生防疫、地方病防治工作座谈会在西吉县召开。

10月18日 自治区革委会从统战事业费中一次性给沙沟公社拨款25万元,作为文教、卫生事业辅助费,其中15万元用于建设沙沟学校校舍和添置教学设备。

10月27日 县委下发《关于今冬明春工作的安排意见》。《意见》指出,今冬明春的工作中心是全面贯彻党的十大精神,认真落实党的十大提出的各项战斗任务,全力组织开展生产救灾群众运动,掀起“农业学大寨”新高潮。

11月12日 西吉县多种经营办公室合并到西吉县商业局。

同日 县委组织部分大队支书、生产队长、妇女队长和贫下中农社员代表、宗教人士代表赴陕西省西安市、延安、宝鸡等地参观学习。

11月18日 县委、县革委会联合发布《关于一九七三年冬季征兵命令》。

11月19日 国家农林部政策研究室负责人张玉山到什字公社什字大队、保卫大队调研“农业学大寨”开展情况。

12月8日至13日 县委召开全县农村工作会议,检查总结全县“农业学大寨”没有全面推开的原因,分析问题困难,开展批评与自我批评,解决"农业学大寨"学什么、怎样学的问题。

12月15日 县委下发《关于改变中小学学制和始业时间的通知》。《通知》对中小学学制、始业时间、普及小学教育、解决师资问题作出明确要求和具体规定。

12月16日 西吉县知识青年上山下乡领导小组及办公室成立。

12月18日 张家咀头中型水库动工兴建。

是年 全县总户数40746户,总人口236111人。全县地区生产总值1215万元,其中第一产业842万元、第二产业149万元、第三产业224万元。农作物播种面积173.91万亩,粮食总产2751万公斤、油料总产239.5万公斤。地方财政收入91.3万元,地方财政支出998.1万元,社会商品零售总额832万元。

1974年

1月1日 西吉县兴隆贸易公司成立,主要负责兴隆、什字、玉桥、公易、王民、马莲、将台等7个基层供销社的商品供货。

1月6日 县委发出通知,为深入贯彻中共十大精神,进一步提高党委抓大事、抓路线、抓政治思想工作的能力水平,把"农业学大寨"运动全面推开,加快全县农业发展步伐,决定2月进行开门整风工作。

1月10日 县革委会发出《关于认真搞好春耕生产准备工作的指示》。《指示》要求全县深入开展党的基本路线教育,充分发动群众、狠抓关键措施,认真做好春耕准备工作,全面落实1974年农业生产计划(粮食作物播种面积148万亩,总产量6000万公斤;油料作物播种面积21万亩,总产量591.5万公斤)。

1月11日 西吉县燃料公司成立,隶属县商业局。

1月30日 县委发出《关于成立工会筹备领导小组的通知》。

2月8日至13日 县委召开县、社、大队三级干部会议,传达学习中共中央〔1974〕1号文件、2号文件、3号文件、4号文件精神,研究制定抓革命、促生产、抓大事、促备耕、打好春耕生产第一仗的措施。

2月11日 县委、县革委会在县城体育广场召开"批林批孔"万人动员大会,并在21个公社设立分会场,组织基层干部职工和社员群众收听大会实况广播。县委副书记、县革委会副主任胡启立在大会上作了《立即行动起来,坚决落实毛主席的伟大战略部署,迅速掀起"批林批孔"斗争高潮》的讲话。

2月18日 县委下发《关于成立西吉县公安局党委的通知》,李明仁任书记、冶连福任副书记。

2月22日 县革委会决定，县工商行政管理局与县财税局合署办公，一套班子、两块牌子。

3月15日 县革委会召开全县军烈属、革命残废军人、复转退伍军人代表会议，传达学习中共十大精神，检查总结优抚工作和复退军人安置工作，表彰激励军烈属、革命残废军人和复员退伍军人继续“发扬革命传统，争取更大光荣”。

3月16日 县委批转县文教局《关于选派驻学校工宣队和加强贫下中农管理学校的请示报告》。《报告》要求农村各中学和完全小学要成立贫下中农管理学校委员会，初级小学成立贫下中农管理学校小组，公社、大队两级成立教育革命领导小组，切实做好开门办学、厂校挂钩、队校挂钩等工作。

3月23日 西吉县第五次贫下中农代表大会召开，学习贯彻中共十大精神，部署安排今后工作，选举产生县贫协第五届委员会委员，张德清当选为主席。

4月7日 中共西吉县委批林批孔办公室成立。

4月8日 西吉县张家咀头水库工程党委成立，马志福任党委书记、罗俊仁任党委副书记。

4月12日 西吉县民间运输管理站成立，隶属西吉县工交局。

4月14日 县革委会下发《关于认真做好防雹工作的意见》，对全县预防冰雹灾害作出部署。

4月19日 中共西吉县委落实政策办公室成立。

4月20日 西吉县多种经营领导小组成立，黄克富任组长。

5月13日 县委决定撤销政法口党组，全县政法工作由县委常委李俊清主管。

5月20日 西吉县防汛防雹指挥部成立，王升任总指挥。

5月21日 西吉县地震台成立。

5月22日 县委批转县文教局《关于加速普及小学五年教育的意见》。

5月28日 县革委会发出《关于加高党家岔堰坝及疏通下游沟道的通知》。《通知》指出，党家岔堰现水面面积约240万平方米、蓄水量约1700万立方米，水面低于坝面仅1.9米。若遇特大洪水或岸边塌方，水堰有被冲垮的危险，将会冲毁下游的苏堡、兴平、王民、兴隆、玉桥等公社及静宁沿线的村庄、农田等，造成巨大损失。为此，县革委会决定，在原坝基础上加高3.5米，并对苏堡堰下游的河道进行疏通、清理。

5月31日 县委抽调机关干部组成19个工作组，在白崖、西滩、兴隆、什字、新营、硝河6个公社的19个大队，指导开展第一期党的基本路线教育运动。

6月2日至9日 县委召开常委会(扩大)会议，传达学习中共中央〔1974〕12号、13号、15号、16号、17号、18号文件精神，传达学习全区地(市)委书记、县委书记会议精神，听取大坪公社党委批林批孔经验介绍，讨论分析全县“批林批孔”运动形势，研究部署深化“批林批孔”运动。

6月12日至19日 全县第二期基本路线教育工作会议召开,传达学习中共中央〔1974〕12号、13号、15号、16号、17号、18号文件精神,传达学习全区地(市)委书记、县委书记会议精神,总结交流第一期基本路线教育经验,安排部署第二期基本路线教育工作。重点任务是在做好政策宣传、群众发动、调查研究的基础上,开展革命大批判,搞好以大队党支部为重点的基层领导班子整顿和建设,落实好党在农村的各项政策、建立健全各项经营管理制度。

6月23日 西吉县革命委员会战备防空领导小组改为西吉县人民防空领导小组,西吉县革命委员会战备防空办公室改为西吉县人防办公室。

7月19日 西吉县招生领导小组成立,胡启立任组长、郭茂全任副组长。

8月20日 县革委会发出《关于坚持开展爱国卫生运动,加强防疫工作的紧急通知》。

8月29日 县委批转县人武部《关于一九七四年度民兵整组工作安排意见》,对全县民兵整组工作作出部署。

9月12日 县委批转县工会筹备领导小组《关于整顿健全工会组织的安排意见》。《意见》明确了健全工会组织指导思想、目标任务和工作措施。

9月17日 县革委会批转县科卫局《关于以批林批孔为动力,积极发展合作医疗,大力加强赤脚医生队伍建设的报告》。《报告》指出,目前全县已有赤脚医生486人、卫生员191名,160个大队建立了卫生所,3个大队实现了合作医疗,争取到1976年全县所有大队普及合作医疗,每个大队配备2名至3名赤脚医生。

9月18日 西吉县农田水利基本建设指挥部领导小组成立,马自福任组长。

9月23日 全县农村卫生工作会议召开,研究部署巩固合作医疗、加强赤脚医生队伍建设等事宜。

9月24日 县委批转县贫协《关于整顿健全基层贫协组织的报告》。

10月25日 县革委会发布《关于加强市场管理,打击投机倒把活动的通告》。

10月26日 全县畜牧工作会议召开,传达学习毛泽东主席关于发展畜牧业的指示,传达贯彻全区养猪工作会议精神,研究部署汉族地区养猪工作。

11月11日 西吉县城市民兵领导小组成立,张德清任组长,任伯元、何占江任副组长。

11月18日 县委、县革委会发布《关于一九七四年冬季征兵的命令》。当年全县征集新兵220人,其中回族103人,女兵4人。

12月10日 西吉县支农运输领导小组,张锡仁任组长。

12月13日 县委发出《关于培训基层干部的通知》,决定由县委副书记胡启立主持,在什字公社举办三期学习班,对全县大队支部书记、大队长、生产队长进行一次培训。

12月16日 全县组织工作会议召开,传达学习毛泽东主席关于"安定团结"重要指示和加强党的建设重要论述,总结交流党的建设经验,研究部署加强党的建设和干部队伍建设工作。

是年 全县总户数42133户,总人口244233人。全县地区生产总值1904万元,其中第一产业1546万元、第二产业134万元、第三产业224万元。农作物播种面积175.81万亩,粮食总产6441.5万公斤、油料总产478万公斤。地方财政收入164.7万元,地方财政支出1195万元,社会商品零售总额1820万元。

1975年

1月3日 县革委会发出《关于全面贯彻农业"八字宪法",实行科学种田的通知》,要求全县全面贯彻农业"八字宪法",提高科学种田重要性认识,建立健全县、社、大队、生产队四级农业科学实验网。

1月4日 县革委会发出《关于全面清理超支欠款、借款,深入批判资本主义倾向的通知》。《通知》要求干部职工、社员群众、职工家属借欠公款和集体超支款的,一律清理退还。全县共收回超支欠款240万元。

1月5日 县委就传达贯彻中共中央〔1974〕30号文件精神作出部署,要求召开干部会、党员会、群众会层层传达学习中共中央〔1974〕30号文件精神,做到家喻户晓、人人皆知。

1月13日至17日 白崖公社红套大队北川生产队回族女社员王耀花作为第四届全国人民代表大会代表,赴北京参加第四届全国人民代表大会会议,并当选为第四届全国人大常务委员会委员。

1月13日 县革委会决定,建立各公社农业科学实验推广站(简称农科站)。

2月17日 县委召开全委(扩大)会议,总结"农业学大寨"的经验教训,要求全县加快"农业学大寨"步伐,切实抓紧抓好备耕工作,打好春耕生产第一仗。

2月20日 县委作出《关于成立农田水利建设兵团的决定》,决定建立以县、公社、大队三级农田建设专业队为主要组织形式的改土治水大军,加速改变生产条件,尽快把农业搞上去。

2月22日至25日 县委召开县、社、大队、生产队四级干部会议,学习贯彻毛泽东主席重要指示和全国四届人大会议精神,总结"农业学大寨"运动的经验、教训,部署1975年各项工作。

2月26日至28日 全县人防、战备、民兵工作会议召开,学习贯彻毛泽东主席关于理论问题重要指示和人防、战备、民兵工作重要指示,传达贯彻自治区、固原地区人防、战备、民兵工作会议精神,研究部署全县人防、战备、民兵工作。

3月1日 中共西吉县农田水利基建兵团委员会成立,马自福任县农田水利基建兵团书记、政委,于作善任副书记、团长。

3月4日 县委决定开展第三期基本路线教育运动,从县直机关、各公社抽调300名干部组成农村工作队到城关、火石寨、平峰、马莲、兴隆等5个公社的31个大队、171个生产队指导帮助开展第三期基本路线教育运动,计划于8月10日结束。

3月10日 宁夏新医学校农村卫生工作队到西吉开展巡回医疗。

3月24日 县委发出《认真学习毛主席关于理论问题重要指示的通知》。《通知》指出,认真学好毛泽东主席关于理论问题的重要指示,对于深刻理解和坚定执行党的基本路线,巩固无产阶级专政,加强全国各族人民的革命团结,具有极其重要的现实意义和深远的历史意义。要求各级党组织,一定要进一步用毛主席的指示宣传群众、组织群众、武装群众,促进安定团结,夺取抓革命、促生产、促工作、促战备的新胜利。

3月25日至27日 西吉县总工会代表大会召开。会议听取县革命委员会副主任张秀莲作的工会工作报告,选举产生新一届西吉县总工会委员会,张秀莲当选西吉县总工会主席。

3月26日 县革委会下发《关于以加强市场管理为重点,在全县城乡开展打击投机倒把、反对资本主义势力的安排意见》,成立县、社市场管理委员会,全面开展打击投机倒把、反对资本主义势力斗争。

3月29日至31日 县委召开常委会(扩大)会议,学习贯彻中共中央〔1975〕5号文件精神,讨论研究基本路线教育、春耕生产、农田水利基本建设、市场管理、清欠工作扫尾、社员自留地等方面问题。

3月30日 县委批转县计划生育领导小组《关于贯彻宁党发〔1975〕10号文件及开展计划生育工作的报告》。《报告》指出,各级组织要把计划生育和提倡晚婚晚育工作列入重要议事日程,做到“一把手”亲自抓。全县城镇居民和农村社员生育两胎后动员置环,生育三胎后动员做结扎手术。

4月12日 自治区党委下派工作队到什字公社、玉桥公社指导帮助开展党的基本路线教育运动。

4月22日 全县商业工作会议召开,总结交流扶持社队发展多种经营工作经验,研究制定商业工作“五五”规划。

4月23日 全县教育工作会议召开,讨论“四五”期间普及农村小学五年教育和广泛开展工农业余教育工作,制定教育工作十年规划。决定在县城创办“五七”学校。

4月27日 县委批转县联合调查组《关于包办买卖婚姻的调查报告》。指出,《报告》所反映的包办买卖婚姻以及违犯党的婚姻政策的现象普遍存在,甚至有的国家干部职工把商品交换原则用到自己或子女的婚姻问题上,在群众中造成不良影响和错误引导。县委要求各部门、各公社大张旗鼓地宣传贯彻党的婚姻政策,开展反对包办买卖婚姻宣传活动,举办重点人员学习班、进行法制教育,严格区分两类不同性质的矛盾,有针对性地解决一些突出问题。

5月3日 县委下发《关于任命民兵团、武装基干连干部的通知》。对全县23个人民公社和县直机关民兵团和武装基干连的干部职务进行了任命。

5月13日 西吉县委中心通讯组成立,胡启立任组长,胡振江、余凤洲任副组长。

5月19日 县委下发《关于贯彻自治区教育工作会议精神的安排意见》。《意见》提出,认真学习朝阳农学院教育革命经验,调动一切积极因素,努力实现普及农村小学五年教育任务,力争全县学龄儿童入学率达到90%以上;成立西吉县教育革命领导小组,加强党对教育革命的领导,充分发挥工宣队、贫下中农管委会的政治作用。

5月20日 西吉县福利委员会成立,统一掌握使用全县各行政机关、事业单位福利费。

5月22日 西吉县知识青年安置办公室成立,具体负责知识青年政策落实和安置工作。

6月3日 西吉县防汛、防雹、人工降雨指挥部成立,王升任指挥。

6月6日至8日 西吉县第五次民兵代表会议召开,到会代表400名。会议表彰奖励8个民兵工作先进集体、25个先进单位、27名先进个人。

6月18日 县革委会下发《关于充实地震工作领导小组的通知》,对西吉县地震工作领导小组进行充实加强。

6月27日 县委批转《县公安工作会议纪要》,要求各公社党委、县直各机关党委(总支、支部)进一步加强领导,切实搞好对敌斗争和治安管理,把巩固无产阶级专政的任务落实到基层。

7月1日 县委决定,抽调干部集中3个月时间在全县开展一次《婚姻法》宣传宣讲活动,推动《婚姻法》贯彻落实。

7月5日 县委批转县人武部党委《关于进一步加强民兵政治工作的请示报告》,要求各级党组织发扬我党我军政治工作的光荣传统,做好民兵经常性的政治思想工作。

7月9日 县革委会发出《关于紧急动员起来,打好"三夏"战役的通知》,对做好"三夏"工作作出部署。

7月21日 西吉县安全生产委员会成立,张德清任主任,冶连福、张锡仁、王儒林任副主任。

7月25日 县委批转县委统战部《关于进一步加强民族宗教工作的意见》。《意见》指出,全县要进一步加强党对统战工作的领导,坚决贯彻执行党的民族宗教政策,巩固发展安定团结大好形势。

8月6日 县委下发《关于吸收赤脚医生到公社卫生院工作的通知》,全县共吸收46名(每个公社2名)赤脚医生到公社卫生院工作。

8月11日 县革委会下发《关于一九七五年招生工作的意见》。《意见》指出,今年宁夏农学院等院校和西吉县“五七”学校的招生将全部实行“社来社去”，这些学校从社队招收学生，毕业后回社队当农民。

8月16日 县委批转县武装部党委《关于一九七五年度民兵整组工作的安排意见》，对全县民兵整组工作作出部署。

8月28日 县委召开第四期农村工作队会议，学习贯彻毛泽东主席关于理论问题的重要指示和马克思、恩格斯、列宁论无产阶级专政的语录，研究部署工作队下到农村的主要任务和工作步骤。

9月1日 县委下发《对当前和今冬工作的安排要点》。一是深入开展学理论的群众运动，把巩固无产阶级专政的任务落实到基层；二是抓革命、促生产，努力改变生产条件；三是学理论、见行动，各行各业迅速转变作风，大干快上。

9月15日 全县农村卫生工作现场会在火石寨公社蝉窑大队召开。

9月16日 县委抽调180多名干部组成工作队，在王民公社、公易公社开展第四期党的基本路线教育运动。

10月9日 中共西吉县委落实政策领导小组成立，胡启立任组长、王俊山任副组长。

10月10日 西吉县法院党组成立，姚存德任书记。

10月31日 县委召开全委（扩大）会议，传达贯彻全国“农业学大寨”会议精神，传达学习国务院《关于1980年基本实现农业机械化的报告（草稿）》，县委书记马廷荣作了题为《端正路线、统一认识，解决好农业学大寨的上路问题》的报告。

11月13日 西吉县对“台”工作领导小组成立，胡启立任组长。

11月27日 县委发出《关于处理社员多占自留地问题的通知》，对社员超过政策规定多占自留地、开荒地进行认真清理，并收归集体。

12月9日 县委作出《关于县直机关开展整党整风的安排意见》，选派25名工人、贫下中农代表，实行“倒蹲点”进驻县直机关，发动群众给县委提意见，积极帮助县委搞好整风，把县委“一班人”的思想、路线搞端正。同时，县直各单位同步进行开门整党整风，总结经验教训，搞好评、帮、促。

12月13日 县城和兴隆35千伏变电所建成。全县生产用电、照明用电开始快速发展。

12月28日 县委、县革委会发布《关于一九七六年春季征兵命令》。

是年 全县总户数43074户，总人口253174人。全县地区生产总值2163万元，其中第一产业1640万元、第二产业128万元、第三产业395万元。农作物播种面积176.49万亩，粮食总产6766.5万公斤、油料总产400.5万公斤。地方财政收入178.2万元，地方财政支出1032.2万元，社会商品零售总额1417万元。

1976年

1月1日至3日 县委召开全县中、小学校党员负责人会议，传达学习中共中央〔1975〕23号文件、26号文件精神。

1月6日 西吉县商业局分设为西吉县商业局和西吉县供销社2个单位。

1月12日 西吉县“五七”学校筹备领导小组成立，马自福任组长、刘天志任副组长。

1月13日 县委下发《关于吸收农村基层干部和贫下中农积极分子参加农村工作队的通知》，决定再吸收100名农村基层干部和贫下中农积极分子参加农村工作队，进一步加强党的基本路线教育工作。

2月5日至9日 县委召开县、社两级干部会议，传达学习全区“农业学大寨”会议精神，听取讨论县委关于1975年工作总结和1976年工作安排及“建设大寨县”规划，表扬奖励学大寨先进集体34个、先进个人75名。县委副书记胡启立作了动员讲话，县委书记马廷荣作了工作报告。

2月12日 西吉县林业局、西吉县农业局合并为西吉县农林局；撤销电厂，业务并入水电局；多种经营办公室划归县供销社管理；西吉县畜牧改良场改为西吉县农林场。

2月13日 县委选派50名干部到各公社指导督促开好三级干部会议。

2月16日 固原地区农村卫生工作队赴沙沟公社开展卫生医疗工作。

2月23日 县委召开反击“右倾翻案风”会议。

2月26日 县委抽调机关干部、知识青年、农村积极分子350余人组成农村基本路线教育工作队，到农村开展第五期基本路线教育工作。

2月27日 县委下发《关于贯彻执行中共中央〔1975〕20号文件的意见》。《意见》指出，要认真贯彻落实毛泽东主席关于发展畜牧业的一系列指示和党在养猪业方面的方针政策，把养猪业摆到重要位置，进一步发展养猪产业。

3月1日 西吉县供电所成立，隶属县水电局管辖。

3月4日 县委下发《关于一九七六年全县干部、群众理论学习的安排意见》。

3月13日 西吉县民间运输管理站改为西吉县交通运输管理站。

3月23日 县革委会发出《关于加强流脑防治工作的紧急通知》，要求全县各级组织和干部、社员紧急行动起来，做好流脑防治工作。

4月5日至10日 县委召开扩大会议，传达学习中共中央〔1976〕3号、4号、5号、6号、7号文件精神，揭发批判“修正主义路线”，讨论开展反击“右倾翻案风”运动。

4月11日至12日 全县计划生育工作会议召开，讨论制定人口发展规划和具体措施。

4月15日 县委批转县委宣传部、组织部《关于一九七六年基层干部培训安排意见》,对基层干部培训工作作出具体部署。

4月17日 县委批转县委组织部《关于党员、干部纪律处分审批权限的请示报告》,对党员和干部纪律处分作出规范。

5月1日 张家咀头水库扬水泵站建成,增加农田灌溉面积5000余亩。

5月3日 县委发出《关于把反击右倾翻案风斗争推向高潮的通知》。

5月7日 县委发出《关于开展农业学大寨、普及大寨县检查评比工作的通知》。

6月4日 西吉县遭受特大冰雹袭击,造成严重灾害。洪水冲走5人、大家畜12头、羊176只,冲毁河床地1428亩、成片林180亩、机井10眼,粮食作物受灾面积62177亩,其中绝产27629亩。火石寨、白崖、偏城、兴平、蒙宣、三合、西滩等6个公社受灾最为严重。

6月6日至10日 全县农村工作会议召开,传达贯彻全国北方"三夏"工作会议精神、宁夏山区建设汇报会精神、固原地区"农业学大寨"会议精神、普及大寨县检查评比会议精神,汇报总结上半年工作,讨论研究下半年工作任务。

6月18日 县委下发《关于举办基层干部培训班的通知》,决定在夏收前,分别在兴隆、大坪公社两片分期分批举办公社、大队、生产队三级干部学习班,对基层干部普遍进行一次培训。

6月20日 西吉县供销社党的核心小组成立,西吉县手工业联社党总支成立。

8月27日 西吉县农机修造厂划归西吉县农机局管理。

8月30日 县委下发《关于组织开展农田基本建设大会战的安排》,要求葫芦河流域9个公社以公社为单位,组织大兵团会战,集中人力完成川台地平整;清水河流域4个公社在整好川水地的前提下,积极兴修水平梯田;干旱山区10个公社在平整好水库、机井、小高抽周围土地的同时,抓好高标准水平梯田修建,为明年农业增产打好基础。

9月7日 县委批转县委组织部《关于加强各级领导班子老、中、青三结合建设的意见》。《意见》要求各级党组织把加强领导班子建设列入重要议事日程,认真研究谋划,有领导、有计划、有步骤地进行。《意见》提出公社党委班子,青年干部要达到二分之一;县直机关、厂矿、企事业单位要配备1—2名青年领导干部;公社、大队领导班子中至少要有一名妇女干部担任主要领导工作。

9月9日 伟大的马克思主义者、无产阶级革命家、中共中央主席、中央军委主席、全国政协名誉主席毛泽东于零时10分在北京逝世。全县从农村到县城,从机关、学校、商店、街道到每个家庭,人们都含着泪水,一遍又一遍收听中共中央《告全党全军全国各族人民书》,极其沉痛地哀悼敬爱的伟大领袖毛主席。

9月19日 县委批转人武部党委《关于一九七六年民兵整组工作的安排意见》,对全县民兵整组工作作出部署。

9月25日 西吉县生资土产公司兴隆批发站成立。

9月27日 西吉县遭受严重冰雹袭击,田坪、红耀、大坪、蒙宣、三合、平峰、兴平、城关、新营、沙沟、火石寨、白崖等12个公社受灾严重,造成10.7万亩农作物严重减产。

10月4日 县委发出《关于紧急动员起来,打一场抗灾自救的人民战争,以新的胜利悼念伟大领袖毛主席》,县委要求各级组织紧急行动起来,动员组织群众开展抗灾自救,尽最大努力克服灾害带来的各种困难,以实际行动把毛泽东主席开创的无产阶级革命事业进行到底。

10月6日 县委召开会议,传达贯彻中共中央粉碎"四人帮"反革命集团文件精神。

10月18日至19日 县委召开常委(扩大)会议,传达贯彻全区县委书记会议精神,进一步统一思想、提高政治觉悟,坚决执行中央战略部署,彻底揭发、批判、清算"四人帮"的反革命罪行。

10月20日至21日 县委召开公社书记、县直机关各单位负责人会议,传达中央会议精神,对"四人帮"阴谋篡党夺权之罪行进行认真声讨和批判。

10月23日 西吉县城3500多名各族各界群众集会,热烈庆祝党中央粉碎"四人帮"反党集团篡党夺权阴谋的伟大胜利。

10月28日 县委决定成立检查组,由县级领导带队深入各公社检查督促中共中央〔1976〕16号文件精神贯彻落实情况。

10月29日 西吉县计划委员会成立。

11月5日 县委在县城召开2500多人参加的声讨批判"四人帮"反党集团罪行大会,县党、政、军负责人带头发言批判,工人、农民、解放军和红卫兵代表作了批判发言。

11月23日 县委、县革委会发布《关于一九七六年冬季征兵命令》。

11月24日 县革委会生产自救领导小组成立,张玉珍任组长,马煜龙任副长。

11月25日 西吉县农机供应公司成立,隶属县农机局领导。

是年 全县总户数44869户,总人口261569人。全县地区生产总值1883万元,其中第一产业1355万元、第二产业131万元、第三产业397万元。农作物播种面积172.92万亩,粮食总产4685.5万公斤、油料总产248.5万公斤。地方财政收入190.5万元,地方财政支出1026.5万元,社会商品零售总额1590万元。

1977年

2月11日 县委决定,撤销西吉县民兵指挥部,撤销西吉县手工业联社,成立西吉县社队企业管理局。

3月26日 王俊山任中共西吉县委书记、县革委会主任。

3月29日 西吉县地方国营水泥厂筹备领导小组成立,李俊清任组长。开始筹备建设西吉县水泥厂。

4月11日至15日 全县计划生育、妇幼卫生工作会议召开,总结上年计划生育、妇幼卫生工作,部署安排1977年全县计划生育、妇幼卫生工作,讨论审议《关于加强西吉县计划生育、妇幼卫生工作的通知》。

4月20日 西吉县手工业管理局成立。

4月20日至25日 县委召开常委(扩大)会议,传达贯彻华国锋、叶剑英、李先念在中央工作会议上重要讲话精神,传达贯彻自治区党委第一书记霍士廉在全区地、市、县、旗党委书记会议上的讲话精神,深入揭发批判"四人帮"流毒和影响,进一步提高认识、明辨是非、坚定方向、增强信心。

5月12日 县委作出《关于开展学习〈毛泽东选集〉第五卷的群众运动,迅速掀起学习毛主席著作新高潮的安排》,要求各级党组织、全体共产党员和广大干部群众立即行动起来,在全县范围内开展学习《毛泽东选集》第五卷的群众运动,迅速掀起学习毛主席著作的新高潮。

5月18日 县革委会下发《1977年—1980年发展农业机械化的规划》。《规划》指出,全县农业机械化的重点,应放在抗旱打井和稳产高产田的建设方面,优先抓"水",尽快解决西部山区的人畜饮水问题,要大力发展打井、提水机械,积极发展耕地机械和运输机械,进一步充实和提高脱粒和农副产品加工机械。

5月28日 县革委会决定,县电影管理站和电影院分设。

6月5日 西吉县清查领导小组成立,李俊清任组长,周维让任副组长。

6月9日至14日 县委召开常委(扩大)会议,认真学习《毛泽东选集》第五卷,传达学习华国锋主席、叶剑英在中央工作会议、全国工业学大庆会议上的重要讲话精神,传达学习自治区党委第一书记霍士廉在全区会议上的讲话精神,揭发批判资产阶级帮派体系。

6月18日 西吉县肿瘤死亡回顾调查领导小组成立,李俊情任组长,王明玉、马海山任副组长;西吉县工业学大庆办公室成立,雷玉珍任主任,张锡仁、冯建元任副主任。

7月5日 西吉县"三夏"生产指挥部成立,王升任指挥,杨定平、任克勤任副指挥。

7月12日 西吉县恢复高中、初中招生文化课考试制度,全县通过应试,择优录取高中一年级学生761名。实行初中三年、高中二年学制。

7月16日 县委向区、地党委呈报《关于贯彻第二次黄河中游水土保持工作会议精神意见的报告》。

8月19日 西吉县扭转企业亏损、增加盈利领导小组成立,张玉珍任组长。

8月23日 西吉县农田基本建设指挥部成立,马自福任指挥,王升、黄克富、杨定平任副指挥。

8月25日 西吉县科卫局分设为西吉县卫生局和西吉县科技局。

9月12日至17日 县委召开常委(扩大)会议,学习传达贯彻中共十一大精神、区党委三届八次全委会议精神,研究贯彻落实意见。

9月19日 中共西吉县委员会农林办公室成立。

9月29日 经固原地区革委会批准,海原县李俊公社满寺大队(共5个生产队、211户、1183人)划归西吉县沙沟公社管辖,将沙沟公社沙沟大队下甘沟生产队居住在李俊公社的7户社员划归海原县李俊公社管辖。

10月11日 西吉县调整工资领导小组成立,李俊清任组长,张秀莲、冯建元任副组长。

10月26日 县委决定成立西吉县"一批两打"领导小组,张德清任组长,张玉珍、马海山任副组长。

10月30日 县委批转县"一批两打"领导小组《关于深入开展"一批两打"斗争的安排意见》。

11月6日 自治区党委第一书记霍士廉到西吉县检查指导工作,县委书记王俊山作了工作汇报。

11月14日 西吉县农业科学研究所和农业技术推广站成立,实行一套机构、两个牌子,归县农林局管理。

11月16日 根据自治区教育局通知,西吉中学、三合中学、新营中学、白崖中学、大坪中学、将台中学本年度招收的初中一年级新生,均按初中三年、高中二年分段安排教学计划,其他初级中学亦同时实行三年制。

11月21日 西吉县招生委员会成立,李俊清任主任,郭茂全任副主任。

12月2日 县革委会决定,将社队企业管理局转并到西吉县农业机械管理局。

12月15日 县委下发《关于开展揭批"四人帮"第三战役的安排意见》。

12月16日 县委决定,将县工商行政管理局从县财政税务局分出,单独设立西吉县工商行政管理局。

12月23日 西吉县农业机械化领导小组成立,王升任组长,雷玉珍、李琳任副组长。

12月27日 县革委会决定,将西吉县养蜂场与西吉县良种场分设。

是年 全县总户数44979户,总人口269043人。全县地区生产总值2468万元,其中第一产业1970万元、第二产业152万元、第三产业346万元。农作物播种面积171.48万亩,粮食总产6959.5万公斤、油料总产461.5万公斤。地方财政收入220.4万元,地方财政支出1268.2万元,社会商品零售总额1920万元。

1978年

2月14日至17日 县委召开开门整风会议,县、社、大队三级干部参加会议。与会人员认真学习马克思、恩格斯、列宁、斯大林、毛泽东关于整党整风的论述,深入学习全国农业会议精神,联系实际,满腔热情地帮助县委揭矛盾、找差距、总结经验教训,集中解决"学大寨"存在的问题。

2月18日 县委下发《西吉县第八期党的基本路线教育的安排意见》。

2月22日 县委决定撤销西吉县手工业联社党总支。

3月2日 西吉县农业机械研究所成立,归农业局管理。

3月8日至10日 中国共产党西吉县第六次代表大会召开,到会代表342名,代表全县7071名党员。会议听取并审议县委书记王俊山代表上届县委作的工作报告;讨论并通过关于县、社、队三级干部改进作风的决议;选举产生中共西吉县第六届委员会、中共西吉县委纪律检查委员会,王俊山当选为县委书记,张德清当选为县纪委书记。

3月16日 西吉县第七届人大代表选举工作启动,选出县第七届人大代表401名。

3月25日 西吉县计划统计局改称为西吉县计划委员会,西吉县科技局改称为西吉县科学技术委员会。

4月10日 县委下发通知,撤销西吉县"七一四"干校,成立中共西吉县委员会党校,王俊山兼任校长。

4月11日 县委作出《关于学习李锁寿、大力转变作风的决定》。

4月27日 县委对县落实政策领导小组、县体委、县爱委会进行调整充实。

5月6日 县委决定成立工交口、财贸口、文卫口、农林口、农机口、水电口和群众团体党组。

5月10日 县革委会下发通知,全县所有工厂、生产大队、学校、商店及机关和企事业单位不再设立革委会和革命领导小组,现任革委会正副主任、革命领导小组正副组长,改为厂长、副厂长、大队长、副大队长、校长、副校长、经理、副经理等。

5月13日 县革委会发出《关于选举产生人民法院陪审员的通知》。《通知》指出,实行群众代表陪审制度,是保证人民群众参加国家管理和监督法院审判工作、密切同人民群众联系、增强审判力量的一项重要政治制度。县革委会决定,全县选举产生人民陪审员100名,任期两年。

5月21日 大坪供销社在全区财贸"双学"会议上被评为"大庆大寨式企业"。

5月30日 县革委会发出《关于全面开展审价工作的通知》,要求物价管理部门组织力量,对各类商品价格和非商品收费标准的历史资料进行清理整顿,并作出文字编排整理。

6月1日 县委批转县落实政策领导小组《关于处理审干遗留问题和落实政策工作安排意见》。

6月3日 三合公社卫生院荣获国家卫生部授予的“全国医药卫生先进集体”光荣称号,院长安效宗作为基层卫生院代表出席了全国医药卫生科学大会。

6月8日至10日 西吉县第七届人民代表大会第一次会议召开,到会代表358名。会议听取和审议县革委会主任王俊山作的《高举毛泽东思想伟大红旗,坚持党的基本路线,为实现新时期的总任务而奋斗》工作报告;选举产生新一届县革委会,王俊山当选为县革委会主任,王升、张玉珍、张秀莲、黄克富、马海山、程儒贵当选为副主任,王世杰当选为县人民法院院长、马芳当选为县人民检察院检察长。

6月30日 西吉县手工业管理局撤销,业务并入西吉县工交局。

7月1日 县委研究决定设立中共西吉县委党校总支委员会,王俊山兼任书记,余凤洲、刘宽任副书记。

7月9日 西吉县大坪供销社被列入“全国财贸大庆大寨式企业”光荣册。

7月9日至12日 全县连降暴雨,给农业生产和群众生命财产造成严重损失。农作物受灾面积69055亩,其中绝产20643亩。洪水造成14人死亡,冲走粮食5100斤、手扶拖拉机2台、大家畜10头、羊197只、兔1737只、蜂280箱,冲毁学校9处、民房46间、畜圈8处、公路44公里。灾情发生后,县委第一时间组织开展抢险救灾并及时向自治区党委和固原地委报告受灾情况。

7月12日 县委召开县直机关、企事业单位干部职工大会,县委副书记李俊清作了《立即行动起来,放手发动群众,大张旗鼓地开展“双打”运动,夺取揭批“四人帮”斗争的新胜利》动员报告。

7月16日 县革委会确定西吉中学为重点中学。

7月21日 县革委会编制印发《西吉县1978年—1985年国民经济发展八年规划》。

8月15日 西吉县恢复建立少年先锋队组织。

9月5日 县委决定,在县农田水利基本建设兵团设立机械化施工队。

9月7日 县委为减少事务性会议,决定恢复行政会议。

9月22日至29日 县委召开县、社、大队三级干部会议,传达贯彻全国农田基本建设会议精神、全国民兵工作会议精神,讨论研究全县农田基本建设主攻方向、重点任务、政策措施,部署安排今冬明春农田基本建设。

10月4日 县革委会举行第一次行政会议,研究决定县商业局在兴隆公社设立石油批发站事宜。

10月6日 县委决定,对县农田基本建设指挥部进行充实调整,马自福任指挥,王升、蒋生成任副指挥。

10月13日 因突降暴雨山崖塌陷,导致什字公社李海小学教室倒塌,造成打死学生6名、重伤2名、轻伤5名的严重事故。

10月14日 县委决定,将县农田水利基本建设兵团改为西吉县农田水利建设专业队,并成立西吉县农田水利建设专业队党委。

10月16日 县委决定,撤销县委农林办公室,成立中共西吉县委农村工作部;撤销西吉县农林局,成立西吉县农业局、西吉县林业局;撤销西吉县种子站,成立西吉县种子公司,归县农业局管辖。

10月19日 县革委会作出《关于调整自留地问题的决定》。指出,调整自留地要以1962年划分面积为基础,按生产队现有人口重新调整。原则上不能扩大面积,不能以山地换川地,不能以旱地换水地,不能影响农田基本建设统一规划。

11月8日 县委作出《关于落实全国财贸"双学"大会精神,迅速推开大坪供销社经验的决定》。

12月14日 西吉县财税局分设为西吉县财政局、西吉县税务局;在财政局挂建设银行的牌子,配备专职干部,履行建设银行的工作职责。

12月15日 全县教育工作会议召开,传达贯彻全国教育工作会议精神和邓小平在全国教育工作会议上的重要讲话精神,认真学习贯彻全区教育工作会议精神,讨论审定《西吉县1978年—1985年教育事业发展规划(草案)》,部署落实党的干部政策和知识分子政策工作。

12月16日 中共西吉县农田水利建设专业队委员会成立,魏明清任党委书记,韩玉玺任副书记。

同日 西吉县农田水利建设专业队管委会成立,庞新民任队长,马长清任副队长。

12月26日 县委召开全县党政机关、企事业单位职工干部大会,隆重纪念毛泽东主席诞辰85周年,并向全县农村转播了大会实况。

12月30日 县委发出《关于认真学习党的十一届三中全会公报的通知》,要求在全县广大党员、干部和群众中立即掀起学习、传达、贯彻公报的热潮。

是年 全县总户数46198户,总人口274186人。全县地区生产总值2664万元,其中第一产业1919万元、第二产业186万元、第三产业559万元。农作物播种面积171.48万亩,粮食总产6887万公斤、油料总产141.5万公斤。地方财政收入244.6万元,地方财政支出1471.1万元,社会商品零售总额1949万元。

1979年

1月1日 西吉县开放粮油集市贸易。

1月20日 县委作出《关于在卫生系统开展向三合卫生院学习的决定》。

2月2日 县革委会决定,对土地改革以后历次政治运动中补划的地主、富农成分给予纠正,恢复其土改时的原定成分。

2月6日 县委召开县、社、大队、生产队四级干部会议,认真学习领会中央工作会议精神、十一届三中全会精神、区党委扩大会议精神,全面贯彻落实《中共中央关于加快农业发展若干问题的决定(草案)》《农村人民公社工作条例(试行草案)》和中央关于给地主、富农分子摘帽等文件精神,表彰先进,总结交流各项工作经验教训,安排部署当年任务,讨论落实各项具体措施。

2月9日 县委下发《关于贯彻农村人民公社(六十条)的几点意见》。提出10条贯彻意见:一是人民公社、大队、生产队坚持三级所有、队为基础的制度,加强定额管理。二是生产队的大家畜坚持以集体饲养为主,也可将母畜、幼畜包给个人饲养。三是鼓励社员养羊、养猪,每户可养1—2头大家畜。四是可在闲散沟坡或退耕地中,按每人2分划给社员种树种草。五是自留地、饲草地、种树地划定后归社员使用,不准买卖、出租、转让。六是公路沿线的公社、大队、生产队经公社同意、工商局批准,发给营业证,开办旅店、饭馆,由社队管理,自负盈亏。七是禁止开荒。八是不定期举办全县性牧畜交流大会。九是农村阶级成分现为贫下中农的一律不动,原为贫下中农成分后上升为中农、上中农成分的一律改正过来。土改以后,补划为地主、富农成分的,改按土改时的成分对待。十是农村实行放假制度,男社员每月两天、女社员每月四天、回族群众开斋节放假三天。

2月15日 县委、县革委会作出《关于奖励一九七八年先进社队、单位和个人的决定》,对公易、硝河、西滩、兴隆、白崖、大坪、兴平、三合等8个公社和23个大队、2个社办牧场、154个生产队、25个企事业单位及164名先进个人给予表彰奖励。

2月20日 县革委会下发《关于纠正土改以后补划地主、富农成分问题的几点具体意见》。《意见》指出,土改以后,农民成分补划为地主、富农成分的,按土改时的成分对待,对群众意见大的个别户要核实材料,上报县革委会审定。

2月21日 根据中共中央《关于恢复中央军委和各级地方党委人民武装委员会的通知》,西吉县人民武装委员会恢复成立,县委书记王俊山任县人民武装部第一政治委员。

3月1日 县委下发通知,经公社党代会选举、县委常委会议研究,同意将台、玉桥、新营、红耀、什字、公易、沙沟、白崖、田坪、城关、夏寨、西滩、兴平、硝河、偏城、蒙宣、平峰等17个公社组成新的公社党委。

3月3日 县委下发通知,经公社人代会选举,县委常委会议研究,批准将台、玉桥、新营、红耀、什字、公易、沙沟、白崖、田坪、城关、夏寨、西滩、兴平、硝河、偏城、蒙宣、平峰等17个人民公社革命委员会组成人员。

3月8日 县革委会发出《关于贯彻落实〈中共中央关于地主、富农分子摘帽问题和地、富子女成分问题的决定〉的通知》,要求全县4月底完成给地主、富农分子摘帽和改定其子女成分的工作。

同日 自治区妇联授予将台公社毛家沟大队妇代会、硝河公社女子篮球队、火石寨公社蝉窑大队医疗站、大坪公社马建大队女子基建连、新营公社碱滩大队托儿所、县幼儿园、县农机修造厂妇工小组等7个单位为全区“三八红旗集体”。

3月9日 全国妇联授予西吉县农机修造厂妇工小组全国“三八红旗集体”称号,授予王庆玲、马志英、李芙蓉、马国兰、苏光花5人全国“三八红旗手”称号。

3月11日 西吉县物价委员会成立。

3月19日 县委发出《关于认真贯彻落实中共中央〔1979〕12号文件精神的通知》。《通知》指出,全县各级组织要迅速行动起来,组织干部、党员、群众认真学习贯彻《中共中央 国务院关于进一步加强全国安定团结的通知》,做到家喻户晓,深入人心;全面抓好春耕生产,切实安排好群众生活;正确处理两类不同性质的矛盾,落实好党的政策,警惕一小撮反革命分子破坏活动。

3月20日 西吉县财政局、西吉县税务局成立。

3月21日 县委研究决定,在坚持人民公社三级所有制的前提下,充分尊重生产队的自主权,允许生产队划分作业组,实行“定面积、定作物、定产量、超产归组”的作业组承包责任制。

3月23日 县革委会设立党组,撤销工交口、文卫口、财贸口、农林水口、群众团体党组和供销社党的核心小组,设立农业、林业、水电、工交、商业、供销、文教、农机、卫生、工税银、粮食、党政群系统党的总支委员会。

3月26日至28日 县委在将台公社召开葫芦河流域水利工程配套工作会议,研究部署水利基建工程配套和夏灌准备工作,明确各水库灌溉任务,要求各相关公社、单位做好夏灌各项准备,保证按时夏灌,夺取农业丰收。

4月11日 西吉县人民法院审判委员会成立。

4月13日 县委作出《关于当前农村工作的几点意见》。《意见》指出,为全面贯彻落实党的十一届三中全会确定的路线方针政策,调动一切积极因素,保证实现党的工作重点转移,夺取农业丰收。全县各级组织和干部要统一思想认识,正确分析新情况、解决新问题,广泛深入宣传政策,严肃认真执行政策,坚定不移贯彻党的十一届三中全会精神,大抓农业、抓好农业。

4月19日 县委下发通知,经公社党代会选举,县委常委会议研究,同意兴隆、王民、火石寨、三合等4个公社组成新的党委;经公社人代会选举,县委常委会议研究,同意并批准兴隆、王民、火石寨、三合等4个公社革委会的组成人员。

4月20日 中国人民建设银行西吉县支行成立。

4月21日至23日 共青团西吉县第七次代表大会召开。会议传达学习党的十一届三中全会精神,回顾总结共青团第六次代表大会以来工作,部署安排今后工作任务,表彰奖励一批先进集体、先进个人,选举产生共青团西吉县第七届委员会。

4月26日至29日 西吉县第八次妇女代表大会召开,传达学习党的十一届三中全会精神、全国妇代会精神、全区妇代会精神,听取张国华代表上届委员会作的工作报告,表彰奖励一批先进集体、先进个人,选举产生县第八届妇女联合会,张国华当选为主任。

4月30日 县委召开工作会议,传达学习党的理论务虚会议精神、邓小平同志重要讲话精神,讨论分析、总结交流贯彻党的十一届三中全会精神及有关工作开展情况,研究部署今后工作。自治区党委副书记马信到会指导并作重要讲话。

5月5日 县革委会批准建设西山燃料林带。林带长155里,宽300—600米,总面积6.8万亩。

5月8日 自治区地方病办公室负责人检查指导西吉县鼠疫防治工作。

5月14日 县革委会研究决定,成立何家店子园艺场、刘家山头农林场改为林场、王坪林场改为林业工作站。

5月19日 县委发出《关于紧急动员起来,开展抗旱抗灾斗争的紧急通知》。《通知》指出,去冬今春以来,全县无雪无雨,加之低温冷冻和大风土雾,给农业生产带来严重影响,西部干旱带"社、队"人畜饮水发生困难,羊只、牲畜死亡率很高。县委要求县、社、大队三级干部立即深入第一线,逐队逐地块检查落实灾情,认真调查研究,采取一切有效措施,及时解决存在的问题。

5月23日 县委作出《关于开展向对越自卫还击战英雄学习的决定》,要求在全县立即开展一个向英雄学习的热潮,对广大干部、群众和青年进行一次生动的爱国主义和革命英雄主义教育。

6月6日 县委召开抗旱抢种会议,研究落实抢种物资、种子,部署抗旱抢种工作。

6月20日至23日 西吉县第二届工会会员代表大会召开,听取审议上届委员会工作报告,部署安排今后工作,选举产生西吉县总工会第二届委员会,张秀莲当选县工会主席。

6月26日至30日 县委召开工作会议,传达学习华国锋在中央工作会议上的重要讲话精神、邓小平在党的理论务虚会上的重要讲话精神、全国人大五届二次会议《政府工作报告》,传达学习自治区党委书记李学智、副书记马信在区党委工作会议上的讲话精神;讨论研究调整国民经济、抓好农业生产重点任务、关键措施,县委书记王俊山作了总结讲话。

7月30日 县委、县革委会发出《关于认真贯彻区党委、革委会"紧急通知",坚决打好抗灾保粮这一仗的通知》。

7月31日 县革委会战备办公室在县城组织227人的"三抢"(抢救、抢运、抢修)队伍,编为8个排、22个班,由县人防领导小组统一指挥,战时担负"三抢"任务。

8月4日 西吉县交通监理站、西吉县林业科学技术研究所成立。

8月22日 西吉县第二中学建成并招生。

9月12日 县委批转县公安局党委《关于在机关内部切实加强安全保卫工作的报告》。《报告》指出,搞好机关内部安全保卫工作是保卫党和国家安全、保护人民财产不受损失的一件大事,要求全县各机关单位认真开展一次内部安全保卫工作大检查,针对存在的问题落实防范措施,各单位都要建立值班制度。

9月12日至19日 县委召开县、社、大队三级干部会议,传达贯彻全国农田基本建设会议精神和华国锋、李先念重要讲话精神,认真落实全区农田基本建设会议精神。县委副书记马自福作了《认真总结经验,掀起农田基本建设新高潮》的报告,实地观摩学习平峰公社陈滩大队造林种草、大坪公社林场、三合公社母畜养殖、马建大队农田基本建设等典型,并部署安排今冬明春农村工作。

9月20日 兰宜公路(兰州至陕西宜川)西吉段竣工通车。

10月2日 西吉县第三次农民体育运动会在县城体育场召开。

10月16日 宁夏固原、甘肃定西两地、五县第四次鼠疫联防会议在西吉县召开。

10月18日 西吉县水泥厂建成投产。后因原材料采运难度大、设备不完善、技术力量不足、产品成本高等原因停办。

10月20日 县革委会为红军长征时期流落西吉县的17名红军战士颁发《红军流落人员证》,并进行妥善安置,享受退伍红军老战士政治待遇,定期定量发给生活补助费。

10月31日 县委办公室、县革委会办公室联合发出《认真做好群众来信来访工作的通知》。

11月8日至12日 县委召开常委会(扩大)会议,学习贯彻党的十一届四中全会精神、叶剑英在庆祝中华人民共和国成立三十周年大会上的讲话精神、自治区党委常委会(扩大)会议精神,研究部署落实农村经济政策促进农业发展工作。

12月10日 县委下发《关于贯彻全区治安工作会议精神的意见》,对整顿社会治安作出部署安排。

12月17日 县革委会下发《关于自治区重点支援穷困低产县投资使用安排意见》。《意见》指出,自治区分配西吉县重点支援穷困低产县投资100万元,其中用于造林14.6万元、种草17.1万元、养牛养羊29.3万元、社办企业13万元、多种经营14万元、购置小型农具12万元。

12月19日 西吉县交通管理站成立。

12月30日 西吉县电影管理站改为西吉县电影发行放映公司。

是年 全县总户数46989户,总人口281476人。全县地区生产总值2714万元,其中第一产业1962万元、第二产业225万元、第三产业527万元。农作物播种面积171.48万亩,粮食总产6116.5万公斤、油料总产178万公斤。地方财政收入186.3万元,地方财政支出1912.4万元,社会商品零售总额2030万元。

1980年

1月1日 中国农业银行西吉县支行恢复成立。

1月2日 西吉县防火安全委员会成立,马海山任主任。

1月4日 县革委会决定撤销大坪中学高中部、将台中学高中部;撤销城关公社李家沟学校、新营公社碱滩学校、红耀公社关儿岔学校、大坪公社张湾学校、蒙宣公社红庄学校、三合公社王庆学校、什字公社新店子学校、将台公社西坪学校、硝河公社郎岔学校、偏城公社柳林学校初中部。

1月6日 西吉县医药管理局成立,与西吉县药材公司实行政企合一管理,直属自治区医药管理局管理。

1月10日 县委召开工作会议,讨论研究建立农村生产责任制的问题。会议研究决定,除分田单干、包产到户、口粮田不能搞以外,其他各种行之有效的群众欢迎的责任制都可以试行,不搞一刀切。

1月12日 县委、县革委会决定成立“西吉县穷队投资管理办公室”,单志兰任主任,张和圣任副主任。

1月15日 县委决定成立西吉县水电局党总支。

1月18日 西吉县农村经营管理站成立。

1月20日 西吉县消防中队设立。

2月8日 县委批转西吉县整顿秩序领导小组《关于贯彻全区整顿治安秩序会议精神,继续抓好整顿治安秩序工作的意见》。《意见》提出,大力开展法制教育,特别是青少年法治教育;建立健全基层治保组织,加强基础工作,加强对旅店、刻字、旧货、修理等特种行业管理;加强安全防范,坚决打击刑事犯罪分子。

2月26日至3月3日 县委召开县、社、大队三级干部会议,总结“落实政策”工作,对实行农村生产责任制进行再研究、再部署。明确提出,农村可以搞专业的“四固定”作业组,也可以搞定额管理、评工记分、季节性小包工;林、牧、副、农机可以搞专业组、专业户、专业人的责任制,但不许搞包产到户、口粮田,不许在大田粮食生产中搞责任田。

3月2日 县委、县革委会作出《关于奖励一九七九年农业先进单位的决定》,对1个大队、3个公社农牧场、44个生产队给予表彰奖励,共奖现金1970元、铁牛“55”拖拉机一台、手扶拖拉机8台、马40匹。

3月7日 西吉县土壤普查工作领导小组成立,程儒贵任组长,抽调90名技术干部,对全县的土壤进行全面普查。

3月12日 西吉县调整工资考评领导小组成立,马自福任组长,负责全县干部职工工资调整考评工作。

3月16日 在国家林业部规划院、西北林业调查规划大队和自治区、固原地区林业部门帮助指导下,全县林业资源调查和农业区划工作启动。

3月19日 县革委会下发《1980年农田水利工作的安排意见》,计划当年兴修水平梯田8000亩、建设洪漫地2000亩、整修梯田20000亩、复平水地15000亩,完成马莲水库干渠砌护、什字水库干渠砌护、兴隆川口水库续建、沙沟阳庄水库干渠扩延工程。

3月20日 西吉县防治地方病领导小组成立,张秀莲任组长,韩尧章、吕银河任副组长。

3月24日 县委、县革委会编制下发《西吉县1980年—1985年林业发展初步规划》,对全县林业5年发展思路、目标任务、重点工作作出安排,实现兴林兴牧促农。

3月28日 西吉县医务劳动鉴定委员会成立,韩尧章任主任,齐春晖、张玉栋任副主任。

3月 西吉县被国家林业部确定为三北防护林工程建设重点县。

4月1日 西吉第一中学教学楼动工兴建。工程投资52万元,建筑面积2998平方米,1982年8月竣工交付使用。同时兴建第四中学教学楼,共投资83万元,面积2933平方米。

4月5日 西吉县被确定为黄土高原水土流失综合治理科学试验基地县。

4月10日 世界粮食计划署项目评估组的专家一行3人,来西吉实地调研考察"2605"项目(西吉县防护林建设工程)受援工作。

4月21日 西吉县外贸冷库动土兴建,项目总投资188万元、建筑面积4600平方米、占地面积2.67公顷,由容量130吨的主库、机动车间、屠宰车间、加工车间、饲养场、生活区组成。1981年12月建成生产。

5月1日 西吉县影剧院动工兴建,工程总投资153万元、建筑面积2715平方米、占地面积2公顷,由舞台、放映厅、剧场、排练厅、生活区、广场组成。1982年12月竣工运营。

5月5日 县委决定成立西吉县青少年教育领导小组,王玉珍任组长。日常工作由团县委负责。

同日 县委决定成立西吉县综合治理规划领导小组,程儒贵任组长,杨国栋任副组长。

5月6日 县委决定成立西吉县公安局刑警队,同时撤销西滩派出所、白崖派出所。

5月7日 县委决定成立西吉县土壤普查工作领导小组临时党支部,程儒贵任书记,魏至谦、李春发任副书记;成立西吉县外贸冷库筹建领导小组临时党支部,苏连兴任书记,马付保任副书记。

5月10日 西吉县防雹指挥部成立,程儒贵任指挥,杨定平、甄应瑞任副指挥。

6月3日 自治区决定,对西吉县实行粮食免征免购5年的特殊政策,农民只承担油脂征购任务。

6月6日 县委下发《关于改善党的领导,加强自身建设的意见》。《意见》提出:一要坚决贯彻执行党的政治路线、思想路线和组织路线,把党委的工作重点转移到以经济建设为中心上来,抓好经济工作。二要坚持党的民主集中制原则,防止个人专断。三要坚持集体领导与个人负责相结合的制度。四要充分发挥政府和各业务部门、群众团体等组织的作用,改变党委包揽行政事务的现象。五要带头遵守《关于党内政治生活的若干准则》。六要改进思想作风和工作作风。

6月12日 县革委会决定恢复西吉县草原工作站,隶属西吉县农业局管理。

6月19日 自治区党委第一书记李学智带领调查组到西吉调研检查农村经济政策贯彻落实情况,指出当前最重要的是继续解放思想、放宽政策。

6月28日 县委、县革委会、县人民武装部作出《关于表彰民兵工作先进单位和先进个人的决定》,对9个民兵工作先进单位和4名先进个人授予锦旗,给予荣誉和物质奖励;对23个先进单位和37名先进个人,给予荣誉和物质奖励;批准6个民兵营为民兵工作"三落实"先进单位。

7月2日 西吉县建筑安装工程队成立,由县计委管理。

7月11日 县革委会、县人民武装部下发《贯彻国务院、中央军委关于加强民兵武器管理、防止枪支被盗的通知的意见》。《意见》提出:一要切实加强对民兵武器管理工作的领导。二要抓好思想教育。三要严格执行规定,武器弹药装备由公社集中保管。四要加强管理措施,严格落实擦拭保管制度,采取定人、定枪、定责任。五要详细建立账目登记,做到心中有数。

7月13日 县委统战部向区、地党委统战部呈报《关于开放清真寺问题的请示报告》。《报告》提出,为满足群众宗教生活,经报请县委同意,在原开放27座清真寺基础上,再开放76座清真寺。

7月20日 县委决定成立西吉县人事局、西吉县档案馆,撤销西吉县革委会知识青年上山下乡安置办公室。

7月25日 县委发出《落实基层干部政策有关问题的通知》,对落实基层干部政策作出明确规定和具体要求。

7月30日 县革委会决定成立西吉县县城交通、环卫、集市整顿领导小组,黄克富任组长,刘建业、高汉珍、吕银河、马维屏任副组长。

7月31日 县委决定成立西吉县保密委员会,张德清任主任,马海山、薛芳林任副主任。

8月4日 县委决定将西吉"五七"学校改称西吉教师进修学校,成立西吉第二中学。

8月9日 林业部三北林业局提出西吉县防护林工程项目,由国家农牧渔业部牵头,林业部申请,中国政府同世界粮食计划署协商。

8月12日 县革委会决定成立西吉县沼气领导小组,程儒贵任组长,王怀瑾、姜仕鑫任副组长。

8月16日 西吉县民族宗教事务局成立。

9月2日 县委决定成立西吉县农业现代化综合实验基地县领导小组。

9月3日 县革委会决定成立西吉第四中学。

9月25日 西吉县在县城新建农贸市场举办"文化大革命"后的第一次物资交流大会。参加商贸交流的有平凉、静宁、会宁、海原、固原、隆德等外省、外县和本县30多家商业企业、300多个个体商贩,对促进西吉改革开放和经济发展具有重要意义。

9月26日 县委决定成立西吉县选举委员会,王俊山任主任,张德清、王升、马海山任副主任。

9月29日 县委、县革委会下发《关于开展县、社两级选举工作的安排意见》,对县、社两级人民代表选举工作作出部署安排。

10月4日 世界粮食计划署为西吉县提供援助的"2605"项目在北京签字。

10月5日 马保国任中共西吉县委书记,杨万栋任西吉县革委会主任。

10月15日 县委批转公安局党委《关于当前社会治安方面出现的问题及今后工作的建议》。《建议》要求各级党组织高度重视全县社会治安方面存在的问题,深入分析问题根源,进一步加强领导,采取有效措施,切实把社会治安秩序和内部治安搞好,维护社会稳定、政治安定,保障各项建设事业顺利进行。

10月20日 县委召开县、社、大队三级干部会议,传达贯彻《中共中央〈关于进一步加强和完善农业生产责任制的几个问题的通知〉》精神,研究部署贯彻落实措施。一是完善现行责任田(作业组);二是实行专业承包,联产计酬;三是实行包产到户、包干到户;四是实行口粮田加责任田。会议要求1981年1月底前,全县各公社、大队、生产队完成农业生产责任制工作。

10月21日 西吉县地名普查工作领导小组成立,马海山任组长,王炳山、余凤洲任副组长。

10月23日 西吉县科学技术协会成立,王怀瑾任主席,刘致汉、肖德林、杜仞千任副主席。

10月30日 县委下发《关于贯彻中共中央〔1980〕75号文件精神有关问题的处理意见》。《意见》根据《中共中央〈关于进一步加强和完善农业生产责任制的几个问题的通知〉》精神,结合西吉县实际提出如下贯彻措施。一是完善现行责任制。包括小段包工、定额计酬、专业性作业组和大包干作业组等;二是专业承包,联产计酬;三是包产到户、包干到户;四是口粮田加责任田。将一定数量的土地,依现有人口划给社员耕种,以解决基本口粮,其余土地及林、牧、副、农机等由生产队集体统一经营管理。

11月3日 西吉县综合考察规划队成立,程儒贵任队长,高振杰任副队长。

11月13日 西吉县司法局成立,内设办公室、公证处、法律顾问处。

同日 西吉县计划生育办公室成立。

11月23日至28日 全县教育工作会议召开,传达贯彻全区教育工作会议精神,研究部署教育事业发展工作,讨论制定《西吉县中小学教育发展规划》。县革委会主任杨万栋作了教育工作报告,县委书记马保国作了总结讲话。

11月28日 县委下发《关于搞好账务清理和财产登记工作的通知》。《通知》指出,认真搞好账务清理和财产登记工作是搞好决算分配、贯彻按劳分配政策、落实生产责任制的基础和前提,是维护集体利益、保护社员切身利益、维护安定团结的大事。各级组织和干部要认真细致地抓好账务清理和财产登记工作,绝不能马虎从事。

12月5日 县革委会印发《西吉县1981—1985年林业发展规划》。

12月9日 县委召开生产责任制汇报会议。截至1980年12月8日,全县实行包产到户的1390个生产队,占生产队总数1899个的73.2%;实行口粮田加责任田的338个生产队,占总数的17.8%;未定型的171个生产队,占总数的9%。

12月15日 程儒贵任中共西吉县委副书记,免去西吉县革委会副主任职务。

12月20日 县委"摘帽"办公室下发《对错划右派已作改正的同志给予生活困难补助的通知》。全县错划右派已作改正的共66人,给予生活困难补助18900元。

12月22日 县委批转县人武部党委《关于一九八一年、一九八二年民兵教育训练安排的通知》。《通知》指出,各级党委要充分认清和切实解决农村实行生产责任制后,给民兵建设带来的新问题、新挑战,切实做好民兵执勤和训练保障工作。

12月23日 《西吉县国民经济和社会发展"六五"计划》编制完成。

12月29日 全县完成工商企业普查登记和换发营业证照工作。全县核准应发证照的地方工商企业434个(户),其中工业38户、交通运输业5户、建筑业9户、商业289户、饮食业55户、服务业38户;按照所有制分类,全民所有189户、集体所有79户、个体166户。

是年 全县总户数47831户,总人口291842人。全县地区生产总值4225万元,其中第一产业3513万元、第二产业228万元、第三产业484万元。农作物播种面积174.15万亩,粮食总产6706万公斤、油料总产366.5万公斤。地方财政收入156万元,地方财政支出1958.9万元,社会商品零售总额2398万元。

1981年

1月6日 县委印发《全县教育工作会议纪要》。《纪要》针对全县小学普及率低、学龄儿童入学率低、中等教育结构单一、合格教师缺、教学质量低等问题,要求各级党委、政府把教育工作列入重要议事日程,加强学校领导班子和教师队伍建设;把普及小学教育作为教育工作首要任务来抓,用15年时间普及小学教育;抓好中等教育结构改革,提高教学质量;抓好工农业余教育,用10年时间完成扫盲任务。

1月9日至16日　政协西吉县第二届委员会第一次会议召开。会议传达学习邓小平在全国政协五届三次会议上的讲话精神、政协宁夏回族自治区三届三次会议精神;听取和审议张德清作的政协工作报告;选举产生政协西吉县第二届委员会,黄克富当选为政协主席,于志祥、李占荣、杨会田、鲜培礼、王栋当选为副主席。

1月11日至17日　西吉县第八届人民代表大会第一次会议召开。会议听取和审议杨万栋代表西吉县革命委员会作的工作报告、王世杰作的西吉县人民法院工作报告、杨振华作的西吉县人民检察院工作报告,并作出相应决议;会议选举产生西吉县第八届人民代表大会常务委员会,张德清当选为主任,王效仁、马海山、杨定平、林元玫当选为副主任;会议根据上级决定,撤销西吉县革命委员会,设立西吉县人民政府,选举产生西吉县第八届人民政府领导班子,杨万栋当选为县长,冯建元、张秀莲、毛占杰、杨兆清当选为副县长。王世杰当选为西吉县人民法院院长,陈凤翔当选为西吉县人民检察院检察长。会议还选举出席宁夏回族自治区第四届人民代表大会代表22名。

1月17日　县委下发《关于认真传达学习中央〔1981〕2号文件的通知》。《通知》指出,中央决定在经济上实行进一步调整、政治上实行进一步安定的方针具有极为重要的意义,要求各级党委务必高度重视,坚决贯彻落实,切实抓紧抓细,抓出成效。

1月24日　县委决定成立西吉县人大常委会党组,张德清任党组书记,马海山任党组副书记;西吉县革委会党组更名为西吉县人民政府党组,杨万栋任党组书记,冯建元、毛占杰任党组副书记;成立政协西吉县委员会党组,黄克富任党组书记,李占荣任党组副书记。

1月28日　县委决定撤销全县23个人民公社革命委员会,恢复公社管理委员会。

2月14日　县政府作出《关于开展农业资源调查和农业区划规划工作的安排意见》,成立西吉县综合规划队,抽调120名干部、技术人员,划分10个专业组,开展农业资源调查、制订农业发展规划,为全县农业发展提供科学指导。

2月16日　县政府决定:成立西吉县城建局,属事业单位、企业管理,撤销城建组;汽车保养厂合并到县汽车运输队。

2月23日至28日　县委召开工作会议,传达贯彻中共中央〔1981〕2号文件精神,讨论审定中共西吉县委《关于加强党的政治思想工作的意见》《关于进一步加强和完善农村生产责任制的意见》《关于搞好西吉防护林建设工程和春耕生产的安排意见》,对加强思想政治工作、完善农村生产责任制、搞好防护林建设工程、抓好春耕生产作出部署。

3月9日　西吉县经济委员会成立,与县工交局一套班子、两个牌子。

3月10日　县政府向宁夏区政府、国家三北林业局呈报《西吉县防护林建设工程方案》。《方案》规划造林5万公顷、种草5万公顷,有力改善西吉生态环境,实现治穷致富。

3月21日 县政府下发《关于一九八一年林业工作的安排意见》。《意见》指出,为早日实施《西吉防护林建设工程》项目,安排当年造林12万亩、种草15万亩、育苗1.5万亩、“四旁”植树600万株。

3月23日 西吉县地名普查领导小组成立,抽调41名工作人员,对全县2583个地名逐条普查核实,使图、表、文、卡(片)达到一致。经自治区地名办公室审查验收和县人民政府批准,1982年5月由陕西省测绘局出版《西吉县地名志》,此书是西吉县第一部地名志书。

4月7日 西吉县统计局、西吉县二轻工业局成立。

4月10日 新华社对西吉、海原、固原、泾源、同心等县培养选拔少数民族干部和妇女干部的做法进行了宣传报道。

4月16日 西吉县生活饮用水鉴定小组成立,对全县饮用水源进行普查,查清全县饮用水源共6667处,其中井水2204眼、泉水1505处、河水108处、坝水12处、窖水2838处,取井水100份、泉水150份、窖水57份、河水14份、坝水3份,共324份水样进行化验分析。分析结果pH值总合格率为98.14%。

4月25日至29日 世界粮食计划署项目管理官员莫瑞和联合国粮农组织林业官员克尼克、特尔弗到西吉县大坪、蒙宣、平峰、火石寨、新营、兴隆等公社林牧场、苗圃实地考察,并走访部分农户。考察认为西吉县实施“防护林建设工程”准备工作做得好,计划周到,同意西吉实施“防护林建设工程”项目。

5月8日 县政府决定,撤销白崖中学高中部和新营二府营、田坪南岔、三合王老、平峰金塘、兴平友爱、王民红太等6所“戴帽”初中。

5月14日 县委决定,撤销西吉县政法党组,成立西吉县政法领导小组,马保国任组长、何占江任副组长。

5月19日至30日 县委召开工作会议,全体县级领导、县直机关部门负责人、各公社书记、主任参加会议,固原地委副书记马廷荣到会指导并讲话。会议传达贯彻中共中央〔1981〕1号、2号、5号、7号、9号、13号、15号文件精神,各公社汇报交流了农村工作,研究部署了全县农村工作,县委书记马保国作了总结讲话。

6月2日 县委下发《关于庆祝建党六十周年的通知》,对庆祝建党六十周年作出安排。一是广泛宣传党在六十年艰苦历程中的丰功伟绩,宣传“没有共产党就没有新中国”“只有社会主义才能救中国”的真理;二是各级党组织、全体党员要在政治上与党中央保持一致;三是组织党员、干部和群众深入学习《关于建国以来党的若干历史问题的决议》;四是各级党组织要组织党员学习《中国共产党章程》(修改草案)和《关于党内政治生活的若干准则》,切实建立和健全“三会一课”制度;五是7月1日县委举行报告会,晚上举办西吉县庆祝建党六十周年文艺晚会。

6月16日 经自治区党委同意、固原地委批准,西吉县下堡人民公社、西吉县白城人民公社成立。

6月22日 县政府向自治区政府、固原行署呈报《关于农业生产受灾情况的报告》。《报告》指出,从去年8月至今年5月的280多天中,西吉县未降一场透雨,且低温霜冻、风沙土雾频发,全县农作物受灾面积达111万亩,西部干旱片带的4个公社102个生产队的12375人、2765头大家畜、7186只羊饮水发生困难。

6月28日 西吉县召开水土流失综合治理科研协作会议,国家林业部、中国科学院、西北水土保持研究所、北京林学院、宁夏农学院、宁夏农林科学院、自治区科委等单位派专家、学者出席会议,围绕水土流失综合治理科研协作提出建议。

7月1日 县委在县影剧院隆重举行庆祝中国共产党建党六十周年报告会,县委书记马保国在大会上作了《西吉县庆祝中国共产党建党六十周年政治报告》。县委、县人大、县政府、县政协、县人武部领导同志,各公社书记、社长,县直机关全体共产党员和干部职工共700多人参加报告会。

7月10日 县委下发《关于深入学习〈关于建国以来党的若干历史问题的决议〉的通知》,要求各级党组织把认真学习宣传贯彻《决议》作为最重要的政治任务,做到领导干部带头学好、党员干部深入学、社员群众普遍学,使《决议》家喻户晓、人人皆知、入心入脑。

7月11日 县委、县政府下发《关于计划生育若干问题的试行规定》,提出五条措施:一是加强宣传教育,使中央、自治区计划生育政策措施家喻户晓。二是奖励独生子女。三是限制超计划生育。四是对1980年6月1日后超生的要征收社会抚养费。五是计划生育部门要积极主动开展工作。

8月1日 西吉县多种经营领导小组成立,杨兆清任组长。

8月5日 西吉县党史资料征集、县志编辑领导小组成立,马保国任组长,杨万栋、王玉珍任副组长。

同日 西吉县平反纠正"叛乱"案件领导小组成立,张德清任组长,马海山、李占荣、王玉珍任副组长。

8月6日 县委召开会议,传达贯彻中共中央、国务院《关于保护森林发展林业若干问题的决定》精神,对加快《西吉防护林工程》建设、大力植树种草、建设防护林体系、保护改善生态环境作出部署。

8月8日 县委决定成立西吉县人民检察院党组,陈凤翔任书记,马继荣任副书记。

8月11日至18日 县委召开六届三次全委(扩大)会议,深入学习中共中央《关于建国以来党的若干历史问题的决议》,传达贯彻中共十一届六中全会精神、区党委四届四次全委会议精神;县委、政府有关领导就抓好党风廉政建设,建立和完善农、工、商生产责任制分别作了专题发言;审定通过中共西吉县委《关于认真学习贯彻党的十一届六中全会精神的决定》;地委副书记马廷荣到会指导并讲话,县委书记马保国总结讲话。

8月17日 西吉县第三次人口普查领导小组成立,冯建元任组长,何占江、单志兰、魏明清任副组长。

8月22日 县委批转县人武部党委《关于贯彻中共中央〔1981〕11号文件精神，搞好我县民兵组织调整的实施计划》。

9月5日 县委批转西吉县平反纠正“叛乱”案件领导小组《关于做好西吉县几起预谋叛乱案件平反纠正工作的安排意见》。

9月11日 日本著名地质学家藤田和夫、日本京都大学副教授尾池和夫和竹内博士应中国地震局地质研究所邀请，在国家地震局地质研究所副研究员汪一鹏的陪同下，到西吉县城关公社李家沟大队实地考察地震滑坡及堰塞湖。

9月13日 自治区政府授予西吉第一中学教育先进集体荣誉称号。

9月15日 县委对县防治地方病领导小组成员进行调整，张秀莲任组长，海生云、张映君任副组长。

同日 县委决定成立西吉县工交党总支委员会，王文德任书记、杨继斌任副书记；成立西吉县二轻党总支委员会，刘枝林任书记、雷普云任副书记。

9月15日至17日 西吉县城关公社、新营公社、火石寨公社、白崖公社、沙沟公社、红耀公社的30个大队、133个生产队先后遭受冰雹侵袭，造成32221亩农作物受灾，其中绝产25356亩。

9月17日至23日 中国科学院和区党委、区政府在银川联合召开农业现代化基地县工作会议，决定国家林业部同宁夏联合在西吉县进行农业现代化基地县试点。

9月23日 县人民政府发布1981年冬季征兵命令，征集新兵163名。

9月28日 世界粮食计划署援助政策和计划委员会批准向中国提供两项总额为3000万美元的粮食援助开发项目，其中一项是宁夏西吉县防护林建设工程项目。

10月2日 县政府召开全县多种经营工作会议，传达学习中共中央《关于农村经济政策问题的一些意见》(〔1981〕13号文件)精神、固原地区多种经营工作座谈会议精神，讨论审定《西吉县多种经营“六五”发展计划》。固原地区行署副专员杨诚忠、地区社企局局长赵国信到会并讲话，县长杨万栋部署安排多种经营工作。

11月25日 西吉县人民法院党组成立，王世杰任书记、马克勤任副书记。

11月28日 县政府决定向农民颁发林权证书。

12月1日 县委下发《关于传达贯彻中央和全区农村工作会议精神的安排意见》，对全县传达贯彻中央和全区农村工作会议精神作出部署，提出具体措施。

12月4日 县委、县政府作出《关于计划生育若干具体问题的规定》。要求全县各级党政组织切实加强领导，做到“两种生产”一起抓、两种指标一起下、两种合同一起订；提倡晚婚晚育、实行计划生育、奖励独生子女、限制超计划生育，对计划生育工作人员实行奖罚制度。

12月26日 县委、县政府作出《关于表彰奖励文化战线先进集体和先进个人的决定》,对将台公社文化站、县幼儿园等12个先进集体和李常升、丁平等15名先进个人予以表彰。号召全县文化工作者坚持文艺为人民服务、为社会主义服务的方向,为活跃群众文化生活积极工作。

12月30日 中共中央总书记胡耀邦对西吉防护林建设工程作出重要批示:“这是你们的一件大事,又是关系国家名誉的重要问题。只许为国家争光,不许给国家出丑。这两句话要使西吉党组织人人都明白,并为之奋斗。”

是年 全县总户数48920户,总人口301671人。全县地区生产总值3881万元,其中第一产业2892万元、第二产业208万元、第三产业781万元。农作物播种面积165.9万亩,粮食总产5468万公斤、油料总产372.75万公斤。地方财政收入164.6万元,地方财政支出1806.6万元,社会商品零售总额2224万元。

1982年

1月3日 自治区党委发出《关于传达贯彻中共中央总书记胡耀邦对建设西吉防护林工程重要批示的通知》。《通知》要求西吉县委领导动员全县人民,同心协力搞好宁夏第一个国际援助项目——西吉防护林工程,为国家争光。之后,区党委又成立区、地、县三级干部组成的西吉防护林工程领导小组,并从区级机关抽调100名干部到西吉县指导帮助建设防护林工程。

1月15日 县委以电话会议形式召开县、社、大队、生产队干部和党员、群众代表会议,传达学习中共中央总书记胡耀邦对建设西吉防护林工程重要批示和自治区党委《关于传达贯彻中共中央总书记胡耀邦对建设西吉防护林工程重要批示的通知》。

1月18日 中共中央总书记胡耀邦对西吉防护林建设工程再次作批示,“请中宣部告新华社、人民日报,以后每年秋末公开报道一次,这是关系国际影响问题,要注意搞实在”。

1月19日 西吉县城关镇成立。至此,全县共有公社25个,镇1个。

1月22日 西吉县二轻工业局对所属8个企业实行利润包干责任制,初步解决企业吃国家、工人吃企业和“大锅饭”的问题。

2月6日 自治区党委决定,区林业局副局长马文达兼任中共西吉县委副书记。

2月9日 县委发出《关于认真贯彻落实中共中央总书记胡耀邦重要批示的通知》。《通知》要求全县各级组织、全体干部要深入学习贯彻胡耀邦同志的重要批示精神,统一思想和行动,动员全县人民为建设好西吉防护林工程争做贡献,争做“为民造福、为国争光”的带头人。

2月16日至20日 西吉县第八届人民代表大会第二次会议召开,传达学习胡耀邦同志对西吉防护林建设工程的重要批示精神,听取和审议政府工作报告、1981年财政决算和1982年财政预算报告、1981年国民经济计划执行情况和1982年计划安排的报告、县人大常委会工作报告、县人民法院工作报告、县人民检察院工作报告、代表提案办理结果的报告,并作出相应决议;会议还作出实施西吉防护林建设工程的决议。

2月16日至21日 政协西吉县第二届二次会议召开,传达学习胡耀邦同志对西吉防护林建设工程的重要批示精神,听取和审议县政协常委会关于1981年工作情况和1982年工作安排的报告,并作出相应决议;政协委员还列席了县第八届人民代表大会第二次会议,听取和讨论县政府、县人大常委会工作报告。会议动员各族各界人士和全体委员,以胡耀邦总书记的重要批示统一思想和行动,为建设好西吉防护林建设工程出谋献策、做出成绩、为国争光。

2月18日 县委、县政府、县人武部发出《关于开展向李树洋同志学习的决定》。李树洋是西吉县蒙宣公社红庄大队人,生前曾任中国人民解放军宁夏银南军分区独立营五连副连长。1981年5月22日,在组织连队进行手榴弹实弹投掷时,为护救一名新战士而英勇献身,时年26岁。1982年2月10日,兰州军区在宁夏军区隆重举行命名大会,授予李树洋同志"雷锋式干部"荣誉称号。《决定》要求,各级党政组织要认真开展向李树洋同志学习的活动,搞好我县社会主义精神文明建设,促进党风、社会风气根本好转,下定决心、艰苦奋斗,努力搞好防护林工程建设,尽快改变英雄家乡的面貌,为民造福,为国争光。

2月25日 县人大常委会副主任马海山带领部分区、县人大代表视察调研县看守所、拘留所,并向县政府提出新建西吉县看守所、西吉县拘留所的建议,得到县政府重视和落实。

3月8日 县委、县政府下发《关于农村工作的安排意见》,对春耕生产、防护林工程建设、林草管护、人口普查、精神文明建设作出部署。

同日 县委批转县委宣传部《关于在全县开展"文明礼貌月"活动的意见》。《意见》要求重点抓好四项工作:一是人人动手搞好环境卫生;二是整顿公共秩序,加强治安管理;三是端正劳动态度,提高服务质量;四是植树造林、美化环境,使"文明礼貌月"活动扎根基层、落到实处。

3月9日 西吉县林业技术推广站成立。

3月10日 县委发出《关于认真贯彻中共中央〔1982〕1号文件精神,扎扎实实做好农业生产责任制完善工作的通知》。《通知》要求,一要认真全面地把中央〔1982〕1号文件精神迅速传达到广大干部群众中去;二要把制定、兑现承包合同作为完善生产责任制的重要内容切实抓好;三要善始善终把财务清理整顿工作抓好;四要加强农村基层组织整顿建设工作。

3月18日至21日 世界粮食计划署驻华代表处项目官员褚玉龙在国家林业部外事局苏明和自治区林业局许文祯、戈振合陪同下,来西吉县考察。先后到县林业局、县种子公司、将台公社苗圃等实地考察。

3月19日 国家林业部外事局给县政府发函:西吉县防护林建设工程受援项目(编号2605)“行动计划”,于3月9日由林业部外事局局长孔灿东和世界粮食计划署驻北京代表处纳西姆、夏龙先生分别代表中国政府和世界粮食计划署签字生效。为了便于遵照执行,现将文本送去,请查收。

3月24日 西吉县绿化委员会成立,杨万栋任主任,程儒贵、杨兆清、杨定平任副主任。

3月31日 县政府决定兴办大寨山林场。

4月1日 西吉防护林建设工程开始实施。工程规划西吉县1982年至1986年完成造林种草132.75万亩,其中造林64.5万亩、种草68.25万亩。世界粮食计划署为工程提供援粮小麦98211吨。

同日 县政府发布《关于保护林木制止乱砍滥伐的布告》,以保证西吉防护林建设工程的顺利实施。

4月3日 西吉县劳动服务公司成立,隶属于县计委。

5月10日至13日 世界粮食计划署官员莫瑞、布里齐斯和联合国粮农组织官员特尔弗在国家林业部朱镇学、北京林业大学教授关君蔚和自治区有关部门负责人王万元、马文达等陪同下,到西吉县对火石寨沙岗子大队、城关夏家大路大队、公易代段大队进行实地考察。

5月30日 为高标准、高质量地完成第三次人口普查工作,政府研究决定任命25个公社和城关镇的人口普查工作负责人。

6月8日 县委向自治区党委、固原地委呈报《关于西吉防护林建设工程今春实施情况的报告》。《报告》指出,1982年工程年度造林种草任务为27万亩,其中造林13万亩、种草14万亩。今春已完成造林11.29万亩,完成任务的86.8%;种草8.5万亩,完成任务的60.7%;四旁植树106万株,完成任务的142.4%;义务植树854.46万株,完成任务的106%;育苗0.56万亩,完成任务的112%。

6月12日 西吉县检察院刑事检察科被自治区检察院授予“先进集体”称号。

7月1日 全国第三次人口普查于当日零时开始。普查统计,全县总户数49997户,总人口307365人。西吉县被自治区人民政府评为人口普查工作先进县。

7月17日 县委、县政府向区党委、区政府、固原地委、行署呈报《关于农业受灾情况的报告》。《报告》指出,4月以来,西吉县持续干旱,且低温、大风、霜冻、冰雹灾害交替侵袭,给农业生产和群众生活带来严重困难。全县夏粮作物受灾61.8万亩、秋粮作物受灾面积44万亩、油料播种面积16.1万亩。西部干旱山区136个生产队的18122人、3400多头大家畜、12000多只羊饮水困难。

8月18日 共青团西吉县第八次代表大会召开,听取和审议上届团县委工作报告,选举产生共青团西吉县第八届委员会及出席宁夏回族自治区第五次团代会代表。

8月20日 县委、县政府召开全县社会主义精神文明建设先进集体和积极分子代表大会。县委书记马保国作精神文明建设工作报告,县长杨万栋作《动员起来,搞好以生产自救为中心的各项工作》的讲话。

9月13日至19日 世界粮食计划署官员薛子平在国家林业部外事司副处长李禄康,自治区林业局马文达、周克等陪同下,对西吉县城关粮库、西吉县食品公司仓库、平峰公社张武大队实地考察调研,核实西吉防护林建设工程进展情况和援粮发放工作。

9月28日 县政府召开会议,传达贯彻国务院《关于努力增收节支确保今年财政赤字不突破30亿元的通知》精神,提出四条落实措施:一是努力完成或超额完成县财政收入任务;二是严格按预算办事,严格控制财政支出;三是加强财政管理,精打细算过紧日子;四是严肃财经纪律,增收节支,确保财政收支平衡。

9月29日 根据自治区党委指示,县委决定撤销各级贫协组织,成立农会筹备领导小组。

10月9日 县委发出《关于认真学习宣传贯彻党的十二大精神的通知》,要求全县共产党员、共青团员、全体干部和广大群众振奋精神、同心同德,艰苦努力、扎实工作,为实现党的十二大所确定的各项战斗任务而努力奋斗。

10月12日 县委抽调县、社两级干部420名组成党的十二大精神宣讲队伍,经过县党校集中培训后,深入农村向广大群众宣传党的十二大精神。

10月27日 县委、县政府下发《关于全县抗灾救灾工作安排意见》。《意见》指出:我县从1981年9月至1982年8月降水量仅为61.9毫米,农业生产严重受灾,人缺粮、牲畜羊只缺草料、人畜缺水问题大面积发生。区党委、区政府为西吉灾区人民拨来救灾粮350万公斤、救济款430万元,帮助群众生产自救、战胜困难。《意见》要求各公社从实际出发、分类安排、确保重点、兼顾一般,认真做好救灾粮、款的发放工作,确保群众生产生活不出问题,并全力搞好今冬明春农业生产、林草管护和抗灾保畜工作。

10月30日 县委、县政府作出《关于坚决贯彻中共中央、国务院〈关于制止乱砍滥伐森林的紧急指示〉的意见》,要求全县各级组织和干部紧急行动起来,坚决贯彻落实《指示》精神,加大宣传教育、整顿管护组织、健全管护制度,严肃查处毁林毁草案件、坚决刹住乱砍滥伐森林的歪风。

11月5日 王俊山任中共西吉县委书记。

12月16日 西吉县中医院成立。

12月22日 国务院"三西"(河西、定西、西海固)地区农业建设领导小组成立。国家拨出专项建设资金,帮助甘肃河西、定西地区和宁夏西海固地区改变贫困面貌。

是年 全县总户数50499户,总人口310517人。全县地区生产总值2765万元,其中第一产业1698万元、第二产业298万元、第三产业769万元。农作物播种面积149.92万亩,粮食总产2868.5万公斤、油料总产159.5万公斤。地方财政收入155.6万元,地方财政支出2456.5万元,社会商品零售总额2734万元。

1983年

1月15日 县委、县政府作出《西吉县计划生育若干问题暂行规定》。《规定》共5章22条,主要内容为晚婚、晚育与优生、奖励与处罚、节育技术措施等。要求各级党政组织切实加强领导,认真抓好计划生育工作。

1月18日 县委、县政府决定,对1982年西吉防护林工程建设中做出显著成绩的68个先进集体、148名先进个人和计划生育工作中做出显著成绩的15个先进集体、33名先进个人予以表彰奖励。

2月9日 区党委、区政府研究决定,拨出100万元专款作为煤炭补贴,解决西海固地区由于连续两年大旱而造成灾区人民严重缺乏燃料的困难。

2月19日 县委召开常委会议,传达贯彻全区财贸工作会议精神,讨论通过《西吉县关于农村供销社体制改革及试点方案》,研究决定由县供销联社组织实施,先在兴隆供销社进行试点,取得经验后在全县有计划有步骤地推开。

2月20日 西吉县知识分子工作领导小组成立,程儒贵任组长,杨兆清、王怀瑾任副组长。

同日 西吉县社会主义精神文明建设领导小组成立,王俊山任组长,冯建元、马海山、鲜培礼任副组长。

2月26日 县委召开西吉县开展第二个文明礼貌月活动广播动员大会,县委书记王俊山作动员报告,工、青、妇及学生代表在大会上发言。会后,县四套班子领导与干部职工及武警中队官兵一同上街,打扫卫生环境、清除垃圾。

2月27日 全县26个公社(镇)、287个大队、1902个生产队的农会组织全部成立,共有会员82323名。

3月1日 根据自治区教育厅文件精神,县政府决定,西吉县城关一小等29所小学由五年制改为六年制。

3月8日 全国妇联授予西吉县马彩环、满秀景、王秀花、苏桂花、马国兰、董翠霞“三八红旗手”称号;授予王繁莲、马莲花、马梅玉、赵炳芳、刘世英、李玉英“五好家庭”称号。

3月13日至18日 政协西吉县第二届三次会议召开。会议学习贯彻宪法、政协章程,听取和审议李占荣代表县政协常委会作的《关于1982年工作情况和1983年工作安排意见》的报告,听取讨论县政府工作报告、县人大常委会工作报告和县法院、县检察院工作报告。

3月14日至18日 西吉县第八届人民代表大会第三次会议召开。会议学习贯彻新宪法,听取和审议政府工作报告、关于1982年财政决算和1983年财政预算报告、县人大常委会工作报告、县人民法院工作报告、县人民检察院工作报告,并作出了相应决议;审议县人大常委会关于八届二次会议代表提案办理结果的书面报告、《第九届县人民代表大会代表名额和选举问题的决议(草案)》。

3月18日 西吉县第一届农民代表大会召开,出席会议代表161人。会议选举成立西吉县农会第一届委员会,马玉和当选为农会主席,张世忠当选为副主席。1984年4月机构改革中,县农会与县委农村工作部合署办公。

3月23日 西吉县林业技术推广站引进北京农学院马世超教授主持研制的IPB-1型塑料大棚2个,进行油松、落叶松播种育苗、河北杨扦插育苗、城市绿化苗木培育试验。

3月26日 县政府批转县供销社《关于进行体制改革,实行经济责任制和兴隆试点工作安排意见的报告》。《报告》指出,改革城乡商品流通体制是振兴农村经济、繁荣城乡市场、巩固工农联盟的一项重大措施,工商、税务、财政、银行、物价、公安等部门应积极配合、大力支持、加强管理,以保证这一改革顺利进行。

3月27日 西吉县机械化造林队成立,购进成套"金龙-25型"链轨拖拉机9台,实现整地、开沟、挖树坑、造林作业一次完成。

4月5日 北京林学院在西吉县黄家二岔进行小流域综合治理实验研究,由该院水保系讲师孙立达主持实施。至1985年底完成造林2317亩、种草3007亩、修水平梯田300亩、打坝1座、修筑谷坊68处,农林牧结构用地达到"三三三制",土壤侵蚀量由治理前的37124.1吨降到6947.2吨,农民人均年收入由原来的31元提高到180元。

4月26日 马保国任西吉县人大常委会主任。

5月3日 县委召开常委会会议,研究选举中共宁夏回族自治区第五次代表大会代表事宜。

5月4日 西吉县兵员动员领导小组成立,马保国任组长,冯建元、杨定千任副组长。

同日 西吉县财贸系统经济体制改革领导小组成立,杨万栋任组长,马自福、周志恒任副组长。

5月11日 西吉县被国家农业部列为全国9个改灶节柴试点县之一。当年全县共完成6500台改灶任务,合格率达到80%,比旧灶节能20%—40%。

5月18日 自治区党委书记李学智带领区党委常委蔡竹林、区政府副主席马英亮及有关部门负责人,到西吉县调研视察西吉防护林建设工程进展情况并作重要讲话。

5月24日 县委召开全县农村工作会议,传达贯彻区党委书记李学智调研视察西吉重要讲话精神,各公社汇报交流造林种草、农业生产、计划生育等工作,县长杨万栋安排部署工作任务,县委书记王俊山作总结讲话。

5月27日至31日 世界粮食计划署官员薛子平、项目助理官员贾法尔在国家林业部外事司李禄康和自治区有关部门负责人马文达、王华温、马佩兰等陪同下,到西吉县城关粮库、西吉县糖烟酒公司仓库、城郊公社套子湾等地实地考察西吉防护林建设工程进展和援粮兑现工作。

5月 兰州空军部队出动"安-2型"飞机1架(次),首次在西吉县白城公社万亩林场进行飞播造林试验,飞播面积5390亩。

6月7日 县政府批转县供销社《关于全面进行农村供销社体制改革安排意见的报告》。全县基层供销社由全民所有制改为集体所有制。

6月11日 全县纪检工作会议召开,传达贯彻中纪委第二次全体会议精神、全区纪检工作会议精神,研究部署全县纪检工作。

6月22日 城关公社更名为城郊公社,蒙宣公社更名为苏堡公社,大坪公社更名为马建公社。

6月28日 县政府、县人武部发布命令:根据上级指示精神,决定从县直有关单位和26个公社(镇)的基干民兵中抽调精干人员组建成立固原地区预备役师步兵第二团和固原独立团第二、三营。

6月29日 西吉县选举委员会成立,马保国任主任,王效仁、马海山、冯建元、鲜培礼任副主任。

同日 西吉县企业整顿领导小组成立,冯建元任组长,马自福、王文德任副组长。

▲西吉县农业建设指挥部成立,杨万栋任总指挥,郭干文、姜仕鑫、程儒贵、王效仁、曾永沛、赵彦虎任副总指挥

7月18日至21日 全县拥军优属、优抚工作会议召开,传达贯彻全国、全区拥军优属、优抚工作会议精神,安排部署全县拥军优属、优抚工作,对"双优"工作中做出优异成绩的夏寨公社管委会、平峰公社陈滩大队和马正强等17名先进个人给予表彰奖励。

7月26日 固原地区预备役师步兵第二团(西吉预备役步兵团)成立,并在县城体育广场举行隆重阅兵式。

7月27日 国家民族事务委员会、国家劳动人事部、中国科协授予西吉县林业工程师杜仞仟"全国先进科技工作者"称号。

8月1日 马文达任西吉县林业建设领导小组副组长。

8月5日 县委决定由县委常委、组织部长王玉珍负责,抽调人员组成专门班子,对各公社和县直机关各部门的领导班子进行全面考察,为县社两级换届做好组织准备工作。

8月9日 西吉县田坪、偏城、红耀、城郊、马莲、新营、夏寨、下堡、白崖、沙沟、苏堡、三合、平峰、王民等14个公社的82个大队、454个生产队先后遭受冰雹袭击,成灾作物面积11万多亩,其中绝产3万多亩。洪水冲毁幼林2042亩、苗圃71亩、人工牧草2453亩。

8月16日至20日 县委召开工作会议,传达贯彻中央工作会议精神、胡耀邦同志在

北方(延安)旱作农业会议上的重要讲话精神、自治区第五次党代会精神、自治区党委工作会议精神,县长杨万栋总结上半年工作并安排今后工作任务,县人大常委会副主任王效仁安排换届选举工作,县委书记王俊山总结讲话。

8月22日 自治区政府授予《西吉县农业区划》为优秀科技成果二等奖。

9月1日 县委召开政法工作会议,传达贯彻中央政法工作会议精神、自治区党委政法工作会议精神,研究部署打击刑事犯罪分子行动。

9月22日至25日 西吉县供销合作社三届二次社员代表大会召开。会议讨论通过《西吉县供销合作社联合社工作报告》《西吉县供销合作社联合社章程》,选举产生西吉县供销合作社联合社理事会、监事会,马振杰当选理事会主任、陈敬让当选副主任、周志恒当选监事会主任。

9月26日 西吉县检查建房分房领导小组成立,马自福任组长,冯建元、杜耀东任副组长。

9月29日 县政府、县人武部发布1983年冬季征兵命令。

10月5日 宁夏区党委下发《关于调整自治区西吉县林业建设领导小组成员的通知》,马思忠兼任组长,王万元、刘文仕、潘润清、马文达任副组长。

10月13日 西吉县文艺工作队代表宁夏回族自治区赴京参加全国少数民族乌兰牧骑汇演,被国家文化部、国家民族事务委员会授予"先进集体"称号。

10月18日 自治区卫生厅授予西吉县"计划免疫先进县"称号。

10月24日至27日 世界粮食计划署官员薛子平和英国BBC广播电台记者、农业专家马丽·彻莉,在国家农牧渔业部、林业部、北京林业大学、自治区林业厅有关人员陪同下,到西吉县城郊公社、王民公社、西滩公社、公易公社实地考察西吉防护林建设工程进展情况,并提出把中国的做法介绍给国外,让别的国家学习借鉴。

11月9日 县民政部门对全县"五保户"开展全面普查。全县有"五保户"对象269户328人,其中老年人293人、孤儿7人、残疾者28人。

12月1日至5日 县委六届五次全委(扩大)会议召开,学习贯彻《中共中央关于整党的决定》和邓小平、陈云在中央工作会议上的重要讲话精神;传达贯彻自治区党委五届二次全委(扩大)会议精神、固原地区旱作农业会议精神,研究贯彻落实措施。

12月7日 政府县长杨万栋、副县长姜仕鑫参加国家林业部组织的5人考察团,赴土耳其实地考察学习世界粮食计划署援助的"2255"(造林种草、水土保持)项目。

12月9日 经自治区党委批准,西吉县委在机构改革中组成新的领导班子,县委常委由9人组成,王俊山、马保国、杨万栋、郭干文、马自福、何琮、张福善、撒福寿(暂缺1名),县委书记王俊山,副书记马保国、杨万栋、郭干文、马自福。

12月15日 西吉县审计局成立。

12月17日 中国社会科学院古人类与脊椎动物研究所一行3人,对西吉县发现的古动物化石进行实地考察研究。

12月26日 按照自治区党委通知精神,西吉县委研究决定取消26个人民公社及其管委会,建立26个乡(镇)人民政府。

12月29日 西吉县维护妇女儿童合法权益和计划生育宣传月活动领导小组成立,马自福任组长,张秀莲、李琳、杨振华、王秀花任副组长。

是年 全县总户数51422户,总人口316298人。全县地区生产总值4972万元,其中第一产业3882万元、第二产业310万元、第三产业780万元。农作物播种面积133.71万亩,粮食总产6797万公斤、油料总产360万公斤。地方财政收入128.9万元,地方财政支出3177.8万元,社会商品零售总额3480万元。

1984年

1月1日 工商银行西吉县支行成立。

1月11日至17日 县政协第三届委员会第一次会议召开。会议听取和审议政协西吉县常务委员会工作报告,选举产生县政协第三届常务委员会,黄克富当选为县政协主席,王效仁、于志祥、鲜培礼、王栋、曾永沛当选为县政协副主席。政协委员还列席了县第九届人民代表大会第一次会议,听取和讨论县政府工作报告、县人大常务委员会工作报告、县人民法院工作报告、县人民检察院工作报告。

1月12日至17日 县第九届人民代表大会第一次会议召开,出席会议代表229名、特邀代表11名。会议听取和审议县长杨万栋作的政府工作报告、关于1983年财政预算执行情况和1984年财政预算的报告、县人大常委会工作报告、关于八届三次代表会议代表提案建议办理情况的报告、县人民法院工作报告、县人民检察院工作报告,并对以上报告作相应决议。选举产生西吉县第九届人大常委会,马保国当选为主任,程儒贵、冯建元、林元枚、王玉珍、马海山当选为副主任;选举产生第九届县人民政府,杨万栋当选为县长,何琮、张秀莲、姜仕鑫当选为副县长;选举王世杰为县人民法院院长、马腾云为检察院检察长。

1月18日 西吉县第九届人大常委会第一次会议决定,撤销县人大常委会督察科、人事科。

1月22日 西吉县老干部服务局成立,为科级事业单位,归县委组织部领导,定编3人。

1月26日 西吉一小校长陈海山被授予"全国优秀少先队辅导员"称号。

2月8日 县委召开常委会(扩大)会议,传达学习中共中央《关于1984年农村工作的通知》(〔1984〕1号文件)精神,研究贯彻落实意见。决定抽调干部组成宣讲工作队,经集中培训后赴各乡（镇）开展中央1号文件精神宣传工作，并认真听取搜集干部、群众意见建议。

2月11日 西吉县个体劳动者协会举行成立大会，到会代表59人，代表全县1191户个体劳动者。会议讨论审定《西吉县个体劳动者协会章程》《西吉县个体劳动者会员守则》，选举产生西吉县个体劳动者协会第一届委员会。随后全县26个乡镇相继成立了个体劳动者协会分会。

2月18日 西吉县"五讲四美三热爱"活动委员会成立，何琮任主任，郭干文、张福善、撒福寿、王玉珍、鲜培礼任副主任。

2月20日 县政府下发《一九八四年上半年工作安排》，要求各乡镇认真贯彻中共中央《关于1984年农村工作的通知》精神，抓好多种经营，大念"草木经"，完成造林17.2万亩、种草18.1万亩、"四旁"植树650万株、义务植树100万株、育苗9000亩，完成节柴灶推广44500台。用改革精神抓好企业发展、计划生育、科技、文教等工作。

2月21日 六盘山林业局将黄家庄林场移交西吉县林业科管理。

2月22日 根据自治区党委通知，西吉县委纪律检查委员会升格为副县级单位，改名为"中共西吉县纪律检查委员会"。

3月8日 西吉县共青团组织整顿工作领导小组成立，郭干文任组长，张福善、马存玉任副组长。

3月13日 县委研究决定，西吉县社队企业管理局更名为西吉县乡镇企业管理局。

3月14日 县委、县政府批转县"五讲四美三热爱"活动委员会《关于创建文明村（镇）、文明单位活动情况和今后意见的报告》。《报告》指出，把创建文明村（镇）、文明单位作为开展"五讲四美三热爱"活动的重点，各乡（镇）、县直部门（单位），要采取切实可行的措施，确保活动既有声势又扎实有效。

3月30日 西吉县核查"三种人"领导小组成立，马自福任组长，齐春晖任副组长。

同日 西吉县文物普查领导小组成立，何琮任组长，魏至谦任副组长。

3月31日 县委常委会议研究决定，调整西吉基地县建设指挥部领导成员，杨万栋任总指挥，郭干文、姜仕鑫、程儒贵、王效仁、曾永沛、赵彦虎任副总指挥。西吉基地县指挥部兼称"西吉防护林建设工程指挥部""西吉县农业建设指挥部"，实行一套组织机构、三块牌子。

4月10日 县委常委会议研究决定，西吉县人大常委会党组由6人组成，马保国任书记、程儒责任副书记；西吉县人民政府党组由7人组成，杨万栋任书记，何琮任副书记；西吉县政协党组由5人组成，黄克富任书记，王效仁任副书记。

4月11日 西吉县计划生育委员会成立，张秀莲任主任，郭干文、鲜培礼、林元枚任副主任。原计划生育领导小组同时撤销。

4月18日 根据自治区政府〔1984〕29号文件通知精神，西吉县计划统计科分设为西吉县计划委员会、西吉县统计科;西吉县水电局分设为西吉县水利水保科、西吉县供电管理局。

4月22日 西吉县伊斯兰教协会成立,于志祥任主任,王栋、马文秀、苏生宝任副主任。

4月24日 县委发出《关于认真贯彻执行区党委、区人民政府〈关于贯彻执行中共中央一九八四年一号文件的若干规定〉的通知》。《通知》要求各乡(镇)、各部门(单位)把学习贯彻中发〔1984〕1号文件精神和自治区"若干规定"精神作为农村工作中心任务抓紧抓好。重视调查研究,立足资源优势,引导农民科学发展种植业、养殖业、加工业等多种经营,促进商品生产。

4月26日 西吉县检察院刑事检察科被自治区检察院授予"先进集体"称号。

5月7日 县委常委会议研究决定,撤销中共西吉县县直机关党群总支委员会、中共西吉县县直机关人大政府总支委员会、中共西吉县委党校机关总支委员会。县委党支部、人大党支部、政府党支部、政协党支部直属县直机关党委领导,设立中共西吉县委党校委员会。

同日 西吉县农业总体规划领导小组成立,姜仕鑫任组长,余效贤(自治区农科院书记)、哈迎祥、刘致汉任副组长,孙立达(北京林业大学水保系副主任)、梅曙光(自治区林科所工程师)担任顾问。

5月9日至13日 县委召开工作会议,传达贯彻全区组织人事工作会议精神,固原地委书记惠连杰到会指导并讲话,县委副书记马自福安排部署组织建设、党风党纪和党政机关建立岗位责任制工作,县委常委、副县长何琮安排部署农业生产和财贸工作。县委书记王俊山作了总结讲话。

5月10日 由自治区林业厅主持,县林业科配合,兰州空军部队出动飞机5架次,在西吉县马建乡万亩林场进行飞播造林试验,完成飞播造林8550亩。

5月14日至20日 世界粮食计划署项目官员J.布朗在国家林业部外事司苏明和自治区林业厅马文达、王华温等陪同下,到西吉县马建乡、田坪乡、硝河乡、马莲乡考察防护林建设工程进展情况。

5月18日 自治区党委常委、区政府副主席马思忠带队深入西吉县西滩乡、沙沟乡等16个乡调研视察防护林建设工程进展情况,走访农户了解掌握第一手资料,召开县级干部、部门乡镇负责人和基层干部代表座谈会,讨论研究加快防护林工程建设、发展山区经济等问题。

5月21日 县委召开全县科级领导干部会议,自治区党委常委、区政府副主席马思忠从西吉县的形势与任务、防护林建设工程取得的成效、以高度的政治责任感建设好防护林工程三个方面作了重要讲话。会议要求全县各级组织和干部群众认真贯彻落实马思忠同志重要讲话精神,艰苦奋斗、扎实工作,圆满完成防护林工程建设任务,为西吉添彩、为国争光。

6月12日 县政府召开农业总体规划会议,决定将乡镇企业局管理的种植业划归农业局管理、养殖业划归畜牧局管理。

6月16日 县政府下发《关于给农民供煤实行补贴的通知》。《通知》指出,自治区政府为解决贫困地区农民燃料困难,确保种草种树政策贯彻落实,1984年对我县困难农户实行煤费补贴,同时对五保户每户供煤500公斤,烈军属、残疾人每户供煤250公斤,煤费、运费统一由县民政科支付。

6月17日至20日 世界粮食计划署项目管理官员和部分驻华使馆官员莫瑞、薛子平、孔雷飒、凯尔曼、戴维斯、冯聚多、夏普、有川通世、克努森、埃尔米特,在国家林业部、农牧渔业部朱荣、顾子平、李禄康、赵锡麟等陪同下,到西吉县考察防护林工程建设,实地调研黄家庄林场、火石寨林场、王民林场、公易林场、马建林场和城关粮库、将台粮库、田坪粮库。

6月23日 西吉县启动首次文物普查工作,共征集各类文物1165件。

7月5日 县委、县政府下发《西吉县计划生育若干问题暂行规定》,对计划生育工作涉及的具体事项作出规范。

7月6日 白城乡长义山大队三滴水学校,在维修校舍时,挖出石斧、灰陶罐各1件,并有长13米、厚30厘米的灰层,夹杂大量陶片。经考古研究,确定为新石器时期原始人遗址。

7月13日 县政府下发《关于制止宗教内部纠纷的通知》。

7月18日 县委批转县人武部《关于一九八五年度预备役部队和民兵组织整顿工作的安排意见》。

8月9日 宁夏公路局西吉公路段成立,负责西吉、隆德、海原三县公路养护工作。

8月11日 西吉县汽车队更名为西吉县汽车运输公司。

8月24日 全县突降暴雨并伴有冰雹,造成128个村、627个村民小组的25.24万亩农作物严重受灾,洪水冲走2人、牛1头、羊16只、蜂85箱。新营二府营水库在这次暴雨中被冲毁。

9月5日 自治区党委书记李学智到西吉调研指导工作,听取县委、县政府工作汇报,对西吉农、林、牧、副、渔多种经营取得的成绩给予肯定。

9月8日 全县乡镇企业工作会议召开。县委副书记郭干文总结全县乡镇企业发展现状、成绩,分析存在的困难问题,部署今后发展目标任务。8家乡镇企业代表作了经验介绍交流。县委书记王俊山作了总结讲话。会议强调要因地制宜大力发展乡镇企业,在政策、资金、技术和产前产后服务上给予乡镇企业帮助扶持。

9月11日至21日 世界粮食计划署项目评价处处长F.霍尔德、K.路维丝、福雷斯特、M.克尼克、B.斯特雷尔基、弗雷德韦伯、J.布朗、莉娅等一行8人,在国家林业部李禄康、苏明,北京林业大学教授阎树文、关君蔚、孙立达、王森和自治区林业厅马文达、王万元、梅曙光等的陪同下,对西吉防护林建设工程进行中期评价,实地检查14个乡、35处造林种草基地,访谈了15户农民,检查了3个援粮仓库和食品仓库,参观检查了西吉防护林建设工程指挥部办公室、县粮食局等7个单位。评价组对工程建设作出较高评价。

9月25日 西吉县总工会第三次代表大会召开,出席会议代表131名、列席代表21名。会议听取并审议廖文祥作的《振奋精神,努力实现新时期工人阶级的光荣使命》的工作报告,选举产生西吉县总工会第三届委员会,廖文祥、刘维刚当选为副主席。大会还选举成立了西吉县总工会经费审查委员会。

10月27日 西吉县地震办公室成立,为科级事业单位;西吉县广播站升格为科级事业单位;西吉县乡镇企业管理科改称为西吉县乡镇企业管理局。

11月6日 西吉县农村抽样调查队设立,1989年更名为农村社会经济调查队。

11月13日 马建乡万亩林场团支部、下堡乡车路沟村团支部等12个团支部被固原地区团委树为种草植树先进集体。

11月25日 县委六届六次全委(扩大)会议召开,传达贯彻党的十二届三中全会精神、区党委五届三次全委会议精神,县长杨万栋部署全县经济体制改革和今冬明春主要工作,县委书记王俊山总结讲话。

12月1日 西吉县电视差转台建成运行,始转六盘山二频道电视信号。从此,西吉县城可收看到中央1台、2台和宁夏电视台的电视节目。

12月7日 县委印发《关于开展党风大检查的安排意见》。《意见》指出,党风大检查首先解决好各级领导班子自身存在的突出问题,对群众意见大、带倾向性的问题要坚决解决,使群众看到检查效果,增强对端正党风的信心。在方法上,以自查为主,县委组织四个检查组,分别由县委、人大、政府、政协领导带队到乡镇、县直部门(单位)考察领导班子,总结经验,帮助解决突出问题。

12月8日 县委、县政府批转县人武部《关于一九八五年度预备役部队军事训练安排》。1985年度全县军训任务740人,其中步兵628人、高射机枪连112人。本次军训中,高射机枪连实弹射击成绩为全地区第一名,受到固原军分区表彰和奖励。

12月10日 西吉县计划生育技术鉴定小组成立。

12月15日 西吉县经济体制改革委员会成立,杨万栋任主任,马保国、卢延程任副主任。

12月19日 卢延程任中共西吉县委常委、政府副县长。

12月29日 县委作出《关于实现全县党风根本好转的初步规划》《全县各级领导班子成员抓党风分工责任制的规定》。《规划》提出五条措施:一是抓学习、抓教育,认真"治本",不断提高广大党员干部的政治素质。二是坚决贯彻整党"决定",彻底解决党内"三个不纯",全面达到党风根本好转的标准。三是贯彻预防为主的方针,层层建章立制,动员全党抓党风。四是查案件、抓党风,严格执行党的纪律。五是党委要加强对纪律检查工作的领导,切实加强纪检队伍的建设。

12月 根据自治区人民政府〔1984〕118号文件精神,经西吉县政府和中卫县政府商定,西吉山区向中卫南山台子的东台和西台乡移民900户4000人;中卫县给移民划拨耕地6687亩,林地4323亩。由自治区投资,委托中卫县给移民建房1788间,打水窖890眼。

是年 在自治区民政厅帮助下,县民政局在偏城乡试办敬老院1所,入院的五保户老人10人。

▲ 西吉县改革招工招干制度,采用选聘、招聘的方式录用合同制干部、合同制工人。

▲ 全县总户数53174户,总人口323833人。全县地区生产总值6240万元,其中第一产业4618万元、第二产业510万元、第三产业1112万元。农作物播种面积114.6万亩,粮食总产8183.5万公斤、油料总产341万公斤。地方财政收入150.7万元,地方财政支出3175.1万元,社会商品零售总额3493万元。

1985年

1月1日 西吉县老龄问题委员会成立,姜仕鑫任主任,马海山、王效仁、杨逢春、马国忠任副主任。

1月6日 自治区财政投资261万元,为县人民医院修建6737平方米的住院部和935平方米的传染病房。

1月12日 县政府决定对县二轻局下属的8家企业实行厂长(经理)经济指标承包责任制,承包期为3—4年。

1月21日 西吉县老年人体育协会成立,冯建元任主席,杨会田、杨定平、高智学、伏兆丰、魏明清任副主席,伏兆丰兼任秘书长。

1月27日至2月1日 政协西吉县第三届委员会第二次会议召开,传达学习中共中央总书记胡耀邦在各民主党派、无党派和各界知名人士座谈会上的讲话精神,全国政协六届二次会议精神。听取和审议县政协常委会关于1984年工作情况和1985年工作意见的报告,并作出相应的决议,增选政协委员4名。政协委员还列席了县第九届人民代表大会第二次会议,听取和讨论政府工作报告。会议要求政协委员认真学习贯彻中共中央关于经济体制改革的决定,团结全县各族群众和各界人士,同心协力搞好经济体制改革工作。

1月28日至2月1日 西吉县第九届人民代表大会第二次会议召开。会议听取和审议县政府工作报告、全县农业总体规划(草案)报告、1984年财政预算执行情况和1985年财政预算报告、县人大常务委员会工作报告、县人民法院工作报告、县人民检察院工作报告，并对以上报告作出相应决议。会议还审议了县人大常委会关于九届一次会议代表议案、建议办理情况的书面报告，补选卢延程、冯建华为副县长。

2月1日 自治区人民政府授予西吉县乡镇企业管理局先进单位称号。

2月9日 受自治区党委书记李学智委托，区党委常委、政府副主席马思忠带领西吉县委书记王俊山、副书记马文达、县长杨万栋、基地办主任王秉升等组成宁夏西吉防护林建设工程汇报团，到北京向国家农牧渔业部、林业部汇报西吉防护林建设工程进展情况，农牧渔业部副部长相重阳、外事司副司长张秉华，林业部副部长刘琨、副部长董智勇、副部长刘广运、外事司司长秦凤翥等听取汇报。

2月15日 中共中央书记处书记胡启立在中南海勤政殿小会议室接见宁夏西吉防护林建设工程汇报团成员马思忠、王俊山、马文达、杨万栋、王秉升等，并主持召开汇报会。国务院副秘书长李灏，农牧渔业部副部长朱荣、计划司副司长林干、林业部副部长刘广运、造林司司长陈虹，中央农业发展研究中心副主任郑重参加会议。马思忠、王俊山就西吉防护林工程的进展情况、初步效益、今后打算及要求，作了详细汇报。胡启立同志听取汇报后讲了三点意见：一是进一步解放思想，清除“左”的思想影响。二是从西吉县三年所取得的成绩看，胡耀邦同志讲的“种草种树，发展畜牧，改造山河，治穷致富”的方针是完全正确的。三是乡镇企业也要花功夫抓。

2月25日 全国人大代表一行20人到西吉调研视察林草建设工作。

3月5日 西吉县扶贫工作领导小组成立，卢延程任组长，马子明、王世山、王瑞清任副组长。

3月23日至26日 县委、县政府召开全县经济工作会议，传达贯彻中共中央〔1985〕1号文件精神、全国经济工作会议精神，听取宁夏西吉防护林建设工程汇报团工作汇报，研究部署全县经济工作。县委书记王俊山总结讲话。

4月3日 县人大常委会主任马保国带领副主任冯建元、王玉珍及部分人大代表在副县长卢延程和县政府有关部门负责人陪同下，对西吉一中、西吉四中、新营中学、县食品加工厂进行调研视察，对学校危房问题提出解决建议。

4月5日 西吉县社会治安综合治理领导小组成立，马自福任组长，卢延程、马海山、撒福寿、马富海任副组长，办公室设在县政法委员会。

4月8日 《西吉县志》编纂领导小组成立，同年12月改为《西吉县志》编纂委员会。

4月9日 县委召开全县电话会议，县委书记王俊山作了题为《紧急动员起来，突击抢墒造林种草，抓紧早秋作物播种》的动员讲话。要求全县紧急行动起来，突击抢墒种草种树，不失时机地种好早秋作物。县委、政府派出7个工作组，由7名县级领导带队到各乡（镇）检查帮助工作。农、林、水、牧、乡企、物资、金融等部门组织人员深入生产第一线做好服务工作。

4月13日 县委批转县扶贫领导小组《关于开展农村扶贫工作的报告》。《报告》对全县12000户(占总农户的23%)贫困户作出扶贫规划，脱贫标准为年人均口粮在300公斤以上，人均纯收入在150元以上，住房困难基本解决，户均有大家畜1—2头、羊2—3只。

4月28日 美国华盛顿大学教授劳斯在国家林业部和自治区林业厅有关人员陪同下，到西吉县新营乡考察森林、草原鼠害、虫害防治工作，并在县基地办作了学术报告。

5月9日至12日 加拿大能源矿产资源部地球物理局亚当斯博士到西吉县考察党家岔地震堰塞湖。

6月14日 由自治区林业厅主持，西吉县林业技术推广站配合，兰州空军部队出动飞机在沙沟大寨山林场进行种树、种草飞播试验，飞播面积9838.5亩。

6月24日 世界粮食计划署项目官员J.布朗在国家林业部、农牧渔业部苏明、张斌，北京林业大学孙立达、王英明，自治区林业厅马文达、王华温、李丰等人陪同下，到西吉县新营、红耀等乡调研考察造林林草、农户舍饲养殖情况。

7月13日至16日 中国共产党西吉县第七次代表大会召开，出席会议的代表290名，代表全县7795名共产党员。会议听取和审议县委书记王俊山作的《加强党的建设，坚持改革，进一步开创西吉社会主义现代化建设的新局面》工作报告和县纪委书记张宗祥作的纪律检查工作报告，并作出相应决议。会议选举产生中共西吉县第七届委员会、中共西吉县纪律检查委员会，王俊山当选为县委书记，杨万栋、郭干文、马自福当选为县委副书记，张宗祥当选为县纪委书记，王儒林、沙玉成当选为县纪委副书记。

7月20日 县委下发《关于整党工作的安排意见》。《意见》指出，整党工作主要任务是统一思想、整顿作风、加强纪律、纯洁组织。

7月22日 西吉县信用合作社联合社成立。

7月27日 自治区党委、政府发出致西吉县委、县政府和全县各族人民的贺信。贺信指出，西吉防护林工程从1982年实施以来，经过4年艰苦奋斗，提前完成造林种草计划任务。你们以实际行动回答了党中央、国务院和胡耀邦同志的关怀和期望，得到了世界粮食计划署的好评，为祖国争了光。希望你们发扬成绩，再接再厉，认真调整农业生产结构，搞好林草建设，坚持草畜同步发展和生态效益、经济效益兼顾的原则，把发展畜牧业作为提高防护林工程综合经济效益的中心，使林草尽快转化为商品。要大力开展多种经营，努力提高粮食单产，全面发展农村经济，加速西吉县的建设，争取新的更大的成绩。

8月2日 县委、县政府作出《关于认真贯彻区党委和区政府“贺信”精神的决定》。《决定》提出，要在全县广泛深入地宣传学习《贺信》精神，使之家喻户晓，进一步巩固和发展西吉防护林建设工程成果。

8月16日 经国家地震局检验勘察，确定西吉县火石寨乡沙岗子村、王民乡王民村、苏堡乡苏堡村的3口机井为全国地下水位重点观测井，其中王民乡王民村机井的观测资料直接上报国家地震局分析预报中心。

8月31日 西吉县图书馆成立，隶属于县文化科。

9月1日 经自治区党委批准,中共西吉县委在机构改革中组成新的领导班子。县委常委由王俊山、杨万栋、郭干文、马自福、卢延程、张福善、撒福寿、杨振义组成,王俊山任书记,杨万栋、郭干文、马自福任副书记。

9月3日 县委召开常委会议,传达贯彻固原地委整党工作会议精神,专题研究全县整党工作,决定向各乡(镇)、县直部门派驻整党联络员,指导帮助整党工作。

9月10日 西吉县庆祝第一个教师节大会隆重召开。

9月11日 中共中央政治局委员、书记处书记胡启立对续建西吉防护林建设工程作如下批示:"续建西吉防护林工程,不仅帮助该县人民治穷致富,而且对该地区的政治稳定、民族团结有重大意义。建议有关部门考虑将此项已经初见成效的大好事坚持下去,贯彻到底,务必取得切实成果。"

9月11日至13日 英国PPC拍摄公司杰米·哈策尔在国家文化部段秀云、满俊和自治区文化厅王昆杰等陪同下,到西吉县田坪乡三岔村、马建乡万亩林场、黄家二岔林场、将台园艺场、马莲乡张堡塬村等地考察拍摄西吉防护林建设工程。

9月15日 国家农牧渔业部在西吉县召开机修梯田现场会,将西吉县机修反坡梯田技术列为机械化重点项目向全国推广。

10月3日 西吉县广播站改称西吉县广播电视局,为科级事业单位。

10月9日至12日 联合国粮农组专家保特罗、保尼斯在国家农牧渔业部张忠田、北京林业大学孙立达和自治区马文达、王华温等人陪同下,到西吉县田坪乡燕李村、黄岔村、三岔村,马建乡万亩林场、黄家二岔小流域治理项目区调研考察。

10月23日 县政府公布全县第一批重点文物保护单位8处。具体如下:革命遗迹1处,为单南清真寺;石窟建筑1处,为火石寨石窟建筑;古遗址3处,为三滴水新石器时期古遗址、将台至马莲战国长城、将台战国时期古城遗址;古墓及其他3处,为将台保林村汉代古墓、玉桥张节子村古墓、沙沟拱北。

10月25日 西吉县将台乡保林村王家湾出土59尊唐代镏金铜佛像。

10月28日 北京大学考古系副教授李伯松到西吉实地考察新营乡三滴水原始人遗址,并鉴定了有关文物。

11月17日至21日 县委、县政府召开全县教育工作会议,传达贯彻全国教育工作会议精神、全区教育工作会议精神、中共中央《关于教育体制改革的决定》,讨论审定《中共西吉县委　西吉县人民政府关于加强教育工作的决定》《中共西吉县委　西吉县人民政府关于改进学校思想政治工作的意见》,安排部署全县教育工作。

11月18日 西吉县人民来信来访接待室改为西吉县人民来信来访办公室。

12月2日 县委、县政府作出《关于充分利用人工和天然草场大力发展畜牧业的决定》。

12月3日 县委、县政府决定,全县农村生产大队改称村民委员会,大队党支部改称村党支部,生产队改称村民小组。村民委员会在乡(镇)人民政府的领导下开展工作,由5—7人组成,设主任、副主任、治保委员、调解委员、民兵委员、妇女委员等。

12月13日 自治区党委副书记郝廷藻到西吉检查指导整党工作,听取县委、县政府工作汇报,并到马建乡大湾村调研检查西吉防护林建设工程。

12月20日 县委、县政府向自治区党委、自治区政府和固原地委、固原行署呈报《关于西吉防护林建设工程总结报告》。《报告》认为,自1982年4月1日至1985年9月30日,全县农户和集体共计造林种草156.2万亩,占总任务的117.7%,提前1年超额完成《西吉防护林建设工程》任务,多次受到世界粮食计划署官员及国内外专家好评,为国争了光,在生态效益和经济效益上也初见成效。

12月25日 西吉县普法领导小组下发《关于向全体公民基本普及法律常识的实施规划》,对法律普及对象、重点内容、主要方式作出安排。

12月27日 自治区人民政府〔1985〕151号文件批复,撤销兴隆乡、设立兴隆镇、增设街道居民委员会1个。

是年 全县9个国营林场(苗圃)实行林业生产承包责任制。

▲至1985年底,全县乡镇企业发展到3864个,其中乡镇办企业111个、村办企业41个、联户办企业142个、个体企业3570个,总产值达1413.05万元,实现利润364万元。

▲全县总户数54310户,总人口331416人。全县地区生产总值6969万元,其中第一产业4461万元、第二产业626万元、第三产业1882万元。农作物播种面积109.08万亩,粮食总产8064万公斤、油料总产327万公斤。地方财政收入101.8万元,地方财政支出3190.6万元,社会商品零售总额4473万元。

1986年

1月10日 王俊山调任固原地委副书记。

1月17日 马文清任中共西吉县委副书记。

2月10日 西吉县农村能源工作站被国家农牧渔业部授予“全国农村能源建设先进集体”荣誉称号。

2月25日至29日 县委、县政府召开县、乡两级干部会议,传达贯彻全国农村工作会议精神、中共中央〔1986〕1号文件精神、全区农村工作会议精神,总结“六五”期间工作,安排部署“七五”计划和1986年各项工作。

3月13日 西吉县人武部改归地方建制交接领导小组成立,杨万栋任组长,卢延程、马琳任副组长。

3月20日 西吉县人民医院计划生育手术队被国家计划生育委员会授予“全国计划

生育先进集体”荣誉称号。

3月25日至28日 政协西吉县第三届三次会议召开。会议听取并审议黄克富作的县政协常委会工作报告,并作出相应决议。政协委员还列席了县第九届人民代表大会第三次会议,听取和讨论了大会有关报告。

3月26日至28日 西吉县第九届人民代表大会第三次会议召开。会议听取和审议政府工作报告、1985年财政决算和1986年财政预算报告、县人大常委会工作报告、县人民法院工作报告、县人民检察院工作报告,并对上述报告作出相应的决议,会议还审议了县人大常委会关于九届二次会议代表议案、建议办理情况的书面报告。县委副书记马自福作总结讲话。

4月20日 自治区政府选派35名干部组成4个扶贫工作组,由厅、局长带队,进驻西吉县火石寨乡、苏堡乡、三合乡、平峰乡开展扶贫工作。

4月22日 县政府批转县“双扶”领导小组《关于1986年“双扶”计划及扶贫资金安排的报告》。县政府要求各乡镇、县直有关部门加强对扶贫工作的领导,采取切实措施,抓好“双扶”工作,使全县“双扶”工作有一个新的进展,确保贫困户尽快脱贫致富。

4月24日 县畜牧站从丹麦购进良种奶牛16头,分配给奶牛养殖专业户,以促进奶牛养殖业加快发展。

5月3日 县普法领导小组在县党校举办全县副科级以上干部普法学习班,为普法工作培训了骨干力量。

5月5日 中央讲师团来西吉县调研观摩西吉防护林建设工程。

5月6日 县委从县直机关选配35名干部,组成5个扶贫工作组,分赴马建乡、王民乡、马莲乡、硝河乡、白崖乡开展蹲点包村扶贫工作。

5月17日 西吉县人民武装部由中国人民解放军序列改编为地方建制。

5月20日 中共中央政治局委员、国务院副总理田纪云在国务院“三西”地区建设领导小组组长林乎加、国务院副秘书长阎颖和宁夏区党委书记李学智等陪同下,到西吉县调研视察西吉防护林建设工程。

5月23日 宁夏电视台、宁夏日报社派出记者到西吉县拍摄《西吉防护林建设工程》和《长征之路》电视片。

5月28日 西吉县选举委员会成立,郭干文任主任,马保国、卢延程、王玉珍、鲜培礼任副主任。

5月30日 中国科学院黄土高原考察队张明海等到西吉县调研考察西吉防护林建设工程。

6月5日 县政府发布《关于大力保护林草,切实制止破坏的布告》,宣传教育群众爱护林草、禁止破坏,不断巩固提高发展西吉防护林建设工程成果。

6月6日 中国科学院综合考察队赵存兴等来县考察西吉防护林建设工程。

6月11日至16日 世界粮食计划署驻华代表处项目官员J.布朗在国家林业部苏明、马元玫、陶红和自治区林业厅马文达、韩健俊、王华温等陪同下,实地考察新营乡、城郊乡、夏寨乡、沙沟乡、火石寨乡、马建乡林草管护和抚育工作。

6月14日 新华社报道,宁夏西吉县在基本完成世界粮食计划署援建的防护林建设工程后,采取措施,巩固已取得的成果,进一步提高防护林工程质量。

6月20日 县人武部作出《关于一九八六年民兵组织整顿及兵役登记工作安排意见》。《意见》提出,1986年民兵整组工作以经济建设为中心,坚持"减少数量、提高质量,抓好重点、打好基础"的方针。

6月22日 西吉县保险公司成立。

6月28日至31日 县委召开全县党建工作会议,讨论审定《关于加强农村党的基层组织建设和思想政治工作的意见》《关于加强党员党风党纪教育的意见》,安排部署党建工作。

7月12日 县委批转县纪委《关于贯彻中央纪委〈关于整顿纪律的通知〉的意见》,对全县整顿党的纪律提出明确要求,作出具体部署。

7月19日 西吉县偏城、沙沟、马莲、什字、红耀等13个乡的355个村民小组遭受严重冰雹袭击,农作物受灾面积达11.8万亩,其中绝产3.1万亩。

7月24日 国家民族事务委员会主任薛建华带领全国政协视察团,在自治区政协副主席吴尚贤的陪同下,实地视察西吉防护林建设工程,并召开座谈会,听取县委、县政府汇报。

7月26日 全国贫困地区经济文化讨论会的代表、专家一行300余人来西吉调研考察西吉防护林建设工程。

7月28日 西德畜牧教授施泰因巴赫来西吉考察畜牧业发展情况。

7月30日 县政府召开会议,认真学习贯彻国务院《关于抓紧增收节支、确保今年财政收支平衡的紧急通知》、自治区政府《关于努力增加财政收入、严格控制支出的紧急通知》,研究制定六条落实措施:一是进一步抓好生产,努力提高经济效益。二是严格控制固定资产投资规模,努力节减投资。三是加强征管,抓紧组织收入。四是坚决节减行政事业经费,严格控制社会集团购买力。五是加强预算管理,坚持当年收支平衡。六是严肃财政纪律,开展税收、财务大检查。

7月31日 原国家农牧渔业部部长蔡志伟、国家畜牧总局局长王正远、国家工商管理局副局长甘国平等到西吉县调研考察西吉防护林建设工程。

8月2日 县政府发出《关于认真搞好一九八六年秋施底肥的通知》,对农业秋施底肥作出部署。

8月4日 西吉县农业区划委员会成立,姜仕鑫任主任,王秉升、哈迎祥任副主任。

8月5日 国家林业部顾问马玉槐带队到西吉县调研考察西吉防护林建设工程。

8月10日 西吉县被国家体委和国家民委授予“民族传统体育先进单位”称号。

8月13日至18日 以陕西省水土保持局总工程师蒋德麒(水利部代表)为主任委员,北京林业大学校长、副教授沈国舫,宁夏区政协副主席、高级工程师吴尚贤为副主任委员及国家有关部委、科研教学机构专家、学者和自治区、固原地区有关专家、学者70多人组成鉴定委员会,在国家林业部顾问马玉槐和自治区人民政府副主席马思忠主持下,对国家级重大科研项目——“西吉县黄土高原水土流失综合治理”成果进行鉴定。鉴定结果认为,该工程规模大、进度快、质量高、效果好,居全国领先地位。

8月20日 中共中央政治局委员、国务院副总理万里在自治区党委书记李学智、政府主席黑伯理陪同下,到西吉县视察西吉防护林建设工程。

8月21日 国家卫生部部长崔月梨到西吉调研考察卫生健康工作。

8月22日至23日 中共中央政治局委员、书记处书记胡启立在自治区党委书记李学智、国家林业部顾问马玉槐、区政府副主席马思忠陪同下,到西吉县玉桥乡、夏寨乡、火石寨乡、马建乡实地考察西吉防护林建设工程,并召开座谈会,听取县委、县政府工作汇报。

8月26日 黄河上中游管理局负责人带领专家到西吉县调研考察西吉防护林建设工程。

8月29日至9月2日 县委召开全委会议,传达学习胡耀邦、邓小平在全国省长会议上的重要讲话精神,传达学习全国少数民族、边远地区整党座谈会精神,深入学习中共中央〔1986〕9号文件、国务院关于劳动制度改革的“四个”规定及胡启立考察西吉时的重要讲话精神。县委书记王俊山总结上半年工作,部署下半年工作任务。

8月30日 国家农牧渔业部派出代表团来西吉县调研考察西吉防护林建设工程。

9月1日 中共中央顾问委员会委员江华到西吉县调研考察西吉防护林建设工程,并题词:“西吉人民多奇志,种草栽树换新天;家家要致富,山上多栽树,地县专人抓,年年有进度。”

9月2日 白崖中学恢复高中班招生。

9月5日 周生贤任中共西吉县委书记。

9月10日 国家民族事务委员会组织新闻记者一行19人到西吉县调研采访西吉防护林建设工程。

9月11日 卢延程任中共西吉县委副书记。

9月15日 王秉升任西吉县人民政府副县长。

9月21日 西吉县城排水工程动工兴建。工程概算投资114万元,安装管道10568米。

10月1日 苏堡(震湖)35千伏变电所建成并投入运行。

10月7日 西吉县第九届人大常委会第十六次会议决定,卢延程代理西吉县人民政府县长,王秉升任西吉县人民政府副县长。

10月8日 国务院"三西"地区农业建设领导小组召开第六次扩大会议。会议认为宁南山区西(吉)、海(原)、固(原)、隆(德)、泾(源)、彭(阳)、同(心)、盐(池)8县1982年列入国家"三西"建设专项计划以来,各项工作已发生转折性变化,原定3年停止破坏的计划已基本实现,5年解决温饱的第二步规划已取得良好开端。

10月9日 县委召开常委(扩大)会议,传达贯彻党的十二届六中全会精神,研究部署全县精神文明建设和村级整党工作,审议通过《关于认真学习〈中共中央关于社会主义精神文明建设指导方针的决议〉的通知》。

10月10日 县委作出《我县村级整党的安排意见》,提出全县村级整党工作分为学习教育、批评与自我批评和整改、组织处理和党员登记三个阶段。

10月12日 县委、县政府批转西吉县开发使用军地两用人才领导小组《关于贯彻全区开发使用退伍军人两用人才经验交流会的意见》,对开发使用军地两用人才作出安排。

10月16日 西吉县选举委员会印发《关于选举工作的安排意见》,对全县选举工作作出具体安排部署。

10月20日 县委、县政府召开全县畜牧工作会议,并作出《关于发展畜牧业的决定》。

10月30日 县委召开常委会(扩大)会议,区民委副主任杨万栋、固原地委副书记王俊山、自治区扶贫工作组负责人参加会议。县委副书记、代理县长卢延程就全县经济工作作了专题发言。

11月1日 西吉县防疫站被国家卫生部授予"全国卫生文明先进集体"称号。

12月10日 县委发出《关于贯彻落实党中央〈关于社会主义精神文明建设指导方针的决议〉的通知》,提出四条落实措施:一是把学习《决议》同更新观念、发展商品经济的教育结合起来。二是学习《决议》要在统一思想认识上下功夫。三是组织一支强有力的宣传骨干队伍,广泛深入开展宣传宣讲。四是在农村把学习《决议》同培养有理想、有道德、有文化、有纪律的"四有"新人作为一项根本任务来抓。

12月13日 中央绿化委员会授予西吉县"全国绿化先进单位"称号。

12月21日 西吉县审计局被自治区审计局评为全区审计系统先进单位。

12月25日 县委、县政府召开全县社会治安综合治理经验交流及表彰大会,对在"严打"斗争和社会治安综合治理工作中做出显著成绩的三合乡党委、政府等41个先进集体和张忠等98名先进个人给予表彰奖励。

12月26日 西吉县检察院反贪局被自治区检察院授予"先进集体"称号。

12月28日 国家农牧渔业部授予西吉县土壤普查优秀科技成果二等奖。

是年 全县总户数55591户,总人口337934人。全县地区生产总值6738万元,其中第一产业3920万元、第二产业707万元、第三产业2111万元。农作物播种面积108.55万亩,粮食总产6558万公斤、油料总产312万公斤。地方财政收入174.7万元,地方财政支出3244.1万元,社会商品零售总额5120万元。

1987年

1月18日 县委作出《关于加强县委、人大、政府、政协自身精神文明建设的规定》。《规定》提出10条落实措施:一是自觉刻苦地学习马列主义、毛泽东思想和党的路线、方针、政策及党的章程,同党中央在思想上政治上保持高度一致。二是实行民主集中制原则,坚持集体领导和个人分工负责制,实行党政分工,充分发挥职能部门的作用。三是带头遵守党章、执行《准则》,严肃党纪、端正党风。四是带头改变作风,克服官僚主义。五是十分爱护和珍惜班子团结。六是带头做保守党和国家秘密的模范。七是克服"五多",提高办事效率。八是大走群众路线,关心群众疾苦。九是坚定不移地坚持干部"四化"方针和任人唯贤、德才兼备的干部路线。十是坚持四项基本原则,旗帜鲜明地反对资产阶级自由化。

1月25日 西吉县脱贫致富农民演讲团成立,周生贤任团长,卢延程、马保国、马文清、姜仕鑫、鲜培礼任副团长。旨在宣传引导农民清除思想障碍、更新传统观念、广开致富门路,加快脱贫致富的步伐。

2月9日 县委、县政府召开整顿机关作风动员大会,县委副书记郭干文部署安排机关作风整顿工作。会后,县委印发《关于县直机关整顿作风的安排意见》。机关整顿作风的主要任务是加强思想教育、整顿纪律作风、健全规章制度、提高办事效率,通过整顿普遍建立记实日记制、岗位责任制、岗位目标管理制。

2月10日 县委、县政府作出《西吉县计划生育暂行规定》《西吉县国家干部职工计划生育工作承包责任制》。建立计划生育与精神文明建设、社会经济效益相结合的承包责任制。

2月11日 县政府档案科成立,与县档案馆两块牌子一套班子。

2月17日 县政府下发《一九八七年改炕节能工作通知》。《通知》提出1987至1990年全县计划推广节能炕6万至9万铺,为确保任务完成,要层层签订合同、压实责任、专款专用、讲求效益。各乡镇由一名副乡(镇)长和一名干部兼管,村、组由村、组干部负责抓好改炕节能工作。

2月26日 县政府发出《关于奖励超额完成基本农田建设任务的乡、村的通知》。经检查验收,1986年全县新修合格基本农田56779.5亩。县政府决定对超额完成任务的12个乡(镇)奖励现金21835.6元,对超额完成任务的127个村委会奖励现金83235.4元。

2月27日至28日 县委、县政府召开县、乡、村三级干部会议,传达贯彻全国、全区农村工作会议精神,深入学习领会中共中央关于坚持四项基本原则,反对资产阶级自由化的文件精神,安排部署1987年各项工作。会上,脱贫致富农民演讲团的代表汇报交流经验,县委、县政府与各乡镇党委、政府签订岗位目标责任书。会议鲜明提出“清除思想障碍、更新传统观念、广开致富门路,千方百计帮助农民进入流通领域,发展商品经济”的指导思想。

3月6日 县委发出《关于认真学习贯彻〈全国人大常委会关于加强法制教育,维护安定团结的决定〉的通知》。《通知》指出,认真学习贯彻“决定”是坚持四项基本原则、反对资产阶级自由化、维护安定团结的强有力的法律武器和思想武器,是在全体人民中进行以《宪法》为核心的法制教育的重要教材。全县各级党组织必须组织干部群众认真学习宣传贯彻执行,严格按《宪法》和法律办事,发扬社会主义民主、健全社会主义法制,巩固和发展安定团结的政治局面。

3月9日至13日 政协西吉县第四届委员会第一次会议召开,参会委员61名。会议听取和审议县政协第三届常务委员会工作报告,并作出决议;选举产生县政协第四届委员会常务委员,马自福当选为主席,李琳、于志祥、鲜培礼、曾永沛、王栋当选为副主席。政协委员还列席了县第十届人民代表大会第一次会议,听取和讨论大会有关报告,对县人大常委会组成人员和县人民政府县长、副县长、法院院长、检察院检察长的人选进行了协商。

3月10日至14日 西吉县第十届人民代表大会第一次会议召开,出席会议代表241名。会议听取和审议卢延程作的政府工作报告、程儒贵作的县人大常委会工作报告、县人民法院工作报告、县人民检察院工作报告、1986年财政决算和1987年财政预算报告,并对上述报告作出相应决议。会议还审议了县人大常委会关于九届人大三次会议代表议案、建议办理情况的书面报告。会议选举产生县第十届人大常委会,马保国当选为人大常委会主任,程儒贵、冯建元、林元枚、王玉珍、陈凤翔、撒福寿当选为副主任;选举产生第十届县人民政府县长、副县长,卢延程当选为县人民政府县长,王秉升、张秀莲、姜仕鑫、冯建华、朱根全当选为副县长;马三刚当选为县人民法院院长,马腾云当选为县人民检察院检察长。县委书记周生贤作了闭幕讲话。

3月14日 西吉县退休基金社会统筹指导委员会成立,王秉升任主任,赵明任副主任。

3月24日 日本岛根大学教授北川泉、井口隆史在自治区社会科学院有关负责人陪同下,到西吉县马建乡万亩林场、黄家二岔小流域综合治理点、王坪林场、大寨山林场实地考察西吉防护林建设工程。

3月29日至30日 自治区党委书记沈达人、自治区政府代主席白立忱到西吉调研视察,听取县委、县政府工作汇报。

4月2日 西吉县组织52名农民致富带头人组成第一期致富农民演讲团,在县委、人大、政府、政协四大机关领导的带领下,到全县26个乡(镇),向农民群众传授勤劳致富经验。

4月3日 县委、县政府召开电话会议,副县长姜仕鑫对全县农业生产进行部署安排,要求重点抓好1万亩地膜玉米、17万亩垄沟洋芋、15万亩油料种植任务落实。

4月16日 西吉县安全生产领导小组成立,朱根全任组长。同时撤销西吉县安全生产委员会、西吉县防火安全委员会、西吉县交通安全委员会,以上三个委员会的业务统归西吉县安全生产领导小组承办。

5月11日 县委、县政府发出《关于发动群众抗灾自救的紧急通知》,要求全县各级组织紧急行动起来,教育干部、发动群众,自力更生、艰苦奋斗,采取各种措施积极开展抗灾自救,切实抓好以秋补夏、以菜补粮、以草保畜各项救灾措施落实,突击增种补种秋粮和蔬菜,狠抓田间管理、中耕保墒、除草保苗、夏灌追肥、病虫害防治和防雹工作。

5月12日 最高人民检察院检察长杨易辰、原自治区人民政府主席黑伯理在区党委副书记郝廷藻等陪同下,到西吉县调研检查人民检察工作。

5月15日 西吉县文物管理所收藏的45件珍贵文物由自治区文化厅送到中国历史博物馆参加展出。

5月20日 国务院"三西"地区农业建设领导小组办公室编辑的《起步·信心·希望》一书出版发行,西吉县政府总结撰写的《调整土地利用结构,促进农林牧全面发展》一文被收编书中。

8月15日 国家民委副主任赵延年在自治区民委主任张乃铮陪同下,到西吉县调研检查民族宗教工作。

8月18日 日本北海道大学教授东山郎一行4人到西吉县调研考察西吉防护林建设工程和天然次生林生长情况。

8月21日 县委召开工作会议,传达贯彻全区党的建设工作会议精神,部署安排全县党的建设、农业生产等工作,县委书记周生贤作重要讲话。

9月1日 县委、县政府召开灾情调查会议,抽调30名干部,组成10个调查组,对全县26个乡(镇)的灾情和生产自救情况进行调查。1987年全县粮油作物实播面积116.53万亩,受灾面积108.88万亩,其中减产3—5成的48.47万亩、减产5—8成的48.12万亩、绝产的4.29万亩。全县因灾减产粮食2747万公斤、油料90.4万公斤。26个乡(镇)中,特重灾的2个、重灾11个、轻灾13个。

9月6日 西吉县政府主要负责人、中卫县政府主要负责人在中卫县正式办理移民交接手续。自此,西吉县迁往中卫县南山台子的900户4000名移民由中卫县管辖。

9月18日 以日本经济协会副会长、绿化中心专务理事江成舒愿为团长的日本森林综合效益考察团一行9人,在国家林业部、自治区林业厅有关负责人陪同下,到西吉县考察干旱、半干旱地区绿化造林情况。

9月26日 县人大常委会、县政协组织县人大代表、政协委员20人,分4个组对县直机关单位的计划生育工作开展视察,并形成视察报告报县委、县政府。县委、县政府采纳了报告中的大部分建议,并由县委办、政府办联合发出《关于当前计划生育有关问题的通知》。

10月7日 国家民政部副部长张德江一行9人,来西吉调研救灾及民政工作。

10月20日 县人大常委会主任、中共十三大代表马保国赴京参加中国共产党第十三次全国代表大会。

11月10日 县供销合作社联社召开第四届社员代表大会,到会代表92人。自治区供销社联社、固原地区财贸处、县委、人大、政府、政协分管领导出席指导会议。会议听取讨论县供销合作社联社第三届理事会工作报告和新章程。按照新章程,县联社的理事会改为社务管理委员会,任期5年,不设监事会。会议选举产生19人组成的社务管理委员会。社员代表大会闭幕后,社务管理委员会举行第一次全体会议,选举产生社务管理委员会常委会,主持日常事务工作。

11月11日 国家水电部总工程师高宝文带队到西吉县考察月亮山水土保持治理情况。

11月12日 加拿大草原考察团到西吉县考察月亮山草场保护利用情况。

11月13日 马三刚、姜文奎任中共西吉县委常委。

11月14日 县委召开县直机关干部职工大会,中共十三大代表、县人大常委会主任马保国传达学习中共十三大会议盛况和大会精神,县委书记周生贤作了深入学习贯彻党的十三大精神的讲话。

11月25日 县委作出《关于认真学习宣传贯彻党的十三大精神的安排意见》。要求全县把认真学习贯彻党的十三大精神作为当前和今后一个时期的中心任务,以十三大精神为动力,扎扎实实地抓好各项工作。

12月10日 县委批转县纪检委《关于对党员干部加强党内纪律监督的试行办法》。要求各级党组织要认真履行监督党员干部职责,支持纪检部门充分发挥党内监督的职能作用。

12月10日至12日 县委召开全县党的建设工作会议,深入学习贯彻党的十三大精神,认真贯彻落实全区党建工作会议精神,客观总结全县党的建设取得的成绩,正确分析问题及根源,研究制定进一步抓好全县党的建设工作措施。县委副书记郭干文作了题为《认真抓好经常性党的建设,保证党的基本路线的贯彻执行》的讲话。

12月19日 西吉县河北杨扦插育苗技术推广项目获国家林业部科技进步成果三等奖。

是年 全县总户数57921户,总人口348455人。全县地区生产总值6496万元,其中第一产业2739万元、第二产业1002万元、第三产业2755万元。农作物播种面积109.08万亩,粮食总产4368万公斤、油料总产300万公斤。地方财政收入190.9万元,地方财政支出3745.7万元,社会商品零售总额5545万元。

1988年

1月5日 县政府发出《关于认真安排好今冬明春群众生活的通知》。《通知》指出,为确保全县重点救济户、受灾农户生活不出问题,促进生产自救,搞好抗旱备耕,县政府决定给各乡(镇)安排回销粮203.2万公斤。

1月18日 县委、县政府作出《关于深化企业改革,增强企业活力的暂行规定》。《规定》贯彻党的十三大精神,把竞争承包经营机制引入全县工交、商业、粮食、物资、供销和乡(镇)企业,从简政放权、所有权与经营权分离、管理体制、经营机制、分配制度、鼓励科技干部承包企业等方面作出具体规定。

1月28日 县商业系统所属企业全面推行承包经营责任制。县百货公司、县五金公司、县糖烟酒公司、县食品公司、县食品加工厂通过招标实行承包经营,兴隆贸易公司、县饮食服务公司、县商业车队通过认标实行承包经营。

1月30日 县委、县政府召开县、乡两级干部会议,深入学习贯彻党的十三大精神,认真总结1987年工作,部署安排1988年工作任务。会上,还对西吉县农业银行等9个模范集体、县人武部等23个先进单位、张杰等116名先进工作者给予表彰奖励。会议号召全县共产党员、共青团员、干部群众学先进、赶先进,找差距、定措施,振奋精神,为加快脱贫致富步伐努力奋斗。

2月12日 波兰专家一行4人,到西吉考察县办国营精淀粉厂建设项目。

2月19日 西吉县动物检疫所设立。

2月29日 县政府下发《关于种植地膜玉米有关问题的通知》。《通知》指出,自治区下达西吉县1988年地膜玉米种植任务1.7万亩,供应地膜200吨、磷酸二铵82吨、尿素212.5吨,地膜费用的50%由自治区财政补助。要求各乡(镇)加强领导、精心组织安排、狠抓措施落实,保证地膜玉米种植任务完成。

3月3日 马文清任西吉县人民政府副县长。

3月12日至17日 政协西吉县第四届委员会第二次会议召开,到会委员53名。会议学习贯彻党的十三大精神,听取和审议县政协主席马自福作的政协常委会工作报告和副主席曾永沛作的政协四届一次会议以来提案办理情况的报告,并作出相应决议。与会委员列席了县第十届人民代表大会第二次会议,听取和讨论政府工作报告和其他报告。

3月13日至18日 西吉县第十届人民代表大会第二次会议召开,出席会议代表214名。会议听取和审议县政府工作报告、1987年财政决算和1988年财政预算(草案)报告、县人大常委会工作报告、县人民法院和县人民检察院工作报告,并对以上报告作出相应决议。会议还审议了十届人大一次会议代表议案、建议办理情况的书面报告,选举出席自治区第六届人民代表大会代表19名,补选马文清为县人民政府副县长。

3月18日 县委、县政府发出《关于进一步加强扶贫工作的通知》。成立西吉县扶贫工作领导小组,周生贤任组长,卢延程任第一副组长,马文清、张秀莲、姜文奎任副组长。采取县级干部包片、部门包乡、乡包村、村包组、组包户的层层承包的方式,开展扶贫工作。

3月19日 西吉县监察局设立。

4月10日 县委、县政府印发《关于一九八八年政法工作的安排意见》。要求继续贯彻从重从快严厉打击严重刑事犯罪分子和严惩严重经济犯罪的方针,大力推进社会治安综合治理,保持社会治安秩序持续稳定,为全县发展商品经济、脱贫致富创造更加良好的社会环境。

4月13日 县委、县政府作出《关于表彰参加第一、二期致富农民演讲团部分成员的决定》,授予参加第一、二期脱贫致富农民演讲团的43名农民为“致富带头人”光荣称号。

4月16日至22日 县委组织74名致富带头人组成西吉县第二期致富农民演讲团,到全县26个乡(镇)农村巡回演讲,听众达4万多人(次)。

4月20日 西吉县红白理事会领导小组成立,张秀莲任组长,刘志杰、李景珍任副组长。

4月29日 姜文奎任西吉县人民政府副县长。

4月30日 县政府研究决定,从1989年1月1日起对全县村级干部实行报酬补贴。享受补贴的村干部为村党支部书记、村主任、村会计,补助标准为每人每月10元。

5月5日 县委、县政府发出《关于认真做好庆祝自治区成立30周年的通知》。成立“西吉县庆祝自治区成立30周年筹备工作领导小组”,马文清任组长,鲜培礼、张秀莲任副组长。并决定年内为群众办9件实事。一是完成将台至县城110千伏送变电工程。二是完成红耀至田坪、苏堡至田坪公路并通车。三是开通县城二中至十字街口道路。四是完成1000户农民住房改造。五是完成县城排水工程。六是改造学校危房6000平方米、新添课桌凳1000套、建成县职业中学教学楼和西吉一中职工住宅楼。七是完成县医院住院部建设。八是完成县城西桥农贸市场主体工程。九是集资筹建县城第二幼儿园。

5月12日 西吉县住房制度改革领导小组成立,冯建华任组长,杜耀东、张坤任副组长。

5月14日 县政府下发《关于安排1988年全县农房抗震改造任务的通知》。

5月15日 县政府召开全县林草管护工作会议。会上各乡(镇)负责人汇报了林草管护工作情况及存在的问题,围绕巩固提高防护林建设工程成果、切实加强林草管护工作进行认真讨论。县长卢延程作了《认真查处毁林毁草事件,切实加强林草管护工作》的讲话。

5月16日 西吉县中小学危房改造修缮领导小组成立,卢延程任组长,马文清、撒福寿、鲜培礼任副组长。经调查统计,全县需改造修缮的中小学危房面积达3万平方米。资金来源按“5:2:3”比例筹集,其中自治区财政投资135万元、县财政筹集54万元、乡镇投工投料折现金总值81万元。

5月21日 县政府召开集资办学广播动员大会,全县干部职工和群众捐献集资办学款145.8万元。

5月25日 中国共产党西吉县代表会议召开,出席会议代表138名。会议选举出席自治区第六次党的代表大会代表14名。

5月26日 中共西吉县第七届委员会第三次全体会议召开。会议作出《关于召开县党的第八次代表大会的决议》。

5月28日 西吉《希望之光》第二集编辑出版发行。

6月3日至7日 世界粮食计划署官员布雷先生一行4人到西吉县,对西吉防护林建设工程进行终期验收。验收结果认为工程质量符合标准,达到预期目的。

6月10日 马三刚任中共西吉县委副书记。

6月15日 西吉县总工会第四次代表大会召开,出席会议代表169人。会议选举产生西吉县总工会第四届委员会,刘维刚当选县总工会主席,同时选举成立县总工会经费审查委员会。

6月17日 齐天生任西吉县人民政府副县长。

6月24日 西吉沙沟乡、白崖乡、偏城乡、下堡乡、白城乡、夏寨乡的23个行政村、112个村民小组遭受特大冰雹、洪水袭击,冰雹直径约20毫米,平地积冰达21厘米。全县受灾农作物45066亩,其中绝产18555亩。洪水造成3人死亡,冲走大家畜23头、羊291只,损坏民房224间。

7月1日 固原地委作出《关于表彰先进党支部和优秀共产党员的决定》。西吉县受表彰的先进党支部有玉桥乡下范村党支部、白崖乡斜路洼村党支部、西吉县税务局党支部,受表彰的优秀党员有南克德、张占有、安金堂、苏万里、李强。

7月11日至14日 中国共产党西吉县第八次代表大会召开,出席会议代表181名,代表全县8530名共产党员。会议听取周生贤作的《认清县情、振奋精神、大力发展生产力,为振兴西吉团结奋斗》的工作报告,听取张宗祥作的县纪律检查委员会工作报告,审议和通过这两个报告;选举产生中共第八届西吉县委员会、西吉县纪律检查委员会。

7月15日 中共西吉县委八届一次全委会议召开,出席会议县委委员27名、候补委员2名,县纪律检查委员会委员列席会议。会议选举周生贤、卢延程、王永忠、马三刚、马文清、马琳为第八届县委常务委员,周生贤当选为中共西吉县委书记,卢延程、王永忠、马三刚当选为副书记。

同日 中共西吉县纪律检查委员会举行全委会议,选出县纪律检查委员会常务委员4名,张宗祥当选为县纪委书记,王儒林、沙玉成当选为副书记。

7月16日 县委、县政府发出《关于开展严厉打击严重刑事犯罪活动集中统一行动的通知》。主要任务是以反盗窃、反扒窃为重点，整顿县城治安秩序。

7月17日 西吉县白崖乡、偏城乡、新营乡、白城乡、沙沟乡、城郊乡等6个乡的24个行政村、95个村民小组遭受严重冰雹袭击，造成38852亩农作物严重受灾，其中绝产10811亩。

7月20日 全国人大常委会副委员长费孝通一行4人到西吉县调研考察种植业、养殖业、服务业、加工业和乡镇企业。

7月26日 西吉县检察院干部柳全忠被自治区党委、区政府授予“全区政法战线先进个人”称号。

8月16日 西吉县能源站荣获国家农业部生产节能先进集体荣誉称号。

8月21日 西吉县文艺代表队在固原地区首届“民族团结杯”音乐舞蹈大赛中荣获一等奖。

8月23日 西吉县颁发居民身份证工作领导小组成立，马文清任组长，张坤、王兆元、王世山、杨逢春任副组长。

8月24日 县政府批转西吉县颁发居民身份证工作领导小组《关于颁发居民身份证工作安排意见的报告》，对全县颁发居民身份证工作作出部署安排。

8月25日 县委发出《关于组织党员干部深入开展生产力标准问题讨论的通知》。《通知》指出，为推动全县经济建设和改革开放，县委决定在全体共产党员、干部中开展生产力标准问题的讨论。强调这次学习讨论要分层次施教，有重点地解决问题，对党政机关干部，主要解决放宽用活政策、转变职能，为基层群众服务的问题；对企事业单位主要围绕经济体制改革、搞活企业等问题开展教育；对农村党员和基层干部主要解决自己带头致富和带领群众共同富裕的问题；对农民主要进行发展商品经济的启蒙教育，解决破除旧观念的问题；对率先致富的农民，主要帮助他们克服“小富则安”、不求进取的思想；对“三不户”主要帮助他们克服“听天由命”的依赖思想，增强脱贫致富的自信心。

同日 县委作出《关于加强舆论监督的暂行规定》。主要内容是实行政务公开，建立《批评建议档案》，对新闻单位和群众的批评、建议，不拖延，开绿灯。要求各级领导要做到一不压、二不卡、三不拖，接受批评，改正错误；建立舆论监督反馈例会制度，每月1日为例会日，使舆论监督真正为经济建设服务。设立舆论监督奖，年终对敢于坚持真理、敢于采写批评报道的通讯员给予表彰和奖励等8条规定。

8月26日 县政府下发《关于分配一九八八年秋施肥任务有关问题的通知》，对秋施肥工作作出安排。

8月28日 县政府批转县民政科《关于学习宣传贯彻〈中华人民共和国村民委员会组织法〉的安排意见》。要求各乡镇要把学习宣传贯彻《村委会组织法》列为普法教育的重点内容，进一步完善和健全村委会及所属组织的各项规章制度，健全村委会组成人员的岗位责任制和奖惩制度。

9月3日 庆祝宁夏回族自治区成立30周年中央代表团曲艺团一行60多人到西吉慰问演出,观众达2万多人。

9月26日 庆祝宁夏回族自治区成立30周年中央代表团副团长、全国政协副主席、国家民委主任司马义·艾买提在区党委常委蔡竹林、区人大常委会副主任马腾霭陪同下,到西吉调研考察种兔场、马建乡万亩林场发展情况。

10月3日 县政府发布《关于严格植物检疫的布告》。要求任何单位和个人,对调入调出的植物种子、苗木、果实及其繁殖材料和应受检疫物品,必须事前申请办理调入、调出检疫手续。

10月4日 西吉县第十次妇女代表大会召开,出席会议妇女代表151人。会议听取审议第九届妇女联合会工作报告,选举产生第十届妇女联合会,张芳兰当选为主任,马一平、马晓花当选为副主任。

10月11日 县政府印发《宁夏回族自治区禁止赌博条例》。要求各乡(镇)、县直各部门结合普法教育,认真宣传贯彻执行,严禁赌博行为。

10月19日 县委、县政府召开"老有所为精英奖、敬老好儿女金榜奖表彰及尊老周动员大会",对14名老有所为老干部和19名敬老好儿女进行了表彰奖励。

10月25日 县委、县政府作出《关于全县各级党政机关保持廉洁的若干规定》。主要内容:一是加强为政清廉的教育。二是正确运用人民赋予的权力。三是严禁用公款请客送礼。四是严禁滥发奖品、资金和实物。五是严肃财经纪律。六是严禁党政机关经商办企业。七是各级党政机关都要建立健全岗位责任制和各项规章制度,公开办事制度,增强透明度。八是加强党的纪律,维护改革大局。九是切实加强对廉政工作的领导。

10月26日 县委、县政府作出《关于进一步加强林草管理的决定》。主要内容:一是建立健全管理机构,撤销"西吉防护林建设工程指挥部",成立"西吉县林草管理领导小组",负责林草管理工作。二是大力开展宣传教育工作。三是不断完善管理制度。四是明确处理权限。五是提高技术管理水平。

同日 县委、县政府下发《关于(工程)补造补种、更新改造的安排意见》《西吉县林草管理奖罚办法》。指出,防护林建设工程工作重点应转移到经常性的管理工作和补造补种及更新改造上来,以便进一步巩固提高发展防护林建设工程质量,发挥其综合经济效益。

10月29日 西吉县清理整顿公司领导小组成立,卢延程任组长,马文清、齐天生任副组长。

11月2日 县委召开八届二次全委(扩大)会议,传达贯彻党的十三届三中全会精神、自治区党委六届二次全委(扩大)会议精神,研究部署治理经济环境、整顿经济秩序、全面深化改革等重点工作。

11月8日 西吉县政协考察团一行40余人,到甘肃省临夏回族自治州考察观摩学习教育工作。

12月9日 白崖乡兽医站王耀宗被国家民族事务委员会授予"全国民族团结进步先进个人"荣誉称号。

12月11日 兴隆镇单家集被国务院授予"全国民族团结进步先进集体"荣誉称号。

12月28日 县政府决定,"西吉县文艺工作队"改为"西吉县文艺工作团"。

是年 全县乡镇企业发展到4695家(户),比1985年增加831家(户);从业人员达到10749人,比1985年增加3195人;经营总收入达到2766万元,实现纯利润302万元。

▲ 全县总户数60689户,总人口358124人。全县地区生产总值9225万元,其中第一产业4660万元、第二产业1466万元、第三产业3099万元。农作物播种面积108.9万亩,粮食总产6115万公斤、油料总产414万公斤。地方财政收入193.9万元,地方财政支出4116.6万元,社会商品零售总额7549万元。

1989年

1月3日 县政府作出《西吉县发展乡镇企业奖励办法》。《办法》以产值、利润两项指标为考核重点,对完成或超额指标的乡镇给予200—1400元现金奖励;对引进资金、技术,当年建厂、当年见效,产值在10万元以上,利润率达到5%以上的,一次性奖给企业负责人500—1000元。

1月16日 县委、县政府召开全县农村致富能人经验交流暨表彰会议,授予李万福等100人为"勤劳致富带头人"光荣称号。会议号召全县各级组织、广大干部群众认真学习贯彻党的十三届三中全会和全国农村工作会议精神,坚持以治理经济环境、整顿经济秩序和全面深化改革为中心,广泛深入地进行形势与任务的教育,认真推行先进典型经验,为进一步发展商品经济,加快脱贫致富步伐,促进两个文明建设而努力奋斗。

1月21日 西吉一小教师王玉英被评为"全国优秀教师"、安智才被评为全国施行《国家体育锻炼标准》先进工作者。

2月11日 西吉县畜牧兽医技术服务中心成立。

2月16日 县委、县政府印发《关于一九八九年至一九九〇年解决贫困户温饱问题的意见》。《意见》提出,全县尚有12879户75394人的温饱问题没有解决,分别占全县总户数和总人口的23.6%和23.2%。县委、县政府要求各乡镇坚持因地因户制宜、分类指导、讲求实效的原则,做到"五个结合"(近期效益和长远效益、粮食生产和发展多种经营、改造自给性传统产业和发展商品经济、经济开发和智力开发、富民和富县相结合),采取多门路、多途径帮助贫困户依靠自身力量走上稳定性脱贫致富道路。

2月18日 县政府下发《西吉县1989年农业丰收计划技术承包方案》,对全县农业丰收计划技术承包办法、验收办法和奖惩办法作出具体规定。

同日 西吉县农业丰收计划技术承包领导小组成立,姜文奎任组长。

2月21日 西吉县政法领导小组成立,马三刚任组长,马文清、杨生贵任副组长,同时撤销西吉县政法委员会。

2月24日 自治区人大常委会组织区内七届全国人大代表一行7人,到西吉县视察春耕备耕、防护林工程建设和改革开放工作。

2月27日 县政府、县人武部发布《一九八九年春季征兵命令》。

2月28日 县政府作出《关于兑现1988年度农业科技承包奖的决定》,对1988年度在农业科技承包工作中做出成绩的26个乡(镇)、75名农业科技人员和农业干部兑现承包奖金37870元。

3月3日 县委、县政府召开全县1988年度工作总结表彰大会,对15个先进集体、130名先进工作者给予表彰奖励,并对10名先进工作者晋升一级工资。县委、县政府号召全县共产党员、共青团员、广大干部职工和群众掀起学先进、赶先进、争当先进的热潮,进一步转变机关作风、廉洁奉公,把两个文明建设继续推向前进,为加快全县脱贫致富步伐努力奋斗。

同日 县委、县政府作出《关于表彰奖励一九八八年度解决中小学危房先进集体和先进个人的决定》,对在集资改造中小学危房工作中取得优异成绩的9个乡、8个学校、4个先进单位、29名先进个人给予表彰奖励。

3月13日至16日 政协西吉县第四届委员会第三次会议召开,到会委员58名。会议听取和审议政协常委会工作报告、提案办理情况报告,并作出相应的决议。政协委员列席了县第十届人民代表大会第三次会议,听取和讨论大会报告。县委副书记马三刚到会作了《坚持和发展共产党领导下的政治协商和民主监督制度》的讲话。

3月14日至17日 西吉县第十届人民代表大会第三次会议召开,到会代表205名。会议听取和审议政府工作报告、1988年财政决算和1989年财政预算(草案)报告、县人大常委会工作报告、县人民法院工作报告、县人民检察院工作报告,并对上述报告作出相应决议。会议还审查了县人大常委会关于十届人大二次会议代表议案、建议办理情况的书面报告,作出《关于西吉县第十一届人民代表大会代表名额和选举问题的决议》。

3月20日 县政府发出《关于恢复征收农业税的通知》。《通知》指出,我县自1980年免征农业税以来,农民得以休养生息,促进了农业生产发展和贫困面貌改变。现根据国家税收政策规定和自治区人民政府《关于恢复征收山区农业税的决定》,我县从1989年起恢复征收农业税,任务为300.1万公斤小麦。

3月22日 王兆元任西吉县人民法院院长。

3月26日 县第十届人大常委会第十五次会议召开。会议决定,人大常委会内设法制委员会、教科文卫委员会、财政经济委员会;任命王国成为法制委员会主任、徐振国为科教文卫委员会主任、马振杰为财政经济委员会主任。

4月2日 县委、县政府召开工作会议,政府副县长马文清、冯建华、姜文奎、齐天生分别对计划生育、教育、农业生产、林草建设、扶贫和财贸金融工作作出部署安排。

4月6日 将台至县城110千伏输变电工程经自治区电力局、自治区计委验收,准予正式输电。

5月2日 县农村抽样调查队改名为西吉县农村社会经济调查队。

5月6日 县委作出《关于加强和改进中小学德育工作的意见》,要求各级党委、政府把中小学德育工作提到重要议事日程,切实加强领导,认真解决学校德育工作中存在的问题,建立一支强有力的德育工作队伍。

5月16日至21日 县委、县政府组织94名致富农民带头人组成第三期致富农民演讲团,分9个组,深入全县26个乡镇,巡回传授勤劳致富经验,共演讲75场,听众达4.3万人。

5月19日 西吉县税法宣传领导小组成立,马文清任组长,马三刚任副组长。

5月27日至29日 日本、南朝鲜、法国、意大利、以色列、土耳其等12个国家的25名专家、官员组成国际地震震害现场考察团,由团长谢克带队到西吉县考察1920年地震滑坡遗迹及堰塞湖。

6月9日 西吉县普法领导小组被中共中央宣传部、国家司法部授予"全国普法先进集体"荣誉称号。

6月30日 县委作出《关于表彰先进党支部和优秀共产党员的决定》,对在改善和加强党的领导、促进两个文明建设中做出优异成绩的王民乡小岔村等22个党支部授予"先进党支部"称号,对李万福等95名共产党员授予"优秀共产党员"称号。

7月1日 固原地委作出《关于表彰先进党支部和优秀共产党员的决定》,西吉县苏堡乡和平村等5个党支部被授予"先进党支部"荣誉称号,张宗祥、许文杰等20名同志被授予"优秀共产党员"称号。

7月7日至8日 县委召开八届三次全委(扩大)会议,传达贯彻党的十三届四中全会精神,传达学习中共中央总书记江泽民重要讲话精神、中共中央军委主席邓小平重要讲话精神、自治区党委六届三次全体会议精神。会议坚决拥护党中央决定,坚决同党中央保持一致。

7月22日 西吉县红十字会成立、西吉县红新月会联合会成立。

7月25日 县委决定,为24个乡镇(除新营、白城外)配备乡级人大主席团专职常务主席。

7月28日 国家林业部副部长刘广运一行12人,在自治区副主席李成玉陪同下,到西吉县偏城乡、马建乡、平峰镇调研考察防护林工程管护情况。

7月29日 《希望之光》第三集出版发行。该书从西吉县第三期致富农民演讲团征文中,选编51位农民企业家、专业户和勤劳致富带头人在社会主义初级阶段发挥聪明才智、艰苦创业的动人事迹。

8月6日 县委、县政府发出《关于做好建国40周年庆祝活动有关问题的通知》,要求庆祝活动既隆重热烈,又节俭实效,采取多种形式对全县人民进行坚持四项基本原则、坚持改革开放和党的基本路线教育,振奋民族精神、鼓舞人民斗志,为完成党的十三届四中全会提出的各项任务做出积极贡献。

8月16日 县外事办公室和广播电视局完成《可爱的西吉》录制。

8月22日 县委研究决定,县纪律检查委员会内设纪律检查室、案件审理室、办公室。

8月23日 国家财政部副部长迟海宾在自治区政府副主席程法光陪同下,到西吉县调研财政税收工作。

8月31日 县委发出《关于各乡(镇)党委召开党的代表大会的通知》。《通知》指出,根据党章规定,我县各乡(镇)党委任期均已届满。县委要求各乡(镇)在1989年底前召开党的代表大会,选举产生新一届委员会。各乡镇党委一般由5—7人组成,设正、副书记各1人,委员若干人,实行差额选举。

9月5日 西吉县第四次人口普查领导小组成立,马文清任组长,张坤、王志恒、潘俊森、马彦彪任副组长。

9月9日 县委印发《关于在全县开展民主评议党员工作的安排意见》。《意见》指出,民主评议党员工作要认真贯彻"坚持标准、立足教育、区别对待、综合治理"的方针,通过民主评议和组织考察,表彰优秀党员、处置不合格党员、清除腐败分子,提高党员素质,增强党组织的凝聚力和战斗力。

9月13日 西吉县夏寨乡、硝河乡、城郊乡、白崖乡、火石寨乡遭到龙卷风袭击,吹倒房屋16间,损坏高压电线160米、低压电线630米,受伤1人。

9月21日 西吉县选举委员会成立,县委主要领导任主任,马保国、卢延程、鲜培礼任副主任。

9月26日 全国先进基层党组织、优秀党务工作者表彰大会召开,西吉县城关镇党委书记王珍被授予"全国优秀党务工作者"称号。

10月5日 县委、县政府发出《关于加强社会主义精神文明建设的通知》。《通知》要求在农村党员中开展"三带头"(带头发展"五业"、带头勤劳致富、带头搞好精神文明建设)竞赛活动,在干部群众中开展移风易俗教育活动,在全县开展建设文明单位、文明村镇活动和计划生育基本国策宣传教育活动。

10月6日 县委发出《关于进一步加强宣传思想工作的通知》,要求全县各级党组织要切实加强对宣传思想工作政治方向和方针政策的领导,把宣传思想工作列入党委的重要议事日程,坚持常抓不懈,用社会主义思想占领城乡阵地。

10月11日 西吉县统计科更名为西吉县统计局,同时全县26个乡(镇)建立了统计工作站。

10月28日 沙沟乡人畜饮水工程开工建设。工程建成后可解决沙沟乡政府机关单位和顾家沟村等800多人、300多头大家畜、1000多只羊的饮水问题。

11月9日 县委批转县人大常委会党组《关于选举工作安排意见》,对县、乡换届选举作出安排。

11月9日至11日 西吉县残疾人联合会首届代表大会召开。会议听取和审议西吉县残疾人联合会工作报告,选举产生西吉县残疾人联合会理事会,全中才当选为主任,马仁当选为副主任。

11月12日 县委选派300多名县、乡干部深入农村宣传宣讲党的十三届五中全会精神,帮助开展县、乡人民代表大会代表选举和民主评议党员工作。

11月16日 西吉县老干部关心下一代协会理事会首届一次会员大会召开,选举产生西吉县老干部关心下一代协会理事会,黄克富当选为主席,刘枝林、黄国强、魏明清当选为副主席。

11月17日 县委集中全县26个乡(镇)党委书记在城郊乡进行农村民主评议党员试点工作。

11月25日 县政府发布《关于坚决扫除"六害"的通告》。决定在全县范围内开展打击查禁和取缔卖淫嫖娼、制作贩卖传播淫秽物品、拐卖妇女儿童、私种吸食贩运毒品、聚众赌博和利用封建迷信骗财害人等六个方面的社会丑恶现象。县政府号召全县广大人民群众积极行动起来,检举揭发犯罪分子,同"六害"作坚决斗争,打一场围剿"六害"的歼灭战,为实现全县社会治安秩序稳定作出贡献。

11月26日 白崖35千伏变电所建成并投入运行。

12月2日 县委召开全县党建工作会议,讨论制定《党建目标管理制度》《民主评议党员制度》《干部年度考核制度》《"四公开一监督"制度》《各级领导干部定期下基层调研制度》《干部参加劳动制度》。

12月7日 县委作出《关于加强党的建设的意见》。《意见》提出五条措施:一是坚持党的建设为党的政治路线服务的指导思想。二是认真搞好清查清理工作,进一步纯洁党的组织。三是加强党的基层组织建设,提高党组织的战斗力和战斗堡垒作用。四是加强党员思想教育,搞好党员队伍建设。五是加强作风建设,进一步密切党群关系。

12月15日 县委、县政府发出《关于在全县开展"移风易俗宣传月"活动的通知》。

12月22日 西吉县被评为"全区理论教育先进集体",海正生被评为"全区理论教育先进工作者"。

12月28日 县人大常委会召开十届第十三次常委会议,研究审议《关于西吉县第十一届人民代表大会代表名额及有关问题的请示报告》。

是年 全县总户数62589户,总人口366671人。全县地区生产总值8064万元,其中第一产业3371万元、第二产业1261万元、第三产业3432万元。农作物播种面积108.92万亩,粮食总产6281万公斤、油料总产430万公斤。地方财政收入176.7万元,地方财政支出4418万元,社会商品零售总额6403万元。

1990年

1月5日 县委成立“三制”考核组,由县级干部带队对全县26个乡(镇)、56个县直部门(单位)进行全面考核验收。

2月13日 县委、县政府作出《关于整顿机关思想、学习、纪律、作风的安排意见》。机关“四整顿”分为学习动员、思想整顿、健全制度、检查验收四个阶段。主要任务是整顿思想,反对资产阶级自由化,坚持四项基本原则;整顿学习,反对轻视理论、脱离实际、“想当然”办事的主观主义、个人主义,纠正把理论学习同实际工作相脱离的错误倾向;整顿纪律,反对违反民主集中制原则的本位主义、分散主义、无政府主义,坚持遵守党的政治纪律;整顿作风,反对脱离群众、不关心群众疾苦的官僚主义、命令主义,坚持和发扬党的理论联系实际、密切联系群众和批评与自我批评的优良作风。

2月14日 县委举办形势教育报告会,县直机关党员、干部和职工1200多人参加会议。听了形势教育报告后,广大党员、干部和职工对东欧形势变化有了清醒的认识,增强了坚持中国共产党领导和社会主义制度的坚定信念。

2月16日 县委批转县农工部、农经指导站《关于稳定和完善土地承包责任制的意见》,对全县农村“稳定和完善土地承包责任制”工作作出部署。

2月16日至18日 县委、县政府召开工作会议,传达贯彻自治区党委六届四次全体会议精神、全区扶贫工作会议精神。县长卢延程总结1989年工作、部署安排1990年主要工作任务,副县长姜文奎部署安排扶贫工作。会议确定1990年工作思路是,全面贯彻党的十三届五中全会精神,以脱贫致富为工作中心,突出抓好稳定、党建、经济三项重点工作,全力打好农业增产、农田建设、扶贫工作三场硬仗,坚持不懈抓好林草工程、计划生育、民族宗教、教育科技四个方面工作。

2月17日 县委决定从县直机关抽调13名副科级党员领导干部到白崖乡、沙沟乡、田坪乡、兴平乡、白城乡、红耀乡、王民乡、西滩乡、下堡乡、火石寨乡、苏堡乡、三合乡、平峰镇任职乡(镇)党委副书记,抽调36名机关干部到36个重点贫困村担任村党支部副书记,主抓扶贫工作,加强对贫困带13个乡(镇)扶贫工作的领导。

2月18日 县委、县政府召开机关“四整顿”动员大会,县直机关干部、职工和各乡镇负责人1300多人参加会议。

2月20日 县委、县政府抽调340名干部开展下基层活动,每个行政村安排1名干部蹲点帮助开展工作。主要任务:一是进行政策、形势教育;二是倾听群众对县委、政府工作的意见、建议和批评;三是认真开展调查研究;四是帮助群众解决生产、生活实际困难问题。

同日 自治区党委书记黄璜到西吉县调研视察工作,先后到兴平乡、马建乡、兴隆镇检查指导农业生产、群众生活及教育工作,并听取县委、县政府工作汇报。

2月23日 西吉县国防教育领导小组成立,县委主要领导任组长,马琳、刘志杰任副组长。

2月28日 县委、县政府抽调县直机关干部337人,由县级干部带队深入农村、工厂、学校开展形势政策教育,进一步密切党群干群关系、稳定人心、安定社会。

3月5日 县委召开全县"学雷锋树新风"动员大会,县直机关干部职工、武警官兵和学校师生共1200多人参加会议。会后,干部职工、武警官兵和学校师生走上街头,宣传雷锋事迹,为群众送温暖、做好事,受到人们好评。

3月6日 县委农工部牵头组织各乡(镇)农经干部在城郊乡开展土地有偿承包、合同管理试点工作。

3月7日 县委、县政府作出《关于表彰一九八九年度先进集体、先进工作者的决定》,对县体委等7个先进单位、城郊乡等4个先进集体和于书忠等146名先进工作者给予表彰奖励。

3月8日至14日 政协西吉县第五届委员会第一次会议召开,到会委员61名。会议传达学习《中共中央关于坚持和完善中国共产党领导的多党合作和政治协商制度的意见》,听取和审议政协第四届常务委员会工作报告、提案办理情况报告,选举产生政协西吉县第五届常务委员会,马自福当选为县政协主席,李琳、鲜培礼、王栋、何占江、刘宗仁当选为副主席。与会委员列席了县第十一届人民代表大会第一次会议,听取和讨论了政府工作报告和其他报告,对县人民代表大会常务委员会组成人员和县人民政府县长、副县长、法院院长、检察院检察长的人选进行了协商。

3月9日至14日 西吉县第十一届人民代表大会第一次会议召开,到会代表229名。会议听取和审议政府工作报告、1990年国民经济发展计划(草案)的报告、1989年财政决算和1990年财政预算(草案)的报告、县人大常委会工作报告、县法院工作报告、县检察院工作报告,并对以上报告作出相应决议。会议选举产生县十一届人大常委会组成人员,县人民政府县长、副县长、县人民法院院长、县人民检察院检察长。马保国当选为人大常委会主任,王玉珍、陈凤翔、张秀莲、杨保田、林元玫、撒福寿当选为副主任;卢延程当选为县人民政府县长,马文清、姜文奎、齐天生、杨保仓、徐淑兰当选为副县长;王兆元当选为法院院长,马腾云当选为检察院检察长。

3月30日 县委召开常委扩大会议,传达学习中共十三届六中全会精神、《中共中央关于加强党同人民群众联系的决定》,研究西吉贯彻落实意见。

同日 县委研究决定,西吉县第十一届人大常委会党组由7人组成,马保国任书记,王玉珍任副书记。

▲ 县委研究决定,政协西吉县第五届委员会党组由7人组成,马自福任书记,李琳任副书记。

3月31日 县委发出《关于贯彻落实中共中央〈关于坚持和完善中国共产党领导的多党合作和政治协商制度的意见〉的通知》。《通知》提出五条贯彻意见:一是各级党委要认真学习宣传贯彻“意见”精神。二是进一步完善同党外人士的政治协商制度。三是进一步发挥非党人民代表和政协委员在政治协商和民主监督中的作用。四是积极培养选拔少数民族干部和党外干部。五是各级党委要加强对统战工作的领导,高度重视统战工作。

4月12日 县委、县政府召开全县工作会议,传达贯彻《中共中央关于加强党同人民群众联系的决定》,总结机关“四整顿”和农村形势宣传教育工作,研究贯彻落实《中共中央关于加强党同人民群众联系的决定》具体措施和春季植树造林等工作。

4月15日 甘肃省和宁夏区政府在平凉召开甘、宁两省(区)勘界工作会议。根据此次会议精神,西吉县与甘肃省静宁县、会宁县分别组织联合勘界工作组,本着实事求是的原则,开展了双边县界的勘定工作。

4月18日 李作斌任中共西吉县委常委、县委组织部部长。

4月22日 县委、县政府召开全县教育工作会议,研究部署教育工作,讨论通过县委宣传部、县教育科《关于改进和加强学校思想政治工作的报告》。

4月24日 县委、县政府批转县委宣传部、县民政科、县计生委《关于进一步搞好计划生育和〈婚姻法〉宣传教育的报告》。

4月26日 自治区监察厅厅长窦连吉到西吉检查指导行政监察工作。

5月1日 县委、县政府举办“三热爱”歌咏大赛活动,共有52支歌咏队演唱了370多首革命歌曲,振奋了全县干部群众革命精神,产生了良好影响和强烈反响。

5月8日 西吉县基层政权建设领导小组成立。

5月18日 县委召开全县计划生育工作会议,传达贯彻全国计划生育委员会主任会议精神、全区计划生育工作会议精神、固原地区计划生育工作会议精神,讨论审定《县委、县政府关于计划生育工作几个问题的补充规定》。沙沟乡等8个乡(镇)、教育科等5个单位作了表态发言。县长卢延程对全县计划生育工作作了部署安排。

5月19日 西吉县与甘肃省静宁县联合勘界工作组在静宁县召开第一次会议,对双方勘察标绘一致的地段,经双方负责人签字盖章,正式确定了边界线。两县边界段全长86公里。

5月20日 县委、县政府作出《西吉县计划生育暂行规定》,进一步强化计划生育工作的行政措施。

5月30日 西吉县与甘肃省静宁县联合勘界工作组在西吉县召开第二次会议，对第一次会议未定的5处边界线，经过协商达成一致意见，并交换了1∶5万地形图。会议确定，两县共埋设界桩28个，静宁县埋设88号至101号界桩14个、西吉县埋设102号至115号界桩14个。

6月12日 县纪律检查委员会、县委宣传部、组织部、县直机关党委作出《关于在县直机关开展民主评议党员工作的安排意见》。

6月15日 县直机关37个党支部首次开展民主评议党员工作。评议结果，合格党员467名，占94.8%；基本合格党员14名，占2.8%；基本不合格党员12名，占2.4%；优秀党员32名，占6.8%。

6月19日 西吉县与甘肃省会宁县联合勘界工作组在西吉县召开第一次会议，对实际无争议而地图上标绘不一致的17处界段，经过协商，确定了界线。西吉县与甘肃会宁县边界段全长96公里。

6月22日 县总工会牵头举办西吉县“迎亚运”文体竞赛活动，参赛职工达3000多人。

6月25日 县委发出《关于开展学习焦裕禄活动的通知》，要求全县共产党员和干部以焦裕禄为镜子，继承和发扬焦裕禄精神，为加快经济建设，打好解决温饱、脱贫致富攻坚战努力奋斗。

6月26日 自治区钱币学会和西吉县文管所在银川市玉皇阁联合举办“中国历代钱币展览”。西吉县参展的各类古钱币共3000余枚。

6月28日 全县1200名共产党员参加了固原地区举办的“党的基本知识”竞赛活动，获优秀集体奖6个、优胜个人奖11个。

7月1日 全国第四次人口普查工作启动。经过普查，西吉县共有64398户，369873人，有汉、回、蒙古、藏、壮、满、土家、东乡8个民族。

同日 自治区党委授予西吉县新营乡庙儿岔村党支部“先进党支部”荣誉称号，授予张义贵、李景珍“优秀党务工作者”荣誉称号，授予李汉章、马占仓“优秀共产党员”荣誉称号。

7月2日 固原地委作出表彰决定，授予西吉县城关镇党委、苏堡乡毛坪村党支部“先进基层党组织”荣誉称号，授予王志清、王廷良“优秀党务工作者”荣誉称号，授予田自昌等16名同志“优秀共产党员”荣誉称号。

7月6日 县委作出《关于表彰先进党支部、优秀党员和优秀党务工作者的决定》，授予玉桥乡下范村等11个党支部“先进党支部”称号、冉国勤等46名党员“优秀共产党员”称号、韩世英等6人“优秀党务工作者”称号。

7月16日 全县农村党支部书记学习班在县委党校举办，历时7天。通过学习，农村党支部书记加深了对党的十三届四中、五中、六中全会精神的理解,加深了对党的建设、党在农村各项政策的理解,增强了解决温饱、脱贫致富、打好扶贫攻坚战的信心。

7月21日 西吉县与甘肃省会宁联合勘界工作组在会宁县召开第二次会议,对有争议的2处界段进行了协商处理。会议确定两县共埋设界桩25个,会宁县埋设63号至74号界桩12个,西吉县埋设75号至87号界桩13个。

7月22日 县政府召开县直机关干部包乡(村)扶贫工作汇报会,13个部门(单位)、5个乡(镇)汇报交流上半年包乡(村)扶贫工作开展情况,安排部署了下半年扶贫工作。

7月26日 全国政协常委、国家民委副主任马信在自治区政协副主席郝廷藻陪同下,到西吉县调研考察扶贫工作。

7月28日 县检察院反贪局被自治区检察院授予“先进集体”称号,县检察院干部王少龙被自治区党委、政府授予“全区政法战线先进个人”称号。

8月3日 县委发出《关于认真开好党员领导干部民主生活会的通知》,对领导班子、领导干部提出明确要求,作出具体部署。

8月15日 自治区宁南山区八县扶贫工作汇报会在西吉县召开,西吉县政府作了交流发言。

8月17日 全国八省、区少数民族科普会议在西吉县召开,西吉县政府作了交流发言。

8月21日 县委常委会召开专题民主生活会,认真地开展批评与自我批评,研究制定整改措施,达到增强团结、改进工作的目的。县人大常委会主任马保国、县纪律检查委员会书记张宗祥列席会议,中共固原地委派指导组出席指导会议。

8月24日 县委召开八届三次全体(扩大)会议,传达贯彻中共十三届六中全会精神,认真学习《中共中央关于加强党同人民群众联系的决定》、自治区党委《关于贯彻〈中共中央关于加强党同人民群众联系的决定〉的实施意见》,审议通过《中共西吉县委关于加强党同人民群众联系的意见》,会议还研究部署了重点工作。

8月26日 西吉县水利水保科更名为西吉县水利水保局。

8月29日 县委决定,在全县开展稳定完善土地承包责任制工作,强化农民土地公有意识,实行土地有偿承包,提高土地效益。

8月30日 县委作出《关于加强和改善对工、青、妇工作领导的意见》,对加强和改善对工、青、妇工作提出具体要求,作出安排部署。

9月3日 县委、县政府组织县直机关干部职工1280多人在城郊乡水泉村开展农田基本建设,兴修人工水平梯田84亩。

9月8日 县委向自治区党委、固原地委呈报《关于西吉县民族政策执行情况检查报告》。《报告》指出,县委、县政府认真落实党的民族政策,大力扶持发展农牧产业和乡镇企业,大力加强农村道路、农电线路、水利水保基础建设,全县26个乡(镇)、283个行政村通电。

9月13日 县委作出《关于稳定完善土地承包责任制有关问题的意见》。《意见》要求稳定完善土地承包责任制必须坚持土地公有性质,以1980年土地承包关系为基础,以签订书面合同形式加以确定。机动地的承包必须与计划生育政策紧密结合。土地承包费由村委会分组按户登记入账,由乡(镇)农经站统一管理,主要用于村、组干部报酬、军烈属优抚和五保户困难补助及村级公益事业。

9月25日 西吉县被国家体委评为第三批全国体育先进县。

10月6日 中国、加拿大对应资金项目西吉县执行委员会成立,由14人组成,姜文奎任主任委员。

10月18日 西吉县稳定完善土地承包责任制领导小组成立。县委分管领导任组长,姜文奎、杨保仓、杨保田、李琳任副组长。

10月19日 按照县委部署,白城乡、新营乡、城关镇乡、夏寨乡、硝河乡、将台乡、马莲乡、兴隆镇、玉桥乡、什字乡、公易乡、王民乡、西滩乡启动开展稳定完善土地承包责任制工作。县委从县直机关抽调87名干部(其中科级干部49名)到各乡镇帮助指导开展工作。

10月21日 西吉县民族宗教事务局、火石寨乡政府被国家民委授予"全国民族团结进步先进集体"称号,县政协主席马自福被授予"全国民族团结进步先进个人"称号。

10月23日 西吉县地震办公室被国家地震局授予"全国地方地震工作先进集体"称号。

10月29日 县委决定撤销县政法领导小组及办公室,恢复县委政法委员会,马三刚任书记,杨保仓、杨生贵任副书记。

10月30日 加拿大驻华使馆一等秘书诺恒立带领加拿大援助宁夏西吉县扶贫项目考察团,在国家经贸部国际司项目官员刘小伟和自治区经贸厅、农建委有关人员陪同下,到西吉实地考察马建乡、城郊乡、什字乡扶贫工作开展情况,对西吉县人民政府向加拿大政府提出的6个受援项目进行评估。此后,加拿大政府向中国政府提供价值460万加元的钾肥援助,其中60%用于西吉县扶贫项目。

11月7日 县委、县政府批转西吉县查房领导小组《关于处理干部职工违纪建私房问题的意见》,要求各有关单位认真贯彻执行,纪检、监察部门做好督促检查落实工作。

11月8日 县委、县政府召开稳定完善土地承包责任制工作推进会议,传达学习中共中央和自治区党委有关文件精神,听取部分乡镇工作进展情况汇报,对稳定完善土地承包责任制工作进行再部署、再安排。

11月16日 自治区党委宣传部、自治区讲师团在西吉县召开全区在职干部理论教育经验交流会。县委宣传部介绍了西吉县职干部理论教育工作经验。

11月22日 西吉县财贸金融部门启动开展"春光杯"优质服务竞赛活动。

11月26日 西吉县实施“231”工程领导小组成立，卢延程任组长，马文清、姜文奎任副组长，下设扫文盲、扫科盲两个办公室。

11月27日 县委、县政府作出《关于对贯彻落实党的十三届六中全会决定和党风廉政建设情况进行检查的安排意见》，要求各乡镇、县直机关各部门以副科级以上领导干部为重点，按照检查提纲认真逐条对照检查，切实改进工作作风、加强党的建设和廉政建设。

12月1日 县委、县政府召开全县副科级以上领导干部会议，部署贯彻落实《中共中央关于加强党同人民群众联系的决定》、廉政建设方面规定和招工、招干、招生及“农转非”方面推行“四公开一监督”制度；部署安排查处干部职工违规违纪建房、纠正行业不正之风工作。

12月3日 县委、县政府抽调县级领导干部25名、科级干部56名分赴26个乡（镇）帮助开展农田大会战。全县新修农田7.5万亩，超额完成自治区下达任务。

12月6日 县委召开全县基层党建工作座谈会，各乡（镇）党委、县委各部室负责人出席会议。会议传达学习全区纪检工作会议精神，深入分析总结全县基层党建工作现状、困难问题、形势任务，探讨加强基层党建思路举措。

12月7日 县委、县政府召开全县实施“231”工程工作会议，传达学习全区实施“231”工程工作会议精神，讨论审定《西吉县“231”工作规划》《西吉县“231”工程实施方案》，研究部署扫除文盲、扫除科盲工作。

12月11日 西吉县地方国营精淀粉厂竣工验收会议召开，自治区、固原地区和西吉县相关部门领导及专家、工程技术人员参加验收会议。经过全面验收，认为项目建设进度快、质量好，技术达到国内先进水平，符合设计标准。该厂总投资954万元，1989年4月动工兴建，1990年9月完成土建与设备安装，引进波兰成套设备107台（套），国内配套设备18台（套），设计日加工处理马铃薯200吨、年产马铃薯精淀粉5000吨、干粕810吨。

12月13日 县委下发《关于整顿农村基层党支部的安排意见》《关于农村党支部开展党建目标管理达标升级活动的意见》。

12月14日 何俊彦任中共西吉县委常委。

12月22日 西吉县法院干部蒙彦峰、李喜珍被自治区党委、政府授予“全区政法系统先进个人”称号。

12月26日 西吉县人民政府法制局成立，西吉县国家保密局成立。

12月28日 西吉县整顿清理文化市场领导小组成立，马三刚任组长，徐淑兰、杨保仓任副组长。

12月29日 县委发出《关于加强县、乡党校工作的通知》，要求各有关部门协同配合，大力支持党校工作。县党校要发挥特长优势，对乡（镇）党校进行业务指导，定期派人到乡（镇）党校调查研究，总结交流经验，把党校工作推向新阶段。

12月31日　县委下发《关于改进和加强企业思想政治工作的意见》,对改进和加强企业思想政治工作作出部署安排。

是年　全县总户数65394户,总人口377333人。全县地区生产总值10416万元,其中第一产业5765万元、第二产业917万元、第三产业3734万元。农作物播种面积109.13万亩,粮食总产8814万公斤、油料总产536.5万公斤。地方财政收入236.8万元,地方财政支出4354.2万元,社会商品零售总额6478万元。

1991年

1月7日　县纪律检查委员会、宣传部、组织部、农工部、机关党委联合举办《党旗飘飘》征文大赛活动。

1月8日　国家经贸部国际司司长张宝和同加拿大驻华使馆大使碧福分别代表两国政府在北京签署了中国政府和加拿大政府关于钾肥对应发展基金项目的谅解备忘录,由加拿大政府向中国政府提供价值460万加元的钾肥,其中60%(276万加元,约合人民币1200万元)用于援助西吉县的扶贫计划。

1月10日　县委、县政府抽调党政机关部门负责人组成11个工作组,由县委、人大、政府、政协、人武部领导带队,对全县26个乡(镇)、72个县直部门(单位)1990年度岗位目标责任书执行情况进行全面考核验收。

1月15日　县委召开社会主义理论教育报告会,县直部门(单位)干部职工1000多人参加。县委副书记马三刚作了题为《坚定不移地沿着社会主义道路前进》的报告。

1月16日　县委召开常委(扩大)会议,传达贯彻中共十三届七中全会精神、自治区党委六届六次全会精神,深入学习江泽民重要讲话精神、《中共中央关于制定国民经济和社会发展十年规划和"八五"计划的建议》,研究修订完善《西吉县国民经济和社会发展十年规划和"八五"计划》。

1月17日至19日　固原地区基层党组织建设工作经验交流会在西吉县召开。区、地有关领导及固原地区各县县委书记、组织部长共30多人参加会议。与会人员先后观摩了西吉县城郊乡万崖村、城郊乡大滩村、城关镇团结村、城郊粉丝厂、城关税务所"党员之家"和城关镇党校。西吉县委、西吉县城郊乡党委、西吉县城关镇党委、固原县官厅乡党委、彭阳县刘塬乡党委作了交流发言。自治区党委组织部副部长吴方贵、固原地委副书记王俊山、固原地委组织部长丁有禄出席会议并讲话。

1月18日至19日　自治区政府副主席杨惠云在固原行署副专员周维让陪同下,到王民、马莲、偏城、夏寨等乡看望慰问农村独生子女户、生够胎次结扎的纯女户。

1月20日　县直机关开展第二批党员民主评议工作。教育、文化、卫生、农业、财贸系统的57个党支部547名党员参加了民主评议,评出合格党员510名、基本合格党员8名、基本不合格党员26名、不合格党员1名,评出优秀党员47名。

1月22日 县政法机关抽调干警27人,组成3个行动小组,深入苏堡、硝河、将台、沙沟等重点地区开展以打击赌博活动为重点的"扫黄"斗争。查获赌博人员40名、盗窃团伙2个6人,破获盗窃案件8起,捕获批捕在逃案犯1人,查封违法录像放映点1个,维护了全县治安秩序。

1月23日 《毛泽东选集》第一至四卷(第二版)出版发行,全县共征订3100套。

1月26日至27日 以固原地委书记惠连杰为组长、银川市委副书记金晓昀为副组长的在宁全国人大代表视察组到西吉县调研视察。在县委、县政府主要领导陪同下,视察组先后到城郊粉丝厂、城郊吹膜塑料彩印厂、西吉县精淀粉厂视察调研,并召开会议听取县委、县政府关于扶贫、造林、民族宗教、计划生育等工作汇报。

2月2日 县委召开全县工作会议,传达贯彻党的十三届七中全会精神、自治区党委六届六次全会精神、全区农村工作会议精神,总结1990年工作,安排部署1991年工作任务。会议要求全县各级组织和干部认真学习贯彻党的十三届七中全会精神,坚持"一个中心、两个基本点",围绕解决温饱、脱贫致富这个中心,加强党的领导、深化农村改革,突出抓好稳定、农业、扶贫三个重点,全面做好社会主义思想教育、村级党组织建设、"231"工程、计划生育、农田水利基本建设五项工作。

2月3日 县委召开扶贫工作总结表彰会,传达学习"三西"武威会议精神、全区农村工作会议精神,总结交流包乡(村)扶贫工作经验,部署1991年包乡(村)扶贫工作,表彰奖励先进扶贫工作组、先进扶贫工作者。

2月9日 西吉县"双拥"工作领导小组成立,卢延程任组长,马三刚、马琳、何俊彦、杨保仓任副组长。

2月27日 县委、县政府下发《关于开展"一纠正、四提高"为主要内容的机关作风整顿的安排意见》。"一纠正"即纠正行业不正之风,着重解决群众反映强烈的乱收费、乱罚款、乱摊派,吃、拿、卡、要、敲诈勒索,索贿受贿、贪赃枉法等行业不正之风和违法违纪行为。"四提高":一是提高廉洁勤政意识;二是提高为人民服务意识;三是提高服务技能;四是提高效率效益。

3月4日 全县农村妇女"双学双比"表彰会议召开,表彰奖励"学文化、学技术,比成绩、比贡献"先进集体2个、先进工作者4名、女能手15名。

3月5日 西吉县监察局被自治区监察厅、劳动人事厅授予"全区监察系统先进集体"称号。

3月8日至9日 自治区党委书记黄璜在固原地委书记惠连杰和西吉县委、县政府主要领导陪同下,到沙沟乡、将台乡、公易乡、西滩乡、红耀乡、兴隆镇调研检查春耕备耕、农村教育、群众生活等工作,到县办企业调研检查生产情况,听取西吉县委、县政府工作汇报。

3月10日 县委抽调15名党政干部,由5名县级干部带队,到全县26个乡(镇)宣传宣讲中共中央《关于进一步做好宗教工作若干问题的通知》。重点从四个方面进行宣传宣讲:一是宣传党的宗教信仰自由政策,宗教活动必须在法律和政策允许的范围内进行;二是宣传宗教活动必须有利于社会稳定、政治稳定、经济稳定;三是党员没有信教的自由,不得参与宗教活动;四是宗教人员要带头宣传党的宗教信仰自由政策,不得强迫他人信教,坚决制止鼓动信教群众参与各种违法活动,要带头维护安定团结的政治局面。

3月11日至16日 政协西吉县第五届委员会第二次会议召开,出席会议委员52名。会议传达学习中共十三届七中全会精神,听取和审议县政协常委会工作报告,审议委员提案办理情况书面报告。政协委员还列席了县第十一届人民代表大会第二次会议,听取和讨论了政府工作报告和其他会议报告。

3月12日至16日 西吉县第十一届人民代表大会第二次会议召开,到会代表205人。会议听取并审议政府工作报告、关于"七五"计划执行情况与一九九一年国民经济和社会发展计划的报告、关于一九九〇年财政决算和一九九一年财政预算的报告;听取并审议县人大常委会工作报告、关于县第十一届人民代表大会第一次会议代表议案办理情况的书面报告、县人民法院工作报告、县人民检察院工作报告,并对上述报告分别作出相应决议。会议通过接受马保国辞去县人大常委会主任职务的决定,补选王玉珍为县人大常委会主任。

3月14日 县委作出《关于开展社会主义思想教育试点工作的安排意见》,试点工作安排在硝河乡进行,分五个阶段进行:第一阶段组织力量,培训骨干;第二阶段进村入户宣传教育;第三阶段解决突出问题,整顿组织,抓好领导班子建设;第四阶段制定规划,建立健全制度;第五阶段总结验收。

3月16日 县委、县政府召开总结表彰大会,对1990年全县工作进行认真总结并签订1991年目标管理责任书,对苏堡乡、马建乡、红耀乡、将台乡、火石寨乡5个先进乡,农工部、宣传部、农业局、纪检委、宗教局、劳动人事局、计委、审计局、工商银行、财政局10个先进单位和张忠等173名先进工作者给予表彰奖励;对在农田基本建设中做出显著成绩的红耀乡、马建乡、将台乡、白城乡、城郊乡给予表彰奖励;对在计划生育和控制人口增长工作中做出显著成绩的苏堡乡、田坪乡等25个乡(镇)给予表彰奖励;对在粮油入库工作中做出显著成绩的公易乡、沙沟乡等13个乡(镇)给予表彰奖励。

3月18日 西吉县城关一小教师张恒忠被授予"全国学赖宁优秀辅导员"称号。

3月20日 固原地区"双学双比"竞赛活动协调小组授予西吉县城关镇"双学双比"竞赛活动协调小组先进集体荣誉称号,授予西滩乡西滩村村民马永贤、平峰乡张武村村民李桂英、城郊乡短岔村村民马世兰、马建乡马建村村民冉国英、玉桥乡下范村村民张凤兰、兴平乡友爱村村民苏秀兰"先进个人"荣誉称号。

3月25日至26日 国务院贫困地区经济开发领导小组副组长黎中带队对西吉“三西”建设情况进行调研考察。调研组实地考察后认为,西吉县“三西”建设取得了明显成效,贫困面貌得到改善,初步解决了温饱问题。但从全县来讲,贫困落后面貌尚未得到根本的改变,扶贫开发的任务还十分艰巨,任重而道远。

3月27日至29日 自治区人大常委会副主任文力带领自治区人大代表视察团一行14人,到西吉县苏堡乡、西滩乡、白崖乡、田坪乡、夏寨乡、兴隆镇,对春耕生产情况、乡(镇)卫生院危房及医疗设备情况进行检查视察,并听取县农业局、工商局、粮食局、卫生局、供销社关于本系统廉政建设、纠正行业不正之风、春耕生产物资供应等情况的汇报。

4月2日 县政府召开春季造林绿化工作电话会议,副县长姜文奎作了动员讲话,号召全县广大干部群众立即行动起来,发扬啃“硬骨头”的精神,扎扎实实地搞好春季造林绿化工作。

4月3日 国家工商行政管理局副局长曹天玷来西吉调研考察工商管理工作,到县城农贸市场考察并和个体摊贩交流,听取市场管理服务意见建议。

4月5日 西吉县义务植树造林活动启动,县直机关单位干部职工脱产6天时间集中开展义务植树造林,在县城北山完成整地600亩、造林1.38万株。

4月8日 全区第四次人口普查工作总结表彰会议召开,西吉县荣获“全区人口普查优胜单位”称号。

4月9日 县委、县政府召开扶贫工作会议,传达贯彻全区扶贫工作会议精神、固原地区扶贫工作会议精神,部署安排全县扶贫工作,提出6条具体措施。一是加强领导。实行党政干部挂职扶贫制度,县四套班子主要领导和县直部门主要负责人各联系一个贫困乡(村)。二是依靠科技兴农、大力发展农业。在13个贫困乡建立3个科技开发示范园、3个5000亩农业新技术示范点、3个科技扶贫示范点,扶持13个贫困乡种植地膜玉米1.74万亩、高产马铃薯3.2万亩。三是实行倾斜政策,狠抓农田、水利、农电等基础建设。投资190.2万元支持13个贫困乡完成基本农田4.69万亩,投资247.3万元支持13个贫困乡开展农田水利配套工程建设,为贫困乡村架设农电线路50公里。四是抓好种养加增收产业。投资30.3万元,扶持贫困乡发展扶贫产业项目9个。五是抓好智力开发,持续提高人的素质。六是把扶贫工作同计划生育工作结合起来。

4月12日 西吉县税务局、总工会、团委、妇联、工商局联合举行税法宣传教育动员大会,县四大机关领导和1000多名干部职工参加。

4月13日 西吉县纪念中国共产党成立70周年领导小组成立,马三刚任组长,李作斌任副组长。

4月21日 县委下发《关于纪念中国共产党成立七十周年活动的安排意见》。《意见》对全县纪念中国共产党成立七十周年活动作出安排,要求贯彻“稳定、团结、鼓劲”方针,坚持“隆重、务实、节约”原则,结合西吉实际,突出西吉特点。

4月22日 县政府召开县直机关单位负责人会议,传达贯彻国务院和自治区人民政府关于从5月1日起调高城镇居民平价粮油供应价格的决定。

4月25日 西吉县被国家卫生部列为全国老少边穷地区儿童营养监测与改善试点县。

4月26日 县委、县政府下发《关于进一步加强计划生育工作的通知》,要求从4月中旬到6月底,集中完成自治区下达的结扎5000例、上环2000例的任务。

4月27日 西吉县荣获"全国体育先进县"荣誉称号。

4月29日 西吉县邮电局乡邮员李庆先荣获全国总工会颁发的五一劳动模范奖章。

5月2日 县委、县政府召开全县工作会议,传达贯彻自治区党委六届七次会议精神、全区组织部长会议精神、全区计划生育工作会议精神、全区社会治安综合治理会议精神,传达学习自治区党委书记黄璜、国务院贫困地区领导小组副组长黎中在西吉调研考察工作时的重要讲话,部署安排计划生育、组织建设、社会治安综合治理工作。

5月4日 全县精神文明建设命名表彰大会召开。会上,县委分管领导作了《当前我县精神文明建设的形势和今后任务》的报告,政府分管领导宣读了西吉县委、西吉县人民政府《关于表彰文明单位、文明村和"双文明"户、科技示范户、教育模范户、遵纪守法户、"五好"家庭的决定》,授予什字工商所等13个单位为文明单位、兴隆镇单北村等14个村为文明村,授予杨保荣等21户为"双文明"户、杨宝珍等24户为科技示范户、豆桂芳等12户为教育模范户、马正清等19户为遵纪守法户、姜正芳等24户为"五好"家庭。

5月7日 县纪检委、组织部、宣传部、机关党委联合在县委党校举办入党积极分子培训班,对县直机关176名入党积极分子进行党的基本知识、基本理论和党章培训学习。

5月9日 县委、县政府抽调16名县级领导、62名科级干部与农业科技人员深入田间地块,检查灾情,帮助群众制定落实抗冻减灾措施,加强田间管理,努力将损失降到最低程度。

5月12日 县委批转老干部局、组织部《关于进一步加强老干部工作的意见》,对加强老干部工作作出部署安排。

5月14日 县委、县政府批转县普法领导小组《关于在全县公民中开展法制宣传教育第二个五年规划的通知》。《通知》指出,普法教育以宪法为核心,以专业法为重点,时间从1991年开始,到1995年结束。

5月15日 县政府作出《关于开展"质量、品种、效益年"活动的安排意见》。

5月16日 团县委、妇联、教育局、广播电视局、文化局联合发出通知,在全县广大青少年中开展"党在我心中"有奖征文活动。

5月17日 中国加拿大对应基金"西吉县扶贫项目"第二指导委员会第一次会议在西吉召开。参加会议的有加方官员参赞杜安祝,项目监督官员快亨利、高力行、柯马凯、项目顾问王家湘;中方官员有国家经贸部副处长杨宝石、项目官员刘建华,自治区经贸厅厅长张志刚、自治区农建委主任庞文敏,固原行署专员李国山,西吉县委主要领导、县长卢延程、副县长姜文奎及有关部门负责人。会议确定给西吉"加援"资金1170万元人民币,并将发展水浇地、机修农田、妇幼服务中心3个项目作为A类项目正式批准,总投资1565.5万元人民币,其中"加援"资金805万元人民币。

5月18日 中国加拿大对应基金"西吉县扶贫项目"在西吉正式签字。自治区政府副主席李成玉出席签字仪式。

5月22日 县委、县政府下发《关于加强社会治安综合治理的实施意见》,对加强社会治安综合治理作出具体安排,要求全县各级党组织、广大党员干部和群众立即行动起来,为全面落实社会治安综合治理各项措施、保持全县政治经济和社会持续稳定共同努力。

5月25日 县委召开常委会会议暨县委、人大、政府、政协大事商讨会,认真学习贯彻中共中央、国务院《关于加强计划生育工作严格控制人口增长的决定》,总结分析全县计划生育工作进展情况和存在的问题,统一思想认识,找准工作重点难点和关键,提出具体贯彻意见,审议通过《关于当前计划生育有关问题的通知》。

5月27日 西吉县社会治安综合治理委员会成立,马三刚任主任,杨保仓、陈凤翔、刘志杰、杨生贵任副主任。

5月30日 自治区农机鉴定技术推广站对西吉县农机修造厂研制的2BX-3B型畜力三行播种机进行质量技术鉴定。通过专家现场鉴定,认为该畜力播种机性能指标均达到有关标准要求,整机装配和零件制造质量合格,技术材料和产品图样基本完整,工艺装配具备批量生产能力,产品能满足宁南山区农民播种需求,具有较好的适应性,应投入批量生产,向广大农民推广使用。

6月9日 全县1420名党员、入党积极分子参加固原地区举办的党史、党的基本知识答题竞赛活动,6人获得一等奖、8人获得二等奖。

6月10日 全区第二届少数民族体育运动会开赛,西吉县获得两枚银牌、三枚铜牌。

6月11日 全县稳定完善土地承包责任制工作全面完成,成立26个乡(镇)土地合同管理委员会、295个行政村土地合同管理小组、1903个村民小组土地清理小组,全县签订土地承包合同6.25万份,1990年应收土地承包费165.7万元。

6月13日 国务院贫困地区开发领导小组副组长杨忠在区政府副主席李成玉陪同下,到西吉县马建乡黄家二岔万亩林场、城郊乡袁河粉丝厂、将台乡罐头厂调研考察,并召开座谈会,听取县委、县政府关于扶贫工作的汇报。

6月26日 西吉县第二届"三热爱"歌咏大赛在体育广场举行。县直机关单位、学校组织的25个歌咏队近2000名干部职工、学生登台演唱了歌颂党、歌颂社会主义祖国的革命歌曲。

6月28日 县委召开全县优秀党员、优秀党务工作者命名表彰暨优秀共产党员事迹报告会。会上,县委分管领导宣读了中共西吉县委《关于表彰先进基层党组织、优秀共产党员和优秀党务工作者的决定》,平峰镇张武村党支部等15个党支部荣获“先进基层党组织”称号、张忠等58人荣获“优秀共产党员”称号、喜和平等14人荣获“优秀党务工作者”称号。8名优秀共产党员代表、2名优秀党务工作者代表作了事迹报告。

6月29日 县委举行庆祝中国共产党诞生70周年党员座谈会,给103名从事农村党务工作15年以上、35名从事基层党务工作20年以上的同志颁发了基层党务工作者荣誉证书。

7月1日 西吉县新华书店举行《毛泽东选集》第一至四卷(第二版)首次发行会,发行《毛泽东选集》3350套。

7月5日 自治区人大常委会副主任冯茂带领区人大常委会部分专职委员、人大代表到西吉县检查视察保护妇女儿童合法权益工作。

7月10日 县委发出《关于认真学习江泽民同志在庆祝中国共产党成立70周年大会上的讲话的通知》。要求全县各级党组织把学习贯彻讲话作为当前的一项政治任务,并同学习党史、党建和马克思主义基本理论结合起来,认真抓实抓好。

7月22日 县委、县政府发出向江淮太湖灾区人民援助的倡议,全县干部群众向灾区人民援助捐款60089元。

7月25日 西吉县文工团代表固原地区参加全区环境保护文艺大奖赛,其中2个节目分别获二等奖、三等奖,有25名演职人员分别获编导和表演二等奖、三等奖。

7月29日 自治区人大常委会副主任雷鸣带领自治区人大检查组一行12人,到西吉县检查上半年国民经济和社会发展计划及财政预算执行情况。

8月8日 西吉县派出47名运动员参加全区第八届运动会,夺得金牌2枚、银牌9枚、铜牌5枚,奖牌总数居固原地区第一。城郊乡李武获青年组标枪第一名、马莲乡何存燕获少年组铁饼第一名。

8月10日至13日 以世界粮食计划署评价官员安妮·玛丽亚·维希礼女士为团长的项目评价团及世界粮食计划署驻华代表处执行主任乔伯尔一行7人,在国家林业部、自治区林业厅、农业厅负责人陪同下,到西吉县林草工程现场,考察评价林草工程管护、发展及效益情况。

8月13日 县委批转县纪检委《关于在全县开展普及党纪党风常用条规教育月活动的请示》,要求通过开展学条规、摆表现、查原因,纠正不正之风,建立完善以内部约束为主的规章制度、以政务公开为主的外部监督制度,达到推动党风和廉政建设的目的。

8月17日 西吉新营乡城阳川村发现一处古墓群,县文物管理所联合区、地文物管理部门进行保护性开掘。墓内尸骨完好,并有牛头、马头、羊头装饰品及铜器、铁器等陪葬品,据文物专家推测、分析,古墓系春秋时期生活在这里的游牧民族墓葬。

8月20日 县委在县党校举办全县副科级干部培训学习班,重点学习了江泽民同志

“七一”重要讲话、党建知识、民族宗教政策理论等。

8月25日 县委发出《关于召开中国共产党西吉县第九次代表大会的通知》。《通知》对县第九次党代会代表名额、条件、选举办法提出明确要求。

9月5日至15日 县委、县政府组织县直机关、企事业单位干部职工1400多人到下堡乡车路沟村开展义务劳动,经过10天苦干,兴修高标准水平梯田80.1亩。

9月10日至14日 西吉县文物管理所应邀在宁夏教育学院、宁夏大学、西北第二民族学院、宁夏医学院巡回展出中国历代钱币3000余枚(张)、2800余种,参观者达8000多人次。

9月21日至23日 全国人大民族委员会副主任陶爱英、国家教委计划建设司副司长李仁在自治区人大常委会副主任张仕儒、区教育厅副厅长王世福、区财政厅副厅长马骏廷等陪同下,到西吉第一小学、夏寨乡中学、马建乡中学、马建乡中心小学、王民乡三岔小学实地考察调研办学条件及教育质量,并召开座谈会听取县委、县政府关于教育工作汇报。

9月22日 西吉县组织经贸、文艺代表团参加银川“91中国宁夏国际黄河文化节”,县文工团、文化馆代表固原地区表演了歌舞《花儿四季》、说仪程、刺绣、剪纸等节目,受到区内外观众好评。县文化局被自治区“91中国宁夏国际黄河文化节”组委会授予先进集体称号。

9月23日至25日 县委八届四次全委会议召开,传达学习《中共中央关于苏联局势的通知》、全区经济工作会议精神、全区扶贫工作精神、固原地委民兵预备役工作会议精神,研究贯彻落实意见;审议通过中共西吉县委《关于制定西吉县国民经济和社会发展十年规划和“八五”计划的建议》,决定召开中国共产党西吉县第九次代表大会。

9月24日 县委批转县社教办《关于在我县农村开展第二期社会主义思想教育的安排意见》。全县抽调县、乡两级党政机关干部596名,组成工作队到王民、西滩、兴平、平峰、三合、苏堡、田坪、红耀、白城、火石寨、沙沟、白崖、下堡等13个乡的144个行政村和县印刷厂开展第二期社会主义思想教育。

9月27日 县委组织部、县档案局编辑的《中共宁夏回族自治区西吉县组织史资料》出版发行。该书收录了1935年到1949年红军长征和党组织在西吉的活动及新中国成立后至1987年10月,西吉县各级组织、群众团体的组织机构沿革和领导人名录等历史资料。

10月5日 西吉县第二期农村社会主义思想教育工作队培训班在县委党校举办,组织队员认真学习党的路线方针政策和党中央、自治区党委、固原地委关于开展农村社教的文件精神及农村经济政策、民族宗教政策等方面的知识,为农村社会主义思想教育工作提供组织保障。

10月9日 由国家农林科学院、甘肃省水利厅、宁夏林业厅、区农建委等部门的专家组成鉴定小组,对火石寨沙岗子树木园进行鉴定。通过审阅资料、现场考察、充分论证,认为该科研课题组完成了设计的建园任务,达到各项考核指标。

10月10日 第六届甘肃、宁夏两省(区)五县鼠疫联防会议在西吉县召开。会议讨论审定1992年鼠疫联防协议、监测方案和《关于加强鼠疫防治的报告》,并举行了由本届值班县(西吉)向下届值班县(固原)交接仪式。

10月11日 中加对应基金西吉县扶贫项目第二指导委员会在西吉县举行第二次会议。参加会议的加方人员有加拿大驻华使馆二秘南杰瑞、西吉项目加方监督员快亨利、加拿大国际发展署农业专家雷德考、加拿大驻华使馆官员李庆东、项目审计师杜左玲、项目顾问王家湘;中方人员有国家经贸部项目官员刘小伟、宁夏经贸厅副厅长刘泽英、固原行署专员李国山及西吉县委、县政府主要领导、分管领导和相关部门主要负责人。会议同意从加援基金中给西吉县粉丝厂投资200万元人民币,批准西吉县妇幼服务中心项目及西吉县结核病防治实施方案。

10月13日 新营中学青年美术教师董聪贤取材于葫芦河风情的油画作品《静静的傍晚》,在中国镍都杯国际书画大奖赛上荣获绘画优秀奖,成为本次大奖赛上宁夏唯一的获奖者。

10月20日 经自治区乡镇企业局、固原地区乡镇企业局、西吉县乡镇企业局考评验收,由自治区乡镇企业局批准,西吉县城郊乡粉丝厂晋升为自治区乡镇一级企业。

10月25日 县委办公室、政府办公室联合发出《关于在全县范围内开展爱惜粮食、节约粮食活动的通知》。

10月28日至30日 中国共产党西吉县第九次代表大会召开,到会代表213名,代表全县8723名共产党员。大会听取和审议县委主要领导作的《坚定不移地贯彻执行党的基本路线,为开创西吉两个文明建设新局面而奋斗》的工作报告、县纪委书记薛鼎玺作的纪检监察工作报告,审议通过县委工作报告决议、县纪检委工作报告决议;会议选举产生中共西吉县第九届委员会、中共西吉县纪律检查委员会,选出县委委员27名、候补委员2名、纪检委员11名。地委书记芮存章到会指导并作重要讲话。

10月29日 西吉县政府向自治区政府呈报《西吉县甘城子吊庄总体规划报告》。《报告》对灌区水利设施、农田建设、供电工程、林业、乡镇机关及居民点等作了具体规则,计划五年内完成甘城子吊庄移民搬迁工作。

11月1日 西吉县人口与计划生育领导小组成立,卢延程任组长,马三刚、马文清、撒福寿、鲜培礼任副组长。

11月6日 西吉县计划生育考察团赴山西省考察学习计划生育工作。考察团在山西省祁县考察学习《输卵管可复性栓堵法》《皮下埋置法》《输卵管银夹法》等计划生育技术,并与该县签订了计生技术人员培训合同。

11月7日 县委、县政府召开工作计划汇报会,农牧局、林业局、计委等10个部门对

1991年工作任务完成情况和1992年工作计划作了汇报。会议要求各部门、各单位都认真抓好当年各项工作的检查总结,尽早考虑安排明年工作。

11月9日 县政府、县武装部发布《一九九一年冬季征兵命令》。

11月15日 县委、县政府发出《关于加强抗旱救灾工作的紧急通知》。《通知》指出,今年6月中旬以来,全县一直处于高温、少雨天气,旱情严重。县委、政府要求全县各级党政组织必须立即行动起来,组织带领广大群众积极开展抗灾自救活动,认真落实各种行之有效的抗旱减灾措施,确保明年春耕生产顺利进行。

11月16日 固原地委书记芮存章带领行署副专员台维民、陈坤林等,到西吉县召开现场办公会议,听取县委、县政府工作汇报,帮助解决抗旱减灾、群众生活等困难问题。

11月17日 西吉县第二届"春光杯"优质服务竞赛动员大会召开,县四大机关领导和县财贸系统1000多名干部职工参加会议,政府副县长马振中作了动员讲话,号召财贸系统的全体干部职工紧急动员起来,比学习、比服务、比贡献,在单位之间、班组之间、个人之间展开一场以优质服务为主要内容的"春光杯"竞赛活动,带动各行各业工作更上一层楼。

11月29日 自治区党委常委、宣传部长马启智到西吉县调研指导宣传思想、广播文化及教育工作。

12月3日 县委决定给25个乡(镇)选派科技副乡(镇)长。

12月4日 《中共西吉县组织史资料》续编领导小组成立,马三刚任组长、李作斌任副组长。

12月6日 自治区文化厅选派西吉县文工团代表宁夏参加昆明第三届中国艺术节。

12月7日 县委召开常委会会议,传达贯彻党的十三届八中全会精神,深入学习《中共中央关于进一步加强农业和农村工作的决定》,研究提出八条贯彻落实意见。一是坚定不移地贯彻落实党在农村的各项方针政策,进一步深化农村改革;二是加强农业基础建设,努力改善生产条件;三是加强计划生育工作,有效地控制人口增长;四是加强科技兴农宣传教育,实行科学种田;五是多渠道争取投入;六是进一步发挥科技人员的作用,为发展西吉经济发展提供科技服务;七是把宣传学习《决定》作为全县当前头等大事来抓;八是进一步加强党对农业和农村工作的领导。

12月14日 县政府批转县科委《关于奖励科技成果及优秀论文的报告》。经过逐级申报和反复论证评比,筛选出"七五"期间县级各类科技成果43项,其中科技成果一等奖15项、二等奖17项、三等奖11项。

12月16日至18日 县科技工作暨县科协第二次代表大会召开。会议传达学习全国科技工作会议精神、中国科协第四次代表大会精神、全区科技工作会议精神、全区科协会议精神,总结交流全县"七五"科技工作和科协工作,安排部署全县"八五"科技工作和科协工作,讨论制定西吉县科协章程和科技副乡(镇)长职责,选举产生西吉县科协第二届委员会。

12月18日 县委、县政府作出《关于表彰奖励“七五”期间科技推广工作先进集体、先进个人的决定》,对县农业局等12个单位和彭桃芝等45名同志予以表彰奖励。

12月24日 县委召开常委会会议,传达贯彻区党委六届八次会议精神,围绕抓好党的建设、农村社教、精神文明建设、社会治安、教育科技、计划生育、农业综合开发、农田水利建设、多种经营等工作提出贯彻落实意见。

12月27日 西吉第一小学被国家体委、国家教委授予“全国先进体育传统项目学校”称号。

是年 全县总户数67298户,总人口384896人。全县地区生产总值11619万元,其中第一产业6374万元、第二产业1018万元、第三产业4227万元。农作物播种面积109.02万亩,粮食总产9448万公斤、油料总产572.4万公斤。地方财政收入326.8万元,地方财政支出4745.1万元,社会商品零售总额6693万元。

1992年

1月20日 县委、县政府下发《关于实施科技兴县战略的意见》。《意见》提出八条措施:一是把科技工作与实施“231”工程紧密结合起来;二是重点抓好“科技兴农”项目推广和应用;三是围绕本地资源发展工业和乡镇企业,引进消化先进技术;四是建立健全农业科技推广服务体系、企业科技服务体系、农民技术培训体系、科普协会和专业研究会;五是多渠道增加科技投入;六是采取特殊政策,激发科技人才的创造精神和工作积极性;七是深化科技体制改革,形成国家、集体、个人一起兴办科技事业的新局面;八是加强对科技工作的领导。

2月16日至17日 自治区党委书记黄璜、自治区人大常委会主任马思忠带领在宁全国人大代表一行30人,到西吉视察指导工作。在县委、县人大、县政府、县政协主要领导陪同下,实地视察了沙沟下坪水库、城郊乡低压管道输水工程,走访了部分农户,并召开座谈会听取西吉县委、县政府工作汇报。

2月18日 县委决定,由13名县级干部联系13个贫困乡、县直26个部门包扶13个贫困乡,以进一步加强对扶贫工作的领导和推动。

2月21日 西吉县妇联被自治区“双学双比”竞赛活动协调领导小组评为“全区先进协调单位”。

2月24日 县政府在玉泉营召开吊庄开发建设工作会议。会议通报了1991年度吊庄开发建设进展情况和存在的问题,确定了1992年度水利工程、农田开发、农户搬迁等各项工作任务,讨论制定了组织建设、思想教育、人员管理、规章制度等方面的具体措施。

2月25日 县委、县政府作出《关于表彰一九九一年度先进集体、先进单位和先进工作者的决定》,对红耀乡等5个先进集体、农业局等10个先进单位和高映峰等181名先进工作者给予表彰奖励。

2月27日 县委、县政府召开全县工作会议,传达贯彻《中共中央关于进一步加强农业和农村工作的决议》,总结1991年工作,安排部署1992年各项工作任务及措施。

2月28日 县委、县政府下发《关于搞好搞活企业的实施意见》,对搞好搞活企业提出明确要求,作出具体部署。

同日 县委、县政府下发《关于深化农村改革的实施意见》,提出四项重点工作。一是继续稳定完善以家庭联产承包为主的责任制。二是不断完善统分结合的双层经营体制和"双保责任制"(村为农户保服务、农户为村保任务)。三是积极发展社会化服务体系。四是壮大集体经济实力。

3月4日 西吉县农村综合改革试点领导小组成立,何俊彦任组长、姜文奎任副组长。

同日 西吉县农村小康试点领导小组成立,何俊彦任组长、姜文奎任副组长。

3月6日 县委召开常委会(扩大)会议,认真传达学习中共中央〔1992〕2号文件,研究贯彻落实意见。县委要求各级党组织把学习贯彻邓小平同志南方谈话作为当前的一件大事抓紧抓好。

3月9日 县委、县政府下发《关于依靠科技进步振兴西吉经济的意见》。《意见》提出,到"八五"末,全县20%的乡、30%的村、50%的组、20%的户分别达到科技示范乡、科技示范村、科技示范组、科技示范户的标准;农民技术人员达到全县总人口的2%以上,实现农业生产良种化、种植科学化,达到科学利用土地资源,使工业和乡镇企业技术水平有一个大的提高,每个企业至少有一个定型拳头产品进入市场。

3月11日 县委、县政府印发《关于加快发展乡镇企业的实施意见》。要求全县各级党政组织进一步解放思想、转变观念,摆正发展乡镇企业和解决温饱、脱贫致富的关系,在抓好粮食生产的同时,重视发展乡镇企业,使广大农民在解决温饱的基础上,"既有饭吃,又有钱花"。提出到1995年乡镇企业总产值达到4500万元,利润达到400万元,上交税金230万元,就业劳动力2万。

同日 县委、县政府制定出台加快工业和乡镇企业发展的八项优惠政策。一是启动信贷、税收、价格等经济杠杆,实行重点倾斜政策。二是多渠道筹集资金,实行资金倾斜政策。三是建立工业开发基金和乡镇企业发展基金,实行加快技术改造政策。四是实行指导性计划指标倾斜政策。五是明确企业规格,实行档次待遇政策。六是建立人才机制,实行人才倾斜政策。七是鼓励企业实行一业为主、多种经营政策。八是实行机动灵活的营销策略政策。

3月17日 县委、县政府决定从县直行政事业单位选派15名青年干部到9个企业担任厂长(经理)助理。

3月18日 自治区文物管理委员会通知,由西吉县文管所选送的新石器时期玉琮、春秋战国铜牛牌、唐代鎏金铜佛、宋代官窑瓷盂等5件文物,交自治区文物管理委员会赴日本展出。

3月23日至26日 政协西吉县第五届委员会第三次会议召开,到会委员63名。会议传达学习中共十三届八中全会精神、中央民族工作会议精神、自治区政协五届五次会议精神,听取和审议县政协主席马自福作的县政协五届常委会工作报告和副主席何占江作的政协委员提案工作情况报告,并作出了相应的决议。政协委员列席了西吉县第十一届人代会第三次会议,听取和讨论了政府工作报告。会议号召,全体政协委员要认真履行职责,紧密团结各界人士,高举社会主义和爱国主义旗帜,加强学习,坚定信心、振奋精神、开拓进取,为完成政协西吉县第五届三次会议提出的各项任务而奋斗。

3月24日至27日 西吉县第十一届人民代表大会第三次会议召开,出席会议代表224名。大会听取和审议县长卢延程作的政府工作报告、县计委关于1991年国民经济和社会发展计划执行情况及1992年国民经济和社会发展计划的报告、县财政局关于1991年财政决算和1992年财政预算的报告、县人大常委会工作报告、县人民法院工作报告、县人民检察院工作报告,会议对上述报告分别作出相应的决议。会议通过关于县第十二届人大代表选举问题的决定。

3月29日 西吉县城关镇党校、城郊乡党校被自治区党委组织部、宣传部评为"一级党校"。

4月1日 西吉县精神文明建设工作委员会召开全体会议,研究部署全县精神文明建设,研究制定《西吉县文明单位、文明村组、"五户"评选标准》《西吉县文明单位、文明村组、"五户"管理试行办法》。

4月8日 宋庆龄基金会副主席吴权衡在自治区政协副主席强锷、固原行署副专员陈希明等陪同下,到西吉检查验收由宋庆龄基金会援建的西吉县第三小学。检查验收后,吴权衡副主席还向西吉县第三小学赠送收录机一台。该小学建筑面积800平方米,设计12个教学班,总投资23万元,其中宋庆龄基金会援助15万元、县财政拨款4万元、县教育局自筹4万元。

4月9日 县委决定采取六条组织措施保证和促进经济工作。一是乡(镇)党委书记兼任乡(镇)经委主任;二是乡(镇)长兼任乡(镇)党委副书记;三是选派优秀青年干部到企业任厂长(经理)助理;四是选派专职科技副乡(镇)长;五是抽调干部挂职蹲点,帮助贫困乡村脱贫致富;六是选派25名干部兼职乡(镇)计划生育副书记,协助乡党委、政府抓好农村计划生育工作。

4月10日 县委、县政府发出《关于进一步加强林业生产的通知》。《通知》指出,各级党政组织都要切实加强对林业工作的领导,完善护林制度、整顿护林组织,坚决制止并打击破坏林草行为,以促进全县林业生产稳定健康发展。

4月12日 西吉县水利执法领导小组成立,姜文奎任组长,张自有任副组长。

4月21日 县委、县政府决定,由县农业局牵头成立西吉县马铃薯生产开发服务中心,负责马铃薯生产的组织开发和信息、技术、产销等工作,与农户结成共同体,建立责权利相统一、农工贸一体化、产供销一条龙的服务体系。

4月25日至26日 自治区政府副主席李成玉带领区政府办公厅、农建委、民委、劳动人事厅、经贸厅等部门负责人,在固原地委书记惠连杰陪同下,来西吉县调研考察。先后到火石寨、白城、红耀、西滩、城郊等7个乡和西吉县精淀粉厂、西吉县粉丝厂调研考察工农业生产和扶贫工作,并召开座谈会,听取西吉县委、县政府工作汇报,县场办公解决具体问题。

4月28日 自治区工会副主席杨考哲代表中华全国总工会,到西吉县第一小学召开教职工大会,为全国五一劳动奖章获得者于书忠举行颁奖仪式。

5月3日 西吉县畜产品开发集团公司成立,办公室设在西吉县畜牧局,姜文奎兼任董事长,张映瑞兼任总经理。

同日 西吉县淀粉粉丝集团成立,政府分管领导兼任董事长,办公室设在西吉县乡镇企业局。

5月6日 县委召开全县保密、档案工作会议,传达贯彻西部九省(区)保密协作会议精神、全区保密工作暨“双先”表彰会议精神,县委常委何俊彦作了《强化管理、依法治密,把我县保密工作提高到一个新水平》的工作报告。会议对全县保密和档案工作作出安排部署。自治区保密局负责人出席指导会议并讲话。

5月7日 县委批转社教办《关于在我县农村开展第三期社会主义思想教育的安排意见》。这期社教确定在玉桥、兴隆、将台、夏寨、城郊、新营、马建、城关镇等8个乡(镇)的92个行政村(居委会)、560个村民小组和8个乡(镇)机关进行。以思想教育为主线,以经济建设为中心,以加强基层组织建设为重点,围绕稳定完善家庭联产承包责任制、建立健全服务体系、发展壮大集体经济,着力解决农村突出问题。

5月10日 县纪检委、县委组织部、宣传部、机关党委在县委党校举办入党积极分子培训班,培训入党积极分子137人。

5月11日 全县计划生育工作会议召开。会议传达贯彻全区计划生育会议精神、固原地区计划生育会议精神,县长卢延程对全县计划生育工作进行安排部署,县委主要领导作了总结讲话。自治区计生委书记牛琦、固原地区计生委负责人到会指导并讲话。会议制定下发了《中共西吉县委、县人民政府关于一九九二年计划生育工作的安排意见》,决定抽调县级领导干部25人、县直部门负责人26名深入乡、村抓落实,全面落实计划生育承包责任制,做到一级抓一级,人人抓落实,确保全年计划生育工作任务完成。出生率、自增率分别控制在27.15‰、21.83‰以内,计划生育率达到60%以上,完成永久性节育措施7000例、半永久性节育措施7000例。

5月20日 县委转发县委组织部《关于干部人事工作纪律的若干规定》,对加强和规范干部人事工作作出具体规定。

5月21日 区政府副主席任启新在固原地委书记芮存章和县委、县政府主要领导陪同下,到西吉县精淀粉厂调研考察,详细了解企业生产、管理及产品质量和销售情况。

6月1日 县政府召开抗旱减灾会议,制定落实4条抗旱举措。一是抓实以秋补夏种植任务,安排救灾化肥400吨、救灾柴油230吨,新架设小高抽21处。二是加强小麦田间管理措施。三是抓好马铃薯催芽移栽、整薯补种等措施落实。四是加强病虫害预测预报和防治工作。

6月4日 县委召开民族宗教工作会议,传达贯彻中央民族工作会议精神、全区民族宗教工作会议精神,安排部署全县民族宗教工作。固原行署专员李国山出席指导会议并讲话。会后,县委抽调5名县级干部、18名科级干部到重点乡(镇)召开党员、干部、职工思想动员会和宗教界人士座谈会,传达贯彻县委会议精神,提高认识、统一思想,进一步做好民族宗教工作。

6月6日 县委批转县小康试点领导小组《关于西吉县实现小康试点工作实施意见》。《意见》安排在初步解决温饱的城关镇团结村和兴隆镇单北村开展小康建设试点,为全县小康建设探索路子,积累经验。

同日 县委批转县农村综合改革试点领导小组《关于在城郊乡开展深化农村改革试点的实施意见》。

6月15日 全县教育工作会议召开。会议传达贯彻固原地区农村教育改革工作会议精神,研究部署深化教育改革、强化教学管理、提高教学质量和办学效益工作。会议制定下发县委、县政府《关于加强教育工作的决定》。

6月20日 县政府发布《彻底检查收缴私制、私藏枪支弹药、爆炸物品及其他凶器的通告》,要求从1992年6月20日起3个月内必须全部送交当地公安机关。

7月1日 西吉县举办纪念中国共产党成立71周年暨第二届县直机关"社会主义大家唱"歌咏比赛,共有代表队17个、300多人参加比赛。

7月2日 西吉县启动《妇女权益保障法》宣传月活动。

7月7日 西吉县涉农部门兴办起10个服务性经济实体,全部实行自主经营、自负盈亏,以增强涉农部门服务活力,促进职能转变。

7月12日 自治区政府作出《关于表彰全区基层政权建设和基层群众自治组织建设先进集体和先进个人的决定》,西吉县兴隆镇单北村被评为先进村民委员会,城郊乡大营村主任白文太、城关镇中街居委会主任祁秀芳被评为先进个人,受到自治区人民政府表彰奖励。

7月13日 县委召开常委会(扩大)会议,传达学习中共中央《关于加快改革开放,扩大开放,力争经济更快更好地上一个新台阶的意见》《关于加快发展第三产业的决定》、自治区党委《关于进一步扩大对外开放的决定》《关于加强民族工作的决定》,研究贯彻落实意见,对全县进一步开放搞活、脱贫致富、奔小康作出部署安排。

7月14日 西吉县委组织部被自治区党委组织部授予“全区党员电化教育先进单位”称号。

7月18日 西吉县科技局编印《农村实用技术问答》8000册,免费赠送给农村知识青年、农民技术人员、科技示范户和群众,深受农民群众欢迎。

7月20日 县委、县政府决定在全县开展民族团结进步竞赛活动,并成立西吉县民族团结进步竞赛活动领导小组,马三刚任组长,何俊彦、杨保仓任副组长。

7月23日 北京景山学校副校长范禄燕一行7人到西吉县开展“民族团结心连心、手拉手”活动,并在县政府礼堂举行报告会。全县300多名教师和学校负责人参加报告会。

7月27日 固原地区民兵基层建设现场会在西吉县召开。固原行署专员李国山、地委副书记海建民、固原军分区司令员孙生五、参谋长李长福及固原六县县委、县政府、县人武部领导参加会议。

8月1日 县委、县人大、县政府、县政协四大机关领导带队到县人武部、县武警中队、县消防中队、县公安局对武警官兵和公安干警进行慰问并召开座谈会。

8月2日 宁夏回族自治区第五届科技进步奖、星火奖评审揭晓。西吉县农村能源综合建设试点获科技进步一等奖,丙硫咪唑治疗泡状棘球蚴病研究获科技进步二等奖,黑绒金龟甲生物学生态学及防治研究获科技进步三等奖,黄斑星天牛大面积防治技术试验示范、宁夏黄土高原西吉树木园及良种繁育基地建设研究、西吉县月亮山示范草场建设研究3个项目获科技进步四等奖,西吉县商品肉兔示范推广获星火奖四等奖。

8月3日 县委、县政府作出《关于加强教育工作的决定》,要求全县各级党政组织都要重视关心支持教育,形成全社会尊师重教的良好氛围,为实现“教育奠基、科技兴县”目标而奋斗。到“八五”末,全县学龄儿童入学率达到87%,巩固率、毕业率、普及率分别达到95%、97%、78%以上,到20世纪末全县学龄儿童入学率、巩固率、毕业率、普及率分别达到98%、97%、98%、90%以上,基本普及初等义务教育,扫除青壮年文盲。

8月4日 固原地委书记芮存章到西吉检查指导工作,听取县委、县政府主要领导工作汇报。强调:一是要把学习贯彻邓小平同志南方谈话精神作为一项政治任务,抓出成效。二是要运用改革和发展的观点指导推进工作。三是要坚定不移抓改革,不断增强全县各项工作的生机和活力。四是要坚持不懈地处理好宗教内部纠纷,为改革和发展创造安定团结的局面。

8月8日至9日 西吉县普降暴雨并伴有冰雹,其中马莲、兴隆、沙沟、什字、将台、硝河、平峰、三合、兴平等乡(镇)降雨量达130多毫米。暴雨导致山洪暴发,冲垮将台乡毛家沟、三合乡王庆、三合乡代家堖、沙沟乡满寺、西滩乡庙湾、硝河乡浅岔河等5座塘坝,冲毁硝河乡夏家口子、兴隆镇川口、什字乡唐庄水保骨干工程3处,毁坏硝河新城扬水站的5

座建筑物和600米渠道,冲垮沙沟乡中口干渠、沙沟乡阳庄干渠,冲毁公路多处、桥梁6座。暴雨造成全县三分之二的乡(镇)受灾。

8月11日 自治区民政厅厅长王培德带领社会处处长黎旭东等在固原行署副专员台维民陪同下,到西吉县沙沟乡、白崖乡、兴平乡检查灾情,慰问受灾群众。

8月12日 西吉县选举委员会成立,王玉珍任主任,卢延程、马三刚、鲜培礼任副主任。

8月13日 县委批转县小康试点领导小组《关于支持小康试点村建设的有关政策规定》,对加强小康试点村建设作出政策安排。

8月17日至19日 县委、县政府召开全县深化改革对外开放工作会议,深入学习贯彻邓小平同志、江泽民同志关于改革重要讲话精神和指示批示精神,讨论制定对外开放、对内搞活政策措施。会议审定通过中共西吉县委、西吉县政府《关于进一步深化改革,扩大开放的意见》《关于加快发展个体私营经济的实施办法》《关于引进人才、技术、资金,放宽科技人员的优惠政策》《关于进一步转换国有商业经营机制、搞活流通的实施办法》《关于进一步支持保护改革,促进搞好企业的意见》等政策性文件。

8月18日 县委、县政府召开抢险救灾、防灾减灾动员会,安排部署抢险救灾、防灾减灾工作。要求各乡(镇)党委、政府和县直部门(单位)紧急行动起来,组织动员群众抓实抓好各项抢险救灾、防灾减灾措施落实,力争将暴雨造成的损失降到最低程度。并责成水利、邮电、交通、供电等部门组织抢险工作队,深入乡村开展供水、道路、供电、通信抢修保障工作。

8月24日 县委出台加强教育工作八条措施。一是乡(镇)成立教育管理委员会,统筹基础教育、成人教育、职业教育和民族教育工作。二是强化学校内部管理机制,对完小、中学全部实行量化管理目标责任制。三是多渠道筹措资金,改善办学条件。四是逐步对初、高中回乡学生进行职业技术培训。五是扫盲经费集中使用,组织专门扫盲队伍,每年完成100个行政村扫盲任务,争取3年扫除文盲。六是年内配备200个行政村科技副主任。七是筹建民族教育促进会,提高回族儿童特别是回族女儿童入学率。八是县级干部大事商讨会半年听取一次教育工作汇报,县级干部每人联系一所学校,教育局干部每人联系一个乡的教育工作,总结经验,指导工作。

8月27日 县委、县政府作出《关于进一步深化改革,扩大开放的决定》。《决定》提出,进一步解放思想、更新观念,增强深化改革、扩大开放的使命感,以"三个有利于"为标准,立足西吉、敞开山门,逐步形成全方位、梯度开发,多种经济成分并存、多种经营方式并取的对外开放、对内搞活新局面。

8月29日 由宋庆龄基金会援建的何店小学(西吉第三小学)开学。

8月 为有力维护社会秩序,为经济建设和改革开放保驾护航,西吉县公安机关开展了以反盗窃为主的专项斗争,取得了明显成效。自1991年9月至1992年8月底,全县共破获各类案件184起(大案13起),其中盗窃案件149起(大案6起),其他杀人、伤害致死、强奸、抢劫等案件35起(大案7起),查获盗窃团伙2个8人,挽回经济损失4万余元。

同月 西吉县连续多次遭到雹洪灾害,全县23个乡(镇)、102个行政村、582个村民小组、20178户105026人受灾,农作物受灾面积287240亩。洪水造成7人遇难,冲走大家畜64头、羊372只、粮食8.3万公斤,冲毁民房1734间、窑洞778孔、畜棚850间,倒塌围墙1.19万米,造成直接经济损失1800万元。县委、县政府全力组织抢险救灾,及时发放救灾款物,帮助受灾群众解决生产生活困难。

9月9日 县委、县政府举行庆祝教师节暨表彰先进教师大会。县委、县政府主要领导向全县教育战线的3000多名教育工作者表示亲切慰问和热烈祝贺并作重要讲话。县政府分管领导宣读了中共西吉县委、县人民政府《关于表彰教书育人先进个人的决定》,对李耀宗等47名教书育人先进教师给予表彰奖励,四大机关领导为先进教师颁发了荣誉证书和奖品。

9月11日 县委、县政府制定出台鼓励科技人员、大中专毕业生到乡(镇)企业工作及引进人才、技术、资金的13条优惠政策。

9月12日 县委、县政府制定出台鼓励个体私营经济发展的10条政策措施。

9月14日 县纪检委制定区别对待改革中10个方面问题的政策性规定。

9月23日至24日 自治区政府副主席程法光带领相关部门负责人到西吉县调研考察经济建设、工业企业、乡镇企业发展情况。在县委、县政府主要领导陪同下,实地到西吉县精淀粉厂、西吉县印刷厂、西吉县粮油加工厂、西吉粉丝厂、西吉县农贸市场调研考察,并召开座谈会听取县委、县政府工作汇报,协调自治区相关厅局帮助西吉县解决困难问题。

9月24日至25日 固原地区精神文明建设指导委员会组织致富农民奔小康先进事迹报告团,到西吉县开展农民致富奔小康先进事迹报告,先后在兴隆镇、县城作先进事迹报告。

10月3日 全县农田建设工作汇报会召开。各乡(镇)汇报了农田建设进展情况,政府县长卢延程对全县农田建设进行再安排再部署,县委主要领导作总结讲话,要求全县农田建设抓好六个结合:一是人机结合,提高质量;二是常年兴修与突击结合,做到连片集中治理;三是工程措施与生物措施结合;四是农田建设与流域治理结合;五是科学规划与治理结合;六是农田建设与转变政府职能结合。

10月12日 中国共产党第十四次全国代表大会在北京隆重开幕,西吉县兴隆镇少数民族女党员、农技员单秀明作为党的十四大代表,光荣出席中国共产党第十四次全国代表大会。当日,西吉县干部群众和共产党员收听收看中国共产党第十四次代表大会盛况,聆听江泽民总书记代表十三届中央委员会向大会作的《加快改革开放和现代化建设步伐,夺取有中国特色社会主义事业的更大胜利》的报告。

10月13日 县委、县政府把抓好集贸市场建设作为深化改革,发展二、三产业的重要载体,制定国家、集体、个人共同投资建设市场的办法,成立西吉市场建设领导小组,创新推进集贸市场建设。当年,新营乡新建市场营业用房1000平方米(45套),全部拍卖给个体工商户经营用,回笼建设资金30多万元;县城第二农贸市场新建营业用房1000平方米,回笼建设资金40万元。

10月15日 西吉县选举委员会下发《关于选举工作的安排意见》,对县、乡人大换届选举工作作出安排部署。

10月15日至16日 县委召开全县党建工作经验交流会,传达贯彻中共十四大精神,听取教育系统、工交系统、农业系统和兴隆镇、平峰镇党建工作经验介绍,观摩兴隆镇党校、田坪乡党校和部分村"党员之家"。县委主要领导围绕加强党的思想建设、组织建设、班子建设、作风建设和制度建设作重要讲话,提出明确要求。

10月20日 西吉县以劳养武领导小组成立,卢延程任组长,刘志杰任副组长。

10月27日 县委发出《关于认真学习贯彻党的十四大精神的通知》。要求各乡(镇)、县直各部门(单位)党政组织都要把学习宣传落实党的十四大精神作为全县各族人民当前政治生活中的头等大事和重要任务切实抓好,把广大党员、干部、群众的思想和行动统一到十四大精神上来,激发大家投身改革开放和经济建设的热情,加快改变西吉县贫困落后面貌步伐,努力向小康目标前进。

10月29日 县委召开第三期农村社会主义思想教育工作总结表彰大会,对社教工作中表现突出的马建乡工作队、玉桥张齐村等22个工作组和马维新等62名优秀工作队员进行表彰奖励。全县第三期农村社会主义思想教育主要抓了四件事。一是抓教育。共举办培训班229期,培训骨干4804人,通过教育,使党的农村政策深入人心。二是抓抗灾救灾。组织劳力11383人,补种秋粮4万亩、修渠6.81万米、打井86眼、挖水窖43眼、改造土泉131眼、修路175.5公里、修桥19座,为群众排忧解难办实事1044件。三是抓整顿。使8个乡(镇)的一类党支部由47个上升到59个,二类党支部由35个减少到28个,三类党支部由7个减少到3个。培养入党积极分子245名,发展新党员58名,为基层党组织注入了新鲜血液。四是抓精神文明建设。新建村文化室93所,选树双文明户146户、遵纪守法户107户、科技示范户210户、教育模范户103户、"五好"家庭111户。

10月30日 县委举行党的十四大精神宣讲报告会,邀请党的十四大代表、固原地委书记芮存章和党的十四大代表、兴隆镇农技员单秀明向县直机关1300多名党员和干部职工报告了党的十四大盛况,传达了大会精神,介绍他们参加大会的感受和学习党的十四大报告的体会。

11月5日 全县选举工作会议召开,传达贯彻全区换届选举工作会议精神、固原地区换届选举工作会议精神,认真学习宪法和有关法律、法规,安排部署了全县换届选举工作。县人大常委会主任、县选委会主任王玉珍就全面做好县乡换届选举工作提出明确要求。

11月10日 县委召开全县社会治安综合治理重点单位汇报交流会,传达学习中央综合治理委员会和自治区综合治理委员会文件精神,部分单位和乡(镇)汇报交流了工作情况,县委分管领导对社会治安综合治理进行了安排部署。

11月17日至18日 县委召开九届三次全委(扩大)会议,传达贯彻党的十四大精神、自治区党委六届十二次全委会议精神,研究制定西吉县贯彻落实意见。对1992年县委工作进行总结,对1993年工作作出总体部署。

12月4日 县委、县政府抽调28名干部组成7个验收组,对各乡镇、县直各单位1992年度岗位目标责任书执行情况进行检查验收。

12月9日 自治区政府主席白立忱到西吉调研视察工作,在固原行署专员尤兆忠和县委、县政府、县政协主要领导陪同下到西吉县文物管理所调研指导并观看了部分出土文物,对我县文物管理工作取得的成绩给予肯定。

12月21日 县政法委、纪检委、组织部、劳动人事局、监察局联合发出《关于清理调出不适合做政法人员的实施意见》,促进了政法队伍优化。

12月29日至30日 县委、县政府召开全县工作会议,深入学习贯彻党的十四大精神,深刻领悟中共中央关于建立社会主义市场经济体制的决策部署。会议总结了1992年工作,安排部署了1993年工作任务,讨论研究西吉县建立社会主义市场经济体制,加快脱贫致富和奔小康步伐的政策措施。

12月30日 县委、县政府制定出台加快县城建设六项措施。一是调整县城总体规划,提出县城“十里经济开发长廊”建设方案。二是积极培养市场体系,加快形成县城商贸网络。三是抓好县城基础设施建设。四是积极开发旅游资源,带动第三产业发展。五是允许和鼓励职工(除教师、医务人员和政法干警外)离职离岗创办经济实体或从事个体经营活动。六是制定优惠政策吸引县内外客商投资建设。

12月31日 县委、县政府作出《关于表彰民族团结进步先进集体和先进个人的决定》,对火石寨乡等6个单位和王鹏天等16人分别授予民族团结进步先进集体和先进个人光荣称号。

是年 全县总户数69042户,总人口394393人。全县地区生产总值9645万元,其中第一产业3720万元、第二产业1192万元、第三产业4733万元。农作物播种面积121.3万亩,粮食总产6069.7万公斤、油料总产490.8万公斤。地方财政收入497.1万元,地方财政支出4679.2万元,社会商品零售总额7174万元。

1993年

1月6日 县委、县政府作出《关于干部职工从事第二职业有关问题的意见(试行)》。《意见》要求广大干部职工进一步解放思想、转变观念,踊跃投身改革。鼓励干部职工主动参与市场流通等第三产业,积极从事第二职业,以实际行动推进县级机构改革,实现转变职能、分流人员、增加收入的目的。

1月14日 赵俊杰任中共西吉县委常委。

1月15日 县委、县政府下发《关于加快发展第三产业的实施意见》。《意见》从重要意义、目标、重点、突破口、优惠政策、组织领导等方面对加快发展第三产业作了具体部署。

1月18日 西吉县委宣传部部长海正生赴吉林省延边自治州参加由中宣部组织召开的全国民族地区宣传工作座谈会,并作了“努力使宣传思想工作更好地为民族地区脱贫致富奔小康服务”的交流发言。

2月2日 县委召开全县工作会议,传达贯彻全区、固原地区农村工作会议精神、统战宗教工作会议精神、政法工作会议精神,讨论审定《中共西吉县委 西吉县人民政府关于深化农村改革的意见》,县委主要领导作了《认真贯彻落实十四大精神,加快经济社会发展步伐》的重要讲话。

3月6日至8日 政协西吉县六届一次会议召开,应到政协委员68人,实到64人。会议听取和审议县政协第五届常委会工作报告、提案工作报告,审议通过《政协西吉县六届一次全委会议政治决议》,选举产生政协西吉县第六届委员会。马三刚当选为政协主席,鲜培礼、王栋、刘宗仁、苏华、梁养元当选为副主席。固原地区政协联络处主任惠连杰到会指导祝贺并作讲话。

3月6日至9日 西吉县第十二届人民代表大会第一次会议召开,出席会议的代表228名。会议听取和审议政府工作报告、1992年国民经济和社会发展计划执行情况及1993年国民经济和社会发展计划的报告、1992年财政决算和1993年财政预算的报告,听取和审议县人大常委会工作报告、十一届三次会议代表议案办理情况的报告、县人民法院工作报告、县人民检察院工作报告。会议选举产生了第十二届人大常委会组成人员,县人民政府县长、副县长,县人民法院院长、县人民检察院检察长。马自福当选为县人大常委会主任,马文清、张秀莲、撒福寿、杨保田当选为副主任;卢延程当选为县人民政府县长,姜文奎、徐淑兰、杨保仓、马振中当选为副县长;王兆元当选为县人民法院院长,罗斌当选为县人民检察院检察长。

3月10日 县委、县政府作出《关于表彰文明单位、文明村和“五户”的决定》。县畜牧站等10个单位被命名为文明单位、平峰乡陈滩村等4个村被命名为文明村、王富刚等5

户被授予“双文明户”、罗英杰等5户被授予“科技示范户”、李思明等6户被授予“遵纪守法户”、高振忠等3户被授予“教育模范户”、马存山等9户被授予“五好家庭”。

3月22日 县委召开常委会(扩大)会议,传达贯彻中共十四届二中全会精神,讨论研究市场建设、深化农村改革、发展“两高一优”农业、农业基础建设、扶贫开发、科技兴农、计划生育、加强精神文明建设等具体工作。

3月27日 中国共产党西吉县代表会议召开,应到代表173人,实到代表125人。会议采取无记名投票的选举方式,选举马三刚、马自福、马占仓、于书忠、马钊、卢延程、毛玉德、李作斌、单秀明、杨志明、黄光才、薛鼎玺等13位同志为中共宁夏回族自治区第七次党代会代表。

4月1日 自治区党委副书记马启智来西吉检查指导宣传工作,并召开座谈会,听取县委关于宣传思想工作汇报。

4月2日 县委决定,西吉县第十二届人大常委会党组由马自福、马文清、张秀莲、杨保田、撒福寿、张自治、单兴荣七同志组成,马自福任党组书记、马文清任党组副书记。

同日 县委决定,西吉县第六届政协党组由马三刚、梁养元、苏华、马宝珍、马三珍5名同志组成,马三刚任党组书记、梁养元任副书记。

▲ 县委决定,成立西吉县工商行政管理局党总支。

5月12日 县委、县政府作出《关于表彰一九九二年度发展乡镇企业先进单位、先进企业和先进个人的决定》。授予城关镇、将台乡“发展乡镇企业先进单位”称号,授予城郊建筑公司等4家企业“先进乡镇企业”称号,授予何国柱等15名同志“发展乡镇企业先进个人”称号。

5月29日 县委批转县社教领导小组《关于在我县农村开展第四期社教工作的安排意见》,对第四期社教工作指导思想和任务、范围与时间、选配干部和组建工作队、验收标准等作出具体部署。

5月31日 县委决定,撤销西吉县普及法律常识领导小组,成立西吉县法制建设领导小组,马三刚任组长。

6月4日 伊斯兰教哲派西吉沙沟方与西吉陈家沟方在夏寨乡发生械斗事件,造成沙沟方死亡24人、陈家沟方死亡3人。

6月29日 西吉县委根据自治区党委关于组建西吉工作队的指示精神,区、地、县、乡四级共抽调800多人组成社教工作队。

6月30日 西吉县委召开“社教”工作队队员动员大会。自治区党委副书记马启智、区政府副主席周生贤、区政协副主席仝开锦、固原行署专员尤兆忠、固原地委副书记海健民等区、地领导参加指导会议。马启智代表自治区党委、政府作了动员讲话。

7月1日 县委作出《关于表彰先进党支部、优秀共产党员和优秀党务工作者的决定》,对三合乡王庆村等17个先进党支部、田秀菊等58名优秀共产党员和周治国等15名优秀党务工作者予以表彰奖励。

同日 固原地委作出《关于表彰先进党支部、优秀党务工作者和优秀共产党员的决定》。西吉县城郊乡大滩村等6个党支部被授予“先进党支部”称号、雷世明等4名同志被授予“优秀党务工作者”称号、余志刚等21名同志被授予“优秀共产党员”称号。

7月5日 自治区政府主席白立忱、区党委副书记马启智、区政协副主席仝开锦在固原行署专员尤兆忠、西吉县委主要领导陪同下到武警部队驻地和部分乡(镇)看望慰问武警官兵、公安干警和工作队员,检查指导工作。

7月7日 固原地委决定,虎彦彪、马存玉任中共西吉县委副书记。

8月18日 县委决定,县人民政府党组由卢延程、姜文奎、徐淑兰、杨保仓、马振中、张坤、摆世刚等8人组成,卢延程任党组书记、姜文奎任党组副书记。

8月19日 西吉县妇女儿童工作协调委员会成立。

9月5日 县委作出《关于加强各级领导班子建设的意见》。《意见》提出六条要求:一要坚决贯彻落实中央“8·21”指示和中办“9·3”意见精神,坚决在思想上政治上行动上同党中央保持高度一致。二要认真贯彻执行党的民主集中制原则,严肃党的纪律,顾全大局,维护党和政府的权威、维护法律的尊严,做到令行禁止,保证党和国家政令畅通。三要进一步密切党同人民群众的联系,采取得力措施,克服消极腐败现象,抓出成效,取信于民。四要继续高度重视,切实做好领导干部特别是青年干部和少数民族干部的培养选拔工作。五要树立务实创新、真抓实干的作风,深入实际、深入群众,扎扎实实、勤奋工作。六是各级领导干部要以身作则,做好表率。

9月13日 县委批转县人武部《关于对基干民兵进行教育整训的安排意见》,对基干民兵教育整训的内容目的、方法步骤和要求等作了具体安排部署。

9月14日 县委下发《关于在全县开展法制和民族宗教政策宣传教育的安排》,决定在全县范围内开展学习宣传法律、法规和民族宗教政策教育活动,强化宣传教育力度和广度,为西吉长治久安奠定坚实的法制基础和群众基础。

9月21日 西吉县文工团前往日本访问演出。共演出40场,观众达9.4万人次。

9月28日 县委、县政府向自治区党委、政府呈报《关于西吉县宗教事务管理办法的报告》。

10月12日 县委召开乡(镇)党委书记、部门(单位)主要负责人和工作队长会议,传达学习自治区党委副书记马启智同志在处理“西吉问题”会议上的讲话精神,并提出四点要求。一是全面贯彻落实中央政治局常委会议精神;二是坚持不懈教育和团结群众,把群众工作贯穿始终,做深做细做扎实;三是精心组织、周密安排,确保各项工作任务落到实处;四是加强工作队的自身建设,提高战斗力。

10月13日 县委、区地工作组联合发出《关于群众工作的安排意见》《关于整顿基层党政组织工作的安排意见》《关于对宗教事务依法加强管理的安排意见》。

10月14日 县委作出《关于表彰全县第四期农村社会主义思想教育先进集体和优秀工作队员的决定》,对在第四期农村"社教"工作中取得优异成绩的公易乡工作队、偏城乡工作队、公易乡代段村工作组等10个工作组和何全仁等33名优秀工作队员给予表彰奖励。

10月15日 中共西吉县委九届四次会议召开,传达学习中共中央"8·21"指示、中共中央办公厅"9·3"意见、中共中央政治局常委会"10·3"指示、李瑞环同志视察宁夏时的重要讲话精神、中纪委二次全委会议精神、自治区纪委二次全委会议精神,研究贯彻落实意见。

同日 县委向区、地党委和社教领导小组呈报了《西吉县第四期农村社会主义思想教育工作总结》。

10月16日 县委下发《关于深入开展反腐败斗争的意见》,对全县开展反腐败斗争作出具体部署安排。

10月20日 县委制定《西吉县县级干部廉政建设的规定》《西吉县科级干部反腐倡廉的规定》,对县级干部廉政建设和科级干部反腐倡廉工作作出具体规定。

10月22日 县委下发《关于西吉县整顿基层党政组织工作实施意见的通知》,对全县整顿基层党政组织提出明确要求,作出具体部署。

10月25日 中、加对应基金援建的西吉县妇幼保健所营业楼竣工并交付使用,建筑面积1600平方米。

11月9日 县委向固原地委上报《关于西吉县委常委班子廉洁自律自查自纠情况的报告》。

11月10日 县委发出《关于组织全县党员干部认真学习〈邓小平文选〉第三卷的通知》。

11月11日 县委发出《关于各乡镇党委召开党的代表大会的通知》,对乡(镇)召开党的代表大会作出具体部署,提出明确要求。

11月12日 县委作出《关于加强党管武装和民兵基层建设工作的决定》。

11月13日 西吉县反腐败斗争协调领导小组召开会议,总结全县反腐败斗争工作,分析反腐败斗争现状和形势,研究部署下阶段工作任务。县委副书记马三刚主持会议并讲话。

11月16日 自治区政府副主席任启兴到西吉县调研考察教育、科技、卫生工作。

12月3日 兰州军区副司令员邢世忠到西吉检查民兵工作,地委副书记海健民,西吉县委、政府主要领导陪同检查。

12月10日 西吉县有线电视台投入使用,开通9套节目。

12月25日 县委、县政府下发《关于广泛深入地开展双拥活动月的安排意见》。《意见》对全县广泛深入地开展拥军优属、拥政爱民活动作出部署。

12月26日 兴隆镇单家集村民自愿捐款修建的纪念毛泽东主席率中央红军长征，1935年10月5日经过单家集纪念碑落成。纪念碑题词为“一代天骄 人民救星”。当日，西吉县举行了隆重的典礼仪式,中国人民武警部队副司令员安鲛驹等参加典礼。

12月30日 县委、县政府作出《关于分级负责、归口办理群众信访问题的有关规定》。

是年 全县总户数72658户,总人口404767人。全县地区生产总值15077万元,其中第一产业8584万元、第二产业1542万元、第三产业4951万元。农作物播种面积112.22万亩,粮食总产10927万公斤、油料总产557万公斤。地方财政收入552万元,地方财政支出5615万元,社会商品零售总额7249万元。

1994年

1月1日 中国人民武警部队副司令员安鲛驹、固原行署专员尤兆忠在西吉县委、政府主要领导陪同下慰问驻西吉武警部队官兵,并参加了庆元旦军民联欢会。

1月3日 苏华任中共西吉县委副书记、马正文任西吉县人民政府副县长、周正兴任政协西吉县委员会副主席。

1月9日 固原地委、行署授予西吉县1993年度“基本农田建设先进县”“淀粉系列生产先进县”和“市场建设第三名”,并给予奖励。

1月12日 甘肃省委、省政府慰问团到西吉县慰问武警甘肃总队赴西吉执行任务的武警官兵。

1月13日 自治区政府副主席马文学、固原地委书记芮存章来西吉县检查指导统战宗教、维护稳定等工作。

1月28日 自治区党委决定,马三刚任西吉县人民政府代理县长,卢延程不再担任西吉县委副书记、县人民政府县长职务。

1月29日 自治区党委副书记马启智率区党委、政府慰问团到西吉县,慰问了驻西吉执行任务的武警官兵和区、地、县、乡四级工作队员。召开会议,听取西吉县委、政府维稳工作汇报。

1月30日 西吉县皮毛公司完成羊剪绒系列产品生产技术改造,年生产能力达到10万标张,产品销往内蒙古、天津、河北、山西等省区,并远销日本、韩国、中国香港、中国台湾等东南亚国家和地区。

2月1日 中国人民武警部队司令员巴忠琰、副司令员安鲛驹、副参谋长陈传阔率武警总部慰问团到西吉县,慰问了驻西吉执行任务的武警官兵,自治区政府副主席周生贤、固原行署专员尤兆忠、西吉县委主要领导等陪同慰问。

2月2日 县委、县政府召开全县工作会议,传达贯彻全区农村工作会议精神、经济工作会议精神、政法工作会议精神、固原地区农村工作会议精神、经济工作会议精神、政法工作会议精神;总结1993年工作,安排部署1994年工作任务;讨论研究深化农村改革的政策举措。

2月3日 县委召开维护稳定工作会议。

2月5日 自治区政府副主席周生贤在地、县领导陪同下,深入西吉县13个重点乡(镇)慰问区、地、县、乡四级维护稳定工作队员。

2月9日 自治区政府副主席周生贤主持召开西吉县13个重点乡(镇)党委书记、工作队长和县直部门负责人会议,听取维稳及其他工作汇报,安排部署春节期间工作。

2月11日 中国人民武警部队副司令员安鲛驹来西吉检查指导维护稳定工作。

2月16日 自治区政府副主席马文学到西吉县主持召开会议,听取县委、政府工作汇报,研究安排工作队轮换及总结表彰等事宜。

2月20日 县委、县政府作出《关于开展机关作风整顿工作的安排意见》。

2月21日 县委、县政府作出《关于深化农村改革有关问题的政策规定》。《规定》提出完善土地承包关系、拍卖"四荒地"和荒水面、强化农业社会化服务体系建设、建立粮食保护价制度、改革户籍管理制度等9项农村改革措施。

3月4日 县委、县政府召开全县农业生产会议,听取县农业局、供销联社、部分乡(镇)春耕备耕工作汇报,协调解决化肥调运供应和种子问题。

3月6日至8日 政协西吉县委员会六届二次会议召开,听取和审议县政协常委会工作报告、提案办理情况的报告,通过政协西吉县六届二次全会决议。选举周正兴为县政协副主席。政协委员还列席了县第十二届人民代表大会第二次会议,听取和讨论会议报告。

3月6日至9日 西吉县第十二届人民代表大会第二次会议召开。大会听取和审议县政府工作报告、西吉县1993年国民经济和社会发展计划执行情况与1994年计划草案的报告、西吉县1993年财政决算和1994年财政预算报告、县人大常委会工作报告、县人民法院工作报告、县人民检察院工作报告、县人大常委会关于第十二届人代会第一次会议代表议案办理情况的报告。选举马三刚为西吉县人民政府县长。

3月8日 县委决定选派7个工作组,由县级领导带队,深入乡(镇)村组指导帮助春耕生产。

3月9日 县委、县政府召开1993年度先进集体和先进工作者表彰大会,对红耀乡、农业局等21个先进集体和王诠宝、王全收等108名先进工作者给予表彰奖励。会上,县长马三刚同各乡(镇)长分别签订了《一九九四年度岗位目标责任书》。

3月10日 自治区党委副书记马启智到西吉检查指导维护稳定工作,主持召开座谈会,听取县委主要领导工作汇报,要求各工作队要深入基层做广泛深入的调查研究,及时准确掌握信息,采取行之有效的措施,切实维护好西吉社会政治稳定。

3月11日 县委召开14个重点乡（镇）党委书记、工作队长会议，听取各乡（镇）维护稳定工作汇报，安排部署下一步工作。

3月21日 西吉县委被中央组织部授予“全国党员电化教育先进单位”荣誉称号。

3月24日 县委、县政府作出《关于对县公安局侦破“3·13”凶杀案表彰的决定》。《决定》对侦破“3·13”凶杀案的县公安局给予通报表彰，并号召全体干警继续发扬成绩，再接再厉，为维护社会治安做出新贡献。

3月31日 自治区党委书记黄璜、自治区政府主席白立忱带领自治区领导马启智、白振华、任启兴、马文学、周生贤、刘仲、仝开锦及固原地委书记芮存章、行署专员尤兆忠和区属32个厅局负责人到西吉县召开会议，听取固原地委、西吉县委工作汇报，研究落实帮助支持西吉县发展经济和改善民生各项措施。自治区各厅局负责人作了表态发言，会议讨论形成《自治区党委、政府帮助西吉加快经济发展的意见》。

4月4日 县委决定撤销“西吉县玉泉营吊庄办公室”，成立“西吉县玉泉营经济开发区”，属县政府派出机构。同时设立西吉县玉泉营经济开发区党委。

同日 县委、县政府批转县小康试点领导小组《关于扩大和加强小康试点建设的意见》。《意见》对加强小康试点建设指导思想、目标任务、试点范围、方法步骤、优惠政策等提出明确要求。

▲ 县委批转县委农工部、土地管理局《关于在马建乡开展拍卖“四荒地”使用权试点的安排意见》。

4月5日 宁夏军区司令员李良辉少将到西吉县检查指导民兵建设和人民武装工作。

4月6日 县委、县政府作出《关于干部职工分流学做经济工作的意见》，对全县干部职工分流学做经济工作作出具体部署，提出明确要求。当年，全县共分流干部职工1249人，其中党政机关323人、事业单位926人。

同日 县委、县政府批转县公安局《关于西吉县改革户籍管理制度的请示报告》。当年，全县新增城镇居民户2000户、3800人。

4月7日 县委、县政府发出《关于认真贯彻落实自治区现场办公会精神的通知》。《通知》要求各乡（镇）党委、政府和县直机关各单位要广泛深入地宣传会议精神，切实抓好项目、资金对接落实工作，进一步深化改革、励精图治，推动全县经济社会快速发展。

4月8日 县委、县政府下发《关于第三期党政机关干部包乡扶贫工作的安排意见》。《意见》对包乡扶贫形式、主要任务、包扶队伍管理作出具体要求。

4月9日 县委、县政府召开贯彻“自治区现场办公会精神”动员大会。各乡（镇）党委书记、乡镇长，驻乡镇工作队长，县直部门（单位）负责人、企事业单位负责人及城关镇、城郊乡干部群众代表参加大会。县委副书记、政府县长马三刚传达学习自治区现场办公会精神，宣读了《县委、政府贯彻落实自治区现场办公会精神的意见》《关于改革城市户籍管理的意见》《关于干部职工建私房的意见》《关于干部职工分流学做经济工作的意见》，县委主要领导作了《全县人民迅速动员起来,努力开创改革开放和经济建设的新局面》的重要讲话。

4月12日 县委召开"深入开展反腐败斗争"动员大会,在职县级领导、各乡镇党委书记、乡镇长和县直部门负责人参加会议。会议传达贯彻自治区纪委二次会议精神,安排部署反腐工作。县委主要领导作重要讲话,要求全县深入开展反腐败斗争,切实搞好领导干部廉洁自律,下大力气查处违纪案件,坚决纠正群众反映强烈的不正之风。

4月15日 县委批转县人武部党委《关于一九九四年民兵组织整顿、兵役登记工作的安排意见》,要求各乡(镇)党委加强组织领导,认真贯彻落实,切实加强民兵工作。

4月18日 县委、县政府作出《关于表彰文明单位、文明村(组)和"五户"的决定》,命名马建乡中心小学等7个单位为"文明单位"、夏寨乡王昭村等2个村(组)为"文明村组",命名马来荣等4户为"双文明户"、马丙杰等6户为"遵纪守法户"、马树林等10户为"科技示范户"、刘志荣为"教育模范户"、何进宝等9户为"五好家庭"。

4月20日 西吉县东市场"农民一条街"动工建设。

4月23日 县委、县政府下发《关于当前计划生育工作的通知》,要求各乡镇、各部门(单位)高度重视计划生育工作,切实加强领导,精心安排部署,集中力量抓好结育措施落实,确保全年工作任务完成。

4月24日 中国人民武警部队政委张树田、副司令员安鲛驹、副参谋长陈传阔在区党委副书记马启智、区政府副主席马文学等陪同下,到西吉县慰问执行维护稳定任务的武警官兵。

4月25日 县委召开组织、宣传、统战、政法工作会议,传达贯彻全区组织、宣传、统战、政法工作会议精神,部署安排全县组织、宣传、统战、政法工作重点任务。

4月26日 自治区党委、政府作出《关于加快西吉县经济建设的意见》。《意见》提出,自治区对西吉县实行政策、项目倾斜支持,区直各部门进一步做好对口支援西吉县发展工作,千方百计改变贫困落后面貌。一是加快改善农业基础条件,实施滥泥河流域综合治理、葫芦河川台井灌区配套、两豆基地建设项目和下堡乡引水工程。二是加快工业经济发展,实施西吉县粉丝厂扩建项目、饲料酵母厂新建项目、西吉县白皮厂扩建项目。三是加强交通道路建设,完成中静路将台至静宁段沥青罩面、续建西滩至王民公路等。四是加大邮电通信建设,完成县城2000部市话扩容、长途直拨、县乡联网直拨的农话工程。五是加大电力设施建设,完成新营35千伏送变电工程、白崖35千伏送变电工程、苏堡变电所扩容、县城电网改造和西滩乡3个行政村20个村民小组通电工程。六是加快集镇建设,完成兴隆镇、新营乡2个中心集镇道路、供排水等建设,完善苏堡乡集镇基础设施建设,继续抓好农房抗震改造工作。七是加强文化教育基础建设,完成中小学一类危房改造10000平方米和三合中学扩建,添置部分课桌凳,给每所中小学购置一台电视机,新建西吉博物馆,新建西吉调频广播电台等。八是加强卫生和计划生育工作,硝河等4所卫生院的翻建,为县医院和部分乡镇卫生院添置急需医疗设备等。

4月27日 县委作出《关于改进和加强宣传思想工作的意见》,要求全县各级党组织充分认识新形势下改进和加强宣传思想工作的重要性,切实加强宣传思想工作队伍和阵地建设,使党的路线、方针、政策和各项改革开放措施深入人心。

4月28日 县委、县政府召开全县小康试点工作会议,部署安排全县小康试点工作,审定通过《关于扩大和加强小康试点建设的意见》。

5月1日至2日 西吉县总工会第五次代表大会召开,传达学习中华全国总工会会议精神、全区总工会会议精神,听取和审议西吉县总工会第四届委员会工作报告、财经报告,部署安排今后工作任务。会议选举产生了西吉县总工会第五届委员会,刘维刚当选为县工会主席。

5月3日至4日 共青团西吉县第十次代表大会召开,听取和审议共青团西吉县第九届委员会工作报告,安排部署共青团今后工作任务,选举产生了共青团西吉县第十届委员会,马少存当选为书记。

5月8日 县委副书记、政府县长马三刚率有关部门负责人赴北京,向国务院办公厅等17个部委汇报西吉县农业、工业、交通、邮电、文化、教育、卫生和基础建设等方面的现状及发展情况,争取国家部委支持帮助。

5月17日 宁夏军区副司令员王毓源在固原军分区司令员孙生玉的陪同下到西吉检查民兵工作。

5月26日至27日 县委、县政府召开全县经济工作座谈会,传达贯彻固原地区经济工作会议精神,客观分析总结全县工业、乡镇企业和个体私营企业发展现状和困难问题,讨论研究加快全县工业、乡镇企业和个体私营企业发展思路、重点和政策措施,形成《全县经济工作座谈会纪要》。

6月4日 县委召开常委(扩大)会议,传达贯彻自治区党委常委会议精神,听取县委统战部、县宗教局、政法委等部门关于近期社会稳定情况汇报,研究分析全县社会治安形势,安排部署维护稳定工作。

6月6日 根据自治区党委组织部通知精神,县委决定给城郊乡等14个乡(镇)配备专职政法副书记,以进一步加强乡镇政法和社会治安综合治理工作。

6月10日 根据自治区党委指示,第二批驻西吉维护稳定工作队的区直机关27名队员撤离西吉。随后,地县驻西吉维护稳定工作队也撤离乡(镇)。

6月12日 县委、县政府首次在县城举行新闻发布会。中央驻宁、自治区、地、县四级16家新闻单位的40多位领导、编辑、记者参加了会议。县长马三刚向与会人员介绍了全县改革开放、维护稳定、经济建设和社会发展情况。

6月18日 县委、县政府召开全县计划生育工作调度会,传达学习全国计划生育工作会议精神、全区计划生育工作会议精神,通报了全县计划生育工作进展情况,各乡镇党政负责人汇报了计划生育工作。政府县长马三刚要求全县各级党政组织把计划生育当作一场硬仗来打,采取切实有力措施,严格控制人口增长,努力完成自治区下达的计划生育目标任务。

6月19日 县委召开常委会(扩大)会议,传达贯彻自治区宁南八县抗旱救灾会议精神,听取各乡镇抗旱救灾情况汇报,部署安排了全县抗旱救灾工作。会议要求各级党政组织,尤其是涉农部门要组织干部深入生产第一线,指导抗旱救灾工作,使灾害造成的损失减轻到最低程度。

6月24日 县委召开在职县级领导和有关部门负责人参加的大事商讨会,围绕区党委、区政府提出的"南部放开"战略,就"南部放开西吉怎么办?"进行讨论研究。会议要求全县各级组织和干部紧紧抓住"南部放开"机遇,进一步深化改革、扩大开放,大力发展县域经济,促进西吉社会政治稳定和经济发展。

6月27日 西吉县无线寻呼机开通,并投入使用。

7月1日 西吉县职工住房制度首次改革完成。全县参加房改干部职工1547户,总面积90033平方米。

7月6日 固原行署专员尤兆忠带领地委副书记何琮、副专员王安蔚等,到西吉县检查指导计划生育工作。

7月9日 县委、县政府召开全县计划生育工作会议,各乡镇党委书记、乡镇长、包乡县级领导和县直部门负责人参加会议。会议传达学习固原地委、行署计划生育工作会议精神,通报全县计划生育工作情况,研究制定夏收前完成计划生育任务的具体措施。

7月12日 自治区人大常委会主任马思忠,副主任文力、马启新、张立志等带领区人大视察团,在固原地区人大联络处主任惠连杰、地委副书记何琮、行署副专员王安蔚和县委、县政府、县人大主要领导陪同下,调研视察了白城乡万亩机修农田、新营乡集贸市场、西吉县精淀粉厂、兴隆镇单民小康点,走访了解部分农户生产生活情况。

7月15日 国家交通部副部长李居昌一行在自治区政府办公厅秘书长司梦雄、交通厅厅长陈敏求等陪同下,到西吉调研考察"中静"公路建设和农村道路规划情况。

7月20日 县委作出《关于加强全县党员教育工作的安排意见》,对加强党员教育工作作出具体部署,提出明确要求。

7月23日 自治区政协副主席强锷带领区政协视察团,到西吉调研视察教育工作,实地到西吉第一中学、兴平中学、兴平小学、夏寨中学、王昭小学等进行调研视察。

7月24日 西吉县沙沟、硝河等乡遭受雹洪灾害,造成15864亩农作物严重减产,洪水导致3人死亡,冲走大家畜5头、羊15只,冲毁道路涵洞2处。县委、县政府主要领导带领有关部门负责人第一时间赶赴现场,查看灾情,稳定灾民情绪,组织抗灾救灾,对死者家属及灾民进行安抚。

7月30日 全县上半年完成节育措施8558例,其中永久性878例、半永久性7680例,超额完成自治区下达任务。

8月5日 县委、县政府发出《关于在反腐败斗争中抓好经济犯罪案件查处工作的通知》。《通知》主要内容是，一要加强领导、统一认识，加大对经济犯罪分子打击力度；二要加大办案力度，集中力量、突出重点，加快查处违法违纪特别是经济犯罪案件；三是加强协调、密切配合、严格执法；四是保证办案经费，为查办案件提供必要保障。

同日 县委、县政府作出《关于实施教育奠基、科技兴县战略的意见》。《意见》主要内容，一是强化基础教育、强化职业技术教育；二是坚持实施“231”工程，实行农科教统筹，提高全民科学文化素质；三是围绕五大支柱产业，大力推广农业科技成果，促进“两高一优”农业再上新台阶；四是围绕支柱产业精深加工，加快新技术、新产品开发步伐。

8月6日 接固原地委通知，王诠宝任中共西吉县委副书记；虎彦彪不再担任中共西吉县委副书记职务。

同日 西滩乡、白崖乡、兴平乡、红耀乡遭受暴雨、雹洪和大风侵袭，造成1人死亡、10间民房倒塌、3万多亩农作物受灾。

8月7日 驻西吉县执行维稳任务的武警宁夏直属支队官兵全部撤离。县四套班子领导和干部群众代表进行了欢送。

8月10日至12日 县委召开九届五次（扩大）会议，传达贯彻全区扶贫开发工作会议精神、全区综合治理工作会议精神、固原地区政法工作会议精神、固原地区反腐败斗争会议精神，讨论审议《中共西吉县委关于实施“双百”扶贫攻坚计划的意见》《中共西吉县委关于调整国民经济、社会发展十年规划和“八五”计划指标的意见》。县委主要领导作了题为《抓住机遇，加快发展，夺取各项工作新胜利》的报告。

8月11日 自治区政府副主席刘仲来西吉参加区直机关向西吉捐资课桌凳仪式，在县长马三刚陪同下，到什字乡山庄小学举行交接仪式。

8月14日 中共中央统战部、解放军总政治部、国家民委、文化部、全国青联等部门联合组织的中央“心连心”艺术团一行27人，在自治区党委副书记马启智、固原地委副书记何琮、行署副专员王安蔚等陪同下，专程到西吉县进行慰问演出，全县3万多干部群众观看了慰问演出。艺术团团长、中央统战部副部长刘延东代表中央统战部、中国青少年发展基金会向夏寨小学捐赠10万元。县委、县政府向艺术团赠送了“艺苑盛开连心花，六盘广结同心果”锦旗。

8月20日 西吉县沙沟乡集贸市场建成并交付使用。市场占地7000平方米，建成商业用房761平方米。

8月23日 原国家教委副主任邹时炎带队到西吉县开展世行贷款项目后期评估，在县长马三刚陪同下，实地到硝河小学、夏寨小学、偏城小学进行评估。

8月26日至28日 县长马三刚、县人大常委会主任马自福带领检查团到玉泉营经济开发区检查指导工作，听取开发区负责人工作汇报，协调解决有关问题。

8月27日 县委下发《关于调整西吉县国民经济和社会发展“八五”计划和2000年主要指标的通知》。

8月31日 《光明日报》记者庄电一撰写的《西吉县将台堡是红军长征结束地》一文,在《人民日报》第458期“情况汇编”上刊载。文章建议在西吉县将台堡修建“中国工农红军长征结束纪念亭”。

9月1日 县委作出《关于加强县、科级领导班子思想作风建设的意见》,对加强领导班子、领导干部思想作风建设提出明确要求,作出具体部署。

9月2日 自治区政府副主席周生贤带领全区科技兴农现场观摩暨总结表彰大会观摩团一行40多人,在固原地委副书记何琮、行署副专员卢延程等陪同下,对西吉县精淀粉厂、城郊乡大滩村“两高一优”基地、城郊乡水泉村节水灌溉、马建乡黄家二岔水土流失综合治理等项目进行实地考察观摩。

9月9日 县委、县政府召开庆祝第十个教师节暨表彰大会,对李振帮等41名优秀教师、马志仁等5名先进教育工作者和郭满福等6名尊师重教先进个人给予表彰奖励。会后,县城各中小学教职工及学生约5000人举行了庆祝教师节游行活动。

9月10日 西吉县国家税务局成立。

9月15日 县委、县政府作出《关于在全县开展整治农村社会治安的安排意见》。《意见》从指导思想、目标任务、时间安排、方法步骤、组织领导等方面对整治农村社会治安作出具体部署。

9月19日 县委、县政府作出《关于实施“双百扶贫攻坚计划”的意见》。

9月22日 县委、县政府召开县城市容整顿工作总结暨表彰会议,总结县城市容整顿工作,表彰奖励了2个先进集体、15名先进工作者。

9月28日 县委、县政府隆重举行国庆45周年座谈会,县四套班子领导、各乡镇党委书记、县直部门(单位)负责人、老干部代表参加会议。政府县长马三刚就全县45年来取得的成就及今后工作思路和发展目标作了讲话。

9月30日 新营35千伏变电所建成并投入运行。

10月1日 西吉社会各界、各族群众隆重举行庆祝中华人民共和国成立45周年活动。

10月5日 县委、县政府召开县直机关干部职工义务兴修梯田动员大会。县直机关干部职工积极行动起来,在城郊乡袁河村义务开展兴修梯田劳动,完成高标准人工农田100亩。

10月8日 县委机要室干部周福才被中央办公厅授予“全国党政系统十佳机要干部”称号,并赴北京参加表彰大会。

同日 将台乡农贸市场建成并举行竣工仪式暨物资交流大会。固原地区政协联络处主任王俊山、地委副书记郭干文及县领导苏华、王诠宝等到会祝贺。

10月9日 由自治区工行捐资援建的白城乡三滴水“希望小学”落成。区政府副主席刘仲、区政协副主席强锷、行署副专员卢延程和区工行、教育厅、妇联、团委、区直机关工委及县机关领导参加了揭幕仪式。

10月10日 固原地委书记芮存章带领全地区农田建设现场观摩团到西吉县观摩指导白城乡长义山村、城郊乡马营村、火石寨乡大庄村、偏城乡偏城村机修农田示范点及城关镇团结村蔬菜基地、火石寨乡云台山针叶林造林基地。县长马三刚向观摩团介绍了情况。

10月12日 中共中央办公厅、国务院办公厅转发中央统战部、公安部、宁夏回族自治区党委《关于进一步做好宁夏西吉伊斯兰教工作的意见》(中办、国办〔1994〕35号文件)。《意见》指出,要深入贯彻落实党中央指示精神,高举维护人民利益、维护法律尊严两面旗帜,进一步做好各方面的工作。一是坚决维护宗教制度民主改革的成果,坚决废除宗教封建特权。全面正确地贯彻执行党的宗教信仰自由政策,进一步做好群众工作和宗教界人士的争取、团结、教育工作。二是依法加强对宗教事务的管理。凡属批准开放的清真寺(包括简易活动点),都要建立健全民主管理委员会,实行民主管理;道堂、拱北属信教群众宗教活动场所,要按照自治区宗教事务管理规定,组成由当地宗教人士和信教群众参加的管理组织,实行民主管理;绝不允许利用宗教干预行政、司法、教育和计划生育、婚姻等,绝不允许利用宗教进行违法犯罪活动,破坏安定团结。三是加快经济发展和社会进步。要采取更加切实有效的措施,力争在不太长的时间内,使西吉的经济建设有较快发展,人民生活有较大改善。四是切实加强党对宗教工作的领导。各级党委、政府要把这项工作始终放在十分重要的地位,定期分析研究,认真督促检查,及时解决存在的问题。各级党委、政府要更加有力地领导指导组织、统战、宗教、民族、司法、公安、宣传、文化、教育、卫生等部门以及工、青、妇等人民团体密切配合、协调行动,坚决按中央的指示扎扎实实做好各项工作。

同日 公安部副部长田期玉在自治区党委副书记马启智、地委书记芮存章、自治区公安厅厅长胡叙明等陪同下,到西吉县调研指导维护稳定及公安政保工作,并召开座谈会。政府县长马三刚汇报了西吉维护稳定工作。

10月18日 县委召开常委会(扩大)会议,传达贯彻党的十四届四中全会精神,研究贯彻落实意见;围绕加强党的建设、维护党的领导地位开展专题讨论;审议通过县委、县政府《关于集中精力全面发展工业经济的实施意见》《关于认真学习贯彻落实"双百扶贫攻坚计划",加快玉泉营开发区经济发展的意见》。

10月20日 县委、县政府召开全县工作会议,深入学习宣传贯彻党的十四届四中全会精神和地委、行署《关于贯彻落实"南部放开",加快经济发展的意见》。县长马三刚作了总结讲话,要求全县坚持深化改革和扩大开放,积极落实"南部放开"战略,使我县两个文明建设共同促进,共同发展。

同日 县委作出《关于贯彻〈爱国主义教育实施纲要〉的若干规定》。

10月22日 自治区确定西吉县与永宁县为“以川济山,山川共济”对口支援县。县长马三刚率四大机关领导和县计委、经委等部门负责人组成访问团,赴永宁县进行观摩学习、考察交流和扶贫工作对接。

10月26日 西吉县西市场扩建工程竣工。工程总投资245.7万元,占地面积16500平方米,建筑面积2957平方米。

11月2日 自治区政府副主席马文学到西吉检查指导防灾救灾减灾工作及群众生活,深入城郊乡苟家新庄等村走访慰问贫困农户,并召开座谈会,县长马三刚汇报全县粮食生产和群众生活情况。

11月3日 永宁县委书记刘宗祥、县长王明轩带领永宁县对口支援西吉县代表团一行14人,在县长马三刚、县人大常委会主任马自福等陪同下实地调研考察西吉县清真粉丝厂、西吉县淀粉总公司、城郊乡马营村机修农田点、火石寨景区及部分乡村小学,走访了部分贫困户。座谈会上,县长马三刚介绍了西吉县经济社会及扶贫和民生事业发展情况。双方拟定了经济、教育、移民协作对口支援意向。

11月4日 罗文瑜任中共西吉县委副书记。

11月6日 自治区党委办公厅副秘书长,党史研究室主任李一凡、副主任邵予奋到西吉县检查党史征编工作。县委副书记王诠宝就西吉县党史征编、研究工作作了汇报,李一凡对西吉县党史编纂、征研工作提出指导建议。

11月8日 西吉县第十一次妇女代表大会召开。大会听取和审议张芳兰代表上届委员会所作的工作报告,讨论确定了今后妇联工作任务。会议选举产生了西吉县第十一届妇女联合委员会,张芳兰当选为主任。

11月11日 县委召开县级干部中心组学习会,传达学习《中共中央办公厅、国务院办公厅关于印发〈中央统战部、公安部、宁夏区党委关于进一步做好宁夏西吉伊斯兰教工作的意见〉的通知》(中办、国办〔1994〕35号文件)精神,研究贯彻落实具体措施。

11月15日 县委举办党的十四届四中全会精神学习培训班,重点学习培训《关于加强党的建设几个重大问题的决定》。全县252名科级领导干部、535名党员干部参加了培训。

11月28日 西吉县调频广播电台——西吉人民广播电台开始试播。

11月28日至29日 西北地区首届希望小学联谊会在西吉召开。中国青少年发展基金会王玉彦、银炽刚,自治区团委副书记刘慧、黄占华及甘肃、宁夏、青海、新疆四省区30所希望小学校长、新闻记者、宁南8县团委书记等参加会议。县长马三刚致欢迎词,并介绍了西吉县情和希望工程实施情况,刘慧介绍了宁夏区情及全区希望工程实施情况,四省(区)8所希望小学校长介绍了经验。

12月1日至2日 自治区政府副主席任启兴带领区计委、财政厅、农业厅等12个部门的主要负责人,在固原地委书记芮存章、行署专员尤兆忠等陪同下到西吉县检查自治区现场办公会议精神落实情况,实地考察了西吉县变性淀粉厂、公路建设等项目后,召开座谈会。县长马三刚汇报了县委、县政府落实自治区现场办公会精神的工作情况。

12月10日 西吉县推行国家公务员领导小组成立,马三刚任组长。

12月12日 县委批转县委政法委、纪检委、组织部《关于对全县政法队伍进行集中教育整顿的实施意见》。

12月16日 固原地委副书记何琮、行署副专员台维民带领固原地区小康试点建设工作观摩检查组到西吉县检查指导工作,实地参观评估了兴隆镇单北村、城关镇团结村小康试点建设工作。政府副县长马存玉介绍了西吉县小康试点建设工作的总体情况。

12月20日 兴隆镇单北村程控电话开通使用。

12月27日 根据宁浙两省区党委组织部关于互派干部交流学习的安排,浙江省籍干部金掌潮、董立新任西吉县人民政府县长助理。

12月28日 县人武部收归军队建制交接仪式在县城举行。固原地委副书记郭干文、固原军分区副政委刘新华、政治部主任张金、县四套班子领导及县直各部门负责人、县人武部全体官兵参加了交接仪式。县委副书记、县长马三刚同刘新华政委在交接书上签字。

是年 全县总户数75417户,总人口416067人。全县地区生产总值22226万元,其中第一产业11641万元、第二产业2344万元、第三产业8241万元。农作物播种面积109.23万亩,粮食总产8343万公斤、油料总产704万公斤。地方财政收入485万元,地方财政支出5778万元,社会商品零售总额7733万元。

1995年

1月5日 全县整治农村社会治安斗争表彰大会召开。会议全面总结了整治农村社会治安工作,对城关镇、玉桥乡2个先进集体和柯良璧等22名先进个人给予表彰奖励。

同日 固原地区政协工作座谈会在西吉召开。自治区政协副秘书长魏世成、地区政协联络处主任王俊山、地委副书记郭干文、行署副专员王安蔚及固原地区六县政协主席参加会议。会议传达学习江泽民、李瑞环同志讲话精神,各县政协负责人分别作了交流发言。

1月10日 全县政法队伍集中教育整顿工作总结暨政法系统先进表彰大会召开。会议总结了政法队伍教育整顿和政法工作,宣读了县委、县政府《关于表彰全县政法系统先进集体、先进个人的决定》,对县检察院反贪污贿赂检察科等5个先进集体和冶贵堂等23名先进个人给予表彰奖励。

1月11日 西吉县淀粉总公司阿尔法淀粉生产线举行正式投产剪彩仪式。

1月13日 县委、县政府在县城组织召开销毁假冒劣质商品现场会,现场销毁假冒劣质商品106种,价值34260多元。

1月17日 自治区政府副主席周生贤带领区政府办公厅、粮食局、农建委、财政厅、民政厅等厅(局)负责人一行14人到西吉检查指导工作。周生贤一行深入偏城乡马家湾村、夏寨乡王昭村、将台乡东坡村、兴隆镇单北村实地调研检查指导,走访看望了部分农户和贫困群众。

1月25日 西吉县农村通电协调领导小组成立,政府县长马三刚任组长。

2月14日 西吉县党政考察团赴浙江省嘉善、长兴两县考察学习,对接洽谈经济合作项目。经过交流协商,在干部挂职学习、劳务输出等方面达成合作意向。

2月20日 县委、县政府召开"三胞"亲属代表、党外知名人士、高级知识分子代表、群团组织及有关部门负责人座谈会,传达学习江泽民同志《为促进祖国统一大业的完成而继续奋斗》的重要讲话和《人民日报》社论,并开展讨论。

2月26日 全县教育工作暨表彰先进大会召开。会议总结了1994年全县教育工作,安排部署了1995年教育工作,对1994年度教育教学和学校管理做出优异成绩的20个先进集体、45名先进个人给予表彰奖励。县政府与各乡镇人民政府签订《1995年度西吉县教育目标责任书》。

2月27日 全县农业工作会议召开,总结1994年农业工作,安排部署1995年农业工作。县委副书记马存玉作了《正确判断我县农业形势,充分利用有利因素,克服困难,打好春耕生产第一仗》的重要讲话。

2月28日 兰州军区副政委徐寿垣中将、宁夏军区副政委王振玺少将在固原军分区司令员李树宏大校、地委副书记海健民等陪同下,对西吉人武部收归工作和"双防"工作进行检查指导。

3月9日至12日 政协西吉县第六届委员会第三次会议召开。会议听取和审议县政协工作报告、提案办理情况的报告。政协委员还列席了县第十二届人民代表大会第三次会议,听取和讨论了有关报告。

3月9日至13日 西吉县第十二届人民代表大会第三次会议召开。会议听取和审议县政府工作报告、县人大常委会工作报告、县人民法院工作报告、县检察院工作报告、西吉县1994年国民经济和社会发展计划执行情况和1995年计划(草案)的报告、关于1994年财政决算和1995年财政预算(草案)的报告,审议通过县人大常委会关于十二届人代会第二次会议代表议案办理情况的报告。选举马守仁为西吉县人民法院院长。

3月13日 县委、县政府召开全县反腐败工作会议,传达贯彻十四届中央纪委第五次全体会议精神、自治区纪委五次全会精神,部署安排全县反腐败工作。

3月14日 县委召开常委会(扩大)会议,传达贯彻全区经济工作会议精神、固原地区经济工作会议精神,听取赴浙江考察学习和洽谈项目情况汇报。

3月20日 兰州军区副司令员王志成少将、宁夏军区副司令员王毓源少将、固原军分区司令员李树宏大校、参谋长梅建国大校一行到西吉县检查指导人武部基本建设、民兵预备役等工作。

3月23日 县委、县政府下发《关于继续深入开展反腐败斗争的意见》。《意见》对反腐败斗争重点任务、主要对象、方法措施、组织保障作出具体部署。

3月25日 县委召开常委会会议,研究筹建西吉县人民政府驻浙江、北京办事处有关事宜。

3月26日 宁夏“1236”工程西吉县移民开发领导小组成立,马三刚任组长。

3月27日至28日 全县经济工作会议召开。县长马三刚作了题为《抓住机遇,加快发展,努力开创我县改革开放和经济建设新局面》的报告,制定出台《县委、县政府关于加快工业经济发展的实施办法》。会议确定在实施“南部放开”战略中重点抓好深化农村改革、工商企业改革、发展沿路经济、干部人事制度改革、机构改革、对外开放六项重点工作。会议对红耀乡、县委办等18个先进集体、王世明等115名先进个人、县人行等5个文明单位、宋炳雄等27户“五户”给予表彰奖励,对1994年度经济效益最佳的县淀粉总公司、县皮毛公司、将台骨粉厂、兴隆亚麻厂等企业给予重奖。固原行署专员尤兆忠指导会议并作重要讲话。

3月28日 县委、县政府向区党委、区政府呈报《西吉县党政群机构改革方案》。

3月29日 县委、县政府召开第二期农村社会治安整治工作会议,传达学习中央、自治区、固原地区农村治安整治工作会议精神,安排部署全县农村第二期农村社会治安整治工作。

3月30日 全县农田建设工作会议召开,安排部署1995年全县农田建设工作,并签订《机修农田目标责任书》。

4月2日 县委、县政府下发《关于加快工业经济发展的实施办法》。

4月4日 西吉县青年志愿者协会成立大会召开。会议宣读了《宁夏青年志愿者协会章程》,推选出西吉县青年志愿者协会首届理事、理事会、常务理事会和协会顾问,向全县青年发出《伸出温暖之手,奉献一片爱心》的倡议。

4月5日 县委、县政府下发《西吉县实施“231”工程(1995—2000年)工作规划》。

4月6日 县政府领导带领县计委、财政、农建等部门负责人赴京向中央统战部、国家民委、计委、教委、财政部、外经贸部等部门汇报西吉县贯彻落实中办〔1994〕35号文件情况,积极争取中央和国家部委项目、资金支持。

4月10日 县委、县政府命名北山烈士陵园、文物馆、兴隆镇单南清真寺、火石寨景区为全县首批青少年爱国主义教育基地。

4月13日 自治区政府副主席马文学到西吉县检查指导抗旱救灾和机构改革工作。

4月14日 县委、县政府针对中小学生辍学严重的问题,召开会议,研究制定了制止中小学生辍学7项措施。

4月20日 西吉傻傻集团公司生产的“傻傻”牌方便面投入市场,产品销往北京、浙江、东北三省、西北五省区。

4月25日至27日 固原地区市场建设工作会议在西吉县召开。固原地委书记芮存章、行署专员尤兆忠、副书记何琮、副专员卢延程,各县主管县长、工商局长等参加会议。会议总结了1994年全地区市场建设工作,安排部署了1995年工作。西吉县、固原县作了交流发言,并对市场建设成绩突出的西吉县、固原县给予表彰奖励。与会人员还参观考察了县城东市场、县城西市场、将台农贸市场。

4月26日 兴隆镇单北村党支部书记许文杰,被授予“全国劳动模范”称号。

4月27日 县委、县政府发出《关于做好抗旱救灾工作的紧急通知》,抽调12名县级干部带队成立抗旱救灾工作组,深入农村组织指导群众开展抗旱救灾工作。

4月28日 县委、县政府召开县级领导干部、乡镇党委书记、乡镇长、县直部门(单位)负责人会议,传达贯彻中办、国办〔1995〕14号文件精神,安排部署抗旱救灾工作,以无记名投票方式推荐了厅级、副厅级、县级后备干部。

同日 宁夏区党委党史研究室向中共中央党史研究室呈报《关于在将台堡修建革命遗址纪念标志名称问题的请示》(宁党研字〔1995〕13号)。

5月1日 日本宋庆龄基金会常任理事星野芳郎、理事新保敦子、干事春日文一行在中国宋庆龄基金会王丹丹等陪同下,到西吉县考察捐赠物品落实情况。

5月2日 县委批转县委组织部《西吉县农村党支部建设三年规划》。

5月8日 县委、县政府向中央宣传部、自治区党委呈报《关于申请修建中国工农红军长征在将台堡胜利结束纪念标志的报告》。

5月9日 县委、县政府召开抗旱救灾紧急会议,传达贯彻固原地委、行署《关于切实做好抗旱救灾工作的紧急通知》,研究部署全县抗旱救灾工作。

5月10日 县委作出《关于贯彻全区组织工作会议精神的意见》。《意见》从指导思想、目标要求、重点任务、措施办法、组织领导等方面作出具体安排。

5月12日 西吉世界银行贷款贫困教育Ⅱ项目开始实施。到1997年共完成投资850.94万元,新建、翻建及维修学校184所,制作课桌凳4500套,配备图书资料20829册,购置教学仪器设备217套,培训各级各类教师919人次。

5月15日 自治区党委书记黄璜带领区直有关部门负责人到西吉县检查指导抗旱救灾工作,实地到马莲乡、将台乡、夏寨乡等查看灾情、了解群众生产生活、指导抗旱救灾工作。

同日 固原行署专员尤兆忠带领地直有关部门负责人,深入沙沟乡陶堡、桃保、满寺等村走访农户、察看灾情,鼓励指导群众抗旱自救,共渡难关。

5月17日 县委、县政府发出《关于认真做好一九九五年计划生育工作的通知》。《通知》要求全县完成8000例节育任务,其中结扎3000例、置环5000例。年末总人口控制在424261人以内,出生率、自然增长率分别控制在26.91‰、21.41‰以内,计划生育率达到50%以上。

同日 西吉县世行贫困Ⅱ项目执行委员会成立,王诠宝任主任委员。

5月18日 自治区政府主席白立忱、副主席周生贤带领区直有关厅(局)负责人到西吉县检查指导工作,深入白城乡、夏寨乡、下堡乡等检查了解旱情、农民生活和抗旱救灾措施落实情况。召开座谈会,听取西吉县委、政府抗旱救灾工作汇报,现场办公解决有关困难问题。

5月19日 宁夏军区、固原军分区联合工作组到西吉县调研抗旱救灾工作,并对贫困带13个乡的特困户、军烈属、残疾军人、老红军及退伍军人进行走访调查慰问,向困难户发放了救济金。

5月21日至22日 县委、县政府召开全县计划生育工作会议,传达贯彻全区计划生育工作会议精神、固原地区计划生育工作会议精神,安排部署1995年计划生育工作,讨论审定《西吉县1995年计划生育工作考核评比办法》《西吉县干部职工计划生育管理费管理办法》。

5月23日 县委召开向孔繁森同志学习动员大会。会上,宣读了《中共西吉县委关于深入开展向孔繁森同志学习的通知》,罗文瑜作了题为《向孔繁森同志学习,做人民信赖的公仆》的报告。

5月26日 县委召开全县宣传思想工作会议,传达学习全国宣传部长会议精神、全区宣传部长会议精神,安排部署全县宣传思想工作。县委宣传部、文化局、广播电视局、党校等部门负责人作了表态发言。

5月31日 自治区党委副书记马启智带领区党委统战部、公安厅负责人到西吉县检查落实中办〔1994〕35号文件精神、整治社会治安、维护稳定、抗旱救灾、基层党组织整顿等工作,听取县委、县政府工作汇报。马启智要求政法机关要加大查处打击力度,加快破案进度,把宣传教育工作做细做扎实,把问题解决在萌芽状态,进一步维护西吉社会政治稳定。

6月5日 西吉火石寨乡武家庄村一带发生特大暴洪灾害,冲走2名儿童、1头牛、7只羊,冲毁农田400多亩。县委、政府领导及有关部门负责人及时赶往灾区察看灾情,看望死者家属、慰问受灾群众。

6月7日至8日 联合国粮农组作物栽培专家特里·托普在宁夏农林科学院土肥所所长曲志正、研究员马云瑞等陪同下,到西吉调研考察“中国西北旱作地区持续农业体系的研究示范与推广”工作。

6月13日 自治区政府副主席马文学带领政府县长马三刚及县委统战部、县财政局、县民政局、县计委负责人,赴北京向中央统战部、国家民委、民政部、财政部等部委汇报工作,争取国家部委资金项目支持。

6月14日 县委召开常委议军会议,传达贯彻全区人武部正规化建设会议精神,研究解决人武部正规化建设存在的问题和困难。

6月15日 《农民日报》记者刘僧、赵君莉到火石寨乡、沙沟乡采访抗旱救灾工作。

6月16日 接固原地委通知,姜文奎不再担任中共西吉县委常委、政府副县长职务。

6月19日 《人民日报》记者蒋奇到西吉县采访抗旱救灾工作情况。

6月20日 县委批转县政法委《关于贯彻“三条禁令”,加强政法队伍建设的报告》。

6月21日 县委隆重举行庆“七一”暨世界反法西斯、中国人民抗日战争胜利50周年歌咏会,来自全县各行各业的26支歌唱队向广大观众献上歌唱祖国、歌颂党、歌颂社会主义之歌曲。

6月22日 自治区人大常委会主任马思忠、副主任张立志带领自治区部分人大委员、区直有关部门负责人视察玉泉营经济开发区,听取西吉县委、县政府工作汇报。马思忠、张立志就科技兴农、加强基础设施建设等提出要求。

6月30日 黄河上中游管理局副局长常茂德在自治区水保站负责人陪同下,到西吉县新营乡、城郊乡、硝河乡、将台乡实地检查指导水土保持工程建设工作。

7月1日 县委召开庆“七一”暨表彰先进党支部、优秀党务工作者和优秀共产党员大会,对三合乡下坪村等11个党支部、杨志明等14名优秀党务工作者和刘满贵等97名优秀共产党员给予表彰奖励。

7月2日 全国政协常委王济夫、自治区政协副主席强锷带领全国政协和区政协群众文化工作调查组一行26人,在区文化厅厅长刘长宗、固原地区政协联络处主任王俊山、地委副书记郭千文、行署副专员王安蔚等陪同下,到西吉县视察群众文化工作,并深入偏城乡文化站、兴平乡文化站、县文化馆、县文物所、县图书馆等单位进行视察调研,观看了县文工团排练的文艺节目。王济夫希望西吉县各级组织把群众文化事业作为搞好精神文明建设的主要环节来抓,提高艺术水平,多出人才,多出精品,为经济建设大发展创造良好的社会环境。

7月3日 以雷佩尔为团长的加援项目评估团一行4人,在国家农业部陆肖平等陪同下,对西吉加援项目执行情况进行终期评估。经过评估,对西吉发展水浇地、机修农田、清真粉丝厂建设、妇幼项目所取得的成果给予高度评价。

7月4日 县委召开全体县级领导和县直部门(单位)党员负责人紧急会议,传达学习中办、国办《关于王宝森主要违法犯罪事实查处情况和中央对陈希同同志的问题进行审查的通报》及宁党电发〔1995〕19号文件精神。县委副书记、县长马三刚结合抗旱救灾、加大反腐败力度对贯彻中央和自治区党委文件精神作出部署。

7月5日 县长马三刚、县委副书记王诠宝带领民政等部门负责人深入受灾严重的红耀乡检查指导抗旱救灾工作。

7月10日 县委成立农村社会治安整治工作验收小组,对兴平乡、平峰镇等九乡(镇)农村社会治安整治工作进行全面考核验收。

7月12日 固原地委书记芮存章带领地委宣传部长刘俊德及《人民日报》记者一行到西吉县调研检查采访农田基本建设。

7月14日 县委、县政府作出《关于在土石山区开展拍卖治理宜林“四荒”地,加快我县针叶林基地建设的安排意见》。《意见》提出,要充分利用我县土石山区荒地面积较大,发展针叶林潜力大、效果好的条件,将宜林“四荒”地拍卖给有经营能力的农户,大力发展针叶林,恢复植被,发挥生态、社会、经济效益。

7月15日 县委、县政府发出《关于进一步做好维护稳定工作的通知》,对全县进一步做好维护稳定工作作出部署。

7月16日 以国家民委副主任文精为团长的国务院19部委经济考察团一行26人,在自治区政府副主席马文学、地委副书记何琮等陪同下,到西吉县考察灾情和经济发展工作。

7月18日 县委、县政府发出《关于认真贯彻固原地委抗灾救灾会议精神,进一步做好抗灾救灾工作的紧急通知》,抽调农口77名干部和技术人员分赴26个乡(镇),包乡开展以秋补夏播种指导服务工作。

7月19日 自治区政府副主席周生贤到西吉县调研指导农村工作,深入白城乡、新营乡、城关镇看望受灾群众,检查农田建设和蔬菜基地建设情况。

7月20日 全国人大研究室副主任尹中卿带领全国人大调查组,在区人大办公厅副主任钱其昌、研究室主任李金夫等陪同下,到西吉县兴平乡友爱村、城郊乡马营村实地考察调研,并召开座谈会,听取西吉县委关于抗旱减灾、经济和社会发展情况汇报。

7月21日 固原地委、行署组织抗旱救灾工作队到西吉县红耀乡、田坪乡等10个重灾乡开展抗旱救灾工作。

7月25日 县委作出《关于在全县开展“解放思想,转变观念,加快发展”大讨论的实施意见》。

7月26日 国务院副秘书长刘济民带领国务院抗旱救灾工作组一行12人,在自治区政府副主席马文学陪同下,到西吉检查指导抗旱救灾工作。

7月27日至28日 固原地区工业经济和企业改革工作会议在西吉县召开。海原等5县汇报交流了工业经济和企业改革工作,西吉县作了重点发言,地委副书记何琮介绍了浙江发展工业经济的经验,地委书记芮存章作了重要讲话。与会人员参观了西吉淀粉总公司、西吉清真粉丝厂、西吉皮毛公司、西吉农机修造厂等工业企业。

8月1日 自治区政府副主席周生贤率自治区扶贫开发观摩团一行80多人,到西吉县检查指导扶贫开发工作,观摩了城郊乡马营村机修农田、城郊乡水泉村节水灌溉、城关镇团结村蔬菜基地、将台乡农用大口井等扶贫开发点。

同日 县委批转县人大党组《关于组织人民代表评议政府、法院、检察院工作的意见》。

8月2日 自治区党委书记黄璜带领区党委常委马锡广到西吉县视察指导城郊乡马营村机修农田、苏堡集镇市场、县城东市场和县城农民一条街建设情况。

8月5日 西吉县火石寨乡、新营乡等13个乡(镇)的65个村遭受暴雨袭击。暴雨引发山洪,造成2人遇难,冲走粮食0.8万公斤、饲草4.6万公斤、大家畜11头、羊110只、猪13头,冲毁水库3座、塘坝7座、人畜饮水工程4处、农灌机井3眼,损坏民房75间、公路30公里、农电线路1.2公里,造成5.8万亩农作物严重受灾。县委、县政府组织工作组及时深入灾区察看灾情、慰问受灾群众,组织群众开展抗洪救灾工作。

同日 宁夏军区政委王永正少将、固原军分区政委宋存宝一行到西吉县检查指导人武工作。

8月14日 自治区党委向中央宣传部上报《关于在宁夏西吉县将台堡修建革命遗址纪念标志问题的请示》(宁党发〔1995〕22号)。《请示》提出,为纪念红军长征、缅怀先烈、继承和发扬红军长征的革命精神、更好地进行革命传统教育和爱国主义教育,自治区党委和人民政府同意以西吉县委和县人民政府名义在该县将台堡修建"中国工农红军长征胜利结束纪念亭"。

8月17日 联合国粮农组织"中国西北旱作地区持续农业体系的研究示范与推广"项目(即"114项目")顾问、美籍农业经济学家比尔·格瑞斯林在宁夏农科院惠开吉、马云瑞、李健等陪同下,到西吉县检查"114项目"执行情况。实地考察了城郊乡马营农田机修点、城郊乡大滩村马铃薯种植基地、兴隆镇王河村地膜玉米种植基地。

8月27日至28日 县委、县政府召开全县教育工作会议,传达贯彻全区教育工作会议精神、固原地区教育工作会议精神,讨论审议《西吉县贯彻〈中国教育改革和发展纲要〉实施意见》《关于多渠道筹措教育经费的办法》《西吉县教师队伍管理暂行规定》等促进教育发展政策性文件。

8月29日至30日 县委召开九届六次全委会议,传达贯彻全区扶贫开发现场会议精神、固原地委扩大会议精神,讨论审定《关于加快沿路经济发展的意见》《关于加强劳务输出的意见》《西吉县实施"双百"扶贫攻坚计划包乡村扶贫安排与考核奖惩办法》,县委副书记、县长马三刚代表县委作了题为《认清形势、振奋精神、扎实工作,为全面开创改革发展稳定的新局面而努力奋斗》的工作报告。

8月31日 县综治委召开第三期整治农村社会治安工作会议,传达学习江泽民同志、李鹏同志关于整治农村社会治安的重要指示批示精神,总结第二期整治农村社会治安工作,安排部署第三期整治农村社会治安工作。

9月1日 自治区政府副主席周生贤,人大常委会副主任马启新、张立志带领区计委、财政厅、农建委、农垦局、林业厅、土地局、水利厅、农业发展银行等厅(局)主要负责人,到西吉玉泉营经济开发区召开现场办公会,听取西吉玉泉营开发区建设情况及存在的问题和困难汇报后,周生贤一行实地检查了移民住房、生活、农业生产情况和甘城子人畜饮水工程等。办公会为西吉划定了新的移民地域,落实了水利工程建设缺口资金。

9月4日至6日 “西部—95”演习部队途经西吉。县党政军领导马三刚、罗文瑜、刘志杰等前往演习部队宿营驻地慰问。

9月15日 西吉县5000门程控自动电话开通使用,结束了手摇电话的历史。

9月16日至17日 自治区党委党史研究室委托宁夏电视台《红军长征之路》新闻系列报道摄制组来西吉,深入当年红军长征途经地公易、兴隆、单家集和一、二方面军会师地——将台堡进行实地采访拍摄。

9月20日 《西吉县志》正式出版发行。该志全面系统记述西吉政治、经济、文化、军事和社会发展,是西吉县第一部新编的县志。

9月21日 宁南山区秋季农业生产形势分析会议在西吉县召开。会议总结交流抗旱减灾经验和教训,分析山区粮油生产形势,讨论提出山区农业发展的主要途径和重点技术项目。与会人员还观摩了西吉县城郊乡马营村、将台乡火集村、将台乡明荣村、兴隆镇川口村旱作农业技术综合示范点和城关镇团结村蔬菜基地建设。

9月25日 由福建省童天池先生捐资10万元、西吉县财政筹集10万元修建的夏寨希望小学落成。

9月25日至26日 国家文化部常务副部长高占祥在区政府副主席刘仲陪同下,到西吉县调研检查文化工作。高占祥同志为西吉县文管所题写了“聚宝县”。

9月26日 自治区党委副书记康义到西吉县检查指导小康试点、市场建设、农田建设、乡镇企业工作。

9月27日 原西吉县政协副主席、老红军李占荣,应邀参加红军长征经过六盘山60周年纪念大会,并代表全区老红军在会上发言。

9月28日 西吉第一中学隆重举行建校50周年庆祝大会。自治区政协副主席强锷、宁夏广播电台、区教育厅负责人、固原地委副书记何琮、行署副专员王安蔚等到会祝贺。

9月29日 西吉县民兵应急连组建大会在县体育广场隆重举行。固原地委副书记海健民,固原军分区司令员李树宏、参谋长梅建国,西吉县四套班子领导出席会议,县直机关干部职工、县武警中队、消防队、民兵应急连、人武部全体官兵及群众共1800多人参加了大会。县长马三刚宣读西吉县委、县政府、县人武部《关于组建西吉县民兵应急连的决定》,西吉县人武部政委胡祥炬宣读民兵应急连任职命令,李树宏司令员给民兵应急连授旗。民兵应急连举行了阅兵式和分列式,进行了军事汇报表演。

9月30日 县委、县政府、县人武部作出《关于表彰1995年度民兵应急连军事训练先进单位和先进个人的决定》,对西吉县精淀粉总公司等3个先进单位和田俊杰等29名先进个人给予表彰奖励。

10月7日 西吉县召开公判大会,依法对玉桥乡强奸轮奸流氓犯罪团伙一案进行公开宣判。首犯古志亮、郭贵珍被判处死刑,其他11名犯罪分子分别被判处死缓、无期和3年以上有期徒刑。

10月8日 受县委、县政府的委派,县委副书记王诠宝带队赴北京对接争取世行秦巴扶贫项目。

10月9日 自治区党委副书记马启智带领自治区"二五"普法考核验收小组到西吉县考核验收"二五"普法工作。

10月10日 国家水利部黄委会黄河中上游管理局工程师梁其春、自治区水保局局长毕廷和带领联合验收组,到西吉县检查验收马建乡三岔综合治理工程、新营乡碱滩综合治理工程。经过听取汇报、查阅资料、实地勘测后,验收组认为2座工程达到验收标准。

10月12日 自治区政府副主席任启兴带领区计委、经委、财政厅、工行、农行、建行、农业发展银行等厅(局)负责人一行25人,到西吉县检查调研经济发展情况,为加快西吉经济发展把脉问诊、助力支持。

10月13日 县委作出《关于在全县开展学习党的十四届五中全会精神的安排意见》。

10月17日 接固原地委通知,罗文瑜任西吉县政协主席。

10月18日 将台乡集贸市场竣工。市场占地11752平方米,建筑面积2171平方米,总投资110万元,全部来自社会投资。

10月19日 县人大组织全体委员和部分人大代表举行解放思想大讨论座谈会,认真学习贯彻中共中央五中全会精神,围绕改革发展稳定、选人用人、建立人才成长机制等提出建设性意见。

10月20日 苏堡乡集贸市场建成并交付使用,总投资78万元,占地面积6000平方米,建筑面积1460平方米。

10月28日至29日 固原地区秋季农村工作检查观摩总结大会在西吉县召开。自治区人大常委会副主任张立志,固原地区领导芮存章、尤兆忠、杨国林、何琮、台维民、丁有禄、王俊山等,区、地有关部门负责人,固原地区六县县委书记、县长和主管农业的副县长及农建办负责人参加会议。检查观摩团深入城郊乡马营村、新营乡陈阳川村、白崖乡库房沟村、三合乡三合村检查观摩农田建设、小流域治理、荒山造林、蓄流微灌等工程。

10月30日 自治区党委常委马锡广带领区党委机要局局长苏有光,到西吉县检查指导机要保密工作。

10月31日 自治区政府副主席王魁才带领区外贸、粮食、供销、工商等厅(局)负责人,在固原行署副专员卢延程陪同下,到西吉县检查指导商贸流通工作,实地考察了西吉县糖烟酒公司、西吉县百货公司、西吉县生资公司、西吉县地毯厂、西吉县皮革厂、西吉县淀粉总公司及城乡市场建设。

10月 西滩至王民四级砂砾公路竣工通车,解决了两乡群众交通出行困难。

同月 西吉县303个行政村全部实现通电。

11月2日 西吉县农村基层党组织建设领导小组成立,罗文瑜任组长。

同日 西吉县密码领导小组成立,王诠宝任组长。

11月8日 全县乡镇换届选举工作会议召开,安排部署乡镇人大、政府换届选举工作。下派26个工作组,分赴各乡镇指导开展换届选举工作。

11月11日 自治区政府主席助理于革胜到西吉县调研工业经济发展和经济体制改革工作。

11月14日 县委下发《关于今冬明春开展农村基层组织整顿建设的安排意见》,决定从县直机关抽调141名干部组成11个工作队与区党委、固原地委下派的2个工作队一道深入偏城、沙沟、红耀等13乡,帮助指导开展基层组织整顿建设工作。

11月15日 国务院扶贫开发领导小组办公室副主任杨咏沂在区农建委主任郭占元、行署专员尤兆忠陪同下,到西吉县调研扶贫开发工作。

11月16日 县委召开全县农村基层组织整顿建设工作培训会议,传达学习党的十四届四中全会精神、全区基层组织建设经验交流会议精神,县委副书记罗文瑜安排部署全县基层组织整顿工作,地委副书记海健民参加指导会议并讲话。

11月17日 由区、地、县、乡四级603名干部组成的26个工作队,全部进驻乡镇开展农村基层组织整顿工作。

11月23日 县委、县政府召开村民委员会换届选举工作会议,认真学习《中华人民共和国村民委员会组织法(试行)》《宁夏回族自治区实施〈中华人民共和国村民委员会组织法(试行)〉办法》,安排部署全县村民委员会换届选举工作。

同日 县委发出《关于各乡镇人大、政府换届人事安排的通知》《关于乡级换届中专职副乡镇长任职问题的通知》,对乡镇人大、政府换届人事安排作出具体规定。

12月12日 县委召开大事商讨会,县四套班子领导、乡镇党委书记、县直部门(单位)负责人参加会议。会议讨论审议《中共西吉县委关于制定西吉县国民经济和社会发展"九五"计划和2010年远景目标的建议》,县委主要领导就制定"计划"和"建议"作了说明。

12月18日 县委、县政府下发《关于切实安排好群众、职工生活的通知》。《通知》要求切实加强领导、强化措施、突出重点,确保困难群众、职工生活不出问题。

12月19日 中共中央宣传部复函宁夏自治区党委,同意在红军长征会师地西吉县将台堡修建"中国工农红军长征将台堡会师纪念亭"("会师纪念亭"经现场勘察论证后,自治区党委研究决定改建"会师纪念碑")。

12月20日 中共中央党校函授学院宁夏分校固原学区西吉教学点、宁夏党校"业大班"西吉教学点同时设立。当年招收西吉学员220名,其中本科班70名、专科班150名。

12月23日 固原地委副书记海健民、固原中级法院院长金光荣带领政法和综合治理考核验收组到西吉县考核验收政法工作和整治农村社会治安工作。

12月26日 县委、县政府召开实施“231”工程总结表彰暨部署会议,对1995年实施“231”工程成绩突出的将台乡等6个先进集体和20名先进工作者给予表彰奖励,同时对1996年全县实施“231”工程工作进行安排部署。

是年 全县总户数77158户,总人口426991人。全县地区生产总值18585万元,其中第一产业6766万元、第二产业2770万元、第三产业9049万元。农作物播种面积119.57万亩,粮食总产4519万公斤、油料总产154万公斤。地方财政收入380万元,地方财政支出6128万元,社会商品零售总额9208万元。

1996年

1月6日 自治区人大常委会主任马思忠带领在宁全国人大代表视察团一行25人,在固原地委书记芮存章陪同下,到西吉县调研视察群众生活、扶贫开发、农田建设、教育和春耕备耕等工作。

1月11日 由固原地委宣传部和固原地区国家税务局组织的“王振举同志先进事迹报告团”到西吉举行报告会,县党政领导及县直部门干部职工600多人聆听了报告。

1月15日 县委、县政府召开劳务输出工作会议,总结1995年输出劳务工作,安排部署1996年劳务输出工作。1995年全县输出劳务7.5万人(次),创收8500万元,其中有组织输出4288人(次),创收1224万元。1996年全县力争输出劳务8万人(次),创收1亿元。

1月19日 自治区党委召开党管武装工作会议,西吉县委被区党委、区政府、宁夏军区授予“党管武装先进集体”称号,西吉县委主要领导作了大会交流发言。

2月1日 全区实施“231”工程表彰会议召开,区党委、区政府授予西吉县委、县政府和将台乡党委、乡政府全区实施“231”工程先进集体荣誉称号。

2月2日 县委向自治区党委、固原地委呈报《西吉县解放思想大讨论总结》。《总结》指出,“大讨论”深入发展,解放了全县各级干部和广大群众思想,树立了新观念、新思路,为推动西吉经济和社会发展奠定了坚实基础。

2月4日 县委召开九届七次全委(扩大)会议,全体县级干部、各乡(镇)党委书记、乡(镇)长、县直部门(单位)负责人参加会议。县委主要领导作了题为《团结全县人民,高举两面旗帜,为夺取“九五”计划第一年的新胜利而努力奋斗》的工作报告,县长马三刚作了《关于制定全县国民经济和社会发展“九五”计划和2010年远景目标建议和说明》。会议讨论审议了《中共西吉县委关于制定国民经济和社会发展“九五”计划和2010年远景目标建议》。

2月5日 县委作出《关于表彰农村基层组织整顿工作队员的决定》,对王荣华等27

名优秀工作队员给予表彰奖励。

2月9日至10日 宁夏区党委副秘书长、党史研究室主任李一凡,区党委宣传部副部长张怀武,区党史研究室副主任邵予奋、李耀华,固原地委副书记何琮,固原地委宣传部长刘俊德等一行15人,到西吉县实地考察红军长征将台堡会师纪念标志筹建事宜,并召开座谈会,专题商讨筹建将台堡红军长征纪念标志及举办庆祝活动等事宜。

2月10日 在固原地区经济工作会议上,西吉县被授予马铃薯淀粉开发先进县、小康试点建设先进县、农贸市场建设先进县、发展工业经济先进县、农田建设先进县、乡镇企业先进县荣誉称号。

2月13日 县四套班子领导带队深入受灾严重的村组、农户家中看望慰问群众。全县共安排救灾粮195万公斤、救灾款21万元,保证了重灾农户基本生产生活。

2月15日 宁夏区党委宣传部、党史研究室、军区政治部、固原地委、西吉县委联合向自治区党委、政府呈报《关于筹建红军长征将台堡会师纪念标志暨举行红军长征胜利结束60周年纪念活动的请示》。《请示》主要内容,一是纪念标志定名为"中国工农红军长征将台堡会师纪念碑"。二是开展10项纪念活动。1.以自治区党委、政府名义在西吉县召开纪念大会并在将台堡举行纪念碑揭幕仪式,邀请党、国家、中央军委及有关部门领导人和革命老同志参加;2.举办"红军长征、西征与三军会师"学术研讨会;3.编辑出版《红军长征将台堡会师史料选编》;4.印制《将台堡会师》彩色宣传折页;5.编排演出《长征组歌》专题文艺节目;6.在银川、固原、西吉分别组织举办有关反映红军长征、西征摄影、书画、历史图片、革命文物、古钱币等展览;7.争取邮电部发行的红军长征胜利60周年纪念邮票中,有反映将台堡会师内容的;8.铸造一套将台堡会师纪念章;9.以西吉为重点,组织开展群众性"重走长征路"火炬接力活动;10.在红军长征、西征中经过、驻扎过和红军领导人会面或有过重要活动的西吉、固原、隆德、彭阳、同心、海原、盐池等地,由各县具体组织开展纪念活动。三是成立"自治区筹备工作领导小组"。四是保障建设资金和活动经费。五是做好宣传报道工作。

3月2日 全县农业暨扶贫开发工作会议召开,副县长马存玉对农业和扶贫开发工作进行部署安排,县委农工部、县农业局及城郊乡、沙沟乡、平峰镇作了表态发言。会议表彰奖励农业和扶贫开发工作先进集体、先进工作者,签订了《1996年地膜玉米种植责任书》。

3月6日 自治区党委书记黄璜带领副书记马启智、区政府副主席任启新及财政、农业等厅(局)负责人,在固原地委书记芮存章陪同下,到西吉县检查指导工作,先后深入沙沟、白崖、西滩、王民等乡村,实地调研掌握群众生产生活、市场建设、打井打窖、抗灾自救等情况,并到县种子公司检查粮食种子经营和质量等。

3月7日 县委、县政府作出《关于表彰一九九五年度先进集体、先进单位和先进个人的决定》,对将台乡等5个先进集体、县检察院等8个先进单位、王烈松等131名先进个人给予表彰奖励。

3月10日 县委、县政府发出《关于抽调千名干部加强农村一线工作的通知》。从县直机关抽调1000名干部,组成26个工作队、304个工作组,由县级干部担任队长、科级干部担任组长,从3月中旬开始,利用100天时间,以维护稳定为中心,紧扣春耕生产,努力解决群众生产生活困难,扎实开展农村一线工作。

3月10日至13日 西吉县第十二届人民代表大会第四次会议召开。会议听取和审议《政府工作报告》《关于西吉县1995年国民经济和社会发展计划执行情况与1996年计划〈草案〉的报告》《关于西吉县1995年财政决算和1996年财政预算(草案)的报告》《县人大常委会工作报告》《县人民法院工作报告》《县人民检察院工作报告》《县人大常委会关于第十二届人民代表大会第三次会议代表议案办理情况的报告》,审查、批准了《西吉县国民经济和社会发展"九五"计划和2010年远景目标纲要》。

同日 政协西吉县第六届委员会第五次会议召开。会议听取和审议《政协西吉县第六届委员会常务委员会工作报告》《政协西吉县六届三次会议以来提案办理情况的报告》,讨论通过《政协西吉县六届五次全委会议政治决议》。政协委员还列席了县第十二届人民代表大会第四次会议,听取讨论会议报告。

3月13日 县委、县政府召开1995年度表彰奖励暨1996年度岗位目标责任书签订大会。表彰奖励了1995年度全县两个文明建设中涌现出的先进集体、先进单位和先进个人,县长马三刚同各乡镇负责人签订了1996年度岗位目标责任书。

3月18日 县委下发《一九九六年基层组织建设工作要点》。一是抓基础,继续搞好农村基层组织整顿建设。二是抓典型,继续搞好县、乡两级党建联系点和小康试点村党建工作。三是抓阵地建设。四是抓组织发展。五是抓"双学"活动。六是抓党建目标责任制的落实。

3月19日 中央电视台记者孙朝中在自治区科教所所长周卫陪同下,到西吉县什字乡、将台乡实地采访拍摄教育发展新闻片。

3月20日 全区乡镇企业工作会议召开。会上,西吉县被自治区人民政府授予"全区乡镇企业先进县"荣誉称号。

3月21日 宁南山区高效节能日光温室现场会在西吉县召开。自治区农业厅、财政厅、农办、固原行署有关负责人,宁南山区八县主管农业副县长、农业局长及涉农部门负责人参加会议。与会人员观摩学习了城关镇团结村日光温室蔬菜生产情况,听取西吉县关于组织实施日光温室蔬菜生产的经验介绍。

3月22日 全区优秀企业和优秀企业家评审会议召开。会上,西吉淀粉总公司被宁夏企业管理协会和宁夏企业家协会评为全区"一九九五年度十佳优秀企业"。

3月27日 宁夏军区给水团实施的"百井扶贫"工程——西吉县首眼机井开钻仪式在夏寨乡夏寨村举行。

4月5日 自治区党委副书记马启智、区党委常委马锡广在银川主持召开红军长征胜利60周年纪念活动有关问题协调会议,专题研究全区开展纪念红军长征胜利60周年活动和在西吉县修建红军长征将台堡会师纪念碑事宜。西吉县委、政府主要领导参加会议。

4月7日 县委召开常委会(扩大)会议,传达贯彻全区纪检工作会议精神、全区组织工作会议精神、全区宣传工作会议精神,听取县农建办关于秦巴项目进展情况的汇报,研究部署修建中国工农红军长征将台堡会师纪念碑、开展纪念活动等具体事宜。

4月8日 西吉县纪念中国工农红军长征胜利60周年筹备工作委员会成立,马三刚任主任。

4月15日 西吉县一点多址电话开通使用。

4月16日 全县纪检监察工作会议召开。会议传达贯彻江泽民、尉建行重要讲话精神和自治区纪委六次全会精神,总结1995年纪检监察工作,部署安排1996年纪检监察工作。会议要求全县各级组织和干部充分认识反腐败斗争的艰巨性,进一步统一思想、提高认识,旗帜鲜明反对腐败,坚定不移地把反腐败斗争引向深入。

4月17日 自治区设计院院长余金波带领有关专家到西吉县勘察设计中国工农红军长征将台堡会师纪念碑碑址。

4月19日 中共中央办公厅下发《关于转发〈中央宣传部、总政治部关于纪念红军长征胜利60周年的请示〉的通知》。《请示》的主要内容为“纪念”活动具体安排。一是10月22日(红一、二、四方面军胜利会师之日),中共中央、中央军委在人民大会堂举行纪念红军长征胜利60周年大会。二是10月23日晚,文化部、总政治部举办纪念红军长征胜利60周年大型文艺晚会。三是中央军委召开驻京部队老红军纪念红军长征胜利60周年座谈会。四是在军事博物馆举办纪念红军长征胜利60周年图片展和老红军书画展。五是军事科学院组织纪念红军长征胜利60周年论文评选活动。六是邮电部发行一套纪念红军长征胜利60周年纪念邮票。

同日 县委召开常委会会议,传达贯彻《中共中央关于印发〈中国共产党地方委员会工作条例(试行)〉的通知》精神、自治区党委副书记马启智在固原主持召开的西海固三县维护稳定工作会议精神,听取县公安局、统战部、宗教局、伊协等部门工作汇报,研究部署下一阶段工作。

4月20日 西吉县秦巴山区世界银行贷款扶贫项目领导小组成立,马存玉任组长。

4月21日 县委下发《西吉县乡镇党委抓好农村基层组织建设责任制实施细则的通知》。

4月22日 将台35千伏变电所建成并投入运行。

4月27日 田玉宝任西吉县人武部部长,唐爱兴任西吉县人武部副部长。

4月28日至30日 中国秦巴山区扶贫世行贷款项目技术准备团团长皮安澜一行3人,在国务院扶贫办外资管理中心主任王国良、自治区扶贫办秦巴项目办主任郭占元等陪同下,到西吉县考察秦巴项目准备工作。

4月30日 西吉县“百日严打整治行动”领导小组成立,县委主要领导任组长,马三刚、罗文瑜任副组长。

同日 驻西吉执行任务的固原武警部队全部撤回驻地。

5月2日 自治区政府协调青铜峡市为西吉玉泉营经济开发区划拨黄羊滩可开发荒地1.8万亩。副县长马存玉、杨保仓代表县委、县政府向青铜峡市委、市政府赠送了“扶贫移民,功高无量”的锦旗。

5月8日 全县计划生育工作会议召开,传达贯彻全国计划生育工作会议精神、全区计划生育工作会议精神,安排部署1996年计划生育重点任务,表彰奖励1995年度计划生育工作先进集体、先进个人。县长马三刚要求各乡镇、各部门增强人口意识、忧患意识,毫不松懈地抓好计划生育,严格控制人口增长,坚决完成计划生育目标任务。

同日 县委、县政府召开全县维护稳定、宗教场所登记发证工作会议,传达学习中办、国办〔1994〕35号文件精神、国务院《宗教活动场所管理条例》《宁夏回族自治区宗教事务管理暂行规定》,安排部署全县宗教活动场所登记、发证工作。

5月9日 县委召开“百日严打整治行动”领导小组会议,传达学习自治区党委常委会议《纪要》、自治区政法委会议《纪要》、地委“5·5”紧急电话会议精神,通报全县“百日严打整治行动”第一次集中统一行动进展情况,研究部署西吉县“百日严打整治行动”工作。

同日 罗永红、海正生任中共西吉县委常委。

5月10日 县委、县政府下发《关于在全县开展“百日严打整治行动”的安排意见》。

5月13日 国家水利部黄委会副主任黄自强到西吉县检查小流域综合治理工作。

5月16日 县委、县政府召开“百日严打”公开处理大会。县直机关干部职工及群众5000多人参加大会。大会公开处理了一批杀人、盗窃、流氓、赌博和破坏公私财物等违法犯罪分子。

5月21日 县委召开修建“中国工农红军长征将台堡会师纪念碑”筹委会成员会议,传达贯彻中办〔1996〕17号文件精神,全面安排部署筹建纪念碑工作。

5月25日 县委发出《关于全县开展建党75周年纪念活动的通知》。

5月27日 修建“中国工农红军长征将台堡会师纪念碑”筹委会在将台乡政府召开现场办公会,实地勘察设计敲定纪念碑建设地址和搬迁将台乡政府地址等事宜。

5月28日 县委召开常委会会议,专题研究全县机构改革、人员分流事宜,审议通过《西吉县机构改革、人员分流实施方案》,对县党政机关机构改革、乡镇机构、县人大、县政协、法院、检察院、群众团体、事业单位和机关后勤机构改革作出具体规定。改革后,县委设工作机构6个:办公室、组织部、宣传部、统一战线工作部、政法委员会、农村工作部。政府设工作机构23个:办公室、计划经济局、文化教育体育局、科学技术局、民族宗教事务局、公安局、监察局、民政局、司法局、财政局、人事劳动局、建设局、农业局、林业局、水利水保局、畜牧局、土地管理局、卫生局、计划生育局、审计局、统计局、工商物价管理局、交通局。

同日 西吉县信访领导小组成立,王诠宝任组长。

▲ 西吉县扶贫扬黄灌溉工程建设指挥部成立,马三刚任指挥。

5月29日至30日 自治区政府副主席周生贤带领区农建委、农牧厅、计委、财政厅等厅(局)负责人到西吉县检查指导农业生产、扶贫开发、乡镇企业等工作,实地到三合、白崖、西滩等乡检查夏粮生产、地膜玉米、农田建设、井窖微灌和群众生活情况。

6月1日 县委组织部、人事局、县党校对全县党政群机关、人大、政协、法院、检察院等部门单位的干部进行了公务员过渡培训,共培训1385人。

6月3日 县委、县政府作出《关于统一收缴枪支弹药、管制刀具工作的安排意见》,决定抓住"千人百日"下基层工作和"百日严打整治行动"的有利时机,利用一个月时间集中在全县范围内开展收缴枪械工作。

同日 县委、县政府作出《关于加强政法干警队伍建设几个问题的决定》,对政法干警提出6项34条具体规定,以整顿干警队伍纪律、提高办事效率、维护社会政治稳定。

6月4日 西吉县粉丝厂生产的"六盘山"牌豌豆粉丝,被自治区政府评为"全区首批名牌产品"。

6月6日 县委、县政府下发《关于在县直机关干部中公开选聘小康试点工作队员的通知》《小康试点岗位目标责任书》《小康试点蹲点干部管理办法》《小康试点蹲点干部岗位目标考核办法》。

6月9日至10日 县委召开全县党建、组织、宣传、纪检监察工作会议,传达学习自治区和固原地区党建工作会议精神、组织工作会议精神、宣传思想工作会议精神、纪检监察工作会议精神,传达学习《中国共产党地方委员会工作条例》。安排部署党建、宣传、纪检监察、组织工作。红耀党委、白崖乡党委和兴隆镇单北村党支部作了交流发言,县委主要领导作了总结讲话。

6月16日 西吉县电力宾馆竣工并交付使用。宾馆建筑面积3150平方米,总投资312万元,楼体高度和建筑规模当时居西吉第一。

6月19日 自治区政府副主席周生贤带领区水利厅、农业厅、农建委等厅(局)负责人,银南、固原两地地委书记、专员,宁南八县县委书记、县长30多人,到西吉县观摩打井打窖、地膜玉米、基本农田建设等工作。

6月20日 自治区党委、政府召开"宁南山区窖水节灌、农田建设现场会",西吉县被授予"一九九四年至一九九五年度全区农田建设先进县"称号。

同日 县委、县政府委派干部与区党史研究室一道,赴京采访红军长征将台堡会师的老红军、老将军,并邀请宋任穷、耿飙、孙毅等24位老将军、老红军为红军长征将台堡会师60周年题词。

6月24日 县委召开大事商讨会,商讨研究群众生活、“百日严打整治行动”和修建红军长征将台堡纪念碑等工作。

同日 县委召开常委会(扩大)会议,传达学习固原地区“百日严打整治行动”会议精神,分析研判全县“严打”斗争形势,明确差距和不足,对“严打”第三战役作出部署安排。

6月27日 西吉县人民银行等12个单位为修建红军长征将台堡纪念碑捐款6.8万元。

同日 县委召开纪念建党75周年座谈会,县四套班子领导、各乡镇党委书记、县直部门(单位)党组织负责人、优秀党务工作者、优秀党员和部分离退休老党员、各界人士代表共110多人参加会议。座谈会上与会人员结合西吉实际,畅谈了建党75年来各项事业发展情况。

6月28日 中共中央组织部发出《关于表彰先进基层党组织和优秀党务工作者的决定》,西吉县城关镇团结村被中央组织部授予“全国先进基层党组织”荣誉称号。

同日 县委召开纪念建党75周年大会。全体县级干部、各乡镇党委书记、先进基层党组织代表、优秀党务工作者和优秀共产党员、县直机关党员干部职工共600多人参加会议。会上,县委表彰了全县先进基层党组织、优秀党务工作者和优秀共产党员。

7月1日 宁夏区党委作出《关于表彰全区先进基层党组织和优秀党务工作者、优秀共产党员的决定》,西吉县城郊乡大滩村被授予“全区先进基层党组织”荣誉称号,海正生、杨志明被授予“全区优秀党务工作者”称号,陈光辉、陈晓明(女)被授予“全区优秀共产党员”称号。

同日 固原地委作出《关于表彰先进基层党组织和优秀党务工作者、优秀共产党员的决定》,西吉县兴隆镇党委、将台乡保林村党支部被地委授予“先进基层党组织”称号,张义贵、王效军、施志林被授予“优秀共产党员”称号。

7月3日 自治区政府副主席刘仲带队到西吉县检查指导贫困Ⅱ项目执行情况。

7月4日 县委作出《关于开展乡镇机关作风、纪律整顿的安排意见》,对乡镇机关作风、纪律整顿提出明确要求,作出具体部署。

同日 固原地委书记芮存章、副书记杨国林带领海原县农口部门负责人到西吉县考察观摩基本农田建设工作。

7月8日至9日 全区水土保持工作会议在西吉召开。区党委政研室、区水利厅、自治区黄委会水保局、固原水保局、银南水保局、宁南八县水保站等负责人参加会议。会上,副县长马存玉介绍了西吉县水土保持工作。与会人员实地参观考察了新营乡庙儿岔、城郊乡马营等水土保持治理点。

7月9日 宁夏军区副政委张开礼到西吉检查人武工作,并到白城乡车路湾村看望慰问了打井的给水团官兵。

同日 西吉县政府与自治区展览馆举行“中国工农红军长征将台堡会师纪念碑”主体工程施工签字仪式。县长马三刚与区展览馆副馆长傅宁在合同书上签字。

7月15日 县委、县政府下发《西吉县计划生育“三结合”目标管理职责及考核办法》。

同日 县委下发《关于在全县党员干部中进一步开展学理论、学党章活动的安排意见》。

7月15日至16日 中共中央政治局候补委员、书记处书记温家宝，在自治区党委书记黄璜、区政府副主席周生贤、固原地委书记芮存章等陪同下，到西吉县调研考察扶贫开发工作。实地考察了兴隆镇单北村、西滩乡西滩村、城郊乡马营村、白崖乡阳岔村、沙沟乡沙沟村基本农田建设、小流域治理、井窖微灌、农业生产，沿途看望了部分农户。并召开座谈会，听取西吉县委、县政府工作汇报。温家宝要求全县各级党政组织把扶贫工作的着眼点、主攻方向和有限的资金放在改善生产生态条件上，抓好以坡改梯为主要内容的农田基本建设，以打井窖、节水灌溉为主要内容的水利基本建设，以良种培育、地膜覆盖为主要内容的科技推广工作。

7月16日 县委、县政府批转县法制建设领导小组《关于在全县公民中开展法制宣传教育第三个五年规划的通知》。

7月18日 解放日报社记者徐宜忠、陆黛、李奇到西吉县采访红军长征经过西吉和红军长征将台堡会师情况。

7月20日 县委下发《1996—2000年全县干部培训规划》。

7月21日 县委、县政府召开全县宗教界人士会议，学习贯彻国务院《宗教活动场所管理条例》《宁夏回族自治区宗教事务管理暂行规定》、全区宗教局长会议精神。县委副书记苏华作了专题辅导讲话。

7月24日 以香港新界社团联合会会长、香港特别行政区筹委会委员李连生为团长的“新界社团会甘肃、宁夏希望学校开幕参观团”一行10人，到西吉县参加该会投资25万元兴建的兴隆镇希望小学揭幕仪式。

7月25日至26日 固原地区农田建设现场会在西吉县召开。地区领导芮存章、何琮等，自治区农业厅、水利厅负责人，固原地区六县县委书记、县长、主管农业副书记、副县长和地区有关部门负责人参加会议。政府县长马三刚介绍了西吉县农田建设情况，与会人员现场观摩了下堡乡下堡村、下堡乡上马村、城郊乡杨家川村、西滩乡西滩村、西滩乡黑虎沟村、兴平乡韩埫村、马建乡大坪村等农田建设和小流域治理点。

7月27日 县委召开常委会(扩大)会议，听取气象局部门近期降雨及天气预报分析研判，听取水利部门防汛工作汇报，研究部署全县防汛抗灾工作。决定抽调20名县级干部组成紧急抗灾除险工作队，分赴受灾乡镇检查险情，组织力量全力开展抗洪抢险工作。

8月1日 县委召开全县小康试点工作队员下派动员大会。县委副书记王诠宝作动员讲话，要求小康试点工作队员以高度的政治责任感和对基层、对人民负责的态度，真抓实干，开拓创新，干出实绩。

8月2日 县委、县政府召开全县“严打”暨“三五”普法动员会议，传达贯彻全国、全区“严打”工作会议精神和全区“三五”普法动员会议精神,表彰奖励“百日严打整治行动”和“二五”普法先进集体、先进个人,讨论审定《西吉县“三五”普法规划》。

8月6日 县委召开大事商讨会,传达贯彻全区经济分析会议精神,听取县政府党组关于黄羊滩吊庄移民区开发工作汇报,讨论研究企业改革工作,审议《西吉县企业改革实施方案》。

8月7日 西北五省(区)媒体记者一行18人,到西吉县开展纪念中国工农红军长征将台堡会师60周年采访活动。

8月9日 “中国工农红军长征将台堡会师纪念碑”奠基仪式在将台乡隆重举行。自治区党委副书记马启智、区党委常委马锡广、宁夏军区副政委张开礼、区党史研究室主任李一凡、区宣传部副部长张怀武、区党委办公厅副主任余今晓、区党史研究室副主任李耀华、区计委副主任李锦平、固原地委副书记何琮和西吉县四套班子和人武部领导、县直部门(单位)负责人、将台乡干部群众2000多人参加了奠基仪式。

8月10日 农业部巡视员、农业司副司长郝林生在自治区农业厅副厅长杨怀瑞陪同下,到西吉县检查指导乡镇农科站、畜牧站“三定”工作。

8月11日 西吉县“139”全球通(移动电话)开通。

8月13日 国家科委副主任韩德乾带领成果司司长唐新民、农林司副司长李晓林一行4人,在自治区政府副主席刘仲、区科委主任苏焕兰、固原行署副专员李洪智等陪同下,到西吉调研考察农业科技及科技扶贫开发工作。

8月14日 西吉县企业改革领导小组成立,罗文瑜任组长。

8月15日 县委批转《政协党组关于政治协商、民主监督、参政议政的规定》。

8月19日 宁夏军区“百井扶贫事迹报告团”到西吉县举行报告会。

8月21日 加拿大驻华大使馆参赞谢孝旌、加方项目官员李幸东在自治区经贸厅副厅长刘泽英、固原行署副专员李洪智陪同下,对西吉县城郊乡马营村机修农田、水泉村低压输水管道、西吉县清真粉丝厂、西吉妇幼保健中心楼等4个加援扶贫项目进行考察验收。

8月22日 西吉淀粉总公司生产的“傻傻”牌荞麦方便面在北京召开的美食营养食品评议会上,被确定为中国美食营养委员会向社会推荐产品。

同日 《浙江日报》“重走长征路”记者一行5人,到西吉县调研采访。

8月24日 中共中央党校民族宗教研究室主任垄学增教授到西吉县调研考察民族宗教工作。

8月28日 自治区党委宣传部副部长邓万带领“重走长征路”摄影采访记者团一行16人,来西吉县进行摄影、采访。

8月29日 区党委党史研究室副主任邵予奋带领宁夏电视台摄制组一行,到西吉县拍摄当年红军西征、长征驻扎和会师地兴隆镇、将台堡等地政治、经济、社会发展变化专题片。

8月 单家集畜产品交易市场建成并交付使用。该市场占地面积6660平方米，建筑面积1000千方米，被誉为西北畜产品开发第一村。

9月1日 中共中央总书记、中华人民共和国主席、中共中央军委主席江泽民为“中国工农红军长征将台堡会师纪念碑”题写了碑名。

9月4日 自治区党委常委马锡广、区党委办公厅副秘书长李一凡等将中共中央总书记、中华人民共和国主席、中共中央军委主席江泽民题写的“中国工农红军长征将台堡会师纪念碑”碑名专程送达西吉。在西吉县电力宾馆举行了隆重的交接仪式。西吉县党政领导30多人参加交接仪式。

9月5日 县委发出《关于中国共产党西吉县第十次代表大会代表选举工作的通知》，对代表名额、代表构成、代表选举作出明确要求和具体部署。

9月9日 县委召开全体县级干部参加的大事商讨会，听取中国工农红军将台堡会师纪念碑建设和红军长征胜利60周年庆典活动筹备工作进展情况汇报，商讨研究庆典活动筹备事宜。

9月10日 西吉第一中学副校长戚伟夫应邀参加国家教委、中国中小学幼儿教师奖励基金会、解放军总政治部联合组织的1996年军地全国优秀教师“北京园丁之家”活动，受到江泽民总书记亲切接见。

9月12日 县委、县政府作出《关于企业改革的实施方案》，对全县企业改革作出安排。

9月16日 县委、县政府向自治区党委、区政府上报《关于军队“百井扶贫工程”实施情况的总结报告》。1996年3月，宁夏军区给水团二台机组到西吉县实施“百井扶贫工程”，经过130多天日夜奋战，先后在沙沟、白崖、白城、火石寨等16个乡(镇)新打机井34眼，其中农灌机井28眼、人畜饮水井6眼，增加灌溉面积5100亩，解决了15000多人、1900多头大家畜、3000多只羊的饮水困难。

9月18日 县委、县政府作出《关于表彰奖励“八五”期间科技工作先进集体和先进个人的决定》，对三合乡等15个先进集体、司智杰等30名先进个人给予表彰奖励。

同日 自治区党委宣传部、党史研究室作出《关于将台堡会师纪念碑碑文送审稿的批复》，并附修改定稿的碑文即《将台堡会师简介》。

9月27日 中国人民武装警察部队和宁夏武警总队为修建红军长征将台堡会师纪念碑分别赞助3万元和0.8万元。

10月1日 自治区党委党史研究室副主任邵予奋在《宁夏党史》1996年第4期上发表专题文章《论将台堡的历史地位》。主要内容是：一、将台堡会师是红军三大主力会师的主要组成部分，与会宁会师具有同等重要的历史地位；二、将台堡会师是红军长征中最后一次会师，将台堡是红军长征最后结束地；三、尊重历史，求实存真，完整准确地宣传三大主力红军长征会师的真实历史。

10月4日 县委作出《关于进一步加强统战、民族宗教工作的意见》。

同日 县委召开常委会议，专题研究纪念中国工农红军长征胜利暨将台堡会师60周年庆典活动事宜，并下发《关于认真搞好将台堡会师60周年暨将台堡会师纪念碑落成庆典活动的通知》。庆典活动安排了庆祝大会、展览、文体、座谈会等19项活动。

10月6日至7日 固原地委副书记郭干文、自治区党委组织部机关党委书记王随岱带领自治区党委、固原地委考核组，对西吉县委、县纪检委和县政府领导班子及成员进行届满和届中考核。

10月9日 "中国工农红军长征将台堡会师纪念碑"落成。纪念碑主体由基座、碑身和碑顶雕像三部分组成，高22.8米。顶部三尊红军头像英姿勃发，象征三军胜利会师，碑身八幅精工浮雕，再现了红军长征壮丽的画卷，完整准确记述了三大主力红军会师将台堡，胜利结束长征的历史。

10月12日 中静公路沥青罩面工程全面完工，为西吉境内第二条沥青罩面公路。第一条是兰宜公路。

10月11日 县委召开常委会会议，传达学习中央扶贫工作会议精神、全区扶贫工作会议精神，研究贯彻落实意见；研究开展扶贫调查工作和组建考察团到福建洽谈对接对口扶贫协作事宜。

10月12日 西吉县物资交流大会暨文化艺术节开幕。

10月14日 北京、上海、宁夏三地医疗专家组成国家医疗队到西吉县为贫困白内障患者开展义诊活动，10天时间里共为291名西吉县白内障患者免费进行了人工晶体移植复明手术。

10月15日 自治区党委常委马锡广带领区党史研究室主任李一凡、区党委宣传部副部长张怀武等，到西吉县检查指导红军长征胜利60周年纪念活动筹备工作。

10月19日 区党委常委马锡广带领自治区红军长征胜利60周年纪念活动领导小组到西吉县检查指导纪念活动筹备工作。

10月20日 县委发出《关于认真学习贯彻党的十四届六中全会精神的通知》。《通知》要求全县各级组织、广大党员和干部群众深入学习宣传贯彻党的十四届六中全会精神，深化思想认识、提高理论武装、抓好贯彻落实，扎实推进精神文明建设。

同日 "重走长征路"火炬接力长跑活动点火仪式在西吉县影剧院广场隆重举行。县长马三刚授旗并点燃火炬。

▲"中国工农红军长征公易镇纪念碑""中国工农红军长征一、二方面军领导人平峰镇会面纪念亭""中国工农红军长征兴隆镇会师纪念碑"同时举行落成典礼，并命名3个纪念地为西吉县第二批青少年爱国主义教育基地，举行了挂牌仪式。

10月21日 西吉县钱币博物馆隆重举行开馆和纪念红军长征将台堡会师60周年展览开幕仪式。

同日 参加红军长征胜利60周年暨庆祝“中国工农红军长征将台堡会师纪念碑”落成典礼的自治区领导和来宾陆续抵达固原和西吉。

10月22日 中共中央总书记、中华人民共和国主席、中共中央军委主席江泽民在纪念红军长征胜利60周年大会上发表重要讲话。指出:“六十年前,中国工农红军第一、二、四方面军,经过艰苦卓绝的万里长征,在会宁和将台堡胜利会师,宣告国民党反动派消灭共产党和红军的图谋彻底失败,宣告中国共产党和红军肩负民族希望胜利实现了北上抗日的战略转移。长征,是历史上无与伦比的革命壮举,是中国共产党及其领导的工农红军创造的人间奇迹,是中华民族一部惊天动地的英雄史诗。长征将永远铭刻在中国革命的丰碑上。”

同日 自治区党委、自治区人民政府、宁夏军区纪念红军长征胜利60周年暨庆祝“中国工农红军长征将台堡会师纪念碑”落成大会在西吉县将台堡隆重举行。纪念碑广场上彩旗飞舞,数万名群众和来宾共同见证了这个历史瞩目的日子。上午10时,大会在庄严的国歌声中开始,鸣放礼炮60响。自治区党委副书记马启智主持大会,白立忱、姚敏学、王永正、石磊、邵华为“中国工农红军长征将台堡会师纪念碑”揭幕,并敬献花篮。自治区党委副书记、政府主席白立忱代表宁夏回族自治区党委、政府、宁夏军区作了重要讲话,西吉县委主要领导、老红军代表张程、解放军代表熊炎、青少年代表王子花在大会上发了言,自治区党委副书记马启智宣读命名将台堡会师纪念碑为自治区爱国主义教育基地,并将牌匾授予县长马三刚。自治区“心连心”艺术团演出了《世纪丰碑》等精彩的文艺节目,西吉县民兵应急连和中学生仪仗队表演了武术和广场舞。第二炮兵部队原副司令员杨桓中将,毛泽东同志的亲属邵华、刘松林、毛新宇等专程到宁夏西吉参加纪念大会。中国人民解放军总参谋部、总政治部、总后勤部、中共中央党史研究室、北京军区政治部、内蒙古军区、新疆军区、甘肃省军区、中国军事科学院等发来了贺电。此次纪念活动,共邀请到中央和国家机关、区内外288个单位、984名嘉宾参加,是西吉历史上规模最大、层次最高且极为重要的一次盛会,将永载史册。

▲ 自治区党委副书记康义、区政府副主席任启兴在将台邮电所主持召开“长征胜利”纪念邮票、邮品宁夏点首发式。

▲ 西吉县钱币博物馆建成并交付使用。馆内珍藏历史文物4500件、革命文物38件、古钱币5200余件。

11月2日 西吉县委、县政府为忘我工作、积劳成疾,病逝在工作岗位上的海正生同志举行追悼会。固原地委副书记何琮、郭干文,地委委员、宣传部长刘俊德,区党委宣传部副部长张怀武,全体县级干部和县直机关干部、群众代表1000多人参加追悼会。海正生同志生前为中共西吉县委常委、宣传部长。

11月4日 县长马三刚带领西吉县考察团赴福建省莆田县考察对口扶贫合作项目,经过协商洽谈在引进项目、资金扶持、劳务输出、人才培训等8项帮扶协作项目上达成协议。

11月12日 县委批转县委组织部《关于选拔培养党外干部工作意见》。

11月13日 自治区政协副主席吴尚贤带领部分政协常委、委员、民主党派负责人在自治区水利厅负责人陪同下,到西吉县视察调研水利水保工作。

11月14日 自治区高级人民法院院长邹献朝来西吉县检查指导基层法庭工作。

11月15日 固原地委书记余今晓到西吉县深入城关镇、城郊乡、三合乡、平峰乡和西吉县淀粉公司、西吉县皮毛公司、西吉县农丰磷肥厂等检查指导工作。

11月16日 全国科协副主席、北京理工大学教授、博士生导师、著名爆破专家冯长根在自治区科委副主任越经臣陪同下,到西吉县城郊乡马营村实地考察爆破打窖试验工作。

11月21日 王民至公易四级砂砾公路建成通车,总投资370.2万元。

11月25日 自治区党委副书记马启智带领区民委主任海健民、区政法委副书记马思珍在固原地委副书记何琮陪同下,到西吉县检查指导政法和维护稳定工作。

11月28日 自治区政府副主席刘仲带领区教委主任马文亮、卫生厅厅长马成义一行20人,到西吉县检查指导义务教育工作,并深入沙沟乡中口小学、沙沟乡叶河小学、沙沟乡满寺小学等学校调研检查。

11月29日 县委、县政府作出《关于深化科技体制改革,加速科技进步的实施意见》《关于全面推行科技承包的实施意见》。

11月30日 中卫至西吉(白崖至下堡段)西部干线三级砂砾公路竣工通车,全长11.7公里,总投资358万元。

12月1日 西吉县与福建省莆田县东西合作领导小组成立,马三刚任组长。为进一步加强东西部合作,促进西吉县经济发展加强了组织保障。

12月4日 县委作出《关于印发考核乡镇党委抓好基层党组织建设责任制的标准及办法(试行)》。

同日 西吉县建筑公司兼并西吉县物资公司交接仪式在西吉县电力宾馆举行,双方代表在《兼并协议》上签字。

12月5日 夏寨水管所所长王西平同志在抢险中因公殉职,时年29岁。自治区水利厅和西吉县委、县政府发出《关于向王西平同志学习的决定》。

12月6日 自治区下派的29名支教工作队员到达西吉,分赴白城、沙沟等八乡镇开展工作。

12月9日 西吉县被国务院确定为节水增产重点县。

12月11日 西吉县被国家水利部确定为黄河上中游地区水土保持重点治理县。

12月18日 县委、县政府在沙沟乡举行下坪水库竣工典礼。自治区政府副主席周生贤,区农建委主任郭占元,区政府办公厅副主任张克洪,区计委、财政厅、水利厅有关负责人,地委副书记何琮及西吉县四套班子领导、县有关部门负责人、沙沟乡干部、群众1000多人参加典礼。

12月19日 自治区党委决定,罗文瑜任中共西吉县委书记。

12月27日至29日 中国共产党西吉县第十次代表大会召开。会议听取和审议县委书记罗文瑜作的《全党动员,万众一心,打好扶贫攻坚战役,为实现跨世纪的宏伟目标而努力奋斗》的工作报告、薛鼎玺代表县纪律检查委员会作的工作报告;选举产生中共西吉县第十届委员会、中共西吉县纪律检查委员会。罗文瑜、马三刚、苏华、王诠宝、田玉宝、马存玉、李作斌、罗永红、薛鼎玺、杨志明、兰德政当选为县委常委,罗文瑜当选为县委书记,马三刚、苏华、王诠宝当选为县委副书记;薛鼎玺当选为县纪检委书记。

12月31日 福建省莆田县县委副书记、政府县长郑师平带领考察团到西吉县考察扶贫协作工作。在县党政领导罗文瑜、马三刚等陪同下,前往西吉县淀粉公司、西吉二中、城郊乡马营村、兴隆镇、将台乡等地实地考察,并举行座谈会,商讨对口帮扶等事宜。

12月 西吉县玉泉营经济开发区移民搬迁工作全面完成。5年累计投资1010万元、开发农田2.4万亩、修建灌溉渠道85公里,搬迁西吉贫困农民2200户、11000人,同时设立了财政所、供销社、派出所、信用社等服务管理机构,建立中学1所、小学3所等机构。

是年 西吉第一中学高考上线208人,其中本科158人、专科录取150人,名列固原地区第二名。

▲ 县委、县政府把地膜覆盖种植技术作为解决温饱的重要项目来抓,全县共种植地膜玉米7.12万亩,实现总产3225.14万公斤,平均亩产453公斤,用全县7.4%的耕地,生产了全县28.1%的粮食。

▲ 截至年底,全县累计兴修高标准基本农田68万亩,其中机械修建24.3万亩、人工修建43.7万亩。

▲ 全县总户数79092户,总人口435418人。全县地区生产总值28643万元,其中第一产业15204万元、第二产业4193万元、第三产业9246万元。农作物播种面积110.91万亩,粮食总产11473万公斤、油料总产565万公斤。地方财政收入853万元,地方财政支出8528万元,社会商品零售总额12085万元。

1997年

3月21日 县委、县政府作出《关于今后四年解决贫困人口温饱问题的实施意见》。

3月25日 西吉县精神文明建设指导委员会成立。

4月20日 福建省委副书记、福建对口帮扶宁夏领导小组组长习近平,亲赴西吉县考察对口扶贫工作,先后深入新营淀粉厂、西吉皮毛公司、西吉县钱币博物馆、马营机修农田点、团结村蔬菜基地考察调研,到将台堡瞻仰中国工农红军长征将台堡会师纪念碑,参观红军会师纪念园。

5月26日 西吉县非农业建设用地大清查领导小组成立。

7月21日 中央电视台新闻中心和驻宁记者站记者一行4人到西吉县,采访闽宁合作马铃薯加工等工作。

7月22日 福建省电视台两位记者到西吉县调研采访农田建设、淀粉加工、闽宁新村建设及贫困户生产生活情况。

7月29日 西吉县国家安全保卫工作领导小组成立。

8月7日 福建省政协考察团到西吉县考察参观傻傻集团公司、西吉县皮毛公司、西吉县古钱币博物馆、新营淀粉厂、马营机修农田点、团结村蔬菜基地、将台堡红军会师纪念园等。

9月6日 县委、县政府制定下发《关于贯彻"三西"地区扶贫开发工作会议的实施意见》,对全县扶贫开发作出部署安排。

9月9日 西吉县创建安全文明小区(村庄)领导小组成立。

10月10日 全国人大视察团到西吉县调研视察农田建设、马铃薯淀粉加工等。

同日 国务院经济发展中心原副主任张磐,在自治区党委政研室、区计委负责人陪同下,到西吉县调研考察农田建设、淀粉加工工作,参观红军长征将台堡会师纪念地。

12月23日 共青团西吉县第十一次代表大会召开。

是年 全县总户数80698户、总人口440019人。全县地区生产总值32752万元,其中第一产业14199万元、第二产业8000万元、第三产业10553万元。农作物播种面积110.5万亩,粮食总产10456万公斤、油料总产467万公斤。地方财政收入980万元,地方财政支出9929万元,社会商品零售总额9919万元。

1998年

1月4日 自治区政协主席马思忠,自治区政府副主席刘仲、周生贤等到西吉县调研扶贫工作并慰问贫困户。

3月2日至7日 政协西吉县第七届一次会议召开。

3月3日至8日 西吉县第十三届人民代表大会第一次会议召开。

3月5日 中央电视台一套节目"中华民族"栏目播出《西吉兴隆镇婆姨一条街》纪录片,反映了兴隆镇妇女发展商贸服务、勤劳致富的事迹。

4月24日 《人民日报》记者采访团一行10人到西吉县采访扶贫开发、农业生产等工作。

4月30日 宁夏电视台录制播放《西吉打工妹在福建》和《西吉邮电局》两部纪录片，宣传了西吉青年妇女在福建工作生活情况和西吉邮电局将一笔笔汇款精准无误地交给务工人员家庭。

5月22日 河北省怀安县委书记张瑜率领县委、县人大、县政府、县政协主要领导组成党政考察团一行40人，到西吉县考察学习马铃薯淀粉开发、农田建设等工作。

5月31日 宁夏艺术学校、宁夏歌舞团、宁夏秦剧团、宁夏京剧团的青年演员组成志愿者慰问演出团，到西吉县硝河乡、兴平乡进行慰问演出。

6月2日 内蒙古自治区固阳县党政考察团到西吉县调研考察世界银行贷款项目实施情况。

6月5日 自治区政府主席马启智一行到西吉县移民吊庄闽宁村，检查指导农田建设、移民房建设、造林绿化、学校建设和街道建设等工作。

6月30日 自治区政协主席马思忠、副主席任怀祥带领区政协视察组深入西吉县城郊乡、西滩乡、新营乡、城关镇等调研视察农业生产、群众生活、设施蔬菜和扶贫工作。

同日 西吉县第二轮土地承包领导小组成立。

7月28日 西吉县委、县政府制定出台《西吉县1998—2002年农业产业化发展规划纲要》。

8月11日 新疆自治区新源县政府考察团到西吉县考察马铃薯淀粉加工和系列产品开发情况。

8月29日 福建省莆田县医院组织专家到西吉县开展医务交流和帮扶工作。

9月4日 中华全国供销合作总社工会派代表到西吉县为兴平乡聂家河小学捐赠建校款。

9月22日 福建莆田市党政代表团在自治区政府副主席王全诗陪同下，到西吉县考察经贸合作、劳务协作和扶贫开发工作。

10月15日 香港中华总商会会长张永珍女士捐款20万元港币(折合人民币21.3万元)修建沙沟满寺小学，全国政协副主席胡启立题写了校名。

同日 西吉县六盘山外围涵养林基地建设指挥部成立。

12月17日 自治区党委书记毛如柏到西吉县检查指导农田建设、水利建设、小康试点建设和马铃薯淀粉加工等工作。

12月27日 县委、县政府印发《关于农村小康建设试点工作的安排意见》，对农村小康试点工作提出明确要求，作出具体部署。

是年 全县总户数83316户，总人口446920人。全县地区生产总值40257万元，其中第一产业16976万元、第二产业11762万元、第三产业11519万元。农作物播种面积117.56万亩，粮食总产14309.8万公斤、油料总产602万公斤。地方财政收入980万元，地方财政支出12365万元，社会商品零售总额10143万元。

1999年

1月5日 西吉县生态环境建设领导小组成立。

2月10日 西吉县扶贫扬黄灌溉工程移民搬迁领导小组成立。

3月1日 火石寨乡新开村毛儿川组发现一例皮肤炭疽病患者,经防疫站积极防治,及时控制了疫情传播。

3月5日 政协西吉县七届二次会议召开。

3月6日 西吉县第十三届人民代表大会第二次会议召开。

3月12日 中共中央纪律检查委员会案件审理室主任王和平一行,到西吉县调研指导纪检监察案件审理工作。

3月21日 福建省闽宁协作报告团到西吉县开展巡回报告。

3月23日 自治区政府主席马启智到西吉县检查指导抗旱救灾工作。

3月25日 西吉县“148”法律服务专用电话开通。

4月6日 县委、县政府制定出台《西吉县生态建设十年规划(1999—2008年)》,对全县生态建设作出长期规划部署。

同日 西吉县“三讲”(讲政治、讲学习、讲正气)教育领导小组成立。

4月8日 县委召开全县副科级以上干部“三讲”报告会。

4月12日 县委召开“三讲”教育和党性、党风、民主测评大会,对县委、县人大、县政府、县政协、县纪委及公、检、法机关的领导班子和成员进行满意度测评。

4月13日 城郊乡水泉村暴发流行性腮腺炎,水泉小学30名学生传染此病。县卫生部门及时组织开展调查、防控和治疗工作。

4月20日 国土资源部耕地保护司卢丽华等一行3人到西吉县,对土地利用状况及生态环境建设进行调研。

5月10日 县委制定出台《西吉县乡村干部和农村党员培训三年规划(1999—2001年)》,对全县乡村干部和农村党员教育培训工作作出具体部署。

5月11日 自治区党委书记毛如柏到西吉县检查指导县域经济发展、城乡建设和扶贫开发工作。

5月19日 澳大利亚国际发展署专家史蒂文·兰克一行到西吉县考察论证中澳合作计划生育妇幼保健项目实施情况。

5月21日 县政府制定出台《西吉县1998—2005年依法治县工作规划》,对依法治县作出中期规划。

5月24日 县委、县政府转发自治区党委、政府《宁夏回族自治区村务公开和民主管理暂行规定》,依规加强村务公开和民主管理工作。

5月27日 新华社记者到西吉县考察并宣传报道旅游开发工作。

5月29日 中国台北曹仲植基金会捐赠价值8000多元的轮椅,通过宁夏残联运到西吉县,发放给9名残疾人。

5月31日 全区秦巴卫生项目医疗救助经验交流会在西吉县召开。

6月10日 青海省海东地区水利观摩团到西吉县考察观摩水利水保工程建设工作。

6月14日 中国证券监督管理委员会驻宁特派员夏叶成一行到西吉,对西吉县淀粉厂、西吉县马铃薯研究所进行调研考察。

6月16日 宁夏扬黄灌区西吉移民工程"光彩新村"举行奠基仪式。

6月17日 马莲乡遭受特大暴雨袭击,造成39150亩农作物绝产,冲毁民房71间,冲走耕牛3头、羊只37只。

6月18日 中央财经领导小组西部开发办主任吴志胜带队到西吉县,对生态建设和林草保护进行调研考察。

6月30日 西吉县离退休干部参观团到玉泉营、红寺堡等参观考察。

7月15日 县委、县政府召开全县工业经济运行调度会,听取发展改革局、财政局、建环局等汇报,研究制定招商引资和推进工业经济发展措施办法。

7月26日 西吉县举办首届群众文化专业技能大赛暨"群星奖"业余文化评奖活动,推动群众文化健康发展。

8月11日 自治区优秀企业家刘金虎捐资500多万元修建"光彩新村"迎来西吉县移民搬迁入住。

8月18日 全县劳务工作会议召开,总结上半年劳务输出工作,部署下半年工作任务。

8月27日 中国青年志愿者扶贫接力计划西吉项目首届研究生支教团到达西吉县开展支教工作。

9月3日 国家水利部、经济日报社联合组成"再造秀丽山川"编采团到西吉县采访调研。

9月5日 国家教委"义教工程"专家组司学芳一行,到西吉县检查指导义务教育项目工程实施工作。

9月21日 县委、县政府制定《西吉县种草养畜规划》,对全县种草养畜工作提出目标任务、政策措施、路径办法。

9月23日 县委、县政府追授李宗堂"优秀村主任"称号,并作出《关于开展向优秀村主任李宗堂同志学习的决定》。

10月13日 中华全国工商业联合会组织"西北行"记者采访团到西吉县采访调研乡村变化。

10月25日 新疆乌苏市政协考察团到西吉县调研考察政协工作、红色文化和劳务输出工作。

11月11日 福建省政协考察团委员一行30人到西吉县调研考察闽宁扶贫协作、马铃薯淀粉加工和红色文化。

11月18日 自治区党委副书记韩茂华到西吉县对领导班子、领导干部开展“三讲”活动进行调研指导。

12月17日 西吉县启动实施“妇幼健康”和“母亲安全”项目,积极维护妇女儿童合法权益,努力保护母亲安全。

12月22日 西吉县实施黄河中上游天然林资源保护工程领导小组成立;西吉县依法治县领导小组成立。

是年 全县总户数84837户、总人口454021人。全县地区生产总值41810万元,其中第一产业17500万元、第二产业11308万元、第三产业13002万元。农作物播种面积118.37万亩,粮食总产14651.4万公斤、油料总产748.2万公斤。地方财政收入1116万元,地方财政支出14753万元,社会商品零售总额10879万元。

2000年

1月28日 政协西吉县第七届三次会议召开。

同日 西吉县第十三届人民代表大会第三次会议召开。

1月29日 自治区政府主席马启智到西吉县白崖乡库房沟村,调研群众生产生活情况并慰问生活困难群众。

5月18日 福建省莆田县县委书记陈金扬带领副县长舍忠林等到西吉县调研考察企业发展、农村建设和农村教育工作。

7月8日 复旦大学党委副书记翁铁慧一行,到西吉县检查指导扶贫支教工作并慰问在西吉支教老师。

7月10日 国家农业部计划司谢建明一行,到西吉县检查指导退耕还林(草)项目实施情况。

8月4日 火石寨乡黑窑儿拱北院内修建时,挖出古钱币15公斤,上交县博物馆。

9月20日 全国政协副主席、全国供销合作总社理事会主任白立忱在自治区党委常委马文学等陪同下,到西吉县调研视察政协工作、基层供销工作。

10月6日 自治区“心连心”艺术团到西吉县进行慰问演出。

10月20日 西吉县总工会第六次代表大会召开。

10月31日 在四川省绵阳市举行的第四届全国农民运动会上,白崖乡荣获“全国亿万农民健身活动先进乡镇”称号。

12月5日 广州市爱心人士为西滩乡吊嘴村小学生捐赠1万元现金、100多册图书。

12月15日 按照自治区统一部署,西吉县开展打击涉税犯罪活动。重点打击虚开增值税专用发票、抗税、偷税、逃税及拒不办理税务登记等行为,有力维护了国家利益,净化了市场环境。

是年 全县总户数86159户,总人口452477人。全县地区生产总值38512万元,其中第一产业13540万元、第二产业10472万元、第三产业14500万元。农作物播种面积117.76万亩,粮食总产11430万公斤、油料总产215.5万公斤。地方财政收入1058万元,地方财政支出16873万元,社会商品零售总额12409万元。

2001年

1月3日 县委抽调县直部门干部100余人组成24个工作队,由县级领导带队深入乡镇、村组开展农民教育、党员冬训等工作。

2月9日 西吉县农村税费改革工作领导小组成立。

2月10日 自治区党委副书记韩茂华到西吉县检查指导重点农业生产、农村工作和"三个代表"重要思想学习教育活动开展情况。

3月6日 政协西吉县七届四次会议召开。

同日 第十三届人民代表大会第四次会议召开。

3月16日 宁夏益利兔业有限公司西吉县分公司挂牌成立。政府县长杨志明、宁夏益利兔业有限公司总经理郗铁等参加挂牌仪式。

3月17日 自治区党委书记、人大常委会主任毛如柏带领自治区政府副主席陈进玉等到西吉县检查指导退耕还林、獭兔养殖、种草养畜及农村党支部建设等工作,并实地调研考察马建万亩林场、火石寨旅游景区。

3月22日 全县农村税费改革试点工作会议召开,传达贯彻全国农村税费改革会议精神、全区农村税费改革会议精神,安排部署全县农村税费改革试点工作。

4月8日 西吉全境遭沙尘暴侵袭,风力达8级以上,气温下降至-8.3℃,地面最低温度-11.9℃,葫芦河川道区大部分农作物遭受冻害。

4月11日 固原地区艺术创作研讨会在西吉县召开。

4月18日 宁夏个体劳动者协会和私营企业协会为公易乡小段小学捐赠学校改建款8万元。

4月20日 西吉县整顿和规范市场经济秩序工作领导小组成立。

4月24日 浙江省台州市爱心人士王圣农与台州市委、市组织部、市电视台、市晚报社等单位人员,到西吉县看望结对资助的贫困学生,并送给贫困学生爱心礼包。

5月15日 自治区党委督察组到西吉县督查指导农村税费改革工作,实地到白城乡督察检查农村税费改革进展情况。

5月21日 城关派出所破获一起号称“一撮毛”的未成年人盗窃犯罪团伙案,收缴涉案自行车50余辆。

5月23日 全区旅游考察团一行70多人对西吉县旅游路线、火石寨景区、震湖景区和旅游基础设施建设等进行考察观摩。

同日 西吉县文学界联合会成立暨第一次代表大会召开。

5月26日 宁夏话剧团《梅家小院》剧组在西吉县影剧院广场举行首场演出,2000多名观众观看了精彩文艺节目。

5月27日 上海长征医院副院长王世英带队到西吉县考察医疗卫生对口支援工作。

6月3日 马莲乡遭受严重冰雹袭击,造成13200亩农作物绝产,直接经济损失达250多万元。

6月6日 全国政协副主席钱正英在自治区政府副主席陈进玉、固原行署专员马金虎、固原地区政协联络处主任王安蔚等陪同下,到西吉县调研视察机修农田和小流域综合治理工作。

6月7日 秦巴卫生项目援助西吉县4辆现代牌救护车,县人民医院、县中医院、县妇幼保健所等单位负责人举行了交接仪式。

6月8日 自治区民委副主任张忠孝带领区财政厅农业处、区扶贫办计财处负责人等,到西吉县检查指导少数民族发展资金使用和计划执行情况。

6月16日 中国社会科学院青年志愿者“重走长征路”小分队在宁夏社科院副院长雷兴奎等陪同下,到西吉县参观学习单家集革命遗址和红军长征将台堡会师纪念地,聆听了发生在西吉的革命故事。

6月23日 香港福慧慈善基金会董事李美贤一行4人在自治区文化厅副厅长薛亚平、固原地区博物馆馆长陈坤等陪同下,到西吉县兴平乡王湾村为基金会捐建的王湾小学剪彩揭牌。

6月24日 西吉县农业机械管理站研制的新型马铃薯畜力挖掘机通过现场演示,获得成功。

7月4日 上海长征医院医疗队到西吉县开展为期两个月的诊疗讲座、手术示范、病历讨论等帮带活动,并为县人民医院捐赠3万元医疗器械。

7月9日 以戎祥康为队长,锁涛、张伟等10名人员组成的复旦大学博士团,到西吉县开展下乡支教服务活动。

7月15日 国家林业局委托西北林业调查规划设计院高级工程师党建喜带队对西吉县2000年人工造林、封山育林等工作进行检查验收。

7月18日 县城饮水一期工程完工,共打机井6眼,各项工程指标均符合国家规定标准。

7月23日 自治区政协文史和学习委员会主任傅洪备带领调研组到西吉县，调研红军长征将台堡会师纪念碑、单家集革命遗址等爱国主义教育基地维修保护情况。

7月28日 宁夏心连心艺术团来西吉县慰问演出，为西吉干部群众送上精彩的文化大餐。

7月29日 县委、县政府召开经济形势分析会议，传达贯彻全区经济形势分析会议精神，听取发改局、财政局、统计局等部门汇报，研究分析全县经济发展形势，安排部署下一步经济工作。

8月3日 中国妇女发展基金会副会长康玲、项目办主任周德胜一行在自治区妇联主席金萍芬、副主席杨慧茹等陪同下，到西吉县实地勘察项目投资对象，确定扶助计划和具体措施。

8月4日 国家农业部部长范小健一行到西吉县调研指导马铃薯产业化发展工作。

8月6日 福建省莆田县医院党委书记庄慧农带领莆田第四批医疗专家组到西吉县开展讲学、诊疗、帮带活动。

8月10日 福建省副省长黄小晶带领福建省党政代表团，在自治区政府副主席马锡广、自治区政协副主席梁俭、固原地委书记余今晓、行署专员马金虎等陪同下，到西吉县考察闽宁扶贫协作工作，并实地调研考察了兰家河肉鸽厂、南台淀粉公司、下堡白庄小流域综合治理工程。

8月11日 宁夏红十字会为受灾严重的新营乡碱滩村、马莲乡北川村群众捐赠大米5吨、方便面800箱。

8月12日 自治区"三个代表"重要思想学习教育活动督察组，到西吉县检查督导"学习教育"活动进展情况。听取全县"三个代表"重要思想学习教育活动开展情况汇报，详细检查档案资料后，延伸到平峰乡、兴隆镇、将台乡督查。

8月17日 自治区政协原主席马思忠一行在固原行署专员马金虎陪同下，到西吉县沙沟乡满寺小学等检查校舍建设和义务教育工作。

8月21日 全区消费者协会工作会议在西吉召开。自治区工商局副局长、消费者协会会长高富平、秘书长马学智，固原地区工商局长王中及全区各市、县、区工商局负责人、消费者协会会长、秘书长参加会议。

同日 国家旅游局规划发展和财务司司长魏小安一行，在自治区旅游局负责人、固原行署副专员张玉翠等陪同下，到西吉县调研指导旅游开发工作，实地考察参观火石寨景区和县钱币博物馆。

8月29日 九三学社宁夏区委会副主席沈乃录一行7人，到西吉县调研水源涵养林工程建设情况。

9月3日 西吉县公安局召开销毁非法枪支现场会，集中销毁非法枪支700多支、火药19.2公斤、炸药400公斤、子弹170发、管制刀具166件，检查涉枪涉爆单位10余家，依法刑事拘留涉枪涉爆犯罪嫌疑人6人、治安拘留7人、罚款102人、批评教育346人。

9月8日 全国政协常委、香港永兴企业经理张永珍女士捐助建设的沙沟乡满寺小学举行落成典礼。张永珍女士和自治区政协原主席马思忠等参加典礼仪式。

9月20日 全国妇联副主席华福周带领中国巾帼志愿者科技下乡西部服务队到西吉县开展巾帼科技服务活动，为将台乡妇女学校举行挂牌仪式并讲授第一课。华福周等还到红军长征将台堡会师纪念地参观学习并慰问了部分老红军。

9月21日 国家教育部督学杨瑞敏带领国家教育督导组，在自治区教育厅副厅长张义康、固原行署副专员张玉翠等陪同下，对西吉贯彻落实《国务院关于基础教育改革与发展的决定》情况、学校体育、卫生、艺术、教师继续教育、师资培训等工作进行督导检查。

10月1日 西吉县人民医院急救中心挂牌成立，配备急救车3辆，开通120急救专线，填补了西吉县医疗急救空白。

10月13日 国家广播电影电视总局办公厅副主任、法规司副司长王云鹏一行，在宁夏广播电视局副局长刘震岳、固原地区广电局局长马吉福等陪同下，到西吉县检查指导广播电视播出机构职能转变工作及广播电视编播设备、自办节目制作、有线电视网络建设等情况。

10月18日 甘宁两省（区）五县（区）第26届鼠疫联防会议在西吉县召开。

10月20日 自治区政协原主席马思忠在固原地区政协联络处主任王安蔚陪同下，到西吉县调研月亮山水源涵养林建设及保护工作。

10月27日 国家中医药管理局局长李振吉在自治区卫生厅副厅长窦文敏陪同下，到西吉县检查指导中医药工作。

10月31日 联合国粮食计划署和国际农业发展基金会联合投资项目参与式评估宁夏培训班在西吉县举行。

11月10日 上海复旦大学支教考察团到西吉县调研考察支教工作。

11月12日 以斯蒂芬·里尔为团长的世界粮食计划署、国际农业发展基金会联合投资项目团到西吉县，对世界粮食计划署和国际农业发展基金会援助西吉农业发展项目实施情况进行考察指导，国家农业部农业专家和自治区农业厅农业专家陪同考察。

11月13日 西吉县召开政府各部门科级干部任命书颁发大会，全县205名科级干部接领县政府颁发的任命书。

11月25日 日本友人东州先生捐资建设的将台乡东州春蕾小学竣工，县妇联、县建环局和县质量技术监督局对工程质量进行验收，并举行揭牌仪式。

12月2日 国家水利部高级工程师刘文朝、中国妇女发展基金会副主任彭立军在自治区妇联主席金萍芬、副主席杨惠茹等陪同下，到西吉县检查验收“大地之爱，母亲水窖”工程建设工作。

12月6日 中国共产党西吉县第十一届代表大会召开,听取县委常委会工作报告,选举产生中共西吉县第十一届委员会。

12月7日 中共西吉县第十一届委员会第一次全体会议召开。固原地委副书记柳富、自治区党委组织部干部三处副处长高贵武等参加指导会议。

12月10日 全县护林防火工作会议召开。

12月29日 西吉县机构改革工作领导小组成立。

是年 全县总户数86159户,总人口452477人。全县地区生产总值51309万元,其中第一产业18029万元、第二产业15780万元、第三产业17500万元。农作物播种面积113.94万亩,粮食总产14500万公斤、油料总产668万公斤。地方财政收入1286万元,地方财政支出25196万元,社会商品零售总额13183万元。

2002年

1月16日 县委、县政府向自治区党委、政府上报《西吉县党政机构改革和人员编制精简方案》。《方案》提出:县委设工作机构9个、部门管理机构3个,县政府设工作机构21个、事业机构4个,人大设6个机构,政协设5个机构,群众团体设8个机构。党政群团行政编制由450名减为351名,公安局政法专项编制193名,司法局由52名减为47名,法院内设11个科室庭和5个人民法庭,检察院设11个科室局。乡镇行政机构26个,核定编制461名,26个乡镇事业单位(除中小学校、卫生院),核定编制760名。

3月27日 自治区党委书记陈建国带领自治区党委常委、秘书长马文学等在固原地委书记余今晓、行署专员马金虎陪同下,到西吉县检查指导基层党组织建设、农业产业结构调整等工作。

4月2日 全县"普初"达标迎验动员大会召开,对全县普及初等教育迎接国家验收工作进行动员部署。

4月3日 西吉引进栽植黄花菜133公顷,试种成功。

4月9日 全县农村电网建设与改造工作会议召开。

4月16日 自治区政府主席马启智带领区计委、政府办公厅、财政厅、扶贫办、民政厅、农牧厅、水利厅、建设厅和农行、信用联社等部门负责人到西吉县检查指导农业生产、退耕还林和城镇建设工作,实地调研考察将台乡种桑养蚕基地、城郊乡夏家大路退耕还林草示范点和西吉县影剧院广场、县城东街改造工程。

同日 福建省永安县检察院检察长裴水生、优秀企业家唐金海、盖小健等一行6人到西吉县考察交流,并为西吉县检察院捐赠6台笔记本电脑、34英寸彩电1台及音箱等。

4月18日 县委、县政府印发《西吉县建县60周年庆祝活动总体工作方案》,对庆祝建县60周年作出具体部署。

同日 县委召开全县作风整顿建设动员大会，决定集中一个月时间，在全县机关干部中开展以“率先垂范、转变作风、扎实工作、树立形象”为主题的作风整顿活动。

4月26日 全县人武工作暨复退军人应急征召演练工作会议召开。

5月12日 加拿大CIDA项目官员马龙、远程教育专家梅莉在国家教育部国际交流合作司副司长郑大伟、自治区教育厅助理巡视员张圣哲等陪同下，到西吉县考察远程教育工作，并就CIDA援助项目实施情况进行调研评估。

5月18日 中共西吉县委第十一届二次全委扩大会议召开，传达学习中共中央和自治区党委有关文件精神，研究贯彻落实意见。

5月19日 西吉县白城乡车路湾村遭受暴雨袭击，毁坏井窖18眼、冲毁道路7处、冲毁农田60多亩。

同日 西吉县举办国家公务员、机关工作者WTO基础知识培训班，1300多名公务员和机关工作者参加培训。

5月20日 盐池县政协主席赵继泽带领考察团到西吉县考察城市建设、旅游开发、退耕还林草等工作，并参观学习红军长征将台堡会师纪念地、西吉钱币博物馆和火石寨景区等。

5月24日 银川市城区党委书记马云海、区长毛宏业带队到什字乡北台村、城郊乡夏家大路村、火石寨乡元嘴村、田坪乡碱滩村、苏堡乡张岔村检查督导帮扶工作。

5月29日 政协西吉县第七届五次会议召开。

5月30日 西吉县第十三届人民代表大会第五次会议召开。

6月14日 309国道县城过境段开工建设。设计路线全长12.8公里，等级为二级，总投资5000万元。

6月20日 中国网络通信有限公司总裁田溯宁在自治区团委副书记王永斌、固原行署副专员赵曼礼陪同下，到西吉县王民中学参加中国第一所宽带学校揭牌仪式。

6月30日 固原地区水利观摩团到西吉县兴隆镇、王民乡、将台乡、夏寨乡、城郊乡观摩考察人畜饮水扩建工程、泉水改造工程、节水灌溉工程、病险水库出险加固工程、小流域综合治理工程建设情况。

7月2日 国家水利部监察组组长冯明祥带领检查组在自治区水利厅副厅长吴洪湘等陪同下，到西吉县检查指导国家农村饮水解困项目实施情况。

7月5日 上海长征医院第二批医疗队在自治区卫生厅副厅长窦文敏陪同下，到西吉县开展义务诊疗和医务人员帮带工作。

7月12日 西吉县广播电视局对北山电视转播原电子管电视发射机进行改造，实现开路发射频道和10频道传输各一主一备的固态化运行模式。

7月21日至23日 西吉县沙沟乡、白崖乡、公易乡、马莲乡、什字乡、将台乡、兴隆镇先后遭到冰雹、暴雨袭击，造成58万亩农作物严重受灾、15处农村道路毁坏、12间民房倒塌、38只羊死亡，造成直接经济损失650万元。

8月30日 西吉县开展经济发展环境创新大讨论活动，进一步解放思想、更新观念，创新经济发展环境。

9月16日 县委制定印发《西吉县精神文明建设"十五"规划》，对全县精神文明建设指导思想、目标任务、重点工作作出具体部署。

10月25日 全县劳务输出工作会议召开。总结上半年劳务输出工作，部署下半年工作任务，重点对政府组织输出和劳务基地建设进行安排。1月至9月，全县共输出劳务68000人（次），创收7102万元。

11月4日 县委、县政府召开喜迎党的十六大文艺晚会暨广场文化活动总结表彰大会。

11月14日 中国残联康复处处长杨津慧一行在自治区残联康复处处长李社保等陪同下，到西吉县检查指导白内障复明手术医治工作。

11月28日 自治区民政厅厅长李贵林带领救灾处、社会低保处等人员一行，到西吉县检查指导城市最低生活保障落实工作。

同日 西吉第一中学3000多名学生举行告别网吧宣誓、签名活动。

11月29日 自治区党委宣传部、银川市交通局出资修建的新营乡红庄村至玉皇沟村砂砾道路竣工通车。

12月8日 福建省莆田市教育局局长姚志平带领考察团，到西吉县考察对接支教帮扶工作。

12月12日 县委制定出台《西吉县领导干部任前公示制度》等14项干部管理制度。

12月23日 玉桥乡黄岔村试种花生成功。试种面积8.5亩，平均每亩产量161.5公斤。

是年 全县总户数86506户，总人口453324人。全县地区生产总值58170万元，其中第一产业19800万元、第二产业19270万元、第三产业19100万元。农作物播种面积114.85万亩，粮食总产15601万公斤、油料总产801万公斤。地方财政收入1483万元，地方财政支出28217万元，社会商品零售总额15222万元。

2003年

1月1日 福建省农委办公室副主任林月婵一行在区扶贫办主任李文录、固原市副市长杨树青等陪同下，到西吉县调研考察对口帮扶工作，并慰问了部分贫困群众。

1月2日 固原市副市长赵满礼一行到西吉县调研教科文卫工作，并到西吉第一中学、西吉第四中学查看基础设施建设情况。

1月7日 固原市市长马夫、副市长杨树青一行到西吉县调研考察马铃薯产业发展和县城建设工作。在县委书记杨锦明、政府县长田治富、政协主席张秀莲等陪同下,马夫等先后到西吉县南台淀粉公司、西吉县马铃薯研究所调查了解企业生产和马铃薯产业发展情况,并就县城建设进行调研。

1月8日 政协西吉县第七届委员会召开第二十七次常委会议。会议审议通过《政协西吉县八届一次会议议程》《政协西吉县第八届委员会委员建议名单》《县政协七届常委会工作报告和提案工作报告》;审议通过《县政协八届一次会议常委会工作报告和提案工作报告人》;审议通过县政协八届一次会议列席人员名单;审议通过县政协八届委员会提案工作审查委员会组成人员名单(草案)。

1月9日 自治区扶贫办副主任周建仁一行在固原市扶贫办负责人陪同下,到西吉县检查验收农田建设。

1月12日 自治区老干部局副局长张成军一行到西吉县慰问老红军及老红军家属。

1月15日 全县"四下乡"活动在将台乡拉开帷幕,标志全县"四下乡"活动全面启动。

1月20日至24日 西吉县第十四届人民代表大会召开。会议应到代表219名,实到代表217名。会议听取和审议县人民政府代县长田治富作的《抢抓机遇,谋求发展,奋力开创全县经济建设和社会各项事业新局面》的工作报告、十三届人民代表大会第五次会议代表议案办理情况的报告、2002年国民经济和社会发展计划执行情况及2003年国民经济和社会发展计划的报告、2002年财政预算执行情况和2003年财政预算的报告;听取和审议县人大常委会工作报告、县人民法院工作报告、县人民检察院工作报告。会议选举产生了新一届人大常委会组成人员,县人民政府县长、副县长,县人民法院院长,县人民检察院检察长。薛鼎玺当选为县人大常委会主任,杨志明、赵怀琮、马守仁、马国山、马天英当选为县人大常委会副主任;田治富当选为县人民政府县长,杨彦文、黄松林、马一平、高文斌、张鹏、王志贤、李海当选为县人民政府副县长;马守虎当选为县人民法院院长,陈德山当选为县人民检察院检察长。

同日 政协西吉县八届一次会议召开。应到政协委员88人,实到70人。会议听取和审议政协七届委员会常务委员会工作报告和七届一次会议以来提案工作情况的报告;会议通过了政协西吉县八届委员会第一次会议政治决议和七届委员会常务委员会工作报告决议;选举产生政协西吉县第八届委员会。马正文当选为政协主席,周彦华、马德志、王学明、尹玉琴当选为政协副主席。

1月22日 自治区旅游局局长李春阳、副局长海生莲一行在固原市旅游局负责人和县委副书记王烈松陪同下,实地到火石寨景区、党家岔震湖考察旅游设施建设和景区保护开发工作。

1月26日至27日 县四大机关领导分赴各乡镇、县直有关部门(单位)慰问困难职工、群众、驻地部队、离退休老干部、知识分子代表。

2月13日至14日 由中国特色产品组委会秘书长崔国清、《中国特产报》副编辑崔世杰、农业部种植司原司长张世贤、中国农科院博士谢开云组成的专家组到西吉县,就“中国马铃薯之乡”进行考察评估。

2月15日 西吉县举办正月十五元宵节社火大赛,来自各乡镇和卫生、教育系统的30支社火队参加比赛表演,近万名城乡群众观看了社火比赛。

同日 西吉县政府与中国农科院蔬菜花卉研究所签订马铃薯科技合作协议。

2月19日 自治区民委主任吴国才一行先后深入西吉县兴隆镇、沙沟乡、下堡乡等实地检查民族宗教工作及包村扶贫工作情况。

2月20日 自治区扶贫办副主任刘勇一行来西吉县检查指导秦巴项目实施工作,并实地考察了兴平乡堡湾村小尾寒羊繁育基地和聂家河小流域治理成效。

2月21日 中国社科院研究员黄平一行到西吉县调研少数民族儿童、女儿童受教育情况。

2月24日 西吉县农业综合开发工作领导小组成立,田治富任组长,薛鼎玺、杨彦文、黄如林任副组长。

2月25日 县委召开常委会(扩大)会议,传达贯彻全区加快工业化进程工作会议精神,认真分析全县工业发展现状,研究贯彻实施意见。

同日 县委、政府发出《关于表彰2002年度先进集体(单位)和先进个人的决定》《关于表彰2002年度社会治安综合治理先进集体的决定》《关于对2002年度计划生育工作奖惩的决定》《关于命名2002年度文明单位的决定》《关于表彰2002年度小康建设试点先进集体的决定》《关于表彰2002年度农村经济结构调整先进集体的决定》《关于表彰2002年度增加农民收入先进集体的决定》《关于表彰2002年度信息督查工作先进集体(单位)的决定》和《关于表彰基层党组织建设先进单位的决定》。

2月26日 自治区扶贫办副主任周建仁一行到西吉县检查验收闽宁协作发展基金项目实施工作。

2月27日 中共西吉县委十一届三次全体(扩大)会议召开。会议听取和讨论县委书记杨锦明作的《以党的十六大精神为指导,力促全县经济社会发展再上新台阶》报告,讨论审定了《中共西吉县委、西吉县人民政府关于做大做强马铃薯产业的决定》《中共西吉县委、西吉县人民政府关于加快全县城镇化进程的决定》。

同日 全县人武工作会议召开。会议总结2002年全县人武工作,安排部署人武2003年工作任务,表彰奖励人武工作先进单位、先进集体和先进工作者。

▲ 县委、县政府下发《关于依法加强县城规划控制区内土地管理的决定》。《决定》明确了县城规划控制区内土地收购储备范围、供地方式,为实现城镇土地资源配置优化,保证县城规划控制区内土地市场的公开、公正,促进城市经济可持续发展具有重要作用。

2月28日 县委、县政府召开全县工作会议,全面总结2002年工作,安排部署2003

年全县经济建设和社会发展各项工作。会议还表彰奖励了2002年度先进集体、先进单位和先进个人,并签订了2003年度各项工作目标责任书。县委书记杨锦明对抓好会议精神贯彻落实提出三点要求:一要围绕主题、明确任务,统一思想抓落实;二要凝心聚力、团结一致、奋发有为抓落实;三要与时俱进、开拓创新,转变作风抓落实。

3月1日 县委、政府召开全县农村工作会议,传达贯彻全区农村工作会议精神,部署2003年全县农业和农村工作,审定《2003年全县农业和农村工作安排意见》。

3月3日 县第十四届人大常委会召开第一次会议,学习《地方组织法》、县人大常委会议事规则,审议通过县第十四届人大常委会关于代表资格审查委员会组成人员的决定草案,讨论通过2003年人大常委会工作要点。

3月4日 县委书记杨锦明、政府县长田治富带领县委办、政府办、财政局、土地局、交通局等部门负责人对西吉县工业园区建设情况进行调研。杨锦明对工业园区建设提出明确要求:一是园区建设要依托优势、政府推动、市场引导、政策扶持、转变观念,做到先发展后规范;二是县城金豆工业园区要建设成为以淀粉为主导产业的县级综合园区,单家集民族工业园区要建设成为乡级工业园区,以个体、私营、民营为主,突出淀粉、清真和绿色品牌;三是县城金豆工业园区以马铃薯高新技术示范园区淀粉厂和粉丝厂为中心,单家集民族工业园区依托实际用地再讨论研究;四是园区规划要做到超前性、大规划、高起点、滚动式发展;五是要制订出具有吸引力、最优惠的政策,加大招商引资,加强组织领导,加快建设进度。

3月7日 全县政法系统队伍集中教育整顿动员会召开,对全县政法队伍集中教育整顿活动进行具体安排部署。

3月9日至10日 福建省莆田县涵江区党政代表团到西吉县考察对口帮扶工作。代表团先后来到西吉县马铃薯研究所、城郊乡大滩村、闽宁对口帮扶项目点和沙葱洼闽宁共建希望小学进行实地考察,并召开座谈会。两县区就进一步加强东西合作、对口帮扶、促进两地共同发展达成共识,形成《西吉县涵江区对口扶贫协作第二次联席会议纪要》。

3月11日 自治区民政厅副厅长陈玉宝、宁夏军区政治部副主任赵俊新一行到西吉县检查验收双拥工作。

同日 自治区人大常委会副主任陈守信一行在市人大常委会副主任王国雄、政府副市长刘锦旗陪同下,到西吉县检查指导劳动就业和再就业工作。

3月12日 自治区党委宣传部副部长徐永富一行到西吉县检查指导党的十六大精神学习宣传贯彻工作。

同日 自治区林业局副局长艾矛到西吉县检查指导退耕还林、林草管护及森林草原防火工作。

3月18日 固原市人大常委会副主任拜志俊、刘维俊带领市人大视察组到西吉县检查视察《农业法》《农业技术推广法》《消费者权益保护法》实施情况。

3月24日 自治区经贸委主任解孟林一行到西吉县调研工业经济运行和马铃薯产业发展情况。在县委书记杨锦明、政府县长田治富等陪同下,实地查看了民裕淀粉公司、西吉县马铃薯脱毒繁育中心生产经营状况。

3月27日 自治区党委常委、政府副主席陈进玉到西吉县检查指导交通道路建设,并到沙沟乡现场办公,协调解决沙沟乡甘沟村至杨庄村10公里村道建设困难问题。

3月28日 自治区劳动和社会保障厅厅长吴玉才到西吉县检查指导劳务输出工作,并召开座谈会,商讨促进劳务产业健康发展措施办法。

4月3日 县委、县政府召开议军会议,总结2002年党管武装工作,安排部署2003年人武工作。

同日 上海世贸组织研究所所长朱庆德一行到西吉县考察调研CIDA项目实施情况。

4月8日 县委、县政府召开全县加快工业化进程工作会议,传达贯彻自治区加快工业化进程工作会议精神、固原市加快工业化进程工作会议精神,讨论审定县委、县政府关于《加快工业化进程的实施意见》《加快发展非公有制经济的实施意见》《加快发展龙头企业的实施意见》《加快建设工业园区的实施意见》,政府副县长高文斌与各乡镇、县直有关部门及县属工业企业负责人分别签订了目标责任书,县委书记杨锦明就全县加快工业化进程作了重要讲话。

同日 自治区政府副主席冯炯华带领区计委、卫生厅等部门(单位)负责人在固原市副市长赵满礼陪同下,到西吉县检查疾病控制中心工程建设进展情况。

4月9日 县委、县政府召开全县普初工作总结表彰大会。

同日 县四套班子领导、县直部门(单位)负责人及城郊乡千名干部群众参加了西吉县城"543"工程暨城郊乡袁河村马铃薯专业市场奠基仪式。

4月12日 自治区农牧厅副厅长李志仁带领检查组到西吉县检查指导草原承包工作。

4月15日 中国国际工程咨询公司总经济师陆君明带领国家专家评估组到西吉县调研评估退耕还林工作。专家评估组先后到偏城乡、夏寨乡、城郊乡、马建乡实地调研评估,通过现场查看、走访群众、座谈开会等方式,全面了解掌握西吉县退耕还林工程建设情况。

4月16日 市工委书记何学清带领固原市观摩团到西吉县观摩退耕还林、绿色通道建设和封山禁牧工作。

4月17日 市人大常委会副主任杨志明、市政法委负责人带领检查验收组到西吉县检查验收"严打"整治工作。

同日 自治区纪检委副书记魏康宁到西吉县检查督导贯彻落实中纪委二次全会精神、区纪委二次全会精神情况,检查指导2003年纪检监察工作开展情况。

4月18日 西吉县人口与计划生育领导小组召开会议,讨论审定《西吉县人口与计划生育考核及奖惩办法》《西吉县人口与计划生育目标管理考核办法》《关于2003年全县计划生育工作的安排意见》《西吉县人口与计划生育领导小组成员单位工作职责》《西吉县人口与计划生育目标管理责任书》。

同日 西吉县非典型肺炎防治工作领导小组成立,田治富任组长,王烈松、李海任副组长,办公室设在卫生局。

4月21日 县委召开常委会(扩大)会议,传达贯彻全区、全市非典型肺炎防治工作会议精神,安排部署全县防治"非典"工作;传达贯彻区党委、区政府《固原工作会议纪要》精神,讨论审定《西吉县2003年目标责任考核管理办法》。会议还研究了全县干部职工结对帮扶工作。

4月22日 县委、县政府发出《关于深入开展学习郑培民同志活动的实施意见》。

4月23日 自治区建设银行行长魏兴富带领区建行和固原市建行有关负责人到西吉县调研考察重点工程建设,并召开座谈会,商议金融机构支持地方重点工程建设事宜。

同日 县委、县政府召开全县人口与计划生育工作会议,政府县长田治富做动员讲话、部署计划生育工作。会议制定下发了《关于2003年全县人口与计划生育工作安排意见》《西吉县人口与计划生育考核及奖惩办法》《关于在全县干部职工中开展"联贫帮扶"活动的实施意见》《西吉县2003年目标责任考核管理办法》。会上,县委、县政府与各乡(镇)、县直各部门签订了计划生育工作目标管理责任书。

4月24日 县十四届人大常委会第二次会议召开。会议听取并审议县人民政府关于开展春耕生产和困难群众生活安排情况的报告、关于2002年退耕还林草工程实施及粮款兑现情况和2003年退耕还林草任务落实情况汇报、关于文化市场管理情况的汇报。

4月25日 县委、县政府召开全县预防非典型肺炎工作会议,部署预防非典型肺炎工作。

同日 十四届县人民政府召开2003年第一次常务会议,讨论通过《西吉县人民政府工作规则》《关于落实今年政府十五项重点工作任务责任制的通知》,政府县长田治富就做好新一届政府工作提出要求。

▲西吉县推进工业化进程工作领导小组成立,杨锦明任组长,田治富任第一副组长,王烈松、高文斌、马天英、王学明任副组长,办公设在县发展计划与经济贸易局。

4月26日 固原市市长马夫带领市卫生局等部门负责人到西吉县检查指导非典型肺炎防治工作。

同日 县委决定成立西吉县非典型肺炎防治工作指挥部,田治富任总指挥,王烈松、王志贤、李海任副总指挥。

4月27日 固原市副市长杨树青、市政协副主席姜爱祖带领市农牧局、林业局负责人到西吉县督查绿色通道建设和草原鼠害防治工作。

同日 县委召开常委(扩大)会议,传达贯彻自治区、固原市非典型肺炎防治工作会议精神,研究西吉县贯彻落实意见。会议要求从10个方面进一步做好全县非典型肺炎防治工作:一是进一步提高认识,高度重视;二是加强领导,责任到人;三是进一步加强边界检查站的工作;四是加强县、乡隔离点、留验站的工作;五是启动三级防疫网络;六是进一步做好各种需用物资的准备工作;七是进一步做好群防群控工作;八是进一步加大宣传教育力度;九是进一步关心和支持一线工作;十是切实做好当前经济工作。

4月30日 县委书记杨锦明、政府县长田治富带领县四套班子领导及土地、建设、计经、农牧、交通等部门负责人,对县城“543”工程进展和工业园区建设情况进行检查督查,并召开会议,听取有关部门工作汇报。

5月1日 区广电局副局长赵利宁带领自治区“非典”防治宣传工作督查组,到西吉县对防治非典型肺炎宣传工作进行督查。

同日 区卫生厅副厅长薛塞峰等在市卫生局负责人陪同下,到西吉县检查指导非典型肺炎防治工作。

▲自治区团委副书记王永斌在政府副县长王志贤及团县委、教育体育局等部门(单位)负责人的陪同下,看望慰问了在王民、新营、三合、偏城等乡支教的复旦大学研究生支教团成员。

▲西吉县政府街改造建设工程奠基仪式举行,县委书记杨锦明、政府县长田治富、县人大常委会主任薛鼎玺等领导为工程奠基仪式剪彩。

5月6日 县委书记杨锦明、政府县长田治富、县人大常委会主任薛鼎玺带领党办、政办、计经、财政、交通、水利等部门(单位)负责人实地检查指导西吉县马铃薯高科技示范园区规划设计方案。杨锦明要求农牧部门要着眼长远,进一步考察论证规划的科学性、合理性,早安排、早动手,确保项目早日实施。

5月7日 县委、政府召开全县农村非典型肺炎防治工作会议,传达贯彻全国农村防治非典型肺炎电视电话会议精神、全区农村防治非典型肺炎会议精神,通报全县防治非典型肺炎工作情况,政府县长田治富就进一步做好全县“非典”防治工作进行部署安排。

5月8日 自治区防汛指挥部办公室副主任李兵带领工程技术人员在县委常委黄如林及水利局负责人陪同下,先后深入夏寨水库、张家嘴头水库、马莲水库检查指导水利设施防洪排洪和工程建设情况。

5月9日 市政协副主席张玉翠带领市计委、医药管理局、工商局、物价局等部门负责人到西吉县检查指导“非典”防治期间市场物价和药品销售情况。

5月11日 县委、县政府召开全县扶贫开发工作会议。福建莆田市涵江区、葛洲坝水利水电集团公司、银川市、区直和市直包村扶贫工作队应邀参加会议。

5月12日 县委、县政府召开全县下派防治“非典”工作队和医疗队动员大会。县委书记杨锦明作动员讲话,会议还下发了《关于在我县农村开展防治“非典”工作的实施意见》《关于下派防治“非典”工作队和医疗队的通知》。

5月14日 自治区国土资源厅副厅长刘国民一行到西吉县检查指导土地市场建设

和治理整顿工作。刘国民等先后深入西吉县东市场居民小区、马铃薯高科技示范园区进行实地检查调研,并听取土地管理工作汇报。

同日 市人大常委会副主任王国雄带领市人大调研组到西吉县调研工业经济发展情况。调研组先后到单家集工业园区、县城金豆工业园区察看调研建设情况,并到兴隆亚麻厂、将台骨粉厂调研了解企业生产经营情况。

5月15日 自治区民政厅副厅长蒋志平等在市民政局负责人陪同下到西吉县调研民政工作。调研组深入将台乡东坡村、城关镇部分困难农户、职工家中了解掌握最低生活保障政策落实情况和资金发放情况。

5月17日 自治区党委书记陈建国带领区党委常委、秘书长于革胜等到西吉县视察指导工作,在固原市工委书记何学清、市长马夫和西吉县委书记杨锦明、政府县长田治富等陪同下,陈建国先后深入沙沟乡、白崖乡、夏寨乡和西吉县马铃薯高科技示范园区调研视察。

5月21日 县委、政府召开全县种草工作动员会议,传达贯彻全市种草工作动员会议精神,安排部署全县种草工作。

5月22日 固原市副市长陈红缨带领检查组到西吉县检查督查退耕还林草粮款兑现工作。

5月23日 自治区卫生厅副厅长薛塞峰带领"非典"防治专家组到西吉县,采取"以会代训"的形式,对"非典"防治指挥部全体成员、各乡(镇)长、乡(镇)卫生院长、卫生系统全体医务人员及干部职工进行农村防治"非典"管理及业务知识培训。

5月25日 自治区党委书记陈建国、政府主席马启智带领全区县域经济观摩团到西吉县观摩县域经济建设情况。观摩团先后到兴隆镇单家集工业园区、西吉县马铃薯高新科技园区、月亮山封山禁牧区进行观摩检查。

5月27日 固原市百村养牛工程启动现场会在西吉县兴隆镇召开。

同日 固原市副市长陈红缨带领市计划生育检查组到西吉县检查指导计划生育工作。召开座谈会,听取西吉县计划生育工作开展情况汇报,并深入马建乡、田坪乡实地调研检查指导。

5月29日 自治区财政厅副厅长王和山、区人大选举委员会副主任胡胜斌一行到西吉县现场办理自治区九届一次人代会代表议案,重点是《关于建立优质专用马铃薯基地问题的建议》。

5月30日 县委召开常委(扩大)会议,传达贯彻全区县域经济观摩交流会议精神,研究部署发展县域经济重点工作。一是进一步加快经济结构战略性调整;二是进一步加快城镇化建设步伐;三是进一步扶持做强龙头企业;四是进一步加快民营经济发展;五是进一步加快生态建设;六是进一步加快基础设施建设;七是进一步加大扶贫开发力度;八是进一步加快特色旅游开发建设;九是进一步加大计划生育工作力度;十是继续扎实抓好防治"非典"工作。

同日 县委书记杨锦明、政府县长田治富带领教育、建设等部门负责人深入袁河中学、西吉一中检查指导工作,现场办公解决袁河中学迁建和西吉一中科研楼建设问题。

5月31日 县委书记杨锦明、政府县长田治富、人大常委会主任薛鼎玺带领党办、政办、财政、城建、交通、土地等部门(单位)负责人深入将台乡现场办公,检查指导将台乡中心集镇建设情况,并参加将台乡商业街开工奠基仪式。

6月2日 县委书记杨锦明、政府县长田治富带领城建、水利、土地、计经等部门负责人深入西滩乡,就西滩市场建设现场办公协调解决具体问题。

6月3日 县委书记杨锦明、政府县长田治富带领党办、政办、财政、计经、水利、城建、林业、土地等部门(单位)负责人深入兴隆镇,就加快兴隆小城镇建设现场办公。

6月4日 政府县长田治富主持召开全县人口与计划生育领导小组工作会议。会议通报了全县计划生育工作进展情况,对下半年计划生育工作再部署、再安排。讨论审议《西吉县人口与计划生育工作三年规划》《西吉县关于进一步加强人口与计划生育的实施意见》。

6月5日 自治区党委常委、宣传部部长李东东带领区宣传部副部长徐永富、区文联副主席肖川等到西吉县调研指导宣传和文学创作工作。

6月6日 由自治区旅游局牵头,区政研室、财政厅、计委、林业厅有关领导和专家组成调研组,到西吉县调研旅游扶贫工作。调研组先后深入红军长征将台堡会师纪念地、西吉县博物馆、火石寨景区进行调研。

6月8日 自治区扶贫办主任李文录带领有关处室负责人深入西吉县苏堡乡河滩村、白城乡车路湾村、城郊乡大滩村、城郊乡泉儿湾村、兴平乡高崖村、平峰乡八岔村等地检查指导扶贫开发工作。

6月9日 固原市社会治安综合治理观摩团到西吉县观摩检查社会治安综合治理工作。

6月10日 市政协副主席宋广禄带领市政协调研组到西吉县调研科技兴县战略实施情况。

6月11日 由区财政厅、国土资源厅、建设厅、农牧厅等厅局组成的全区"2321"行动计划项目评估组到西吉县,对单家集工业园区进行前期评估验收。

6月12日 区民委副主任张忠孝一行在政府县长田治富陪同下,深入王民中学、白崖中学等学校检查民族事业费落实情况。

同日 区政协副主席曹维新、区党委统战部副部长刘春增带领区民盟、民进、九三学社部分专家教授到西吉县调研考察旅游文化产业、生态环境建设。

6月13日 西吉县劳务经济考察团赴新疆考察劳务产业,对接推动西吉务工人员到新疆务工。

6月17日 自治区交通厅副厅长李桂林带领有关处室负责人到西吉县检查指导道路交通运输安全和车辆驾驶员培训工作。

6月18日 自治区卫生厅副厅长刘天锡带领有关处室负责人到西吉检查指导爱国卫生工作。

6月19日 新华社、中国青年报、香港文汇报、香港有线电视台、上海文汇报、新闻晨报、上海日报、新民周刊等多家新闻媒体到西吉县调研采访支教、社会帮扶工作。

6月21日 自治区政协副主席、宁夏大学党委书记、校长陈育宁在市政协副主席王立保等陪同下到西吉县调研教育、退耕还林还草和扶贫工作。

6月24日 西吉县民兵反恐特种分队训练动员大会召开,对民兵反恐特种分队训练作出动员部署。

6月26日 区政府副主席郑小明带领全区劳务输出观摩团到西吉县观摩考察劳务输出工作。观摩团先后深入兴隆镇单家集、西吉县吉能公司送变电培训基地等地进行观摩考察。

6月27日 自治区科技厅、西北工业大学机电学院为夏寨乡王昭小学捐赠一批价值1.3万元的体育器材和教学器材。

6月30日 县委组织13个慰问小组,由县级领导带队,深入26个乡镇和25个部门(单位),对全县110多名老党员、困难党员和优秀党员代表进行慰问。

同日 自治区计生委主任马秀芬带领有关处室负责人到西吉检查指导计划生育工作,并召开现场办公会,协调解决县计生站、乡镇计生站仪器设备问题。

7月2日 县委召开常委(扩大)会议,传达贯彻自治区党委九届四次全体会议精神、全区劳务输出现场会精神、固原市加快工业化进程暨非公有制经济发展大会精神,研究西吉县贯彻落实意见。

7月3日 自治区国土资源厅厅长王永平带领有关专家到西吉县检查验收城区土地定级估价工作,并召开评估验收会议。

7月4日 火石寨景区山门竣工,县政府隆重举行落成典礼。标志火石寨景区基础设施完善提升和服务管理规范。

7月9日 固原市副市长刘锦旗带领市人事劳动、农牧、扶贫等部门(单位)负责人到西吉县调研考察劳务输出工作。

7月10日 县委、政府召开全县“严打”整治斗争表彰会,平峰镇等7个先进集体和14名先进工作者受到表彰奖励。

同日 固原军分区生产生活规范化达标暨后勤管理现场会在西吉县召开。

7月10日至11日 固原市人大常委会主任柳富,副主任姜文奎、刘维俊带领市人大视察组到西吉县视察调研退耕还林、种草养畜、生态环境建设、除险加固和单家集工业园区建设工作。

7月11日 县委、县政府召开全县经济形势分析会,县发展计划与经济贸易局等7个部门和兴隆镇等6个乡镇作了交流发言,政府县长田治富总结上半年经济工作、安排部署下半年经济工作重点任务。会议强调下半年全县经济工作要抓好农业产业化、工业化、城镇化、计划生育、劳务输出及生态环境建设"六个重点",实现国内生产总值、固定资产投资、地方财政收入、农民人均纯收入四个"快速增长"。

7月12日 县委、县政府召开全县廉政建设、农机安全管理暨预算外资金管理工作会议,对廉政建设、农机安全管理工作进行安排部署。

7月16日 中国农科院博士金黎平、谢开云到西吉县调研马铃薯产业化工作。

7月17日 隆德好水至西吉兴隆三级公路西吉段举行开工典礼。

7月21日 县委发出《关于进一步在县直机关、街道社区和企事业单位开展创建"四个好"先进党组织活动的通知》。

7月22日 自治区人大常委会副主任韩有为带领部分自治区人大代表到西吉县偏城乡、白崖乡、夏寨乡、城郊乡调研视察退耕还林还草工作。

同日 自治区卫生厅厅长马玉章一行到西吉县检查指导鼠疫防治工作。

7月23日 国家水利部发展研究中心副主任李晶一行到西吉县调研指导水库坝系建设和小流域综合治理工作。

7月24日至25日 自治区党委副书记韩茂华带领区农牧厅、水利厅、林业厅负责人,在固原市工委书记何学清、县委书记杨锦明、政府县长田治富等陪同下,先后深入玉桥乡下范村、白崖乡库房沟村、城郊乡夏大路村、马铃薯高新科技示范园区检查指导舍饲养羊、退耕还林点、马铃薯种薯繁育工作。并召开座谈会,听取西吉县委、县政府工作汇报。韩茂华要求西吉县紧紧抓住发展马铃薯、草畜业、特色经济这个突破口,加快县域经济快速发展;坚持封山禁牧,做到封得住、不反弹,为发展畜牧业打下基础;进一步加强宗教工作,加强党委、政府对宗教工作的领导;加强计划生育工作,开展少生快富工程,控制计划外生育,杜绝超计划生育;加强基层组织建设,加强党员教育工作,真正发挥党组织的战斗堡垒作用和共产党员的先锋模范作用。

7月25日 中央电视台、中央人民广播电台、人民日报社、经济日报社等多家新闻媒体记者到西吉县采访调研淤地坝工程建设先进经验,先后深入兴平聂家河、城郊夏大路小流域治理点和新营黄家川水库坝系建设工地进行实地采访,并相继在各大新闻媒体刊播了系列报道。

7月29日 自治区科协主席越经臣一行到西吉县检查指导科普宣传工作。

7月31日 自治区政协副主席周振中、自治区政府顾问海巨增带领部分区政协委员到西吉县调研视察兴隆亚麻厂、单家集工业园区、将台骨粉厂、金豆工业园区和县城"543"工程。

8月1日 县委书记杨锦明、政府县长田治富、县人大常委会主任薛鼎玺、县政协主席马正文带领县国防动员委员会成员单位负责人到县人武部、县消防中队,看望慰问驻地官兵,并向他们表示节日祝贺。

同日 自治区文化厅副厅长李克强带领有关处室负责人到西吉县检查指导文化市场管理和基层文化工作,并观看点评县文工团创排的大型花儿歌舞剧《走出黄土地》。

8月3日 自治区党委学习贯彻"三个代表"重要思想宣讲团到西吉县举办学习贯彻"三个代表"重要思想报告会。全体县级领导、离退休老干部及全县副科级以上干部600多人聆听了报告。

8月5日 固原市工委副书记刘云、市人大常委会副主任拜志俊、市政府副市长杨树青带领市观摩团,在县委书记杨锦明等陪同下,深入玉桥乡、将台乡、白崖乡、苏堡乡观摩考察种草和舍饲养殖工作。

8月6日 自治区政府副主席冯炯华在区卫生厅厅长马玉章、固原市副市长陈红缨及市卫生、疾控中心负责人陪同下,到西吉县检查指导动物间鼠疫防治工作。

8月7日 第七届全国少数民族传统体育运动会火炬交接仪式在西吉县文化广场隆重举行。固原市副市长陈红缨、县委书记杨锦明、县政协主席马正文等参加火炬交接仪式。

8月8日 固原市政府副市长刘锦旗带领市公安、安监、交警、运管、农机等部门(单位)负责人到西吉县检查验收道路交通、非煤矿山及危险化学品专项整治工作。

8月11日 县委召开常委(扩大)会议,讨论研究全县乡镇行政区划调整工作,讨论审定《中共西吉县委常委会议议事规则》《中共西吉县委全委会议议事规则》《关于进一步加强劳务输出工作的实施意见》《西吉县一般干部管理暂行办法》《西吉县科级领导干部调动资产移交管理暂行办法》《西吉县村级干部规范化管理暂行办法》。

8月12日 西吉县劳务经济管理局成立。

8月24日 中央电视台、中央人民广播电台、人民日报社、新华社、香港文汇报、香港大众报等10多家新闻媒体记者组成采访团,到西吉县调研采访扶贫开发、社会帮扶、农村教育工作。

8月26日 自治区人民检察院检察长师梦雄在固原市政府副市长杨树青、市检察院检察长殷学儒陪同下,到西吉县调研指导检察和反腐败工作。

8月27日 自治区政府副主席赵廷杰带领区财政、农牧、计委等厅(局)负责人到西吉县调研检查指导种草养畜和林草间作示范工作。

8月28日 上海团市委书记陈靖、副书记徐枫带领上海企业界人士一行在自治区团委副书记王永斌、宁夏青基会、团固原市委负责人陪同下,到西吉县考察调研。深入将台中学、田坪中学看望慰问参加第五届扶贫接力计划研究生支教项目的青年志愿者,并举行上海市团委、青少年发展基金会援建希望小学签字仪式。

8月29日 自治区党委书记陈建国带领区党委常委、秘书长于革胜一行在固原市委书记何学清、市长马夫等陪同下,到西吉县调研指导县城建设、特色产业发展和旅游开发工作。

同日 西吉县举行"西吉风光个性化邮票"发行仪式。

8月30日 县委召开常委(扩大)会议,学习贯彻固原市第一次党代会精神、全区教育工作会议精神,研究贯彻落实意见。

9月3日 国家发改委稽查办裴惠敏、张永强带领国家退耕还林项目稽查组到西吉县检查指导退耕还林工程实施工作。

9月4日 市委常委、宣传部长海军带领有关部门负责人到西吉县检查指导学习贯彻"三个代表"重要思想、落实市第一次党代会精神、干部理论教育工作和县委中心理论组学习等工作。

同日 市委常委、组织部长刘立言带队到西吉县检查指导《党政领导干部选拔任用工作条例》贯彻执行工作。

▲ 上海长征医院院长蒯守良带领考察团到西吉县开展医疗帮带考察工作。

9月5日 县委、县政府召开全县计划生育工作会议,传达学习《自治区计划生育条例》,讨论审定《西吉县人口与计划生育工作三年规划》《关于在全县集中开展计划生育节育手术的通知》《关于印发西吉县少生快富工程项目实施方案的通知》。政府县长田治富对做好下半年计划生育工作进行安排部署。

9月9日 全国政协副主席白立忱在自治区政府副主席崔波、政协副主席梁俭、固原市委书记何学清、市长马夫等陪同下,到西吉县视察调研旅游开发、扶贫开发等工作。

同日 中国社会科学院亚太所和自治区外经贸厅在王民中心小学举行电脑捐赠仪式。

▲ 自治区水利厅副厅长杜永发带领区水利、计委有关处负责人到西吉县审查、论证城郊乡团结村人畜饮水工程、葫芦河整治工程、永清湖整治工程建设项目。

9月10日 中共中央政治局委员、国务院副总理回良玉在自治区政府主席马启智,区党委副书记韩茂华,区党委常委、秘书长于革胜等陪同下,到西吉县调研考察扶贫工作。回良玉先后调研视察了西吉县马铃薯高新科技示范园区和白崖乡库房沟林草间作示范点,并深入偏城乡慰问贫困户。

同日 县委、县政府召开教师节座谈会。县委四套班子领导、县直有关部门(单位)负责人、各学区主任、县直中小学校(园)长及部分骨干教师、离退休教师代表参加座谈会。座谈会上,广大教育工作者畅所欲言,对全县教育事业发展提出很好的意见建议。

▲ 在第七届全国少数民族传统体育运动会上,西吉县文工团代表宁夏参赛的表演节目《牧童鞭》荣获金奖,西吉县文工团荣获"道德风尚奖"。

9月11日 西吉县马铃薯加工销售协会成立。县委书记杨锦明、政府县长田治富为马铃薯加工销售协会揭牌。随后,协会举行一届一次理事大会,表决通过《西吉县马铃薯加工销售协会章程》《西吉县马铃薯加工销售协会吸收会员办法》,选举产生协会常务理事、副会长、会长,首批会员115名。

同日 自治区党委老干部局副局长胡素珍一行到西吉县检查督促离休干部"两费"贯彻落实工作。

9月15日 县委、县政府召开全县秋季林业生产工作会议,传达贯彻全区、全市秋季林业生产工作会议精神,安排部署秋季林业生产重点任务。

9月16日 自治区政协副主席金晓昀带领部分区政协委员到西吉县检查视察学校"标化建设工程"实施情况。

9月17日 县委、县政府召开全县县域经济观摩会。全体县级领导、各乡镇党委书记、乡镇长、县直部门(单位)主要负责人参加观摩。共观摩了全县26个乡镇的农业产业化、工业化、城镇化、信息化及个体私营、民营经济、基础设施建设、生态建设等46个观摩点。

9月18日 固原市人大常委会副主任李凤桂带领部分市人大代表到西吉县调研视察"普九"工作。

同日 固原市政协副主席姜爱祖带领部分市政协委员到西吉县调研视察依法治乡、依法治村、依法治企、依法治校、公正司法和社会治安综合治理工作。

9月21日 县委、县政府召开全县实施退耕还林草工程领导小组全体成员工作会议,对实施退耕还林草工程具体事宜进行研究部署。

9月22日 由江苏省教育厅原厅长冒瑞林任组长的国家教育部专家组到西吉县检查验收"国家贫困地区二期义教工程"实施工作。

9月23日 县委、县政府召开全县教育领导小组工作会议,研究部署"国家贫困地区二期义教工程"专家组检查验收反馈问题整改及做好争取"国家贫困地区二期义教工程"项目工作。

9月28日 县委举办深入学习贯彻"三个代表"重要思想培训班,市委书记何学清带领固原市学习贯彻"三个代表"重要思想指导组到西吉县作专题辅导。全体县级领导、各乡镇党委书记、乡镇长、县直各部门(单位)党政主要负责人参加培训班学习。

10月10日 自治区民政厅副厅长沈可尼到西吉县宣布自治区政府《关于调整西吉、隆德、彭阳、海原四县乡镇行政区的批复》(宁政函〔2003〕134号)。根据《批复》精神,西吉县行政区划由24乡2镇调整为16乡3镇,撤销夏寨乡、城郊乡、公易乡、玉桥乡、三合乡、平峰乡、白城乡、下堡乡、城关镇;保留兴隆镇,将玉桥乡、公易乡整建制并入,镇政府驻地不变;保留新营乡,将白城乡整建制并入,乡政府驻地为原新营乡政府驻地;保留偏城乡,将下堡乡(除鹞川村外)并入,乡政府驻地为原偏城乡政府驻地;保留白崖乡,将下堡乡鹞川村并入,乡政府驻地为原白崖乡政府驻地;设立吉强镇,由城郊乡、夏寨乡、城关镇合并组成,镇政府驻地为原城关镇政府驻地;设立平峰镇,由三合乡、平峰乡合并组成,镇政府驻地为原平峰乡政府驻地;其他各乡行政区划不做调整。

10月11日 福建莆田市涵江区委书记阮开森带队来西吉调研考察对口帮扶工作,实地察看了西吉县劳务中心、西吉县马铃薯高新科技示范园区、夏寨乡夏寨村科技文化活动中心等,并召开座谈会商议洽谈扶贫协作事项。

10月13日 自治区扶贫办副主任周建仁、固原市副市长杨树青、县委书记杨锦明等专程前往葛洲坝工程公司联系对接定点帮扶工作。

10月14日 自治区政协副主席梁俭带领港、澳、台侨旅游纪念品调研组到西吉县调研考察旅游纪念品开发工作。

10月15日 自治区计生委副主任韩孟带队到西吉县检查指导计划生育工作。

同日 中国农科院副院长屈冬玉一行在自治区农牧厅副厅长刘卉等陪同下,到西吉县调研考察马铃薯产业发展工作。

10月16日 自治区人大常委会副主任刘兴中带领执法检查组在固原市副市长赵满礼陪同下,到西吉县进行执法检查工作。

10月18日 全市客运管理观摩交流会在西吉县召开,与会人员实地观摩考察了西吉县汽车站站务、客运和安全管理工作。

10月20日 县委召开常委(扩大)会议,传达贯彻党的十六届三中全会精神,自治区党委常委(扩大)会议精神,全区市、县(区)长会议精神,固原市委常委(扩大)会议精神,认真学习领会《中共中央关于完善社会主义市场经济体制若干问题的决定(讨论稿)》,研究制定西吉县贯彻落实意见。

10月21日 固原市委书记何学清带领市人大常委会副主任李凤桂、政府副市长陈红缨、政协副主席姜爱祖及市委办、监察局、计生委、统计局、广电局负责人到西吉县检查考核计划生育工作。听取县委、县政府整体工作汇报和宣传部、纪检委等计生领导小组成员单位职能履行情况汇报后,何学清一行深入兴隆镇单南村实地考核了计划生育工作。

10月22日至24日 国家水利部水保司司长刘震在固原市委书记何学清、县委书记杨锦明、政府县长田治富及区、市水利部门负责人陪同下,实地调研考察了吉强镇高同骨干坝,吉强镇夏大路小流域综合治理点,兴坪乡聂家河坝、窖、池联用和新营乡黄家川淤地坝建设情况。

10月26日 德国卡梅林大学教授、社会学家托布曼一行在银川市政研室负责人陪同下,到西吉县调研考察经济社会发展与农村经济工作。

10月28日 县委举办全县学习贯彻“三个代表”重要思想科级干部培训班,全县副科级以上干部共300多人参加了为期两天的培训学习。

10月31日 县委召开常委(扩大)会议,传达学习自治区党委九届五次全体会议精神、固原市常委(扩大)会议精神,讨论研究全县2004年国民经济和社会事业发展重点建设项目计划。

11月1日至4日 中国葛洲坝集团公司党委副书记、纪委书记余长生带领工业三产局、城区建设管理局、经营局等部门负责人到西吉县考察对接定点帮扶工作。召开西吉县与葛洲坝对口帮扶工作座谈会，商议洽谈对口帮扶项目。余长生一行先后深入兴隆镇、将台乡、吉强镇、兴平乡、新营乡、火石寨乡调研考察马铃薯龙头企业、草畜产业、退耕还林、农田水利建设、旅游、劳务输出等重点扶贫开发工作。为西吉县第三中学捐赠计算机30台，并慰问了部分贫困户。

11月3日 全区劳务输出基地建设座谈会在西吉县召开。自治区政府副主席郑小明、固原市市长马夫等出席会议，自治区政府办公厅、劳动人事厅、财政厅、农牧厅及全区各市、县劳动就业局负责人参加会议。会议回顾总结全区劳务基地建设取得的成绩，分析存在的困难和问题，并就全面加快劳务基地建设、推动劳务产业发展作出安排部署。

11月5日 县委召开常委(扩大)会议，传达学习自治区政府主席第16次办公会议纪要精神，研究部署宁夏西吉县傻傻(集团)责任有限公司改制和全县乡镇行政区划调整工作。

11月8日 县委召开常委(扩大)会议，专题传达学习全市政法工作会议精神，研究五项贯彻落实意见：一是高度重视新形势下政法综治工作；二是进一步加强领导和健全工作机制；三是采取切实措施，强化基层基础工作；四是从严治警，切实加强政法队伍建设；五是深入调查研究，认真做好全县政法工作会议筹备工作。

11月17日 县委、县政府召开全县人口与计划生育工作表彰会。会议宣读了《中共西吉县委、西吉县人民政府关于表彰人口与计划生育工作先进集体的决定》，对按期完成计划生育长效节育任务的苏堡等21个乡(镇)各奖励1万元。会议还通报了全县集中开展计划生育长效节育任务完成情况，并对全县计划生育工作进行再安排再部署。

11月18日 县委、县政府召开全县经济工作座谈会。县四大机关领导围绕各自分管工作分别谈了具体意见，县计划与经济贸易局、财政局等部门(单位)紧扣工作职责、困难问题、思路举措作了重点汇报。

12月1日 中国伊协副会长余振贵、马云福在区民委、区伊协负责人陪同下到西吉县调研考察民族宗教工作。

12月2日 县委、县政府召开全县教育工作大会。会议宣读了《西吉县普及九年义务教育规划》《西吉县教师职业行为“十不准”》《西吉县普及九年义务教育攻坚实施方案》和《关于命名第二批县级示范、合格学校的决定》，政府县长田治富作了题为《突出重点，统筹兼顾，全面推进我县教育事业再上新台阶》的报告，并与各乡镇签订了《西吉县普及九年义务教育目标责任书》。

同日 县委、县政府召开全县政法工作大会。全体县级领导、各乡镇党委书记、乡镇长、县直各部门(单位)党政主要负责人及公、检、法、司全体干警参加会议。会议总结了近两年全县政法综治工作,安排部署了今后政法综治工作,宣读了《中共西吉县委、西吉县人民政府关于进一步加强政法综治工作的实施意见》《关于命名县级治安模范单位、安全文明村庄、安全文明校园、安全文明小区的决定》,对科技局等4个县级治安模范单位、兴隆镇王沟村等25个安全文明村庄、水利小区等5个安全文明小区、西吉第三中学等26所安全文明校园给予表彰奖励。

12月3日 固原市征兵工作领导小组在西吉县召开新兵入伍手续集中办理现场观摩会,推进全市新兵入伍手续集中办理规范化、标准化。

12月4日 县委召开常委(扩大)会议,传达学习全国公安会议精神、自治区党委常委会议精神,研究部署2003年岗位目标考核工作。

12月5日 县委、政府召开"百万农民培训工程"动员大会,部署安排全县农民培训工作,宣读《西吉县冬季农民培训工程实施方案》。

同日 经全国双拥工作领导小组第十六次全体会议研究决定,西吉县被命名为"全国双拥模范县"。

12月7日 市委常委、政法委书记王正升带队到西吉县考核验收社会治安综合治理工作。

12月10日 固原市市长马夫带领市委办、政府办、纪委、监察局负责人到西吉县考核验收党风廉政建设责任制落实工作。

同日 县委、县政府召开"少生快富"和森林防火工作会议,对全县"少生快富"工作、森林草原防火工作分别作出具体部署安排。会议还宣读了《西吉县关于全面完成"少生快富"工程任务的紧急通知》,签订了护林防火责任书。

12月12日 自治区扶贫办主任李文录带领有关处室负责人到西吉县检查2003年度扶贫开发工作任务落实情况。召开扶贫开发工作座谈会,听取县委、县政府扶贫开发工作汇报和下一年工作打算。

12月13日 自治区妇联主席金萍芬一行在市妇联负责人陪同下,深入田坪乡、红耀乡检查指导"大地之爱·母亲水窖"工程建设工作。

是年 全县总户数88809户,总人口456858人。全县地区生产总值64622万元,其中第一产业23298万元、第二产业16503万元、第三产业24821万元。农作物播种面积114.85万亩,粮食总产15918万公斤、油料总产961万公斤。地方财政收入1648万元,地方财政支出27062万元,社会商品零售总额24160万元。

2004年

1月2日 全区人口与计划生育考核工作会议在西吉县召开。会议听取全区各市、县计划生育工作汇报,西吉县、隆德县就长效节育措施落实和少生快富工程实施作交流发言。

1月9日 自治区党委书记陈建国带领副书记刘丰富,区党委常委、秘书长于革胜,人大常委会副主任马昌裔及区经委、财政、民政、扶贫、工会等部门负责人,在固原市委书记何学清、市长马夫、政协主席张玉翠陪同下,到西吉县慰问贫困户和"五保户"。

1月31日至2月1日 县十四届人民代表大会第二次会议召开。会议听取和审议县政府工作报告、2003年国民经济和社会发展计划执行情况及2004年国民经济和社会发展计划的报告、2003年财政预算执行情况和2004年财政预算的报告;听取和审议县人大常委会工作报告、十四届人民代表大会第一次会议代表议案办理情况的报告、县人民法院工作报告、县人民检察院工作报告。

同日 政协西吉县第八届委员会第二次会议召开。会议听取和审议县政协八届委员会常务委员会工作报告、政协八届一次会议提案办理工作情况的报告,政协委员还列席了县第十四届人民代表大会第二次会议,听取并讨论相关报告。

2月6日 全县防治高致病性禽流感工作会议召开,对防治高致病性禽流感工作作出具体部署。

2月13日 由中国特色产品组委会秘书长崔国清、《中国特产报》副编辑崔世杰、原农业部种植司司长张世贤、中国农科院博士谢开云组成的专家组到西吉县,就"中国马铃薯之乡"品牌认证进行考察评估。

2月15日 县政府与中国农科院蔬菜花卉研究所签订马铃薯科技合作协议,标志着国家科研机构对西吉马铃薯产业发展的技术支撑。

4月10日 政府县长田治富带领西吉党政考察团前往福建莆田市涵江区,对新威集团、德信电子等三家企业进行实地考察,看望西吉在闽务工人员。并与涵江区就经贸合作、劳务合作、扶贫协作进行洽谈。

4月11日 自治区政协主席任启兴带领部分区政协委员到西吉县考察指导特色旅游开发工作。

4月26日 西吉县举行火石寨国家地质公园和国家森林公园挂牌仪式。

5月11日 县委、县政府召开全县扶贫开发工作会议。福建莆田市涵江区、葛洲坝水利水电集团公司、银川市、区直和市直包村扶贫工作队应邀参加会议。会议总结2003年扶贫开发工作,安排部署2004年扶贫开发重点工作,并表彰奖励了扶贫开发先进集体、先进单位、先进工作者。

5月27日 固原市百村养牛工程启动现场会在兴隆镇召开。

5月30日 加拿大教育专家吉姆·保罗教授带领考察团到西吉县,就中加合作"加强中国西部基础教育能力项目"暨CIDA项目实施情况开展回访和考察评估。

6月6日 西吉县举办宪法和行政许可法辅导讲座,宁夏党校、宁夏行政学院法学教授黄振东作宪法、行政许可法专题辅导,全县副科级以上领导干部和行政许可业务人员参加专题学习。

6月9日 县委、县政府召开全县工业经济和招商引资工作会议,对发展工业经济和招商引资工作进行部署安排,明确发展工业经济和招商引资工作突破口、目标任务、重点工作。会议还下发了《关于印发西吉县招商引资目标责任制的通知》《西吉县招商引资优惠政策》《关于进一步加强招商引资工作的意见》等政策性文件。

6月12日至19日 县委书记杨锦明带领劳务经济考察团先后考察了新疆乌鲁木齐市、米泉市、生产建设兵团农六师一〇二团和一些企业、高新技术园区、科研机构、学校、人才交流市场、劳务站。在乌鲁木齐市召开西吉县劳务经济座谈会,与乌鲁木齐市有关部门、西吉籍在疆人士商讨洽谈经贸合作及劳务合作事宜。

6月15日 县委、县政府组织部分离退休老干部观摩全县社会发展和经济建设重点工程。

7月25日 华南理工大学博士团一行在固原市委常委、副市长李忠武陪同下,到西吉县调研考察马铃薯淀粉加工情况。

7月26日 宁夏友好爱心协会援建的将台乡卫生院门诊大楼举行奠基仪式。

8月1日 县委、县政府在固原火车站举行赴疆劳务人员欢送大会。自治区政府副主席郑小明、固原市委书记何学清、市长马夫等为赴疆劳务人员送行。中央电视台《新闻联播》节目于8月3日作了专题报道。

8月12日 中国马铃薯产业发展高级论坛会议代表一行5人,到西吉县调研考察马铃薯产业发展情况。

8月13日 在新疆考察工作的市委书记何学清一行,到新疆生产建设兵团农六师一〇二团,看望西吉在疆务工人员。

同日 原国家政策研究室副主任谢华一行,到火石寨国家地质公园、国家森林公园和单家集红色革命旧址调研特色旅游开发工作。

8月16日 自治区党委书记陈建国带领自治区党委常委于革胜及区党委办公厅、建设厅、团委负责人,在固原市长马夫等陪同下,到西吉县调研指导封山禁牧、马铃薯产业、退耕还林草和小流域综合治理工作,并在吉强镇团结村,看望部分青年志愿者。

8月28日 宁夏佳立生物科技有限公司租赁傻傻(集团)公司有效资产签字仪式在固原市举行。

9月4日 自治区政府主席马启智带领全区县域经济发展情况观摩交流会全体人员,在固原市委书记何学清、市长马夫等陪同下,到西吉观摩考察西吉马铃薯高新科技示范园区和火石寨景区旅游业发展工作。

9月9日 自治区离退休干部视察团在区老干部局局长马明方、固原市人大常委会主任柳富、政协主席张玉翠等陪同下,到西吉调研退耕还林草、生态环境建设和旅游开发工作。

9月10日 团中央青年志愿者工作部副部长张学成一行,到西吉调研支教和志愿服务工作,并到将台中学、王民中学慰问复旦大学支教研究生和大学生志愿服务者。

9月11日 香港应善良基金会驻上海办事处代表沈江森、何志祥一行,到西吉县考察洽谈将台保林小学捐资办学事宜。

9月16日 中国少年儿童基金会专家组、"春蕾计划"办公室主任胡文新一行,到西吉县检查评估"春蕾计划"执行情况。

9月21日至29日 县委副书记开永安、副县长张鹏带领西吉党政代表团,赴中宁县、平罗县和内蒙古呼和浩特市、乌兰察布市四子王旗、察右中旗、察右后旗、陕西绥德县、延安市宝塔区,甘肃静宁县等地,考察学习农业产业化、城镇建设、生态环境建设、民营经济和扶贫开发等工作。

9月28日 "升好祖国第一旗"天安门国旗护卫队升旗仪式在西吉县举行。

10月7日 十一届县委五次全体(扩大)会议召开,传达学习贯彻中共中央十六届四中全会精神、自治区党委九届八次全体会议精神、市委一届四次全体会议精神,研究贯彻落实意见。

10月8日 西吉县伊斯兰教协会第四次代表大会召开。会议宣读《中共西吉县委、西吉县人民政府关于加强伊斯兰教工作的实施意见》,审议通过《西吉县伊斯兰教协会章程(修改草案)》,发出《西吉县伊斯兰教第四次代表大会倡议书》。

10月15日 中国农业大学教授简小鹰一行,到西吉调研考察运用科技特派员机制参与农村扶贫试点工作。

10月16日 中组部党建研究会会长张全景一行在自治区党委常委、组织部长傅思和陪同下,到西吉县调研视察基层党建和爱国主义教育基地建设工作。

11月9日至11日 秦巴山区扶贫世界银行贷款项目检查团团长李果一行,到兴平乡聂家河村、田坪乡李沟村、火石寨乡大庄村、沙沟乡东庄村,检查评估秦巴山区扶贫世界银行贷款项目执行情况。

11月7日 《任弼时》剧组策划、延安鲁迅艺术学校常务理事任葆琦,任弼时儿媳娄惠平、孙子任继宁一行,到兴隆镇单家集革命旧址、红军长征将台堡会师纪念地参观学习。

12月20日 国家广电总局专家李文光一行,到西吉调研指导MMDS直放站建设使用工作。

12月28日 十一届县委六次全体(扩大)会议召开,传达学习中央、区、市文件精神,研究谋划2005年工作。

是年 全县总户数89601户,总人口461418人。全县地区生产总值75075万元,其中第一产业29070万元、第二产业16871万元、第三产业29134万元。农作物播种面积159.47万亩,粮食总产19710万公斤、油料总产1831万公斤。地方财政收入1892万元,地方财政支出29596万元，社会商品零售总额27043万元。

2005年

1月8日至10日 西吉县第十四届人民代表大会第三次会议召开。会议听取和审议县政府工作报告、2004年国民经济和社会发展计划执行情况及2005年国民经济和社会发展计划的报告、2004年财政预算执行情况和2005年财政预算的报告；听取和审议县人大常委会工作报告、十四届人民代表大会第二次会议代表议案办理情况的报告、县人民法院工作报告、县人民检察院工作报告。

同日 政协西吉县第八届委员会第三次会议召开。会议听取和审议政协八届委员会常务委员会工作报告、政协八届二次会议提案办理工作情况报告，政协委员还列席了县第十四届人民代表大会第三次会议，听取并讨论相关报告。

1月21日 香港应善良基金会驻上海办事处曹祥生等到西吉县慰问五保户和生活困难老年人。

2月5日 县委、县人大、县政府、县政协领导带队分赴各乡镇、部门慰问贫困户、农村老党员、离退休老干部、困难职工、城市低保户和知识代表。

2月25日 自治区保持共产党员先进性教育活动试点组组长马万禄一行，到西吉县检查指导共产党员先进性教育活动开展工作。

同日 固原市公安机关英模事迹报告会在西吉县召开。

3月20日 西吉县吉强镇蔬菜协会挂牌成立。

3月24日 兴隆镇单家集牛肉加工户单进贤，宰剥出一个净重1100克的牛黄。

4月18日 “日本利民工程”援助建设的王民中学教学楼举行奠基仪式。

5月10日 自治区政协副主席金晓昀带领部分区政协委员，到西吉县调研视察民族宗教工作。

5月13日 西吉县农村工作领导小组成立。

5月20日 宁夏南部山区马铃薯产业形势分析会在西吉县召开，自治区农牧厅、科技厅、扶贫办负责人等参加。

5月23日 自治区政协副主席金晓昀一行，到西吉县开展捐资助学活动。

5月28日 西吉县委书记杨锦明被国务院授予“全国民族团结进步先进个人”荣誉称号。

6月1日 吉强镇龙王坝村男青年朱永刚为抢救落水儿童溺水身亡，年仅24岁。

6月4日 田坪乡燕李村寨科组发生山体滑坡。

同日 世界银行秦巴卫生项目中外联合督导团官员克雷斯·斯卡夫、国家卫生部项目官员刘岳带领项目专家组一行10人,到西吉县检查指导秦巴卫生项目实施情况。

6月6日 西吉县至自治区、固原市电视台电视节目回传设施安装调试成功,电视回传信号正式开通。

6月9日 中央保持共产党员先进性教育督导组组长乔延春一行,到西吉县检查指导保持共产党员先进性教育活动开展工作。

6月15日 中宁县委常委、副县长吴宏志带领代表团,到西吉县洽谈引进枸杞采摘劳务人员事宜。

6月15日至23日 县委书记杨锦明带领西吉县党政考察团,赴福建荔城区、山东昌乐县考察洽谈招商引资、商贸交流、劳务协作工作。

6月17日 区人大常委会副主任张小素带领自治区人大视察组,到西吉县视察调研县域经济发展工作。

6月19日 县委、县政府组织70多名离退休老党员赴延安革命老区考察学习红色文化旅游工作。

6月25日 石嘴山市委常委、宣传部长王珍率石嘴山统战工作考察团一行,到西吉县考察学习红色旅游工作。

6月29日 西吉县向福建省有组织输出劳务468人。

6月30日 自治区党委书记陈建国带领区党委办公厅、发改委、交通厅、财政厅、农牧厅、林业局等部门负责人,在固原市委书记何学清、市长马夫等陪同下,到西吉县检查指导309国道改建、退耕还林草和党家岔震湖湿地保护工作。

7月2日 上海长征医院专家医疗博士团,到西吉县人民医院开展为期2个月的传帮带工作。

7月12日 全国人大民族委员会副主任委员、中国人民解放军原副总参谋长隗福临一行,在自治区人大常委会副主任马昌裔、刘天贵等陪同下,到西吉县调研视察道路建设、交通运输和旅游开发工作。

7月20日 西吉县人民医院实施的股骨头表面置换手术获得成功。

7月21日 国务院外事办公室副主任李海峰、国务院外事侨务办国内司副司长赵昆一行,到西吉县调研考察基础教育和旅游开发工作。

同日 宁夏地方志编审委员会副主任吴忠礼一行,到西吉县检查指导县志修编和年鉴编纂工作。

▲ 自治区团委追授朱永刚“全区见义勇为好青年”称号。

8月4日 上海长征医院帮带西吉县人民医院总结表彰大会召开,上海长征医院政委陈锦华,上海长征医院党委常委赵铮民、冯永林出席会议。

8月5日 青海省副省长穆东升带领青海省商务厅、农牧厅、林业局、旅游局、招商局等负责人组成考察团,到西吉县考察县域经济、劳务输出、马铃薯产业、特色旅游等工作。

8月8日 福建莆田市与西吉县对口扶贫协作会议在西吉县召开。经过协商,双方签订了对口扶贫协作协议书、对口扶贫协作项目意向书、闽宁对口扶贫协作友好乡镇协议书。

8月9日 福建省委书记卢展工一行,在自治区政府主席马启智等陪同下,到西吉县考察闽宁协作对口帮扶工作。

同日 福建省莆田市援建的新营乡硷滩小学竣工交付使用。

8月16日 固原市马铃薯引智项目培训班在西吉县举行。

8月19日 宁夏友好爱心协会援建的将台卫生院门诊大楼竣工交付使用。

8月28日 西吉县组织3600多名务工人员乘专列赴新疆,采摘西红柿、棉花。

9月1日 宁夏天豹运输公司援建的火石寨大岔"宁夏天豹希望小学"竣工交付使用。

9月2日 自治区政协主席任启兴一行,到西吉县调研考察小流域治理工作。

9月3日 《瞭望》杂志社原社长刘野、新华社宁夏分社社长陈新洲一行,到西吉县调研考察红色旅游工作。

9月4日 国家卫生部部长高强一行,在自治区政府副主席郑晓明、卫生厅厅长马玉章、固原市委书记何学清等陪同下,到西吉县检查指导卫生工作。

同日 甘肃省统战部常务副部长郭长乐带领考察团,到西吉县考察学习民族宗教工作。

9月5日 西吉县文工团编排的大型花儿歌舞剧《情暖农家》在县影剧院举行首演,随后在区内各市县巡演,起到良好的社会宣传效果。

9月6日 固原市学习贯彻宗教事务条例暨宗教事务规范化管理工作现场会在西吉县召开。

9月7日 新疆米泉市副市长陆延炜、东山区副区长海万军带领米东新区党政考察团一行16人,到西吉县考察马铃薯产业、劳务输出和旅游开发工作。

9月8日 全县各部门(单位)、各乡镇广泛深入开展"民族团结进步月"活动。

9月10日 兰州生物制品研究所西吉单采血浆站挂牌成立。

9月11日 西吉第一中学英语教学科研基地挂牌成立。

9月17日 香港应善良基金会援建的将台乡保林小学竣工交付使用。

9月18日 自治区党委书记陈建国、自治区主席马启智带领全区县域经济观摩团,到西吉县调研观摩马铃薯产业、劳务经济发展工作。

9月20日 西吉县举办公务员法培训班。

9月25日 西吉县老年大学成立。

同日 县委、县政府制定下发《西吉县农村党员干部现代远程教育工作实施方案》。

9月28日 西吉县科学技术协会第三次代表大会召开。

9月30日 西吉县文学艺术界联合会第二次代表大会召开。

10月15日 西吉县全国1%人口调查工作启动。

10月18日 宁夏电视台、宁夏人民广播电台、宁夏日报社、华兴时报、新消息报等8家新闻媒体记者采访团,到西吉县采访报道“四五”普法工作。

10月19日 《西吉县军事志》完成编审工作。

10月28日 西吉县人民医院实施的全区第一例膝关节手术获得成功。

10月31日 由国家农业部、教育部等六部委组成的“农村劳动力转移培训阳光工程”调研组,到西吉县调研指导“农村劳动力转移培训阳光工程”实施工作。

11月3日 全县19个乡镇全部实现乡乡通油路,306个村基本实现村村通公路。

11月7日 由江苏骏马集团公司援建的吉强镇芦子沟小学建成并交付使用。

同日 西吉县召开防控高致病性禽流感紧急工作会议,安排部署全县高致病性禽流感工作。

11月10日 武警总部副司令员陈传阔,在宁夏武警总队政委甘国江、副总队长石兵等陪同下,到西吉县调研马铃薯高新技术园区和县城建设等工作。

11月16日 中国水土流失与生态安全综合科学西北黄土区考察团,到西吉县调研考察水土流失和生态建设等工作。

11月21日 自治区副主席刘慧带领区民政厅、监察厅、建设厅、财政厅等部门负责人,到西吉县调研危房改造工作。

11月24日 自治区人大常委会副主任马昌裔、张小素带领部分十届全国人大代表视察团,到西吉县视察调研退耕还林草工程实施和后续产业培育发展等工作。

11月26日 将台乡张家嘴头水库飞来天鹅栖息,最多时有50只至60只。

11月30日 台湾旭家事业机构董事长陈德伦一行,到西吉县考察农业产业化发展情况。

同日 中国中医研究院北京西苑医院硕士研究生、副主任医师夏城东带领专家组,到西吉县中医院开展医疗帮带活动。

12月1日 自治区党委巡视组组长邓炎辉带领巡视组到西吉县,就领导干部执行党的路线、方针、政策和执行民主集中制原则、党风廉政等进行巡视,并召开巡视工作反馈会议。

12月2日 全县财政改革工作会议召开,就推行部门预算、乡镇财政管理方式改革和国库管理制度改革作出安排部署。

12月6日 西吉县第二批保持共产党员先进性教育活动总结暨第三批动员大会召开。

12月12日 县委召开常委(扩大)会议,传达学习自治区党委九届十二次全体(扩大)会议精神、自治区经济工作会议精神,研究贯彻落实意见。

同日 全县1154名国家公务员和机关工作者参加自治区党委组织部和自治区人事厅举行的《公务员法》统一考试。

12月18日 西吉县沙沟乡境内发生一起重大交通事故,致8人死亡,多人受伤。事故发生后,县委、县政府第一时间组织开展救治受伤群众和安抚死者家属工作。

是年 全县总户数100014户,总人口462937人。全县地区生产总值102847万元,其中第一产业34079万元、第二产业16893万元、第三产业51875万元。农作物播种面积228.91万亩,粮食总产20549万公斤、油料总产1920万公斤。地方财政收入1803万元,地方财政支出38614万元,社会商品零售总额35056万元。

2006年

1月3日 县委十一届七次全体(扩大)会议召开。会议传达贯彻宁夏自治区党委九届十二次全体(扩大)会议精神、全区经济工作会议精神、固原市委一届六次全体(扩大)会议精神、全市经济工作会议精神;回顾总结2005年全县经济社会发展成就,安排部署2006年工作,明确"十一五"时期发展思路和目标任务。

1月6日 宁夏自治区党委常委、政府副主席王正伟到兴隆镇调研指导开展保持共产党员先进性教育活动。

1月8日至10日 西吉县第十四届人民代表大会第四次会议召开。会议审议通过代县长丁卫东作的政府工作报告,西吉县2005年国民经济和社会发展计划执行情况与2006年国民经济和社会发展计划(草案)书面报告、西吉县2005年财政预算执行情况和2006年财政预算(草案)书面报告、西吉县国民经济和社会发展第十一个五年规划和2020年远景目标纲要(草案)书面报告。会议选举丁卫东为西吉县人民政府县长。

1月8日至9日 政协西吉县第九届委员会第四次会议召开。会议听取和审议政协西吉县第八届委员会常务委员会工作报告、政协西吉县第八届委员会常务委员会提案工作报告。会议选举马一平为政协西吉县第八届委员会主席。

1月11日至12日 自治区第三批保持共产党员先进性教育活动巡视组到西吉县检查指导农村党员先进性教育活动。

1月12日 固原市市长马夫到西吉县调研民政和社会保障等工作。

1月13日 西吉县文化、科技、卫生"三下乡"活动在新营乡启动。

1月18日 西吉县设分会场组织收看自治区第三批保持共产党员先进性教育活动电视电话会议。

1月19日 县委召开全县领导干部大会,安排部署春节安全生产及慰问群众等工作。

1月23日至24日 县四套班子领导带队看望慰问贫困户、贫困党员、五保老人、离退休老干部、企业困难职工和知识分子、先进模范人物、宗教界人士。

1月25日 县委书记杨锦明同志任中共固原市委常委。

2月5日 政府县长丁卫东主持召开政府第八次全体会议,安排部署2006年政府工作。

2月8日 兴隆镇单家集举办第五届农民篮球运动会,西吉县、原州区、隆德县、海原县、甘肃静宁县等30余支代表队参赛。

2月15日 自治区党委督察组到西吉县督促检查贯彻落实《中共中央、国务院关于推进社会主义新农村建设的若干意见》(中共中央〔2006〕1号)文件精神情况。

2月16日 西吉县向福建省、银川市等地组织输出劳务人员800多名。

2月20日 自治区政府副主席刘仲到西吉县调研指导"普九"工作。

2月21日 县人大常委会组织视察组深入乡镇、村组和农户视察检查春耕生产和县城环境卫生工作。

同日 县委下发《关于调整〈西吉县志〉编纂委员会成员的通知》。

2月26日 西吉境内普降雨凇,全县降雨量平均达到1.5毫米以上,白崖乡、沙沟乡等地降雨量达到3.2毫米,西部干旱地带降雨量2.2—2.9毫米。

2月27日 县委、县政府召开全县工作会议,回顾总结2005年工作,安排部署2006年工作。

3月1日 县委、县政府召开全县农业和农村工作会议,传达贯彻全国农业和农村工作会议精神、全区农业和农村工作会议精神,县委常委、副县长杨彦文安排部署全县农业和农村工作,县长丁卫东作总结讲话。

3月6日至7日 固原市委组织部考核验收组到西吉县,考核验收基层党组织建设工作。

3月9日 西吉县城马铃薯工程技术中心通过自治区、固原市专家组评审验收。

同日 全县农村能源"一池三改"项目启动会议召开。

3月10日 交通部副部长黄先耀到西吉县调研检查交通运输工作。

3月13日 固原市人大常委会检查组到西吉县检查指导春耕生产工作。

3月16日 中央电视台《新闻联播》节目首条以2分37秒时长播出由宁夏电视台和西吉电视台联合录制的反映西吉县社会主义新农村建设的新闻节目《"小"球带动"大"经济》。

3月24日 县委理论学习中心组学习传达全国"两会"精神,全体在家县级领导及县直各部门(单位)负责人参加会议。

3月29日至30日 自治区政协副主席、统战部部长马金虎一行到西吉县调研检查农民增收工作。

3月30日 世界粮食计划署和国际农业发展基金会官员玛尼万那带领考察团,到西吉县调研考察由世界粮食计划署和国际农业发展基金会联合投资的到村到户扶助项目实施工作。

3月31日 西吉县第二次全国残疾人抽样调查动员会召开。

4月4日 县委、县政府举办建设社会主义新农村专题学习班,全体县级领导、县直部门党政负责人、各乡镇党委书记、乡镇长、人大主席,区、市驻县部门单位负责人参加会议。

4月6日 固原市委书记何学清带领副书记李耀松、杜正彬、市委常委贾奋强等,到兴隆镇单家集检查指导新农村建设工作。

4月10日至11日 县政协视察组视察"153"种植工程准备情况、全县城乡孤寡残疾人生活保障和救助情况及广播电视"进村入户"工程建设情况。

4月12日 全县"弘扬长征精神,加快经济发展,构建'和谐西吉'主题教育活动暨加快城镇建设年项目建设和招商引资突破年"动员大会召开。

4月13日 自治区农牧厅在兴隆镇举行马铃薯机械化种植现场演示会。宁夏、山西、河北、北京等地10多家企业参加演示。

4月14日 自治区党委书记陈建国带领自治区党委常委、组织部长徐松南及自治区有关厅局负责人到兴隆镇调研指导"三农"工作。

同日 西吉县教育体育局党委成立。

4月15日 国家劳动部世行办刘军主任一行,到西吉县调研检查"中国农民工培训与就业"工作。

4月17日 自治区人大常委会副主任余今晓带领检查组,到西吉县检查《中华人民共和国水土保持法》《宁夏回族自治区实施〈水土保持法〉办法》贯彻落实工作。

4月20日 县委召开全县开展社会主义荣辱观教育实践活动动员大会。

同日 固原市人大常委会副主任王固平带领调研组,到西吉县调研指导社会主义新农村建设工作。

4月27日 县第十四届人大常委会召开第23次会议。任命县委常委黄如林为政府副县长。

4月29日 县安委会组织县政府办、安监局、监察局、公安局、农牧局、交通局、建设局、消防大队、交警队、运管所等单位开展节前安全大检查,重点对建筑工地、学校、医院、汽车站、火石寨旅游区等场所的安全生产工作进行检查。

4月30日 西吉县第三批保持共产党员先进性教育活动总结大会召开。

同日 县委、县政府召开全县抗旱工作会议,动员全县各级组织和干部群众千方百计开展抗旱工作,最大限度减少旱灾造成的损失。

5月1日 县卫生监督所在县城及各乡镇巡回宣传《职业病防治法》。

5月1日至7日 "五一"黄金周期间,火石寨景区共接待游客近40000人,其中大型旅游团体11个。

5月8日 固原市委常委、县委书记杨锦明带领农牧、林业部门负责人到新营、红耀、马建、田坪、苏堡等乡镇检查指导抗旱救灾工作。

5月9日 将台乡组织全体乡村干部和个体工商户，召开迎接红军长征将台堡会师70周年集镇环境整治动员大会。

5月10日 固原市委常委、县委书记杨锦明，县长丁卫东带领县委办、政府办、建设与环境保护局、水利局负责人，检查督促西吉县永清湖工程建设。

同日 县城建管理监察大队、自来水公司、公安局组成联合执法队，对县城规划区域内主要街道两侧占道从事洗车业的28家个体经营户进行检查整治。

5月11日 县卫生局举办新型农村合作医疗基线调查培训班。

同日 自治区交通厅验收组一行，到西吉县检查验收交通局和公路管理段交通行业厅级文明单位创建工作。

5月12日 县委、县政府召开专题会议，传达学习温家宝同志视察宁夏时的重要讲话精神及区、市抗旱救灾会议精神，安排部署抗旱救灾工作。

同日 自治区农牧厅厅长赵永彪带队到西吉县检查指导马铃薯产业发展工作。

5月13日 县四大机关主要领导到马莲、将台、兴隆、什字、吉强等乡镇调研检查草畜产业示范点建设工作。

同日 兴隆镇王河村段家沟大桥正式落成投入使用。

5月14日 县建设与环境保护局环卫工人在文化广场举行关于生活垃圾收集、中转、填埋等宣传活动。

同日 复旦大学团委书记王宏舟一行13人在市团委负责人陪同下，到西吉县看望慰问第七届复旦大学支教队员。

▲县长丁卫东带领政府办、建设与环境保护局、民政局负责人到红耀乡前庄村、吉强镇袁河村、吉强镇沙葱洼村、西滩乡西滩村检查“旧村”整治改造工作。

5月15日 固原市委副书记杜正彬带领检查组到兴隆镇单家集检查指导新农村建设工作。

5月16日 西吉县女子中学举行“知荣明耻”教育大会暨“共建文明校园”师生捐书捐款仪式。

5月17日 西吉县电视自办台开通试播。

5月18日 西吉县《马铃薯产业化发展建设项目可行性研究报告》论证会在固原市召开。

5月19日 自治区财政厅副厅长宋立忠带领有关处室负责人到西吉县检查指导马铃薯产业和草畜产业发展工作。

同日 市委常委、县委书记杨锦明带领县委办、农牧局、计生局等部门负责人到西滩、王民、平峰、兴平等乡镇检查指导马铃薯种植、计划生育、劳务输出等工作。

5月20日 全县抗旱防汛工作会议召开。会议要求各部门、各乡镇树立抗大旱、防大汛思想，提前谋划、周密安排。

同日 西吉县开展“科技活动周”活动,促进了城乡群众学科学、用科学活动深入开展。

5月21日 宁夏天豹集团董事长靳旭带领公司16名中层领导干部同中国人民解放军陆军第五医院17名主治大夫到火石寨乡开展帮扶、义诊活动。

5月22日 新营乡甘井村党支部、村委会动员组织群众义务投工投劳,对新营乡政府至甘井村的村道进行整修、铺沙。

同日 自治区人大常委会副主任陈守信带领区人大部分委员、区政府办公厅、区民政厅等单位负责人,在市委书记何学清陪同下,到西吉视察指导民政工作。

5月24日 县委、县政府在将台堡举行中国工农红军长征会师纪念碑改扩建工程奠基仪式。

同日 自治区政府副主席刘慧带领区民政、建设、残联等厅局领导及专家一行,到西吉县检查指导农村特困灾民危房危窑改造工作。

▲ 全县乡镇卫生院药品“三统一”配送启动会议召开,对全县乡镇卫生院药品配送工作作出规范管理。

▲ 由自治区团委工农部、公安厅政治部宣传处、卫生厅团委、固原市团委等单位组成的区级“青年文明号”考评组,到西吉县考评区级“青年文明号”单位创建工作。

5月25日 区广播电影电视局、区发改委组织验收组,到西吉县检查验收“村村通”“4+0”发射站工程建设工作。

同日 西吉县实验中学举办“知荣辱、树新风、讲文明”演讲比赛暨中华诗词朗诵赛,促进了学校精神文明建设。

5月26日 县领导丁卫东、王烈松、赵怀琮、王志贤、马得志等带领政府办、教育局等部门负责人,对县城各中学中高考准备工作进行检查,确保全县高考、中考顺利进行。

同日 全县乡镇人大主席培训交流工作会议召开,对乡镇人大主席履职能力进行培训提升。

5月26日至29日 自治区话剧团在西吉县城及将台、兴隆、白崖、新营等乡镇巡回演出话剧《铁杆庄稼》,观众达3万余人,起到良好社会效果。

5月27日 县农技推广中心在硝河乡召开全县小麦吸浆虫防治现场会,现场培训指导农技干部和农民开展小麦吸浆虫防治工作。

同日 由县城30多名秦腔爱好者自发组成的秦腔自乐班在县文化广场举办秦腔晚会,5000多名观众观看演出。

▲ 国家教育部中央电视广播大学专家翁秀霖带领验收组在自治区党校和固原市教育局负责人陪同下,到西吉县检查验收“人才培养模式改革和开放教育试点”工作。

5月29日 银川市金凤区农林牧业局党委书记邓彦林带领水产专家一行5人,到吉强镇夏大路村开展扶贫助学,为夏大路村小学捐购100套课桌凳。

5月30日 固原市副市长刘锦旗带领市农调队、劳务局等有关部门负责人到西吉县调研指导劳务输出工作。

5月31日 全县计划生育工作推进会召开。会议通报全县计划生育工作进展情况,分析总结困难问题,进一步强化工作措施。

同日 县委召开全县农村危房改造动员会,对全县农村危房改造工作进行部署安排。

6月1日 自治区人大常委会副秘书长景文学带领有关处室负责人到西吉县,督察指导人大工作。

6月2日 固原市委常委、县委书记杨锦明带领县委常委、政府副县长黄如林及县委办、建设与环境保护局等部门负责人,到火石寨、新营等乡检查指导火石寨景区工程建设进展情况和马铃薯生产情况。

同日 固原市委党校组织处级、科级学员130人到西吉县考察调研劳务产业、马铃薯产业发展工作。

6月4日 县供电局反窃电工作执法检查组到沙沟、苏堡、吉强等乡镇开展"窃电"突击检查。

6月5日 县建设与环境保护局在文化广场组织开展六五世界环境日宣传活动。

6月6日 县财政局召开全县政府收支分类改革动员部署会议。

同日 自治区政府副主席张来武带领区文化厅、体育局、科技厅等部门负责人,到西吉县调研指导"体育下乡、篮球进村"工程实施情况和农村体育活动开展工作。

▲县委、县政府召开全县整治和规范用电工作会议。

6月7日 固原市委常委、县委书记杨锦明带领县委办、民政局、建设和环境保护局负责人到吉强、偏城、硝河、将台、兴隆等乡镇检查指导危房改造工作。

同日 县长丁卫东带领政府办、扶贫办、农牧局、水利局等部门负责人,到吉强、火石寨、马建等乡镇督促指导农业农村重点工作。

6月7日至8日 西吉县3000多名高中毕业生参加全国普通高校招生考试。

6月8日 西吉县国防动员成员单位主要负责人组成考察组,到青铜峡市考察学习国防动员工作。

6月9日 固原民族职业技术学院西吉县白城分校挂牌成立。

6月9日至12日 宁夏妇幼保健院、宁夏附属医院组织支援农村卫生工作医疗队,到西吉县开展健康扶贫工作。

6月10日 香港国际华海集团有限公司董事长陈庆梓一行到西吉县考察草畜和马铃薯产业发展工作。

6月12日 宁夏医学院附属医院组织21人医疗队到西吉县人民医院开展医疗帮扶工作。

同日 福建省莆田市教育局党组副书记郭文珍一行11人,到西吉县慰问支教的莆田籍教师。

▲ 自治区政府教育督导室副主任靳伟才一行9人，在固原市教育督导室主任禹正林陪同下，到西吉县督查指导“两基”（基本实施九年义务教育和基本扫除青壮年文盲）工作。

6月13日 自治区党委老干部局局长马明方一行7人，到西吉县检查指导企业离休干部管理服务工作。

同日 西吉县召开县委常委议军工作会议。

6月14日 固原市政协副主席、民盟主委姜爱祖带领固原市民盟部分委员组成调研组，到西吉县调研农村社会保障工作。

6月14日至17日 市委常委、县委书记杨锦明带领西吉县党政代表团，赴甘肃静宁、庄浪、安宁、会宁四县区考察学习县域经济发展、乡村旅游、城市建设、扶贫开发等工作。

6月15日 自治区扶贫办纪检组长王喜元带队，到西吉县调研检查扶贫项目实施工作。

6月16日 西吉县法院、西吉县检察院组织全体干警，收听收看社会主义法治理念教育电视辅导讲座。

6月17日 西吉县各中小学、幼儿园4000多名教师参加自治区中小学、幼儿园教师继续教育统一考试。

同日 固原市副市长赵满礼带队到西吉县，检查备战参加自治区第六届少数民族传统体育运动会表演项目和竞赛项目训练情况。

▲ 西吉县公安干警在苏堡乡陈岔村捣毁一聚众赌博窝点，抓获参赌人员28名，收缴赌博工具3副、赌资18000余元，有力打击了农村赌博歪风。

▲ 西吉县林业局技术服务中心在大寨山扫竹林、偏城乡土桥子等地的林区，开展大规模人工“熏杀病虫”和“捕杀龄鼠”工作。

6月19日 市委常委、县委书记杨锦明带领县委办、农牧局、扶贫办负责人深入田间地头和工地现场检查指导县域经济观摩点建设工作。

6月20日 西吉县6262名小学生参加中考招生考试。

6月20日至21日 县人大常委会组织视察组视察全县草畜产业、基础设施建设、旅游开发及《建筑管理条例》实施工作。

6月21日 宁夏机电商会为白崖中学捐资5万元，用于改善学校办公条件。

同日 自治区广播电影电视局副局长王政敏带队到西吉县检查指导农村电影放映工作。

6月22日 自治区民政厅厅长李志红带领民政厅相关处室负责人，在固原市民政局局长王升选陪同下，到西吉县检查指导危房危窑改造工作。

同日 自治区水利厅厅长袁进琳带领水利厅相关处室负责人到西吉县，检查指导永清湖公园建设工作。

6月23日 固原市及全市各县(区)四大机关主要领导、分管农业的领导及市、县相关部门负责人组成全市县域经济观摩团,由市委书记何学清带领,到西吉县观摩考察县域经济发展工作。

同日 西吉县建设与环境保护局组织开展全县建筑安全生产大检查大排查工作。

6月24日 中共中央政治局委员、书记处书记、中宣部部长刘云山到西吉县调研视察工作。

6月25日 西吉县供电局组织全体党员到将台堡红军长征会师纪念地、单家集革命旧址、六盘山红军纪念馆,开展"重走长征路、爱心铸平安"系列活动。

6月25日至26日 团中央组织新华社、人民日报、中央电视台、光明日报、人民政协报、中国教育报、经济日报、中国青年杂志、人民网、中青网、大学生杂志等18家新闻媒体组成西部计划万里采风团,到白崖中学、兴隆中学调研采访学校建设、教育教学工作,并对部分在西吉支教的第二届大学生志愿者的动人事迹进行采访。

6月26日 县四大机关领导到各乡镇、机关、企事业单位,看望慰问部分老党员和生活困难党员。

6月26日至27日 西吉县政协视察组视察全县"普九"工作和"整村推进"扶贫工程进展情况。

6月27日 县法院召开清理执行积案公开处理兑付大会。会议决定对5名拒不履行法院生效判决文书确定义务的被执行人当场实施司法拘留,向82件案件的申请执行人当场兑付现金56万余元、摩托车7辆、电视机1台。

6月28日 共青团西吉县委、县教育体育局召开第七届中国青年志愿者扶贫接力计划西吉支教项目总结座谈会。

同日 固原市副市长刘锦旗带领市科技局、发改委、农技站、农科所等部门负责人,到西吉县调研指导科技规划工作。

▲ 自治区文联副主席郭刚一行3人,到西吉县选拔具有文艺表演才能的少年儿童参加全国青少年曲艺大赛活动。

▲ 西吉县政协调研组对县"153"种植工程任务完成情况、优质专用马铃薯基地建设及病虫害防治情况进行调研视察。

6月29日 西吉县在县文化广场举办庆祝建党85周年歌咏比赛。

7月1日 西吉县教育系统在西吉第二中学举行庆祝中国共产党成立85周年演讲比赛。

同日 自治区民政厅厅长李志仁带领民政厅相关处室负责人,到西吉县检查指导民政工作。

7月2日 中国地震局研究员、首席专家徐锡伟带队,对西吉县申报的党家岔国家级地震遗迹进行考察论证。

7月3日 固原市副市长田治富带领检查组到西吉县督促检查上半年全社会固定资产投资完成及重点项目工程建设工作。

同日 固原市副市长马学祥带领市公、检、法等部门负责人到西吉县检查指导政法工作。

7月4日 彭阳县党政考察团一行80余人，到西吉县考察交流县域经济发展工作。

7月5日 县委、县政府召开扶贫开发“十五”总结表彰暨“十一五”动员部署会议。

同日 西吉县马铃薯贮藏窖建设领导小组成立，为加强西吉马铃薯贮藏窖规划建设和反季节销售提供组织保证。

▲ 县委、县政府召开全县计划生育工作动员会，安排部署全县计划工作。

▲ 固原军分区参谋长陶国生一行3人，到西吉县检查指导国防动员委员会办事机构正规化建设工作。

▲ 西吉县召开政府廉政工作暨治理商业贿赂工作会议。

7月6日 宁夏公路勘测设计院为沙沟乡满寺小学捐赠助学资金25000元。

7月9日 将台乡110千伏变电所改新建工程正式启动。

7月10日 固原市纪检委副书记杨志林带队，到西吉县检查指导党风廉政建设工作。

7月11日 固原市委副书记李耀松、副市长曹志斌带领市招商局、商务局负责人到西吉县调研指导工业经济和招商引资工作。

同日 固原市人大检查组到西吉县检查指导社会主义新农村建设和马铃薯、草畜产业发展工作。

7月12日至13日 国家水利部检测中心对“马什好”农业综合开发西吉项目区项目实施工作进行检查验收。

7月13日 西吉县农牧局组织开展创建全国绿色马铃薯标准化生产基地营销人员培训班。

同日 《续修西吉县志》县级评审会召开。

7月15日 县卫生监督所在全县范围内开展化妆品质量专项整治活动，净化化妆品市场环境，保护消费者利益。

7月18日 县委召开十一届八次全体(扩大)会议，传达贯彻自治区党委九届十三次全体(扩大)会议精神、全区经济形势分析会议精神、固原市委一届七次全体(扩大)会议精神，研究西吉县贯彻落实意见。

同日 自治区交通厅副厅长喜清江带队到西吉县检查指导交通运输和安全生产工作。

▲ 县委、县政府召开全县乡镇党委换届工作会议，对乡镇党委换届工作作出部署安排。

▲ 县委、县政府召开全县经济形势分析会，对推进县域经济持续健康发展提出明确

要求,作出具体部署。

▲ 自治区交通厅文工团到西吉县开展慰问演出,3000多名干部群众观看了精彩文艺节目。

7月19日 自治区党委召开全区学习贯彻中共中央4个文件(《关于加强党员经常性教育的意见》《关于加强和改进流动党员管理工作的意见》《关于做好党员联系和服务群众工作的意见》《关于建立健全地方党委、部门党组(党委)抓基层党建工作责任制的意见》),加强党的先进性建设经常性工作电视电话会议,西吉县设立分会场,在家全体县级领导、各乡镇党委书记、各部门(单位)负责人参加会议。

同日 自治区党委政研室主任景智一行到西吉县调研考察新农村建设、马铃薯产业和劳务产业等工作。

7月21日 自治区妇联副主席吴桂兰、自治区司法厅纪检委书记徐永先一行,到西吉县检查《妇女发展规划纲要》和《儿童发展规划纲要》实施工作。

7月22日 全县卫生系统预防职务犯罪暨治理医药购销领域商业贿赂专项工作会议召开。

7月23日 由区党委宣传部、文明办、教育厅组织的"西部开发助学工程"2006年度宁夏籍受助大学生暑期社会实践活动考察团一行80余人,到将台乡、兴隆镇参观中国工农红军长征将台堡会师纪念碑和单家集革命遗址,接受爱国主义教育。

7月24日 固原市人大常委会副主任刘维俊带领部分市人大代表组成视察组到西吉县视察农业、红色旅游、新农村建设及城市建设工作。

7月25日 固原市政协视察组到西吉县视察检查失业保险、养老保险金征缴发放工作。

▲ 县委、县政府召开"弘扬长征精神,加快经济发展,构建和谐西吉"主题教育活动领导小组会议,研究部署中国工农红军长征将台堡胜利会师70周年庆祝活动筹备工作。

7月26日 自治区纪检委副书记魏康宁带领区、市检查组,到西吉县调研检查反腐倡廉工作。

同日 自治区人大常委会副主任马昌裔带领在宁十届全国人大代表和部分自治区人大常委会委员,到西吉县调研视察农民增收和新农村建设工作。

7月26日至27日 自治区政协副主席、民进宁夏区委会主委曹维新带领自治区知名书法家荣建方、画家李化奎、摄影家张春荣、作家漠月等一行60余人,到西吉县进行调研采访采风和创作活动。

7月27日 自治区国土资源厅纪检书记宋学文带队到西吉县检查指导国土资源系统2006年上半年党风廉政建设责任制落实工作。

7月28日 银川市老干部金球艺术团到西吉县慰问演出。

7月29日 晚7时,偏城乡偏城村、高崖村遭受暴雨袭击,部分农作物被毁,一些地段出现山体裂缝。县委、县政府第一时间派出工作组查看灾情，指导抗灾救灾工作。

7月30日 国家“两基”(基本实施九年义务教育和基本扫除青壮年文盲)攻坚领导专家组组长吴宣文带队西吉县检查指导“两基”攻坚工作。

同日 西吉县举行庆祝建党85周年文艺演出活动。

▲县委召开庆祝中国共产党成立85周年暨保持共产党员先进性教育活动总结表彰大会。

▲西吉县9800多名共产党员干部收听收看庆祝中国共产党成立85周年暨保持共产党员先进性教育活动总结大会实况录像直播。

7月31日 自治区党委、区政府组织全区各市县统战、宗教部门负责人组成观摩团到西吉县观摩考察宗教活动场所规范化管理工作。

同日 西吉县召开庆“八一”军地座谈会。

▲西吉社会各界举行2006年资助贫困大学生捐款仪式，当日募集资金39450元。

8月1日 固原市委常委、西吉县委书记杨锦明带领慰问组到县武警中队、消防中队、人武部及部分乡镇看望慰问驻地官兵、部分老红军、老复员军人、伤残军人、红军遗孀及临时安置的志愿兵。

同日 自治区农牧厅科教处处长郭德宝带领验收组到西吉县检查验收“一池三改”沼气项目建设使用工作。

▲自治区政府副主席刘仲带领区教育厅、农牧厅等负责人到西吉县检查指导“两基”攻坚工作。

▲西吉县开展“整治违章侵占，创建平安公路，服务新农村建设”为主题的公路路政宣传整治活动。

▲西吉县环卫队在全县范围内开展“卫生死角”专项整治活动。

8月2日 固原市新农村建设环境专项集中整治督察组到西吉县督察指导新农村建设环境专项集中整治工作。

同日 西吉县工商局组织开展《中华人民共和国公司法》知识竞赛和模拟办案现场演示会。

▲西吉县政法委组织全县政法人员参加社会主义法治理念教育统一考试。

▲固原市检察院副检察长李宁玉带领全市各县(区)检察院分管监所工作的副检察长、监所负责人到西吉县观摩交流监所检察工作。

8月3日 西吉县向福建省组织输出劳务人员853名。

同日 西吉县召开“普九”攻坚专题会议。

8月4日 自治区政协副主席金晓昀带领区政协视察组一行19人，到西吉县视察爱国主义教育基地建设工作。

8月5日 县人大调研组到兴隆镇、新营乡的部分村组调研视察社会主义新农村建设工作。

8月8日 自治区党委巡视组到西吉县巡视党政班子及党政工作主要负责人工作责任制落实工作。

同日 全县机关、事业单位1365名工作人员参加普通话统一测试考试。

8月9日 自治区政府副主席赵廷杰、区政协副主席马瑞文带领观摩团,到西吉县观摩马铃薯产业发展工作。

8月10日 全县社会主义新农村建设环境专项集中整治动员大会召开。

同日 县委组织县四大机关领导到县城重点工程建设工地,对工程进度、施工质量进行检查督促。

▲西吉县人民武装部组织民兵应急连开展抗洪抢险实地演练活动。

▲党家岔地震滑坡堰塞湖遗址通过国家地震局勘验设立为国家级典型地震遗址,命名为"西吉县党家岔地震滑坡堰塞湖遗址"。

8月11日 县委、县政府召开2006年县级评估验收"两基"工作会议。

8月13日 县长丁卫东带领县政府分管领导及政府办、民政局、农牧局、劳动就业局等部门单位负责人,深入红耀、田坪、马建、苏堡、平峰等12个乡镇和西吉县马铃薯高科技示范园区查看旱情形势,检查指导各乡镇劳务输出、计划生育、"普九"攻坚、马铃薯贮藏窖建设等重点工作。

8月14日 自治区扶贫办副主任张秀带领区扶贫办相关处室负责人到西吉县检查指导扶贫开发工作。

同日 区、市两级考核组对西吉县"两基"工作实施情况开展评估验收。

8月16日 县委督查组到全县19个乡镇督查新农村建设环境专项集中整治工作。

▲西吉第一中学科技综合楼通过竣工验收。

8月17日 西吉县工商业联合会党组成立。

同日 自治区质量技术监督局主要负责人带领专家组到西吉县考核验收马铃薯标准化示范区项目建设工作。

▲固原市人大常委会副主任李凤桂带领市人大办公室、卫生局负责人到西吉县检查督查《中华人民共和国传染病防治法》等法律法规实施情况。

▲自治区广播电影电视局科技处处长董建设带领技术人员到西吉县检查指导将台乡白家墩MUDS转发站建设工作。

8月18日 自治区党委常委、政法委书记李顺桃到西吉县检查指导政法工作。

同日 西吉县开展税务系统民主评议政风行风工作。

8月20日 联合国"千年村"扶贫项目考察团由团长杰夫瑞·萨克斯(美国哥伦比亚大学地球研究院院长)带领,到西吉县考察"千年村"扶贫项目实施工作。

8月21日 西吉县"两基"工作通过固原市政府评估验收。

8月22日 自治区广播电影电视局局长马洪真带队到西吉县调研指导农村广播影视公共服务体系建设工作。

8月23日 银川市教育局向西吉县教育局捐赠价值20万元的教学设备器材。

8月24日 县委召开全县村级组织活动场所建设动员会议,对村级组织活动场所建设工作进行安排部署。

同日 自治区检察机关司法警察工作会议暨办案工作区建设现场会在西吉县召开。

▲ 中国政府和联合国儿童基金会、瑞典国际开发合作署联合开展的妇幼卫生项目西吉区项目启动会议在西吉县召开,联合国儿童基金会项目官员贺淑芳出席会议。

8月25日 自治区卫生厅检查组到西吉县检查市容环境卫生工作。

8月27日 西吉县代表宁夏进京参加全国青少年曲艺大赛取得好成绩,说唱类曲艺节目《山沟里来了大学生》获得三等奖和优秀作品奖。

8月29日 西吉县"两基"工作通过自治区政府评估验收。

8月30日 自治区党委副书记马文学到西吉县检查指导"两基"达标验收和马铃薯产业等工作。

8月31日 自治区发改委副主任冯志强到西吉县检查指导基层"两所"(公安派出所、司法所)建设工作。

同日 西吉县组织2910名劳务人员前往新疆采摘棉花、西红柿。

9月3日 中国葛洲坝水利水电集团公司党委常委、工会主席刘炎华一行到西吉县考察洽谈帮扶工作。

9月6日 西吉县全国绿色马铃薯标准化生产基地通过农业部验收。

9月7日 西吉县308所标准化村卫生室通过固原市卫生局考核验收。

9月8日 "2006中国西部(宁夏·固原)马铃薯产业"高层论坛在西吉马铃薯研究所召开,中国农科院副院长屈冬玉出席并指导会议。

9月9日 "中国西部(宁夏·固原)马铃薯节"在西吉举办,吸引区内外100多家马铃薯生产、加工、销售企业和客商参加活动。

9月10日 县委、县政府召开庆祝第22个教师节暨"两基"工作总结表彰大会。

同日 国务院"三西办"主任杨贵一行到西吉县考察调研马铃薯产业、红色旅游和扶贫开发工作。

9月11日 市领导李耀松、杜正彬、姜文奎、曹志斌、姜爱祖一行到西吉县检查指导县域经济观摩点建设工作。

同日 市人大常委会副主任王国雄带队到西吉县检查指导危房危窑改造建设工作。

▲ 固原市马铃薯种薯繁育与贮藏技术引智项目培训班在西吉县开班。

9月12日 市政协副主席伍文贵带领固原市人事执法检查组到西吉县检查指导人事执法评估工作。

9月13日 西吉县召开全县领导干部大会,宣布自治区党委、固原市委对西吉县委、政府班子主要领导干部职务任免决定,免去杨锦明市委常委、西吉县委书记职务,丁卫东任西吉县委书记。

9月14日 自治区党委考察组、固原市委考察组到西吉县召开县委领导班子换届考察工作会议。

9月15日 县政协视察组视察全县计划生育"一无"乡镇达标、"少生快富"扶贫工程、红色旅游及县城重点工程建设、城市管理等工作。

9月18日 固原市人大常委会副主任杨志明带领市人大检查组到西吉县检查督促《宁夏回族自治区预防职务犯罪条例》贯彻落实工作。

9月19日 由中国光大银行副行长李子卿、中国妇女基金会副秘书长秦国英等一行40余人组成的"大地之爱·母亲水窖"项目考察团,到西吉县考察"大地之爱·母亲水窖"项目工程建设情况。

9月20日 县委、县政府举办西吉县村级马铃薯专业合作经济组织培训班,全县306个行政村马铃薯种植销售协会人员参加培训。

9月21日 自治区外事办副主任李杰带队到西吉县调研外事工作。

9月22日 西吉县工商业联合会第七届会员代表大会召开。会议听取第六届委员会工作报告,选举产生县工商联第七届执行委员会会长、副会长、秘书长。

同日 中华文学基金会"育才图书室工程"为西吉县捐赠价值230万元的图书。

9月26日 全区农田水利基本建设大会战启动仪式(固原分会场)在西吉县举行。

同日 由国家卫生部国外贷款办副主任刘运国、世行贷款卫生项目中央级专家乐红、自治区卫生厅厅长马玉璋、卫生厅项目办主任张玉录、固原市副市长赵满礼、市卫生局局长开永安等领导、专家组成的督导组,到西吉县督察指导秦巴卫生支持性综合试点项目实施工作。

9月27日 日本驻华大使馆公使加藤弘之在自治区商务厅厅长黑良杰、固原市副市长赵满礼陪同下,到西吉县考察扶贫工作。

同日 卫生部、解放军总后勤部医疗局调研团到西吉县调研商讨对口帮扶帮带工作。

9月28日 由世行贷款卫生项目专家乐红为组长的专家组一行7人,到西吉县评估验收秦巴卫生综合试点项目。

10月3日 自治区党委书记陈建国带领区党委副秘书长、办公厅主任刘小河、民政厅厅长李志仁、建设厅厅长刘学军、农牧厅厅长赵永彪、文化厅副厅长杨洪峰等10余人,到西吉县调研指导敬老院建设、马铃薯产业、红色旅游等工作。

10月8日至9日 中国共产党西吉县第十二次代表大会召开。会议审议通过中国共产党西吉县第十一届委员会工作报告、中国共产党西吉县纪律检查委员会工作报告,选举产生中国共产党西吉县第十二届委员会、中国共产党西吉县纪律检查委员会和出席中国共产党固原市第二次代表大会代表。

10月9日 中国共产党西吉县第十二届委员会第一次会议召开。会议选举丁卫东、杨彦文、马彦秀、邓彦芳、黄如林、单荣福、王世明、李秀平、王志贤、张荣为县委常委,选举丁卫东为书记,杨彦文、马彦秀为副书记。

同日 中国共产党西吉县纪律检查委员会第一次全体会议召开。会议选举马彦秀为西吉县纪律检查委员会书记,马生魁、姜文琳、陈永范为副书记。

10月10日 以宁夏社会科学院研究员、自治区地方志编审委员会办公室主任刘天明为团长的宁夏专家服务团到兴隆镇开展专家服务活动。

10月11日 世界银行"青年农民培训与就业"项目考察团到西吉县考察劳务输出工作。

同日 自治区政府副主席张来武到西吉县调研防震减灾和危窑危房改造工作。

10月13日 固原市政法委副书记张文远带队到西吉县督察综合治理和平安创建工作。

10月15日 西吉县乡土人才工作领导小组成立。

10月22日 自治区党委、区政府在将台乡举行纪念中国工农红军长征胜利暨将台堡会师70周年庆典大会,纪念革命先烈,弘扬长征精神,传承红色文化。

10月23日 以国家民委副主任杨健强为组长的中共中央办公厅、国务院办公厅联合督察组一行5人,在区政府副主席刘仲、固原市副市长马学祥陪同下,到西吉县督察指导中央民族工作会议精神贯彻落实工作。

10月26日 自治区水利厅农水处处长杨培君带队到西吉县检查指导秋季农田水利基本建设工作。

同日 美国佛蒙特州教育厅厅长里查德·凯特一行5人,到西吉县参观考察教育教学工作。

11月1日 自治区政府副主席刘慧带领区民政厅等厅(局)负责人一行12人,到西吉县调研督察民政工作。

同日 自治区纪检委副书记、监察厅长田成江一行,在固原市纪检委副书记高青山陪同下,到西吉县检查指导纪检监察工作。

11月2日 全县征兵工作会议召开。

11月3日 自治区交通厅厅长周舒一行,到西吉县调研公路养护体制改革及2007年公路建设项目。

11月7日 县政府对2005年退牧还草工程草原围栏项目建设情况进行验收。

同日 西吉县召开第二次农业普查工作会议。

11月9日 西吉县新型农村合作医疗工作启动动员大会召开。

同日 全县"四五"普法总结表彰暨"五五"普法动员大会召开。

▲西吉县消防中队一班班长汤勇被自治区党委宣传部、自治区文明办、宁夏消防总队授予“中国骄傲·宁夏英雄”荣誉称号。

11月13日 甘宁两省（区）三市五县（区）第三十一届鼠疫联防工作会议在西吉召开。甘肃、宁夏两省（自治区），白银、中卫、固原三市，平川、会宁、海原、原州、西吉五县（区）的鼠防专家参加会议。

11月14日 国家财政部专员办武卫华带队，到西吉检查指导“三奖一补”资金使用情况。

11月16日 西吉县邀请自治区党委讲师团教研室主任李志强为全县领导干部作党的十六届六中全会精神专题辅导报告。

同日 西吉县召开2007年乡镇重点工作汇报会。

11月17日 县委、县政府为宁夏出征南极参加科考任务第一人李富虎同志赴南极考察举行欢送会。

11月20日 县委、县政府召开会议，专题部署安排西吉县第二次全国农业普查工作。

11月23日 自治区民盟秘书长李新闻带领区民盟科研人员，到西吉县调研马铃薯产业发展工作。

11月27日 国家林业局副局长李育材带队，到西吉县调研视察退耕还林工作。

11月28日 自治区党委督察组到西吉县督察贯彻落实自治区党委2006年工作要点和主要目标任务责任制落实工作。

11月29日 自治区政协主席任启兴带领区政协视察组到西吉县调研视察旅游工作。

12月2日 为深化事业单位机构改革工作，西吉县举办事业单位负责人机构改革工作培训班。

12月3日 自治区政府考核验收组到西吉考核验收农田水利基本建设工作。

12月4日 西吉县“百万农民培训工程”暨“冬季行动”启动会议召开。

同日 西吉县召开计划生育、新型农村合作医疗、危房改造工作进展情况汇报会。

12月5日 县委召开2007年全县重点工作汇报会。

12月6日 原西吉县清真粉丝厂部分机械设备以65万元拍卖。这是西吉县首次运用市场化手段运作配置国有资产。

12月7日 由国家农业部总经济师张玉香、科教司副司长陈凤秀等专家组成的农业部科技服务团到西吉县，开展农业科技下乡服务活动。

12月12日 西吉县2006年人口与计划生育工作通过固原市考核验收。

12月15日 县人大检查组对全县2006年急需落实的25条建议意见的办理情况进行检查。

12月20日 以自治区教育信息化管理中心主任宛国成为组长的验收组一行14人，到西吉县检查验收农村中小学现代远程教育工作。

12月25日 县人大组织自治区、固原市两级人大代表视察西吉县新型农村合作医疗实施及村卫生室建设工作。

12月26日 深圳市对口扶持办公室副主任徐建明一行3人,到西吉县考察商讨教育扶持项目。

12月29日 县委十二届二次扩大会议召开。会议学习贯彻自治区党委九届十六次扩大会议精神、全区经济工作会议精神、固原市第二次党代会精神,回顾总结2006年工作,安排部署2007年工作,审议并通过《中共西吉县委2007年工作要点》。

是年 全县总户数111595户,总人口470562人。全县地区生产总值119222万元,其中第一产业37097万元、第二产业23163万元、第三产业58962万元。农作物播种面积220.78万亩,粮食总产19360万公斤、油料总产981.5万公斤。地方财政收入2017万元,地方财政支出50999万元,社会商品零售总额39943万元。

2007年

1月7日 县委理论学习中心组召开会议,学习贯彻《中共中央、国务院积极发展现代农业扎实推进社会主义新农村建设的若干意见》(中共中央办公厅〔2007〕1号)文件精神和回良玉副总理在中央农村工作会议上的讲话精神。

1月8日至9日 政协西吉县第八届委员会第五次会议召开。会议听取和审议《政协西吉县第八届委员会常务委员会工作报告》《政协西吉县第八届委员会常务委员会关于八届四次会议以来提案工作的报告》《政协西吉县八届四次会议期间提案审查情况的报告》,补选了县政协八届委员会副主席及常委。

1月9日至10日 县十四届人民代表大会第五次会议召开,听取和审议《政府工作报告》《关于西吉县2006年财政预算执行情况及2007年财政预算(草案)的报告》《西吉县人大常委会工作报告》《西吉县人大常委会关于第十四届人民代表大会第四次会议议案办理情况的书面报告》。

1月11日 自治区政府主席马启智带领副主席赵廷杰、齐同生及政府办公厅、水利厅、发改委、财政厅、交通厅、建设厅、林业局等部门单位负责人,在市、县领导何学清、马夫、李耀松、丁卫东、马学祥、田治富等陪同下,调研检查西吉县缺水状况和自治区申请的固西引水工程线路,详细查看了引水工程图,了解工程实施计划、实施难度和所需资金。

1月15日 市委常委、县委书记丁卫东带领县委、县政府分管领导及县委办、政府办、计生局负责人到各乡镇检查督促计划生育工作。

1月16日 县委、县政府制定下发《关于做好2007年计划生育工作的意见》,组织开展计划生育“万人入户”活动。

1月27日 县委、县政府召开全县计划生育工作汇报会,县级领导、各乡镇党政主要负责人及计划生育工作领导小组成员单位负责人参加会议。

1月29日 共青团西吉县第十三届代表大会召开。会议听取和审议《共青团西吉县第十二届委员会工作报告》,选举产生共青团西吉县第十三届委员会。

1月31日 县委、县政府召开全县农村工作会议。

2月1日 西吉县被国家农业部授予"2006年全国粮食生产先进县"荣誉称号,成为宁夏第三个获此殊荣的县(区)。

2月10日 自治区高级人民法院院长黑俊英一行到西吉县检查指导法院工作,并到新营乡人民法庭看望慰问"全国优秀法官""全区优秀共产党员""全区首届十大法制新闻人物"赵启哲。

同日 固原市副市长田治富带领市计生局局长马玉芳一行,到马莲、硝河等乡镇检查指导计划生育工作。

2月11日 固原市委书记何学清带领市人大常委会副主任姜文奎、副市长赵满礼、政协副主席沙彦祥及市有关部门(单位)负责人,到西吉县部分乡镇慰问老党员、复退军人及贫困户、"五保"老人、孤儿。

2月12日 县委、县人大、县政府、县政协领导分赴各乡(镇)、部门和企业,慰问计划生育对象户、贫困户、贫困党员、"五保"老人、离退休老干部、企业困难职工和先进模范人物、知识分子代表。

2月13日 全县纪检监察工作会议召开,传达贯彻中央纪检监察工作会议精神、全区纪检监察工作会议精神、固原市纪检监察工作会议精神,安排部署全县纪检监察工作。

2月14日 县委、县政府举行新春茶话会。县级领导、各乡镇、县直部门党政主要负责人、部分离退休老干部和驻县官兵、各行各业代表参加茶话会。市委常委、县委书记丁卫东致辞。

2月24日 县委、县政府下发《关于加强农村基层党风廉政建设的实施意见》,对全县农村基层党风廉政建设作出具体部署。

2月25日 县委、县政府召开全县加强干部作风建设暨2006年度工作表彰大会,并下发《关于加强干部作风建设的意见》。

2月26日 宁夏全区"少生快富杯"暨西吉县"计生杯"篮球运动会在西吉县兴隆镇举行,固原市副市长田治富、市人大常委会副主任李凤桂、市计生局长马玉芳及县领导薛鼎玺、马一平、杨彦文等出席开幕式。

3月2日 固原市委常委、西吉县委书记丁卫东带领县四大机关领导及县委办、政府办、建设局、发改局、交通局等部门负责人,到偏城乡和县城主要街道、市场和吉强镇政府新址,就309国道偏城段改道、汽车站、建材市场、敬老院和吉强镇政府搬迁、部分街道改建等25项新建、续建工程项目进行调研谋划。

3月3日 固原市委常委、西吉县委书记丁卫东带领县四大机关领导及县委办、政府办、农牧局负责人，到新营、吉强、将台、兴隆等乡镇检查指导马铃薯示范点建设工作。

3月4日 固原市委常委、西吉县委书记丁卫东带领县四大机关领导及县委办、政府办、水利、建设、发改、国土、林业、交通、法院等相关部门负责人，检查指导黄家川水库、葫芦河县城段治理等重点水利建设项目。

3月5日 县委、县政府在兴隆镇召开计划生育工作现场会，县委、县人大、县政府、县政协分管计划生育工作的领导及各乡镇负责人参加。

3月7日至9日 全县向福建、北京、天津、内蒙古、新疆、河北等省市、自治区集中输送劳务人员5744人。

3月8日 固原市市长马夫带领有关部门负责人到西吉县调研指导309国道偏城段改道和西吉县城建设工作。

3月9日 全县组织工作会议召开，传达贯彻全国组织工作会议精神、全区组织工作会议精神，安排部署全县组织工作。

3月12日 县委、县政府制定下发《关于进一步加强医疗卫生人员职业道德和专业素质建设的意见》，对全县医疗卫生人员职业道德和专业素质建设提出明确要求，作出具体部署。

3月13日 国家发改委物价收费司处长薛永一行，在自治区物价局局长陈立及相关部门负责人陪同下，到西吉县调研检查农村义务教育经费保障机制改革落实情况和农村教育收费问题。

3月13日至14日 自治区党委常委刘晓滨带领区党委办公厅有关处室负责人一行，到将台乡、新营乡和县劳务中心、马铃薯高科技示范园区调研检查马铃薯、草畜、劳务、旅游及社会事业发展情况。

3月14日 自治区司法厅厅长李文章一行，到西吉县检查指导行政许可法实施工作。

同日 自治区计生委主任张乐琴一行，到吉强、硝河、将台、兴隆等乡镇检查指导计划生育工作。

3月26日 县政府制定下发《西吉县城总体规划实施管理办法》，对县城规划管理作出具体规定。

同日 县政府办公室印发《西吉县建筑工程管理办法》。

3月27日 市政协副主席姜爱祖带领政协视察组到偏城乡高崖村调研视察“少生快富”工程实施工作。

3月28日 县委、县政府召开全县城镇化建设工作动员大会，并下发《关于做好2007年城镇化建设工作的安排意见》，对加快全县城镇化建设工作进行动员和部署。

4月2日 国家宗教局政法司司长陈宗华一行在自治区民委副主任、宗教局副局长罗文瑜等陪同下，到西吉县调研检查宗教事务规范化管理工作。

4月2日至3日 国家统计局计算中心副主任于绪宝带领抽查组,在自治区统计局副局长朱尼等陪同下,到吉强镇、将台乡、马建乡抽查验收全国第二次农业普查工作。

4月3日 固原市委常委、县委书记丁卫东带领县四大机关领导及县委办、政府办、交通局、水保站、林业与旅游局负责人,到火石寨景区检查指导景区重点工程规划建设工作。

4月4日 自治区林业局局长韩陕宁带领相关处室负责人,到西吉县检查指导永清湖公园建设、县城南山绿化、火石寨景区退耕还林工作。

同日 固原市政协主席邓向贵带领副主席伍文贵、市计生局局长马玉芳等到西吉县偏城乡花儿岔村调研指导计划生育和扶贫开发工作。

4月6日 全县政法综治暨创建"平安西吉"工作会议召开,对创建"平安西吉"提出明确要求,作出具体部署安排。

同日 县政府制定出台《西吉县农村福利院管理办法(试行)》,对全县农村福利院管理服务作出规范要求。

4月7日 自治区党委常委、宣传部部长杨春光到西吉县检查指导宣传、文化工作。

4月10日 固原市委常委、县委书记丁卫东带领县委、县政府分管领导及县委办、林业局、水利局、民政局、建设局负责人,检查指导县城北山绿化引水工程和烈士陵园建设工作。

4月11日 贵州省毕节地区政协副主席王明灯带领考察团到西吉县考察马铃薯产业发展和民族宗教工作。

4月17日 西吉县富民马铃薯机械化服务合作社、万吉马铃薯机械化服务合作社、兴伟马铃薯机械化服务合作社挂牌成立。

4月18日 马来西亚兰莪农业开发公司商务代表团一行4人,到西吉县考察马铃薯产业。

4月20日 县委、县政府召开全民科学素质行动启动暨"全国科普示范县"创建迎验动员大会。

4月22日 县委、县政府召开全县领导干部大会,传达学习胡锦涛同志视察宁夏时的重要讲话精神、陈建国同志在全区领导干部大会上的讲话精神、何学清同志在全市干部大会上的讲话精神,部署全县贯彻落实意见。

4月24日 甘肃省统战部副部长马虎成带领兰州市、平凉市、临夏市、天水市统战部、宗教局负责人一行40余人,到西吉县考察交流统战和民族宗教工作。

4月26日 全县马铃薯标准化种植现场演示会在将台乡明荣村举行。

同日 西吉县被国家劳动部确定为全国第二批劳务输出工作示范县。

4月29日 第三届六盘山山花旅游节暨火石寨国家地质公园揭碑开园新闻发布会在银川召开。自治区旅游局局长李春阳、副局长薛刚、自治区国土资源厅副厅长赵永清、六盘山旅游扶贫实验区管委会副主任袁治安及中央新闻机构驻宁媒体、自治区各新闻媒体和自治区主要旅行社负责人出席会议。新闻发布会由固原市副市长田治富主持,市委常委、县委书记丁卫东致辞。

5月8日 固原市委常委、县委书记丁卫东带领县委、县政府、县人大、县政协分管领导及县委办、政府办、政研室、民政局、扶贫办等负责人,深入兴平、平峰、马建等乡镇检查指导新农村建设和危窑危房改造工作。

5月10日 固原市委常委、县委书记丁卫东带县委办、民政局、农牧局负责人,到田坪乡、红耀乡检查指导抗旱救灾和群众生产生活工作。

5月11日 县委、县政府召开全县计划生育通报会,通报各乡镇计划生育工作进展情况,对全县计划生育工作进行再安排再部署。

5月12日 县委、县政府召开全县抗旱工作会议,对抗旱救灾工作进行安排部署。

5月13日 固原市委常委,县委书记丁卫东带领县委、县政府分管领导及县委办、建设局、水务局等负责人实地检查机井、供水工程运营情况,现场办公协调解决县城居民用水难问题。

5月16日 固原市委书记何学清、市长马夫带领有关部门负责人,到西吉县检查旱情,指导抗旱救灾工作。

5月17日 自治区科技厅厅长刘桓带领有关处室负责人,到西吉县马铃薯高新科技示范园区、佳立生物有限公司、吉强镇万崖村马铃薯机播示范点调研指导科技推广工作。

同日 县政府召开马铃薯芽栽种植会议,安排马铃薯芽栽种植任务。

5月18日 县政府办公室印发《西吉县2007年农业机械购置补贴实施方案》,对全县农业机械购置补贴作出安排,促进农业机械快速发展。

5月19日 县委、县政府召开新农村建设工作会议,对全县新农村建设作出安排部署。

5月20日 自治区农牧厅厅长赵永彪、副厅长马继东带领有关处室负责人一行10人,到西吉县检查指导抗旱救灾和农业生产工作。

同日 平峰镇组织农村劳动力100多人赴福建省务工。

▲香港应善良基金会捐资建设的田坪乡二岔小学竣工并举行落成仪式。

5月22日 宁夏第三届六盘山山花旅游节暨火石寨国家地质公园揭碑开园仪式在西吉县火石寨举行。区内外各级领导及部分旅行社、各大媒体记者及各乡镇、县直部门负责人和部分干部职工、学生代表8000余人参加开园仪式。

5月23日 县政府发布《关于开展西吉有线电视数字化平移工作的公告》,从6月1日起实施,基本收视维护费执行标准为每月22.5元。

5月24日 自治区商务厅厅长黑良杰一行6人,到西吉县西滩乡黑虎沟村调研检查农村经济发展和群众生产生活。

同日 固原市委常委、纪委书记李金英带队到西吉县检查指导机关效能建设和党风廉政建设工作。

▲火石寨乡向宁夏平罗、惠农等县的蔬菜脱水企业输出劳务工200余人。

▲自治区文化厅副厅长魏锦带领宁夏秦剧团部分演职人员到西吉县红耀乡与农民艺术团开展帮带活动,并签订结对帮扶协议、赠送演出设备器材。

5月25日 自治区扶贫办主任李文录一行,到西吉检查指导扶贫开发工作。

5月26日 将台乡向福建莆田市输出劳务工106人。

5月28日 自治区农村工作领导小组组长韩茂华带领区农牧、建设、发改、扶贫办等厅局负责人,到西吉县检查指导农业和农村工作。

5月29日 自治区政府副主席刘慧带领区民政、建设、残联等厅局负责人及专家,到西吉县检查指导农村特困灾民危房危窑改造工作。

5月29日至30日 由世界银行、英国国际发展部和国家教育部官员及专家组成的检查组,到西吉县检查指导世行贷款基础教育发展项目实施情况。

5月30日 固原市公安局向西吉县硝河乡民联小学学生捐赠新校服106套,并为民联村党员活动室捐赠5万元建设资金。

5月31日 县委、县政府召开全县民族团结进步事业表彰暨统战民族宗教工作会议。

同日 自治区建设厅副厅长张吉胜一行,到西吉县检查危楼改造资金落实工作。

▲县委制定下发《关于进一步深化农村党的建设"三级联创"活动的实施意见》。

6月1日 县委、县政府召开全县劳务输出工作会议,动员组织农民外出务工,以副补农,把干旱造成的损失降到最低程度。

同日 福建省莆田市委常委、宣传部长陈金钵带领莆田市党政代表团,到西吉县考察对接教育扶贫协作和人才交流工作,并到偏城中学、白崖中学、新营中学、西吉一中等看望慰问了莆田支教队队员。

▲县委、县政府召开宁鲁中等职业教育合作办学招生就业工作新闻发布会,全县中学校长、部分初高中学生共500多人参加会议。

▲县委、县政府召开水库移民扶持工作会议。

▲县委、县政府召开全县退耕还林政策兑现工作会议,决定提前兑现2007年退耕还林补助粮,解决农民生活困难问题。

6月2日 县委、县政府召开全县信访联席会议,对信访工作进行部署安排。

6月3日 自治区水保局局长陈广宏带领全区水土保持重点项目建设观摩团,到西吉县观摩农业综合开发水土保持项目建设工作。

6月5日 自治区人事厅、卫生厅、编办组成乡镇卫生院人事制度改革验收组,到西吉县考核验收乡镇卫生院人事制度改革工作。

6月6日 全县2007年全国普通高等院校招生监考人员培训会议召开。全县3602

名学生将参加高考,参考人数比上年增加310名。

6月7日 固原市司法局检查组到西吉县检查指导基层司法所规范化建设工作。

同日 全县19个乡镇的127名农村男女青年,参加西吉县农村剩余劳动力转移阳光工程餐厅服务员培训。

6月12日 国家防汛抗旱总指挥部办公室副主任贾汀一行,到西吉县检查指导抗旱防汛工作。

6月13日 县委召开常委会议军会议,研究解决人民武装工作中存在的困难和问题。

同日 县委制定下发《关于进一步加强新时期文联工作的实施意见》。

6月14日 固原市委常委、组织部长赵宪春,到西吉县红耀乡、火石寨乡检查指导农村党支部规范化建设工作。

同日 县人大常委会主任薛鼎玺带领人大视察组到西滩、将台、马莲、马建、田坪等乡,视察基层司法所规范化建设、基础设施建设和履行行政职能工作。

▲ 固原市妇联联合固原协和医院到西吉县开展农村妇女爱心捐助活动。

6月15日 平峰、田坪等乡镇遭强降雨袭击,平峰镇降水达66.5毫米,造成2处山体滑坡,多处道路被毁。

6月15日至17日 西吉县普遍降雨,降雨量在28—66毫米之间,土壤渗透度平均深度达19厘米,长达5个月的旱情完全解除。各乡镇迅速组织农民开展抢墒播种工作。

6月18日 自治区党委统战部副部长杨锦明带队到白崖乡半子沟村调研指导扶贫工作。

6月18日至19日 自治区建设厅验收组,到西吉县检查验收村级组织活动场所建设工作。

6月19日 市委书记何学清到西吉县检查指导抢墒播种工作及平峰镇山体滑坡情况。

同日 自治区人大检查组到西吉县检查依法加强宗教活动场所管理工作。

6月20日 自治区政法委副秘书长张帼文带队到西吉县检查指导社会治安综合治理和“平安西吉”创建工作。

同日 自治区国土资源厅检查组到西吉县检查指导国土资源管理工作。

6月22日 国家粮食行业协会副会长宋廷明带领调研组,到西吉县调研马铃薯产业发展工作。

6月24日 自治区水利厅副巡视员李洪山带领督查组,到西吉县督查指导农业科技服务体系建设与改革工作。

同日 自治区科协主席李锦平带队到西吉县检查指导科学技术普及工作。

6月26日 自治区广播电影电视局检查组,到西吉县检查指导农村广播电视公共服务体系建设及运行工作。

6月29日 自治区人大代表联络与选举工作委员会主任何建国带领自治区九届人

大代表考察组,到西吉县考察红色旅游和马铃薯产业发展工作。

同日 自治区水利厅厅长吴供相带领有关处室负责人,到西吉县检查指导水利水保工程建设和抗旱防汛工作。

6月30日 县四套班子领导带领6个慰问组到各乡镇看望慰问在农村任职20年以上的村党支部书记,送去慰问金。

同日 县委召开常委(扩大)会议,传达学习宁夏回族自治区第三次固原工作会议精神,研究贯彻落实意见。

▲西吉县举行建党86周年暨自治区交通厅文工团专场演出活动。

▲县政府办公室印发《西吉县2007年新型农民科技培训工程实施方案》,决定在12个乡镇的40个村培训农民2000人。

7月1日 中国浦东干部学院教学研究部副教授燕乃玲带领调研组到西吉县调研西吉马铃薯研究所建设与科学研究工作。

7月2日 西吉县举行欢迎仪式,欢迎西吉县公安机关新疆追逃组凯旋。

▲西吉县召开第八届复旦大学支教研究生总结座谈会,给13名支教研究生颁发荣誉证书。

▲自治区交通厅公路处处长黄华带领巡查组到西吉县巡查农村公路建设廉政工作。

7月3日 西吉宾馆由县政府委托宁夏金槌拍卖行公开拍卖,宁夏龙源房地产公司以500万元价格竞买成功。

同日 固原市讲师团到偏城、沙沟、硝河、苏堡、红耀等乡镇向乡村干部、农村党员宣讲自治区第十次党代会精神。

7月4日 全县县、乡人大换届选举工作会议召开。

7月5日 自治区人口与计划生育委员会主任张乐琴带领有关处室负责人,到西吉县检查指导计划生育工作。

同日 自治区水利厅团委、水电设计院给苏堡中心小学捐赠价值3万多元的教学用品。

7月6日 全县公开招考并录取93名中小学教师。

同日 自治区编办事业处处长于晓峰带队到西吉县调研事业单位人事制度改革工作。

7月7日 自治区党委讲师团到西吉县宣讲自治区第十次党代会精神,王亚兰教授作专题辅导,全县副科级以上领导干部200余人聆听讲座。

同日 宁夏友好爱心协会援建的白崖中心卫生院综合门诊楼开工建设。

7月11日 固原市副市长李守银一行,到西吉县检查《残疾人就业条例》贯彻实施情况。

7月12日 固原市委常委、县委书记丁卫东带有关部门负责人,到吉强镇、兴平乡、平峰镇检查指导设施农业建设工作。

同日 县政府办公室下发《关于加快我县村组道路建设养护管理的实施意见》。

7月13日 华中科技大学暑期社会实践队到西吉县开展社会实践调查,实地对白崖乡水资源状况进行调查研究。

7月14日 香港福建希望工程基金会捐资援建的将台乡火沟村阳光希望小学竣工,全国侨联副主席、福建侨联副主席李欲晞,自治区政协副主席金晓昀等参加竣工典礼。

7月15日 宁夏友好爱心协会援建的马建中心卫生院门诊大楼、单家集中心卫生院门诊大楼举行开工典礼。

7月17日 西北农林科技大学园艺学院设施系副主任、陕西省设施农业工程技术研究中心副主任杨振超博士,到西吉县作设施农业发展与对策专题讲座。

同日 固原市委副书记李耀松一行,到西吉县调研检查设施农业发展工作。

▲ 自治区扶贫办副主任马崇林带领相关处室负责人,到西吉县检查指导贫困村村级发展互助资金试点工作。

7月18日 自治区党委常委、政协副主席、统战部长马金虎一行,到西吉县检查指导统战宗教工作。

同日 自治区人大常委会副主任韩有为带领区林业厅、环保局负责人,到西吉县检查指导火石寨丹霞地貌自然保护区建设与保护工作。

▲ 固原市农业机械化技术推广观摩团,到西吉县观摩指导马铃薯机械化和标准化种植工作。

7月18日至19日 县政府主要领导带领西吉县党政代表团,赴甘肃省靖远县和宁夏中卫市、永宁县、同心县考察学习设施农业工作。

7月19日 固原市食品安全督查组到西吉县督查食品安全示范乡镇和农村食品安全百日专项整治工作。

同日 自治区建设厅副厅长王建国带领自治区工程质量监督执法检查组,到西吉县开展工程质量监督执法检查工作。

▲ 固原市副市长李学明带队,到西吉县检查指导水利和农业工作。

▲ 县政府下发《西吉县环境保护"十一五"规划》,对全县环境保护工作作出规划指导。

7月19日至20日 自治区高级检察院组织离退休干部40多人,到西吉参观指导。

7月20日 县委、县政府召开整治违法排污企业、保障群众健康环保专项行动工作会议,对整治违法排污、保护生态环境作出部署。

7月21日 中共中央候补委员、中央直属机关工委党建研究会会长陈希明,在固原市委书记何学清、市长马夫等陪同下,到西吉县调研指导基层党建工作,并到火石寨国家地质公园考察调研。

7月23日 固原市马铃薯引智项目培训班在西吉县举行开班仪式，自治区有关厅(局)领导、固原市分管领导及荷兰专家沃克曼出席指导会议，来自固原四县一区的100名学员参加培训。

同日 县政府发布集中开展县城交通秩序及市容整治活动通告，对县城交通秩序和市容环境进行集中整治。

7月25日 福建省莆田市党政代表团在市长张国胜带领下，到西吉县考察扶贫开发工作，并洽谈商议对口扶贫协作事宜。召开西吉县闽宁协作第十一次联系会议，签订劳务合作协议，西吉每年向城厢区输出劳务工1000名。

7月26日 固原市副市长李学明一行到西吉县检查指导设施农业工作。

同日 全县计划生育“少生快富工程”规范化管理培训班开班。

7月28日 宁夏专家服务团一行5人到西吉县开展专家咨询服务活动。

同日 固原市领导王国雄、李守银、马天芳、史清银带领慰问组，到西吉县慰问复员伤残军人。

7月30日 西吉县下岗失业人员再就业培训班开班，全县239名下岗失业人员参加了职业技能培训和考试。

7月31日 固原市副市长赵满礼带领检查组，到西吉县检查指导药品“三统一”工作。

同日 县委、县政府举行北山革命烈士陵园竣工揭碑仪式和民兵训练基地竣工剪彩仪式。

8月1日 自治区政协副主席马瑞文带领区政协调研组，到西吉县调研考察非公有制经济发展工作。

同日 西吉县消防中队组织全体官兵和社会各界人士，共同庆祝中国人民解放军建军80周年。

8月2日 固原市委书记何学清带领全市县域经济观摩团，到西吉县观摩县域经济发展工作。

同日 宁夏话剧团到西吉县演出以劳务产业为题材的话剧《铁杆庄稼》，2000多名城乡群众观看演出。

8月3日 西吉县卫星广播电视转星调整工作启动。

8月5日 县交通运输管理所联合消防、安检等部门为恒达危货运输有限公司举办安全生产专业培训班。

8月6日 固原市政协党组副书记杜放军，副主席杨振兴、伍文贵带领市政协视察组，到西吉县视察平安创建工作。

8月7日 固原市委常委、县委书记丁卫东带领检查组，到吉强、偏城、沙沟等乡镇检查指导设施农业生产工作。

同日 自治区督查组到西吉县督查打击盗窃破坏电力、电信、广播电视设施违法犯罪专项斗争工作。

▲ 广西马铃薯产业考察团、福建马铃薯产业考察团,到西吉县考察交流马铃薯产业发展工作。

▲ 固原市人大常委会副主任刘维俊带领市人大调研组,到西吉县调研指导《代表法》贯彻落实和县、乡换届选举工作。

8月7日至8日 自治区妇联副主席陈红缨带领验收组,到西吉检查验收“大地之爱·母亲水窖”工程。

8月8日 自治区民政厅副厅长娄晓萍带领自治区党建工作考察组,到西吉县对吉强镇西街社区创建全区第二批“社区党建示范区”工作进行考核验收。

同日 国家财政部国库司司长詹静涛一行3人,到西吉县调研火石寨景区开发建设和保护工作。

▲ 宁夏公路管理局检查组,到西吉县检查指导农村公路养护管理工作。

8月8日至9日 自治区党委宣传部、区文联组织30名区内外摄影家,到西吉县拍摄采风。

8月9日 自治区政府副主席郑小明带领调研组,到西吉县调研指导职业教育工作。

同日 自治区党委政策研究室副主任俞学礼带领调研组,到西吉县调研马铃薯产业发展工作。

8月10日 西吉县第一家个体农贸蔬菜市场开业,固原市委副书记李耀松等为市场开业剪彩。

8月11日 宁夏医学院附属医院派陈树兰、郭来成等10多名老专家,到西吉县开展免费义诊活动。

8月12日 自治区广播电影电视局副局长赵利宁带队,到西吉县检查指导转星调整和农村电影放映工作。

同日 《宁夏日报》报业集团副总编李安宁、王晓农等一行16人,到西吉县调研考察设施农业和城镇建设工作。

8月14日 西吉县昌宏牧草机械化作业服务合作社成立。

同日 自治区文明办副主任贾捷频带领督查组,到西吉县督查自治区第十次党代会精神贯彻落实工作。

8月15日 自治区人才工作检查组一行3人,到西吉县检查指导人才工作。

8月16日 自治区农业科技服务体系建设领导小组,到西吉县考核验收农业科技服务体系改革与建设工作。

同日 县委、县政府召开县域经济观摩暨上半年经济形势分析会议。

8月17日 四川省食品与发酵工业研究设计院酿酒研究所所长何云、大邑盘龙酒厂总经理左泽章带领考察组,到西吉县考察投资建设酿酒企业事项。

8月19日 自治区党委组织部组织在宁夏挂职服务的博士服务团到西吉县开展调研咨询服务活动。

同日 县政府组织开展食品安全生产大检查大整治活动。

8月20日 固原市人大常委会副主任刘维俊带领市人大视察组到西吉县视察特色农业和旅游产业发展工作。

8月21日 固原市政府检查组到西吉县检查督促全社会固定资产投资完成情况及重点项目建设工作。

同日 自治区科学技术协会副主席刘国民带领预验组一行10余人,到西吉县指导预验第三批全国科普示范县创建工作。

▲ 自治区司法厅党组成员、政治部主任曹文俊带领检查组,到西吉县检查指导政法系统开展社会主义法制理念教育工作。

▲ 全县分4批向新疆输送11000名务工人员。

8月22日 田坪乡向内蒙古自治区临河市丹达乡水桐树脱水蔬菜厂、五原县银定图乡建设村脱水蔬菜厂输出600名务工人员。

同日 全县"两基"迎国检动员大会召开。

▲ 自治区人口与计划生育委员会"进村入户服务月"活动暨中国海洋石油总公司援助硝河乡"生育关怀"项目和北京市烟草公司援助西吉县"幸福工程"项目启动仪式在西吉县硝河乡举行,自治区政府副秘书长雷志明,自治区人口与计划生育委员会主任张乐琴,副主任崔岚、魏艳华出席启动仪式。

▲ 自治区食品药品监督管理局副局长董忠带队,到将台乡检查指导创建食品安全示范乡镇工作。

8月23日 县政府组织安全生产检查组,对全县各建筑工地、运输公司、汽车站等单位安全生产情况进行全面检查督查。

8月24日 国际马铃薯中心科学家一行3人,在国家统计局宁夏调查总队总队长刘瑛陪同下,到西吉县考察调研马铃薯产业发展工作。

同日 县政府下发《西吉县农村土地突出问题专项治理工作方案》,对全县农村土地突出问题专项治理作出部署。

8月25日 自治区发展和改革委员会主任袁进林带领调研组,到西吉县调研指导经济社会发展及重点项目建设工作。

8月27日 全县考入山东职业学校的首批600名新生赴山东烟台、潍坊入学。

同日 县政府发布《关于建设葫芦河大桥征用土地的公告》。

8月28日 全县第三批3000多名务工人员赴新疆摘棉务工。

8月31日 县人民武装部组织西吉中学151名高中一年级学生开展实地军事技能和实弹打靶训练。

同日 建于西吉县吉强镇袁河村的宁夏震湖酒业有限公司正式投产。

▲ 县委、县政府召开全县设施农业建设工作会议,安排部署2007年设施农业建设工作。

是月 自治区发展和改革委员会批复下达西吉县固(原)—西(吉)引水工程等农村饮水安全项目,共安排中央预算内专项资金(国债)994万元,地方配套362万元。

9月1日 宁夏军区贺兰山军乐队到西吉县慰问演出,丁卫东、薛鼎玺等市县领导和干部群众2000多人观看演出。

9月2日 县政府召开全县设施农业进展情况通报会,对设施农业建设再加压、再鼓劲、再部署。

9月4日 自治区农牧厅厅长赵永彪带队到西吉县检查指导马铃薯产业发展工作。

9月5日 深圳市委组织部组织20多名干部,到马建乡大坪村开展为期20多天与农民群众同吃同住同劳动活动,体验农村生活。

同日 自治区国家保密局调研员吕瑞、工程师赵晓军等到西吉县开展保密培训工作,为全县党政领导干部专题辅导了保密知识、保密法规、保密工作。

▲ 自治区广播电影电视局副局长赵利宁带领有关处室负责人,到西吉检查验收转星调整工作。

▲ 自治区科技厅副厅长荷华带领全区科技支撑县域经济发展观摩团,到西吉县观摩交流科技支撑县域经济发展工作。

9月6日 宁夏作协副主席、银川市文联主席郭文斌一行到西吉采风调研,并在西吉县建立文学创作基地。

9月7日 县政府下发《西吉县2007—2011年设施农业发展建设方案》,对全县设施农业发展作出规划和部署。

9月8日 自治区党委统战部副部长杨锦明带队到西吉县调研考察统战和扶贫产业发展工作。

同日 宁夏农业银行行长张建忠带队,到西吉县调研指导金融支持马铃薯产业和设施农业发展工作。

▲ 银川市佳通轮胎有限公司为西吉县火石寨乡中心小学捐赠3000多元学习和体育用品。

9月9日 县委、县政府对在西吉支教的复旦大学和福建莆田教师进行慰问。

9月10日 宁夏中部干旱带暨固(原)—西(吉)农村饮水安全重点供水工程开工仪式在西吉县兴平乡八抬轿举行,全国人大常委会副委员长盛华仁、自治区政府代主席王正伟、全国人大农业和农村委员会主任委员刘明祖、全国人大民族委员会副主任委员隗福临、全国人大农业和农村委员会副主任委员马启智、水利部副部长鄂竟平、全国人大副秘书长何晔晖、武警总部政治部副主任张补旺、全国人大环保委委员何少苓、全国人大农委会委员韩新民、自治区党委副书记于革胜、自治区党委常委刘晓滨、自治区人大常委会副主任马昌裔、自治区人大常委会副主任张小素、自治区政府副主席郝林海、自治区政协副主席袁汉民等参加开工仪式。

同日 自治区发改委副主任吴占东带领有关处室负责人,到西吉县检查指导固(原)—西(吉)引水工程和夏寨灌区配套改造工程建设工作。

9月11日 深圳市委党校副校长杨朝仁带领10名干部,到西吉县田坪乡腰庄村和马建乡大坪村,开展为期一个月的与农民同吃同住同劳动锻炼活动。

9月12日 固原市市长马夫带领全市观摩团,到西吉县观摩检查计划生育工作。

9月13日 固原市人大常委会副主任姜文奎、拜志俊带领市人大检查组,到西吉县检查指导农业结构调整和农民增收工作。

9月14日 全县首届花儿歌手大奖赛在县文化广场举行,19名花儿歌手参加比赛。

9月15日 县农业广播电视学校举办农村劳动力转移培训"阳光工程"工艺品加工培训班,150名学员参加培训。

9月15日至17日 由自治区政府、农业部农业产业化领导小组主办的第三届中国西部特色农业(宁夏)展示合作洽谈会在银川举行,西吉马铃薯种薯、"银欧"牌淀粉、西吉三粉(粉条、粉丝、淀粉)、西吉牛羊肉等参加宁夏名牌农产品展示展销。

9月17日 深圳市2007年中青班为西吉县马建乡大坪小学捐赠10万多元的助学金和教育用品。

同日 县委、县政府根据气象部门预测召开紧急会议,安排部署防霜冻工作。

9月18日 自治区妇联副主席吴桂兰带领检查组,到西吉县检查指导《中国妇女发展纲要》《中国儿童发展纲要》贯彻实施工作。

9月19日 自治区人口与计划生育委员会副主任魏艳华带领检查组,到西吉县检查指导计划生育行政执法工作。

同日 自治区农牧厅副厅长张柱带队,到西吉县调研指导农业农村工作。

▲固原市政协副主席姬永昌带领市政协调研组,到西吉县调研文化旅游产业发展工作。

9月20日 全县县乡人民代表大会代表换届选举工作开始,此日为选举日。

同日 西部机场集团宁夏机场有限公司党委副书记王林一行7人到西吉县开展扶贫调研工作,并为火石寨乡白庄村捐资3万元用于村文化活动室建设。

▲自治区农科院院长刘荣先、副院长李生宝等一行10人,到西吉县调研指导马铃薯高产示范项目建设。

9月21日 西吉县"文化艺术月活动"专场演出在固原市体育场演出。

同日 宁夏广播电视报驻西吉县记者站正式挂牌成立。

▲自治区农牧厅副厅长马明带领有关处室负责人到西吉县检查指导农业特色产业

发展工作。

9月23日 宁夏医学院附属医院党委书记李秀平带领20多名专家到西吉县开展义诊活动,并为兴隆中学捐赠6万元的教学、体育用品。

9月24日 自治区高级人民法院院长黑俊英,到西吉县向获得全区法院集体一等功的西吉县人民法院和获得“全国优秀法官”称号的赵启哲颁发奖牌和荣誉证书。

同日 西吉丰源综合市场开工建设。市场占地面积25亩,总投资1500万元,建筑面积12000平方米。

9月26日 县委、县政府在兴隆镇召开山区马铃薯与牧草机械化收获现场观摩演示会,自治区农牧厅副厅长马明等参加指导。

同日 自治区监察厅、纠风办、卫生厅、药监局、工商局、物价局等部门联合组成检查组,到西吉县检查药品“三统一”工作。

▲深圳市2007年中青班学员为西吉县马建乡大坪村小学捐赠10万元助学金和教育教学用品。

9月27日 自治区科技厅检查组到西吉县检查指导现代农业示范园区建设。

9月28日 西吉县召开国有土地使用权现场竞拍会,此宗土地位于吉强镇何洼村,占地23334.5平方米,宁夏灵武市欣荣房地产有限责任公司以106.2万元价格成功竞买。

9月29日 固原市委常委、县委书记丁卫东带领县委、县政府、县人大、县政协分管领导及有关部门负责人,到西吉第一小学、西吉第二小学、西吉第四小学和西吉县钱币博物馆,调研指导迁建、扩建筹备工作。

9月30日 全县2007年教育教学质量工作会议召开。

10月1日 县委、县政府召开会议,表彰奖励第三届“西吉十大杰出青年”“十大杰出(优秀)青年志愿者”和首届青少年儿童器乐大赛获奖选手。

10月2日 县政府召开全县设施农业建设会议,安排部署日光温室和拱棚建设工作。

10月7日 全县19个乡镇普降雨夹雪,平均降雨量在8毫米以上,最大降雨量19毫米,连续长时间降雨给群众生产生活造成重大影响。

同日 中国人寿保险公司西吉县支公司正式成立。公司保费规模近千万元,拥有员工250多人。

10月9日 自治区民委副主任马成带队到沙沟乡开展扶贫调研工作,并为阳庄村贫困户送去价值3万多元的面粉和食用油。

同日 固原市委常委、县委书记丁卫东带有关部门负责人,到什字、兴隆、将台等乡镇检查指导教育教学及计划生育工作。

10月10日 固原市常务副市长白尚成带领市委考察组,到西吉县考察指导县人大、县政府、县政协、县法院、县检察院领导班子换届工作。

同日 固原市委督查组到西吉县督查指导设施农业建设工作。

10月11日 自治区文明办考核验收组到西吉县考核验收区级文明单位创建工作。

同日 自治区财政厅副厅长王和山带队到西吉县检查指导乡镇债务化解工作。

10月12日 县委、县政府召开会议,安排部署机关干部秋季农田水利基本建设工作,计划完成马莲、夏寨灌区68.84公里干、支渠道和17.14公里田间道路整修任务。

10月15日 县委、政府组织全县干部职工收听收看中国共产党第十七次代表大会盛况。

同日 自治区党委统战部副部长蔡明、杨锦明带领有关商会负责人,到西吉县为白崖乡半子沟村小学和村委会捐赠30万元现金和价值7万元的生活、学习用品。

10月16日 固原市市长马夫带领全市设施农业观摩团,到西吉县观摩交流设施农业建设工作。

10月17日 自治区民委主任王俭带队,到西吉县调研指导民族宗教工作。

同日 石嘴山市政协主席刘昆、副主席马秀兰、王生林一行14人,到西吉县调研考察马铃薯产业、红色旅游产业发展工作。

▲ 自治区食品药品管理监督局副局长董忠带领检查组,到西吉县检查指导食品药品安全工作。

10月17日至19日 自治区民政厅副厅长娄晓萍带领验收组,对西吉县危窑危房改造工作进行检查验收。

10月18日 自治区人口与计划生育委员会主任张乐琴带领有关处室负责人,到西吉县硝河乡检查指导人口与计划生育工作。

同日 西吉县召开《西吉年鉴2007》评审会议,固原市方志办主任马平恩、副主任牛君琦及佘贵孝等人参加评审。

10月19日 国家教育部验收组到西吉县检查验收农村中小学现代远程教育工程建设工作。

同日 固原市副市长李守银、固原军分区参谋长陶国生一行,到西吉县检查验收国防动员委员会办事机构正规化建设工作。

10月22日 自治区政府教育督导室专职副主任、国家督学靳伟才带队,到西吉县督导检查"两基"(基本扫除青壮年文盲、基本普及九年义务教育)迎国检工作。

10月23日 香港实业家李钜能捐资10万元,资助西吉中学50名高考录取贫困学生。

10月24日 北京市华清集团、北京市地质勘察技术院援建的红耀乡华清希望小学建成投入使用。

10月25日 西吉县召开征兵工作会议,安排部署2007年新兵征集工作。

同日 自治区国防动员委员会综合办专职副主任齐同生一行9人,到西吉县检查指导国防动员委员会办事机构正规化建设工作。

▲ 自治区发展和改革委员会副主任马忠玉带队到西吉县调研指导经济社会发展和

重点项目建设工作。

10月26日 自治区水利厅调研组到西吉县调研指导浅岔河小流域治理和三合流域治理工作。

10月30日 国家人口与计划生育宣传教育工作评估组一行6人,到西吉县检查指导计划生育宣传教育工作。

11月1日 自治区商务厅厅长黑良杰一行,到西吉县调研指导马铃薯销售、牛羊肉加工和扶贫开发等工作。

同日 县政府发布《关于实行酒类流通备案登记管理的公告》。

11月2日 县委、县政府召开劳务输出专题会议,研究部署向东南沿海及北京等劳务基地输送务工人员并建档立卡。

11月3日 全县新型农村合作医疗工作会议召开,研究部署新型农村合作医疗工作。

同日 中共西吉县委十二届四次全体(扩大)会议召开。

11月4日 自治区党委书记陈建国带领自治区党委常委、秘书长刘晓滨,自治区政府副主席郝林海及有关厅局负责人,到西吉县调研指导设施农业、计划生育、扶贫开发工作。

同日 自治区专家服务团一行5人,到西吉县兴平乡聂家河村开展设施农业和果树栽培技术培训服务工作。

11月5日 固原市人大常委会副主任马存玉带领市人大检查组,到西吉县检查指导文化体育设施建设工作。

同日 自治区安检局副局长赵苏庆一行,到西吉县检查指导农用车安全隐患排查治理工作。

11月6日 自治区农业技术推广总站站长马金虎一行,到西吉县检查指导秋季地膜覆盖工作。

同日 县政府召开产品质量和食品安全专项整治工作会议。

▲ 贫困村村级发展互助资金试点工作在苏堡乡党家岔村启动,自治区扶贫办副主任马崇林参加启动仪式。

11月7日 县政府下发《西吉县农村居民最低生活保障实施细则》《西吉县农村特困户和特重大疾病医疗救助实施细则》。

11月8日 宁夏博爱慈善中心给偏城中心小学捐赠价值10万元的安全报警设备和衣物。

同日 西吉县举行宁夏佳立生物科技有限公司整体收购傻傻集团经营性资产暨2000年度生产启动仪式,自治区经贸委主任谢孟林、固原市副市长范宏明及自治区经委、财政厅、商务厅、环保局、质量技术监督局、商检局、扶贫办、招商局等部门负责人参加启动仪式。

11月9日 县委、县政府召开全县农村医疗救助和农村最低生活保障工作培训会议。

11月10日 固原市城乡环境综合整治工作暨“明珠杯”竞赛和“城市管理年”活动验收组，到西吉县检查验收城市规划建设管理竞赛活动开展工作。

同日 西吉县农资流通协会成立。

11月11日 全县农村合作经济组织联合会成立。

11月12日 全县向北京西山宾馆、崇文区保安公司、华清温泉宾馆输出务工人员63名。

11月13日 自治区党委常委、政府副主席刘慧带领国土资源厅、民政厅等部门负责人，到西吉县调研检查危房危窑改造和村党员活动室建设工作。

同日 固原市政协副主席马天芳带领考核组一行10人，到西吉县考核验收统战和民族宗教工作。

11月14日 国家教育部发展规划司副司长季平带领国家教育调研组到西吉县调研检查教育工作。

同日 国家人口与计划生育委员会政策法规司副巡视员苏桂荣带领调研组到西吉县调研检查计划生育工作。

11月16日 县人民政府发布《关于建设西吉二小项目征用土地的公告》。

11月19日至22日 西吉县第十五届人民代表大会第一次会议召开。应到代表224名，实到代表200名。固原市委常委、副市长白尚成，市人大常委会副主任拜志俊等参加指导会议。

同日 政协西吉县第九届委员会第一次会议召开。应到委员147名，实到142名，政协副主席周彦华代表政协西吉县第八届常务委员会作工作报告。

11月20日 国家农业部发展计划司副司长李伟方带领农业部专题调研组一行4人，到西吉县调研指导马铃薯产业发展工作。

11月21日 国家扶贫办规划财务组巡视员刘书文、财务组处长吴华等，到西吉县调研检查扶贫开发工作。

同日 国家水利部规划计划司副司长王爱国带领相关处室负责人和水利专家一行9人，到西吉县调研检查县城缺水情况、固（原）—西（吉）引水工程建设、兴平聂家河小流域治理工作、将台东坡水库防洪能力建设。

11月22日 兰州军区副政委刘晓榕一行，在宁夏军区司令员陈二曦、固原市市长马夫、固原军分区司令员田保成等陪同下，到西吉县调研指导革命遗址保护和红色旅游工作。

同日 自治区食品药品管理监督局检查验收组一行4人，到西吉县检查验收食品安全示范乡镇创建工作。

11月23日 自治区讲师团副教授王亚兰到西吉县宣讲党的十七大报告精神。

同日 西吉县第五届残疾人代表大会召开。

11月24日 国家开发银行宁夏分行副行长池勇带领有关处室负责人到西吉县调研检查设施农业建设工作。

同日 自治区总工会副主席拓兆功一行5人,到西吉县考核指导工会工作。

11月27日 自治区安检局督查组到西吉县督查安全生产隐患排查治理专项行动“回头看”工作。

同日 固原市“两基”工作观摩团到西吉县观摩基本普及九年义务教育、基本扫除青壮年文盲工作。

▲ 西吉县被中国科学技术协会命名为“全国科普示范县”。

▲ 自治区水利厅原厅长刘汉忠带领专家验收组一行12人,到西吉县检查验收夏寨水库除险加固工程和马莲水库除险加固工程。

11月27日至28日 自治区党委组织部副厅级组织员、组织一处处长张举等一行4人,到西吉检查验收村级组织活动场所建设工作。

11月28日 固原市委常委、纪委书记李金英带领观摩团,到西吉县观摩交流党风廉政建设工作。

11月29日 宁夏公路管理局局长黄雅杭带领有关处室负责人,到西吉县检查指导公路养护管理工作。

同日 固原市农田水利建设“黄河杯”竞赛考评组一行10余人,到西吉考评验收农田水利建设工作。

11月30日 固原市委副书记刘小河带领市农牧局等部门(单位)负责人,到西吉县调研检查牛羊肉加工、马铃薯产业和设施农业建设工作。

12月1日 上海长征医院3名专家与西吉县人民医院部分专家,到西吉县苏堡乡开展义诊活动。

12月13日 县委理论学习中心组召开会议,传达学习中央经济工作会议精神、自治区党委十届三次全体(扩大)会议精神、自治区经济工作会议精神,研究贯彻落实意见。

12月24日 自治区纪委副厅级纪检监察员马万录带队到西吉县检查《党政领导干部选拔任用工作条例》贯彻执行情况。

12月25日 市委常委、纪委书记李金英,市人大常委会副主任马玉芳一行,到西吉县检查指导计划生育工作。

12月27日 中共西吉县委第十二届五次全体(扩大)会议召开。市委常委、县委书记丁卫东作题为《全面贯彻党的十七大精神,奋力开创全县跨越式发展新局面》的工作报告,会议审议通过《中共西吉县委2008年工作要点》。

12月28日 县委、县政府组织开展安全生产督查工作。

同日 县政府下发《西吉县2008年“百万农民培训工程”及农民技术人员培训实施方

案》,计划培训农民7.18万人次以上。

12月29日 县委、县政府组织开展食品药品安全生产大检查活动。

是年 全县总户数115647户,总人口478819人。全县地区生产总值150295万元,其中第一产业51258万元、第二产业29529万元、第三产业69508万元。农作物播种面积219.85万亩,粮食总产22056.2万公斤、油料总产642.8万公斤。地方财政收入2318万元,地方财政支出64058万元,社会商品零售总额48457万元。

2008年

1月4日 西吉县计划生育工作领导小组召开会议,讨论研究2008年全县计划生育工作目标任务和具体措施。

1月6日至8日 市委常委、县委书记丁卫东带领县委副书记马彦秀、政府副县长田俊秀及县委办、计生局等部门负责人,到偏城、硝河、将台、马莲、什字、兴隆、吉强等乡镇,检查指导2008年计划生育等各项重点工作安排部署情况。

1月10日 县政协举办第九届政协委员培训班,学习贯彻《中共中央关于加强人民政协工作的意见》、县政协九届一次会议精神,提高政协委员履职能力。

1月11日 全国和全区安全生产电视电话会议召开,西吉县设分会场组织收听收看会议,并就西吉县贯彻落实电视电话会议精神进行部署。

1月12日 县文化局联合县公安、工商、消防等部门单位,对县城网吧和图书音像制品销售店面进行全面检查整治。

1月14日 西吉县广播电视台开设《专题新闻》栏目。

1月16日 西吉县科技、文化、卫生“三下乡”活动正式启动。

1月23日 全区产品质量和食品安全专项整治行动总结表彰电视电话会议召开。西吉县设分会场组织收听收看会议,县工商局、质监局获全区产品质量和食品安全监管先进单位。

1月30日 县政府在火石寨乡召开全县劳务经纪人座谈会,并为部分农村劳务经纪人颁发“劳务经纪人资格证书”。

是月 县工商局组织开展“两节”市场专项整治行动,出动执法人员549人(次),检查食品经营户1411户(次),下架退市“三无”及无QS标志食品567公斤,没收过期假冒伪劣食品126公斤,查处食品案件6起。

2月1日 县政协举行2008年迎新春茶话会。

2月10日 全县“信合杯”农民篮球运动会在兴隆镇举行。

2月16日 县政府召开2008年工作思路打算汇报会,各部门(单位)负责人分别结合各自工作职能,围绕2008年重点工作思路、目标、重点项目和重点措施作了汇报。

2月18日 兴隆镇公易中学举办青少年教育培训班,对50余名年满17周岁、初中未毕业的青少年进行为期一月的农业科技知识、法律法规、外出务工常识等相关知识培训。

2月19日 自治区环保局标准技术处一行4人到西吉县检查指导第一次全国污染源普查工作。

2月20日 王民乡小湾村举办"计生杯"农民篮球运动会,全乡12个行政村的29支球队参加比赛。

2月20日至21日 固原市委常委、县委书记丁卫东带领县委常委、政府副县长单荣福、县委常委李亚军及农牧局、县委办等负责人到吉强镇团结、大滩、万崖等7个设施农业建设重点村督促检查设施农业建设工作。

2月21日 西吉县举办庆祝元宵佳节大型焰火晚会,数万名群众观看。

同日 西滩乡通过乡劳务经纪人带动,向内蒙古蒙西集团输出务工人员105人。

2月22日 西吉县公路客运发送客流5000多人次,创下春运有史以来旅客当日发送量新高。

2月24日 自治区计生委主任吴海鹰带领副主任宋晨阳及有关处室负责人,到西吉县调研指导计划生育工作。

2月24日至26日 西吉县向福建、北京、天津等劳务基地集中输送务工人员1408人。

2月25日至26日 县计生局对公开招聘的100名农村计划生育服务员进行计划生育服务培训。

2月26日至27日 自治区水利厅副厅长杜永发带领水利厅和财政厅有关处室负责人及水利专家一行13人,到西吉县审查病险水库除险加固建设项目。沙沟乡阳庄水库、白崖乡上白崖水库、吉强镇黄家川水库、将台乡东坡水库、硝河乡鱼儿河水库、郎岔水库、苏家沟水库、兴隆镇范沟水库、陈田玉水库,王民乡二岔口水库等10座小型病险水库列入2008年建设计划。

2月27日 固原市环境保护局副局长马进才带队到西吉县考核验收环境保护工作。

2月28日 全县广播电视村村通工程迎验工作会议在广播电视局召开。

2月29日 县文化市场执法大队联合教育、公安等部门(单位)对全县20多家网吧进行集中检查整治。

同日 县人民法院新营法庭庭长赵启哲被最高人民法院授予"全国模范法官"荣誉称号,自治区高级人民法院、固原市委先后作出向赵启哲同志学习的决定。

3月1日 全县农业技术推广工作会议召开,对农业技术推广工作作出部署安排。

3月3日 全县政法综治工作会议召开,对政法综治工作进行部署安排。

3月4日 固原市委常委、县委书记丁卫东带领有关部门负责人到偏城、兴平、马莲、将台、什字、硝河、兴隆、吉强等乡镇检查指导设施农业建设工作。

同日 自治区党委政研室副主任杜银杰一行到县文工团、图书馆、钱币博物馆、红军长征将台堡会师纪念园等地调研文化产业发展工作。

3月5日 自治区政法委副书记、秘书长冀晓军一行8人,到西吉县调研流动人口管理工作。

3月6日 县总工会对本县部分企业困难女职工进行慰问。

3月8日 固原市政府副市长李学明带领市农牧局、劳务局负责人一行5人到吉强镇何洼村、水泉村、万崖村及苏堡、田坪两乡的部分村组检查指导农业和农村工作。

3月10日 西吉县55名经过钢筋工技能培训人员赴中铁三局从事铁路、公路等工程建设工作。

3月10日至11日 县政协视察组对全县食品药品监管、春耕备耕、农用物资储备及困难群众生产生活安排进行调研视察。

3月11日 固原市副市长李守银带领相关部门负责人到西吉县检查指导设施农业、计划生育、劳务输出、扶贫开发、封山禁牧、新农村建设等工作。

3月12日 自治区环保局局长冯志强带领相关处室负责人一行6人,在固原市环保局负责人陪同下,到西吉县调研督导环保工作。

同日 西吉农牧局聘请中卫市新阳光农业科技公司农业专家对全县农业技术人员进行设施农业技术培训。

3月13日 全区预防青少年违法犯罪及未成年人保护工作电视电话会议召开。西吉县在公安局设分会场组织收听收看会议。

3月14日 县城各党政机关、企事业单位、学校、医院的10000多名干部职工、学生参加环境卫生大扫除活动。

3月14日至15日 自治区专家服务团到西吉县开展医疗、农业、城市规划等服务活动。

3月15日 县委决定,全县4000余名干部职工集中到吉强镇万崖村、吉强镇河洼村、硝河乡隆堡村、将台乡牟荣村开展春季农田水利基本建设会战。共整修农田灌溉渠道7900米、田间道路6700米、铺设管道2600米、新打机井8眼、搭建拱棚4353栋。

3月17日 全县农村公路管理养护工作会议召开,传达学习全区公路管理养护工作会议精神,总结2007年工作,安排部署2008年全县农村公路管理养护工作任务。

3月18日 自治区党委副书记于革胜带领区党委副秘书长、办公厅主任纪峥及农牧、水利、扶贫、林业、财政等厅(局)负责人一行17人,到西吉县兴隆镇单家集牛羊产业有限公司、吉强镇何洼村设施农业建设示范点检查指导工作。

同日 自治区统计局局长梅廷彦带领相关处室负责人一行15人,在固原市统计局局长张骞陪同下,到西吉县调研指导县域经济增长亮点及统计工作。

3月19日 自治区水利厅厅长吴洪相、区发改委副主任吴占东一行,在固原市委书记刘小河等陪同下,到将台乡牟荣村设施农业示范区、张家咀头水库调研指导大中型水库移民设施农业建设工作。

同日 自治区人事厅厅长张学武带领相关处室负责人,到西吉县检查指导人事工作。

3月20日 全县林业暨春季造林工作会议召开。

3月23日 全县春季义务植树活动启动。此次义务植树造林完成县城南北山补植补造194亩、松土锄草2315亩,完成309国道补植补造21公里,完成202省道补植补造40公里,完成火石寨景区补植补造380亩,完成永清湖景观树种植210亩。

3月24日 自治区发改委地区处处长张闽剑带领自治区生态移民调研组到西吉县田坪乡燕李村调研指导2008年县内生态移民工作。

3月25日 自治区安全厅党委书记陈裕独到西吉县检查指导政法队伍警示教育活动开展情况。

3月27日 政协西吉县九届委员会第一次常委会议召开。会议传达学习全国"两会"精神,审议通过西吉县政协九届委员会各项工作规则和制度,听取县政府关于春耕备耕、群众生活和食品药品监督管理情况通报,听取县政协视察组关于春耕备耕、群众生活和食品药品监督管理情况的视察汇报。

3月29日至30日 县政府成立联合执法组,对硝河、将台、兴隆等乡镇影响城乡环境及不符合市容市貌标准的建筑物、构筑物进行依法拆除。

4月1日 自治区政协副主席张乐琴带领调研组到西吉县调研政协工作。

4月3日 县委、县政府召开全县设施农业暨城乡环境综合整治现场评促会议,对兴隆镇、什字乡等5个乡镇的设施农业和城乡环境整治工作进行观摩评议。

4月5日 水利部农水司副司长顾斌杰带领专家组一行6人,在自治区水利厅副厅长杜永发等陪同下,到西吉县检查指导病险水库除险加固工作。

4月9日至16日 县人大常委会主任马正文带领副主任田树森及人大办、政府办、组织部负责人,对什字乡、兴隆镇、将台乡、马莲乡、偏城乡、沙沟乡、白崖乡、王民乡、西滩乡、火石寨乡设施农业、马铃薯种植、"两基"迎国检、机关效能建设、计划生育、环境卫生整治、危窑危房改造、劳务输出等工作进行督促检查。

同日 县政协主席黄如林带领副主席郭满福及政协办、政府办、组织部负责人,对吉强镇、新营乡、平峰镇、火石寨乡、马建乡、田坪乡、苏堡乡、红耀乡、兴平乡设施农业、马铃薯种植、"两基"迎国检、机关效能建设、计划生育、城乡环境整治、危窑危房改造、劳务输出、封山禁牧等工作进行督促检查。

4月10日 西吉第一小学组织1500多名师生到县钱币博物馆参观学习并接受爱国主义教育。

4月11日 固原市委书记刘小河带领副市长李学民及市委办、农牧局、林业局负责人,到西吉县偏城乡、硝河乡、将台乡、什字、兴隆镇检查指导设施农业建设和城乡环境整治工作。

同日 西吉县职业技术教育中心与自治区职业技能鉴定所联合举办培训班,对110名农村青年进行电焊工技术培训和职业技能鉴定。

4月14日 县委召开理论学习中心组会议,学习贯彻习近平同志在宁夏考察工作时的重要讲话精神。全体在家县级领导参加会议,各乡镇、县直各部门负责人列席会议。

4月15日 西吉县职业技术教育中心举办微机操作和电子电工培训班,120名学员参加培训。

同日 国家级专家、自治区SDP、PTT项目官员陶剑灵、马旭光、田继忠等到西吉县检查指导基础教育发展工作。

4月19日 福建省莆田市副市长阮军带队,到西吉县考察调研闽宁对口扶贫协作工作。

4月21日 中纪委驻国家审计署纪检组长安国一行4人,在自治区审计厅厅长章建忠、纪检组长安武陪同下,到西吉县检查指导审计工作。

4月22日 固原市人大常委会副主任刘维俊带领市人大检查组,到西吉县检查督促《中华人民共和国环境影响评价法》贯彻实施情况和环境保护工作。

同日 自治区专家服务团西吉团"人人迎大庆、做贡献"活动启动仪式暨西吉年鉴基础知识培训会在县行政会议中心举行。自治区专家服务团团长、自治区方志办主任刘天明讲授了年鉴编纂知识。

4月23日 固原市人大常委会副主任罗京玺带领市机关效能建设活动办公室副主任马成福一行3人,到西吉县督促检查机关效能建设开展情况。

同日 固原市政协副主席杨振兴带领调研组到西吉县调研招商引资工作。

4月24日 西吉县信用联社在兴隆镇举行农村信用工程"信用村"授牌仪式。兴隆镇王河村等3个村被评为"信用村",分别获得奖励资金5000元。

同日 西吉县举行数字电影设备发放暨放映启动仪式,全县电影放映实现数字化。

4月25日 西吉县工会第七次代表大会召开。会议听取上届工会委员会工作报告,选举产生县总工会第七届委员会、经费审查委员会和新一届总工会领导班子。

▲ 全县食品安全工作会议在平峰镇召开。会议安排部署2008年"打造放心食品"及食品安全示范乡镇、街道创建工作。

▲ 中国工商银行宁夏分行到定点帮扶的王民乡小湾村开展扶贫济困献爱心活动,为小湾村小学成绩优秀的30名学生和当地群众捐赠了价值4000元的学习用品和1.2万元的米、面粉和食用油等。

4月26日 政府副县长海连鹏带领县食品安全委员会成员单位负责人,在全县范围内开展食品安全大检查活动。

同日 西吉县能源站在田坪乡南岔村举办沼气技术培训班,南岔村200余名农民参加沼气技术培训。

▲ 县伊协四届五次常委(扩大)会议在县会议中心召开。会议传达学习党的十七大、

全国“两会”、区市统战宗教会议精神和全县统战民族宗教工作会议精神，总结2007年工作，安排部署2008年工作，通报依法处置“周泽群势力”情况，传达学习县委、县政府《关于保持社会稳定，加快经济发展的意见》。

▲ 西吉县“宁鲁联合招生合作办学”春夏季首批1200名学生分赴山东烟台市开发区高级职业学校、青岛博海职业专修学校、青岛森泰达职业学院、邹平县鲁中职业学院、莱阳市高级职业学校、长岛县高级职业学校等6所学校学习。

▲ 15时30分，宁夏爆破公司利用毫秒延时电雷管80发、2号岩石条状炸药6公斤，对原西吉砖瓦厂烟囱实施定向爆破。这是西吉县建筑物首次定向爆破拆除。

4月29日 中国邮政储蓄银行宁夏回族自治区西吉县支行成立。

4月30日 县委宣传部、团县委、教育体育局联合举行“庆五一·迎奥运·迎大庆”青少年文艺专场晚会。

5月3日 西吉县遭受5—6级大风袭击，造成9020亩设施农业受损，其中3600亩拱棚棚架被大风刮倒扭曲、1200亩棚膜被风刮走、4100亩棚膜局部受到损坏、50亩日光温室棚膜和70亩草苫损坏。

同日 固原市市长白尚成带领市农牧局及有关部门负责人到西吉县检查设施农业受灾情况，指导开展抢修工作。

5月4日 全县安全生产工作会议召开。会议传达贯彻区、市安全生产工作会议精神，通报2007年度全县安全生产情况，对2008年安全生产工作进行安排部署，表彰奖励2007年度安全生产工作先进单位和先进个人。

5月5日至6日 固原市委常委、县委书记丁卫东带领政府副县长田俊秀及县委办、计生局、教育局负责人到苏堡、田坪、偏城、沙沟、白崖等乡镇检查指导计划生育、“两基”迎国检等各项重点工作。

5月6日 自治区政协副主席马国权带领区政协调研组，在固原市政协主席邓向贵、副市长范学明、市政协副主席刘乐伟等陪同下，到西吉县调研检查中小企业发展工作。

同日 固原市人大常委会副主任姜文奎带领市人大检查组，到西吉县检查督促《水土保持法》贯彻实施情况。

▲ 西吉县信用联社在硝河乡举行农村信用工程“信用村”授牌仪式。硝河乡玻湾村、红泉村被评为“信用村”，分别获得奖励资金5000元。

5月9日 中国发展研究基金会副秘书长崔昕、教育部项目顾问韦鹏飞带领国家教育部调研组，到西吉县调研寄宿制学校学生膳食营养情况。

5月10日 西吉县信用联社在苏堡乡举行农村信用工程“信用村”授牌仪式，和平村被评为“信用村”，并获得奖励资金5000元。

同日 县公安局召开“创建平安企业”活动动员会。全县金融、电力、通讯、宾馆、公路、建筑等行业的企业以及规模较大的私营企业负责人参加动员会。

5月12日 14时28分,四川汶川县发生8.0级地震,西吉县境内19个乡镇都有强烈震感。

5月12日至13日 政府副县长海连鹏带领县民政局、建设局、国土局、地震局、广电局等部门负责人到将台、马莲、平峰、苏堡、田坪等乡(镇)实地查看地震受损情况。通过实地检查统计,这次地震造成全县1661户群众受损,倒塌房屋、窑洞79间(孔),2217间(孔)房屋、窑洞出现不同程度的裂缝,133栋圈舍受损,部分山崖、河沟边缘地带塌陷,25所中小学校校舍、围墙不同程度出现裂缝、倾斜。

5月13日 县委、县政府召开全县新农村信息化建设工作会议,对加快农村信息化建设作出部署。

5月14日 自治区政府副主席张来武带领区政府办公厅、信息产业办、电信公司等相关部门(单位)负责人一行14人,在固原市委书记刘小河、副市长李守银陪同下,到西吉县调研指导农村信息化建设工作。

同日 自治区地震局副局长马贵仁带领工作人员到西吉县,对5月12日四川汶川发生8.0级地震后的西吉震灾情况进行调查核实。

5月14日至15日 县政府成立联合执法组,对偏城乡至县城公路两侧、县城何洼段不符合城乡容貌标准的土砖木危房、破旧庄院、简易厕所、破旧围墙、牲畜圈舍以及临时搭建的简易棚舍等进行依法拆除。

5月15日 全县"两基"迎国检工作汇报会召开,听取教育局和各乡镇"两基"迎国检工作汇报,研究解决具体问题。固原市委常委、县委书记丁卫东要求各部门(单位)、各乡镇把"两基"迎国检工作做细做实,向党和人民交上一份满意答卷。

同日 县委、县政府发出"一方有难,八方支援,西吉人民和地震灾区人民心连心"倡议书,全县干部职工开展向地震灾区献爱心募捐活动。至5月23日,西吉各族各界群众共为四川汶川地震灾区捐款70万元。

▲ 县卫生局和盐业管理局组织开展以"坚持食用碘盐,享受健康生活"为主题的宣传活动。

▲ 县人民法院在文化广场举行公开宣判拘留大会,对8名犯罪分子进行公开宣判、逮捕和拘留。

5月18日 第十八个"全国助残日"之际,西吉县广泛开展"牵手残疾人、走进奥运会"主题宣传活动。

5月19日 14时28分,县直部门(单位)全体干部职工在会议中心为在汶川大地震中遇难同胞默哀三分钟,哀悼汶川大地震中遇难者。其间,全县各部门、各乡镇、各学校、社会团体和个人停止一切公共娱乐活动,街道上行驶的车辆停靠在路边默哀,表达他们对四川汶川大地震中遇难同胞的深切哀悼。

同日 2008年西吉县科技活动周启动。当日共发放科普资料5万余册(份)、宣传画

2000张、展出展板204块、开展咨询服务6000多人（次）。

5月20日 固原市政协副主席姚启世带领调研组，到西吉县调研城市设施建设和管理工作。

同日 自治区森林公安局局长侯建海一行4人到西吉县检查指导森林管护工作和森林派出所建设情况。

▲ 自治区水利厅总工程师、防汛办主任薛赛国带领相关处室负责人，到西吉县检查指导防汛抗旱工作。

5月20日至21日 固原市纪检委副书记赵宗文带领调研组到西吉县调研农村基层党风廉政建设工作。

5月21日 固原市委常委、政府副市长周秀光带队到西吉县检查指导马铃薯产业发展工作。

同日 县科协牵头、县农牧局、林业局、水利局、卫生局、地震局、盐业局等19个部门（单位）组成科技宣传团在将台堡纪念碑广场开展科技宣传活动，共发放宣传画册和宣传材料6万份，接待咨询群众2000多人次。

5月22日 固原市委副书记李金英、副市长田治富带队到西吉县检查指导计划生育工作。

5月23日 为支援四川汶川抗震救灾工作，县直机关党员1322人，开展特殊党费交纳捐款活动，当日交纳特殊党费近41万元。全县党员共缴纳特殊党费66.2万元。

5月25日 16时21分，四川青川县发生6.4级余震，西吉县各地均有震感。

5月26日 农业部马铃薯专家组成员及部分学者、企业家一行15人，在自治区政府主席助理屈冬玉及区农牧厅、农科院有关领导和专家陪同下，到西吉县考察指导马铃薯产业发展工作。

5月27日 自治区党委书记陈建国带领全区县域经济观摩团，到西吉县观摩指导劳务产业和马铃薯产业发展工作。

5月28日 宁夏马铃薯产业合作项目签约仪式在银川举行。西吉县与外省区六家企业或科研单位签约6项合作项目（与北京方圆食品开发有限公司签订“马铃薯种薯外销项目”、与国际马铃薯中心北京联络处签订“马铃薯三级种薯繁育体系建设项目”、与内蒙古呼伦贝尔鹤声薯业发展公司签订“马铃薯原料基地建设项目”、与山西省农科院高寒作物研究所签订“马铃薯新品种引进选育项目”、与河北省张家口市农业科学院签订“马铃薯种薯质量控制监测体系建设项目”）。

同日 由县科协选送，宁夏南极科考第一人、县气象局副局长李富虎同志在位于南纬69度22分37秒、东经76度22分44秒采集而得的南极石，被宁夏新科技馆收藏。

5月28日至29日 县政协主席黄如林带领政协视察组对全县计划生育、城乡环境综合整治、文化工作、基础设施建设和民族宗教事务管理等重点工作进行视察。

5月31日 黄河上中游管理局副局长王银山带领水利部检查组,在自治区水利厅水土保持局副局长卜崇德陪同下,到西吉县检查指导淤地坝建设和防汛工作。

是月 《西吉县村干部养老保险实施办法》出台。

6月2日 县委、县政府召开全县动物防疫工作会议,传达学习全区动物防疫工作会议精神,宣读《关于进一步做好高致病性禽流感防控工作的紧急通知》《关于切实加强动物狂犬病疫苗免疫接种工作的通知》,对西吉县突发重大动物疫情应急预案和三个分预案作以说明。

6月3日 海原县民族文工团、花儿艺术团创作编排的大型花儿歌舞剧《大山的女儿》在西吉演出,3000多名城乡群众观看了精彩文艺节目。

6月3日至4日 县政协副主席郭满福带领县政协提案委成员对县政协九届一次会议确定的部分重点提案进行督办。

6月5日 自治区团委副书记马金元一行到西吉县检查指导共青团工作。

同日 县教育体育局召开"振兴初中、规范村小行动计划"动员会。决定用3年时间加强全县初中和农村小学建设与管理,提高教师教育能力和学校教育教学质量,推进全县初中和小学教育均衡发展。

6月6日 县交警队、运管所和明星客运公司联合举办"爱心助考"活动。明星客运公司组织40辆"爱心助考"出租车,在高考期间免费接送考生,对交通不方便、行动有困难的考生实行电话预约,上门接送。

6月7日 县政协副主席马存礼带领县政协调研组对全县征地拆迁工作进行调研。

6月9日 西吉职业技术教育中心举办服装制作工和装饰装修工培训班。200多名农民参加培训,内容涉及职业基本技能、安全知识、务工常识、维权知识和职业道德等。

6月10日 县劳动就业局组织举办城镇下岗失业人员再就业培训班。80多名下岗失业人员参加培训。

6月11日 自治区地矿局局长徐占海带领地矿局有关专家到西吉县调研党家岔震湖可研性开发报告事宜。

同日 固原市领导李金英、黄雅杭、罗京玺、姚启世带领全市各县区分管城市建设的副县(区)长、市直相关单位负责人组成观摩团,到西吉县观摩交流城乡环境综合治理工作。

6月12日 自治区教育厅组织"宁夏中职教育东西部联合办学学生巡回演讲团",在西吉职业中学和西吉第四中学举行报告会。

同日 全县地质灾害防治工作暨监测责任人培训会议召开,会议传达学习地质灾害防治工作有关文件精神,安排部署汛期地质灾害防治工作,并对地质灾害防治监测责任人进行培训。

6月13日至14日 区水利厅厅长吴洪相带领副厅长毕廷和及水利厅相关处室负责

人一行,在固原市副市长李学明陪同下,到西吉县兴平乡八台轿水源坝建设工地、偏城乡车路沟村、马莲水库等地检查指导水利水保和防汛工作。

6月16日 中宣部、中组部、解放军总政治部和四川省省委联合组织的抗震救灾英模事迹报告团到宁夏作报告。县四大机关领导分别在县委五楼会议室和政府三楼会议室收听收看宁夏电视台公共频道现场直播。全县各部门单位分别在本单位组织干部职工收听收看报告会。

6月17日 全区汛期地质灾害防治工作现场会在西吉县召开。区政府办公厅副秘书长张显,区国土资源厅厅长刘卉、副厅长杨金富,民政厅副厅长王凤刚,气象台副台长尤志宇,固原市常务副市长黄雅杭,市委常委、县委书记丁卫东及全区各市、县分管领导和国土资源局负责人参加现场会。区国土资源厅副厅长杨金富总结2007年度地质灾害防治工作,安排部署2008年汛期地质灾害防治工作任务。会议表彰奖励全区2007年汛期地质灾害防治工作先进单位和先进个人,县国土资源局被评为全区2007年汛期地质灾害防治工作先进单位。

6月18日 宁夏友好爱心协会援建的白崖乡中心卫生院综合门诊楼建成投入使用。对口帮扶的银川市第二人民医院向白崖乡卫生院捐赠了部分医疗器械和设备。

同日 西吉县培育发展农民经纪人暨阳光工程培训班开班,全县115名从事马铃薯种植销售、蔬菜种植销售、劳务输出、牛羊肉购销的农村经纪人参加培训。

6月19日 自治区检察院副检察长殷学儒带领有关处室负责人,在固原市检察院检察长李学军陪同下,到西吉县调研指导检察院公诉一体化工作。

6月20日 自治区统计局党组书记、副局长贾红邦带领督查组一行6人,到西吉县督促检查统计工作。

6月24日 自治区水保局局长陈广宏带领相关处室负责人一行6人,到西吉县兴平乡聂家河流域治理项目区、吉强镇车路沟坝系小高抽项目区检查指导水保项目实施情况。

同日 西吉县个体私营企业协会第三次会员代表大会暨三届一次理事会议召开。会议听取和审议县个体协会第二届理事会工作报告,审议通过西吉县个体私营企业协会章程修改工作报告和代表资格审查报告,选举产生第三届理事会理事、常务理事、会长、副会长、秘书长。

▲ 自治区广电局科技处处长董建设、计财处处长吴冰一行4人,到西吉县检查验收农村中央广播电视无线覆盖工程建设工作。

▲ 西吉县吉强中街、兴隆、平峰、新营、偏城、将台、硝河、什字、苏堡等9个派出所流动警务室正式启动运行。

6月26日 自治区水利厅副厅长毕廷和带领区水利厅相关处室负责人及全区各市、县水利部门负责人一行70余人,到西吉县兴平乡南川小高抽示范点、聂家河"坝窖池田"联用示范点和吉强镇上堡小畦节水灌溉示范点现场观摩节水灌溉"坝窖池田"联用模式。

6月28日 自治区残疾人联合会有关负责人到西吉县选拔推荐参加2011年全国残疾人运动会和残疾人各类国际体育比赛的运动员,西吉县有7名残疾青少年被推荐选拔。

同日 全县5313名考生参加国家教育部组织的中考统一考试,全县共设西吉一中、二中、三中、四中、实验中学5个考点。

7月1日 “西吉马铃薯”通过农业部审定,准予登记并允许在农产品或农产品包装物上使用农产品地理标志公共标识。

▲西吉县实施国家扩大免疫政策,接种疫苗由5种扩大到10种,可预防12种传染病。

7月2日 香港希望工程基金会和福建希望工程基金会援建的白崖中心小学和硝河乡红泉小学动工建设。

7月3日 自治区人大常委会副主任马瑞文、刘天贵带领调研组到西吉县调研基层人大工作及马铃薯产业、设施农业、小流域治理工作。

7月7日 全县人口和计划生育季度形势分析会召开。总结第三季度计划生育工作,分析计划生育工作形势,安排部署第四季度工作任务。对第三季度计划生育工作考核第一名的红耀乡颁发奖牌,对考核倒数一、二名的沙沟乡和新营乡发警示牌。

7月8日 固原市委书记刘小河、市长白尚成带领市委副书记董琳及市委办、农牧局、水利局负责人,到西吉县马建、田坪、红耀、吉强等乡镇调研指导抗旱工作。

7月10日 县政府召开红军长征将台堡会师纪念园和火石寨国家地质公园建设项目竣工决算审计会,对项目工程建设资金管理使用情况开展专项审计。

同日 自治区科技厅纪检组长吕林昌带领相关处室负责人,到西吉县苏堡乡党岔村调研指导整村推进扶贫开发工作。

▲自治区高级人民法院副院长马文庆、区团委副书记杨文等一行5人,在固原市司法局局长、法制办主任虎慨桓陪同下,到西吉县督促检查“五五”普法工作。

7月11日 第十九个世界人口日来临之际,县计生局在文化广场开展人口和计划生育工作宣传活动。共发放宣传材料20000余份,发放避孕药4000板、避孕套6000只,接待群众咨询6000多人(次)。

7月12日 自治区发改委生态办主任程云带领检查验收组一行,到西吉县检查验收2006年退牧还草工程实施情况。全县2006年退牧还草工程草原围栏项目实际完成预制水泥柱2.6万根,自治区农牧厅统一招标采购发放围栏网片20万米,在吉强镇、火石寨乡等9个乡镇完成围栏面积102313亩,完成计划任务的102%,补播改良项目实际完成草籽招标采购2.5万公斤。

7月14日 偏城乡组织450名以中学生为主的劳务人员赴中宁县开展枸杞采摘创收工作。

7月15日 县人大常委会主任马正文带领人大视察组对《中华人民共和国法官法》《中华人民共和国检察官法》贯彻执行及“五五”普法工作进行视察检查。

7月18日　自治区扶贫办副主任赵满礼带领相关处室负责人一行3人，到西吉县检查指导扶贫开发工作。

同日　晚9时许，新营乡腰巴庄村和长义山村遭暴雨冰雹袭击，造成村组道路和农作物严重受损。

7月19日　晚7时35分左右，吉强镇、兴隆镇、偏城乡、白崖乡、硝河乡、王民乡、西滩乡遭受冰雹袭击，冰雹持续11分钟，最大直径约3厘米，地表最深厚度达2—6厘米，并伴有大风，最大风速达20.4米/秒，雹灾造成县城城区通信信号和供电中断，设施农业和特色蔬菜受损严重，造成直接经济损失1.5亿元。

7月20日　下午3时48分，偏城乡下堡村、车路村、姚庄村、北庄村、双羊套村、伏垴村、花儿岔村遭冰雹袭击，农作物受灾面积达13000多亩。

7月21日　下午5时35分，兴平乡堡湾村上四方沟组村民马××驾驶无号牌三轮农用车非法载客15人，由县城向兴平乡方向行驶至西三（西吉至三合）公路14km+350m转弯处，由于车速过快且超载，致使车辆侧翻于公路左侧，造成5人当场死亡，11人受伤，次日凌晨1名重伤员因抢救无效死亡。

7月22日　自治区国土资源厅厅长刘卉带领副厅长杨金富及相关处室负责人和专家，到西吉县检查山体裂缝、滑坡及部分农户受灾情况。

7月23日　固原市政协主席邓向贵带领视察组，到西吉县视察宗教事务管理工作。

同日　县公安局抽调40名警力与农机监理人员统一开展农村道路安全整治行动，认真纠治交通违章违规行为，坚决打击无证驾驶、非法营运、违规载客等交通违法现象，全力维护交通运输秩序。

7月25日　自治区财政厅副厅长张苏安一行，在固原市常务副市长黄雅杭、市财政局局长开永安陪同下，到西吉县检查特大冰雹暴雨造成的灾情和损失。

同日　自治区总工会副主席拓兆功带领工会督察组，在固原市总工会主席陈胜远陪同下，到西吉县督察指导工会工作。

▲ 中央人民广播电台、中国国际广播电台、中国广播网及全国各省、自治区、直辖市的34家交通广播电台的35名记者到西吉县，实地参观采访交通基础设施建设、交通运输管理和旅游产业发展等工作。

7月28日至29日　自治区人大常委会代表联络与选举工作委员会主任杨保尔带领银川市第十届自治区人大代表视察组一行18人，到西吉县视察马铃薯产业、城市建设和旅游产业发展工作。

▲ 全市经侦民警业务暨打击预防企业职务犯罪培训班在西吉县开班。固原市公安局副局长杨万斌及固原市各县、区分管经侦工作的副局长、县金融系统职工和公安局经侦民警参加培训学习。

7月31日　自治区审计厅厅长章建忠一行3人在固原市审计局局长杨大素陪同下，

到西吉县检查指导审计工作。

同日 固原市委常委、县委书记丁卫东,人大常委会主任马正文、政协主席黄如林等带领县委办、政府办、民政局等负责人,到县中队、消防队、人武部看望慰问驻地官兵,并深入部分乡镇看望慰问老红军、老复员军人、伤残军人、四川抗震救灾现役军人家属。

是月 西吉县财政局职工罗黎萍作为全国奥运火炬手,在中卫市参加奥运火炬传递活动。

▲"西吉马铃薯"商标被宁夏回族自治区实施商标战略工作领导小组认定为第六届宁夏著名商标。

8月1日 日本驻华使馆项目官员冈田茉莉在自治区商务厅外经处处长弟蓉、调研员梁春霞陪同下,到西吉县考察援建兴隆小学教学楼事宜。

8月2日 国家文物局机关团委书记刘华彬带领文物局机关团委的10余名青年干部,到单家集革命旧址、红军长征将台堡会师纪念馆、西吉县博物馆等地,进行"重走长征路"主题教育活动。其间,到单民小学开展捐资助学活动,向该校100余名学生赠送文具盒、书包、铅笔等学习用品。

8月4日 固原市安监局局长杨勇带领相关处室负责人到西吉县检查指导安全生产工作。

同日 西吉县农牧系统的60名选手参加"全区兽医大比武"西吉赛区选拔赛。

8月5日 县运管所举办道路运输从业人员安全生产学习培训班。

8月8日 全县2008年项目建设暨招商引资工作会议召开。固原市委常委、县委书记丁卫东,人大常委会主任马正文、县委副书记马彦秀及全体在家的县级领导、县直各部门单位主要负责人和各乡镇党委书记、乡镇长、人大主席参加会议。

8月11日 海原县人大党组书记、副主任李正虎带领观摩团到西吉县观摩交流马铃薯标准化种植、设施农业建设工作。

8月13日 固原市政协副主席刘乐伟带领市政协视察组到西吉县视察设施农业建设。

8月15日 自治区发改委副主任吴占东带领区发改委、区水利厅专家组成调研组,到西吉县清水河流域沙沟乡境内的臭水河,调研检查地下水污染治理工作。

8月16日 国务院总理温家宝到西吉县考察工作。温家宝总理到吉强镇万崖村调研扶贫开发,查看群众生产生活,看望慰问群众。

8月19日 自治区财政厅副厅长马金霞带队到西吉县检查督促西吉二中、西吉三中、西吉四中、西吉一小等教育重点项目工程建设工作。

8月20日 自治区监察厅执法监察员陈建民带领自治区联合监督检查组到西吉县检查中医院门诊综合楼项目建设工作。

同日 自治区卫生厅厅长刘天锡带领检查组到西吉县检查指导卫生工作。

8月21日 自治区建设厅房改办主任孙文硕一行,到西吉县检查指导城市低收入家庭住房保障工作。

同日 固原市建设工程综合执法检查组,对西吉县2008年市场建设管理、参建各方责任主体质量行为、工程实体质量及内业资料等情况进行综合执法检查。

8月22日 西吉县启动法律监督、控申举报工作进乡镇、进社区活动。

同日 西吉县拍卖一宗国有土地使用权,拍卖土地位于吉强中街北侧,占地面积11498.43平方米。由西吉县国土资源局委托宁夏金谷拍卖行公开拍卖,被宁夏鑫鸿房地产开发有限责任公司以610万元拍卖成功。

8月23日 县委、县政府召开全县秋季务工人员进疆工作安排会议。

8月25日 固原市劳动就业局、西吉县总工会、西吉县劳动就业局组织专业人员对参加计算机技能培训的100余名学员进行理论与实践考试。

8月26日 固原市人大常委会副主任姜文奎、拜志俊带领市人大视察组,到西吉县视察农业农村工作。

同日 县政协举行2008年度"兴华成才助学金"发放仪式。"兴华成才助学金"工程2005年启动,该基金4年共资助西吉县贫困大学生25名、捐赠资金8.1万元。

8月27日 宁夏南部山区计划生育药具优质服务试点启动仪式在红军长征将台堡会师广场举行。计生工作人员现场为群众举行生殖健康服务,检查诊断妇科病人800多例,免费发放2.3万元药品,现场咨询解答计生问题2000多人次。

8月27日至28日 县政协主席黄如林带领政协视察组对全县教育基础设施建设、新型农村合作医疗、"五五"普法工作开展视察。

8月28日 中国人民银行西吉县支行发行库撤销。发行库撤销后,辖区现金供应由各商业银行(社)向人民银行固原中心支行调运。

8月29日 西吉县举行希望工程圆梦行动助学金发放仪式。全县共筹集贫困大学生助学金51.6万元,资助贫困大学新生180名。

9月2日 固原市副市长田治富带队到西吉县检查指导教育教学工作。

9月3日 王民乡向新疆建设兵团农二师三十一团输送采摘棉花务工人员227名。

9月4日 固原市人大常委会副主任马玉芳带领市人大检查组,到西吉县检查指导《妇女权益保障法》《未成年人保护法》贯彻实施工作。

同日 自治区经济责任审计局局长梁雪城带队,到西吉县检查指导经济责任审计工作。

9月5日 县城乡环境综合整治领导小组对城镇居民小区内附属建筑物拆迁工作进行督查。

9月6日 县质量技术监督局在县文化广场举行主题为"质量安全是社会和谐的基础"的宣传活动。

9月8日 中国(宁夏·西海固)马铃薯节在西吉县将台乡举行。中国农科院党组书记薛亮、农业部种植业管理司副司长涂建华、中国农科院国际合作局副局长贡锡锋、区政府主席助理屈冬玉、区农牧厅厅长赵永彪、市委书记刘小河、市长白尚成、市政协主席邓向贵等领导及联合国粮农组织北京代表处主任杜悦新、世界粮食计划署北京代表处主任安西亚·布韦、荷兰使馆商务处代表富尔科·文吉多析、美国驻华大使馆官员乔治·桑切斯和马铃薯专家、部分省区马铃薯客商等参加开幕式。当日下午,在西吉县会议中心举行中国(宁夏西海固)马铃薯节招商协议签约仪式。

同日 自治区政协办公厅巡视员卫和平、自治区教育厅财务处副处长姬建义等到西吉县检查希望工程援建项目落实工作。

9月9日 县委、县政府召开迎接自治区成立50周年大庆安全保卫工作会议,研究部署各项具体工作。

9月11日 县委、县政府召开防治重大动物疫病指挥部工作会议,安排部署全县动物防疫工作和突发高致病性禽流感疫情应急演练活动等具体事宜。

9月12日 县工商局组织开展“三鹿”婴幼儿配方奶粉清查工作。共出动执法人员450人(次)、车辆68辆(次),检查经营主体1373户(次),下架封存不合格奶粉6654袋(罐),为消费者退换不合格奶粉148.8公斤,受理消费者申诉、举报4件。

9月16日 县农牧局在兴隆镇王河村举办全县秸秆加工调制利用现场会,标志着全县秸秆加工调制利用工作全面展开。

9月18日 自治区交通厅纪检监察员王香荣带领巡查组一行6人,到西吉县巡查农村公路廉政工作。

9月18日至19日 县委、县政府分管领导带领县安全生产检查组在全县范围内开展安全生产大检查工作。

9月19日 全县贫困村村级发展互助资金试点工作会议召开。会议总结2007年互助资金试点工作,安排部署2008年及今后互助资金使用和监管工作。

9月22日 自治区国土资源厅副厅长马利明带领相关处室负责人到西吉县督查国土资源管理和配置工作。

同日 县委组织部安排9名高校毕业生到村任职,分别到吉强、兴隆、将台、新营4个乡镇的9个村担任村党支部书记助理职务。

9月23日 县委、县政府举行《骄傲西吉——走出大山西吉人》首发仪式暨《崛起西吉》《西吉——中国马铃薯之乡》赠书活动。

同日 自治区政协副主席安纯人、香港福建希望工程基金会访问团成员、固原市政协副主席姚启世等到西吉县,为白崖希望小学、硝河乡希望小学竣工剪彩。

9月24日 固原市政协副主席伍文贵带领调研组到西吉县,调研东西部合作办学及异地就业工作。

9月25日 全区马铃薯机械化收获座谈会在西吉县召开。

同日 固原市委常委、县委书记丁卫东带领县委常委李亚军及县委办、政府办、民政、交通等部门负责人，到平峰、兴隆、兴平、苏堡、田坪、马建等乡镇检查指导地质灾害防治工作。

9月26日 福建省莆田市市委组织部长张华英带领副部长、驻外党工委书记魏金铸一行三人，到西吉县考察闽宁对口帮扶工作并看望慰问在西吉挂职的莆田市涵江区援宁挂职干部。

同日 政协西吉县九届委员会第3次常委会议召开。会议传达学习温家宝同志到宁夏视察时的重要讲话和《国务院关于进一步促进宁夏经济社会发展的若干意见》精神。听取县政府关于全县教育基础设施建设情况、新型农村合作医疗工作情况、“五五”普法进展情况和退耕还林后续产业发展情况的通报，听取县政协视察组关于上述各项工作的视察、调研报告。

9月27日 县卫生局举办首届全县农民健康知识竞赛。

10月3日 3时45分，固原(北纬36.0度，东经106.3度)发生3.8级地震，西吉县境内有明显震感。

10月7日 县委分管领导带领督查组，到固(原)—西(吉)引水工程线路区，检查督促固(原)—西(吉)引水工程建设工作。

10月8日 县政府分管领导带领督查组到月亮山林场生态修复项目区检查指导林业有害生物防治工作。

同日 上海长征医院第七批专家医疗队到县人民医院开展对口帮扶医疗服务活动。

10月9日 固原市委常委、县委书记丁卫东带领四大机关领导及县委办、政府办、城建、卫生、文化等相关部门负责人，调研指导城镇化拟建项目选址工作。

10月11日 党家岔湿地保护区管理处与苏堡乡联合举办西吉县第二届“震湖杯”钓鱼大赛。

10月13日 全县校园安全工作会议在西吉三中召开。

10月15日 固原市人大常委会副主任姬永昌带领市人大检查组，到西吉县检查市二届人大一次会议代表议案和建议意见办理工作。

同日 固原市政协副主席伍文贵带领视察组到西吉县视察乡村道路建设工作。

10月16日 西吉县人口和计划生育工作业务培训班开班，各乡镇计生站长、计生专干、计生员100多人参加培训学习。

同日 县林业与旅游局更名为西吉县林业局，撤销六盘山外围水源涵养林办公室，业务并入西吉县林业局；单设西吉县旅游局。

▲ 自治区妇联副主席范淑琳一行到西吉县检查指导“母亲水窖”项目建设和“巾帼建功”活动开展情况。

10月20日 十五届县人大常委会第六次会议召开。会议听取和审议县政府关于全县公路建设情况的报告、关于水利工程建设情况的报告、关于《人口与计划生育法》贯彻实施及“少生快富”工程进展情况的报告,听取县人大常委会视察组关于以上三项工作的视察报告;听取和审议十五届人民代表大会第一次会议代表议案、建议及县十五届人大常委会二、三、四次会议审议意见办理情况的报告;审议通过有关人事任免事项。

同日 固原市人大常委会副主任姜文奎带领市人大检查组,在固原市中级人民法院负责人陪同下,到西吉县检查指导民事商事案件审判和检察院诉讼监督工作。

10月21日 上海企业家及台商一行6人到硝河乡范湾小学、白崖乡鹞川小学和新营小学考察农村基础教育工作,为生活困难学生捐赠衣物和助学金,为硝河乡范湾小学现场解决价值5000元的体育学习用品。

10月22日 西吉县防震减灾“三网一员”培训班开班。全县各乡镇防震减灾助理员、灾情速报员、防震减灾知识义务宣传员、宏观观测员40余人参加培训学习。

同日 田坪乡举办全乡农机驾驶员培训班。培训农用车驾驶员100余人,现场办理驾驶证10人、农用车挂牌16副。

▲自治区质量技术监督局局长李志仁带领相关处室负责人一行,在固原市质监局局长罗斌陪同下,到西吉县检查生产环节食品质量安全工作。

10月23日 《西吉年鉴(2008)》区、市、县级评审会议召开。

10月24日 县食品安全委员会办公室联合农牧、质监、卫生监督、工商、发改、商业等单位在文化广场开展“食品安全大检查宣传日”活动。

10月27日 县委选派千名干部进村入户宣讲党的十七届三中全会精神。

10月30日 全县城乡居民医疗保险工作会议召开。会议通报全县城乡居民基本医疗保险参保登记工作进展情况,安排部署城乡居民参加医疗保险入户摸底调查工作。

11月5日 自治区国土资源厅副厅长杨金富带领相关处室负责人,在固原市国土资源局局长马全忠陪同下,到西吉县调研指导地质灾害防治体系建设工作。

11月6日 《共产党人》杂志社社长雷兴魁一行10余人,到西吉县调研农村基层党建和教育工作。

11月8日 自治区环保局总工程师金国兴带队,到西吉县调研马铃薯淀粉加工废水冬灌农田利用工作。

11月10日 自治区党委组织部检查验收组,到西吉县检查验收村级组织活动场所建设工作。

11月11日 自治区民政厅检查验收组,到西吉县马建乡、苏堡乡检查验收危窑危房改造工作。

同日 固原市县级工会工作现场会在西吉召开。固原市工会主席、副主席、各县(区)工会主席及各乡镇、县直各部门(单位)、企业工会主席100多人参加会议。

11月12日 自治区发改委经济研究中心调研组到西吉县调研优势特色农产品发展

工作。

11月13日 固原市卫生局副局长倪万银带领督查组,到西吉县督促检查食品安全工作。

同日 西吉县农牧局畜牧技术推广服务中心举办全县畜牧技术人员和养殖大户肉牛冷配技术培训班,邀请法国畜牧专家舍内·帕特里克教授和自治区畜牧站畜牧师脱征军主讲。

11月14日 固原市委副秘书长周万佩带领马铃薯脱毒种薯繁育中心改革改制调研组一行6人,到西吉县调研马铃薯脱毒种薯繁育中心改革改制工作。

同日 自治区农牧厅科教处副处长盛彪带领自治区设施农业首席专家吕鸿钧、自治区蔬菜专家姜黛珠、固原市农科所主任郭志乾等组成调研组,到西吉县调研现代农业科技支撑体系建设工作。

11月15日 国家宗教局副局长蒋坚永带领调研组,在固原市政协副主席、市委统战部长马天芳等陪同下,到西吉县调研指导实践科学发展观、宗教事务规范化管理工作。

同日 固原市中级人民法院执行局局长马凤成带领固原市各县(区)人民法院执行局长,到西吉县将台乡、硝河乡、什字乡开展联动执行工作。

11月16日 九三学社固原市委员会联合市委统战部、市人民医院、市福利医院、市妇幼保健院、市科协、宁夏师范学院等部门单位,到什字乡开展送科技、卫生、文化“三下乡”活动。

11月17日 安利公司宁夏分公司慰问团一行,到王民中学看望慰问复旦大学支教队员,并为王民乡下赵小学捐赠5000元助学金和部分体育器材。

同日 固原市建设局副局长刘太保带领验收组,到西吉县检查验收城市规划建设管理工作。

▲ 县扶贫办与县总工会联合举办酒店、宾馆服务员基本技能培训班。

11月18日 县政协副主席郭满福带领县政协检查组对政协委员提案、建议办理工作进行检查督促。

11月19日 固原市妇联主席马晓玲带领固原市各县(区)妇联负责人到西吉开展互观互学活动。

同日 自治区党委宣讲团副团长柴建国到西吉县,为林业、水利、扶贫等部门干部职工宣讲党的十七届三中全会精神。

▲ 县政协调研组对将台至深岔公路、葫芦河大桥、秀山路、西吉汽车站等交通重点工程建设进行调研视察。

11月20日 县委、县政府召开全县森林草原防火工作会议,传达学习全国、全区森林草原防火工作会议精神,部署全县森林草原防火工作。县森林防火指挥部总指挥与各乡(镇)、涉林部门负责人签订《2008—2009年度林草防火目标责任书》,县森林防火指挥部副总指挥与各国有林场场长签订《西吉县国有林场2008—2009年度护林防火责任书》。

11月20日至21日 县政协调研组,到兴平乡八台轿水源工程、苏堡乡苏堡村、固(原)—西(吉)农村饮水安全供水工程建设现场,调研检查水利重点工程建设和小城镇建设工作。

11月21日 宁夏公路管理局组织农村公路养管检查组,到西吉县检查指导农村公路养管工作。

11月24日 15时23分,固原炭山(北纬36.3度,东经106.2度)发生4.0级地震,震源深度25公里,西吉县境内大部分乡(镇)有震感。

11月26日 县妇联2008年度"巾帼科技致富工程"农村妇女培训班在将台乡开班,100多名农村妇女参加培训。

11月28日 自治区妇联主席李金英带领相关处室负责人,在固原市委常委高贵武、市妇联主席马晓琳陪同下,到西吉县观看指导反映"大地之爱·母亲水窖"项目惠及农民群众的话剧《心泉》的创作编排工作。

是月 固(西)引水工程西吉段全线通水,有效缓解了西吉县城居民生活用水紧张状况。

12月1日 市委常委、县委书记丁卫东带领县委、政府分管领导及县委办、农牧局负责人,到新营乡、将台乡检查指导马铃薯销售、储藏工作。

同日 固原市审计局副局长任远景带领检查组到西吉县检查指导审计效能建设年活动开展工作。

12月2日 自治区食品药品管理监督局食品协调处处长叶上云一行,在固原市药监局负责人陪同下,到西吉县检查食品安全示范乡镇创建工作。

12月2日至3日 自治区政协党组副书记、副主席李淑芬带领自治区政协调研组,在自治区计生委等部门负责人陪同下,到西吉县调研检查计划生育工作。

12月3日 自治区发改委以工代赈办公室主任徐文、区水保局副局长卜崇德带领调研组,到西吉县调研检查水土保持综合治理项目和小流域坝系工程建设工作。

12月4日 自治区司法厅副厅长李春劳带领检查验收组,到西吉县检查验收基层司法所规范化建设工作。

12月6日 自治区人事厅副厅长郑建国带领相关处室负责人,到西吉县检查指导人事工作。

同日 自治区地震局局长张思源带领震害防御处、应急救援处负责人等,到西吉县调研指导防震减灾工作。

12月9日 国家农业部市场与经济信息司副司长隋鹏飞一行,到西吉县调研指导马铃薯市场建设及运行工作。

12月12日 县政协召开常委会议,听取县政府关于县政协九届一次会议以来建议、提案办理情况的通报,听取县政府关于固(原)—西(吉)引水安全重点供水工程、县城重点工程、交通重点项目建设情况的通报;审议通过政协西吉县九届委员会第二次全体会议有关事宜和材料。

12月13日 县房产公司在文化广场举行廉租住房和经济适用住房宣传活动。工作人员向城乡居民发放宣传资料并讲解廉租住房和经济适用住房保障政策、保障对象、保障措施、申请方式及监督管理机制。

12月15日 自治区文化厅组织专家到西吉县对原创大型花儿剧《情暖农家》进行评审。

12月15日 自治区党委政法委综治督导室主任王敬元带领检查验收组,到西吉县检查验收2008年度社会治安综合治理和平安创建工作。

12月16日 固原市中级人民法院组织固原市部分人大代表、政协委员,到西吉县人民法院观摩指导工作。

12月17日 县委、县政府安全生产考核组对全县19个乡镇和重要部门、重点行业、重点企业、重点隐患部位的安全生产工作进行综合督查和考核验收。

12月21日至24日 政协西吉县九届委员会第二次全体会议召开。会议听取和审议县政协第九届委员会常务委员会工作报告、政协委员提案建议办理情况报告,会议批准了以上各项报告,并作出相应决议。政协委员还列席了县十五届人代会第二次会议,听取和讨论了会议报告。

同日 十五届县人民代表大会第二次会议召开。会议听取和审议县政府工作报告、西吉县2008年国民经济和社会发展计划执行情况与2009年国民经济和社会发展计划报告、西吉县2008年财政预算执行情况与2009年财政预算报告、县人大常委会工作报告、县人民法院工作报告、县人民检察院工作报告和县人大代表议案建议办理情况报告,会议批准了以上各项报告,并作出相应决议。

12月25日 县林业局组织全县各国有林场场长、防火办、林技中心、森防站和相关股室负责人,到全县10个国有林场考核评比森林防火、荒山造林、林木管护、基础建设、制度建设、值班管理、场容场貌等工作。

12月26日 县总工会召开七届二次全委会议。会议选举田树森为县总工会主席、张建平为县总工会常务副主席。

12月28日 固原市政府副秘书长王伦带领市劳动保障、医保中心、社保等相关部门单位负责人,到西吉县考核验收劳务产业、促进就业和完善社会保障体系及全民创业等工作。

12月29日至31日 县交通运管、公安交警、安监等部门联合举办全县道路旅客运输从业人员培训班。明星出租车公司、西风公交公司、吉运农村客运公司、祥龙农村客运公司、县运输公司和汽车站的260余名道路旅客运输从业人员参加培训。

是年 全县总户数120504户,总人口487913人。全县地区生产总值185286万元,其

中第一产业61237万元、第二产业36675万元、第三产业87374万元。农作物播种面积224.35万亩，粮食总产20309.8万公斤、油料总产1197万公斤。地方财政收入2790万元，地方财政支出90612万元，社会商品零售总额60087万元。

2009年

1月9日 自治区党委政法委、综治委授予西吉县“全区治安防控体系建设先进县”荣誉称号；自治区综治委命名西吉县为“2008年度平安县”。

1月15日 由西吉县人民政府、固原市文体局主办，西吉县体育中心和兴隆镇人民政府承办的固原市“体彩杯”百乡千村农民体育活动月启动仪式暨西吉县“和谐杯”农民篮球运动会在兴隆镇举办。

同日 宁夏康广医药公司派代表到偏城乡敬老院开展献爱心活动，为孤寡老人和孤儿捐赠衣物等生活用品。

1月19日 县委、县人大、县政府、县政协主要领导带队对计划生育对象户、农村特困户、贫困党员、“五保”老人、离退休干部、知识分子代表及驻地官兵进行春节慰问。

同日 自治区计生委主任吴海鹰到西吉县慰问基层计生干部和执行计划生育“少生快富”项目的农户。

1月20日 县政协召开2009年迎新春茶话会。

1月21日 全县领导干部大会召开。会议传达学习自治区“两会”精神，并对贯彻落实“两会”精神作出部署。

1月22日 西吉县2009年新春团拜会在县会议中心举行。市委常委、县委书记丁卫东，人大常委会主任马正文，政协主席黄如林同社会各界代表200余人参加团拜会。丁卫东代表县四大机关向全县人民致新春贺词。

1月23日 县委常委（扩大）会议召开。会议传达学习十七届中央纪委三次全会精神、自治区纪委十届三次全会精神和中共中央《关于促进农业发展、农民增收的若干意见》（中共中央〔2009〕1号）精神，研究西吉县贯彻落实意见。

2月1日 市委常委、县委书记丁卫东带领县委、县政府分管领导及县委办、水利局、城建局等部门负责人到县城北山水厂检查县城居民供水工程建设工作。

2月3日 固原军分区司令员田宝成到西吉县检查指导人武工作。

2月5日 中国石化总公司副总经理马伟林在自治区政协民族委员会主任马三宝陪同下，到西吉县考察投资环境，并就特色文化建设发展情况进行调研。

2月9日 西吉县举行庆祝元宵节社火大赛、秦腔大拜年、花灯会、焰火晚会等系列文艺活动。

2月10日 县委、县政府召开2008年度工作总结表彰大会。会议总结2008年全县工作，对各项工作成绩突出的先进集体和先进工作者进行表彰奖励，同时与各部门(单位)、各乡(镇)签订了2009年目标管理责任书。

同日 市委常委、县委书记丁卫东带领四大机关领导和相关部门负责人到县城第三小学、第四小学、职业中学调研指导各学校改扩建和新建筹备工作。

2月12日 西吉县向福建、内蒙古等省区有组织输出劳务人员1600多人。

同日 自治区物价局局长陈立带领相关处室负责人到西吉县调研指导物价工作。

▲全县村党支部书记和村委会主任培训班开班。

2月13日 自治区党委副书记于革胜、政府副主席刘慧、副主席郝林海、人大常委会副主任马秀芬、主席助理屈冬玉及相关厅(局)负责人在固原市委书记刘小河等陪同下，到将台乡马铃薯专业批发市场、县劳务培训中心、吉强镇万崖村设施农业示范点，调研指导西吉县马铃薯、劳务、西芹产业发展工作。

2月15日至23日 宁夏军区给水团派27人、10台水车为红耀、平峰等6个乡镇抗旱送水500多吨。

2月18日 十五届县人民政府二次全体会议召开。会议贯彻落实县委十二届六次全体(扩大)会议精神、县十五届人大二次会议精神，研究部署2009年政府各项工作。

2月19日 县人大视察组对全县城乡低保、农村危窑危房改造、支农贷款发放及《中华人民共和国劳动法》贯彻执行工作开展视察。

2月20日 全县人武暨民兵整组工作会议召开。

2月21日 自治区副主席赵小平在固原市市长白尚成陪同下，到西吉县调研马铃薯淀粉生产加工和葫芦河大桥建设工作。

2月23日 县政府召开专题会议，研究部署2009年全县设施农业建设工作。

2月25日 全县道路交通违法行为集中整治活动启动仪式在县文化广场举行。

2月26日 自治区扶贫办主任杜正彬带领相关处室负责人到西吉县调研指导扶贫开发工作。

同日 十五届县人大常委会第八次会议召开。会议听取县人大检查组关于春耕备耕情况的报告、关于法律法规贯彻实施情况的报告，依法进行有关人事任免。

2月27日 全县宣传思想文化工作会议、全县创业带动就业暨劳务产业工作会议、全县人口和计划生育工作大会在县会议中心召开。

3月3日 市委常委、县委书记丁卫东带领县委、县政府分管领导及县委办、农业局、计生局、劳务局等部门单位负责人到新营、红耀、田坪、苏堡、平峰、兴平等乡(镇)检查指导计划生育、劳务输出、春耕生产等工作。

同日 西吉县落实中央新增投资项目建设监督管理责任会议召开。

3月4日 自治区发改委副主任吴占东、水利厅副厅长杜永发带领有关人员，在固原市副市长张宗穹陪同下，到西吉县调研检查县内生态移民搬迁工作。

3月5日 自治区水利厅副厅长毕廷和带领有关人员到新营、红耀、田坪、平峰、兴平等乡(镇)调研农村人畜饮水困难和饮水安全问题。

3月6日 县党政代表团一行20人赴银川考察劳务市场，与神华宁煤集团、宁夏宝丰集团、华电宁夏分公司等7家自治区重点企业进行对接洽谈，达成用工协议。

3月7日 十五届县人大常委会第九次会议召开。传达学习胡锦涛总书记在中纪委十七届三次全会上的讲话精神，依法进行了有关人事任免。

3月8日 全县农业和农村、政法、组织工作会议在会议中心召开，总结2008年农业和农村工作、政法工作、组织工作，安排部署2009年农业和农村工作、政法工作、组织工作。

3月9日 西吉县召开全县纪检监察工作会议，总结2009年反腐倡廉工作，安排部署2009年反腐倡廉工作。

3月10日 自治区民委主任王剑带领有关人员到西吉县调研指导民族团结创建工作。

3月11日 自治区国土资源厅厅长刘卉带领有关人员到西吉县检查指导国土资源项目治理工作。

3月12日 市委常委、县委书记丁卫东带领县委、政府分管领导及县委办、农牧局、林业局等部门单位负责人到西吉县马铃薯科技示范园区及吉强、火石寨、硝河、马莲、沙沟、白崖等乡镇，检查指导马铃薯种薯繁育、退耕还林、劳务输出、计划生育和设施农业建设工作。

3月13日 县政协主席黄如林带领政协视察组到县法院、县检察院、县计划生育服务站、看守所、供电局、苏堡乡、红耀乡等部门、乡镇，视察公检法干部队伍建设及执法、城乡用电管理、计划生育服务体系建设、农村人畜饮水工程管理工作。

3月15日 县工商局、县消费者协会联合县卫生局、食品药品监管局、广电局等14家消协成员单位和14家企业举办以“消费与发展”为主题的“3·15”国际消费者权益日宣传咨询活动。

3月16日 西吉县家电下乡工作启动仪式在县文化广场举行。

3月20日 县委政法委和综治办牵头组织县综治成员单位在县文化广场举行“西吉县社会治安综合治理集中宣传活动”。

同日 宁夏军区司令部韦明凯处长带领工作组到西吉县检查指导人武工作。

3月21日 全县学习实践科学发展观活动动员大会在县会议中心召开。

3月22日 兴隆土地流转合作社、马莲土地流转合作社、吉强土地流转合作社成立，共流转土地7257亩，涉及1705户农民，建成西吉县最大的绿色无公害蔬菜基地和规模化种植基地，转移农村剩余劳动力9200余人。

3月23日 自治区党委书记陈建国到西吉县检查指导城市基础设施建设和特色优

势产业发展工作,实地调研视察了西吉第四中学、葫芦河整治工程、大滩村设施农业示范点、将台乡马铃薯批发市场。

3月24日 西吉县城市集污及污水处理工程启动建设。

3月25日 由县科协申请、自治区商务厅审查推荐、日本驻华使馆考察确定,日本“利民工程”援建的兴隆镇小学教学楼项目正式开工建设。

3月25日至26日 县人大组织视察组对全县扶贫开发、春耕生产、农用物资供应和《宗教事务条例》贯彻实施情况进行视察。

3月26日 固原市政协主席邓向贵带领市政协调研组到西吉县调研政协工作和农村大病救助工作。

3月28日 全县深入开展学习实践科学发展观活动专题报告会在会议中心举行。自治区党委讲师团讲师潘建红、宁夏社科院经济学研究员、国家社科基金项目评议专家张庆宁教授作专题报告。

3月29日 市委常委、县委书记丁卫东主持召开县委理论学习中心组会议,集中学习科学发展观。

3月31日 彭阳县教育代表团一行20人到西吉县考察观摩教育教学工作。

4月8日 自治区政协副主席马国权带领区政协调研组到西吉县调研农村土地承包经营权流转工作。

4月9日 自治区党委政法委副书记、秘书长冀晓军带队到西吉县调研指导政法综治工作。

4月10日 县委、县政府召开全县上半年计划生育形势分析暨“百日专项治理”动员会。

4月11日 中国妇女报社总编卢小飞一行到西吉县调研考察妇女工作。

4月12日 自治区政府主席王正伟到西吉县调研指导主导产业发展、城市基础设施建设、退耕还林等工作。

4月13日 自治区政府副主席姚爱兴到西吉县调研指导计划生育、医疗卫生工作。

4月14日 自治区党委常委、统战部部长马金虎到西吉县白崖乡、吉强镇及县法院调研统战宗教、农业生产、人畜饮水及学习实践科学发展观工作。

4月15日 市委常委、县委书记丁卫东带领县委、政府分管领导及县委办、政府办、农牧局、科技局、建设局、水利局等部门(单位)负责人到马莲乡万亩马铃薯种薯繁育基地和重点交通、水利工程工地检查督促马铃薯种薯生产和重点工程建设工作。

同日 自治区监察厅厅长田成江到西吉县调研党风廉政建设和反腐败工作。

4月16日 市委常委、县委书记丁卫东主持召开深入学习实践科学发展观活动专题报告会,自治区学习实践科学发展观第四指导组组长李文录作专题报告。

4月17日 宁南山区马铃薯机械化生产现场会暨西吉县马铃薯全程机械化生产示

范县启动大会在马莲乡召开。

4月18日 自治区政府主席助理屈冬玉带领专家组到西吉县检查指导设施农业、马铃薯种薯繁育及高产栽培工作。

4月19日 自治区政协副主席陈守信带领调研组一行18人，到西吉县调研农村村务公开和民主管理工作。

4月22日 自治区住房和城乡建设厅厅长刘慧芳到西吉县调研检查城镇化、危窑危房改造、廉租房建设等重点项目工程建设工作。

同日 福建省莆田市涵江区华林蔬菜基地投资兴建的宁夏华林农业综合开发有限公司在西吉县挂牌成立。

4月23日 固原市委书记刘小河在市委常委、县委书记丁卫东等陪同下，到西吉县调研指导重点工程项目建设和马铃薯产业发展工作。

同日 固原市副市长田治富，政协副主席、统战部部长马天芳一行，到西吉县检查指导统战和民族宗教工作。

4月24日 自治区商务厅副厅长张秀带领相关处室负责人到西滩乡开展帮扶活动，为西滩中学师生捐赠3万元的体育用品和运动服装。

同日 自治区质监局党组书记、局长李志仁带领副巡视员邵爱国及相关处室负责人，到西吉县调研指导质量技术监督工作。

▲市委常委、县委书记丁卫东到吉强镇大滩村党员创业园区和县城农副产品加工创业园区，检查指导园区建设工作。

4月25日 固原市安全生产检查组，到西吉县检查督导“五一”安全生产工作。

4月27日 西吉县举办“庆五一·劳动者秦之声”大奖赛，30余名农民工秦腔爱好者和4个业余秦腔艺术团参加比赛。

4月28日 县委召开深入学习实践科学发展观活动学习调研阶段总结暨分析检查阶段动员大会。总结全县学习调研阶段工作完成情况，安排部署分析检查阶段性任务，动员全县上下进一步统一思想、提高认识、强化措施，确保学习实践活动取得扎扎实实效果。

同日 自治区发改委社会处处长刘秀丽带队到西吉县检查指导经济社会重点项目实施情况。

4月29日 自治区政策研究室综合信息处处长张学智带领调研组一行3人，到西吉县调研科技创新和县域经济发展工作。

4月30日 县纪委组织部分乡(镇)党委书记和纪委书记赴彭阳县考察学习纪检监察工作。

5月4日 县委统战部、县农牧局在新营乡举办“温暖工程”新型农民暨村级兽医员培训班。苏堡、田坪、火石寨等六乡(镇)100余名村级兽医员和养殖大户参加培训。

5月5日 市委常委、县委书记丁卫东主持召开乡镇计划生育工作座谈会,对计划生育“百日专项治理行动”进行再部署、再推动。

5月6日 自治区人大常委会副主任刘天贵带领检查组到西吉县检查指导道路交通安全和消防工作。

同日 自治区发改委投资处处长王君兰带领区财政厅、公安厅、法院、检察院、司法厅等相关部门(单位)负责人组成的调研组,到西吉县调研检查经济社会发展及公、检、法、司重点项目建设工作。

5月7日 自治区政府副主席李锐带领自治区政府办公厅、建设厅、商务厅等部门负责人,到西吉县调研指导集镇建设、危窑危房改造和地震应急演练工作。

5月8日 自治区地震应急办公室副主任曹永远带队,到西吉县检查指导防震减灾宣传工作。

5月9日 西吉县组织考察团赴隆德县、原州区考察学习计划生育工作。

5月10日 县政府分管领导带领县文化局、广电局、公安局、消防队等部门(单位)负责人组成检查组,对全县网吧进行检查整治。

5月11日 自治区发改委主任袁进琳带领有关处室负责人到西吉县检查指导重点工程建设工作。

5月12日 固原市副市长陈莉萍带队到西吉县检查督促鼠疫监测、甲型H1N1流感和重大传染病防控工作。

同日 固原市整治土地违法违规专项检查组到西吉县检查督促整治土地违法违规工作。

▲西吉县举行“5·12”地震应急预防演练活动。

5月13日 固原市安全生产委员会副主任杨勇带领市供电局、教育局、交通局、国土资源局负责人,到西吉县督查安全生产隐患排查治理工作。

5月14日 自治区农牧厅副厅长周东宁带队到西吉县调研指导农业生产和草畜产业发展工作。

同日 固原军分区司令员田宝成带领工作组到西吉县检查指导人武部深入学习实践科学发展观工作。

5月15日 宁夏第五届六盘山山花节暨首届西吉县火石寨丁香花(攀岩)旅游节在火石寨景区举行。

同日 党家岔震湖游船下水、水上游乐项目启动仪式在震湖景区举行。

5月18日 全县“迎国庆、促发展、树形象”暨第十届广场文化活动启动。

同日 县地方志编纂委员会办公室在文化广场举行“5·18”地方志宣传日宣传活动。

5月19日 自治区党委副书记于革胜、区政府主席助理屈冬玉到西吉县调研指导设施农业发展工作。

同日 固原市人大常委会副主任姜文奎、副主任拜志俊带领市人大检查组到西吉县检查督促退耕还林补植补造工作。

▲ 月亮山风力发电厂建设项目启动会召开。会议通报了月亮山风力发电厂建设项目情况并宣布风力发电厂建设启动建设。

5月20日 自治区审计厅厅长章建忠带队到西吉县调研指导审计工作。

同日 西吉县举行主题为"携手建设创新型国家"科技宣传周活动。

5月20日至21日 福建省莆田市市委副书记、人大常委会主任林光大带领考察组到西吉县考察教育扶贫协作工作,并慰问在西吉教育一线支教的福建教师。

5月21日 自治区党委常委、秘书长蔡国英带领区教育厅厅长郭虎及相关处室负责人,到西吉县检查指导"两基"迎"国检"工作。

5月22日 自治区政协副主席、九三学社宁夏区委会主委袁汉民带领自治区政协视察组,在自治区旅游局局长李春阳等陪同下,到西吉县调研视察火石寨国家地质森林公园基础设施建设工作。

同日 国家水利部水土保持司副司长牛崇桓带领检查组到西吉县调研检查淤地坝安全和建设工作。

▲ 自治区国土资源厅副厅级巡视员戴涌江带领自治区验收组,到西吉县检查验收土地利用总体规划工作。

▲ 全县计划生育"百日专项治理"千名干部进村入户动员大会召开。

5月23日 固原市观摩团到西吉县观摩交流农民健身工程实施工作。

5月25日 全县防汛工作会议召开,对防汛工作进行安排部署。

5月25日至26日 县政协督查组对县政协九届二次会议委员建议案和提案办理情况进行检查督促。

5月26日 市委副书记董玲带队到西吉县检查指导计划生育和扶贫开发工作。

同日 西吉县人民医院迁建工程举行奠基仪式。工程设计总建筑面积27304平方米、总投资8249万元,计划2009年完成一期主体工程,2010年底竣工投入使用。

▲ 福建省莆田市选调生爱心基金资助西吉县贫困学生捐助资金发放仪式在西吉中学举行。福建省莆田市选调生爱心基金为西吉中学、西吉二中、西吉四中的100名家庭贫困学生捐款5万元。

▲ 固原市组织工作观摩团到西吉县观摩交流组织和党建工作。

5月27日 自治区防震减灾领导小组副组长、地震局局长张思源带队到西吉县检查指导防震减灾工作。

同日 自治区西部开发办主任彭维克带队到西吉县调研巩固退耕还林成果项目建设工作。

▲ 西吉县开展爱心包裹暨"5·12"灾区学生"六一"关爱行动捐赠活动,当日共募集捐

款18万余元。

▲ 县妇联组织爱心人士看望慰问留守儿童,并为他们送去学习生活用品。

5月31日 固(原)—西(吉)引水工程一干管正式开工建设。工程从原州区贺家湾水库开始,由南向北途经原州区开城镇、中河乡至西吉县沙沟乡南套子梁,全长41公里。

同日 自治区民政厅副厅长王凤刚带领相关处室负责人到西吉县检查指导危窑危房改造工作。

▲ 固原市少先队员"歌唱祖国"暨喜迎中国少年先锋队建队60周年"红领巾心向党"红歌会在西吉一小举办。

6月1日 固原市委书记刘小河到西吉县调研火石寨国家地质公园、国家森林公园基础设施建设及旅游业发展工作。

6月2日 自治区政府主席助理屈冬玉带队到西吉县调研指导扶贫开发工作。

同日 固原市委副书记董玲、副市长马吉带领检查组到西吉县调研检查马铃薯产业发展、封山禁牧及灭鼠等工作。

6月3日 自治区民委副主任马成带队到西吉县调研指导移民搬迁、扶贫开发、新农村建设工作。

同日 自治区水库移民管理办公室主任周伟华带队到西吉县调研指导水库移民后期扶持项目落实工作。

6月4日 中宁县劳务考察团到西吉县考察对接枸杞采摘用工合作工作。

同日 自治区人力资源与社会保障厅副厅长武平带领相关处室负责人,到西吉县调研指导全民创业和就业工作。

6月5日 自治区党委常委、宣传部部长杨春光带领文化厅、旅游局等厅局负责人,到西吉县调研指导文化资源共享工程、民俗文化和旅游产业等工作。

同日 中国人民银行银川市中心支行为吉强镇夏大路小学捐赠3万余元教学器材和学习用品。

6月6日 县委召开常委班子深入学习实践科学发展观活动专题民主生活会。自治区党委常委、统战部部长马金虎,固原市委副书记董玲及固原市第四指导检查组成员出席并指导会议。

同日 由团县委牵头、明星出租公司承办的"与爱同行爱心送考"志愿服务活动启动。

6月7日 全县4057名高中毕业生参加全国普通高校招生考试,比2008年增加250人。

6月9日 银川市交通局局长高云山带队到马莲乡罗曼沟小学看望全校师生并开展对口帮扶工作,为该校学生捐赠3万元学习用品和体育器材。

同日 县公安局在文化广场举行深化民安工程"百日破案"专项行动赃款赃物发还仪式。

6月10日 国家农业部发展计划司副司长周应华带领全国人大重点建议“支持宁夏建设马铃薯种薯基地”办理工作调研组,在自治区农牧厅、财政厅、发改委等厅局负责人陪同下,对西吉县马铃薯产业种薯供给、机械化生产、贮藏能力建设等进行调研检查。

6月10日至11日 复旦大学党委书记秦绍德带领复旦大学慰问团,到西吉县看望慰问在西吉支教的复旦大学队员并开展教育帮扶活动。

6月11日 全国人大常委会原副委员长盛华仁到西吉县马莲乡马铃薯标准化种植示范基地、西吉县马铃薯研究所、吉强镇大滩村设施农业示范基地,视察调研马铃薯种薯繁育体系建设和设施农业发展工作。

同日 中纪委驻国家林业局纪检组监察局主任吴兰香一行,在自治区林业局纪检组长郭玉堂陪同下,到西吉县检查指导预防涉林职务犯罪工作。

▲自治区党委书记陈建国到西吉县检查指导县城道路网络工程建设和309国道固原至西吉段扩建规划设计工作。

6月12日 中共中央组织部副部长李智勇带领中组部研究室主任佟延成及相关人员,到西吉县调研指导主导产业发展、红色旅游开发、基层组织建设等工作。

6月15日 “西吉县残疾人事业彩票公益金精神病防治康复项目”启动仪式在吉强镇西街社区卫生服务站举行。

6月16日 固原市地方病防治工作暨现场观摩会在西吉县召开。

6月17日 自治区安监局局长魏里阳到西吉县检查指导安全生产工作和“安全生产年”活动开展情况。

6月18日 自治区人大常委会副主任何学清带领区人大检查组到西吉县检查指导环境污染治理工作。

6月19日 自治区党委政策研究室巡视员刘策带队到西吉县调研马铃薯产业、西芹产业发展工作。

6月24日 自治区水利厅厅长吴洪相带队到西吉县检查指导农田水利工作。

6月24日至25日 荷兰马铃薯食品产业协会组织荷兰马铃薯专家、马铃薯加工企业代表组成考察团,到西吉县考察马铃薯种薯脱毒繁育和马铃薯食品加工工作。

6月25日 西吉县召开贫困村村级发展互助资金项目建设会议,对贫困村村级发展互助资金使用、监管进行安排部署。

6月26日 县公安局、县团委联合在县文化广场开展国际禁毒日宣传活动。

同日 共铸“中国心”西部地区心脑血管疾病健康关爱行动北京专家到西吉县开展义诊活动。

6月28日 自治区党委副书记于革胜、副主席郝林海、主席助理屈冬玉及自治区涉农部门单位负责人、各市、县(区)分管农业的领导、农业专家组成观摩团,到西吉县观摩交流设施农业发展工作。

同日 宁夏军区给水工程团在西吉县实施的"百井支农富民"工程第4眼管井出水仪式在新营乡大沙河村举行。全年共在葫芦河流域打井8眼。

6月29日 县委召开"两代表一委员"、离退休干部代表、基层群众代表评议县委领导班子贯彻落实科学发展观情况分析检查报告座谈会。

6月30日 自治区财政厅农村处处长何克朴带领水利厅、农牧厅、农科院等厅局人员组成调研组,到西吉县调研指导抗旱减灾工作。

同日 自治区计生委生殖健康技术指导服务中心副主任白铁琳一行13人,到西吉县吉强镇夏大路村开展"我为党旗添风采、关爱计生贫困户"义诊活动。

7月1日 中共中央委员、全国人大内司委副主任委员白景良等在自治区公安厅副厅长乔恩成陪同下,到西吉县调研检查公安工作。

同日 县政府领导班子召开贯彻落实科学发展观分析检查报告评议会。县委常委、纪委书记李世明,人大常委会副主任田树森、政协副主席郭满福及"两代表一委员",各乡镇乡镇长、县直部门(单位)负责人参加评议。

▲ 在全市"红歌唱响六盘山"万人歌咏大比赛中,西吉代表队获得二等奖。

▲ 西吉县举办庆祝建国60周年暨建党88周年书画摄影展。

7月2日 县委书记接访日活动启动。当日固原市委常委、西吉县委书记丁卫东到西吉县信访局坐班接访。

同日 全县城镇社区"两委"班子换届动员培训会召开。

7月2日至3日 县人大常委会主任马正文带领县人大检查组,对马铃薯产业、设施农业建设、县人民法院民事审判工作、县人民检察院侦查监督工作和《药品管理法》《食品卫生法》贯彻实施情况进行检查。

7月4日 贺兰县党政考察团到西吉考察马铃薯脱毒种薯繁育工作。

7月6日 固原市安委会副主任、安监局局长杨勇带领相关部门(单位)负责人,到西吉县考核检查2009年上半年安全生产工作。

7月6日至9日 西吉县组织乡镇和涉农部门单位负责人赴中卫市柔远镇、青铜峡大坝镇、永宁县望洪镇、贺兰县习岗镇、吴忠市利通区东塔乡、红寺堡开发区城东区、隆德县沙塘镇、原州区头营镇等18个设施蔬菜、瓜果和养殖观摩点及宁夏农垦莲湖农场蔬菜冷链体系建设基地、蔬菜育苗中心、广夏贺兰山葡萄酒基地观摩学习设施农业建设。

7月7日 自治区监察厅副厅长张炳军带领新增中央投资建设项目检查组,到西吉县检查指导新增中央投资建设项目实施工作。

同日 固原市政府副市长马吉带队到西吉县检查指导抗旱减灾工作。

7月8日 固原市副市长范宏明带队到西吉县检查指导环境保护工作。

同日 江苏省南通市"十佳青年"慰问团一行12人,到偏城小学开展"一对一"结对帮扶贫困学生活动,为该校12名贫困学生每人捐赠600元助学金和学习用品。

▲西吉县能源站与县农机监理站联合为经过培训、考试合格并取得相关证件的22名农村沼气服务人员发放宁夏沼气乡村服务网点建设项目服务车。

7月9日 市委书记刘小河带领副书记董玲、政府副市长马吉及有关部门负责人到西吉县调研指导抗旱减灾工作。2009年,西吉县发生春夏连旱,1月1日至7月10日,累计降水量仅54.3毫米,不到常年平均降水量的三分之一。

同日 固原市委宣传部副部长、市文明办主任王志贤带领验收组,到西吉县检查验收精神文明建设先进单位创建工作。

▲固原市消防支队副支队长韩治峰带领检查组到西吉县检查验收消防安全工作。

7月10日 自治区党委宣传部副部长、文明办主任房全忠,到西吉县调研指导爱国主义教育基地建设工作。

同日 西吉县城镇居民及流动人口计划生育清查处理工作汇报会在吉强镇召开。

7月11日 第21个世界人口日,县计生部门组织人员在文化广场开展宣传活动,免费为群众量血压,发放避孕药品、宣传画和材料,并向群众宣传计生知识和法律法规。

7月13日 自治区党委常委、政府副主席刘慧带领自治区人力资源和社会保障厅厅长张学武、民政厅厅长马廷礼等,到西吉县检查指导全民创业和危窑危房改造工作。

同日 市政协副主席、统战部部长马天芳带领宗教、伊协、工商联等部门负责人,到西吉县检查验收上半年统战民族宗教工作。

▲固原市供电局2009年农电技术标兵选拔复赛暨农电岗位知识和技能竞赛开幕式在西吉县举行。

7月14日 自治区人力资源和社会保障厅副厅长李宁顺带领公安、监察、民政等厅局人员组成检查组,到西吉县检查指导整治非法用工和打击违法犯罪专项行动开展工作。

同日 中国农科院专家、教授考察团一行26人,到西吉县考察马铃薯种薯脱毒繁育和旅游产业发展工作。

7月14日至15日 自治区旅游总体规划修编、乡村旅游总体规划编制工作考察组到西吉县考察指导旅游规划编制工作。

7月15日 自治区政协副主席安纯人带领区政协调研组,到西吉县调研生态移民工作。

同日 自治区党委副秘书长、政研室主任李刚军带领自治区党委、政府督查组,到西吉县调研督查县域经济发展工作。

▲中国残联人事部部长相自成带队到西吉县调研检查残疾人事业发展工作。

7月15日至22日 固原军分区为田坪、红耀、平峰等5个缺水乡镇运送饮用水20车180多吨。

7月16日 西吉县政务服务中心正式运营,始设民政、国土、卫生、建设、医保、就业等10个服务窗口,可集中办理11项行政审批和公共服务事项。

同日 县扶贫办、劳务局组织全县19个乡镇劳务站站长组成考察团,赴灵武市羊绒产业园区考察对接劳务输出工作。

7月16日至18日 县人大常委会主任马正文带领人大检查组,对县直12个部门(单位)2007年至2008年财政预算执行和其他财政收支审计整改工作进行检查。

7月17日 自治区司法厅厅长王正升带队到西吉县调研指导司法行政工作。

同日 自治区纪委副厅级专员孙正平带领自治区住房保障工作检查组到西吉县检查指导住房保障工作。

7月18日至19日 西吉县运管所举办道路运输从业人员培训班。县运输公司、汽车站等运输企业的100多名从业人员参加培训学习。

7月21日 全市县域经济观摩团,到西吉县观摩交流县域经济发展工作。

7月22日 自治区人力资源和社会保障厅副厅长程锐娟带领有关处室负责人,到西吉县检查指导社会保险基金专项治理工作。

7月23日 全国人大内务司法委员会副主任委员隋明太带领全国人大及中国残联相关人员,到西吉县调研指导《残疾人保障法》贯彻落实情况和社会救助工作。

同日 自治区政务服务中心待办受理处处长王峰带领检查组,到西吉县检查指导政务服务中心建设及业务开展情况。

▲ 固原市纪委副书记、监察局局长杨廷财带领市组织部、编办等相关部门(单位)负责人,到西吉县调研指导纪检、组织和编制管理工作。

▲ 国家民委、中国华艺广播公司组织《跨越》采访报道组,到西吉县开展专题采访报道活动。

7月24日 同心县政协主席马长伟带领考察组到西吉县考察旅游产业发展工作。

7月25日 “清凉六盘消夏之旅”主题活动暨全市旅游工作观摩团,到西吉县火石寨景区观摩交流并开展现场评议。

同日 国家环保部环境监察局副局长董文献带领相关处室负责人,在自治区环保厅总工程师金国兴和固原市环保局局长张汉俭陪同下,对西吉县葫芦河环境污染问题整改工作进行督察。

7月28日 国家财政部预算司综合处处长容星火、体制管理处处长郑涌带领相关人员,到西吉县调研指导财政收支工作。

同日 泾源县人大常委会主任郝文堂、政协主席马寿康带领泾源县观摩团,到西吉县观摩交流县域经济发展工作。

7月29日 西吉县“三联共建”新型农村警务机制建设现场会在将台乡明台村召开。西吉县“三联共建”新型农村警务机制建设全面启动。

7月29日至30日 西吉县组织党政代表团赴隆德、泾源、彭阳、原州区等地,考察学习设施农业、生态保护、生态移民、城镇建设、旅游开发、新农村建设工作。

7月30日 自治区科技厅厅长马清贵带领相关处室负责人,到西吉县检查指导科技工作。

7月31日 西吉县国防动员委员会全体成员参加“庆八一”军事日活动。

8月2日 国家水利部水土保持司副司长牛崇桓带领国家农业综合开发水土保持项目验收组,到西吉县检查验收水土保持项目建设工作。

8月3日 西吉县举办学习“六个为什么”理论大讲堂,邀请固原市委讲师团团长吴志烈作专题讲座。全体在家县级领导、县直各部门(单位)副科级以上领导干部参加学习。

8月4日 自治区国土资源厅利用处处长周泓带领验收组,到西吉县检查验收建设用地批后监管工作。

同日 固原市政协副主席刘乐伟带领市政协调研组到西吉县调研生态农业发展工作。

8月5日 国家环境保护部部长周生贤带领环境保护部规划财务司、人事司等负责人到西吉县调研检查环境保护和污染治理工作。

同日 自治区卫生厅健康教育所所长王德成带领检查组到西吉县检查指导农民健康教育与健康促进工作。

8月6日 自治区学习实践科学发展观第四指导组组长李文录带领第四指导组成员,到西吉县检查指导学习实践科学发展观工作。

同日 自治区交通运输厅厅长周舒带领有关处室负责人一行,在固原市委书记刘小河陪同下,到西吉县检查指导农村公路建设工作。

8月7日 自治区党委政研室经济处处长冯赞带队到西吉县专题调研马铃薯产业发展工作。

8月8日 西吉县组织涉农部门负责人、19个乡(镇)主要负责人和吉强镇大滩村等14个村党支部书记组成考察团,赴甘肃省会宁、广河等县(区)考察学习旱作节水农业发展工作。

8月11日 固原市副市长田治富带领市交通系统观摩团,到西吉县观摩交流农村公路建设工作。

8月12日 自治区财政厅厅长王和山带领财政厅预算处、农业处等相关处室负责人,到西吉县检查指导财政工作。

同日 福建省莆田市涵江区人大常委会主任潘春玉带领莆田市人大考察团,到西吉县考察交流农业特色优势产业和旅游业发展工作。

8月13日 自治区党委老干部局局长吴建国带队到西吉县检查指导离退休干部党支部建设和离退干部“三个机制”运行等工作。

8月14日 全县政府机构改革动员会议召开。

同日 县畜牧中心邀请自治区技术服务组专家到西吉县举办国家肉牛产业技术体

系暨宁夏中南部设施养牛技术培训班。全县养殖示范村干部、养牛大户和县动物疾控中心、动物卫生监督所、畜牧技术推广中心技术人员参加培训学习。

8月15日 固原市国土资源局局长石新带领检查组到西吉县检查指导地质灾害防治工作。

8月15日至16日 西吉境内出现两次强降雨天气,造成12个乡(镇)、88个行政村、8178户农户受灾。全县受灾农作物面积7.44万亩,冲毁粮场62个、倒塌圈舍12座、冲走牲畜35头(只)。灾害造成沙沟乡3人死亡、1人受伤。

8月22日 福建省委副书记于广州带领福建省党政代表团到西吉县考察扶贫开发工作。

同日 福建省莆田市涵江区援建的将台乡卫生院住院部落成并投入使用。该工程为二层砖混结构楼房,建筑面积1200平方米,内设病床20张,工程总投资103万元,其中莆田市涵江区援助40万元。

8月23日 全国政协常委、黑龙江省政协副主席何小平带领黑龙江省政协考察团,到西吉县考察旅游产业发展工作。

8月24日 十五届县人大常委会第十二次会议召开。会议听取和审议县政府关于2009年上半年国民经济和社会发展计划执行情况报告、关于2008年度财政预算执行和其他财政收支情况的审计报告、关于2008年财政决算和2009年上半年财政预算执行情况报告、关于马铃薯产业发展和设施农业建设情况报告,听取和审议县人民法院关于民事审判工作情况报告、县人民检察院关于侦查监督工作情况报告,听取和审议《中华人民共和国药品管理法》《中华人民共和国食品卫生法》贯彻实施情况报告;听取县人大常委会视察组关于以上工作的视察报告;审查批准2008年度县本级财政决算,讨论通过《西吉县人大常委会听取和审议"一府两院"专项工作报告满意度测评办法(草案)》《西吉县人大常委会邀请公民旁听常委会会议办法(草案)》。

8月26日 国家供销总社农产品批发总公司副总经理张登涛带队到西吉县调研供销工作。

8月27日 固原市各县(区)盐业公司和西吉县工商、公安部门组成联合执法队,对西吉县食盐市场进行集中整治。

8月28日 县政协主席黄如林带领政协视察组,对全县马铃薯产业发展、农村公路建设、集镇建设及县城部分重点工程建设工作进行视察。

8月29日 上海复旦大学附属华山医院党委副书记钱飚带领普外科、心内科等科室专家组成青年志愿者服务队,到西吉县开展义诊咨询和帮扶助教献爱心活动。

9月1日 西吉县党政代表团赴新疆乌鲁木齐参加第十八届乌鲁木齐对外经济贸易洽谈会。

9月2日 固原市人大视察组到西吉县视察主导产业发展、设施农业建设和城市基础设施建设工作。

9月3日 国家环保部规划财务司综合处处长贾金虎带领调研组到西吉县调研环境污染治理工作。

9月4日 西吉县召开“迎国庆、树形象”城乡环境集中整治专项行动动员部署会议。

9月5日 由周恩来、朱德等开国元勋、老将军、老一辈革命家的后代组成的“相约六盘山、回首忆当年”考察团，到西吉县考察红色文化工作。

9月7日 宁夏佳立房地产捐资助学活动暨“丁香花园”开盘仪式举行。当日，宁夏佳立房地产开发有限公司筹集7.7万元资金，资助贫困大学生和在校困难学生81名。

9月9日 韩国等6个国家的10名驻港澳领事在国家外交部驻澳门特派员、自治区外事办和固原市外事办负责人陪同下，到西吉县考察经济社会发展情况。

同日 在庆祝教师节暨全国教育系统先进集体和先进个人表彰大会上，西吉第四中学被评为“全国教育系统先进集体”。

9月10日 全县深入学习实践科学发展观活动第二批总结暨第三批动员大会召开。固原市巡回指导检查组组长张志忠参加指导会议。

同日 全市民安工程“双百”专项行动推进会观摩团150余人，到西吉县观摩交流“三联共建”新型农村警务机制建设、人口信息摸底调查、三轮汽车社会化管理机制建设等工作。

▲全县庆祝第25个教师节暨教育教学质量表彰大会召开。

▲固原市安委会副主任、安监局局长杨勇带领市公安、交通、建设、质监、消防等部门负责人到西吉县开展国庆节前安全生产大检查工作。

9月11日 全县领导干部大会召开。会议传达学习胡锦涛同志在新疆考察时的重要讲话精神、贾庆林在宁夏调研时的讲话精神、全国防控甲型H1N1电视电话会议精神和全区县域经济观摩会议精神，并对农业和农村、计划生育、危房危窑改造工作进行再安排、再部署。

同日 自治区政法委副书记周万生带领区公安厅、司法厅、法院、检察院负责人组成检查组，到西吉县检查指导政法干警执法档案建设工作。

▲全区政法干警执法档案建设工作座谈会在西吉县召开。

▲宁夏消防总队总队长刘赋德带队到西吉县检查指导消防工作。

9月12日 县政协考察团赴银川市西夏区、贺兰县、永宁县，石嘴山市大武口区、平罗县，中卫市中宁县、吴忠市同心县和宁东能源基地等地考察学习政协工作。

9月13日 全县甲型H1N1流感防控暨适龄人群乙肝疫苗补种工作会议召开。

9月15日 固原市政协主席邓向贵带队到西吉县看望慰问老军人、老干部。

9月16日 全县中小企业经营管理人员培训会议召开。

9月17日 全国人大常委会副委员长陈昌智带领全国人大考察组，到西吉县调研考察马铃薯种薯基地建设和城乡群众安全饮水工作。

同日 自治区旅游质量监督管理所所长路静带队到西吉县检查指导旅游服务质量监管和提升工作。

▲ 自治区广电局科技处处长董建设带领验收组,到西吉县检查验收广播电视村村通工程建设工作。

9月17日至18日 县委督察室、组织部、纪检委、卫生局、建设局组成督查组,对各乡(镇)和县直各部门(单位)环境整治工作进行督查。

9月19日 国家卫生部办公厅主任侯岩带领美国哈佛大学教授萧庆伦、英国牛津大学教授叶志敏、上海复旦大学教授陈文、卫生部政策法规司HPSP项目办经理姜晓朋一行,到西吉县调研考察"人人享有基本医疗卫生服务"项目实施工作。

9月20日 "温暖工程""阳光工程"美容美发职业技能培训鉴定班在西吉县职业教育中心开班。

9月22日 固原市人大常委会副主任姜文奎、拜志俊、王固平带领市人大视察组,到西吉县视察重点工程和农村道路建设工作。

9月23日 县科协联合科技局、林业局、卫生局、农业局、水利局等部门(单位)在县文化广场开展以"节约能源资源、保护生态环境、保障安全健康"为主题的科普宣传咨询活动。

9月24日 陕西省社会科学院社会学所所长江波带领课题组到西吉县调研扶贫开发工作。

同日 薛伯辉基金会捐助20万元援建的硝河乡范湾小学举行竣工典礼。当日,上海燃气市北销售有限公司捐款6万元,用于该校建设的计算机室投入使用。

9月25日 由自治区党委宣传部、自治区文明办、宁夏广电总台、自治区文联联合举办的"爱国歌曲大家唱"主题歌咏大赛在自治区人民会堂举行。西吉代表队代表固原市参加比赛,获二等奖。

同日 宁夏消防总队政委刘汉林带队,到西吉县督导检查建国六十周年大庆期间消防安全保卫工作,并慰问一线官兵。

9月27日 政协西吉县九届委员会第八次常委会议召开。会议传达学习中共十七届四中全会精神、胡锦涛在庆祝人民政协成立60周年大会上的讲话精神、贾庆林视察宁夏时的讲话精神、自治区政协九届十三次常委会议精神,听取县政府工作情况通报和政协委员建议、提案办理情况督办汇报。

同日 县政协举行庆祝人民政协成立60周年座谈会暨《西吉文史》(第三辑)发行仪式。

▲ 2009年宁夏山区马铃薯机械化收获观摩现场会在西吉县马莲乡举行。

▲ 自治区卫生厅中医药管理局局长王忠和带队到西吉县检查指导中医药建设与发

展工作。

9月28日 西吉县庆祝新中国成立六十周年暨“祖国在我心中”红歌会在县体育场举行。市委常委、县委书记丁卫东,县人大常委会主任马正文,政协主席黄如林等四大机关领导同5000多名干部群众一同观看红歌会,庆祝伟大祖国六十华诞。

9月29日 自治区第三批深入学习实践科学发展观活动第二巡回检查组副组长杨茂科一行到西吉县检查指导学习实践科学发展观工作。

同日 固原市委书记刘小河到西吉县检查指导秋季覆膜、马铃薯产业、草畜产业发展工作。

▲ 县委十二届八次全体(扩大)会议召开。会议传达贯彻中共十七届四中全会精神、自治区党委十届九次全体(扩大)会议精神、市委二届七次全体(扩大)会议精神,研究贯彻落实意见。

▲ 宁夏军区副参谋长王建军带领工作组到西吉县检查指导安全稳定工作。

9月30日 全县秋季覆膜现场观摩会在西滩乡黑虎沟村召开。

10月5日 县政府组织县农牧局、扶贫办、水利局等部门(单位)负责人和技术人员赴甘肃会宁县、静宁县观摩学习旱作节水农业、农业机械化、地膜玉米种植等工作。

10月8日 国家旅游局局长何光炜带队到西吉县考察旅游产业发展工作。

10月10日 固原市副市长陈莉萍带队到西吉县检查指导计划生育工作。

同日 市委常委、县委书记丁卫东带领县委、政府分管领导及县委办、政府办、农牧局、扶贫办等部门(单位)负责人到吉强、西滩、将台、王民、沙沟、白崖、偏城等乡镇督促指导秋季覆膜工作。

▲ “全区马铃薯产业带头人专题培训班”在西吉县开班。

10月12日 自治区党委常委、纪委书记刘晓滨到西吉县调研指导纪检监察和党风廉政建设工作。

同日 福建省农业厅厅长陈绍军带队到西吉县考察闽宁扶贫协作对口帮扶项目建设工作。

10月12日至13日 国务院办公厅督察室巡视员陈建安带队到西吉县调研考察城市建设和红色旅游产业发展工作。

10月13日 由自治区纪委、监察厅、文化厅主办,宁夏话剧团承办的“塞上清风”廉政文艺大篷车巡演活动在西吉县文化广场演出。

同日 全县甲型H1N1流感防控工作会议召开。

▲ 香港福建基金会援建的兴隆镇陈田玉村希望小学、平峰镇三合村希望小学、火石寨乡小川村希望小学分别举行竣工典礼。

10月15日 自治区人力资源和社会保障厅社会保险管理局局长刘建军带领调研组,到西吉县调研督查社会保险工作。

同日 县妇联在红耀乡小庄村举办“巾帼科技致富工程”农村妇女培训班。

10月19日 宁夏中部干旱带和南部山区秋覆膜现场会在西滩乡黑虎沟村召开。

10月19日至20日 自治区医改办副主任刘秀丽带队到西吉县调研指导“人人享有基本医疗”卫生服务试点工作。

10月20日 国家统计局宁夏调查队总队长曾玉平带队到西吉县调研指导统计调查工作。

同日 自治区水保局局长张亚峰带队到西吉县检查指导小流域治理、梯田建设和坝系建设等水保项目实施工作。

▲ 全县深入推进“平安西吉”建设工作会议召开。

10月21日 自治区第三批深入学习实践科学发展观活动第二巡回指导组组长李文录一行,到西吉县检查指导学习实践科学发展观工作。

同日 自治区农发办主任陈延带领相关科室负责人到西吉县检查指导农业综合开发工作。

10月22日 固原市教育观摩团一行100余人,到西吉县观摩交流校园文化建设工作。

10月23日 十五届县人大常委会第13次会议召开。会议听取和审议县政府关于文化市场管理情况的报告、关于农村道路建设情况的报告、关于《中华人民共和国土地管理法实施条例》贯彻实施情况的报告,听取和审议县人大视察组关于以上三项工作的视察报告。

同日 宁夏青基会委托团西吉县委在西吉中学举行国家电网宁夏公司爱心基金2009—2010学年助学金发放仪式。31名品学兼优的贫困学生受到资助。

10月26日 西吉县发放中央文明办赠送电脑仪式在会议中心举行。全县11所德育示范学校和19个乡镇文化站获得赠送电脑170台。

10月28日 自治区编办副厅级巡视员张利民带领调研组到西吉县调研指导政府机构改革和深化乡镇综合改革工作。

同日 固原市副市长田治富带队到西吉县检查指导新增中央预算内投资项目实施工作。

10月29日 自治区图书馆评估定级领导小组组长贺亚平带领专家组,到西吉县开展全国第四次市县级图书馆评估定级工作。

10月30日 全县2009年冬季征兵工作会议召开。

同日 全县城乡既有房屋建筑抗震安全普查工作会议召开。

11月2日 自治区发改委社会发展处处长向阳带队,到西吉县调研检查经济社会发展和社会事业发展项目建设工作。

同日 县委组织部在吉强镇大滩村举行农村党员“双带”基金发放仪式。共为吉强、兴隆、将台、新营等乡镇的30名农村党员各发放1万元的“双带”基金。

11月3日 由教育部、国家体育总局、共青团中央联合举办的“阳光体育与祖国同行”“全国亿万学生阳光体育冬季长跑”活动在西吉县第二小学启动。

11月4日 国家质检总局办公厅主任李元平带领相关处室负责人到西吉县调研检查产品质量监督管理工作。

同日 县人大常委会主任马正文带领县人大视察组到吉强镇、兴隆镇视察检查城镇低收入家庭住房保障工作、《中华人民共和国电力法》贯彻落实工作。

11月5日 国家卫生部检查组到西吉县检查指导传染病网络直报体系建设工作。

同日 全县新型农村合作医疗暨甲型H1N1流感防控工作会议召开。

11月6日 全区民族团结进步模范事迹报告团在县会议中心举行报告会。

11月7日 自治区计生委财务处处长赵国民带领调研组,到西吉县调研指导计划生育“少生快富”工程扩面试点工作。

11月8日 受福建省妇联、儿童基金会委托,自治区妇联在西吉县将台乡西坪小学举行贫困女童助学金发放仪式。

11月9日 自治区主席助理屈冬玉带领区农牧厅、科技厅、农科院、扶贫办负责人到西吉县考核验收马铃薯脱毒种薯三级繁育体系建设工作。

11月10日 自治区人大常委会副主任马瑞文带领区人大检查组,到西吉县检查指导民生保障改善工作。

同日 县委、县政府在会议中心举办全县公务员通用能力集中培训班。

11月14日 县工商局完成宁夏佳立生物科技有限公司股权出质登记办理工作,为企业融资300万元。这是《工商行政管理机关股权出质登记办法》出台后,西吉县办理的首家股权出质登记。

11月23日 固原市市长白尚成带领固原市人口与计划生育党政考核组,对西吉县人口与计划生育工作进行考核验收。

11月25日 自治区人力资源和社会保障厅副厅长武平带领相关处室负责人,到西吉县调研指导人力资源和社会保障工作。

同日 全市农村道路交通安全管理现场会在西吉县召开。

11月29日 受宁夏公路管理局委托,银川、石嘴山、固原、海原等市、县公路管理段段长组成检查指导组,到西吉县检查验收农村公路养管工作。

11月29日至30日 固原市组织部、民政局、发改委、建设局等单位组成验收组,到西吉县检查验收村级活动场所建设工作。

11月30日 自治区民政厅厅长马廷礼带领相关处室负责人到西吉县调研指导孤儿养育工作。

12月2日 市人大常委会副主任姬永昌带领市人大检查组到西吉县检查督促市人

大二届二次会议以来代表议案和建议案办理工作。

同日 全县创建宁夏教育强县动员部署大会召开。

12月3日 自治区纪委常委陈力带队到西吉县检查指导中央纪委〔2009〕9号、中央纪委〔2009〕10号文件、区纪委〔2009〕53号文件精神贯彻落实工作。

同日 由自治区党委组织部和建设厅等单位相关处室负责人组成的验收组到西吉县检查验收村级活动场所建设工作。

▲ 西吉县职业中学、西吉中学、西吉四中3所学校"青少年维权联络站"挂牌成立。

12月6日 西吉县水利局更名为西吉县水务局。

同日 西吉县2009年农田水利基本建设通过自治区验收。

▲ 固原市纪委副书记杨彦文带领考核验收组到西吉县考核验收农村基层党风廉政建设工作。

12月7日 火石寨国家级地质森林公园被确定为"全国科普教育基地"。

12月8日 自治区农牧厅动物防疫监督所副所长王广山带队，到西吉县考核验收动物防疫工作。

12月9日 由自治区建设厅、监察厅、财政厅、发改委等单位组成的考核验收组到西吉县考核验收廉租住房保障工作。

12月10日 固原市政府考核认定组对西吉教育强乡(镇)创建工作进行考核验收认定。

12月11日 固原市委常委、副市长黄雅杭带领考核组到西吉县考核验收城乡环境综合整治工作。

12月12日 由固原市政府办、人力资源和社会保障局等相关部门人员组成的考核验收组到西吉县考核验收全民创业、劳务输出及社会保障等工作。

12月14日 西吉县2009年度目标管理考核暨领导班子和领导干部考核大会召开。

12月15日 县委召开理论学习中心组会议，传达学习中央经济工作会议精神、区党委十届十次全委会会议精神、全区经济工作会议精神，研究西吉县贯彻落实意见。

12月16日 自治区交通运输厅总工程师张凌云带领考核组，到西吉县考核验收2009年度交通运输效能目标管理工作。

同日 自治区农牧厅副厅级调研员赵晓俊带领考核验收组，到西吉县考核验收2009年重大动物疾病防控工作。

12月17日 自治区党委政法委副巡视员顾仁全带领考核组到西吉县考核验收社会治安综合治理和平安创建工作。

12月21日 西吉县突发猪口蹄疫疫情扑灭工作通过自治区验收。

12月24日 自治区副主席姚爱兴带领自治区相关厅局负责人到西吉县检查考核人口和计划生育工作。

同日 固原市消防支队组织人员对西吉县大型人员密集场所和举办"两节"庆祝、促销活动场所进行消防安全检查。

12月25日 县工商局开展元旦、春节市场专项整治,共出动执法人员320人次,检查各类市场19个、经营户647户(次),查处“三无”、过期食品67瓶(袋),查处取缔无照经营2户。

12月31日 全县妇幼卫生“四免一救助”工作启动会议召开。

是年 全县总户数126045户,总人口498247人。全县地区生产总值209942万元,其中第一产业67686万元、第二产业43730万元、第三产业98526万元。农作物播种面积225.53万亩,粮食总产21078.7万公斤、油料总产1148万公斤。地方财政收入3303万元,地方财政支出130191万元,社会商品零售总额71680万元。

2010年

1月6日 西吉县帝豪万家和购物广场隆重开业。帝豪万家和购物广场总投资2000万元、营业面积9000平方米,是西吉县第一家大型购物广场,可解决就业200余人。

1月7日 全县林业工作会议召开。会议总结2009年林业工作,安排部署2010年林业工作。2009年全县春季共完成退耕林地补植补造50.3万亩,共栽植山桃、沙棘、杞柳等苗木5815万株。

1月10日 国家广电总局、中广电广播电影电视设计院派专家到西吉县考察区域性影视基地建设工作。

1月10日至12日 县政协九届三次会议召开。会议听取和审议政协工作报告、提案工作报告。全体政协委员列席了县十五届人代会第三次会议,听取和讨论县政府工作报告和其他报告。

同日 十五届县人民代表大会第三次会议召开。会议听取和审议县政府工作报告、县人大工作报告、县人民法院工作报告、县人民检察院工作报告、代表议案建议办理情况报告,审议了《西吉县2010年国民经济和社会发展计划(草案)报告》《西吉县2009年财政预算执行情况和2010年财政预算(草案)的报告》,审议了《西吉县国民经济和社会发展第十二个五年规划纲要(草案)》,表决通过以上报告决议。

1月18日 国家农业部动物疫病预防控制中心副主任钱洪源带领专家组到西吉县检查指导动物疾病预防控制工作。

1月19日 北京市怀柔区委党校党委书记、常务副校长胡文云带领怀柔区第三期副处级培训班学员一行50多人,到西吉县调研考察地方特色产业和红色旅游发展工作。

1月24日 固原市市长白尚成带领市委常委、组织部部长马金元,人大常委会副主任马玉芳,政协副主席刘乐伟及市民政局、人力资源和社会保障局负责人到西吉县开展春节前慰问活动。

1月25日 县人大常委会主任马正文带领县人大视察组,对县城供水、供热及《中华人民共和国村民委员会组织法》贯彻落实工作进行视察。

1月26日 固原市副市长陈莉萍,市政协副主席、市委统战部部长王明亮带领市委统战部、民盟、工商联及市质监局等部门负责人,到什字乡李海村看望慰问贫困户。

1月27日 县政府召开贯彻落实区政府关于解决企业职工基本养老保险历史遗留问题启动大会。从2010年1月1日起,全区将通过补建养老保险关系、补交养老保险费的方式,用两年时间,妥善解决全区企业职工基本养老保险历史遗留问题,主要涵盖"应保未保人员""1995年以前离岗人员""灵活就业人员"三类人群。

1月28日 由自治区编办、组织部、纪检委、财政厅等厅局人员组成检查组,到西吉县检查督促政府机构改革工作。

同日 全县2009年度岗位目标管理考核述职测评大会召开。各乡镇、各部门单位主要负责人对2009年本乡镇和本部门单位履行岗位职责、重点工作完成、廉洁自律及亮点工作进行总结汇报。

▲ 政协主席黄如林带领县政协视察组,对全县农牧业重点工作举行视察。

1月29日 全县2010年人武工作暨民兵组织整顿工作会议召开。总结2009年全县人武工作,安排部署2010年人武工作。

1月30日 市委常委、县委书记丁卫东带领县委、人大、政府、政协、人武部领导分组走访慰问全县部分特困户、低保户、老党员和兴隆镇中心敬老院孤寡老人。

2月4日 县委、县政府在吉强镇泉儿湾村举行全县"户户通"直播卫星接收设备现场发放仪式。自治区安排西吉县3484套直播卫星地面接收设备,发放给全县36个行政村的3484户农户手中。

2月5日 西吉县召开统一战线各界代表人士座谈会。

2月7日 自治区人力资源和社会保障厅副厅长程锐娟带队到西吉县,调研检查自治区人民政府《关于解决企业职工基本养老保险历史遗留问题的意见》贯彻落实工作和解决农民工工资工作。

2月9日 县委、县政府举办2010年迎春文艺晚会暨团拜会。全体县级领导、各乡镇党政主要负责人、县直部门(单位)党政主要负责人、区市直属部门负责人、离退休老干部代表、社会各界人士代表共200多人观看了文艺演出。

同日 全县纪检监察工作会议召开。会议传达学习中纪委十七届五次会议精神、区纪委十届五次会议精神、市纪委二届七次会议精神,总结2009年党风廉政建设工作,安排部署2010年全县反腐倡廉工作。

2月10日 全县2010年旱作节水农业农作物品种布局专家论证会在会议中心召开。来自自治区、固原市、甘肃省静宁县、庄浪县的农业科研人员和西吉县农口部门负责人、乡镇负责人、农技干部共同研究讨论,为西吉县农作物品种布局把脉问诊。

2月20日 县委、县政府在会议中心召开2009年度目标管理考核表彰奖励大会。会议表彰奖励了2009年度工作成绩突出的先进集体和先进工作者,签订了2010年目标管理责任书。

2月22日 固原市委常委、宣传部部长周庆华带领市委宣传部、文体局、文联等单位负责人,到吉强镇沙葱洼村社火队、新营乡文化站、新营乡二府营农家书屋调研指导基层文化和阵地建设。

2月24日 自治区扶贫办副主任赵满礼带领区扶贫办有关处室负责人,到西吉县检查指导宣传贯彻中央1号文件精神及扶贫开发工作。

同日 全市公安刑侦工作会议在西吉县召开,传达贯彻全国、全区公安工作会议精神,安排部署2010年全市公安刑侦工作。

2月28日 全县欢庆元宵佳节。夜晚的西吉灯光璀璨,到处热闹非凡,数万市民走上街头看烟花、赏街灯,共庆元宵佳节。

3月1日 西吉县2010年文化、科技、卫生"三下乡"暨廉政文化进农村活动在红军长征将台堡会师广场正式启动。

3月2日 全市统战部长、宗教局长会议在西吉县召开。会议传达学习全区统战部长、宗教局长会议精神,安排部署2010年全市统战宗教工作。

3月3日 县公安局吉强派出所教育警务室在西吉中学正式挂牌启用。这是公安机关警务机制创新、警力下沉、警务前移和构建平安和谐校园的一项重要举措。

3月4日 西吉县农村劳动力转移就业协会成立大会暨揭牌仪式在会议中心举行。至2009年底,全县共有农村劳动力转移就业经纪人1508人,其中引领输出劳务100人以上的经纪人260名、引领输出劳务50人以上的经纪人440名、引领输出劳务30人以上的经纪人808名。

同日 县委、县政府在会议中心隆重举行纪念"三八"国际妇女节100周年暨表彰大会。会上,对区、市"三八红旗手""三八红旗集体""十佳和谐型家庭""十佳学习型家庭""十佳好婆婆""十佳好媳妇""十佳好女婿"进行表彰奖励。

▲县委召开全县深入学习实践科学发展观活动总结大会。全面总结西吉县第二批、第三批学习实践科学发展观活动,对建立健全学习实践科学发展观长效机制,推进西吉县科学发展、跨越式发展进行部署。

3月7日 宁夏军区政委刘国祥在固原军分区司令田宝成、政委宋晓国陪同下,到西吉县考察人武部党委班子建设工作。

3月9日 市委书记刘小河到西吉县检查指导春耕生产、固西引水工程建设工作。

3月10日 自治区文物局考古专家钟侃教授带领自治区专家验收组,到西吉县检查验收第三次全国文物普查工作。至2010年3月,全县共普查登记不可移动文物点407处,其中新发现105处、复查302处。

同日 自治区民委主任、宗教局局长马力带队到西吉县调研指导"和谐宗教活动场所"创建、民族宗教事务规范化管理等工作。

3月13日 宁夏农业学校与西吉县农广校联合开办的农民中专学历教育班正式开班。

同日 中国华电集团公司宁夏分公司规划建设部主任薄其明带领项目负责人和技术人员,到西吉县组织实施月亮山风电场一期工程项目建设工作。该项目规划总装机容量200兆瓦,分两期实施,其中一期工程完成投资4.8亿元,规划装机规模49.5兆瓦,安装单机容量1500千瓦风力发电机组33台,安装110千伏升压变电设备,年上网发电量1.04亿度。该项目填补了西吉县风能资源开发利用的空白,对促进西吉乃至全市风能资源开发利用、保护生态环境、培育地方新的经济增长点具有重要意义。

3月14日 中国水利水电科学研究院防洪抗旱减灾所副所长吕娟带领国家防总抗旱专家组,在宁夏防汛办副主任张国军等陪同下,到西吉县调研检查防洪抗旱减灾及人畜饮水安全工作。

3月15日 西吉县市场监管局牵头在县文化广场举行"3·15"国际消费者权益日暨"消费与服务年"主题活动。

3月18日 以自治区督学、银川市政府教育督导室主任刘峰为组长的回访评估组一行来到西吉县,就西吉中学评定自治区二级示范学校整改情况进行回访评估。

3月21日 国家水利部规划计划司副司长汪安南带领工作组,深入红耀、田坪、偏城等乡镇和县城部分居民家中走访调查、实地考察,对西吉县城乡居民饮水安全进行调研考察。

3月22日 在"世界水日""中国水周"到来之际,县水务局广泛开展"发展水利、改善民生"主题宣传活动。

3月23日 自治区政府参事崔永庆、高万里、张维智、马利华等组成调研组到西吉县调研指导农机安全生产管理工作。调研组先后深入吉强镇夏寨农机城、硝河乡早熟马铃薯设施种植示范基地、西滩乡万亩秋季覆膜示范基地、西吉农机监理站等单位,就农业机械化作业、农机安全管理工作开展实地调研考察。

同日 西吉县气象局在县文化广场组织开展了"3·23"世界气象日宣传活动。

3月24日 由中央新闻纪录电影制片厂、宁夏文化厅、西吉县人民政府共同签约合作的电影《西海固记事——农机站长》在西吉县火石寨乡开拍。

同日 固原市人民政府第四十七次常务会议研究决定,将西吉县苏堡乡更名为震湖乡。

▲ 自治区财政厅厅长王和山带领预算处、农业处、社保处等负责人到西吉县调研指导乡镇民生服务中心建设和运转工作。西吉县19个乡镇民生服务中心机构设置工作于2010年1月全部完成。

3月25日 区人大常委会副主任何学清带领区人大视察组在区农牧厅、水利厅负责人陪同下，到西吉县调研视察农业产业化发展工作。

3月26日 自治区计生委主任吴海鹰带领相关处室负责人到西吉县调研指导计划生育“少生快富”工程扩面试点工作。

3月27日 自治区水保局局长张雅锋带领相关科室负责人到西吉县调研指导塘坝除险加固和小流域综合治理工作。

同日 西吉县国土局公开拍卖出让4宗国有土地使用权。此次竞拍分别委托宁夏盛世开元拍卖有限公司、宁夏金谷拍卖行拍卖。经过激烈竞拍，平凉荣强房地产开发有限公司以980万元的价格竞得原汽车站地块的买受资格，静宁建筑集团公司以340万元的价格竞得民政局地块的买受资格，宁夏鑫鸿房地产开发有限公司以800万元的价格竞得木器厂、农机局地块的买受资格，西吉金龙房地产开发有限公司以430万元的价格竞得原农牧局地块的买受资格。竞拍成功后，拍卖公司与竞得人现场签订了4宗国有土地成交确认书。

3月29日 自治区党委书记陈建国带领自治区党委常委、秘书长蔡国英，自治区政府副主席郝林海及发改、农牧、国土、建设、民政等厅(局)负责人到西吉县调研指导设施农业、旱作节水农业、重点项目工程建设工作。

同日 自治区扶贫办副主任刘勇带队到西吉县检查指导第三批60个贫困村整村推进扶贫开发工作。

3月30日 中国工商银行宁夏分行机关党委书记曹震带队到兴隆镇开展帮扶工作，并为兴隆镇姚杜村小学捐赠价值4万多元的电脑设备和学习体育用品。

3月31日 武警宁夏抗旱二分队进驻西吉县，给严重缺水的红耀、田坪等西部八乡镇中小学校、农户等连续送水20多天，共送水2000余吨。

4月6日 县职业中学首届校园文化艺术节暨“四地”共读一本书活动正式启动。宁夏作协副主席、银川市文联主席郭文斌在启动会上作了题为“安详与幸福”的文学报告，县职业中学全体师生2000余人聆听了报告。

4月7日 县人大召开2009年度代表议案建议办理先进单位暨先进乡镇人大主席团表彰会议。会议对水务局等5个代表议案办理工作先进单位和农牧局等3个代表建议办理工作先进单位、吉强镇等6个先进乡镇人大主席团进行了表彰。

4月9日 县城迎宾大道工程奠基开工。该道路规划为双向六车道沥青混凝土路面二级公路，全长3.8公里，西起迎宾广场，东至夏寨路口，总投资5300万元。

4月14日 自治区党委副书记于革胜带领区发改委、农牧厅、政研室、教育厅、财政厅、水利厅、林业局等负责人，到西吉县调研指导农业产业化、设施农业、扶贫开发、重点工程建设等工作。

4月15日 自治区政协副主席陈守信带领区政协调研组，在市政协主席邓向贵、副主席黄湘宁陪同下，到西吉县调研城镇化建设工作。

同日 自治区发改委副主任沈左权带领区发改委、交通厅等部门有关处室负责人，到西吉县调研火石寨景区公路建设立项工作。

▲ 毛泽东主席生前最后一任秘书张玉凤同志在市、县领导陪同下，到红军长征将台堡会师纪念地参观学习。

▲ 县人民医院派出由李耀红为队长，谢琴、邢桂贤、吕兴平、张培学为成员的抗震救灾医疗救护队，赴青海省玉树州地震灾区开展医疗救援工作。

4月16日 新建西吉汽车站竣工投入运营。新建西吉汽车站是县委、县政府实施县城东扩发展战略的标志性工程，占地面积2.38万平方米，建筑面积4151平方米，设有25个发车位、4个售票窗口，日发班车70班次，日输送旅客3000多人次。

4月18日 县委、县政府隆重举行2010年重点项目启动仪式。当天开工建设重点项目23个，全年谋划开工建设重点项目76个。

4月20日 西吉县组织干部职工向玉树地震灾区捐款，现场募集捐款28740元。

同日 固原市政协副主席罗永红带市政协调研组，到西吉县调研检查农村公共卫生工作。2010年全县有医疗机构32个、乡镇卫生院25个、社区卫生服务站2所、标准化村卫生室309所，全县医疗单位共有病床390张、医务人员781名、乡村医生429人，平均每千人拥有卫生技术人员1.5人。

4月21日 自治区水利厅、财政厅派出调研检查组，到西吉县调研检查水利工程项目建设工作。

4月22日 自治区政府主席王正伟带领财政厅、民政厅、扶贫办等厅局负责人，到西吉县火石寨国家地质公园、袁河中心敬老院、钰秀家园等调研指导旅游业发展、扶贫开发和民生重点工程建设。

4月23日 全县首届“全民读书月”活动启动仪式在县文化广场隆重举行。县委决定将2010年5月确定为西吉“全民读书月”，把5月5日确定为“全民读书日”。本届读书月以“阅读·思考·进步”为主题，旨在推动全县“全民学习、终身学习”活动的广泛开展，为西吉经济社会快速发展提供精神动力和智力支持。

4月28日 固原市文化艺术展演活动启动仪式暨纪念五四运动91周年“联通杯”青年健身舞大赛在固原市体育馆举行，西吉县代表队获得一等奖。

4月29日 县委、县政府举行2010年农村危窑危房改造工程启动暨震湖乡揭牌仪式。至2009年底，全县累计投资2.9亿元，完成农村危窑危房改造11485户，使5万多贫困农民实现了安居梦想。

4月30日 西吉县食品药品监督管理局和县卫生局进行食品安全综合协调职能交接，将西吉县食品药品监督管理局所承担的食品安全办公室工作职责正式移交县卫生局。

5月3日 市委常委、县委书记丁卫东带领县委、政府分管领导及县委办、政法委、教育局、公安局、建设局等部门负责人，对校园及周边治安秩序治理工作进行检查督查。

5月4日 固原市委副书记董玲、副市长陈丽萍带领市委办、司法局等部门负责人组成督察组,到西吉县对校园安全防范工作进行督查。

5月7日 自治区广电局局长马洪真带领相关处室负责人到西吉县调研指导广播电视工作。

5月8日 国家水利部农村水利司副司长栾维功带领水利部病险水库除险加固专项检查组,在自治区水利厅总工程师薛塞光等陪同下,到西吉县检查指导病险水库除险加固工作。检查组实地察看了鱼儿河水库、黄家川水库除险加固工程。

同日 由县教育体育局主办、西吉中学承办的西吉县首届中学生篮球运动会在西吉中学举行,全县14支中学生篮球代表队参加比赛。西吉中学获高中组女篮冠军,西吉四中获得高中组男篮冠军,玉桥中学获得初中组男篮冠军,将台中学获得初中组女篮冠军。

5月11日 区住房和城乡建设厅厅长刘慧芳带领副厅长潘多俊及有关处室负责人到西吉县检查指导城市建设、廉租房建设和农村安居工程建设。

同日 宁夏中国国际旅行社西吉分社成立并举行揭牌仪式。标志西吉县旅游业翻开新的一页,迈上一个新台阶。

▲自治区党委巡视组组长、区发改委副主任张八五带领调研组到西吉县调研检查县职业中学、县医院新建等重点项目建设和资金监管工作。

5月12日 县科协、地震局联合多部门在县文化广场开展防灾救灾科普知识宣传活动。

5月15日 可口可乐(中国)投资有限公司捐资200万元援建的将台希望小学、新营希望小学开工建设。

5月16日 福建省莆田市委教育工委纪检组组长陈秋英带队到西吉县考察对接教师交流培训工作,并到将台中学、兴隆中学看望慰问支教教师。

5月18日 县地方志研究室在县文化广场开展"5·18"地方志宣传日活动。

同日 县伊斯兰教第五次代表大会在县会议中心召开。

5月19日 宁夏漫画艺委会2010年年会暨《宁夏日报》美术通讯工作会议在西吉县召开。

同日 自治区交管局局长王小平、政委党海成带领全区交通运输管理观摩团一行100余人,到西吉县观摩交流机动车违法载人综合整治工作和农村道路交通安全社会化管理工作。

▲市人大常委会副主任刘维俊带领市人大检查组到西吉县检查指导《中华人民共和国环境保护法》贯彻落实工作。

5月20日 第六届宁夏六盘山山花旅游节、西吉县第二届火石寨丁香花(攀岩)旅游节暨科普基地授牌仪式在西吉县火石寨隆重举行。

5月21日 自治区科协副主席刘国民带队到西吉县检查指导科普工作。

5月25日 固原市委宣传部、市总工会组织的"劳动最光荣、劳动者最伟大"先进事迹报告团在西吉县做首场报告。

同日 “金豆英才”马铃薯产业人才培训项目暨马铃薯脱毒种薯高产栽培技术进村入户工程启动会议在西吉县马铃薯产业服务中心召开。

5月28日 区住房和城乡建设厅副厅长刘德军带领监察厅、财政厅、民政厅、国土资源厅等相关负责人组成检查组,到西吉县检查指导城市低收入家庭住房保障工作。

5月31日 第二十三个“世界无烟日”到来之际,县卫生局在县文化广场组织开展“世界无烟日”宣传咨询活动。

同日 江西省动物疫控中心副主任罗才文带领国家农业部检查指导组,到西吉县检查指导春季重大动物疫病防控工作。

▲全区散居孤儿最低养育津贴发放启动仪式在西吉县举行。区民政厅厅长马廷礼,区政府副秘书长任高民、区财政厅副厅长张苏安,固原市委常委、西吉县委书记丁卫东,市政府副市长陈莉萍等领导及西吉县孤儿代表和监护人参加了启动仪式。

是月 县文工团创作的《牧童鞭》参加第七届全国少数民族传统体育运动会,获表演项目一等奖。

6月1日 全区道德模范事迹专题文艺节目“爱心颂”在县文化广场上演,2000多名干部群众观看演出。

6月2日 自治区教育厅厅长郭虎带领教育厅相关处室负责人,到西吉县检查指导中小学校校舍安全工程建设。

同日 自治区新闻出版局副局长黄洪乾、自治区新华书店副总经理周毅卿带队到西吉县检查指导农家书屋工程建设工作。至2009年,全县共建成农家书屋120家。2010年拟申报建设190家。

6月3日 国家农业部农副产品加工研究所副所长蔡学斌一行6人,在自治区农牧厅乡企局副局长高昆陪同下,到西吉县调研指导马铃薯产地储藏与加工工作。

6月6日 明星出租公司第三届志愿者关爱农民工子女暨“爱心送考”服务活动启动仪式在县文化广场举行。

6月9日 市委常委、县委书记丁卫东带领县委副书记吴秉银及县委办、建设局、水务局、交通局等部门负责人,对县城重点工程建设进行检查督促。

6月10日 全市公安机关劳模代表先进事迹报告会在县会议中心举行。来自原州区、西吉县、隆德县、彭阳县、泾源县和市直机关的8名劳模民警用朴实的语言、生动的事例、真挚的情感讲述了各自在平凡工作岗位上为群众分忧解难、无私奉献的感人事迹。

同日 民盟宁夏区委会副主任、自治区教育厅副厅长冀永强带领民盟宁夏区委会和教育厅相关处室负责人,到西吉县调研考察基础教育工作。

6月12日 银川市审计局局长李自辉带队深入将台乡明星村开展帮扶工作,走访慰问贫困农户和基层党员干部,共商脱贫致富之策。

6月13日 自治区移民办主任尚忠林带领调研组到西吉县,对移民住房建设、移民就业和后续产业培育发展进行调研。

6月19日 甘肃省静宁县党政考察团到西吉县考察交流水土保持、小流域治理工作。

6月21日 全区妇联观摩团到西吉县观摩考察吉强镇万崖村大学生设施农业创业园生产经营和大学生创业工作。该创业园占地面积120亩,建设高效节能日光温室50栋,有34名大学生入园创业,其中女大学生16人。

同日 比利时米恩基金会项目官员王晓梅、青海省结核病防治研究所主任王文明、内蒙古自治区结核病防治研究所主任王晓君、宁夏第四人民医院副院长赵晓到西吉县,对结核病防治工作进行督导检查。

6月22日 市委常委,县委书记丁卫东带领县委常委、组织部部长马爱英及组织部、建设局负责人对白崖乡、沙沟乡、偏城乡村级阵地建设进行检查督促。

6月24日 县人武部、县国防动员委员会联合多部门在县文化广场开展《国防动员法》宣传教育活动。

6月25日 福建省委组织部副部长、老干部局局长李福生带领调研组,到西吉县调研闽宁扶贫协作工作,并考察设施蔬菜基地建设和发展工作。

同日 第20个全国土地日之际,县国土资源局在文化广场举行"土地与转变发展方式,依法管地集约用地"主题宣传活动。

6月26日 西吉县禁毒办公室在县文化广场举行"有毒必肃、贩毒必惩、种毒必究、吸毒必戒"主题宣传活动,广泛动员人民群众参与禁毒斗争。

6月27日 全国政协副主席、中国宋庆龄基金会、中国福利会主席胡启立,中国宋庆龄基金会党组书记、常务副主席、中央统战部副部长黄跃金一行在宁夏区党委常委、统战部部长马金虎陪同下,到西吉县调研扶贫开发和妇女儿童工作,并参加了中国宋庆龄基金会援建的西吉县妇幼保健院开工典礼。

6月29日 县委、县政府召开计划生育"集中整治服务月"活动动员大会。动员全县上下齐心协力抓好计划生育集中整治服务工作,为全面完成区、市下达的人口与计划生育工作目标打下坚实的基础。

同日 市卫生局、工商局、发改委、质监局、食品药品监督局等部门组成食品药品安全执法检查组,到西吉县开展食品药品安全执法检查工作。

6月30日 西吉县对新选拔任用的领导干部进行廉政知识考试。考试结果将作为领导干部选拔任用的重要依据,存入个人廉政档案。

同日 西吉县"质检邀您看企业,食品安全大家行"活动启动。

7月2日 国家体育总局体育科研所专家到西吉县检查指导2010年国民体质监测工作。2010年国民体质监测对象为3—69岁人员,分为幼儿、成年人和老年人三个年龄段,监测指标主要包括身体形态、身体机能、身体素质三方面。通过对各类人群的体质测试,及时了解和掌握人的体质现状和变化规律,为深入推动全民健身活动的开展提供科学依据。

同日 来自人民网、新华网、央视网、中国新闻网、国际在线、中国广播网等全国近60家网站的80多名编辑记者,到西吉县进行调研采访。

7月3日 自治区建设工程质量监督总站站长林凡带队,到西吉县检查指导在建工程项目质量安全工作。

7月5日 自治区妇联副主席樊虹带领相关处室负责人一行,在固原市妇联主席马晓琳陪同下,到西吉县调研指导妇女创业、创业基地运行及妇联工作开展情况。

7月6日 自治区党委政研室副主任白华带领相关处室负责人一行5人,到西吉县调研乡镇党委班子建设、村级民主管理和村民自治机制建设工作。

7月7日 自治区党委宣传部副部长、文明办主任房全忠带领相关处室人员一行12人,到西吉调研指导社会主义核心价值体系贯彻落实工作。

7月7日至9日 县人大督查组对县人大十五届三次会议代表议案、建议案办理情况进行督查。督查组先后深入什字、将台、硝河、吉强、新营、白崖、沙沟、火石寨、马建、田坪、震湖、平峰、兴平、西滩、王民等15个乡镇,就县十五届人大三次会议确定的8件议案和26件建议案办理工作进行全面督查。

7月9日 西吉县农机免费管理试点工作在红耀乡启动。区农机管理局局长王林、调研员朱晓江,区农机监理总站站长陈维保、副站长田建民及市农牧局副局长梁建国、市农机监理所所长马宗义、市农业机械化推广站站长张权等参加启动仪式。

同日 西吉县应急救援大队在县消防队挂牌成立。应急救援大队由县委、县政府统一领导,执行全县特大和重大突发公共事件应急处置工作。

▲ 县政府召开宁夏丰联西吉太阳灶推广项目启动会议。2010年,宁夏丰联西吉太阳灶项目计划在19个乡镇112个行政村1.9万农户中实施,项目为每个项目户投放1台太阳灶。项目的实施,将对转变农村生活用能习惯、调整农村生活用能结构、提高农村生活用能水平、改善生态环境、增加农民收入起到积极的推动作用。

7月13日 自治区民族宗教外事侨务工作委员会主任王珍带领调研组一行5人,到西吉县调研指导宗教事务管理工作。

7月14日 自治区科协副主席刘国民带队,到西吉县督查指导《全面科学素质行动规划纲要》贯彻实施工作。

7月15日 全县体育运动会在县体育广场开幕。体育舞蹈《牧童鞭》拉开了运动会开幕式文艺演出的序幕,百余老人同台表演的《太极拳》《太极扇》大气磅礴,歌伴舞《西吉风·黄土情》尽显地方特色。本届运动会设篮球、排球、职工团体操、门球、乒乓球、羽毛球6个团体项目和象棋、围棋2个个人项目,共有28个代表队4128名运动员参加竞赛。

7月15日 国家交通运输部党组成员、驻部纪检组组长杨利民带领交通运输部有关司局负责人及新华社、经济日报社行记者组成调研组,在自治区交通运输厅厅长周舒等陪同下,到西吉县调研检查农村公路示范工程建设工作。

同日 市委常委、常务副市长黄雅杭带领市政府办、国土局、建设局等部门负责人,到西吉县检查指导2010年耕地保护、城乡环境整治和农村危房改造工作。

7月16日 自治区十届人大代表考察团在市人大常委会副主任姜文奎陪同下,到西吉县考察观摩城镇建设和旅游产业发展工作。

7月19日 国家民委政策研究室副主任杨盛龙带领调研组,在自治区民族事务委员会副主任李文明、市宗教局局长杨彦贵等陪同下,到西吉县调研指导民族宗教工作。

7月20日 市委书记刘小河带领全市县域经济观摩团到西吉县观摩县域经济发展工作。观摩团先后深入西吉钰秀家园廉租房建设工地、葫芦河县城过境段综合整治二期工程、西滩万亩旱作节水农业示范基地、马莲万亩马铃薯种薯繁育示范园区、将台西坪千亩大拱棚西红柿示范园区、将台东坡设施种植示范基地进行观摩指导。

同日 陕甘宁秦腔名家名段演唱会在西吉县体育场举行。陕西秦剧团、甘肃秦剧团、宁夏秦剧团国家一级演员李东桥、侯红琴、窦凤琴、孔桂玲、柳萍等向5000多名观众献上精彩秦腔节目。演唱会为繁荣西吉文化、促进戏曲交流提供了良好平台。

7月22日 吉林省扶贫办主任孙德华带领考察组,在自治区扶贫办副主任刘勇、市扶贫办副主任单荣福等陪同下,到西吉县考察交流扶贫开发和农村最低生活保障“两项制度”有效衔接试点工作。

7月23日 区政府副主席屈冬玉带领区农牧厅厅长赵永彪等,到西吉县调研指导农业产业结构调整和马铃薯产业发展工作。

7月25日 自治区水利厅专家组一行8人,对西吉县已列入《全国小型病险水库除险加固规划》的水库现状及前期准备工作进行调研考察。

7月27日 自治区党委书记张毅带领区党委办公厅、发改委、农牧厅、建设厅、科技厅等负责人到西吉县调研指导农业产业化、城镇化工作,实地到将台乡华林蔬菜生产基地调研考察。

7月28日 全国政协人口资源环境委员会副主任、宁夏慈善总会会长任启兴带队到西吉县调研考察资助抚育孤儿项目。

7月29日 国家农业发展水土保持坡耕地综合整治宁夏项目区启动仪式在西吉县硝河乡郎岔村举行。自治区水利厅厅长吴洪相、副厅长郭浩,全区各市县分管领导、水务局、水保站负责人参加启动仪式。

同日 在中国人民解放军建军83周年来临之际,县四大机关领导带队深入乡镇和驻地官兵住所,看望慰问退伍伤残老军人、烈士遗孀、复退军人和驻地官兵。

7月29日至8月2日 县政府成立联合执法组,对全县范围内的非煤矿山企业进行集中整治。2010年全县有非煤矿山77家,其中机砖厂50家、采沙厂25家、采石厂2家,分布在全县15个乡镇。此次联合执法集中整治行动共对41家企业下发整改通知,对整改不到位的企业坚决进行停电,对存在安全隐患的企业进行行政处罚。

7月30日 全区水利水保工作现场会在兴平乡聂家河召开。全区水利系统负责人及各市、县分管领导参加会议并观摩考察聂家河“坝—窖—池”联用小流域综合治理模式。

7月31日 自治区党委党史研究室主任布青沪带领相关处室负责人及宁夏电视台记者一行5人,到西吉县调研指导地方党史研究和红色文化工作。

同日 原州区党政代表团一行35人到西吉县考察交流民生保障、城市建设、设施农业工作。

8月1日 国家农业部副部长陈晓华带队,在自治区农牧厅厅长赵永彪等陪同下,到西吉县调研考察马铃薯产业和红色旅游工作。

同日 国家统计局统计教育中心副主任李纲林带领调研组,在国家统计局宁夏调查总队副总队长胡宁生等陪同下,到西吉县调研指导农村住户调查和农作物播种面积调查工作。

▲彭阳党政代表团到西吉县考察交流设施农业和城镇化建设工作。

8月4日 自治区国土资源厅副厅长刘大钧带领相关处室负责人、各市、县(区)国土局负责人组成观摩团,到西吉县观摩考察葫芦河砂石矿区地质环境治理工作。

同日 自治区水利厅副厅长毕廷和带领区发改委、水利厅相关负责人对西吉县西北部安全饮水项目前期工作进行调研考察。

▲区卫生厅应急办主任李怀松带领区疾控中心地寄所副所长芮建国、鼠防科副科长卢世堂等到西吉县,对鼠疫监测防控工作进行督导检查。

8月5日 国家水利部植物开发管理中心主任郃源临带领专家调研组一行4人,在自治区水保局副局长张宁等陪同下,到西吉县调研考察水土流失综合治理项目实施工作。

同日 西吉县个体私营企业协会党支部成立。

8月6日 自治区建设厅、信访局、国土资源厅、监察厅组成联合检查组,到西吉县检查指导征地拆迁管理工作。

8月8日 宁夏第二届园艺博览会在银川召开。西吉参展团召开农特产品外销洽谈推介会,并邀请陕西、湖南、河南等地客商实地考察西吉西芹、胡萝卜、马铃薯生产基地,积极拓展西吉农特产品外销渠道。

8月9日 宁夏扶贫基金会邀请香港福溢关爱基金会知名专家,对西吉县基层卫生院医护人员开展医护技术培训。

8月10日 六盘山林业局副局长秦中河带领六盘山林业局13个国有林场场长和相关科室负责人,到西吉县考察交流国有林场脱贫解困项目建设、管理经验及生态建设工作。

8月11日 自治区工商局局长马云海带领区工商局人教处、计财处等负责人,到西吉县调研指导“创先争优”活动、市场监管及基层工商所规范化建设工作。

8月13日 自治区扶贫办贫困地区马铃薯产业带头人培训班在西吉县开班,来自海原县、同心县、红寺堡区及固原市各县(区)的50名马铃薯产业带头人参加培训学习。培训班采取专题讲座、现场教学的方式开展。

同日 自治区卫生厅疾控处处长张波带领区工商局、盐业局、疾控中心等厅(局)相关人员组成督导考评组,到西吉县开展消除碘缺乏病第三轮区级督导考评。

▲县委、县政府召开深入实施西部大开发战略动员大会,传达学习全区、全市深入实施西部大开发战略动员大会精神,安排部署全县深入实施西部大开发战略及大学习活动,动员全县各级党政组织和广大干部群众进一步统一思想、深化认识,抢抓国家新一轮西部大开发机遇,努力促进全县经济社会又好又快发展。

▲固原市副市长李守银带领市民政局、地震局、水务局、建设局、交通局、国土局、气象局等部门负责人及相关业务人员组成督导组,对西吉防汛抗灾工作进行检查督促。

8月14日 全县生态移民工作座谈会在会议中心第一会议室召开。会议讨论研究全县生态移民工作现状、形式、遵循的原则和应把握的政策。

8月17日 国家住房和城乡建设部、中国人民银行、国务院港澳办、侨办、环境保护部、国防科技工业局、国家测绘局等部委组成中央国家机关人口和计划生育第五协作组,在区计生委和市计生局负责人陪同下,到西吉县开展文化、科技、卫生"三下乡"帮扶活动。

8月18日 县残联举办全县第一届残疾人手工制球培训班,培训内容为篮球、排球、足球的制作技术。西吉县驰誉制球中心免费为残疾人提供制球材料,制作的合格球全部由驰誉制球中心负责回收销售。

8月19日 区党委书记张毅、政府主席王正伟带领全区县域经济观摩团到西吉县观摩考察县域经济发展工作。观摩团实地观摩考察了将台乡西坪村设施农业示范园区和西吉中学新校区。

同日 国家民委政策研究室办公室主任马煜东和南开大学农业与农村发展研究中心主任刘纯彬一行到西吉县,就民族地区富余劳动力转移就业等工作进行调研考察。

▲市委常委、组织部部长马金元带队到西吉县,检查指导基层党组织创先争优活动开展工作。

8月20日 经自治区财政厅、水利厅综合考察评议,新增西吉县为宁夏2010年中央财政小型农田水利第二批重点县之一。

8月23日 西吉县组织党政考察团赴隆德县、泾源县、彭阳县、原州区考察学习设施农业、生态保护、移民搬迁、畜牧养殖、城镇建设、旅游开发、新农村建设、马铃薯种薯繁育等工作。

同日 自治区水利厅对西吉县葫芦河中型灌区节水配套改造项目作出批复。该项目的实施,对提高西吉县农业综合生产能力、促进农业及农村经济社会可持续发展具有重要作用。

8月24日 市人大常委会副主任姜文奎、姬永昌、罗京玺带领市人大视察组，在市国土资源局局长石新等陪同下，到西吉县调研视察国土资源管理和项目建设工作。

8月25日 国家质检总局组织验收第六批国家农业标准化示范项目，“西吉县马铃薯脱毒种薯标准化生产示范区”项目通过验收。

8月26日 西吉县举行志方·葫芦河畔暨滨河路北侧旧城改造项目启动仪式。

8月27日 县委举办县级领导干部论坛，就进一步推动深入实施西部大开发战略活动进行广泛讨论。

8月28日 西吉县党政考察团赴中卫市考察学习设施农业和工业项目建设。实地考察观摩了中宁县供港蔬菜现代农业示范基地、沙坡头节水农业示范基地、万隆新材料有限公司100万吨稀土彩钢板项目、锦宁铝铁新材料公司120万吨铝镁合金项目、45万吨碳素项目。

同日 由六盘山旅游管委会、固原市旅游局主办、西吉县文广局等单位承办的第三届“清凉六盘·金秋之旅”主题活动暨首届宁夏固原“西吉震湖杯”垂钓大赛在震湖旅游风景区开赛。

8月29日 上海长征医院第九批专家医疗队到西吉县开展医疗卫生帮扶活动。上海长征医院自2001年开展帮扶工作以来，已先后选派内科、外科、骨科、急救科、耳鼻喉科、感染科等12个专业的28名专家组成的医疗队，到西吉县人民医院从事坐诊、讲学、手术、查房、义诊、咨询等工作，并捐赠160万元医疗设备和物资。

同日 全县2010年麻疹强化免疫工作启动会议暨相关技术培训班召开。

8月30日至31日 县委、县政府组织开展县域经济观摩活动。由县级领导、各乡镇党委书记、乡镇长、各部门(单位)负责人组成的县域经济观摩团对全县19个乡镇的覆膜玉米种植基地、设施养殖、小集镇建设、新农村建设、马铃薯种薯繁育示范园区、马铃薯机械化种植基地、设施拱棚示范区、新农村建设、村级组织活动场所、小流域治理等进行观摩交流。

8月31日 市委常委、宣传部长周庆华带领市委办、宣传部、教育局等部门负责人，对西吉县2010年中小学校校舍安全工程建设进行督查。2010年，西吉县156所中小学校实施了校舍安全工程建设，总投资7596万元，改造校舍总面积81119平方米。

9月1日 秋季开学后，“营养早餐工程”在西吉县农村中小学全面启动实施。学生在校期间，每天早餐由学校免费提供1个鸡蛋。这项被老百姓称为“鸡蛋工程”的营养早餐计划是自治区政府2010年10项民生计划为民办的30件实事之一。

同日 自治区政府副主席姚爱兴带领区政府副秘书长李文华、人口和计生委主任吴海鹰、妇联主席李金英等，到西吉县检查指导人口和计划生育工作和《中国妇女发展纲要》《中国儿童发展纲要》贯彻落实工作。

▲ 县委、县政府召开全县县域经济观摩交流总结会。会议认真贯彻落实中央西部大

开发工作会议精神、全区经济形势分析会议精神,整体分析评价2010年全县经济社会发展情况及各乡(镇)、各经济主管部门工作情况,认真总结经验,深入分析问题,结合深入实施西部大开发战略,安排部署重点工作任务,确保全县经济社会又好又快发展。

▲"2010年希望工程·圆梦大学行动"助学金发放仪式在县会议中心会堂举行。全县共筹集到善款71.2万元,解决了228名应届贫困大学生入学难的问题。

9月2日 县委举办"专家学者进西吉"理论报告会。首场报告特邀自治区党委讲师团教研室副主任宋武平作西部大开发专题辅导。

同日 县委、政府在会议中心召开全县第六次全国人口普查工作会议,传达贯彻全区第六次人口普查工作会议精神,安排部署全县人口普查工作任务。

9月2日至3日 受自治区水利厅委托,水利部原农水司司长李代鑫、中国农业节水和农村供水技术协会规划设计研究中心副主任赵建民、总工程师张晓燕一行5人,到西吉县调研宁夏固原地区城乡饮水安全水源工程西吉受水区基本情况。宁夏固原地区城乡饮水安全水源工程属跨流域调水工程,以泾河为水源,规划将丰水区的泾河汛期富余水量调入南部山区和中部干旱带,实现区域水资源的丰枯补济、南北调配;将泾河引水、扬黄水、当地库井水联调,实现水资源的综合利用和资源效益的最大化,统筹解决固原市原州区、彭阳县和西吉县三个县区,以及海原县七营、同心县预旺等60个乡镇、160万城乡居民的生活用水问题,工程设计年引水量3980万立方米。工程分配西吉县水量1685万立方米。工程建成后,调水干管、支干管线入西吉境内并与已建成的集中供水工程管网进行串联,可稳定解决全县49.8万人的饮水安全问题。

9月3日 田坪乡、震湖乡、马建乡、平峰乡、红耀乡的43个行政村遭受严重冰雹袭击,造成部分农户房屋不同程度受损、部分农作物绝产,给群众生产生活造成严重损失。县委、县政府第一时间组织开展救灾工作,市民政局为当地群众送来10吨优质面粉,帮助受灾群众渡过难关。

同日 县委、县政府在县城北山烈士陵园隆重举行纪念抗日战争胜利65周年纪念活动,缅怀革命先烈,弘扬爱国主义精神。

9月4日 市长白尚成带领市政府办、农牧局、民政局、财政局等部门负责人一行到西吉县,对9月3日西吉县西部乡镇遭受暴雨、冰雹袭击造成的灾情进行检查,并现场指导救灾工作。

9月5日 自治区党委原书记黄璜在区党委办公厅负责人、固原市委常委、副市长黄雅航的陪同下,到西吉县调研考察退耕还林和旅游产业发展工作。

9月7日 由自治区交通厅、总工会、运管局相关人员组成的考核验收组,到西吉县考核验收明星出租公司申报区级文明单位创建工作。

9月8日 县委、县政府在会议中心举办"宁夏网络及现代办公环境泄密窃密技术演示"专题讲座,其目的在于贯彻落实新修订的《保密法》,进一步提高信息化条件下各级领导干部和涉密人员保密防范意识,增强保密防范能力。

同日 全县村“两委”班子换届选举动员培训会议召开。

9月9日 华电集团总容量为500兆瓦的风电工程落户西吉县并开始建设。华电宁夏西吉月亮山风电场规划总容量为500兆瓦,其中一期风电工程49.5兆瓦,总投资约4.5亿元。工程竣工后,每年可提供1.4亿千瓦时的绿色能源,节约标煤5万吨,减少二氧化碳排放13.5万吨。

同日 在第26个教师节来临之际,县四大机关领导带领4个慰问组,深入各学校看望慰问默默耕耘在教育一线的教师,向他们表示节日祝贺。

9月11日 西吉县开展以8月龄至4周岁儿童为主要对象的麻疹疫苗强化免疫接种活动,活动强调“知情、自愿”的原则。麻疹是由麻疹病毒引起的一种急性呼吸道传染病,传染性极强。

9月14日 区直机关工委书记侯建国带领38名副处级学员入住吉强镇万崖村,开展与农民“同吃、同住、同劳动”三同教育实践活动。

9月15日 自治区党委巡视组组长、区纪委副书记魏康宁带领自治区党委巡视组一行4人,到西吉县开展巡视检查工作。

同日 自治区双拥办副主任、民政厅副厅长赵俊新带领相关处室负责人组成调研组,到西吉县调研检查双拥工作。

9月16日 自治区党委宣传部副部长李克强、宁夏电力公司政治部主任马海儒带队到西吉县开展扶贫支教献爱心活动。

同日 全市政协第六次主席联系会暨理论研讨会在西吉县会议中心召开。

▲ 自治区环保厅、林业厅和宁夏大学专家教授组成自治区级评估组,到西吉县评估验收火石寨丹霞地貌和党家岔湿地保护区管理工作。

9月16日至17日 县人大常委会主任马正文带领人大视察组,对城乡道路建设、《中华人民共和国教师法》贯彻落实及有关提案建议办理工作进行视察。

9月17日 西吉县新百电器超市隆重开业。西吉县新百电器公司总投资500余万元,营业面积500多平方米,经营各种家用电器,是目前西吉县规模最大、种类齐全的大型家用电器超市。

9月18日 全区国有林场管理现场观摩会在西吉县召开。会上,自治区林业局授予西吉县“全区国有林场管理先进县”荣誉称号。

9月19日 由自治区农经站主办,县农牧局和农经站承办的西吉县2010年阳光工程农民专业合作社负责人培训班开班。全县32个农民专业合作社的负责人和经营管理人员共60多人参加培训学习。

9月20日 自治区监察厅副厅长杨培君带领自治区中央扩大内需促进经济增长政策落实检查组,到西吉县检查督导西吉县纳入中央新增预算内投资项目建设工作。自治区共安排西吉县扩大内需新增中央预算内投资项目44个,截至2010年8月底,44个项目全部开工建设,其中建成35个项目。累计完成投资21632万元,占下达计划总投资的90.3%,其中完成新增中央投资13324万元,占下达新增中央投资的97.3%。带动社会投资额8309万元,2010年地方政府债券中用于扩大内需中央项目配套投资281.3万元,新增投资项目的拉动作用在西吉县取得明显成效。

同日 西吉县明星出租有限公司省级"青年文明号"单位创建,通过自治区验收组评定验收。

9月26日 在2010宁洽会暨首届中阿经贸论坛会上,西吉县与福建莆田绿城新型建材有限公司、华伦企业有限公司分别签订合作项目,签约总额10亿元,其中闽宁产业园区建设项目总投资8亿元、西吉县皮革制造加工项目总投资2亿元。

同日 甘、宁两省三市五县鼠疫联防工作检查组到西吉县检查督导鼠疫防治工作。

▲ 固原市安委会副主任、安监局局长杨勇带领市安全生产检查组,到西吉县检查督导建筑施工领域安全生产和打击非法违法生产经营建设行为。

▲ 固原市纪检监察工作典型观摩暨便民服务规范化建设现场会在西吉县召开。

9月27日 固原市副市长田治富带领市交通局、发改局、教育局、监察局、质监局等部门(单位)负责人,到西吉县检查督促农村公路和校舍安全工程建设工作。2010年,西吉县新建农村公路906公里,其中沥青水泥路306公里、沙砾公路600公里,全县通油路的行政村达到171个,占全县行政村总数的56%;全县实施中小学校舍安全工程学校156所,规划改造校舍总面积8000多平方米,总投资7000多万元,其中加固校舍154栋、建筑面积30000多平方米,重建校舍125栋、建筑面积50000平方米。

同日 银川恒德物业服务有限公司西吉分公司正式成立并举行开业典礼,标志着西吉县物业管理工作步入新的发展阶段。东花苑、丁香花园住宅小区是首批实行物业管理的小区。

▲ 由自治区农牧厅主办,西吉农牧局、西吉农机中心承办的2010年全区马铃薯机械化收获现场会在马莲乡马铃薯示范园区举行。2010年,西吉县扶持组建16个马铃薯机械化专业服务合作社,全县拥有大中型四轮拖拉机541台、手扶拖拉机7468台、马铃薯种收机具580台,年内完成马铃薯机播机收面积50万亩以上。

▲ 宁夏首届"六盘山—龙平杯"马铃薯机械化收获技能大赛在西吉县马莲乡马铃薯种植繁育示范园区进行。比赛代表来自宁南山区九县(区)的12个马铃薯机械化作业服务合作社。经过数轮角逐,彭阳县长城塬马铃薯机械化作业服务合作社获得第一名,原州区益农马铃薯机械化作业服务合作社和西吉县选兵马铃薯机械化作业服务合作社获得第二名。

9月28日 自治区地税局局长李彦凯带领调研组,在市委常委、常务副市长黄雅杭等陪同下,到西吉县调研指导税源企业培育发展和地税征收工作。

同日 市人大常委会副主任姜文奎、拜志俊带领市人大视察组，在市农牧局、统计局负责人陪同下，到西吉县调研视察农业结构调整工作。2010年，全县共完成农作物播种面积242万亩，其中夏粮27万亩、秋粮152.5万亩(马铃薯121万亩、玉米13.5万亩、秋杂粮18万亩)、油料30万亩、蔬菜6万亩、其他26.5万亩。

10月3日 西吉县文工团受西安大明宫遗址公园开园庆典组委会邀请，代表宁夏参加了大明宫圣殿艺术节巡演活动，取得圆满成功。

10月5日 县能源站举行农村沼气服务人员培训班暨沼气服务车辆投放仪式，来自全县48个沼气服务网点服务人员、驾驶员共70余人参加了培训班及车辆投放仪式。此次共投放大功率进出料车48辆，配套维修工具及防护用品48套，建成乡村服务网点48个，累计建成乡村服务网点70个，基本覆盖全县各乡镇沼气项目村。

10月8日 在国家工商总局商标局认定的217件中国驰名商标中，“西吉马铃薯”商标榜上有名。“西吉马铃薯”荣获中国驰名商标，标志着西吉县乃至固原市在中国驰名商标领域实现了零的突破，填补了固原市无中国驰名商标的空白。

10月9日 固原市2010年秋覆膜现场会在西吉县硝河乡郎岔村召开。2010年，西吉县计划完成秋季覆膜30万亩，建设集中连片示范区19个25万亩。

10月10日 西吉县举办全县“科级干部大讲台”活动。全县科级干部紧紧围绕“西部大开发、西吉要奋进”主题，结合各自工作实际，谈认识、谈思路、谈目标、谈做法，树立发展信心，形成发展共识。

同日 县委、县政府召开创建新一轮全国科普示范县动员工作会议。会议号召全县各级组织和广大干部群众积极行动起来，在全县营造学科学、用科学、爱科学的浓厚氛围，力争用一年多的时间，实现新一轮“全国科普示范县”创建目标。

10月11日 农业部发展计划司调研员曹华带领国家农业部专题调研组一行5人，在区农牧厅相关处室负责人的陪同下，到西吉县调研指导农业发展规划工作。

同日 自治区民委主任马力、副主任丁卫东带领相关处室负责人，到西吉县调研检查民族地区发展资金使用工作和名村规划建设工作。

▲ 西吉县在永清湖广场举行2010年秋季重点工程启动暨西吉大饭店奠基仪式。西吉大饭店的建设将填补西吉县没有星级宾馆的空白，有助于提升西吉县服务业发展水平。

10月12日 自治区党委常委、组织部部长徐松楠带领相关处室负责人，在市长白尚成，市委常委、组织部部长马金元等陪同下，到西吉县调研指导基层党建工作。

同日 区党委组织部人才处处长温永盛带队到西吉县检查验收“金豆英才”马铃薯产业人才培训项目实施工作。“金豆英才”马铃薯产业人才培训项目在西吉县启动后，先后举办专题培训班3期，共培训马铃薯专业技术人员、种植大户278人，建立马铃薯产业人才培训基地4个，建立马铃薯新品种、新技术示范基地6个，组织马铃薯专业技术骨干

12人分批到北京、内蒙古等北方地区马铃薯脱毒繁育中心考察学习。

▲由自治区纪委、监查厅、文化厅主办，宁夏话剧艺术发展有限公司创排的《塞上清风》廉政文化大篷车来西吉县演出，为全县人民献上了精美的文化大餐，受到了广大干部群众的欢迎。

10月13日 县人力资源和社会保障局在会议中心召开2010年“三支一扶”高校毕业生岗前培训暨派遣上岗动员会议。自2006年实施“三支一扶”工作以来，西吉县共招募“三支一扶”高校毕业生5批1325人。

10月17日 中央扩大内需检查组一行，在区监察厅副厅长张炳军等陪同下，对西吉县人民医院新建项目工程进行检查督促。

同日 福建省秀屿区企业家考察团到西吉县考察项目建设和投资事项。

10月18日 县工商局、个体私营企业协会联合开展“我服务、我光彩”主题服务日活动，组织“协会会员”到县城中心敬老院，看望慰问并服务孤寡老人和孤儿，把关怀和温暖送给最需要关心的人。

同日 市政府组织考核认定组对西吉县教育强乡工作进行考核认定。

10月19日 中央统战部民族宗教局局长赵学义带领相关处室人员一行，在区、市统战部门负责人陪同下，到西吉调研检查民族宗教、城镇化建设和教育工作。

同日 自治区社会保险管理局局长刘建军带领相关处室负责人，到西吉县调研检查社会保险工作。

▲全市孝老爱亲模范先进事迹报告团到西吉县作报告，全县干部职工400多人聆听感人至深的报告。

10月21日 福建省政府投资项目评审中心副主任周跃华带领福建省有关专家和企业家，在县委常委、副县长林珍发等陪同下，到西吉县检查评审闽宁工业园区产业发展工作。

10月22日 自治区总工会副主席金韶琴带领相关处室负责人，到西吉县考核工会重点工作、创新工作、亮点工作。

10月23日 县团委对接争取复旦大学团委组织西吉受援校16名贫困优秀初中学生赴上海参加“西吉乡村学生观世博”活动。

10月24日 全县乡镇年轻干部自我推荐会在会议中心第一会议室召开。

同日 县建设局召开庆祝第五个环卫工人节暨表彰大会，弘扬环卫工人“宁愿一人脏，换来万家洁”的无私奉献精神。

10月26日 县政府召开闽宁产业(西吉)园区规划可行性评估分析会，旨在进一步加快闽宁产业(西吉)园建设前期各项工作，让更多更大的福建企业来西吉县投资置业，推动经济社会更快更好发展。

10月27日 国家专家督导组一行5人，到西吉县检查督导中央补助地方包虫病防治项目工作。

10月28日 自治区政协副主席张乐琴带领区政协调研组,到西吉县调研检查民族宗教与社会主义相适应工作。

同日 县委、县政府召开新型农村社会养老保险暨统筹城乡居民医疗保险试点工作启动大会,对全县开展新型农村社会养老保险和统筹城乡居民基本医疗保险试点工作进行动员部署。

10月29日 市政府消防安全检查验收组到西吉县超市、宾馆、旅社、学校、居民小区检查验收消防安全防火墙工程建设工作。

10月30日 县委政法委、宣传部、文化广播电视局主办的"我为平安西吉建设做贡献"主题演讲比赛在会议中心拉开帷幕。

同日 县住房和城乡建设局在钰秀家园隆重举行首批100户城镇低收入家庭廉租住房入住仪式。

11月1日 自治区党委常委、宣传部部长杨春光带领区文化厅、新闻出版局、广电局及区党委宣传部各处室负责人,深入平峰镇王垴村调研指导扶贫开发工作,并给王垴村群众送去价值6万元的面粉和大米。

同日 西吉县2350名普查员、普查指导员深入全县1996个调查小区、11万多住户家中,开展第六次全国人口普查工作。

11月2日 自治区住房保障考核验收组,到西吉县检查验收住房保障工作。

同日 固原市人口和计划生育考核验收组到西吉县检查验收人口和计划生育工作。2010年,西吉县较好完成市政府下达的人口与计划生育指标任务,低生育水平持续保持稳定,全县巩固创建计划生育合格村130个,落实结扎措施634例、置环措施10613例,实施少生快富工程1592例,综合节育率达到85.44%,长效节育率达到76.63%。

11月3日 自治区物价局局长马志岐带领有关处室负责人一行,到西吉县检查指导物价管理工作。

11月4日 宁夏慈善总会组织发起的"百名爱心人士抚育千名孤儿"慈善项目孤儿资助金发放仪式在西吉县中心敬老院举行。项目惠及西吉县302名孤残儿童。

同日 《西吉年鉴2010》区、市、县级评审会议在会议中心召开。

11月8日 自治区党委组织部组织处副处长田兴国带领区发改委、财政厅、建设厅等厅局相关人员组成验收组,对西吉县2010年新建的165个村级活动场所进行检查验收。

同日 全市党建观摩团,到西吉县观摩交流基层党组织建设和创先争优活动开展情况。

11月9日 西吉县消防大队在西吉中学、县人民医院、帝豪万家和超市组织开展灭火和逃生自救演练活动。

11月10日 自治区政府副主席李锐带领区住房和城乡建设厅、财政厅、招商局等负责人,到西吉县检查指导城市建设、住房保障和招商工作。

同日 自治区农发办主任陈延、总工程师马琼一行15人到西吉县调研检查农业综合开发工作。

11月11日 宁夏中华爱国工程联合会、浙江欣捷建设有限公司、银川爱心互助会联合在偏城乡马湾小学开展扶贫助学捐赠活动。

11月12日 自治区党委统战部副部长、工商联党组书记罗玉林带领相关处室负责人及宁夏鲁宁联合会部分企业代表,到西吉县调研考察非公经济组织"创先争优"活动开展工作。

11月13日 县委召开"十二五"规划建议专题讨论会,就《西吉县国民经济和社会发展第十二个五年规划纲要(草案)》征求各部门、乡(镇)意见和建议。

11月14日 自治区主席助理屈冬玉带领自治区旅游局副局长薛刚、农牧厅种植业处处长赖伟利一行,到西吉县调研检查马铃薯产业、秋季覆膜及旅游开发工作。

11月15日 市农田水利考核验收组对西吉县开展全区农田水利基本建设"黄河杯"竞赛活动进行全面考核验收。

同日 中华文学基金会办公室主任沈鹏、文学部主任朱小岭一行到西吉县实地考察"文学之乡"创建工作。考察组深入县"文学之乡"创建办公室、火石寨西吉文联创作基地、新营乡文学艺术工作协会、县人民法院文学艺术工作协会、西吉中学文学社考察文学创作发展情况。截至2010年,西吉县已在19个乡镇、17个县直系统成立文学艺术工作协会,会员达到700余人。西吉籍作家10余人(次)先后获鲁迅文学奖、少数民族文学骏马奖、春天文学奖,人民文学奖、小说文学奖等国家文学奖项,20余人(次)获区、市文学奖项,出版个人作品集40余部,30余人的作品入选各种文学作品集。

11月16日 全县开展深入实施西部大开发战略大学习活动总结大会召开,在家县领导及各乡镇党委书记、乡镇长,县直各部门(单位)主要负责人,区、市直属部门单位主要负责人参加会议。

同日 自治区发改委对西吉西北部农村饮水安全工程予以批复,同意工程立项建设,并安排预算资金3104万元。

11月21日 市征兵体检工作督查组到西吉县,检查督导征兵体检工作。

11月22日 自治区建设厅巡视员钱全富带领考核验收组到西吉县考核验收危房改造工作。

同日 新华社宁夏分社社长杜晓明一行在市农牧局局长云生元等陪同下,到西吉县调研采访"三农"工作。

▲县委、县政府召开2010年全县广播电视户户通工程建设工作会议,认真落实自治区人民政府2010年为民承办的30件实事。西吉县共建成MMDS、MUDS转发站3座,小功率发射站115座,全县广播电视综合覆盖率达到93%以上。

▲自治区环保厅副厅长鲁国会带领相关处室负责人及有关项目专家一行,到西吉县检查指导农村环境整治工作。

11月24日 自治区广电局局长马洪真带领相关处室人员,到西吉县检查指导2010年“户户通”工程建设工作。

11月25日 市建设局局长成世杰带领固原市考核验收组到西吉县考核验收“明珠杯”城市规划建设管理竞赛工作。2010年西吉县县城人口7.57万人,城镇化率19.3%。县城规划控制区面积45平方公里,建成区面积7.6平方公里;集中供热能力105兆瓦,集中供热面积50万平方米;县城建成区绿化覆盖率26%,人均公园绿地9.1平方米;县城路灯装饰率95%、燃气普及率66.9%、生活垃圾处理率60%,每万人拥有公交车2.2标台,人均住房面积24平方米。

11月26日 自治区交通运输厅总工程师张凌云带领考核组,对西吉县交通运输工作进行综合考核。2010年,自治区交通运输厅下达西吉县第一批行政村通沥青水泥路21条247公里,全部建成。

11月29日 市国土资源局党组书记、局长石新带领考核组,代表市政府对西吉县2010年国土资源目标管理责任完成情况进行考核验收。

同日 西吉县第四届全国亿万学生阳光体育冬季长跑活动暨偏城中心小学青少年体育俱乐部揭牌仪式在偏城乡中心小学举行。

11月30日 自治区党委副书记于革胜、政府副主席郝林海带领发改委、农牧厅、科技厅等厅局负责人,在市委书记刘小河、副书记董玲等陪同下,到西吉县调研指导农业农村工作。

同日 区林业局林改办副主任马彦林带领区、市业务人员组成考核组,对西吉县集体林权制度改革工作进行进行考评。至2010年底,西吉县林地总面积113.47万亩,其中退耕还林面积68.2万亩,均已确权颁证。

▲西吉县交通事故损害赔偿人民调解室和交通事故巡回法庭成立。

12月1日 第三期中国妇女社会地位调查确定西吉县火石寨乡、吉强镇、偏城乡、田坪乡、兴平乡的5个村、75个家庭为调查样本。西吉县按时高质量完成样本调查。

12月3日 市人力资源和社会保障考核验收组,到西吉县考核验收促进就业、全民创业、发展劳务产业和完善社会保障体系工作。2010年,全县培育小企业91个,创新岗位783个,新增城镇就业人员3145人,开展职业技能培训4877人、创业能力培训298人,发放小额创业贷款2674万元,全年共转移农村劳动力12万人,实现劳务收入7.46亿元,人均劳务收入达6228元。

12月4日 由自治区教育厅、市教育局主办,县教育体育局承办的全区首届“歌唱祖国、赞美家乡”学生合唱节固原分赛区歌咏比赛在西吉县会议中心举行。来自固原四县一区和市直学校的9支学生代表队参加了比赛,西吉中学代表队获得第三名。

同日 西吉县在红军长征将台堡会师纪念广场举行“12·4”法制宣传活动。

12月6日 自治区农牧厅动物防疫监督所所长杨春生带领全区动物防疫目标管理考核验收组，到西吉考核验收2010年度动物防疫目标管理工作。

12月7日 中国灌溉排水发展中心总工程师畅明琦博士带队对西吉县堰塞湖水资源进行调查与评价。

12月8日 西吉籍新疆优秀企业家、新疆南湖集团董事长冶占林，新疆乌鲁木齐市统战部副部长海万军带领新疆南湖集团中高层负责人及部分新疆企业家来西吉县考察投资。

同日 国家林业局退耕还林办公室总工程师敖安强带队，对西吉县退耕还林工作进行调研检查。

▲自治区党委常委、副主席刘慧带领区财政厅、民政厅、人社厅等部门负责人，到西吉县调研指导城乡居民医疗和新农保试点工作。2010年全县参加新型农村合作医疗人数39.85万人，参合率90.27%。

▲中国地质调查局水环部副主任文东光带领国土资源部地质环境司和国土资源部经济研究院环境室有关专家一行4人，到西吉县调研检查矿山地质环境治理、地质遗迹保护和特大型地质灾害治理项目实施工作。

12月9日 自治区农牧厅副厅长马明带领区财政厅、人社厅、统计局、工商局等部门相关人员组成考核组，到西吉县考核验收创业就业和社会保障工作。

12月10日 西吉县2010年新入伍的35名新兵离开家乡，满怀信心步入军营，开始他们的军旅生活。

12月11日 市委书记、市人大常委会主任刘小河带领市人口与计划生育党政线考核组，到西吉县考核验收2010年人口与计划生育工作。

12月13日 自治区农牧厅兽医局局长孙国斌带领考核验收组，到西吉县考核验收2010年度动物防疫目标管理落实工作。2010年，全县免疫各类畜禽205万头(只)，重大动物疫病免疫密度均达100%，常规疫病免疫各类畜禽52.6万头，应免畜禽免疫密度和牲畜标识佩戴率均达100%。

12月14日 市委常委、政府副市长陈永共带领市财政局、发改局、农牧局、建设局、监察局、审计局、招商局等单位负责人组成考核组，对西吉县2010年招商引资工作进行考核。2010年，西吉县签订招商引资项目合同17个，项目协议投资总额24.12亿元，实际到位资金4.37亿元，其中续建项目7个、新建项目10个。

12月16日 宁夏西吉闽宁产业园区产业发展与布局规划审查会在银川长城宾馆五楼会议室召开。园区规划占地面积3602.25亩，按照农产品加工区、轻工业区、新型建材工业区、物流区、商贸服务区“一园三片五区”整体空间功能布局，重点发展马铃薯、胡萝卜、西红柿等优势果蔬深加工产业，牛羊肉加工业，积极发展灰渣砖、加气混凝土等新型建筑材料产业。到“十二五”末,园区共引进入园企业50家以上,实现工业总产值20亿元以上、工业增加值达到6亿元以上,年上缴税收超过3500万元,吸纳1.5万县内务工人员进入园区工作。

同日 市领导董玲、杨志明、王明亮带领考核组,对西吉县2010年度工作目标管理、党风廉政建设责任制落实与领导班子、领导干部年度履行职责情况进行考核。

12月18日 全县政法系统法律知识考试在西吉中学举行。政法系统全体干警、辅警以及工作人员300多人参加考试。

12月19日 西吉中学召开六届四次教职工代表大会。全校70多名教职工代表汇聚一堂,共绘发展蓝图。西吉中学始建于1945年,现有教学班级63个,在校学生4700余人,教职工280人。2009年9月,西吉中学实现学校整体搬迁,新校区占地面积300亩,建筑面积56000平方米,拥有教学楼、实验楼、科技艺术楼、学生公寓楼、学生餐厅、图书馆、体育馆及4000平方米塑胶体育场,建有标准实验室、仪器室、生物标本室、微机室、音乐美术室等。

12月22日 市旅游局副局长李永明带领考核组对西吉县旅游工作进行考核验收。2010年,西吉县共争取旅游建设项目资金2400万元,开工建设旅游项目5个,接待各类旅游团队300多个,旅游综合收入达到450多万元。成功举办了宁夏第六届六盘山山花节暨西吉县第二届火石寨丁香花攀岩旅游节、西吉首届民俗文化节。

12月27日 海原县党政代表团到西吉县考察交流城市建设、教育教学和特色产业发展工作。

12月29日 自治区考核验收组对西吉县2010年产业大县建设、设施农业建设、粮食生产先进县、马铃薯种薯三级繁育体系建设及优秀龙头企业建设等工作进行考核验收。

同日 自治区党委常委、政法委书记、公安厅厅长苏德良在市领导陈凤龙等陪同下,到西吉县调研指导公安工作。

12月30日 闽宁妇联合作“六个一”工程落户西吉县。闽宁妇联合作“六个一”工程是2008年自治区妇联与福建省妇联签署的新一轮闽宁妇联第四阶段互学互助对口扶贫的合作项目,其主题为“扶助贫困母亲、关注贫困女童”。本次“六个一”工程共为西吉县赠送价值20多万元的电视机、太阳灶和药品,并为村民发放3万元小额扶贫贷款。

同日 宁夏慈善总会副会长余今晓带领宁夏慈善总会有关人员到西吉县中心敬老院开展看望慰问活动,并为在敬老院生活的老年人送去生活用品。

▲ 西吉县2010年度税收工作总结暨表彰大会召开。2010年,西吉县入库税收收入4735.9万元,增收1302.3万元。

12月31日 西吉县“固原雪冠淀粉有限责任公司”生产的“雪冠”牌马铃薯淀粉被评为“2010年宁夏名牌产品”。

是年 全县总户数131659户,总人口508282人。全县地区生产总值247629万元,其

中第一产业84815万元、第二产业51847万元、第三产业110967万元。农作物播种面积228.64万亩,粮食总产24853.1万公斤、油料总产1377.6万公斤。地方财政收入4460万元,地方财政支出184797万元,社会商品零售总额77664万元。

2011年

1月4日至6日 政协西吉县九届委员会第四次会议召开。应到委员148人,实到委员139人。会议听取和审议黄如林作的政协工作报告、郭满福作的提案工作报告;会议审议通过县政协九届四次全体会议政治决议、县政协九届四次会议关于常务委员会工作报告的决议;会议共收到委员提案119件、立案60件,确定建议案10件、提案50件;会议对12个提案先进承办单位、10名优秀调研报告、20名优秀提案委员进行表彰奖励。与会政协委员还列席了十五届县人民代表大会第四次会议,听取并讨论政府工作报告和其他报告。

同日 十五届县人民代表大会第四次会议召开。会议听取和审议县政府工作报告、县人大工作报告、县人民法院工作报告、县人民检察院工作报告、代表议案建议办理情况报告,审议了西吉县2011年国民经济和社会发展计划(草案)报告、西吉县2010年财政预算执行情况和2011年财政预算(草案)报告,表决通过以上报告决议。会议确定代表议案8件、建议38件。

▲县四大机关主要领导、分管领导及县委办、政府办、交通局、城建局、发改局、国土局等部门负责人,实地检查调研县城建设规划和重点工程建设,对县城整体规划建设进行全方位把脉。

1月7日 县委、县政府召开全县春节、"两会"期间安全生产、信访及维稳工作专题会议,通报全县安全生产、信访、维稳工作情况,安排部署春节、"两会"期间全县安全生产、信访和维稳工作。

同日 县政府召开常务会议,研究宁夏(西吉)闽宁产业园区建设有关事项。一是发改局等部门抓紧完成园区可行性研究报告,尽快上报,争取早日批复立项。二是宁夏(西吉)闽宁产业园区管理委员会的办公地点及相关配套设施,由县财政局负责解决和落实。三是园区建设的拆迁工作由建设局、吉强镇具体负责落实,3月底前完成;园区建设的土地征用工作,由国土局、吉强镇具体负责落实,2月底前完成。四是交通局具体负责,建设局配合,抓紧完成海(原)—西(吉)公路、袁河集镇公路、水云公路、县城西入口道路的设计,1月底前完成放线工作。

▲县四大机关主要领导带队深入乡镇(村组)、社区、敬老院、人武部、县中队、消防队看望慰问困难群众、困难党员、孤寡老人、离休老干部、劳动模范、知识分子及驻地官兵。

1月8日 西吉县在固原市农牧局召开“西吉县葫芦河川道区百公里特色蔬菜产业带”规划论证会。葫芦河川道区百公里特色蔬菜产业带建设区域包括新营、吉强、硝河、将台、马莲、兴隆六乡镇的39个行政村，涉及8580户农户、44000多人。打造葫芦河百公里蔬菜产业带是西吉县调整农业产业结构、统筹城乡发展、增加农民收入的重要举措。

1月9日 黑龙江商会企业家资助西吉县兴平乡杨坪小学“献爱心、送温暖、慈善行”项目启动仪式在银川市天天渔港酒店举行。宁夏黑龙江商会全体企业家和兴平乡负责人及杨坪小学部分教师和学生代表参加启动仪式。

1月12日 自治区广播电视局、公安厅、宁夏网络总公司等部门相关处室负责人组成检查组，到西吉县检查指导广播、电视安全播出工作。

1月13日 县水务系统举办“加强供水管理、保障供水安全机电及自动化设备运行管理”培训班。培训班邀请自治区水利厅专家授课，县水务局干部职工和乡镇水管所、供水管理站负责人及专业技术人员参加培训学习。至2011年底，全县共建成人饮工程48处，解决了近30万农村人口饮水难题。

1月14日 自治区国土资源厅党组成员、土地征收储备局局长马鑫带领区国土资源厅、财政厅相关处室负责人组成自治区考评验收组，到西吉县考评验收2010年度“土地管理模范县”创建工作。

1月16日 全区包虫病防治现场工作会议在西吉县召开。全区各市、县疾控中心主任、副主任、相关科室负责人员及西吉县包虫病防治人员参加会议。

1月17日 自治区扶贫办副主任刘勇带领区扶贫办相关处室负责人，到西吉县调研指导劳务移民工作。

1月18日 固原市暨西吉县2011年文化、科技、卫生“三下乡”活动在将台乡正式启动。这次“三下乡”活动紧扣送文化、送科技、送卫生、送法律主题，以满足广大人民群众日益增长的物质和文化生活需要。

1月19日 西吉县春运道路交通安全管理工作启动。县安监局、运管所、交警队等部门迅速行动，认真落实县委、县政府部署，全面做好春运道路交通安全管理工作。

同日 市民生工程考核组对西吉县6件民生工程完成情况进行考核验收。

1月21日 惠农区政府副区长刘光珍带领惠农区人社局、惠冶镁业公司等部门和企业负责人，到西吉县对接洽谈劳务移民工作。

1月24日 自治区检察院检察长王雁飞在市委常委、政法委书记陈凤龙，市检察院检察长李学军陪同下，到西吉县检查指导检察工作并看望慰问检察系统先进工作者和困难职工。

1月25日 西吉县区域发展战略与空间布局规划评审会在县委二楼会议室召开，全体在家县级领导及县直各部门负责人参加评审会。阿特金斯顾问（深圳）有限公司北京分公司城市规划设计与咨询部孙炬等专家一行4人，就其设计的《西吉县区域发展战略与空间布局规划》,以影像资料的形式进行详细介绍与说明。

1月28日 十五届县人民政府第24次常务会议召开。会议听取全县安全生产工作情况汇报,研究部署安全生产工作;讨论审定《关于进一步加强司法所规范化建设的实施方案》《西吉县住宅区物业管理暂行办法》《西吉县城镇低收入家庭廉租住房管理办法》;研究审定2007—2010年县城建设项目用地容积率调整变更事宜;听取关于发展葫芦河川道区百公里特色蔬菜产业带建设工作的有关汇报,决定大力扶持和发展西吉芹菜产业。

1月29日 当日14时30分左右,西吉县祥龙农村客运有限责任公司"宁D06895"客车严重违法违规超员载客(核载19人,实载37人),从西吉县城开往红耀乡,行驶至新红公路(新营乡至红耀乡)71km+500m一下坡转弯处时,车辆发生侧翻事故,造成11人死亡、22人受伤的严重交通事故。县委、县政府第一时间启动应急响应,全力抢救受伤人员,安抚死者家属,做好善后工作。

1月30日 县委召开"1·29"交通事故善后工作汇报会。

1月31日 全县安全生产工作会议在县会议中心召开。全体在家县级领导、各乡镇党政负责人、县直部门主要负责人、区市直属部门主要负责人参加会议。会议对全县安全生产工作进行再部署、再安排、再压实。

同日 县委、县政府派出督察组,深入全县19个乡镇、县运输公司、县汽车站、县农机站、各农村客运公司开展安全生产大检查、大排查、大督查、大整治工作。

2月2日 县政协主席黄如林带领县委、县政府分管领导及县委办、政法委、法院、检察院、安监局等部门负责人组成慰问组,看望慰问红耀乡"1·29"重大交通事故死难者家属和伤病员,为他们送去米、面、油、肉等慰问品。

2月3日 县人大常委会主任马正文带领县委、县政府分管领导及县委办、财政局、民政局、卫生局、安监局等相关部门负责人组成慰问组,前往县人民医院、固原市人民医院看望慰问红耀乡"1·29"重大交通事故受伤人员。

2月14日 全国国土资源节约集约模范县表彰大会在北京召开。会议授予西吉县"全国国土资源节约集约模范县(市)",这是宁夏唯一获此殊荣的县(市)。

2月15日 自治区林业局、发改委抽调人员组成调研组,到西吉县调研检查国有林场改革工作。西吉县现有月亮山、大寨山、扫竹岭、吉强、偏城、硝河等10个国有林场,经营总面积19.7万亩,其中林地18万亩、苗圃地1460亩。

2月16日 县委、县政府在会议中心召开全县生态移民动员大会。会议贯彻落实区市党委、政府关于生态移民的部署要求和全市生态移民动员大会精神,动员全县上下进一步统一思想、抢抓机遇,全面做好生态移民工作。

同日 全县纪检、组织、宣传、统战工作会议在县会议中心召开,会议传达学习中央和区、市纪检、组织、宣传、统战工作会议精神,回顾总结2010年度工作,安排部署2011年各项工作任务。

▲ 区农牧厅副厅长马明带领自治区督导组,到西吉县督促检查安全生产工作。

▲ 2010年度全县目标管理考核表彰奖励大会在会议中心召开。会议回顾总结2010年全县工作,表彰奖励2010年度工作成绩突出的先进集体和先进工作者,签订2011年目标管理责任书。

2月17日 西吉县举办丰富多彩的活动,以多种形式喜庆元宵佳节。来自兴隆镇、将台乡、吉强镇、新营乡的8支社火队进城同台献艺,展开一场别开生面的"农家乐"社火大赛。

2月21日 十五届县人大常委会第二十三次会议召开。会议听取和审议县人民政府关于文化市场管理情况的报告、关于《中华人民共和国道路交通安全法》《中华人民共和国土地管理法》《中华人民共和国消费者权益保护法》贯彻实施情况的报告;听取和审议县人大常委会视察组关于文化市场管理情况的视察报告和《中华人民共和国道路交通安全法》《中华人民共和国土地管理法》《中华人民共和国消费者权益保护法》贯彻实施情况的视察报告。对县人民政府及县工商行政管理局工作进行满意度测评,审议通过人事任免事项。

2月22日 最高人民法院在北京隆重召开全国优秀法院表彰大会。西吉县人民法院被授予"全国优秀法院"荣誉称号,是宁夏唯一获奖的基层法院。

2月23日 县国土资源局公开拍卖出让4宗国有土地使用权。参加竞拍的公司和自然人有7家,经过数轮激烈竞拍,固原宏安房地产开发有限公司以13.2万元、11.2万元、32.2万元的价格竞得钰秀家园1号、2号、3号地块的买受资格。陈作文以24.2万元的价格竞得锦秀家园地块的买受资格。拍卖活动得到县公证处现场公证。

2月25日 全县教育工作会议召开。会议传达贯彻全区教育工作会议精神,总结2010年度全县教育工作,安排部署2011年教育教学任务,通报2010年度教育目标管理考核情况,表彰奖励2010年度教育工作目标管理综合考核先进集体和西吉县第六批示范学校。

2月27日 国家农业部科教司司长白金明一行在区农牧厅厅长赵永彪、市农牧局局长云生元等陪同下,到西吉县调研指导农业科技工作。

同日 西吉县在会议中心召开葫芦河川道区百公里特色蔬菜产业带发展规划评审会。产业带发展规划编制单位负责人宁夏农促会会长杨鹏洲以多媒体形式,就葫芦河川道区百公里特色蔬菜产业带发展规划情况做介绍。葫芦河川道区百公里特色蔬菜产业带发展规划建设内容包括,十大特色蔬菜产业园区、四大配套体系和三大工程。十大园区为新营冷凉蔬菜产业园、吉强闽宁产业园、将台日光温室蔬菜产业园、硝河无公害产业园、马莲拱棚蔬菜产业园、兴隆民族产业园、火石寨观光蔬菜示范园、偏城设施蔬菜示范园、王民绿色蔬菜示范园、兴平特色果菜示范园;四大体系为市场配套体系、冷链物流体系、精深加工体系、科技支撑体系;三大工程为水源及配套工程、葫芦河金岸生态观光旅游工程、产业支撑移民工程。产业带规划面积15万亩,预计产值22.1亿元,规划区蔬菜产业对农民人均收入贡献额达800元,季节性转移劳动力10万人次。

3月1日 西吉县禁毒委组织21家成员单位,在文化广场开展“珍爱生命、远离毒品”主题法制宣传教育活动。

同日 全县妇女儿童发展纲要工作会议召开。

3月2日 自治区党委宣传部城市文明创建处处长毛禄带领考察组,到西吉县考察指导社区文化发展和文明创建工作。

3月3日 区教育厅厅长郭虎带领教育厅相关处室负责人,在固原市委书记刘小河等陪同下,到西吉县调研检查教育工作。

3月4日 县第四中学组织师生到西吉县中心敬老院开展尊老敬老爱幼活动。县第四中学师生为敬老院孤寡老人和孤儿打扫卫生、表演节目并送上慰问品,将温暖和爱心传递给孤寡老人和孤儿,让他们感受到社会主义大家庭的温暖。

同日 自治区安监局副局长赵苏庆带领检查组,到西吉县检查指导全国“两会”期间安全生产工作落实情况。

3月4日至5日 自治区交通厅总工程师张凌云带领检查组,到西吉县检查指导道路交通安全隐患排查整治工作。检查组一行深入309国道、202省道、西马公路、西三公路、西静公路及乡村道路的危险路段,实地检查安全隐患排查整治工作。

3月5日 第12个中国青年志愿者服务日到来之际,团县委联合教育局在西吉中学举行共青团关爱农民工子女志愿服务行动暨贫困大学生、高中生奖、助学金发放仪式。本次活动共发放资金14.3万元、受益学生190余人。

3月6日 县政府召开第四次全体会议,认真贯彻落实县委十二届十一次全体(扩大)会议精神、县十五届人大四次会议精神,组织动员各乡镇、各部门(单位)立即行动起来,以崭新的精神面貌和良好的精神状态,全面落实2011年县委、县政府确定的重点工作。

同日 县水务局召开水务系统工作会议,总结2010年的工作,安排2011年的水务工作。2010年全县投入水利建设资金2.6亿元,建成5处农村饮水安全工程,解决3.5万农村人口安全饮水;完成11座病险水库除险加固工程,新增节水水灌溉面积2.4万亩,治理水土流失面积12.2平方公里。

3月8日 在第101个三八国际劳动妇女节,西吉县在会议中心第一会议室召开庆祝“三八”国际劳动妇女节座谈会。各乡镇党委书记、妇联主席,县直机关妇委会主任等40余人共聚一堂,热烈庆祝三八国际劳动妇女节。

同日 全县宣传思想文化系统“五比五看”教育活动动员大会在会议中心召开。会议传达学习全区、全市宣传思想文化系统开展“五比五看”教育活动动员会议精神,安排部署西吉县宣传思想文化系统开展“五比五看”教育活动。

▲ 贺兰县党政考察团到西吉县考察对接劳务移民安置工作。考察团一行深入新营乡张家洼村查看群众居住环境、生产生活条件，走访了解群众搬迁意愿，并决定将新营乡张家洼村195户842人列入整村搬迁计划。

3月9日　自治区计生委主任王剑带领副主任赵国民一行，在市人口计划生育局局长虎玉赟陪同下，对西吉县计划生育工作进行调研检查。

同日　十五届县人大常委会第二十四次会议召开。会议审议通过有关代表职务暂停的议案、县人民政府人事任免议案和县人大常委会人事免职议案。县人大常委会主任马正文为新任命人员颁发任命证书。

3月10日　自治区政协副主席张乐琴带领区政协调研组，在固原市政协主席邓向贵等陪同下，到西吉县调研指导移民安置区宗教活动场所布局工作。

同日　自治区水利厅副厅长毕廷和带领水利厅相关处室负责人对西吉县2011年小型农田水利基本建设进行调研检查。

▲ 自治区人社厅厅长张怀武带领人社厅相关处室负责人，在固原市副市长李守银陪同下，到西吉县调研指导人力资源和社会保障工作。

▲ 固原市委副书记董玲、市人大常委会副主任拜志俊带队，到西吉县调研指导移民搬迁扶贫工作。

3月11日　县人大常委会主任马正文带领县人大视察组，对全县公安、统计、电力、传染病防治、城乡低保救助和安全生产法贯彻落实工作进行调研视察。

3月13日　受强冷空气影响，西吉县出现5级至7级大风，造成732.7公顷秋覆膜、65座设施拱棚、20座日光温室揭膜，直接经济损失达125.2万元。

3月15日　西吉县党政考察团赴宁夏亘元地产公司参观考察，并就县、企合作达成意向协议。

同日　市人大常委会副主任刘维俊、姬永昌、马玉芳带领市人大检查组，在市政府办公室副主任乔晓安、市教育局局长邓彦芳等陪同下，到西吉县检查指导《义务教育法》《职业教育法》贯彻落实工作。

3月16日　县委宣传部邀请固原市委讲师团讲师深入吉强镇、偏城乡、农牧局、水务局、文化旅游广播电视局等开展学习党的十七届五中全会精神辅导讲座，帮助干部群众学习宣传贯彻党的十七届五中全会精神。

同日　自治区政协调研组到西吉县调研检查城乡公共厕所建设和使用管理工作。

3月17日　自治区科协副主席刘国民带领考核验收组，对西吉县创建全国科普示范县工作进行考核验收。

同日　甘肃省静宁县党政考察团来西吉县考察水保工程建设工作。

▲ 受全国食盐抢购现象影响，西吉县出现群众集中抢购食盐现象。当天，到县盐业公司院内抢购食盐的群众前拥后挤，人满为患。县盐业公司工作人员一边做好宣传解释

工作,一边有序限量销售食盐,确保群众能够以国家规定价格购买到食盐,当天供应食盐40吨。

3月18日 中央统战部二局副局长袁莎带领调研组,到西吉县调研指导统战宗教工作。

同日 按照上级主管部门和县政府应对食盐抢购的部署要求,县市场监管局、盐业公司等部门加强宣传引导,实行定点限量供应食盐,严格规范食盐零售价格,全县食盐抢购风波得到平息。

▲自治区卫生厅健康教育所所长王德臣带领检查验收组,到西吉县检查验收"健康宁夏全民行动"工作。

3月20日 黄河水利委员会副总工程师吴宾格、黄河水利委员会规划设计处处长潘东升及水利、地质专家组成全国病险水闸水库复核组一行9人,在自治区水利厅总工程师薛塞光等陪同下,对西吉县沙沟乡下坪水库病险加固工程设计施工方案进行复核。

3月21日 自治区党委书记张毅带领自治区党委常委、秘书长蔡国英及区发改委、农牧厅、水利厅、扶贫办等负责人,到西吉县调研指导城镇化建设、设施农业、扶贫开发工作。

3月22日 在第19个世界水日、第24届中国水周到来之际,县水务局在文化广场启动世界水日暨中国水周宣传活动。

3月23日 自治区扶贫办主任杜正斌带领副主任刘勇及相关处室负责人,到西吉县调研指导扶贫开发工作。

同日 自治区团委书记张慧带领区团委组织部、工农青年部负责人,在团市委书记赵华宁的陪同下,到西吉县调研指导"党建带团建"工作。

3月24日 自治区轻纺工业局副局长马立庭带领调研组,到西吉县调研检查轻工业经济运行情况。

同日 十五届县人民政府第二十五次常务会议召开。会议研究审定《关于进一步加强安全生产工作的意见》《关于进一步加强全民创业和农村劳动力转移就业工作的实施意见》《西吉县发展学前教育工作实施方案》,研究全县学校布局结构调整有关事宜、县城新区开发项目建设有关事宜、国有土地使用权有关问题。

▲西吉县召开警企座谈会,开门评警纳谏言、警企座谈话平安,为全力打造民生警务创造良好氛围。

▲国家农业部乡镇企业局副局长欧阳海洪带领调研组,在自治区乡镇企业局局长陈清耀等陪同下,到西吉县调研检查马铃薯贮藏与加工工作。

3月25日 自治区财政厅副厅长路芳带领财政厅经建处、农业处、预算处、社保处等负责人,在市委常委、常务市长黄雅杭陪同下,到西吉县调研检查大县城建设和生态移民工作。

3月26日 自治区卫生厅应急办、疾控中心负责人和固原市卫生局、疾控中心负责人组成督导组,到西吉县督导检查地方病防治工作。

3月28日 陕西省定边县党政考察团到西吉县考察交流马铃薯产业发展工作。

3月29日 县政协主席黄如林带领县委常委、政府常务副县长周文贵，人大常委会副主任陈有功及扶贫办、移民办负责人赴惠农区调研检查西吉县首批劳务移民就业及安置工作。黄如林等先后深入宁夏恒力钢丝绳有限公司、宁夏英力特化工有限公司、宁夏煜林化工有限公司等用工企业及移民周转房安置点，实地查看移民就业、收入、生活、住房情况。

同日 全县"孝老爱亲"模范先进事迹报告会在西吉中学报告厅举行首场报告。报告会上，全市"孝老爱亲"模范黄兴、2010年度感动宁夏人物李国峰、全区"孝老爱亲"模范韩瑞、2009年度感动宁夏人物张有良、全区"孝老爱亲"模范咸菊香向师生作了感人至深、发人深思、催人奋进的"孝老爱亲"报告，在广大师生中引起强烈共鸣。

▲ 县委、县政府召开全县创业带动就业暨劳动力转移就业工作会议。会议总结回顾2010全民创业和农村劳动力转移就业工作，安排部署2011年全民创业和农村劳动力转移就业工作。2010年全县共输出务工人员12万人，实现劳务收入7.4亿元，人均劳务收入达1580元，比上年增长270元。

▲ 县委、县政府召开全县人才工作会议，传达贯彻全国人才工作会议精神、全区人才工作会议精神、全市人才工作会议精神，对全县人才工作作出部署安排，并对各行各业涌现出来的优秀农村实用人才、优秀专业技术人才、优秀企业经营管理人才和优秀技能人才代表进行表彰奖励。

3月30日 政协西吉县九届委员会第三十八次主席(党组)会议召开。会议审议通过《县政协九届十六次常委会议日程(草案)》《关于全县征地补偿的调研报告》《关于全县校安工程建设的调研报告》《关于全县基层司法所基础设施建设及法律援助工作的调研报告》《关于全县大病医疗救助工作的调研报告》。

同日 自治区水利厅副厅长方彦带领水利厅相关处室负责人，到西吉县对接水利重点项目建设工作。

3月31日 中国农业发展银行宁夏分行行长翟渊博在市委副书记董玲、副市长马吉等陪同下，到西吉县调研检查金融支持涉农企业和设施农业发展工作。

同日 自治区住房和城乡建设厅厅长刘慧芳带领相关处室负责人到西吉县锦绣家园、闽宁园区、西吉大饭店建设工地，就西吉县重点工程规划建设工作进行实地调研指导。

4月2日 县委、县政府召开首批赴惠农区劳务移民安排部署会。西吉县首批赴惠农区的398名生态移民将于4月7日启程。

4月3日 县总工会组织佳立公司、华林公司、鑫祥房地产开发公司等12家企业在县文化广场举办现场招聘会，为企业用工和大中专院校毕业生、农民工及下岗职工再就业提供服务平台。

4月6日 自治区广电局局长马洪真带领区发改委、区广电局等部门相关处室负责人组成检查组,到西吉县检查指导"十一五"广播电视村村通工程自查验收工作。

4月7日 固原市与石嘴山市生态移民安置对接仪式在西吉县体育场举行。西吉县398名生态务移民将赴石嘴山市惠农区开始新生活。自治区政府副主席郝林海、固原市委书记刘小河等区、市领导及全体在家县级领导,各乡(镇)、各部门(单位)主要负责人参加启动仪式。惠农区在保证移民享受各项惠农政策的同时,实施3个"1+1"扶持措施,即给每户移民提供1套房、1亩地、1个就业岗位,对稳定居住2年以上的移民每户托管养殖1头奶牛,并享受分红。

同日 十五届县人大常委会第二十五次会议召开。会议传达学习十一届全国人大四次会议精神,听取和审议县政府关于城乡低保和大病医疗救助情况的报告、关于社会治安工作情况的报告、关于《中华人民共和国安全生产法》《中华人民共和国统计法》《中华人民共和国传染病防治法》贯彻实施情况的报告,听取和审议县供电局关于《中华人民共和国电力法》贯彻实施情况的报告,听取和审议县人大常委会视察组关于以上工作的视察报告。对县人民政府和县供电局以上工作进行满意度测评。

▲ 自治区政府副主席郝林海带领区农牧厅、发改委、财政厅等厅(局)负责人,到西吉县马莲乡检查指导马铃薯基地建设和马铃薯种薯繁育工作。

▲ 自治区政协副主席、民盟宁夏区委会主任、宁夏社会主义学院院长安纯人一行,在固原市政协主席邓向贵等陪同下,到西吉县调研检查学前教育发展工作。

4月7日至8日 中国葛洲坝集团公司党委常委、纪委书记、工会主席刘炎华带领考察团,到西吉县调研检查帮扶项目实施工作并对拟建项目进行可行性考察。中国葛洲坝集团公司自2003年定点帮扶西吉县以来,累计投入扶贫资金365万元,实施改善民生项目5项,为西吉县扶贫开发作出积极贡献。

4月8日 自治区党委政研室副主任邹玉忠带领调研组,在固原市委政研室负责人陪同下,到西吉县调研设施农业工作。

同日 西吉县邀请自治区党校经济部主任、教授杨旭东在县会议中心作题为《"十二五"规划与固原经济发展》的专题讲座。

4月9日 自治区党委政研室副主任俞学虹带领城市经济处有关人员,到西吉县调研城镇化建设工作。预计到"十二五"末,全县城镇化率达到30%以上,县城建成区面积达到13平方公里以上,城镇人口达到13万人以上。

4月10日 宁夏、山西、陕西、甘肃、青海、新疆六省区联合开展预防重特大道路交通事故集中整治活动在西吉县启动。此次专项整治自4月10日起至6月30日结束,每月10日、20日、30日统一行动,采用区域异地调警、多警种联合作战、设立临时警务工作站等方式,在各省会城市、大中城市重点整治机动车闯红灯、酒后驾驶、超速行驶等交通违法行为;高速公路重点整治大客车超员、货车疲劳驾驶、超速行驶、违法占道交通违法行为;国省干道重点整治短途客车超员、货车超载、超速、涉牌涉证交通违法行为。

4月11日 西吉县县城总体规划(2011—2030)初审会在西吉会议中心举行。阿特金斯(深圳)顾问北京分公司承担设计规划。

4月11日至12日 中国社会科学院城市发展与环境研究所所长、可持续发展研究中心主任潘家华一行,到西吉县调研气候变化与生态移民互动关系问题。

同日 内蒙古自治区包头市固阳县考察团,到西吉县考察马铃薯产业发展情况。

4月13日 自治区纪委副书记赵正川带领区纪委相关处室负责人,在固原市纪委负责人陪同下,到西吉县调研指导纪检监察和党风廉政工作。

4月14日 自治区教育厅副厅长马林带领教育厅有关处室负责人,在市教育局相关负责人陪同下,到西吉县调研检查学前教育、职业教育及学生资助工作。

同日 市人大常委会副主任拜志俊、副主任田固平带领市人大检查组,在市人民政府副秘书长王伦、市民政局局长马莲等陪同下,到西吉县检查指导农村最低生活保障工作。

4月15日 县委、县政府在会议中心召开全县生态移民攻坚誓师大会。会议传达学习自治区中南部地区生态移民攻坚动员大会精神、全市生态移民攻坚誓师大会精神,通报向惠农区输送首批劳务移民安置情况,对全县生态移民工作进行安排部署。

4月16日 全县计划生育工作现场会在沙沟乡召开,在家县级领导,各乡镇、县直部门(单位)主要负责人参加会议。

4月18日 固原市委书记李文章带领市领导董玲、马金元及市委办、农牧局、发改局等部门负责人到西吉县调研指导设施农业、扶贫开发工作。李文章一行先后深入宁夏佳立公司、将台马铃薯产业园区、吉强镇杨坊村覆膜压砂西芹基地和西吉马铃薯现代农业示范园区实地调研考察,并召开座谈会,听取西吉县经济社会发展全面汇报。

4月19日 自治区水利厅副厅长毕廷和带领区水利厅有关处室负责人,到西吉县调研检查农田水利建设工作。

同日 自治区广播电视局和自治区文化市场行政执法总队组成联合执法组到西吉县,在县公安局、县有线电视网络公司配合协助下,对西吉县城居民非法安装使用地面卫星接收设施进行集中清理清查。

▲ 自治区科技厅农村处处长田建文带领调研组,对西吉县葫芦河川道区百公里特色蔬菜产业发展情况进行调研考察。

4月20日 县委、县政府召开全县道路交通安全隐患专项整治工作推进会。会议传达学习固原市道路交通安全隐患专项整治推进会议精神,安排部署全县道路交通安全隐患专项整治工作。

同日 固原市人口和计划生育局局长虎玉赟带领生态移民指导组深入火石寨乡蝉窑村生态移民包扶点,开展生态移民政策宣传和计划生育服务工作。

4月21日 石嘴山市委常委、平罗县委书记蒋文龄带领平罗县考察团,来西吉县开展生态移民考察对接工作。

同日 县委统战部、县宗教局在会议中心举办全县宗教界人士培训班,特邀市政协副主席、统战部部长王明亮作专题辅导讲座。

4月22日 国家安全部计财装备局副局长江晓春带领中央政法委督查组,在区党委政法委副书记刘春增陪同下,到西吉县督查指导政法基础设施建设工作。

4月26日 受自治区人大常委会委托,固原市人大常委会副主任刘维俊带领检查组,对西吉县食品安全“一法一办法”贯彻实施工作进行检查。

4月27日 市人大常委会副主任拜志俊、市政协副主席黄湘宁、市政研室主任张骞、市农牧局局长云生元、市方志办主任马平恩等组成调研组,到西吉县调研检查生态移民工作。

4月28日 县委、县政府在火石寨景区举行全县2011重点项目大会战暨火石寨景区基础设施建设启动仪式。当日,西吉县华电宁夏月亮山风电二期工程开工奠基仪式、2011年县内生态移民工程启动仪式、西吉五中项目开工仪式、怡秀家园廉租房工程开工仪式同时举行,标志着西吉县2011年重点项目大会战全面启动。

同日 自治区移民局副局长郭建繁带队到西吉县调研检查县内生态移民工作。

4月29日 宁夏西吉吉鑫清真肉类食品有限公司举行出口中东市场首发仪式,首车清真牛羊肉销往中东国家。

5月2日 盛世开元拍卖公司等爱心企业向马建小学、西吉一小、平峰镇王庆小学捐赠价值27万元的电脑设备。

5月4日 固原军分区司令员马焰明带领参谋长陶国生及军分区、武警固原支队、消防支队相关人员对西吉县民兵应急分队骨干业务技能培训进行考核。

同日 宁夏话剧院创作编排的话剧《计生专干》在西吉县兴平乡演出。话剧《计生专干》是以农村计划生育“少生快富”工程为题材创作,反映全区实施“少生快富”工程的积极成效和群众生育观念的变化。

5月5日 自治区老干部局副局长马启宁带领人社厅、区党委老干部局相关处室负责人到西吉县,对离休干部生活待遇落实工作进行专项检查。

5月7日 全县第二届中学生篮球运动会在西吉四中举行。12支中学生篮球代表队参加比赛。西吉中学获得高中组男、女篮冠军,西吉第三中学获得初中组男、女篮冠军。

5月9日 上海市慈善基金会副会长余慧文、复旦大学团委书记尹冬梅及安利公司代表组成的复日大学慰问团一行,在区团委书记张慧、区党委办公厅纪检员孟玉素、固原市副市长刘佳、团市委书记赵华宁陪同下,到西吉县开展调研慰问活动。从1999年至2011年,复旦大学研究生支教团先后有12届志愿者126人次在西吉县三合中学、将台中学、王民中学、平峰中学开展支教工作。

5月10日 在热烈庆祝中国共产党诞辰90周年和“5·12”国际护士节到来之际,县中医院举办“庆祝建党90周年暨5·12护士节护理知识大赛”,全院护理人员共40人参加竞赛。

5月10日至11日 中央电视台新闻频道记者谷瑞青、闫广辉在自治区疾病预防控制中心包虫病防治专家冯运灵等人陪同下,对西吉县执行中央补助地方包虫病防治项目工作进展情况进行采访报道。

5月11日 区党委组织部副部长沈凡带领区党委调研组,到西吉县调研检查党的十七届四中全会精神贯彻落实情况。

5月12日 自治区教育厅副厅长赵紫霞带领教育厅相关处室负责人和专家组成督查组,到西吉督查指导"创建教育强县"工作。

5月12日 自治区农发办主任陈延带领区农发办相关处室负责人及南部山区各县相关人员,到西吉县观摩考察农发项目建设情况。

同日 汶川地震三周年纪念日来临之时,县地震局联合县消防救援队在帝豪万家和商场举行地震应急避难和救援演练活动,增强商场员工应对突发灾难意识和能力。

5月13日 自治区移民局检查组,到西吉县检查指导县内移民安置区建设工作。

同日 花儿剧《大移民》创排座谈会在县文广局会议室召开。中国舞蹈家协会理事、中国戏剧文学学会会员、国家一级编剧张宗灿参加会议并对《大移民》创排工作给予指导。

5月14日 中宁县人大常委会副主任刘金元带领中宁县劳务考察团,到西吉县考察商洽引进枸杞采摘劳务人员工作。

5月14日至15日 中国作协中华文学基金会办公室主任沈鹏、文学部主任朱晓岭到西吉县调研指导创建"中国文学之乡"工作。

5月15日 县委、县政府召开全县农村环境综合整治工作会议,对全县农村环境综合整治工作提出明确要求,作出具体部署。

同日 县残联在农民街举办"改善残疾人民生,保障残疾人权益"主题活动。

5月18日 在第35个国际博物馆日,西吉县采取多种形式开展宣传教育活动。

同日 固原市政府考核组一行,到西吉县考核"十一五"环境保护目标落实情况。

5月19日 自治区防汛抗旱检查组,到西吉县检查指导防汛抗旱工作。

同日 西吉县在文化广场举行"携手建设创新型国家"为主题的科技周宣传活动。

▲自治区农牧厅厅长赵永彪在固原市委副书记张柱、政府副市长马吉及市农牧局负责人陪同下,到西吉县检查指导农业和农村工作。

▲自治区人大常委会副主任马瑞文带领区人大2011年"安全发展宁夏行"视察组,对西吉县安全发展进行检查视察。

▲ 自治区人力资源和社会保障厅副巡视员孙晓军带领调研组到西吉县调研检查群众基本生活保障和社会帮扶工作。

5月20日 芬兰碳资产管理有限公司经理任和带领相关专家组,到西吉县检查验收

2010年丰联太阳灶项目实施工作。2010年,在芬兰碳资产管理有限公司的资助和支持下,由宁夏丰联世贸公司实施,为全县19个乡镇212个行政村免费发放太阳灶19000台。

5月21日 自治区卫生厅中医药管理局办公室主任沙利荣带领专家检查组,对西吉县"以病人为中心,以发挥中医药特色优势为主题"的中医药工作进行检查验收。

5月23日 自治区政府主席助理刘云带队,到西吉县调研检查农业农村工作。

5月24日 在平峰镇王庆村开展"三同"实践锻炼的自治区党校第35期中青班37名学员,为王庆村小学捐助价值5万元的生活用品、学习用品和体育器材。

同日 由自治区政协副主席陈守信带领的区政协调研组,在自治区社会治安综合治理委员会办公室专职副主任利爱国等陪同下,到西吉县调研检查社会治安综合治理工作。

▲ 宁夏社会主义学院统一战线理论政策巡回宣讲团到西吉县作专题报告。

5月25日 市委考核组对西吉县县级领导班子和县处级干部三年来的工作进行专项考核。县委、县政府、县人大、县政协领导班子及各成员分别在大会上述职。

同日 自治区纪委常委罗万里带领相关处室负责人一行7人,到西吉县调研检查纪检监察工作。

5月26日 县委、县政府组织县级领导、县直各部门(单位)主要负责人、各乡镇党委书记、乡镇长,对全县生态移民工作、葫芦河川道区百公里特色蔬菜产业带建设进行观摩评比。

同日 广州颐和集团、宁夏新材房地产开发公司组织人员到平峰镇王庆村开展捐资助学献爱心活动。经宁夏党校第35期中青班学员牵线搭桥,广州颐和集团和宁夏新材房地产开发公司共同出资10万元为平峰镇王庆村小学捐资建造电教室一间,从根本上解决王庆村小学无电教设备的困难。

5月27日 自治区国土资源厅厅长刘卉带领相关处室负责人,到兴隆镇移民建设点、葫芦河县城段综合整治现场、马建乡刘塬村地质灾害防治搬迁避让点等实地检查指导国土项目建设。

同日 宁夏军区政治部计生办主任陈车、区文化厅社文处处长贺亚平一行,在固原军区政治部主任宏俊及市文化局负责人陪同下,到西吉县调研军民共建村级文化室、文化书屋建设工作。

5月28日 灵武市政协考察组一行10人,到西吉县调研考察城市建设和旅游产业发展工作。

5月30日 由县总工会、劳动就业局和社区支持组建的"维成家政服务中心"挂牌成立。

同日 火石寨乡马铃薯种薯繁育合作社5000吨种薯储藏窖开工奠基。

▲ 县文广局捐助建设的"军地共建文化书屋"挂牌仪式在县消防大队举行。

5月31日 县委发展环境整治年活动督查组，深入全县19个乡(镇)，采取现场录像、查阅资料、电话查岗等方式，对发展环境整治年活动开展情况进行督促检查。

6月1日 人民日报社总编室副主任刘磊、人民日报社宁夏分社社长徐运平带领记者和全国18所高校的大学生组成“追寻”小分队，到红军长征将台堡会师纪念地、单家集革命旧址参观学习、调研采访，追寻革命先辈遗迹。

同日 宁夏军区司令员昌业廷带领副政委盛建华及军动处、作训处、组织处、干部处、后勤部供应处负责人组成检查组，在固原军分区司令员马焰明、市人大常委会副主任刘维俊等陪同下，到西吉县检查指导基层人民武装工作。

6月2日 自治区双拥办副主任、副厅长赵俊新，自治区双拥办副主任、宁夏军区政治部副主任程学礼带领自治区双拥模范县考核组，到西吉县考核验收创建全国、全区双拥模范县工作。

同日 自治区监察厅副厅长杨培君带领区监察厅、交通厅、建设厅、水利厅、国土厅、财政厅、移民局等相关处室负责人组成检查组，在市纪检委、发改局、财政局等部门负责人陪同下，对西吉县重点工程建设、中央扩大内需项目、生态移民工作进行检查督促。

6月3日 西吉县举行基层文学艺术工作者协会授牌仪式，为县文化旅游广播电视局、县法院、县教育体育局等18个部门(单位)和吉强镇等19个乡(镇)授予全县基层文学艺术工作者协会牌子。

同日 全县食品药品安全工作会议召开，县领导陈宇青、田树森、田俊秀、赵怀琮及县食品安全委员会成员单位负责人、各乡镇主要领导、县直各医疗卫生单位负责人、各乡镇卫生院院长、卫生监督所全体干部职工参加会议。

6月5日 高考来临之际、县明星出租公司发起第四届“出租车免费接送高考生”爱心助考活动。县运管所召开第四届志愿者“爱心送考”动员会暨安全生产例会，安排部署“爱心送考”活动。

6月6日 160辆明星公司志愿者“爱心送考”车，从体育场桥头缓缓启动，分东西两路上街游行宣传启动“爱心送考”活动。

同日 西吉县2011年普通高等学校招生全国统一考试监考教师培训会在会议中心召开。

6月7日 西安第四军医大学口腔医院封兴华主任一行到西吉县，对“重生行动”术后患儿进行回访和慰问。由国家民政部和李嘉诚基金会共同出资的“重生行动——全国贫困家庭唇腭裂儿童手术康复计划”自2008年4月启动至2011年4月，共为西吉县420例贫困家庭儿童提供免费手术和康复服务，其中唇腭裂74例、先天性心脏病346例。

同日 市教育局、公安局、城建局等相关部门负责人组成高考巡视组到西吉县，对高考考场及电子监控系统进行巡视检查。2011年，西吉县共设立西吉五中、西吉三中、西吉一中3个考点、151个考场，参加高考考生4898名。

6月9日 固原市农村道路交通管理工作现场会在西吉县召开。

同日 国家统计局宁夏调查总队副总队长胡宁生带领相关处室负责人,在固原市调查队负责人的陪同下,到西吉检查指导统计调查工作。

▲市政协主席邓向贵带领市政协调研组,到西吉县调研检查《中共中央关于加强人民政协工作的意见》贯彻落实工作。

▲自治区建设厅副厅长张吉胜带领区建设厅、监察厅、国土资源厅、区法制办相关负责人组成联合检查组,对西吉县征地拆迁管理工作进行检查督导。2011年,全县共为闽宁产业园区、保障性住房工程、生态移民建设点等重点项目征用土地1585.34亩,支付征地补偿费2982.5万元。

6月10日 县委召开全县领导干部大会,安排部署乡镇党委换届工作。全体在家县级领导,各乡镇党委书记、乡镇长、纪委书记,县直各部门(单位)主要负责人参加会议。

同日 全县道德模范先进事迹报告会在会议中心隆重举行。报告会上,道德模范人物用淳朴的语言和诚挚的情感讲述自己爱岗敬业、敬老爱幼、诚实守信的感人事迹,展示了西吉县不同行业不同岗位的道德模范平凡而又光彩的形象,诠释了中华民族优秀的传统美德,让人们感受到文明与道德的力量。

▲县消防大队在会议中心会堂举办全县农村社区消防知识培训班。培训班特邀固原市消防支队防火处参谋王春授课。全县19个乡镇的304名村支书、社区主任参加培训学习。

6月11日 县文化广电局联合多部门在文化广场举行“全国第六个文化遗产日”宣传活动。2011年,西吉县有国家级文物保护单位2处、省级文物保护单位6处、县级文物保护单位9处。

同日 北京大学教授、中国新诗研究所所长谢冕,北京大学教授洪子诚,首都师范大学文学院院长吴思敬,中国诗歌协会理事、北京作家协会理事林莽,中国社会科学院教授刘福春等一行10余人走进西吉,开展中国现代新诗研讨活动,助力首个“文学之乡”创建工作。

6月13日 县卫生局、农牧局、工商局、质监局、食品药品监督所等部门(单位)联合举行“食品安全宣传周”启动仪式。

6月14日 固原市委副书记张柱带领市委办、政研室、发改局、农牧局、移民办负责人,到西吉县检查指导农业农村、生态移民和重点工程建设工作。

6月15日 固原市宗教界“思想大解放、树立新形象”暨纪念建党90周年座谈会在西吉县兴隆镇召开。

同日 县劳动就业局对西吉县首届家政服务员进行职业技能资格鉴定。200余名妇女参加家政服务员理论知识考试和初级操作技能考核。

6月16日 固原市委书记刘小河到西吉县硝河乡调研指导计划生育工作。

同日 福建省莆田市教育局及教育工委负责人带领慰问团到西吉县慰问支教的莆田老师。慰问团还给西吉县希望小学捐赠助学款20万元。

6月17日 自治区民委主任马力在固原市民族宗教局负责人陪同下，到西吉县调研检查民族宗教事务管理工作。

同日 区国土资源厅副厅长张玉英带领国土资源厅有关处室负责人，在固原市国土局负责人陪同下，对西吉县国土资源管理、地籍管理及信息化建设工作进行检查指导。

▲ 自治区财政厅主办、宁夏演艺集团秦腔剧院有限公司编排的“财政法规政策宣传周”文艺专场演出活动在西吉县文化广场举行。

6月20日 固原市委书记李文章带领市委常委、组织部部长马金元及市民政局、水务局、移民办负责人，到西吉县检查指导县内生态移民工作和农业农村工作。

同日 十五届县人大常委会第二十六次会议召开。会议审议通过暂停有关代表职务的议案，听取和审议县人民政府关于现代农业和马铃薯产业发展情况的报告、关于林业工作情况的报告、关于重点水利项目建设情况的报告、关于县城供水工作情况的报告、关于《中华人民共和国科学技术进步法》和《宁夏回族自治区实施〈中华人民共和国科学技术进步法〉办法》贯彻实施情况的报告；听取和审议县人大常委会视察组关于以上五项工作视察报告，并对县人民政府以上五项工作进行满意度测评。审议通过县人民政府关于城乡低保和大病医疗救助情况整改报告、《中华人民共和国传染病防治法》贯彻实施情况整改报告、《中华人民共和国安全生产法》贯彻实施情况整改报告。

▲ 县公安局禁毒大队与沙沟乡政府联合在沙沟中学开展“遵守交规、拒绝毒品、安全饮食”主题法治宣传教育活动。

6月21日 县政府与银川金凤万达广场商业管理有限公司在县文化广场举办“梦想万达”大型广场人才交流会。银川万达集团公司协调万达百货、万达国际电影城、大玩家超乐场、国美电器等20多家公司到现场招聘，提供5000多个就业岗位供求职者选择，现场达成意向性招聘协议1000余份。

6月22日 自治区党委书记张毅带领自治区党委常委、秘书长蔡国英及区党委办公厅负责人，到西吉县调研指导扶贫开发和红色旅游产业发展工作。

同日 自治区人大代表联络与选举委员会副巡视员乔生刚带队，到西吉县督办自治区十届人大五次会议第296号提案和区政协九届四次会议第145号建议办理情况。

▲ 团县委、县教育体育局联合举办的首场“党在我心中”感恩教育进校园演讲报告会在西吉县二小举行。报告会邀请中国感恩教育青年演讲团讲师作报告。

6月23日 自治区人大常委会农工委副主任杨勇带领区人大建议案督办组，在区政府办公厅政务处处长李玮、水利厅副厅长周京梅、毕廷和等陪同下，到西吉县督办自治区十届人大五次会议第106号建议案《关于申请加大西吉县机修农田面积，增加建设标准的建议》办理情况。

同日 自治区党委宣传部副部长、文明办主任李克强带领区文明办相关处室负责人一行,在固原市宣传部副部长、文明办主任王志贤陪同下,对西吉县2011年度申报国家级文明村镇、文明单位进行复查考核。

▲在中国共产党建党90周年来临之际,固原市委副书记、市长白尚成带队,到西吉县走访慰问离退休老党员和在职优秀党员干部。

6月25日 第25个国际禁毒日之际,县禁毒委组织各成员单位在文化广场开展“依法禁毒、构建和谐”主题宣传教育活动。

同日 贺兰县劳动就业局局长姜桂娥带队到新营乡张家洼村走访移民群众,调研移民群众就业意愿,结合贺兰县企业用工需求指导移民群众开展就业培训。

▲全国土地日之际,县国土资源局在文化广场组织开展“土地与转变发展方式——促节约、守红线、惠民生”主题宣传活动。

6月26日 西吉县地方志办公室编纂、宁夏人民出版社出版发行的《西吉史话》与广大读者见面。

6月27日 自治区党委书记张毅在自治区党委常委、秘书长蔡国英,市委书记李文章等陪同下,到红军长征将台堡会师纪念地参观考察,向红军长征将台堡会师纪念碑敬献花篮,缅怀为人民幸福、民族解放和国家富强英勇牺牲的革命先烈。

同日 区直机关基层党组织与定点帮扶村基层党组织结对共建工作启动仪式在西吉县会议中心举行。

6月28日 在建党90周年来临之际,县四大机关领导带领五个慰问组,带着党和政府的关怀与温暖,走访慰问老党员、离休党员干部、先进模范党员、生产一线优秀党员和生活困难党员。

同日 县委、县政府组织县内马铃薯生产、加工企业及农口部门干部、技术人员在银川市光明广场开展西吉马铃薯宣传推介活动,大力宣传中国驰名商标“西吉马铃薯”,为中国马铃薯大会在宁夏召开营造浓厚氛围。

▲自治区农机化技术推广站组织专家到马莲乡马铃薯机械化生产示范园区,就马铃薯中耕培土机械化作业进行现场指导。

6月29日 县委隆重举行庆祝中国共产党成立90周年暨全县先进基层党组织、优秀共产党员、优秀党务工作者表彰大会。大会在雄壮的国歌声中开幕,5名少先队员为建党90周年献词,县领导为马松发、马如林、马志川、魏振玺、王国玉等5名党龄在60年以上的老党员颁发荣誉证书。

同日 县委宣传部、组织部、党校联合举办纪念中国共产党成立90周年理论研讨会。

6月30日 县委、县政府组织广大党员干部到红军长征将台堡会师纪念广场、红军长征六盘山念馆开展“缅怀革命先烈、牢记党的宗旨”纪念活动。

同日 自治区交通厅物流处处长、农村公路建设办公室主任黄华带领检查组,到西吉县检查指导农村公路工程质量及安全管理工作。

▲ 宁夏闽宁投资置业有限公司、宁夏国圣食品有限公司挂牌成立,并入住闽宁(西吉)产业园区。

7月1日 西吉县纪念中国共产党成立90周年“颂歌献给党”大型红歌会在县体育广场隆重举行。全县18支参赛单位参加红歌会,6000多名党员和群众观看演出。

▲ 全县住房公积金缴存基数进行全面调整。

7月2日 固原市人大常委会副主任、市总工会主席马玉芳带领全市各县(区)总工会主席、工会帮扶中心负责人组成观摩团,到西吉县观摩交流工会工作。

7月5日 固原市政府检查组,到西吉县检查指导耕地保护责任及目标落实情况。

同日 水利部黄河水利委员会副总工程师、专家组组长刘晓燕带领黄河水利委员会专家和甘肃省平凉市水务局、庆阳市水务局负责人一行,在自治区水利厅负责人陪同下,对宁夏固原地区(宁夏中南部)城乡饮水安全水源工程西吉受水区人畜饮水情况进行调研考察。

7月6日 广东省文化厅副厅长杜佐祥带领2011年“春雨工程”——全国文化志愿者边疆行广东省文化志愿者服务队,在红军长征将台会师纪念广场演出,2000多名干部群众和学生观看演出。

同日 自治区人大内务司法委员会副主任委员李文录带领区人大调研组,到西吉县调研检查生态移民工作。“十二五”期间,西吉县规划实施生态移民14474户7万人,涉及全县19个乡(镇)156个行政村321个自然村。

7月6日至7日 县政协副主席郭满福带领县政协督查组,对县政协九届四次会议期间委员建议案、提案办理情况进行督查。

7月7日 共青团固原市委书记赵华宁带领固原各县(区)团委书记及团市委有关部室负责人,到西吉县观摩交流非公企业团建工作开展情况。

7月8日 “魅力西吉”——2011马希尔“情系家乡”大型公益演唱会在县体育广场举行。著名歌唱家德德玛、藏族著名歌手容中尔甲、央金兰泽、陕北歌王王向荣等加盟演出,为西吉人民群众献上一场精美的文化大餐。

同日 自治区广播电影电视局副局长童万才带领电影处、计财处、公共服务中心负责人,到西吉县检查指导农村数字电影放映工作。

7月9日 县教育体育局在西吉中学报告厅举办全县中小学校(园)长、书记能力提升培训班。各乡(镇)中心小学、县直各中小学校长、党支部书记、幼儿园园长共480余人参加为期3天的集中培训学习。培训班邀请北京师范大学3位教育专家、教授将先进教育理论和方法传授给学校带头人,使其充分发挥学校管理者、教育者、实践者和引领者的作用。

7月11日 县人大视察组对全县司法为民工作、《中华人民共和国电信条例》贯彻实施情况、农村信用社信贷支农惠农工作、城乡环境整治工作、检察院公诉工作及县政府2011年上半年国民经济和社会发展计划执行情况、县政府2010年度财政预算执行和其他财政收支审计情况、县政府2010年财政决算和2011年上半年财政预算执行情况进行视察。

同日 西吉县恒昌建材有限公司沥青拌和站正式开业,标志西吉县有了第一家正规沥青拌和站。

▲县委宣传部、县人力资源和社会保障局在文化广场组织开展《中华人民共和国社会保险法》宣传活动。《中华人民共和国社会保险法》于2011年7月1日起实施。

▲在第22个世界人口日,县人口和计划生育局联合将台乡、兴隆镇、马莲乡在红军长征将台堡会师广场开展了形式多样、内容丰富的人口和计划生育宣传、咨询、义诊活动。

7月12日 区政府特邀督查员何建国、区政府督查室副调研员李东洲、区科技厅农村科技处副处长李国峰、区农技推广总站副站长蒋学勤等组成的督查组一行,到西吉县督查设施农业建设工作。

7月13日 中华慈善总会巴迪社区发展基金会出资,西吉县清源和谐社区经济合作社实施的小尾寒羊养殖公益性项目在新营乡腰巴庄村正式启动实施。巴迪基金会北京代表处首席代表安馨雨博士、巴迪基金会项目官员郭艳明、王琼及县政府分管领导等参加项目启动仪式。项目由中华慈善总会巴迪社区发展基金会出资20万元,面向新营乡腰巴庄村全体村民,通过向符合并有意愿养殖小尾寒羊的农户借贷养殖并形成合作社,以借鸡下蛋的模式,不断发展壮大群众经济基础,促使农民群众更好地融入和谐社区生活。

同日 固原市委书记李文章、市长白尚成带领市直部门(单位)主要负责人、各县(区)党政主要负责人、党代表、人大代表、政协委员及老干部代表组成的全市县域经济观摩团,到西吉观摩交流县域经济发展工作。

7月14日 中国残联理事长程凯在区残联理事长马友谊、市人大常委会副主任拜志俊、市残联负责人等陪同下,到西吉县调研考察残疾人事业发展工作。

7月17日 西吉县西芹产业人才素质提升项目启动。该项目是在自治区党委组织部、农牧厅等部门支持下开展的惠民支农项目。

7月19日 县人大常委会副主任田树森带领县人大审查组,对县政府2010年度财政决算和2011年上半年财政预算执行情况进行审查。

同日 全市第八届"体彩杯"中学生篮球运动会圆满结束。西吉男篮代表队获得第一名、西吉女篮代表队获得第三名。

▲全区马铃薯产业带头人专题培训班在西吉县开班。自治区扶贫副主任马崇林、宁夏扶贫开发培训中心主任陈泓岐、副主任燕军等出席开班仪式,全区九县(区)马铃薯技术人员参加培训学习。

7月20日 市人大常委会副主任姬永昌、副主任罗京玺带领市人大检查组,到西吉县检查《中华人民共和国建筑法》《宁夏回族自治区建筑管理条例》贯彻实施情况。2011年,全县共有建筑、房地产企业7家,在建工程24项,有27个项目部、81名项目经理。

同日 "神华爱心书屋"为西吉县捐赠165万元图书。"神华爱心书屋"是神华集团向中国光华科技基金会捐款,由中国光华科技基金会统一采购并配置。西吉县有18所学校得到资助。

7月21日 自治区党委组织部组织一处处长关世春带领调研组,到西吉县调研农村基层党建工作。

7月22日 九三学社宁夏区委会主委、自治区政协副主席袁汉民带领调研组,到西吉县调研宁夏中部干旱带宁南山区雨养农业发展工作。

同日 自治区卫生厅医政处处长赵正生带领医疗专家检查组,到西吉县检查指导血浆采集和抗生素使用工作。

▲全县上半年经济形势分析会议在县会议中心第一会议室召开。会议贯彻落实全区上半年经济形势分析会议精神、全市县域经济观摩暨上半年经济形势分析会议精神,研究部署下半年经济工作。上半年,全县经济发展速度加快,整体效益和质量明显提升。全县实现地区生产总值9.85亿元,同比增长9.1%,其中第一产业1.45亿元、第二产业2.6亿元、第三产业5.8亿元,同比分别增长3.2%、30.4%、3.1%;完成全社会固定资产投资4.5亿元,同比增长56.3%;完成地方财政收入4553万元,同比增长95.2%;农民人均现金收入1509元,同比增长18%;城镇居民可支配收入6226元,同比增长13.2%;实现社会消费品零售总额3.5亿元,同比增长14.9%。

7月23日 参加中国(银川)马铃薯大会的中外专家、嘉宾观摩团到西吉县观摩考察马铃薯产业。2011年,全县马铃薯种植面积达到120万亩,建成各类马铃薯贮藏窖18.2万座,贮藏能力达到70万吨以上。有马铃薯淀粉加工企业75家、三粉加工户2100户,从业人员近6000人,年加工鲜薯近70万吨、生产销售淀粉系列产品10万吨。

7月24日 平罗鑫盾煤炭有限公司董事长王昌胜、平罗青峰煤炭有限公司董事长杨瑞军、宁夏北极碳素有限公司董事长朱海民等爱心人士捐资助学仪式在震湖乡政府举行。捐资仪式上,爱心人士向震湖乡40名贫困大学生捐助12万元,生均3000元。

7月25日 凤凰卫视著名节目主持人马斌带领编辑、记者到单家集革命遗址、红军长征将台堡会师纪念地、火石寨国家地质公园、西吉钱币博物馆进行调研考察。

同日 自治区发改委副主任、移民局局长吴占东带领检查组,到西吉县检查指导2011年县内生态移民工程建设工作。

▲15时30分,吉强镇羊路村、新营乡白城村、新营乡石岘村、新营乡玉黄沟村遭受严重冰雹暴雨袭击,造成4788亩农作物绝产、4处饮水设施损坏,直接经济损失达132万元。

7月26日 县政法委在县体育广场组织开展全县政法系统装备器材展示暨业务和

警务技能表演。

7月27日 中宣部舆情局舆情处长文友华带领调研组,到西吉县调研红色旅游产业发展工作。

7月28日 自治区卫生厅、公安厅、工商局、发改委、药品监督局等部门相关处室负责人组成考核组,到西吉县检查考核药品安全专项整治工作。

同日 西吉县中农金合马铃薯农资消费专业合作社在偏城乡正式挂牌成立。宁夏中农金合公司总经理雍文及县供销社、偏城乡政府负责人参加挂牌仪式。

7月29日 全市统战宗教工作双月例会在西吉县召开。市政协副主席、市委统战部部长王明亮,市民族宗教局副局长肖志明,县委常委、统战部部长海连鹏,政府副县长马仲尧及四县一区统战、宗教部门负责人参加会议。

7月30日 县残疾人联合会与宁夏爱德盲人按摩培训学校联合举办培训班,对全县20名盲人、聋哑人、肢残人进行为期20天的初级足疗、保健按摩培训。

同日 平罗县人大考察组到西吉县考察交流旅游管理工作。

7月31日 宁夏大学水土学院院长田军仓带领专家组,对西吉县聂家河小流域治理示范基地项目进行检查评审。

8月1日 国家农业部授予火石寨乡沙岗村全国“一村一品”示范村。

8月2日 国家水利部水土保持司司长刘震一行,在区水利厅副厅长郭浩陪同下,到西吉县检查指导水土保持工作。2011年,全县高标准治理小流域61条,建成中小型淤地坝88座,治理水土流失面积507.45平方千米。

8月3日 区党委常委、统战部部长马三刚带领区党委统战部、宗教局相关人员,在市人大常委会副主任姜文奎、政府副市长田治富、政协副主席王明亮等陪同下,到西吉县调研指导统一战线、民族宗教、城镇建设、生态移民、教育等工作。

8月9日 市委常委、政府常务副市长黄雅杭带领市委督查组,到西吉县督促检查“思想大解放,树立新形象”活动开展情况。

同日 下午4时30分至6时10分,王民乡、平峰镇、红耀乡遭受严重冰雹灾害,造成22910亩农作物严重受灾,损毁道路22处、农田103亩,直接经济损失500多万元。

8月10日 西吉县“财税杯”篮球运动会开幕。全县共有19支男女篮球代表队参加比赛。教育系统代表队夺得男女冠军,交通系统代表队获得男子亚军,国土系统代表队获得男子季军,财税系统代表队获得女子亚军,第二幼儿园代表队获得女子季军。

8月11日 固原市人大常委会副主任姜文奎、副主任王固平、副主任罗京玺带领市人大办负责人和四县一区人大常委会主任组成检查组,到西吉县检查督促生态移民工作。

同日 红军长征将台堡会师纪念园被自治区纪委、监察厅命名为“全区第一批廉政教育基地”。

8月12日 自治区水利厅厅长吴洪相带领区水利厅相关处室负责人，到西吉县调研检查水利水保工作。

同日 自治区人大常委会委员、区政府特邀督察员高伟带领区住建厅、发改委、财政厅等处室负责人组成督察组，到西吉县督查安居工程建设和大县城建设工作。

8月16日 辽宁省北镇市大棚蔬菜技术协会会长李凯带领“全国百名科技专家和致富能手进六盘山”西吉服务分团，到西吉县开展科技服务活动。服务团深入马莲乡、马建乡、吉强镇的田间地头，与农民群众交谈交流互动，现场解答群众提出的生产技术问题。并在县会议中心举办讲座，对种植大户、农业技术人员进行西芹、胡萝卜、马铃薯栽培技术和病虫害防治技术培训。

8月17日 固原市政协副主席姚启世带领市政协视察组，在固原市检察院检察长李清伟陪同下，对西吉县检察工作进行视察。

同日 区政府副主席屈冬玉到西吉县调研检查西芹产业、马铃薯产业和农业产业结构调整工作。

▲ 自治区商务厅副厅长张秀带领商务厅有关处室负责人，到西吉县检查指导蔬菜市场建设。

8月18日 国家土地总督察办公室副主任纪东义带领检查组，到西吉县检查指导创建“全国国土资源节约集约模范县”工作。

8月19日 自治区统计局副巡视员金国华带队，到西吉县调研检查农业生产和农村形势。2011年，全县共完成农作物播种面积241.7万亩，种植马铃薯125万亩、西芹5.2万亩、胡萝卜1.6万亩，建立马铃薯种薯繁育示范区9个、特色蔬菜生产示范园区3个，推广西芹、胡萝卜、西红柿等标准化栽培6.5万亩。

同日 自治区工商局局长马云海带领区工商局有关处室负责人，到西吉县调研西芹销售和市场管理工作。

8月22日 西吉县举行西芹外销客商座谈暨记者招待会。特邀宁夏电视台、新华社驻宁记者站、人民网、《宁夏日报》等区内外新闻媒体记者到西吉县绿源工贸有限公司、西吉县丰农蔬菜合作社、吉强镇水泉村西芹生产基地、吉强镇万崖村万亩西芹标准化生产示范基地等进行观摩考察，积极宣传推介西吉芹菜。

同日 县道路交通安全隐患专项整治工作领导小组在什字乡启动三轮汽车、摩托车防盗抢登记试点工作。

▲ 福建省莆田市涵江区人大常委会主任肖云敏带领涵江区人大考察团，到西吉县考察交流农业特色优势产业和旅游业发展工作。

8月23日 宁夏马铃薯节在西吉县火石寨乡举办，多名中外马铃薯首席专家来现场进行观摩和调研。

同日 固原市委决定，袁秉和任西吉县委副书记、代县长。

8月23日至24日 自治区政府主席助理刘云带领区政府副秘书长张存平和区农牧厅、移民局负责人对西吉县特色蔬菜产业、设施农业和生态移民工作进行调研检查。

8月24日 市委副书记张柱带领全市农业观摩团，到西吉县观摩考察农业农村工作。

同日 区政府督查室、区教育厅校安办等负责人组成调研督查组，到西吉县调研督查校安工程等教育民生计划落实工作。

▲十五届县人民政府第二十七次常务会议召开。会议听取全县2011年实施10项民生计划为民办20件实事情况汇报、县十五届人民代表大会第四次会议代表议案建议办理情况汇报、县政协九届四次会议委员建议案提案办理情况汇报，研究部署下阶段工作；讨论审定《西吉县县域综合信息试点建设实施方案(2011—2013年)》《西吉县发展民办学前教育实施办法》；讨论研究扩大全县廉租住房保障面、2011年度廉租住房租金标准、更新农村客运车辆贷款贴息、迁建县城北大寺等事宜。

▲县第二幼儿园举行秋季入学开园仪式。县第二幼儿园占地面积7245平方米，园舍建筑面积3992平方米，有教职工52人、专业教师36人，设12个班级，可招收360名幼儿入园。

8月25日 新华社、人民日报、中央人民广播电台等10余家中央驻宁媒体记者组成中央驻宁媒体采访团一行，到西吉县开展专题采访活动。

同日 十五届县人大常委会第二十七次会议召开。会议听取和审议县电信公司关于《中华人民共和国电信条例》贯彻实施情况的报告、县信用联社关于信贷支农惠农工作开展情况的报告、县人民法院关于基层法庭司法为民工作开展情况的报告、县人民检察院关于公诉工作开展情况的报告，听取和审议县人民政府关于城乡环境整治情况的报告、关于2011年上半年国民经济和社会发展计划执行情况的报告、关于2010年财政决算和2011年上半年财政预算执行情况的报告，听取和审议县人大常委会关于以上工作的检查、视察、审查报告；对电信公司、信用联社和"一府两院"8个专项工作报告进行满意度测评。依法选举袁秉和同志为政府副县长、代理县长。

▲惠农区人大常委会主任陈学礼带领惠农区人大调研组，到西吉县调研考察生态移民工作。

▲县民政局举行"百名爱心人士抚育千名孤儿"慈善项目孤儿资助金发放仪式，发放慈善资助项目资金26.48万元。

8月26日 2011年宁夏西吉县震湖渔业资源增殖放流仪式在党家岔震湖举行。

8月27日 中国科学院地理资源所研究员樊杰带领六盘山集中连片特殊困难地区扶贫攻坚规划项目组成员，在自治区扶贫办副巡视员谈秋声陪同下，到西吉县调研指导六盘山集中连片特殊困难地区扶贫开发攻坚规划编制工作。

8月28日 宁夏(西吉)闽宁产业园区举行开工剪彩仪式。区人大常委会副主任冯炯华、区关工委基金委主任高竖琴、固原市关工委主任柳富、莆田市秀屿区区委书记厉云、莆田市秀屿区人大常委会主任朱瑞章及莆田市秀屿区党政代表团成员出席开工仪式。自治区和固原市发改、扶贫、财政、教育、商务等部门(单位)负责人,入园企业负责人、福建在宁企业家代表参加开工仪式。

同日 莆田市秀屿区与西吉县对口扶贫协作联席会议在县会议中心召开。莆田市秀屿区党政领导及秀屿区委办、政府办、教育局、财政局、招商局、笏石镇等部门(单位)和乡镇负责人参加联席会议。西吉县党政领导及发改、扶贫、招商、移民办和吉强、硝河等部门(单位)和乡镇负责人参加会议。

▲ 西吉县举行闽宁莆田希望小学开工奠基仪式。闽宁莆田希望小学位于吉强镇袁河村,占地面积21亩,设计12个班级,计划建设校舍5080平方米,其中教学综合楼3280平方米、学生公寓1500平方米、食堂300平方米,配套建设给排水、采暖、电外网、围墙、大门、场地硬化、绿化等附属设施,项目概算投资1000万元。

8月29日 区人大常委会副主任冯炯华带领区人大办公厅、区政府办公厅、财政厅、教育厅等负责人,到西吉县督办自治区十届人大五次会议第105号建议案办理情况。“105号”建议是由西吉县马正文、马仲尧等5位自治区人大代表在区十届人大五次会议上提交的,关于解决西吉县教育强县验收中学生与计算机比例短缺的建议,被自治区人大确定为重点督办建议。

8月30日 自治区党委宣传部帮扶改造的平峰镇王垴村扶贫井出水启用,解决了该村1470多名群众的饮水难题。

9月3日至4日 “全国著名小学特级教师送课到西吉”在西吉第三中学、西吉中学举行。全国著名特级教师、教育部新课程标准语文教材审查委员、北京市小学语文学科带头人武琼,全国著名小学数学特级教师、北京市数学骨干教师、学科带头人田丽莉等通过授课、说课、评课的方式对全县部分教师进行培训。

9月4日 第13届复旦大学研究生支教团12名志愿者抵达西吉平峰中学、三合中学、王民中学、将台中学,开始为期一年的支教工作。自1999年以来,复旦大学已连续13年派遣136名研究生志愿者赴西吉县支教。

同日 自治区党委第二巡视组在西吉县召开巡视工作动员大会。区党委第二巡视组组长魏康宁、副组长殷玉才及巡视组成员一行7人出席会议,全体在家县领导及县直各部门负责人、各乡镇党政主要负责人、驻县直属单位负责人和党代表、人大代表、政协委员、离退休干部及企业负责人代表参加会议。

▲ 十五届县人民政府第二十八次常务会议召开。会议听取全县安全生产工作情况汇报、全县食品安全工作情况汇报,研究部署下一步安全生产、食品安全工作;研究庆祝第27个教师节、表彰西吉县第六次全国人口普查先进集体和先进个人、县城路(街、巷)、桥提名和召开全县“五五”普法总结表彰暨“六五”普法启动大会等有关事宜;审定《西吉

离休干部就医管理办法(试行)》《西吉县城乡医疗救助一站式服务实施方案(试行)》《西吉县优抚对象医疗保障实施细则(试行)》《西吉县城镇医疗救助实施细则(试行)》《西吉县农村医疗救助实施细则(试行)》方案。

9月5日 十五届县人民政府第29次常务会议召开。研究成立闽宁(西吉)产业园区管委会、自来水公司移交水务局管理、2012年春季农村小学免费午餐工程建设及运行经费补助等有关事宜。

同日 闽宁(西吉)产业园区招聘的130名工人赴福建莆田培训学习,以更好适应新岗位工作。

9月6日 县委决定,将西吉县自来水公司由城乡建设与环境保护局移交水务局管理,这是西吉县实施水务一体化改革迈出的实质性一步。

9月7日 县内生态移民工作促进会议召开,对县内生态移民工作再部署、再加力、再促进。

同日 自治区政府督查室主任刘长青带领区物价局、商务厅、工商局等相关处室负责人组成督查组,到西吉县督促检查物价调控和农超对接工作。

9月8日 中央创先争优领导小组办公室联络处处长王与军带领调研组,在自治区创先争优领导小组办公室副主任赵建峰、区地质矿产调查局纪检组长吴欣荣等陪同下,到西吉县调研指导创先争优工作。

同日 县委、县政府在县会议中心召开庆祝第27个教师节暨教育教学质量奖励大会,对全县2010年至2011年教育教学工作中涌现出的先进集体、先进个人和高、中考取得优异成绩的学生进行表彰奖励。

9月8日至9日 县政协组织视察组对全县农业、水利、交通、林业、县内移民安置区建设、城镇化建设、教育基础设施建设、火石寨景区重点工程建设等重点工作进行视察。

9月9日 全国人大常委会原副委员长盛华仁在区人大常委会副主任马瑞文、区政府副主席屈冬玉陪同下,到西吉县调研考察人饮工程、农业农村生产工作。

同日 平罗县党政代表团一行18人,到西吉县开展生态移民对接工作。平罗县党政代表团一行深入沙沟乡桃堡村,走访并与村民座谈交流,对沙沟乡桃堡村搬迁至平罗县红崖子乡的移民群众情况进行全面了解掌握,为顺利完成搬迁安置工作打好基础。

9月13日 政府县长袁秉和带领政府办、发改局、水务局、供电局等部门(单位)负责人,深入新营、将台、兴隆、什字等乡镇检查指导县内生态移民点建设工作。

9月13日至14日 自治区党委第二巡视组在组长魏康宁带领下,到西吉县巡视检查主导产业、设施农业、特色蔬菜、县城建设、生态移民工程建设等工作。

9月14日 固原市安委会副主任、安监局局长杨勇带领市公安、交通、建设、教育、城管等部门负责人组成检查组到西吉县,对中阿经贸论坛暨国庆节期间的安全生产工作进行大检查。

9月14日至15日 自治区政府参事室副主任马福成带领区发改委、区移民办相关负责人，到西吉县调研指导生态移民工作。

9月14日至15日 县人大常委会主任马正文带领县人大视察组对全县公路建设、道路运输管理、代表议案与建议办理、县政府民生计划工作落实、小区物业机构建立管理、住房公积金管理使用等情况进行调研视察。

9月15日 县委召开严肃换届纪律暨县十三次党代会代表选举工作会议，对严肃换届纪律和做好党代表选举工作提出明确要求、作出具体部署。

同日 全县领导干部大会和纪委扩大会议在会议中心召开，对县委和县纪委领导班子及现职班子成员进行换届考察，全额定向推荐新一届县委和纪委领导班子成员人选。

▲ 区党委政研室副主任蔡珺带领调研组，到西吉县调研设施农业、马铃薯产业、生态移民、基层党建工作，为区党委科学决策、精准决策提供调研服务。

9月16日 国家督学张绪培带领教育督查组，到西吉县督导检查中小学校体育、卫生和艺术教育工作。

同日 固原市计生局局长李志菊带领市人口和计划生育工作考核组，对西吉县2011年度人口和计划生育目标管理责任制(计生线)工作进行督查考核。

▲ 自治区移民局副局长哈双带领检查组，到西吉县检查指导县内生态移民工程建设工作。

9月17日 县委、县政府组织开展县城供水和冬季供暖大检查大排查工作。2011年，县城常住人口8万，县城日均需水量8300立方米，其中居民生活用水4800立方米、工业及建筑业用水1096立方米、生态用水548立方米、其他服务业用水822立方米、管网水损1034立方米。供水水源主要为固西引水工程及县内水源机井两部分，实际日均供水4500立方米，其中固西引水工程供水1500立方米、县城内9眼水源机井供水3000立方米，日均缺水3800立方米。

9月20日 区农牧厅副厅长王凌带领自治区纪检检查组，在固原市纪委负责人陪同下，到西吉县对固原市申报的"勤廉为民"工程先进乡镇进行复核检查。

9月22日 自治区人社厅副厅长马力带领督察组，到西吉县专题调研督查高校毕业生"三支一扶"、事业单位实习及就业见习政策落实工作。

同日 市人大常委会副主任拜志俊带领市人大检查组，到西吉县调研检查草畜产业发展工作。

9月25日 国土资源部调控司司长张婉丽带领农业部、监察部、审计署、国家统计局相关负责人组成考核组，在区国土资源厅副厅长马鑫、固原市常务副市长黄雅杭等陪同下，到西吉县检查考核2000年至2010年耕地保护责任目标落实工作。

同日 西吉县首届"重阳杯"门球邀请赛在县体育场举行。固原市门球协会负责人和西吉县体育中心负责人参加开幕式，县内16支门球代表队参加比赛。

9月26日 自治区政府副主席李锐在固原市副市长田治富等陪同下,到西吉县调研指导县城重点工程建设工作。

同日 十五届县人民政府召开第三十次常务会议。会议听取关于征地拆迁规范性文件专项清理工作情况汇报、《西吉县城总体规划》编制工作汇报;研究2007年至2010年县城开发项目规划指标、国有土地使用权等具体事宜;审定《西吉县城总体规划》。

▲"新华百货资助孤儿,真心真爱伴成长"活动在西吉县袁河孤儿院正式启动。区民政厅机关工委书记哈学华及县人大常委会副主任王学明、政府副县长田俊秀、政协副主席张笑菊、新华百货副总裁陆燕等和袁河孤儿院40名孤儿参加启动仪式。

9月26日至27日 人民日报社地方部机动采访室主任禹伟良带领"走基层、转作风、改文风"活动采访组,到西吉县调研采访"走基层、转作风、改文风"活动开展情况。

9月27日 自治区妇联扶贫帮困捐赠仪式在西吉县白崖乡阳洼村举行,区妇联副巡视员王立、区妇女儿童活动中心副主任路平及市、县妇联负责人,白崖乡党委、政府负责人,阳洼村群众300多人参加捐赠仪式。

同日 区政府机关事务管理局节能处副处长管利国带领检查组,在固原市政府机关事务管理局局长贾立权陪同下,到西吉县检查指导公共机构节能减排工作。

9月28日 县委、县政府在会议中心召开全县统筹城乡居民社会养老保险试点工作会议。按照区、市统一安排,启动全县统筹城乡居民社会养老保险试点工作。2011年,西吉县统筹城乡居民社会养老保险试点工作目标任务是参保率达到80%,60周岁以上城乡老年人养老金发放率达到100%。

同日 自治区文联副主席哈若蕙带领区文联有关人员,到西吉县调研指导"文学之乡"创建工作。

▲《西吉县县城总体规划(2011—2030)》审查会在县会议中心第一会议室召开。按照自治区实施宁南大县城战略总体部署,西吉县委托陕西城乡设计规划研究院编制《西吉县县城总体规划(2011—2030)》。审查会上编制人员对县城总体规划作详细介绍和说明。

9月29日 十五届县人大常委会第28次会议召开。会议听取和审议县政府关于公路建设与道路运输管理情况的报告、关于县城小区物业机构建立及管理情况的报告、关于县十五届人大四次会议代表议案建议办理情况的报告、关于2011年民生计划落实情况的报告;听取和审议县人大常委会视察组关于以上四项工作的视察检查报告并进行满意度测评;审议通过县人民政府《关于在全县公民中开展第六个五年法制教育深入推进依法治县进程的实施意见》。

同日 县禁毒办举办全县网吧、餐饮、旅店等从业人员禁毒培训班。

▲自治区政务服务中心副主任刘建军带领调研检查组,对西吉县政务服务中心规范化建设进行调研检查指导。

9月30日 县委、县政府召开全县“五五”普法总结表彰暨“六五”普法启动动员大会。

同日 西吉电信开通FTTH业务,宽带电视、光纤电视落户西吉县,在固原市率先实现光纤到户接入,初步实现“三网融合”。

10月5日 重阳节来临之际,县民政局、文化旅游广播电视局、县老龄工作委员会联合举办“敬老月”活动启动仪式暨重阳节文艺晚会,动员全社会积极开展尊老敬老爱老活动。

10月9日 县信用联社举行银行卡助农取款服务点授牌仪式。

同日 县委统战部、县宗教局组织100名宗教代表人士到平罗县西吉移民安置点、宁夏博物馆、永宁县创业园、西夏区企业孵化园观摩学习,开阔眼界。

10月10日 中国作家“走基层、转作风、改文风”活动暨西吉“文学之乡”授牌仪式在县会议中心会堂举行。中华文学基金会秘书长李小慧,中国作协创研部副主任彭学明,“鲁迅文学奖”获得者王久辛、郭晓晔,中华文学基金会监事夏申江,山东省作协副主席矫健,自治区党委宣传部副部长尤艳茹,自治区文联副主席哈若蕙,银川市文联主席郭文斌,固原市委常委、宣传部部长周庆华等出席授牌仪式。县四套班子领导,各乡镇党委书记、乡镇长,县直各部门(单位)负责人及基层文学艺术工作者、学生代表等参加授牌仪式。

同日 中国作家在西吉中学报告厅举行“走基层、转作风、改文风”活动暨“育才图书室”捐赠仪式活动。

▲ 市人大常委会副主任姜文奎、刘维俊、王固平带领市人大检查组,在市政府副秘书长乔小安及市发改委、工信局、交通局、固原公路分局、运管处等部门负责人陪同下,到西吉县检查“一法一条例”贯彻落实情况及重点工程建设工作。

10月11日 甘肃省张家川县统战宗教考察团到西吉县考察交流统战和民族宗教工作。

10月12日 金凤区政协主席张宝玉带领银川银都工贸公司、宁夏友厦建设集团公司、银川郊区第二建筑公司及金凤区计生局、宗教局、教育局、工会、工商联等部门负责人组成考察团,到西吉县考察城市建设和旅游产业发展工作。

10月13日 国家统计局宁夏调查总队财务处处长刘晓冰带领有关人员,到西吉县开展马铃薯产量调查工作。

同日 市委副书记张柱在市发改委负责人陪同下,到西吉县检查指导闽宁(西吉)产业园区建设发展工作。

10月14日 宁夏社科院区情调研基地挂牌仪式在兴隆镇举行。宁夏社科院社会学法学研究所所长、研究员李保平,西吉县委常委、宣传部长马金平及兴隆镇全体干部职工参加挂牌仪式。

同日 秦皇岛市49名中青年干部在白崖乡小坡村开展与农户“同吃、同住、同劳动”实践锻炼。

10月15日 市委书记李文章带领副市长田治富等,到西吉县调研检查马铃薯收获、储藏、营销情况及县内生态移民工作。

同日 由党家岔湿地保护区管理处牵头,县宣传、文联、水利、林业、建设、文广等多部门联合举办首届“震湖湿地杯”摄影、写作比赛。

10月16日 石嘴山市文联党组书记刘平带领石嘴山市文联文学艺术采风团一行18人,到西吉县考察交流文化建设和文学艺术工作。

10月17日 区党委副书记崔波带领全区生态移民观摩团,在市领导李文章、邓向贵等陪同下,到西吉县观摩交流生态移民工作。

同日 自治区公安厅交通管理局副局长周宝川带领区运管、安监、质监、农机监理等部门负责人组成考评验收组,到西吉县考评验收道路交通安全隐患整治工作。

10月18日 自治区政府主席王正伟到西吉县兴平乡调研聂家河小流域治理工作。

同日 中国邮政储蓄银行西吉县支行举行迁址开业庆典仪式。固原银监分局负责人为中国邮政储蓄银行西吉县支行颁发金融许可证书。

10月19日 全市秋覆膜工作现场会在西吉县吉强镇芦子沟村召开。

同日 市委常委、副市长陈永共带领市旅游局、市政府办等负责人,到西吉县检查指导火石寨景区基础设施建设工作。

▲自治区地震局、教育厅、科技厅、科协组成检查验收组,到西吉县检查验收防震减灾科普示范学校创建工作。

▲自治区政协秘书长朱玉华带领区政协调研组,到西吉县调研检查对口帮扶村经济发展情况。

▲西吉县农业产业服务中心综合大楼竣工交付使用。

10月20日 市政协副主席姚启世带领市委政研室、政法委有关人员组成督查组,到西吉县检查督促加强和创新社会管理工作。

10月21日 固原市人口和计划生育局局长李志菊带队,到西吉县调研检查人口和计划生育工作及乡镇计生站计生服务工作开展情况。

10月23日 中国共产党西吉县第十三次代表大会在会议中心会堂召开。会议应到代表301名,实到代表296名。市委副书记张柱参加并指导会议。会议听取和审议十二届县委工作报告、县纪律检查委员会工作报告,选举产生中国共产党西吉县十三届委员会、中国共产党西吉县纪律检查委员会。

10月24日 香港福建希望工程基金会主席、稻香控股有限公司执行董事黄家荣带领相关人员组成检查组,到西吉县检查指导香港福建希望工程基金会援建的希望小学建设情况。

10月25日 区残疾人康复中心组织宁夏康复假肢矫形器有限公司技术人员,到西吉县为残疾人安装假肢,标志着“2011年宁夏残联长江项目假肢安装无障碍行动”在西吉县正式实施。

10月26日 自治区政府主席王正伟到西吉县兴隆镇单家集村调研检查工作,听民声、察民情、解民忧,协调解决单家集活畜交易市场建设资金。

同日 在自治区第六个“环卫工人节”到来之时,为弘扬和宣传“宁愿一人苦,换来万人洁”的无私奉献精神,县总工会与建环局联合召开庆祝第六个“环卫工人节”慰问表彰活动。

10月27日 自治区民政局党组副书记哈学华在市民政局负责人陪同下,到西吉县调研检查“知冷暖、察实情、谋发展”工作开展情况。

10月29日 自治区普通高中示范学校评估组对西吉第四中学创建自治区二级示范学校进行评估验收。

10月30日 福建省莆田市秀屿区委副书记、区长陈再新,区政协主席康乃良带领莆田市秀屿区党政代表团,到西吉县考察经济社会发展并对接劳务协作工作。

11月1日 区农牧厅纪检组长孙瑛、区水利厅副厅长阮廷甫带领自治区生态移民工程监督检查组,在市政府副市长田治富等陪同下,对西吉县生态移民工程进行第二次集中检查。

同日 全市人口和计划生育工作会议西吉县召开。会议听取2011年全市人口和计划生育工作情况通报,安排部署2012年人口和计划生育工作。自治区计生委副主任白秀荣,市、县领导黄湘宁、马玉芳、刘佳、姚启世、袁秉和、陈宇青出席会议。

▲ 甘宁两省(区)三市五县(区)第36届鼠疫联防会议在西吉县召开,会议由固原市卫生局局长童全成主持。

11月2日 区水利厅副厅长毕廷和带领相关处室负责人,对西吉县秋季农田基本建设大会战进行检查督促。

11月3日 国道309线改建工程固原市境内全线开工仪式在西吉县隆重举行。自治区交通厅厅长周舒,市、县领导李文章、白尚成、邓向贵、张柱、田治富、袁秉和、赵怀琮等出席启动仪式并剪彩。国道309线东起山东荣城,西抵甘肃省兰州,全长2000公里。国道309线宁夏境内起点位于彭阳县小园子村,向西经固原市区和西吉县城至甘肃省会宁县郭家沟,全长212公里,是宁夏西通甘肃省兰州市、东连甘肃省及陕西省的主要道路。

同日 自治区交通运输厅厅长周舒带领副厅长许学民及相关处室负责人一行,调研指导202省道西吉至静宁一级公路建设前期规划工作。

▲ 县人大常委会副主任马天英、王学明、田树森带领县人大视察组,对社会养老保险、教育强县创建和贯彻实施《中华人民共和国药品管理法》工作进行视察。

11月5日 政府县长袁秉和带领政府办、发改局、交通局、移民办等部门负责人到沙沟乡、白崖乡调研检查移民搬迁准备工作。

11月9日 自治区党委常委、统战部长马三刚到西吉县火石寨乡蝉窑村调研检查生态移民工作。

同日 全区首批县外生态移民搬迁启动仪式在沙沟乡桃保村举行。市长白尚成、市委副书记张柱、西吉县全体在家县级领导及各乡镇、县直各相关部门(单位)主要负责人参加启动仪式。

▲ 全国第21个"119消防日"到来之际,县消防大队在体育场举办"清剿火患·全民消防·生命至上"主题消防宣传活动,增强群众防火防灾意识。

▲ 自治区扶贫办副主任刘勇带领区扶贫办有关处室负责人到兴平乡高崖村、友爱村、王堡村、王湾村调研指导扶贫开发工作。

11月10日 全区农村公路养护管理考核组对西吉县2011年农村公路养护管理工作进行年终检查考核。

同日 沙沟乡首批县外生态移民入住仪式在平罗县红崖子乡五堆子生态移民安置区举行。自治区政府副主席郝林海、自治区主席助理刘云、自治区各相关厅局及石嘴山市、固原市、平罗县、西吉县主要负责人出席入住仪式。

11月11日 固原军分区司令员马焰明、固原市政府副市长李守银带领五县(区)主管武装工作的副县(区)长和人武部部长、政工科长及军分区机关相关人员,到西吉县检查指导人武部正规化建设工作。

同日 西吉电信开通PDN业务,电路出口承载能力达到双10G,为全县电信用户数据传输服务提供了有力保障。

11月15日 自治区党委宣传部精神文明办城市创建处处长毛录、农村创建处处长计东帮带领检查验收组,到西吉县检查验收县检察院、县工商局区级文明单位创建工作。

11月21日 自治区人大常委会副主任刘天贵在市人大常委会副主任拜志俊陪同下,到西吉县偏城乡下堡村调研指导扶贫工作。

11月23日 十五届县人民政府第三十一次常务会议召开。研究议定统筹城乡居民社会养老医疗保险工作、深入推进医药卫生体制改革工作、西吉县公路建筑工程有限责任公司破产清算工作、西吉县公路管理段人员经费事宜;讨论审定《西吉县2011—2015年住房建设规划》《西吉县城镇低收入家庭廉租住房实物配租管理办法》。

同日 县城乡环境整治领导小组组织督查组,对县城309国道和202省道绿化工作进行全面督查,为庆祝建县70周年创造良好环境卫生条件。

11月24日 宁夏社科院院长张进海到兴隆镇调研考察个体私营经济发展情况。

11月27日 自治区扶贫办山区处处长张吉中带领区扶贫办检查验收组,到西吉县检查验收"双到"扶贫攻坚工程资金、项目落实工作。

11月28日 市人大常委会副主任姬永昌带领市人大检查组,到西吉县检查"关于解决西吉县教育强县验收中‘生机’比例偏低问题议案”办理情况。

11月30日 自治区政府副主席姚爱兴带领区人口和计划生育目标管理责任制党政线考核组，到西吉县考核验收人口和计划生育工作。

同日 十五届县人大常委会第二十九次会议召开。会议听取和审议县政府关于全县社会养老保险工作开展情况的报告、关于《中华人民共和国药品管理法》贯彻实施情况的报告、关于教育强县创建工作情况的报告、关于2011年财政预算调整的报告；听取和审议县人大常委会视察组关于以上五项工作的视察、审查报告；审议通过县人大常委会关于调整2011年度县财政预算的决议；审议通过人事任命事项，依法通过对黄占刚、马守福等17位同志的任命。

▲ 十五届县人民政府第三十二次常务会议召开。会议研究审定《政府工作报告》《西吉县2011年国民经济和社会发展计划执行情况与2012年国民经济和社会发展计划(草案)》《2012年民生计划(草案)》《拟提交区、市“两会”议案建议案》；听取全县2012年重点工作及重点项目汇报、2011年民生计划执行情况汇报。

12月1日 自治区政府副主席姚爱兴带领自治区人口和计划生育目标管理责任制(党政线)考核组，在县长袁秉和陪同下，到西吉县沙沟乡考核人口和计划生育工作。

12月2日 县交通部门在西吉县汽车站举行“文明交通，告别陋习——全民共建交通文明社会”为主题的交通安全日启动仪式。

12月3日 依法治县领导小组办公室和司法局组织全县公务员参加全区公务员法律知识考试。

12月6日 自治区党委常委、纪委书记陈绪国在市委书记李文章等陪同下，到西吉县督查调研党风廉政建设和反腐败工作。

12月9日 政协西吉县九届委员会第四十三次主席(党组)会议召开。会议审议通过县政协九届五次全体会议程序性文件。

12月10日 固原市考核组在市政府副秘书长王伦带领下，到西吉县考核验收2011年全民创业促进就业、劳动力转移就业和完善社会保障体系工作。

12月11日 市委书记、市人大常委会主任李文章带领固原市人口和计划生育目标管理责任制党政线考核组，到西吉县考核验收人口和计划生育工作。

12月12日 西吉县举行欢送新兵仪式。2011年，西吉县共有66名适龄青年经过严格审查，光荣地加入新兵应征行列。

12月13日 自治区卫生厅副厅长、自治区食品药品监督管理局局长薛塞峰带领检查组，到西吉县农村学校食堂、药品经营企业、医疗机构检查指导食品药品安全管理工作。

12月16日 西吉县举行海原地震90周年纪念日活动。

12月20日 县委十三届二次全体(扩大)会议在会议中心召开。会议学习贯彻中央经济工作会议精神、固原市第三次党代会精神,回顾总结2011年全县工作、安排部署2012年工作,审议通过《中共西吉县委2012年工作要点》。

12月21日 全县第六次全国人口普查工作总结表彰大会召开。

12月22日 固原市检察院副检察长胡秀德带领控告申诉检察科工作人员,到西吉县开展刑事被害人家属救助工作。

12月23日至25日 政协西吉县九届委员会第五次会议召开,应到委员148人,实到委员136人。会议听取和审议政协工作报告和提案工作报告;审议通过县政协九届五次全体会议政治决议、县政协九届五次会议关于常务委员会工作报告的决议。会议共收到委员提案126件,立案68件,最终确定建议案8件、提案60件。与会政协委员还列席了西吉县第十五届人民代表大会第五次会议,听取并讨论政府工作报告和其他报告。

同日 十五届县人民代表大会第五次会议召开。会议听取和审议县政府工作报告、县人大工作报告、县人民法院工作报告、县人民检察院工作报告、代表议案建议办理情况报告,审议了西吉县2012年国民经济和社会发展计划(草案)的报告、西吉县2011年财政预算执行情况和2012年财政预算(草案)的报告,表决通过以上报告决议。会议确定代表议案10件、建议45件。

12月24日 反映西吉县沙沟乡生态移民搬迁工作的电视新闻,于2011年12月24日、25日在中央电视台新闻频道《新闻纪实》栏目分上、下两集播出。

12月26日 全县领导干部大会在会议中心召开,会议学习贯彻自治区党委十届十四次全体(扩大)会议精神、全区经济工作会议精神、市委三届二次全体(扩大)会议精神,全面安排部署西吉县贯彻落实工作。

12月27日 区住房和城乡建设厅科技与标定额处处长卢巧娥带领自治区考核组,到西吉县考核验收2011年度住房和城乡建设工作。

12月28日至30日 由全国政协常委、科教文卫体委员会副主任、中国宋庆龄基金会顾问张文康,中国宋庆龄基金会党组书记、常务副主席常荣军,中国宋庆龄基金会副秘书长李希奎及中国宋庆龄基金会相关处室负责人组成考察调研组,在自治区卫生厅副厅长叶旭及相关处室负责人陪同下,到西吉县调研考察妇幼卫生工作和中国宋庆龄基金会援建项目执行情况。

12月29日 自治区党委书记张毅带领自治区政府副主席李锐及区发改委、商务局、物价局等厅(局)负责人,到西吉县调研指导经济建设、市场物价等工作。

12月30日 自治区监察厅副厅长杨培君带领自治区考核观摩组,在固原市市委常委、政府副市长陈永共陪同下,到西吉县考核观摩2011年招商引资工作。

同日 自治区妇联在西吉县第三小学举行"送温暖献爱心""恒爱行动"爱心毛衣捐赠活动,为西吉县贫困儿童捐赠价值7万元爱心毛衣和蜜儿餐,并为20名优秀贫困女童发放助学金6000元。

12月31日 固原市安监局、交警支队、消防支队、运管处等部门(单位)负责人组成考核验收组,到西吉县考核验收安全生产工作。

是年 全县总户数132786户,总人口515772人。全县地区生产总值292505万元,其中第一产业92429万元、第二产业70255万元、第三产业129821万元。农作物播种面积225.96万亩,粮食总产24904.7万公斤、油料总产1503万公斤。地方财政收入8460万元,地方财政支出244935万元,社会商品零售总额90095万元。

2012年

1月4日 市委常委、宣传部长彭生选到西吉县调研检查宣传思想文化工作。

1月5日 县委政法委员会全体(扩大)会议暨政法干警下基层开展"大走访、大排查、大整治"百日专项活动启动大会召开。

同日 民革宁夏区委会主任张守忠带领慰问组深入火石寨乡开展爱心帮扶慰问活动。

1月6日 十三届县委2012年第一次常委会会议召开。会议传达学习自治区党委书记张毅在固原调研时的重要讲话精神,研究春节慰问有关事宜,研究抽调县直党政机关干部到基层帮助开展工作。

同日 市考核领导小组副组长、市人大常委会副主任杨志明,市政协副主席、统战部部长王明亮带领考核组,到西吉县考核验收2011年度目标管理工作。

▲ 西吉县召开西吉、惠农两县(区)劳务移民对接工作座谈会,商议洽谈劳务移民安置及就业工作。

1月7日 县四大机关领导带队深入乡镇、社区、敬老院、企业等开展春节慰问活动。

1月9日 自治区网络公司副总经理、督察组组长周勇带队,到西吉县督促检查直播卫星公共服务"户户通"工程进展情况。

同日 黑龙江商会企业家资助兴平乡杨坪小学"献爱心送温暖"慈善行项目启动仪式在银川举行,自治区政协原副主席金晓云、自治区有关厅局负责人、县人大常委会主任马正文等出席仪式。

1月12日 市人大常委会副主任拜志俊带领市考核组,到西吉县考核验收农民收入倍增计划实施工作和农业农村工作。

1月14日 新华百货关爱西吉孤儿银川行活动举行,吉强镇袁河孤儿院40名孤儿参加活动并参观了自治区政府政史陈列室、民族厅,并受到自治区政府主席王正伟亲切接见。

同日 自治区政法委副秘书长、综治办副主任利爱国带领考核组,到西吉县考核验收综合治理和平安县建设工作。

1月16日 市委常委、宣传部长彭生选带领慰问组，到西吉县看望慰问道德模范、感动宁夏人物。

1月17日 市长白尚成带领市人大常委会副主任刘维俊、市政协副主席杨振兴及市民政局负责人，到西吉县开展春节慰问活动。

同日 十三届县委2012年第二次常委会（扩大）会议召开。会议传达中共中央政治局常委、国务院副总理李克强来固原视察工作情况；传达贯彻自治区十届人大五次会议精神、区政协九届五次会议精神；听取春节期间民生保障工作汇报；研究全县领导干部专题学习班有关事宜。

1月18日 县委、县政府领导带领相关部门负责人前往平罗县红崖子乡五堆子生态移民安置区慰问西吉县移民群众。

1月29日 “专家学者进西吉”专题报告会在会议中心举行，宁夏社科专家、自治区发改委副巡视员汪建敏作专题报告。

1月30日 西吉县在会议中心举办“领导干部大讲台”理论报告会。

2月2日 政府县长袁秉和带队深入农户家中，检查直播卫星公共服务“户户通”工程实施工作。

同日 县委、县政府在会议中心召开马铃薯销售工作座谈会，研究部署马铃薯销售工作。

2月6日 西吉县在体育场隆重举行2012年元宵节“兴泰杯”社火大赛，来自吉强镇、兴隆镇、将台乡、新营乡、震湖乡、平峰镇、田坪乡及县卫生系统的12支社火队参加比赛。

2月8日 自治区党委常委、政府副主席刘慧在区民政厅负责人陪同下，到西吉县检查指导民政惠民政策落实工作。

2月13日 西吉县荣获“全国首届国土资源节约集约模范县”荣誉称号。

2月15日 区人力资源和社会保障厅副厅级巡视员王肖军带领调研组，到西吉县调研督察城乡居民养老保险、医疗保险工作。

2月17日 市政协主席田治富带领视察组，到西吉县视察农村义务教育学生营养改善计划实施情况。

2月19日 十三届县委2012年第三次常委会会议召开。会议传达《关于赴京拜访联系中央国有大中型企业对接项目情况的通报》（固党办通报第3期），听取西吉县赴京对接项目情况汇报；传达学习自治区纪委十届七次会议精神、全区组织部长会议精神、全区宣传部长会议精神、全统战部长会议精神、全区农村工作会议精神、全区人口和计划生育工作会议精神、全区招商引资工作会议精神，研究贯彻意见；通报西吉法院荣获“全国模范法院”称号、西吉县荣获“全国国土资源节约集约模范县市”称号情况。

2月21日 自治区教育厅副厅长马利明带领检查组，到西吉县检查指导农村义务教育学生营养改善计划实施工作。

2月22日 自治区住房和城乡建设厅厅长刘慧芳带领相关处室负责人,到西吉县调研指导大县城建设和小城镇建设工作。

2月23日 交通运输部总规划师戴东昌带领调研组,在自治区政府副秘书长许宁及相关厅局负责人陪同下,到西吉县调研检查交通扶贫工作。

同日 十五届县人大常委会第三十次会议召开。会议听取和审议县政府关于《宗教事务条例》《中华人民共和国残疾人保障法》贯彻实施情况的报告、关于县城物业机构建立及管理情况的报告;听取和审议县人大常委会关于以上两项工作的检查、视察报告;审议通过县政府关于《西吉县县城总体规划(2011—2030)》的议案,表决通过县城总体规划修编的决议;对县政府专项工报告进行了满意度测评;审议通过有关人事任免事项。

2月25日至26日 自治区广电局副局长李宝宁、国家广电总局科技司卫星处处长李国松一行到西吉县检查验收直播卫星公共服务全覆盖"户户通"工程。

2月27日 全国双拥模范城(县)命名暨双拥模范单位和个人表彰大会召开,西吉县再次荣获"全国双拥模范县"称号。

2月29日 固原军分区"军地维护稳定暨民兵情报信息"工作座谈会在西吉县举行。兰州军区司令部情报处处长刘斌、固原军分区司令员马焰明、政治部主任瞿宏俊,县委副书记陈宇青出席会议。

同日 自治区水利厅厅长吴洪相带领相关处室负责人,到西吉县调研检查县城和西部农村人畜饮水工作。

3月2日 西吉县召开学雷锋活动座谈会,传播雷锋精神,弘扬中华民族传统美德。

3月5日 十三届县委2012年第四次常委会议召开。会议通报区党委书记张毅在固原调研情况,传达张毅在固原市党风廉政建设责任制考核会议上的讲话精神,研究西吉县贯彻意见;听取西吉县赴福建招商引资情况的汇报、2011年度目标管理考核有关事项汇报、表彰奖项设置及奖金等有关事宜的汇报;研究召开全县2011年目标管理考核表彰大会、纪检工作会议、组织工作会议、宣传工作会议、统战工作会议、政法工作会议、人口和计划生育工作会议有关事宜;审定关于西吉县政府投资项目申报审批及实施管理程序有关情况的报告。

同日 全县"学雷锋、迎县庆、做贡献"志愿者服务活动启动仪式在县文化广场举行。

3月6日 区党委政研室、发改委、住建厅有关处室负责人组成调研组,到西吉县调研大县城建设工作。

同日 自治区民委主任马力、副主任丁卫东带领调研组,到西吉县调研指导民族宗教工作。

3月7日 区国土资源厅厅长刘卉带领区国土资源厅有关处室负责人,到西吉县调研指导土地资源管理工作。

同日 区移民局局长吴占东带领调研组,到西吉县调研指导生态移民工作。

▲ 西吉县庆“三八”暨妇女创业贷款工作启动会召开,推动妇女创业贷款扩面提标,加快妇女创业致富。

3月9日 县委、县政府召开2011年度全县目标管理考核表彰大会,表彰奖励2011年度各项工作成绩突出的先进集体和先进工作者。

3月10日 六盘山区社会与文化发展研究中心暨兰州大学教学实习基地在西吉县挂牌成立,兰州大学党委书记王寒松、兰州大学西北少数民族研究中心主任杨建新、兰州大学历史文化学院院长王希隆等及政府县长袁秉和、政协主席黄如林出席揭牌仪式。

3月13日 自治区党委巡视组组长殷玉才带领巡视组成员,到西吉县巡视指导开展进一步营造风清气正发展环境工作并召开座谈会。

3月15日 区农牧厅副厅长王凌带领农牧厅相关处室负责人,在市农牧局局长云生元陪同下,到西吉县检查指导春耕生产和马铃薯种薯繁育等工作。

3月22日 人民银行银川中心支行行长胡文莲在固原中心支行行长杜瑞平陪同下,到西吉县调研指导金融运行情况。

3月24日 全县义务教育学生营养改善计划实施动员会议召开,对义务教育阶段学生营养改善计划实施工作进行动员部署。

3月25日 区政协副主席、区农科院副院长袁汉民带领农科院科研人员,到西吉县调研干旱区抗逆农作物种质资源保护利用工作。

3月26日 新加坡商会会长、企业家马嘉辉到西吉县考察扶贫开发、闽宁(西吉)工业园建设工作。

3月26日至29日 国务院扶贫办政策法规司司长洪天云带领调研组,在区扶贫办主任董玲、市委副书记王文宇等陪同下,到西吉县调研检查扶贫开发工作。召开座谈会,听取县委、县政府扶贫开发工作汇报和扶贫政策建议。

3月27日 自治区政府副主席姚爱兴带领区计生委、卫生厅、财政厅相关负责人,在市政府副市长刘佳陪同下,到西吉县调研指导“少生快富”工程及婴儿出生缺陷预防工作。

同日 西吉县首届“震潮湿地杯”摄影、写作比赛颁奖暨摄影展开幕式在县会议中心举行。

3月28日 县政协九届委员会第二十一次常委会议召开。会议传达学习全国“两会”精神、《中共宁夏回族自治区党委关于进一步加强人民政协工作的意见》。会议听取县政府关于对全县生态移民、城乡教育均衡发展、城乡电网改造、残疾人生活保障和服务体系建设工作的情况通报,审议通过县政协调研组关于全县生态移民、城乡教育均衡发展、城乡电网改造、残疾人生活保障和服务体系建设工作的调研报告。

3月30日 西吉县工商业联合会暨民间商会第八次会员代表大会召开。

3月31日 十五届县人民政府第三十三次常务会议召开。会议讨论审定《关于加快发展服务业的实施意见》《关于加快服务业发展的若干政策意见》《关于进一步加强价格调控保持物价总水平基本稳定的实施意见》《西吉县县城规划区集体土地上房屋征收与补偿暂行办法》《西吉县城镇低收入家庭廉租住房实物配租管理办法》《西吉县城镇廉租住房租金管理办法》。

4月8日 十三届县委2012年第五次常委会会议召开。会议认真学习《人民日报》评论员文章《集中精力把两会精神贯彻好》《牢牢把握稳中求进的总基调》《满怀信心迎接党的十八大》,研究西吉县学习贯彻意见;听取县城重点项目开工仪式筹备情况的汇报;研究审议《西吉县城镇规划区集体土地上房屋征收与补偿暂行办法》《2012年度县城重点工程建设房屋征收与补偿安置方案》《西吉县城镇低收入家庭廉租住房实物配租管理办法》《西吉县城镇廉租住房租金管理办法》《关于加快服务业发展的意见》《加快服务业发展的若干政策》《西吉县科级后备干部选拔培养管理暂行办法》《西吉县五提名四差额三公开选任科级领导干部暂行办法》《关于对优秀公务员给予嘉奖和记三等功的请示》;听取全县春季绿化工作情况汇报,研究《西吉县2012年慈善林建设实施方案》;听取全县开展营造风清气正发展环境活动自查自纠阶段梳理的突出问题及整改落实措施的汇报;研究讨论全县创建自治区文明县城有关事宜;听取赴上海浦东干部学院对接网络培训中心情况汇报。

4月10日 水利部黄河水利委员会普查办公室处长王益民带领督导组,到西吉县督导检查第一次全国水利普查工作。

4月11日 西吉县2012年重点项目建设启动仪式在吉德慈善园区隆重举行。政府县长袁秉和、人大常委会主任马正文、政协主席黄如林等出席启动仪式。

4月13日 市人大常委会副主任刘维俊带领"中华世纪环保行"调研组,到西吉县调研检查环境保护工作。

4月14日 全县第三届中学生篮球运动会在西吉中学隆重开幕。

4月15日 十五届县人大常委会第三十一次会议召开。会议听取审议县人民政府关于《中华人民共和国人口与计划生育法》《宁夏回族自治区计划生育条例》贯彻实施情况的工作报告;听取审议县人大常委会对以上工作的视察报告;审查批准县人民政府关于《西吉县县城规划区集体土地上房屋征收与补偿暂行办法》;审议通过对有关代表采取强制措施的议案,审议通过有关人事任免事项。

4月16日 区党委常委、宁东能源化工基地党工委书记、管委会主任袁家军在市委书记、市人大主李文章等领导陪同下,到西吉县考察调研县域经济发展工作。

同日 县人大常委会召开2011年度代表议案建议办理先进单位暨先进乡镇人大主席团表彰会议。

4月18日 区发改委主任袁进琳带领相关处室负责人,到西吉县调研指导经济社会发展和项目建设工作。

同日 市委常委、政府副市长、博士服务团团长张哲带领中央第十二批赴宁“博士服务团”成员,到西吉县调研考察扶贫开发、设施农业发展工作。

4月18日至19日 区党委常委、宣传部长蔡国英带领副部长张克洪、李克强,文化厅厅长杨玉经,广电局副局长童万才等,到西吉县调研指导学习型党组织建设和文化工作。

4月19日 区党委常委、政府副主席刘慧带领区政府副秘书长任高明、民政厅厅长杜正彬等,到西吉县调研指导工业发展并出席宁夏吉德慈善园揭牌仪式。

4月20日 区水利厅副厅长郭浩带领区水利厅有关处室负责人,在市水务局局长杨自平的陪同下,到西吉县调研检查旱作节水农业、水土保持工作。

4月21日 县总工会、县文化馆在县文化艺术中心举办庆五一·迎县庆“工字杯”智力运动会。300余名干部职工参加了象棋、围棋、跳棋比赛。

4月24日 县信用联社召开2012年银政银企座谈会。政府县长袁秉和、人大常委会副主任马天英、政府副县长黄占刚、政协副主席马存礼及固原银监分局、县人行、财政局、发改局、宗教局负责人,全县中小企业,部分商户代表、农户代表和信用联社机关、网点管理人员参加了座谈会。

4月26日 自治区卫生厅党组书记黄占华带领相关处室负责人,到西吉县调研检查卫生基础设施建设、人才队伍建设、城乡医疗保障体系建设、乡村卫生服务一体化管理、疾病预防控制、妇幼保健等工作。

同日 区妇联主席李金英带领相关处室负责人,到西吉县调研指导妇女小额担保贴息贷款、女性创业就业、维护妇女儿童权益、加强未成年人思想道德建设工作。

4月27日 十五届县人民政府第三十四次常务会议召开。会议研究召开西芹销售表彰会议有关事宜;讨论审定《西吉县进一步深化粮食流通体制改革促进现代粮食流通业发展实施方案》《西吉县人民政府督查工作办法》《关于做好2012年人口和计划生育工作的意见》《西吉县人口和计划生育考核奖励办法》《西吉县妇女儿童发展纲要(2011—2020)》《关于进一步加强文化建设的实施意见》《关于进一步加快旅游产业发展的实施意见》《西吉县文工团机构改革方案》《西吉县文化旅游发展责任(有限)公司组建方案》。

同日 区林业厅纪检组组长开永安带领相关处室负责人,到西吉县督导检查集体林权制度改革工作。

▲市机关工委主任柳富带领市老干部局、教育局负责人,到西吉县督察“春苗营养计划”实施情况和“红心向党,喜迎十八大”固原市青少年暨“五老”人员书画摄影展筹备工作。

4月28日 县政府召开全县集中开展安全生产领域“打非治违”专项行动动员会议,对“打非治违”专项行动作出具体部署。各乡镇长、县安全生产委员会成员单位负责人及部分重点企业负责人参加会议。

5月4日 区农牧厅厅长赵永彪带领副厅长黄全福、周东宁及相关处室负责人，在市农牧局局长云生元陪同下，到西吉县调研检查农牧业工作。

5月7日 区交通运输厅副厅长杨有民带领相关处室负责人，到西吉县检查指导交通系统精神文明建设及政风行风评议工作。

5月8日 区水利厅巡视员闫国伟带领相关处室负责人，在县政府分管领导和县水务局负责人陪同下，深入陈阳川水库、二府营水库、铧尖坝水库、大滩水库、吊嘴子水库等工程现场，实地检查指导西吉县重点小型病险水库除险加固项目建设。

同日 西吉县吉德敬老院五保老人刘瑞云资助贫困学生助学金发放仪式在西吉四中举行。县文明办、民政局、教育体育局负责人参加助学金发放仪式。

5月9日 十三届县委2012年第八次常委会会议召开。会议传达学习胡锦涛同志在纪念中国共产主义青年团成立90周年大会上的讲话精神，传达学习区党委书记张毅对做好全区交通安全工作的重要讲话精神；听取全县安全生产工作情况汇报；通报西吉县随自治区考察团赴西安参加西洽会有关情况、西吉县随自治区党政考察团赴江浙考察有关情况；听取县人大考察团赴云南考察情况的汇报，县政协考察团赴辽宁、山东、四川考察情况的汇报；研究审定《关于做好2012年人口和计划生育工作的安排意见》《西吉县人口和计划生育考核奖励办法》。

5月10日 宁夏军区副司令员王国义一行，在固原军分区司令员马焰明、政委宋晓国陪同下，到西吉县检查指导民兵组织整顿和安全管理工作。

5月11日 政府县长袁秉和带领副县长黄占刚及文化广播旅游部门负责人，对火石寨景区基础设施工程建设和农家乐布局建设进行检查指导。

同日 县委常委、人武部部长任升虎在西吉中学报告厅做题为“关心国防军队建设，激发从军报国热情”的国防教育知识讲座。

5月12日 中宁县委常委、政府常务副县长吴永锋带领中宁县相关部门、乡镇负责人一行，到西吉县洽谈劳务合作工作。

5月15日 县卫生局、盐业局在县医院广场开展“科学补碘，健康一生”为主题的第十九个“防治碘缺乏病日”宣传活动。

5月16日 县伊协五届二次常委(扩大)会议在会议中心召开。

5月17日 区政协副主席张乐琴带领区民族宗教委员会相关人员，在市政府副市长李守银、市政协副主席罗永红等陪同下，到西吉县调研考察少数民族文化发展工作。

5月18日 西吉一小与兴隆镇中心小学联合开展“课堂教学有效性”暨“同课异构”专题教研活动。全县19个乡镇中心小学和县城4所小学近百教师参加教研活动。

5月19日 福建省莆田市涵江区江口镇侨联主席卢国珍率领企业家考察团一行10余人，到西吉县考察投资项目。

5月22日 区党委常委、政府副主席刘慧带领自治区有关厅局负责人、各市分管工业副市长、民政局局长、招商局局长、各县(区)长、分管工业副县(区)长、民政局局长、招商局局长,到西吉县观摩考察吉德慈善园区建设工作。

同日 吉德慈善园国圣食品公司举办员工上岗操作技能培训班。参加此次上岗操作技能培训班的72名工人全部为西吉县下岗工人和务工人员。

5月28日 市消防支队和县消防安全委员会在新营乡二府营村举行义务消防宣传点授牌仪式。市消防支队政委靳宁宇,县委常委、公安局局长陈刚,县消防部门和新营乡负责人及二府营村村民和学生代表参加了授牌仪式。

同日 全国人大外事委员会副主任、民革中央副主席齐续春带领相关人员一行,在民革宁夏区委会主委张守志、区水利厅厅长吴洪相、固原市市长白尚成等陪同下,到西吉县调研检查城乡居民安全用水情况。

5月30日 十五届县人民政府第三十五次常务会议召开。会议听取西芹外销市场考察情况汇报、县城集中供热考察情况汇报;讨论审定《西吉县城集中供热工作实施方案》《西吉县迎接固原建市10周年暨西吉建县70周年城乡环境卫生大整治活动实施方案》。

同日 区党委统战部离退休老干部考察团一行,在市委统战部负责人陪同下,到西吉县考察城市建设工作。

5月31日 十三届县委2012年第九次常委会议召开。会议传达学习自治区党委十届十六次全会精神、全区深化干部人事制度改革经验交流会精神,研究全县贯彻意见;传达学习全国基层组织建设年推进视频会精神,听取全县基层组织建设年进展情况汇报,研究全县贯彻意见;传达学习自治区中南部地区生态移民领导小组扩大会议精神,听取全县生态移民工作情况汇报,研究全县贯彻意见;传达学习自治区部分县区道路交通安全和维护稳定会议精神,研究西吉县贯彻意见;研究审定《西吉县建县70周年庆祝活动总体工作方案》;研究有关干部违纪处理事宜。

同日 全县开展进一步营造风清气正发展环境活动第二阶段总结暨第三阶段工作安排会议在会议中心召开。

▲ 全县城乡环境卫生大整治动员会议在会议中心召开。在家县领导及各乡镇党委书记、乡镇长、人大主席,县直各部门(单位)主要负责人,旧村整治包乡干部及旧村整治重点村党支部书记参加会议。

6月1日 政府县长袁秉和带领县发改局、移民办负责人,深入部分乡镇检查督促生态移民安置房建设工作。

同日 全县安全生产暨信访工作联席会议在会议中心召开。县委常委、公安局局长陈刚,各乡镇长、县安委会各成员单位和县信访联席会议成员单位负责人及部分重点企业负责人参加会议。

▲ 西吉县第一小学4000多名师生欢聚一堂,共同庆祝“六一”儿童节。

6月4日 全县“法治文化建设年”暨“生态移民”政策宣传文艺巡回演出活动启动仪式在红军长征将台堡会师广场举行。

6月5日 市委常委、副市长张哲带领市招办委员会成员单位负责人,到西吉县检查指导高考准备工作。

6月6日 区水利厅副厅长毕廷和带领相关处室负责人,在市水务局局长杨志平陪同下,对西吉县水利工程建设及水库管理工作进行检查指导。

同日 全县2012年普通高等学校招生全国统一考试考务工作培训会在县会议中心召开。县四套班子分管领导,区、市巡视员,县教育体育局等相关单位负责人,全体监考教师参加培训会。

6月8日 国家水利部水利水电规划设计总院副院长梅锦山带领设计总院专家一行,在区水利厅总工程师薛塞光、固原市水务局负责人陪同下,到西吉县调研检查宁夏固原地区(宁夏中南部)城乡饮水安全水源工程建设管理运营工作及西吉受水区人畜安全饮水保障情况。

同日 中央财政支持西吉县农村妇女创业发展协会刺绣培训仪式在会议中心举行。

6月13日 十五届县人大常委会第三十二次会议召开。会议听取和审议县人民政府关于百公里特色藏菜产业建设情况的报告、关于马铃薯脱毒种薯推广情况的报告、关于吉德慈善园(闽宁产业园)建设情况的报告、关于旅游产业发展情况的报告、关于生态移民安置情况的报告;听取和审议县人大常委会视察组关于以上5项工作的视察报告,并对县人民政府以上五项工作进行了满意度测评。

6月14日 县卫生局、质监局、工商局、宗教局、农牧局、药监局等食品安全委员会成员单位在县人民医院广场举办全县食品安全宣传周活动。

6月18日 十三届县委2012年第十次常委会会议召开。会议传达学习回良玉副总理在《新华每日电讯》5月29日头版报道西吉县马铃薯《救命豆变成致富豆》上的批示精神,听取农牧局关于马铃薯产业发展情况汇报;传达学习《自治区党委办公厅关于贯彻贺国强、李源潮同志重要批示精神,进一步深入开展“下基层”活动的通知》精神;传达区、市领导对西吉县计划生育工作情况的批示,听取计生局关于全县计划生育工作的情况汇报;听取西芹外销市场考察的情况汇报;研究西吉县召开创先争优表彰大会事宜;审定《关于上报建市10周年民族团结进步先进集体、先进个人名单的请示》《关于上报2010—2012年全市创先争优先进基层组织、优秀共产党员推荐情况的报告》《西吉县拟推荐固原市“十大突出贡献人物”名单》;研究有关干部事宜。

6月27日 自治区扶贫办主任董玲带领相关处室负责人,在市扶贫办主任王世明等陪同下,到西吉县调研检查扶贫开发工作。

6月29日 区党委组织部副部长李泽峰带领相关处室负责人,到西吉县召开机关干部代表、非党人士代表、老干部代表、专业技术人员代表、乡村干部代表座谈会,对组织工作满意度进行考评。

同日 政府县长袁秉和带领全县环境卫生整治观摩团，对全县城乡环境卫生大整治暨村庄环境整治工作进行观摩评比。

7月5日 国家林业局驻西安森林资源监督专员办处长潘自立带领专家组，在区林业局资源保护处调研员王庆华等陪同下，对西吉县森林资源保护工作进行检查验收。

7月13日 政协西吉县九届委员会第二十三次常委会议召开。会议传达学习全区换届工作会议精神、固原市换届工作会议精神；听取县政府关于全县经济运行及重点项目实施、现代农业发展、林业重点项目建设、水利水保工程建设、扶贫重点工程建设、城镇化重点工程建设、交通道路建设、教育基础设施建设和宁夏吉德慈善园建设等工作情况的通报；审议通过《关于对全县部分重点工作的视察报告》《关于对县政协九届五次会议建议案和提案办理情况的督办检查报告》《关于县政协组织部分常委赴福建和广东两省考察学习报告》。

7月16日 区建设厅办公室主任颜景春带队，到西吉县检查督促建设系统政风行风建设工作。

同日 区商务厅副厅长张秀带领商务厅有关处室负责人，到西吉县调研检查2012年现代农村市场体系改造项目、建设项目实施工作。

7月17日 中央专项彩票公益金支持贫困革命老区整村推进项目遴选工作现场会在平峰镇平峰村、平峰镇沙洼村举行。县扶贫办、平峰镇负责人及平峰村、沙洼群众300多人参加现场会，对入选的4个项目村群众进行了培训。

同日 在宁夏建设职业技术学院、国家职业技能鉴定所和市、县劳务局负责人监督下，偏城乡对参加培训的207名砌筑工进行理论与实操考试，并对考试合格人员颁发等级资格证书。

7月20日 十三届县委2012年第十一次常委会会议召开。会议传达学习自治区党委人大工作会议精神，研究贯彻意见；传达学习全区市县乡人大、政府和市县政协换届工作会议精神，全市县乡人大、政府和县(区)政协换届工作会议精神，研究贯彻意见；传达2012年全区上半年经济形势分析会精神，通报上半年全县国民经济运行情况，研究贯彻意见；传达学习全区“黄河预防工程”专项活动启动会和全市工程建设领域职务犯罪预防工作现场会精神，研究贯彻意见。审定《关于调整县直机关工委委员的请示》，研究有关干部事宜。

同日 十五届县人民政府第三十六次常务会议召开。会议讨论审定《西吉县残疾人事业“十二五”发展纲要》《关于提高城镇社区工作者工资标准的报告》《关于进一步加快文化事业大发展大繁荣和文化旅游产业全面发展的实施意见》；听取关于规范公安协勤使用管理工作情况的汇报、关于西吉县党政机关供暖公司改制、县城集中供暖工程建设投资工作的情况汇报；研究《关于申请解决环卫工人廉租房、公共租赁房及早餐补助有关情况的请示》;研究挂牌出让西吉县国有建设用地使用权事宜;研究核拨东华供暖公司征地补偿费用事宜;研究核拨美加特砼业有限公司征地补偿及建设用地报批费用事宜;研究核拨鹏翔驾校征地补偿及建设用地报批费用事宜。

7月22日 香港福建希望工程基金会在西吉县援建的西滩乡张村堡希望小学、兴隆镇单民村希望小学、马莲乡马其沟希望小学分别举行落成剪彩仪式。区政协办公厅巡视员卫和平、副巡视员杨志中,香港福建希望工程基金会荣誉主席、稻香控股有限公司执行董事黄家荣,香港福建希望工程基金会执行董事、深圳埃斯欧纳信息咨询有限公司首席行政官徐凯祥,县政协主席黄如林、政府副县长米广、政协副主席赵怀琮等参加剪彩仪式。

同日 黄河银行董事长道月泓、行长张志旗、监事长刘杰带领相关人员,对西吉信用联社风险管理状况进行调研检查。

7月23日 什字乡、王民乡163户877名移民在县移民搬迁领导小组的护送下,安全抵达平罗县五堆子生态移民安置区。

7月24日 县委、县政府、县人大、县政协分管领导和发改、教育、宗教、民政、公安、计生、移民办等相关部门(单位)负责人,前往石嘴山市惠农区对接劳务移民搬迁安置工作。

7月25日 宁夏大舞台农民工艺术团举办的"情系故乡热土、展示梦想舞台"首届农民工回乡亲情奉献大型慈善文艺晚会在县体育场举行。

7月31日 全县社会保障卡发放暨秋季农村劳动力转移就业工作会议召开。会议对社会保障卡发放和农村劳动力转移就业工作进行动员和部署。

8月1日 神华宁煤集团公司董事长王俭、神华宁煤集团公司总经理严永胜带领规划发展部、财务部、组宣部、能源工程公司负责人等,到西吉县参观考察宁夏吉德慈善园区建设及入园企业生产经营情况。

8月2日 西吉县信用联社举办"真情点亮人生、公益成就梦想"为主题的2012年捐资助学活动启动仪式。

同日 固原市直离退休老干部观摩团在政府县长袁秉和等陪同下,对西吉县城镇建设和工业发展进行观摩指导。

8月3日 县妇幼保健所在文化广场组织开展"提倡母乳喂养,保障母婴安全"为主题的"世界母乳喂养周"宣传活动。

8月5日 区科技厅厅长马清贵带领相关处室负责人,在市科技局负责人陪同下,对西吉县科技推广工作进行检查指导。

8月6日 区人力资源和社会保障厅副厅长郑建国带领相关处室负责人一行,在市人社局负责人陪同下,对西吉县创业孵化园建设工作进行复核认定。

同日 十五届县人大常委会第三十三次会议召开。会议听取审议县政府关于《中华人民共和国治安管理处罚法》贯彻实施情况的报告、关于全县文化体制改革工作开展情况的报告、关于"六五"普法工作开展情况的报告、关于2012年上半年国民经济和社会发展计划执行情况的报告、关于2011年度财政决算和2012年上半年财政预算执行情况的报告、关于2011年度财政预算执行和其他财政收支审计情况的报告;听取审议县人民法院关于刑事审判工作开展情况的报告、关于县人民检察院关于监督检察工作开展情况的报告;听取审议县人大常委会关于以上八项工作的视察、检查、审查报告,并对以上八项工作进行满意度测评。会议表决通过关于设立县人大换届选举委员会的决定、关于设立乡镇人大换届选举委员会的决定、关于县乡两级人民代表大会代表换届选举时间的决定、关于县乡两级人民代表大会代表名额分配的决定、关于县乡两级人民代表大会换届选举工作实施方案。通过了人事任免事项。

8月7日 区政府参事高万里在政府县长袁秉和及县农牧局负责人陪同下,对西吉特色蔬菜产业、马铃薯脱毒种薯繁育体系、宁夏吉德慈善园建设及入园企业生产情况进行实地调研。

8月7日至8日 区扶贫办社会扶贫处处长马振江带领副处长陈有功、陈萍一行,到西吉县调研检查社会扶贫工作。

8月8日 区司法厅领导班子成员,监狱局、劳教局、司法警官职业学院主要负责人,厅机关各处室主要负责人,各市(县、区)司法局局长组成观摩团,到西吉县观摩交流法治文化建设及基层司法所规范化建设工作。

同日 区林业厅党组书记赵永清带领林业厅纪检组组长开永安及相关处室负责人,到西吉县调研检查集体林权制度改革工作。

8月9日 兴平、马莲两乡190户1007名生态移民搬迁到平罗县五堆子生态移民安置区,开始他们的新生活。

8月11日 区人民政府主席王正伟在区党委常委、固原市委书记李文章,区政府秘书长左军等陪同下,到西吉县调研指导重点工程建设、扶贫开发和民政工作。

8月13日 十三届县委2012年第十二次常委会会议召开。会议传达学习胡锦涛同志"7·23"重要讲话精神、贾庆林对民族团结进步创建活动的重要批示精神,研究贯彻落实意见;传达学习自治区百万贫困人口扶贫攻坚战略启动大会精神、《自治区党委办公厅、人民政府办公厅关于加强生态移民工作的若干意见》,研究贯彻落实意见;审定《西吉县农业农村工作综合考评办法》《西吉县政协换届工作实施方案》;研究《关于增补县政协十届委员会委员的请示》;听取关于乡镇人大、政府领导班子考核情况的汇报。

同日 全国人大农业与农村委员会副主任委员李成玉在固原市政协主席田治富等陪同下,到西吉县调研考察农业农村工作。

8月14日 自治区卫生厅纪检组长马占强带领检查组,在市卫生局负责人陪同下,对西吉县卫生项目建设进行检查督促。

8月15日 自治区动物疾控中心主任杨春生带领全区各市、县动物疾控中心负责人组成观摩团,到西吉县观摩交流动物疾病预防控制工作。

同日 自治区党委常委、市委书记、市人大常委会主任李文章带领市领导王固平、王明亮及市直有关部门负责人,到西吉县看望慰问少数民族群众,向他们表示节日祝贺。

▲西吉县73名考生在县卫生局参加了公开招聘乡镇卫生院专业技术人员面试。

8月16日 湖南广播电视台芒果V基金为兴平乡中心小学捐赠校车仪式在兴平中心小学举行。

8月20日 县乒乓球协会举办"迎县庆、促和谐"乒乓球运动会。

8月23日 县委召开全县开展进一步营造风清气正发展环境活动第三阶段工作促进会。

8月24日 自治区政府参事室专职副主任马福成、区政府参事高万里、区政府参事越经臣、区林业局葡萄花卉产业发展局研究员刘庭俊组成调研组,到西吉县调研考察现代生态农业示范区建设工作。

同日 自治区农牧厅副厅长王林带领农牧厅相关处室负责人及各市、县农牧局局长、农机中心主任,到西吉县观摩交流特色农业发展工作。

8月25日 宁夏庄和置业投资有限责任公司西吉分公司与宁夏锦融集团共同投资开发的时尚富力城商场举行开盘捐资助学仪式。

8月27日 自治区政府副主席姚爱兴带领区国土资源厅、卫生厅、人口计生委、地矿局、社保局等厅(局)负责人,到西吉县检查指导重点医药卫生体制改革、乡村卫生一体化管理、村卫生室建设、"少生快富"工程及民生计划办理工作。

8月28日 十三届县委2012年第十三次常委会会议召开,传达学习六盘山片区区域发展与扶贫攻坚启动会精神、自治区开展进一步营造风清气正发展环境活动通报会精神,研究贯彻意见;传达学习自治区严肃换届纪律集体谈话视频会议精神,研究贯彻意见;审定《关于推进扶贫攻坚战略 加快贫困残疾人口脱贫致富的实施意见》《关于进一步加强文化事业和旅游产业发展的实施意见》;研究建县70周年县庆有关事宜。

8月29日 自治区发改委、财政厅、住房和城乡建设厅、国土资源厅、环保厅、统计局相关处室负责人、业务骨干组成督导调研组,到西吉县调研督导固定资产投资计划执行情况。

同日 自治区国土资源厅副厅长马鑫带领相关处室负责人一行,在市国土资源局负责人陪同下,到西吉县检查指导国土资源管理工作。

8月30日 自治区旅游局党组书记杨柳带领有关处室负责人,在市政府副市长马必刚、市旅游局负责人陪同下,到西吉县调研检查文化旅游产业发展工作。

8月31日 十五届县人民政府第三十七次常务会议召开。会议审定《西吉县政策性安置转业士官工资福利管理方案》《宁夏吉德慈善园优惠配套政策》《西吉县城乡客运一体化建设规划实施方案》《关于推进扶贫开发战略的实施意见》《西吉县加快推进扶贫开发攻坚战略的分工方案》;研究原西吉县医药药材公司(西吉县医药管理局)国有建设用地使用权事宜,关于划拨西吉县再生水利用工程建设用地使用权事宜,关于划拨西吉县月亮山风电场华电一、二期工程建设用地使用权事宜;听取中南部引水西吉县城配水专线工程立项审批进展情况汇报。

9月3日 福建省莆田市诚信促进会会长、莆田市政协原主席陈文儒带领考察组,对西吉县工业、特色农业和旅游业发展情况进行实地考察。

9月4日 市政协副主席马莲带领市政协视察组,对西吉县设施农业发展进行视察。

同日 西吉县召开“中国文学名家看西吉”座谈暨“中国首个文学之乡”研讨会。县文联、文化旅游广播电视局负责人和县文学艺术工作者、农民作家、学生代表参加研讨会。

▲“中国文学名家看西吉”大型文学讲座在西吉中学报告厅举行,西吉中学2000余名师生聆听了报告会。

9月5日 自治区交通运输厅总工程师张凌云带领检查组,到西吉县检查指导道路交通安全工作。

同日 自治区统计局党组书记张存平带领区统计局副巡视员黎志毅、机关党委专职书记张彬及纪检监察室、社会经济调查处、综合协调处负责人,到西吉县调研检查上半年经济运行情况,督察统计系统政风行风民主测评工作。

9月6日 第28个教师节来临之际,县四大机关领导带队深入部分学校和教师家中,看望慰问默默耕耘在教育一线的支教老师、优秀教师代表。

同日 宁夏农林科学院组织的旱作玉米新品种“富农821”示范推广观摩活动在西吉县举行。自治区科技局、农牧厅、种子管理站、固原市农科所技术骨干和县人大常委会副主任田树森、政府副县长米广、政协副主席马存礼及县农牧局、科技局、扶贫办、农技中心、种子管理站负责人,各乡镇分管农业副乡(镇)长、农技服务中心负责人参加观摩活动。

9月7日 西吉县召开2012年“质量月”活动启动会议。

同日 县教育局在西吉中学体育馆举行粉笔字、粉笔画比赛,来自全县教育系统的500多名教师参加了比赛。

9月10日 全县第二届全民健康行动知识竞赛活动在县卫生局举办。吉强镇代表队荣获一等奖。

9月11日 十三届县委2012年第十六次常委会会议召开。会议听取县乡两级人大换届选举工作进展情况汇报;研究有关干部事项。

同日 政府县长袁秉和带领副县长米广及政府办、交通局、发改局、建设局、国土局、林业局、水务局等部门负责人,对全县部分重点项目建设、城乡环境整治、校安工程、生态移民进行检查督促。

9月12日 市人大常委会副主任姜文奎、拜志俊带领市人大检查组，到西吉县调研检查农业特色优势产业发展和农民增收工作。

同日 西吉县举行第13个“民族团结月”活动启动仪式。在家县级领导、各乡镇党委书记和分管统战民族宗教工作的乡镇长、县民族团结进步创建工作领导小组成员单位负责人和部分群众、学生、宗教教职人员、乡村干部代表共800余人参加启动仪式。

9月13日 自治区民政厅副厅长王凤刚带领民政厅救灾处、社会救助处负责人，在市民政局局长杨大素陪同下，到西吉县调研检查部分敬老院改扩建项目建设、民政救灾和社会救助工作。

9月14日 自治区文化厅社文处处长贺亚平带领评估验收组，到西吉县评估验收乡镇文化站定级工作。

9月18日 十三届县委2012年第十七次常委会会议召开，研究县人大、县政府、县政协换届有关事宜。

9月24日 十三届县委2012年第十八次常委会会议召开。会议传达学习中央政治局常委、国务院副总理李克强来宁考察重要讲话精神，传达全区综治信访维稳工作会议精神、全市综治信访维稳工作会议精神，研究贯彻意见；听取建县70周年纪念活动筹备情况汇报；研究审议《西吉县人大、政府、政协换届人事安排建议方案》《西吉县乡镇人大、政府换届考察暨人事安排建议方案》。

9月25日 市委政法委副书记、秘书长、综治办主任马学明带领市政府督查室、信访局、公安局等相关负责人组成督察组，到西吉县督察全区、全市综治信访维稳工作会议精神贯彻落实情况和社会管理综合治理重点工作开展情况。

同日 市政协副主席、统战部部长王明亮带领市政协视察组，到西吉县调研视察民族宗教工作。

9月26日 十五届县人大常委会第三十四次会议召开。会议听取审议县人民政府关于全县幼儿学前教育办学情况的报告、关于县十五届人大五次会议代表议案、建议办理情况的报告、关于2012年民生计划落实情况的报告、关于《中华人民共和国城乡规划法》贯彻实施情况的报告；听取审议县人大常委会关于以上四项工作视察、检查报告，对县人民政府以上四项工作进行满意度测评；审议通过西吉县第十六届人民代表大会代表资格的审查报告。

同日 自治区党校常务副校长、行政学院院长郑霞，副校长张廉一行到西吉县调研指导党校工作，并看望慰问“三同”青年干部。

▲ 自治区教育厅副厅长赵紫霞带领自治区教育督察组，到西吉县督察检查基本普及高中阶段教育工作。

9月28日 银川新华百货公司在县中心敬老院举行捐赠仪式。新华百货公司人力行政总监勉鹏飞和县民政局负责人及40名受助孤儿参加捐赠仪式。

9月29日 十五届县人民政府第三十八次常务会议召开。会议听取全县信访、维稳、安全工作汇报、研究下一步工作;听取人大议案建议、政协建议提案和民生计划办理情况汇报;听取建县70周年献礼工程启动仪式和后勤接待工作准备情况汇报;传达全区民政工作会议精神;审定建县70周年慰问工作方案。

10月5日 县医院举办"医德医风建设、构建和谐医院"主题演讲比赛。

10月8日 十三届县委2012年第十九次常委会会议召开,研究民族团结进步创建先进集体、先进个人表彰奖励有关事宜。

同日 建县70周年之际,县四大机关领导带领慰问组深入各乡镇及县城部分五保老人、老党员、优抚对象、下岗职工、困难群众、退休老干部、劳模家中看望慰问,送去党和政府的关怀及西吉建县70周年的美好祝福。

▲ 西吉县庆祝建县70周年大型花儿歌舞剧《大移民》首场文艺演出在县体育广场隆重举行。自治区文化厅副厅长秦发生,市委常委、宣传部部长彭生选,在家全体县级领导和全县广大干部群众3500多人一道观看演出。

10月9日 纪念西吉县成立70周年大型歌会在县体育广场隆重举行。歌会由中国煤矿文工团青年演员、主持人王欢和北京电视台主持人张琦主持。区、市、县领导与全县广大干部群众一同观看了演唱会。

同日 "西吉70年"全国摄影大赛启动仪式在县会议中心隆重举行。

10月10日 西吉县隆重举行国道309线固原至西吉一级公路、省道202线西吉至毛家沟一级公路、宁夏中南部城乡引水安全受水区(西吉项目区)配套工程、西吉县城乡客运一体化建设项目、县内生态移民暨残疾人保障房入住仪式、宁夏吉德(河仁)福利院奠基暨燕宝中学捐赠仪式、宁夏国圣食品有限公司10万吨马铃薯休闲食品生产线竣工投产仪式等庆祝建县70周年暨重点民生工程启动仪式。自治区党委常委、固原市委书记、市人大常委会主任李文章,自治区人民政府副主席李锐,自治区政协副主席张乐琴,市政府市长白尚成,自治区有关厅(局)负责人,市委、市人大、市政府、市政协领导及有关部门负责人,全体在家县级领导,各乡镇、各部门(单位)主要负责人参加启动仪式。

同日 自治区党委常委、固原市委书记李文章在市政府副市长马吉陪同下,深入田坪、震湖、平峰、兴平等乡镇,对西吉县生态移民、秋季农业生产及秋覆膜工作进行调研指导。

▲ 自治区民政厅厅长杜正彬带领区民政厅调研组,到西吉县调研检查农村最低生活保障和救灾救助工作。

10月11日 西吉第三中学举办"文化名人、道德模范进校园"巡讲首场报告会。宁夏著名作家火仲舫为师生做了一场精彩生动的文学创作与作文指导专题报告。

10月12日 市人大常委会副主任姜文奎、姬永昌、罗京玺带领市人大视察组,在市发改局、商务局、交通局、水务局、建设局等部门负责人陪同下,对西吉县重点项目建设进展情况进行视察。

同日 全县秋覆膜工作现场观摩会在偏城乡大庄村和吉强镇泉儿湾村召开。

10月14日 西吉县安康医院组织医护人员到县城中心敬老院,为孤寡老人和儿童开展免费义诊活动。

10月17日 十五届县人民政府第三十九次常务会议召开。会议讨论审定县人民政府工作报告、《西吉县2012年国民经济和社会发展计划执行情况与2013年国民经济和社会发展计划(草案)的报告》、《西吉县2012年财政预算执行情况和2013年财政预算(草案)的报告》、《西吉县2012年民生计划执行情况和2013年民生计划(草案)的报告》;研究审定《西吉县城市供热专项规划》《西吉县城排水专项规划》《西吉县城市道路挖掘管理办法》《西吉县城集中供热管理办法》;研究西吉县秀山路东侧(水泉段)国有建设用地使用权挂牌出让,西吉县滨河路北侧、团结路西侧国有建设用地(原能源站)使用权挂牌出让,西吉县吉强中街南侧国有建设用地(原粮食局)使用权挂牌出让事宜。

同日 国家发改委移民司处长李珂、水利部库区移民局处长宋向阳带领国家发改委、水利部相关人员,在自治区发改委、水利厅相关处室负责人陪同下,到西吉县调研检查大中型水库移民后期扶持项目实施工作。

10月18日 十三届县委2012年第二十次常委会会议召开。会议传达学习区、市开展进一步营造风清气正发展环境活动总结表彰大会精神,研究贯彻意见;传达学习全区精神文明建设工作表彰大会精神,研究贯彻意见;研究召开西吉县第十六届人民代表大会第一次会议、政协西吉县第十届委员会第一次会议有关事宜;听取乡镇人大、政府换届情况的汇报。

10月20日 “西部爱心公益社”的志愿者们到西吉县硝河乡红泉小学和兴隆镇西马小学,为那里的孩子们送去了书包、字典、铅笔等学习用品。

同日 全县征兵工作会议在会议中心召开。

▲ 中国儿童少年基金会弱视项目检查组赴西吉县,对农村贫困地区和城市特困家庭患有弱视疾病的260名适龄学生进行免费义诊、筛查。

10月29日 十三届县委2012年第21次常委会会议召开。会议讨论审定《“两会”选举办法》、各项候选人建议名单;听取政协委员换届情况汇报,听取维稳、信访、安全生产工作汇报,研究部署各项重点工作。

10月30日 政协西吉县九届委员会第24次常委会议召开。会议传达学习贾庆林在全国地方政协工作经验交流会上的重要讲话精神,听取县政府关于县政协九届五次会议以来提案办理情况的通报;审议通过政协工作报告、政协委员提案工作报告,协商通过县政协十届委员会委员名单,审议通过县政协十届一次全体会议有关程序性文件。

10月31日 自治区工商联副主席马春杨在市工商联党组书记史继平陪同下,到西吉县调研指导民营企业党建和文化建设工作。

11月1日 全区农村义务教育学生营养改善计划推进会在西吉县召开。自治区党委常委、固原市委书记李文章,自治区副主席郝林海带领全区各市分管教育工作的副市长,各县县长、分管副县长及区、市、县学生营养改善计划工作成员单位负责人,到西吉县观摩学习学生营养改善计划工作。

同日 自治区党委常委、固原市委书记李文章,自治区副主席郝林海带领自治区相关厅局负责人,对西吉县设施农业发展和宁夏吉德慈善园建设进行实地检查指导。

▲ 自治区国土资源厅调研员张文华带领检查验收组,到西吉县检查验收2011年生态移民迁出区农用地恢复工作。

11月2日 全县医改工作会议在县委五楼会议室召开。县医改领导小组各成员单位、各乡镇、县直各医疗卫生单位负责人,各乡镇卫生院院长和社区主任参加会议。

同日 陕西千阳县人大常委会主任戴存鉴、县委副书记王雪峰带领千阳县统筹城乡发展考察团,到西吉县考察交流统筹城乡发展工作。

11月2日至6日 政协西吉县十届委员会第一次全体会议召开。应到委员182人,实到委员176人。会议听取和审议政协工作报告、政协委员提案工作报告;选举产生政协西吉县第十届委员会领导班子,马天英当选为政协西吉县第十届委员会主席,张笑菊、马庆德、宋兆吉当选为政协西吉县第十届委员会副主席;审议通过政协西吉县第十届委员会提案审查委员会关于十届一次会议期间提案审查情况的报告和政协西吉县十届一次全体会议关于九届委员会常务委员会工作报告的决议、政协西吉县十届一次全体会议政治决议。会议共收到委员提案112件,立案50件,确定重点提案10件、提案40件。

11月3日至6日 十六届县人民代表大会第一次会议在西吉县会议中心会堂召开。会议听取和审议西吉县人民政府工作报告、县人大常委会工作报告、县法院工作报告、县检察院工作报告和代表议案办理情况报告;表决通过关于政府工作报告的决议、关于西吉县2012年国民经济和社会发展计划执行情况与2013年国民经济和社会发展计划报告的决议、关于西吉县2012年财政预算执行情况和2013年财政预算的决议、关于西吉县2012年民生计划执行情况和2013年民生计划的决议、关于县人大常委会工作报告的决议、关于县人民法院工作报告的决议、关于县人民检察院工作报告的决议、关于代表议案的审查报告决议;依法选举产生西吉县第十六届人民代表大会常务委员会组成人员、西吉县人民政府组成人员、西吉县人民法院院长、西吉县人民检察院检察长和出席固原市第三届人民代表大会代表。

11月5日 自治区林业局党组书记赵永清带领全区秋季植树造林暨森林资源管护观摩团,到西吉县观摩交流秋季植树造林工作和森林资源管护工作。

同日 自治区政务服务中心副主任刘建军带领区政务服务中心督察组,到西吉县督促检查政务服务工作。

11月7日 十六届县人民政府第一次常务会议召开。会议研究政府县长、副县长、县长助理工作分工;听取全县经济形势汇报,安排部署下一阶段经济工作;听取全县重点项目建设情况和2013年重点项目论证储备情况汇报;听取县城供暖情况汇报;研究政府工作报告和2013年民生计划目标任务责任分解;研究县第十六届人民代表大会一次会议代表议案和建议办理工作、县政协第十届一次会议委员建议和提案办理工作;研究政府工作规则、规章、制度修订事宜。

同日 自治区水利厅副厅长毕廷和带领相关处室负责人,到西吉县检查指导秋季农田基本建设大会战工作。

▲市计生委主任李志菊带领考核验收组,到西吉县考核验收2012年人口与计划生育工作。

▲自治区地震局震害防御处处长张进国带领检查验收组,到西吉县检查验收农村民居地震安全示范村工程建设工作。

11月8日 全体在家县级领导、县委理论学习中心组成员单位负责人共60余人,在县委五楼会议室观看了中国共产党第十八次代表大会开幕盛况。

11月14日 十三届县委2012年第二十三次常委会会议召开。会议研究召开全县精神文明建设表彰大会、召开西吉县成立70周年庆祝活动表彰大会事宜;研究成立国道309线固原至西吉一级公路建设领导小组、省道202线西吉至毛家沟一级公路建设领导小组、宁夏中南地区城乡饮水安全水源工程西吉项目区配套工程建设领导小组;研究《关于调整党组织设置的请示》。

11月21日 全县领导干部大会在会议中心会堂召开。会议传达学习贯彻党的十八大精神、自治区党委十一届二次全体(扩大)会议精神、全市领导干部大会精神。全体县级领导、各乡镇党政班子成员、县直各部门(单位)党政班子成员及区、市直属部门主要负责人参加会议。

同日 火石寨景区基础设施建设项目——地质博物馆陈展设计汇报会在会议中心召开。

11月22日 全县学习贯彻党的十八大精神报告会在会议中心举行。会议邀请党的十八大代表、固原一中高级教师何桂琴做学习宣传党的十八大精神辅导报告。在家全体县级领导,各乡镇党委书记、乡镇长,县直各部门(单位)党政主要负责人及教育系统、司法系统、农牧系统、财政系统、建设系统、交通系统党员代表聆听了报告。

11月27日 自治区水利厅副厅长郭浩带领相关处室负责人,到西吉县检查指导旱作节水农业、西北部农村饮水工程、坡耕地综合整治工作。

同日 自治区双拥办副主任、宁夏军区政治部副主任杨建勋,自治区民政厅优抚安置处处长卜兴林带领相关人员,到西吉县调研检查2012年双拥工作落实情况。

11月28日 西吉县举办"学习贯彻党的十八大精神,建设和谐富裕新西吉"主题演讲比赛。

11月29日 市纪委调研员罗占东带领市政务服务工作督察组,到西吉县督促检查政务服务工作。

11月30日 十三届县委2012年第二十四次常委会会议召开。会议听取对各乡镇、各部门(单位)学习宣传贯彻党的十八大精神督察情况的汇报,讨论审定《全县深入学习贯彻党的十八大精神安排方案》;研究召开全县精神文明建设表彰大会有关事宜;研究2012年岗位目标管理考核工作事宜;研究《西吉县残疾人联合会换届工作方案》《关于西吉县出席自治区第十一届人民代表大会代表候选人提名推荐情况的请示》;听取县委各常委、政府各副县长2013年工作思路和工作重点汇报。

12月1日 全县领导干部学习贯彻党的十八大精神专题培训班在会议中心举办。培训班邀请自治区讲师团教授宋武平作专题辅导。全体在家县级领导和各乡镇、各部门(单位)党政负责人参加培训班。

12月7日 十六届县人民政府第二次常务会议召开。会议听取全县安全生产、道路交通安全、食品安全、生态移民、"两费"收缴、计划生育等工作汇报,安排部署下一阶段工作;讨论审定《关于推进城乡客运一体化的实施意见》《西吉县城乡客运一体化建设规划实施方案》,研究成立西吉县城乡客运一体化建设筹建实施工作领导小组;讨论审定《西吉县城规划实施管理办法》《西吉县城市管理办法》《钰秀家园经济适用房出售方案》《关于进一步加强和规范土地征收供应管理工作的实施意见》《西吉县财政资金拨付办法》《西吉县政府采购办法》《西吉县财政投资评审办法》《西吉县政府投资项目申报审批管理办法》《西吉县人民政府工作规则》和议事制度;听取宁夏吉德(河仁)儿童福利院项目建设情况汇报,研究国有土地使用权收回、变更、出让有关事宜。

12月9日 市发改委副主任、移民办专职副主任景清海带领固原市相关部门负责人组成考核组,到西吉县检查考核2012年生态移民工作。

12月10日 县委举办处、科级干部学习贯彻党的十八大精神培训班,邀请市委党校教授吴瑾、牛廷伟解读党的十八大报告。

同日 西吉县举行2012年新兵入伍欢送仪式。县委常委、人武部部长任升虎,人武部政委张柯夫及各乡镇人武部部长,新兵家属参加了欢送仪式。

▲县公安局、国土资源局、城管所、市容管理所联合出动执法及施工人员50余人,对苏堡路口违章建筑实施强制拆除。

12月11日 以青海省校安办主任、教育厅巡视员他扎为组长的国家校安办督察组一行,在自治区教育厅校安办负责人陪同下,到西吉县督察学校安全管理和校舍安全工程建设工作。

12月12日 十六届县人大常委会第一次会议召开。会议听取和审议县人民政府关于2012年度财政预算调整情况的报告、县人大常委会财政经济委员会关于西吉县2012

年财政预算调整情况的审查报告;审议通过县人大常委会关于调整2012年度县财政预算的决议;审议通过关于设立西吉县第十六届人民代表大会常务委员会代表资格审查委员会的议案和确认许可对有关代表采取强制措施的议案。

12月13日 十三届县委2012年第二十五次常委会会议召开。会议传达学习中央政治局《关于改进工作作风、密切联系群众的八项规定》,研究审议《县委十三届三次全委会工作报告》《中共西吉县委关于学习贯彻党的十八大精神的意见》《县委2013年工作要点》,研究《西吉县城乡客运一体化实施方案》;听取赴中国商用飞机有限公司对接定点帮扶工作的情况汇报。

12月14日 十六届县人民政府第三次常务会议召开。会议传达学习自治区主要领导关于加快西吉经济社会发展的重要指示精神,研究贯彻落实意见;听取与自治区有关厅局对接项目情况的汇报,安排部署具体落实工作。

12月22日 十六届县人民政府第四次常务会议召开。会议讨论审定《关于进一步加强人口和计划生育帮扶工作的实施意见》;听取全县道路交通安全工作情况汇报、县城集中供热情况汇报、城市管理工作情况汇报、今冬明春困难群众生产生活救助及春节慰问工作筹备情况汇报、《大移民》歌舞剧巡演及春节文化活动筹备情况汇报,对道路交通安全、县城集中供热、城市管理、困难群众生产生活救助等工作作出安排部署。

12月23日 自治区林业局林改办主任李秉平带领考核验收组,到西吉县考核验收集体林权制度改革工作。

12月24日 市卫生局副局长、食品药品监管局局长杨百慧带领相关单位负责人,对西吉县2012年度食品安全监督管理工作进行考核验收。

同日 全县冬季道路交通安全专项整治暨防火安全工作会议在会议中心召开。

12月25日 固原市市长马汉成带领党政考核组,到西吉县考核验收2012年人口和计划生育工作。

12月26日 县委、县政府在会议中心隆重举行招商引资重点项目签约仪式。签约项目10个,签约资金23亿元。

同日 县委、县政府在会议中心举行2012年西吉县招商引资重点项目新闻发布会。人民日报社宁夏分社、新华社宁夏分社、中国人民(国际)广播电台宁夏记者站、中央电视台宁夏记者站、经济日报宁夏记者站、光明日报宁夏记者站、宁夏日报、宁夏电视台、新消息报、法治新报、华兴时报、固原日报、固原电视台等新闻媒体记者参加发布会。

▲ 市人大常委会副主任姬永昌,政协副主席、统战部部长王明亮带领市委办、市委督查室、纪检委、组织部、宣传部、政法委、军分区政治部等部门(单位)业务人员,到西吉县考核验收2012年度岗位目标管理工作。

12月27日 自治区人大常委会副主任马瑞文带领部分驻宁全国人大代表视察组,到西吉县视察宁夏吉德慈善园企业生产情况和县内生态移民安置情况。

12月31日 全县特困群众“寒冬送暖”棉被棉衣发放仪式在县民政局举行。

是年 全县总户数132317户，总人口511006人。全县地区生产总值360715万元，其中第一产业104918万元、第二产业80383万元、第三产业175414万元。农作物播种面积225.12万亩，粮食总产27317.4万公斤、油料总产1643万公斤。地方财政收入9505万元，地方财政支出316308万元，社会商品零售总额103138万元。

2013年

1月6日 县政府召开勤政廉政工作会议。

1月7日 县文工团创作的大型现代“花儿”歌舞剧《大移民》进校园专场演出在西吉三中隆重上演，2000余名老师、学生观看演出。

同日 固原市妇联、西吉县妇联和县民政局组织举办的妇女刺绣培训班暨蓝天刺绣培训中心揭牌仪式在吉德慈善园区举行。

▲政协西吉县第十届委员会2013年第一次常委会议召开。审议通过《关于印发县政协2013年工作计划的通知》《关于政协西吉县第十届委员会各专委会组成人员的通知》《关于编建政协委员活动小组的通知》。

1月8日 固原市政府副秘书长杨明堂带领市消防、公安、民政、教育、卫生、工商、安监等单位负责人组成考核组，到西吉县考核验收消防工作。

同日 自治区党委组织部组织三处处长马丽君带领相关处室负责人组成考核组，到西吉县考核验收基层组织建设工作。

1月9日 西吉县残疾人联合会第六届代表大会在会议中心第一会议室召开。

同日 浙江宁波北川爱心志愿团献爱心助学金发放仪式在西吉县硝河中学举行。爱心志愿团为硝河中学50名贫困生发放助学金15000元。

1月10日 西吉县2012年至2013年度生态移民培训在兴平乡正式开班。

1月15日 全县打击非法营运车辆工作会议在县会议中心第一会议室召开，对打击非法营运作出具体部署。

1月16日 自治区民政厅副厅长王凤刚带领检查组，在市民政局局长王晓明陪同下，到西吉县检查指导乡镇民生服务中心公共服务能力建设工作。

1月17日 十三届县委2013年第一次常委会会议召开。会议传达学习习近平同志在中央政治局第二次集体学习时的重要讲话精神，传达学习自治区党委、政府秘书长办公厅(室)主任会议精神，传达学习区、市纪委、监察厅(局)《关于2013年元旦、春节期间改进工作作风加强廉洁自律的通知》，研究西吉县贯彻落实意见；研究《全县上半年重点工作安排意见》；听取维稳、信访、安全生产工作情况汇报，安排部署自治区“两会”、春节期间维稳、信访、安全生产工作;研究县委书记、副书记和常委工作分工。

同日 西吉县革命老区建设促进会成立大会在会议中心第一会议室举行。会议审议通过《西吉县革命老区建设促进会章程》,选举产生第一届理事会组成人员。

▲ 宁夏义工联合会发起的“义暖万家、善沐人间”快乐雷锋工程2013年开年公益活动——新春年货倾情奉送活动在西吉县将台乡李家咀头村举行。宁夏义工联合会负责人和将台乡党委、政府领导班子成员及部分干部参加活动。

1月18日 十六届县人民政府第五次常务会议召开。会议研究审定《关于进一步加强人口和计划生育工作的意见》《西吉县县城规划区集体所有土地上房屋征收与安置补偿办法》《关于进一步加强招商引资工作的意见》《西吉县招商引资优惠及奖励办法》《西吉县招商引资重点项目领导包抓落实责任制办法》《西吉县招商引资工作目标责任制考核办法》《西吉县行政事业单位工作人员差旅费开支规定》《关于提请给予西吉县国家税务局通令嘉奖的请示》;研究安排西吉县回购征收安置房和闽宁大道续建、滨河路5座桥梁桥头引道及农村公路危桥改造有关事宜;研究成立西吉县城市规划委员会、西吉县土地和矿产资源决策委员会、西吉县本级财经领导小组事宜;研究国有土地使用权划拨、挂牌出让有关事宜。

1月21日 西吉县召开全县领导干部大会,传达学习习近平同志关于厉行节约、反对铺张浪费重要批示精神,安排部署全县贯彻落实工作。

1月22日 西吉县组织开展反邪教主题宣传活动。

同日 西吉县2013年春运交通安全启动仪式在西吉汽车站举行,对做好春运交通安全进行组织动员。

1月24日 全县食品安全工作会议在会议中心第一会议室召开,对食品安全工作作出具体部署。

同日 自治区扶贫办主任董玲带领区扶贫办山区处、综合处等处室负责人组成调研组到西吉县调研检查扶贫开发工作。

1月25日 在自治区“两会”召开之际,西吉县大型现代“花儿”歌舞剧《大移民》在自治区武警礼堂举行首场演出,为参加自治区“两会”的人大代表和政协委员献上一道精美的文化大餐。

同日 西吉县2013年“三下乡”活动在新营乡举行启动仪式。

1月29日 “精彩西吉”原创歌曲歌手大奖赛决赛暨颁奖晚会在县文广局文化交流中心隆重举行。

1月30日 西吉县公开招聘公益性岗位人员,为扩大就业、增加农村贫困家庭收入、促进公益事业发展创造了条件。

1月31日 自治区妇联巡视员王立带队,到西吉县开展“下基层、送温暖、献爱心”走访慰问贫困母亲活动。

2月1日 十六届县人大常委会2013年第三次会议召开。会议传达学习自治区第十一届人民代表大会第一次会议精神;听取和审议县政府关于《中华人民共和国道路交通安全法》《宁夏回族自治区道路交通安全条例》贯彻实施情况的报告、关于困难群众生活救助情况的报告、关于县城供暖情况的报告;听取和审议县人大常委会检查组关于以上三项工作检查报告;审查批准县政府《西吉县县城规划区集体所有土地上房屋征收与安置补偿暂行办法》;审议通过有关人事任免事项。

2月2日 十六届县政府第六次常务会议召开。会议传达学习《中央政治局关于改进工作作风、密切联系群众的八项规定》,研究贯彻意见;研究安排退役士兵安置事宜、火石寨景区旅游基础设施建设事宜、月亮山水源涵养林生态修复工程建设和县城南北山绿化事宜、宁夏中南部城乡饮水安全水源工程西吉受水区项目建设事宜、国有林场代管部分重点公益林划归国有林地事宜、福建捐赠的10万双雪地靴发放事宜;研究审定《西吉县2013年芹菜、胡萝卜基地建设扶持意见》《西吉县重点建设项目监督检查办法》;研究县人民政府县长、副县长、县长助理工作分工事宜。

同日 根据县委、县政府统一安排部署,县四大机关领导带领慰问组,深入各乡镇、企业、敬老院,看望慰问困难老党员、困难群众、计划生育“少生快富”家庭、五保老人和优秀教师。

2月3日 中共西吉县第十三届纪律检查委员会第三次全体会议召开。会议总结2012年纪检监察和党风廉政工作,安排部署2013年纪检监察和党风廉政工作。

同日 西吉县召开2013年安全生产及森林防火工作会议,对安全生产和森林防火工作进行部署安排。

2月4日 政府县长任立新带领县委常委、副县长赵延军及政府办、发改局、农牧局、交通局、公安局、工商局、物价局、安监局、质监局、供销社、食品药品监督局、城管大队、农调队等部门(单位)负责人,深入县城各超市、肉店、蔬菜批发市场,对节日市场供应、食品安全和稳控物价等工作进行全面检查。

同日 由自治区党委宣传部、文化厅、文联联合举办的2013年春节“送欢乐下基层”慰问演出活动在红军长征将台堡会师广场精彩上演。

2月5日 十三届县委2013年第二次常委会会议召开。会议研究审议《西吉县招商引资工作“一意见三办法”》《西吉县2013年县级领导、县直部门(单位)、乡(镇)招商引资目标任务》;研究审定《关于进一步加强人口和计划生育工作意见》《关于改进工作作风密切联系群众的十二条规定》。

同日 西吉县举行老干部新春茶话会。

2月15日 全县“百乡千村农民体育活动月”总决赛暨首届“劳务杯”运动会启动仪式在兴平乡体育场举行。

2月16日至17日 县委、县政府举办“扶贫攻坚和建成小康社会”为主题的全县领导干部学习班,邀请自治区党校教授杨旭东作了题为《宁夏六盘山集中连片特困地区扶贫攻坚战略分析》的报告。

2月24日 西吉县庆元宵社火大赛在县体育广场隆重举行。

2月26日 西吉县召开安全生产工作会议。县委、县政府分管领导、县安委会成员单位负责人、各乡镇分管安全生产的副乡(镇)长及各客运企业负责人参加会议。

同日 自治区移民局副局长郭建繁带领区发改委、移民局、水利厅、国土资源厅有关专家,到西吉县审查评估2012年生态移民工程建设方案。

2月27日 十六届县人民政府第七次常务会议召开。会议传达学习全区助推经济发展座谈会精神,研究贯彻落实意见;研究审定《月亮山水源涵养林生态修复一期工程建设实施方案》《2013年度机关单位义务植树实施方案》;听取生态移民工作汇报、春耕备耕情况汇报、人口和计划生育工作情况汇报、春季开学情况汇报,研究部署生态移民、春耕备耕、人口和计划生育、春季开学等工作;研究2012年度目标管理考核奖项及奖金设置事宜、六盘山山花节筹办事宜、有关土地使用权出让事宜;审定《县城公墓建设方案》。

3月4日 十三届县委2013年第四次常委会会议召开。会议传达学习自治区助推经济发展座谈会精神、发展非公有制经济大会精神,研究贯彻意见;传达学习全国、全区、全市政法工作电视电话会议精神,听取"两会"期间信访维稳工作情况汇报,研究贯彻意见;传达学习全国未成年人思想道德建设工作电视电话会议精神、全区下基层活动视频工作会议精神、全区统战部长会议精神,研究贯彻意见;传达学习区、市"学党章、守纪律"教育活动动员会精神,研究贯彻意见;传达学习全市领导干部学习班精神、全市生态移民工作会议精神,研究贯彻意见;研究审定《西吉县重点项目建设监督检查办法》,研究2012年度全县岗位目标管理考核结果及召开全县考核表彰有关事宜。

同日 西吉县现代"花儿"歌舞剧《大移民》隆德县专场巡回演出在隆德县文化广场拉开序幕。

3月6日 自治区农牧厅副厅长王凌带领"下基层 送政策 促发展"活动工作组到西吉县白崖乡、将台乡、王民乡开展政策宣传、技术指导服务活动,帮助群众做好春耕备耕工作。

同日 县委、县政府在会议中心召开2012年度目标管理考核表彰奖励大会。

3月9日 十六届县人民政府第八次常务会议召开。会议研究审定《西吉县2013年大县城建设重点项目》《西吉县2013年重点项目大会战启动方案》《西吉县2013年重点项目实行县级领导包抓责任分工方案》《西吉县标准化蔬菜市场建设方案》《关于进一步加强物业管理的实施意见》;研究西吉县城天然气输配系统工程立项事宜;听取西吉县城路(街、巷)、桥提名情况汇报、关于提高村干部工资报酬和办公经费标准的汇报、关于聘请政府法律顾问组建政府法律顾问室情况的汇报;听取召开全县安全生产、消防、道路交通安全管理总结表彰会议的请示,召开全民创业暨农村劳动力转移就业总结表彰会议的请示,召开听取全县人口和计划生育工作会议的请示;研究审定2013年全县财政预算调整方案。

3月11日 西吉县民兵应急连配合公安武警执行反恐维稳行动战斗实弹演练活动在兴隆镇杨茂村火家堡子组举行,整场演练由县委常委、人武部部长任升虎指挥。宁夏军区副司令员王国义、固原军分区司令员马焰明、政委宋晓国、政治部主任刘智峰、县长任立新及固原各县(区)人武部长等观摩了反恐维稳行动战斗实弹演练。

同日 自治区党委副书记崔波在固原市委副书记方勇等陪同下,到西吉县调研指导春耕生产、农业结构调整和扶贫开发工作。

▲固原市副市长赵旭辉带领市直相关部门负责人到西吉县调研宁夏佳立生物科技有限公司生产经营及带农增收情况。

3月15日 十三届县委2013年第五次常委会会议召开。会议传达学习习近平总书记在河北省阜平县考察扶贫开发工作时的重要讲话精神,研究贯彻意见;通报自治区党委副书记崔波来西吉县调研工作情况、自治区党委第二巡视组回访情况,研究贯彻意见;研究2013年重点项目建设有关事宜,安排部署重点项目建设工作;研究《关于举办第九届宁夏六盘山山花旅游节·第三届西吉县火石寨丁香花节暨地质博物馆开馆仪式的请示》,研究召开2013年度全县人口和计划生育工作会议有关事宜,研究《关于提高2013年度村干部工资报酬和办公经费标准的请示》,研究有关干部事宜。

3月16日 惠农区委副书记、区长李彬带领惠农区有关部门负责人到西吉县研究对接生态移民工作,并召开生态移民工作对接座谈会。

3月17日 全县2013年农村劳动力转移就业暨创建自治区级创业型城市启动会召开,对农村劳动力转移就业工作和创建自治区级创业型城市进行动员部署。

同日 全县2013年度人口和计划生育工作会议召开。会议总结2012年人口和计划生育工作,安排部署2013年度人口和计划生育工作。固原市委常委、纪委书记黄湘宁,市计生局局长李志菊出席指导会议。

3月18日 全县生态林业建设项目暨月亮山水源涵养生态修复工程正式启动。自治区林业局纪检组长开水安、固原市人大常委会副主任云生元、市政协副主席刘维俊、市林业局局长赫程、在家全体县级领导出席启动仪式。

同日 自治区民政厅副厅长高万金带领基层政权处等相关处室负责人,到西吉县调研指导基层政权和社区建设工作。

3月19日 自治区文化厅副巡视员许成带领文化产业处等相关处室负责人,到西吉县调研指导文化产业发展工作。

3月20日 世行贷款农民工培训与就业项目实训指导老师培训班在县职业中学举行开班仪式。

3月21日 全县领导干部大会在会议中心第一会议室召开。会议传达学习全国“两会”精神和区、市领导干部大会精神,安排部署全县贯彻落实工作。

3月25日至26日 国务院扶贫办党组成员、行政人事司司长司树杰一行,在自治区扶贫办主任董玲、固原市委副书记方勇等陪同下,到西吉县调研指导扶贫开发工作。

3月26日 自治区教育厅厅长郭虎带领区教育厅相关处室负责人,在固原市教育局党组书记虎玉赟陪同下,到西吉县调研检查教育工作。

同日 自治区民政厅救灾处处长刘忠林带领检查组,在市民政局局长李国才陪同下,到西吉县调研检查旱情和春季群众生产生活情况。

▲ 西吉县开展政法综治暨“公正司法为人民”宣传活动。

▲ 自治区供销社为兴平乡捐赠20吨化肥,并举行现场发放仪式。

3月27日 国务院扶贫办在兴平乡王湾小学举行爱心包裹捐赠仪式。国务院扶贫办行政人事司副司长曲天军、固原市委副书记方勇及县扶贫办、兴平乡负责人参加捐赠仪式。

同日 国家宗教局宗教研究中心副主任加润国带领调研组,在区、市宗教部门负责人陪同下,到西吉县调研指导宗教事务管理工作。

▲ 国家广电总局卫星直播中心副主任黄其凡带领相关处室负责人,到西吉县调研检查广播电视“户户通”工作开展情况。

▲ 政协西吉县十届委员会2013年第二次常委会议召开。会议传达学习全国“两会”精神,听取县人民政府关于宁夏吉德慈善产业园基础设施建设情况通报、关于农业产业化推进及土地流转情况通报、关于劳务产业发展情况通报、关于县城集中供暖工作情况通报,审议通过县政协调研组关于以上4项工作的调研报告。

3月28日 固原市市长马汉成带领市水务局负责人,在县政府主要负责人陪同下,调研检查宁夏中南部城乡饮水安全西吉受水区连通配套一期工程——西吉县城应急供水工程进展情况。

同日 全县“道德讲堂”活动启动大会在西吉中学举行。

3月31日 黄河中游管理局副局长高健翎一行3人,到西吉县调研检查旱情。

4月7日 中国摄影家协会、新华社中国国际文化影像传播有限公司、西吉县文联联合在北京今日美术馆成功举办反映西吉题材的大型摄影展——《隐没地》,展出作品2600余幅,吸引了国内外700多家媒体和众多艺术名家、摄影爱好者关注,扩大了西吉县的知名度和影响力。

4月11日 固原市中长期劳动力转移培训班暨2013年家政服务培训班在西吉县吉强镇大滩村开班。

4月13日 十六届县人民政府第九次常务会议召开。会议听取关于重点工作和民生计划执行进展的情况汇报、关于2013年一季度经济运行的情况汇报、关于农业生产的情况汇报、关于抗旱工作的情况汇报、关于动物防疫的情况汇报、关于创建自治区卫生县城工作的情况汇报、关于人口和计划生育工作的汇报、关于第九届宁夏六盘山山花旅游节及第三届西吉县火石寨丁香花节暨地质博物馆开馆典礼活动筹备的情况汇报、关于加快发展特色苗木产业的汇报、关于全县一季度气候评价及近期天气趋势的汇报、关于2012年及2013年第一季度财政投资评审工作的情况汇报,研究安排重点工作推进、民生计划落实、抗旱减灾、动物防疫、计划生育等工作事宜;研究审定《西吉县建设内陆开放型经济试验区实施方案》《西吉县加快发展小秋杂粮产业的实施意见》;研究县城集中供热和西吉县粮食购销企业改制有关事宜。

同日 自治区党委副秘书长李刚军带领有关人员,在固原市委副书记方勇陪同下,到西吉县调研检查钱币博物馆展览服务工作的开展情况。

4月15日 自治区人大常委会副主任肖云刚带领区人大法制工作委员会成员一行,到兴隆镇刘玉村、下范村调研指导"下基层、送政策、促发展"活动开展工作。

4月16日 国家林业局湿地管理中心主任马广仁、国家林业局湿地管理中心国际重要湿地履约处处长方艳、北京林业大学教授张明洋、南京大学教授刘茂松一行4人,在自治区林业局副局长王洪界、固原市林业局局长赫程等陪同下,到西吉县调研考察党家岔地震堰塞湖湿地保护工作。

同日 自治区政协副主席刘小河带领区政协调研组,到西吉县调研考察自发移民自主创业工作。

▲ 自治区民政厅副巡视员王金宝带领民政厅、财政厅相关处室负责人组成调研组,到西吉县调研检查工业园区建设发展工作。

▲ 自治区人大常委会副主任肖云刚带领区人大法制工作委员会主任马晓光一行,就《自治区防震减灾条例》修订工作到西吉县进行立法调研。

4月17日 自治区政协主席齐同生带领政协副主席田成江及区政协民族宗教委员会、区民委、财政厅负责人,在自治区党委常委、固原市委书记李文章,市政协主席田治富等陪同下,到西吉县调研检查民族宗教工作。

4月18日 宁夏师范学院成人教育学院西吉职中分校举行2010级毕业典礼。

4月19日至20日 县委、县政府组织县扶贫办及吉强、兴平、沙沟、西滩等14个乡镇的负责人前往平罗、惠农、贺兰县的移民安置区观摩学习考察。

4月21日 十三届县委2013年第六次常委会会议召开。会议传达学习自治区党委常委会第一季度经济形势分析会精神,研究贯彻意见;通报自治区政府主席刘慧、自治区政协主席齐同生在固原调研工作情况,研究贯彻意见;研究干部事宜。

同日 西吉县召开新提拔干部和调整干部任职前集体谈话会。

4月24日 十六届县人民政府第十次常务会议召开。会议研究当前经济形势和经济工作,对第二季度全县经济工作进行再安排再部署;研究审定《西吉县财政投资评审实施办法补充规定》;研究招商引进企业有关事宜;研究县人民政府领导班子组成人员分工调整等事宜。

5月3日 十六届县人大常委会2013年第四次会议召开。会议传达学习自治区十一届人大二次会议精神;听取和审议县人民政府关于农村义务教育阶段教育教学管理情况的报告、县供电局关于《中华人民共和国电力法》《宁夏回族自治区供用电条例》贯彻实施情况的报告;听取县人大常委会检查组关于以上两项工作的检查报告,并对以上两项工作进行满意度测评;审议和确认许可对有关代表采取强制措施的议案;审议通过有关人事任免。

5月8日 十三届县委2013年第七次常委会会议召开。会议传达学习自治区十一届人大二次会议精神、全区党外代表人士队伍建设工作座谈会精神;研究西吉县建设内陆开放型经济试验区事宜、西吉县城2013年集中供热事宜、西吉县国有粮食购销企业改革事宜、给予优秀公务员嘉奖和记三等功事宜;研究成立基层机关工委、离退休干部党支部等有关事项;听取全县重点项目进展情况汇报;研究审定《西吉县2013年岗位目标管理考核办法》。

5月9日 十六届县人民政府第十一次常务会议召开。会议研究审定《西吉县第三次全国经济普查实施方案》《西吉县义务教育学校布局专项规划》《西吉县关于加强财税增收工作激励办法》《自治区第五次固原工作会议西吉县重点项目》《健康西吉行动规划(2013—2020年)》;研究"火石寨国家地质公园文化和自然遗产保护设施建设项目""国家地质遗迹保护项目"资金整合事宜、废旧农膜回收利用事宜、加快马铃薯一级种薯推广事宜、扶持吉德慈善产业园入园企业发展事宜;研究佳立公司、华林公司发展有关问题;研究立项建设兴隆镇单家集露天肉牛屠宰场事宜;研究建设西吉县平价农贸市场及西吉县粮食物流园事宜。

5月10日至22日 政府县长任立新带领西吉经贸考察团,赴北京、烟台、青岛等七省市进行实地考察、洽谈和对接项目,开展招商引资工作。洽谈项目涉及农副产品深加工、电子和高新技术等多个领域,通过广泛接触和深入洽谈,对外招商取得突破。

5月22日 全县扶贫开发整村推进工作现场会在火石寨乡元咀村召开。

5月23日 全区马铃薯机械化种植现场观摩会在西吉县新营乡车路湾村马铃薯机械化示范园举行。

同日 县人力资源和社会保障局、县广播电视台联合举办"小额贷款架金桥、实现创业致富梦"创建自治区级创业型城市暨创业带动就业典型演讲比赛。

5月24日 十三届县委2013年第八次常委会会议召开。会议传达学习《中共中央关于在全党深入开展党的群众路线教育实践活动的意见》(中发〔2013〕4号)精神、六盘山片区扶贫攻坚部省协调推进会精神、全区优秀年轻干部培养选拔工作座谈会精神、全市推进工业强市战略暨招商引资工作大会精神、全市下基层"三同六送六帮"活动动员会精神,研究贯彻意见;研究全县"学党章、守纪律"集中教育活动总结表彰相关事宜;听取县经贸考察团赴北京、青岛、深圳等地开展招商引资活动情况的汇报。

5月26日　自治区病媒生物专家王建国一行到西吉县指导卫生县城创建工作。

5月27日　自治区团委书记马金元带领宁夏青基会秘书长刘升祥等,到西吉县调研指导基层团组织建设工作。

5月28日　自治区文化厅、自治区图书馆相关负责人组成专家组,到西吉县开展全国第五次公共图书馆评估定级工作。

同日　福建省福州市政协副主席、工商联主席雷成才带领百名福建企业家,在固原常务副市长赵旭辉、副市长马必钢等陪同下,到西古县考察企业发展环境和投资事宜。

5月30日　宁夏汇丰天塑业有限公司在马莲中心小学举办"大手拉小手,快乐庆六一"捐赠活动。

6月1日　全县城乡各小学组织开展"庆'六一',童心共筑中国梦"主题活动。县四大机关领导分别参加各学校活动,与小朋友共同庆祝节日,关爱少年儿童健康成长。

6月3日　十六届县人民政府第十二次常务会议召开。会议听取县经贸考察团赴北京等地开展招商引资活动情况的汇报、关于农牧业工作进展的情况汇报、关于林业工作进展的情况汇报、关于生态移民工作进展的情况汇报、关于卫生工作进展的情况汇报,研究安排招商引资、农牧业发展、林业建设、生态移民等工作;研究审议《西吉县与全区(市)同步进入全面小康社会攻坚计划》《西吉县全面建设小康社会分析报告》《西吉县矿业权设置方案》;研究成立县经济运行暨重大项目推进协调领导小组、建立县经济运行分析联席会议制度事宜;研究增加城市出租车运力指标事宜;研究在县城建成区设置移动公厕有关事宜;研究有关国有土地使用权划拨、确权事宜。

6月5日　十六届县人大常委会2013年第五次会议召开。会议听取和审议县人民政府关于妇幼保健"六免一救助"项目开展情况的报告、关于生态移民迁出区生态恢复情况的报告、关于全县移民搬迁安置进展情况的报告、关于西吉县第十六届人大常委会第一、三、四次会议审议意见落实情况的报告;听取和审议县人大常委会关于以上四项工作的检查、视察报告,并对以上四项工作进行满意度测评;审议通过对有关代表采取强制措施的议案。

同日　自治区建设厅厅长杨玉经带领区建设厅有关处室负责人,到西吉县调研指导城乡建设工作。

▲ 宁夏农科院院长周东宁带领农科院生态高效农业科技协作专家组一行10余人,到西吉县调研指导生态高效农业示范基地建设事宜。经过座谈协商,决定在西吉县建立生态高效农业示范基地。

▲ 西吉县明星公司举行第六届"爱心送考"志愿服务活动。

6月6日　王民乡二岔口水库项目合作投资签约仪式在王民乡政府举行。

6月7日　自治区残联副理事长柴建国带领相关处室负责人,到宁夏吉德慈善园调研指导残疾人就业与培训工作。

同日 自治区党委宣传部对外文化交流中心主任姬东邦带领有关人员,到西吉县调研检查文化产业发展工作。

6月9日 十六届县人民政府第十三次常务会议召开。会议传达学习国务院、自治区安全生产电视电话会议精神,传达学习自治区主干道大整治、大绿化工程动员电视电话会议精神,研究贯彻落实意见;听取审计工作进展情况汇报、监察工作进展情况汇报、民政工作进展情况汇报、扶贫开发工作进展情况汇报、吉德慈善园工作进展情况汇报、气象局工作进展情况汇报,对审计工作、监察工作、民政工作、扶贫开发工作、吉德慈善园工作、气象局工作有关事项进行安排部署;研究审议《西吉县城市商业网点规划》《西吉县住宅专项维修资金管理办法》;研究县城沿街及城中村危房改造有关事宜、建设震湖乡农村消防队有关事宜、原乡企供销公司人员安置有关事宜及火石寨景区项目建设资金整合事宜。

6月15日至16日 自治区党委书记、人大常委会主任李建华带领区政府副主席屈冬玉及区党委办公厅负责人,在区党委常委、固原市委书记李文章等陪同下,到西吉县调研指导大县城建设、重点工程建设、设施农业建设和扶贫开发工作。

6月17日 西吉县启动2013年食品安全宣传周活动。

同日 县教育体育局组织局领导班子成员、全县各中学校长对校园文化建设、学校精细化管理、营养改善计划实施等教育重点工作进行观摩交流互评。

6月18日 自治区人大常委会副主任孙成宝带领"中华环保世纪行——宁夏行动"视察组,在固原市人大常委会副主任云生元、市环保局负责人陪同下,到西吉县视察环境保护工作。

同日 西吉县创建自治区级创业型城市工作汇报会在政府三楼会议室召开。

6月19日 十三届县委2013年第九次常委会会议召开。会议传达学习区党委组织部《转发中组部〈关于湖南湘潭、安徽望江、广东揭阳、山东金乡等地4起违规用人案件的通报〉的通知》(宁组通〔2013〕56号)精神、固原市纠风办《关于对自治区纪委作风建设明察暗访发现问题进行整改的通知》(固纠办〔2013〕1号);通报上半年经济形势,听取重点项目开工建设、县内生态移民工程建设和整村推进扶贫开发工作情况汇报;研究审定《全县下半年重点工作安排意见》;安排部署全县防汛工作。

6月20日 固原市委副书记方勇带队深入西吉县新营乡张家洼移民迁出区,实地调研检查生态恢复保护工作。

6月20日 西吉县召开防汛工作紧急会议,对防汛工作进行安排部署。

6月24日 共青团固原市委、市教育局、共青团西吉县委、西吉县教育体育局、北京世纪超星信息技术发展有限责任公司、深圳游子团联合在西吉中学举行"2013年固原市基础教育数字图书馆建设项目捐赠仪式暨研讨会"。

同日 政协西吉县十届委员会2013年第三次常委会议召开。会议听取县人民政府关于全县生态环境建设工作情况的通报、关于旅游产业发展工作情况的通报、关于城乡大病医疗救助工作情况的通报、关于整村推进扶贫开发工作情况的通报;审议通过县政协视察组关于以上四项工作的视察报告、《政协西吉县第十届委员会委员履行职责情况考评(暂行)办法》。

6月25日 固原市政协副主席李朴带领市政协调研组,到西吉县调研考察工业园区发展工作。

6月27日 自治区统计局副局长梁建民带领相关处室负责人,在市统计局负责人陪同下,到西吉县调研指导县域经济增长亮点及统计工作。

6月28日至29日 自治区旅游局纪检书记庞俊海带领相关处室负责人,到西吉县调研检查旅游工作。

6月29日 十六届县人民政府第十四次常务会议召开。会议听取公安工作开展情况汇报、司法工作开展情况汇报、建环工作开展情况汇报、国土工作开展情况汇报、交通工作开展情况汇报、水务工作开展情况汇报、安全生产工作开展情况汇报、抗灾减灾工作开展情况汇报,研究安排相关重点工作;研究审定《西吉县学生营养早餐食用宁夏国圣食品营养饼干工作实施方案》《西吉县招商引资项目代办服务工作方案》《西吉县强工惠民就业行动计划》《首届宁夏·西吉芹菜节总体方案(草案)》;研究成立西吉县招商引资项目协调服务领导小组;研究有关国有土地使用权出让、划拨、确权事宜。

6月30日 全市"构建科学评价体系,破解素质教育难题"暨"打造素质教育科学评价体系,实现中国梦·教育梦"主题论坛会议在西吉县职业中学报告厅隆重召开。

7月1日 西吉县"庆七一"暨"唱响中国梦,建设新西吉"广场文艺演出在永清湖广场举行。

7月2日 全县封山禁牧工作会议在政府三楼会议室召开,对封山禁牧工作提出明确要求,作出具体部署。

▲ 市人大常委会主任姜文奎带领副主任朱培忠及市农牧局、商务局、人民银行固原支行负责人,深入田坪乡二岔村开展下基层"三同六送六帮"活动。

7月3日 十三届县委2013年第十次常委会议召开。会议通报固原市经贸考察团赴大连、天津、北京、济南等地学习考察情况;传达学习全区科技创新大会精神,研究贯彻意见;研究审定《首届宁夏西吉芹菜节实施方案》;研究有关干部事项。

同日 自治区交通厅副厅长杨有明带领区运管局、公路管理局等部门负责人,在固原市交通局负责人陪同下,到西吉县检查指导交通运输和公路管理工作。

▲ 固原市创建自治区级创业型城市工作督导组,到西吉县检查指导创业型城市创建工作。

7月4日 国务院扶贫办开发指导司司长海波带领国家发改委、全国人大办公厅联络局、农业与农村委员会等相关人员组成全国人大重点建议办理工作组,到西吉县召开十二届全国人大一次会议确定的第1715号建议办理工作固原座谈会。全国人大代表马汉成、雍瑞生、罗春桃、张仙蕊、马玉花,区扶贫办副主任丁建懿及固原市四县一区县(区)长参加会议。

同日 市委副书记方勇带领市扶贫办负责人,到偏城乡杏树湾村开展下基层“三同六送六帮”活动。

7月5日 县创卫办、公安局、城管局、建环局等部门联合开展整治县域商铺环境卫生工作。

7月8日 自治区广播电影电视局副局长王永斌带领相关处室负责人,到西吉县检查考核农村电影放映及户户通工作。

同日 西吉县非公有制经济人士理想信念教育实践活动动员会暨工商联八届二次执委会会议在会议中心召开。

7月9日 市委副书记方勇带领市委办、政法委、政研室等部门负责人,到西吉县调研检查社会管理创新工作。

同日 市委常委、组织部部长王刚带领四县一区组织部长、副部长、市组织部各科室负责人,到西吉县观摩交流组织建设工作。

7月10日 十六届县人民政府第十五次常务会议召开。会议传达学习自治区禁牧封育电视电话会议精神,研究贯彻落实意见;听取贫困村村级发展互助资金项目实施情况汇报,研究安排相关事项;听取财政工作汇报、统计工作汇报、招商工作汇报、供销工作汇报、计生工作汇报、宗教工作汇报、科技工作汇报,食品安全工作汇报、防汛工作汇报,安排部署重点工作;听取西吉县沙沟乡“3·23”一般道路交通事故调查工作汇报,安排部署相关事宜;听取各分管县长下半年重点工作汇报;研究国有土地使用权划拨、挂牌等有关事宜。

同日 自治区人社厅世行项目办调研组,对西吉县世行农民工培训与就业项目执行情况进行调研检查。

7月12日 偏城乡烂泥滩村河西组村民黄得朋家中房屋因地基突然沉陷,侧墙倒塌,造成2人死亡、1人受伤。

7月14日 西吉县召开农村劳动力转移就业协会第二届代表大会。县政府分管领导、各乡镇分管领导及劳务经纪人参加会议。

7月15日 固原市人大常委会副主任马玉芳、政协副主席马莲带领全市各县(区)计生局及各科室主要负责人组成全市人口和计划生育工作观摩团,到西吉县观摩交流人口和计划生育工作。

7月16日 什字乡集镇建设项目签约仪式在什字乡政府举行。

7月17日 自治区林业局副局长李月祥、纪检组长开永安带领区林业局相关处室负责人及盐池县、同心县、海原县、红寺堡区林业局负责人、固原市各县(区)林业局负责人组成观摩团,到西吉县观摩交流月亮山水源涵养生态修复工程。

7月18日 自治区党委常委、固原市委书记李文章带领全市县域经济观摩团,到西吉县观摩评比县域经济发展工作。

7月19日 由自治区党委宣传部、区文化厅主办、宁夏对外文化交流中心、宁夏演艺集团承办的全区获奖文艺节目巡演在西吉县实验中学多功能厅举行。在家县级领导、各部门负责人及师生2000多人观看了演出。

同日 自治区党委常委、副主席李锐带领区民政厅、建设厅、财政厅等相关厅(局)负责人,到西吉县检查指导救灾工作。

▲ 西吉县2013年县外生态移民搬迁启动会在县政府三楼会议室召开。

7月20日 自治区政协副主席田成江带领调研组,在市政协主席田治富陪同下,到西吉县调研检查宗教事务管理工作。

同日 西吉县组织开展民兵应急维稳行动战术演练活动。

7月21日 深圳神力自行车科技有限公司西吉自行车项目、平凉伟星商贸有限公司西吉国际商贸物流城项目签约仪式在西吉县会议中心举行。

7月23日 市政协副主席马莲带领市政协视察组,到西吉县调研视察宁夏中南部饮水工程西吉受水区水利工程运行管理工作。

同日 全区500个重点贫困村整村推进工作现场会在西吉县召开。自治区扶贫办副主任丁建懿、固原市副市长方彦及南部山区九县分管领导、扶贫办主任、市直有关部门负责人参加会议。

▲ 市人大常委会副主任杨振兴、米超带领固原市四县一区人大常委会主任和基层市人大代组成视察组,对西吉县工业和重大项目建设工作进行调研视察。

7月24日 自治区副主席屈冬玉带领区政府副秘书长李学明等深入火石寨沙岗村调研群众路线教育实践活动。

同日 自治区扶贫办主任董玲带领副主任丁建懿及相关处室负责人,到西吉县调研指导整村推进扶贫开发工作。

▲ 固原市人社局组织全市各县(区)人社部门负责人,到西吉县观摩交流专业技术人员继续教育培训和基地建设工作。

7月25日 十三届县委2013年第十一次常委会议召开。会议传达学习全国组织工作会议精神、全区深入开展党的群众路线教育实践活动动员会议精神、全区组织工作会议精神、全市组织工作现场观摩推进会精神,研究贯彻意见;传达学习全区上半年经济形势分析会议精神、全市县域经济观摩暨上半年经济形势分析会议精神,研究贯彻意见;通报全市机关干部纪律作风明察暗访情况,研究贯彻意见。

同日 县委、县政府分管领导带领全县各乡镇、各部门负责人组成党政考察团,赴隆德县、泾源县、彭阳县、原州区,考察学习工业经济、城市建设、文化旅游、现代农业、新农村建设等工作。

7月26日 十六届县人民政府第十六次常务会议召开。会议传达学习全区上半年经济形势分析会议精神、全市县域经济观摩暨上半年经济形势分析会议精神,研究贯彻落实意见;听取10项民生计划为民办20件实事办理进展情况的汇报;听取县人大议案、县政协提案及人大代表、政协委员意见、建议办理情况的汇报;研究芹菜销售管理和马铃薯晚疫病防治相关事宜;研究宁夏西吉芹菜节表彰奖励有关事宜;研究国有土地使用权确权、收回、划拨有关事宜。

7月27日 县委、县政府组织县级领导、各乡镇党政负责人、各部门(单位)负责人开展县域经济观摩评比活动,并召开全县上半年经济形势分析会。

7月29日 中国宋庆龄基金会党组书记、常务副主席齐鸣秋带领调研组,在自治区扶贫办副主任赵满礼、固原市副市长陈胜营等陪同下,到西吉县调研检查小额信贷项目和妇幼保健院援建项目运行情况。

同日 自治区移民局副局长马赞林带领有关人员,到西吉县监督检查生态移民工作。

7月30日 西吉县隆重举行首届宁夏西吉芹菜节。

同日 西吉县在会议中心举行宁夏西吉芹菜产业发展研讨会暨招商项目签约仪式。

▲ 自治区健康教育所所长王德臣带领区控烟协会专家组,对西吉县创建无烟草广告县城工作进行检查验收。

7月30日至31日 自治区团委副书记王伟带领工农青年部负责人,到西吉县调研指导共青团工作和“走进青年、转变作风、改进工作”党的群众路线教育实践活动。

7月31日 自治区政府副主席王和山带领区建设厅、农牧厅、扶贫办、商务厅负责人,到西吉县调研检查集镇建设、产业发展、生态移民、工业经济、招商引资工作。

同日 自治区党委组织部副部长、人社厅厅长冯志强带领区人社厅有关负责人,深入田坪乡燕李村开展对口帮扶工作。

▲ 固原市委副书记、政法委书记方勇带领市督查组对西吉县主干道路大整治大绿化工程“三大战役”进展情况进行实地督查。

8月1日 自治区水利厅副厅长毕廷和带领区水利厅相关处室负责人,在固原市水务局负责人陪同下,到西吉县调研检查乡村供水工程建设工作。

8月3日 西吉县政府性债务审计进点会议在政府三楼会议室召开。自治区审计厅审计组组长郭宁兰及审计厅相关工作人员出席并指导会议。副县长赵建利及各乡镇、各部门、各企事业单位负责人和财务人员参加会议。

8月3日至4日 县委书记袁秉和带领县委常委、常务副县长米广及扶贫办、农牧局、移民办等部门负责人,深入各乡镇检查指导生态移民、整村推进扶贫开发工作。

8月4日 西吉县召开省道202线西吉至毛家沟一级公路第二、三合同段建设协调会议。

同日 自治区扶贫办主任董玲带领区扶贫办有关处室负责人，在固原市扶贫办主任王世民等陪同下，到西吉县调研检查扶贫开发工作。

8月5日 市人大常委会副主任云生元带领市人大检查组，在市农牧局负责人陪同下，到西吉县调研检查农业结构调整、特色优势产业发展和农民增收工作。

同日 自治区党校经管部主任霍岩松带领"宁南区域中心城市和大县城建设专题培训班"课题调研组，到西吉县调研城市建设工作。

8月6日 西吉县举行全民健身日活动启动仪式暨千人健步走活动。

同日 县委召开公推公选副科级领导干部任前集体谈话会。

8月10日 由于崖面塌方，致使西吉县王民乡下赵村马也堡组村民马银富家一土砖木结构房屋倒塌，造成1人遇难、2人受伤、15只羊被埋。

8月12日 福建省莆田市副市长傅冬阳带领莆田市政府办公室、发改局等部门负责人和莆田市部分企业家，到西吉县考察扶贫开发、设施农业工作。

8月13日 十六届县人大常委会第六次会议召开。会议听取和审议县人民政府关于县十六届人大一次会议代表议案建议办理情况的报告、关于《中华人民共和国人口与计划生育法》《宁夏回族自治区人口与计划生育条例》贯彻实施情况的报告、关于劳务产业发展情况的报告、关于2013年上半年国民经济和社会发展计划执行情况的报告、关于2012年度财政决算和2013年上半年财政预算执行情况的报告、关于2012年度财政预算执行和其他财政收支情况的审计工作报告；审查批准2012年度县本级财政决算草案，并对县人民政府贯彻实施《中华人民共和国人口与计划生育法》《宁夏回族自治区人口与计划生育条例》情况和劳务产业发展工作进行满意度测评。

同日 西吉县与重庆秀莲农业开发有限公司胡麻油深加项目签约仪式举行。

▲ 固原市委副书记方勇带领市移民局、扶贫办、纪检委、城建局等部门负责人，到西吉县督促检查生态移民工作进展情况。

▲ 自治区建设厅副厅长白耀华带领区建设厅相关处室负责人和各市、县城建部门负责人对西吉县2013年住房和城乡建设重点项目、重点工作进行观摩评比。

8月14日 西吉县召开西芹销售工作会议，全力做好西芹销售工作。

同日 红寺堡区政协主席马鑫带领红寺堡区党政考察团，到西吉县参观考察西芹产业发展情况。

▲ 自治区人大常委会副主任肖云刚带领区人大相关处室负责人及区水利厅有关负责人，在固原市人大常委会主任姜文奎、副市长方彦陪同下，到西吉县检查调研县城应急供水工程建设。

▲ 自治区政协副主席张乐琴、九三学社宁夏区委会主委马秀珍、九三学社宁夏区委

会副主委王大陆等组成调研组,在区环保厅、卫生厅等相关处室负责人陪同下,到西吉县调研检查饮用水卫生安全工作。

8月15日 自治区水利厅厅长吴洪相带领水利厅有关处室负责人,到西吉县调研指导中南部引水西吉连通配套工程和高效节水灌溉工程建设工作。

8月16日 全县整村推进扶贫开发和生态移民工作促进会在会议中心第一会议室召开。

同日 国家统计局宁夏调查总队党组书记、总队长胡宁生带领相关负责人,到西吉县调研农业农村工作。

▲ 自治区党委常委、固原市委书记李文章带领市委副书记方勇,市委常委、副市长赵旭辉及市委办、政府办、农牧局、建设局、扶贫办负责人,到西吉县调研指导设施农业、扶贫开发和重点工程项目建设工作。

▲ 西吉县政府与宁夏农林科学院生态农业科技合作协议在县会议中心签订。

8月19日 市政协副主席黄金库带领市政协调研组,到西吉县调研检查社会治安综合治理和“平安西吉”建设工作。

同日 市人大常委会副主任姬水昌、杨文昌带领市“六五”普法督察组,到西吉县督促检查“六五”普法工作。

8月20日 十六届县人民政府第十七次常务会议召开。会议听取防灾减灾工作情况汇报、重点项目百日攻坚战工作情况汇报、创建自治区卫生县城工作情况汇报、秋季植树造林工作情况汇报,研究部署灾害防治、卫生县城创建工作;研究审定《西吉县教育教学质量监测与评估奖励办法》;研究国有土地挂牌出让事宜。

同日 全县第一批“三同六送六帮”活动总结暨第二批活动启动大会在会议中心第一会议室召开。

▲ 自治区统战部副部长兰德明带领区民委相关处室负责人,到西吉县调研检查开展党的群众路线教育实践活动。

▲ 全县教育系统廉政警示会议在县职业中学报告厅召开。

8月23日 自治区纪委政研室主任宋志霖带领相关处室负责人,到西吉县调研检查纪检监察创新工作。

同日 全县第八届村民委员会任期财务清理审计工作动员会在会议中心召开。

8月26日 北方民族大学人文学院院长左宏阁带队,到西吉县调研留守老人和儿童社会管理服务情况。

同日 自治区质监局、农牧厅、林业厅等相关处室负责人组成考核组代表国家质检总局,对西吉县第七批国家级农业标准化(西芹)示范项目进行考核验收。

8月28日 公安部副部长陈智敏在自治区公安厅副厅长赵建勋等陪同下,到西吉县调研公安工作。

同日 自治区农牧厅巡视员马明带领各市、县(区)农牧部门负责人60余人组成观摩团,到西吉县考察观摩马铃薯机械化生产示范园建设。

▲市委督查组对西吉县移民迁出区域生态恢复建设情况进行督查。

8月29日 西吉县2013年首届固原市妇联刺绣培训班开班仪式在吉德慈善园举行。

8月30日 十三届县委2013年第十二次常委会会议召开。会议传达学习习近平总书记在河北教育实践活动联系点调研时的重要讲话精神、全国宣传思想工作会议精神、自治区党委常委会议精神、全市推进城镇化工作会议精神,研究贯彻意见;传达学习《关于转发〈党员干部在作风方面存在的突出问题〉的通知》精神,研究贯彻意见;传达全区村“两委”换届选举动员暨培训会议精神,研究全县村党组织和第九届村民委员会换届选举工作有关事宜。

同日 西吉县召开遭受雨涝灾害重灾户房屋恢复重建工作会议。

▲宁夏开发银行副行长池勇带领相关处室负责人,到西吉县调研检查生源地信用助学贷款工作。

▲自治区水利厅纪委书记崔莉带领水利厅监察室相关人员,到西吉县专题调研水利部门行风评议工作。

9月2日 自治区食品药品监督管理局党组书记、局长武晓平带队深入西吉县王民乡三岔村开展“下基层、解民忧、帮发展、促和谐”帮扶活动。

同日 固原市政协结合开展“群众路线教育”和“三同六送六帮”活动,组织部分医疗卫生界、文艺界的市政协委员和专家教授,在市政协副主席罗永红带领下深入将台乡开展“走基层送文化医疗服务”活动。

9月3日 市委常委、副市长陈胜营带领市交通局负责人,到西吉县调研检查道路交通建设工作。

同日 西吉县召开2013年社会管理综合治理委员会第一次全体会议暨加强和创新社会管理工作推进会。

9月4日 自治区妇联副主席魏艳华带领区科技厅、农牧厅相关处室负责人,到西吉县调研指导妇女创业及小额贷款工作。

同日 固原市副市长方彦带领市林业局负责人,到西吉县调研检查城市绿化和生态建设工作。

▲宁夏义工联合会、浙江宁波百川爱心志愿团、西吉县团委等共同发起的快乐雷锋工程——马兰花西部助学行动“小小雨鞋,丈量求学路”公益活动在吉强镇短岔小学隆重举行。

9月5日 自治区林业局副局长徐庆林带领区交通厅、建设厅相关处室负责人,到西吉县调研检查公路主干道大整治大绿化工程进展情况。

同日 西吉县召开村“两委”换届动员暨培训会议。

▲ 甘肃省平川区政协副主席张侃带领白银市、中卫市、固原市、平川区卫生局和疾控中心相关人员组成甘、宁两省三市五县(区)第37届鼠疫联防终期检查组,对西吉县白城鼠疫监测点终期工作进行检查。

9月6日 甘肃省会宁县委书记甘孝礼、人大常委会主任刘汉宝带领会宁县党政考察团,到西吉县考察交流农业、工业、旅游业、城镇建设及生态移民工作。

同日 自治区广电厅宣传处处长余秉官带领区广电厅相关人员组成调研组,到西吉县调研指导电视台民生栏目开办情况。

▲ 自治区统计局局长梅廷彦带领区统计局相关处室负责人,到西吉县调研指导统计工作。

9月11日 县委统战部、县工商联在会议中心举行全县非公有制经济人士理想信念教育实践活动巡回报告会。

同日 固原市人大常委会副主任杨大素带领市人大检查组,到西吉县调研检查大县城建设工作。

▲ 西吉县举行支持创业小额担保贷款集中发放仪式。

▲ 国家开发银行信贷局副局长徐雨云带领相关处室负责人,在国家开发银行宁夏分行副行长刘加清陪同下,到西吉县调研指导生源地信用助学贷款和城市棚户区改造工作。

9月12日 自治区党委常委、固原市委书记李文章在市政协副主席、统战部部长闫平,县委书记袁秉和等陪同下,深入西吉县偏城乡、兴平乡检查指导农业生产、扶贫开发工作。

9月13日 十三届县委2013年第十三次常委会会议召开。会议传达学习中共中央办公厅、自治区党委、固原市委关于落实中央八项规定,坚决刹住中秋、国庆、古尔邦节公款送礼的通知精神;研究西吉县领导干部外出请假报告事项;通报赴新疆考察农村劳动力转移就业市场情况;观看自治区作风建设明察暗访警示教育片;安排部署重点工作。

同日 西吉县举行党员干部廉洁过节承诺仪式。

9月14日至15日 县委、县政府分管领导带领县建环局、发改局、公安局、水务局、供电局、工商局、国税局、质监局等部门负责人组成督查组,对全县2013年19家生产工艺落后、面临淘汰的马铃薯加工企业进行关停督查工作。

9月15日 西吉县2013年秋季植树造林现场会在兴平乡召开。

同日 十六届县人民政府第十八次常务会议召开。会议传达学习全市禁牧督查情况通报会议精神,研究贯彻落实意见;听取全县安全生产情况汇报;研究审定《西吉县行政事业单位财政性资金支付管理办法》《西吉县行政单位国有资产管理暂行办法》《西吉县事业单位国有资产管理暂行办法》《西吉县党政机关公务用车配备使用管理办法》《西吉县党政机关执法执勤用车配备使用管理办法》《关于努力办好人民满意教育的实施意见》《关于申请撤销沙沟乡桃保村等10个县外生态移民村的请示》;研究县城集中供热工程建设事宜,研究国有土地使用权划拨、挂牌有关事宜。

9月16日 市委常委、纪委书记黄湘宁带领固原市四县一区纪委书记、监察局长、纪委副书记组成观摩团,到西吉县观摩交流生态移民、整村推进扶贫开发工作。

9月17日 全县城乡环境秩序大整治活动动员大会在会议中心召开。

9月18日 市人大常委会主任姜文奎带领市人大机关人员及各县(区)人大常委会主任组成观摩团,到西吉县调研观摩社会经济发展工作。

同日 中国人民银行"央行青年林"建设启动仪式在西吉县北山干部职工义务植树造林点举行。

▲西吉县开展携手义务大扫除,共建卫生县城活动。

9月22日 自治区党委书记李建华、政府主席刘慧带领自治区领导崔波、蔡国英、马三刚、陈绪国、徐广国、博兴国、袁家军、李文章、王雁飞、李锐、何学清、郝林海、姚爱兴、屈冬玉、王和山、马廷礼、李淑芬、李彦凯、李定达及各厅局、各市县区党政主要负责人组成观摩团,到西吉县观摩评比县域经济发展工作。

9月23日 自治区妇联主席张慧带领区妇联相关处室负责人及部分离退休老干部,深入西吉县偏城乡双羊套村开展"三同六送六帮"活动和扶贫工作。

同日 县人大常委会主任黄如林带领县人大督察组,深入新营乡督办十六届县人大一次会议确定的《关于加强祖历河源头流域综合治理》(2号议案)办理工作。

9月24日 自治区工商局副局长兰德政带领区工商局计财处、企业处负责人,深入西吉县什字乡南台村开展定点帮扶工作。

9月25日 全县创建自治区卫生县城联席会议暨病媒生物防治和区卫生乡镇考核验收工作促进会在会议中心召开。

同日 政协西吉县十届委员会2013年第四次常委会议召开。会议传达学习《自治区党委关于加强人民政协政治协商促进科学民主决策的意见》,听取县人民政府关于全县招商引资工作情况通报、关于食品药品安全管理工作情况通报、关于计划生育社会抚养费征收管理工作情况通报、关于政法队伍建设工作情况通报;审议通过县政协调研组关于以上四项工作的调研报告。

▲固原市督察组对西吉县土地例行督查发现问题整改落实情况进行督查。

9月28日 自治区爱卫办专家组对西吉县创建区级卫生县城病媒防制和卫生乡镇工作进行考核验收。

9月29日 十三届县委2013年第十四次常委会议召开。会议传达学习全区产业发展和重点工作现场交流会精神,研究贯彻意见。

同日 由自治区农牧厅主办,西吉县农牧局承办的全区马铃薯机械化收获现场会在新营乡车路湾村马铃薯标准化种植示范区召开。

9月30日 十六届县人民政府第十九次常务会议召开。会议传达学习全区产业发展和重点工作现场交流会精神,研究贯彻落实意见;传达学习《自治区党委、政府办公厅转发〈中共中央办公厅秘书局关于做好2013年国庆期间值班工作的通知〉的通知》精神及市委关于国庆节、古尔邦节期间值班、维稳、信访及安全生产工作安排部署,研究贯彻落实意见;听取县重点项目进展情况汇报、秋季生态建设情况汇报、县城集中供热工程进展情况汇报、政府务虚工作会筹备情况汇报,对重点项目、秋季生态建设、县城集中供热工作进行研究部署;研究国有土地使用权划拨有关事宜。

10月10日 中国首个"文学之乡"挂牌两周年纪念座谈会在会议中心第一会议室召开。

10月11日 十三届县委2013年第十五次常委会议召开。会议传达学习全区组织工作会议精神,研究贯彻落实意见。

10月12日 十六届县人大常委会2013年第七次会议召开。会议听取审议县人民政府关于全县重点工程项目建设情况的报告,关于县十六届人大一次会议代表议案、建议办理情况的报告,听取审议县人大常委会视察组关于全县重点工程项目建设情况的视察报告、县人大常委会检查组关于县十六届人大一次会议代表议案、建议办理情况的检查报告。

10月13日 什字乡政府与宁夏大田新天地生物工程有限公司举行饲草料基地储备建设项目签约仪式。

同日 西吉县2013年高校毕业生"三支一扶"人员上岗培训动员会在会议中心第一会议室召开。

10月15日 由自治区纪委、宁夏话剧团组织的"塞上清风"廉政文化大篷车巡回演出暨话剧《铁肩》在西吉县文化广场演出。

10月19日 自治区政协副主席刘小河带领区政协督察组,在区交通厅副厅长勾红玉等陪同下,到西吉县督促办理自治区政协257号提案(关于加快建设省道202线西吉至静宁一级公路)办理工作。

10月20日 自治区政协副主席张乐琴带领区扶贫办、移民局等相关厅(局)负责人及全区各市、县(区)主要负责人组成观摩团,到西吉县观摩交流县内生态移民及扶贫开发整村推进工作。

同日 全县2013年农村危房改造验收工作会议在会议中心召开。

10月21日 参加"毛主席和各族人民心连心——纪念毛泽东同志诞辰120周年书画摄影展"活动的老一辈革命家亲属,到红军长征将台堡会师纪念园和单家集革命遗址参观学习,缅怀革命先烈。

同日 西吉县应急通水工程试通水工作协调会在政府三楼常务会议室召开。

▲ 西吉县召开乡镇、部门(单位)纪委书记、纪检组长述职会暨村民监督委员会换届

动员会议。

10月22日 市公安局副局长邓全福带领市教育局、公安局、消防大队等负责人组成考核组,到西吉县考核验收消防安全大排查大整治工作。

同日 福建省委副书记于伟国带领福建党政代表团,在自治区党委副书记崔波,自治区党委常委、固原市委书记李文章陪同下,到西吉县调研考察闽宁扶贫协作工作。

▲ 县总工会举行慰问环卫工人暨庆祝环卫工人节仪式。县人大常委会副主任、县总工会主席田树森及建环局负责人和全体环卫工人参加庆祝仪式。

10月23日 中国中石化南京工程有限公司负责人带领部分员工,到西吉县兴隆镇西马小学开展献爱心助学活动。

10月26日 县人民政府务虚工作会议在会议中心召开。

10月28日 宁夏麦丽燕基金会到西吉县什字乡什字村开展扶贫济困慈善捐赠仪式。

同日 固原市监察局、扶贫办组成检查组,到西吉县检查生态移民工程实施情况。

10月29日 固原市政协副主席李朴带领市政协视察组,对西吉县重点项目建设工作开展视察。

同日 自治区发改委、民政厅、财政厅、监察厅、环保厅等厅(局)负责人组成检查组,对宁夏吉德(西吉)慈善园建设工作进行实地调研检查。

▲ 自治区建设厅副厅长何晓勇带领的区国土厅、交通厅等厅(局)相关处室负责人组成督查组,到西吉县督查公路主干道路大整治、大绿化工程进展情况。

10月30日 十三届县委2013年第十六次常委会议召开。会议观看学习习近平总书记指导河北省委常委班子专题民主生活会新闻报道,研究贯彻意见;传达学习全区宣传思想工作会议精神、全市经济形势分析暨工作汇报会精神,研究贯彻意见;传达学习自治区纪委《关于5起违反中央八项规定精神和自治区若干规定典型问题的通报》《关于8起涉及强农惠农专项资金违纪违法典型事件的通报》和市纪委《关于中秋国庆古尔邦节期间党风廉政建设执行情况督查的通报》,研究贯彻意见;通报第17次闽宁协作会议精神及福建省党政代表团来固原考察情况,研究贯彻意见;研究办好人民满意教育有关事宜,安排部署重点工作。

10月31日 西吉县县城应急供水工程试通水成功。

11月1日 十六届县人民政府第二十次常务会议召开。会议传达区、市主干道大整治大绿化第一阶段总结暨第二阶段启动会议精神,研究部署全县第二阶段工作;听取2013年全县国民经济各项主要指标完成情况及2014年预期目标测算情况的汇报、2014年全县重点项目储备情况汇报、2013年全县重点项目建设进展情况督查汇报、县城集中供热情况汇报、全县废旧农膜回收加工利用情况汇报,研究安排重点工作;研究增设维修县城市政公共消火栓相关事宜、新建兴隆镇单家集肉牛集中定点屠宰厂相关事宜;研究有关国有土地使用权收回、确权事宜;研究与农业发展银行初步对接情况相关事宜。

11月2日 全县经济形势分析暨工作汇报会在县会议中心第一会议室召开。

11月4日 自治区政府政策研究室副主任杨万仁带领调研组,到西吉县调研指导政府购买社会性服务工作。

11月5日 上海长征医院帮带西吉县人民医院第十一批专家医疗队抵达西吉县。

11月6日 国家农业部党组成员、总经济师杨绍品带领相关处室负责人,在区农牧厅厅长张柱等陪同下,到西吉县调研马铃薯贮藏项目建设工作。

同日 固原市市长马汉成带领市政府办公室、民政局、住建局等部门负责人,深入西吉县沙沟乡察看受灾群众危房改造项目实施情况,并现场召开座谈会问计于基层干部群众,与大家共同探讨如何把危房改造民生实事办好办到位。

11月6日至7日 自治区民委主任丁卫东带领区民委副主任李文明及相关处室负责人,到西吉县调研指导民族宗教工作。

11月7日 自治区工商联党组书记杨锦明带领区工商联有关处室负责人,到西吉县调研指导非公有制企业发展工作。

同日 自治区政务服务中心副主任贾志平带领考核组,到西吉县检查考核政务服务工作。

▲ 自治区粮食局质检中心副处长王新磊带领技术人员,深入西吉县吉强镇大营村对农户科学储粮工作进行调研指导。

11月8日 十三届县委2013年第十七次常委会议召开。会议传达学习《新形势下加强发展党员和党员管理工作的通知》(中办发〔2013〕4号)文件精神、全区农村党风廉政建设工作会议精神,研究贯彻意见;研究补选县第十六届人民代表大会常务委员会委员和代表事宜。

同日 自治区人大常委会副主任吴玉才带领区人大调研组,在区政府办公厅、交通厅、公路建设局负责人陪同下,到西吉县调研检查国道309固原至西吉一级公路建设进展情况。

11月9日 自治区党委第二巡视组组长、政府特邀督查员赵正川带领区政府督查室、水利厅、农牧厅、林业厅相关处室负责人,到西吉县督促检查农田水利基本建设工作。

11月11日 银川海关关长、党组书记孙志杰带队,到西吉县兴平乡王湾村开展"下基层、送政策、促发展"暨帮扶捐赠活动。

11月13日 公安部检查组在自治区公安厅、教育厅相关处室负责人陪同下,到西吉县调研检查中小学校园安全工作。

同日 自治区农牧厅副厅长马新民带领调研组,到西吉县调研检查农村土地承包经营权确权登记试点工作。

▲ 自治区国资委干部深入沙沟乡满寺村开展定点帮扶工作,并为全村群众举办政策

宣传暨种植技术培训班。

11月14日 全县党建观摩总结暨乡镇、部门党(工)委书记抓党建工作述职会议召开。

同日 固原市副市长方彦带领市水务局负责人,到西吉县调研检查何岘水厂建设及试运行情况。

11月15日 县委书记袁秉和、人大常委会主任黄如林、政府县长任立新、政协主席马天英带领县委、县政府分管领导及县直相关部门负责人,调研检查全县生态建设工作。

11月16日 十六届县人民政府第二十一次常务会议召开。会议传达学习《中共中央关于全面深化改革若干重大问题的决定》,研究贯彻意见;收看2013年11月16日中央电视台关于西吉供暖情况的报道,研究部署供暖工作;听取全县道路交通安全情况汇报、全县医疗保险和养老保险开展情况汇报、规范保安服务行业情况汇报、西吉县2013年事业单位公开招聘工作人员工作情况的汇报,研究相关事宜;研究关于县电视台选聘专业人员、采购有关设备、景区接待中心建设等有关事宜;研究宁夏中南部饮水西吉县城应急供水工程有关问题;研究309国道、202线一级公路建设有关问题。

11月19日 西吉县召开全县领导干部会议,学习贯彻党的十八届三中全会精神、自治区党委常委扩大会议精神、固原市领导干部大会精神,研究贯彻落实工作。会议动员全县各级党政组织和广大干部群众进一步统一思想、凝聚共识,在全县迅速掀起学习贯彻党的十八届三中全会精神的热潮。

同日 全县森林草原防火和消防工作会议在会议中心召开。

▲西吉县2014年度党报党刊发行工作会议在会议中心第一会议室召开。

▲市水务局副局长张志利带领市财政局、交通局、农牧局、水务局等部门相关处室负责人及固原市各县(区)水务局主要负责人组成考核组,到西吉县考核验收2013年农田水利建设工作。

11月22日 西吉县举办全县领导干部党的十八届三中全会专题学习班。

11月25日 市人大常委会主任姜文奎带领市人大检查组,在市委常委、公安局局长张佑昌,副市长吴会军陪同下,到西吉县调研检查公安工作。

11月27日 自治区水利厅厅长吴洪相带领区水利厅相关处室负责人,西吉县调研检查水利工作。

11月28日 自治区政府主席刘慧带领区政府办公厅、发改委、财政厅、水利厅等部门负责人,在自治区党委常委、市委书记李文章,市长马汉成等陪同下,到西吉县调研指导水利工程建设和群众安全饮水工作,向坚守在施工一线的水利工作者表示亲切慰问,并出席全县应急供水工程通水仪式,启动通水阀门。

同日 市委副书记方勇、市人大常委会副主任马玉芳、市政协副主席马莲带领市人口和计划生育成员单位主要负责人组成固原市人口和计划生育党政线考核组,到西吉县考核验收2013年人口和计划生育工作。

▲ 宁夏朝阳国家职业技能鉴定所暨固原市机动车维修从业人员资格考试培训基地在县职业中学挂牌成立。

12月2日 十三届县委2013年第十九次常委会议召开。会议通报自治区政府主席刘慧来西吉调研工作情况，传达学习中纪委、自治区纪委《关于重申严禁党和国家工作人员大操大办婚丧等事宜借机敛财的规定和严禁元旦春节期间公款购买烟花爆竹、贺年卡等年货节礼的通知》，研究贯彻意见；传达学习全市宣传思想工作会议精神、全市组织工作暨首届“六盘英才”表彰会议精神，研究贯彻意见；听取全县安全生产情况汇报；研究召开县第十六届人民代表大会第二次会议、县政协第十届委员会第二次会议事宜；通报区党委组织部关于西吉县干部选拔任用工作检查情况，研究整改意见；听取县纪委关于对农牧局干部田和宝违规问题的处理意见；安排部署当前重点工作。

同日 2013年县委常委议军会在县委五楼会议室召开。

▲ 自治区考核组到西吉县，考核2013年度农田水利基本建设工作。

▲ 县公安局、交通局、安监局、运管所、交管大队联合组织开展以“摒弃交通陋习，安全文明出行”为主题的2013年“全国交通安全日”宣传活动。

▲ 西吉县第七届全国亿万学生阳光体育冬季长跑活动在西吉职业中学启动。

12月4日 西吉县在文化广场开展以“大力弘扬法治精神，共筑伟大中国梦”为主题的“12·4”全国法制宣传日集中宣传活动。

12月5日 固原市监察局副局长秦文学带领市经济合作局、农牧局、国土局等相关部门负责人组成考核组，到西吉县考核验收招商引资工作。

同日 银川艾依明珠饭店、宁夏义工联合会固原工作站、团西吉县委联合在马建乡土窝小学开展快乐雷锋工程——马兰花西部助学行动公益活动。

12月10日 十六届县人民政府第二十二次常务会议召开。会议传达学习习近平总书记在青岛黄岛经济开发区考察输油管线泄漏引发爆燃事故抢险救援时的重要讲话精神、李克强总理在国务院安全生产委员会全体会议及地方政府职能转变和机构改革工作电视电话会议上的讲话精神、全区安全生产电视电话会议精神、全区企业安全隐患自查自报体系建设推进会精神，研究贯彻意见；讨论审定《西吉县第十六届人民代表大会第二次会议上的政府工作报告（讨论稿）》《2014年改善民生实事（草案）》《西吉县2013年国民经济和社会发展计划执行情况与2014年国民经济和社会发展计划（草案）的报告》《西吉县2013年财政预算执行情况与2014年财政预算（草案）的报告》《西吉县国库集中支付资金动态监控暂行办法》；研究《2014年元旦春节慰问方案》；研究将台、新营、震湖、偏城四乡撤乡建镇事宜；研究《关于命名表彰2012—2013年度守合同重信用单位的请示》；研究县城集中供热相关事宜；审定《西吉县燃气专项规划（2013—2030年）》。

同日 市扶贫办副主任、移民办主任景清海带领市财政局、建设局、扶贫办等移民成员单位负责人组成考核组,到西吉县考核验收生态移民工作。

12月11日 十三届县委2013年第二十一次常委会议召开。会议研究关于召开县委十三届四次全体(扩大)会议有关事宜;研究关于召开西吉县第十六届人民代表大会第二次会议有关事宜,审定有关程序性材料;研究关于召开政协西吉县第十届委员会第二次会议有关事宜,审定有关程序性材料。

同日 市住建局、环保局、交通局、城管局等部门负责人组成考核组,到西吉县考核2013年大县城建设暨城乡环境整治工作。

▲ 十六届县人大常委会2013年第八次会议召开。会议听取和审议县人民政府关于2013年民生计划落实情况的报告,关于西吉县第十六届人大常委会第五、六、七次会议审议意见落实情况的报告,关于2013年度财政预算调整情况的报告;听取审议县人大常委会关于2013年民生计划落实情况的检查报告、县人大常委会财政经济委员会关于西吉县2013年财政预算调整情况的审查报告;讨论通过县人大常委会代表资格审查委员会关于代表变动情况的审查报告;补选固原市第三届人民代表大会代表;审议通过有关人事任免事项;讨论通过西吉县第十六届人大常委会第二次会议有关事宜。

▲ 政协西吉县十届委员会2013年第五次常委会议召开。会议传达学习党的十八届三中全会精神和全国政协十二届三次常委会议精神、自治区政协十届五次常委会议精神;听取县人民政府关于2013年民生计划落实情况的通报、关于县政协十届一次会议以来提案办理情况的通报;审议通过县政协十届二次全体会议议程、日程、秘书长名单、副秘书长名单、主持人名单、列席人员名单、分组和召集人名单、常务委员会工作报告和提案工作报告报告人名单、提案截止时间的决定、《政协工作报告(讨论稿)》《政协提案工作报告(讨论稿)》;决定县政协十届二次全体会议于12月15日至17日在县会议中心会堂召开。

12月12日 自治区建设厅副厅长马占林带领相关厅局负责人,到西吉县督促检查交通道路主干道大整治、大绿化工作。

同日 市委常委、组织部部长王刚带领有关人员,到西吉县检查指导村“两委”换届选举工作和党的群众路线教育实践活动筹备工作。

12月13日 宁夏仁初包装制品有限公司在西吉县吉德慈善园正式投产。

12月14日 全县危房危窑普查工作动员会议召开。

12月15日至17日 政协西吉县第十届委员会第二次全体会议召开。会议听取和审议政协工作报告、提案工作报告。与会政协委员列席了西吉县第十六届人民代表大会第二次会议,听取讨论政府工作报告和其他报告;审议通过政协西吉县第十届委员会提案审查委员会关于十届二次会议期间提案审查情况的报告、关于十届委员会常务委会工作报告的决议、政协西吉县十届二次全体会议政治决议。会议共收到委员提案115件,立案40件,确定重点提案10件、提案30件。

同日 十六届县人民代表大会第二次会议在西吉县会议中心会堂召开。会议听取和审议县人民政府工作报告、县人大常委会工作报告、县法院工作报告、县检察院工作报告和代表议案办理情况报告;表决通过关于政府工作报告的决议、关于西吉县2013年国民经济和社会发展计划执行情况与2014年国民经济和社会发展计划报告的决议、关于西吉县2013年财政预算执行情况和2014年财政预算的决议、关于西吉县2013年民生计划执行情况和2014年民生计划的决议、关于县人大常委会工作报告的决议、关于县人民法院工作报告的决议、关于县人民检察院工作报告的决议、关于代表议案的审查报告决议。会议确定议案8件、建议54件。

12月20日 固原市委常委、组织部部长王刚,市人大常委会副主任云生元,市政协副主席阎平带领考核组,对西吉县2013年度岗位目标管理、党风廉政建设及领导班子、领导干部年度履行职责情况进行考核。

同日 如新(中国)保健品有限公司慈善捐赠暨什字乡南台村节水灌溉工程项目签约仪式在自治区工商局举行。自治区工商局副局长兰德政、如新公司大中华区总裁范家辉、营运事务区域副总裁及中国营运总裁麦欧文先生、首席顾问及政府事务副总裁刘志辉女士、西吉县副县长赵建利、县扶贫办及什字乡南台村负责人参加了签约仪式。

12月24日 县人武部组织民兵开展防空侦察监视冬季演练活动。

同日 全县社会治安大整治百日专项行动启动大会在会议中心召开。

▲西吉县举办保密干部培训班。

12月25日 国家农业部畜牧司副司长王宗礼在区农牧厅畜牧局局长康进喜等陪同下,到西吉县调研检查草畜产业发展情况。

同日 西吉县召开第三次全国经济普查动员培训会。

12月30日 十六届县人民政府第二十三次常务会议召开。会议传达学习中央城镇化工作会议精神、中央农村工作会议精神、自治区党委十一届三次全体会议精神、全区经济工作会议精神、市委三届四次全体会议精神,研究贯彻意见;听取全县农村危房危窑普查工作情况汇报,研究农村危房危窑改造实施方案;研究整乡推进和重点贫困村整村推进扶贫实施方案;听取申报六盘山片区交通扶贫攻坚示范试县进展情况汇报,研究相关事宜;听取项目建设“无冬闲计划”进展情况汇报,安排部署相关事宜;听取两节期间市场秩序整顿及监管情况的汇报。

12月31日 十三届县委2013年第二十二次常委会会议召开。会议传达学习中央城镇化工作会议精神、中央农村工作会议精神、自治区纪委《关于印发〈严禁党政领导干部违规插手干预公共资源交易和工程建设领域行为的规定〉的通知》(宁纪发〔2013〕57号)、《关于刘仲虎严重违纪违法案件的通报》(宁纪通〔2013〕16号);研究2014年元旦、春节慰问有关事宜;研究审议《关于加强和改进县委党校工作的意见》;研究县委领导工作分工和有关干部事宜。

是年 全县总户数135026户,总人口510534人。全县地区生产总值418734万元,其中第一产业129630万元、第二产业87756万元、第三产业201348万元。农作物播种面积223.65万亩,粮食总产27643.3万公斤、油料总产1695.9万公斤。地方财政收入11420万元,地方财政支出339132万元,社会商品零售总额118081万元。

2014年

1月1日 自治区党委常委、市委书记李文章带领市委常委、纪委书记黄湘宁,市委常委、常务副市长赵旭辉,市政协副主席、统战部部长闫评等,深入西吉县城镇农村看望慰问困难群众、困难职工、优抚对象、劳动模范、老党员、五保老人,向他们送去党和政府的温暖,并致以新年的祝福。

同日 自治区副主席屈冬玉带领区政府副秘书长李学明等,到西吉县调研民族宗教、整村推进和主导产业发展等工作。

1月2日 县委、县人大、县政府、县政协领导带领慰问组,深入全县各乡镇、企业、敬老院,对困难党员、人大代表、政协委员、老干部、环卫工人、困难群众、五保户、百岁老人、见义勇为家庭、驻地部队及知识分子代表进行慰问。

1月5日 西吉县部分群众到北大寺参加已故宗教人士忌日纪念活动,13时左右,在分发油香的过程中由于群众相互拥挤,导致护栏损坏,突发意外踩踏事故。受伤人员在第一时间全部送到西吉县人民医院进行抢救,14人经抢救无效死亡,10人受伤。事故发生后,西吉县委、政府主要领导及相关领导第一时间赶赴现场指挥救治工作,成立事故调查、医疗救助、现场处置、善后处理、维护稳定、舆情信息六个工作组,积极开展抢救重伤人员、处理善后事宜、安抚家属等具体工作。

同日 国家宗教局局长王作安来西吉县看望慰问"1·05"踩踏事故中的受伤人员和遇难者家属。

1月8日 自治区民政厅副巡视员王金宝带领社会救助处副处长张延忠、优抚安置处副处长高丽等,到西吉县督促检查五保供养、惠民政策落实、福利机构安全生产和专项资金管理使用等情况。

1月16日 自治区安监局副巡视员王廷文带领区安监局规划处副处长任建成、固原市安监局副局长郭春明等,到西吉县检查指导企业主体责任落实、烟花爆竹零售点清理整顿、地下管网和人员密集场所隐患排查治理工作。

1月18日 县委书记袁秉和带领政府常务副县长米广、县人大常委会副主任郭满福、县政协副主席宋兆吉及民政局、交通局等部门负责人,向正在建设的国道309线固原至西吉、省道202线西吉至毛家沟、须弥山至西吉、火石寨景区公路等9家施工企业进行慰问,向坚守在生产一线的企业领导和职工送上新春的慰问和祝福。

1月19日 固原市政协副主席、统战部部长闫评,市住房管理中心主任马一平等,到硝河乡红泉村看望慰问困难群众。

1月20日 自治区林业厅厅长王文宇带领副厅长徐庆林及林业厅办公室、植树造林与防沙治沙处、森林公安局等处室负责人,到西吉县检查指导生态建设和森林防火工作。

同日 全体在家县级领导、各乡镇、县直各部门(单位)负责人在县委五楼会议室收听收看中央党的群众路线教育实践活动第一批总结暨第二批部署电视电话会议。

1月22日 自治区妇联副主席范淑琳带领区妇联干部,到西吉县偏城乡开展2014年春节"送温暖"扶贫帮困慰问活动,为偏城乡困难群众送去慰问金和慰问品。

1月24日 十三届县委2014年第二次常委会会议召开。会议传达学习习近平总书记在党的群众路线教育实践活动第一批总结暨第二批部署会议上的讲话精神、十八届中央纪委三次会议精神、全区宣传思想工作会议精神,研究贯彻意见;听取2014年全县重点项目开工筹备情况汇报、全县安全生产大排查大整治活动情况汇报;研究审议《西吉县2014年主要工作目标任务责任分工方案》《全县上半年重点工作安排意见》。

同日 市政协副主席罗永红带领市政协机关干部,到红耀乡井湾村看望慰问困难群众,为他们送去慰问金、慰问品。

2月7日 全县领导干部专题学习班在会议中心会堂开班,全体在家县级领导和全县副科级以上领导干部参加。县委书记袁秉和作开班讲话,自治区党校王琼教授做专题辅导。

同日 县委常委、常务副县长米广主持召开县移民局、扶贫办和各乡镇主要负责人会议,对《西吉县"十二五"生态移民规划》进行调整和修改完善。

2月8日 全县宗教活动场所安全隐患排查工作动员会议召开,对宗教活动场所安全隐患排查工作进行动员部署。县委统战部、宗教局、公安局、建环局、国土局、安监局、消防队及各乡镇主要负责人参加会议。

2月12日 县委、县人大、县政府、县政协领导班子成员,各乡镇、各部门(单位)党委(党组、总支、支部)负责人在西吉分会场参加全区党的群众路线教育实践活动第一批总结暨第二批活动启动视频会议。

2月13日 全区农业农村及扶贫工作电视电话会议召开,在家县级领导及各乡镇、各部门单位负责人在西吉分会场参加会议。

同日 十三届县委2014年第三次常委会议召开。会议传达学习自治区纪委十一届三次全会精神、市纪委三届四次全会精神,研究贯彻意见;研究召开县纪委十三届四次全会有关事宜;听取全县办公用房清理工作情况汇报。

2月14日 县纪委十三届四次全体会议在会议中心第一会议室召开。

同日 全县危房危窑普查工作动员会议召开,政府县长任立新对危房危窑普查工作进行部署安排。

2月17日 十三届县委召开2014年第四次常委会议。会议传达学习自治区党的群众路线教育实践活动第一批总结暨第二批部署会议精神、固原市深入开展党的群众路线教育实践活动动员会议精神,研究召开全县党的群众路线教育实践活动动员会议有关事宜;传达学习中央政法工作会议精神、全区平安创建暨信访工作推进会精神、全区政法工作电视电话会议精神,研究贯彻意见;传达学习中央办公厅、国务院办公厅《关于创新机制扎实推进农村扶贫开发工作的意见》、自治区农村工作暨扶贫开发工作会议精神,研究贯彻意见;传达全区组织部长会议精神,研究贯彻意见;研究《关于火石寨景区承包经营的请示》;研究2013年全县财政决算和2014年财政预算安排事宜;研究《关于召开县总工会第八次代表大会的请示》。

同日 十六届县人民政府第二十四次常务会议召开。会议研究审议《全县开展"城镇管理暨城乡洁净年"活动实施方案》《西吉县2014年农村危房改造实施方案》《西吉县城市棚户区改造规划(2013—2017)》《西吉县2014年葫芦河川道区冷凉蔬菜基地建设扶持意见》;研究西吉县火石寨景区承包经营有关事宜、西吉县2013年财政决算和2014年财政预算安排事宜。

2月18日 西吉县召开党的群众路线教育实践活动动员大会,学习贯彻中央、自治区党委和固原市委关于深入开展党的群众路线教育实践活动的部署要求,对全县深入开展党的群众路线教育实践活动进行动员部署。自治区督导组成员杨小平,固原市第一督导组组长、市人大常委会副主任米超,县委书记、县教育实践活动领导小组组长袁秉和分别作了重要讲话。

2月19日 县十六届人大常委会第九次会议召开。听取审议县人民政府关于困难群众生产生活救助情况的报告、关于春运道路交通及道路运输管理工作情况的报告;听取审议县人大常委会检查组关于以上两项工作的检查报告,对以上两项工作进行满意度测评。

同日 国家民委副主任丹珠昂奔带领国家民委文化宣传司、新闻出版广电总局、文化部政策法规司等相关负责人组成调研组,在自治区政府副秘书长马云海、区民委主任丁卫东、市政协副主席闫评等陪同下,到西吉县调研指导宗教、教育、文化、卫生等方面工作。

2月20日 西吉县召开党的群众路线教育实践活动督导组培训会议。会议印发《督导组工作手册》,明确督导组工作职责、步骤和要求。县委常委、组织部部长李聪逐项解答了督导工作有关具体问题。

2月25日 自治区建设厅副厅长何晓勇带领区民委、安监局、消防总队等相关人员组成督查组,到西吉县督促检查宗教活动场所安全管理工作。

2月26日 自治区扶贫办副主任丁建懿带领区扶贫办相关处室负责人,到西吉县调研指导整村推进扶贫开发工作。

2月27日 县委举办党的群众路线教育实践活动领导小组办公室工作人员培训班。

3月6日 西吉县2013年度目标管理考核表彰奖励大会在会议中心会堂召开。

3月7日 十六届县人民政府第二十五次常务会议召开。会议传达学习全区新型城镇化工作会议精神、全区住房城乡建设工作会议精神、自治区政府廉政工作会议精神,研究贯彻意见;安排部署2014年县人大议案办理、政协提案办理及改善民生实事办理工作;研究县本级行政审批事项清理、行政事业性收费清理事宜;审定《西吉县政务服务大厅行政审批服务事项进驻整改方案》《西吉县行政事业单位国有资产处置管理暂行办法》;研究西吉县东街平价农贸市场建设价格调节基金事宜;研究收回县发改局原平价农贸市场部分国有建设用地使用权有关事宜;研究解决2013年秋季农村中小学营养改善计划从业人员工资及2013年度学校供暖缺口资金相关事宜。

3月9日 县委组织领导干部集中观看革命历史影片《周恩来的四个昼夜》。

3月11日 自治区农牧厅巡视员马明、农机局局长王林带领有关人员,到西吉县督导检查2014年农机化重点工作进展情况。

同日 区水利厅副厅长毕廷和带领相关处室负责人,到西吉县调研指导水利工作。

3月12日 区水利厅在西吉县举办水库安全运行管理专题辅导班,国家水利部孙春生教授作专题讲座。

3月13日 全县2014年生态移民工作会议在会议中心召开。

3月14日 青海省委常委、省委秘书长王小青带领青海省相关厅局负责人和部分县委书记,在自治区党委办公厅、区扶贫办负责人陪同下,到西吉县考察工业发展、土地流转及红色旅游等工作。

同日 市人大常委会副主任云生元带领市政府办、环保局、农牧局、财政局等相关部门负责人,到西吉县调研检查废旧农膜回收利用工作。

3月18日 区党委宣传部副巡视员段怀颖带领自治区先进人物事迹巡回报告会第二报告团,到西吉县召开先进人物事迹报告会。全体在家县级领导、副科级以上党员干部聆听报告。

3月19日 区水利厅副厅长朱云带领区水利厅有关处室负责人,到西吉县调研指导水利工作。

同日 区、市党的群众路线教育实践活动督导组在市委常委、纪委书记黄湘宁陪同下,到西吉县检查指导党的群众路线教育实践活动开展情况。

3月20日 国家农业部畜牧司副司长王锋、全国畜牧总站副站长董永平等在市农牧局负责人陪同下,到西吉县调研指导畜牧产业发展工作。

同日 政协西吉县十届委员会第十四次主席(党组)会议召开。会议讨论审议《关于全县农业产业化升级版工作的调研报告》《关于全县乡镇医院医疗队伍建设和医疗设备配备与使用工作的调研报告》《关于全县城乡养老保险收缴发放工作的调研报告》《关于全县城乡中远期规划工作的调研报告》;研究县政协机关党的群众路线教育实践活动征求意见相关事宜。

同日 市人大常委会主任姜文奎带领副主任朱培忠及市商务局负责人,到西吉县田坪乡二岔村调研指导党的群众路线教育实践活动开展工作。

3月21日 十三届县委2014年第六次常委会会议召开。会议传达学习十二届全国人民代表大会第二次会议精神、政协第十二届全国委员会第二次会议精神,研究贯彻意见;传达学习自治区党委常委、组织部长傅兴国在固原市党的群众路线教育实践活动座谈会上的讲话精神,研究贯彻意见;听取全县党的群众路线教育实践活动开展情况汇报;研究《关于征求对县级领导班子和党员领导干部意见的实施方案》《县级党员领导干部“下基层调研”征求意见工作方案》;传达全区、全市计划生育工作会议精神,研究召开全县计划生育工作会议有关事宜;研究审议《关于建立县级领导同志联系走访宗教人士和信教群众的办法》;研究《关于中国共产党宁夏(西吉)闽宁产业园区工作委员会更名及组成人员调整的请示》《关于提请设立西吉县气象局党组及其纪检组的请示》。

同日 市政协主席田治富到西吉县调研指导政协委员基层联系点工作。

3月24日 自治区政协委员提案委员会专职副主任马存玉带领自治区政协委员、非公有制经济服务局相关处室负责人组成调研组对西吉县小微企业发展情况进行实地调研。

3月25日 自治区政府主席刘慧带领副主席李锐及区农牧局、扶贫办等厅(局)负责人,在自治区党委常委、市委书记李文章,市长马汉成等陪同下,到西吉县调研指导扶贫开发、城镇建设、设施农业工作。

▲市政协副主席伍文贵带领市政协调研组,到西吉县调研检查养老体系建设工作。

3月26日 政协西吉县十届委员会第七次常委会议召开。会议传达学习全国两会精神,通报政协机关开展党的群众路线教育实践活动进展情况;听取县人民政府关于全县农业产业化工作的情况通报、关于城乡养老保险收缴发放管理工作的情况通报、关于城乡中远期规划工作的情况通报、关于乡镇医院医疗队伍建设和医疗设备配备与使用工作的情况通报;审议通过县政协调研组关于以上四项工作的调研报告。

4月1日 全县人口和计划生育工作会议召开,对2014年人口和计划生育工作作出具体部署。

▲县委、县政府分管领导带领督察组,对全县城乡环境卫生大整治工作进行全面督查。

4月2日 县委书记袁秉和主持召开全县党的群众路线教育实践活动意见征求座谈会,听取社会各界代表意见建议。

4月3日 自治区农牧厅副厅长王林带领区农牧厅相关部门负责人,到西吉县调研检查农牧业工作。

▲ 十六届县人大常委会第十次常委会议召开。会议传达学习十二届全国人大二次会议精神;听取审议县人民政府关于计划生育工作开展情况的报告、关于《中华人民共和国传染病防治法》贯彻实施情况的报告;听取审议县人大常委会检查组关于以上两项工作的检查报告,对县人民政府以上两项工作进行满意度测评;听取审议县信用合作联社关于信贷支农惠农工作开展情况的报告;听取审议县人大常委会视察组关于信贷支农惠农工作开展情况的视察报告;讨论通过《西吉县人民代表大会常务委员会专题询问办法》。

4月8日 市人大常委会副主任姬永昌、朱培忠带领市人大调研组,在市中级法院院长黄金柱、市检察院检察长李清伟等陪同下,调研检查西吉县人民法院工作、西吉县人民检察院工作。

同日 自治区双拥办副主任、民政厅副厅长高万金,自治区双拥办副主任、宁夏军区政治部副主任杨建勋带领全区各市、县(区)双拥办、民政局负责人组成考核观摩团,到西吉县考核观摩双拥工作。

4月9日 自治区政府办公厅副巡视员丁劲松、自治区政府督查室副主任李东洲带领区农牧厅、环保厅、财政厅等负责人组成督查组,到西吉县督促检查废旧农膜回收利用工作。

4月15日 宁夏军区后勤部部长刘崇贵带领工作组在固原军分区参谋长王保贵等陪同下,到西吉县检查指导民兵整组工作,并对县人武部机关党的群众路线教育实践活动开展情况进行调研指导。

同日 自治区卫生和计划生育委员会疾控处副处长蒯文和带领督导组,到西吉县督促检查4岁至8岁儿童麻腮风疫苗强化免疫工作。

4月16日 固原市督查组到西吉县,深入各乡镇、各学校及有关部门督促检查《市委、市政府关于努力办好人民满意教育的实施意见》贯彻落实情况。

4月17日 自治区体育局局长周万生带领副局长梁继籽及区体育局相关处室负责人,到西吉县调研指导全民健身工作和《体育法》《自治区体育条例》落实情况。

▲ 中央电视台地理中国、全国部分媒体、报社记者及旅行社等组成的采风团队,到西吉县火石寨景区进行采风活动。

4月18日 十六届县人民政府第二十六次常务会议召开。会议研究审议《西吉县镇村体系规划(2012—2020)》《西吉县大气污染防治行动计划(2013—2017)实施方案》《西吉县环境保护行动计划(2014—2017)实施方案》《西吉县2014年加快推进草畜产业发展扶持意见》《西吉县政府投资项目审计监督办法》;研究西吉县推行先住院后付费诊疗服务工作;研究兴隆镇道路绿化工程建设事宜;研究给予西吉县农贸蔬菜批发市场引导扶持事宜;研究县城及有关乡镇公厕建设事宜;研究2014年智能图控系统建设资金事宜。

4月21日 云南省普洱市市委常委、统战部部长黄丽云带领普洱市考察团,到西吉县考察统战宗教工作。

同日 自治区老龄办、民政厅、教育厅、妇联、司法厅、卫计委、扶贫办、团委8家单位组成调研组,到西吉县调研留守老人、妇女、儿童"三留守"人员生产生活、教育医疗情况。

4月23日 自治区人大常委会副主任吴玉才带领区人大检查组,到西吉县调研检查《中华人民共和国食品安全法》《宁夏回族自治区食品生产加工小作坊和食品摊贩管理办法》贯彻实施情况。

4月24日 固原市副市长刘佳带领市计生局负责人,到西吉县督查指导计划生育工作。

同日 自治区党的群众路线教育实践活动第二督查组组长、区党委宣传部副部长李克强带领第二督查组成员,在市委常委、纪委书记黄湘宁陪同下,到西吉县督促检查"六个专项整治行动"开展情况。

4月28日 自治区国资委党委书记李耀松带领副主任陈银生及办公室副主任刘勇等,到西吉县沙沟乡满寺村开展定点帮扶调研工作。

4月30日 十三届县委2014年第八次常委会议召开。会议传达学习习近平总书记在兰考县委常委扩大会议上的讲话精神、中央第五巡回督导组组长李传卿同志在固原市党的群众路线教育实践活动汇报会上的讲话精神;安排部署全县开展党的群众路线教育实践活动重点工作;传达学习自治区党委副书记崔波同志在全区推进惩治和预防腐败体系建设工作电视电话会议上的讲话精神、《关于6起违反中央八项规定精神和自治区若干规定典型问题的通报》《关于固原市"正风肃纪"行动督查情况的通报》和市纪委《关于"五一"期间加强廉洁自律的通知》;研究《关于进一步深化"平安西吉"建设的实施方案》;听取全县重点项目实施情况汇报、全县整村推进扶贫和危房改造工作进展情况汇报;通报县第一支招商分队赴陇、渝、鲁、闽考察情况;研究《2014年度全县招商引资指导性目标任务分解方案》;研究《西吉县2014年加快草畜产业发展的扶持意见》《关于西吉县推行先住院后付费诊疗服务工作的请示》。

5月6日 十三届县委2014年第九次常委会议召开。传达学习中央党的群众路线教育实践活动视频会议精神、全区党的群众路线教育实践活动第二次推进会议精神、市委三届五次全体会议精神,研究贯彻意见;听取县考察组赴河北、山东考察交通运输工作情况汇报。

5月7日 固原军分区司令员马焰明带领军分区参谋长王保贵及市水利局、国土局、消防支队等部门(单位)负责人,到西吉县开展重大兵事战场勘查工作。

5月9日 县委书记袁秉和主持召开全县党的群众路线教育实践活动领导小组第七次(扩大)会议,就贯彻落实好习近平总书记重要批示,中央和自治区、固原市系列会议精神,扎实推进全县党的群众路线教育实践活动进行安排部署。

同日 十六届县人民政府第二十七次常务会议召开。会议听取百日安全生产大排查大整治活动汇报,安排部署安全生产工作;审议《西吉县城乡居民最低生活保障分类施保试行办法》《西吉县党政机关差旅费管理暂行办法》《西吉县行政事业单位通用办公家具、办公设备配置管理暂行办法》《西吉县行政事业单位通用办公家具设备配置标准》;研究2014年改善民生15件实事执行办理有关事宜;研究举办第十届宁夏六盘山山花旅游节暨第四届西吉丁香花节活动有关事宜。

5月12日 自治区党委副书记崔波带领区政法委、综治委、信访局负责人,到西吉县调研指导政法综治、平安建设和信访工作。

同日 自治区政府副主席屈冬玉带领区林业厅厅长王文宇、财政厅等厅(局)分管负责人、吴忠等三市分管林业的副市长、同心等十县(区)分管林业的副县长、林业局长,到西吉县考察观摩月亮山、新营乡张家洼生态移民迁出区生态修复工作。

5月13日 固原市政协副主席罗永红带领市政协调研组,对西吉县文学发展情况进行专题调研。

▲ 自治区卫计委主任黄占华带领调研组,在固原市副市长刘佳等陪同下,到西吉县调研检查卫生计生工作。

5月15日 自治区考核组到西吉县检查考核农用残膜污染专项整治工作。

▲ 宁夏第十届六盘山山花旅游节暨第四届火石寨丁香花节新闻发布会在银川市行政中心召开。

5月20日 自治区扶贫移民局党组书记梁积裕带领副主任丁建懿及相关处室负责人,到西吉县调研指导扶贫开发、生态移民、劳务移民工作。

5月29日 自治区农牧厅巡视员马明带领区农牧厅相关处室负责人,到西吉县检查指导设施农业和特色蔬菜发展工作。

5月30日 自治区农牧厅党组成员杨金龙带领督查组,到西吉县督导检查农村土地确权登记、农村“三资”整治工作。

6月4日 市政协副主席呼延俊杰带领市政协调研组,在市工信局、财政局、商务局、工商局等部门负责人陪同下,到西吉县调研非公有制经济发展工作。

同日 市人大常委会副主任范霞带领市人大检查组,到西吉县调研检查《中华人民共和国商业银行法》贯彻实施情况。

6月9日 国务院扶贫办党组书记、主任刘永富在自治区党委常委、固原市委书记李文章,自治区副主席李锐,自治区扶贫办主任董玲等陪同下,到西吉县调研指导扶贫开发工作。

同日 固原军分区司令员马焰明参加指导西吉县武装部党的群众路线教育实践活动民主生活会并深入联系点红耀乡开展教育实践活动调研。

6月10日 县委召开全县领导干部会议,宣布自治区党委和固原市委关于西吉县党政主要负责同志职务任免的决定:袁秉和同志不再担任西吉县委书记;武维东同志担任西吉县委副书记,提名为县长人选,任立新同志不再担任西吉县委副书记、县长。自治区党委常委、固原市委书记李文章出席会议,市委常委、组织部部长王刚主持会议并宣读任免决定。

6月12日 自治区民政厅副厅长高万金带领区财政厅、民政厅相关处室负责人组成调研组,到西吉县调研检查民政工作。

同日 政协西吉县十届委员会第十六次主席(党组)会议召开。会议审议通过《关于全县生态环境建设与保护工作的视察报告》《关于全县计划生育服务体系建设工作的视察报告》《关于全县县内生态移民工作的视察报告》《关于全县城乡教育捆绑式均衡发展工作的视察报告》。

▲自治区残联副理事长王宇峰带领区残联有关处室负责人,到西吉县调研残疾人就业、社会保障工作。

6月13日 自治区地震局纪检组长李杰带领区地震局有关人员,到西吉县检查指导地震测报及防震减灾工作。

6月16日 十六届县人大常委会第十一次会议召开。听取审议县政府关于全县整村推进工作进展情况报告,关于全县初中教育教学管理情况报告,关于《中华人民共和国土地管理法》贯彻实施情况报告,关于县十六届人大常委会第八、九、十次会议审议意见落实情况报告;听取审议县人大常委会检查组关于以上四项工作的检查报告,对县人民政府以上四项工作进行满意度测评;审议通过确认许可对有关代表采取强制措施的议案。

6月17日 自治区总工会副主席马启宁带领总工会相关处室负责人,在市总工会负责人陪同下,到西吉县督导检查《女职工劳动保护特别规定》贯彻落实情况。

6月18日 下午4时40分左右,西吉县境内局部范围突降大到暴雨,县城境内降雨量达61.5毫米,红耀乡降雨量达到45.9毫米,新营、火石寨、偏城等乡镇降雨量均超过30毫米。短时间内强降雨,造成部分农田、道路冲毁。

同日 国家交通运输部综合规划司司长孙国庆带队,在自治区交通运输厅厅长许学民,固原市委常委、副市长陈胜营等陪同下,到西吉县专题调研党的群众路线教育实践活动开展情况和交通运输工作。

6月19日 宁夏中医医院医疗队到西吉县开展"走基层、送医药、健康巡讲"活动。

6月20日 自治区人大常委会副主任肖云刚带领区人大调研组,到西吉县调研《宁夏回族自治区人口与计划生育条例(修正案草案)》立法工作。

6月23日 十六届县人民政府第三十次常务会议召开。会议研究审议《西吉县政府职能转变和机构改革方案》《西吉县2014年110个整村推进村建设项目实施方案》《西吉县政务大厅服务窗口调整优化工作方案》《2014年特色蔬菜产业外销市场考察方案》;听取应急管理工作汇报、城市综合体建设进展情况汇报;研究"十二五"县内生态移民部分工程县级配套资金事宜,研究自治区审计厅审计西吉县2011年至2013年扶贫资金发现问题的拟处理意见。

6月24日 十三届县委2014年第十二次常委会议召开。会议传达学习自治区党委书记李建华在自治区全面深化改革领导小组第二次全体(扩大)会议上的讲话精神、在固原市调研座谈会上的讲话精神、在永宁县委班子专题民主生活会上的讲话精神;传达学习自治区主席刘慧在参加固原市委常委班子专题民主生活会时的讲话精神和自治区党委常委、市委书记李文章与西吉县委、政府领导班子谈话时的讲话精神;传达学习区纪委《关于4起违反中央八项规定精神和自治区若干规定典型问题的通报》、固原市纪委《关于5月份"正风肃纪"行动督查情况的通报》;研究西吉县全面深化改革事项;研究成立西吉县城乡规划委员会和西吉县重点项目建设协调领导小组有关事项。

同日 固原市副市长杨文带领市农牧局及各县(区)涉农部门负责人组成观摩团,到西吉县调研观摩农业特色优势产业发展工作。

6月25日 自治区水利厅厅长吴洪相带领区水利厅有关处室负责人,在市水利局负责人陪同下,到西吉县检查指导水利工程建设。

6月26日 县法院对被告人代永宗、杜志琴等28人利用邪教组织实施犯罪一案进行公开宣判。

6月29日 固原市人力资源和社会保障观摩团,到西吉县观摩交流人力资源和社会保障工作。

7月1日 自治区人大常委会副主任王儒贵带领"民生计划宁夏行"视察组,到西吉县调研视察整村推进扶贫开发工作。

同日 县委常委班子党的群众路线教育实践活动专题民主生活会在县委五楼会议室召开。

7月2日 自治区副主席屈冬玉带领区政府办公厅、农牧厅负责人,在固原市副市长杨文陪同下,到西吉县调研指导马铃薯产业发展工作。

同日 自治区国土资源厅厅长王政带领区国土资源厅相关处室负责人,到西吉县调研检查国土资源管理工作。

▲ 市政府副秘书长乔晓安、市安监局局长李占科带领市安委会成员单位负责人和各县(区)安监部门负责人,对西吉县开展安全生产综合督查暨落实企业安全生产主体责任年活动进行督查。

▲ 全县环境大整治、安全生产、封山禁牧工作动员会议在会议中心会堂召开。

7月3日 自治区人社厅厅长冯志强带领相关处室负责人,到田坪乡燕李村开展扶贫调研和帮扶工作。

同日 宁夏五辨兰生物有限公司胡麻油加工项目在吉德慈善园举行开工奠基仪式。

7月8日 自治区党委政研室副主任俞学虹带领相关处室负责人,到西吉县调研县域经济发展工作。

同日 自治区党委常委、市委书记李文章带领姜文奎、田治富、赵旭辉、宋晓国等市领导及固原市各县(区)党委、政府主要负责人,市直各部门主要负责人,部分企业负责人组成观摩团,对西吉县上半年经济社会发展情况进行观摩评比。

7月9日 自治区农科院党委书记、院长周东宁带领农科院领导班子及各处室、站所相关人员,到西吉县调研指导农牧业工作并开展专题技术服务。

7月11日 十三届县委2014年第十三次常委会会议召开。会议通报中共中央政治局常委、国务院副总理张高丽视察固原工作情况,传达全市县域经济观摩暨上半年经济形势分析会议精神,研究全县贯彻落实工作。

同日 县委、县人大、县政府、县政协领导班子在会议中心第一会议室召开党的群众路线教育实践活动专题民主生活会情况通报会。

▲ 宁夏义工联合会与宁夏银凤凰文化传媒有限公司联合主办的快乐雷锋工程——"中国梦·义工情"2014年公益文化巡演活动在西吉县文化广场演出。

7月12日 国家交通运输部规划设计院专家组在市交通局负责人陪同下,到西吉县调研交通运输发展与规划工作。

7月13日 全县2014年征兵工作暨国防动员演练部署会议召开。

7月16日 自治区民政厅副厅长王凤刚带领区民政厅相关处室负责人,到西吉县调研检查地质灾害防治工作。

7月17日 自治区财政厅副厅长魏和清带领区财政厅相关处室人员,到西吉县调研检查保障性安居工程建设及棚户区改造工作。

▲ 固原市政府秘书长夏强带领市委督查室、城管局、林业局、交通局等部门负责人,对西吉县主干道路沿线环境卫生整治和绿化工作进行督查。

7月22日 市人大常委会检查组到西吉县检查危房危窑改造和美丽村庄建设工作。

7月23日 公安部开展的"送教西部行"应急处突专题讲座在县会议中心第一会议室召开。县委常委、公安局局长陈刚及全体公安干警聆听了讲座。

同日 固原市消防支队对西吉县企事业单位、超市等人口密集场所进行消防突击检查。

7月25日 中国蔬菜协会会长薛亮带领中国蔬菜协会部分会员,在区政府副秘书长李学明、区农牧厅副厅长赖伟立、固原市副市长杨文等陪同下,到西吉县调研考察蔬菜产业发展工作。

7月31日 县四套班子带队到固原军分区开展"八一"慰问活动,为固原军分区的官兵们送上节日祝福和美好祝愿,并为他们赠送了慰问金。

同日 甘肃省平凉市教育局组织考察团到西吉县考察交流教育工作。

8月2日 十三届县委2014年第十六次常委会议召开。会员传达学习《关于转发中央第三巡视组〈关于对宁夏回族自治区巡视情况的反馈意见〉的通知》,传达学习自治区党委书记李建华在中央第三巡视组巡视宁夏情况反馈会上的讲话精神;听取开斋节期间安全生产督查情况汇报;研究部署党的群众路线教育实践活动专项整治事项。

8月5日 自治区党委副秘书长、政研室主任陈质颖带领区政研室相关处室负责人,到西吉县调研经济社会发展工作。

同日 全县资本市场专题培训会在县财政局五楼会议室举行。自治区金融办资本运营处副处长蔡旭及区、市部分金融机构负责人参加指导培训会,县财政局及部分企业负责人参加培训会。

8月5日至6日 自治区人大常委会副主任、自治区党的群众路线教育实践活动第四督导组组长肖云刚带领第四督导组成员,到西吉县调研督导县乡专题组织生活会和党员民主评议工作开展情况。

8月6日 新华社总编何平带领新华社相关处室负责人,在自治区党委宣传部副部长马宇桢,市委常委、宣传部部长彭生选陪同下,到西吉县调研新闻报道和宣传思想工作。

▲ 县财政局举办全县农村财会人员财政支农政策培训班。区财政厅巡视员刘怀明、宁夏财会函授学校校长刘建洲参加指导培训会议,全县298个行政村的村主任和村会计共400余人参加培训。

8月7日 区政府办公厅副巡视员、政府督查专员丁劲松带领相关厅局及处室负责人组成督查组,到西吉县督促检查危房危窑改造、美丽村庄建设和小城镇建设工作。

8月12日 区农牧厅巡视员马明带领全区各市、县农机中心负责人,自治区农机化专家组成观摩团,到西吉县观摩交流马铃薯机械化生产示范园区建设工作。

8月13日 全国政协委员、中国文联副主席、中国美协主席、中国书画学会名誉会长刘大为带领全国30多名知名画家,到西吉县国家4A级风景区、自然保护区火石寨开展"丝绸访古宁夏行"采风活动。

同日 十六届县人大常委会第十三次会议召开。会议听取审议县政府关于县十六届人大二次会议代表议案、建议办理情况的报告,关于《中华人民共和国治安管理处罚法》贯彻实施情况的报告,关于《宗教事务条例》《宁夏回族自治区宗教事务若干规定》贯彻实施情况的报告,关于农村公路养护管理工作的报告,关于生态移民安置及生产生活情况的报告;听取审议县人大常委会检查组关于以上五项工作的检查报告;听取审议县人民政府关于2014年上半年国民经济和社会发展计划执行情况的报告、关于2013年度财政决算和2014年上半年财政预算执行情况的报告、关于2013年度财政预算执行和其他财政收支情况的审计工作报告;审查批准2013年度县本级财政决算;听取审议县人民法院2014年上半年工作报告、县人民检察院2014年上半年工作报告;对县人民政府办理代表议案建议工作、贯彻实施《中华人民共和国治安管理处罚法》《宗教事务条例》《宁夏回族自治区宗教事务若干规定》工作、农村公路养护管理工作、生态移民安置及生产生活等工作进行满意度测评。

8月14日 自治区人大督查组在自治区林业厅副厅长金韶琴及区扶贫等厅局负责人陪同下，到西吉县督促检查移民迁出区生态恢复建设工作。

8月15日 十六届县人民政府第三十一次常务会议召开。会议研究2014年区、市、县人大议案执行、政协提案办理及全县15件改善民生实事办理工作；研究加强全县驻外劳务管理机构建设及2014年公益性岗位安排事宜，研究成立西吉县金融工作办公室、西吉县小额信用担保有限公司事宜，研究西吉县城区既有居住和新建小区天然气设施配套建设、火石寨景区经营管理和项目建设事宜，研究从价格调节基金中支付平价农贸市场前期费用事宜，研究退耕还林工程管护费筹措及使用管理事宜；研究审议《西吉县党政机关培训费管理暂行办法》《西吉县行政事业单位会议费暂行管理办法》《西吉县党政机关公务人员赴外地挂职学习等期间伙食补助费交通费管理办法》；听取关于六盘山片区交通扶贫攻坚示范试县工作情况的汇报；研究审定《西吉县六盘山片区交通扶贫攻坚示范试点实施方案》《西吉县消防宣传教育“六进”工作实施方案》《关于加强和创新信访工作的实施意见》《关于开展联合接访的实施意见》《县城老旧住宅小区整合改造和推进物业管理工作实施方案》《西吉县农村集体土地房屋确权登记工作实施方案》《西吉县机关事业单位一般工作人员管理暂行办法》《西吉县机关事业单位一般工作人员交流轮岗(暂行)办法》。

8月16日 西吉县遭暴雨袭击，局部地区出现暴雨和冰雹，冰雹持续26分钟，冰雹最大直径15毫米，暴雨及冰雹导致吉强镇、新营、火石寨等乡镇的农作物不同程度受灾。

8月19日 区农牧厅党组成员杨金龙带领自治区督查组对西吉县农业农村、扶贫开发和生态移民工作进行实地督查。

8月20日 区物价局局长马志岐带领区发改委、农牧厅、市场监管局等有关负责人组成调研组，到西吉县调研指导蔬菜产销工作。

8月21日 自治区副主席屈冬玉带领区扶贫办、林业厅等有关负责人，到西吉县沙沟乡桃保村调研检查移民迁出区生态恢复工作。

同日 自治区人大常委会秘书长袁进琳带领区人大相关专委会负责人，到西吉县调研指导人大代表工作。

▲市政协副主席刘维俊带领市政协调研组，到西吉县调研检查特色优势产业升级工作。

8月23日 十六届县人民政府第三十二次常务会议召开。会议听取区、市、县“两会”议案、建议、提案、改善民生实事办理工作进展情况汇报，研究落实工作；审定《西吉县2014年加快草畜产业发展实施方案》《西吉县城市棚户区改造房屋征收补偿安置实施方案》。

8月25日 惠农区区长李彬带领区委常委、统战部部长任华及移民办、建环局、就业局负责人,到西吉县对接移民搬迁安置工作。

同日 自治区双拥办副主任、民政厅副厅长高万金带领自治区双拥办及民政厅相关负责人,到西吉调研考察双拥共建及社会救助工作。

8月26日 中国商飞公司党委委员、工会主席刘林宗带领公司考察团,到西吉县考察签约定点扶贫项目。

▲自治区党的群众路线教育实践活动第四督导组组长、自治区人大常委会副主任肖云刚带领第四督导组成员深入西吉县兴隆镇刘玉村召开民主生活会。市委常委、组织部部长王刚,县委常委、组织部部长李聪参加会议。

8月27日 县委、县政府在宁夏吉德慈善园隆重举行中国商飞公司援建宁夏吉德慈善产业园标准化厂房落成剪彩仪式。中国商飞公司党委委员、工会主席刘林宗,党群部部长魏应彪,研发中心党委书记张军,市扶贫办主任王世明,县四套班子分管领导参加剪彩仪式。

8月28日 自治区政务服务中心副主任黄明旭带领相关人员,到西吉县调研指导政务服务工作。

8月29日 自治区水利厅纪委书记崔莉带领水利厅相关人员,到西吉县调研检查水利系统群众评议机关和干部作风活动开展情况。

9月1日 宋庆龄基金会组织国家部委青年干部赴西吉县开展"根在基层"调研实践活动,宋庆龄基金会团委书记刘颖参加调研活动。

9月2日 十三届县委2014年第十八次常委会议召开。会议传达学习全区推进《宁夏回族自治区宗教事务若干规定》《宁夏回族自治区宗教活动安全管理暂行办法》贯彻落实工作会议精神、自治区纪委《关于加强中秋国庆古尔邦节期间作风建设的通知》、市纪委《关于中秋国庆古尔邦节期间加强廉洁自律工作的通知》;研究审议《做好党的群众路线教育实践活动整改落实、建章立制工作的安排》《领导班子党的群众路线教育实践活动整改方案》《深入开展"四风"突出问题专项整治方案》《群众路线教育实践活动制度建设计划》;研究审定《西吉县六盘山片区交通扶贫攻坚示范试点实施方案》《西吉县六盘山片区交通扶贫攻坚示范试点项目建设管理办法》《西吉县农村公路建设阳光工程"十公开"制度工作方案》《关于成立六盘山片区交通扶贫攻坚示范试点县工作领导小组的通知》《西吉县党政机关培训费管理(暂行)办法》《西吉县行政事业单位会议费管理(暂行)办法》《西吉县党政机关公务人员赴外地挂职学习等期间伙食补助费交通费管理办法》《西吉县机关事业单位一般工作人员管理(暂行)办法》《西吉县机关事业单位一般工作人员交流轮岗(暂行)办法》;研究《关于加强和创新信访工作的实施意见》《关于开展联合接访的实施意见》;研究审议《西吉县城市棚户区改造房屋征收补偿安置实施方案》《西吉县

2014年加快草畜产业发展实施方案》;研究《关于固原市庆祝第30个教师节拟推荐表彰先进集体和先进个人方案》《西吉县庆祝第30个教师节活动筹备方案暨表彰奖励方案》《关于建立完善乡(镇)人大代表之家和行政村人大代表工作室的请示》。

同日 自治区统战部巡视员、宁夏无党派知识分子联谊会副会长杨惠玲,自治区扶贫办副主任、宁夏无党派知识分子联谊会副会长赵满礼带领调研组,在市政协副主席、统战部部长闫评等陪同下,到西吉县调研农业技术推广和人才队伍建设工作。

9月3日 自治区水利厅厅长吴洪相带领水利厅副巡视员陈广宏、建设处处长麦山等,在市水务局局长杨自平陪同下,到西吉县检查指导水利重点工程建设工作。

9月4日 县人大常委会主任黄如林带领县人大督察组,在县建环局、财政局、农牧局等部门负责人陪同下,深入什字乡现场督办代表重点建议办理工作。

同日 由自治区工商局牵线搭桥,如新公司中国营运集团捐款修建的如新水坝落成仪式在什字乡南台村举行。县委常委、副县长卢尚艇,如新公司中国营运总裁麦欧文及区、市、县工商局负责人、什字乡干部群众出席水坝落成仪式。

▲自治区农牧厅总农艺师宿文军带领区农牧厅科教处、能源站、环保站和农广校等负责人,到西吉县调研特色产业和基层服务体系建设工作。

▲区文化厅、宁夏演艺集团主办的“百乡千场”慰问演出活动在西吉县文化广场举行。

9月10日 十六届县政府第三十三次常务会议召开。会议研究审议《西吉县草畜产业优化升级发展规划(2015—2017年)》《西吉县招商引资优惠政策落实兑现管理办法》《西吉县禁毒办实体化禁毒工作社会化的意见》《关于加强和规范全县建设项目招标投标管理工作的通知》《西吉县公共租赁房和廉租房并轨运行实施细则》《关于进一步加强和规范物业服务管理促进物业行业健康发展的意见》;听取天然气输配工程项目进展情况及县城集中供热工程建设有关情况的汇报,听取2011—2012年县城沿街建房户颁发“两证”有关情况汇报;研究组建西吉文化演艺传媒有限公司事宜,研究2014年重点项目建设工作组有关事宜,研究县检察院办公旧址资产评估处置事宜。

9月11日 自治区政协副主席刘小河带领区政协调研组,在副市长杨文、市政协副主席刘维俊陪同下,到西吉县调研检查“关于全区马铃薯脱毒种薯生产基地建设及推广应用”提案办理情况。

9月12日 政协西吉县十届委员会第九次常委会议召开。会议听取县政府关于全县耕地保护工作的情况通报、关于城乡医疗保险费收缴与报销工作的情况通报、关于县外移民工作的情况通报、关于法律进宗教场所工作的情况通报、关于科技创新工作的情况通报,审议通过县政协调研组关于以上五项工作的调研报告;审议通过县政协考察组《关于赴甘肃省部分县(区)考察学习的报告》及县政协有关工作制度。

9月15日 由新华社、人民日报、光明日报、经济日报等20家媒体组成的“塞上新思路”中央媒体采访团,在自治区党委宣传部宣传处处长张虎带领下,到西吉县采访产业发展及重点项目建设情况。

同日 西吉县“服务百姓健康行动”大型义诊活动在县文化广场启动。

▲ 自治区民政厅党组成员、纪检组长李雪芳带领区民政厅相关处室负责人,深入西吉县兴平乡王湾村实地调研检查整村推进、基础设施建设、产业扶持及农村危房改造项目建设工作。

9月16日 由自治区总工会、自治区妇女联合会主办,固原市总工会、市妇女联合会协办,西吉县委、县政府承办的首届宁夏女职工手工艺制作大赛暨优秀作品展,在西吉县产业园区蓝天培训中心开展。

9月17日 全县“三公”经费检查情况通报及整改落实会议召开。县委常委、纪委书记李春生,副县长李秉强和各乡镇、县直各部门负责人及财会人员共计140余人参加会议。

9月18日 国家水利部水保司司长刘震带领水利部相关处室负责人,在区水利厅副厅长郭浩等陪同下,到西吉县调研水土保持工作。

同日 十三届县委2014年第十九次常委会议召开。会议通报自治区政府主席刘慧来固原检查“下基层、大调研”活动开展情况,研究贯彻意见;传达学习全区纪委书记、纪检组长专题学习会精神,研究贯彻意见;传达学习全区培养选拔年轻干部工作会议和干部监督工作会议精神,研究贯彻意见;研究全县基层服务型党组织建设试点工作;研究《关于调整县纪委监察局牵头或参与的县委政府议事协调机构的请示》《关于县纪委监察局办案谈话室相关设备配置的请示》;研究加强基层关工委工作。

9月22日 固原市地震局局长吴秉银带领市民政局、发改委相关人员,到西吉县检查指导地震应急工作。

9月23日 全市农机安全生产工作会议暨农机事故应急救援处置演练活动在西吉县举行。

9月24日 固原市委常委、纪委书记黄湘宁,市监察局局长李世明带领全市各县(区)纪检、监察部门负责人组成观摩团,到西吉县观摩纪检、监察工作创新及重点工作“互观互检互评互促”开展情况。

9月24日至25日 县人大常委会主任黄如林带领人大常委会副主任郭满福、马桂英及各乡镇人大主席、部分县人大委员、区市县人大代表组成视察组,对全县重点工程建设进展情况进行视察。

9月25日 市委督查组对西吉县“转作风、抓发展、大干150天”活动重点工程、重点项目推进工作进行督查。

同日 市人大常委会副主任云生元带领市人大检查组,到西吉县检查《中华人民共和国森林法》贯彻实施工作。

▲ 全区马铃薯机械化收获现场观摩会在西吉县举行。自治区农牧厅巡视员马明、农牧厅相关处室负责人和南部山区各县区农机中心、农机监理站、农业技术推广中心负责人、部分农机专业合作组织及当地群众参加现场观摩会。

9月30日 甘宁两省三市五县区第三十九届鼠疫联防联席会在西吉县新营乡白城鼠疫监测点召开。

10月1日 庆祝中华人民共和国成立65周年向烈士纪念碑敬献花篮仪式在红军长征将台堡会师纪念广场举行。县四套班子领导、县机关干部职工、中小学生代表、驻县武警官兵和群众代表等参加敬献花篮仪式。

10月7日 县文联在文化局四楼会议室召开摄影家眼中的黄土高原(西吉站)摄影作品点评会,邀请宁波市摄影家协会副主席张汉楚,厦门大学客座教授、著名摄影家周扬等对西吉题材摄影作品进行点评。

10月8日 县四套班子领导和各乡镇、各部门负责人在县委五楼会议室收听收看中央党的群众路线教育实践活动总结大会。

10月9日 全县基层服务型党组织建设试点工作启动会议在会议中心第一会议室召开。

同日 县委组织部在会议中心举办《中国共产党发展党员工作细则》培训班,县委常委、组织部部长李聪作专题辅导培训。

10月11日 自治区召开全区领导干部大会,传达学习中央民族工作会议精神。全体在家县级领导及各乡镇、各部门负责人在县委五楼分会场参加会议。

同日 自治区党委召开全区党的群众路线教育实践活动总结大会,自治区党委书记李建华主持会议并讲话。全体在家县级领导及各乡镇、各部门负责人在县委五楼分会场收听收看会议。

10月13日 自治区党委常委、市委书记李文章带领市领导陈星、张戈及市直相关部门负责人,到西吉县调研检查交通重点项目建设、危窑危房改造、秋冬农业生产工作。

10月14日 十三届县委2014年第二十次常委会议召开。会议传达学习中央和自治区党的群众路线教育实践活动总结大会精神,研究召开全县党的群众路线教育实践活动总结大会有关事项;传达学习中央民族工作会议精神、自治区领导干部大会精神,研究贯彻意见;传达学习自治区党委书记李建华在全区落实党风廉政建设主体责任培训班上的讲话精神,研究贯彻意见;研究《第四季度全县重点工作安排建议》和有关干部事项。

同日 十六届县政府第三十四次常务会议召开。会议听取各副县长、政府组成部门关于2014年前三季度各项工作进展、2015年工作谋划情况汇报;审议《西吉县城乡居民2014年普惠性健康体检工作实施方案》《西吉县疾病应急救助制度实施方案》《西吉县深化医疗卫生体制改革2014年重点工作任务》《西吉县2014年农业财政项目实施方案》。

▲ 市人大常委会副主任米超带领全市各县(区)人大常委会负责人、专委会成员及市

人大代表一行，对西吉县2014年重点项目建设情况进行视察。

▲ 自治区司法厅副厅长李春芳带领调研组对西吉县基层司法行政工作进行调研。

10月15日 自治区妇联副主席叶宪静带领区妇联有关处室负责人，在市委常委、纪委书记黄湘宁陪同下，到西吉县调研指导妇女工作。

同日 全区马铃薯测产现场会在西吉县红耀乡召开。来自区市、县农调队的专业人员对西吉县红耀乡马铃薯高产创建项目产量进行测产，区农牧厅、区统计局及相关部门专业人员对测产过程进行全程监督。

10月16日 十六届县人大常委会第十五次会议召开。会议传达学习习近平总书记在庆祝全国人民代表大会成立60周年大会上的讲话精神；听取和审议县政府关于全县重点工程项目建设情况的报告；听取审议县人大常委会视察组关于全县重点工程项目建设情况的视察报告；听取和审议县政府关于国民经济和社会发展“十二五”规划纲要中期评估；听取县人大常委会考察组外出考察学习的报告；确认许可对有关代表采取制措并暂停执行代表职务的议案。

10月17日 国家民委副主任陈改户带领国家民委调研组，在自治区政府副秘书长马云海、自治区民委主任丁卫东、固原市副市长张戈等陪同下，到西吉县调研经济社会发展和民族宗教工作。

同日 上海长征医院第十二批专家医疗队，到西吉县开展医疗帮带工作。

▲ 全国社会扶贫工作电视电话会议在北京召开。国务院副总理、国务院扶贫开发领导小组组长汪洋出席会议并作重要讲话。全体在家县级领导及各乡镇乡镇长、县直各部门负责人在西吉县分会场收听收看会议。

10月18日 中央电视台《乡约》栏目在神奇秀丽的国家级地质森林公园火石寨景区开拍。

10月20日 全县党的群众路线教育实践活动总结大会在会议中心第一会议室召开。固原市第一督导组组长米超、自治区第四督导组成员沈忠参加指导会议。

同日 县委统战部召开全县党外知识分子人士座谈会。全县党外知识分子人士共80余人参加会议。

10月22日 自治区林业厅副巡视员王明忠带领区林业厅、农牧厅、国土厅、水利厅等相关人员组成检查组，到西吉县调研检查移民迁出区生态恢复工作。

同日 自治区文史馆副馆长张学智带领区文史馆相关处室负责人，到西吉县调研基础文化设施建设管理工作。

10月23日 全市农村实用人才培训工作观摩推进会在西吉县召开。

同日 固原市副市长杨文带领市、县林业部门负责人组成观摩团，到西吉县观摩交流林下经济产业发展工作。

10月24日 市人大常委会副主任马玉芳带领市人大检查组，到西吉县调研检查妇女儿童发展规划执行情况。

10月28日 全县领导干部大会在会议中心第一会议室召开。会议传达学习党的十八届四中全会精神、自治区党委常委(扩大)会议精神、全市领导干部大会精神,动员全县各级党政组织和广大干部群众进一步统一思想、凝聚共识,迅速掀起学习宣传贯彻十八届四中全会精神的热潮。

同日 自治区建设厅组织督查组对西吉县宗教活动场所安全隐患专项整治工作开展情况进行督查。

10月29日 自治区扶贫办主任董玲带领区扶贫办相关处室负责人,在副市长陈胜营陪同下,到西吉县调研指导劳务移民搬迁、整村推进扶贫开发及定点扶贫工作。

10月30日 自治区交通厅、林业厅、住建厅相关处室负责人组成大整治大绿化工程“回头看”督查组,到西吉县督查环境整治及绿化工作。

同日 中央关工委考察团到西吉县考察“朝阳计划——青少年健康守护行动”项目实施情况。

11月4日 自治区农牧厅动物疫病预防控制中心派出检查组,到西吉县对秋季重大动物疫病防控工作进行检查指导。

11月5日 政协主席马天英带领县政协视察组,对全县供电、水务、民政、文广等重点工作开展视察。

11月6日 国家交通运输部规划研究院和自治区交通厅专家组,到西吉县调研指导交通运输“十三五”发展规划编制工作。

11月7日 兰州军区政治部工作组对西吉县民兵思想政治教育工作进行专题调研。

11月10日 市政协副主席黄金库带领市政协视察组,对西吉县检察院行政执法衔接工作和机制运行情况进行视察。

11月11日 自治区政府副秘书长马云海带领检查验收组,对西吉县主干道路大整治大绿化工作进行检查验收。

11月13日 政协西吉县十届委员会第十次常委会议召开。会议传达学习党的十八届四中全会精神、自治区政协十届十二次常委会议精神;听取县政府关于宁夏中南部城乡饮水安全工程西吉受水区项目建设及运行管理情况的通报、关于城乡低保工作情况的通报、关于城乡供电网络建设情况的通报、关于文化市场监督管理运行情况的通报;审议通过县政协视察组关于以上四项工作的视察报告;听取县政府关于县政协十届二次全体会议提案办理情况的通报。

11月18日 市长马汉成带领市政协副主席李朴及部分市政协委员,到西吉县督查市政协重点提案《关于加快危房危窑改造工程》办理情况。

11月19日 自治区发改委地区处副处长张闽剑带领区财政厅、移民局相关人员,到西吉县调研检查县内生态移民安置点建设工作。

同日 自治区林业厅牵头,自治区发改委、财政厅、农牧厅、水利厅、扶贫办组成验收组,对西吉县生态移民迁出区生态恢复工作进行检查验收。

11月20日 县人大常委会检查组对县十六届人大二次会议代表议案建议及2014年民生计划办理情况进行检查督促。

11月21日 全县农村集体土地承包经营权确权登记工作推进暨培训会议召开。

11月22日 市政府副秘书长张佐带领市、县(区)水务部门负责人组成考核组,对西吉县2014年农田水利基本建设工作进行考核验收。

11月25日 西吉县召开党的十八届四中全会精神专题辅导培训会。

同日 全县领导干部大会召开。传达学习自治区党委十一届四次全会精神,县四套班子领导及乡镇党委书记、乡镇长,部门(单位)负责人参加会议。

11月28日 十六届县人民政府第三十五次常务会议召开。会议研究审议《西吉县交通运输管理体制机制创新意见》《关于成立西吉县房屋征收机构的方案》《西吉县城市棚户区改造工作运行方案(试行)》《西吉县人民政府职能转变和机构改革实施意见》;研究西吉县人民政府职能转变和机构改革动员会议筹备事宜,研究对火石寨景区交通实行封闭式管理经营事宜,研究黄标车及老旧车淘汰工作事宜,研究将宁夏国圣食品有限公司综合宿舍楼列入2014年公租房建设任务事宜。

同日 自治区巡回督导组西吉县督导检查党的群众路线教育实践活动开展情况。

12月2日 国家农村危窑危房改造绩效评价检查组对西吉县农村危窑危房改造工作进行绩效评价检查。

12月2日至3日 自治区党委常委、统战部部长马三刚带领区统战部、区民委负责人,在市政协副主席、统战部部长闫评等陪同下,到西吉县调研指导统战民族宗教工作。

12月3日 县政府召开县城规划区内打击违法建设行为联合执法专项行动工作会议,对整治县城规划区内违法建设工作进行安排部署。

同日 自治区关工委常务副主任朱佩玲带领区关工委相关处室负责人组成考核组,到西吉县考核验收“五好”基层关工委创建活动。

12月4日 首个国家宪法日来临之际,西吉县广泛举行宪法宣传活动。

同日 西吉县信访督办局和群众来访接待大厅举行揭牌仪式。

▲自治区妇联副主席魏彦华带领区妇联机关党委书记徐萍、区妇联宣传部部长周慧琴等,到西吉县偏城乡调研指导妇女脱贫致富工作。

12月8日 自治区党委副书记崔波带领区党委办公厅、建设厅、水利厅、扶贫办等负责人,到西吉县调研指导主导产业发展、整村推进扶贫、人畜饮水安全、城镇化建设及信访工作。

12月10日 十三届县委2014年第二十一次常委会会议召开。会议通报崔波副书记调研西吉情况,研究贯彻落实意见;传达自治区党委巡视组巡视固原反馈意见会议精神,研究贯彻落实意见。

同日 十六届县人大常委会第十六次会议召开。会议听取审议县政府关于县十六届人大二次会议代表议案、建议办理情况的报告,关于2014年民生计划执行情况的报告,关于县城城市管理工作的报告,关于旅游产业发展情况的报告,关于招商引资工作情况的报告;听取审议县人大常委会检查组对以上五项工作的检查报告;听取县政府关于县十六届人大常委会第十一、十三、十五次会议审议意见落实情况的报告;听取审议县政府关于西吉县2014年财政预算调整情况的报告,听取审议县人大常委会财政经济委员会关于西吉县2014年财政预算调整情况的审查报告,审议县人大常委会关于调整2014年度县财政预算的决议(草案);审议确认许可对有关代表采取强制措施并暂停执行代表职务的议案。

12月12日 中国关工委"朝阳计划"项目办公室主任胡磊在自治区关工委秘书长周龙、区关工委基金委副主任傅冬燕等陪同下,到西吉县调研学校卫生室建设情况。

12月14日 自治区环保厅副巡视员刘栗民带领区建设厅、国土厅、农牧厅等厅(局)相关处室负责人组成考评组,到西吉县考核验收小城镇建设、美丽乡村建设、危房改造工作。

12月15日 十三届县委2014年第二十二次常委会会议召开。会议通报西吉县党政代表团赴福建参加闽宁第十八次联席会议及经贸洽谈情况,听取县人大常委会《赴周边县(区)考察学习情况报告》;研究审议《中共西吉县委关于落实党风廉政建设党委主体责任和纪委监督责任的实施意见》《西吉县民族宗教工作联席会议制度(试行)》《西吉县人民政府职能转变和机构改革实施意见》《西吉县城市棚户区改造工作运行方案(试行)》;研究关于加强房屋征收工作有关事宜。

同日 全县政府职能转变和机构改革工作动员会议在会议中心第一会议室召开。全体在家县级领导,各乡镇、县直各部门(单位)党政主要负责人,区市驻县各单位负责人参加会议。

▲ 固原市副市长曲峰带领人行固原中心支行副行长康彦华、市金融办副主任安希平等,对西吉县金融单位支持地方经济发展情况进行调研。

12月16日 市委副书记赵旭辉、副市长杨文带领市农牧局、扶贫办、水务局等部门负责人,到西吉县调研检查农业农村工作。

12月17日 固原市政协副主席、统战部部长闫评带领市政协调研组,到西吉县调研检查宗教场所安全建设、财务管理、大型宗教活动管理及非公企业发展工作。

同日 十三届县委2014年第二十三次常委会会议召开。会议听取2014年全县经济形势分析和2015年主要经济指标预测情况汇报,听取全县重点项目建设无冬闲计划实施情况汇报,听取宁夏西吉闽南小镇建设进展情况汇报。

▲ 宁夏调查总队副队长赵川带领调查组,对西吉县2014年度效能目标管理考核第

三方测评满意度进行调查。

12月18日 全县重点项目建设“无冬闲计划”工作推进会在会议中心第一会议室召开。全体在家县级领导,各乡镇、县直各部门、区市驻县各单位主要负责人参加会议。

12月19日 市委常委、常务副市长方彦带领市政府办、发改委、工信局、商务局负责人,到西吉县调研检查第三产业发展情况。

12月24日 十三届县委2014年第二十四次常委会会议召开。会议研究召开县委十三届五次全体会议有关事宜,审议《县委十三届五次全委会工作报告(讨论稿)》《县委2015年工作要点(讨论稿)》《中共西吉县委关于全面推进依法治县的实施方案(讨论稿)》。

12月26日 十六届县人大常委会第十七次会议召开。会议研究审议有关人事任免,审议暂停有关代表执行代表职务的议案。

12月31日 十六届县人民政府第三十六次常务会议召开。会议研究审议《严格规范政府投资项目管理暂行办法》《关于创新机制深入推进扶贫攻坚战略的实施意见》《关于进一步加强禁毒工作的意见》《关于在全县开展禁毒人民战争的实施方案》《西吉县2014年扶持发展肉羊产业实施方案》《西吉县党政机关差旅费管理暂行办法》《2015年元日春节期间自治区领导赴西吉县开展慰问活动方案》;研究扶持优势特色农产品加工企业发展事宜,研究全县精准扶贫暨扶贫开发驻村工作动员会议筹备事宜,研究2013年县内生态移民安置区土方工程和绿化工程建设资金事宜,研究马铃薯脱毒种薯繁育基地建设项目土地平整资金事宜;传达自治区党委督查室《关于报送2015年效能目标管理考核相关内容的通知》,研究提出落实意见。

是年 全县总户数136463户,总人口509150人。全县地区生产总值453249万元,其中第一产业135466万元、第二产业101161万元、第三产业216622万元。农作物播种面积220.71万亩,粮食总产30630.1万公斤、油料总产1708万公斤。地方财政收入13604万元,地方财政支出355083万元,社会商品零售总额132184万元。

2015年

1月2日 县委、县政府召开元旦、春节期间安全生产工作专题会议,对“两节”安全生产工作进行专门研究部署。

1月5日 政协西吉县十届委员会第二十二次主席(党组)会议召开。会议审议通过县政协十届三次全体会议召开时间、议程、日程、工作报告、秘书长名单、副秘书长名单、提案截止时间的决定、2015年度民主协商计划等;审议通过《关于政协西吉县第十届委员会部分委员变动情况的说明》。

1月7日 十三届县委2015年第一次常委会会议召开。会议传达学习全国安全生产工作电视电话会议精神，研究贯彻落实意见；听取县委统战部、维稳办、信访局、安监局关于元旦、春节期间全县宗教、维稳、信访、安全生产工作情况汇报，研究部署安全生产工作；研究召开县十六届人民代表大会第三次会议、县政协十届委员会第三次会议事宜，研究关于上报自治区2015年效能目标管理考核相关内容，研究组织全县领导干部赴银川接受警示教育有关事宜，研究推荐全市离退休干部工作先进集体和先进个人事宜。

1月9日 市委常委、副市长杨建龙带领市、县政务服务中心负责人，到西吉县观摩评比政务服务工作。

1月10日 自治区副主席屈冬玉带队到西吉县看望慰问困难老党员、城乡困难群众、优抚对象、孤寡老人、残疾人和全国劳动模范、自治区劳动模范。

1月11日 自治区农业机械化管理局局长王林带领考核组对西吉县2014年农牧业工作完成情况及农业财政项目执行情况进行考核验收。

1月12日 全县2015年环境保护工作部署暨新《环境保护法》培训工作会议召开。

1月13日 县委、县政府召开2015年全县信访联席会议，对信访工作进行专题安排部署。

1月13日至15日 政协西吉县十届委员会第三次全体会议召开。会议听取和审议政协工作报告和提案工作报告，审议通过政协西吉县第十届委员会提案审查委员会关于十届三次会议期间提案审查情况的报告、政协西吉县第十届委员会2015年度协商工作计划、政协西吉县第十届委员会第三次全体会议决议。与会政协委员还列席了西吉县第十六届人民代表大会第三次会议，听取并讨论政府工作报告和其他报告。会议共收到委员提案96件，立案39件，确定重点提案10件、提案29件。

同日 西吉县第十六届人民代表大会第三次全体会议召开。会议听取和审议县人民政府工作报告、县人大常委会工作报告、县法院工作报告、县检察院工作报告和代表议案办理情况报告；表决通过《关于政府工作报告的决议》《关于西吉县2014年国民经济和社会发展计划执行情况与2015年国民经济和社会发展计划报告的决议》《关于西吉县2014年财政预算执行情况和2015年财政预算的决议》《关于西吉县2014年民生计划执行情况和2015年民生计划的决议》《关于县人大常委会工作报告的决议》《关于县人民法院工作报告的决议》《关于县人民检察院工作报告的决议》《关于代表议案的审查报告决议》。会议确定议案6件、建议26件。

1月14日 自治区教育厅厅长郭虎带领教育厅相关处室负责人，在固原市副市长曲峰陪同下，到西吉县调研指导教育工作。

同日 固原市党的群众路线教育实践活动督导组副组长罗占东带领巡回督导组，到西吉县督导检查党的群众路线教育实践活动“回头看”工作。

▲ 固原市人大常委会主任姜文奎、副市长朴凤兰、政协副主席马莲带领党政线考核组，对西吉县2014年度人口和计划生育目标管理工作进行考核验收。

1月15日 县十六届人大常委会第十八次会议召开。会议审议通过关于召开西吉县第十六届人民代表大会第三次会议的决定,审议通过补选西吉县第十六届人民代表大会代表的决定;补选固原市第三届人民代表大会代表;审议确认许可对有关代表采取强制措施并暂停执行代表职务的议案。

1月19日 自治区新闻出版广电局副局长王永斌带领印刷发行处副处长张雪晴、副调研员李智强等,到西吉县调研检查农家书屋管理运行情况。

1月20日 自治区交通厅副厅长武宁生带领考核组,到西吉县考核验收主干道路大整治大绿化工作。

1月21日 西吉县召开会议传达学习贯彻十八届中央纪委五次全会精神。

同日 自治区农牧厅农经处副处长韦军带领检查组,到西吉县检查指导农村土地承包经营权确权登记工作。

1月24日 中国智慧城市产业联盟秘书长熊垓智带领联盟副理事长、中诚国发投资有限公司董事长曹清伟,副理事长、泰华电讯董事长马述杰及企业家20余人组成考察团,对西吉县文化、旅游、城市建设、农业、工业、教育等进行考察调研,并在会议中心第一会议室召开座谈会。

1月25日 自治区住建厅厅长杨玉经带领考核组对西吉县2014年农村危房改造工作进行绩效考核。

1月26日 十六届县人民政府第三十七次常务会议召开。会议听取和审议《政府工作报告(审议稿)》《关于2014年改善民生实事执行情况和2015年改善民生实事(草案)的报告》《关于西吉县十六届人民代表大会第二次会议代表议案建议办理情况的报告(审议稿)》《关于政协县十届二次会议委员提案办理情况的报告(审议稿)》;听取和审议《关于2014年国民经济和社会发展计划执行情况与2015年国民经济和社会发展计划(草案)编制情况的汇报》;听取并审议《关于2014年财政预算执行情况和2015年财政预算(草案)的汇报》;审定《西吉县禁毒工作领导责任追究办法(审议稿)》;研究部署春节慰问及安全生产相关事宜。

1月27日 国家交通部综合运输研究中心交通规划室主任孔庆峰带领国家交通运输部科学研究院专家组,到西吉县调研指导物流及城乡道路客运一体化工作。

1月28日 十三届县委2015年第二次常委会会议召开。会议传达习近平总书记在中央党校县委书记研修班学员座谈会上的重要讲话精神,研究贯彻意见;传达学习十八届中央纪委五次全会精神、中央政法工作会议精神,研究贯彻意见;传达学习自治区十一届人大四次会议精神、自治区政协十届四次会议精神,研究贯彻意见;传达全区组织部长会议精神、全区宣传部长会议精神,研究贯彻意见;研究西吉县2015年迎春文艺晚会活动方案,研究西吉县第十六届人民代表大会第三次会议和政协西吉县十届委员会第三次会议有关报告;听取县人大办、政协办汇报县“两会”筹备工作情况;研究审议《西吉县关于进一步加强禁毒工作意见》《西吉县禁毒工作领导责任追究办法》《关于创新机制深入推进扶贫攻坚战略的实施意见》《关于加强基层人民武装工作暨专职人民武装干部队伍建设的实施意见》《中共西吉县委关于进一步加强和改进新形势下离退休干部党组织建设工作的意见》;研究审定《关于设立离退休干部党工委的请示》《2015年春节慰问工作方案》《西吉县党政机关差旅费管理暂行办法》;研究召开全县精准扶贫暨扶贫开发驻村工作动员会议有关事宜,研究2013年县内生态移民安置区土方工程和绿化工建设资金有关事宜,研究加强县委常委班子自身建设事项。

1月29日 自治区禁毒委委员、区邮政管理局副局长韩亮带领自治区禁毒督导组,到西吉县督导检查禁毒工作开展情况。

同日 西吉县召开党(工)委书记抓党建工作述职汇报会。

1月30日 县十六届人大常委会第十九次会议召开。会议传达学习自治区十一届人大四次会议精神;听取和审议县政府关于安全生产工作的报告、关于全县食品药品安全监督管理工作的报告,听取和审议县人大常委会检查组关于以上两项工作的检查报告;审议通过《西吉县第十六届人民代表大会常务委员会代表资格审查委员会关于代表资格变动情况的审查报告》;讨论通过西吉县第十六届人民代表大会第三次会议相关事宜和《西吉县人大常委会2014年工作总结及2015年工作要点》。

2月1日 自治区国土厅、水利厅、建设厅、交通厅等部门专家组成调研组,对西吉县“三规合一”及“多规融合”工作开展情况进行专项调研。

同日 中央专项彩票公益金支持革命老区扶贫项目检查组,在自治区扶贫办副巡视员谈秋声等陪同下,到西吉县检查考评整村推进试点项目实施完成情况。

2月3日 县2015年春运道路交通安全管理工作会议召开。

同日 自治区公务员管理局副局长陈军带领自治区机关事业单位“吃空饷”问题集中治理工作第三督查组,到西吉县督查机关事业单位“吃空饷”问题集中治理工作。

2月5日 自治区林业厅厅长王文宇带领相关业务处室负责人,到西吉县检查指导森林防火工作。

同日 国家城乡统筹发展研究中心主任谢华平一行先后深入将台乡街道、红军长征将台堡会师纪念馆、将台乡火家集村农家书屋,通过实地查看和听取汇报,调研了解西吉县新型城镇化建设工作。

2月8日 政协西吉县十届委员会第十二次常委会议召开。会议审议通过《政协西吉县委员会2015年度协商计划》《政协西吉县第十届委员会提案审查委员会关于十届三次会议期间提案审查情况的报告》《政协西吉县第十届委员会第三次全体会议决议》。

2月9日 西吉县召开全县精准扶贫暨扶贫开发驻村工作动员会议。

2月10日 十六届县人民政府第三十八次常务会议召开。会议研究2013年生态移民工程专项审计发现问题及处理情况有关事宜,研究审定西吉县2014年度单项工作先进集体奖项及奖金有关事宜。

2月11日 自治区妇联主席张慧带领区妇联机关工作人员，到西吉县偏城乡双羊套村看望慰问贫困妇女。

2月12日 十三届县委2015年第三次常委会会议召开。会议通报自治区党委书记李建华到西吉县调研慰问情况；传达学习自治区纪委十一届五次全会精神，研究召开县纪委十三届五次全会有关事项；传达学习自治区党委书记李建华、市委书记李文章关于认真做好春节和全国两会期间维护稳定工作批示精神，研究部署春节、全国两会期间维稳工作；传达学习全区农业农村和扶贫开发工作会议精神，研究贯彻意见；研究《西吉县2015年主要工作目标任务责任分工方案》《全县领导干部专题学习班方案》《固原市劳动模范先进工作者初步人选建议名单》；听取关于全县2014年度效能目标管理考核情况的汇报、关于西吉县2014年度单项工作先进集体奖项及奖金设置情况的汇报，研究召开全县效能目标管理考核表彰大会有关事项。

同日 固原军分区政委宋晓国带领参谋长王保贵、政治部主任冯仲寿及各县(区)人武部长、政委和分管人武工作的县(区)领导，到西吉县观摩人武部正规化建设。

2月15日 十六届县人民政府第三十九次常务会议召开。会议传达学习全区发展和改革工作会议精神、国土资源工作会议精神、住房城乡建设工作会议精神、环境保护工作会议精神，研究贯彻落实意见；听取春节期间全县安全生产及信访维稳工作情况汇报，研究部署安全生产和信访维稳工作；审定《西吉县发放宗教教职人员生活补助实施方案》；研究国有土地有关事宜，研究有关资金事宜。

2月16日 固原市委统战部副部长海连鹏带领市委统战部干部职工到硝河乡红泉村走访慰问困难群众。

2月25日 十三届县委2015年第四次常委会会议召开。会议听取全县领导干部专题学习班筹备情况汇报，研究召开全县宣传思想、统战宗教、政法综治、卫生和计划生育工作会议事项；听取“五大战役”各指挥长、“五大工程”各领导小组组长关于前期筹备情况汇报。

2月26日 县委、县政府举办全县领导干部“坚持依法治县，推进改革发展”专题学习班。特邀宁夏新闻网副总编辑马江就网络舆情应对与管理进行专题讲座辅导。

2月27日 全县宣传思想、统战宗教、政法综治工作会议召开，对宣传思想、统战宗教、政法综治工作作出具体部署。

3月5日 西吉县召开规划委员会会议，审议并原则通过县城北山市民休闲森林公园总体规划等相关事项。

3月6日 张家口市燕北薯业开发有限公司董事长董清带领考察团到西吉考察马铃薯加工合作事宜。政府县长武维东代表西吉县与燕北薯业开发有限公司签署战略合作框架协议。

3月8日 全县“守纪律 讲规矩”主题教育活动动员会在会议中心第一会议室召开。

3月9日 自治区党委常委、政法委书记、公安厅厅长王雁飞带领区政法委负责人，到西吉县调研指导社会治安综合治理工作。

3月10日 政协西吉县十届委员会第二十五次主席(党组)会议召开。会议安排部署县政协“守纪律、讲规矩”主题教育活动，研究调整县政协主席、副主席分工事宜，研究县政协2015年度工作计划。

3月11日 自治区人社厅厅长冯志强带领巡视员武平及相关处室负责人，深入田坪乡燕李村开展帮扶调研工作。

3月12日 自治区发改委副主任郭秉晨带领区发改委相关处室负责人，到西吉县实地调研吉强镇万崖村生态移民安置点、火石寨大庄村危房改造、火石寨沙岗村休闲幸福新村、吉德慈善产业园、中医院迁建、县城棚户区改造、新建全民健身活动中心、何岘水厂等重点项目建设。

3月13日 全县“凝心聚力”工程村干部专题培训班在县职业中学礼堂举行开班仪式。

3月16日 清华大学新经济与新产业研究中心主任、清华大学文化产业规划设计研究院院长李季带领清华大学考察团，到西吉县调研考察文化旅游产业发展工作。

3月17日 十六届县人民政府第四十次常务会议召开。会议研究审议《西吉县“五大战役”“五大工程”实施方案》《关于加快推进气象现代化建设的实施意见》;研究关于对农村土地承包经营权确权登记作业服务单位进行单一来源采购事宜，研究关于对2015年10万亩马铃薯产业带建设项目所需化肥实行政府单一来源采购事宜，研究西吉县农村土地承包经营权登记工作中出现问题及政策建议，研究关于变更基层农技推广服务体系建设项目建设内容相关事宜、研究政府工作部门、直属事业单位和派出机构“三定”规定有关事宜;研究审议《西吉县2015年110个整村推进村建设项目实施方案》;听取盘活财政存量资金事宜的汇报，听取全县规范性文件清理情况的汇报，听取本土企业创业(孵化)园建设情况汇报，研究部署相关工作;研究组建成立县文化演艺传媒股份有限公司事宜，研究对县钱币博物馆大楼固定资产进行处置事宜，研究县第一幼儿园和吉强镇大滩小学校舍资产处置及附属工程建设缺口资金事宜，研究支持宁夏五瓣兰生物有限公司基础设施建设事宜，研究对月亮山水源涵养生态修复工程进行验收事宜;研究《关于落实水保淤地坝安全运行管护人员的请示》。

3月18日 自治区党委常委、固原市委书记李文章带领副书记赵旭辉，市委常委、副市长陈星和市委办、政研室、扶贫办、农牧局等部门负责人，到西吉县偏城乡双羊套村、西吉县马铃薯现代农业示范园区、心雨国家级林下经济示范基地、震湖乡博怡塑业有限公司、震湖乡义丰养殖合作社、震湖乡天合家庭农场进行调研。

同日 县委召开中心组理论学习会议，传达学习全国两会精神、中共中央《关于徐才厚严重违纪违法案及其教训的通报》、中纪委《关于8起党风廉政建设责任追究典型案例的通报》,通报自治区党委常委、固原市委书记李文章来西吉调研情况。

3月19日 十三届县委2015年第六次常委会会议召开。会议研究审议《西吉县项目建设大会战实施方案》《西吉县特色产业升级战实施方案》《西吉县扶贫开发攻坚战实施方案》《西吉县城镇建设提质战实施方案》《西吉县环境整治持久战实施方案》《西吉县生态文明工程实施方案》《西吉县民生改善工程实施方案》《西吉县社会治理工程实施方案》《西吉县文化振兴工程实施方案》《西吉县凝心聚力工程实施方案》《西吉县创建民族团结进步模范县实施方案》。

3月21日 宁夏智慧西吉闽南小镇举行建设开工仪式。北京科莱达集团总裁李艳、巨人集团绿巨人能源公司项目开发总监张峤、巨人集团绿巨人能源公司项目经理熊力及闽南小镇建设成员单位负责人和谢寨村村民参加开工仪式。

3月23日 政协西吉县十届委员会第二十六次主席(党组)会议召开。会议审议通过县政协调研组《关于全县"一事一议"财政奖补项目落实工作的调研报告》《关于全县妇儿工委管理工作的调研报告》《关于全县运管执法监管工作的调研报告》《关于全县本土企业发展工作的调研报告》,研究关于加强社情民意信息工作事宜。

3月24日 西吉县美丽村庄和城区重点项目规划设计方案评审会召开。固原市副市长黄思明、市长助理韩炳越出席评审会,会议还邀请资深设计专家对重点项目规划工作进行专业指导。

3月25日 十三届县委2015年第七次常委会会议召开。会议研究审议《西吉县创建民族团结进步模范县实施方案》《西吉县参加大型宗教活动"八不准"制度》《西吉县宗教教职人员生活补助费发放实施方案》《西吉县贯彻落实〈关于深入实施扶贫攻坚战略加快西海固地区经济社会发展的若干意见〉任务分工方案》,研究召开西吉县创建民族团结进步模范县暨命名表彰大会有关事项,研究西吉县2015年重点项目建设大会战启动仪式事项,研究全县公务员2014年度考核事项,研究成立西吉县环境保护工作机构有关事项,研究有关干部事项。

同日 自治区农牧厅副厅长赖伟利带领农牧厅计财处处长王登科、产业办主任王林等,到西吉县调研重点特色优势产业发展工作。

▲ 十六届县政府第四十一次常务会议召开。会议传达学习自治区环境保护大检查工作反馈会议精神,研究贯彻意见;研究县城规划区沿街房屋改造建设事宜,研究西吉县标准化蔬菜市场建设内容变更事宜,研究亨达商业综合楼建设内容变更事宜,研究制定西吉县创新财政支农方式试点方案相关事宜,研究县公安消防大队业务用房工程变更立项及缺口资金事宜,研究聂新林等10名专业士官工资福利待遇相关事宜。

3月26日 西吉县隆重举行2015年重点项目建设大会战启动仪式。全体在家县级领导,各乡镇、县直各部门(单位)主要负责人,项目建设企业和施工单位代表参加启动仪式。

同日 自治区农牧厅驻厅纪检组组长刘文斌带领有关人员,到西吉县督促检查农业财政项目实施情况。

▲ 政协西吉县十届委员会第十三次常委会议召开。会议传达学习全国政协十二届三次全体会议精神,听取县政府关于西吉县“一事一议”财政奖补项目落实情况通报、关于运管执法监管情况通报、关于本土企业发展情况通报、关于妇儿工委工作情况通报,审议通过县政协调研组关于以上五项工作的调研报告。

3月30日 自治区政府法制办、扶贫办组成立法调研组,到西吉县调研扶贫立法工作。

4月1日 十三届县委2015年第八次常委会会议召开。会议研究《关于组建成立西吉县文化演艺传媒股份有限公司的请示》,研究有关干部事项。

同日 西吉县喜降春雨,自治区水利厅厅长吴洪相带领相关处室负责人,冒雨检查中南部城乡安全饮水项目西吉县受水区联通配套工程建设进展情况。

4月2日 全县2015年重点项目建设工作推进会召开,对重点项目建设工作进行再部署、再安排、再推进。

同日 十六届县人大常委会第二十次会议召开。会议听取审议县政府关于农村教育教学质量情况的报告、关于《中华人民共和国禁毒法》贯彻实施情况的报告、关于“六五”普法工作开展情况的报告,听取和审议县人大常委会检查组关于以上三项工作的检查报告;审议通过有关人事任免事项。

4月3日 全县创建民族团结进步模范县启动暨民族团结模范集体、模范个人表彰大会在会议中心会堂召开。

同日 全县宗教教职人员生活补助发放仪式在会议中心会堂举行。

4月7日 自治区交通运输厅副巡视员南武征带领督查组,对西吉县主干道路大整治大绿化工作进行督查。

4月8日 自治区人社厅副厅长马军生带领人社厅相关处室负责人,到西吉县调研检查被征地农民参加养老保险、城乡居民普惠性健康体检、全民参保登记工作。

4月9日 西吉县创建星级基层服务型党组织启动仪式暨培训会在县会议中心举行。培训会特邀固原市非公有制经济组织党工委专职副书记马成文授课。

同日 西吉县召开全县规划委员会会议,审查西吉县“三规合一”及“多规融合”工作。

4月10日 全县2015年44个定期脱贫村村干部培训班暨“十三五”规划编制培训会在会议中心会堂召开。会议邀请区扶贫办互助资金管理中心主任任媛、扶贫开发指导处副处长南子强作专题培训。

4月11日 中国智慧城市产业联盟秘书长熊垓智带领产业联盟专家组,到什字乡新天地养殖园区、宁夏佳立有限公司进行实地考察调研。并代表中国智慧城市产业联盟与西吉县签约。

4月14日 十三届县委2015年第九次常委会议日召开。会议研究西吉县全面深化改革有关事项;研究审定《关于推行“三查三创三评三挂钩”机制创建星级基层服务型党组织实施方案》《西吉县党(工)委书记抓党建工作责任制考核办法》《关于组织非公经济代表人士赴福建荔城区培训学习和开展招商引资工作的请示》;研究召开西吉县文化振兴工程誓师暨十大道德模范表彰大会事宜。

同日 全县打黑除恶专项斗争动员部署会议在会议中心第一会议室召开,对打黑除恶专项斗争进行动员部署。

4月15日 自治区水利厅副厅长毕廷和带领水利厅相关处室负责人,到西吉县检查指导安全饮水工程建设和农田节水灌溉工作。

4月16日 全县文化振兴工程誓师暨十大道德模范表彰大会在会议中心召开。

同日 西吉县在将台乡火家沟村举行雨露计划信息化管理服务系统APP软件推广应用启动仪式暨现场培训活动。国务院扶贫办培训中心主任高雪涛、区贫办副主任赵满礼、区扶贫办培训中心主任林栋、市扶贫办副主任孙继杰等参加启动仪式。

4月17日 国家交通运输部财务审计司副司长卢尚艇带领相关处室负责人及专家组,在自治区交通厅副厅长勾红玉陪同下,向西吉县捐赠交通文化建设科技人才培训基金。

4月19日 自治区副主席屈冬玉带领相关厅局负责人,在副市长杨文陪同下,到西吉县调研指导农业特色产业发展工作。

4月21日 自治区教育厅副厅长张智荣带领区教育厅职业教育处、教育信息中心等处室负责人,到西吉县调研检查职业教育和教育信息化建设工作。

4月22日 全县拆除违章建筑誓师大会在会议中心会堂召开。

4月23日 自治区交通运输厅厅长许学民带领相关处室负责人,到西吉县检查指导国道309线、省道202线工程建设。

4月25日 国务院扶贫办开发指导司司长吴华带领副处长顾晓鹏等,在区扶贫办副主任杨刚等陪同下,到西吉县调研指导金融扶贫工作。

4月30日 十三届县委2015年第十次常委会议召开。会议传达学习全区“三严三实”专题教育座谈会精神、全区民族工作会议精神、全区社区“两委”班子换届动员培训会精神,研究贯彻意见;传达学习全区纪检监察机关强化监督执纪问责深入纠正“四风”工作会议精神、《领导干部干预司法活动,插手具体案件处理的记录、通报和责任追究规定》,研究贯彻落实意见;听取全县第一季度经济运行情况汇报、全县拆除违法建筑工作进展情况汇报,研究部署相关工作;研究关于成立西吉县国有独资公司有关事项。

5月4日 十六届县政府第四十二次常务会议召开。会议研究审定《西吉县人民政府关于贯彻落实〈宁夏回族自治区法治政府建设指标体系〉实施方案》《西吉县城乡环境整治工作阶段性实施方案》《西吉县卫计局所属医疗卫生计生事业单位领导班子及班子成员考核实施方案》《西吉县卫计局所属医疗卫生计生事业单位领导干部竞争上岗实施方案》;听取西吉县义务教育均衡发展工作情况汇报,研究部署相关工作;研究成立西吉县火石寨国家级丹霞地貌自然保护区管理委员会相关事宜;研究处置震湖乡原苏堡工商所国有资产相关事宜,研究给予西吉县国家税务局通令嘉奖相关事宜;研究有关资金事宜,研究国有土地相关事宜。

5月5日 固原市市长马汉成带领市委常委、副市长陈胜营,副市长吴会君及市直相关部门负责人,到西吉县调研指导旅游业发展工作。

5月7日 自治区政研室副巡视员罗全福带领调研组,对西吉县革命老区建设发展情况进行调研。

5月12日 自治区妇联副主席李咏梅带领区妇联有关处室负责人,到西吉县偏城中学开展"护航春联"宣讲活动。

5月13日 县委宣传部在县文广局会议室组织召开"西吉精神"征集讨论座谈会。

5月14日 十六届县人民政府第四十三次常务会议召开。会议研究审定《第十一届宁夏六盘山山花旅游节暨第五届西吉火石寨丁香花节活动方案》《西吉县污水处理费征收使用管理工作实施方案》《西吉县城区社区居委会重新划分设置实施方案》《西吉县公开招聘城镇社区工作者实施方案》,研究吉强镇设立社区管理中心事宜,研究西吉县向阳梅花鹿养殖场搬迁补偿事宜,研究火石寨乡石山村甘石窑组(景区北门)住户拆迁安置事宜;听取月亮山林场等资产确权及有关事项汇报、听取解决西吉县凯益达置业有限公司基础设施建设扶持资金的汇报,研究部署相关事宜;研究国有土地相关事宜。

同日 市人大常委会农环委主任王耀臣带领2015年中华环保世纪行—固原行动检查组,到西吉县检查环保工作。

5月17日 西吉县召开全县环境整治推进会议。

5月18日 县关工委在职业中学报告厅举行"爱学习、爱劳动、爱祖国"主题教育活动启动仪式。

5月20日 市人大常委会副主任米超带领市人大视察组,到西吉县视察交通运输工作。

同日 全区地质灾害防治工作会议暨非煤矿业权设置方案修编工作培训会在西吉县召开。区国土资源厅副巡视员张黎、区政府应急办副主任李建军、区地质环境处处长张天鹏、区气象局调研员刘梅、区地质矿产勘查开发局副处长崔文夏及全区各市、县(区)国土资源局负责人参加会议。

▲ 国家水利部水土保持司巡视员张新玉带领水利部淤地坝防汛工作检查组,在自治区水利厅负责人陪同下,到西吉县检查指导淤地坝防汛工作。

5月21日 中宁县政协副主席徐辉带领劳务合作考察团,到西吉县商洽引进枸杞采摘劳务人员事宜。

5月26日 宁夏农科院党组书记、院长周东宁带领农科院相关处室负责人及专家,到西吉县调研特色农业示范基地建设情况。

5月27日 十三届县委2015年第十一次常委会会议召开。会议研究审定《西吉县人民政府关于贯彻落实〈宁夏回族自治区法制政府建设指标体系(试行)〉实施方案》《西吉县卫计局所属医疗卫计事业单位领导干部及成员考核实施方案》《西吉县卫计局所属医疗卫计事业单位领导干部竞争上岗实施方案》《西吉县城区社区居委会重新划分设置实施方案》《西吉县公开招聘城镇社区工作者实施方案》,研究《关于设立西吉县吉强镇社区管理中心的请示》《关于成立西吉县火石寨国家级丹霞地貌自然保护区管委员会的请示》;研究全县"三严三实"专题教育集体学习研讨安排;听取西吉县非公经济代表人士赴福建荔城区经贸洽谈考察培训学习情况的汇报;研究成立西吉县党外知识分子联谊会有关事项。

同日 自治区检察院机关党委专职副书记张丽带领区检察院机关党员干部,兴隆镇王河小学看望慰问全校师生,并送去价值1万多元的文体用品和爱心图书。

5月28日 中共中央组织部调研组到西吉县孝义蔬菜合作社农民田间学校、龙泉湾山庄田间学校,实地查看办学场所,听取情况讲解,召开座谈会,就西吉县田间学校建设框架、办学流程、建设要求、建设标准、办学理念、创新方式等情况进行调研。

同日 自治区涉农资金专项整治行动检查促进会在县财政局五楼会议室召开。

5月28日至29日 县政协主席马天英带领政协视察组,对全县西芹产业、退耕还林工程建设、食品药品监管、金融服务"三农"等工作进行视察。

5月29日 国家交通运输部交通报党委书记蔡玉贺在区交通厅副厅长勾红玉,固原市委常委、副市长陈胜营等陪同下,到西吉县调研农村道路建设工作。

同日 全县"六五"普法总结验收推进会暨禁毒工作会议在会议中心第一会议室召开。

6月1日 西吉县各小学、幼儿园以丰富多彩节目庆祝"六一"国际儿童节。

同日 全国政协委员、中国文联副主席、中国美术家协会主席刘大为带领中国美术家协会会员一行7人,到西吉县火石寨国家地质公园进行考察调研。

6月2日 全县2015年招生委员会会议在教育局五楼会议室召开。

6月8日 全国政协常委、提案委副主任、九三学社中央副主席赖明,在区、市领导马秀珍、田治富、陈星、李朴等陪同下,到西吉县调研扶贫开发工作。

6月9日 十六届县人民政府第四十四次常务会议召开。会议传达学习全国推进简政放权放管结合职能转变电视电话会议精神,研究贯彻意见;听取全县"三规合一"及"多规融合"规划编制情况汇报、《火石寨乡总体规划2014—2030年》编制情况汇报、西吉县汉族公墓规划建设情况汇报、钰秀家园经济适用房销售情况的汇报，研究部署相关事宜；研究审定《西吉县2015年农村消防队建设推进方案》，研究招聘县城清扫保洁和城市管理人员事宜，研究2015年县城区商品住房市场平均租金事宜；研究处置县中医院国有资产相关事宜，研究财政支农相关事宜。

同日 自治区党委常委、副主席李锐带领自治区政府副秘书长李建功、扶贫办主任董玲、财政厅副厅长刘守保、民政厅副厅长高万金等，到西吉县调研就业创业工作。

▲自治区党委常委、统战部部长马廷礼带领自治区统战部、民委负责人，到西吉县调研统战民族宗教工作。

▲西吉县震湖乡李章、东岔、蒙集等村遭受严重冰雹袭击，最大冰雹直径达1.5厘米，3300多亩农作物受灾。

6月10日 市人大常委会副主任米超带领市委督查组，到西吉县督查上半年重点工作进展情况。

同日 西吉县南部农村饮水安全工程开工仪式在震湖乡隆重举行。

▲十六届县人大常委会第二十一次会议召开。会议听取和审议县人民政府关于民族宗教工作开展情况报告、关于林业工作开展情况报告、关于扶贫工作开展情况报告、关于《中华人民共和国人口与计划生育法》《宁夏回族自治区人口与计划生育条例》贯彻实施情况报告，听取和审议县人大常委会检查组关于以上四项工作的检查报告，对县人民政府以上四项工作进行满意度测评；对全县扶贫工作开展情况进行专题询问。

6月11日 政协西吉县十届委员会第十四次常委会议召开。会议听取县人民政府关于西吉县芹菜产业发展情况通报、关于退耕还林工程建设情况通报、关于清真食品安全监管情况通报、关于金融服务“三农”工作情况通报，审议通过县政协视察组关于以上四项工作的视察报告。

▲自治区水利厅副厅长郭浩带领区水保局副局长卜崇德等，到西吉县督促检查水利水保工作。

6月12日 国家林业局直属机关党委常务副书记、国家林业局党校常务副校长高红电带领国家林业局党校第46期党员领导干部进修班一行50余人，在自治区林业厅党组成员、纪检组长开永安的陪同下，到西吉县调研林下经济发展情况。

6月17日 广东省政协副主席梁伟发带领广东省部分政协常委、委员一行，在区、市政协领导陪同下，到西吉县调研考察城镇化建设、设施农业、扶贫开发工作。

6月20日 宁夏瑞信旅游文化发展集团总裁曹培带领考察团，对西吉旅游产业发展情况进行考察调研。

6月23日 香港宝莲禅寺捐资25万元援建的马建乡希望小学举行落成仪式。

6月24日 红耀乡驼昌小学举行军民共建学校揭牌及捐赠活动。宁夏军区政委潘武俊、副政委郝振耀等及驼昌小学全体师生和部分群众代表参加揭牌及捐赠活动。

同日　自治区党委统战部副部长兰德明带领调研组,对西吉县贯彻落实中央统战工作会议精神及破解制约统一战线工作存在的突出问题进行调研。

6月28日　市委统战部在硝河乡红泉村举行“庆七一　送温暖”活动暨全市党外人士实践锻炼基地挂牌仪式。

6月29日　自治区政府副主席马力带领区政府办公厅、区卫计委负责人,到西吉县调研检查卫生和计划生育工作。

7月1日　自治区环保厅监测处处长户鼎荣带领区环保督察组,对西吉县环境保护工作进行督查。

同日　西吉至三合公路建设协调会在会议中心召开。县委常委、副县长陈钟,宁夏公路建设管理局地方道路管理处主任李海军出席会议。

▲市监察局副局长秦文学带领市党风廉政建设检查组,在县委常委、纪委书记李春生陪同下,对西吉县党风廉政建设工作开展情况进行检查。

▲全县2015年征兵工作会议在会议中心第一会议室召开。

7月2日　市委常委、纪委书记黄湘宁,市人大常委会副主任杨大素,市委组织部常务副部长马正学一行到马莲乡张堡塬村委会、硝河乡硝河村委会、吉强镇下寨村委会调研农村基层组织建设工作。

7月5日　市政协副主席李朴带领调研组,深入宁夏佳立公司、牟荣蔬菜专业合作社、西滩万亩马铃薯示范基地、县工业园区等,调研西吉县产业布局情况。

7月6日　自治区水利厅厅长吴洪相带领区水利厅相关处室负责人,到西吉县检查指导城乡饮水安全工程及配套工程建设工作。

7月7日　市委常委、副市长陈星,市人大常委会副主任云生元及市扶贫办负责人等深入田坪乡二岔村移民安置点、田坪乡腰庄村移民安置点、震湖乡义丰养殖场、震湖乡嘉润牧业发展有限公司、震湖乡瓦岔口新村、震湖乡天合家庭农场、兴平乡王湾村安置点,对西吉县扶贫开发工作进行调研。

同日　市人大常委会副主任、市总工会主席马玉芳带领市、县(区)总工会负责人及相关工作人员组成观摩团,到西吉县观摩评比工会亮点工作、创新性工作。

▲市委常委、宣传部部长彭生选带领固原日报社社长王志贤及有关科室、编辑、记者,到西吉县调研检查宣传思想文化工作。

7月8日　市政协副主席黄金库带领市政协调研组,在市交通局、水务局、供电局等部门负责人陪同下,到西吉县调研“十三五”期间基础设施规划建设情况。

同日　西吉县召开县域经济观摩会议。全体在家县级领导、各乡镇党委书记、乡镇长、县直相关部门主要负责人参加观摩。

7月9日　自治区文化厅公共文化和非遗处处长杨新芳带领自治区和各市、县文化馆馆长组成文化馆评审专家组,对西吉县文化馆进行评星定级。

7月10日 固原市市长助理韩炳越带领相关部门负责人对西吉县小康社会建设工作进行调研。

7月14日 固原市市长马汉成带领市四大机关领导,各县(区)党委、政府主要领导,市直各部门(单位)主要负责人、有关企业负责人组成观摩团,对西吉县上半年经济社会发展情况进行调研观摩。

7月16日 十六届县人民政府第四十五次常务会议召开。会议传达学习全区扶贫办主任会议精神,研究贯彻意见;听取上半年全县安全生产工作情况汇报,安排部署相关工作;研究审议《西吉县扶贫小额信贷实施方案》《西吉县房屋征收补偿安置补充规定》《西吉县基本医疗卫生计生单位奖励性绩效工资实施办法》;研究成立西吉县金融工作办公室、西吉县民生信用担保有限公司事宜;研究变更县第一幼儿园建设地址相关事宜,研究西吉县北大寺迁建工作相关事宜,研究处置县中医医院、县计生站、原质量技术监督局国有资产相关事宜。

7月17日 市委常委、组织部部长王刚一行在县委常委、组织部部长李聪陪同下,到马莲乡张堡塬村调研检查基层党组织建设工作。

7月23日 自治区农牧厅厅长王文宇带领相关处室负责人,到西吉县调研检查特色优势产业发展情况。

7月24日 十三届县委2015年第十二次常委会会议召开。会议传达学习《关于认真学习贯彻习近平总书记重要指示精神扎实推进"三严三实"专题教育的通知》,研究贯彻意见;传达全市县域经济观摩会议精神;听取全县扶贫开发工作进展情况汇报,研究精准扶贫工作;研究审定《西吉县开展纪念中国人民抗日战争胜利70周年暨"八一"活动方案》《西吉县房屋征收补偿安置补充规定》;研究《关于恢复马庆忠同志党员权利的请示》。

7月25日 市政协副主席黄金库带领市政协视察组,到西吉县视察公安社会治安防控体系建设工作。

7月27日 全县双拥模范县创建工作推进会在会议中心第一会议室举行。

7月28日 第四次中国城乡老年人生活状况抽样调查宁夏区督导员和调查员培训班开班仪式在县会议中心第一会议室举行。

7月29日 自治区扶贫办主任董玲带领区扶贫办有关处室负责人,到西吉县调研检查产业扶贫工作。

8月3日 十六届县人民政府第四十六次常务会议召开。会议研究国有土地确权、挂牌、出让等相关事宜及全县批而未供、闲置土地处置事宜;研究有关资金事宜;研究县长、副县长、县长助理分工调整事宜。

8月4日 自治区双拥办副主任、民政厅副厅长高万金带领双拥模范县创建考核验收组一行,到西吉县考核验收创建自治区级双拥模范县工作。

8月5日 市人大常委会副主任云生元带领市人大调研组,到西吉县华林公司种植基地、将台乡蔬菜种植基地、宁夏佳立公司、百万亩马铃薯种植基地,对西吉县农业特色优势产业发展情况进行实地调研。

8月10日 国务院扶贫办副主任郑文凯带领调研组,到西吉县火石寨乡元咀村、吉德慈善产业园、将台华林农业设施基地,实地调研扶贫政策落实、产业扶贫、扶贫项目效益及对贫困户带动情况。

8月11日 自治区考核验收组对西吉县2013年巩固退耕还林项目实施情况进行考核验收。

8月12日 自治区国土资源厅厅长王政带领相关处室负责人,对西吉县滨河路河道治理集约节约利用土地项目、批而未建和闲置土地处置等情况进行实地调研。

同日 自治区农牧厅副厅长金万宏带领相关处室负责人,到西吉县调研检查农牧业发展工作。

8月13日 县委召开理论学习中心组会议。会议传达学习自治区党委十一届六次全会精神、自治区纪委十一届六次全体会议精神、《关于融入“一带一路”加快开放宁夏建设的意见》,传达学习区党委书记李建华、自治区政府主席刘慧在上半年经济形势分析会上的讲话精神。通报宁夏党政代表团固原分团赴平凉考察学习情况。

同日 自治区民政厅副巡视员王金宝带领相关处室负责人,到西吉县调研检查老年活动中心建设、老年饭桌项目、慈善超市及敬老院安全管理工作。

▲中国交通通信信息中心咨询与工程事业部总经理王玮带领国家交通运输部专家组,到西吉县调研城乡客运一体化项目智能管理平台建设。

8月14日 十六届县人民政府第四十七次常务会议召开。会议研究变更西吉县马铃薯脱毒种薯繁育基地项目建设地址事宜,研究整合西吉县2013年退耕还林后续产业设施拱棚建设地址、数量及财政补助标准事宜,研究整合王民中学等农村中小学校为九年一贯制学校事宜,研究配备全县中小学校、幼儿园安全保卫工作人员事宜,研究县城棚户区改造项目安置房回购协议及县城规划区范围内沿街房屋改造事宜,研究西吉县粉丝厂和武装部原弹药库征地拆迁事宜;研究审议《西吉县2015年聘任中小学(幼儿园)校(园)长工作方案》。

8月17日 国家水利部2014—2015年度水利建设质量工作考核组,在区水利厅建设管理处处长麦山、水利工程质量监督站站长韩璇陪同下,对西吉县夏寨水库除险加固工程进行质量考核。

8月18日 市政协副主席、市委统战部部长闫评带领原州区、泾源县、隆德县、彭阳县四县(区)统战部长及固原市党外人士、宗教界人士一行50余人,到西吉县考察观摩县域经济发展情况。

同日 十三届县委2015年第十三次常委会会议召开。会议传达学习自治区党委十一届六次全会精神、自治区纪委十一届六次全体(扩大)会议精神,研究贯彻意见;听取全县草畜产业发展情况汇报、关于招聘城镇社区工作者的报告、西吉县卫计局所属医疗卫计事业单位领导干部竞争上岗的报告;研究审议《关于进一步加强精准扶贫精准脱贫工作的实施意见》,研究“五大战役”“五大工程”和创建民族团结进步示范县考核办法。

▲ 全县2015年夏秋季征兵体检工作全面开展。固原市征兵办公室常务副主任、固原军分区司令员马焰明,县委常委、武装部长任升虎,政委刘文平现场督导体检工作。

8月19日 副市长吴会军带领市消防、公安、安监、交通等相关部门负责人,到西吉县检查指导安全生产工作。

同日 十六届县人大常委会第二十二次会议召开。会议听取和审议县政府关于中南部引水西吉受水区连通配套工程进展情况汇报、关于十六届县人大三次会议代表议案建议办理情况报告,听取和审议县人大常委会检查组关于以上两项工作的检查报告;听取和审议县法院工作开展情况报告、县检察院工作开展情况的报告,听取和审议县人大常委会检查组关于以上两项工作的检查报告;听取和审议县政府关于2015年上半年国民经济和社会发展计划执行情况的报告、关于2014年度财政决算和2015年上半年财政预算执行情况的报告、关于2014年度财政预算执行和其他财政收支情况的审计工作报告;听取和审议县人大常委会财政经济委员会关于2014年度县财政决算的审查报告,审查批准2014年度县本级财政决算。

▲ 县政协在平峰镇举行“奉献爱心 捐资助学”活动。

8月21日 全区林下经济现场观摩会在西吉县举行。自治区林业厅副厅长平学智、副巡视员王明忠及林业厅相关处室负责人、全区各市、县(区)林业部门负责人、林下产业合作社负责人及林业专家百余人参加现场观摩会。

8月24日 县委、县政府召开全县精准扶贫工作推进会暨千名干部下乡精准帮扶动员会。自治区扶贫办副主任杨刚,固原市委常委、副市长陈星参加指导会议。

同日 全县电子商务进农村综合示范工作启动会在会议中心第一会议室召开。

8月25日 县委开展“三严三实”专题教育集体学习研讨会。市长马汉成出席并指导会议。

8月26日 十三届县委2015年第十四次常委会议召开。会议传达学习中央和自治区党的群团工作会议精神,研究贯彻意见;传达学习《宁夏回族自治区党风廉政建设主体责任和监督责任追究办法(试行)》、自治区全面深化改革推进会暨领导小组第九次会议精神,研究贯彻意见;研究《关于机构改革后部分县直部门基层党组织设置及隶属关系调整的请示》,研究有关干部处理事宜。

同日 自治区旅游局规划处副处长杨鹏刚带领自治区旅游局调研组,到西吉县调研指导旅游景点规划建设工作。

▲ 自治区政府特邀督查员、政协提案委主任王中带领督查组,到西吉县督促检查扶贫开发和生态移民工作。

8月27日 自治区交通厅副厅长武宁生带领考核验收组对西吉县主干道路大整治大绿化工作进行考核验收。

同日 自治区运管局副局长杨俊峰带领全区各市县(区)运管局负责人组成调研组,到西吉县调研考察城乡客运一体化工作。

8月31日 自治区党委常委、副主席李锐带领自治区相关部门、金融机构负责人及各市、县分管副市长、副县长,扶贫办主任,到西吉县调研观摩精准扶贫精准脱贫工作。

9月1日 自治区党委统战部副部长、工商联党组书记杨锦明带领相关处室负责人到什字乡谢寨村闽南小镇项目建设现场、红耀乡小岔村、吉源供热有限公司天然气供气站、明星汽车出租有限责任公司,对西吉县中小企业和非公有制经济发展情况进行全面调研。

9月6日 自治区政府副主席马力带领区统战部、区民委负责人,到西吉县调研检查统战民族宗教工作。

9月7日 中国商飞公司总经理贺东风带领副总经理刘林宗、霍尼韦尔航空航天集团亚太区总裁高博安及商飞公司、霍尼韦尔航空航天集团相关处室负责人,到西吉县将台乡西坪村开展扶贫调研工作。

同日 十六届县人民政府第四十八次常务会议召开。会议研究审定《西吉县庆祝第31个教师节活动筹备方案》,研究使用价格调节基金解决县城东街平价农贸市场项目缺口资金事宜,研究国有土地相关事宜,研究有关资金事宜。

9月8日 市委常委、纪委书记纳冰带队,到西吉县调研检查党风廉政建设和反腐败工作开展情况。

同日 市政协副主席李朴带领市政协考察组,到西吉县调研考察文化旅游工作和吉德慈善产业园建设情况。

9月13日 国家商务部调研组到西吉县调研商贸物流建设发展工作。调研组深入西吉金通汽车商贸物流园、凯益达国际家居物流商贸城、西吉商业综合体施工现场,实地查看了解掌握情况。

9月14日 市委副书记王刚,市委常委、固原军分区政委宋晓国,市委常委、副市长陈星,市委常委、组织部部长景瑜及各县(区)组织部长、分管副县长,市县相关部门(单位)负责人、部分乡镇负责人组成观摩团,到西吉县观摩考察村级党组织带头人、致富带头人建设工作。

9月15日 十六届县政府第四十九次常务会议召开。会议研究审议《西吉县人民政府与宁夏水务投资集团有限公司水务一体化合作协议》《西吉县深化改革保障水安全的意见》《西吉县集中供热燃煤锅炉除尘脱硫设施配套建设工作实施方案》《西吉县城市地下管线普查实施方案》《西吉县奖励扶持劳务中介组织和经纪人队伍(暂行)办法》《西吉县2000—2003年安置城镇退役士兵劳动报酬方案》;研究组建西吉县城乡客运总公司事宜,研究调整县城滨河路(污水处理厂至夏寨水库段)道路工程量事宜,研究2015年自治区政府购买公益性就业岗位人员安置事宜,研究解决离休干部医疗费用事宜,研究搬迁县政务服务大厅事宜、研究标准化蔬菜市场土地划拨事宜;研究贯彻自治区政府办公厅《关于改革财政专项扶贫资金管理机制的实施意见》事宜。

9月16日 国家住建部法规司副司长刘昕带领检查组,到西吉县检查保障性安居工程建设工作。

同日 市委常委、副市长陈济丁带领调研组,到西吉县调研检查旅游公路环线建设及景区基础设施建设情况。

9月17日 国务院扶贫办主任刘永富带领"三西"扶贫开发现场观摩团到西吉县观摩精准扶贫工作。中央农办、国家发改委、财政部、交通运输部、水利部、农业部等部委负责人及自治区党委常委、副主席李锐,天津、福建、陕西、青海、甘肃等省政府分管领导、固原市长马汉成、副市长陈星,各省、市、县扶贫办负责人参加观摩活动。

同日 福建省莆田市荔城区区委常委、纪委书记郑占林带领经贸考察团,到西吉县考察交流经贸工作。

10月10日 十三届县委2015年第十五次常委会会议召开。会议传达学习"三西"扶贫开发现场会议精神、全区产业发展和重点工作现场交流会精神,研究贯彻意见;传达学习全区贯彻落实纪检监察干部监督工作座谈会精神、全区推进党风廉政"两个责任"落实工作会议精神,研究贯彻意见;研究审议《西吉县农村"两个带头"工程实施方案》《西吉县"从严从实抓落实,大干实干100天"活动实施方案》《关于召开全县农村"两个带头人"工程动员会的请示》《关于鼓励农业科技人员到生产一线创新创业的实施意见》《关于实施新一轮退耕还林还草工程的实施意见》;研究县委十三届六次全会文件起草工作建议,研究《西吉县人民政府与宁夏水务投资集团有限责任公司水务一体化合作协议》,研究组建西吉县城乡客运总公司事宜。

同日 中国医科大学航空总医院院长高国兰带领专家代表团,以"重走红军长征路,革命老区健康行"为主题,走进西吉与西吉县人民医院建立对口支援关系,支援县人民医院加强学科建设、业务培训、科学管理工作,助推革命老区医疗能力全面提升。

10月11日 全区农产品产地初加工惠民工程推进会在西吉县召开。自治区农牧厅巡视员马明、农牧厅农产品加工局局长郭德宝、副局长杨静,农产品产地初加工惠民工程专家组及全区各市、县(区)农牧部门负责人参加会议。

同日 国网固原供电公司在西吉县敬老院举行献爱心捐赠仪式。

10月12日 十六届县人大常委会第二十三次会议召开。会议听取和审议县人民政府关于全县重点工程项目建设情况报告,听取和审议县人大常委会检查组关于全县重点工程项目建设情况的检查报告;审议通过有关人事任免事项。

10月13日 自治区住建厅厅长杨玉经带领副厅长张吉胜、副厅长何晓勇、总工程师郑德金及住建厅各处室、各市县(区)建环局负责人组成观摩团,到西吉县观摩调研小城镇建设和美丽村庄建设工作。

同日 自治区发改委生态办主任邱新华、副主任唐志海、水利厅水保局副局长张宁一行在固原市水务局负责人陪同下,到西吉县调研检查水土保持项目建设情况。

10月14日 全国红色旅游工作协调小组办公室主办的"薪火相传·再创辉煌"长征精神红色旅游火炬传递活动在西吉县兴隆镇隆重举行。自治区道德模范、火炬手代表李兴兴宣读"薪火相传 再创辉煌"长征80周年火炬传递宣言书。县长武维东护送火种入场。由西吉县各社会阶层先进代表组成的20名火炬手从单家集民族团结广场出发,沿省道202线进行火炬传递至红军长征将台堡会师纪念广场。在红军长征将台堡会师纪念广场举行火种传递交接仪式,移交下一站甘肃省会宁县。

同日 自治区高级人民法院院长李彦凯带领自治区高级人民法院各部门负责人,对西吉县人民法院诉讼服务中心、执行服务中心、审判庭和档案室、荣誉室、训练室等法院基础建设、机构设置及重点工作开展情况进行实地调研指导。

10月15日 中央党史研究室副主任吕世光在自治区党史研究室主任宋建钢,市委常委、组织部部长景瑜等陪同下,到单家集革命遗址、红军长征将台堡会师纪念园调研党史工作。

同日 全县扶贫开发建档立卡"回头看"工作推进会在会议中心召开。

▲ 国家民委经济发展司司长乐长虹带领调研组在自治区民委主任丁卫东等陪同下,到西吉县调研民族地区经济贸易发展工作。

10月16日 政协西吉县十届委员会第十五次常委会议召开。会议传达学习全区产业发展和重点工作现场观摩交流会议精神;听取县人民政府关于西吉县劳动就业工作的情况通报、关于环境保护执法监管工作的情况通报、关于火石寨国家地质森林公园和党家岔湿地保护区管理运营工作的情况通报;审议通过县政协调研组关于以上三项工作的调研报告。

10月19日 政府县长武维东带领县发改局、水务局、环保局等部门负责人对全县淀粉加工企业排污工作进行环保专项督查。

10月21日 自治区政府主席刘慧带领区交通厅、扶贫办等部门负责人,在自治区党委常委、市委书记纪峥,市长马汉成陪同下,到国道309线固原至西吉高速公路施工现场、省道202线西吉至毛家沟一级公路施工现场、向丰循环农业示范园等实地调研指导交通道路建设、现代农业发展工作。

同日 自治区人大检查组在区交通厅副厅长陈钧、市人大常委会副主任朱培忠陪同下,对自治区十一届人大一次会议代表提出的"关于加快建设国道309线固原至西吉段高速公路的建议"办理工作进展情况进行检查。

▲ 市政协副主席罗永红带领市政协委员、伊协负责人组成检查组,在市宗教局、市场

监督管理局负责人陪同下，到西吉县视察食品安全监管工作。

10月22日 国家交通部规划司副调研员翟威带领调研组，到西吉县调研指导农村公路建设项目实施情况和项目库调整及补充调查工作。

10月25日 政府县长武维东在政府三楼会议室主持召开全县第二批违章建筑拆除部署会。

10月26日 自治区残联理事长娄晓萍带领区残联各处室负责人，各市、县（区）残联理事长组成观摩团一行70余人，到西吉县观摩交流残联工作。

10月27日 市委常委、纪委书记纳冰带队，到西吉县调研检查党风廉政建设和反腐败工作。

10月28日 自治区党委常委、宣传部部长蔡国英带领区党委宣传部副部长周庆华、副部长毛录及区文化厅、宁夏日报社、宁夏电视台、区党委宣传部相关处室负责人，深入西吉县钱币博物馆、蓝天民族刺绣培训中心、国圣食品公司、旺泉食品公司、吉强镇龙王坝村、兴隆镇下范村等地，对西吉县工业经济运行及宣传思想文化工作、精神文明建设进行调研。

10月29日 市委常委、政法委书记李志达带领全市各县（区）政法部门主要负责人组成观摩团，到西吉县观摩考察政法机关服务型窗口单位建设工作。

10月30日 政协西吉县十届委员会第三十二次主席（党组）会议召开。会议传达学习《中共中央制定国民经济和社会发展第十三个五年规划的建议》《中国共产党廉洁自律准则》《中国共产党纪律处分条例》，审议《政协西吉县委员会2016年度协商计划（草案）》，听取县政协办公室《关于县政协十届委员会委员变动情况的说明》。

11月2日 自治区经信委主任李广民带队到西吉县，对宁夏鸿威电子有限公司、宁夏（西吉）闽宁产业园小微企业孵化园、勇兴三粉加工有限公司、万里淀粉有限公司专项资金效能情况进行调研检查。

11月3日 十三届县委2015年第十八次常委会会议召开。会议传达学习党的十八届五中全会精神，研究举办专题学习班事宜；传达学习《中共中央关于部分省市县党委书记违纪违法案件及其教训警示的通报》《中国共产党党组工作条例》《中国共产党巡视工作条例》，研究贯彻意见；传达学习自治区党委统战工作会议精神，研究贯彻意见；通报自治区政府主席刘慧来固原调研情况，通报固原市党政代表团赴福建、江苏等地考察学习及经贸洽谈情况；研究审议《西吉县党风廉政建设党委（党组）主体责任清单》《西吉县党风廉政建设纪委（纪检组）监督责任清单》。

11月5日 自治区商务厅副厅长梁万荣带领区商务厅相关处室负责人，到西吉县调研检查电子商务工作。

同日 十六届县人民政府第五十次常务会议召开。会议研究做好被征地农民养老保险工作，切实保障被征地农民权益和基本生活。

11月10日 十三届县委2015年第十九次常委会会议召开。会议传达学习自治区党委办公厅《关于用中央精神进一步统一思想,切实做好社会稳定等各项工作的通知》,研究贯彻意见;研究审议《西吉县被征地农民参加养老保险工作实施方案》;听取安全生产工作情况汇报。

同日 香港新融宇集团董事会主席余学明一行来西吉考察油用牡丹种植项目。

11月11日 自治区妇联副主席魏艳华带领区人社厅、民政厅、妇联等相关处室负责人及吴忠市、固原市、中卫市妇联负责人,各县(区)妇联主席和"留守妇女阳光帮带行动"试点村妇代会主任组成观摩团,到西吉县观摩考察"留守妇女阳光帮带行动"工作开展情况。

11月12日 自治区党委常委、政法委书记李文章带领自治区公安厅、自治区高级人民法院、自治区人民检察院负责人,在市委常委、政法委书记李志达陪同下,到西吉县调研指导政法工作。

同日 全县学习贯彻《中国共产党廉洁自律准则》《中国共产党纪律处分条例》专题培训会在会议中心召开。

11月14日 中央党校经济学部区域经济学教研室主任曹立带领调研组,到西吉县调研考察精准扶贫工作。

11月18日 自治区政协副主席张乐琴带领区政协调研组,在市政协副主席刘维俊陪同下,到西吉县开展《宁夏回族自治区农村扶贫开发条例(草案)》立法协商专题调研。

同日 自治区党委常委、市委书记纪峥带领副市长曲峰及相关部门负责人,到西吉县调研指导平安联防建设和电子商务发展工作。

11月19日 自治区民委副主任李文明带领区民委相关处室负责人,到西吉县督促检查民族宗教重点工作。

11月21日 自治区金融办副主任吴琼带领有关金融部门和金融机构负责人,到西吉县调研指导金融工作。

11月22日 县政府召开智慧西吉顶层设计评审会,研究讨论西吉县智慧城市顶层设计整体框架内容。会议特邀中国智慧城市产业联盟秘书长熊垓智及专家组参加指导评审会议。

11月24日 西吉县与宁夏水务投资集团水务一体化合作签约暨宁夏六盘山水务有限公司西吉分公司揭牌仪式在会议中心第一会议室举行。

11月25日 自治区禁毒委委员、邮政管理局副局长韩亮,禁毒办副主任、公安厅禁毒总队政委马占文一行,在市禁毒办专职副主任段志明陪同下,到西吉县考核禁毒工作。

11月26日 十六届县政府第五十一次常务会议召开。会议研究审议《西吉县关于规范增加预算资金管理的暂行规定》《西吉县民生信用担保有限责任公司担保业务授权管理办法》《西吉县关于推进户籍制度改革的实施意见》《关于落实西吉县流动人口服务管理工作的实施意见》《西吉县电子政务外网和公共云平台建设方案》《西吉县关于开展老年人意外伤害综合保险工作实施方案》《西吉县2015年少数民族发展资金项目计划》;研究关于对兴隆镇活畜交易市场和下范煤炭市场采取PPP模式建设事宜,研究将台乡天然气供暖项目建设事宜,研究给予公安协勤人员解决公共租赁房事宜,研究全县义务教育阶段学校经费管理使用事宜,研究解决全县机关公务员职务与职级并行制度中存在的有关问题。

12月8日 市人大常委会副主任杨大素带领市人大检查组,到西吉县检查《食品安全法》贯彻实施情况。

12月9日 自治区国防动员委员会综合办公室专职副主任王送军、人民防空办公室副主任华光荣一行,到西吉县调研检查国防建设工作。

12月11日 政协西吉县十届委员会第三十三次主席(党组)会议召开。会议审议《关于召开中国人民政治协商会议西吉县第十届委员会第四次全体会议的请示》,审议县政协视察组《关于全县五保老人和孤儿社会保障工作的视察报告》《关于全县水利水保重点项目建设工作的视察报告》《关于全县学前教育工作的视察报告》。

12月12日 全县工作汇报会在会议中心第一会议室召开,会议听取各乡镇和县扶贫规划编制责任单位关于“1+21+19+172”四级联动扶贫开发规划体系编制情况及2016年亮点工作、重点项目筹划情况。

12月15日 十三届县委2015年第二十次常委会议召开。会议传达学习中央扶贫开发工作会议精神,研究贯彻意见;研究召开西吉县第十六届人民代表大会第四次会议有关事项,研究召开中国人民政治协商会议西吉县第十届委员会第四次全体会议有关事项。

12月16日 市委常委、副市长陈济丁一行,到西吉县调研精准扶贫工作。

12月17日 十六届县人大常委会第二十四次会议召开。会议听取和审议县政府关于县十六届人大三次会议代表议案建议办理情况的报告、关于2015年改善民生实事落实情况的报告、关于六盘山片区交通扶贫攻坚示范试点(县)建设情况的报告、关于群众文化活动开展情况的报告,听取和审议县人大常委会检查组关于以上四项工作的检查报告;听取和审议县政府关于国民经济和社会发展“十二五”规划纲要总结及“十三五”规划的建议;听取和审议县人民政府关于2015年财政预算调整情况的报告,听取和审议县人大常委会财政经济委员会关于2015年财政预算调整情况的审查报告,审议通过县人大常委会关于调整2015年度县财政预算的决议;审议通过关于召开西吉县第十六届人民代表大会第四次会议的决定;补选固原市第三届人民代表大会代表;对全县教育工作进行专题询问;对县政府关于县十六届人大三次会议代表议案、建议办理情况,2015年改善民生实事落实情况,全县教育工作进行满意度测评。

12月23日 十六届县政府第五十二次常务会议召开。会议研究审议西吉县2016年及“十三五”阶段经济社会发展预期目标、西吉县2016年重点建设项目,研究调整西吉县城区应急供水临时价格事宜;研究审议《西吉县安全生产"党政同责、一岗双责"实施细则》《西吉县第二次全国地名普查技术外包项目政府采购实施方案》《西吉县劳动力技能培训专题规划(2015—2020年)》《西吉县支持农民工等人员返乡创业的实施意见》《西吉县深化小型水利工程管理体制改革实施方案》;研究西吉县社区日间照料中心建设项目购买钰秀家园、锦绣家园廉租房事宜,研究县污水处理厂污泥改造项目招标控制价事宜,研究县城水泉安置区室外附属工程建设项目事宜,研究县农村信用联社部分营业网点房屋产权证办理事宜,研究原质量技术监督局、县公安局旧址、司法局旧址、偏城乡原卫生院国有资产处置事宜。

12月24日 市人大常委会主任姜文奎带领市人大机关干部到西滩乡庙湾村开展扶贫调研工作。

12月28日 十三届县委2015年第二十一次常委会会议召开。会议传达学习自治区党委十一届七次全体会议精神、自治区经济工作会议精神,研究贯彻意见;传达学习中央纪委《关于七起违法中央八项规定精神问题的通报》、自治区纪委《关于十起基层党员腐败问题典型案件的通报》、固原市纪委《关于2016年元旦春节期间严格落实中央八项规定精神的通知》,研究贯彻意见;研究审议《西吉县安全生产"党政同责、一岗双责"实施细则》;研究部署2016年重点工作;听取有关干部处理的请示。

12月29日 政协西吉县十届委员会第三十四次主席(党组)会议召开。会议传达学习固原市纪委《关于2016年元旦春节期间严格落实中央八项规定精神的通知》、中共西吉县委《关于做好2016年元旦、春节期间有关工作的通知》文件精神;审议《西吉县政协2016年度工作计划(草案)》,审议提交县委常委会研究的县政协十届四次全体会议材料。

是年 全县总户数135793户,总人口496325人。全县地区生产总值492056万元,其中第一产业126849万元、第二产业110299万元、第三产业254908万元。农作物播种面积220.08万亩,粮食总产29299.9万公斤、油料总产1877.5万公斤。地方财政收入16675万元,地方财政支出386036万元,社会商品零售总额140236万元。

2016年

1月3日 十三届县委2016年第一次常委会议召开。会议传达学习自治区党委《关于制定国民经济和社会发展第十三个五年规划的建议》,研究贯彻意见;传达学习市委三届七次全体会议精神,研究贯彻意见。

1月4日 "创维公益万里行助力扶贫攻坚"捐赠活动在吉强镇袁河敬老院举行。创维集团有限公司西北区市场总监赵旭明代表公司向吉强镇袁河敬老院捐赠创维冰箱并发放惠民补贴券总金额达60余万元。

1月6日 政协西吉县十届委员会第十六次常委会议召开。会议听取县政府关于全县五保户老人、孤儿社会保障情况通报,关于水利水保重点项目建设情况通报,关于学前教育工作情况通报;审议通过县政协视察组关于以上三项工作的视察报告;审议通过关于召开县政协十届四次全体会议的决定、议程、日程、秘书长和副秘书长名单、各次大会执行主席和主持人名单、提案截止时间的决定。会议讨论通过《政协工作报告》《政协提案工作报告》《政协西吉县委员会2016年度协商工作计划》。

1月8日 全国农村危房改造绩效评价第八检查组,到西吉县检查评估危房改造工作。

1月9日 银川市民生公司爱心车队到西吉县龙王坝村开展冬日送温暖活动,为龙王坝小学孩子们捐赠价值1.5万元的棉衣和体育用品。

1月10日 固原军分区和西吉县人武部共同出资援建的沙沟陶堡小学竣工交付使用。固原军分区政委宋晓国等参加沙沟陶堡小学落成揭牌仪式。

1月11日 固原市2016年农机监理工作安排暨第一季度农机安全生产例会在西吉县农牧局召开。市农机安全监理所负责人、全市各县(区)农机监理站负责人参加会议。

1月13日 西吉县开展军民共建促和谐活动。

1月14日 固原市科技局局长张汉俭、副局长李雅娟一行,到西吉县调研指导农牧科技工作。

1月15日 十六届县政府第五十三次常务会议召开。会议研究审议《政府工作报告(送审稿)》《2015年15件改善民生实事落实情况和2016年15件改善民生实事(草案)的报告》《关于西吉县十六届人民代表大会第三次会议代表议案建议办理情况的报告(送审稿)》《关于政协西吉县十届三次会议委员提案办理情况的报告(送审稿)》;研究审议《西吉县国民经济和社会发展第十三个五年规划纲要(送审稿)》《中共西吉县委员会关于制定国民经济和社会发展第十三个五年规划的建议(送审稿)》《关于制定国民经济和社会发展第十三个五年规划建议的说明(送审稿)》《关于2015年国民经济和社会发展计划执行情况与2016年国民经济和社会发展计划编制情况的汇报》《关于2015年财政预算执行情况和2016年财政预算(草案)的汇报》《全县脱贫攻坚誓师大会筹备方案》《西吉县学校规划布局调整实施方案》;研究解决县林业局关于申请拨付2015年荒山造林资金事宜,研究县林业局园林绿化管理中心有关事宜,研究解决县消防大队关于申请士官公寓房事宜,研究变更2013年"双到"扶贫攻坚工程结余资金及2014年、2015年"双到"扶贫攻坚工程养殖业贷款贴息资金相关事宜。

1月16日 中国科学院植物研究所首席研究员沈世华带领考察团到西吉县调研考察构树种植项目。

同日 县委宣传部、文广局、文联等部门联合举办"中国首个文学之乡——西吉"首届民间迎新春诗歌朗诵会活动暨成立北斗星诗社。县委常委、宣传部部长马金平及西吉县本土诗人、作家和有关社会组织负责人参加活动。

1月17日 十三届县委2016年第二次常委(扩大)会议召开。会议传达学习自治区“两会”精神,研究贯彻意见;研究召开县委十三届六次全体会议有关事项,研究召开西吉县第十六届人民代表大会第四次会议有关事项,研究召开政协西吉县第十届委员会第四次会议有关事项;研究审议《西吉在外创业成功人士暨“最美西吉人”表彰活动方案》《全县脱贫攻坚誓师大会筹备方案》。

1月18日 自治区高级人民法院党组副书记、副院长王兆元带领区高级人民法院机关干部,到白崖乡阳洼村看望慰问残疾人、孤儿和困难群众。

同日 “国培”学员红色教育实践基地挂牌仪式在红军长征将台堡会师纪念广场举行。江苏盐城师范学院、陕西咸阳师范学院、宁夏师范学院等高等院校负责人及县委宣传部、教育局、文广局、将台乡等负责人参加挂牌仪式。

1月18日至19日 县委常委、副县长马宗正带领县人社、民政、纪委等部门相关人员,对全县被征地农民参加养老保险、就业创业和劳动力素质提升工作进行督查。

1月19日 市委常委、副市长陈济丁,市人大常委会副主任童全成,副市长曲峰等到红耀乡、平峰镇、兴平乡、兴隆镇、田坪乡开展走访慰问活动。

1月22日 十六届县人大常委会第二十五次会议召开。会议审议通过《西吉县第十六届人民代表大会常务委员会代表资格审查委员会关于代表资格变动情况的审查报告》;讨论通过西吉县第十六届人民代表大会第四次会议相关事宜,讨论通过西吉县人大常委会2015年工作总结及2016年工作要点。

1月23日 十三届县委第六次全体会议在会议中心会堂召开。会议对全县2016年工作思路、目标任务、重点工作作出部署。

同日 县委、县政府召开全县劳动力素质提升培训工程推进会。

1月24日 十三届县委2016年第三次常委会议召开。会议传达学习习近平总书记在中央政治局“三严三实”专题民主生活会上的重要讲话精神、十八届中央纪委第六次全体会议精神,研究贯彻意见;研究审议《西吉县学校布局规划调整实施方案》《西吉县2016年春节慰问方案》。

1月25日至28日 政协西吉县十届委员会第四次全体会议召开。会议听取和审议政协工作报告和提案工作报告,审议通过政协西吉县第十届委员会提案审查委员会关于十届四次会议期间提案审查情况的报告、政协西吉县第十届委员会2016年度协商工作计划、政协西吉县第十届委员会第四次全体会议决议。与会政协委员还列席了西吉县第十六届人民代表大会第四次会议,听取并讨论政府工作报告和其他报告。会议共收到委员提案96件,立案43件,最终确定重点提案10件、提案33件。

同日 西吉县第十六届人民代表大会第四次全体会议召开。会议听取和审议县政府工作报告、县人大常委会工作报告、县法院工作报告、县检察院工作报告和代表议案办理情况报告;表决通过关于政府工作报告的决议、关于西吉县2015年国民经济和社会发展计划执行情况与2016年国民经济和社会发展计划报告的决议、关于西吉县2015年财政预算执行情况和2016年财政预算的决议、关于西吉县2015年民生计划执行情况和2016年民生计划的决议、关于县人大常委会工作报告的决议、关于县法院工作报告的决议、关于县检察院工作报告的决议、关于代表议案审查报告的决议。会议确定议案7件、建议23件。

1月27日 县委、县政府召开全县脱贫攻坚誓师大会。

1月28日 副市长童全成、市人大常委会副主任杨大素带队,在县领导剡小平、马红英等陪同下到兴隆镇、将台乡、西滩乡、马莲乡走访慰问部分困难群众、老党员、残疾人、五保户和敬老院老人。

同日 县委在会议中心第一会议室召开在外创业成功人士座谈会。

1月29日 县人大常委会副主任郭满福、陈有功带领县人大检查组,到偏城乡、吉强镇等检查困难群众生产生活、春运交通安全工作。

2月1日 中共中央政治局常委、国务院总理李克强冒着严寒到西吉县白崖乡半子沟村考察调研,看望生活在这里的村民,了解村民的生产生活情况。

2月4日 全县首届“民族团结杯”农民篮球运动会在兴隆镇单家集举行。

2月5日 十三届县委2016年第五次常委会会议召开。会议传达学习中共中央政治局常委、国务院总理李克强来宁考察讲话精神,研究贯彻意见;听取政府类投资项目农民工工资兑付情况汇报,听取矛盾纠纷排查、维稳、信访、安全生产工作情况汇报,研究部署相关工作;研究全县领导干部专题学习班事宜。

2月18日 自治区扶贫办党组书记梁积裕带领区扶贫办副主任邹玉忠及相关处室负责人组成调研组,到西吉县调研检查扶贫工作。

2月19日 西吉县举办全县领导干部专题学习班。邀请自治区扶贫办副主任丁建懿作“精准扶贫、精准脱贫,坚决打赢脱贫攻坚战”专题讲座。

2月23日 西吉县召开领导干部会议。市委组织部副部长郭隗宣读《市委关于西吉县部分县级领导的人事任免决定》,李聪同志任中共西吉县委副书记,王生尧同志为中共西吉县县委常委、组织部部长,祖国军同志为中共西吉县县委常委、政府副县长。

2月29日 十六届县人大常委会第二十六次会议召开。会议传达学习自治区十一届人大五次会议精神、固原市三届人大四次会议精神;听取和审议县政府关于全县困难群众生活救助情况的报告、关于春运交通安全工作开展情况的报告,听取和审议县人大常委会检查组关于以上两项工作的检查报告;审议通过有关人事任免事项。

3月1日 十六届县人民政府第五十四次常务会议召开。会议传达学习市政府第四次全体会议暨廉政工作会议精神,研究贯彻意见;研究审议《西吉县开展水资源使用确权登记工作实施方案》《关于加强和规范政府采购管理工作通知》《关于变更2015年退耕还林成果后续产业发展草畜产业项目招标方案》《西吉县进一步加强乡村医生队伍建设实施方案》;研究调剂部分水利项目资金用途事宜,研究利用地方政府债券资金解决火石寨沙岗子山洪沟闽宁产业园区段治理工程和大滩水库泄洪涵洞工程缺口资金事宜,研究兴隆镇生态移民安置区肉牛养殖园区工程建设资金事宜,研究原西吉县后偏良种牛繁育场退耕还林款事宜,研究成立西吉县交通建设有限公司事宜,研究成立西吉县公路勘察设计有限公司事宜,研究西吉县农村公路绿化项目工程事宜,研究处置西吉县公路管理局办公旧址事宜,研究兴隆镇活畜交易市场和下范煤炭市场采取PPP模式建设事宜,研究处置西吉县中医院和原县计生站国有资产相关事宜,研究固将公路等道路绿化建设规划事宜,研究对2014年、2015年薄弱学校改造计划等5个项目实行合同制管理事宜。

同日 西吉县企业经营管理人才SIYB创业专题培训班开班仪式在吉德产业园文化交流中心举行。自治区非公有制经济服务局交流合作处处长杜宏、调研员阮雁,县委常委、副县长祖国军及宁夏星火职业技术学校、县组织部、商经局、人社局负责人,全县各企业管理人员60余人参加开班仪式。

3月2日 全县矛盾纠纷排查调处工作协调会议在县委五楼会议室召开。县委、县政府分管领导,各乡镇、县直各有关部门分管领导参加会议。

3月5日 两名儿童不慎落入西吉永清湖中,县消防大队四级警士长杨建兵、下士李严明冒着严寒破冰下水,成功救出两名落水儿童。

3月6日 全县教育工作会议召开。县四套班子分管领导及县教育局、教育系统下属各学校负责人参加会议。

同日 县委常委、常务副县长米广代表县四大机关,到县消防队看望慰问勇救落水儿童的消防官兵。

3月7日 十三届县委2016年第六次常委会议召开。会议传达学习《中共中央国务院关于给予中共天津市委、天津市人民政府通报批评的通知》,《中国共产党地方委员会工作条例》,中央政治局委员、中央统战部部长孙春兰来宁考察讲话精神,研究贯彻意见;传达学习中央政法工作会议精神、全区政法工作会议精神、全市政法工作会议精神,研究贯彻意见;传达学习全区组织部长会议精神、全市组织部长会议精神,研究贯彻意见;传达学习全区宣传部长会议精神、全区统战部长会议精神,研究贯彻意见;传达全区农村工作会议精神、全区卫生计生工作会议精神,研究贯彻意见;传达全区深化供销合作社综合改革动员会议精神,研究贯彻意见;传达自治区党委第一、二轮巡视工作动员部署会议精神,听取自治区党委第二巡视组来西吉巡视有关准备情况的汇报;通报《关于银川市贺兰县"1·05"纵火案的情况通报》;听取《关于全县2015年度效能目标管理考核情况的汇报》,研究召开全县效能目标管理考核表彰大会有关事项,研究有关干部事宜,研究中共西吉县委书记、副书记和常委分工工作。

3月10日 自治区供销合作社纪检组组长拜学英带领区供销合作社有关处室负责

人，到西吉县调研指导供销合作社综合改革工作。

3月11日 自治区统战部副部长焦登相带领宁夏富兴达房地产开发集团有限责任公司、宁夏中航郑飞塞外香食品有限责任公司、宁夏佳立生物科技有限责任公司等非公企业代表组成“助力脱贫攻坚”帮扶组，到平峰镇王堖村开展帮扶工作。

3月13日 县委、县政府主要领导带领县文广局、建环局、交通局、教育局、国土局、水利局、林业局等单位负责人，到将台乡调研指导中国工农红军长征将台堡会师纪念园改扩建工程及红军长征将台堡会师80周年庆祝活动筹备工作。

3月15日 十六届县政府第五十五次常务会议召开。会议传达学习全区民政工作会议精神、商务工作会议精神、人力资源和社会保障工作会议精神，研究贯彻意见；研究西吉县土地征收补偿标准事宜，研究城乡环境综合整治工作经费事宜，研究部分机关单位拖欠取暖费事宜，研究调整国家统计局西吉调查队办公用房事宜，研究处置县公安局、司法局旧址事宜，研究给予县公安消防大队记功事宜，研究调整变更2014年整村推进有关事项与结余资金事宜，研究鑫祥房地产开发有限公司保障性住房回购事宜；听取关于亚行贷款建设农村公路项目有关情况的汇报，听取给予有关干部处分的汇报。

3月16日 自治区民政厅副厅长、社会组织工委副主席李俊章带领区民政厅相关处室负责人，到西吉县调研检查民生保障、灾害救助、优抚安置、社会福利、养老服务体系建设、社区建设工作。

同日 西吉县民政局与山东省正元数字城市建设有限公司签订全国第二次地名普查技术外包项目合同。

3月17日 全县卫生和计划生育工作会议召开。会议总结2015年卫生和计划生育工作，安排部署2016年卫生和计划生育工作。

同日 全县学校食堂食品安全管理人员培训班在县职业中学报告厅开班。市、县市场监督管理局负责人，县教育体育局、各中小学、幼儿园负责人，县市场监督管理局各监管所、业务办公室食品监管人员参加培训。

3月18日 县政法委、宣传部、禁毒办、民政局、安监局、交通局、市场监管局、妇联、工会等22个部门单位在县文化广场开展“移风易俗共创和谐家庭暨推进公共安全防范警示教育”宣传活动。

3月22日 全区推进整治和查处侵害群众利益不正之风和腐败问题电视电话会议在银川召开。全体在家县级干部及各部门单位负责人、县纪委监察局班子成员，各乡镇党委、纪委负责人在县会议中心第二会议室收听收看电视电话会议。

同日 自治区党委宣传部副部长、文明办主任毛录带领区党委宣传部相关处室负责人，到西吉县调研指导社会主义核心价值观建设工作。

▲ 宁夏社科院法学社会学研究所研究员、所长李保平带领相关研究人员组成调研组，到西吉县调研考察社会治理法制化建设工作。

3月23日 政协西吉县十届委员会第十八次常委会议召开。会议传达学习全国两会精神，听取县政府关于全县防震减灾预案落实情况的通报、关于本土非公经济发展情况的通报、关于校园安全情况的通报、关于卫生体制改革落实工作情况的通报，审议通过县政协调研组关于以上四项工作的调研报告。

同日 市人大常委会副主任云生元带领市人大检查组，到西吉县调研检查农村生活垃圾处置、农用塑料残膜回收利用、春耕备耕工作。

▲ 西吉县地名普查监理方宁夏国土资源调查监测院首次对西吉县地名普查准备工作进行监理，规范操作流程，提出整改意见。

3月24日 西吉县举行2016年重点项目建设大会战启动仪式。

同日 县委召开全县信访工作专题会议，对信访工作进行部署安排。

3月29日 自治区农牧厅副厅长刘文斌带领区农牧厅相关处室人员，到西吉县检查指导农牧系统监督执纪“四种形态”试点工作。

同日 县人大常委会副主任郭满福、陈有功带领人大检查组，对全县劳动力素质提升工程、食品安全管理工作和《中华人民共和国禁毒法》《中华人民共和国税收征收管理法》贯彻实施情况进行检查。

3月30日 宁夏农林科学院党委书记、院长周东宁带领副院长李生宝及科技成果转化与推广处处长杨晓洁、副处长李振永和农科院专家组，到将台乡牟荣村蔬菜种植示范基地，调研考察芹菜多功能一体机试验播种工作。之后，宁夏农林科学院与西吉县政府举行科技合作协议签约仪式。

3月31日 市长马汉成带领市扶贫办、旅游局、交通局等部门负责人，到西吉县调研指导精准扶贫和旅游工作。

4月1日 全县掀起春季植树造林热潮，64个部门单位2000多干部职工参加义务植树造林活动。

4月5日 万家灯火光伏养殖园区项目建设座谈会在兴隆镇召开。

4月6日 “西吉爱心协会”公益组织在商业广场举行挂牌仪式。

同日 县政府2016年廉政工作会议在会议中心第一会议室召开。

4月7日 全县义务教育均衡发展工作业务培训班在职业中学报告厅举办，自治区督学崔永兴授课。教育体育局全体干部职工、各义务教育阶段学校校长、主管副校长、教务主任、会计及义教员参加培训。

同日 自治区工商联主席刘金虎带领区工商联相关处室负责人，到西吉县开展定点扶贫工作。

▲ 十六届县人民政府第五十六次常务会议召开。会议传达学习《法治政府建设实施纲要(2015—2020年)》，研究贯彻意见；研究审议《西吉县2016年少数民族发展资金项目计划》《西吉县政府投资类国家重点专项建设基金管理办法(试行)》《西吉县社会类国家

重点专项建设基金管理办法(试行)》;研究县内移民搬迁安置事宜,研究平峰镇平峰新村房屋维修资金事宜,研究开展农业保险事宜,研究解决原公社老放映员生活补助事宜,研究宁夏太科光伏农业发展有限公司投资开发建设现代设施农业事宜,研究解决村医执业医疗责任保险和人身意外伤害保险资金事宜,研究解决接收捐赠医疗设备运输安装费用事宜,研究调剂有关水利建设资金事宜,研究解决宁夏金通汽车商贸物流园和凯益达家居物流园配套基础设施建设资金事宜,研究解决县公安交警大队停车场地面塌陷事宜,研究追认王涛同志为烈士事宜;听取2015年度退役士兵安置情况的汇报,研究决定相关事宜;听取县城供热锅炉除尘脱硫改造项目及污水处理厂污泥脱水设备考察情况的汇报,研究决定有关事项;听取关于国家重点专项建设基金情况的汇报,研究决定相关事宜;听取西吉县电子商务进农村专项资金使用办法的汇报,研究决定相关事宜;听取有关扶贫资金违纪整改情况的汇报,研究处置意见。

4月9日 江苏爱康集团董事长邹承慧带领爱康集团相关负责人,到西吉县考察光伏发电项目。

4月11日 市人大常委会副主任杨大素带领督查组对西吉县重点工作、重点项目开展情况进行实地督查。

4月12日 全国政协副主席李海峰带领全国政协调研组,在自治区党委常委、副主席李锐,自治区党委常委、固原市委书记纪峥,自治区政协副主席张守志及市领导马汉成、田治富等陪同下,到西吉县专题调研农村贫困人口精准扶贫、精准脱贫工作。

同日 县委召开全县信访工作专题会议,对信访工作进行安排部署。

4月13日 西吉县举行民兵反恐连整组点验大会,对全县各条战线的民兵进行集中整顿和点验。市军分区司令员陈建军、参谋长王保贵及五县(区)人武部部长和将台乡、吉强镇、马建乡民兵反恐应急连全体官兵参加点验大会。

4月14日 十三届县委2016年第八次常委会议召开。会议传达学习《中共中央组织部关于学习贯彻习近平总书记重要批示精神加强党委(党组)领导班子建设的通知》、中央"两学一做"学习教育工作座谈会精神、全区"两学一做"学习教育工作电视电话会议精神,研究贯彻意见;研究《关于在全县党员中开展"学党章党规、学系列讲话,做合格党员"学习教育实施方案》;传达学习自治区党委《关于认真做好2016年市县乡领导班子换届工作的通知》,研究贯彻意见;传达学习全市加强和创新农村社会治理观摩交流电视电话会议精神,研究贯彻意见;传达学习区纪委《关于五起违反中央八项规定精神公款旅游典型问题的通报》、全市基层党风廉政建设推进会精神,研究贯彻落实意见;听取《关于自治区党委第二巡视组移交我县信访件办理情况的通报》;研究审议《关于组织开展"崇廉家风"主题教育活动的方案》《关于提请审议西吉县进一步加强乡村医生队伍建设实施方案的请示》《关于提请审议成立西吉交通建设有限公司的请示》;听取关于全县2015年度效能目标管理考核情况的汇报,研究召开全县效能目标管理考核表彰暨政法、组织、宣传、统战工作会议有关事项;研究有关干部处理的请示。

4月15日 十六届县人大常委会第二十七次会议召开。会议传达学习全国两会精神;听取和审议县政府关于全县劳动力素质能力提升工程实施情况的报告、关于全县食品安全及食品管理工作开展情况的报告、关于《中华人民共和国禁毒法》贯彻实施情况的报告、关于《中华人民共和国税收征收管理法》贯彻实施情况的报告,听取和审议县人大常委会检查组关于以上四项工作的检查报告;审议通过确认许可对县十六届人民代表大会有关代表采取强制措施并暂停执行代表职务的议案。

4月16日 “万家灯火”西吉农业产业基地及扶贫光伏电站项目启动仪式在兴隆镇举行。

4月18日 市委常委、纪委书记纳冰到偏城乡姚庄村、花儿岔村、大庄村实地调研脱贫攻坚工作。在大庄村村委会召开脱贫攻坚座谈会。

4月19日 团县委联合宣传部、教育局、扶贫办,组织开展“青春建功脱贫攻坚”主题演讲比赛。县四套班子分管领导及各乡镇、各部门团委书记、副书记、青年志愿者、大学生村官和青年团员代表观看比赛。

4月20日 自治区人大常委、农工党宁夏区委会主委戴秀英带领农工党宁夏区委调研组,在自治区扶贫办负责人陪同下,到西吉县调研因病致贫返贫现状。

4月21日 全县“两学一做”学习教育工作专题党课暨动员会议在会议中心会堂召开。

4月22日 全县效能目标管理考核表彰暨政法、组织、宣传、统战工作会议在会议中心会堂召开。

4月27日 县四大机关领导及各乡镇、县直相关部门主要负责人组成观摩团,对西吉县全民健身活动中心、西吉县公共体育场、主干道生态环境整治、安康医院、袁河十字道路、客运西站、县城中心敬老院二期工程、中医院迁建工程、鑫祥世城祥和园、县城棚户区改造工程、第一幼儿园、县城商业综合体、中南部饮水蓄水池工程、迎宾大道工程、北山绿化工程等16个投资500万元以上重点项目建设进展情况进行观摩。

4月28日 十三届县委2016年第九次常委会议召开。会议传达学习区、市第一季度经济形势分析会议精神,研究贯彻意见;传达学习自治区职业教育和扶贫工作座谈会精神,研究贯彻意见;传达学习《党委会的工作方法》,研究落实意见;传达学习中共中央办公厅《关于部分党员领导干部在谈话函询中不如实向组织说明情况典型案件及其教训的通报》,研究贯彻意见;听取全县“两学一做”学习教育开展情况汇报;研究有关干部处理的请示。

4月29日 十六届县人民政府第五十七次常务会议召开。会议听取县政府党组“两学一做”学习教育活动安排,听取政府系统廉政建设情况汇报,听取重点项目建设工作进展情况汇报,听取安全生产工作汇报,研究部署相关工作;研究审议《西吉县乡村教师支持计划(2016—2020年)实施细则》;研究将2016年度普通高中及公办学前教育生均公用经费保障奖补机制经费纳入财政预算相关事宜;研究给予有关干部处分事宜。

4月30日　宁夏友好爱心协会在西吉县敬老院举行救助孤儿捐赠仪式,为孤儿们赠送生活学习用品。

5月4日　市人大常委会副主任、市委"两学一做"第一督导组组长杨大素带领督导组,到西吉县督导"两学一做"工作。

同日　全县首届"青年五四奖章"表彰大会及新团员集体入团仪式在西吉第三中学举行。

5月5日　县宗教局组织全县各乡镇宗教工作负责人和宗教人士代表120余人,对全县大型宗教活动场所规范化管理进行现场观摩学习。

5月6日　全县民族宗教工作专题讲座在会议中心第一会议室举行。市委党校讲师杨桂兰作专题讲座。各乡镇宗教工作负责人、宗教人士代表120余人聆听讲座。

同日　十六届县人民政府第五十八次常务会议召开。会议研究审议《西吉县2016年整村推进定期脱贫考核销号实施方案》《〈西部吉祥地·国色天香城——西吉〉形象宣传画册编辑出版方案》《西吉县医疗救助办法(试行)》《西吉县临时救助实施细则(试行)》《西吉县2016年农村阳光沐浴工程项目实施方案》《西吉县2016年农村阳光沐浴工程项目公开招标采购方案》《宁夏固原市西吉县葫芦河综合治理工程(夏寨水库至下范段)总体规划》《西吉县县级公立医院人事制度改革实施方案》《西吉县县级公立医院医疗服务价格调整实施方案》《西吉县公立医院改革补偿(暂行)办法》《西吉县建立县级公立医院现代医院管理制度实施方案》;听取2015年至2016年生猪(牛羊)调出大县奖励资金使用情况的汇报,听取兴平乡聂家河回族生态公益性公墓规划建设情况汇报,研究相关事宜;听取县国有林场改革工作事宜的汇报,研究决定相关事项;研究民皓养生农业发展有限公司确界颁证事宜,研究建设平峰镇农村消防队事宜,研究2015年度效能目标管理考核奖金发放事宜,研究西吉县2015年度地方政府债务限额事宜,研究县司法局、吉强派出所业务用房新增附属工程招标建设事宜,研究国有土地相关事宜;研究解决县公安局办公楼电梯购置费、2016年全县智能图控系统建设资金事宜,研究解决县残疾人康复中心加建无障碍电梯相关事宜,研究解决县气象局职工地方津补贴事宜;研究部署进一步完善全县被征地农民参加养老保险有关事宜。

5月7日　中国国防大学、中央电视台组成专题纪录片《马背上的共和国》拍摄组,在单家集陕义堂清真寺、红军长征将台堡纪念园采集影片素材。县委常委、人武部部长任升虎及县委宣传部、县文化馆负责人陪同拍摄。

同日　西吉县第二届中小学生才艺大赛在西吉一小举行,来自全县12所中小学的268名学生参加比赛。

5月11日　自治区政府主席刘慧带领副主席李锐及区发改委、财政厅等负责人,在自治区党委常委、市委书记纪峥,市长马汉成等陪同下,到西吉县调研重点工程建设、县域经济发展、脱贫攻坚工作。

5月12日 西吉县开展"5·12"地震应急演练活动。演练主会场在西吉一中,设紧急避险、人员疏散、人员搜救、消防灭火、医疗救护、卫生防疫等演练科目。

同日 自治区人大常委会副主任孙贵宝带领"中华环保世纪行宁夏行动"检查组,到兴隆镇葫芦河流域水环境生态污染综合治理一期工程、县污水处理厂、县中水处理厂、福宁广业西吉袁河淀粉厂等实地检查环保工作。

▲ 贫困地区"一村一品"产业扶贫国际专题培训班在县会议中心第一会议室举办。自治区人社厅副巡视员马继凯、加拿大区域规划专家格廷博士及县人社、扶贫办负责人和各乡镇分管扶贫领导、扶贫专干、驻村第一书记、村支书、村主任参加培训学习。

5月13日 自治区党委统战部副部长、工商联党组书记杨锦明带领区党委统战部副巡视员焦登相、区工商联副主席余明清及相关处室人员组成"统一战线助力扶贫攻坚"调研组,到西吉县调研指导扶贫帮扶工作。

同日 中共中央委员、中国作协主席铁凝到中国首个文学之乡——西吉县,启动"文学照亮生活"全民公益大讲堂,中国作家协会创联部主任彭学明主持讲座。中国作协和中华文学基金会,区、市有关领导,西吉县全体在家县级领导及各乡镇、县直各部门负责人、文学爱好者、基层作家和固原市各县(区)文联负责人、基层作家代表聆听讲座。

▲ 中国作家协会、中国烟草总公司、中华文学基金会组织实施的"金叶·育才图书室"工程,向西吉县10所中小学捐赠价值80万元图书捐赠仪式在会议中心会堂举行。

5月17日 十三届县委2016年第十次常委会会议召开。会议传达学习全国宗教工作会议精神、集中连片贫困地区抓党建促脱贫攻坚工作座谈会精神、全区深化农村改革推进会精神,研究贯彻意见;传达学习《宁夏回族自治区农村扶贫开发条例》,研究贯彻意见;研究部署全县抗旱救灾工作;研究审议《西吉县县级公立医院人事制度改革实施方案》《西吉县县级公立医院医疗服务价格调整实施方案》《西吉县公立医院改革补偿(暂行)办法》《西吉县建立县级公立医院现代医院管理制度实施方案》;研究进一步完善全县被征地农民参加养老保险有关事宜。

5月18日 莆田市第一医院院长王国荣带领部分专家到西吉县开展医疗对口帮扶活动,在县人民医院六楼会议室召开联席会议。

同日 副市长张戈带领督查组,对西吉县2016年1—5月份重点项目推进情况、国家专项建设基金项目落实情况、PPP项目开展情况、规模以上工业企业运行情况、城镇居民和农村居民"两个收入"完成情况开展全面督查。

5月19日 自治区党委常委、统战部部长马廷礼带领区统战部、扶贫办相关负责人,到西吉县调研指导精准扶贫工作、统战和民族宗教工作。

同日 全县处置非法集资专项会议在政府三楼会议室召开。

5月20日 第二届乡村旅游暨龙泉湾山庄休闲民俗文化旅游节在龙王坝村龙泉湾山庄开幕。

同日 第十二届宁夏六盘山山花旅游节暨第六届火石寨丁香花节在火石寨景区开幕。

▲十六届县人民政府第五十九次常务会议召开。会议听取全县违法违章建筑拆除情况汇报、将台堡红军会师广场建设情况汇报、固西高速西吉入口三角地及滨河东路三角地绿化建设情况汇报,研究部署相关事宜;研究审议《关于进一步加强地方政府投资项目管理的补充规定》《西吉县供销合作社综合改革实施方案》《西吉县县城规划区营业房、住改营房屋征收评估补充规定》《西吉县2016年第二批少数民族发展资金项目计划》;研究成立西吉县水利工程质量监督站、西吉县农村供水管理总站事宜,研究采购防汛物资资金事宜,研究原县自来水公司财务审计及资产评估经费事宜,研究陶堡水库除险加固工程征地补偿费事宜,研究县城棚户区改造安置(回购)房项目建设资金事宜,研究县级配套城乡义务教育经费保障机制公用经费事宜,研究2015—2016学年度职业教育相关专项经费事宜,研究2016年置换债券资金安排事宜,研究县城部分供热锅炉除尘脱硫改造事宜。

5月23日 县人大常委会主任黄如林带领县人大检查组,对全县公立医院改革、计划生育优质服务、精准扶贫、森林资源保护等工作开展情况和《义务教育法》《自治区义务教育条例》贯彻执行情况进行调研检查。

同日 "澳洲魏基成天籁列车"慈善活动宁夏行在西吉县第四小学举行慈善捐赠活动。"澳洲魏基成天籁列车"慈善机构代表黄兆邦及区、市外事办相关负责人、县残联全体职工及部分听力残障儿童、老人参加捐赠仪式。现场共捐赠助听器80只,价值近10万元人民币。

5月24日 全县县乡领导班子换届工作会议在会议中心第一会议室召开。

同日 自治区扶贫办副主任邹玉忠带领移民管理处调研员王玉忠、开发指导处副处长李涛等,到西吉县调研指导精准扶贫、精准脱贫工作。

5月25日 新华社宁夏分社党组成员周建伟、信息中心主任熊克明等,到西吉县调研考察宣传思想和脱贫攻坚工作。

同日 十三届县委2016年第十一次常委会会议召开。会议通报中国作协主席铁凝来西吉调研情况,自治区党委常委、统战部部长马廷礼来西吉调研情况,研究部署相关工作;研究审议《关于进一步深化"两个带头人"工程切实加强农村基层组织建设的实施意见》《中国工农红军长征胜利暨将台堡会师80周年庆祝活动总体方案》《西吉县乡村教师支持计划(2016—2020)实施细则》《西吉县2016年度解决影响长远发展突出问题》;研究有关干部处理的请示。

5月26日 全县脱贫攻坚工作现场会在硝河乡玟湾村召开。县委、县政府分管领导及县扶贫办、各乡镇负责人、扶贫专干、驻村第一书记参加现场会。

同日 福建省第九批援宁工作队第九次工作会议在西吉县政府三楼会议室召开。自治区扶贫办副主任、福建省第九批援宁工作队领队陈星，县委常委、副县长林荣斌及工作队驻其他县(区)成员参加会议。

5月27日 宁夏金融团工委、宁夏银行业协会举办的宁夏银行业“2016年普及金融知识万里行和送金融知识下乡”宣传活动在红军长征将台堡会师纪念广场举行。宁夏银监局党委委员、副局长樊秋慧，宁夏银行业协会秘书长杨廷仓，县委常委、副县长刘镇晶及国家开发银行宁夏分行、农业发展银行宁夏分行等银行负责人参加启动仪式。

同日 自治区党委组织部常务副部长李泽锋带领有关人员，到西吉县调研精准扶贫工作和农村基层组织建设工作。

5月28日 自治区党委常委、副主席李锐带领督查组，到西吉县督促检查精准扶贫工作落实情况。

5月30日 浙江大学研究生工作部部长吕淼华、副部长陈凯旋等，到西吉县调研考察教育工作。

同日 市政协副主席李朴带领市人大、市政协、市政府督查室等相关部门负责人，对西吉县人大议案建议、政协提案办理工作开展专项督查。

5月31日 县四大机关领导分别到西吉一小、西吉二小、震湖中心校、马莲中心校，看望慰问少年儿童和教职员工。

6月1日 县委宣传部牵头、县邮政公司牵手，百禾传媒有限公司举办的关爱留守儿童“手拉手传递温暖　心连心共促成长”儿童剧《白雪公主》公益演出在县职业中学报告厅举行，近千名少年儿童观看演出。

6月2日 县政协主席马天英带领县政协视察组，对全县重点工作开展情况进行专题视察。

6月3日 银川新华联房地产有限公司发起的“爱心汇聚点亮希望　一瓶米换一平米”活动在田坪乡黄岔村举行捐赠仪式。银川新华联房地产开发有限公司将10吨大米捐赠给田坪乡黄岔村、田坪村、兴平乡王湾村、火石寨乡新开村的留守老人、五保老人、空巢老人。

6月6日 田坪乡二岔村举行第一届乡村文化艺术节暨“评星定级”表彰会。对致富带头人、养殖示范户、星级文明户、先进工作者、“好婆婆”、“好媳妇”、“状元户”等一批先进给予表彰奖励。

同日 县团委、文明办、教育体育局等部门联合西吉明星出租公司、西凤公交公司、吉平出租公司、义工联合会等爱心企业和社会组织举办的第九届“爱心送考”志愿服务活动启动仪式在永清湖广场举行。

6月8日 九三学社宁夏区委联合石家庄脑瘤医院专家，到西吉县开展“同心康福”

脑瘫患者救治活动。

同日 西吉县召开2016年城乡规划委员会第一次会议,审定通过有关建设项目。

▲ 十三届县委2016年第十三次常委会会议召开。会议研究审议《中共西吉县人大常委会党组关于县乡两级人民代表大会换届选举有关工作安排意见的请示》《西吉县权力清单及责任清单》《西吉县深化供销合作社综合改革实施方案》《关于在县直部门(单位)派驻纪检组的实施意见》;听取关于各乡镇上报召开党代会请示情况的汇报;研究有关干部事项。

6月12日 市委副书记、市脱贫攻坚领导小组副组长王刚,到西吉县调研检查产业扶贫和金融扶贫工作。

6月13日 中央电视台一套、二套、人民日报、新华社等全国主流新闻媒体记者,到西吉县开展以“小康路 交通情”为主题的宣传采访活动。交通运输部规划司副司长范振宇、政研室新闻中心主任彭燕,自治区交通厅副厅长勾红玉等陪同采访。

同日 政协西吉县十届委员会第十九次常委会议召开。会议听取县政府关于全县草畜产业发展情况的通报、关于养老服务体系建设情况的通报、关于精准脱贫工作情况的通报、关于重点项目建设情况的通报,审议通过县政协视察组关于以上四项工作的视察报告。

6月15日 宁夏农科院副院长张富国带领农科院相关处室负责人,对西吉县院地合作项目取得的成绩及农业发展状况进行调研。

同日 北京酒盒子商贸有限公司、宁夏名饮公司负责人及员工,到红耀乡驮昌小学、新营乡大窑滩小学开展爱心助学活动。现场发放价值10余万元的学习用品、体育用品及现金,并协定对两所学校6名成绩优秀的学生进行长期帮扶,直至大学毕业。

▲ 十三届县委2016年第十四次常委会议召开。会议传达学习《中共中央办公厅关于部分人大代表、政协委员涉法涉罪问题问责情况及其教训的通报》,研究贯彻意见;研究审议《召开全县抓党建促脱贫攻坚暨“七一”表彰大会筹备方案》《2016年度“五大战役”“六大工程”及创建民族团结进步示范县考核意见》;听取关于环境保护工作情况的汇报;研究有关干部事项。

6月16日 宁夏燕宝慈善基金会会长余今晓一行,在区扶贫办副主任丁建懿陪同下,到吉强镇套子湾村调研指导脱贫攻坚工作,并在村部召开座谈会,与贫困户代表、农民工代表、创业带头人、劳务中介组织负责人交流座谈。

同日 县安委会牵头在县商业广场举行“强化安全发展观念,提升全民安全素质”为主题的全国第15个“安全生产月”宣传咨询服务活动。

6月17日 十六届县人民政府第六十次常务会议召开。会议听取全县“权力清单”“责任清单”工作开展情况汇报,研究部署相关工作;研究审议《西吉县事业单位机构改革实施意见》《西吉县机关事业单位“吃空饷”问题治理落实工作实施方案》《西吉县机关事业单位结构性超编人员消化工作方案》《西吉县政府职责履行评估检查实施意见》《西吉县2015年中央专项彩票公益金支持革命老区小型公益设施建设项目实施方案》《西吉县2016年整村推进村生产道路及文化体育活动场所建设项目实施方案》《张节子至范家沟公路建设方案》《秀山路南侧拆迁返还安置点建设方案》;研究2016年县内移民搬迁安置事宜,研究原质量技术监督局国有资产处置事宜,研究西吉县安家河桥南侧边坡地质环境治理项目事宜,研究增加城管执法人员工作经费事宜,研究2016年县城部分广场维修改造事宜,研究5000吨以下淀粉加工企业"以奖代补"资金事宜,研究成立西吉县住房保障管理中心事宜,研究解决将台乡毛家沟砖厂务工人员死亡赔偿金事宜;听取专户资金和国有资产清理工作的汇报,研究相关处置事宜。

6月19日 中国农科院农业资源与农业区划研究所教授、博士生导师覃志豪一行,在自治区财政厅农业处负责人陪同下,到西吉县调研农业资源与扶贫开发工作。

6月21日 十六届县人民政府第六十一次常务会议召开。会议研究审定《西吉县污水一体化治理工程招商公告》,研究西吉县污水处理厂污泥脱水设备采购事宜,研究解决西吉县原招待所家属楼相关事宜。

6月22日 自治区统战部副部长焦登相携同浙江商会宁夏分会会长陈志和及各下属商会代表,到王民乡三岔村、兴隆镇小段村开展扶贫对接工作。

同日 十三届县委2016年第十五次常委会议召开。会议通报自治区党委宣传部《近期涉宁涉伊网络舆情管控情况专报》,研究贯彻意见;研究审议《西吉县人大常委会关于县乡两级人民代表大会换届选举工作的实施方案》《关于下派县乡人大换届选举工作组的请示》《关于对优秀公务员给予嘉奖和记三等功的汇报》《西吉县事业单位机构改革实施意见》《西吉县机关事业单位"吃空饷"问题治理落实工作实施方案》《西吉县机关事业单位结构性超编人员消化工作方案》《西吉县政府职责履行评估检查实施意见》;听取全县脱贫攻坚工作进展情况汇报;研究有关干部事项。

▲ 国家统计局宁夏调查总队副总队长赵川带领居民住户收资处处长哈经财、住户调查专项处处长潘勤等组成调研组,对西吉县农业产业发展、农民收入变化等情况进行调研。

6月23日 农业部党组成员杨绍品带队到西吉县调研马铃薯产业发展情况。

6月24日 十六届县人大常委会第二十八次会议召开。会议听取和审议县政府关于全县精准扶贫工作情况的报告、关于全县公立医院改革及计划生育优质服务工作情况的报告、关于《中华人民共和国义务教育法》《宁夏回族自治区义务教育条例》贯彻实施情况情况的报告、关于森林资源保护工作开展情况的报告,听取和审议县人大常委会检查组关于以上四项工作的检查报告;批准县政府关于西吉县2015年末政府债务限额的决议;讨论通过县乡两级人民代表大会换届选举工作实施方案、县乡人大换届选举时间的决定、设立西吉县人大换届选举委员会的决定、设立乡镇人大换届选举委员会的决定、县乡两级人民代表大会代表名额分配的决定；审议通过确认许可对有关代表采取强制措施并暂停代表职务的议案。

6月27日 县长武维东、人大常委会主任黄如林、政协主席马天英及全体在家县级领导和各乡镇、各部门党政负责人组成观摩团，对全县农业农村暨脱贫攻坚工作开展观摩评比。

6月29日 全县县乡人民代表大会换届选举工作安排部署暨培训会议在人大五楼会议室召开。

6月30日 西吉县“会师将台堡 红歌漫西吉”大型歌咏比赛在体育场举行。全体在家县级领导、各乡镇、各部门负责人和社会各界群众观看比赛。

7月1日 县委在县体育场举行庆祝中国共产党成立95周年升国旗仪式。在家全体县级领导，各乡镇、县直各部门（单位）党政主要负责人及全体党员干部职工参加升旗仪式。

同日 十三届县委2016年第十六次常委会议召开。会议传达学习自治区党委第二巡视组巡视西吉县情况反馈意见，研究贯彻落实意见；安排部署全县信访维稳工作。

7月5日 十三届县委2016年第十七次常委会会议召开。会议传达学习中共中央庆祝中国共产党成立95周年大会精神、自治区党委庆祝中国共产党成立95周年大会精神，研究贯彻意见；传达学习全国科技创新大会精神、中国科协第九次全国代表大会精神，研究贯彻意见；传达学习《关于印发〈落实自治区党委书记李建华来固调研指示精神工作方案〉的通知》，研究贯彻意见；安排部署全县开斋节期间安全生产、党风廉政建设等工作。

7月7日 福建省副省长洪捷序带领调研组，在自治区党委常委、固原市委书记纪峥等陪同下，对西吉县闽宁对口扶贫协作工作及闽宁产业园区发展情况进行调研考察。

7月12日 厦门大学EMBA2014北京房产博远班在平峰镇三合小学举行爱心捐赠仪式。厦门大学EMBA2014北京房产博远班代表、宁夏美通电力工程有限公司董事长刘继超等爱心人士、县政协副主席宋兆吉及县教育局、平峰镇有关负责人、三合小学全体师生参加捐赠仪式。此次捐赠课桌椅180套、办公桌椅2套、书柜8个、复印机1台，价值人民币6万余元。

同日 全区养殖环节“瘦肉精”检测技术培训班在西吉县举办。自治区农牧厅副巡视员周生俊，县委常委、常务副县长米广及全区各市、县（区）农牧局饲料监管负责人、主管人员参加培训。

7月13日 县人大换届选举委员会召开第二次会议，县人大常委会主任黄如林，县委常委、组织部部长王生尧及县人大换届选举委员会全体成员参加会议。

同日 自治区人大农业与农村工作委员会主任姚文明带领区人大视察组，在市委常委、副市长陈济丁，市人大常委会副主任胡杰等陪同下，到西吉县调研视察旅游业发展情况。

7月18日　习近平总书记从北京直飞固原,驱车70多公里到西吉县将台堡,向中国工农红军长征将台堡会师纪念碑敬献花篮,参观三军会师纪念馆,并作重要讲话。他说:"这次专程来这里,就是缅怀先烈、不忘初心,走好新的长征路。我们党领导的红军长征,谱写了豪情万丈的英雄史诗。伟大的长征精神是中国共产党人革命风范的生动反映,我们要不断结合新的实际传承好、弘扬好,推进中国特色社会主义事业的新长征要持续接力、长期进行,我们每代人都要走好自己的长征路。革命传统和爱国主义教育基地建设一定不要追求高大全,搞得很洋气、很现代化,花很多钱,那就不是革命传统了,革命传统就变味了。可以通过传统教育带动旅游业,但不能失去红色旅游的底色。只有体会到革命年代的艰苦,才能使人们真正受到教育。"习近平总书记到来的消息不胫而走,在镇上赶集的群众很快从附近赶来。掌声、欢呼声此起彼伏。习近平总书记微笑着走到群众中间,和大家亲切交谈、握手致意。

7月20日　国家交通运输部职业资格中心主任陈孝平带领有关人员,到西吉县袁河中学开展助学捐赠活动。

同日　"同心圆梦·美丽中国行"情系西吉慰问演出活动安全工作会议在电信局二楼会议室召开。

7月22日　十三届县委2016年第十八次常委会会议召开。会议传达学习习近平总书记来宁视察精神,研究贯彻意见;传达学习自治区上半年经济形势分析会精神,研究贯彻意见;听取自治区党委第二巡视组反馈意见整改情况的汇报,听取县乡两级人民代表大会换届选举工作情况的汇报;研究审议《西吉县党委、政府及有关部门环境保护责任》《关于成立中央第八环境保护督察组转办事项查处整改工作领导小组的通知》;研究召开西吉县第十四次党代会有关事项;听取乡镇领导班子换届工作情况的汇报,研究乡镇领导班子换届人事安排初步意见和县党代会代表选举工作安排。

7月27日　自治区地名普查办公室督导组,到西吉县督导全国第二次地名普查工作。

7月29日　自治区党委办公厅离退休老干部观摩团70余人到西吉县调研观摩城镇化建设、县域经济发展工作。

7月31日　十三届县委2016年第二十次常委会会议召开。会议传达学习自治区党委十一届八次全体会议精神、固原市委三届八次全体会议精神、自治区城市工作会议精神、自治区全域旅游发展推进大会精神,研究贯彻意见;研究召开县委十三届七次全体会议事宜,审定有关材料;研究审议《西吉县脱贫攻坚责任分工方案》《全县贫困村、贫困户精准脱贫退出方案》《关于调整县直机关工委和县非公有制经济组织工委委员的请示》;听取乡镇党委换届选举工作情况汇报;研究自治区党委第二巡视组巡视反馈问题的整改情况及处理意见,研究县级领导班子换届事宜。

8月2日　国务院参事室副主任王卫民带领调研组,到西吉县调研脱贫攻坚工作。

同日 自治区党委宣传部副部长彭生选带领自治区文化厅、教育厅、新闻出版广电局等相关处(室)负责人,到西吉县调研检查农村综合文化服务中心和农民文化大院建设工作。

8月3日 十三届县委2016年第二十二次常委会会议召开。会议传达学习《关于认真学习贯彻李建华同志重要批示精神的通知》,研究贯彻意见;研究县(区)班子考察初步推荐人选建议名单。

同日 自治区总工会常务副主席马利明带领相关处室负责人组成调研组,在市总工会常务副主席王世明陪同下,到西吉县调研检查工会工作。

8月4日 市人大常委会副主任云生元带领市人大检查组,在市农牧局、统计局负责人陪同下,到西吉县调研检查现代农业发展情况和农民增收工作。

同日 十六届县人民政府第六十二次常务会议召开。会议传达学习习近平总书记、李克强总理关于安全生产的重要指示及全国安全生产电视电话会议精神,研究贯彻意见;听取上半年行政监察工作汇报,研究政府系统党风廉政建设事宜;研究审议《西吉县公务用车制度改革实施方案》《关于推进大众创业万众创新实施方案》;研究县水务局《关于申请成立西吉县水质检测中心的请示》,研究新营乡《关于宁夏太科光伏农业发展有限责任公司新营乡现代设施农业光伏20MWP大棚屋顶分布式光伏发电项目建设用地的请示》,研究《关于对西吉县消防大队营区原二层业务用房拆除的请示》,研究县人社局《关于解决公务员医疗补助费的请示》,研究县民政局《关于提高西吉县城乡困难群众最低生活保障标准的请示》,研究县教体局《关于申请调整有关项目建设规模、地址的请示》《关于申请解决兴隆、马建等13个乡镇14所公办幼儿园教师的请示》,研究县扶贫办《关于2016年"十三五"县内劳务移民安置房统一回购的请示》;研究宁夏中南部城乡饮水安全西吉县受水区连通工程供水运行成本及终端水价测算事宜,研究解决西吉县看守所倒塌监墙维修经费事宜,研究2000—2002年退伍军人上访事宜,研究乡镇公共租赁住房移交管理事宜,研究县垃圾填埋场二期项目变更事宜,研究吉祥花园用地性质容积率变更事宜,研究城乡环境综合整治工作经费事宜;听取县林业局关于月亮山水源涵养生态修复工程监理费等情况的汇报,研究有关事宜;听取关于将西吉县职工取暖费纳入住房公积金财政配套范围的汇报,研究有关事宜;听取关于棚户区改造项目贷款、国家重点专项建设基金及担保贷款情况汇报,研究有关事宜。

8月5日 中央电视台文献纪录片《为了胜利的彼岸》摄制组到西吉县将台堡红军长征会师纪念园实景拍摄。

8月11日 全体在家县级领导和各乡镇党委书记、乡镇长到固原观摩学习闽宁对口扶贫协作20年展览馆。

8月11日至12日 政协主席马天英带领政协视察组,对全县金融扶贫、安全饮水、生态环境建设、全民健身等重点工作开展视察。

8月12日　工商银行宁夏分行在平峰镇八岔村开展“金秋助学子，爱心助成才”捐资助学活动。工商银行宁夏分行纪委书记李哲，副市长曲峰，县委常委、副县长祖国军出席捐赠活动。

同日　市委统战部在硝河乡红泉村举行“固原市统一战线助力脱贫攻坚”活动捐赠仪式。

8月14日　全县纪念红军长征胜利80周年暨改革强军征兵宣传文艺演出活动在县体育广场举行。

8月15日　自治区党委常委、固原市委书记纪峥带领市直有关部门负责人，到西吉县调研检查全域旅游工作。

8月17日　自治区扶贫办主任董玲带领副主任丁建义及相关处室负责人、各市县扶贫办主任，到西吉县观摩交流精准扶贫、精准脱贫工作。

8月18日　市公安局副局长陈刚带领市道路交通安全检查组，到西吉县督促检查预防交通道路事故工作。

8月19日　中国人民解放军国防大学副政治委员兼纪律检查委员会书记吴杰明、中央组织部干部教育局副局长石中和等，到红军长征将台堡会师纪念地，重温长征历程、缅怀革命先烈，接受革命教育。

同日　十三届县委2016年第二十三次常委会会议召开。会议听取自治区党委第二巡视组反馈意见整改情况的汇报，研究自治区党委巡视组巡视西吉县反馈问题清单；听取县人大常委会关于县乡两级人大换届选举工作有关情况的汇报，听取固原市2016年九大工程及重点工作责任清单进展情况的汇报，研究部署相关工作；研究审议《关于推进大众创业万众创新实施方案》《关于解决公务员医疗补助费的请示》；安排部署全区、全市县域经济观摩准备工作事项。

▲ 2016“希望工程　爱尔助学基金”（宁夏）助学金发放仪式在西吉县第四中学举行。市委常委、副市长刘学武，北京爱尔公益基金会理事长杨捷，宁夏青少年发展基金会秘书长、希望工程办公室主任刘升祥，市县团委、教育局负责人及受捐助的建档立卡贫困学生和家长参加活动。

8月21日　中共中央候补委员、中国商飞公司党委书记、董事长金壮龙带领调研组，在自治区政府副秘书长许宁、区扶贫办副主任李越等陪同下，到西吉县调研落实对口扶贫工作。

8月22日　西藏自治区党委常委、常务副主席丁业现，西藏自治区人大常委会副主任维色，西藏自治区政协副主席索朗仁增等，在自治区党委常委、副主席李锐陪同下，到西吉县考察特色产业发展和扶贫工作。

同日　市长马汉成带领市四大机关部分领导、各县（区）党政主要领导、市直各部门单位、有关企业主要负责人组成观摩团，到西吉县观摩交流经济社会发展情况和精准扶贫、精准脱贫工作。

8月23日 市政协秘书长杨彦文带领固原恒新建筑工程有限公司、三泰园林公司企业负责人,到红耀乡井湾村开展捐资助学活动。

8月24日 宁夏燕宝慈善基金会秘书长马冬梅一行到西吉县调研教育扶贫工作,光明日报社驻宁夏记者站站长庄电一带领媒体团队一同调研。

8月25日 十三届县委2016年第二十四次常委会议召开。会议听取关于出席中国共产党西吉县第十四次代表大会代表选举工作情况的汇报;研究中共西吉县委书记、副书记和常委工作分工,研究《西吉县领导班子换届人事安排初步建议方案》,研究有关干部事项。

8月26日 十七届县人大代表资格审查会议在县人大常委会三楼会议室召开。

8月28日 西吉县第二届“体彩杯”钓鱼公开赛在干沙河垂钓中心举行。

8月29日 自治区党委宣传部、自治区党委网信办主办,宁夏新闻网承办的以“牢记嘱托,走好新的长征路”为主题的“沙湖杯”第十二届全国网络媒体宁夏行大型采访活动启动仪式在红军长征将台堡会师纪念广场举行。自治区党委宣传部副巡视员王康年、自治区党委网信办网宣处处长薛成云、宁夏新闻网总编辑于海、固原市网信办主任孙建军,全国百余名网媒记者参加启动仪式。

同日 十六届县人大常委会第二十九次会议召开。会议听取和审议县政府关于美丽乡村建设情况的报告,关于马铃薯主粮化进展情况的报告,关于河道治理工作开展情况情况的报告,关于县十六届人大四次会议代表议案、建议办理情况的报告,关于县十六届人大常委会第二十六、二十七、二十八次会议审议意见落实情况的报告,听取和审议县人大常委会检查组关于以上五项工作的检查报告;听取和审议县政府关于2016年上半年国民经济和社会发展执行情况的报告、关于2015年度财政决算和2016年上半年财政预算执行情况的报告;听取和审议县人大常委会财政经济委员会关于2015年度县财政决算的审查报告,审查批准2015年度县本级财政决算;听取和审议十六届县人大常委会代表资格审查委员会关于第十七届县人民代表大会代表资格审查的报告;通过有关人事任免事项。

8月30日 市委常委、组织部部长景瑜带领全市各县(区)组织部长、各乡镇党委书记,到西吉县向丰养殖合作社、兴隆镇下范村观摩交流“两个带头人”工程开展情况。

8月31日 十六届县人民政府第六十三次常务会议召开。会议传达学习自治区深化医药卫生体制综合改革试点工作启动会议精神,研究部署医改重点工作;研究审议《贯彻落实自治区〈实施农村电子商务筑梦计划意见〉实施细则》;研究县文广局《关于提请审议成立西吉县将台堡红军长征会师纪念园机构等事宜的请示》《关于申请解决原文化局办公楼改造及装修工程等相关费用的请示》,研究县建环局《关于申请解决棚户区改造房屋征收工作经费的请示》,研究县人民法院《关于给予马霞司法救助的请示》;听取关于推荐固原市庆祝教师节表彰大会先进单位和先进个人的汇报，研究西吉县庆祝第32个教师节活动有关事宜；听取县农牧局关于申请变更2015年巩固退耕还林成果后续产业项目设施农业招标结余资金用途和申请上缴项目结余资金用于归还2012—2014年度审计违规资金的汇报，研究有关事宜；研究西吉县职工医疗互助配套资金事宜，研究部署全县防汛抗旱工作，研究有关土地事宜。

同日 政协西吉县十届委员会第二十次常委会议召开。会议传达学习十三届县委第七次全体会议精神，听取县政府关于全县金融扶贫工作的情况通报、关于引水到户工作的情况通报、关于生态环境建设工作的情况通报、关于全民健身工作的情况通报，审议通过县政协调研组关于以上四项工作的调研报告。

9月1日 自治区副主席曾一春带领区农牧厅、水利厅、林业厅、气象局等相关厅局主要负责人，到西吉县调研检查农牧产业发展及生态建设工作。

同日 国家文化部副部长杨志今带领有关人员，在区文化厅厅长阮教育等陪同下，到西吉县考察调研红军长征将台堡会师纪念园管理服务工作。

9月2日 九三学社宁夏区委邀请复旦大学附属华东医院消化内科、同济大学附属杨浦医院普外科、上海交通大学医学院附属新华医院新生儿科等国内著名医院专家，到西吉县人民医院相关科室开展“革命老区健康行”活动。

同日 全县“最美家庭”表彰会暨妇女创业促进行动培训班在吉强镇锦绣社区举行。全县“最美家庭”代表、吉强镇锦绣社区贫困留守妇女、单亲母亲、妇女创业带头人等共100余人参加培训班。

9月3日 全县第二届生态观光旅游暨休闲垂钓节开幕式在兴平乡聂家河举行。

9月5日 全国人大常委会原副委员长盛华仁带领十届全国人大环境与资源委员会主任委员毛如柏、十一届全国人大民族委员会主任委员马启智、十二届全国人大环境与资源委员会副主任委员王庆喜、十二届全国人大内务司法委员会副主任委员何晔晖等，在自治区党委常委、固原市委书记纪峥，自治区人大常委会副主任袁进琳等陪同下，到西吉县调研检查中南部引水工程建设情况。

9月7日 自治区党委办公厅副巡视员乔玉兰带领自治区宣传部调研员李富有、干部处副处长杨学明组成督查组，到西吉县督促检查《党委意识形态工作责任制实施细则》贯彻落实情况。

同日 十三届县委2016年第二十五次常委会议召开。会议传达学习全区党校工作会议精神，研究贯彻意见；研究《关于西吉县庆祝第32个教师节活动筹备方案及拟推荐固原市表彰先进单位和先进个人的请示》；听取中国共产党西吉县第十四次代表大会筹备情况的汇报；研究中共西吉县委十三届八次全体会议筹备工作；研究有关干部事项。

9月8日 西吉县与《中国企业报》集团签约战略合作框架协议。

同日 市政府督查组对西吉县开展安全生产百日专项整治行动进行督查。

9月9日 十六届县人民政府第六十四次常务会议召开。会议听取全县安全生产工作汇报,安排部署古尔邦节、中秋节、国庆节假期安全生产事宜;听取国务院第二次大督查工作自查情况汇报,研究部署有关工作;研究县残联《关于西吉县残疾人托养中心与安康颐养苑合建的请示》,研究县委组织部《关于申请拨付基层组织建设保障资金的请示》《关于申请解决2016年新建村级活动场所资金的请示》;听取田坪乡政府申请沿街门面房拆除补偿资金情况的汇报,研究解决有关事宜;听取县林业局关于2014年中央财政造林补贴结余资金等费用的汇报,研究有关事宜;听取县交通局关于将西吉县公路管理局养护人员工资全额纳入财政预算的汇报,研究有关事项;研究西吉县中医院迁建事宜,研究县建环局关于新建商品房网上备案和存量房网上交易管理系统有关事宜。

同日 县委、县政府召开庆祝第32个教师节暨教育教学质量表彰奖励大会。

▲市农牧局在西吉县什字乡北台村开展建档立卡户玉米青贮培训暨铡草机发放仪式。共筹措帮扶资金10万元,为该村建档立卡贫困户补贴配套6.5吨铡草机45台。

9月10日 县委宣传部主办,县教育体育局承办的教育系统庆祝第32个教师节暨广场文化专场演出在县体育场上演。

9月19日 自治区纪委干部监督室主任孙剑锋带领全区"从严治党"第四调研组,到西吉县调研检查"从严治党"工作。

9月20日 全县不动产统一登记颁证仪式在吉德文化交流中心正式启动。区(市)国土资源厅(局)负责人、县四套班子分管领导、部分不动产权益人代表、县国土资源局全体干部职工参加启动仪式。

同日 TCL集团帮扶西吉县捐赠仪式在会议中心会堂举行。TCL集团银川分部总经理牛耕,市扶贫办副主任单荣福,市工商联副主席马志宝,县委、政府分管领导及县扶贫办、工商联负责人,各乡镇分管领导,全县238个贫困村党支部书记参加捐赠仪式。

9月21日 民革中央秘书长李惠东一行100多人,到红军长征将台堡会师纪念地观摩学习,开展重走长征路,接受红色教育活动。

同日 原中共中央党史研究室副主任、中国共产党党史人物研究会副会长章百家带领陈毅之子陈昊苏、周恩来侄女周秉建及部分中共党史人物研究会领导,各地党史办、高校负责人,部分老红军组成考察团,到红军长征将台堡红军长征纪念地考察学习。

▲自治区扶贫办副主任邹玉忠一行,到西吉县平峰镇检查指导县内生态移民安置点建设工作。

9月22日 中共中央政治局委员、国家副主席李源潮在自治区主席咸辉、自治区党委副书记崔波等陪同下,到西吉县将台堡向红军长征会师纪念碑敬献花篮,参观三军会师纪念馆。并到西吉县城调研城镇化建设情况,到偏城乡马湾村调研精准扶贫工作。

同日 全区关工委党史国史教育推进会在西吉县会议中心第一会议室召开。

▲全区农村关心下一代工作座谈会在县会议中心第一会议室召开。

9月22日至23日 市委宣传部、市网信办和宁夏新闻网共同组织策划的“网络达人浪固原”活动在西吉县举行。

9月23日 自治区关工委主任黄超雄在市关工委主任肖志光陪同下,到西吉县检查指导关工委工作。

同日 十三届县委第八次全体会议在会议中心第一会议室召开。

9月26日至27日 中国共产党西吉县第十四次代表大会在会议中心会堂召开。会议深入贯彻落实习近平总书记系列重要讲话特别是来宁视察重要讲话精神,回顾总结县十三次党代会以来的工作,谋划部署今后五年的工作,选举产生中国共产党西吉县第十四届委员会和县纪律检查委员会,组织动员全县各级党政组织、广大党员和干部群众进一步解放思想、开拓创新,不忘初心、继续前进,走好新的长征路,打赢脱贫攻坚战,为加快建设开放富裕和谐美丽西吉而努力奋斗。

9月28日 县委、县政府在会议中心会堂召开全县“从严从实抓落实大干实干100天”活动暨脱贫攻坚推进会议。

同日 自治区住建厅副巡视员郭强带领督查组,到西吉县督查治理拖欠农民工工资工作开展情况。

▲ 县文广局主办,县文化馆、体育中心、电视台承办,公安局、卫计局协办的第二届群众广场舞大赛在县体育场举行。全县共20支代表队参加比赛。

9月29日 国家土地督察西安局副巡视员唐正国一行,在区国土厅耕地保护处处长李少军和市国土局局长马全忠陪同下,到西吉县督察国土资源管理工作。

10月8日 惠及110万群众的宁夏中南部城乡饮水安全工程正式通水。西吉县在吉强镇团结村马存祥家中举行通水仪式。

10月9日 区政府主席咸辉带领自治区部分省级领导,各市县(区)党委、政府主要领导,区直各厅局主要负责人组成观摩团,到西吉县观摩县域经济、产业发展及精准扶贫、精准脱贫工作。

10月10日 县委副书记张亚萍带领全县党建观摩团,对全县2016年基层党建示范点进行现场观摩。

10月11日 市人大常委会主任姜文奎带领市人大检查组,对西吉县脱贫攻坚工作进行检查。

同日 中国商用飞机有限责任公司人力资源部人才工作处处长栾瑞带领10多位海内外专家,到西吉县开展扶贫帮教活动。

▲ 国家林业和草原局中南林业调查规划设计院教授级高工熊嘉武带领国家级自然保护区管理评估组,在自治区环保厅自然生态保护处处长杨金生陪同下,到西吉县对火石寨自然保护区管理工作进行调研评估。

▲ 自治区民委副主任陈建龙带领相关处室负责人一行,到西吉县检查指导少数民族

发展资金及助力扶贫项目落实情况。

10月12日 全市农村低保规范化管理现场观摩会在震湖乡李章村召开。市民政局负责人,各县(区)民政局、低保中心负责人,县委常委、副县长祖国军,各乡镇分管民政工作的副乡镇长参加观摩会议。

同日 全县基层党建观摩交流会在县会议中心第一会议室召开。各乡镇党委书记、副书记、组织委员,县直机关各党(工)委(党组)、总支(支部)负责人,区、市驻县各单位党组织负责人参加会议。

10月13日 国家文物局政策法规司副司长陈培军带领央视网、光明网等多家媒体记者,到西吉县开展长征文物保护调研宣传活动。

同日 自治区扶贫办主办的"唱响扶贫开发主旋律 传播精准扶贫正能量"专题文艺巡演活动在红军长征将台堡会师纪念广场、县商业广场巡演。

10月17日 县委、县政府在会议中心广场举行全国扶贫日暨西吉县捐资帮扶活动启动仪式。全体在家县级领导、各乡镇、县直部门(单位)、区市驻县各单位、非公有制企业主要负责人,县公证处工作人员参加捐资帮扶活动仪式。

10月19日 十六届县人民政府第六十五次常务会议召开。会议听取并审议《政府工作报告》《2016年15件改善民生实事落实情况和2017年15件改善民生实事(草案)的报告》《关于西吉县十六届人民代表大会第四次会议代表议案建议办理情况的报告》《关于政协西吉县十届四次会议委员提案办理情况的报告》;听取并审议县发改局《关于西吉县2017年主要经济指标预期发展目标测算情况的说明》《关于2016年国民经济和社会发展计划执行情况与2017年国民经济和社会发展计划(草案)编制情况的汇报》;听取并审议县财政局《关于2016年财政预算执行情况和2017年财政预算(草案)的汇报》;听取县民政局关于申请将台乡撤乡建镇的汇报,研究有关事宜。

同日 中央文献研究室副主任张宏志一行,在自治区党委原常委、《宁夏工作文献选编》编委会副主任、办公室主任马金虎,自治区党委党史研究室主任宋建钢等陪同下,到红军长征将台堡会师纪念园考察调研,重温长征精神。

▲浙江省金华市政协主席陶诚华带领金华市政协考察团,到西吉县考察扶贫工作。

10月20日 十六届县人大常委会第三十次会议召开。会议传达学习自治区十一届人大六次会议精神、西吉县第十四次党代会精神;听取和审议县政府关于2016年民生计划执行情况的报告,关于十六届县人大四次会议代表议案、建议办理情况的报告;听取和审议县人大常委会检查组关于县十六届人大四次会议代表议案、建议办理情况的检查报告;审议通过十七届县人民代表大会一次会议召开时间的决定;讨论通过十七届县人民代表大会一次会议有关程序性材料和县人大常委会工作报告。

同日 政协西吉县十届委员会第二十一次常委会议召开。会议听取县政府关于县政协十届四次全体会议以来提案办理情况的通报;审议通过县政协十一届一次全体会议议程(草案)、日程(草案)、主席团成员(建议)名单、秘书长(建议)名单、提案审查委员会(建议)名单、主席团常务主席(建议)名单、委员(建议)名单、列席人员(建议)名单、分组和召集人(建议)名单、副秘书长(建议)名单;审议通过常务委员会工作报告、提案工作报告和2017年度协商工作计划。

▲ 中宣部出版局巡视员刘建生一行,在自治区党委宣传部副部长彭生选陪同下,到红军长征将台堡纪念园重温长征路,并向西吉县捐赠图书。

▲ 十四届县委2016年第二十六次常委会议召开。会议传达学习全区产业发展和重点工作现场交流会精神、中央农办农村工作座谈会精神、全国“万企帮万村”精准扶贫行动现场会精神,研究贯彻落实意见;听取全县城市经济(棚户区改造)工作汇报、全县信访工作汇报,研究相关事宜;听取乡镇人大、政府换届工作情况汇报;研究十七届县人大一次会议和县政协十一届一次会议相关事项,研究《关于中共西吉县委书记、副书记和常委工作分工的请示》,研究有关干部处理请示。

10月22日 “中国工农红军长征胜利80周年”纪念活动在红军长征将台堡会师纪念广场隆重举行。宁夏、甘肃、四川、江西、陕西、广东、河南等15家省级新闻媒体分《光辉胜利:英雄史诗丰碑颂》《峥嵘岁月:理想信念高于天》《精神火种:红色基因代代传》《沧桑巨变:红色沃土展新颜》《筑梦中国:长征永远在路上》5个篇章进行现场直播。

同日 国家旅游局规划财务司司长彭德成到红军长征将台堡会师纪念园调研红色旅游工作。

▲ 县委召开纪念中国工农红军长征胜利80周年暨县级党员领导同志“两学一做”学习教育第三专题学习讨论会。

10月24日至26日 政协西吉县第十一届委员会第一次全体会议召开。会议听取和审议政协西吉县第十届委员会常务委员会向大会做的政协工作报告和提案工作报告。全体政协委员还列席了西吉县第十七届人民代表大会第一次会议,听取并协商讨论政府工作报告和其他报告。大会选举产生新一届委员会领导班子。会议审议通过政协西吉县第十一届委员会提案审查委员会关于十一届一次会议期间提案审查情况的报告、政协西吉县十一届委员会2017年度协商工作计划和政协西吉县十一届委员会第一次全体会议决议。会议共收到委员提案98件,立案27件,确定重点提案8件、提案19件。

同日 西吉县第十七届人民代表大会第一次会议在西吉县会议中心会堂召开。会议听取和审议十六届县人民政府工作报告、县人大常委会工作报告、县法院工作报告、县检察院工作报告和代表议案办理情况报告;表决通过《关于县政府工作报告的决议》《关于西吉县2016年国民经济和社会发展计划执行情况与2017年国民经济和社会发展计划报告的决议》《关于西吉县2016年财政预算执行情况和2017年财政预算的决议》《关于西吉县2016年民生计划执行情况和2017年民生计划的决议》《关于县人大常委会工作报告的决议》《关于县人民法院工作报告的决议》《关于县人民检察院工作报告的决议》《关于代表议案的审查报告决议》;依法选举产生西吉县第十七届人民代表大会常务委员会组成人员、西吉县人民政府组成人员、西吉县人民法院院长、西吉县人民检察院检察长。

10月27日 自治区人社厅副厅长马军生带领相关处室负责人组成检查组,到西吉县检查督促社会保障和促进就业工作。

同日 十七届县人民政府第一次常务会议召开。会议传达学习全区安全生产专题会议精神、全市安全生产专题会议精神、自治区第三次全国农业普查会议精神,研究部署有关工作;研究县消防队《关于招聘政府专职消防员及解决保障经费的请示》《关于申请减免消防大队采暖费、增容费的请示》,研究县林业局关于省道202线西吉段绿化带防护栏建设项目和固将公路绿化带平整建设资金事宜,研究县农牧局《关于申请解决2016年肉牛繁殖“见犊补母”项目配套经费的请示》,研究县交通局《关于申请解决六盘山片区交通扶贫攻坚示范试点县项目勘测设计等前期费用的请示》,研究吉强镇《关于申请变更吉强镇龙王坝村基础母牛补贴项目的请示》,研究县民宗局《关于申请解决2015年西滩乡文化广场建设资金的请示》,研究县长、副县长分工事宜。

10月28日 北京博雅方略旅游规划院副院长、上海分院院长梁建军带领有关专家、教授团队到西吉县进行全域旅游规划前期考察。

10月29日 县委主要领导带领县委副书记张亚萍、副县长李喜生及白崖乡、扶贫办负责人和半子沟村移民群众代表前往银川市金凤区丰登镇移民安置点进行实地观摩考察。听取金凤区负责人对工程进展及移民安置情况的介绍,了解当地经济社会发展和安置点建设概况。

10月30日 国土资源部组织人民日报、新华社、中央人民广播电台、农民日报、国土资源报等多家主流新闻媒体组成采访团一行20余人,到西吉县开展“依托农村土地综合整治,建设生态移民幸福美丽新村”主题采访活动。

同日 西吉县党政观摩团赴银川、吴忠、固原三市的七县(区)观摩学习脱贫攻坚、招商引资、劳务移民、产业发展、全域旅游、电子商务、城镇建设等工作。

11月1日 市政协副主席黄金库带领市政协调研组,在市中级法院院长张仁陪同下,对西吉县法院工作进行调研检查。

同日 自治区政协考核组到西吉县考核平安建设和区、市、县三级政协委员基层联系点工作。

11月2日 自治区人大环资委主任郑明带领区人大检查组,到西吉县调研检查葫芦河流域治理及污水处理工作。

11月4日 全县第三次全国农业普查动员会议暨业务培训会在会议中心会堂召开。

11月5日 县政府组织全县64个部门(单位)的2000多干部职工在吉强镇何洼梁荒山段开展义务植树劳动。

11月6日 十七届县人民政府第二次常务会议召开。会议讨论审议《2016年度西吉县禁毒工作综合考评办法》《关于在全县公民中开展第七个五年法治宣传教育深入推进依法治县进程的实施意见》《西吉县2016年"双到"扶贫攻坚工程项目实施方案》《西吉县公共租赁住房分配入住管理暂行办法》《西吉县2016年第三批少数民族发展资金项目计划》；听取县民政局关于申请将五保供养服务、烈士陵园管理经费列入财政预算的汇报，研究有关事宜；研究县民政局《关于采用合同能源管理模式对县城中心敬老院和兴隆中心敬老院进行供热的请示》，研究县教体局《关于申请调整西吉县全民健身活动中心项目投资概算的请示》《关于申请调整西吉县公共体育场项目投资概算的请示》，研究县建环局《关于县城老旧小区采暖系统维修更换项目工程实施的请示》《关于申请配套建设麻地沟、怡秀家园北侧安置区道路、给排水及供暖管道等基础设施的请示》《关于申请解决西区锅炉房脱硫除尘项目实施存在问题的请示》，研究县文广局《关于申请为将台堡红军长征纪念园和县广播电视台选聘讲解员和节目主持人的请示》，研究县水务局《关于申请划拨西吉县自来水公司及供水工程项目国有资产的请示》《关于申请对2016年国家专项建设基金项目西吉县葫芦河河道综合整治工程资金调剂使用的请示》；听取县水务局《关于申请安排2016年脱贫销号村农村饮水安全巩固提升工程的汇报》，研究有关事宜；研究有关干部处分事宜。

11月7日　自治区党委书记李建华在自治区党委常委、副主席李锐，自治区党委常委、固原市委书记纪峥，市长马汉成等陪同下，到西吉县调研指导精准扶贫、精准脱贫工作及白崖乡半子沟村移民搬迁工作。

11月8日　灵武市政协主席杨文炯带领市委副书记郧鹏，市委常委、统战部部长马利剑，副市长陈玉贤等，到西吉县考察学习精准扶贫、精准脱贫、特色产业发展工作。

11月9日　全县综合文化服务中心及示范性农民文化大院建设情况通报会在县文广局召开。

同日　十四届县委2016年第二十七次常委会议召开。会议传达学习党的十八届六中全会精神、全国社会治安综合治理创新工作会议精神、《中共中央纪委机关中共中央组织部关于对河北等16省（区、市）换届风气督查情况的通报》，研究贯彻落实意见；传达学习全区"两学一做"学习教育经验交流座谈会精神、全区第一书记和扶贫开发驻村工作队工作会议精神，研究贯彻落实意见；研究审议《关于在全县公民中开展第七个五年法治宣传教育深入推进依法治县进程的实施意见》《西吉县加强乡镇建设的实施方案》《2016年度西吉县禁毒工作综合考评办法》；研究《关于成立西吉县法学会的请示》《关于县直部门党委换届选举的请示》，研究有关干部事项。

11月10日　固原市检察院、西吉县检察院联合举办的"扶贫领域以案释法警示教育大会"在兴隆镇召开。

同日　市委常委、副市长陈济丁，市政协副主席黄金库带领市提案督办组，到西吉县督办市政协三届五次重点提案落实工作。

11月15日 大型廉政教育舞台剧《昨夜无钟声》在县文广场巡演。

同日 市妇联副主席张秀桂带领“护航春蕾”和“家庭教育”宣讲团,到西吉县将台中学开展“护航春蕾”宣讲活动。

11月16日 县人大常委会主任李聪带领县人大视察组,对全县重点工程项目建设情况开展督促视察。

同日 国家旅游规划院专家组在自治区旅游发展委员会规划处调研员杨鹏岗陪同下,到西吉县考察特色产业示范村——龙王坝村开发建设情况。

11月18日 以“政企扶贫新长征,互助共赢新胜利”为主题的第十三届中国企业发展论坛暨首届中国企业扶贫(西吉)峰会在北京京西宾馆举行。

同日 县公安局举行赃物返还发放仪式,将追缴的涉案赃物赃款共计106万元发还给辖区受害群众。

11月19日 宁夏长庆高级中学党委书记金蔚带领学校各年级团支部书记携手“王宁爱心捐助基金会”到西吉县什字乡阳洼小学开展结对帮扶和爱心捐赠活动。

11月20日 中国老区建设促进会专家咨询委员会主任委员郄万增带领相关部室负责人,在自治区扶贫办开发指导处调研员李涛、老区建设促进会常务副会长聂峰军、副会长兼秘书长吴钟鸣等陪同下,到西吉县调研产业扶贫项目,并到红军长征将台堡会师纪念园和单家集革命旧址参观学习。

11月21日 市长马汉成到西吉县硝河乡联系点,为基层党员干部、群众代表作党的十八届六中全会精神专题辅导。

11月22日 固原市检察院组织检察官到西吉县开展“预防职务犯罪、促进公正廉洁”专场宣讲活动。

同日 十四届县委2016年第三次常委会会议召开。会议传达学习第十三届中国企业发展论坛暨首届中国企业扶贫(西吉)峰会精神,研究贯彻意见;听取葫芦河流域及县城污水处理整治情况汇报,研究部署整改措施;听取白崖乡半子沟村移民搬迁情况汇报;研究有关干部事项。

11月29日 “香港信和·黄廷方奖学金”2016年发放仪式在西吉中学举行。“香港信和·黄廷方奖学金”发放代表黄若红女士,县委常委、统战部部长马保师出席发放仪式。

11月30日 自治区文联副主席刘伟带领相关处室负责人,到西吉县调研指导文联工作,并就定点帮扶工作进行对接。

同日 十四届县委2016年第二十九次常委会会议召开。会议传达学习中国共产党固原市第四次代表大会精神,研究落实意见;传达学习全国、全区安全生产会议精神,听取全县安全生产工作情况汇报;传达学习全区村“两委”换届选举暨培训工作会议精神,研究贯彻意见;听取县人大党组、县政府党组、县政协党组及县委、县政府分管领导关于2017年工作思路汇报;听取县直部门党委换届选举结果的报告;研究《关于推荐政协固原市第四届委员会委员初步人选的情况说明》;研究有关干部事项。

▲ 市政府教育督导室主任张毅、副主任杨维东带领督导组,对西吉县义务教育薄弱学校的基本办学条件进行督导。

12月1日 市政府考核组对西吉县农民工工资支付情况进行考核。

12月2日 西吉县成立法学会暨第一届会员代表会在县公安局会议室召开。县委副书记、政法委书记张亚萍,县委常委、公安局局长李平,市委政法委副秘书长、法学会副会长李德荣及固原市和各县(区)政法委、法学会负责人应邀出席会议。

12月6日 固原至西吉高速公路试运行通车,西吉县在西吉高速东收费站举行通车仪式。国道309线固原至西吉高速公路是自治区省级"三环八射九联"高速公路网"九联"中的一联,即S60省级高速公路,全长46.5公里(西吉境内长21.7公里),设计速度80公里/小时,双向四车道,分离式路基宽22.5米,整体式路基宽24.5/21.5米。全线设大、中、小桥梁37座7500米,涵洞49道,分离式立交桥梁13座1271米,互通式立交1处,隧道2处共计单洞长7285米,概算总投资42.75亿元,其中西吉境内投资19.95亿元。由于沿线地形复杂,该项目平均每公里造价9194万元。路线基本沿原路走廊带布设,起点位于固原市(固原六盘山机场附近),接省道101线,途经原州区中河乡、西吉县偏城乡、吉强镇,终点至西吉县吉强镇夏寨路口。该项目建设把西吉县彻底融入全区快速交通网中,对于完善国防公路运输保障体系,促进地区经济发展、社会稳定、民族团结具有十分重大的现实意义和深远的历史意义。

同日 全市脱贫攻坚工作现场观摩推进会在西吉县召开。市委副书记、市脱贫攻坚领导小组副组长王刚,市委常委、组织部部长景瑜出席会议。市直有关部门负责人、四县一区常委、组织部部长,分管副县长、扶贫办主任参加观摩会。

▲ 十七届县人民政府2016年第三次常务会议召开。会议传达学习《国务院安委会办公室关于江西丰城发电厂"11·24"冷却塔施工平台坍塌特别重大事故的通报》,研究贯彻意见;传达学习全区精准扶贫现场观摩会议精神,研究贯彻意见;讨论审议《西吉县安全生产行政责任规定》《西吉县安委会组成人员的名单》《西吉县产业精准扶贫规划》《西吉县全民健身实施计划(2016—2020年)》《西吉县河道采砂实施方案》《西吉县葫芦河流域水环境污染综合治理工程(PPP)及污水处理厂提标改造工程(PPP)实施方案》《西吉县电子商务进农村物流运营项目实施方案》;研究县农牧局《关于整改落实2011—2015年草原生态保护补助奖励机制项目沉淀资金的请示》,研究县卫计局《关于西吉县人民医院、中医院招标采购人力资源管理系统项目的请示》,研究县建环局《关于申请解决西吉县空间规划编制经费的请示》《关于申请解决城乡建设项目资金的请示》《关于申请解决县兴泰建筑总公司历年工程欠款的请示》《关于申请解决住房保障管理中心工作经费的请示》,研究县商务经合局《关于申请解决电子商务进农村综合示范县项目建设配套资金的请示》《关于申请解决西吉国际商贸物流城建设项目配套基础设施建设资金的请示》,研

究县文广局《关于申请解决西吉县钱币博物馆改扩建项目及旧馆墙体外挂拆除等所需缺口资金的请示》《关于申请解决将台堡红军长征纪念园“中南海情系西海固”和“西吉历史”展馆布展所需经费的请示》,研究县水务局《关于申请解决县城应急供水工程水费的请示》《关于西吉县水资源确权登记颁证计划的请示》,研究将台乡《关于申请解决环境集中整治、城管中队人员工资和物业公司保洁费用的请示》,研究县民宗局《关于申请解决2016年民族团结进步创建工作经费并列入2017年财政预算的请示》,研究县公安局《关于申请解决公安电子围栏二期项目建设资金的请示》,研究县民政局《关于申请将县星级和谐社区创建和做实村民代表会议制度所需经费列入财政预算的请示》;听取县政法委关于申请解决矛盾纠纷多元化解有关问题的汇报,听取县财政局关于民生信用担保公司为西吉县旺泉食品饮料厂担保贷款到期申请展期的汇报,研究有关事宜。

12月12日 海南善心汇文化传播有限公司宁夏团队的爱心人士在区党史研究室相关负责人陪同下,到西吉县吉强镇酸刺小学,为这里的孩子们捐赠棉衣、帽子、手套等生活用品40余套。

12月14日 自治区人大常委会副主任马三刚、刘慧芳带领区人大视察组,在区政府秘书长王凌、区扶贫办党组书记梁积裕、区扶贫办副主任丁建懿等陪同下,到西吉县视察精准扶贫、精准脱贫工作。

12月15日 中央电视台七套2017年农民新春联欢会导演组在吉强镇龙泉湾山庄,对中央电视台七套“2017年《过年了》全国农民春节联欢会”节目进行海选。

12月16日 自治区劳动保障检查总队副队长张海涛带领督察组,到西吉县督促检查拖欠农民工工资专项治理工作。

12月17日 自治区社会救助家庭经济状况核对中心主任陈国华一行,到西吉县检查指导城乡低保规范管理及信息核对系统运行情况。

同日 自治区党委督查室组织督查组,到西吉县督促检查涉农资金使用管理工作。

12月18日 自治区检察院和自治区扶贫办联合主办的“精准扶贫、廉洁为民”专题警示宣传教育基层行巡讲活动在西吉县会议中心会堂举行。

12月20日 市安监局副局长高满堂带领安全生产考核组,到西吉县考核验收2016年度安全生产工作。

同日 宁夏医药卫生学会管理办公室医学技术评审部主任金玉珍带领自治区卫计委医院等级评审专家组,对西吉县人民医院开展“二甲”复审工作。

12月21日 中航郑飞塞外香食品有限公司董事长董彦勋、总经理胡学文一行,到平峰镇王垴村,为企业助力王垴村脱贫工作进行项目论证。

12月22日 西吉县与光大证券股份有限公司结对帮扶合作协议签约仪式在会议中心第一会议室举行。光大证券股份有限公司党委副书记、监事长刘济平及光大证券公司相关负责人,宁夏证监局局长马炜,自治区金融工作局副局长李兖,固原市副市长曲峰,县领导武维东、李聪、马天英、张亚萍、王林、刘镇晶、梁秋明、谢国玉、李晓东、李西平、马耀红及相关部门、企业负责人参加签约仪式。

同日 西吉至会宁(宁甘界)高速公路建设(吉强段)工作协调会在吉强镇召开。自治区交通厅工程师高占山、县领导陈钟、王社宝、李晓东、刘东海及县公安局、司法局、法院、检察院、建环局、国土局、监察局等部门负责人参加会议。

12月23日 神华宁煤集团团委书记高湘虎,在团市委书记马天峡陪同下,到西吉县马建乡中心校慰问小学师生。

同日 全县"六五"普法总结暨"七五"普法启动大会在会议中心召开。

12月24日 中央电视台七套主办的2017年全国农民春节联欢晚会北方主场演出《过年了》外景拍摄,在中国最美休闲乡村——西吉县吉强镇龙王坝龙泉湾山庄录制。

12月25日 中央电视台七套"2017年全国农民新春联欢会《过年了》"在西吉中学体育馆进行彩排。

12月27日 十四届县委2016年第三十次常委会议召开。会议传达学习李克强总理在深化"放管服"改革激发市场活力座谈会上的讲话精神,研究贯彻意见;传达学习自治区党委十一届九次全体会议精神、全区经济工作会议精神、全区宗教工作会议精神、全区卫生与健康大会精神、全区双拥工作命名表彰大会精神,研究贯彻意见;传达学习《中共中央组织部关于印发〈党委(党组)讨论决定干部任免事项守则〉的通知》,研究贯彻意见;传达学习全市两会精神,研究贯彻意见;研究关于召开中共西吉县委十四届二次全体会议事宜,研究关于召开西吉县工商联(民间商会)第九届会员代表大会事宜,研究关于调整宁夏吉德慈善(闽宁)产业园党工委和县离退休干部党工委书记、副书记的请示,研究有关干部处理的请示。

同日 国家旅游局主办的"重走长征路"红色旅游主题活动首发团及媒体采访团,到西吉县开展"重走长征路"主题活动。

▲ 全县森林火灾应急处置演练活动在葫芦河防火演练场举行,自治区森林公安局副局长赵勇现场指导。

12月28日 自治区交通厅副巡视员卢清华带领区安监局、国土厅、消防总队、旅发委、住建厅等相关部门负责人,到西吉县检查督导安全生产工作。

同日 中共西吉县委第十四届二次全体会议在会议中心第一会议室召开,审议通过《中共西吉县委2017年工作要点》。

12月29日 县工商业联合会(民间商会)第九届会员代表会在会议中心第一会议室召开。

12月30日 西吉县安委会全体会议召开,各乡镇、县安委会成员单位负责人参加会议,对安全生产工作作出具体部署。

是年 全县总户数136999户,总人口494941人。全县地区生产总值554799万元,其

中第一产业147884万元、第二产业120009万元、第三产业286906万元。农作物播种面积217.27万亩,粮食总产27047.4万公斤、油料总产1862万公斤、蔬菜总产56679.6万公斤。地方财政收入15213万元,地方财政支出543688万元,社会商品零售总额151365万元。

2017年

1月4日 自治区图书馆社区服务部主任李志麒带队,到西吉县开展“送书下乡”活动,为钰秀家园社区居民送去丰富精神食粮。

同日 全县部门(单位)驻村帮扶和第一书记工作推进会在会议中心召开,对驻村帮扶工作进行安排部署。

1月5日 自治区党委统战部综合服务处处长王克宇带领区党委统战部有关人员,到西吉县检查统战工作。

1月7日 十四届县委2017年第一次常委会议召开。会议传达学习中央经济工作会议精神、中央政法工作会议精神、习近平总书记2017年新年贺词,研究贯彻落实意见;传达学习全区“两会”精神、区党委常委马廷礼在西吉县委常委班子2016年度民主生活会上的讲话精神,研究贯彻意见;听取全县脱贫攻坚情况汇报;研究审定《西吉县2017年春节慰问工作方案》《2017年全县重点工程项目包抓责任清单》《2017年西吉县重点工作责任清单》。

1月9日 自治区团委副书记汤瑞带领区团委组织部长周丽梅等,到王民乡红太村开展定点帮扶和新春慰问活动,为全村71户建档立卡贫困户村民送去价值2万余元的米、面、油等慰问品。

1月11日 县教体局组织全县各小学五年级学生进行教学质量监测考试。全县五年级教学质量监测共设考场272个,7055名考生参加考试。

同日 团市委书记喜晓林带领副书记马小路及团市委相关部室负责人到西吉县第一小学、西吉县电商孵化园、西吉县大学生志愿者协会、红军长征将台堡会师纪念园,调研检查基层团组织建设、基层团组织工作开展、少先队工作、青年创业就业、志愿服务等工作。

1月12日 西吉县义工联合会在西吉第四中学多功能厅举办2016年年会。团县委、宣传部、文广局、教育局等部门负责人、爱心人士、部分企业代表及义工联合会全体成员参加年会。

同日 全县2017年春运道路交通安全管理工作启动仪式在政府三楼会议室举行。县委常委、副县长陈钟,全县春运道路交通安全管理工作各成员单位、各乡镇负责人参加启动仪式。

1月16日 震湖乡召开2017年脱贫攻坚动员大会。

同日 由什字乡和县文广局联合举办的“打决胜之战　建小康什字”迎新春文艺晚会在什字中学举行。

1月17日 自治区政府副主席、公安厅厅长许尔锋带领区政府办公厅副秘书长黄明旭、公安厅副厅长李德生、公安厅交警总队队长苏发坤及相关处室负责人，到西吉县吉强镇大坪村、夏寨路口春运交通安全检查点、西吉县汽车站、吉强镇派出所进行调研慰问。

1月18日 县人大常委会主任李聪带领县人大检查组，对全县困难群众生产生活救助、安全生产工作、医疗保险和养老保险工作开展情况进行检查。

同日 县四大机关领导带领慰问组，对全县困难职工、困难党员、优抚对象、残疾人、劳动模范、离退休老干部和敬老院老人进行走访慰问。

▲ 自治区妇联主席董玲带领副主席高鹏及相关处室负责人到西吉县开展春节慰问活动。

1月19日 自治区水利厅厅长白耀华带领区水利厅相关处室负责人，到西吉县河屲水厂、西吉县北山水厂调研指导供水保障工作。

同日 市委常委、政法委书记、市安委会副主任李志达带领市安监局、消防支队、交警支队、运管局等相关部门负责人，到西吉县检查督导春节、“两会”期间安全生产工作。

▲ 市人大常委会副主任童全成、副市长曲峰带队，到西吉县兴平乡、田坪乡、兴隆镇开展走访春节慰问活动。

1月20日 十七届县政府2017年第六次常务会议召开。会议传达学习全国、全区、全市安全生产电视电话会议精神，研究部署全县安全生产工作；研究审议《西吉县加快发展全域旅游实施意见》《西吉县2017年春节慰问工作方案》；听取县人社局关于开展治理拖欠农民工工资情况的汇报，安排部署相关事宜；听取吉强镇关于棚户区改造、征地拆迁遗留问题的汇报，研究相关事宜；听取县教体局关于申请对2016—2017年部分教育重点项目实施合同管理情况的汇报，研究相关事宜；听取县财政局关于申请投放西吉县社会投资类国家专项建设基金项目资金的汇报；听取产业园区管委会关于申请返还宁夏闽宁投资置业有限公司及宁夏国圣食品有限公司土地契税和印花税的汇报；研究县文广局《关于申请解决县电视台设备更新改造所需资金的请示》，研究县财政局《关于申请成立西吉农业信贷担保有限责任公司的请示》，研究县建环局《关于申请解决2017年春节及元宵节亮化装饰工程资金的请示》《关于申请解决县环卫、监察车辆及人员保险费的请示》，研究国有土地相关事宜。

同日 县卫计局联合县直医疗卫计单位在将台街道开展第五届“迎新春、送健康、送春联”暨健康教育宣传活动。参加活动群众2000余人，发放春联500多副、宣传单(册)5000余份、围裙200条、计生药具300盒，现场接受群众咨询120余人次。

1月21日 自治区党委常委、统战部部长马廷礼到西吉县开展春节慰问工作。

1月22日 市委常委、纪委书记纳冰带队到西吉县偏城乡曹垴村、偏城乡姚庄村、将台乡包庄村等地,对残疾家庭、五保老人、困难党员、困难群众、优抚对象进行走访慰问。

同日 宁夏红十字会业务处处长刘雁平带领相关负责人到西吉县偏城乡花儿岔村开展捐赠活动。捐赠总价值约12万元的电冰箱、大米、食用油、棉衣棉被等生活用品。

▲全县森林草原防火工作会议在会议中心第一会议室召开。全县森林草原防火指挥部各成员单位、各乡镇负责人参加会议。

1月23日 全县2017年新春团拜会在西吉大饭店宴会厅举行。全体在家县级领导与全县各界人士代表欢聚一堂,共迎新春佳节。

同日 十七届县人大常委会第二次会议召开。会议听取和审议县政府关于全县困难群众生产生活救助工作开展情况报告、关于全县医疗保险和养老保险工作开展情况报告,听取和审议县人大常委会检查组关于以上两项工作的检查报告;听取和审议县政府关于2016年财政预算执行情况和调整2017年财政预算的报告,听取和审议县人大常委会财政经济委员会关于2016年财政预算执行情况和调整2017年财政预算的审查报告,审议通过县人大常委会关于调整2017年财政预算的决议;审议通过人事任免事项。

1月26日 由县扶贫办主办,县体委、兴隆镇承办的西吉县"精准扶贫杯"农民运动会在兴隆镇兴隆村体育场开赛。

2月3日 全县领导干部学习班开班。全体在家县级领导和全县副科级以上领导干部参加培训学习。学习班特邀市纪委常委范克钧作题为《学习贯彻党的十八届六中全会精神、切实担起全面从严治党主体责任》的专题辅导。

2月4日 十四届县委2017年第二次常委会会议召开。会议听取全县抗旱工作情况汇报,听取2017年项目建设工作汇报,研究部署相关工作;传达学习《关于加强和改进新形势下全区保密工作的实施意见》精神,研究贯彻意见。

同日 十七届县人民政府第一次全体会议召开。县长、各副县长及各乡镇、政府组成部门单位负责人参加会议。会上,县政府与各乡镇、各部门签订了安全生产目标管理责任书。

2月5日 十四届县委2017年第二次常委会会议召开。会议听取农业局、民政局、水利局、气象局及各乡镇抗旱工作情况汇报,传达学习全市春耕生产及抗旱工作会议精神,研究部署全县春耕生产及抗旱工作。

同日 副市长周文贵带领市农牧局、水务局负责人,到西吉县调研检查旱情墒情、人畜饮水等情况。

2月7日 自治区党委常委、市委书记纪峥,市长马汉成带领市委副书记王刚、副市长吴会军、副市长何炜及相关部门负责人,到西吉县调研2017年工作谋划和重点工作开展情况。

2月8日 十四届县委2017年第三次常委会会议召开。会议传达学习中央纪委全会精神、自治区纪委全会精神，研究贯彻意见；传达学习全区政法综治信访维稳工作会议精神、全区统战部长会议精神、固原市委工作会议精神，研究贯彻意见；研究审议《西吉县加快发展全域旅游实施意见》，听取关于全县2016年度效能目标管理考核情况的汇报，研究有关干部处理的请示。

2月9日 全县2016年度效能目标管理考核暨政法、组织、宣传、统战工作会议在会议中心会堂召开。全体县级领导、各乡镇、县直各部门（单位）领导班子成员，区、市驻县各单位主要负责人参加会议。县委副书记张亚萍宣读《关于表彰2016年度全县效能目标管理考核先进集体的决定》，安排部署2017年度政法综治和维护稳定工作；县委常委、宣传部部长马金平安排部署2017年度全县宣传思想和精神文明建设工作；县委常委、统战部部长马保师安排部署全县2017年度统战宗教工作；县委常委、组织部部长王生尧安排部署全县2017年度基层组织和“两个带头人”工作。

同日 中共西吉县十四届纪律检查委员会第二次全体（扩大）会议在会议中心会堂召开。会议学习贯彻中央纪委十八届七次全会、自治区纪委十一届八次全会、固原市纪委四届二次全会精神，全面总结2016年全县党风廉政建设和反腐败工作，安排部署2017年工作任务。平峰镇、发改局负责人分别作了述廉述责报告。

▲ 市妇联主席王萍带领有关人员到吉强镇锦绣社区、吉强镇万崖村“妇女之家”调研检查妇联基层组织建设。

2月13日 县委、县政府主要领导带领县委办、政府办、发改局、住建局、交通局、水务局、教育局、供电局等部门负责人，对大县城建设改造工作进行专题调研。

同日 国家林业局林改司司长江机生带领专家调研组，到西吉县兴隆苗圃、水岔湾养殖合作社、心雨林下产业合作社、宝义林下产业合作社、天合林下产业合作社、绿源种植合作社等调研指导西吉县林业产业及林下经济发展工作。

▲ 自治区民政厅副厅长李俊章带领区民政厅相关处室负责人，到西吉县调研检查困难群众基本生活保障、退役士兵数据采集、全区民政工作会议精神贯彻落实情况。

2月15日 中央统战部二局局长马利怀带领有关人员，到西吉县调研考察统战工作。

2月17日 自治区党委宣传部组织的“温暖中国——2017网络媒体新春走基层”系列报道小组，到吉强镇套子湾村、红耀乡井湾村进行调研采访报道。

2月18日 全县领导干部专题学习班暨西吉县金融助力脱贫攻坚专题讲座在会议中心会堂举行。自治区金融工作局副局长刘正虎、副市长曲峰及全体在家县级领导，各乡镇党政负责人、部分村支部书记、各金融机构负责人聆听了讲座。会上，县委常委、副县长刘镇晶与各金融机构负责人签订了《村级互助担保基金战略合作协议》。

同日 西吉汇发村镇银行隆重开业。西吉汇发村镇银行股份有限公司是经中国银监会批准，由陕西定边农村商业银行发起设立的股份制商业银行，业务范围包括吸收公众存款、发放中短期贷款、借记卡业务等。

2月19日 深圳98传奇科技有限公司员工、众心永恒爱心团队,为西吉县部分贫困户、孤残户、留守儿童"一对一"发放1000元到4000元不等额的助学款共3万元,与21名贫困学生建立结对帮扶关系。

2月22日 自治区人社厅副厅长孙晓军带领相关处室负责人,到西吉县调研检查劳动力转移就业和职业技能培训工作。

同日 《中国企业报》集团相关负责人带领宁夏银龙实业集团公司成员,到西吉县调研"精准扶贫"帮扶措施落实工作。

2月23日 十四届县委2017年第四次常委会会议召开。会议传达学习全区、全市脱贫攻坚推进会精神,研究部署全县脱贫攻坚工作;传达学习全区宣传思想文化工作会议精神,研究贯彻意见;通报2016年度自治区机关及市、县效能目标管理考核结果,传达自治区约谈会议精神,研究贯彻意见;研究关于对效能目标管理考核末位乡镇、部门(单位)进行问责处理的建议;研究审议《关于集中开展全县干部作风大整顿的通知》《关于推进我县全面从严治党向纵深发展的思路建议》《西吉县党政领导干部追责暂行办法》《西吉县党风廉政建设巡察工作实施办法(试行)》;研究有关干部事项。

同日 市人大常委会副主任范霞、童全成带领市人大检查组,在市粮食局负责人陪同下,到西吉县检查粮食工作。

▲ 十七届县人大常委会2017年第二次会议召开。会议听取和审议县政府关于全县困难群众生产生活救助工作开展情况的报告、关于全县医疗保险和养老保险工作开展情况的报告,听取和审议县人大常委会检查组对以上两项工作的检查报告;听取和审议县人大常委会财政经济委员会关于2016年财政预算执行情况和调整2017年年初预算的审查报告,审议通过县人大常委会关于调整2017年年初预算的决议。

2月24日 县委、县政府主要领导带领相关部门负责人专题检查指导"四大精品"生态工程。"四大精品"生态工程即:以北山市民休闲森林公园、夏寨水库湿地公园建设为主的休闲"绿景"工程,以海西公路、固西高速公路绿化带建设为主的道路"绿带"工程,以改造提升永清湖公园、滨河公园为主的城市"绿肺"工程,以月亮山水源涵养生态修复工程为主的水源"绿库"工程。

2月25日 2017年全县重点项目建设大会战举行启动仪式。全体在家县级领导和各乡镇、县直各部门负责人及项目建设单位、施工企业代表参加启动仪式。县委常委、常务副县长马宗正主持启动仪式,县长武维东介绍全县2017年项目建设总体情况。

2月27日 全县2017年棚户区改造工作推进会召开。县委、县政府、县人大、县政协分管领导及相关部门负责人、相关工作人员参加会议。

同日 全县村党组织书记培训班开班。县委副书记张亚萍,县委常委、组织部部长王生尧,县委党校负责人出席开班仪式。

2月28日 全县2017年环境整治"攻坚月"活动召开。县四套班子分管领导及各乡镇、各相关部门负责人参加启动会。

同日 宁夏启鸿房地产开发有限公司为西吉二中贫困学生捐赠300套校服和2.1万元助学金。

3月1日 全县脱贫攻坚推进会在会议中心会堂召开。会议传达贯彻落实全区脱贫攻坚推进会议精神、全市脱贫攻坚推进会议精神,对深入推进脱贫攻坚进行再动员、再部署。全体在家县级领导,各乡镇党委书记、乡镇长、分管领导,县直各部门单位和区、市驻县各单位主要负责人,238个贫困村第一书记,84个销号村党支部书记参加会议。

同日 副市长吴会军带领市环境督查组,到西吉县督查环境保护与治理工作。

▲"迎接党的十九大"系列网络媒体活动之"脱贫攻坚看宁夏"大型主题采访活动第三站在西吉县马莲乡陆家沟村进行采访活动。

3月2日 全县2017年全面治理拖欠农民工工资工作会议召开。县长武维东、县委副书记张亚萍、人大常委会副主任郭满福、副县长李晓东、政协副主席刘东海及各乡镇、县直各部门(单位)主要负责人参加会议。

同日 县政协副主席张国义带领县政协调研组,对全县职业教育与学前教育工作进行专题调研。

3月3日 十七届县政府2017年第七次常务会议召开。会议研究审议《西吉县贯彻落实中央第八环境保护督察组督查反馈问题整改方案》《西吉县空间规划(多规合一)编制工作实施方案》《西吉县2017年农业产业扶贫项目实施方案》《西吉县农牧产业发展服务有限公司股权投资固原万家家富农牧有限公司协议》《西吉县被征地农民先保后征实施细则》;听取县公安消防大队《关于西吉县微型消防站建设指导意见的汇报》,听取县发改局《关于葫芦河流域环境综合治理和基础提升工程情况的汇报》,听取县交通局《关于整合涉农资金用于解决西吉县智慧交通运行监管与服务平台项目建设情况的汇报》,研究相关事宜;研究县建环局《关于申请解决农村环境整治项目征地费用的请示》《关于申请解决马莲乡街道维修提质工程费用的请示》《关于污水处理厂提标改造工程采用单一来源方式招标采购的请示》,研究县扶贫办《关于申请将西吉县2016年整村推进电商扶贫项目变更为劳动力素质提升技能培训项目的请示》,研究园区管委会《关于申请财政补贴宁夏闽宁投资置业有限公司及宁夏国圣食品有限公司土地契税和印花税的请示》,研究县卫计局《关于申请解决西吉县"创建群众满意的乡镇卫生院"奖励资金的请示》《关于申请成立县卫生计生综合监督所及增加人员编制和解决工作经费的请示》《关于申请解决县人民医院迁建工程贷款本息的请示》,研究县水务局《关于申请解决吉强镇套子湾村生态农业供水工程及套子湾村沟道治理工程建设资金的请示》《关于申请解决浅水岔河水库除险加固工程建设欠款的请示》,研究县委宣传部《关于申请增订〈宁夏日报〉等报刊的请示》《关于申请解决媒体记者稿费的请示》,研究国家统计局西吉调查队《关于申请解决公租房的请示》，研究硝河乡政府《关于申请解决硝河乡幼儿园及九年一贯制学校200米环形运动场建设用地的请示》，研究县交通局《关于申请解决西吉县城市公交运营机制转换工作所需资金的请示》，研究国有土地相关事宜。

3月4日 农业部兽医局副局长刁新育带领调研组，在区农牧厅首席兽医师晁向阳、农牧厅兽医局局长张和平等陪同下，到西吉县开展2017年“百乡万户调查”活动。

同日 西吉县举办网上信访信息系统业务培训班。全县各乡镇、各部门单位信访工作负责人员参加培训班。培训班特邀自治信访局专家进行授课。

3月6日 西吉县举行首批新能源公交车投入试运营通车仪式。

同日 全县“庆三八 送温暖 树新风”活动在红军长征将台堡会师纪念广场举行。

▲县人大常委会主任李聪带领县人大调研组，到红耀乡小庄村调研检查精准扶贫和基层人大建设工作。

3月7日 县委理论学习中心组专题辅导报告会在会议中心第一会议室召开。全体在家县级领导和各乡镇、县直各部门、各金融机构负责人，企业代表聆听了报告会。报告会特邀光大证券投行部总经理焦劲军作题为《全方位投资银行业务》的专题讲座。

同日 在“三八”国际妇女节来临之际，偏城乡马湾村举行“庆三八 送文化 树新风”活动。市妇联副主席张秀桂，市纪委驻村帮扶工作队、偏城乡负责人及马湾村村民200余人参加活动。

3月8日 自治区党委常委、市委书记纪峥带领副市长周文贵及相关部门负责人，到S60西吉至会宁高速公路施工现场进行调研指导。纪峥还就夏寨水库周边违建情况进行调研，并强调要形成合力，对违法乱建行为进行严厉打击，绝不姑息。

同日 自治区党委办公厅信息调研处调研员马金带领相关处室工作人员，到西吉县调研检查中南部饮水工程运行情况。

3月9日 县委常委、副县长吴鹏，县政协副主席宋兆吉、李西平、张国义带领白崖乡党政主要负责人及部分政协委员前往银川市金凤区丰登镇调研对接白崖乡半子沟村移民搬迁事宜。金凤区区委常委、丰登镇党委书记陈伟龙就安置房建设、移民信息对接、就业培训及配套产业等情况作了通报。

同日 福建省总工会党组书记、副主席丁文清带领相关处室负责人，在自治区总工会财务部部长马玉山，固原市委常委、副市长陆菁，市政协副主席、总工会主席呼延俊杰等陪同下，到西吉县红军长征将台堡会师纪念园、宁夏吉德慈善产业园开展交流走访活动。

3月10日 自治区农牧厅副厅长赖伟利带领区农牧厅相关处室负责人，到西吉县吉强镇万崖村马铃薯产业园、将台蔬菜育苗中心、马莲向丰现代农业示范园等实地调研检查农业工作。

同日 全县打击违法建设行为动员会在会议中心第一会议室召开。全体在家县级领导、夏寨水库区域内打击违法建筑联合执法指挥部成员单位负责人参加会议。县长武维东主持会议并宣读《西吉县打击违法建设行为联合执法专项行动工作方案（夏寨水库区域）》。

3月13日 十四届县委召开2017年第五次常委会议，专题传达贯彻自治区党委常委、市委书记纪峥主持召开的关于西吉县违建情况的书记办公会议精神，研究贯彻落实意见。县委主要领导主持会议并作重要讲话。在家全体县级领导及各相关乡镇、相关部门单位主要负责人列席会议。

3月14日 全县教育工作会议召开。县四套班子分管领导及教育体育局班子成员、全体干部职工、各中小学校负责人参加会议。

同日 县委召开全县重点工作督查督导部署会议。在家全体县领导及各乡镇主要负责人、县直部门（单位）负责人参加会议。会议对抓好“五大战役”“六大工程”“22件工作大事”落地生根、有力推进以脱贫攻坚为核心的改革发展任务进行再部署、再加压、再鼓劲。县委决定由县委、县人大、县政协领导组成20个专项督查督导组，专项负责全县重点工作、重点项目、重点改革任务的督查督导，每月向县委汇报工作进展情况。

3月15日 自治区团委书记赵涛带领区团委有关人员，到西吉县调研检查电商孵化园建设及电商发展工作。

同日 区党委党史研究室主任宋建钢带领副主任饶彦久、郭小涛，副巡视员任建耀等，到吉强镇酸刺村开展扶贫助学活动，为酸刺小学学生送去衣服、书包及学习用品，并在酸刺召开扶贫帮扶座谈会。

▲ 固原市委常委、宣传部部长、统战部部长王正儒带领市委宣传部、市文广局负责人，到西吉县调研检查综合文化服务中心和文化大院创建工作。

3月16日 自治区政府教育督导室专职副主任衡鸣带领督查组，到西吉县督查义务教育均衡发展工作。督查组先后深入硝河中学、将台中学、兴隆中学，对各学校办学情况、师资队伍建设、教育教学设施等进行调查了解，并召开座谈会，听取全县义务教育均衡发展情况汇报。

同日 市纪委第四纪检组组长、第一巡察组组长安克仁带领市委巡察组，到西滩乡、平峰镇召开巡察工作动员会。

▲ 市人大常委会主任罗永红带领市人大调研组，到西吉县调研检查《关于健全人大讨论决定重大事项制度、各级政府重大决策出台前向本级人大报告的实施意见》贯彻落实情况。

3月18日 自治区体育局主办的2017年全民健身季“送培到基层”暨“第三届健身嘉年华”宁夏健美协会系列活动走进西吉。来自全县各中小学校的体育教师、基层社区体育健身爱好者、部分学生等600余人参加培训。宁夏健美协会的4名专业教练对国家体育总局推广的《12套广场舞》《全国中小学校园啦啦操规定动作》、中学生《踏板操规定动作》进行讲解和示范教学。

3月20日 全县新一轮驻村扶贫第一书记培训班在西吉党校举行。全县第一批306名驻村第一书记参加培训。

同日 全县领导干部大会在会议中心第一会议室召开。会议传达学习全国两会精神、自治区领导干部大会精神,部署西吉县贯彻落实工作。全体在家的县级领导和各乡镇、各部门主要负责人参加会议。

3月21日 县人大常委会主任李聪带领县人大检查组,对全县教育、金融扶贫、医改等工作进行检查督促。

同日 自治区扶贫办副主任丁建懿应邀为西吉县驻村扶贫第一书记做扶贫专题讲座。

3月22日 自治区政府主席咸辉在自治区党委常委、市委书记纪峥,市长马汉成等陪同下,到西吉县调研指导葫芦河流域水环境污染综合治理工作、重点项目建设和脱贫攻坚工作。

同日 全县肉牛产业现场观摩推进会召开。自治区农牧厅总兽医师罗晓瑜、自治区畜牧工作站站长吴彦虎等专家到会指导。

▲ 自治区财政厅总会计师杨冬梅带队,到西吉县调研检查城乡义务教育均衡发展各项政策落实情况。

▲ 国家林业局退耕办副主任、巡视员张秀斌带领国家林业局退耕办工程处处长吴转颖一行,在自治区退耕办副主任朱继平等陪同下,到西吉县调研考察新一轮退耕还林工作开展情况。

▲ 宁夏旅游投资集团党委书记、董事长白建平带领有关人员,到西吉县调研指导全域旅游发展工作。

▲ 自治区党委常委、宣传部部长赵永清带领吴忠、固原、中卫三市九县(区)相关领导,到西吉县新营乡金山文化苑、红军长征将台堡会师纪念园、兴隆镇下范村等实地调研宣传思想文化工作。

3月23日 十四届县委2017年第六次常委会会议召开。会议传达学习全区组织部长会议精神、全市组织部长会议精神、全区老干部局局长会议精神,研究贯彻落实意见;传达学习区政府主席咸辉在西吉县考察调研葫芦河流域水环境污染综合治理工作专题会上的讲话精神,研究贯彻落实意见;听取与《中国企业报》集团对接相关工作情况的汇报,听取全县教育均衡验收准备情况的汇报,研究相关工作;研究审议《西吉县贯彻落实中央第八环境保护督察组督察反馈问题整改方案》;研究召开全县推动移风易俗、树立文明乡风誓师暨精神文明建设表彰大会相关事项。

同日 市人大常委会主任罗永红带领市人大检查组,到西吉县兴隆镇葫芦河整治工程现场、震湖乡博怡塑业有限责任公司、县城污水处理厂、硝河乡关庄村、将台乡西坪村等地,调研检查西吉县贯彻实施《中华人民共和国环境保护法》情况和城乡环境整治、主要河流污染治理、农用塑料残膜回收利用及精准扶贫工作。

▲ 自治区工商局党组成员、副局长王为民,纪检组长赵怡军带领相关处室负责人,到西吉县什字乡杨庄村开展结对帮扶工作。

3月24日 全县“推动移风易俗、树立文明乡风”誓师暨精神文明建设表彰大会在会议中心会堂召开。全体在家县级领导,各乡镇党委书记、乡镇长,县直各部门(单位)、区市驻县各单位主要负责人、受表彰的模范个人和集体代表参加会议。

同日 全县义务教育均衡发展攻坚大会在会议中心会堂召开。全体在家县级领导,各乡镇党委书记、乡镇长,县推进义务教育均衡发展工作领导小组成员单位负责人,县教育体育局班子成员及全体干部职工,各中小学校(园)长、主管教学副校长、主管后勤副校长、教务主任共400余人参加会议。

▲ 自治区科协主席李晓波带领区科协有关人员,到吉强镇龙王坝心雨林下科技服务协会、袁河中学、向阳梅花鹿驯养繁殖专业协会、县中药材产业协会等,实地调研检查西吉县科协组织建设、基层科普工作、科普信息化建设、基层科技助力精准扶贫工作。

3月25日 县政府组织火石寨景区、红军长征将台堡会师纪念园、龙王坝旅游山庄、马兰刺绣等推介人员到西安参加“天高云淡六盘山·宁夏固原”2017年旅游专项推介会活动,对西吉县旅游资源和旅游商品进行全面宣传推广。

3月27日 西吉县思源残疾儿童助学中心工程建设举行开工仪式。

同日 光大证券期货研究所所长方建平带领光大证券相关部门负责人,到西吉县调研考察马铃薯产业发展情况。

3月29日 市人大常委会主任罗永红带领市委办、人大办、扶贫办等相关部门负责人,到田坪乡腰庄村、马建乡台子村实地督促检查脱贫攻坚重点工作开展情况。

3月30日 自治区妇联主席董玲带领副主席李咏梅及区妇联相关处室负责人,到西吉县调研检查妇联工作开展情况。

同日 市人大常委会副主任杨大素带领市人大检查组,到西吉县检查督促法院执行工作、检察院刑事检察执行工作。

3月31日 县政协副主席李西平带领县政协办、扶贫办、金融办、农业银行、农商行等单位负责人,到新营乡、火石寨乡、白崖乡、沙沟乡、红耀乡、马建乡、田坪乡及县农业银行、农商行,对全县金融扶贫工作进行专项督查。

4月1日 将台堡小城镇建设规划评审会在县委五楼会议室召开。

同日 西吉县中医院召开绩效改革调研汇报暨动员会。广州市景惠管理研究院甘春雨教授及县卫计局、人社局负责人,县中医院全院职工参加会议。

4月6日 全县涉农惠农资金监管平台推广应用暨查处涉农扶贫领域腐败问题专项行动动员部署会议在会议中心召开。

同日 十四届县委2017年第七次常委会会议召开。会议研究审议《全县深入开展查处涉农扶贫领域腐败问题专项行动实施方案》,研究有关干部处理的请示。

▲西吉县2017年宁夏统一战线“助力脱贫攻坚”行动村企对接工作会召开。

▲县人大常委会主任李聪带领县人大调研组,到新营乡调研检查精准扶贫和义务教育均衡验收准备工作。

4月7日 国家交通运输部综合规划司副司长苏杰带领相关人员,在区、市、县交通厅(局)负责人陪同下,实地检查S204线海原至西吉段、S60西吉至会宁(宁甘界)高速公路施工现场,针对中办督查室《习近平总书记宁夏视察首次回访调研报告》中指出的宁夏在加快发展、保持社会稳定等工作中存在的交通基础设施不畅等问题进行专题回访调研。

同日 国务院扶贫办开发指导司副司长杨刚、全国扶贫宣传教育中心培训二处处长刘少峰、华中科技大学减贫与发展研究院副院长洪邵华等,在副市长周文贵陪同下,到西吉县调研考察农村“两个带头人”工程开展情况。

▲自治区党委常委、市委书记纪峥带领市委常委、宣传部部长、统战部部长王正儒及相关部门负责人,到西吉县调研检查将台堡小城镇建设工作。

▲市人大常委会副主任范霞带领督查组,到正在施工的S204省道、S60西会高速公路A1合同段、县城棚户区改造区和将台乡棚户区改造区等施工现场,实地督查西吉县重点项目施工情况。

4月10日 汇源果汁集团董事长朱新礼带领考察团,在自治区党委常委、统战部部长马廷礼陪同下,到旺泉食品有限公司、勇兴三粉公司、宁夏国圣食品有限责任公司调研考察。

同日 自治区党委办公厅副巡视员于平带领督查组,到西吉县督查2017年自治区重点工作项目和“放管服”改革等任务推进情况。

▲公益电影《风催着太阳》开机仪式在震湖乡商业文化广场举行。

4月11日 县委召开全面深化改革工作推进会,对全县全面深化改革工作进行再安排、再部署、在推动。

同日 市政协副主席杨志荣带领市政协调研组,到吉强镇套子湾村、套子湾村肉驴养殖基地等,实地调研西吉县农村土地“三权分置”改革工作。

4月12日 市政协副主席马宝福带领督查组,到西吉县督查全域旅游与民族团结创建工作。

同日 全区六盘山400毫米降水线造林绿化工程启动会在西吉县火石寨乡扫竹岭造林示范区举行。

▲市长马汉成带领市委常委、常务副市长黄思明等,到西吉县调研检查红军长征将台堡会师广场建设项目进展情况。

▲ 市人大常委会主任罗永红带领市人大办、扶贫办等相关部门负责人，对西吉县脱贫攻坚重点工作开展情况进行督导检查。

▲ 自治区文化厅副厅长刘浩带领督察组，到西吉县督促检查乡镇文化站、村综合文化服务中心建设情况。

4月13日　自治区高院党组副书记、副院长李金英在市中级人民法院院长张仁陪同下，到西吉调研检查法院工作和结对帮扶工作。

同日　市委常委、副市长刘学武带领市民政局负责人，到震湖乡政府、硝河乡硝河村、西吉县老年活动中心、兴隆中心敬老院等实地调研指导民政工作。

4月14日　全县第八届“民族团结杯”中小学生篮球运动会开幕仪式在县体育场举行。

同日　全县妇女创业担保贷款工作推进会在会议中心第一会议室召开。

▲ 市政协副主席杨自平带领市第十重点工作调研督导组，先后到六盘山400毫米降水线造林绿化工程扫竹岭示范区、将台乡牟荣村葫芦河中下游片区农村饮水配套工程项目区、兴隆镇玉桥村氧化塘项目区，对西吉县重点工作开展情况进行调研督导。

▲ 十七届县政府2017年第八次常务会议于召开。会议传达学习国务院廉政工作会议精神、自治区政府廉政工作会议精神，研究贯彻落实意见；传达学习全国、全区、全市安全生产会议精神及自治区安委会第二次全体(扩大)会议精神，研究贯彻落实意见；传达学习全区统计工作会议精神，研究贯彻落实意见；听取县教体局义务教育均衡发展工作汇报，研究解决相关事宜；研究审议《西吉县县级领导包抓重点环保问题工作方案》《西吉县村级为民办事全程代办点配备高拍仪设备方案》《西吉县残疾人事业“十三五”发展规划》《第十三届宁夏六盘山山花旅游节暨第七届西吉火石寨丁香花节活动方案》《西吉县村综合文化服务中心建设实施方案》《西吉县草畜产业全产业链提质增效实施方案》《西吉县安格斯母牛繁育基地建设实施方案》；研究县建环局《关于申请解决西吉大饭店招商引资政府奖励资金的请示》，研究万家灯火网络科技有限公司(万家壹品有限公司)西吉县安格斯肉牛养殖项目贷款相关事宜，研究县农牧业产业化发展服务有限公司《关于申请对西吉县勇兴三粉加工有限公司提供担保贷款的请示》，研究园区管委会《关于申请兑现宁夏神力骑自行车科技有限公司及宁夏国圣食品有限公司招商引资优惠政策的请示》；听取县行政审批服务局筹备工作组关于相对集中行政许可事项划转有关情况的汇报，研究相关事宜；听取县民政局关于西吉县将台乡撤乡建镇的汇报，研究相关事宜；听取县编办关于调整县社会保险事业管理局机构规格及撤并党家岔湿地自然保护区管理处等情况的汇报，研究审定相关事宜。

4月15日　副市长周文贵带领市农牧、水利、科技等部门负责人，到马莲乡四丰绿源养殖场、将台乡小义种植合作社、红耀乡文山肉驴繁育基地等企业和部分农户家中实地调研检查农业农村工作。

4月16日 自治区人大常委会副主任孙贵宝带领自治区汇源集团综合扶贫开发项目调研组，到西吉县万家灯火集团公司建设基地、华林公司种植基地、佳立公司、向丰循环养殖示范园区、国圣食品有限公司、旺泉食品厂、勇兴三粉公司等，调研检查企业种养殖规模和生产销售情况。

4月17日 北京斌凝祥融(集团)公司助推西吉县教育均衡发展活动启动仪式在沙沟乡中心小学举行。北京斌凝祥融(集团)公司副总裁张伟、集团副总经理尚金花、事业渠道部总监张华良及沙沟乡政府负责人、沙沟乡中心小学全体师生参加启动仪式。

同日 自治区政府研究室农村处处长马文兴带队，到西吉县调研蔬菜产业供给侧结构性改革工作。

4月18日 财政部驻宁专员办副专员常保升、监督处处长张瑞、业务三处副处长刘晶带领检查组，对西吉县2015至2016年财政扶贫资金进行专项检查。

4月19日 市人大常委会副主任朱培忠，市政法委常务副书记、综治办主任马学明带领市委、市政府督导组，到西吉县调研督导平安建设工作推进情况。

4月20日 自治区党委常委、副主席马顺清带领相关厅局负责人，在市长马汉成陪同下，到宁夏向丰现代循环农业示范园区实地调研查看肉牛养殖、蔬菜种植工作。

同日 自治区扶贫办副主任米超带领银川市扶贫办主任郝希奋、副主任陈立人，金凤区党委常委、丰登镇党委书记陈伟龙及金凤区各部门主要负责人，到西吉县对接洽谈白崖乡半子沟村移民搬迁事宜。

4月21日 自治区扶贫办副主任米超、自治区检察院正处级检察员俞季锋带领督查组，到平峰镇上庄村移民安置点、庙坪村移民安置点、西吉骄子住宅工程项目建设工地，对西吉县扶贫资金使用管理情况进行实地督导检查。

同日 全县“民族团结杯”职工运动会在县体育馆开幕。

4月22日 自治区文联副主席刘伟带领区文联有关处室负责人，到西吉县调研“全国青少年美育工程”工作。

4月24日 市委常委、副市长陈济丁带领相关负责人在西吉县主持召开旅游环线工作座谈会。

同日 市委统战部副部长田园文带领民主党派调研组，到吉强镇套子湾村、龙王坝村、袁河敬老院等地，实地调研西吉县精准扶贫、乡村旅游、养老事业工作开展情况。

4月25日 全县“推动移风易俗、树立文明乡风”誓师暨精神文明建设表彰大会在会议中心礼堂召开。

4月26日 中国农业发展银行扶贫综合业务部副总经理侯永健带领中国农业发展银行政策性金融支持致富带头人工作调研组，到西吉县调研扶贫工作开展情况。

4月27日 自治区党委副秘书长李文华、自治区档案局局长王耘带领督查组，到西吉县督促检查《国家档案行政法检查组反馈意见整改方案》贯彻落实工作。

4月28日 十七届县人大常委会2017年第三次会议召开。会议听取和审议县政府关于全县安全生产情况报告、关于义务教育均衡发展和《中华人民共和国职业教育法》贯彻实施情况报告、关于金融扶贫工作开展情况报告、关于公立医院改革工作开展情况报告,听取和审议县人大常委会检查组关于以上四项工作及全县乡镇人大主席团工作开展和基层代表作用发挥情况的检查报告;听取和审议县政府关于县十七届人大一次会议代表意见、议案办理情况的报告,听取县人大常委会考察组关于外出考察民族宗教、城镇化建设和人大工作的考察报告;审议通过人事任免事项。

4月29日 由市林业局、县文化馆、平峰镇主办的"广场文化助推精准扶贫"主题广场舞、秦腔清唱比赛在平峰镇平峰村举行。来自兴平乡、平峰镇,静宁县原安乡、静宁县三合乡等39支广场舞代表队和45名秦腔爱好者参加了比赛。

4月31日 由宁夏金融局主办的全区资本市场专题培训暨园区企业融资对接活动西吉专场培训班在会议中心第一会议室举行。

5月1日 团县委、建环局、文广局、林业局、体育中心、自行车运动协会联合举办"捷安特"杯"生态西吉、绿色出行"环城骑行主题活动,60多名骑行爱好者参加活动。

5月3日 自治区党委书记石泰峰带领区党委常委、副主席马顺清,在区党委常委、市委书记纪峥,市长马汉成等陪同下到西吉县调研指导工作。石泰峰一行首先到将台堡,向红军长征将台堡会师纪念碑敬献花篮,参观三军会师纪念馆和中南海情系西海固展馆。随后考察调研硝河乡关庄村脱贫销号工作,与县乡帮扶干部、驻村第一书记和贫困群众座谈交流,查实情,访民意。

同日 宁夏东方学子教育书城携手西吉县宝宝书店,为西吉县学子捐赠13000余册图书。捐赠仪式在新营乡中心小学举行。

▲ 市政协副主席杨彦文带领市政协调研组,到硝河乡关庄肉牛养殖示范村、硝河乡隆堡脱贫销号村、西吉县众旺养殖专业合作社、西吉县向阳梅花鹿驯养繁殖基地、红耀乡井湾村万亩马铃薯种植基地,专题调研西吉县围绕助推脱贫产业提质增效增加农民收入情况。

▲ 全县五四表彰暨"青春助力脱贫攻坚"动员会在西吉县职业中学报告厅举行。

▲ 副市长吴会军带领市环保局局长岳华等,到火石寨国家级自然保护区大石城、月亮山风力发电基地、万方石料厂实地调研查看并听取工作汇报,督导中央第八环境督查组反馈问题整改落实工作。

5月4日 西吉县现代农业产业园论证会在政府三楼会议室召开。规划设计单位相关人员及县政府办、园区管委会、发改局、财政局、农牧局等单位负责人和部分涉及乡镇负责人参加会议。规划设计单位负责人从规划背景、范围、土地、水利状况、基本思路、主导产业定位、功能定位、布局、内容、保障措施八个方面向与会人员做了详细介绍,与会人员就项目构架整体情况进行了讨论。

同日 汇源果汁集团副总裁曲军带领考察团,到华林蔬菜种植基地、万家灯火集团公司项目建设基地、向丰养殖园区、国圣食品、旺泉食品、勇兴三粉等地,对西吉县蔬菜种植规模、品种、循环农业发展、食品研发、生产、销售、土地流转方式等情况进行考察。

▲十四届县委2017年第八次常委会议召开。会议传达学习《中共中央 国务院关于推进安全生产领域改革发展的意见》、全国安全生产会议精神、全区安全生产会议精神,听取第一季度全县安全生产工作情况,研究贯彻落实意见;传达国务院、自治区政府廉政会议精神,研究贯彻落实意见;传达自治区、固原市2017年第一季度经济形势分析会精神,研究贯彻落实意见;传达学习全区推动移风易俗树立文明乡风现场推进会精神、全市宣传思想文化工作会议精神,研究贯彻落实意见;传达全市创建全国民族团结进步示范市推进会暨全市宗教工作会议精神,研究贯彻落实意见;研究审议《2017年全县伊斯兰教领域涉政治安全风向防控责任分工方案》《西吉县创建民族团结进步示范县建设方案》;听取全县重点工作专项督查情况的汇报。

5月5日 十四届县委2017年第九次常委会议召开。会议传达学习《2016年省级党委和政府扶贫开发成效考核反馈问题整改方案》《关于开展扶贫攻坚专项检查的通知》,研究贯彻落实意见;听取义务教育均衡发展工作情况汇报;研究《关于调整县社会保险事业管理局机构规格及撤并党家岔湿地自然保护区管理处的请示》,研究西吉县将台乡撤乡设镇有关事项,研究有关干部处理事项。

同日 宁夏福建企业家协会会长黄添进一行,到西吉县偏城乡车路村调研考察村域经济发展情况并开展扶贫济困活动。

▲自治区扶贫办巡视员谈秋声带领区扶贫办相关处室负责人,到西吉县调研检查移民搬迁工作。

5月6日 全县脱贫攻坚专题会议召开。全体在家县级领导及各乡镇党政负责人、各相关部门负责人、各金融机构负责人参加会议。

5月7日 新营乡召开精准扶贫工作推进会,县人大常委会主任李聪出席并指导会议。新营乡全体乡村干部、驻村第一书记及工作队员参加会议。

5月8日 全区宣传思想文化系统“深化走转改·见证新发展”集中观摩采访活动在银川启动后,来自人民日报、新华社等中央驻宁媒体及宁夏日报、宁夏广播电视台等自治区媒体的40多名记者到西吉县新营乡金山文化苑进行实地观摩采访活动。

5月10日 自治区财政厅厅长陈春平带领相关处室负责人,到硝河乡关庄村、硝河乡隆堡村、马莲向丰循环农业产业园区等,实地调研西吉县产业发展、精准扶贫、精准脱贫工作。

同日 自治区党委办公厅副主任廉平带领督查组,对西吉县贯彻落实习近平总书记来宁视察重要讲话精神和中央领导同志在中办回访调研报告上批示精神进行督查。

▲市旅游发展委员会主任张宗信带领有关人员,到吉强镇龙王坝村旅游山庄、火石

寨乡大庄村震坡生态庄园、兴平乡聂家河休闲山庄等乡村旅游点，实地察看各景点建设改造，调研西吉县乡村旅游业发展情况。

5月12日 全县推进“两学一做”常态化制度化暨县级党员领导干部第一次专题研讨会召开。全体在家县级领导、各乡镇、县直各部门负责人参加会议。

同日 全县扶贫开发成效考核反馈问题整改暨脱贫攻坚“回头看”工作推进会在会议中心第一会议室召开，重点解决脱贫工作不实、不准、不稳定的问题，进一步安排部署整改工作。

▲ 全县中小学“阳光校园·我们是好伙伴”暨民族团结杯演讲比赛活动在西吉一小举行，来自全县28所学校的35名参赛选手参加了演讲比赛。

▲ 市政协副主席呼延俊杰带领市政协检查组，到西吉县硝河乡隆堡村绿发蔬菜种植专业合作社、兴隆镇单南村，通过实地察看、走访了解、听取介绍等方式，检查督促市政协四届一次全会《关于加强蔬菜合作社建设的建议》《关于建设西吉县兴隆镇单家集民族团结园的建议》两件提案办理情况。

5月13日 县政协举行“兴华爱心基金重特大疾病救助资金”发放仪式，向符合条件的13名西吉县受助群众发放救助金24万余元。“兴华爱心基金重特大疾病救助资金”是宁夏政协针对全区建档立卡贫困户中的大病患者启动实施的一项慈善扶贫工程，资金主要来源于宁夏燕宝慈善基金会每年捐赠的300万元和社会募捐，该资金对因住院发生的医疗费用在基本医保、大病保险、商业健康补充保险和民政医疗救助保障后仍承担不起的患者，给予一定比例救助。

5月16日 市人大常委会主任罗永红带领市直有关部门负责人，到西吉县督促检查金融扶贫工作。

同日 自治区民政厅党组书记妥永苍带领民政厅相关处室负责人，在市委常委、副市长刘学武陪同下，到硝河乡硝河村、西吉县老年活动中心、西吉县中心敬老院等，调研指导民政工作。

▲ 西吉县与光大证券股份有限公司“证券+期货+保险”帮扶合作框架协议签约仪式在会议中心第一会议室举行。光大证券股份有限公司党委副书记、监事长刘济平及光大证券股份有限公司相关负责人、副市长曲峰、宁夏证监局巡视员李建良、宁夏金融工作局局长助理马飞、宁夏证监局机构处处长王海燕，县领导武维东、王林、刘镇晶、梁秋明、郭满福、李西平及相关部门、金融机构、保险机构负责人参加签约仪式。

5月17日 自治区政协副主席蔡国英带领自治区政协调研组，到新营乡卧龙山、新营乡金山文化苑、吉强镇龙王坝龙泉湾山庄、红军长征将台堡会师纪念园、西吉县钱币博物馆、火石寨国家地质森林公园等，调研考察西吉县生态保护、文物保护、文学馆建设、小城镇建设、文学之乡展馆建设及全域旅游发展情况。

5月18日 福建省总工会副主席张彩珍带领有关人员，在自治区总工会副主席马启宁等陪同下,到红军长征将台堡会师纪念园、闽宁工业园区、汇丰塑业有限公司等调研考察红色旅游、闽宁扶贫协作工作。

同日 县人大常委会主任李聪带领人大检查组,到沙沟乡中口村、沙沟下坪水库、沙沟乡政府、白崖乡白崖村、县市场监督管理局、县司法局等,对全县精准扶贫工作、国土整治项目实施、"七五"普法工作开展情况进行检查督促。

5月19日 全国公安系统英雄模范立功集体表彰大会在北京人民大会堂召开。西吉县公安局一大队被评为全国优秀基层单位,一大队大队长马明学代表西吉县公安局参加了表彰大会。

5月20日 吉强镇举行精准扶贫培训班。培训班特邀西北农林科技大学教授赵东科、农业媒体工作者黄小星教授,以"倡导健康生活方式,实现健康中国目标"和"互联网+农业科普+产业扶贫"为主题,对全镇干部和镇人大代表做了专题培训。

5月21日 十七届县政府2017年第九次常务会议召开。会议研究审议《西吉县城市管理执法体制改革实施方案》《西吉县数字化城市管理工作实施方案》《西吉县"十三五"异地扶贫搬迁资金管理办法实施细则》《西吉县2014—2015年66个已脱贫建档立卡贫困村"回头看"项目建设实施方案》《西吉县劳动保障监察综合行政执法体制改革方案》《西吉县畜禽养殖禁养区划定方案》;研究县扶贫办《关于对西吉县劳务移民安置区电能热水器进行市场询价的请示》《关于申请弥补2015—2016年扶贫项目资金不足的请示》,研究县人社局《关于申请将县直单位派驻乡镇第一书记和驻村工作队员纳入乡镇工作补贴实施范围的请示》,研究县农牧局《关于将原农业技术推广服务中心旧址划拨西吉县草原防火站作为基础设施建设用地的请示》《关于组建成立西吉县农村产权流转服务中心的请示》,研究县发改局《关于调整宁夏中南部城乡饮水安全工程西吉受水区居民生活用水临时水价的请示》,研究县文广局《关于申请解决将台堡红军长征会师纪念园免费开放资金的请示》《关于申请解决国家安全检查组检查我县广播电视安全播出工作时限要求整改所需资金的请示》《关于申请解决2017年央视农民春晚相关费用的请示》《关于申请解决西吉县钱币博物馆改扩建项目及旧馆墙体外挂拆除等所需资金的请示》。

5月22日 十七届县人大常委会召开第一次议案、建议办理情况汇报会。县人大"一办四委"负责人、议案建议承办部门及各有关乡镇负责人参加了会议。县委常委、常务副县长马宗正代表政府作了表态发言。

5月23日 自治区政府参事梅廷彦带领督察组对西吉县脱贫攻坚工作进行专项督查,并在会议中心第一会议室召开汇报会。全体在家县领导和各乡镇、相关部门单位负责人参加汇报会。

5月24日 副市长曲峰带领调研组专题调研西吉县金融扶贫工作。

同日 县人大常委会副主任郭满福、马桂英带领县人大检查组,先到西滩道堂、硝河乡民族团结文化园、钰秀社区、新营乡金山文化产业苑、县文广局等,对全县民族团结进步创建工作开展情况进行专项检查。

5月25日 县检察院与中国邮政集团公司西吉分公司联合举办的“预防职务犯罪邮路”专项活动在平峰镇三合村正式启动。

同日 自治区国土资源厅副巡视员张黎带领有关人员,到白崖乡鹞子川村、吉强镇大滩村、将台堡镇,实地调研西吉县地质灾害和土地资源治理工作。

5月26日 爱心慈善家、“感动宁夏”2015年度人物张国帅及宁夏宏晟源工贸有限公司董事长马自刚、吴忠市心连心爱心协会副会长马晓林一行,在县教育、宣传部负责人陪同下,到白崖乡小坡小学、兴隆镇王河小学、下范小学举行捐赠活动。

同日 自治区人力资源和社会保障厅党组成员、社保局局长李明带领有关人员,到西吉县检查指导社保工作。

▲“助力教育信息化”精准扶贫活动捐赠仪式在教育体育局举行。中国孔子基金会传统文化教育分会明日之星教育基金会助学部部长张永福、副部长姜文浩参加捐赠仪式。明日之星教育基金会向西吉县捐赠了价值40万元的教学管理软件和平板电脑等助学物资。

▲以“美丽家乡、吉祥西吉”为主题的全县第十八届文化广场活动在体育广场启动。

5月27日 十四届县委2017年第十一次常委会议召开。会议传达学习自治区党委第一巡视督办组督查反馈意见,研究贯彻落实意见;传达学习市委、市政府《关于整治干部作风优化发展环境活动的实施方案》,研究贯彻落实意见;研究审议《西吉县城市管理执法体制改革实施方案》《西吉县劳动保障监察综合行政执法体制改革方案》《西吉县2017年度“五大战役”“六大工程”及创建民族团结进步示范县考核意见》;研究有关干部事项。

同日 全县禁毒工作暨创建全区禁毒示范县(城镇)动员部署会议召开。

▲全县金融扶贫工作推进会在会议中心会堂召开,对金融扶贫工作进行再安排再部署在推进。

5月31日 西吉县召开2017年保障农民工工资支付工作推进会,对保障农民工工资支付工作进行再安排再部署。

6月1日 县委常委、副县长吴鹏,副县长李晓东带领县文化扶贫工程工作领导小组成员单位负责人及各乡镇主要负责人组成观摩团,到震湖乡毛坪村、堡玉村、河滩村,平峰镇沿坪村、庙坪村、李岔村综合文化服务中心进行观摩交流。

同日 市工商联副主席冯宝荣带领市商贸商会会长申万林、新时代购物中心总经理黑晓明及新时代购物中心员工和商户代表到红耀乡小庄小学,开展“同一片蓝天 同一个梦想”庆六一主题活动,向红耀乡小庄小学捐赠价值13490元的学习用品。

▲全县脱贫攻坚专题会议召开。全体在家的县级领导和各乡镇党政负责人、各相关部门、金融机构负责人参加会议。

6月2日 西吉县招生委员会会议在教育局五楼会议室召开。会议传达学习自治区招生考试会议精神、固原市招生考试会议精神，通报2016年高考、中考情况及2017年全县中高考报名准备情况，安排部署2017年全县中、高考工作，明确责任分工。

6月6日 全县2017年高考招生考试工作暨考务培训会在西吉县职业中学报告厅召开。区市高考巡视组成员、市县教育体育局相关负责人、县监察局、公安局、保密局负责人及全体监考教师参加培训会议。自治区高考巡视员、宁夏大学人文学院党委副书记金玉河作了指导讲话。

同日 自治区人社厅副厅长张宏伟带领自治区农民工工作领导小组有关人员，到西吉县督促检查农民工工资治欠保支推进工作。

6月7日 县政协副主席张国义带领县建环局、人社局、教育局、民政局、卫计局等相关部门负责人组成督查组，到各乡镇督促检查危房危窑改造、村文化服务中心建设、美丽村庄建设、村组道路硬化、阳光沐浴工程、村卫生室建设、控辍保学、劳动力素质提升等工作。

6月12日 全县领导干部大会召开，传达学习自治区第十二次党代会精神，部署宣传贯彻落实工作。全体在家县级领导、各乡镇、各部门(单位)党政主要负责人及参加自治区第十二次党代会的全体代表参加会议。

6月13日 全区青少年“阳光校园　我们是好伙伴”主题演讲征文比赛总决赛在西吉县一小举行。自治区教育系统关工委秘书长、自治区教育厅基础教育处调研员尚继军及来自全区的演讲征文比赛评委、全区各市县选拔出的演讲比赛选手、辅导教师参加比赛。

同日 十七届县人大常委会2017年第四次会议召开。会议听取和审议县政府关于全县精准扶贫工作情况的报告、关于国土整治项目实施情况的报告、关于“七五”普法开展情况的报告、关于民族团结创建工作开展情况的报告，听取和审议县人大常委会检查组关于以上四项工作的检查报告；听取和审议县政府关于将台乡撤乡设镇、关于调整2017年15件改善民生实事项目有关事宜的议案，审查批准县政府关于将台乡撤乡设镇、关于调整2017年15件改善民生实事项目有关事宜的决定；审议通过人事任免事项。

6月14日 由中国青年报、山西电视台等多家报社、电视台组成的媒体采访团，在县委宣传部、扶贫办负责人陪同下，到吉强镇龙泉湾山庄、震湖乡义丰养殖专业合作社、宁夏山缶缶孔雀生态养殖有限公司、红军长征将台堡会师纪念园进行集中调研采访活动。此次采访活动的媒体记者都是近两年中国新闻最高奖——“长江韬奋奖”获得者。

同日 自治区人大民族宗教外事侨务工作委员会主任杨勇带领区人大检查组，在市人大常委会副主任胡杰陪同下，到西吉县检查《民族教育条例》贯彻实施情况。

▲十四届县委2017年第十二次常委会议召开。会议传达学习自治区宣传部部长座谈会议精神，研究贯彻落实意见；听取西吉党政代表团赴莆田市涵江区考察工作的通报；

听取县人大党组关于外出考察民族宗教、城镇化建设的报告;听取县政府党组关于赴新疆考察对接转移就业安置职工情况的报告;听取县政协党组关于赴山东省考察学习的报告;研究审议《西吉县争做抓党建促脱贫攻坚表率暨“七一”表彰大会工作方案》《西吉县关于做好“七一”前走访慰问老党员、生活困难党员的方案》;研究有关干部事项。

6月15日 全市乡镇“人大代表之家”建设现场会在西吉县召开。市人大常委会副主任朱培忠、胡杰带领全市各县(区)人大常委会主任、分管“代工委”的副主任、部分乡镇人大主席组成观摩团,先后到沙沟乡“人大代表之家”、沙沟乡欣荣社区“人大代表工作室”、白崖乡“人大代表之家”和白崖村“人大代表工作室”进行现场观摩。

同日 自治区党委宣传部研究室主任李志强带领有关人员,到震湖乡毛坪村、震湖乡河滩村、新营乡二府营村、吉强镇大滩村等,调研指导西吉县村级综合文化服务中心建设。

6月16日 自治区教育工委书记、教育厅党组书记房全忠带领督查组,到西吉县督查贯彻国务院重大决策部署落实情况。督察组先后到红耀乡关儿岔村、西吉第三中学、将台堡镇西坪村、兴隆镇王河村,实地走访督查易地扶贫搬迁、“全面改薄”、农村公路建设、阳光沐浴工程建设等工作。

6月18日 全县“儿童之家”现场观摩会在吉强镇套子湾村举行。

6月19日 自治区妇联“落实党代会精神,树立文明家风”家庭教育百场巡讲活动在吉强镇大滩小学举行。自治区妇联副主席马英、自治区家庭教育讲师左海芸分别进行宣讲。

同日 市妇联主席王萍带领全市各县(区)妇联主席、女致富带头人,到西吉县观摩交流妇女创业致富经验。

▲ 区党委组织部组织一处处长白学贵一行,到兴坪乡赵垴村、韩垴村,震湖乡天合家庭农场,震湖乡河滩村、孟湾村、李章村、蒙集村,吉强镇龙王坝村等地对西吉县“五联系五促进”、基层党组织建设、两个带头人工程等工作进行实地调研,在兴坪乡召开“五联系五促进”座谈会。

6月20日 全县治理拖欠农民工工资突出问题联席会议召开,对进一步做好农民工工资支付工作进行部署,确保农民工按时足额拿到工资报酬。

同日 西吉县向新疆生产建设兵团转移就业安置职工工作会议召开,对向新疆生产建设兵团转移就业安置职工工作进行动员部署。

▲ 自治区扶贫办主任梁积裕带领副巡视员谈秋声一行,到震湖乡天合家庭农场、鹏强杂粮种植专业合作社、珍珠鸡养殖大户家中、犇牛木业有限公司、博怡塑业有限公司,调研指导主导产业发展和脱贫攻坚工作。

▲ 自治区妇联主席董玲一行到西吉县继民手工编织有限公司、马兰妇女创业发展协会、吉强镇大滩村妇女促进会,实地调研西吉县妇女创业就业工作及手工艺制品经销情

况。董玲一行还到偏城乡双羊套村参加了爱心物资捐赠仪式，为双羊套村小学每个孩子送去鞋、衣服等生活学习用品。

6月21日 副市长周文贵带领市农牧局、科技局等负责人，先后到向阳梅花鹿养殖合作社、吉强镇万崖万亩马铃薯种薯繁育基地、红耀乡大堡村、红耀乡小庄村、震湖乡山岵岵孔雀养殖合作社、义丰养殖合作社、鹏强小秋杂粮种植合作社、天合农场、硝河乡隆堡露天蔬菜标准园、将台镇小义蔬菜种植基地、佳立马铃薯产业园、马莲乡牧草引种实验基地、什字乡玉丰青贮玉米实验基地等，对西吉县特色养殖、特色种植、马铃薯种薯繁育及各专业合作社和园区建设、运行等情况进行实地调研。

同日 自治区政协副主席张乐琴带领区政协调研组，到兴隆镇氧化塘工程、兴隆镇垃圾填埋场、兴隆镇单南村、将台堡镇西坪村等，调研督导西吉县农村生活垃圾处理、污水处理、改厕和“农村小康环保行动计划”“农村环境连片整治示范”“美丽乡村”建设等项目实施情况。

6月22日 自治区广电局副局长王永斌、区发改委基建管理处调研员马志武带领相关业务专家组，对西吉县北山广播电视转播台基础设施建设改造项目工程进行检查验收。

6月23日 市长马汉成到西吉县硝河乡，为基层党员干部、群众代表作自治区十二次党代会精神专题辅导。

6月30日 十七届县政府2017年第十次常务会议召开。会议传达学习全国和自治区深化简政放权放管结合优化服务改革电视电话会议精神，研究贯彻落实意见；听取县扶贫办关于全县异地扶贫搬迁工作进展的情况汇报，听取县安监局关于上半年安全生产工作的情况汇报，听取县信访局关于信访工作的情况汇报，听取县人社局关于赴新疆生产建设兵团考察转移就业安置职工情况的汇报，听取县水务局关于中南部城乡饮水安全工程建设情况的汇报、关于申请解决宁夏佳立马铃薯产业园水利配套设施建设情况的汇报，听取县农牧局关于农村土地股份合作和集体产权股份权能改革工作的汇报、关于农产品质量安全检验检测工作的汇报，听取县建环局关于县城公用设施维修管护情况的汇报，听取关于民生家园移民安置区附属工程、河岵水厂及输水管线工程有关情况的报告，研究部署相关工作及事宜；研究县农牧局《关于申请协调解决马莲乡土地流转遗留问题的请示》，研究兴隆镇《关于万家壹品安格斯肉牛养殖基地基础设施建设配套资金的请示》《关于兴隆派出所迁建用地的请示》《关于杨河村棚户区改造房屋征收的请示》，研究固原市住房公积金管理中心西吉管理部《关于申请解决招聘人员工资补助的请示》，研究县农牧业产业化发展服务有限公司《关于申请面向社会招聘专职工作人员的请示》，研究《西吉县空间规划(多规合一)非建设用地差异处理结果的请示》，研究县监察局《关于有关干部处理的请示》；研究审议《西吉县委党校基础设施建设项目规划》《西吉县高污染料限制区禁止销售和使用高硫高灰粉劣质燃煤管理规定》《县财政局关于2017年政府债务资金安排计划》,研究有关资金事宜。

同日 新疆生产建设兵团第七师人社局副局长史永峰带领相关部门负责人组成代表团到西吉县调研,在政府三楼会议室召开座谈会,史永峰代表新疆建设兵团第七师代表团向与会人员详细介绍了第七师的地理位置、自然环境、产业结构和劳动力转移就业安置政策。双方就移民户口迁转、子女教育、社会福利、住房及土地安置等政策性问题进行讨论交流磋商。

▲ 全县提升建筑工程质量安全管理水平暨质量安全标准化施工现场交流观摩会在安康医院颐养苑老年服务中心建设项目现场召开。市住建局、质监站和县安监局、建环局及有关建设单位、施工企业、监理企业负责人和在建项目部管理人员200余人参加现场会。

7月1日 县委召开争做抓党建促脱贫攻坚表率暨“七一”表彰大会。全体在家县级领导,各乡镇党委书记、乡镇长、副书记、组织委员,各村(社区)党支部书记、驻村第一书记,县直各部门(单位)党员领导干部,区、市驻县各单位主要负责人,受表彰的优秀党务工作者、优秀共产党员、优秀农村致富带头人和优秀驻村帮扶工作者参加会议。

同日 全市“不忘初心　走好新的长征路”纪念建党96周年主题党日活动在红军长征将台堡会师广场举行。自治区党委常委、市委书记张柱出席活动并讲话,市长马汉成、市人大常委会主任罗永红、市政协主席马玉芳及市在职厅级党员领导干部,各县区党委书记、县(区)长、市直各有关部门党组织负责人,西吉县四大机关党员领导、县直部门党组织负责人、乡镇党委书记、乡镇长、村党支部书记、驻村第一书记及党员代表参加了主题党日活动。

7月3日 中卫市妇联观摩团,到吉强镇大滩村妇女促进会编制培训中心、蓝天刺绣培训中心、继民手工编制有限公司等,观摩考察西吉县促进妇女创业就业工作。

7月4日 市委常委、宣传部部长、统战部部长王正儒,市人大常委会副主任杨大素、副市长周文贵、市政协副主席马宝福带领市直有关部门负责人、各县(区)统战部部长、分管民族宗教工作的副县(区)长及宗教局负责人组成观摩团,到西吉县检察院、县文化旅游广电局、西吉第四中学、新营乡金山文化园等,实地观摩指导民族团结进步创建工作。

同日 市委常委、组织部部长景瑜带领有关人员,到马莲乡向丰循环农业示范园、吉强镇龙王坝村调研检查西吉县农村“两个带头人”工程建设情况。

7月5日 全县领导干部大会召开,专题传达学习固原市委常委会精神和自治区党委常委、市委书记张柱的重要讲话精神。全体在家的县级领导、各乡镇、各部门单位主要负责人参加会议。

7月6日 中国青少年发展基金会捐助部部长严石带领捐助方及相关负责人,到西吉县开展希望小学捐建前期考察活动。先后到吉强镇夏大路小学、吉强镇大坪小学、硝河乡隆堡小学、兴隆镇范沟小学、什字乡山庄村小学,实地考察调研学校基础设施建设情况,了解掌握学校建设困难问题。捐助方通过中国青基会向西吉县教育事业捐赠150余万元,用于5所村小学教学楼建设。

同日 十四届县委召开2017年第十三次常委会议召开。会议传达习近平总书记在深度贫困地区脱贫攻坚座谈会上的重要讲话精神,研究贯彻落实意见;传达自治区党委书记石泰峰批示通报精神,研究贯彻落实意见;传达学习区党委常委、市委书记张柱在四届市委第二十次常委会上的讲话精神,研究贯彻落实意见;研究审议《第四届宁夏·西吉马铃薯节实施方案》,研究《关于调整部分县委常委工作分工的请示》;通报全县脱贫攻坚工作进展情况汇报,研究安排相关工作;研究有关干部处理的请示。

▲参加甘陕宁晋四省区第八届旱作农业协作会议的全国农技中心、农业部种植业管理司及甘肃省、陕西省、宁夏回族自治区、山西省等省区的38名代表到西吉县,对西吉县旱作农业推广、旱作农业新品种新技术试验示范、现代生态循环农业发展、马铃薯种植繁育等进行现场观摩。

7月7日 自治区党委常委、市委书记张柱到西吉至会宁高速公路出入口建设工地、马莲乡向丰现代生态循环农业产业示范园、佳立公司马铃薯繁育基地、将台堡镇特色蔬菜标准化种植示范园、吉德慈善产业园泽艾堂生物科技有限公司、仁初包装制品公司、勇兴三粉加工有限公司进行调研指导。

7月8日 2017全国基层院团戏曲会演在京举行。西吉县文工团创拍的大型现代眉户剧《丁香花开》代表宁夏倾情献艺。

7月10日 西吉县组织白崖等11个乡镇的90户459名建档立卡贫困群众搬迁到青铜峡市叶盛镇、邵刚镇移民安置区。

7月11日 自治区质监局副局长马远征带领相关处室负责人,到西吉县调研考察吉德慈善产业园建设发展情况。

同日 宁夏党建协调委员会办公室主任、人保财险宁夏分公司总经理助理谢湘宁带领宁夏人保公司相关工作人员,到西吉县白崖乡黑窑洞村,调研精准扶贫帮扶工作开展情况,并为黑窑洞村捐赠价值6万元的办公器材和文化体育设备。

7月12日 全国政协副主席卢展工带领全国政协特邀常委视察团,在自治区党委副书记、政协副主席崔波,自治区党委常委、市委书记张柱等陪同下,到西吉县调研视察精准扶贫工作。在吉强镇龙王坝村,视察团听取西吉县脱贫攻坚工作情况汇报,并通过观看展板、实地察看等方式,详细了解西吉县精准扶贫工作及龙王坝村特色产业、经营管理模式、带动群众脱贫成效等基本情况。

同日 全县行政执法人员资格培训考试在西吉县实验中学开考。

▲区党委组织部副部长、离退休党工委书记、老干局局长高瑞莉带领区组织部相关处室负责人,到西吉县马建乡同化村调研精准扶贫工作。

7月13日 西吉县召开自治区第十二次党代会精神宣讲报告会。报告会邀请自治区宣讲团成员、自治区扶贫办副主任张吉忠以“振奋精神、实干兴宁”为题进行专题宣讲。全体在家县级领导、各乡镇、县直各部门(单位)副科级以上领导干部,区、市驻县各单位主要负责人聆听了专题宣讲。

同日 由县委宣传部、文广局主办,西吉广播电视台承办的西吉县首届民族团结暨“固原黄金珠宝城杯”少儿才艺大赛在县体育场拉开帷幕。

▲ 自治区林业厅副厅长平学智带领区林业厅相关人员,到西吉县督促检查林业有害生物防控工作。

7月14日 县人大常委会主任李聪率县人大检查组,在县委常委、副县长吴鹏陪同下,到将台堡镇牟荣村蔬菜标准化种植示范园、红军长征将台堡会师纪念园、北山市民休闲生态公园、幸福佳苑三期工程项目施工现场、红耀乡驮昌村移民安置点、吉强镇袁和村综合文化服务中心等,对县文化局、农牧局、扶贫办等部门相关工作开展、全县公共文化服务工程建设、产业提升工作进行全面检查督促。

7月17日 国家发改委西部司副巡视员赵志带领国家林业局、发改委相关处室负责人组成调研组,在副市长周文贵及市发改局、林业局负责人陪同下,到红耀乡井湾村、红耀乡小堡村、吉强镇龙王坝村实地调研检查西吉县退耕还林、林下经济发展、退耕还林补贴落实工作。

同日 宁夏安格斯肉牛繁育基地建设推进会在西吉县兴隆镇召开。自治区扶贫基金会理事长赵廷杰带领区发改委、科技厅、农牧厅、水利厅、扶贫办等相关厅局负责人实地观摩了兴隆镇安格斯肉牛基地,并召开座谈推进会。

7月18日 国家疾控中心传染病防治处副处长李中杰带领甘肃、四川等省疾控中心寄生病防治专家,在自治区疾控中心、市卫计局负责人陪同下,对西吉县包虫病防治工作进行综合督导检查。在县卫计局会议室召开情况汇报反馈会。

7月19日 自治区农科院院长周东宁带领农科院相关处室负责人组成检查组,先后到将台乡牟荣村、马莲乡张堡源村、将台乡明星村、硝河乡郎岔村,实地检查指导芹菜节本增效、冬蒜苗复种一年两茬模式试验示范、马铃薯淀粉加工废水及养殖粪便肥料化利用试验示范、主食化马铃薯病虫草害绿色防控试验及增产增效综合技术集成示范、草畜耦合及种养循环模式示范、马铃薯产业与草畜产业融合发展技术集成示范等工作。

同日 县委政法委员会(扩大)会议召开。会议传达学习自治区第十二次党代会精神和《政法机关党组织向党委请示报告重大事项规定》;通报上半年全县平安建设工作整体情况;政法各部门围绕2017年上半年工作开展情况及下半年主要打算分别作了汇报;研究审议《西吉县基层政法干警“大走访大化解大转变”活动实施方案》;研究成立西吉县公共安全视频监控联网应用(“雪亮工程”)项目建设工作筹备小组、研究司法救助有关事项。

▲ 宁夏燕宝慈善基金会顾问何永清一行到西吉县,对西吉中学教学环境、校园基础

设施建设、燕宝慈善基金办公地点设立、燕宝慈善基金实施情况、生源地贷款相关情况进行调研。

7月20日 国务院召开全国安全生产电视电话会议,县安委会成员单位负责人在会议中心第二会议室集中收听收看了会议。县长武维东就全县安全生产工作进行安排部署。

7月21日 市人大常委会主任罗永红带领市委办、人大办、扶贫办等相关部门负责人,到兴平乡赵垴村、平峰镇高赵村、庙坪村等地,对西吉县扶贫产业、资金到户、村集体经济发展等工作进行督导检查。

同日 白崖乡半子沟村生态移民搬迁动员会在半子沟村党员活动室召开。金凤区区委常委、丰登镇党委书记陈伟龙,县委副书记王林,县人大常委会副主任吴健雄,副县长谢国玉,政协副主席李西平,金凤区和西吉县相关单位负责人及半子沟村全体村民参加了动员会。会议对《白崖乡半子沟村移民搬迁方案》进行了解读,向群众通报了移民点选址建设、搬迁资格审核、自筹款缴纳、民政救助统计、学生入学统计、计划生育统计等情况。

7月22日 由自治区党委宣传部、区体育局、文化厅主办、西吉县政府承办的体育扶贫健身器材配发暨捐赠仪式在新营乡硷滩村文化广场举行。自治区体育局副局长梁纪籽及区党委宣传部、区体育局相关处室负责人,市文化体育新闻出版广电局局长李鹏霄,县委常委、宣传部部长海丽,县政协副主席张国义及全县138个贫困村综合文化服务中心专管员300余人参加了捐赠仪式。梁纪籽及与会领导向全县全民健身活动中心捐赠体育器材设备购置经费,向全县138个贫困村综合文化服务中心发放体育健身器材,山西澳瑞特健康产业有限公司总经理郝虎山代表捐赠单位向西吉县捐赠五副篮球架、维修工具和工作服。

7月23日 十四届县委2017年第十四次常委会议召开。会议传达习近平总书记在深度贫困地区脱贫攻坚座谈会上的讲话精神,研究贯彻落实意见;传达学习《关于认真学习贯彻石泰峰在自治区纪委监察厅调研时讲话的通知》精神,研究贯彻落实意见;听取国务院扶贫开发领导小组脱贫攻坚督查组督查情况汇报,听取分管县级领导贯彻落实西党发〔2017〕7号和西党办发〔2017〕13号文件要求抓脱贫攻坚工作进展情况汇报,研究部署相关工作;听取西会高速公路建设进展情况汇报,听取葫芦河流域综合治理及县委〔2017〕9号专题纪要落实情况汇报,听取上半年乡镇考核情况汇报,听取上半年信访工作汇报,研究相关事宜;研究《关于对优秀公务员给予嘉奖和记三等功的请示》,研究有关干部处理的请示;安排全县"振奋精神,实干兴宁"大讨论活动。

7月24日 "全国卫视看宁夏"大型主题采访组(固原组)走进西吉县,走访采访了红军长征将台堡会师纪念园、西吉县向丰家庭农场、龙王坝休闲山庄。此次大型主题采访活动由中央电视台和全国30多家卫视的140多名记者组成,通过手中的笔和镜头,记录了西吉县全域旅游、脱贫富民工作。

同日 县政府组织开展打击非法开采河砂资源联合执法行动。联合执法共拆除违建沙厂56家、违章建筑6处、砖厂1家、拌和站8家、预制厂10家、采砂船5艘、屠宰房1间、河道电杆厂1家、洗菜场2家、太阳灶厂1家、过水路面3处及1家环境污染严重的淀粉厂。

▲ 自治区住建厅督查组在总工程师岳国荣带领下,对西吉县贯彻落实自治区第十二次党代会关于城市规划建设管理要求、城市工作会议精神和自治区党委、政府《关于加强城市规划建设管理工作的实施意见》重点任务情况开展督查调研。督查组就危房危窑改造、城乡建设项目资金使用、规划用地、城市执法体制改革、房地产去库存等方面情况,通过查阅资料、现场问答、实地调研等方式进行全面督查,并就工作中存在的问题进行了现场反馈。

▲ 山东省政协副主席翟鲁宁带领考察组,在自治区政协党组副书记、副主席崔波,市长马汉成陪同下,到红军长征将台堡会师纪念园、硝河乡关庄村、西吉县职业中学、火石寨乡元咀村等考察调研金融扶贫、教育扶贫、产业扶贫工作。

7月25日 《葫芦河流域治水治污实施方案》评审会在县委五楼会议室召开。评审会上,中机十院国际工程有限公司、北京国环清华环境工程设计研究有限公司、中国市政工程西北设计研究院有限公司按照抽签顺序分别围绕葫芦河污染综合整治工程的现实意义、生态修复、景观设计等对葫芦河流域治理设计方案进行详细陈述。与会领导对设计方案进行评审,最终北京国环清华环境工程设计研究有限公司获得西吉县葫芦河流域治水治污的设计权。

同日 自治区政府副主席、公安厅厅长许尔锋带领自治区政府副秘书长黄明旭及区政府办公厅、公安厅相关处室负责人在市公安局负责人的陪同下,深入吉强镇大坪村调研"农村两个带头人"作用发挥情况,到吉强镇民生服务大厅调研禁毒、信访、综治、民生等工作开展情况,到西滩乡调研民族团结和基层警务工作。

▲ 自治区司法厅副厅长鲍焕军带领调研组,到西吉县法律援助中心、西吉县道路交通事故损害赔偿人民调解委员会、吉强司法所调研检查法律援助经费使用、案件调解、"四张网"建设、星级司法所创建工作。

7月26日 自治区农牧厅厅长王文宇带领自治区相关厅局及处室负责人,各市、县(区)分管农业和扶贫工作的副市长、副县(区)长,相关专家和工作人员组成观摩团,到西吉县将台堡牟荣蔬菜产业扶贫基地调研观摩特色产业助力精准扶贫工作。

同日 市政协副主席、工商联主席何学虎,市委统战部副部长、工商联党组书记司继平带领各县(区)工商联负责人及非公经济企业家,到马莲向丰循环农业示范园、红军长征将台堡会师纪念园、勇兴三粉加工有限公司、龙王坝龙泉湾山庄等,调研考察西吉县非公经济企业发展情况。

7月26日至27日 自治区政府副主席姚爱兴带领区政府办公厅、教育厅、文化厅等负责人,到西吉县督查文化及教育工作。姚爱兴一行先后到吉强、震湖、硝河、将台、沙沟、白崖等乡镇村级综合文化服务中心、村幼儿园、村小学调研了解情况,对存在的问题进行督办。

7月27日 民进宁夏区委会西吉县脱贫攻坚民主监督及调研座谈会在县会议中心第一会议室召开。会议由民进中央副主席、自治区政府副主席、民进宁夏区委会主委姚爱兴主持。民进宁夏区委会副主委、自治区发改委副主任李斌,自治区政协副秘书长、民进宁夏区委会副主委杨立华,民进区、市委相关领导及专家出席会议。县长武维东就全县脱贫攻坚工作做了详细汇报,杨立华就调研组深入部分乡镇调研内容及存在的问题等做了通报。

同日 全市县域经济观摩团到西吉县观摩交流。马汉成、罗永红、马玉芳等市领导,各县(区)党委、政府主要负责人,市直部门单位主要负责人参加观摩。观摩团先后到西吉骄子劳务移民安置区、将台马铃薯科技示范园、华林蔬菜科技示范园、将台堡镇西坪村、西吉县万家壹品有限公司兴隆养殖园观摩。

▲ 全县总河长第一次会议在会议中心第一会议室召开。会议传达学习自治区总河长第一次会议精神、自治区全面推进河长制工作电视电话会议精神、固原市总河长第一次会议精神;听取全县全面推行河长制工作进展汇报;审议西吉县全面推进河长制实施方案、县级河长设置方案、河长制办公室及日常工作机构设置方案、全面推行河长制有关制度及全面推行河长制2017年工作要点。

▲ 全县信访维稳工作专题会议在会议中心第一会议室召开。会议传达学习中央和区、市信访维稳工作会议精神,听取全县信访维稳工作情况汇报,研究部署全县信访维稳工作。

7月28日 县人大常委会召开十七届人民代表大会第一次会议议案、建议执行办理督办会。县人大常委会主任李聪,副主任郭满福、马桂英及副县长李晓东,人大常委会“一办四委”负责人,政府办、议案建议承办部门负责人参加会议。各议案、建议承办部门就各自部门承办的议案、建议进展情况作了汇报,李晓东代表政府作了表态发言。

同日 自治区金融局局长助理马飞带领督查组,到西吉县督查金融扶贫工作。

▲ 天津市政协社会和法制委员会主任何江带领天津市政协考察组,在市政协副主席杨志荣陪同下,到红军长征将台堡会师纪念园、宁夏佳立马铃薯种植基地、马莲乡向丰农场、将台堡镇牟荣蔬菜基地、吉强镇龙王坝村等调研考察马铃薯产业、特色蔬菜产业、乡村旅游、精准扶贫及农村农业工作。

7月29日 宁夏润宇塑业有限公司总经理金玉龙一行,到白崖乡红套村开展扶贫济困捐赠活动。为红套村捐赠价值28900元办公设备1套、一体式电脑1台、笔记本电脑1台、打印机1台、42寸电视1台、功放1台、话筒1套、投影仪1套,并捐赠助学金5000元。

同日 田坪乡召开“创建民族团结、开展移风易俗、推进文化惠民、助力脱贫攻坚”主题文化活动。

7月31日 “八一”建军节来临之际,县四大机关领导带队到县人武部、县中队、县消防大队慰问驻地官兵,并到农村社区看望慰问部分退伍老军人及革命烈士家属。

8月1日 市人大常委会副主任杨大素带领全市各县(区)司法局负责人组成观摩团,到西吉县观摩考察基层司法工作。

8月2日 自治区教育工委书记、教育厅党组书记房全忠带领调研组到西吉县震湖乡调研教育扶贫攻坚和义务教育均衡发展工作。

同日 十七届县人民政府2017年第十一次常务会议召开。会议传达学习自治区第十二次党代会精神、市委四届第二十次常委(扩大)会议精神,研究贯彻落实意见;听取县扶贫办关于脱贫攻坚工作的汇报、关于2017年政策项目资金争取情况的汇报,听取县水务局关于河长制责任制落实情况的汇报,听取县建环局关于2016年农村危房改造工作的汇报,听取县教体局关于全县教育重点建设项目工作进展情况的汇报,听取县安监局关于进一步加强安全生产监督管理工作的情况汇报,听取县交通局关于西吉县智慧交通运行监管与服务平台系统建设有关情况的汇报,研究解决具体问题、部署相关工作;研究县扶贫办《关于申请拨付金融扶贫贷款风险补偿基金的请示》,研究县民政局《关于对西吉县敬老院二期工程、老年活动中心和什字乡敬老院建设项目部分附属工程进行项目调整的请示》,研究县建环局《关于对县城路灯进行节能改造的请示》,研究县教体局《关于申请解决代课教师诉求的请示》,研究县交通局《关于申请将客运总公司回购西风公交所需要资金转换为政府投入资本金的请示》,研究县农牧业产业化发展服务有限公司《关于申请为宁夏向丰家庭农场提供贷款担保的请示》;研究审议《西吉县“十三五”易地扶贫搬迁县内劳务移民住房回购实施方案》《西吉县行政事业单位职工住房货币化分配实施方案》《西吉县人民政府办公室关于进一步加强农村道路交通安全管理工作的意见》,研究国有土地相关事宜。

8月3日 十四届县委2017年第十六次常委会议召开。会议传达学习中央纪委扶贫领域监督执纪问责工作电视电话会议精神,研究贯彻落实意见;传达学习全区脱贫攻坚工作观摩及贫困县(区)委书记座谈会精神,研究贯彻落实意见;传达学习全区基层党组织书记抓基层党建、促脱贫富民座谈会精神,研究贯彻落实意见;传达学习全区民族团结进步暨和谐寺观教堂创建互观互检现场观摩经验交流会议精神,研究贯彻落实意见;传达学习全区特色产业精准扶贫现场会精神,研究贯彻落实意见。

同日 自治区党委常委、组织部部长盛荣华带领区党委组织部副部长王少林一行,在市长马汉成,市委常委、组织部部长景瑜陪同下,到西吉县调研指导基层党建工作、“两个带头人”工程及抓党建促脱贫富民工作。

▲西吉县对万吨以下马铃薯淀粉生产加工企业进行专项整治。县委常委、常务副县长马宗正,副县长李喜生带领县建环局、发改局、公安局、国土局、水务局、供电局等负责

人组成专项工作组,先后到兴隆、将台、马莲、新营等乡镇的20家马铃薯淀粉生产加工企业,对辖区内万吨以下马铃薯淀粉加工企业负责人进行约谈,教育引导企业在规定的时间内自行关停,并将生产设备拆解、撤离原厂区。同时,向企业下发限期拆除书。

8月4日 自治区文化厅副巡视员贺亚平带领区文化厅第三评估组,到西吉县开展第六次全国公共图书馆评估定级工作。评估组对县图书馆图书室、自习室、电子阅览室等馆室进行实地检查和现场评估,并就县图书馆资料规范化管理进行详细检查。

同日 全县2017年群众评议机关作风推进会议在会议中心第一会议室召开。

▲全县贯彻落实全国青少年毒品预防教育会议精神暨创建自治区禁毒"示范县(城镇)"推进会议在会议中心第一会议室召开。

8月6日 县委副书记王林,县委常委、副县长吴鹏带领西吉县48户196名群众赴疆开展转移就业安置。同时慰问西吉籍在疆务工人员见义勇为抢救落水女童英勇献身的王亚强家属;回访看望2017年年初向新疆和田市输送的便民警务站协警人员;考察和田市面向社会招录事业性岗位工作人员情况;考察新疆生产建设兵团第三师红旗农场和四十六团的用工、安置等情况。

8月7日 十四届县委2017年第十七次常委会议召开。会议传达学习习近平总书记在省部级主要领导干部专题研讨班开班式上的重要讲话精神,研究贯彻落实意见;传达学习《关于深入贯彻中央八项规定精神进一步加强和改进自治区党委常委会作风建设的若干意见》,研究贯彻落实意见;研究有关干部事项。

8月7日至8日 县政协主席马天英带领县政协视察组,对全县交通重点项目建设、生态建设、本土企业发展、基层卫生计生服务能力建设等重点工作进行视察。

8月8日 中国曲协专家组一行,在自治区文化馆副馆长季妍陪同下,到西吉县调研地方曲艺发展与传承情况。在将台堡镇牟荣村马堡子农村文化大院,专家组观看了当地花儿、地摊戏、秦腔等艺术表演,并与基层曲艺表演人员交流曲艺唱法、创作情况。

8月9日 市委常委、政法委书记李志达带领市委督查组,对西吉县综治信访维稳工作进行督查指导。督查组先后到硝河乡、县汽车站、吉强镇综治中心,实地检查督促信访接待、矛盾纠纷排查、治安维稳及综治信访工作。

同日 自治区林业厅厅长马金元、副厅长徐庆林带领相关处室负责人,先后到月亮山水源涵养林区、火石寨景区、扫竹岭400毫米降水线造林绿化区、震湖乡党家岔湿地保护区和吉强镇湿地公园待建区进行实地考察调研。

▲全区法院系统观摩团到西吉县调研观摩。观摩团实地观摩了县法院诉讼服务中心、信访服务中心、执行服务中心等,调研法院审判流程管理、司法公开、执法办案、司法责任制改革、司法公开、信息化建设和队伍建设等情况。

▲市人大常委会副主任李志菊带领市人大检查组,对西吉县医疗改革、七项民生实事落实进展情况进行检查。

8月10日 中国商用飞机有限责任公司总经理助理、上海飞机设计研究院院长、中俄国际商用飞机有限责任公司总经理郭博智一行到西吉县调研考察。郭博智一行到将台堡镇西坪村实地考察扶贫工作,到吉德产业园区调研企业生产经营管理工作,到将台堡瞻仰红军长征胜利会师纪念碑,参观将台堡三军会师纪念馆、中南海情系西海固展览馆。

同日 自治区人大常委、农工党宁夏区委会主委戴秀英带领自治区农工党宁夏区委相关处室、科室负责人,在市人大常委会副主任朱培忠陪同下,到西吉县调研城乡居民社会保障和基本医疗保险工作。

▲ 自治区供销社监事会主任俞学红带领区农牧厅、财政厅相关处室负责人,到西吉县督促检查农村改革及农业农村重点工作进展情况。

8月11日 县委、县政府主要领导带领县国土局、建环局、发改局等负责人,对省道202线、县城第二垃圾填埋厂、第一污水处理厂、农民街改造、西吉人家棚户区项目、滨河路项目、产业园区、省道204线等重点项目建设进行调研督查,现场办公解决工程建设事宜。

8月12日 全区马铃薯产品推介会在西吉县召开。全国农业技术推广服务中心副书记刘信等领导和专家及全区各市县农牧局、农技推广中心负责人,西吉县全体县级领导、各乡镇、县直各部门、区市驻县各单位负责人和部分区内外马铃薯供销合作组织负责人等320多人参加会议。中国优质农产品服务协会副会长岳春利为"2017最受消费者喜爱的中国农产品区域公用品牌"授牌。西吉县与客商现场签订13份农产品产加销项目协议,签约资金71850万元。

同日 为提升西吉乃至宁夏马铃薯产业发展水平,推进马铃薯主粮化战略,西吉县举行马铃薯高层论坛,参加论坛的有国内从事马铃薯生产推广、科研教学、加工营销等方面的知名专家、学者和马铃薯主产省(区)农业(牧)厅领导。会议由自治区农牧厅副厅长赖伟利主持,中国农科院蔬菜花卉所研究员、马铃薯产业体系首席专家金黎平作了题为《中国马铃薯产业发展现状与前景分析》的报告,中国农科院农产品加工所研究员、马铃薯主食加工首席专家张泓作了题为《宁夏固原如何聚焦马铃薯产业》的报告,中国农科院区划所研究员、马铃薯产业体系岗位科学家罗其友作了题为《供给侧改革下马铃薯生产与市场营销》的报告,国家马铃薯工程中心主任、研究员谢开云作了题为《马铃薯种薯质量控制体系的构成与作用》的报告,中国科学院兰州化学物理所研究员、马铃薯产业体系岗位专家刘刚作了题为《马铃薯营养、安全与加工研究进展》的学术报告。

8月12日至13日 县委副书记王林,县委常委、县长吴鹏带领西吉县考察团,到新疆生产建设兵团第三师红旗农场、四十六团考察用工落户工作。考察团实地考察红旗农场二连木纳格葡萄种植园、农场一连1000头肉牛养殖小区、农场八连棉花种植基地、农场九连棉花种植基地及连队新招录职工安置住房情况。并与四十六团团领导及科室负责人进行了座谈交流,达成转移就业安置职工合作意向。

8月12日至19日 “韩红爱心基金会”带领医疗援助爱心团队,为西吉县建档立卡贫困患者开展白内障手术,全县200例符合条件的白内障患者接受了复明手术。

8月14日 中央民族大学博士生导师丁宏教授带领10余位博士研究生组成调研组,到西吉县调研考察民族宗教工作。

8月15日 由固原市委宣传部、市文广局举办的固原市首届文化大院文艺调演暨第六届移风易俗树文明新风小品小戏大赛“我是乡村大明星”西吉专场在固原市人民广场拉开帷幕。

同日 自治区党委宣传部副部长、文明办主任毛录带领相关处室负责人在市文明办负责人陪同下,深入硝河乡观庄村、县检察院、县法院、吉强镇龙王坝村调研指导文明单位创建工作。

8月16日 十七届县人大常委会2017年第五次全委会议召开。会议听取和审议县政府关于全县产业扶贫工作的情况报告,关于北山市民休闲森林公园绿化建设的情况报告,关于全县公共文化服务工程建设的情况报告,关于县十七届人大一次会议代表议案、建议办理情况的报告;听取和审议县人大常委会检查组关于以上工作的检查报告;听取和审议县政府关于2017年上半年国民经济和社会发展计划执行情况的报告、关于2016年财政决算和2017年上半年财政预算执行情况的报告;听取和审议县人大常委会财政经济委员会关于2016年度县财政决算的审查报告,审查批准2016年度县本级财政决算;听取县政府关于县十七届人大常委会第一、二、三次会议审议意见落实情况的报告;审查和批准设立西吉县十七届人大常委会代表资格审查委员会的议案;审议通过《西吉县人民代表大会常务委员会规范性文件备案审查暂行办法》;通过有关人事任免事项。

同日 西吉县城市管理综合执法局暨城市管理综合执法大队举行揭牌仪式。

▲ 自治区安监局副局长吴青君带领矿山处、职业卫生处等处室负责人组成督查组,到西吉县督查安全生产工作。

8月17日 自治区党委老干部局组织老艺术家,到马建乡同化村开展“心系基层群众助力脱贫攻坚”慰问演出活动。并对同化村“好媳妇”“好婆婆”“好妯娌”进行表彰奖励,为全村营造了“爱老、敬老、团结、和谐”的良好风尚。

同日 2017年全县群众评议机关作风活动推进会在会议中心第一会议室召开。

▲ 市人大常委会副主任童全成,副市长、公安局局长刘文戈带领部分市人大常委会委员、人大代表及市公安、交通、安监、公路、运管、规划等部门负责人组成检查组,对西吉县贯彻实施《中华人民共和国道路交通安全法》进行检查。检查组先后到硝河乡交通管理站、吉强镇王昭村交通劝导站、县交警大队指挥中心,对全县农村交通“两员两站”建设、辖区道路秩序管理、城区停车位落实等情况进行全面检查。

▲ 宁夏文化扶贫工程西吉县村级综合文化服务中心文化器材发放仪式在县文广局

举行。共为全县139个村综合文化服务中心配发了音响、功放、二胡、板胡、唢呐、干鼓、抱鼓、苏铰和秧歌服等价值278万余元的文化活动器材。

▲ 西吉县白崖乡半子沟村首批138户577名群众搬离大山,移民入住银川市金凤区丰登镇润丰村,开启他们的新生活。银川市政协主席马凯、银川市委副书记周云峰及自治区各相关厅局负责人、固原市副市长周文贵、西吉县长武维东及此次搬迁的半子沟全体村民出席入住仪式。此次搬迁,得到了社会各界的大力支持,其中神华宁夏煤业集团捐款901万元用于资助建设润丰神华爱心小学、润丰幼儿园等基础设施建设。

8月18日 全县2017年通讯员暨新媒体技能培训班在会议中心第一会议室开班。

8月19日 自治区环保厅厅长刘军带领相关处室负责人,到火石寨国家级自然保护区、党家岔湿地保护区实地督查指导环保工作。

8月20日 国家防总工作组张新玉带领专家到西吉县检查指导防汛工作。张新玉等实地到白崖乡石坡水保淤地坝、吉强镇夏寨水库、马建乡白台水保淤地坝检查库坝防汛度汛措施、责任落实和预警体系运行情况,听取县水务部门负责人关于全县防汛工作的汇报。

同日 十七届县政府2017年第十二次常务会议召开。会议传达学习自治区扶贫开发领导小组《关于学习贯彻深度贫困地区脱贫攻坚座谈会精神的意见》和全区脱贫攻坚政策落实会议精神,研究贯彻落实意见;听取全县防灾、减灾、救灾工作的情况汇报,安排部署相关工作;听取火石寨管理处关于全面落实中央第八环境督察组反馈意见问题整改情况的汇报,研究解决相关事宜;听取县人社局关于西吉县被征地农民养老保险实施情况的汇报,研究相关事宜;听取县农牧局关于申请采购防治重大动物疫病应急物资的汇报,研究解决相关事宜;研究审议《西吉县加快推进城镇化进程的实施意见》《西吉县“绿盾2017”自然保护区清理整治专项行动工作方案》;研究县建环局《关于县城集中供热有关事宜的请示》《关于申请成立西吉县智慧城管系统的请示》,研究县水务局《关于申请成立西吉县节约用水办公室的请示》《关于申请解决西吉县城供水一期改造工程缺口资金的请示》,研究县教体局《关于申请解决学前教师短缺问题和给农村寄宿制学校配备专业安保人员的报告》;研究吉强镇《关于申请解决吉强镇部分项目建设费用的报告》,研究将台堡镇《关于申请解决将台堡毛家沟路口至污水处理厂排水管道工程资金的请示》《关于将台堡镇明台村六组土地流转及青苗补偿所需资金的请示》,研究《关于申请拨付佳立公司土地流转补偿款的请示》,研究《关于申请解决县城保障性住房有关问题的请示》。

8月22日 县委召开“振奋精神、实干兴宁”专题研讨会。与会人员以“振奋精神、实干兴宁”为主题,围绕“创新驱动怎么做、脱贫富民怎么干、生态立区怎么办”主线,结合各领域工作职责,就如何紧盯目标、进一步解放思想、创新思维、振奋精神、实干兴县等内容进行深入研讨。在家全体县领导及各乡镇、部门(单位)负责人参加了会议。

同日 由自治区妇联主办的宁夏和谐婚姻家庭大讲堂百场巡讲活动在西吉县会议

中心举行。

8月23日 县卫计局举办2017年基层中医药适宜技术培训及中医药公共卫生服务提升培训班。培训班特邀宁夏医科大学中医学院常务副院长马惠昇主讲。各乡镇卫生院、社区卫生服务中心及村卫生室从事中医药人员参加了培训。

同日 西吉县在政府三楼常务会议室举行《政银合作框架协议》签约仪式，县长武维东与宁夏银行党委委员、副行长沙建平签订了《政银合作框架协议》。

▲甘肃省定西市人大常委会主任郑红伟带领考察团，到西吉县考察马铃薯淀粉企业汁水还田、退耕还林还草工作。

8月24日 自治区党委组织部副部长王少林带领自治区相关厅(局)负责人、各市组织部部长、各县(区)委书记及组织部部长组成观摩团，到西吉县吉强镇龙王坝村龙泉湾山庄、马莲乡张堡源村向丰现代循环农业示范园，观摩交流西吉县“两个带头人”工程、产业发展及乡村旅游发展工作。

同日 全县推进行政规范性文件清理工作及责任清单管理系统业务培训会在会议中心第一会议室召开。

▲西吉县行政审批服务局正式挂牌成立。县长武维东、县委副书记王林为“县行政审批服务局”揭牌。县委常委、常务副县长马宗正，人大常委会副主任吴健雄，政协副主席宋兆吉及县直相关部门负责人和行政审批服务局全体职工出席揭牌仪式。

8月25日 西吉县与中国邮政储蓄银行西吉支行、宁夏为方村级互助担保基金签约仪式在吉强镇龙王坝村会议室举行。县长武维东和中国邮政储蓄银行西吉支行行长毛国栋、宁夏为方村级互助担保基金执行总裁李光辉共同签订了合作协议。

8月26日 西吉县召开创建全国民族团结进步示范县推进会暨民族团结月活动启动会。

同日 西吉县首次文学艺术(诗歌)培训班在县会议中心第一会议室开班，全县70余名写作爱好者接受了诗歌理论与实践培训。

8月27日 西吉县青春助力脱贫攻坚暨2017年“希望工程·圆梦行动”助学金发放仪式在会议中心会堂举行。2017年全县希望工程·圆梦行动”筹措各类助学金项目资金120万元，资助学生400余人。

8月28日 十四届县委2017年第18次常委会议召开。会议传达学习习近平总书记关于信访工作的重要指示精神，听取全县信访工作汇报，研究贯彻落实意见；传达全区国有企业党的建设工作会议精神，研究贯彻落实意见；传达全区开展“三大三强”行动推广“两个带头人”工程经验促脱贫富民战略实施工作会议精神，研究贯彻落实意见；传达全区脱贫攻坚政策落实工作会议精神，通报全县脱贫攻坚工作进展情况，研究贯彻落实意见；研究审议《西吉县创建全国民族团结进步示范县主要目标任务责任分工方案》《西吉县妇联改革方案》《西吉县总工会改革方案》《共青团西吉县委改革方案》《中共西吉县委员会常务委员会工作规则》;研究《关于成立西吉县安全生产执法监察大队〈西吉县安全生产应急救援指挥中心〉的请示》,研究《关于招录公安协勤解决公安专业化队伍建设要求的请示》,研究《关于申请解决保障性安居工程有关问题的请示》,研究有关干部处理的请示。

8月29日 市政协秘书长张骞带领市政协委员、市政协机关工作人员到红耀乡井湾村开展圆梦助学活动,向井湾村2017年考取本科院校的10名家庭贫困学子每人捐赠3000元助学金,为专科学生每人捐赠1000元,共捐赠4.1万元。

同日 县农牧局召开以"转作风、抓落实、促发展、树形象"为主题的农牧系统干部作风整顿推进会。

9月1日 自治区原党委书记黄璜到西吉县调研。在单家集红色教育基地,黄璜聆听了毛主席夜宿单家集、红军与当地群众鱼水一家亲的故事;在红军长征将台堡会师纪念地瞻仰了红军长征将台堡会师纪念碑,参观了三军会师纪念馆。

9月5日 中国流动科技馆全国巡展暨宁夏西吉县第二届青少年科学节、乡村科技馆开馆启动仪式在吉强镇龙王坝村举行。展览馆共放置声光体验、电磁探秘、运动旋律、生命奥秘、球幕影院、科普剧表演、机器人表演等展示内容。

同日 自治区教育纪工委书记、驻教育厅纪检组组长李玮带领督查组,到西吉县督查教育惠民政策落实、教育民生实事办理、义务教育阶段控辍保学工作。

9月6日 自治区政协经济委员会主任徐占海带领调研组,到西吉县偏城乡马湾村走访贫困群众,对深度贫困问题进行专题调研。

同日 莆田市政协书画院一行10余人,到西吉县开展闽宁扶贫协作书画作品拍卖捐赠及文化交流、采风活动。莆田书画院的13位书画家,现场拿出自己的书画作品进行义卖,将义卖所得的20万元,捐赠给偏城乡烂泥滩村。

9月7日 副市长朴凤兰带领市文广局、旅游局等部门负责人,到偏城乡烂泥滩村、偏城乡马湾村、偏城乡高崖村、硝河乡关庄村、硝河红泉村等,专题调研检查西吉县村级文化活动中心建设情况。

同日 自治区住建厅副厅长李志国带领全区建筑施工、市政工程、市政公用行业安全生产大检查第三检查组,到西吉县开展建筑工程及市政工程安全生产大检查。

9月8日 县委、县政府召开庆祝第33个教师节暨教育教学质量表彰大会。会议通报了2016—2017学年度全县教育教学工作,宣读《关于表彰奖励2017年教育教学先进集体和先进工作者的决定》,对2017年教育教学先进集体和先进工作者代表进行表彰奖励。全体在家县级领导、各乡镇党委书记、乡镇长,县直各部门(单位)、区市直属部门负责人,全县各中小学校(园)长,受表彰的先进个人代表共400余人参加会议。

同日 第四季"网络达人浪固原"活动走进西吉。本次活动从全国选拔出各大媒体和网络达人共70人组成大型采访团,通过网民"看固原发展""观固原文化""品固原生活"

“尝固原美食”“游固原美景”等活动,加强固原在网民中的记忆度和点击率。

9月10日 自治区督查组到西吉县开展脱贫攻坚相关工作落实情况检查督查。主要检查督查国务院扶贫办提醒谈话通报指出的问题及暗访核查发现的问题整改落实情况、国家审计署2016年度中央预算执行和其他财政收支审计整改落实情况、脱贫攻坚组合政策落实情况、扶贫资金管理使用情况、2017年脱贫攻坚任务进展情况、因村因户精准帮扶落实情况。检查督查方式主要通过实地调查、查阅资料和召开反馈会。

同日 十七届县人民政府2017年第十三次常务会议召开。会议听取县政府办公室关于进一步加强政务公开工作有关情况的汇报,听取县民政局关于2016年度符合政府安排工作条件退役士兵安置情况的汇报,听取县林业局关于北山市民休闲森林公园项目和海西公路景观绿化项目的汇报,听取县水务局关于全县农村饮水安全工程运行管理情况的汇报,听取火石寨管理处关于“绿盾2017”火石寨自然保护区生态修复情况的汇报,听取县建环局关于保障性安居工程抢险维修、北大寺房屋征收情况的汇报,研究相关事宜;研究县编办《关于县公安局申请划转事业编制用于专门招录事业编制基层一线警务人员的请示》,研究县科协《关于申请增加科普专项经费的请示》,研究县法院《关于西吉县涉政府案件判决生效的执行报告》。

9月12日 教育系统“全面从严治党 全面从严治教”主题宣讲会在县职业中学报告厅举行。宣讲会特邀宁夏建设职业技术学院党委委员、纪委书记梁旌作专题讲座。县教体局领导班子成员,局机关党员干部、各中小学校(园)党组织书记、校(园)长、县城学校(园)党员教师代表300余人参加会议。

9月13日 全区人畜共患病防控培训班在西吉县举行。自治区农牧厅兽医局局长张和平、全区各市县动物疾病预防控制中心负责人及西吉县动物疾控预防控制中心全体干部职工参加了培训会。宁夏疾病预防控制中心专家从人畜共患病特征、流行形势、病情诊断、监测、流行病学调查、防控策略等方面进行专题培训辅导。

同日 市政协主席马玉芳带领市政协调研组,到西吉县污水处理厂提标改造工程项目区、葫芦河综合整治工程和生态修复工程土地整理项目硝河乡马昌村过境段、兴隆镇玉桥村氧化塘项目区,实地调研西吉县葫芦河流域综合治理情况。

▲ 自治区发改委副主任王凌带领脱贫攻坚专项检查督查组,到西吉县召开脱贫攻坚结果检查督查反馈会。会上,王凌就西吉县督察情况做了反馈说明,并提出整改意见和要求。县委主要领导作了表态讲话。

▲ 全县领导干部大会在会议中心第一会议室召开。会议传达学习市委四届二次全体会议精神,通报自治区脱贫攻坚检查督查组关于西吉县产业扶贫工作的检查督查情况和脱贫攻坚反馈意见,安排部署整改落实工作。

9月14日 全区检察机关“法治进校园”巡讲活动在西吉中学举行。

同日 县政府召开葫芦河流域综合治理工作推进会。

▲ 中央电视台《记住乡愁》栏目制片人王海涛带领摄制组到西吉县震湖乡,通过走访调研,询问知情人士,勘测地貌地形等方式,对1920年海原大地震发生时的情景进行实地记录和了解,为制作《海原大地震》纪录片,进行前期拍摄考察。

9月15日 全县全株玉米机械化收割青贮暨粮改饲项目启动会在马莲乡向丰家庭农场举行。自治区畜牧工作站副站长张凌青及相关处室负责人、市畜牧技术推广服务中心主任张国坪和县农牧局负责人及各乡镇分管领导、全县规模养殖场、饲草配送中心负责人参加启动会。

同日 十四届县委2017年第十九次常委会议召开。会议传达学习自治区政府主席咸辉在调研葫芦河流域综合治理工程时的讲话精神,研究贯彻落实意见;传达学习《自治区党委印发〈关于激励干部想干事能干事干成事的若干意见〉的通知》,研究贯彻落实意见;研究审议《关于认真学习宣传贯彻市委四届二次全体会议精神的意见》《西吉县贯彻落实市委〈关于深入学习贯彻落实自治区第十二次党代会精神的意见〉的任务分工方案》,研究将台堡镇小城镇建设有关事宜。

9月18日 县网信办联合县委宣传部、团西吉县委、公安局、教体局、文广局、总工会、各银行、禁毒办等部门,共同举办了以"网络安全为人民,网络安全靠人民"为主题的2017年西吉县网络安全宣传周启动仪式。

同日 全县农村宅基地和房屋统一确权登记颁证工作启动仪式在西滩乡举行。自治区遥感测绘勘查院业务人员就农村宅基地使用权和房屋所有权登记办事流程、房屋确权原则、宅基地上建造的农村房屋基本信息调查等内容向与会人员作了培训。

9月19日 《求是》杂志社总编辑陶骅一行在自治区党委宣传部副部长彭生选陪同下,到西吉县专题调研脱贫攻坚工作。

同日 全区法院家事审判方式和工作机制改革推进会在西吉县法院召开。固原中院、兴庆区法院、平罗县法院、沙坡头区法院、西吉法院负责人分别作了经验交流发言,介绍了家事审判方式和工作机制改革试点情况。与会人员观看了西吉县人民法院家事审判工作改革纪实专题片,参观了西吉县家事审判大厅、心理辅导室、母婴室、"客厅式、圆桌式"家事审判庭、情感修复室、家事文化长廊,查阅了家事审判台账。

9月20日 县妇联、县教育局联合在西吉中学报告厅举行"护航春蕾"助学金发放仪式。"护航春蕾"是宁夏妇联、宁夏妇女儿童发展基金会发起并组织实施的以帮助贫困女生重返校园为宗旨的一项德政工程。2017年,县妇联争取到"护航春蕾"助学金30万元,对全县300名高中阶段在读贫困学生进行资助,每人受助1000元。

同日 自治区党委编办体制改革处处长杜顺豪带领相关处室负责人组成督查组,到西吉县督促检查相对集中行政许可权改革工作落实情况。

9月21日 自治区交通运输厅总工程师张凌云带领相关处室负责人一行,到西吉县督查"四好农村路"建设工作。

9月22日 市委四届二次全会精神宣讲团成员刘东、杨廷文、赵永刚、柳小林等到西吉县兴隆镇、王民乡、白崖乡、农牧局、林业局开展市委四届二次全会精神专题宣讲。

9月23日 副市长吴会军带领市政府督查室、市环保局负责人一行,先后到火石寨景区、月亮山、204线潘西公路、县城第一污水处理厂、兴隆污水处理厂及葫芦河玉桥断面人工湿地等督促检查西吉县自然保护区“绿盾2017”和葫芦河流域水环境综合治理工作。

同日 自治区首批高级职业农民认定工作在吉强镇龙王坝村农民田间学校举行。此次认定对象是参加过2016年西吉县新型职业农民培育工程教育培训结业合格的学员。

9月24日 全县脱贫攻坚推进会召开。会议传达学习全区脱贫攻坚会议精神,传达自治区脱贫攻坚会议问题整改通报,并对环境整治资金使用、安置点工程建设、城乡居民医疗保险、危房危窑改造、移民工作进行安排部署。

9月25日 自治区工商联党组书记魏莉、主席何晓勇带领调研组,对西吉县民营企业发展、定点帮扶、百企帮百村等工作进行调研指导。

9月26日 电影《红花绿叶》在西吉县白崖乡鹞子川开机。《红花绿叶》剧本改编自西海固作家石舒清的短篇小说,其剧情主要反映互不相识的两个青年男女,在家人介绍下相识并组建家庭,经历种种生活坎坷后过上幸福日子的纯朴爱情故事,记述了西吉县农村生活风貌及当地群众艰苦奋斗走上小康之路的过程。

同日 全县乡镇、村级干部扶贫政策和资金管理使用专题培训班在会议中心会堂举办。各乡镇乡镇长、分管扶贫和财务的负责人、扶贫专干及全县296个行政村的村党支部书记、村主任参加培训学习。培训班特邀自治区审计厅农业和资源环保审计处处长孙建萍、副处长杨斌专题辅导。

9月27日 全县综治信访维稳工作推进会在会议中心第一会议室召开,对综治信访维稳工作进行再安排再部署。

同日 自治区住建厅副巡视员纳新平、人社厅劳动保障监察稽查局局长殷锐带领自治区构建和谐劳动关系暨拖欠职工(农民工)工资突出问题专项整治第三督察组,到西吉县督查《关于构建和谐劳动关系的若干意见》(宁党办发〔2016〕71号)落实情况、2017年度拖欠职工(农民工)工资突出问题专项整治情况、拖欠职工(农民工)工资案件办理情况,并召开督察反馈会议。县委副书记张亚萍、人大常委会副主任郭满福、政协副主席刘东海及县农民工工资领导小组成员单位负责人参加会议。

▲自治区审计厅社会监督与法规审理处副处长雍文选带领检查组,对西吉县审计局2016年审计执法和审计质量工作进行检查指导。

9月28日 全县“民族团结一家亲、同心共筑中国梦”2017年民族团结专场文艺演出在文化广场举行。

9月29日 十四届县委2017年第二十次常委会议召开。会议传达学习自治区实施创新驱动战略推进会精神、自治区深化医药卫生体制改革领导小组第三次会议精神、自治区金融工作会议精神、自治区信访维稳安全生产工作推进会精神，研究贯彻落实意见；听取全县综治信访维稳和安全生产工作情况汇报，听取宁夏西吉汇源综合扶贫开发项目前期工作开展情况汇报，研究相关事宜；研究《关于成立中国共产党西吉县非公有制经济组织和社会组织工作委员会的请示》，研究《西吉县火石寨丹霞地貌国家级自然保护区扶贫生态移民搬迁方案》，研究有关干部处理的请示。

9月30日 十七届县人民政府2017年第十四次常务会议召开。会议传达学习自治区全面加强基层民政服务能力建设现场会精神，研究贯彻落实意见；听取安全生产、信访、维稳工作汇报，安排部署相关工作；听取全县医改工作情况汇报，听取县人社局关于提高全县农村居民医疗保障水平和城乡养老保险基础养老金的汇报，听取县财政局关于西吉县国有资产经营有限公司为西吉县污水处理厂提标改造工程（PPP）项目代表政府出资情况的汇报，听取县农牧局关于在全县开展农村土地承包经营权和流转经营权抵押贷款工作的汇报，研究相关事宜；研究审议《西吉县人民政府工作规则》《关于进一步创新和加强产业招商引资的实施方案》《西吉县招商引资工作目标责任制考核奖励办法》；研究园区管委会《关于申请兑现国圣食品有限公司固定资产投资奖补政策的请示》《关于申请变更园区永强路设计的请示》《关于申请解决宁夏吉德慈善产业园向荣物流园建设项目填土费用的请示》，研究什字乡《关于解决新天地牧业有限公司基础建设遗留问题的请示》，研究县农牧局《关于兴隆镇2014—2016年脱贫销号村享受2017年产业补贴政策的请示》。

10月9日 上海市慈善基金会大城小爱——荣耀之箱捐赠仪式在西吉县将台中学举行。上海市慈善基金会大城小爱项目负责人及县委常委、副县长吴鹏，县教体局、团县委、将台堡镇负责人参加捐赠仪式。

10月10日 根据西吉县吉强镇龙王坝村“两个带头人”生活原型创拍的大型现代眉户剧《丁香花开》，在龙王坝村龙泉湾山庄进行首场巡演。

10月11日 全县县级党员领导干部“两学一做”学习教育常态化制度化第二次专题研讨会在县委五楼会议室召开。会议集中学习《习近平关于制度治党、依规治党论述摘编》、习近平总书记关于做政治合格纪律合格党员的有关论述摘编。武维东、张亚萍、马宗正、高月琴分别围绕研讨会主题做了交流发言。

同日 太平洋财产保险有限公司宁夏分公司党委书记、总经理周晖，太平洋人寿保险有限公司宁夏分公司党委书记、总经理杨来强，太平洋财产保险有限公司宁夏分公司副总经理、工会主席田静一行，到西吉县兴隆镇大岔社区开展“太平洋保险助推脱贫攻坚”爱心捐赠活动。

▲ 全县脱贫攻坚百日会战动员大会在会议中心会堂召开。会议动员全县上下对标脱贫任务，大干快干，集中攻坚，确保全面完成2017年脱贫攻坚各项工作任务。副县长谢国玉宣读了《西吉县脱贫攻坚百日会战实施方案》《关于开展精准扶贫精准脱贫档案资料

查漏补缺整改规范专项行动的通知》,对全县开展脱贫攻坚百日会战工作进行安排部署。在家的全体县级领导,各乡镇党委书记、乡镇长、分管领导、扶贫专干,县直各部门(单位)、区市驻县各单位主要负责人,238个贫困村第一书记共400余人参加会议。

10月12日 国家民委舆情中心主任赵至敏带领调研组,到兴隆镇陕义堂清真寺、红军长征将台堡会师纪念园、硝河乡关庄村,调研民族团结创建、经济社会发展及民族信息工作。

同日 全县2017年秋季农田水利基本建设和植树造林现场会在硝河乡举行。

10月13日 由福建莆田中华职业教育社组织,湄洲湾职业技术学院、福建华峰实业有限公司实施的莆田、西吉"东西联动合作办学"活动签约仪式在西吉县职业中学举行。

同日 十四届县委2017年第二十一次常委会议召开。会议传达学习《关于五年来中央政治局贯彻执行中央八项规定并以此带动全党加强作风建设情况的报告》,研究贯彻落实意见;传达自治区党委《关于西吉县等地方和部门(单位)巡视督查反馈问题整改情况的通报》,研究贯彻落实意见;传达自治区第十二届人大代表选举、第十一届政协委员协商提名工作座谈会精神,研究贯彻落实意见;听取国庆节、中秋节放假期间信访维稳安全生产工作情况汇报,安排部署中共十九大期间有关工作;研究审议《进一步创新和加强产业招商的实施方案》《西吉县招商引资工作目标责任制考核奖励办法》;听取全县巡察工作情况汇报。

10月14日 自治区党委党史研究室主任宋建钢带领副主任饶彦久、郭小涛,机关党委副书记、副巡视员仁建耀一行,到单家集革命遗址、红军长征将台堡镇会师纪念园,实地调研西吉党史研究工作。宋建钢一行还到对口帮扶村吉强镇酸刺村召开座谈会,调研脱贫帮扶工作,为酸刺小学学生赠送价值3万余元的书包、棉衣及学习用品。

10月17日 自治区政府政务公开办公室主任陆生宏带领督查组,到西吉县督查政务公开工作。

10月17日至18日 自治区党委统战部经联处副处长杨培华、自治区工商联扶贫和法律服务中心主任王岳强带领有关人员,到西吉县调研检查自治区统一战线"百企帮百村"助力脱贫攻坚行动帮扶的10个贫困村帮扶措施实施及帮扶项目落地情况。

10月18日 自治区文化厅副厅长刘浩带领督查组,到西吉县督促检查农村综合文化服务中心建设工作。

10月19日 市政协主席马玉芳带领市文广局、财政局负责人,到西吉县金山文化产业园、吉强镇大滩村妇女促进会、红耀乡井湾村马铃薯农机农艺融合机械化生产示范园区,调研西吉县基层文化大院建设、公共文化服务工作和农村精神文明建设。

同日 市政府教育督导检查西吉县义务教育均衡发展验收工作反馈会在西吉县会议中心召开。市政府教育督导室主任张毅、副主任杨维东、市教育局工会主席宋满林及相关单位负责人出席会议。副县长马天峰就西吉县义务教育均衡发展工作做了汇报;宋满林通报了督查情况。

▲西吉县举行向新疆生产建设兵团转移就业安置职工欢送会。

▲西吉县中小学爱粮节粮教育社会实践基地揭牌仪式在宁夏国圣食品有限公司举行。

▲自治区党委常委、政法委书记徐广国带领区政法委负责人,到硝河乡综治中心、兴隆镇公安检查站,实地调研指导西吉县综治维稳工作。

10月20日　全县脱贫攻坚和信访维稳安全生产工作推进会在会议中心第一会议室召开。县扶贫办负责人汇报自治区扶贫政策落实会议精神落实情况,副县长谢国玉对全县脱贫攻坚进行安排部署;县信访督办局、县维稳办、县安监局负责人分别汇报信访、维稳、安全生产工作,县委副书记、政法委书记张亚萍对全县信访维稳安全生产工作进行安排部署。全体在家县级领导、各乡镇、县直各部门、区市驻县各单位负责人参加会议。

同日　市政协副主席马宝福带领视察组,到吉强镇龙王坝村、红军长征将台堡会师纪念园,视察西吉县全域旅游和乡村旅游工作。

▲"谈民生　转作风——西吉县2017年广场问政"活动在县体育场举行。县扶贫办、建环局、农牧局、水务局、民政局、交通局、教体局、人社局8个部门负责人进行现场解答。

10月22日　全县学校食堂安全工作会议暨学校、食堂管理人员培训会在县职业中学报告厅召开。县教体局、市场监管局、各乡镇负责人及全县各中小学校校长、食堂管理负责人参加培训会。

10月23日　全县贫困村妇联主席培训班在吉强镇举行。县人大常委会副主任、妇联主席高月琴及142个贫困村妇联主席参加培训班。

同日　国家开放大学"长征带"教育精准扶贫工程西吉电大2017级新生开班仪式在县职业中学举行。

10月23日至24日　县政协主席马天英带领县政协调研组,到将台堡镇、兴隆镇、吉强镇、田坪乡、新营乡,对全县劳动力素质提升工程实施、食品药品安全监管、饮水安全、养老服务体系建设四项重点工作进行调研检查。

10月24日　市妇联主席王萍带领副主席高秀萍一行,到将台堡镇牟荣村红祥蔬菜种植专业合作社、吉强镇大滩村妇女促进会、万崖村便民服务中心,调研检查妇联阵地建设、妇女之家建设和妇联改革工作。

10月25日　自治区食安委督查组,到西吉县开展旅游景区食品安全专项治理督查工作。

10月26日　十七届县人大常委会2017年第七次会议召开。会议传达学习党的十九次全国代表大会精神;听取和审议县政府关于全县重点工程项目建设情况的报告;听取和审议县人大常委会视察组关于全县重点工程项目建设情况的视察报告;听取县人大常委会考察组关于外出考察特色产业、生态环境和人大工作情况的报告;审议通过人事任免事项。

同日 市水务局、住建局、环保局、国土局单位负责人组成督导组,到西吉县县城污水处理厂、葫芦河综合治理工程现场、硝河乡政府、硝河乡隆堡村、何岖水厂等,对县、乡、村三级河长制组织体系、责任体系、管理体制机制、台账建立、"一河一策"规划、公众投诉平台建立、河长制各部门重点任务落实等进行实地督导检查。

10月27日 西吉县向宁夏天元锰业有限公司组织转移就业人员欢送会在永清湖广场举行。

同日 自治区人社厅党组副书记、副厅长马军生带领督察组,到西吉县督促检查2017年人社重点工作任务落实情况。

▲全县领导干部大会在会议中心会堂举行。会议传达学习党的十九大精神,安排部署学习宣传、贯彻落实工作。

10月28日 平峰镇庙坪村举行"关爱老人·九九重阳节"暨"安置点"入住仪式广场舞联谊活动。

10月30日 十四届县人民政府2017年第十四次常务会议召开。会议传达学习自治区实施创新驱动战略推进会精神、自治区深化医改卫生体制改革领导小组第三次会议精神、自治区金融工作会议精神、自治区全面加强基层民政服务能力建设现场会精神,市委四届二次全会精神,研究贯彻落实意见;听取全县安全生产、信访、维稳工作汇报,安排部署相关工作;研究审议《西吉县人民政府工作规划》《关于进一步创新和加强产业招商引资的实施方案》;听取县卫计局关于全县医改工作情况汇报,听取关于提高全县农村居民医疗保障水平和城乡养老保险基础养老金的汇报,研究部署相关事宜。

10月31日 自治区人大常委会副主任孙贵宝带领自治区环保厅负责人,到西吉县污水处理厂、将台堡镇残膜回收点、葫芦河流域氧化塘及生态湿地,对西吉县环境保护工作进行调研检查。

11月1日 县委政法委联合县法院、检察院、公安局、司法局、维稳办、文广局、教体局、交通局、市场监管局、卫计局等20多个部门(单位)在县商业广场开展《反间谍法》宣传活动。

11月2日 自治区妇联主席董玲带领副主席李咏梅及有关处室负责人,到西吉县开展党的十九大精神宣讲活动,并调研基层妇联改革工作。

11月3日 县人大常委会副主任郭满福、政协副主席宋兆吉带领建环局、交通局、林业局、国土局、农牧局等部门有关人员组成环境整治督导组,到全县19个乡镇集中督导检查环境卫生整治工作。

同日 十四届县委2017年第二十二次常委会议召开。会议传达学习自治区党委十二届二次全会精神、自治区党委网络安全和信息化领导小组第四次会议精神,研究贯彻意见;研究审议《西吉县贯彻落实市委四届二次全会精神工作任务项目责任清单》《关于开展“三大三强”行动深化“两个带头人”工程促脱贫富民实施方案》《关于建立正向激励容错纠错机制支持干部想干事能干事干成事的实施办法(试行)》《西吉县科协深化改革实施方案》《西吉县残疾人联合会换届工作方案》。

11月5日 全县公立医院综合改革工作推进会议在会议中心第一会议室召开。县医改领导小组成员单位、县级公立医院、县疾控中心、县妇幼保健计划生育服务中心、县卫生计生监督所及各乡镇卫生院、社区卫生服务站负责人参加会议。

同日 央视财经频道直播活动走进西吉,通过新闻报道、网络直播等形态推荐西吉马铃薯等农产品。直播以“电商扶贫‘薯’我精彩,厉害了我的国,厉害了我的西吉”为主题,对西吉县产业扶贫、电商扶贫情况进行介绍,对马铃薯、蔬菜、杂粮、珍珠鸡蛋、芹菜汁、勇兴三粉等特色产品和新技术、新成果、新设备进行展示,通过马铃薯主食化加工及马铃薯主食化烹饪大赛等内容,对全县特色农产品进行推介。

11月6日 2017年自治区精准扶贫成效第三方调查评估西吉县工作启动会在会议中心会堂举行。国家统计局银川市调查队队长王克清、副队长刘玉忠,县领导王林、马桂英、谢国玉、李西平及评估组成员、各乡镇、各部门(单位)、评估村主要负责人和驻村第一书记参加会议。国家统计局银川市调查队副队长刘玉忠就评估的范围、内容、主要方式及工作职责作了详细说明,县扶贫办负责人作了脱贫攻坚工作汇报。

11月7日 全区“保险大篷车市县行保险知识普及专题培训活动”在西吉县举行。

11月9日 全县2017年度“119消防宣传日”启动仪式在西滩乡广场举行。县委常委、统战部部长马保师,县委常委、副县长吴鹏,县公安局,消防大队负责人及西滩乡全体乡村干部、生态护林员、宗教场所管理人员、西滩中心小学师生参加启动仪式。

同日 西吉县召开构建和谐劳动关系暨保障农民工工资规范化支付专题培训班。自治区人社厅劳动保障监察稽查局局长马东璟、县委副书记张亚萍及各乡镇、各部门(单位)分管工程项目负责人、各施工企业和非煤矿山负责人及相关工作人员参加培训。

▲ 县扶贫办牵头组织94户484名移民群众搬离故土,入住宁东劳务移民安置小区,开启他们的新生活。

11月12日 国家环境保护部西北督查中心副主任马国林带领“绿盾2017”专项行动第八巡查组第二组到西吉县巡查。巡查组先后到火石寨乡黑窑洞拱北停车场、火石寨国家地质公园生态停车场、沙岗子林场管护站、西吉县万方石料厂,就卫星遥感出的部分问题进行巡查,实事求是指出西吉县在环境保护工作中存在的问题。

11月14日 自治区司法厅副厅长李春劳、社区矫正局局长吴建新等,到西吉县永清湖法治主题公园、吉强司法所、西吉县社区矫正和安置帮教前置过渡基地、建业律师事务所、法援中心及公证处,实地考察调研西吉县司法行政工作。

同日 固原市政府教育督导室主任张毅、市教育局副局长张树宏带领督导组,到西吉第三中学、西吉一中实地调研检查义务教育均衡发展成果和教育基础设施建设。

11月15日 湖南电视台党委书记、台长吕焕斌一行在宁夏广播电视总台党委委员、副台长牛中奇、付湘宁及市县领导罗永红、李志达、海丽陪同下,到红军长征将台堡会师纪念地开展"缅怀先烈、不忘初心、走好新的长征路"活动。

同日 中国建设银行西吉支行成立。

▲政协西吉县十一届委员会2017年第四次常委会议召开。会议听取县政府关于全县劳动力素质提升工程实施情况通报、关于食品药品安全监管工作情况通报、关于饮水安全工作情况通报、关于养老服务体系建设工作情况通报、关于县政协十一届一次全体会议委员提案办理工作的情况通报;审议通过县政协调研组《关于全县劳动力素质提升工程实施的调研报告》《关于全县食品药品安全监管工作的调研报告》《关于全县饮水安全工作的调研报告》《关于全县养老服务体系建设工作的调研报告》和县政协提案督办组《关于县政协十一届一次全体会议提案督办检查的报告》及县政协考察学习组《关于赴东北三省考察学习的报告》。

▲无限极有限公司宁夏分公司与思利及人公益基金会携手自治区工商局在西吉县什字乡杨庄村举行爱心捐赠活动。为杨庄村捐赠8万元安装27盏路灯,给低保兜底户和建档立卡贫困户捐赠价值10万元的煤炭、棉衣等物资。

11月16日 中国商飞集团总经理助理、上海飞机制造有限公司总经理沈卫国一行到对口帮扶村——将台堡镇西坪村开展捐赠活动。中国商飞集团为西坪村小学捐赠校服100套,为村"党员之家"捐赠办公桌椅和设施设备。

同日 十四届县委2017年第二十三次常委会议召开。会议传达学习自治区实施脱贫富民战略推进会精神、自治区实施生态立区战略推进会精神,研究贯彻落实意见;传达学习《关于市县(区)党委建立巡查制度的实施意见》,研究贯彻落实意见;研究《关于召开共青团西吉县第十三次代表大会的请示》《关于召开西吉县妇女第十二次代表大会的请示》《关于成立发改局等政府组成部门和县总工会党组的请示》。

▲自治区环保厅考核组就西吉县2017年国家重点生态功能区县域生态环境工作开展情况进行专题调研和考核。考核组实地查看调研葫芦河流域水污染生态综合治理、县污水处理厂污水处理、月亮山生态林业区建设情况。

11月17日 县人民检察院被中央文明委授予第五届"全国文明单位"荣誉称号。

11月19日 自治区旅游发展委党组书记、主任徐晓平带领区市调研组,到吉强镇龙王坝特色产业示范村、红军长征将台堡会师纪念园,对西吉县全域旅游发展工作进行实地调研。

11月20日 县人大常委会主任李聪带领县人大检查组,到吉强镇酸刺村、兴隆镇氧化塘、单民小学、马莲乡万里淀粉厂、硝河乡文化站、震湖乡创业孵化园、县妇幼保健院、县污水处理厂等,对2017年政府15件民生实事办理落实和《中华人民共和国环境保护法》贯彻实施情况进行专项检查。

同日 全县湿地产权确权登记工作推进会在县会议中心第一会议室召开。自治区湿地办副主任翟昊对湿地产权确权的相关政策、工作流程、权证收集工作及如何解决试点工作中出现的难点进行了讲解。

11月21日 十四届县人民政府2017年第十五次常务会议召开。会议研究审议《固原市整治脱贫工作作风不实暨开展扶贫领域专项资金监督检查和督促整改领导小组检查发现问题整改方案》《关于进一步加强基层民政服务能力建设实施方案》;听取全县大气污染防治工作和中央环保督查组第二组巡查问题整改落实情况汇报,研究决定有关事项;听取县宗教局关于全县民族团结进步创建工作的汇报,研究相关事宜;听取县公安局关于申请对西吉智能交通电子警察系统项目立项及改造建设情况的汇报,研究相关事宜;听取县农牧局关于农村土地股份合作和集体产权股份权能改革、农产品质量安全检验检测等工作的汇报,研究决定有关事宜;听取县民政局关于退役士兵工资待遇情况的汇报,研究决定相关事宜;研究县文广局《关于申请解决将台堡红色歌曲创作所需资金的请示》《关于申请立项实施县钱币博物馆二期工程并解决建设资金的请示》《关于申请解决文化扶贫工程140个村综合文化服务中心文化广播设备采购资金的请示》,研究县财政局《关于申请解决西吉县政府机关购买国产化正版软件费用的请示》,研究县教体局《关于申请解决什字中学和新营中学占地面积不足等问题的请示》《关于申请使用西三公路征用平峰镇三合小学房屋及地上附着物补偿款的请示》《关于西吉县教体局申请支付财政存量专项资金的请示》,研究县公安局《关于申请招聘政府专职消防队员的请示》《关于申请解决行政赔偿费用的请示》,研究县农牧局《关于申请为西芹农机农艺融合机械化生产示范园区购置配套动力的请示》《关于申请拨付宁夏新华林公司大棚维修资金的请示》《关于申请拨付西吉县农牧业产业化发展服务有限公司"村级互助合作担保基金合作协议"贷款担保风险准备金的请示》,研究县建环局《关于申请解决保障性住房供热增容费及采暖费的请示》《关于申请解决西凤公交公司院内公租房天然气供暖工程费用的请示》《关于申请解决将台堡小城镇总体规划编制资金的请示》《关于申请解决西函路防洪管道抢修资金的请示》《关于申请招聘城市管理综合执法人员的请示》《关于申请解决棚户区改造房屋征收超期临时性安置费的请示》《关于申请解决西吉县第二污水处理厂建设资金的请示》,研究西滩乡《关于申请解决10万亩马铃薯示范区建设工作经费的请示》,研究兴隆镇《关于申请核拨兴隆镇孤儿院征地补偿资金的请示》,研究吉强镇《关于申请解决采购马铃薯种薯所需资金的请示》,研究国有土地相关事宜。

11月22日 自治区党委常委、市委书记张柱到西吉县震湖乡、田坪乡、红耀乡,调研指导脱贫攻坚、产业发展、基层组织建设工作。

同日 自治区扶贫办副主任丁建懿在县委副书记王林陪同下,到将台堡镇西坪村、硝河乡关庄村检查指导扶贫工作。

▲市长助理王金全带领市、县(区)水务局负责人组成考核组,到西吉县考核验收农田水利基本建设工作。

11月23日 自治区住建厅总工程师岳国荣带领美丽乡村考评组,到西吉县检查考评美丽乡村建设工作。

同日 市人大常委会副主任云生元带领市人大检查组,到西吉县检查脱贫攻坚工作。

▲全县2017年建档立卡动态调整和贫困村、贫困户退出工作部署会在会议中心第一会议室召开。副县长谢国玉就脱贫攻坚重点工作进行安排部署。各乡镇党政主要负责人、分管扶贫领导、扶贫专干、各相关部门主要负责人参加会议。

11月24日 银川海关党组成员、政治部主任杨海一行,到兴坪乡王湾村开展帮扶工作,向王湾村捐赠了拖拉机、液压翻转犁、马铃薯播种机、马铃薯收获机、青贮铡草机等总价值13万元的农机具。

11月25日 国家宗教局《中国宗教》杂志社刘金光社长一行到西吉县调研民族宗教工作。

11月28日 由中国舞蹈家协会、宁夏文联主办,宁夏舞蹈家协会、固原市文联、西吉县委宣传部承办,固原市舞蹈家协会、新营乡党委政府、西吉县教育体育局、西吉县文联、西吉第四小学、将台堡镇中心小学、新营乡中心小学协办的"共筑中国梦·温暖农村娃"新农村少儿舞蹈美育工程——少数民族舞蹈课堂宁夏启动仪式在西吉县新营小学举行。

11月29日 全县全面深化改革工作第二次推进会在县委五楼会议室召开,对全面深化改革工作进行再部署、再推进。

11月30日 市长马汉成带领市环保局等负责人,到火石寨国家自然保护区、西吉安康医院,调研检查环保问题整改情况。

同日 宁夏共享集团在火石寨沙岗村举行捐赠扶持村集体经济发展资金活动。宁夏共享集团为沙岗村捐赠20万元用于发展村集体经济,火石寨乡负责人为宁夏共享集团赠送了锦旗。

12月3日 全县2017年脱贫攻坚考核准备工作会议召开。会议传达学习自治区2017年脱贫攻坚考核准备工作暨专题督查会议精神,安排部署全县脱贫攻坚考核督查迎验工作。县长武维东从紧盯时间节点抓时效、突出重点求成效、强化环节促实效三个方面进行安排部署。

同日 十四届县委2017年第二十四次常委会议召开。会议传达学习《中共中央政治局关于加强和维护党中央集中统一领导的若干规定》《中共中央政治局贯彻落实中央八项规定实施细则》,研究贯彻落实意见;传达学习全国精神文明建设表彰大会精神,研究贯彻落实意见;传达学习自治区深化国家监察体制改革试点工作动员部署会议精神、自治区全域旅游发展推进会精神,研究贯彻落实意见;听取全县全面深化改革工作情况汇报,听取全县环境保护工作情况汇报;研究审议《关于建立正向激励容错纠错机制支持干部想干事能干事干成事的实施办法(试行)》;研究《关于西吉县妇女第十二次代表大会有关事宜的请示》,研究《关于召开西吉县伊斯兰教第六次代表会议的请示》,研究《关于县供销作社组织机构设置人事安排方案的请示》。

12月4日 由县普法办、县司法局牵头,全县20多个部门(单位)参加的以"学习贯彻党的十九大精神,全面推进法治西吉建设"为主题的国家宪法日集中宣传活动在县文化广场举行。

12月4日至5日 自治区政府教育督导室专职副主任衡鸣带领验收组,对西吉县义务教育均衡发展工作进行全面评估验收。验收组分领导巡视、经费使用、评估验收、群众满意度测评四个小组,到县财政局、教体局、各学校(教学点)开展验收工作。

12月5日 县妇联第十二次代表大会在会议中心会堂召开。

12月6日 市河长办组织市水务局、环保局、国土局和海绵城市建设中心对西吉县河长制工作进行考核验收。

同日 自治区人社厅副厅长孙晓军带领自治区农民工工作领导小组,对西吉县农民工工作推进情况进行专项督查。督查组到国圣食品有限公司、民生家园、吉强镇,对农民工生产生活、住房、就业、子女上学等情况进行专项调研督查。

12月8日 固原市学习贯彻党的十九大精神宣讲团到西吉县开展宣讲活动。

同日 全县2017年保障性安居工程跟踪审计进点会议在县政府三楼会议室召开。会议由固原市审计组组长李国安主持。副县长马天峰汇报了西吉县2017年保障性安居工程工作情况。县发改局、建环局、审计局、财政局、公安局、民政局、国土局及各乡镇相关负责人参加会议。

12月9日 县扶贫办、县妇联在县扶贫办会议室举行"广东省阳光雨露公益助学促进会"助学金发放仪式。2017年,广东省阳光雨露公益助学促进会为西吉县兴隆镇黑大庄村、马莲乡南川村、偏城乡双羊套村的29名贫困留守儿童资助资金5.8万元,每名学生2000元。计划连续资助5年,帮助困难家庭学生完成学业。

12月10日 自治区政协常委、民盟宁夏区委会副主任、自治区高级人民法院副院长贺耀带领调研组,到月亮山防沙治沙示范区、六盘山400毫米降水线造林绿化工程扫竹林示范区、龙王坝龙泉湾山庄,调研西吉县开展中部荒漠草原防沙治沙区及六盘山养护通道规划工作。

12月11日 十四届县委2017年第二十六次常委会议召开。会议传达学习习近平总书记、李克强总理批示精神,听取全县清欠农民工工资情况汇报,研究贯彻落实意见;传达学习《习近平总书记关于进一步纠正"四风"加强作风建设重要批示的通知》,研究贯彻落实意见;传达学习全区深度贫困地区脱贫攻坚座谈会精神,研究贯彻落实意见;研究《关于追授撒风虎同志"全县优秀共产党员"称号的请示》;听取全县党风廉政建设工作情况汇报,听取全县党管武装工作情况汇报,听取全县拥军优属工作情况汇报,听取全县食品安全工作情况汇报;研究《关于共青团西吉县第十三次代表大会有关事宜的请示》,研究《关于召开西吉县供销合作社第四次代表大会有关事宜的请示》,研究有关干部事项。

12月12日 自治区法制办法制监督指导处处长李增民带领验收组,到西吉县验收法治政府示范县创建工作。

12月14日 西吉县伊斯兰教第六次代表大会第一次全体会议在会议中心会堂召开。

12月15日 国务院扶贫办党组成员、副主任洪天云带领国务院扶贫办、科技部、农业部等国家相关部门及28个省市区的140多位代表到西吉县观摩"两个带头人"工程实施情况。洪天云一行先后观摩了龙王坝村发展旅游业带动群众脱贫致富和马莲乡张堡塬村发展现代循环农业带动群众脱贫工作。在龙王坝村,县委主要领导介绍了西吉县实施"两个带头人"工程,助力打赢脱贫攻坚战工作开展情况及取得的成效。在马莲乡张堡塬村,马莲乡负责人就马莲乡"两个带头人"工程实施和"复合型"带头人培育及带领群众发展模式做了汇报。

同日 十四届县政府2017年第十六次常务会议召开。会议传达学习习近平总书记重要批示精神,传达学习区、市主要领导关于保障农民工工资支付和校园安全的批示精神,听取县人社局关于农民工工资清欠工作汇报,研究贯彻落实意见;传达学习自治区民营经济发展推进会精神,研究贯彻意见;研究审议《政府工作报告》《2017年民生计划执行情况和2018年民生计划(草案)的报告》《关于西吉县十七届人民代表大会第一次会议代表议案建议办理情况的报告》《关于政协西吉县十一届一次会议委员提案办理情况的报告》;听取县发改局关于西吉县2018年主要经济指标预期发展目标测算的情况汇报、关于2017年国民经济和社会发展计划执行情况与2018年国民经济和社会发展计划编制情况的汇报;研究审议《关于西吉县公务用车运行管理办法(试行)》《关于进一步健全完善特困人员救助供养制度的实施方案》;研究县发改局《关于申请解决葫芦河流域环境综合治理和基础提升工程PPP项目前期工作经费的请示》《关于申请解决2017年重点项目咨询前期工作经费的请示》,研究县民政局《关于发放城乡部分救助对象取暖补贴的请示》;听取县财政局关于2017年财政预算执行情况和2018年财政预算的汇报、关于2017年统筹整合财政涉农资金情况的汇报;听取县民政局关于白崖乡半子沟村撤销建制和偏城乡烂泥滩村更名的汇报,听取将台堡小城镇建设缺口资金情况的汇报,研究相关事宜;审议县卫计局提交的《西吉县推进健康扶贫若干政策的通知》;研究县人社局《关于申请将乡镇劳动争议调解窗口调解工作经费纳入地方财政预算的请示》,研究县教体局《关于申请拨付固原市教育扶贫资助项目分担资金的请示》,研究县建环局《关于申请解决葫芦河流域污水治理达标方案编制费的请示》《关于申请解决棚户区改造房屋征收费用的请示》《关于申请解决保障性安居工程抢险维修资金的请示》《关于申请解决环保项目入库编制费的请示》,研究县水务局《关于申请解决关闭采砂场及违章建筑拆除所需资金的请示》《关于申请安排2017年第三季度中南部城乡饮水安全水费补贴的请示》,研究有关资金事宜。

12月16日 十四届县委2017年第二十七次常委会议召开。会议学习习近平总书记署名文章《弘扬“红船精神” 走在时代前列》;传达学习弘扬“红船精神”座谈会精神,研究贯彻落实意见;传达学习自治区民营经济发展推进会精神,研究贯彻落实意见;研究关于召开中共西吉县委十四届三次全体会议有关事项,审议《中共西吉县委关于深入学习贯彻党的十九大精神的意见》《中共西吉县委十四届三次全体会议报告(讨论稿)》《中共西吉县委2018年工作要点》;研究关于召开西吉县第十七届人民代表大会第二次会议有关事项,审定有关程序性材料;研究关于召开政协西吉县第十一届委员会第二次全体会议有关事项,审定有关程序性材料;研究《关于追授撒凤虎同志“全县优秀共产党员”称号的请示》《关于开展向撒凤虎同志学习活动的请示》;研究《关于健全人大讨论决定重大事项制度、政府重大决策出台前向县人大常委会报告的实施意见》;研究《关于召开西吉县残疾人联合会第七次换届会议有关事项的请示》;研究有关干部事项。

同日 西吉县武术协会举办第一届年会暨武术表演赛。200余名武术爱好者参加。

12月18日 自治区发展改革委副主任王凌、自治区扶贫办副主任米超带领自治区脱贫攻坚考核组,就西吉县脱贫攻坚考核情况在县委五楼会议室召开反馈会。自治区发展改革委副主任王凌主持会议并作了讲话,县委主要领导就西吉县脱贫攻坚考核反馈问题整改落实做了表态发言,县委副书记王林针对考核组提出的六个问题四点建议做了剖析和安排部署。

12月19日 自治区住建厅督查组到西吉县督查危房改造工作。在县政府三楼会议室召开座谈会,副县长马天峰及相关部门负责人就全县农村危房改造工作完成情况、涉农资金拨付使用、农村危房相关问题整改、建档及危房改造户信息录入等工作作了汇报。

同日 县人民医院与18家乡镇卫生院和社区服务站签署医联体合作协议,标志着由县级公立医院、社区卫生服务站、乡镇卫生院组成的西吉县医疗联合体正式成立。

12月20日 十七届县人大常委会第八次全委会议召开。会议听取和审议县政府关于县十七届人大一次会议代表议案建议办理情况的报告、关于2017年15件民生实事办理落实情况的报告、关于《中华人民共和国环境保护法》贯彻实施情况的报告,听取和审议县人大检查组关于以上三项工作的检查报告;听取和审议县政府关于2017年财政预算调整情况的报告,听取和审议县人大常委会财经委员会关于西吉县2017年财政预算调整情况的审查报告,讨论通过县人大常委会关于调整西吉县2017年财政预算的决议;听取和审议县第十七届人民代表大会第二次会议相关材料,审议通过关于召开县第十七届人民代表大会第二次会议的决定,审议通过有关代表辞去代表职务的议案,审议通过关于西吉县第十七届人民代表大会代表资格变动情况的审查报告;补选了出席固原市第四届人民代表大会代表。

12月21日至24日 十七届县人民代表大会第二次全体会议在县会议中心会堂召开。会议听取和审议县政府工作报告；审查批准西吉县2017年国民经济和社会发展计划执行情况与2018年国民经济和社会发展计划的报告，审查批准西吉县2017年财政预算执行情况和2018年财政预算的报告，审查批准西吉县2017年民生计划执行情况与2018年民生计划的报告；听取和审议县人大常委会工作报告、县人民法院工作报告、县人民检察院工作报告；补选西吉县第十七届人大常委会委员，选举王维强为县检察委员会主任。

同日 政协西吉县十一届委员会第二次全体会议在会议中心会堂召开。会议听取和审议县政协第十一届常务委员会向大会作的《顺应新时代　展现新作为　为夺取决战脱贫攻坚全面建成小康社会的新胜利做出政协组织新贡献》的工作报告，听取和审议政协西吉县第十一届委员会2018年度协商工作计划、政协西吉县第十一届委员会提案审查委员会关于十一届二次全体会议期间提案审查情况的报告、政协西吉县第十一届委员会第二次全体会议决议。与会委员列席了十七届县人民代表大会第二次会议，听取并讨论《政府工作报告》和其他报告。会议共收到委员提案110件，立案24件，确定重点提案8件、提案16件。

12月23日 县政府召开葫芦河“一河一策”实施方案评审会。

12月24日 西吉县举行监察委员会揭牌仪式。

同日 共青团西吉县第十三次代表大会在会议中心会堂开幕。

12月25日 县公安局举行警犬基地揭牌仪式。

12月26日 自治区信访局副局长马振林一行到兴隆镇调研“联合办公日”开展情况。

12月27日 西吉县第七届残疾人联合会代表大会在会议中心第一会议室召开。

同日 县建环局、国土局、交通局、林业局、公安局、法院、纪委、火石寨管理处等单位和火石寨乡政府联合执法，对位于火石寨自然保护区缓冲区内的环保违法建筑进行依法拆除。

▲ 自治区林业厅副厅长陈建华带领相关处室负责人一行到西吉县检查指导森林防火工作。

12月28日 县供销合作社第四次代表大会在会议中心第一会议室召开。

同日 十四届县人民政府2017年第十七次常务会议召开。会议传达学习《习近平总书记关于进一步纠正“四风”、加强作风建设重要批示的通知》，研究贯彻落实意见；传达学习自治区第五次安委会（扩大）电视电话会议精神，听取全县安全生产、信访维稳、环境保护工作汇报，听取国家审计署对2018年贯彻落实国家重大政策措施情况审计及2017年审计发现问题的汇报，听取全县“两节”期间物资储备情况汇报，研究安排相关工作；研究审议《西吉县人民政府购买动物防疫社会化服务工作实施方案》。

是年 全县总户数137530户，总人口495768人。全县地区生产总值614979万元，其中第一产业150972万元、第二产业145733万元、第三产业318274万元。农作物播种面积196.87万亩，粮食总产30204.7万公斤、油料总产1308.5万公斤、蔬菜总产63038.6万公斤。地方财政收入16817万元，地方财政支出529921万元，社会商品零售总额162752万元。

2018年

1月2日 偏城乡烂泥滩村正式更名为涵江村。县委常委、副县长蔡志，县长助理陈海防，为涵江村支部委员会、涵江村村民委员会揭牌。县扶贫办、民政局、人行、偏城乡相关负责人出席揭牌仪式。

1月5日 十四届县委2018年第一次常委会议召开。会议传达学习中央经济工作会议精神、自治区经济工作会议精神、固原市经济工作会议精神，研究贯彻落实意见；传达学习自治区党委十二届三次全会精神、固原市委四届三次全会精神，研究贯彻落实意见；传达学习中共中央保密委员会办公室、国家保密局《关于近期部分机关、单位互联网网站泄密案例的通报》，研究贯彻落实意见；传达学习自治区纪委《关于张涌严重违纪案件的通报》《关于郭进挺违反中央八项规定精神有关问题的通报》、固原市纪委《关于八起违反中央八项规定精神典型问题的通报》，研究贯彻落实意见；研究部署迎接2017年度扶贫成效第三方评估工作。

1月11日 安康医院举行新院落成典礼暨揭牌仪式。县委常委、宣传部长海丽，西京医院教授魏旭峰为新医院落成揭牌。

1月12日 十四届县委2018年第二次常委会议召开。会议传达学习固原市“两会”精神，研究贯彻落实意见；传达学习2017年省级党委和政府扶贫开发工作成效第三方评估区、县对接会精神，安排部署迎接2017年扶贫成效第三方评估工作。

1月18日 西吉县2017年度党（工）委书记抓基层党建工作述职会在会议中心第一会议室召开。

1月19日 县人大常委会主任李聪带领副主任郭满福、马桂英、吴建雄及部分县人大常委会委员、部分乡镇人大主席、部分人大代表组成视察组，对全县道路交通运输安全和春节前市场秩序监管工作进行视察。

1月23日 十七届县人民政府第十八次常务会议召开。会议传达学习中央和区、市经济工作会议精神，研究贯彻落实意见；传达学习李克强总理在全国自贸试验区工作座谈会上的讲话精神，研究贯彻落实意见；传达学习自治区党委十二届三次全会精神、固原市委四届三次全会精神、市人大四届二次会议精神、县委十四届三次全会精神，研究贯彻落实意见；传达学习固原市关于国家环保部内部约谈宁夏水污染防治反馈问题整改会议精神，安排部署相关工作；听取西吉县行政审批局关于“12345”民生热线服务中心机构设置的汇报,听取西吉县党政机关办公用房自查整改情况的汇报,听取县林业局关于停止兑现退耕还林工程管护费和国有林场退耕还林补助资金有关问题的汇报、关于将台堡镇道路景观绿化等项目建设情况的汇报,研究相关事宜;研究县农牧局《关于申请将西吉县畜牧水产技术推广服务中心后垴良种牛繁殖场退耕还林管护及资产移交林业部门的请示》,研究县建环局《关于申请增加冯熙雍等2名同志为西吉县国有资产经营有限公司董事会成员和宁夏六盘山污水处理有限公司董事的请示》,研究国有土地有关事宜。

1月25日 福建省妇联副主席包方带领相关处室负责人,在自治区妇联副主席马英,市委常委、副市长陆菁陪同下,到将台堡镇、硝河乡、继民手工编织有限公司等地调研考察妇女工作并看望慰问部分贫困妇女群众。

2月1日 国家交通运输部党组书记杨传堂带领有关人员,到西吉县将台堡镇西坪村调研“四好”农村路建设工作。

2月5日 西吉县人武部召开宣布命令大会。固原军分区政治工作处主任杨建军宣布中央军委国防动员部《关于靳玉强同志退休、王继军同志任武装部政委和刘兴喜同志任武装部副部长的任职命令》。

2月6日 固原市政协主席马玉芳带领慰问组,到西吉县硝河乡、兴隆镇、吉强镇看望慰问困难群众、困难职工、孤寡老人、劳动模范。

2月7日 自治区林业厅副厅长陈建华带领全区森林防火观摩团,到西吉县马建林场、县林业局森林防火监控中心观摩检查森林防火工作。

2月8日 十四届县委2018年第三次常委会议召开。会议传达学习中央农村工作会议精神、自治区农村工作会议精神,研究贯彻落实意见;传达学习中纪委十九届二次全体会议精神、自治区纪委十二届二次全体会议精神,研究贯彻落实意见;传达学习中央政法工作会议精神、全国扫黑除恶专项斗争会议精神、全区政法综治信访工作暨扫黑除恶专项斗争会议精神,研究贯彻落实意见;传达学习全国、全区组织部部长会议精神,传达学习全国、全区宣传部部长会议精神,传达学习全国、全区统战部部长会议精神,研究贯彻落实意见;传达学习自治区2018年脱贫攻坚工作会议精神,研究贯彻落实意见;听取西吉县招商引资考察组赴平凉考察商贸物流、餐饮服务及固原市政基础设施建设情况报告,听取全县信访维稳、安全生产工作汇报,研究部署相关工作;研究审议《2018年春节慰问工作方案》《西吉县社会治理工程暨平安建设考核奖惩方案》,研究党风廉政建设工作。

2月11日 西吉县义务教育阶段控辍保学工作推进会召开。会议传达贯彻固原市人民政府关于控辍保学工作部署,安排部署西吉县义务教育阶段控辍保学工作。

同日 十七届县人民政府第十九次常务会议召开。会议传达学习自治区“两会”精神,研究贯彻落实意见;传达学习自治区纪委十二届二次会议精神,研究贯彻落实意见;传达学习中央和自治区农村工作会议精神,研究贯彻落实意见;传达学习自治区2018年脱贫攻坚工作会议和扶贫办主任工作会议精神,研究贯彻落实意见;传达学习全国、全区人力资源社会保障工作会议精神,研究贯彻落实意见;传达学习全区商务、民政、审计工作和森林防火防控能力建设现场推进会议精神,研究贯彻落实意见;传达学习自治区农业工作会议精神,研究贯彻落实意见;听取春节期间清欠农民工工资情况汇报,研究部署相关工作;听取全县信访、维稳、安全生产和春运工作汇报,研究部署相关工作;审议《县政府落实县委十四届三次全会重点工作、重点项目责任清单》;研究政府县长、副县长、县长助理分工事宜,研究有关资金事宜。

2月23日 县委、县政府召开创建“全国民族团结进步示范县”工作推进会,对全县创建“全国民族团结进步示范县”工作进行动员部署,并特邀宁夏大学副教授杨文笔专题辅导“新时代党的民族宗教理论与政策”。

2月26日 十四届县委2018年第四次常委会议召开。会议传达学习习近平总书记在中共十九届二中全会上的重要讲话精神、《中央纪委关于在扫黑除恶专项斗争中强化监督执纪问责的意见》、中央第八巡视组巡视宁夏工作动员会精神、自治区党委《关于第十二届自治区党委第二轮巡视的通知》,研究贯彻落实意见;传达学习自治区党委书记石泰峰在《关于宁夏信访工作情况的汇报》上的批示精神,通报2017年度全区信访工作目标责任管理考核情况,研究贯彻落实意见;传达学习中央纪委公开曝光八起违反中央八项规定精神问题和自治区纪委《关于对形式主义官僚主义等“四风”问题开展集中整治的通知》,研究贯彻落实意见;研究审定《西吉县2018年农业农村工作要点》《西吉县2018年脱贫攻坚工作方案》《西吉县2018年脱贫攻坚责任分工方案》《西吉县2018年农牧业产业扶贫政策》;研究《关于召开西吉县2017年度效能目标管理考核暨2018年农业农村、脱贫攻坚工作会议的请示》,研究《2017年度全县效能目标管理考核结果》,研究《关于召开中共西吉县第十四届纪律检查委员会第三次全体会议的请示》。

同日 十七届县人大常委会第十次会议召开。会议传达学习自治区十二届人大一次会议精神、全县领导干部大会精神;听取和审议县政府关于全县道路交通运输安全工作的报告、关于春节期间市场秩序监管工作的报告,听取和审议县人大常委会视察组关于以上两项工作的视察报告;审议通过有关人事任免事项。

2月27日 自治区高级人民法院院长沙闻麟带领调研组,在固原市副市长、市公安局长刘文戈,市中级人民法院院长张仁陪同下,到兴隆法庭、将台堡爱国主义教育基地、县人民法院调研检查工作。

3月1日 西吉县2017年度效能目标管理考核暨2018年农业农村、脱贫攻坚工作会议召开。会议通报全县2017年度效能目标管理考核情况,总结2017年农业农村、脱贫攻坚工作,安排部署2018年农业农村、脱贫攻坚工作。

3月5日 自治区农牧厅副厅长马新民带领区农牧厅相关处室专家,到西吉县硝河乡新庄村、硝河乡苏沟村、硝河乡关庄村,专题调研产业扶贫工作开展情况和农村集体资产股份权能改革工作。

3月8日 自治区党委第四巡视组进驻西吉县开展扶贫领域专项巡视。

3月9日 自治区农牧厅厅长王文宇带领副厅长赖伟利及相关处室负责人,到西吉县调研检查春耕备耕及农牧业重点工作。

3月13日 十四届县委2018年第六次常委会议召开。会议传达学习党的十九届三中全会精神、习近平总书记在十九届中央政治局第四次集体学习时的重要讲话精神、习近平总书记在打好脱贫攻坚战座谈会上的重要讲话精神,研究贯彻落实意见;听取全县党风廉政建设和反腐败工作汇报,听取全县扫黑除恶工作汇报,听取全县信访工作汇报,听取干部作风转变年、干部素质提升年、农民培训教育年活动准备情况汇报,听取召开全县政法、组织、宣传、统战工作会议筹备情况汇报,研究部署相关工作;研究《关于更名调整撤销部分议事协调机构的请示》。

同日 西吉县2018年河长制第一次联席会议召开。会议传达学习固原市2018年全面推进河长制暨第一次联席会议精神,通报西吉县全面推行河长制工作进展情况;研究审议《西吉县2018年全面推行河长制重点工作任务及分工方案》;县河长办与各乡镇、部门(单位)签订目标责任书。

3月14日 新华社宁夏分社社长孙波一行,到西吉县调研采访脱贫攻坚工作。

3月15日 自治区科协主席李晓波带领区科协相关处室负责人,到吉强镇龙王坝村龙泉湾山庄、白崖乡余套村、西吉第三中学等,调研检查西吉县乡村科技馆、农村中学科技馆、科普小镇和科普示范基地建设工作。

同日 西吉县举行2018年重点项目建设大会战启动仪式。

3月16日 十七届县人民政府第二十次常务会议召开。会议传达学习习近平总书记在四川成都主持召开打好精准脱贫攻坚战座谈会精神、中央第八巡视组巡视宁夏工作动员会议精神、全区林业工作会议精神,研究贯彻落实意见;研究审议《西吉县关于全面贯彻党的十九大精神和化解本级地方政府性债务风险实施方案》《西吉县关于面贯彻党的十九大精神和化解金融风险实施方案》《西吉县关于全面贯彻党的十九大精神坚决打好精准脱贫攻坚战行动方案》《西吉县关于全面贯彻党的十九大精神坚决打好大气污染防治攻坚战行动方案》《西吉县贯彻落实环保部内部约谈水污染防治反馈问题整改方案》《西吉县2018年农牧业产业扶贫政策》;研究2018年老年人意外伤害综合保险工作,研究设立婚姻登记"一站式"服务大厅撤销部分乡镇婚姻登记处有关事宜,研究2018年义务教育均衡发展相关事宜,研究宁夏西吉县水利工程有限责任公司改制有关事宜;听取县建环局关于解决项目建设前期费用、供热补贴、棚户区改造房屋征收评估费及工作经费、将台堡镇污水处理站改扩建项目建设资金、西吉五中西路及西北环路设计变更增加工程费用、将台堡镇基础设施建设垃圾清运费的汇报,研究解决相关事宜;研究西吉县勇兴三粉加工有限公司拖欠贷款担保金有关事宜。

3月19日 县人大常委会主任李聪带领县人大视察组,到偏城乡涵江村、将台堡镇火沟村、硝河乡新庄村、县商城老百姓药店、西吉中学餐厅、县医院、将台堡餐厅等,对精准扶贫、文化建设、食品药品安全工作进行视察。

3月22日 十七届县人民政府第二十一次常务会议召开。会议传达学习2018年全区污染治理重点任务现场交办会议精神,研究贯彻落实意见;传达学习2018全国教育工作会议精神、全区教育工作会议精神、全区教育扶贫专题会议精神、全市教育工作会议精神,研究贯彻落实意见;研究审议《西吉县"十二五"规划村组遗留户搬迁安置实施方案》;研究部署被征地农民养老保险有关事宜;研究提高西吉县城乡居民最低生活保障事宜;听取火石寨管理处《关于西吉县2018年自然保护区清理整治专项行动工作方案》汇报,研究部署相关事宜;研究吉强镇关于申请解决西吉县万寿菊收购点建设工程费用相关事宜;研究县农牧局关于申请解决西吉县R&D科研工作投入经费、新天地牧业有限公司补贴资金相关事宜。

3月29日 自治区政协副主席郭虎带领区政协调研组,到震湖乡政府、震湖乡李章村、震湖乡河滩村调研指导"两学一做"常态化制度化开展情况和脱贫攻坚工作。

3月30日 自治区妇联主席马文娟带领区妇联有关处室负责人,到吉强镇杨坊村、吉强镇河洼村、吉强镇苟庄村、偏城乡双羊套村调研指导妇联基层组织建设和贫困妇女脱贫工作。

同日 固原市人大常委会副主任云生元带领市人大检查组,到西吉县检查《中华人民共和国大气污染防治法》贯彻实施情况。

3月31日 县委召开全县领导干部会议,宣布自治区党委、固原市委关于西吉县党政主要负责同志职务任免的决定。王学军同志任固原市委常委、西吉县委书记,杨生俊同志提名为西吉县县长候选人。

4月2日 固原市委常委、西吉县委书记王学军带领县领导杨生俊、马宗正、海丽、马天峰及相关部门负责人,到葫芦河流域综合治理玉桥段、葫芦河综合治理河道防洪工程8标段、3标段、1标段及将台堡镇、将台堡镇污水处理厂、县城污水处理厂,调研指导葫芦河流域综合治理和将台堡镇小城镇建设工作。

4月3日 政协西吉县十一届委员会第七次常委会议召开。会议传达学习全国两会精神;听取县政府关于全县社区服务创新工作的情况通报、关于全县美丽乡村建设工作的情况通报、关于全县精准脱贫工作的情况通报、关于全县城乡社会救助体系建设工作的情况通报,审议通过县政协调研组关于以上四项工作调研报告。

4月10日 十四届县委2018年第七次常委会议召开。会议传达学习习近平总书记在2018年全国两会上的重要讲话精神、中共中央办公厅《关于加强调查研究提高调查研究实效的通知》、自治区领导干部大会精神、固原市脱贫攻坚暨农业农村工作会议精神,研究贯彻落实意见;听取中央第八巡视组、自治区党委第四巡视组移交西吉县信访举报件办理情况和全县集中开展解决群众反映强烈的突出问题化解情况汇报,听取全县环保督查问题整改落实情况汇报,听取全县民族宗教领域突出问题治理进展情况汇报,研究部署相关工作;研究审定《西吉县2018年党的建设工作要点》,研究审定西吉县委常委班子分工和县级领导联系点名单,研究有关干部违纪处理意见。

同日 固原市政协副主席、工商联主席何学虎带领部分市政协常委、委员,先后到宁夏国圣食品有限公司、西吉县勇兴三粉加工有限公司等企业实地调研西吉县非公有制经济发展情况。

4月11日 自治区政协副主席马力带领专题调研组,到西吉县兴隆镇陕义堂清真寺、西滩道堂,实地调研宗教释义与中华文化相结合情况。

同日 自治区政协副主席李泽峰带领调研组,到偏城乡涵江村、白崖乡白崖村,实地调研西吉县脱贫攻坚工作。

▲十七届县人大常委会2018年第十一次会议召开。会议传达学习全国两会精神、全县领导干部会议精神;听取和审议县政府关于全县精准扶贫工作开展情况的报告、关于全县乡镇文化站及村综合文化服务中心建设使用情况的报告、关于城乡居民医疗保险和养老保险收缴及管理运行情况的报告、关于《中华人民共和国食品安全法》《中华人民共和国药品管理法》贯彻实施情况的报告,听取和审议县人大常委会检查组关于以上四项工作开展情况的检查报告;审议通过有关人事任免事项。

4月13日 自治区人大常委会农工委主任姚文明带领区人大执法检查组,对西吉县贯彻落实《宁夏回族自治区禁牧封育条例》情况进行检查。

4月15日 固原市委常委、西吉县委书记王学军在西吉县委五楼会议室主持召开全县脱贫攻坚领导小组2018年第三次会议,研究部署全县脱贫攻坚工作。

4月16日 固原市委常委、西吉县委书记王学军到将台堡镇西坪村督办群众反映强烈的突出问题,检查指导将台堡镇城镇建设,对震湖乡珍珠鸡特色产业发展情况进行实地调研。

4月17日 自治区人大常委会副主任李锐带领区人大有关人员,到西吉县专题调研脱贫攻坚工作。

4月24日 十七届县人民政府第二十二次常务会议召开。会议传达学习国务院安全工作委员会办公室加强应急管理和事故防范工作电视电话会议精神、自治区党委书记石泰峰在《国务院安委办加强应急管理和事故防范工作电视电话会议精神情况的报告》上的批示,研究贯彻落实意见;听取县审计局《关于全区审计系统审计执法和审计项目质量检查情况通报》的汇报,研究贯彻落实意见;听取葫芦河流域综合治理工程进展情况汇报,研究部署相关工作;听取县政府办公室关于西吉县党政机关办公用房清理整治工作汇报,研究部署相关工作;听取县发改局关于西吉县公务用车制度改革进展情况的汇报,研究部署相关工作;听取县火石寨管理处关于火石寨、党家岔自然保护区"绿盾2018"专项行动进展情况的汇报,研究部署相关工作;研究震湖乡《关于建设西会高速560拆迁户安置点的请示》,研究县建环局《关于县城集中供热"煤改气"的请示》,研究部署相关工作;研究审议《西吉县食品安全示范创建工作实施方案》《2018年国家义务教育质量检测项目实施方案》《西吉县2018年县城城区绿化工程建设方案》《永清湖公园提升改造工程建设方案》;研究划拨县人民医院兴隆院区建设用地相关事宜,研究公开出让国有建设用地使用权、收回国有建设用地使用权、确定国有建设用地使用权和9家建筑用砂采矿权公开挂牌出让相关事宜。

4月25日 十四届县委2018年第八次常委会议召开。会议传达学习习近平总书记在全国网络安全和信息化工作会议上的重要讲话精神,研究贯彻落实意见;传达学习《中共中央办公厅国务院办公厅关于严禁自行出台政策发放工资津贴补贴有关问题的通知》《自治区党委关于深入开展违反中央八项规定精神突出问题专项治理的通知》,研究贯彻落实意见;传达学习《中共中央办公厅国务院办公厅印发〈关于加强和改进新形势下伊斯兰教工作的意见〉的通知》、自治区统一战线领导小组《关于印发〈关于进一步治理民族宗教领域"清真"泛化、"阿化""沙化"等突出问题的指导意见〉的通知》,研究贯彻落实意见;传达学习全区扶贫干部打好精准脱贫攻坚战专题培训班精神,研究贯彻落实意见;听取葫芦河流域综合治理进展情况的汇报,听取全县党政机关办公用房清理整治和公务用车制度改革进展情况的汇报,研究相关事宜;研究审定《中共西吉县第十四届委员会常务委员会工作规则》《西吉县科级及以上领导干部请假报告制度》《西吉县领导干部带班值班制度》;研究《关于更名调整撤销部分议事协调机构的请示》,研究有关干部违纪处理意见。

同日 自治区政协副主席冯志强带领区政协调研组,到西吉县葫芦河玉桥断面、西吉万里淀粉有限公司、葫芦河流域综合治理工程(三标段)等实地调研西吉县贯彻实施《水污染防治计划》(水十条)工作情况。

▲ 自治区政府驻福建办事处主任苏占海一行,到西吉县调研指导闽宁对口扶贫协作工作。

4月26日 县委召开"三大专项行动"(城乡环境卫生大绿化大整治专项行动、群众反映强烈突出问题大排查大化解专项行动、帮扶干部进村入户办实事送温暖专项行动)推进会。全体在家县级领导,各乡镇党委书记、乡镇长、派出所所长、司法所所长,县直各部门(单位)主要负责人,区、市驻县各单位主要负责人,交警大队、城市综合执法大队、公用事业管理所、路灯公司、永清湖管理站主要负责人,237个贫困村第一书记及吉强镇所辖7个社区党支部书记、主任参加会议。

同日 县委召开组织、宣传、统战工作会议。会议总结2017年全县组织、宣传、统战工作,安排部署2018年组织、宣传、统战工作。

5月2日 县政协主席马天英带领督查组对葫芦河水环境综合治理、河道综合整治两大重点项目建设进展情况进行专项督查。

5月4日 固原市委常委、西吉县委书记王学军带领县四大机关分管领导及发改局、建环局、水务局等负责人，到永清湖公园调研指导公园改造提升工作。

5月7日 十四届县委2018年第九次常委会议召开。会议传达学习国务院副总理孙春兰到固原调研时的讲话精神、自治区党委书记石泰峰到西吉调研脱贫攻坚时的讲话精神、全区脱贫攻坚突出问题整改推进会精神，研究贯彻落实意见；听取全县扶贫干部专题培训班筹备情况汇报，听取全县“三大专项行动”进展情况汇报；传达学习《中共固原市委办公室 固原市人民政府办公室关于转发〈市委宣传部、政法委、市“扫黄打非”工作领导小组办公室2018年“扫黄打非”行动方案〉的通知》，听取全县扫黄打非工作汇报，研究部署相关工作；听取全县食品药品安全工作汇报；研究审议《中共西吉县委员会关于加强和改进调查研究工作的意见》，研究《关于召开西吉县科学技术协会第四次代表大会的请示》；听取西吉县被征地农民养老保险有关事宜的汇报，听取西吉县地方政府债务情况汇报，研究相关事宜。

5月8日 西吉县河长制工作推进会暨2018年第二季度联席会议在县政府三楼会议室召开。

5月10日 福建农林大学和福建农科院专家组成调研组，到西吉县白崖乡半子沟村“四个一”引种试验示范园(点)、月亮山林场、吉强镇龙王坝龙泉湾山庄实地调研经果林发展工作。

5月11日 十七届县人民政府第二十三次常务会议召开。会议传达学习《地方党政领导干部安全生产责任制规定》和自治区、固原市安委会2018年第二次全体(扩大)电视电话会议精神，研究贯彻落实意见；传达学习《自治区人民政府办公厅关于开展一村(社区)一法律顾问工作的实施意见》《自治区人民政府办公厅关于促进开发区改革和创新发展的实施意见》《自治区人民政府办公厅关于促进建筑业持续健康发展的实施意见》，研究贯彻落实意见；听取第一季度全县经济运行情况汇报，听取全县扶贫产业落实情况及基础设施建设进展情况汇报，听取全县党政机关办公用房清理工作汇报，研究部署相关工作；研究审议《西吉县人民政府工作规则》《西吉县财政资金管理办法》《中共西吉县委、县人民政府关于实施乡村振兴战略的意见》，研究2018年全县农村社区项目建设相关事宜，研究有关资金拨付事宜，研究国有土地相关事宜。

5月14日 固原市委常委、西吉县委书记王学军带领县领导杨生俊、王林、马保师、李喜生、谢国玉、马天峰及相关部门负责人，到吉强镇、硝河乡、将台堡镇、兴隆镇调研检查葫芦河流域生态环境综合治理工作、特色蔬菜产业发展工作、将台堡三军会师纪念馆布展工作。

同日 由自治区党委宣传部、自治区文明办主办，宁夏报业协会承办的“移风易俗乡村行”主题集中采访活动走进西吉县。来自新华社、《人民日报》、《光明日报》、《经济日报》、《宁夏日报》等区内外新闻媒体记者，先后到新营乡金山文化园、震湖乡蒙集村、硝河乡关庄村,就西吉县推动移风易俗、树立文明乡风方面的好经验、好做法和好故事进行采访报道。

5月16日 固原市政协副主席马莲带领市政协调研组,到将台堡镇西坪村、西吉县文化馆硝河分馆、新营乡金山文化园,对西吉县乡镇文化站、村文化室和视频会议室建设情况及乡村文化建设进行调研。

同日 民进中央副主席、自治区人大常委会副主任、民进宁夏区委会主委、宁夏社会主义学院院长姚爱兴带领调研组,到西吉县调研民进宁夏区委会脱贫攻坚民主监督工作。

5月17日 福建省莆田市涵江区党委书记陈万东带领考察团,先后到西吉县将台华林蔬菜示范基地、王民乡姚坡村、偏城乡涵江村、吉强镇龙王坝村、西吉工业园区,实地考察西吉县经济社会发展情况和脱贫攻坚工作。

同日 自治区党委常委、统战部部长白尚成在县委二楼会议室主持召开督办中央巡视组移交信访件办理专题会议。县委副书记、政法委书记张亚萍及相关单位负责人就中央巡视组移交信访件办理进展情况进行汇报,并针对存在的问题共商解决办法。

5月18日 “涵江区—西吉县对口扶贫协作座谈会”暨签约仪式在西吉县会议中心第一会议室举行。签约仪式上,固原市委常委、西吉县委书记王学军介绍西吉县经济社会发展情况,涵江区委书记陈万东介绍涵江区经济社会发展情况;涵江区委副书记陈凤珠和西吉县委副书记王林签订《涵江区—西吉县2018年闽宁对口扶贫协作框架协议》;涵江区区委组织部、农业局、教育局、卫计局、人社局等部门与西吉县委组织部、农牧局、教育局、卫计局、人社局等部门分别签订《2018年闽宁对口帮扶协作框架协议》。

5月19日 中国商用飞机有限责任公司党委书记、董事长贺东风带领调研组,到西吉县调研对口扶贫工作开展情况。贺东风一行实地调研菊芋种植精准扶贫基地、艾草加工精准扶贫车间发展情况,到西吉县钱币博物馆,实地考察“大飞机航空博物馆”建设情况。

5月22日 固原市委常委、西吉县委书记王学军在西吉县委五楼会议室主持召开2018年第一次城乡规划建设委员会会议,县领导杨生俊、李聪、马天英、张亚萍、王林、刘克虎、杨生智及县城乡建设规化委员会成员单位、相关规划设计单位负责人参加会议。

5月23日 固原市人大常委会副主任朱培忠带领市人大调研组,到兴隆镇兴隆社区、吉强镇大滩居委会、龙王坝兴雨林下经济创业园等地,对西吉县农民职业技能培训工作、创业就业工作进行调研检查。

同日 县委、县政府召开全县城乡环境卫生大绿化大整治专项行动观摩评促会。

5月24日 固原市人大常委会副主任李志菊带领市人大调研组,到新营乡金山文化产业园、震湖乡综合文化站、震湖乡毛坪村综合文化服务中心、震湖乡王坪村综合文化服务中心,调研检查西吉县公共文化服务体系建设工作。

5月25日 十四届县委2018年第十次常委会议召开。会议传达学习习近平总书记在纪念马克思诞辰200周年大会上的重要讲话精神,研究贯彻落实意见;传达学习《自治区党委办公厅印发〈关于对违反中央八项规定精神突出问题专项治理自查问题整改处理意见〉的通知》、自治区纪委《关于十三起违反中央八项规定精神典型问题的通报》《关于六起扶贫领域腐败和作风问题典型案例的通报》,研究贯彻落实意见;传达学习全区第一书记和扶贫开发驻村工作队工作会议精神、自治区加快推进文化小康助力脱贫富民和乡村振兴战略启动会议精神,研究贯彻落实意见;研究审议《中共西吉县委　县人民政府关于实施乡村振兴战略的意见》《西吉县2018年效能目标管理考核实施方案》《关于2018年自治区效能目标管理考核责任分工方案》《西吉县2018年重点工作、重点项目及创新亮点工作责任分工方案》《关于科协换届人事安排的请示》,研究有关干部违纪处理意见。

5月26日　福建省副省长郑建闽带领考察团,在固原市委副书记杨刚,固原市委常委、西吉县委书记王学军,固原市委常委、副市长陆菁等陪同下,到西吉闽宁扶贫产业园,对宁夏国圣食品有限公司、宁夏泽艾堂生物科技有限公司进行调研考察。

5月28日　自治区旅游发展委员会主任徐晓平带领全区旅游部门负责人组成观摩团,到吉强镇龙王坝龙泉湾山庄,调研观摩西吉县乡村旅游发展工作。

同日　十七届县人民政府第二十四次常务会议召开。会议传达学习《自治区人民政府关于鼓励社会力量兴办教育促进民办教育健康发展的实施意见》《自治区人民政府办公厅关于全面实行永久基本农田特殊保护的通知》,研究贯彻落实意见;听取县人大议案建议、县政协提案和民生实事办理情况的汇报,听取中央环保督察组反馈问题整改情况汇报,研究安排相关工作;研究迎接中央环保督察组反馈问题整改"回头看"工作方案,研究宁夏吉德慈善产业园区开展区域评估相关事宜,研究调整2016—2017年整村推进阳光沐浴工程项目相关事宜,研究全民健身活动中心和公共体育场设施配套、周边亮化及监控设备安装事宜,研究编制县城环境卫生设施、地下管线、海绵城市专项规划相关事宜,研究丁香路沿街改造部分地块容积率相关事宜,研究开展全县中小学教育教学质量检测事宜,研究建设西吉第二中学标准化考点相关事宜。

6月1日　西吉县迎接中央第二环保督察组开展"回头看"工作安排部署会在县政府三楼会议室召开。

6月5日　十七届县人大常委会第十二次会议召开。会议听取和审议县政府关于县十七届人大二次会议人大议案、代表建议执行、办理情况的报告,听取和审议县人大常委会检查组关于县十七届人大二次会议人大议案、代表建议执行、办理情况的检查报告;听取和审议县政府关于全县特色蔬菜种植情况的报告、关于葫芦河河道治理情况的报告、关于金融扶贫工作开展情况的报告,听取和审议县人大常委会视察组关于以上三项工作的视察报告;审议通过关于确认许可对县十七届人民代表大会有关代表采取强制措施的议案;审议通过有关人事任免事项。

6月6日　十四届县委2018年第十一次常委会议召开。会议传达学习全国生态环境保护大会精神、中央第二环保督查组对宁夏开展“回头看”工作动员会精神、自治区党委常委会传达学习全国生态环境保护大会精神,研究贯彻落实意见;听取县政府党组关于全县环境保护工作的汇报,听取全县集中开展解决群众反映强烈的突出问题化解情况汇报,研究部署相关工作;研究审议《中共西吉县委巡察工作规划》《中共西吉县委巡察工作实施办法》《十四届县委第五轮第六轮巡察工作实施方案》。

6月7日 固原市委常委、西吉县委书记王学军带领县领导张永强、李晓东、马天峰及相关部门负责人调研检查葫芦河流域生态环境综合治理和设施农业发展等工作。

6月8日 县委副书记、代县长杨生俊带领相关部门负责人调研督办中央环保督察“回头看”反馈转办的关于西吉县福宁广业有限责任公司淀粉厂废水排放问题。

同日 西吉县“国旗、宪法和法律法规、社会主义核心价值观、中华优秀传统文化”进清真寺“四进”活动启动仪式在西滩乡文化广场举行。

6月11日 新营乡、红耀乡、平峰镇、马建乡、震湖乡、偏城乡、吉强镇遭到严重暴雨和冰雹袭击。县委、县政府及时组织民政、农牧、水利、交通等部门查看灾情,指导帮助群众开展救灾减灾工作。

同日 福建省委副书记、福州市委书记王宁带领福建省党政考察团,到西吉县考察闽宁扶贫产业园、宁夏国圣食品有限公司、宁夏泽艾堂生物科技有限公司建设发展情况,指导推进闽宁扶贫协作工作。

6月12日 全国政协民族宗教委员会副主任罗黎明带领全国政协调研组,到西吉县专题调研深度贫困地区脱贫问题。实地调研偏城乡马湾村脱贫攻坚工作后,在马湾村村部召开座谈会,听取西吉县脱贫攻坚工作情况汇报。

同日 自治区民族宗教委员会经济发展处副处长曹克俭带领相关专家,到县职业中学、县检察院、西滩乡政府、西滩宗教场所、龙王坝龙泉湾山庄、硝河乡关庄村、宁夏四丰绿源家庭农场等调研检查,对西吉县民族团结创建工作进行初步验收。

▲ 自治区人大常委会环资工委主任桂福田带领中华环保世纪行——宁夏行动视察组,对西吉县县城第二污水处理厂运行情况、葫芦河流域治理及人工湿地建设情况进行实地视察。

6月14日 “砥砺奋进六十年——全国主流媒体宁夏行”第三分团(固原分团)走进西吉县,先后到红军长征将台堡会师纪念园、国圣食品有限公司、吉强镇龙王坝村进行实地采访,全方位、多角度、多形式地宣传报道宁夏回族自治区成立60年来各项工作的成就、亮点和经验。

同日 福建农林大学部分教授和专家组成考察团,到吉强镇龙王坝龙泉湾山庄、新营乡张家洼油用牡丹种植基地,考察西吉县林下经济发展、林业产业结构和农民致富增收情况。

▲ 自治区党委第四巡视组在西吉县会议中心第一会议室召开巡视工作反馈会。巡

视组组长张永山反馈巡视情况,固原市委常委、西吉县委书记王学军主持会议并代表县四套班子作表态发言。

▲西吉县城市集中供热煤改气项目评审论证工作会在县委五楼会议室召开。

6月15日 十四届县委2018年第十二次常委会议召开。会议传达学习习近平总书记关于打赢脱贫攻坚战三年行动的重要批示精神,研究贯彻落实意见;传达中纪委《关于反馈对宁夏回族自治区西吉县扶贫领域典型案例的追踪调研意见的函》、自治区纪委《关于认真做好中央纪委反馈意见落实的通知》,研究制定西吉县整改方案;传达学习中央《关于进一步激励广大干部新时代新担当新作为的意见》、全区新时代激励干部新担当新作为座谈会精神、全区加强改进选调生工作座谈会精神,研究贯彻落实意见;传达学习培养选拔优秀年轻干部和妇女干部、少数民族干部、党外干部工作座谈会精神,研究贯彻落实意见;传达学习全国贯彻落实《地方党政领导干部安全生产责任制规定》电视电话会精神、自治区安全工作委员会2018年第二次全体(扩大)会议精神、固原市安全工作委员会2018年第二次全体(扩大)会议精神,听取全县安全生产工作汇报,研究贯彻落实意见;传达学习闽宁互学互助对口帮扶协作第22次联席会议精神,研究贯彻落实意见;传达学习自治区党委第四巡视组巡视西吉情况反馈会精神,研究整改落实意见;传达学习区、市党委关于中央环境保护督察组"回头看"有关工作精神,听取督察组转办件办理情况汇报,研究部署相关工作;听取全县开展违反中央八项规定精神突出问题专项治理情况汇报;听取全县老干部工作汇报,研究审议《关于进一步加强和改进离退休干部工作的实施意见》《西吉县离退休干部代表观摩全县经济社会发展成果及重点工作会议实施方案》《2018年"七一"慰问离退休干部工作方案》;研究《关于加强效能目标管理考核结果运用的建议》,研究有关干部处理意见。

6月18日 固原市委副书记杨刚、副市长吴会军带领督查组,先后到夏寨水库、西吉县第一污水处理厂、西吉县第二污水处理厂、党家岔湿地保护区,实地督查西吉县关于中央第二环境保护督察组交办信访案件办理进展情况。

6月21日 十四届县委2018年第十三次常委会议召开。会议研究关于"西马银"47名预备党员预备6年未能如期转正事宜。

6月22日 西吉县与石嘴山银行战略合作签约仪式、石嘴山银行"美丽西吉"环卫车捐赠仪式暨石嘴山银行西吉支行开业仪式在西吉县商城广场举行。

6月25日 十七届县人民政府第二十五次常务会议召开。会议传达学习《自治区人民政府办公厅关于进一步完善和规范投资审计工作的通知》,研究贯彻落实意见;听取全县扫黑除恶工作开展情况的汇报,研究相关工作;研究审议《西吉县全面深化城乡社区警务改革实施意见》《西吉县创建全国禁毒示范城市全区禁毒示范县(城镇)实施方案》《2018年度西吉禁毒工作综合考评办法》,研究部分乡镇社区戒毒工作中心增派禁毒专干事宜;研究审议《关于进一步加强安全生产网格化管理的通知》《关于统筹推进县域内城乡义务教育一体化改革发展的实施方案》《西吉县参加自治区第十五届运动会实施方案》;研究原傻傻(集团)公司生活小区内职工住宅楼建设用地补缴土地出让金事宜,研究全县机砖厂复工整顿及关闭事宜,研究关于建设西吉县生态停车场事宜,研究《关于实施田坪乡大岔村乡村旅游基础设施项目的请示》《关于对县委办等单位上缴车辆进行处置的请示》,研究有关资金事宜。

6月26日 西吉县在商业广场举行"6·26"国际禁毒日宣传活动。

7月2日 十四届县委2018年第十四次常委会议召开。会议传达学习习近平总书记关于禁毒工作的重要指示精神,听取全县禁毒工作汇报,研究审议《西吉县创建全国禁毒示范城市全区禁毒示范县(城镇)实施方案》《2018年度西吉县禁毒工作综合考评办法》;传达学习区、市纪检监察工作座谈会精神,研究贯彻落实意见;传达学习中纪委《关于六起生态环境损害责任追究典型问题的通报》、区党委书记石泰峰在区党委宣传部《舆情专报》(《环境督察》第26期)上的批示精神,研究贯彻落实意见;传达学习区党委十二届四次全会精神、全区产业转型发展推进会精神,听取全县上半年经济运行情况汇报,研究部署相关工作;研究审定县城集中供热"煤改气"项目建设的请示、永清湖公园改造提升项目建设的请示、西吉县生态停车场项目建设的请示,研究审定《西吉县全面深化城乡社区警务改革实施意见》《关于对优秀公务员给予嘉奖和记三等功的请示》《关于推荐自治区第八次民族团结进步表彰大会模范集体和模范个人的建议》。

7月4日 自治区党委组织部、宣传部、文化厅、扶贫办联合开展"抓党建促脱贫富民大宣讲"活动暨大型现代眉户剧《丁香花开》全区巡演在西吉县平峰镇启动。

7月5日 县人大常委会主任李聪带领县人大视察组,先后到震湖乡王坪村、西滩乡庙湾村、王民乡卫生院、将台堡镇污水处理厂、县城第二污水处理厂,对全县生态林业"四个一"工程建设、2018年贫困村公路建设、水毁道路抢险维修、健康扶贫工作、污水处理厂建设运行情况进行调研视察。

7月9日 自治区司法厅厅长李金英带领全区司法行政上半年工作总结暨重点工作推进观摩团,到西吉县司法局公共法律服务中心、人民调解公众评判庭观摩指导公共法律服务实体平台建设、人民调解参与信访矛盾纠纷化解、"枫桥经验"本土化实践、"一村(社区)一法律顾问"等工作。

同日 欧美同学会在西吉县农牧局为农牧系统技术人员、养殖企业及养殖大户开展养殖业发展前沿性培训。培训会上,内蒙古中云产业发展投资有限公司董事长、内蒙古欧美同学会常务副会长王刚,中国加拿大肉牛产业合作联盟秘书长温都苏,中国农业大学动物医学院副教授李靖分别就大数据收集的意义和作用、北美肉牛产业的成功经验、肉牛种群优化及防疫等,对与会人员做了专题辅导。

7月10日 政协西吉县十一届委员会第八次常委会议召开。会议听取和审议县政府关于全县农业产业发展工作的通报、关于城市执法监管工作的通报、关于工业经济发展工作的通报、关于招商引资工作的通报、关于城乡教育均衡化发展工作的通报,审议通过县政协视察组关于以上五项工作的视察报告。

7月11日 “2018全国知名蔬菜销售商走进宁夏”活动在固原市举办。全国80名知名蔬菜销售商先后到吉强镇黄家川蔬菜基地、硝河乡隆堡蔬菜基地观摩考察西吉县蔬菜产业发展情况。

同日 自治区民政厅优抚安置处处长宋海涛带领双拥工作考核组,对西吉县双拥模范县创建工作进行中期考核。

7月12日 十七届县人民政府第二十六次常务会议召开。会议传达学习习近平总书记关于打赢脱贫攻坚战三年行动的重要批示、李克强总理关于脱贫攻坚工作的批示、中共中央国务院《关于打赢脱贫攻坚战三年行动的指导意见》、全国生态环境保护会议精神,研究贯彻落实意见;传达学习自治区党委十二届四次会议精神、全区产业转型发展推进会精神、全区改善农村人居环境电视电话会议精神,研究贯彻落实意见;听取全县重点项目建设进展情况汇报,研究部署相关工作;研究审议《关于推进安全生产领域改革发展的实施意见》;研究将西吉人家商住小区纳入“十三五”易地扶贫搬迁县内劳务移民回购房范围相关事宜,研究公开出让国有建设用地使用权事宜,研究县城集中供热燃煤钢炉脱硫脱硝除尘污染治理设施建设项目事宜。

7月17日 自治区党委常委、固原市委书记张柱,自治区政府副主席、固原市市长马汉成带领全市各县(区)党政负责人、市直各部门主要负责人,先后到偏城乡马湾村、葫芦河河道、马莲乡“四个一”试验示范园、马莲乡四丰绿源家庭农场、硝河乡隆堡蔬菜标准化新技术集成示范园、县第二污水处理厂、县全民健身活动中心、宁夏泽艾堂生物科技有限公司等,督促检查西吉县重点工作进展情况。

同日 自治区党委常委、政法委书记张韵声一行,到县人民法院、县检察院、县司法局、火石寨乡综治中心、吉强派出所,调研指导政法、综治、维稳、信访工作。

7月18日 十四届县委2018年第十五次常委会议召开。会议传达学习全国组织工作会议精神、全区整顿农村软弱涣散基层党组织会议精神,研究贯彻落实意见;传达学习自治区扫黑除恶专项斗争领导小组会议精神,听取全县扫黑除恶和平安建设工作汇报,研究部署相关工作;传达学习中共中央办公厅印发《关于当前意识形态领域情况的通报》,听取全县意识形态领域工作汇报,研究部署意识形态工作;传达学习全区脱贫攻坚推进会议精神、全区科学技术奖励大会精神,研究贯彻落实意见。

7月20日 国家税务总局西吉县税务局挂牌成立。

同日 西吉县集中整顿农村软弱涣散基层党组织建设推进会在会议中心会堂召开,固原市委常委、西吉县委书记王学军出席会议并讲话。

7月24日 自治区党委常委、统战部部长白尚成带领全区民族团结进步创建互观互检观摩团,先后到西吉县吉强镇龙王坝村、县职业中学、宁夏四丰绿源养殖农场、兴隆镇陕义堂清真寺现场观摩民族团结进步创建工作。

7月26日 由新华社、中央广播电视总台、光明日报、北京卫视、东方卫视等30家新闻单位组成的自治区成立60周年中央媒体采访团,先后到西吉县闽宁产业园区、吉强镇龙王坝村、红军长征将台堡会师纪念园,围绕脱贫攻坚、美丽乡村建设、产业发展等主题进行调研采访。

7月27日 西吉县召开综治信访维稳暨扫黑除恶专项斗争推进会,对综治信访维稳及扫黑除恶专项斗争进行部署推动。

8月1日 十四届县委2018年第十六次常委会议召开。会议传达学习中央第八巡视组巡视宁夏情况反馈会精神、自治区党委常委会议精神,听取自治区党委第四巡视组反馈问题整改落实情况汇报,研究贯彻落实意见;传达学习全区网络安全和信息化工作会议精神、全区维稳工作和退役军人服务管理工作推进会精神,研究贯彻落实意见;传达学习全市重点工作观摩推进会精神,研究贯彻落实意见;听取全县党风廉政建设和反腐败工作汇报,研究部署相关工作。

同日 县委2018年议军会议召开。会议传达学习《自治区人民政府 宁夏军区关于印发宁夏回族自治区后备力量建设计划(2018—2020)的通知》《自治区人民政府 宁夏军区关于印发宁夏回族自治区国防动员建设“十三五”规划的通知》,研究贯彻落实意见;传达学习《关于做好军烈属、退伍老兵和现役军人军属优抚解困工作的实施意见》《关于做好军烈属、退伍老兵和现役军人军属建档立卡贫困户脱贫攻坚工作的实施意见》,研究贯彻落实意见;研究审议《西吉县党管武装及人民武装工作规范(暂行)》;听取全县党管武装工作汇报;研究《关于解决驻地部队矛盾困难的请示》。

8月2日至4日 西吉县党政考察团赴隆德县、彭阳县、泾源县、原州区观摩学习脱贫攻坚、乡村旅游产业发展、流域水污染防治、环境卫生综合治理、壮大发展村级集体经济、基层党组织建设等工作。

8月3日 西吉县在固原会议中心会议室召开2018年脱贫攻坚项目库建设工作会议。自治区扶贫办副主任刘学智对2018年脱贫攻坚项目库建设情况进行说明。

同日 自治区农科院院长周东宁带领院领导班子成员及各处室负责人,到西吉县红耀乡张白湾村、马建乡土窝村、马莲乡张堡塬村、兴隆镇下范村、硝河乡隆堡村、硝河乡新庄村、西滩乡甘岔村,就马铃薯玉米生态复合种植模式示范点建设、科技扶贫指导员项目实施、马铃薯根腐病防治试验示范点建设、青贮玉米、杂交高粱种植与加工调制示范点建设、冬蒜苗复种西兰花一年两茬种植模式试验示范点建设、种养循环示范村建设、百合种植示范基地建设等情况进行实地调研指导。

8月6日 市委常委、县委书记王学军带领县委常委、常务副县长杨生智及县委办、水务局、扶贫办等部门负责人到硝河乡、马莲乡调研指导脱贫攻坚及基层党建工作。

8月7日 自治区政协主席崔波一行,到硝河乡隆堡村蔬菜种植示范园、葫芦河综合治理工程将台堡镇过境段、将台堡镇西坪村、西吉县全民健身活动中心、西吉县公共体育场、吉强镇芦子沟旱作小杂粮全产业链扶贫示范基地,调研指导西吉县脱贫攻坚、城市建设及政协工作。

同日 自治区党委常委、副主席马顺清在市县领导王学军、周文贵、杨生智等陪同下,到西吉县硝河乡新庄村、马莲乡东洼村调研指导脱贫攻坚工作,并实地检查葫芦河流域综合治理工作、将台堡镇中心广场建设情况。

▲ 自治区人大常委会副主任董玲带领区人大调研组,到西吉县硝河乡关庄村、吉强镇水岔村,实地调研脱贫攻坚工作。

8月8日 自治区政协主席崔波在县政协三楼会议室主持召开座谈会,围绕新时代加强和改进政协工作进行座谈交流。县政协主席马天英就县政协工作作全面汇报。

同日 国家教育部学生资助管理中心副主任涂义才、国家开发银行扶贫金融事业部区域开发局高级专家刘有怀一行,先后到西吉县学生资助管理中心、西吉县政务服务中心学生资助代办点、将台堡中心小学学生资助代办点,专题调研生源地助学贷款办理工作。

▲ 十七届县人民政府第二十七次常务会议召开。会议传达学习全国深化"放管服"改革转变政府职能电视电话会议精神、全区深化"放管服"改革转变政府职能电视电话会议精神,听取全县"放管服"工作进展情况汇报,研究贯彻落实意见;传达学习《自治区安委会办公室关于印发应急管理部"7·12"事故现场会议主要精神的通知》,研究贯彻落实意见;传达学习全区特色小(城)镇培育建设工作推进会精神,研究贯彻落实意见;研究关于县安全生产监督管理局等三个部门取消(新增)有关行政职权事项相关事宜;听取全县食品药品安全监管工作汇报,听取全县脱贫攻坚领域突出问题整改落实情况汇报,听取全县地方债务化解情况汇报,研究部署相关工作;研究审议《西吉县落实中央第八巡视组反馈宁夏脱贫攻坚突出问题整改工作方案》《2018年国务院大督查重点工作任务责任分工方案》《西吉县扶贫项目资金使用管理办法》;研究《关于申请调剂2017年农业产业扶贫项目结余资金的请示》,研究《关于申请解决维修西吉县乡镇农牧技术服务中心资金的请示》,研究《关于申请调整2016年地方政府债券资金建设西吉县文化馆的请示》,研究《火石寨丹霞地貌国家级自然保护区边界和功能区划范围勘界的报告》,研究《党家岔湿地省级自然保护区边界和功能区划范围核准的报告》,研究收回和划拨国有建设用地使用权事宜,研究公开出让国有建设用地使用权事宜。

8月9日 欧美同学会组织40余名农业、教育、科技、医疗、投资等海归专家及媒体记者组成"海归专家脱贫攻坚服务团",到西吉县开展脱贫攻坚考察调研及项目落地对接活动。

8月10日 中央纪委国家监委驻人社部纪检监察组组长耿文清带领有关人员,到西吉县人社局社保服务大厅、硝河乡民生服务中心、硝河村民生代办点,调研指导人社系统学习贯彻党的十九大精神情况及人社服务窗口建设、党风廉政建设。

同日 十四届县委2018年第十七次常委会议召开。会议传达学习全区组织工作会议精神,研究审议《西吉县党建工作月例会制度》等七项规章制度;传达学习《自治区党委办公厅 人民政府办公厅印发〈关于加强和改进新时代伊斯兰教工作的实施意见〉的通知》,研究贯彻落实意见;研究审议《中央第八巡视组巡视宁夏反馈意见西吉县整改落实工作方案》。

8月11日 固原市第二届单身青年交友联谊会在吉强镇龙王坝龙泉湾山庄举行。来自全市各领域的500余名青年参加交友联谊会。

8月12日 北京昌平区—宁夏西吉县两地作家创作交流座谈会在西吉会议中心第一会议室召开。

8月13日 自治区政协副主席马秀珍带领区政协调研组,到宁夏向丰家庭农场、宁夏佳立生物科技有限公司调研西吉县农业科技创新工作。

同日 市委常委、县委书记王学军主持召开全县脱贫攻坚领导小组2018年第五次会议。会议传达学习自治区政府主席咸辉8月9日在固原市召开深度贫困地区脱贫攻坚推进会上的讲话精神、全区政策性移民工作会议精神,研究贯彻落实意见;研究审议《西吉县村级光伏扶贫项目实施方案》,研究部署脱贫攻坚工作。

8月14日 第十四届全国网络媒体宁夏行记者南线首站走进西吉县,对西吉县硝河乡隆堡村蔬菜新技术集成示范园、宁夏向丰现代循环农业示范园、红军长征将台堡会师纪念园进行采访报道。

同日 十四届县委2018年第十八次常委会议召开。会议传达学习自治区党委巡视工作领导小组《关于对第十二届自治区党委第二轮巡视发现的红寺堡等县区对第十一届自治区党委巡视反馈意见整改不到位问题的通报》,研究贯彻落实意见;研究审议《中共西吉县委关于自治区党委第四巡视组反馈意见整改情况的报告》《中共西吉县委关于县委书记组织落实自治区党委第四巡视组巡视西吉县反馈意见整改情况的报告》《中共西吉县委关于自治区党委第四巡视组对西吉县扶贫领域专项巡视反馈意见整改情况的报告》《中共西吉县委关于自治区党委第四巡视组对西吉县干部选拔任用工作专项检查反馈意见整改情况的报告》。

8月16日 固原市政协副主席杨志荣带领市政协视察组,到西吉县第三中学餐厅、和泰商务酒店、宁夏伊香食品有限公司等,实地调研视察西吉县食品安全工作。

同日 清华大学经济管理学院宁夏校友会在袁河中学举行爱心捐赠仪式,为袁河中学捐赠助学金35万元。

▲ 十七届县人大常委会第十三次会议召开。会议听取审议县政府关于全县环境保护工作开展情况的报告、关于2018年贫困村公路建设及水毁道路抢险维修情况的报告、关于生态林业建设情况的报告、关于健康扶贫工作开展情况的报告,听取和审议县人大

常委会视察组关于以上四项工作的视察报告;听取审议县政府关于2018年上半年国民经济和社会发展计划执行情况的报告、关于2017年度财政决算和2018年上半年财政预算执行情况的报告、关于2017年度财政预算执行和其他财政收支情况的审计工作报告,听取审议县人大常委会财政经济委员会关于2017年度县财政决算的审查报告,审查批准2017年度县本级财政决算;听取审议县政府关于提请审议修改西吉县国民经济和社会发展第十三个五年规划纲要有关内容的议案,审查批准修改西吉县国民经济和社会发展第十三个五年规划纲要有关内容;审议通过《西吉县人民代表大会常务委员会人事任免工作暂行办法》,审议通过有关人事任免事项。会议决定任命张哲为县人民政府副县长。

8月17日 国家水利部发展研究中心副主任刘小勇带领有关专家,到西吉县专题调研葫芦河流域综合治理工作及河长制落实情况。

同日 中国邮政储蓄银行宁夏分行金融扶贫推进会在西吉县会议中心第一会议室召开。

8月20日 市委常委、县委书记王学军带领西吉县党政考察团赴福建考察对接闽宁扶贫协作工作。考察团实地考察观摩了涵江区华佳彩高新技术面板生产有限公司、涵江区云度新能源有限公司、涵江区HDT高效太阳能有限公司、涵江区亚明食品有限公司、涵江区红太阳精品有限公司等企业,并举行西吉县—涵江区对口帮扶项目签约仪式,双方签订了乡镇、部门"一对一"对口帮扶协议。

8月30日 市委常委、县委书记王学军在县委五楼会议室主持召开全县脱贫攻坚领导小组2018年第六次会议,对全县脱贫攻坚工作进行研究部署。

同日 十四届县委2018年第十九次常委会议召开。会议传达学习全国宣传思想工作会议精神、全区精神文明建设工作表彰大会精神,研究贯彻落实意见;传达学习国务院第三十督查组来宁督查衔接会精神,安排部署迎接国务院大督查工作;传达学习自治区涉军维稳工作会议精神、固原市委办《关于进一步做好退役军人服务管理工作的紧急通知》,听取全县涉军人员服务管理工作汇报,研究部署相关工作;听取县政府党组关于中央及自治区环保督察等有关问题的汇报,研究部署相关工作;研究审议《关于原"西马银"临时党支部42名预备党员未按期转正问题调查情况的报告》,研究《关于政府组成部门、群团机构党组(党委)设立和清理规范工作的请示》,研究有关干部违纪问题的处理意见。

8月31日 中国商飞公司工会副主席吴建军带领商飞公司西吉支教团成员及相关负责人一行,在红军长征将台堡会师纪念广场举行大飞机西吉支教团授旗仪式,在西坪村村部召开中国商飞公司精准扶贫工作推进会。

9月2日 最高人民法院大法官杜万华带领最高法院第四调研组,到西吉县法院调研基础设施、信息化建设、队伍建设、文化建设、司法改革工作。

同日 第十七届县人民政府第二十八次常务会议召开。会议传达学习全国安全生产电视电话会议精神、全区环保重点任务督查推进会议精神、自治区深度贫困地区脱贫攻坚推进会精神，研究贯彻落实意见；传达学习中共固原市委办公室、市人民政府办公室《关于印发〈固原市加快推进质量强市建设的实施意见〉的通知》，研究贯彻落实意见；研究审议《西吉县政府投资项目管理和责任追究实施细则》《西吉县农村人居环境整治三年行动实施方案》《西吉县严格管控城乡违法建筑实施方案》；听取全县教育基本均衡发展迎接国家验收工作情况汇报，研究部署相关工作；研究2018年全县教育工作大会筹备方案，研究《关于申请调整西吉县水利工程管理中心项目法人代表的请示》，研究《关于申请核销西吉县马铃薯产业服务中心固定资产的请示》，研究《关于上缴"十二五"移民资金、历年结余资金的请示》。

9月3日 县委副书记、代县长杨生俊带领有关部门负责人到兴平乡、平峰镇、王民乡、火石寨乡，对清理拆除"十三五"易地扶贫搬迁移民原宅基地和解除收回土地承包关系、安置区移民入住、"十二五"移民搬迁遗留问题整改落实进行督促检查。

9月4日 自治区党委第四巡视组组长张永山带领巡视组成员，到西吉县督察自治区党委第四巡视组巡视反馈意见整改落实情况。

同日 北京市卫生和计划生育委员会支援合作处处长王洪学带领北京门头沟区卫生和计划生育代表团与西吉县人民医院开展对口帮扶工作。

▲ 十四届县委2018年第二十次常委会议召开。会议传达学习《自治区党委办公厅印发〈关于进一步激励广大干部新时代新担当新作为的实施意见〉的通知》《关于进一步做好提醒、函询和诫勉工作的通知》，研究贯彻落实意见；传达学习《中共固原市委印发〈市委常委会关于坚定维护以习近平同志为核心的党中央集中统一领导的若干规定〉的通知》，研究贯彻落实意见；传达学习固原市组织工作会议精神，听取西吉县组织工作会议筹备情况汇报，研究相关事宜；研究审议《全县乡镇、县直部门(单位)领导班子及成员考核工作方案》。

9月5日 西吉县2018年教育工作大会在县职业中学报告厅召开。

9月7日 欧美同学会"科技兴教 扶智助学"捐赠活动在西吉县教育局举行，为全县各中小学校捐赠价值140万元的智慧教室与信息化设备。欧美同学会留苏分会副秘书长、北京亿康佳联科技有限公司总经理陈海[illegible]，睿创优学教育集团副总经理周鹏，睿创优学教育集团外联部主任熊晶晶等参加捐赠活动。

9月8日 县委副书记、代县长杨生俊在县政府三楼会议室主持召开全县脱贫攻坚和金融风险防控工作专题会议。

9月10日 市委常委、县委书记王学军在县委五楼会议室主持召开全县网络安全和信息化领导小组会议。会议传达学习区、市网络安全和信息化领导小组会议精神，听取县委网络安全和信息化领导小组办公室关于全县网信工作的汇报，研究审议《西吉县党委(党组)网络安全工作责任制实施细则》《西吉县网络舆情应对协调工作机制》《西吉县网络舆情处置管理办法》。

9月11日 自治区政协副主席马力带领区政协调研组,到吉强镇龙王坝村、硝河乡关庄村,就自治区民族团结进步示范区创建有关政策落实情况进行专题调研。

9月13日 国家交通运输部科技司副司长袁鹏带领交通运输部科技创新发展处、科学研究院、救捞局相关负责人,到西吉县调研交通扶贫项目进展情况。在大营村开展捐资助学活动,为大营小学捐赠学习用品、体育用品及帮扶资金20万元。

9月18日 十四届县委2018年第二十一次常委会议召开。会议传达学习全国教育大会精神、宁夏县域义务教育基本均衡发展国家督导检查反馈会精神,研究贯彻落实意见;传达学习全区生态环保大会精神,研究审议《西吉县农村人居环境整治三年行动实施方案》;传达学习《自治区党委办公厅关于印发〈全区宗教工作自查督查方案〉的通知》精神,研究审议《全县宗教工作自查督查方案》,研究部署全县宗教工作自查督查工作;研究《西吉县国税局党组改设税务局党委的请示》。

9月19日 县人大常委会主任李聪带领县人大视察组,到震湖乡河滩村、震湖乡苏堡幼儿园、县城西区锅炉厂房、县人民法院执行局、县人民法院执行指挥中心、硝河乡、将台堡镇、县城东华供热站、县政务大厅视察督促全县重点工作。

9月23日 全区首届"中国农民丰收节"在西吉县举办分会场活动。

9月26日 政协西吉县十一届委员会第九次常委会议召开。会议传达学习全区市县政协主席座谈会精神,听取县政府关于全县交通重点工程建设工作情况的通报、关于《中华人民共和国土地管理法》执行落实情况的通报、关于耕地保护工作情况的通报、关于葫芦河流域综合治理与河长制落实工作情况的通报、关于公立医院改革与公共卫生服务能力提升工作情况的通报,审议通过县政协视察组关于以上五项工作视察报告,审议通过县政协提案督办组《关于对县政协十一届二次全体会议提案督办情况的报告》,审议通过《政协西吉县第十一届委员会常务委员会规章制度》。

9月27日 国家教育部经费监管事务中心财务处处长王小军、中国教育发展基金会资助部副主任赵乔乔带领中央专项彩票公益金教育助学项目绩效评价工作组,在自治区教育厅学生资助管理中心办公室副主任靳立科、固原市教育工委专职书记张占军陪同下,到西吉县调研检查中央专项彩票公益金教育助学项目管理及设备配备落实情况。

同日 自治区政协人口资源环境委专职副主任杨学林带领调研组到西吉县将台堡镇生态保护红线划定区,调研生态保护红线划定后贯彻落实情况。

9月28日 十四届县委2018年第二十二次常委会议召开。会议传达学习中共中央、全国人大常委会、国务院、全国政协、中央军委关于庆祝宁夏回族自治区成立60周年的贺电,传达学习汪洋在宁夏回族自治区成立60周年庆祝大会和在固原市座谈会上的讲话精神,研究贯彻落实意见;传达学习全国安全生产电视电话会议精神、《自治区党委办公厅 人民政府办公厅关于印发〈宁夏回族自治区党政领导干部安全生产责任制实施细则〉的通知》,听取全县安全生产工作情况汇报,研究贯彻落实意见;传达学习全区第八次民族团结进步表彰大会精神、《自治区党委办公厅 人民政府办公厅印发〈关于进一步推进“三化”问题治理工作的方案〉》,研究贯彻落实意见;听取中央第八巡视组巡视宁夏反馈意见整改落实及督查情况汇报,研究部署相关工作;听取全县意识形态责任制落实情况汇报,研究审议《西吉县意识形态工作责任制考核办法》;研究审议《西吉县政府投资项目管理办法》《县委常委班子从严整改中央巡视反馈问题专题民主生活会意见建议整改分工方案》。

9月29日 十七届县人民政府第二十九次常务会议召开。会议传达学习全区开展“大棚房”问题专项清理整治行动电视电话会议精神、自治区人民政府《关于化解房地产库存的若干意见》,研究贯彻落实意见;听取全县信访和安全生产工作情况汇报,研究部署相关工作;研究审议《西吉县市容环境管理暂行办法》《西吉县乡村环境卫生管理暂行办法》《西吉县关于规范公安机关警务辅助人员管理使用工作的实施方案》;研究《关于调整西吉县重大动物疫病强制免疫副反应死亡和流产补助暂行办法补助标准的请示》,研究《关于“四进”宗教活动场所有关事宜的请示》,研究审议《关于重新确定已安置城镇退役士兵工资待遇的请示》《关于兑现宁夏国圣食品有限公司固定资产投资奖励资金的请示》《关于宁夏吉德慈善产业园18#厂房和晾晒场建设项目的请示》《西吉县城区葫芦河以南集污管道建设项目的请示》《西吉县下寨水库清淤扩容工程建设项目的请示》《西吉县将台堡会师广场红色文化元素装饰工程建设项目的请示》《西吉县分散居民安置项目等建设的请示》《关于申请拨付2017—2018年供暖补贴的请示》《西地(G)2017-17号国有建设用地出让方案进行重新确认的请示》《西吉县诚信达建材销售有限公司申请退还采矿权价款事宜的请示》《关于有偿转让补充耕地(旱地)指标事宜的请示》;研究收回和划拨国有建设用地使用权事宜,研究公开出让国有建设用地使用权事宜。

10月9日 自治区残联理事长娄晓萍带领自治区残联机关副处级以上干部,自治区各专门协会负责人,市、县(区)残联理事长组成观摩团,到西吉县观摩交流残疾人创业就业工作。

同日 自治区团委书记王伟带领有关人员,到王民乡红太村调研指导脱贫攻坚工作。

10月13日 县委、县政府主持召开全县2018年项目推进会和2019年项目谋划专题会议。

10月16日 由自治区总工会主办,银川市总工会、西吉县委、县政府承办的“凝聚工会力量,助力脱贫攻坚”西吉县特色农产品推介会在银川召开。推介会上,银川市社区、企业、大专院校与西吉县签订了《农副产品销售协议》。

10月17日 国家民委直属机关党委副书记郭建民带领国家民委考核验收组,到吉强镇龙王坝村、宁夏四丰绿源家庭农场、兴隆镇单家集村,就固原市创建全国民族团结进步示范市工作进行考核验收。

10月19日 十七届县人民政府第三十次常务会议召开。会议传达学习全区经济发展推进会议精神，听取全县经济运行情况汇报，研究部署经济工作；传达学习全区脱贫攻坚重点工作暨对口帮扶推进会议精神，听取全县脱贫攻坚工作情况汇报，研究部署脱贫攻坚工作；传达学习中央第二环保督察组对宁夏开展“回头看”情况反馈会议精神，听取全县环境保护工作暨整改落实情况汇报，研究部署相关工作；学习贯彻新修《宗教事务条例》，听取中央巡视组巡视反馈西吉县宗教领域问题整改情况汇报，研究部署宗教工作；研究审议《西吉县打赢脱贫坚战三年行动实施方案》《西吉县“百日攻坚三大战役”实施方案》。

10月23日　国务院扶贫办发展中心副主任李越带领全国脱贫攻坚先进事迹巡回报告团，到西吉县开展脱贫攻坚先进事迹巡回报告。

10月24日　福建莆田市人大常委会主任阮军带领考察团，到兴隆镇华林农业蔬菜基地、偏城乡涵江村、宁夏国圣食品有限公司、宁夏泽艾堂生物科技有限公司等，对莆田援建项目和莆田企业在西吉县发展的情况进行考察，并向西吉县村级扶贫车间捐赠建设资金35万元，向贫困学子捐赠助学金15万元。

10月25日　十四届县委2018年第二十三次常委会议召开。会议传达学习习近平总书记在中央全面依法治国委员会第一次会议上的讲话精神，传达学习习近平总书记在第五个国家扶贫日到来之际对脱贫攻坚工作的重要指示精神，听取全县脱贫攻坚工作汇报，研究贯彻落实意见；传达学习中央第二环保督察组对宁夏回族自治区开展“回头看”情况反馈会精神，听取全县环境保护工作汇报，研究贯彻落实意见；传达学习中央脱贫攻坚巡视工作动员部署会议精神、自治区党委第四轮巡视工作动员部署会议精神，听取十四届县委第五轮巡察情况汇报，研究贯彻落实意见；传达学习全国、全区扫黑除恶专项斗争推进会精神，听取西吉县扫黑除恶专项斗争工作情况汇报，研究贯彻落实意见；通报固原市党政考察团赴福建考察对接情况，听取西吉县党政考察团赴福建考察对接情况汇报。

10月27日　市委常委、县委书记王学军带领副县长马天锋、张永强及相关部门负责人就夏寨水库和葫芦河流域县城段综合治理工作及县城供暖情况进行专题调研。

10月30日　十四届县委2018年第二十四次常委会议召开。会议研究审议《西吉县市容环境管理暂行办法》《西吉县农村环境卫生管理暂行办法》《县委常委会关于坚定维护以习近平同志为核心的党中央集中统一领导的若干规定》，研究《关于西吉县夏寨水库清淤扩容工程建设项目和西吉县分散居民安置项目等建设的请示》，研究《关于推荐全县新时代新担当新作为先进典型人选情况的汇报》《关于对乡镇党政正职进行体检的请示》；听取县人民法院党组、县人民检察院党组工作汇报；通报固原市纪委《关于给予海丽同志党内警告处分的决定》，研究有关干部违纪处理意见。

10月31日　十七届县人大常委会第十四次会议召开。会议听取审议县政府关于全县供暖前期准备工作情况的报告、关于户籍制度改革工作情况的报告、关于城乡低保整顿工作情况的报告、关于农村学前教育工作开展情况的报告、关于县十七届人民代表大会第二次会议代表议案建议办理情况的报告,听取审议县人大常委会视察组关于以上五项工作的视察报告;听取审议县人民法院关于执行工作开展情况的报告、县人民检察院关于公益诉讼工作开展情况的报告,听取审议县人大常委会视察组关于以上两项工作的视察报告;听取审议县政府关于2018年地方政府新增债券资金安排情况及调整方案的议案,听取审议县人大常委会财经委关于2018年地方政府新增债券资金安排情况及调整方案的议案的审查报告,表决通过县人大常委会关于2018年地方政府新增债券资金安排情况及调整方案的议案的决议;对县十七届人民代表大会第二次会议代表议案建议办理情况进行满意度测评。

11月5日 陕西省铜川市政协副主席、民进铜川市委员会主委田芳珍带领考察组,到西吉县考察葫芦河流域治理工作。

11月9日 自治区政协副主席郭虎带领区政协调研组,到西吉县震湖乡调研指导基层党建和脱贫攻坚工作,到西吉县第一幼儿园、第二幼儿园调研学前教育工作。

11月10日 十七届县人民政府第三十一次常务会议召开。会议传达学习全国安全生产工作视频会议精神、全区安全工作委员会第四次全体(扩大)电视电话会议精神,研究贯彻落实意见;传达学习2018—2019年全区冬春季大气污染防治攻坚推进会议精神、全区开发区整合优化和改革创新专题推进会议精神,研究贯彻落实意见;传达学习固原市扶贫开发领导小组第五次会议精神、固原市扫黑除恶专项斗争推进会议精神,研究贯彻落实意见;研究县人社局《关于命名西吉县县级第二批示范性创业孵化基地的请示》《关于西吉县驻外劳务管理站人员续聘及新建西吉县驻福建劳务管理站涵江区、马尾区劳务管理分站的请示》,研究2017年度符合政府安排工作条件转业士官安置相关事宜,研究收回和划拨国有建设用地使用权事宜,研究公开出让国有建设用地使用权事宜,研究西吉县“十三五”易地扶贫迁县内劳务移民政府回购房回购价格事宜。

11月13日 十四届县委2018年第二十五次常委会议召开。会议传达学习习近平总书记在十九届中央政治局第八次集体学习时的重要讲话精神、全区宣传思想工作会议精神,研究贯彻落实意见;研究审议《县委常委会落实全面从严治党主体责任的意见》,研究干部事宜。

11月21日 市委常委、县委书记王学军主持召开全县脱贫攻坚领导小组2018年第八次会议。会议听取国务院扶贫办调研组在西吉调研工作情况汇报、全县2018年贫困村出列和贫困人口退出进展情况汇报,对全县脱贫攻坚工作进行安排部署。会议研究审议《关于迎接2018年国家脱贫攻坚年度考核评估工作的安排》《西吉县2019年财政涉农资金统筹整合使用方案》《西吉县2019年农牧业产业扶贫扶持政策》《西吉县扶贫车间建设实施方案》《西吉县打赢脱贫攻坚战三年行动实施方案》。

11月22日 福建省残联副理事长刘闽华带领有关人员,在自治区残联副理事长董万军、固原市副市长金敬东等陪同下,到西吉县调研残疾人创业就业及脱贫致富工作。

同日 十七届县人大常委会第十五次会议召开。会议听取审议十七届县人大常委会代表资格审查委员会关于个别代表的代表资格变动情况报告,表决通过县人大常委会关于补选县十七届人民代表大会代表的决定;审议通过有关人事任免事项,拟任命同志向大会作了供职报告。

11月23日 十七届县人民政府第三十二次常务会议召开。会议传达学习中共中央办公厅国务院办公厅《关于印发〈统计违纪违法责任人处分处理建议办法〉的通知》(厅字〔2017〕37号)、中共中央办公厅国务院办公厅《关于印发〈防范和惩治统计造假、弄虚作假督查工作规定〉的通知》(厅字〔2018〕77号)、自治区党委办公厅人民政府办公厅印发《关于深化统计管理体制改革提高统计数据真实性的实施意见〉的通知》(宁党办〔2018〕3号)文件精神,研究贯彻落实意见;研究审定《西吉县事业单位公务用车制度改革实施方案》《西吉县国有企业公务用车制度改革实施方案》《西吉县农村饮水安全工程运行管理办法》,研究收回闲置国有建设用地土地使用权相关事宜。

11月27日 十四届县委2018年第二十六次常委会议召开,研究成立退役军人事务管理局筹备组相关事宜。

11月28日 自治区市场监管厅副厅长马如林带领考核验收组,到西吉县考核验收食品安全示范县创建工作。考核验收组到田坪乡、吉强镇、马莲乡、兴隆镇,采取随机抽查的方式,检查了部分学校食堂、餐馆、零售店及肉类销售店。

11月29日 十四届县委2018年第二十七次常委会议召开。会议传达学习全区教育大会精神、全区机构改革会议精神、《自治区党委办公厅　人民政府办公厅关于印发〈宁夏回族自治区市县机构改革的总体意见〉的通知》《自治区党委办公厅　人民政府办公厅印发〈关于坚持"导"的方略　进一步做好新时代我区宗教工作的指导意见〉》,研究贯彻落实意见;传达学习区党委书记石泰峰在中央纪委国家监委第八监督检查室《关于抽查暗访宁夏巡视整改落实情况的反馈报告》上的批示,研究整改落实工作;传达学习全市脱贫攻坚推进会精神,安排部署全县脱贫攻坚查漏补缺工作;研究审定《中共西吉县委第十四届四次全体会议方案》《西吉县事业单位公务用车制度改革实施方案》《西吉县国有企业公务用车制度改革实施方案》。

同日 市委常委、县委书记王学军带领县领导杨生俊、刘克虎、穆春、李晓东、马天峰、马耀宏及县城乡规划建设委员会成员单位、相关规划设计单位负责人实地调研城乡规划建设工作。在县委五楼会议室主持召开第二次规委会会议,对县文化馆、县图书馆建设项目方案进行审查。

11月30日 中国商用飞机有限责任公司四川分公司党委书记、总经理赵俊带领有关人员,到西吉县什字中学开展捐资助学活动。

12月4日 自治区党委常委、统战部部长白尚成到西吉县,先后深入沙沟乡满寺村、沙沟乡阳庄村、火石寨乡小川村、偏城乡涵江村、偏城乡马湾村、硝河乡新庄村等调研指导脱贫攻坚工作。

12月6日 自治区高级人民法院党组书记、院长沙闻麟带领相关处室负责人,到西吉县白崖乡阳洼村、白崖法庭调研指导脱贫攻坚和基层法庭建设工作。

同日 中国商用飞机有限责任公司民用飞机试飞中心党委书记缪根红带领相关人员,到西吉县将台堡镇西坪村开展精准帮扶工作。缪根红等实地检查了西坪村小学教育教学工作,并开展捐资助学活动,还实地调研检查了西坪村艾草扶贫车间在助推脱贫、带动就业、增收致富方面的作用,在西坪村村部召开帮扶工作座谈会,研究深化扶贫帮扶工作。

▲ 固原市委常委、副市长李志达带领相关部门负责人,到西吉县祥龙客运公司、吉源供热公司等,督查西吉县安全生产工作。

▲ 政协西吉县十一届委员会第十次常委会议召开。会议传达学习《习近平扶贫论述摘编》,听取县政府关于全县道路交通安全与运管执法监管情况通报、关于社会治安防控体系建设情况通报、关于公共文化服务能力建设工作情况通报、关于县政协第十一届二次全体会议委员提案办理工作情况通报,审议通过县政协调研组关于以上四项工作的调研报告。

12月7日 十七届县人民政府第三十三次常务会议召开。会议传达学习全区质量工作会议精神、全区生态环境保护重点任务督查检查汇报暨中央环境保护督察“回头看”反馈问题整改部署会议精神,研究贯彻落实意见;研究审定《西吉县贯彻落实中央环境保护督察“回头看”及水环境问题专项督查反馈意见整改方案》《西吉县关于贯彻落实〈自治区党委 人民政府关于全面加强生态环境保护坚决打好污染防治攻坚战的实施意见〉的实施方案》《西吉县关于贯彻落实〈自治区打赢“蓝天保卫战”三年行动计划〉的实施方案(2018—2020年)》《宁夏西吉工业园区优化提升和改革创新实施方案》《西古县关于深化不见面、马上办”改革深入推进审批服务便民化的实施方案》;研究《关于调整西吉县农业灌溉水价、城镇居民生活用水阶梯价格和非居民用水超定额累进加价的请示》《关于招聘社会救助核查员、人民调解员、学校专职保安、公安机关警务辅助人员和政府专职消防队员的请示》《关于西吉县城镇饮用水水源地保护区环境规范化建设项目建设的请示》,研究《关于申请解决公安网安侦控车辆及设备购置费用的请示》《关于招聘乡村环卫工人和采购乡村环卫设备的请示》;听取园区管委会《关于自治区党委第四巡视组巡视西吉反馈问题整改情况》的汇报,听取西吉县2017年保障性安居工程审计整改工作汇报;研究公开出让国有建设用地土地使用权相关事宜。

12月10日 西吉县钱币博物馆布展设计评审会在西吉县会议中心第一会议室召开。市、县领导王学军、杨生俊、李聪、张亚萍、王万龙、高月琴、穆春、马天峰、张国义及布展成员单位、设计单位负责人参加会议。

同日 十四届县委2018年第二十八次常委会议召开。会议传达学习中纪委《关于贯彻落实习近平总书记重要讲话精神,严肃整治领导干部利用名贵特产类特殊资源谋取私利问题的通知》、全区扫黑办主任视频会议精神、全区扶贫领域腐败和作风问题专项治理工作例会暨扫黑除恶专项斗争监督执纪问责工作推进会精神、全市扫黑除恶斗争推进会精神,研究贯彻落实意见;听取全县党风廉政建设和反腐败工作汇报、全县意识形态工作汇报;研究审定《西吉县贯彻落实中央环境保护督察"回头看"及水环境专项督察反馈意见整改方案》《关于贯彻落实〈自治区党委 人民政府关于全面加强生态环境保护坚决打好污染防治攻坚战的实施意见〉的实施方案》《西吉县关于贯彻落实〈自治区打赢蓝天保卫战三年行动计划〉的实施方案(2018—2020年)》《宁夏西吉工业园区优化提升和改革创新实施方案》《西吉县关于深化"不见面、马上办"改革深入推进审批服务便民化的实施方案》,研究《关于补选固原市第四届人大代表候选人初步人选的请示》。

12月11日 市委常委、县委书记王学军到火石寨乡、白崖乡、偏城乡、吉强镇调研指导脱贫攻坚工作,对做好脱贫攻坚考核验收提出明确要求。

12月13日 十七届县人大常委会第十六次会议召开。会议听取审议县政府关于十七届县人大二次会议议案、建议办理情况报告,关于十七届县人大常委会第十二次、第十三次会议审议意见落实情况报告,关于全县脱贫攻坚工作进展情况报告,关于2018年财政预算调整情况的报告;听取审议县人大常委会视察组关于全县脱贫攻坚工作进展情况的视察报告,听取审议县人大常委会财经委关于西吉县2018年财政预算调整情况的审查报告,表决通过县人大常委会关于调整西吉县2018年财政预算的决议,表决通过关于确定西吉县人民法院人民陪审员名额的决定;补选了固原市第四届人大代表,审议通过有关人事任免事项。

12月15日 中国商用飞机有限责任公司党委委员、纪委书记赵九方一行到西吉县调研对口帮扶工作,看望慰问支教团员工。在县委五楼会议室召开座谈会,听取西吉县就中国商用飞机有限责任公司扶贫资金使用情况通报。

12月17日 十四届县委2018年第二十九次常委会议召开。会议传达学习习近平总书记在中共中央政治局第十次集体学习时的重要讲话精神、《中共中央办公厅 国务院办公厅印发〈关于全面深入持续开展民族团结进步示范创建工作铸牢中华民族共同体意识的意见〉的通知》,研究贯彻落实意见;传达学习自治区大调研活动情况汇报交流会精神、全区2018年脱贫攻坚成效考核工作专题会精神,研究贯彻落实意见;听取全县整顿软弱涣散基层党组织、整治党员信教和参与宗教活动工作情况汇报,研究安排相关工作;研究《关于推荐全县新时代新担当新作为先进典型人选情况的汇报》。

12月18日 庆祝改革开放40周年大会在北京人民大会堂举行,中共中央总书记、国家主席、中央军委主席习近平出席大会并发表重要讲话。全体在家县级领导在会议中心二楼视频会议室集中收听收看大会盛况。

12月19日 自治区扶贫办主任梁积裕带领区扶贫办相关处室负责人，到西吉县调研指导脱贫攻坚工作，实地检查督促劳务移民搬迁入住工作。

同日 自治区人大常委会民族宗教外侨工委主任杨勇带领区人大调研组，到西吉县乡村旅游特色产业示范村——吉强镇龙王坝村调研乡村旅游工作。

12月21日 自治区水利厅厅长白耀华带领区水利厅相关处室负责人，到西吉县调研指导农村安全饮水及葫芦河流域综合治理工程进展情况。

同日 十七届县人民政府第三十四次常务会议召开。会议研究审定《西吉县整改落实国务院第五次大督查反馈意见工作方案》，研究部署国务院第五次大督查反馈意见整改落实工作；研究《关于申请整合吉强镇前庄小学等36所小规模学校的请示》《关于申请解决职业中学实训基地(宿舍楼)项目建设资金的请示》《关于申请解决城市公交运营机制转换工作中遗留问题的请示》《关于申请动用预备费的请示》；研究收回和划拨国有建设用地使用权相关事宜，研究购买永宁县人民政府占补平衡水浇地指标资金相关事宜。

12月24日 由县委宣传部、县文广局主办，白崖乡承办，偏城乡、沙沟乡、火石寨乡协办的西吉县北部片区乡镇首届文化艺术节在白崖乡北山公园举行。

12月26日 西吉县退役军人事务局举行揭牌仪式。县委副书记、政法委书记张亚萍和政府副县长李喜生共同为西吉县退伍军人事务局揭牌。

同日 市委常委、县委书记王学军在西吉县会议中心第一会议室主持召开全县党(工)委书记抓党建述职评议考核会和乡镇、县直部门(单位)党组织主要负责人述责述廉会。

▲ 十四届县委2018年第三十次常委会议召开。会议传达学习中央经济工作会议精神，研究贯彻落实意见；传达学习自治区党委办公厅《关于做好习近平总书记对宁夏重要指示批示精神贯彻落实“回头看”有关工作的通知》，听取全县“回头看”工作进展情况汇报；研究关于召开中共西吉县委十四届四次全体会议有关事项，研究关于召开西吉县第十七届人民代表大会第三次会议有关事项，研究关于召开政协西吉县第十一届委员会第三次全体会议有关事项；研究审定《西吉县机构改革方案》。

12月27日 十七届县人大常委会第十七次会议召开。会议听取审议十七届县人民代表大会第三次会议相关资料，审议通过关于召开县第十七届人民代表大会第三次会议的决定和有关人事任免事项。

同日 政协西吉县十一届委员会第十一次常委会议召开。会议审议通过县政协第十一届委员会常务委员会工作报告、提案工作报告、《中国人民政治协商会议西吉县第十一届委员会2019年度协商工作计划》、县政协第十一届三次全体会议程序性材料。

是年 全县总户数136504户，总人口496004人。全县地区生产总值649234万元，其中第一产业176646万元、第二产业128761万元、第三产业343827万元。农作物播种面积196.9万亩，粮食总产35720万公斤、油料总产1403.1万公斤、蔬菜总产69897.9万公斤。地方财政收入16888万元，地方财政支出571914万元，社会商品零售总额159393万元。

2019年

1月4日 十七届县人民政府第三十五次常务会议召开。会议传达学习自治区党委十二届六次全体会议精神、自治区经济工作会议精神、固原市委四届四次会议精神,研究贯彻落实意见;研究审定政府工作报告、《西吉县2018年民生计划执行情况与2019年民生计划(草案)的报告》《关于西吉县十七届人民代表大会第二次会议代表议案建议办理情况的报告》《关于政协西吉县十一届二次会议委员提案办理情况的报告》《关于西吉县2018年国民经济和社会发展计划执行情况与2019年国民经济和社会发展计划(草案)的报告》《关于西吉县2018年财政预算执行情况和2019年财政预算(草案)的报告》《2019年春节期间慰问活动方案》,研究部署相关工作。

1月5日 十四届县委2019年第一次常委会议召开。会议传达学习自治区党委十二届六次全会精神、市委四届四次全会精神,研究贯彻落实意见;研究审定西吉县第十七届人民代表大会第三次会议、政协西吉县第十一届委员会第三次全体会议有关事宜;研究《关于申请整合吉强镇前庄小学等36所小规模学校的请示》《关于申请元旦、春节期间文化体育活动经费的请示》《关于城乡特困人群安全过冬和2019年春节期间慰问活动方案》。

1月7日至9日 政协西吉县十一届委员会第三次全体会议召开。应参会委员181人,实到172人。会议听取审议政协工作报告和提案工作报告。会议期间,全体政协委员列席了县第十七届人民代表大会第三次会议,听取并讨论政府工作报告和其他报告。会议审议通过《政协西吉县第十一届委员会提案审查委员会关于第十一届第三次会议期间提案审查情况的报告》《政协西吉县第十一届委员会2019年度协商工作计划》《政协西吉县第十一届委员会第三次全体会议决议》。

1月7日至10日 西吉县第十七届人民代表大会第三次全体会议召开。会议听取和审议县人民政府工作报告、县人大常委会工作报告、县法院工作报告、县检察院工作报告、县人大代表议案办理情况报告;会议表决通过关于县人民政府工作报告的决议,表决通过关于对县十七届人民代表大会代表王晓春采取强制措施的议案、关于确认罢免马兴国县第十七届人民代表大会代表职务的议案。表决有关人事任免事项。会议确定人大代表议案4件、建议18件。

1月13日 县委宣传部、县文联在职业中学报告厅举办西吉县首届"文学艺术节"颁奖晚会。

1月15日 固原市文化科技卫生"三下乡"暨西吉东部片区文化艺术节在什字乡启动。

同日 西吉县融媒体中心举行挂牌仪式。

▲ 十四届县委2019年第二次常委会议召开。会议传达学习习近平总书记2019年新年贺词、习近平总书记在中央政治局第十一次集体学习时的重要讲话精神、中央农村工作会议精神、《中共中央 国务院关于坚持农业农村优先发展做好“三农”工作的若干意见》,研究贯彻落实意见;通报十四届县委2018年第二十九次、三十次常委会议定事项落实情况,研究部署相关工作。

1月16日 县人大常委会主任李聪,县委常委、统战部部长马保师带队看望慰问离退休老干部、知识分子代表、困难党员、劳动模范。

1月17日 自治区妇联副主席马英带领区妇联有关人员,到西吉县吉强镇杨河村、偏城乡双羊套村看望慰问基层妇女干部、贫困妇女和先进妇女代表。

1月18日 十七届县人民政府第三十六次常务会议召开。会议传达学习全国安全生产电视电话会议精神、全区安全生产电视电话会议暨2019年自治区安委会第一次全体(扩大)会议精神、《自治区安全生产委员会办公室关于认真贯彻落实全国全区安全生产电视电话会议精神、进一步抓好安全生产工作的通知》,研究部署全县安全生产工作;传达学习全区“大棚房”问题专项清理整治行动工作推进会精神,研究贯彻落实意见;研究审议《关于采取政府购买服务方式帮扶企业开展安全标准化达标创建的请示》《〈西吉县政府投资项目管理和责任追究实施办法〉修改意见的请示》《关于申请对西吉县粮食生产功能区划定成果进行确认的请示》,研究部署排区、市“两会”及春节期间重点工作。

1月24日 十四届县委2019年第三次常委会议召开。会议传达学习习近平总书记在中央政治局民主生活会上的重要讲话精神、石泰峰同志在自治区党委常委会2018年度民主生活会上的讲话精神,研究贯彻落实意见;传达学习中央纪委十九届三次全会精神、自治区纪委十二届三次全会精神、市纪委四届四次全会精神,研究贯彻落实意见;传达学习全市机构改革动员大会精神,研究贯彻落实意见;研究审议《关于召开中共西吉县第十四届纪律检查委员会第四次全体会议的请示》,听取全县信访、维稳、安全生产工作情况汇报,研究部署相关工作。

1月25日 全县深化机构改革动员会在会议中心第一会议室召开。会议讨论审定《西吉县机构改革方案》《西吉县机构改革方案实施意见》,并宣布《西吉县党政机关办公场所调整方案》。

1月28日 西吉县首届“迎新春”中部片区乡村文化艺术节在吉强镇龙王坝村启动。

1月29日 西吉县农业农村局、西吉县自然资源局、西吉县住房和城乡建设局、西吉县审批服务管理局分别举行挂牌仪式。

同日 固原市人大常委会副主任杨大素带领有关人员,到西吉县沙沟乡、白崖乡看望慰问部分困难党员和优抚军人。

1月31日 西吉县餐厨垃圾收集清运启动仪式在县永清湖广场举行,标志着县城区餐厨垃圾集中收集清运工作正式运行。

2月1日 《魅力西吉 喜迎新春》春节联欢晚会在西吉县体育馆举行。

2月11日 西吉县科级干部专题培训班在宁夏龙王坝乡村振兴学院举办。培训班特邀自治区党校教师和部分县领导授教。主要讲授习近平新时代中国特色社会主义思想、中共十九大精神、党的民族宗教政策、纪律建设、作风建设、意识形态工作、精准扶贫精准脱贫政策、扫黑除恶、社会治理等。本次专题培训班分五期,每期两天,共500多名科级干部接受培训。

2月14日 市委常委、县委书记王学军在县委五楼会议室主持召开县委常委班子2018年度民主生活会。自治区党委常委、统战部部长白尚成到会指导并讲话。

同日 十四届县委2019年第六次常委会议召开。会议传达学习习近平总书记在省部级主要领导干部坚持底线思维、着力防范化解重大风险专题研讨班开班式上的重要讲话精神、全区领导干部坚持底线思维着力防范化解重大风险专题学习班精神,研究贯彻落实意见;传达学习全国、全区宣传部长会议精神,研究贯彻落实意见;传达学习全国、全区统战部长会议精神,研究贯彻落实意见;传达学习区、市"两会"精神,研究贯彻落实意见。

2月19日 十七届县人民政府第三十七次常务会议召开。会议传达学习区、市"两会"精神,传达学习区、市政府全体会议精神,研究贯彻落实意见;传达学习自治区脱贫攻坚工作会议精神、全区农村工作会议精神、全区生态环境保护工作会议精神、全区审计工作会议精神、全区水利工作会议精神、全区财政工作会议精神、全区卫生健康工作会议精神、全区民政工作会议精神、全区人力资源和社会保障工作会议精神,研究贯彻落实意见;研究落实"政府工作报告、2019年民生实事、人大议案建议、政协提案"任务分工等事宜。

2月22日 西吉县商务和工业信息化局、西吉县科学技术局、西吉县医疗保障局举行挂牌仪式。

2月25日 西吉县宣传思想文化系统强"三性"(政治性、科学性、创新性)增"四力"(脚力、眼力、脑力、笔力)教育实践工作启动会在县会议中心第一会议室召开。

同日 水发(西吉)农业综合开发项目规划设计汇报会在县委五楼会议室召开。水发农业开发有限公司总经理王文涛及相关设计单位负责人,市委常委、县委书记王学军及县领导杨生俊、刘克虎、刘基棠、张永强、马天峰、周时亮、马耀宏参加会议。

2月27日 市委常委、县委书记王学军在县委五楼会议室主持召开全县脱贫攻坚领导小组2019年第一次会议。会议传达学习全国扶贫开发工作会议精神、全区脱贫攻坚工作会议精神、固原市2019年扶贫开发工作领导小组第一次会议精神,研究审议《全县脱贫攻坚暨农业农村工作会议方案》《西吉县2019年财政涉农资金统筹整合使用方案》《西吉县全面推进2019年脱贫攻坚责任分工方案》《西吉县2019年产业扶贫扶持政策实施方案》《西吉县2019年脱贫攻坚工作要点》《各乡镇、相关部门(单位)脱贫攻坚责任书》,并对全县脱贫攻坚工作做出具体安排部署。

3月3日 西吉县脱贫攻坚薄弱村综合整治动员会在会议中心第一会议室召开。会议对全县38个薄弱村综合整治工作进行具体部署。

3月5日 自治区政府副主席吴秀章带领区政府副秘书长刘长青、科技厅厅长郭秉晨、工业和信息化厅厅长赵旭辉等,到西吉县调研脱贫攻坚和科技扶贫、文化扶贫工作。

同日 自治区政协副秘书长、民盟宁夏区委会专职副主委田桦一行到西吉勇兴三粉加工有限公司、宁夏兴鲜杂粮种植加工有限公司、宁夏震湖实业有限公司调研西吉县农业产业化发展情况。

3月8日 市委常委、副市长孟卫东带领市文化旅游广播电视局、六盘山旅游集团负责人组成调研组,到西吉县调研指导旅游工作。

同日 十四届县委2019年第七次常委会议召开。会议传达学习中央政法工作会议精神、自治区党委政法工作会议精神,研究贯彻落实意见;传达学习全国组织部长会议精神、全区组织部长会议精神,研究贯彻落实意见;传达学习自治区纪委《关于加强监督执纪问责坚决遏制高档酒特殊定制版再升温助长不正之风问题的通知》、全区党委秘书长办公厅(室)主任会议精神、全区扫黑除恶专项斗争第四督导组督导固原市工作动员汇报会精神,研究贯彻落实意见。

▲ 十七届县人民政府第三十八次常务会议召开。会议传达学习全区扫黑除恶专项斗争第四督导组督导固原市工作动员汇报会精神,听取全县扫黑除恶工作汇报,研究部署扫黑除恶工作;传达学习石泰峰、咸辉同志在自治区政府关于全国推进"大棚房"问题专项清理整治行动电视电话会议精神及贯彻意见专报上的批示精神,听取全县"大棚房"问题专项清理整治行动进展情况汇报,研究部署相关工作;研究审定《隆德经好水至兴隆公路改扩建工程征地拆迁实施方案》《西吉餐厨垃圾管理办法》;研究《关于开展2019年老年人意外伤害综合保险工作的请示》《关于组队参加第九届全区少数民族传统体育运动会有关事宜的请示》等相关事宜,并作具体安排部署。

3月12日 宁夏农科院党委书记、院长周东宁一行到西吉县调研院地合作工作,并在政府三楼会议室召开座谈会。

3月13日 自治区党委常委、固原市委书记张柱到西吉县偏城乡涵江村、将台堡镇牟荣村、王民乡调研指导西吉县脱贫攻坚、产业发展、重点项目、"四个一"(一棵树、一枝花、一株苗、一棵草)工程及春耕备耕工作。

3月14日 市委常委、县委书记王学军带领县级分管领导及有关部门负责人到全县重点项目建设现场,调研督查项目建设进展情况。现场协调解决项目建设中存在的问题和困难。

同日 福建省总工会党组书记、副主席丁文清带领调研组到西吉县吉强镇龙王坝村调研闽宁协作互学互助工作。

3月16日 十四届县委2019年第八次常委会议召开。会议研究审定全县党政机构领导职数和“三定”规则,研究审定县委议事协调机构及议事规则,研究审定《西吉县2018年保障性安居工程审计问题整改方案》,研究部署相关工作。

3月18日 西吉县委巡察工作领导小组召开十四届县委第七轮巡察暨县(区)交叉巡察工作动员部署会。

3月19日 “宁夏区直机关党性教育基地”挂牌仪式在红军长征将台堡会师纪念园举行。宁夏区直属机关工委组织部部长晋阳、西吉县副县长苏吉礼为“宁夏区直机关党性教育基地”揭牌。

3月20日 自治区扫黑除恶专项斗争第四督导组组长、宁夏社科院院长张廉带领督导组成员,到西吉县检查督导扫黑除恶工作开展情况。督导组在县会议中心第一会议室召开扫黑除恶专项斗争工作汇报会,张廉通报了督导工作总体安排和要求,王学军向督导组汇报了自2018年1月以来西吉县扫黑除恶专项斗争工作开展情况和存在的问题。会后,督导组在王学军和县委常委、公安局局长李平陪同下,到县扫黑除恶办公室、县信访局、吉强镇钰秀社区、硝河乡综治中心、硝河乡硝河村、硝河乡高原村、县委组织部、县委宣传部、县法院、县检察院、县公安局、县司法局及纪检监察部门进行督导检查。

3月25日 政协西吉县十一届委员会第十三次常委会议召开。会议传达学习全国两会精神,听取县政府关于全县草畜产业发展情况的通报、关于不动产登记工作开展情况的通报、关于中医药服务能力建设工作情况的通报,听取县委统战部关于“民族团结进步示范县”创建工作情况通报,听取县委组织部关于全县农村基层组织和人才队伍建设工作情况通报;审议通过政协西吉县调研组关于以上五项工作的调研报告。

3月26日 自治区残疾人联合会理事长马军生带领相关处室负责人,到西吉县工业园区蓝天刺绣培训中心、县残疾人康复中心调研指导残疾人工作。

3月28日 十四届县委2019年第九次常委会议召开。会议传达学习全国两会精神、全区领导干部会议精神、全市领导干部会议精神,研究贯彻落实意见;传达学习中央和自治区领导同志关于江苏响水“3·21”特大爆炸事故的批示精神,研究贯彻意见;传达学习新修订的《党政领导干部选拔任用工作条例》、自治区党委第五轮巡视动员部署会议精神、四届市委第六轮巡察县(区)交叉巡察工作动员部署会议精神,研究贯彻落实意见。

3月29日 十七届县人民政府第三十九次常务会议召开。会议传达学习全国两会精神、全区领导干部大会精神、全市领导干部大会精神,研究贯彻落实意见;传达学习自治区安全生产委员会转发《国务院安全生产委员会关于认真贯彻落实习近平总书记重要指示精神坚决防范遏制重特大事故的紧急通知》,研究贯彻落实意见;研究审定《西吉县2019年财政涉农资金统筹整合使用方案》《西吉县2019年产业扶贫政策》,研究《关于整合平峰镇焦湾小学等25所小规模学校的请示》,研究相关事宜。

4月2日 福建省涵江区区长连向红带领考察团到西吉县开展对口交流协作工作。考察团到西吉电商孵化园、宁夏天之涯服饰、国圣食品有限公司,就莆田企业在西吉县发展情况进行调研。在县委五楼会议室召开对口协作座谈会,县长杨生俊和涵江区区长连向红分别就西吉县和涵江区社会经济发展情况进行介绍。与会人员就加大人才、教育、产业、金融、劳务输出、发展红色旅游等方面进行座谈交流。

4月4日 十七届县人民政府第四十次常务会议召开。会议传达学习《宁夏回族自治区生产安全事故应急条例》《宁夏回族自治区人民政府隐性债务化解风险实施方案》,研究贯彻落实意见;听取关于减税降费政策措施落实情况汇报;研究《2019年重点、亮点工作责任清单》《2019年建设项目责任清单》等相关事宜。

4月9日 市人大常委会副主任杨大素带领市人大视察组,到西吉县视察督促扫黑除恶专项斗争开展情况。

4月10日 隆德县政协党组书记、主席王升带领考察组到宁夏向丰现代生态循环农业产业示范园、硝河乡关庄肉牛养殖示范村、西吉县城市管理综合执法大队、吉强镇龙王坝村、西吉县职业中学考察西吉县重点亮点工作开展情况。

同日 民进中央副主席、民进宁夏区委会主委、自治区人大常委会副主任姚爱兴带领民进宁夏区委会调研组,到西吉县白崖乡,沙沟乡阳庄村、东沟村,硝河乡新庄村,吉强镇酸刺村调研脱贫攻坚、民主监督工作。

4月13日 市委常委、县委书记王学军带领西吉县党政观摩团到泾源县、隆德县观摩学习脱贫攻坚、乡村治理等经验和做法。

4月16日 自治区人大常委会环境资源工委副主任刘洪灵一行,到西吉县兴隆镇污水处理厂、县城污水第二处理厂调研检查《中华人民共和国水污染防治法》贯彻落实情况。

4月17日 自治区党委常委、固原市委书记张柱到西吉县调研葫芦河流域综合整治、兴隆镇下范村"四个一"林草产业试验示范工程建设。

4月17日至18日 自治区政协副主席马力带领区政协调研组,到西吉县硝河乡关庄村、新庄村,新营乡碱滩村、陈阳川村,什字乡玉丰村、杨庄村调研检查脱贫攻坚工作。

4月18日 固原市扫黑除恶专项斗争第三督导组进驻西吉县并召开督导工作汇报会。县委常委、公安局局长李平汇报了西吉县扫黑除恶专项斗争工作开展情况。

同日 十四届县委2019年第十二次常委会议召开。会议传达学习中共中央办公厅《关于解决形式主义突出问题为基层减负的通知》、石泰峰同志在自治区党委办公厅联合调查组《关于征求对解决形式主义突出问题为基层减负意见建议的情况报告》上的批示,研究贯彻落实意见;通报《中共固原市委办公室市人民政府办公室关于2018年度县(区)部门(单位)效能目标管理考核结果的通报》,研究审议"全县各乡镇、部门(单位)重点工作、重点项目、亮点工作及一般性工作、一般性项目、预备开工项目清单",研究审议"西吉县图书馆、西吉县文化馆建设项目及其附属工程建设事宜",研究《关于整合平峰镇焦湾小学等25所小规模学校的请示》。

4月19日 全县组织、宣传、统战、政法工作会议在会议中心第一会议室召开。县委常委、组织部部长高耀明,县委常委、宣传部部长王万龙,县委常委、统战部部长马保师,县委常委、公安局局长李平分别就各自分管工作进行总结,对2019年工作进行安排部署。

4月22日 政府县长杨生俊带领西吉县党政考察团到福建莆田市涵江区考察学习。考察团实地观摩考察了华兴玻璃厂、福建钜能电力有限公司、佩吉服装、方家铺子、莆田乡村振兴集团等。在涵江区召开对口扶贫协作座谈会暨签约仪式,涵江区区委书记陈万东和杨生俊签订了《2019年闽宁对口扶贫协作框架协议》。

4月23日 自治区水利厅厅长白耀华带领区水利厅相关处室负责人、专家,到西吉县马莲乡和什字乡中型水库除险加固工程建设现场,检查指导中型水库除险加固工作。

同日 中国教育电视台记者张晓瑜、郎天辰,中国教育报记者吴伯银到西吉县葫芦河下寨水库至玉桥流域、硝河乡关庄村,调研采访西吉县葫芦河流域综合治理情况和农村养殖业发展情况。

4月24日 自治区党委常委、固原市委书记张柱到西吉县公安局、县运管所、县检察院、吉强镇、震湖乡李章村调研指导西吉县扫黑除恶专项斗争及脱贫攻坚、基层党建工作。

4月25日 自治区农牧厅副厅长马新民、自治区妇女联合会副主席高鹏一行,到西吉县偏城乡调研扶贫产业发展和脱贫攻坚工作。

4月26日 中国联通公司西吉分公司到兴隆镇中心敬老院看望慰问孤寡老人,并为每位孤寡老人送去价值399元的“爱心手机”和174元的“爱心卡”,总计3万元。

4月28日 民进宁夏区委会专家产业扶贫西吉培训班在西吉县白崖乡开班。培训班采取现场教学模式,特邀民进宁夏区委会委员、宁夏大学农学院教授吴心华,自治区专家服务团成员、隆德县科技局高级农艺师张守宗分别为农户作养殖业和中草药种植专题讲座。

4月29日 十四届县委2019年第十四次常委会议召开。会议传达学习《自治区党委办公厅印发〈关于响应“社会主义是干出来的伟大号召”,激励广大干部新时代新担当新作为的实施方案〉的通知》,研究贯彻落实意见;传达学习《自治区党委办公厅印发〈关于解决形式主义突出问题为基层减负的具体措施〉的通知》《中共固原市委办公室印发〈关于解决形式主义突出问题为基层减负的20条措施〉的通知》,研究贯彻落实意见;听取全县第一季度经济运行情况汇报,研究部署经济工作;传达全市维稳和安全生产工作专题会议精神,听取全县信访维稳安全生产工作汇报,研究信访维稳安全生产工作。

4月30日 十七届县人民政府第四十二次常务会议召开。会议传达学习国务院第二次廉政工作会议精神、自治区政府廉政工作会议精神,研究贯彻落实意见;传达学习《自治区党委办公厅、人民政府办公厅关于印发解决形式主义突出问题为基层减负的具体措施的通知》《中共固原市委办公室、人民政府办公室关于印发解决形式主义突出问题为基层减负的20条措施的通知》；研究部署全县安全生产、信访、维稳、食品安全工作；分析全县第一季度经济形势，并作具体安排部署。

5月9日 十七届县人民政府第43次常务会议召开。会议研究审定《西吉县2019年生态环境保护重点工作安排意见》《关于修订西吉县贯彻落实中央环境保护督察“回头看”及水环境问题专项督察反馈问题意见整改方案》《西吉县2019年农村人居环境整治行动实施方案》《西吉县农村人居环境整治及村组道路管护考核实施细则》，研究《关于提高全县农村低保标准的请示》；听取关于西吉县2019年公益性岗位指标分配情况的汇报，研究安排相关事宜。

5月10日 自治区自然资源厅厅长李晓龙带领相关处室负责人，到西吉县调研检查2019年重点项目建设用地情况。

同日 由西吉县人民政府、固原市文化旅游广电局主办，西吉县文化旅游广电局、火石寨景区承办的“2019中国旅游日”固原分会场“惠民旅游宣传活动暨第九届火石寨丁香花节”活动在火石寨景区北门游客接待中心举行。

5月13日 全国政协委员、自治区政协副主席洪洋带领区政协调研组，到西吉县S204旅游环线、火石寨景区、秀山路调研检查旅游景区基础设施建设及旅游道路建设情况。

同日 西吉县“政协委员履职能力建设”第一期专题培训班在六盘山干部培训学院龙王坝实训基地开班。

5月14日 自治区人大常委会副主任彭友东带领区人大检查组，到西吉县检查《中华人民共和国水污染防治法》贯彻实施情况。

5月15日 复旦大学党委书记焦杨、副书记尹冬梅带领复旦大学历届研究生支教队队员到西吉县看望慰问支教教师，并开展系列帮扶活动。

5月16日 十四届县委2019年第十五次常委会议召开。会议传达学习习近平总书记在全国公安工作会议上的重要讲话精神、全区省级领导干部会议精神，听取全县公安工作汇报，研究贯彻落实意见；听取全县党风廉政建设工作汇报，听取全县生态环保工作汇报，听取关于提前偿还重点专项建设基金本金及债券资金安排情况的汇报，研究安排相关工作。

5月21日 自治区政协副主席郭虎一行到西吉县调研政协工作。

5月28日 市委常委、县委书记、县扫黑除恶专项斗争领导小组组长王学军在县委五楼会议室主持召开全县扫黑除恶专项斗争领导小组会议，听取有关工作汇报，研究部署扫黑除恶专项斗争。

同日 十四届县委2019年第十六次常委会议召开。会议传达学习《中共中央〈关于在全党开展“不忘初心、牢记使命”主题教育〉的意见》，研究贯彻落实意见；传达学习习近平总书记关于扫黑除恶专项斗争重要指示精神、《中共中央 国务院关于开展扫黑除恶专项斗争的通知》、自治区扫黑除恶专项斗争推进会精神,听取全县扫黑除恶专项斗争工作汇报,研究部署全县扫黑除恶专项斗争;研究审定《西吉县关于进一步加强重点行业领域专项整治的实施方案》,研究部署相关工作。

5月29日 石嘴山市政协副主席李春兴带领考察组,到西吉县兴隆镇单家集革命遗址、红军长征将台堡会师纪念园,考察调研西吉县文史馆建设工作。

同日 新华社宁夏分社社长王磊一行,到红军长征将台堡会师纪念园、兴隆镇单家集革命遗址、兴隆镇王河村、兴隆镇下范村、葫芦河兴隆段,实地调研采访西吉县红色文化、葫芦河流域综合治理及富民产业发展情况。

5月31日 十七届县人民政府第四十四次常务会议召开。会议传达学习《中华人民共和国政府信息公开条例》,研究贯彻落实意见;传达学习《自治区安全生产委员会办公室关于贯彻落实全国安全生产专题视频会议精神的通知》,研究贯彻落实意见;传达学习《自治区人民政府办公厅关于印发〈宁夏回族自治区全面推行行政执法公示制度执法全过程记录制度重大执法决定法制审核制度实施方案〉的通知》、全国医改工作电视电话会议精神,研究贯彻落实意见;听取县扫黑除恶专项斗争领导小组办公室关于扫黑除恶专项斗争社会乱象整治行动进展情况汇报;研究审定《西吉县政府系统推进区、市扫黑除恶专项斗争督导反馈问题整改清单》《宁夏西吉工业园区入园企业扶持政策(试行)》《西吉县2019年闽宁对口扶贫协作资金实施方案》《西吉县2019年中国商飞公司定点帮扶项目实施方案》。

6月4日 固原市政协主席马玉芳一行,到西吉县马莲乡、硝河乡看望慰问"民族团结先进个人"和困难群众。

6月10日 宁夏港生(藏百源)实业有限公司在西吉县工业园区举行开业仪式。

6月11日 市委常委、县委书记王学军到县公安局、县人民法院调研督导扫黑除恶专项斗争工作开展情况。

同日 西吉县与福建省吉佩服装股份有限公司、天菲服装有限公司、莆田市秀屿区达美制衣有限公司3家服装企业举行签约仪式。

▲固原市政协副主席杨志荣带领市政协视察组,到西吉县法院、县检察院、县扫黑除恶办公室、县公安局对西吉县扫黑除恶专项斗争进行视察。

6月12日 市委常委、县委书记、县扫黑除恶专项斗争领导小组组长王学军在县委五楼会议室主持召开全县扫黑除恶专项斗争领导小组第六次(扩大)会议。县长杨生俊传达学习中央"扫黑除恶"第二十督导组督导宁夏工作动员会精神,县委副书记、政法委书记杨生智对西吉县配合中央督导组工作相关事宜进行具体安排部署。

同日 中国科学技术协会培训和人才服务中心副主任王书瑞带领考察组,到西吉县考察科学技术事业发展工作。

6月13日 中央广播电视设计研究院副院长林长海带领国家广播电视总局检查组,

到西吉县检查指导广播电视安全播出工作。

同日 十四届县委2019年第十七次常委会议召开。会议传达学习习近平总书记在“不忘初心、牢记使命”主题教育工作会议上的讲话精神、《自治区党委办公厅关于印发〈在全区开展“不忘初心、牢记使命”主题教育实施方案〉的通知》、石泰峰同志在全区“不忘初心、牢记使命”主题教育工作会议上的讲话精神,研究贯彻落实意见;传达学习《中国共产党支部工作条例》《中国共产党农村基层组织工作条例》《党政领导干部考核工作条例》《自治区党委办公厅关于印发〈贯彻落实中国共产党重大事项请示报告条例的具体措施〉的通知》,研究贯彻落实意见;传达学习赵乐际同志在市、县巡察工作推进会上的讲话精神、全区扫黑除恶专项斗争监督执纪问责工作推进会精神、全区贫困县(区)纪委书记工作例会精神、《关于深化自治区纪委监委派驻机构改革的实施意见》《关于深化市、县(区)纪委监委派驻机构改革的指导意见》,研究贯彻落实意见。

6月14日 自治区人大常委会副主任彭友东带领区人大调研组,到西吉县将台堡镇水发(宁夏)农业开发有限公司、兴隆镇好兴公路项目施工现场,调研检查西吉县“四个一”林草工程建设和重点项目建设进展情况。

6月15日 十七届县人民政府第四十五次常务会议召开。会议研究审定《关于建立残疾儿童康复救助制度的实施方案》,听取西古县关于参加自治区第十五届运动会准备情况的汇报,研究安排相关工作。

6月18日 欧美同学会党组成员、副秘书长程洪明带领欧美同学会海归专家服务团,到西吉县硝河乡冷凉蔬菜种植基地、硝河乡关庄村养牛示范基地、马莲向丰现代生态循环农业发展基地,调研扶贫产业项目发展情况。到红军长征将台堡会师纪念园、单家集革命遗址参观学习红色文化。

6月20日 政协西吉县十一届委员会第十四次常委会议召开。会议传达学习习近平总书记关于扫黑除恶专项斗争重要指示、讲话精神;听取县政府关于全县食品药品监管工作情况的通报,关于草畜、蔬菜、杂粮产业和劳务产业扶贫情况的通报,关于教育教学质量提升工作的情况通报,关于政协西吉县十一届第三次全体会议委员提案办理工作的情况通报,听取县委政法委关于全县扫黑除恶专项斗争开展的情况通报;审议通过政协西吉县视察组关于以上五项工作的视察报告。

6月22日 中央扫黑除恶第二十督导组临时党支部书记、组长韩勇,副组长张力一行到红军长征将台堡会师纪念园开展“不忘初心、牢记使命”主题党日活动。自治区党委常委、政法委书记张韵声,自治区党委常委、固原市委书记张柱,自治区检察院检察长时侠联,固原市委常委、西吉县委书记王学军等领导一同开展主题党日活动。

6月24日 十七届县人大常委会第二十二次会议召开。会议听取和审议县政府关于十七届县人大三次会议代表议案建议办理情况的报告,关于全县教育现代化推进项目“双提升”行动开展情况的报告,关于“互联网+教育”开展情况的报告,关于全县乡镇卫生院建设、县域医共体建设及“三减三健”行动开展情况的报告,关于全县金融扶贫、消费扶贫、扶贫车间建设情况的报告,关于全县“四好农村路”建设情况的报告,关于全县群众反映强烈突出问题大排查大化解专项行动开展情况的报告;听取和审议县人大常委会视察检查组关于以上七项工作的视察、检查报告;听取县委政法委关于全县扫黑除恶专项斗争工作情况的通报;审议通过《关于2019年地方政府新增债券资金安排情况的议案》。

6月27日 十四届县委2019年第十八次常委会议召开。会议传达学习《中共中央纪委办公厅关于贯彻习近平总书记重要批示精神深入落实中央八项规定精神的工作意见》《中共中央关于李平同志搞形式主义、官僚主义案件查处情况及其教训警示的通报》,研究贯彻落实意见;传达学习韩勇、张力、石泰峰、咸辉同志在中央扫黑除恶第二十督导组督导宁夏回族自治区工作动员会上的讲话精神、中央扫黑除恶第二十督导组下沉固原市督导通报对接会精神,研究贯彻落实意见;传达自治区党委第五巡视组巡视固原市情况反馈会精神,听取全县2019年上半年意识形态工作汇报,研究贯彻落实意见。

6月28日 十七届县人民政府第四十六次常务会议召开。会议研究审定《西吉县“十三五”异地搬迁后续产业发展实施方案》《西吉县2019年农村厕所改造项目实施方案》,研究部署相关工作。

6月29日 西吉县城区环境卫生一体化项目签约交接仪式暨启动会在县体育场举行。

同日 西吉县在吉强镇套子湾村、兴隆镇王河村、马莲乡堡子山村等16个乡镇40个重点贫困村新建总容量为2.2万千瓦的72个村级光伏电站全容量并网成功,正式投入运行。该项目整合各级财政、闽宁协作、定点帮扶和社会捐赠资金13349.94万元建成。

7月2日 中国商用飞机有限责任公司党委书记、董事长贺东风一行到西吉县调研对口帮扶工作开展情况。

7月5日 中央8家主流媒体(新华网、国际在线网、央视网、央广网、环球网、正义网、中工网、未来网)、福建省2家新闻媒体(福州新闻网、东南网)和宁夏3家新闻媒体(宁夏日报、宁夏新闻网、宁夏广播电视台)记者到西吉县调研采访脱贫攻坚进展情况和典型经验。

7月10日 西吉县蔬菜协会在将台堡镇正式挂牌成立。县农业农村局、县审批服务管理局、县市场监督管理局、县民政局等部门负责人及全体蔬菜协会会员参加了全县蔬菜协会第一届会员会议。会议审议通过《西吉县蔬菜协会章程》,选举产生首届理事会理事、常务理事和协会领导班子。

7月12日 自治区水利厅厅长白耀华带领区水利厅有关处室负责人、专家,到西吉县兴坪乡、王民乡、平峰镇调研指导农村饮水安全攻坚工作和扶贫产业发展供水情况。

7月15日 十七届县人民政府第四十八次常务会议召开。会议听取全县减税降费、稳定和扩大就业、深化“放管服”改革、优化营商环境、推进创新驱动发展、清理拖欠民营企业中小企业账款工作的汇报,研究安排相关工作。

7月16日 自治区卫生健康委员会中医处副处长杨茜、自治区中医药学会秘书长高如宏带领医院等级评审专家组一行15人,对西吉县中医医院进行二级甲等中医医院评审验收。

7月17日 宁夏共享集团股份有限公司工会主席田鑫一行到西吉县平峰镇沿坪村开展帮扶捐赠活动,向沿坪村村集体捐赠星光至胜118收割机一台、4JH-180型饲草打包机一台并出资硬化沿坪村合作社场地,共捐资25万元。

7月18日 “宁夏暨固原市冷凉蔬菜节”在西吉县硝河乡隆堡村举行。自治区农业农村厅副厅长赖伟利,固原市副市长周文贵,西吉县县长杨生俊,湖北省农科院经济作物研究所所长、全国高山蔬菜首席研究员邱正明,西北农林科技大学园艺学院副院长、陕西省蔬菜首席专家李建明参加了启动仪式。蔬菜节以“绿色　高端　合作　共赢”为主题,旨在展示西吉县及周边县(区)现代农业发展成果,推动农业交流互通、互利共赢,帮助西吉县及周边县(区)特色农产品扩大市场、拓展销路。参加活动的还有广东、上海、江苏、福建、湖北、陕西、河北等省市重点蔬菜批发市场、大型连锁超市负责人和知名蔬菜经销商、宁夏各县(区)分管领导、相关部门负责人和固原市蔬菜经销商、生产企业、种植大户、群众代表。

同日 国家林业和草原局三北局局长张炜带领调研组,到西吉县三北防护林工程扫竹岭400毫米降水线造林示范区、吉强镇龙王坝林下经济示范区,调研考察三北林业工程建设、生态扶贫工作开展情况。

▲ 2019年固原政务新媒体论坛暨第七届“网络达人浪固原”活动在红军长征将台堡会师纪念园举行启动仪式。

▲ 中央歌剧院歌剧团到西吉县开展“我的中国梦——文化进万家”慰问演出活动。

7月19日 十四届县委2019年第二十次常委会议召开。会议传达学习习近平总书记在中央政治局第十五次集体学习时的重要讲话精神,研究贯彻落实意见;传达学习全区公安工作会议精神,研究贯彻落实意见;传达学习全国巡视工作会议精神、全区巡视巡察工作会议暨十二届自治区党委第六轮巡视动员部署会议精神、四届市委第七轮巡察工作动员部署会议精神,研究贯彻落实意见;传达学习西北五省区扫黑除恶专项斗争调研座谈会精神、中央扫黑除恶第二十督导组督导宁夏第二次工作通报对接会精神,研究贯彻落实意见;传达学习中央、国务院关于减税降费的政策精神,研究贯彻落实意见。

7月20日 国家农业农村部部长韩长赋到西吉县调研农业农村工作和脱贫攻坚工作。韩长赋深入马莲乡罗曼沟村建档立卡贫困户马荣贵、冶金贵家,调研了解群众生产生活情况,到宁夏向丰循环农业示范园调研产业发展情况。

7月22日 由全国妇女联合会主办,自治区党委宣传部、自治区妇女联合会、人民网、中国妇女报社承办,固原市委宣传部、市妇女联合会、西吉县委、县人民政府协办的

“时代新人说——我和祖国共成长”家国情怀故事会宁夏站活动在红军长征将台堡会师广场举行。

7月23日 国务院扶贫办党组成员、副主任陈志刚一行到西吉县偏城乡涵江村调研指导脱贫攻坚工作。

8月3日 福建湄洲湾职业技术学院党委副书记林鹤柱一行到西吉县工业园区国圣食品有限公司、天之涯服装有限公司、泽艾堂生物科技公司考察福建企业在西吉县发展情况。

8月7日 全国政协委员、民盟中央常委、福建省政协副主席、民盟福建省委主委阮诗玮一行,围绕“如何坚持新时代我国宗教中国化的建议”,到西吉县兴隆镇和将台堡镇进行专题调研。

8月8日 中国科学技术协会党组书记、常务副主席怀进鹏一行到西吉县,就“不忘初心、牢记使命”主题教育进行专题调研。

同日 自治区人民法院院长沙闻麟一行到西吉县白崖乡阳洼村、西吉县法院、震湖法庭调研结对帮扶和法院工作。

8月9日 中央“不忘初心、牢记使命”主题教育第五指导组组长黄跃金、副组长符太增带领指导组成员到西吉县调研“不忘初心、牢记使命”主题教育开展工作。

同日 十四届县委2019年第二十一次常委会议召开。会议传达学习习近平总书记在中央和国家机关党的建设工作会议上的讲话精神、自治区党委常委会机关党的建设专题学习研讨会议精神,研究贯彻落实意见;传达学习自治区党委十二届七次全会精神、自治区党委常委集体调研固原市经济社会发展座谈会精神、全国安全生产电视电话会议精神、自治区安全生产会议精神、固原市安全生产委员会第三次全体(扩大)会议精神,研究贯彻落实意见。

8月11日 中央广播电视总台“记者再走长征路”文艺小分队在兴隆镇王河村“红军粉”第四代传承人马正龙家慰问演出。

8月15日 十七届县人民政府第五十次常务会议召开。会议传达学习全国防汛抗旱工作会议精神,研究部署防汛抗旱工作;传达学习全国、全区、全市安全生产电视电话会议精神,研究部署全县安全生产工作;传达学习自治区党委十二届七次全会精神、全区深化“放管服”改革优化营商环境电视电话会议精神,研究贯彻落实意见;听取全县2019年生态环境重点工作进展情况汇报,听取2019年贫困户医疗保障不全面问题清零行动进展情况汇报,研究部署相关工作;研究审定《关于加快补齐全面建成小康社会短板的实施方案》《关于促进加快民营经济健康发展的实施方案》。

8月19日 由自治区文化旅游厅主办,宁夏文化馆和西吉县文化旅游广电局承办,西吉县文化馆协办的2019年“欢乐宁夏”全区群众文艺会演优秀节目巡演首站在西吉县体育场上演。

8月23日 十七届县人民政府第五十一次常务会议召开。会议听取全县金融扶贫工作进展情况汇报,听取2019年贫困户无安全饮水问题清零行动汇报,研究部署相关工作;研究审定《西吉县集体林地经营权流转登记发证管理办法》,研究《关于成立合并规范撤销西吉县有关事宜协调机构的请示》。

8月27日 吴忠市利通区政协主席赵峰带领利通区政协考察组,到西吉县考察乡村文化建设和美丽村镇建设工作。

8月29日 固原市政协副主席杨彦文带领市政协调研组,到西吉县兴隆镇下范村矮化苹果示范点、什字乡玉丰村"一棵草"实验示范点、将台堡镇牟荣和包庄村黄金蜜罐梨示范点、白崖乡半子沟村禾草引种试验示范园、偏城乡榆木村榛子种植示范园,调研西吉县"四个一"(一棵树、一株苗、一枝花、一棵草)林草产业试验示范工程实施情况。

8月30日 十七届县人大常委会第二十三次会议召开。会议和听取审议县监察委员会2019年上半年监督责任落实情况的报告,听取和审议县人民法院关于刑事审判工作开展情况的报告,听取和审议县人民检察院关于刑事检察监督工作开展情况的报告,听取和审议县政府关于全县"七五"普法开展情况的报告、关于《中华人民共和国环境保护法》贯彻执行情况暨"蓝天碧水净土"保卫战实施情况的报告、关于全县干部进村入户开展"三个清、三个一"专项行动情况的报告;听取和审议县人大常委会视察、检查组关于以上五项工作的视察、检查报告。听取县妇女联合会《关于中华人民共和国反家庭暴力法》贯彻执行情况的通报,听取和审议县人大常委会检查组关于《中华人民共和国反家庭暴力法》贯彻执行情况的检查报告;听取和审议县政府《关于西吉县2018年地方政府新增债券资金调整方案的议案》、《关于西吉县2019年第二批地方政府债券资金安排方案的议案》,听取和审议县人大常委会财经委《关于西吉县2018年地方政府新增债券资金调整方案的议案》的审查报告、《关于西吉县2019年第二批地方政府债券资金安排方案的议案》的审查报告,表决通过《西吉县人大常委会关于批准西吉县2018年地方政府新增债券资金调整方案的决议》《西吉县人大常委会关于批准西吉县2019年第二批地方政府新增债券资金安排方案的决议》;审议通过人事任免事项。

9月1日 西吉县引进佩吉服装、天菲服饰、达美制衣3家福建省服装加工企业入驻西吉县工业园区投资建厂。

9月2日 全区乡村旅游(民宿)固原现场会在西吉县吉强镇龙王坝村召开。

同日 十四届县委2019年第二十二次常委会议召开。会议传达学习中共中央办公厅关于贵州省认真贯彻习近平总书记重要指示批示精神、深入开展领导干部利用茅台酒谋取私利问题专项整治情况的通报,研究贯彻落实意见;传达学习自治区扶贫开发领导小组2019年第三次会议精神,听取全县2018年脱贫攻坚成效考核反馈问题整改情况的汇报,研究部署脱贫攻坚工作;听取全县2019年上半年禁毒工作汇报,对下一阶段禁毒工作进行安排部署。

9月4日 十七届县人民政府第五十二次常务会议召开。会议传达学习国务院秘书长肖捷在部分省区信访工作座谈会上的讲话精神、自治区信访工作联席会议精神,听取2019年全县信访工作汇报,研究部署信访工作;听取2019年统筹整合财政涉农资金安排及使用情况的汇报,研究部署相关工作。

9月10日 十四届县委2019年第二十三次常委会议召开。会议传达学习全区"不忘初心、牢记使命"主题教育第一批总结暨第二批部署会议精神,听取西吉县"不忘初心、牢记使命"主题教育筹备情况汇报,研究贯彻落实意见;听取国务院扶贫开发领导小组脱贫攻坚督察组督察西吉县情况汇报,研究部署相关工作;听取中央扫黑除恶第二十督导组反馈问题整改落实情况和案件线索办理情况汇报,研究部署相关工作。

9月11日 全县"不忘初心、牢记使命"主题教育部署会议召开。会议传达贯彻中央和自治区"不忘初心、牢记使命"主题教育第一批总结暨第二批部署会议精神、固原市主题教育部署会议精神;宣读《西吉县"不忘初心、牢记使命"主题教育实施方案》。全体在家县级领导,各乡镇党委、县直各部门(单位)、各人民团体党组织主要负责人,县非公有制经济和社会组织工委书记,县"不忘初心、牢记使命"主题教育办公室各工作机构全体成员参加会议。市委常委、县委书记、县"不忘初心、牢记使命"主题教育领导小组组长王学军和固原市委第二巡回指导组组长、市人大常委会副主任成世杰出席会议并分别讲话。

9月13日 国家交通运输部科技司司长庞松带领科技创新发展处、信息化管理处、救捞局等相关负责人,到西吉县益桥工程项目建设现场调研检查交通扶贫项目进展情况。

9月18日 固原市"不忘初心、牢记使命"主题教育调研组到西吉县调研。自治区党委常委、固原市委书记张柱,自治区政府副主席、固原市市长马汉成,自治区党委第四巡回指导组有关负责人及市委、市人大、市政府、市政协有关领导,固原市辖各县(区)、市直相关部门主要负责人参加调研。调研组一行到马莲乡罗曼沟村、宁夏向丰臻品千亩冷凉蔬菜高新技术示范园、山东水发集团西吉农业综合开发项目、西吉县钱币博物馆、闽宁产业示范园、偏城乡涵江村等,调研西吉县脱贫攻坚、家门口服务站、产业发展、闽宁协作、招商引资、场馆建设和文化事业发展等工作。

9月23日 西吉县在王民乡王民堡田园旅游小镇举行庆祝中华人民共和国成立70周年暨2019年中国农民丰收节活动。

9月26日 福建省莆田市政府副秘书长谢劲兵调研组到西吉县调研东西部扶贫协作工作。调研组先后到西吉县工业园区服装企业、泽艾堂公司、国圣公司等调研企业发展情况,到将台堡镇闽宁协作项目——梓盛蔬菜种植基地调研项目建设情况,到偏城乡涵江村调研闽宁示范村产业发展情况,到吉强镇龙王坝村调研林下经济、产业扶贫、消费扶贫等情况。

9月28日 西吉县在会议中心第一会议室举办"牢固树立马克思主义民族观宗教

观”专题辅导班。辅导班特邀宁夏大学教授潘忠宇授课。全体在家县级领导、各乡镇党委书记、县直部门(单位)主要负责人参加辅导培训。

10月1日 西吉县委在红军长征将台堡会师纪念园讲习厅召开干部任免会议。会议宣布固原市委干部任免决定:宋亚俊同志任西吉县委委员、常委、纪委书记,提名为监察委员会主任候选人。

10月9日 政协西吉县十一届委员会第十五次常委会议召开。会议传达学习习近平总书记在中央政协工作会议暨庆祝中国人民政治协商会议成立70周年大会上的重要讲话精神;听取县政府关于全县“四个一”林草产业试验示范工程实施情况的通报、关于西吉县应急救灾队伍建设情况的通报、关于宁夏西吉工业园区建设情况的通报、关于旅游和广播电视工作情况的通报,审议通过县政协视察组关于以上四项工作的视察报告,审议通过《关于西吉县政协委员观摩全县部分重点工作的报告》,审议通过《政协西吉县各专门委员会组成人员名单》。

同日 固原市委“不忘初心、牢记使命”主题教育第二巡回指导组组长、市人大常委会副主任成世杰带领督导组,到西吉县专题督导检查“不忘初心、牢记使命”主题教育工作。

10月10日 自治区党委常委、固原市委书记张柱到西吉县调研“不忘初心、牢记使命”主题教育开展情况。在县委五楼会议室召开座谈会。固原市委常委、西吉县委书记王学军汇报了西吉县“不忘初心、牢记使命”主题教育工作开展情况。随后,张柱一行到县教育体育局、震湖乡李章村及兴坪乡进行实地调研。

10月11日 福建省莆田市市长李建辉带领莆田市调研组到西吉县调研闽宁对口扶贫协作及脱贫攻坚工作。李建辉一行到偏城乡涵江村、硝河乡新庄村、向丰臻品千亩冷凉蔬菜高新技术示范园、闽宁产业示范园区、西吉闽宁莆田小学、吉强镇龙王坝村,实地调研闽宁示范村产业、闽籍企业、乡村旅游业发展等工作。12日上午召开座谈会,涵江区委书记陈万东和西吉县县长杨生俊分别就闽宁对口扶贫协作及西吉县脱贫攻坚工作进行了汇报,莆田市企业进行了捐赠。

10月12日至13日 自治区党委组织部、宣传部、区文化厅、区扶贫办联合举办的“抓党建促脱贫富民大宣讲”活动暨大型现代眉户剧《丁香花开》全区巡演到西吉县震湖乡、新营乡、马莲乡、将台堡镇、吉强镇、什字乡巡演。

10月14日 十四届县委2019年第二十五次常委会议召开。会议传达学习习近平总书记在庆祝中华人民共和国成立70周年大会上的重要讲话精神、习近平总书记在黄河流域生态保护和高质量发展座谈会上的重要讲话精神,听取全县河长制湖长制工作开展情况汇报,研究贯彻落实意见;听取全县脱贫攻坚“20项清零行动”进展情况汇报,研究部署相关工作;研究审定《西吉县农村集体产权制度改革实施方案》,研究《关于申请拨付2018—2019年供热补贴的请示》。

同日 宁夏宝丰集团燕宝基金会副会长张昭一行到西吉县白崖乡鹞子川村举行宁

夏宝丰集团结对帮扶贫困村物资捐赠活动,向鹞子川村集体捐赠青饲料收割机、农用旋耕机各一台,并出资硬化鹞子川村小学校园场地,共投入帮扶资金60余万元。

10月17日 十四届县委2019年第二十六次常委会议召开。会议传达学习习近平在中央政协工作会议暨庆祝中国人民政治协商会议成立70周年大会上的重要讲话精神、《中共中央关于新时代加强和改进人民政协工作的意见》,研究贯彻落实意见。

同日 西吉县偏城乡涵江村第一书记秦振邦荣获全国"脱贫攻坚贡献奖",并参加由国务院扶贫办同中央广播电视总台联合录制的《攻坚的力量——2019年全国脱贫攻坚奖特别节目》颁奖典礼。

10月18日 福建省人力资源和社会保障厅副厅长吴小颖带领有关人员,到西吉县考察对接闽宁劳务协作工作。

10月20日 西吉县"不忘初心、牢记使命"主题教育学党史、新中国史专题讲座在县会议中心会堂举办。讲座特邀宁夏党校公共管理教研部主任、教授李喆作专题辅导。全体在家县级领导,各乡镇、县直各部门(单位)领导班子成员,党组织关系在西吉县的驻县各单位主要负责人共380余人聆听了讲座。

10月21日 由自治区文化旅游厅、自治区葡萄产业发展办公室主办,银川萨法瑞国际旅行社有限公司承办的集文化、体育、旅游于一体的宁夏2019"长城烽火"越野跑(固原站)启动仪式在红军长征将台堡会师纪念广场举行。

同日 浦发银行银川分行党委书记、行长马文礼一行到西吉县新营乡洞子沟村开展扶贫帮扶捐赠活动,向洞子沟村捐赠20万元帮扶资金。

10月24日 十四届县委2019年第二十七次常委会议召开。会议专题研究"不忘初心、牢记使命"主题教育期间进一步抓好集中整顿软弱涣散村党组织相关工作;听取关于在"不忘初心、牢记使命"主题教育中县级领导开展"村村到"调研和全县整顿软弱涣散党组织工作进展情况汇报,研究确定整顿对象及选派整顿工作组相关事宜。

10月28日 十七届县人大常委会第二十四次会议召开。会议听取和审议县政府关于县十七届人民代表大会第三次全体会议代表议案建议办理情况的报告,关于全县重点工程项目建设进展情况的报告,关于全县脱贫攻坚"有土+离土"增收产业、"普惠+兜底"政策保障、贫困村基础设施建设情况的报告,关于县城建设、美丽小城镇及美丽村庄建设情况的报告;听取和审议县人大常委会视察、检查组关于以上四项工作的视察、检查报告。审议通过关于提请接受马志宏辞去西吉县第十七届人民代表大会代表职务的议案,表决通过县人大常委会《关于接受马志宏辞去西吉县第十七届人民代表大会代表职务的决议》。会议就9项民生热点问题对相关部门(单位)进行询问。

同日 中国宗教杂志社社长、党支部书记刘金光,中国人民大学马克思主义学院教授何虎生,延安大学马克思主义学院教授崔海亮到西吉县硝河乡关庄村、红军长征将台堡会师纪念园、兴隆镇单家集红色革命教育基地专题调研"中国共产党制定宗教信仰自由政策之初心”。

10月28日至29日 自治区政协主席崔波到西吉县钱币博物馆改建项目基地、宁夏金曜塑业、天之涯服饰、泽艾堂生物科技有限公司、袁河中学、水发集团西吉农业综合开发项目基地调研西吉县项目建设、产业发展、教育教学质量提升和政协工作。

10月29日 自治区人大常委会副主任李锐带领在宁全国人大代表，到将台堡镇、硝河乡新庄村调研美丽乡村建设。

10月30日 自治区副主席杨培军到西吉县第一幼儿园、袁河中学、吉强镇龙王坝村调研西吉县教育教学和乡村旅游发展情况。

同日 十七届县人民政府第五十四次常务会议召开。会议听取全县2019年前三季度经济运行情况汇报，研究部署经济工作；研究审议《关于推动高质量发展的实施方案》《西吉县全域旅游示范县创建工作实施方案》《西吉县2019年秋季村道绿化工作方案》，研究《宁夏西吉工业园区总体规划修编》事宜，研究部署相关工作。

11月5日 十四届县委2019年第二十九次常委会议召开。会议传达学习中国共产党第十九届中央委员会第四次全体会议精神，研究贯彻落实意见；传达学习陈润儿、咸辉同志在全区领导干部会议上的讲话精神，研究贯彻落实意见；传达学习全区退役军人工作会议精神，研究贯彻落实意见；听取关于在“不忘初心、牢记使命”主题教育期间县级领导开展“村村到”和社区调研问题建议梳理情况的汇报，传达学习自治区扫黑除恶专项斗争领导小组2019年第七次会议精神，研究贯彻落实意见。

11月12日 十七届县人大常委会第二十五次会议召开。会议审议通过《关于提请接受马炳良等同志辞去西吉县第十七届人民代表大会代表职务的议案》，表决通过西吉县人大常委会《关于接受马炳良等同志辞去西吉县第十七届人民代表大会代表职务的决议》，表决通过西吉县人大常委会《关于补选西吉县第十七届人民代表大会代表的决定》。

11月13日 十四届县委2019年第三十次常委会议召开。会议传达学习习近平总书记在十九届中央政治局第十八次集体学习时的重要讲话精神、《中国共产党宣传工作条例》，研究贯彻落实意见；传达学习自治区党委常委（扩大）会议精神、自治区“不忘初心、牢记使命”主题教育领导小组第四次会议精神、陈润儿调研固原市脱贫攻坚和“不忘初心、牢记使命”主题教育座谈会讲话精神，研究贯彻落实意见；传达学习第七届全国道德模范座谈会精神，研究审定“最美西吉人”、固原市第五届道德模范候选人名单；研究审定《西吉县全域旅游示范县创建工作方案》，研究《关于推荐全市“干事创业好班子”和“担当作为好干部”初步对象的请示》。

11月16日 中国商用飞机有限责任公司副董事长、总经理赵越让一行到西吉县钱币博物馆、吉德工业园区、吉强镇龙王坝村、将台堡镇火沟村、将台堡镇西坪村、什字中学调研对口帮扶工作。

11月19日 福建省莆田市涵江区人大常委会主任黄茂森一行到西吉县宁夏吉强服

饰有限公司、宁夏源升服饰有限公司、天菲服饰有限公司、天之涯服饰有限公司、宁夏泽艾堂生物科技有限公司、宁夏国圣食品有限公司、水岔村花灯厂考察闽宁对口扶贫协作工作。

同日 十七届县人民政府第五十六次常务会议召开。会议传达学习《中共中央办公厅国务院办公厅印发〈关于在国土空间规划中统筹划定落实三条控制线的指导意见〉的通知》,研究贯彻落实意见;研究审定《关于政府部门拖欠民营企业中小企业部分账款进行核查认定的请示》,并做安排部署。

11月27日 十四届县委2019年第三十一次常委会议召开。会议传达学习自治区党委常委会议精神,听取县政府党组关于全县前三季度经济运行情况的汇报,研究部署经济工作;传达学习自治区党委第七轮巡视动员部署会议精神、四届市委第八轮巡察工作动员部署会议精神,研究贯彻落实意见;听取县总工会、团委、妇联、工商联、伊协、文联工作情况汇报;研究审定有关资金事宜,研究审定《关于废止、宣布失效和修改部分党内规范性文件的决定》。

11月28日 龙王坝教学基地揭牌仪式在西吉县吉强镇龙王坝村龙泉湾山庄举行。揭牌仪式上,龙王坝教学基地负责人分别与华侨大学、宁夏师范学院、北方民族大学继续教育学院、宁夏职业技术学院广播电视大学商学院、西吉职业中学负责人签订了协议。

12月3日 西吉县委常委会"不忘初心、牢记使命"主题教育专题民主生活会在县委五楼会议室召开。自治区党委常委、固原市委书记张柱到会指导并讲话,自治区党委第四巡回指导组组长蔡珺、市领导余剑雄、成世杰、杨自平及自治区党委第四巡回指导组、固原市委第二巡回指导组成员到会指导。

12月12日 自治区档案馆馆长王耘一行到西吉县督查西吉县档案馆新馆(新馆建筑面积2800平方米,2018年4月开工建设,2019年12月竣工验收)建设情况。

12月16日 十七届县人民政府第五十八次常务会议召开。会议传达学习自治区党委十二届八次会议精神、"健康宁夏行动"启动电视电话会议精神,研究贯彻落实意见;研究《关于收回、公开出让、划拨国有建设用地使用权的请示》《关于调整安排历年地方政府债券资金的请示》,并作具体安排部署。

12月18日 十四届县委2019年第三十二次常委会议召开。会议传达学习自治区党委十二届八次全会精神,研究贯彻落实意见;传达学习全区贫困县(区)纪委书记工作例会暨专项整治漠视群众利益问题工作推进会精神,研究安排相关工作;听取全县党风廉政建设和反腐败工作汇报、全县意识形态工作汇报、科协工作汇报、残联工作汇报,研究部署相关工作;听取政府党组关于2019年财政收入支出进度完成情况的汇报,研究部署相关工作。

12月20日 市委常委、县委书记王学军在县会议中心第一会议室主持召开全县扫黑除恶专项斗争工作推进会。全体在家县级领导,县直有关部门(单位)主要负责人和各乡镇党委书记参加。县法院、县检察院、县公安局、县纪委监委等部门负责人在会上作了表态发言。

12月23日 十七届县人民政府第五十九次常务会议召开。会议研究审定《西吉县2020年重点建设项目、一般建设项目和预备开工建设项目》,研究审定《关于申请回购西吉县污水处理厂提标改造工程及附属工程建设项目的请示》,研究《关于确定、收回和划拨国有建设用地使用权的请示》,研究《关于调整安排2019年及历年债券资金的请示》,并作具体安排部署。

12月24日 十七届县人民政府第六十次常务会议召开。会议研究审议《西吉县第十七届政府工作报告》《西吉县2019年民生计划执行情况与2020年民生计划(草案)的报告》《西吉县十七届人民代表大会第三次会议代表议案建议办理情况的报告》《政协西吉县十一届三次会议委员提案办理情况的报告》《西吉县2019年国民经济和社会发展计划执行情况与2020年国民经济和社会发展计划(草案)的报告》《西吉县2019年财政预算执行情况和2020年财政预算(草案)的报告》。

12月25日 十四届县委2019年第三十三次常委会议召开。会议传达学习自治区党委政协工作会议精神,研究贯彻落实意见;听取县人大党组工作汇报、县政府党组工作汇报;研究审定《西吉县2020年重点建设项目、一般建设项目、预备开工项目和重点储备项目》,研究关于召开中共西吉县委十四届五次全体会议、关于召开西吉县第十七届人民代表大会第四次会议、关于召开政协西吉县第十一届委员会第四次全体会议有关事项。

12月27日 十七届县人大常委会第二十七次会议召开。会议听取县十七届人民代表大会第四次会议筹备情况的报告;审议县十七届人民代表大会第四次会议有关文件、名单草案等;审议《西吉县第十七届人民代表大会第四次会议工作报告》。

是年 全县总户数130116户,总人口477077人。全县地区生产总值695381万元,其中第一产业175961万元、第二产业104082万元、第三产业415338万元。农作物播种面积187.73万亩,粮食总产37168.8万公斤、油料总产1517.9万公斤、蔬菜总产77938万公斤。地方财政收入18028万元,地方财政支出593236万元,社会商品零售总额166381万元。

2020年

1月1日 县委、政府举行庄严的升国旗仪式。市委常委、县委书记王学军及全体在家县级领导,县直各部门(单位)干部职工,区、市直属单位主要负责人,共650人参加升国旗仪式。

1月5日 西吉县“全民健身季”启动仪式暨第二届“迎新年 登高望远”登山比赛开赛,来自社会各界的数百名登山爱好者参加了比赛。

1月6日　西吉县北部片区“农民春晚”暨农民文艺汇演活动在偏城乡文化广场举行。来自北部片区(偏城乡、火石寨乡、沙沟乡、白崖乡)四个乡的演员同台激情献艺。

1月9日　由县委宣传部、县文化旅游广电局、县教育体育局主办,将台堡镇政府承办,吉强镇、马莲乡、什字乡、硝河乡政府协办的西吉县2020年“文化、科技、卫生”三下乡启动仪式暨东部片区“农民春晚”文艺汇演活动在红军长征将台堡会师纪念广场举行。

1月9日至11日　政协西吉县十一届四次全体会议召开。应参会委员182人,实到会委员175人。会议听取和审议政协工作报告、政协提案工作报告,审议通过政协西吉县第十一届委员会提案审查委员会关于十一届四次会议期间提案审查情况的报告、政协西吉县第十一届委员会2020年度协商工作计划和政协西吉县第十一届委员会第四次全体会议决议。参会政协委员还列席了十七届县人民代表大会第四次全体会议,听取讨论《政府工作报告》和其他报告。会议确定重点提案6件、提案16件,涉及脱贫攻坚、城乡建设、环境整治、产业发展、教育卫生等方面。

同日　县十七届人民代表大会第四次全体会议召开。会议听取和审议西吉县人民政府工作报告、西吉县人大常委会工作报告、西吉县法院工作报告、西吉县检察院工作报告、西吉县人大代表议案办理情况报告;会议表决通过《关于西吉县人民政府工作报告的决议》《关于西吉县2019年国民经济和社会发展计划执行情况与2020年国民经济和社会发展计划的决议》《关于西吉县2019年财政预算执行情况和2020年财政预算(草案)的决议》《关于西吉县2019年民生计划执行情况与2020年民生计划的决议》《关于西吉县人大常委会工作报告的决议》《关于西吉县人民法院工作报告的决议》《关于西吉县人民检察院工作报告的决议》《关于代表议案的决定》;选举产生西吉县监察委员会主任,补选5名县第十七届人大常委会委员。会议确定人大代表议案3件、建议8件。

1月10日　由县委宣传部、县文广局主办,王民乡政府承办,兴隆镇、平峰镇、兴平乡、西滩乡政府协办的西吉县南部片区2020年“农民春晚”暨农民文艺汇演活动在王民乡集贸市场精彩上演。

同日　县委召开思想道德建设座谈会,传达学习全国道德模范座谈会议精神、全区思想道德建设座谈会议精神,学习《新时代公民道德建设实施纲要》《新时代爱国主义教育实施纲要》。会议对27名“最美西吉人”进行了表彰,对全县推动移风易俗、强化乡风民风建设工作进行再安排、再部署。

1月12日　西吉县北斗星诗社、县诗联学会举办2019年年会暨第二届文学佳绩颁奖晚会。来自全县各界的诗词爱好者和文化工作者共聚一堂,开展了春倌表演、器乐合奏、歌舞、独唱对唱、书法绘画、诗词朗诵等丰富多彩的文艺汇演,全面展示了2019年西吉县诗社、诗联学会取得的成果。

1月13日　由县委宣传部、县文广局主办,新营乡政府承办,马建乡、震湖乡、田坪乡、红耀乡协办的西吉县西部片区2020年“农民春晚”暨农民文艺汇演活动在新营乡金山文化园精彩上演。

同日 西吉县首届“爱满新春 情献西吉”大型集体婚礼在县体育馆内举行,12对新人喜结连理,共同倡导婚俗文明新风尚。

1月14日 市政协副主席杨志荣、市政协秘书长张骞及县委常委、统战部长马保师,县政协副主席李西平一行,带着党和政府的关怀和温暖,到平峰镇、将台堡镇看望慰问困难群众,为困难群众送去米、面、油等慰问品。

1月15日 西吉县安委会2020年第一次全体(扩大)会议在会议中心第一会议室召开。会议传达学习全国安全防范暨专项督查工作视频会议精神,通报2019年全县安全生产情况并安排部署2020年第一季度安全生产工作,研究制定针对性措施,全力保障春节、“两会”等重要节会和冬季、春运等重点时段期间全县安全生产形势持续稳定。

1月16日 “中国体育彩票杯”宁夏西吉县第三届农民篮球争霸赛复赛开幕式在兴隆镇单家集体育场举行。县委副书记杨生智,县委常委、统战部长马保师,政府副县长马耀军、政协副主席张国义及有关部门负责人、各参赛代表队参加了开幕仪式。

1月17日 十四届县委2020年第一次常委会会议召开。会议传达学习习近平总书记在中央政治局第十九次集体学习时的重要讲话精神,研究贯彻落实意见;传达学习全国、全区“不忘初心、牢记使命”主题教育总结大会精神,研究贯彻落实意见;传达学习自治区党委十二届九次全会精神、固原市委四届六次全会精神和区、市“两会”精神,研究贯彻落实意见;传达学习全国、全区扫黄打非电视电话会议精神,研究贯彻落实意见;传达学习《自治区纪委关于在“不忘初心、牢记使命”主题教育期间查处的五起典型案例的通报》《自治区党委办公厅关于进一步做好2020年节假日期间值班工作的通知》《自治区纪委办公厅关于2020年元旦、春节期间加强监督执纪问责的通知》《固原市委办公室关于进一步做好2020年节假日期间值班工作的通知》《固原市纪委关于2020年元旦、春节期间开展“四风”问题和领导值班带班情况督查的实施方案》,研究贯彻落实意见;研究审定《开展“担当新使命、展现新作为”轮训活动方案》《西吉县2020年“四个一”林草产业发展实施方案》,研究《贯彻落实〈中国共产党重大事项请示报告条例〉的具体措施》,研究《关于提请审定替补西吉县工商联第九届执委和副主席人选的请示》。

1月18日 市委常委、县委书记王学军带领县领导李聪、高耀明、李喜生一行对消防救援大队及部分退休老干部、参战老兵开展春节慰问,向他们送去党和政府的关怀和温暖。

同日 政府县长杨生俊带领县领导马天英、王继军、李国英到县武警中队和人武部进行春节慰问,向广大武警战士和人武部职工致以新春的问候与祝福,并为他们送去慰问品,送去县委、县政府的关怀与温暖。

▲ 以“美丽新西吉”为主题的西吉县2020年春节联欢晚会在县体育馆举行。市委常委、县委书记王学军,政府县长杨生俊,人大常委会主任李聪,政协主席马天英及全体在

家的县级领导同全县干部群众欢聚一堂,一起观看演出。晚会还通过“新华社现场云”“央视新闻+”“西吉电视台”“西吉融媒体”等多个通道、直播平台同步进行了全网直播。

1月20日 县人大常委会主任李聪带领县人大视察组,在县委常委、政府副县长李国英及相关部门负责人陪同下,对全县春节期间安全生产工作进行视察。

同日 西吉县“不忘初心、牢记使命”主题教育总结会在会议中心第一会议室召开。市委常委、县委书记王学军出席会议并讲话,市委第二巡回指导组副组长、市纪委第二派驻纪检组组长柳全忠到会指导。全体在家县级领导、各乡镇党委书记、县直各部门(单位)、区市驻县各单位主要负责人、县委主题教育各巡回指导组组长、各工作组组长参加会议。各乡镇领导班子成员、村党支部书记通过“云视讯”系统在分会场参加会议。

1月23日 政府县长杨生俊在政府三楼会议室主持召开专题会议,研究部署新型冠状病毒感染肺炎疫情防控工作。

1月27日 十四届县委2020年第二次常委会会议召开。传达学习习近平总书记在中央政治局常委会会议上重要讲话精神、中央应对新型冠状病毒感染肺炎疫情工作领导小组会议精神,研究贯彻落实意见;传达学习自治区党委常委会(扩大)会议精神、自治区政府常务会议精神、自治区新型冠状病毒感染肺炎疫情防控工作专题会议和视频调度会精神,通报全县疫情防控工作进展情况,研究部署全县疫情防控工作。

1月29日 市委常委、县委书记、县委应对新型冠状病毒感染肺炎疫情工作领导小组组长王学军深入硝河乡、将台堡镇、兴隆镇、什字乡、马莲乡检查督导疫情防控工作。要求各级组织把疫情防控工作作为当前最重要的工作来抓,全力打好疫情防控阻击战。

同日 政府县长、县应对新型冠状病毒感染肺炎疫情工作指挥部指挥长杨生俊深入华联超市、千衣汇服饰城、老百姓药店、帝豪购物超市、菜市场等人员密集场所和鑫祥世城、幸福佳苑、丁香路居民区、白崖乡、沙沟乡检查指导疫情防控工作。

▲西吉县新冠肺炎疫情防控工作调度视频会议在县委五楼会议室召开。会议传达学习习近平总书记最新重要批示精神、自治区党委书记陈润儿暗访督查新型冠状病毒感染肺炎疫情防控工作情况的通报;会议听取全县疫情防控指挥部办公室运行、排查摸底、健康筛查、居家隔离医学观察、道路入口现场查验、公共场所防控、信息报送发布、学校防控措施、医疗救治保障等工作进展情况。会议认为自疫情防控工作开展以来,全县上下积极协调配合、共同建言献策,认真分析研判疫情形势,防控措施不断完善,广大干部群众积极响应中央、区、市、县部署要求,全县疫情防控工作开展有序。

1月30日 市委常委、县委书记、县委应对新型冠状病毒感染肺炎疫情工作领导小组组长王学军到西滩乡、王民乡、平峰镇、兴平乡检查督导疫情防控工作。要求动员社会力量参与疫情防控工作,凝聚起社会各界共同抗击疫情的强大合力。

同日 政府县长、县应对新型冠状病毒感染肺炎疫情工作指挥部指挥长杨生俊到火石寨乡、新营乡、红耀乡、田坪乡、震湖乡实地检查指导各属地卫生院、相邻省县(区)道路留验站、部分留观人员疫情防控工作。

▲ 市委常委、县委书记、县委应对新型冠状病毒感染肺炎疫情工作领导小组组长王学军在县委二楼会议室主持召开县委应对新型冠状病毒感染肺炎疫情工作领导小组会议,通报自治区有关疫情防控工作调查报告,听取全县疫情防控工作开展情况汇报,研究突出问题,提出明确要求,部署下一步工作。

1月31日 政府县长、县应对新型冠状病毒感染肺炎疫情工作指挥部指挥长杨生俊在政府三楼会议室主持召开指挥部第一次会议。县应对新型冠状病毒感染肺炎疫情工作指挥部成员参加会议。会议研究通过《西吉县应对新型冠状病毒感染肺炎疫情工作指挥部工作规则(试行)》《西吉县应对新型冠状病毒感染肺炎疫情工作指挥部重点工作规程》《西吉县应对新型冠状病毒感染肺炎疫情工作应急预案》《西吉县应对新型冠状病毒感染肺炎疫情防控工作指挥部公告(第3号)》,研究部署全县疫情防控工作。

同日 自治区政府副主席、固原市市长马汉成深入西吉县高速路口留验站、县人民医院、吉祥花园小区等疫情防控一线检查督导疫情防控工作。强调要坚决把各项防控措施落到实处,全力打好疫情防控阻击战。

▲ 市委常委、县委书记、县委应对新型冠状病毒感染肺炎疫情工作领导小组组长王学军深入惠安小区、吉祥花园、幸福佳苑等住宅小区和城区各大超市、农贸市场、高速路口留验站等地,检查督导疫情防控工作和粮、油、菜等生活必需品储备供应情况。强调要把防控责任扛在肩上,把群众的安危放在心里,坚决打赢打好疫情防控阻击战。

2月1日 自治区应对新型冠状病毒感染肺炎疫情防控第四督导检查组组长、自治区党委组织部副部长金万宏带领督导组,到西吉县督导检查疫情防控工作。

同日 市委常委、县委书记、县委应对新冠疫情防控工作领导小组组长王学军在县委五楼会议室主持召开县委应对新冠疫情防控工作领导小组视频会议。政府县长杨生俊、人大常委会主任李聪、政协主席马天英及县委各常委、政府各副县长在主会场参加会议,其他县级领导及各乡镇、各部门在各分会场参加会议。会议传达学习自治区党委、固原市委应对新冠疫情防控工作领导小组会议精神、自治区纪委、西吉县纪委有关通报精神,反馈了自治区督导组督导西吉县新冠疫情防控工作情况,通报了西吉县应对新冠疫情防控工作情况,对全县新冠疫情防控工作进行再安排、再部署。

2月2日 政府县长、县应对新冠疫情防控工作指挥部指挥长杨生俊,先后深入河畔人家疫情防控备用留观点、县人民医院发热预检门诊、吉强镇、硝河乡、将台堡镇、兴隆镇、什字乡实地督导检查疫情防控工作。杨生俊强调,当前疫情防控到了紧要关头,全县要把疫情防控工作当作首要政治任务来抓,宁可十防九空,不能漏掉一人,牢牢守住全县疫情防控"安全门"。

2月3日 市委常委、县委书记、县委应对新冠疫情防控工作领导小组组长王学军深入吉强镇、偏城乡、白崖乡、沙沟乡检查督导疫情防控工作。王学军强调,要建立健全疫情防控网格化管理体系,把疫情防控措施落实到户、落实到人;要发动群众联防联控、群防群治,坚决打赢这场没有硝烟的疫情防控阻击战。

2月4日 西吉县经过严格筛选,确定第一批由县医院陈东月、逯曌玲、何华和县中医院朱文君、周晓玲5名护师组成医疗团队,前往湖北武汉开展医疗援助。

2月5日 市委常委、县委书记、县委应对新冠疫情防控工作领导小组组长王学军在县委五楼会议室主持召开县委应对新冠疫情防控工作领导小组第四次会议。会议以视频会的形式召开。会议传达学习习近平总书记在中央政治局常务委员会会议研究加强新冠疫情防控工作时的重要讲话精神、自治区党委应对新冠疫情防控工作领导小组第二次会议精神、固原市委应对新冠疫情防控工作领导小组第二次会议精神、陈润儿同志有关批示精神、中央应对新冠疫情防控工作领导小组《关于进一步加强当前疫情防控工作的通知》《关于做好春节后错峰返程加强疫情防控工作的通知》和自治区应对新冠疫情防控工作指挥部《关于开展新型冠状病毒感染肺炎疫情重点人群排查工作的通知》,通报全县疫情防控工作进展情况,安排部署全县下一步疫情防控工作。

2月11日 市委常委、县委书记、县委应对新冠疫情防控工作领导小组组长王学军主持召开县委应对新冠疫情防控工作领导小组(扩大)会议。会议传达学习习近平总书记在北京调研指导新冠疫情防控工作时的重要讲话精神、陈润儿在自治区新冠疫情防控工作视频会议上的讲话精神;听取各包乡(社区)县级领导所包乡(社区)疫情防控工作进展情况汇报,通报县督导检查组对全县新冠疫情防控工作督导检查情况,并对全县新冠疫情防控工作进行再安排再部署。

2月12日 市委常委、县委书记、县委应对新冠疫情防控工作领导小组组长王学军深入震湖乡检查督导疫情防控工作。王学军强调,要进一步压紧压实工作责任,落实落细工作举措,全力抓好疫情防控各项工作,确保广大人民群众生命安全和身体健康。

2月13日 宁夏藏百源实业有限公司为西吉县捐赠2万只医用口罩,助力一线疫情防控工作。

2月14日 政府县长、县应对新冠疫情防控工作指挥部指挥长杨生俊带领县领导李国英、李晓东、马耀宏及相关部门负责人到县工业园区、县育教体育局,检查指导企业复工复产和学校开学准备情况。

同日 市委常委、县委书记、县委应对新冠疫情防控工作领导小组组长王学军到硝河乡、将台堡镇、马莲乡、什字乡检查督导疫情防控工作。王学军强调,要严格举措、严把关口,全力做实做细疫情防控工作。

▲ 政府县长、县应对新冠疫情防控工作指挥部指挥长杨生俊在卫健局主持召开县应对新冠疫情防控工作指挥部第五次会议,听取各成员小组工作进展汇报,对教育、农业、项目建设等方面的医疗物资保障、防控方案制定、防控措施落实等情况进行研究会商,安排部署全县疫情防控工作。

2月15日 西吉县开通新冠肺炎防控工作心理援助热线,向社会各界提供24小时在线免费服务。

2月16日 政府县长、县应对新冠肺炎防控工作指挥部指挥长杨生俊深入吉强镇、将台堡镇、兴隆镇、什字乡、马莲乡、硝河乡检查督导疫情防控工作。杨生俊强调,要突出重点、统筹兼顾,在做实做细疫情防控工作的前提下,全力抓好春耕备耕、脱贫攻坚等各项工作。

2月18日 政府县长、县应对新冠肺炎防控工作指挥部指挥长杨生俊在县卫健局主持召开指挥部第六次会议时强调,在严防死守、抓实抓细抓好疫情防控工作的同时,要统筹兼顾、科学谋划、精准施策,全力抓好企业复工复产、脱贫攻坚、农业农村等各项工作。

同日 自治区政府副主席、固原市长马汉成到西吉县调研指导新冠肺炎疫情防控工作及企业复工复产、脱贫攻坚、农业结构调整、生态建设等重点工作开展情况。马汉成到已复工的宁夏金曜塑业有限公司、宁夏泽艾堂生物科技有限公司实地察看企业疫情防控措施落实情况,重点询问企业在复工复产后面临的困难和问题。马汉成要求企业既要高度重视疫情防控,又要抓好复工复产,在优先做好疫情防控工作的前提下,推行更加人性化、智能化的管理服务方式,科学合理组织人员到位,稳妥有序复工复产;西吉县要帮助企业做好人员组织、原料辅料采购、运输畅通等衔接工作,积极组织动员有条件的企业满负荷生产;要抓好自治区惠企政策落实落地,主动协调解决企业融资等难题,争取政策扶持企业健康发展。

2月19日 政府县长杨生俊带领副县长张永强及相关部门负责人到吉强镇、硝河乡、将台堡镇、马莲乡、兴隆镇、王民乡、平峰镇、震湖乡检查指导全县农业农村工作。杨生俊强调,要抓住春耕备耕黄金期,调优农业产业结构,为全县打赢脱贫攻坚战夯实基础。

2月20日 市委常委、县委书记、县委应对新冠疫情防控工作领导小组组长王学军到西滩乡、兴平乡调研指导疫情防控、脱贫攻坚、春耕生产等各项重点工作开展情况。王学军强调,疫情防控不容松劲,脱贫攻坚全面启动,结构调整同步推进。

2月21日 市委常委、县委书记、县委应对新冠疫情防控工作领导小组组长王学军在县委五楼会议室主持召开县委应对新冠疫情防控工作领导小组第六次会议。会议以视频会的形式召开。政府县长杨生俊、人大常委会主任李聪、政协主席马天英及县委各常委、政府各副县长在主会场参加会议,其他县级领导及各乡镇、各部门、区市驻县单位主要负责人在分会场参加会议。会议传达学习自治区党委常委会(扩大)会议精神、自治区纪委《关于5起在疫情防控工作中违规违纪问题的通报》,通报全县疫情防控工作情况和疫情防控督导检查情况,并对全县下一阶段重点工作进行具体安排部署。

2月23日 市委常委、县委书记、县委应对新冠疫情防控工作领导小组组长王学军到县看守所、县拘留所、县城中心敬老院督导检查疫情防控工作。王学军强调,要加强内部管理,把好各道关口,严防疫情输入,严防聚集感染,坚决打赢疫情防控阻击战。

2月24日 政府县长、县应对新冠疫情防控工作指挥部指挥长杨生俊主持召开指挥部第七次会议。会议学习贯彻习近平总书记关于统筹推进新冠疫情防控和经济社会发展工作部署会议上的重要讲话精神。杨生俊要求全县各级组织、各级干部担当作为,以科学防治之智、统筹兼顾之谋、组织落实之能,全力推进西吉县疫情防控和经济社会发展。

2月26日 西吉县城市公交开始恢复运营。

同日 十四届县委2020年第四次常委会会议召开。会议传达学习习近平总书记在中央统筹推进新冠疫情防控和经济社会发展工作部署视频会议上的重要讲话精神、陈润儿同志在全区持续抓好新冠疫情防控工作和保持经济平稳发展视频会议上的讲话精神,研究贯彻落实意见;听取全县新冠疫情防控工作情况和新冠疫情防控督导检查情况汇报,研究部署下一步疫情防控工作;研究审定《关于开展"担当新使命、展现新作为"学习实践活动的实施方案》,研究审定有关资金事宜。

2月27日 十七届县政府第六十四次常务会议召开。会议传达学习全国春季农业生产工作电视电话会议精神、全区切实做好当前农业生产和脱贫攻坚工作电视电话会议精神,研究贯彻落实意见;听取全县2020年建设项目进展情况汇报;研究审议《关于成立脱贫攻坚普查领导小组的请示》《西吉县乡村道路绿化工作实施方案》《关于提高我县城乡居民最低生活保障供养基本生活费救助和孤儿养育津贴标准的请示》等。

2月28日 十四届县委2020年第五次常委会会议召开。会议传达学习习近平总书记2月26日在中央政治局常委会会议上的重要讲话精神、自治区党委常委会会议及境外新冠疫情输入防控专题会议精神,研究贯彻落实意见;传达学习自治区党委组织部《关于组织党员自愿捐款支持新冠疫情防控工作的通知》,研究贯彻落实意见。

2月29日 广东容德实业发展有限公司周鸿奎为西吉县捐赠价值70万元的疫情防控物资,用实际行动助力家乡疫情防控。

3月2日 政府县长杨生俊在政府三楼会议室主持召开全县重点建设项目推进会,动员全县上下统一思想、凝聚合力、聚焦重点、实干攻坚,全力推进重点建设项目平稳有序开展。会议听取全县各项目单位2020年建设项目前期准备情况,围绕50个重点建设项目、30个一般建设项目一一梳理包抓责任落实和开工条件,研究解决项目推进中存在的问题,安排部署重点项目开工前期准备及有关工作。

同日 政府县长、县应对新冠疫情防控工作指挥部指挥长杨生俊主持召开指挥部第8次会议。会议传达学习自治区办公厅《关于应对新冠肺炎疫情期间稳定和促进就业工作的通知》,研究贯彻落实意见;听取各成员小组工作进展汇报,对新冠疫情防控方案细化、防控措施落实等情况进行安排部署。

3月3日 市委常委、县委书记、县委应对新冠疫情防控工作领导小组组长王学军到红耀乡调研疫情防控、脱贫攻坚、结构调整及马铃薯销售情况。王学军强调,在抓紧抓好疫情防控的同时做好马铃薯销售工作,最大限度减少新冠疫情对脱贫攻坚的影响,努力走出一条薯玉兼作、草畜配套的循环经济发展新路子。

3月5日 西吉县爱心企业捐赠的价值70万元的300吨优质马铃薯驰援湖北襄阳,为当地在防疫期间保供应、稳市场贡献西吉力量。

同日 市委常委、县委书记、县扶贫开发领导小组组长王学军在会议中心第一会议室主持召开扶贫开发领导小组2020年第一次会议,强调要统筹做好疫情防控和脱贫攻坚工作,举全县之力坚决打赢疫情防控阻击战和脱贫攻坚收官战。全体在家县级领导、各乡镇党委书记、扶贫开发领导小组成员单位负责人参加会议。

3月6日 中国大唐集团有限公司宁夏分公司向西吉县新冠疫情防控指挥部、震湖乡政府、震湖乡毛坪村捐赠口罩1100个、体温枪4个、84消毒液130桶,助力西吉县打赢疫情防控阻击战。

3月7日 西吉县召开农业农村暨脱贫攻坚工作会议。会议以视频形式召开,自治区扶贫办副主任丁建懿到会指导并讲话,市委常委、县委书记王学军出席会议并讲话,政府县长杨生俊主持会议。全体在家县级领导及县扶贫开发领导小组部分成员单位主要负责同志在会议中心第一会议室主会场参加会议,县扶贫开发领导小组部分成员单位和区、市驻县各单位主要负责同志、各乡镇党委、政府领导班子成员、村“两委”班子成员和驻村第一书记在各分会场参加会议。会议传达学习习近平总书记重要讲话和中央及区市疫情防控、脱贫攻坚、农业农村工作相关会议精神;宣读2019年度脱贫攻坚先进集体和先进工作者表彰奖励决定;总结2019年农业农村和脱贫攻坚工作,安排部署2020年农业农村和脱贫攻坚工作;签订了《2020年度农业农村工作任务书》《2020年度脱贫攻坚任务书》;吉强镇、兴隆镇和教育体育局在会上作了表态发言。

3月8日 县委常委、政府常务副县长李国英、政府副县长马耀军带领县安监局、公安局、环保局、住建局等部门负责人,深入河畔人家、和泰酒店、鑫鸿宾馆、速8酒店、中科宾馆、将台堡大酒店等集中隔离医学观察点,对疫情防控和安全生产情况进行督导检查,并现场办公,解决相关事宜。

3月9日 十七届县政府第六十五次常务会议召开。会议传达学习中央决战决胜脱贫攻坚座谈会精神、自治区脱贫攻坚“四查四补”工作视频会议精神、固原市扶贫开发领导小组视频会议精神,研究贯彻落实意见;研究审定《西吉县贯彻落实自治区积极应对新冠肺炎疫情影响促进经济平稳运行的若干财政政策措施分工方案》《西吉县防灾减灾责任规定》《关于安排2020年第一批新增一般债券资金请示》《关于采用政府购买服务方式建设“智慧西吉”项目请示》,研究部署相关工作。

3月10日 政府县长杨生俊主持召开“智慧西吉”建设专题会议。会议要求,加快西吉智慧城市管理系统建设，加强项目顶层规划，推动“智慧西吉”早日落地、高效运行，努力把西吉打造成一个信息共享、数据互通的智慧城市。

同日 西吉县“四个一”林草产业经果林栽培管理技术现场培训会在王民乡小湾村举行。县自然资源局及各乡镇分管“四个一”林草产业负责人，各林业站、林场负责人参加培训。

3月12日 中国农业发展银行宁夏分行党委书记、行长蒋群星一行，到西吉县调研政策性金融服务脱贫攻坚情况。

同日 政府县长、县应对新冠疫情工作指挥部指挥长杨生俊在政府三楼会议室主持召开县应对新冠疫情指挥部第九次会议，听取各成员小组工作进展情况汇报，对全县疫情防控工作进行再安排、再部署。

▲市委常委、县委书记、县扶贫开发领导小组组长王学军在会议中心第一会议室主持召开县扶贫开发领导小组2020年第二次会议。全体在家县级领导、各乡镇党委书记、扶贫开发领导小组成员单位负责人参加会议。会议传达学习中央决战决胜脱贫攻坚座谈会精神、自治区党委常委扩大会议精神，通报全县脱贫攻坚“四查四补”督查发现问题。针对督查发现的问题，研究部署整改落实工作。

3月13日 西吉县城乡规划委员会召开2020年第一次现场办公会议。政府县长杨生俊带领县城乡规划委员会各成员单位主要负责人对红太阳花园商住小区、世纪花园商住小区、国网宁夏固原西吉供电公司生产综合用房、涌金广场锦居楼项目、汇发村镇银行综合楼、中国农业银行西吉支行营业办公楼、黄河农村商业银行营业办公楼等7个项目进行现场踏勘。认真听取各项目建设单位规划设计方案、规划调整等详细情况汇报。城乡规划委员各成员单位负责人分别对项目规划进行审议讨论并对设计方案提出修改意见和建议。

3月14日 自治区扶贫办主任梁积裕到西吉县调研脱贫攻坚工作。要求西吉县进一步坚定信心，扎实开展脱贫攻坚“四查四补”工作，确保高质量完成脱贫攻坚任务。

3月17日 市委常委、县委书记、县委应对新冠疫情防控工作领导小组组长王学军，在县委五楼会议室主持召开西吉县委应对新冠疫情防控工作领导小组第九次会议。会议传达学习陈润儿同志在自治区党委应对新冠疫情防控工作领导小组第七次会议上的讲话精神，研究审定《西吉县加快建立同疫情防控相适应的经济社会运行秩序的实施方案》《西吉县进一步做好疫情防控期间困难群众兜底保障工作的实施方案》。

同日 十四届县委2020年第七次常委会会议召开。会议传达学习习近平总书记在决战决胜脱贫攻坚座谈会上的重要讲话精神、自治区党委常委会（扩大）会议精神，研究贯彻落实意见；传达学习陈润儿同志、张柱同志在《关于中纪委第八监督检查调研组来西吉调研情况的专报》上的批示精神，研究贯彻落实意见；传达学习中央政法工作会议精神、自治区党委政法工作会议精神、全区扫黑除恶专项斗争领导小组2020年第一次会议精神,研究贯彻落实意见;传达学习全国、全区组织部长会议精神,研究贯彻落实意见;传达学习全国、全区宣传部长会议精神,研究贯彻落实意见;传达学习全国统战部长、民委主任会议和全区统战部长会议精神,研究贯彻落实意见;研究审定《西吉县民族团结进步创建"八大行动"实施方案》《西吉县防灾减灾责任规定》《2019—2023年全县干部教育培训规划》《关于贯彻落实〈2019—2023年全国党员教育培训工作规划〉的具体措施》,研究《关于安排2020年第一批新增一般债券资金的请示》。

3月19日 市委常委、县委书记、县委应对新冠疫情防控工作领导小组组长王学军到西吉第四中学、西吉第五中学,调研指导学校开学复课准备及疫情防控、线上教学等工作,并主持召开座谈会,强调要按照加快建立同疫情防控相适应的经济社会运行秩序的要求,科学精准抓好学校疫情防控,做到错峰错时、安全有序,确保万无一失。

同日 十七届县人大常委会第二十八次会议召开。会议传达学习区、市人代会精神,自治区党委纪念自治区人大设立常委会40周年暨人大工作座谈会精神;听取审议县政府关于全县节前食品药品市场秩序监管工作和安全生产工作开展情况的报告,听取和审议县人大常委会视察组关于全县节前食品药品市场秩序监管工作和安全生产工作开展情况的视察报告;听取审议县政府《关于西吉县2020年第一批新增一般债券资金安排方案的议案》,听取审议县人大常委会财经委《关于西吉县2020年第一批新增一般债券资金安排方案的议案》的审查报告;审议通过西吉县人大常委会2020年工作要点,表决通过县人大常委会《关于西吉县2020年第一批新增一般债券资金安排方案的决议》和有关人事任免议案。

3月20日 市委常委、县委书记王学军到吉强镇调研指导脱贫攻坚工作。强调要认真扎实开展"四查四补"工作,确保全面建成小康路上不漏一户、不落一人。

同日 十七届县政府第六十六次常务会议召开。会议传达学习全区打赢污染防治攻坚战工作推进电视电话会议精神,研究贯彻落实意见;研究审议《西吉县党委和政府及有关部门生态环境保护责任》《西吉县安委会2020年工作要点》《西吉县电子商务进农村(社区)综合示范项目规范提升实施方案》《西吉县2020年农村人居环境整治实施方案》《西吉县2020年农村危房改造实施方案》《西吉县农村公路管养路长制实施方案》,研究部署相关工作。

3月21日 市委常委、县委书记王学军到硝河乡新庄村、偏城乡姚庄村调研指导脱贫攻坚工作。强调要扎实开展"四查四补"工作,切实用好各项扶贫政策,把教育、医疗、住房等保障措施落到实处。

3月23日 市委常委、县委书记、县扶贫开发领导小组组长王学军在县委五楼会议室主持召开全县扶贫开发领导小组2020年第三次会议。全体在家县级领导及扶贫开发领导小组成员单位负责人参加会议。会上,各县级领导分别围绕危房改造、面积补差、自来水入户、控辍保学、医保收缴等方面,就各自包抓乡镇和包抓村脱贫攻坚"四查四补"工作进展情况进行汇报。研究部署脱贫攻坚“四查四补”工作。

3月24日 西吉县2020年重点项目集中开工启动仪式在红太阳花园商住小区建设项目工地举行。

同日 十四届县委2020年第八次常委会会议召开。会议传达学习十九届中央纪委四次全会精神、自治区纪委十二届四次全会精神,研究贯彻落实意见;听取关于习近平总书记重要指示批示精神贯彻落实情况“回头看”工作汇报;传达学习全区领导干部廉政警示教育大会精神,研究贯彻落实意见;通报马志宏处分决定;听取学校开学准备工作情况汇报;研究《关于召开中共西吉县第十四届纪律检查委员会第五次全体会议的请示》,研究推荐第十二届“宁夏青年五四奖章”人选事宜。

3月25日 市委常委、县委书记王学军在县委二楼会议室主持召开县委机构编制委员会2020年第一次会议。

同日 全县高三、初三年级复课首日,政府县长、县应对新冠疫情防控工作指挥部指挥长杨生俊到县、乡部分学校检查指导开学复课情况。杨生俊强调要严格按照疫情防控各项规程和措施,切实加强校园内部管理,严防疫情输入,阻断疫情进校园,扎实做好开学复课各项工作。

▲ 西吉县出现大风扬尘天气,整座县城被尘雾笼罩,天地一色。26日凌晨,全县又迎来大范围雨雪天气。

3月28日 西吉县领导干部廉政警示教育会在会议中心会堂召开。市委常委、县委书记王学军主持会议并作廉政教育党课暨集体提醒谈话,强调要始终绷紧廉洁自律这根弦,始终守住党纪国法这条底线,始终秉持赶考心,答好时代大考题,交出合格新答卷。全体在家县级领导及各乡镇党委书记、乡镇长、人大主席、纪委书记,县直各部门(单位)党政主要负责人和区、市驻县各单位主要负责人参加会议。

同日 自治区政协副主席、卫健委主任马秀珍带领调研组到西吉县调研指导健康扶贫工作。

4月1日 西吉县援助武汉抗击新冠疫情的5名白衣天使圆满完成任务平安归来。市委常委、县委书记王学军代表县委、县政府和全县50万人民,向平安返回的白衣战士们表示衷心的感谢和崇高的敬意。

4月2日 十四届县委2020年第九次常委会会议召开。会议传达学习习近平总书记对四川西昌市经久乡森林火灾作出的重要指示精神、陈润儿同志在《国务院安委会办公室关于京广铁路湖南郴州段火车脱轨事故的通报》的批示精神,听取全县第一季度安全生产工作汇报,研究贯彻落实意见;传达学习习近平总书记在中共中央政治局会议分析国内新冠疫情防控和经济运行形势研究部署进一步统筹推进疫情防控和经济社会发展工作时的重要讲话精神、自治区党委常委会(扩大)会议暨应对新冠肺炎疫情防控工作领导小组第九次会议精神,研究贯彻落实意见;传达学习《中共中央办公厅关于印发〈党委

(党组)落实全面从严治党主体责任规定〉的通知》,研究贯彻落实意见;传达学习《中央纪委办公厅印发〈关于切实加强七省区2020年扶贫领域腐败和作风问题专项治理工作的指导意见〉的通知》,研究审定《西吉县贯彻落实中纪委〈关于切实加强七省区2020年扶贫领域腐败和作风问题专项治理工作的指导意见〉的责任分工方案》;听取全县“我身边的战‘疫’模范”推选考察情况的汇报。

4月7日 固原市人大常委会主任罗永红带领市人大检查组对西吉县贯彻实施《中华人民共和国传染病防治法》《中华人民共和国野生动物保护法》《宁夏回族自治区人大常委会关于依法防控新型冠状病毒肺炎疫情坚决打赢疫情防控阻击战的决定》情况进行检查。

同日 自治区农科院党委书记周东宁带领农科院科研专家,到西吉调研院地合作和科技扶贫指导员工作开展情况。调研组在县科技局召开座谈会,就马铃薯产业与草畜产业融合发展试验示范、马铃薯新品种新技术、冷凉蔬菜、杂粮种植、肉牛养殖等科技示范项目在西吉开展情况进行座谈交流。

4月8日 固原市共青团“凝聚青春力量·决胜脱贫攻坚”志愿服务集中示范活动启动仪式在西吉县王民乡周康村举行。启动仪式为30支青年突击队授旗,旨在号召青年突击队积极参与到打赢脱贫攻坚战的战役中,奋起而行、尽锐出战、齐心协力、决胜脱贫,贡献青春力量!

同日 十七届县政府第六十七次常务会议召开。会议传达学习习近平总书记、李克强总理对四川西昌市经久乡森林火灾作出的重要指示、批示精神和陈润儿在《国务院安委会办公室关于京广铁路湖南郴州段火车脱轨事故的通报》上的批示精神,听取全县第一季度安全生产工作汇报,研究贯彻落实意见;传达学习《宁夏回族自治区脱贫攻坚挂牌督战工作方案》,研究部署全县脱贫攻坚工作;研究审议《西吉县关于积极应对疫情影响释放消费潜力支持服务业健康发展的若干政策措施的通知》《西吉县关于积极应对疫情影响释放消费潜力支持服务业健康发展的若干政策措施的责任分工》《西吉县2020年生态环境保护重点工作安排》《西吉县人民政府工作规则》。

4月9日 固原银保监分局西吉县金融服务民企面对面座谈会在西吉县工业园区召开。固原银保监分局党组书记、局长张学义,西吉县工业园区管委会主任马耀宏,西吉县各金融机构代表,10家民营企业代表,园区管委会相关人员参加会议。座谈会上,园区管委会主任马耀宏介绍了西吉工业园区发展现状及目前企业融资方面的需求。

同日 县委召开全县组织、宣传、统战、政法工作会议。主要任务是认真贯彻落实中央和自治区组织、宣传、统战、政法工作会议精神,全面总结2019年全县组织、宣传、统战、政法工作,安排部署2020年组织、宣传、统战、政法工作。

4月10日 “2020年健康西吉行动”推进会暨重大疾病防控领导小组联席会议在会议中心第一会议室召开。会议传达学习自治区健康宁夏行动启动会议精神,全面总结西吉县2019年重大疾病防控工作,安排部署2020年健康西吉行动工作和流行性出血热、乙型脑炎等重大疾病防控工作。

同日 福建省副省长郑建闽一行到西吉县考察。郑建闽一行走访调研了西吉县闽宁服饰加工产业园,详细了解企业复工复产情况,同时询问企业存在的困难和问题。郑建闽要求,企业要在做好疫情防控工作的前提下,坚定发展信心,采取积极有效应对措施,将疫情对企业的影响降到最低;要努力树立良好形象,将企业管理、品牌塑造、员工素质提升和业务拓展放在重要的位置;要重视人才,进一步加强内部管理、机制建设;要抓住发展机遇,加强市场研究,努力开拓市场,将企业做大做强。

4月11日 西吉县农村公路管养现场观摩暨"路长制"启动会在田坪乡姚庄村举行。

4月13日 自治区党委常委、宣传部长李金科到西吉县调研指导宣传思想文化和脱贫攻坚工作。

同日 自治区人力资源和社会保障厅厅长刘国强一行到西吉县调研指导就业扶贫和复工复产工作。

4月14日 全区国资国企系统助力西吉脱贫攻坚推进会在会议中心第一会议室召开。

同日 黄河农村商业银行支持西吉县肉牛产业发展座谈会暨签约仪式在县委五楼会议室举行。黄河农村商业银行党委书记、董事长张志旗,党委副书记、行长魏根东,党委委员、副行长白向阳,固原银保监分局党委书记、局长张学义,黄河农村商业银行董事会"三农"金融服务委员会督导员崔国良、信贷管理部副总经理郭立波,市委常委、县委书记王学军,县领导杨生俊、杨生智、张永强出席签约仪式。

4月15日 中国商用飞机责任有限公司·西吉县定点帮扶工作座谈会暨签约仪式在县委五楼会议室举行。中国商用飞机责任有限公司党委副书记、董事谭万庚,市委常委、县委书记王学军及县领导杨生俊、潘存国、杨生智、张永强出席签约仪式。

同日 自治区文化和旅游厅厅长宋建钢一行对西吉文化旅游产业融合发展,助力脱贫攻坚工作进行调研。

4月18日 十四届县委2020年第十次常委会会议暨县扶贫开发领导小组2020年第四次会议召开。会议传达学习中共中央政治局常委、全国政协主席汪洋在脱贫攻坚约谈会议上的讲话精神、自治区党委常委会会议暨扶贫开发领导小组2020年第二次会议精神,研究贯彻落实意见;传达学习全区脱贫攻坚问题整改工作电视电话会议精神,研究贯彻落实意见;传达学习全区抓党建促决战决胜脱贫攻坚暨基层党建工作重点任务推进会精神,研究贯彻落实意见;传达学习十二届自治区党委第八轮巡视工作动员部署会议精神,研究贯彻落实意见;听取全县"四查四补"工作开展情况汇报,听取县脱贫攻坚督查组关于脱贫攻坚工作第一批授予"流动红旗"和给予"黄牌警告"的意见;研究审定《西吉县2019年脱贫攻坚成效考核反馈问题整改方案》《自治区2020年扶持西吉县发展壮大村级集体经济项目实施方案》《西吉县2020年度闽宁对口扶贫协作资金实施方案》《西吉县

2020年度中国商用飞机有限责任公司定点帮扶项目实施方案》。

4月19日 十四届西吉县委2020年第十一次常委会会议召开。会议传达学习习近平总书记在中共中央政治局常委会会议研究部署落实常态化疫情防控举措、全面推进复工复产工作时的重要讲话精神,研究贯彻落实意见;传达学习习近平总书记关于安全生产工作的重要指示精神、李克强总理关于安全生产工作的重要批示精神及全国、全区安全生产电视电话会议精神,研究贯彻落实意见;传达学习自治区党委决胜全面建成小康社会工作会议精神、全区重大项目建设工作会议精神,听取全县第一季度经济运行情况、小康指标完成情况和重点项目建设情况汇报,研究部署相关工作;通报2019年度自治区效能目标管理考核结果,研究审定西吉县2019年度效能目标管理考核结果;研究审定有关资金事宜;研究审定推荐全市离退休干部工作先进集体和先进个人表彰对象事宜。

4月20日 市委常委、县委书记、县委网络安全和信息化委员会主任王学军在县委二楼会议室主持召开县委网络安全和信息化委员会2020年第二次会议。会议传达学习自治区党委网络安全和信息化委员会第二次会议精神、全区网信办主任会议精神,听取全县互联网工作情况汇报,研究部署网络安全和信息化工作。

同日 市委常委、县委书记、县党的建设领导小组组长王学军在县委二楼会议室主持召开县党的建设领导小组2020年第一次会议。会议传达学习《自治区党的建设领导小组2020年工作要点》,研究审议《西吉县2020年党的建设工作要点》《2019年度市县党委和各行业系统党(工)委书记抓基层党建述职评议考核反馈问题整改方案》《2020年全县软弱涣散党组织整顿工作方案》,听取2020年全县村级活动场所建设情况汇报,研究部署相关工作。

▲市委常委、县委书记、县委审计委员会主任王学军在县委二楼会议室主持召开县委审计委员会2020年第一次会议。会议传达学习自治区党委审计委员会第四次会议精神;听取《关于2019年工作情况和2020年工作打算》的汇报,讨论审议《西吉县2020年度审计项目计划》。

4月21日 自治区住建厅党组书记、厅长马汉文带领相关处室负责人到西吉县,调研指导危窑危房改造和美丽小城镇建设工作。

同日 西吉县命案防控工作会议在县委五楼会议室召开。会议学习贯彻《宁夏回族自治区矛盾纠纷排查化解办法》,分析研判全县当前命案发案形势,研究提高命案风险隐患发现防范化解管控能力,最大限度预防和减少命案发生。

4月22日 十七届县人大常委会第二十九次会议召开。会议听取并审议县政府关于脱贫攻坚"四查四补"措施落实情况的报告、关于西吉县2020年重点项目准备启动情况的报告、关于春耕备耕及农业产业结构调整情况的报告、关于全县电商物流建设运营情况的报告,听取并审议县人大常委会视察组关于以上四项工作的视察报告;审议有关人事任免事项。

4月23日 自治区党委常委、纪委书记、监委主任艾俊涛一行到西吉县，调研检查脱贫攻坚及扶贫领域腐败和作风问题专项治理工作。

4月24日 福建省莆田市副市长吴建明一行到西吉县，对乡村旅游发展、闽宁企业复工复产等工作进行调研考察。

同日 莆田—西吉闽宁扶贫协作视频座谈会召开。会议学习贯彻习近平总书记在决战决胜脱贫攻坚座谈会上的重要讲话精神，贯彻落实闽宁互学互助对口扶贫协作第二十三次联席会议精神，按照闽宁两省区党委、政府的部署要求，进一步深化对口扶贫协作。

4月26日 县委、县政府班子落实2019年脱贫攻坚成效考核反馈问题整改及扶贫领域腐败和作风问题专项治理专题民主生活会在县委五楼会议室召开。

4月27日 市委常委、县委书记、县委全面深化改革委员会主任王学军在县委五楼会议室主持召开县委全面深化改革委员会2020年第三次会议。会议传达学习中央全面深化改革委员会第十二次会议精神，自治区党委全面深化改革委员会第八、第九次会议精神，固原市委全面深化改革委员会第二次会议精神，研究审定有关改革文件，研究部署2020年重点改革工作。

同日 市委常委、县委书记、县全面依法治县委员会主任王学军在县委五楼会议室主持召开县全面依法治县委员会2020年第三次会议。会议传达学习中央全面依法治国委员会第三次会议精神、自治区全面依法治区委员会第三次会议精神、固原市全面依法治市委员会第二次会议精神，研究审定依法治县相关文件。

4月29日 十四届县委第十轮脱贫攻坚专项巡察"回头看"工作动员部署会在会议中心第一会议室召开。会议宣布了第十轮巡察工作任务、分工和巡察组长、副组长授权名单，安排部署第十轮巡察工作主要任务。

同日 十七届县政府第六十九次常务会议召开。会议传达学习习近平总书记关于安全生产工作的重要指示精神和李克强总理批示精神及全国、全区安全生产电视电话会议精神，研究贯彻落实意见；传达学习习近平总书记在中共中央政治局会议上的重要讲话精神、李克强总理在中央应对新冠疫情防控工作领导小组会议上的讲话精神和《关于健全常态化疫情防控机制保持正常生产生活秩序促进经济社会稳定运行的通知》，研究贯彻落实意见；传达学习自治区党委书记陈润儿调研西吉脱贫攻坚工作座谈会和全区脱贫攻坚问题整改工作电视电话会议精神，研究贯彻落实意见；听取全县第一季度经济运行情况汇报、听取全县扫黑除恶专项斗争工程建设领域和水利行业突出问题专项整治等方面情况汇报，研究部署相关工作；研究审定《关于加快推进西吉教育现代化实施方案(2020—2022年)》《健康西吉行动实施方案》，研究西吉县农村供水一体化等有关事宜。

4月30日 政府县长杨生俊在会议中心二楼会议室主持召开全县生态环境保护工作安排部署会。

5月7日 自治区政协调研组第四分队宁夏东西部合作促进会会长、南京林业大学教授储建平一行到西吉县调研“以科技创新为引领，推动制造业高质量发展”工作。

5月8日 县人大常委会主任李聪带领县人大视察组，对全县重点工作开展视察。

同日 西吉县举办民族团结进步教育基地红军长征将台堡会师纪念园挂牌仪式暨全县民族团结进步创建互观互检互学活动。

5月10日 县委副书记、政府县长杨生俊带领副县长李晓东及县商务和工业信息化局负责人，检查指导全县电子商务和扶贫车间运行情况。

5月11日 西吉县人民政府与宁夏水务投资集团有限公司举行《西吉县农村供水一体化合作协议》签约仪式。自治区水利厅节约用水与城乡供水处处长王正良，宁夏水务投资集团有限公司总经理顾耀民，西吉县政府县长杨生俊，县领导杨生智、张永强及相关部门负责人参加签约仪式。

同日 自治区政协副主席洪洋带领区政协调研组到西吉县专题调研“推进自治区长城、长征国家文化公园建设”。调研组先后到红军长征将台堡会师纪念园、西吉县境内长城遗址、将台堡游客服务中心、兴隆镇单家集革命遗址等地，通过听取汇报、实地查看等形式，详细调研西吉县长城、长征文化资源挖掘整合和保护传承、文化公园建设基本构想和规划、文旅产品开发等基本情况。

5月12日 西吉县在县委五楼会议室召开庆祝“5·12”国际护士节座谈会。

同日 自治区民政厅党组书记、厅长妥永苍带领相关处室负责人到西吉县调研检查脱贫攻坚民政领域兜底保障工作。

5月13日 由自治区党委宣传部、自治区党委网信办、自治区扶贫办联合举办的“决战西海固——脱贫攻坚看宁夏”主题采访活动走进西吉县，多家媒体聚焦西吉脱贫攻坚工作取得的成效进行实地采访。

5月18日 十四届县委2020年第十二次常委会会议召开。会议传达学习自治区党委十二届十次全会精神、市委四届七次全会精神，研究贯彻落实意见；传达学习陈润儿同志来西吉县调研脱贫攻坚和听取西吉县脱贫攻坚工作情况汇报会上的讲话精神，研究贯彻落实意见；听取县政府党组关于全县大棚房清理、违建别墅问题清查整治和农村乱占耕地建房问题清理前期工作情况汇报，研究部署相关工作；研究审定《关于完善机制做好新冠肺炎疫情常态化防控工作的实施方案》《加快推进西吉教育现代化实施方案（2018—2022年）》《西吉教育现代化2035》《健康西吉行动（2019—2030年）》《健康西吉行动实施方案》《西吉县村庄规划工作方案》，研究《关于2019年度效能目标管理考核结果运用的请示》《关于对2019年度考核优秀公务员嘉奖、记三等功的请示》。

5月19日 自治区政府副主席赖蛟带领调研组到西吉县调研红色旅游和电商运营工作。赖蛟一行到红军长征将台堡会师纪念园、将台堡镇标准化农贸果蔬交易市场、硝河乡硝河村四丰绿源卜娟农业社会化综合服务站、新营乡新营村农行宁夏分行惠农通工程服务点进行实地调研。

同日 自治区司法厅厅长冯自保带领相关处室负责人到西吉县开展“助力脱贫攻坚和乡村振兴”法制宣传教育工作调研。

5月20日 自治区政协副主席郭虎带领区政协调研组，到西吉县调研指导政协工作，并就中小学、幼儿园创新素养教育评价体系建设情况进行调研。

同日 十七届县政府第七十次常务会议召开。会议传达学习自治区党委十二届十次全会精神、市委四届七次全会精神，研究贯彻落实意见；研究审定《西吉县消费扶贫实施方案》，研究《关于新增设部分学校及变更部分学校名称的请示》《关于西吉县征收农用地区片综合地价制定工作有关事宜的请示》《关于申请购买西吉县智慧管理系统及服务的请示》。

5月21日 县人大常委会主任李聪率县人大检查组，对县十七届人大四次会议确定的3件议案、8件建议执行办理情况进行检查督促。

5月22日 政府县长、县应对新冠疫情工作指挥部指挥长杨生俊在政府三楼会议室主持召开西吉县应对新冠疫情指挥部第十一次会议。

5月28日 国电宁夏分公司向西滩乡五岔村捐赠扶贫资金43万元。国电宁夏分公司党委书记、执行董事伍权，党委委员、副总经理、工会主席丁瑞琪及国电宁夏分公司相关部门负责人、宁夏英力特化工股份有限公司负责人出席捐赠仪式。

5月29日 县扶贫开发领导小组2020年第五次会议召开。全体在家县级领导、各乡镇党委书记、扶贫开发领导小组成员单位负责人参加会议。会议研究审议《西吉县吉强镇水岔村等100个贫困村脱贫出列的报告》，通报了自治区派驻工作组督察暗访西吉县情况，并对脱贫攻坚下一阶段工作进行具体安排部署。

同日 十七届县人民政府第七十一次常务会议召开。会议传达学习《固原市人民政府办公室关于认真贯彻落实〈自治区人民政府关于应对新冠肺炎疫情影响进一步做好稳定就业工作的实施意见〉的通知》，研究贯彻落实意见；传达学习《自治区人民政府办公厅印发〈关于推进美丽乡村建设高质量发展的实施意见〉和〈全区抗震宜居农房改造建设实施方案〉的通知》，研究贯彻落实意见；通报西吉县“十四五”项目谋划情况及重点项目建设情况；研究审定《西吉县2020年度招商引资工作方案》，研究《关于兴坪乡更名为兴平乡的请示》《关于变更西吉县“互联网+农村供水”工程项目法人的请示》。

5月30日 西吉县2020年脱贫攻坚“四查四补”第六次视频调度会在会议中心第一会议室召开。会议通报全县“四查四补”工作进展情况，并对平峰镇、西滩乡、什字乡、马莲乡“四查四补”工作进展情况进行随机抽查。

5月31日 县委副书记、政法委书记杨生智、县委常委、政府常务副县长李国英、人大常委会副主任高月琴、政协副主席张国义代表县四大机关分别带队开展“六一”儿童节慰问活动，向全县广大少年儿童表示节日祝贺。

6月5日 国家教育部党组书记、部长陈宝生一行到西吉县调研指导教育脱贫攻坚工作。

6月6日 莆田市涵江区区委书记陈万东,区委常委、政法委书记李文玉,政府副区长方国民带领考察团一行到西吉县考察对口扶贫协作工作,进一步深化合作交流,加强对口扶贫协作。

6月9日 宁夏农村专业技术协会理事长王华带领专家组一行,对西吉县基层农技协会能力提升项目申报单位进行现场评审。

6月10日 十七届县人大常委会第三十次会议召开。会议传达学习全国两会精神,听取审议县政府关于县十七届人大四次会议代表议案、建议办理情况的报告,关于《固原市红色文化遗址保护条例》贯彻执行及非物质文化遗产传承情况报告,关于全县教育扶贫及控辍保学工作开展情况的报告,关于全县健康扶贫及县人民医院"六中心"建设情况的报告,关于全县"互联网+政务服务"、"163"政务服务模式、"8+3"创新工作举措开展情况的报告,关于全县农村人居环境整治工作开展情况的报告;审议通过县人大常委会检查、视察组关于以上6项工作的检查、视察报告。

6月11日 自治区总工会"守护健康 情暖职工"助力复工复产健康体检活动走进西吉县。

同日 十四届县委2020年第十三次常委会会议召开。会议传达学习全国两会精神、全区传达贯彻全国两会精神电视电话会议精神,研究贯彻落实意见;传达学习全国巡视工作暨十九届中央第五轮巡视动员部署会议精神、宁夏巡视工作领导小组《关于进一步强化巡视整改工作的意见》,研究贯彻落实意见;通报教育部部长陈宝生同志到西吉县调研教育脱贫攻坚工作情况、中组部组织二局局长石军同志到西吉县调研抓党建促决战决胜脱贫攻坚工作情况,研究贯彻落实意见;传达学习赵永清同志在全区持续解决形式主义突出问题为基层减负推进会上的讲话精神,研究部署相关工作。

6月12日 西吉县2020年脱贫攻坚"四查四补"第八次视频调度会在会议中心第一会议室召开。自治区扶贫办二级巡视员谈秋声、自治区扶贫办开发指导处处长续建军到会指导。各包乡县级领导、县直各部门(单位)、各乡镇主要负责人参加会议。

同日 十七届县政府第七十二次常务会议召开。会议传达学习全国两会精神和全区传达贯彻全国两会精神电视电话会议精神;通报教育部部长陈宝生来西吉县调研教育脱贫攻坚工作情况;传达学习赵永清在全区持续解决形式主义突出问题为基层减负推进会上的讲话精神、自治区党委办公厅《关于印发2020年持续整治形式主义突出问题为基层减负重点任务的通知》;传达学习《关于印发〈宁夏回族自治区消防安全责任制实施细则(修订稿)〉的通知》;研究审定《西吉县优化营商环境2020年专项行动计划》和有关项目建设资金事宜。

6月13日 政府县长杨生俊到什字乡、兴隆镇、马莲乡检查指导贫困村肉牛产业发展情况。

6月16日 财政部宁夏监管局二级巡视员常保升带领调研组到西吉调研。调研组在政府三楼会议室召开座谈会,专题听取西吉县脱贫攻坚、扶贫资金使用、财政运行等情况汇报,督促指导西吉县进一步提高财政扶贫资金使用效益。

同日 自治区工商联主席何晓勇带领相关处室负责人及宁夏银行、宁夏安徽商会、宁夏贵州商会等企业负责人到西吉县开展"送政策进民企"活动。

▲福建省妇联党组书记、主席徐姗娜一行到西吉县调研考察妇联工作及妇女脱贫、创业工作。

6月17日 自治区政府副主席、固原市市长马汉成到西吉县检查指导工业园区企业运行情况。马汉成一行先后到宁夏伊香食品有限责任公司、西吉县伊尔德农业发展有限责任公司、宁夏港生生物工程有限责任公司、西吉县勇兴三粉加工有限责任公司、西吉县旺泉食品饮料厂、西吉县马兰刺绣有限责任公司等企业实地调研,同企业负责人座谈交流,全面了解企业运行和带动就业情况,并提出指导意见。

同日 固原市人大常委会主任罗永红带领市人大视察组,对西吉县脱贫攻坚工作进行视察。

6月18日 自治区妇联主席马文娟一行到西吉县偏城乡双羊套村调研指导定点帮扶工作,并为村民们发放了帮扶物资。

同日 由自治区民政厅、中国移动宁夏公司、宁夏儿童福利基金会及天津泰达国际心血管病医院联合举办的中国移动爱"心"行动——贫困先心病儿童救助计划宁夏三期项目第三次筛查活动启动仪式在震湖乡蒙集村举行。

6月20日 市委常委、县委书记、县委应对新冠疫情工作领导小组组长王学军,在会议中心第一会议室主持召开县委应对新冠疫情工作领导小组第十一次会议,对全县疫情防控工作进行安排部署。全体在家县级领导及县委应对新冠疫情工作领导小组成员单位、各乡镇负责人参加会议。

同日 十四届县委2020年第十四次常委会会议召开。会议传达学习习近平总书记视察宁夏重要讲话精神,研究贯彻落实工作;传达学习自治区党委2020年第二十一次常委会(扩大)会议精神、市委2020年第十四次常委会(扩大)会议精神,研究贯彻落实工作。

6月21日 市委常委、县委书记、县扶贫开发领导小组组长王学军在会议中心第一会议室主持召开县扶贫开发领导小组2020年第六次会议。全体在家的县级领导及扶贫开发领导小组成员单位、各乡镇主要负责人参加了会议。

6月22日 十四届县委2020年第十五次常委会会议召开。会议传达学习习近平总书记关于统计工作重要指示批示精神、《关于深化统计管理体制改革、提高统计数据真实性的意见》《统计违纪责任人处分处理建议办法》《防范和惩治统计造假、弄虚作假督察工作规定》《贯彻落实国家统计局关于督察宁夏回族自治区防范和惩治统计造假弄虚作假情况反馈意见整改实施方案》,听取全县统计工作汇报,研究贯彻落实意见;传达学习中共中央办公厅印发《关于当前意识形态领域情况的通报》,听取全县2020年上半年意识形态工作汇报,研究部署意识形态工作;听取全县2020年上半年党风廉政建设和反腐败工作汇报,研究党风廉政建设和反腐败工作;研究关于召开中共西吉县委十四届六次全体会议有关事项,研究《关于成立中共西吉县应急管理局党委的请示》;研究审定《西吉县优化营商环境2020年专项行动计划》《关于弘扬长征精神发扬"三苦"作风的实施方案》。

6月23日 西吉县禁毒工作暨示范创建推进会在会议中心第一会议室召开,县领导杨生俊、杨生智、马桂英、马天峰、李西平、杨建仁及各乡镇党委书记,各部门单位、各人民团体主要负责同志及县禁毒办相关人员参加会议。

同日 市政协副主席杨志荣、县政协副主席张国义带领市、县政协调研组两级联动开展"全力推进健康固原(健康西吉)建设"专题调研和协商议政活动。

▲十七届县政府第七十三次常务会议召开。会议传达学习习近平总书记关于统计工作重要指示批示精神、《关于深化统计管理体制改革提高统计数据真实性的实施意见》《统计违纪违法责任人处分处理建议办法》,研究贯彻落实意见;研究审定《西吉县贯彻落实国家统计局关于督察宁夏回族自治区防范和惩治统计造假弄虚作假情况反馈意见整改实施方案》。

6月24日 西吉县在商业广场举行第33个国际禁毒日宣传活动。市委常委、县委书记王学军,县委副书记、政法委书记杨生智,公安局局长杨建仁及县公安局、司法局、教体局、卫健局等禁毒委成员单位、禁毒志愿者参加宣传活动。

6月27日 政府县长杨生俊带领县委常委、政府常务副县长李国英及应急管理局、农牧局、水务局等部门负责人到部分乡镇查看暴雨造成的灾情并指导防汛工作。

6月30日 西吉县开展整治扶贫领域腐败和作风问题专项行动暨"抵制腐败·共享和谐"警示教育宣传周活动启动会在会议中心第一会议室召开。

同日 政府县长、县安委会主任杨生俊在会议中心第一会议室主持召开西吉县安委会2020年第三次全体(扩大)会议暨防汛减灾工作会议。传达学习习近平总书记关于防汛救灾工作重要指示精神、自治区防汛工作会议精神,安排部署第三季度安全生产重点工作及防汛和地质灾害防治工作。

7月2日 自治区农业农村厅副厅长晁向阳、副厅长赖伟利、纪检组长李辉带领由农业农村厅机关各处(局、办)、直属事业单位党政负责人,各市(县、区)农业农村局主要负责人组成全区农业农村重点工作观摩培训团到西吉县观摩考察农业农村重点工作。

7月3日 自治区党委党校常务副校长、行政学院常务副院长院长蒋文龄带领调研组到西吉县调研党校建设情况。

7月7日 市委常委、县委书记王学军带领县领导杨生俊、杨生智、高耀明、李国英及相关部门负责人到将台堡镇,就县委党校迁建选址工作进行专题调研。

7月8日 县政协主席马天英带领县政协视察组对全县脱贫攻坚工作进行专题视察。

7月9日 受市委常委、县委书记王学军委托,县委副书记、政府县长杨生俊在政府三楼常务会议室主持召开全县“防疫有我,爱卫同行”城乡人居环境整治百日攻坚三年行动专题会议。

7月10日 中国商用飞机有限责任公司四川分公司党委书记、副总经理李同军一行到将台堡镇开展扶贫帮扶调研暨捐资助学活动。

同日 中国侨联副主席、福建省侨联主席陈式海带领福建省优秀侨商代表到西吉县硝河乡新庄村开展扶贫济困捐赠活动。

▲ 十七届县政府第七十四次常务会议召开。会议通报自治区党委书记陈润儿来西吉县调研工作情况,传达学习自治区扶贫开发领导小组2020年第三次(扩大)会议精神,研究部署相关工作;研究审定《西吉县安全生产专项整治三年行动方案》《西吉县农村消防安全专项整治工作实施方案》。

7月13日 政府县长杨生俊带领县领导李国英、马天峰及县财政局、住建局、发改局等部门负责人到硝河乡、什字乡、王民乡、西滩乡、田坪乡、红耀乡等美丽小城镇建设项目点督查指导项目建设情况,并就项目建设中存在的困难和问题现场办公、协调解决。

7月14日 固原市政协副主席杨彦文带领市政协调研组到西吉县专题调研农业产业化龙头企业发展及特色农产品深加工工作。

7月15日 《中国扶贫》杂志社记者张俊凯就工商银行固原支行到西吉县定点扶贫工作进行专题采访。

7月17日 十四届县委2020年第十七次常委会会议召开。会议传达学习习近平总书记在中共中央政治局第二十一次集体学习时的重要讲话精神,研究贯彻落实意见;传达学习习近平总书记关于防汛救灾工作重要指示精神、全区防汛救灾工作会议精神,听取全县防汛救灾工作情况汇报,研究贯彻落实意见;传达学习自治区党委第五巡视组对西吉县开展脱贫攻坚专项巡视“回头看”情况反馈会精神,研究部署整改工作;传达学习《中国共产党政法工作条例》、自治区党委政法委《关于印发〈中共宁夏区委政法委员会政治督察工作办法〉的通知》《关于印发〈中共宁夏区委政法委员会纪律作风督查巡查工作规定〉的通知》,研究贯彻落实意见;传达学习平安宁夏建设协调小组第一次会议暨市域社会治理现代化试点工作会议精神,研究贯彻落实意见;研究《关于成立平安西吉建设协调小组及办公室组成人员建议名单》;传达学习张韵声同志在自治区扫黑除恶专项斗争领导小组2020年第二次会议和全区扫黑除恶专项斗争重点县(市、区)督办会上的讲话精神,听取全县扫黑除恶专项斗争工作进展情况汇报,研究贯彻落实意见;研究审定《西吉县离退休干部观摩全县经济社会发展成果和重点工作方案》。

7月18日 全县6095名考生分别在西吉中学、西吉三中、西吉二中、西吉四中4个考点204个考场参加中考。当天上午,政府县长杨生俊带领县领导王万龙、李国英、高月琴及教体局负责人,走进4个考点巡视中考工作。

同日 固原市人大常委会副主任杨大素带领市中考工作巡视组,到西吉县巡视中考工作。

7月19日 上海航空工业(集团)有限公司党委书记、董事长郭盛杰带领相关部门负责人,到西吉县调研对口帮扶工作。

7月20日 自治区商务厅、教育厅、扶贫办共同在西吉县举办"消费扶贫暨助力西吉县脱贫攻坚农校产销对接活动"。

7月22日 宁夏大学协助教育部办公厅结对帮扶西吉县教育脱贫攻坚工作签约仪式在县会议中心第一会议室举行。宁夏大学党委副书记、校长何建国,县领导杨生俊、杨生智、李国英及宁夏大学相关处室和西吉县相关部门(单位)负责人参加签约仪式。

同日 十四届县委2020年第十八次常委会会议召开。会议传达学习自治区党委十二届十一次全会精神,研究贯彻落实意见;听取全县上半年经济运行情况汇报、全县脱贫攻坚工作汇报、全县决战决胜脱贫攻坚大会筹备情况汇报,研究部署经济工作和脱贫攻坚工作;研究审定《西吉县2020年度招商引资工作方案》《2020年西吉县政府购买公办幼儿园保育教育服务工作实施方案》。

7月23日 自治区第三方测评工作组到西吉县,对第十批全区民族团结进步示范区示范单位开展测评。

7月26日 西吉县决战决胜脱贫攻坚大会召开。会议学习贯彻习近平总书记在决战决胜脱贫攻坚座谈会上的重要讲话和视察宁夏重要讲话精神,认真贯彻落实党中央和区、市党委关于脱贫攻坚的决策部署,对脱贫攻坚工作再安排、再部署。市委副书记、县委书记王学军,政府县长杨生俊及全体在家县级领导参加会议;自治区扶贫办驻西吉县挂牌督战协调组成员续建军到会指导。会议以视频会的形式召开,县直各部门(单位)、区市驻县各单位主要负责人,各乡镇党委书记在主会场参加会议,各乡镇党委、政府领导班子成员,村"两委"班子成员、第一书记、网格长、派出所所长、司法所所长在各分会场参加会议。

7月27日 湖南省政协文教卫体和文史委员会副主任杨湘川带领调研组,到西吉县专题调研"挖掘红色文化资源,丰富精品红色旅游内涵"工作。

7月28日 十七届县政府第七十五次常务会议召开。会议传达学习习近平总书记在中共中央政治局常务委员会会议上的重要讲话精神、自治区党委十二届十一次全会精神、自治区政府第四次全体(扩大)会议精神,研究贯彻意见;研究审定《西吉县自然灾害病险点隐患整改工作分工方案》《西吉县贯彻落实固原市创建国家生态文明建设示范市实施方案》;听取全县上半年经济运行情况汇报,研究部署经济工作。

8月6日 自治区政协一级巡视员武坤带领有关处室负责人、相关专家组成自治区移民调研组,到西吉县专题调研移民档案资料征集工作。

同日 县委在县职业中学报告厅召开习近平总书记视察宁夏重要讲话精神宣讲会。自治区宣讲团成员、区扶贫办副主任刘学智到会宣讲,全县各村(社区)党支部书记300余人聆听宣讲。

8月9日 中国残联副理事长程凯带领相关工作人员到西吉县调研残疾人脱贫工作,并看望慰问残疾贫困群众。

8月10日 国家监委驻中国商飞公司监察专员、中国商飞公司党委常委、纪委书记赵九方带领调研组,到西吉县调研对口帮扶工作开展情况。

8月12日 福建省委常委、宣传部部长邢善萍带领调研组到红军长征将台堡镇会师纪念园,调研红色旅游工作。

8月14日 市人大常委会副主任云生元、政府副市长王新军带领市人大常委会部分委员和固原市相关部门单位负责人组成检查组,到西吉县检查《中华人民共和国土壤污染防治法》贯彻实施情况。

8月16日 十七届县政府第七十六次常务会议召开。会议传达学习全区推进高质量发展重点项目建设现场观摩会精神、市委四届八次全会精神,研究贯彻落实意见;研究审定《西吉县节水行动实施方案》。

8月17日 国家开发银行副行长周学东到西吉县调研政策性金融服务脱贫攻坚工作。

8月18日 十四届县委2020年第二十次常委会会议召开。会议传达学习习近平总书记在中共中央政治局会议上的重要讲话精神、自治区推进高质量发展重点项目建设现场观摩总结会精神、全区深化纪检监察派驻机构改革工作推进会精神、全区巡视巡察工作会议暨十二届自治区党委第九轮巡视动员部署会议精神、四届市委第十轮巡察工作动员部署会精神,研究贯彻落实意见;传达学习《自治区党委办公厅人民政府办公厅转发〈自治区纪委监委、党委组织部、卫生健康委关于对中共党员、人大代表、政协委员和国家工作人员违法违规生育的处理意见〉的通知》《关于坚决扛起政治督查责任持续深入推动习近平总书记视察宁夏重要讲话精神全面贯彻落实的意见》,研究贯彻落实意见;听取全县脱贫攻坚"四查四补"和移民问题整改情况汇报,研究部署相关工作。

同日 西吉县委政协工作会议在会议中心第一会议室召开。会议学习贯彻习近平总书记视察宁夏重要讲话精神、中央政协工作会议精神、自治区党委政协工作会议精神,研究部署新时代加强和改进县政协工作。

8月19日 固原市生态环境局西吉分局举行挂牌仪式。

同日 全国人大民族委员会副主任委员、西藏自治区党委副书记、西藏自治区人大常委会主任洛桑江村带领全国人大常委会调研组,到西吉县专题调研民族团结进步创建、脱贫攻坚和生态文明建设工作。

8月21日 中央组织部副部长张建春带领中央组织部干部教育局局长张福根等相

关人员到西吉县调研指导干部教育培训工作。

8月22日 县扶贫开发领导小组2020年第七次会议召开。会议对做实做细扶贫工作、做好各级各类考核评估验收作出部署安排。

8月24日 自治区政协观摩团到西吉县观摩脱贫攻坚和生态建设工作。

8月25日 自治区政府副主席杨培君带领相关人员,到西吉县调研基层教育和卫生健康工作。

8月26日 十七届县人大常委会第三十一次会议召开。会议听取审议县法院关于上半年工作开展情况的报告、县检察院关于上半年工作开展情况的报告,听取审议县政府关于扫黑除恶专项斗争开展情况报告、关于《宁夏回族自治区人民调解条例》贯彻执行及社会治理工作开展情况报告、关于《中华人民共和国大气污染防治法》贯彻执行及“四尘”治理开展情况报告、关于《中华人民共和国水污染防治法》贯彻执行及“五水”治理开展情况报告、关于《中华人民共和国传染病防治法》贯彻执行情况报告、关于2020年国民经济和社会发展计划执行情况报告、关于2019县本级财政决算和2020年上半年财政预算执行情况的报告、关于2019年度国有资产管理情况的综合报告、关于2019年度县本级预算执行和其他财政收支情况的审计工作报告;听取审议县人大常委会检查组关于以上工作的检查报告、县人大常委会财经委员会关于2019年县本级财政决算草案的审查报告;听取审议县政府《关于提请审议西吉县2020年第二批新增一般债券资金安排方案的议案》《关于提请审议西吉县2020年抗疫特别国债资金安排方案的议案》;听取审议县人大常委会财经委员会关于以上资金安排方案的审查报告。会议表决通过《西吉县人大常委会关于批准2019年县本级财政决算的决议》《西吉县人大常委会关于批准西吉县2020年第二批新增一般债券资金安排方案的决议》《西吉县人大常委会关于批准西吉县2020年抗疫特别国债资金安排方案的决议》,表决通过有关人事任免议案。

8月27日 十四届县委第七次全体会议召开。全会由县委常委会主持。市委副书记、县委书记王学军同志代表常委会作了讲话。县委副书记、政府县长杨生俊同志对全县经济工作及重点项目建设工作进行安排部署。

8月29日 国家马铃薯产业技术体系助推西吉县精准扶贫成果发布会在西吉县会议中心会堂召开。中国农业科学院蔬菜花卉研究所副所长、研究员张圣平,中国农业科学院蔬菜花卉研究所研究员金黎平,部分国家马铃薯产业技术体系专家,市县领导王学军、王新军、杨生俊、李国英、张永强及区市县农业农村部门负责人、全区马铃薯企业代表、合作社、种植大户,西吉县马铃薯新型经营主体、农户代表和新闻媒体记者参加发布会。中国农业科学院蔬菜花卉研究所研究员金黎平主持发布会。

9月1日 市委副书记、县委书记、平安西吉建设协调小组组长王学军在县委五楼会议室主持召开平安西吉建设协调小组第一次会议,研究部署平安西吉建设工作。

同日 十四届县委2020年第二十二次常委会会议召开。会议传达学习习近平总书记在经济社会领域专家座谈会上的重要讲话精神，习近平总书记对“十四五”规划编制工作的重要指示精神，习近平总书记对制止餐饮浪费行为作出的重要指示精神，习近平总书记向全国广大医务工作者、全国青联学联会议及广大青少年、高校毕业生作出的重要指示和致信精神，研究贯彻落实意见；传达学习习近平总书记向中国人民警察队伍授旗时的训词，研究贯彻落实意见；传达学习国务院扶贫开发领导小组克服灾情影响确保如期全面脱贫电视电话会议精神，听取全县脱贫攻坚“四类重点群体”和搬迁移民“四查四补”情况的汇报，研究部署相关工作；传达学习自治区党委组织部《关于开展农村党建“抓乡促村、整乡推进、整县提升”示范县乡创建行动的指导意见》《关于实施“六项行动”进一步加强全区基层党建工作的意见》，研究贯彻落实意见。

9月2日 财政部脱贫办副主任、农业农村司一级巡视员柯凤带领相关处室负责人，到西吉县督查“苦咸水”改水任务和脱贫攻坚工作。

同日 福建省委常委、政府副省长赵龙、政府副省长郑建闽带领福建省党政代表团到西吉县考察对口扶贫协作工作。

▲福建省莆田市第一医院院长许志扬一行到西吉县人民医院开展结对帮扶工作。

9月5日 莆田市委书记刘建洋带领莆田市党政代表团到西吉县考察脱贫攻坚工作，对接对口帮扶相关事宜。

9月6日 十四届县委2020年第二十三次常委会会议召开。会议传达学习自治区建设黄河流域生态保护和高质量发展先行区第一次推进会精神，研究贯彻落实意见；传达学习闽宁对口扶贫协作第二十四次联席会议精神，研究贯彻落实意见；研究审议《县委管理领导班子政治素质专项考察和年轻干部调研工作方案》《西吉县机关单位中层干部交流轮岗制度》。

9月8日 由中宣部组织的“未摘帽贫困县脱贫攻坚”主题采访团走进西吉县进行调研采访。

9月9日 在全国第36个教师节到来之际，政府县长杨生俊、县人大常委会主任李聪分别带队到学校开展教师节慰问活动，向广大教师致以节日的祝福和问候。

9月10日 县人大常委会主任李聪带领县人大视察组，对全县重点工作进行视察。

9月11日 市委副书记、县委书记王学军到平峰镇、震湖乡督查指导脱贫攻坚工作，强调要全力进入冲刺状态，对照脱贫验收各项标准，彻底清零“两不愁三保障”所有问题，进行最后攻坚，全力以赴做好脱贫攻坚迎验和普查准备工作。

同日 十七届县政府第七十八次常务会议召开。会议传达学习全国、全区深化“放管服”改革优化营商环境电视电话会议精神，研究贯彻落实意见；传达学习全区农村乱占耕地建房问题整治工作电视电话会议精神、《关于遏制农村新增乱占耕地建房问题的通知》，研究贯彻落实意见；传达学习自治区党委第三生态环境保护督察组督察固原市动员会议精神；研究审定《西吉县关于完善校园治理体系提高治理能力的实施方案》。

9月12日 “我们的中国梦”文化进万家系列活动暨2020年中央广播电视总台“心连心”慰问演出活动在红军长征将台堡会师纪念园开启首场演出录制。来自宁夏师范学院、西吉中学、将台堡中学的学生代表和全县各行各业干部职工代表共计800余人参与助演。

9月13日 2020年“我们的中国梦”文化进万家——中央电视台“心连心”艺术团慰问演出走进吉强镇龙王坝村,为当地干部群众送上一场精美的文化盛宴。

9月14日 自治区党委第三生态环境保护督察组督察西吉工作汇报会在会议中心第一会议室召开。自治区党委第三生态环境保护督察组副组长李彬及督察组相关成员出席会议。政府县长杨生俊、固原市生态环境局负责人岳华、县人大常委会主任李聪、县政协主席马天英及全体在家县级领导,各乡镇、部门(单位)主要负责人参加会议。

同日 “我们的中国梦”文化进万家——“心连心”慰问演出小分队在西吉县永清湖公园开展社区广场舞引领全民健身活动。青年歌手乌兰图雅、宁夏籍“广场舞王子”饶子龙现场与广大群众一起舞动《小康生活恰恰恰》。

9月16日 中国残疾人艺术团到西吉县开展“共享芬芳　共筑小康”——《我的梦》公益演出及系列活动。

9月17日 中央广播电视总台“心连心”艺术团慰问演出走进西吉县红耀乡井湾村,为井湾村群众送上精彩文艺节目。

同日 十四届县委2020年第二十四次常委会会议召开。会议传达学习自治区建设黄河流域生态保护和高质量发展先行区第二次推进会精神、固原市建设黄河流域生态保护和高质量发展先行区观摩研讨会精神,研究贯彻落实意见;传达学习陈润儿同志督导西吉县脱贫攻坚工作座谈会精神,研究落实意见;传达学习自治区党委第三生态环境保护督察组督察固原市动员会精神,研究落实意见;听取县级领导包抓整顿软弱涣散和薄弱村党组织工作汇报,研究部署相关工作。

9月18日 莆田市人大常委会副主任何金清带领莆田市党政代表团到西吉县考察脱贫攻坚工作。

9月27日 市委副书记、县委书记、县扶贫开发领导小组组长王学军在会议中心第一会议室主持召开县扶贫开发领导小组2020年第八次会议,研究部署全县脱贫攻坚考核验收工作。

9月28日 市人大常委会主任罗永红带领市人大视察组,到西吉县视察黄河流域生态保护和高质量发展重点项目建设工作。

9月29日 世界旅游联盟综合业务部主任、全国旅游标准化技术委员会委员张源带领国家验收专家组,到西吉县开展第四批全国旅游标准化试点县验收工作。

10月1日 县委、县政府举行庄严的升国旗仪式,热烈庆祝中华人民共和国成立71周年。

10月2日 政府县长杨生俊带领县文广局、应急管理局、公安局等相关部门负责人到火石寨、龙王坝、将台堡纪念园等景区,检查指导“国庆、中秋”双节期间安全生产工作。

10月5日 市委副书记、县委书记王学军到将台堡镇、西滩乡、兴隆镇督查指导脱贫攻坚工作,要求乡村两级工作举措要细之再细,绝不能心存侥幸和闯关心理,扎扎实实全力以赴做好迎验准备。

10月7日 市委副书记、县委书记王学军到新营乡督查指导脱贫攻坚工作,要求全体扶贫干部沉下心来认真细致开展档案资料“回头看”,再一次鼓劲加压,确保高质量完成各级各类考核验收。

10月9日 市委副书记、县委书记、县总河长王学军在县委五楼会议室主持召开县总河长第四次会议暨2020年第四季度联席会议,传达学习自治区总河长第四次会议精神,通报西吉县2019年河长制考核情况,安排部署2020年河湖长制重点工作。

同日 市委副书记、县委书记、县委国家安全委员会主任王学军在县委五楼会议室主持召开县委国家安全委员会第二次会议,传达学习自治区党委国安委第二次会议精神及《自治区党委国家安全委员会2020年工作要点》《自治区国家安全宣传教育工作机制》《自治区国家安全智库建设管理实施办法(试行)》;研究审定相关文件,研究部署全县2020年国家安全重点工作。

▲十四届县委2020年第二十五次常委会会议召开。会议传达学习习近平总书记关于脱贫攻坚重要讲话重要指示精神,研究部署全县脱贫攻坚工作;传达学习全国、全区抗击新冠疫情表彰大会精神、《全区秋冬季新冠肺炎疫情防控工作方案》,研究审定《全县秋冬季新冠肺炎疫情防控工作方案》,研究贯彻落实意见;传达学习全区促进民族团结进步工作会议精神,研究贯彻落实意见;听取加强基层社会治理工作推进情况汇报,研究部署加强基层社会治理工作;研究推荐全县事业单位脱贫攻坚专项奖励集体和个人事宜。

10月10日 十七届县政府第八十次常务会议召开。会议传达学习习近平总书记关于脱贫攻坚重要讲话和重要指示精神,研究部署全县脱贫攻坚工作;传达学习全国抗击新冠疫情表彰大会精神、全区抗击新冠疫情表彰大会精神、全区促进民族团结进步工作会议精神,研究贯彻意见。

10月13日 市委副书记、县委书记王学军到马建乡督查指导脱贫攻坚工作,要求乡村干部和驻村工作队务必要高度重视,形成工作合力,扎扎实实开展脱贫攻坚各项工作,确保高质量通过各级各类考核验收。

10月16日 福建省文旅厅副厅长林守钦、莆田市人大常委会副主任何金清及莆田市文化旅游局负责人、莆田中国旅行社总经理蔡朝晖、福建省旅游有限公司航服总经理李颖等,到西吉县考察文化旅游工作,并参加了福建旅游团首发仪式和中国旅行社总社(宁夏)有限公司西吉营业部揭牌仪式。

10月18日 市委副书记、县委书记王学军到沙沟乡、白崖乡督查指导脱贫攻坚工作。要求乡村两级和驻村工作队抓紧排查脱贫攻坚软硬件方面存在的问题，树立必胜信心，确保高质量通过考核验收。

10月19日 民政部社会救助司副司长刘勇一行在自治区民政厅副厅长佘瑞东等陪同下，到西吉县调研督导社会救助兜底脱贫攻坚工作。

同日 政府县长杨生俊在政府三楼会议室主持召开全县2021年建设项目和“十四五”重大项目谋划储备推进会，讨论研究全县重点建设项目谋划贮备申报工作。

10月20日 西吉县“文明餐桌”行动推进会在永清湖广场召开。会议倡导全县各部门、各餐饮企业经营者和广大消费者自觉践行“文明餐桌”行动，用“餐桌文明”带动“社会文明”。

同日 市委副书记、县委书记、县扶贫开发领导小组组长王学军在县委五楼会议室主持召开县扶贫开发领导小组2020年第九次会议。全体在家县级领导及县扶贫开发领导小组成员单位，各乡镇和区市驻县相关单位负责人参加会议。会议强调要切实提高政治站位，坚决打赢脱贫攻坚战；要切实压实工作责任，做好当前脱贫攻坚重点工作；要认真做好年底脱贫攻坚成效考核准备工作。

▲ 市委副书记、县委书记、县委退役军人事务工作领导小组组长王学军在县委五楼会议室主持召开县委退役军人事务工作领导小组第二次会议。会议传达学习自治区党委退役军人事务工作领导小组第二次全体会议精神、自治区党委退役军人事务工作领导小组《贯彻落实关于加强新时代退役军人工作的实施意见》，研究退役军人工作。

▲ 市委副书记、县委书记、县党的建设领导小组组长王学军在县委五楼会议室主持召开县党的建设领导小组2020年第二次会议。传达学习全区基层党建“两个重要文件”部署会议精神，研究审定相关文件。

▲ 市委副书记、县委书记、县委机构编制委员会主任王学军在县委五楼会议室主持召开县委机构编制委员会第三次会议。传达学习《关于贯彻落实〈中国共产党机构编制工作条例〉进一步规范机构编制管理的通知》，研究有关部门(单位)机构编制事宜。

10月21日 政府县长杨生俊带领县发改局、农业农村局、工信局负责人深入部分乡镇，对马铃薯销售及淀粉加工企业生产情况进行检查指导。

同日 十七届县政府第八十一次常务会议召开。会议研究审议《西吉县扶持律师行业发展积极推行法律顾问制度实施方案》《自治区扶贫开发领导小组办公室关于新冠肺炎疫情对脱贫攻坚影响应对情况第八期通报相关问题西吉县整改工作方案》《西吉县贯彻落实固原市创建国家森林城市责任分工方案》，研究部署相关工作。

10月22日 湖南省湘西州政协主席刘昌刚带领考察组到西吉县考察红色文化旅游工作。

10月28日 市委副书记、县委书记、县扶贫开发领导小组组长王学军在会议中心第一会议室主持召开县扶贫开发领导小组2020年第十次会议，研究部署脱贫攻坚“四查四补”回头看和考核验收工作。

同日 市委副书记、县委书记王学军在县职业中学报告厅主持召开西吉县脱贫攻坚“四查四补”回头看核查工作培训会,对所有核查组成员和西吉县配合核查工作的人员进行深入系统培训,确保全面掌握贫困人口脱贫实现情况,为顺利通过国家普查、高质量打赢脱贫攻坚战打下坚实基础。

10月29日 十七届人大常委会第三十二次会议召开。会议听取并审议县政府关于县十七届人大四次会议代表议案、建议办理情况报告,关于全县“四个一”林草工程及月亮山水源涵养林建设情况报告,关于全县特色农业产业发展情况报告,关于全县扶贫车间建设情况的报告;听取并审议县人大常委会检查组、视察组关于以上四项工作的检查、视察报告;听取并审议县政府《关于提请审议西吉县2020年第三批新增一般债券资金安排方案的议案》、县人大常委会财经委《关于西吉县2020年第三批新增一般债券资金安排方案的审查报告》;听取县人大常委会代表资格审查委员会《关于代表资格变动情况的报告》;表决通过《西吉县人大常委会关于批准西吉县2020年第三批新增一般债券资金安排方案的决议》《西吉县人大常委会关于补选西吉县第十七届人民代表大会代表的决定》,表决通过有关人事任免议案。

10月30日 十七届县政府第八十二次常务会议召开。会议传达学习习近平总书记关于供销合作社工作重要指示精神,听取全县供销合作社综合改革情况汇报,研究部署供销合作社改革发展工作;传达学习《宁夏回族自治区政府投资管理办法》,研究贯彻落实意见。

11月3日 十四届县委2020年第二十六次常委会会议召开。会议传达学习党的十九届五中全会精神、自治区党委常委会(扩大)会议精神、市委常委会(扩大)会议精神,研究贯彻落实意见;传达学习习近平总书记在中央政治局常务委员会、在深圳经济特区建立40周年庆祝大会、在纪念中国人民志愿军抗美援朝出国作战70周年大会、在2020年秋季学期中央党校(国家行政学院)中青年干部培训班开班式、在中央财经委员会第八次会议上的重要讲话精神,研究贯彻落实意见;传达学习《中共中央印发〈中国共产党中央委员会工作条例〉的通知》《中共中央 国务院关于印发〈黄河流域生态保护和高质量发展规划纲要〉的通知》,研究贯彻落实意见;研究审定《西吉县2020年度效能目标管理考核方案》《西吉县将台堡镇明台村红色试点村建设方案》。

11月5日 在第21个记者节来临之际,市委副书记、县委书记王学军到县融媒体中心调研指导工作,亲切看望慰问广大新闻工作者,向他们致以节日的问候和祝福,要求融媒体中心充分发挥主流媒体作用,继续推进媒体融合创新发展。

同日 十四届县委2020年第二十七次常委会议召开。会议传达学习全国、全区新冠疫情防控工作电视电话会议精神,研究贯彻落实意见;传达学习全国、全区扫黑除恶专项斗争第三次推进会精神,研究贯彻落实意见;研究审议《西吉县肉牛产业高质量发展实施方案》《西吉县马铃薯产业高质量发展实施方案》《西吉县纺织和服装加工产业高质量发展实施方案》《西吉县文化旅游产业高质量发展实施方案》《西吉县“四个一”林草产业高质量发展实施方案》;听取县政府党组关于2020年前三季度全县经济运行情况汇报,研究部署经济工作;通报全县脱贫攻坚“四查四补”回头看核查情况,研究部署整改工作。

11月6日 十七届县政府第八十三次常务会议召开。会议听取全县2021年建设项目谋划储备情况汇报,研究部署项目谋划储备工作;传达学习自治区全域创建“食品药品安全区”动员大会精神,研究审定《西吉县全域创建“食品药品安全区”实施方案》,研究部署相关工作。

11月9日 政府县长、县应对新冠疫情工作指挥部指挥长杨生俊在政府三楼会议室主持召开县应对新冠疫情工作指挥部第十二次会议。传达学习有关文件精神,研究部署全县疫情防控工作。

11月16日 宁夏回族自治区人民政府发布《宁夏回族自治区人民政府关于西吉县退出贫困县序列的公告》(宁政函〔2020〕124号)。标志着历史上苦瘠甲天下的西吉县在习近平新时代中国特色社会主义思想指引下,在党中央、国务院亲切关怀大力支持下,在区市县党委、政府坚强领导下,在社会各界大力帮助下,经过全县干部群众团结拼搏、务实苦干、精准攻坚,如期全面打赢了脱贫攻坚战,彻底撕掉了“苦瘠甲天下”的贫穷标签,与全国、全区同步进入全面小康社会。

11月17日 全国妇联党组书记、副主席黄晓薇带领全国妇联调研组,到西吉县调研妇女工作和脱贫攻坚工作。

同日 福建省莆田市委副书记齐凤瑞带领考察团,到西吉县考察脱贫攻坚工作,对接对口帮扶相关事宜。

11月18日 县人大常委会主任李聪带领县人大视察组,通过实地查看、听取汇报、查阅资料等形式,对全县重点工作开展情况进行视察。

同日 由自治区党委宣传部、自治区文明办主办的全区“推进移风易俗·助力脱贫攻坚”主题巡演活动走进西吉县震湖乡,为震湖乡干部群众送上精美文化大餐。

11月19日 市委副书记、县委书记、县扫黑除恶专项斗争领导小组组长王学军在县委五楼会议室主持召开全县扫黑除恶专项斗争领导小组2020年第三次会议,研究部署全县扫黑除恶专项斗争。

同日 全区村(社区)“两委”换届工作电视电话会议在银川召开。自治区党委书记、人大常委会主任陈润儿主持会议并讲话,自治区党委常委、组织部部长石岱对全区村(社区)“两委”换届工作进行安排部署。市委副书记、县委书记王学军及县领导杨生俊、宋亚俊、刘克虎、高耀明、王万龙、李喜生和县直各部门(单位)主要负责人,各乡镇党委书记、乡镇长、组织委员在县会议中心二楼会议室收听收看视频会议。

▲ 十七届县政府第八十四次常务会议召开。会议传达学习自治区政府关于同意西

吉县退出贫困县序列的批复;传达学习李克强总理在2020年全国大众创业万众创新活动周启动仪式上的讲话精神;传达学习《宁夏回族自治区消防安全责任制实施细则(修订稿)》,研究部署相关工作。

11月20日 十四届县委2020年第二十八次常委会会议召开。会议传达学习自治区政府关于同意西吉县退出贫困县序列的批复;传达学习全区保密工作会议精神,听取全县保密工作汇报,研究贯彻落实意见;听取2021年重点项目、重点工作、创新性工作谋划情况汇报;研究审定《西吉县全域创建“食品药品安全区”实施方案》《西吉县残疾人联合会专项改革试点方案》。

同日 自治区妇联副主席李东梅一行到西吉县调研妇联工作和妇女创业工作。

11月23日 政府县长杨生俊在政府三楼会议室主持召开全县谋划2021年重点工作和创新性工作汇报会。

11月25日 市委副书记、县委书记王学军到硝河乡专题宣讲党的十九届五中全会精神。

11月26日 西吉县2020年群众广场舞大赛暨今冬明春系列群众文化活动在县体育场举行。来自全县各乡镇、县体育舞蹈协会、县文化大院等22支代表队参加了比赛。

同日 政府县长杨生俊到兴隆镇专题宣讲党的十九届五中全会精神。

11月27日 S60西吉至会宁(宁甘界)高速公路通车仪式在高速公路西吉西收费站广场举行。自治区交通运输厅副厅长陈钧、固原市副市长任立新、宁夏交投集团总经理胡东升、政府县长杨生俊、政府副县长李晓东及宁夏交通运输厅、宁夏交投集团、县直各单位(部门)负责人、西会高速公路各参建单位代表参加通车仪式。

11月30日 市委副书记、县委书记、县委全面深化改革委员会主任王学军在县委五楼会议室主持召开县委全面深化改革委员会第四次会议。会议传达学习中央全面深化改革委员会第十五次、十六次会议精神,自治区党委全面深化改革委员会第十次会议精神,通报全县全面深化改革工作督查情况;研究审议《关于贯彻自治区〈建立更加有效的区域协调发展新机制〉及〈建立健全城乡融合发展体制机制和政策体系〉任务清单》;听取重点改革任务完成情况汇报,研究部署全面深化改革工作。

同日 十四届县委2020年第二十九次常委会会议召开。会议传达学习习近平总书记在中央全面依法治国工作会议上的重要讲话精神,研究贯彻落实意见;传达学习平安宁夏建设协调小组第二次会议精神、平安宁夏建设工作会议精神,研究贯彻落实意见;传达学习全国、全区村(社区)“两委”换届工作电视电话会议精神,研究全县村(社区)“两委”换届工作事宜;研究部署脱贫攻坚重点工作;听取县法院党组工作汇报、县检察院党组工作汇报,听取县总工会工作汇报、县团委工作汇报、县妇联工作汇报、县工商联工作汇报。

12月3日 市委副书记、县委书记王学军先后到县交通运输局、发改局、统计局、调查队、财政局、审计局、扶贫办等县直部门，就公路项目建设、“十四五”规划编制、财政审计等工作进行调研指导。

12月4日 市委副书记、县委书记王学军在县委五楼会议室主持召开全县脱贫攻坚重点工作视频调度会，对脱贫攻坚各项考核验收工作进行具体安排部署。王学军强调，全县上下要再鼓一把劲，再努一把力，做实做细各项工作，确保高质量通过各级各类考核验收。会上，县委副书记李国英就财政扶贫资金绩效考核和省际交叉考核工作作了部署安排；县委常委、政府副县长张永强就第三方评估和东西部扶贫协作考核作了部署安排。

12月10日 自治区党委常委、市委书记张柱到西吉县震湖乡李章村宣讲党的十九届五中全会精神和自治区党委十二届十二次全会精神，并调研脱贫攻坚工作，鼓励村民们按照党中央、自治区党委擘画的美好蓝图，用勤劳双手和聪明智慧，接续奋斗，创造更加幸福美好的生活。

12月14日 十四届县委2020年第三十次常委会会议召开。会议传达学习习近平总书记在中共中央政治局常务委员会会议上听取脱贫攻坚总结评估汇报时的重要讲话精神，通报国务院脱贫攻坚成效考核情况，研究部署迎接国家脱贫攻坚普查工作；传达学习自治区党委十二届十二次全会精神，研究贯彻落实意见；传达学习自治区基层治理经验交流视频会精神，研究贯彻落实意见；听取全县党风廉政建设和反腐败工作汇报、县委常委会落实全面从严治党主体责任情况汇报、全县意识形态工作汇报、2020年巡察工作汇报，研究巡察人才库建设。

12月16日 莆田市·西吉县产业项目座谈会在县委二楼会议室召开。会议贯彻落实闽宁互学互助对口扶贫协作第二十四次联席会议决策部署，深化产业项目对口协作。

同日 十七届县人大常委会第三十三次会议召开。会议听取审议县政府《关于大县城、中心集镇、美丽小城镇“三位一体”城乡统筹体系建设情况的报告》《关于全县农村炕灶暖厕一体化改造项目建设情况的报告》《关于西吉县2020年重点项目建设情况的报告》《关于县人民政府2020年民生实事办理情况的报告》，听取并审议县人大常委会检查组、视察组关于以上四项工作的检查、视察报告；听取审议县政府《关于西吉县2020年财政预算调整情况的报告》、县人大常委会财经委《关于西吉县2020年财政预算调整情况的审查报告》；听取审议县人大常委会代表资格审查委员会《关于补选县第十七届人民代表大会代表情况的审查报告》；表决通过县人大常委会《关于批准调整西吉县2020年财政预算的决议》《关于召开西吉县第十七届人民代表大会第五次会议的决定》，通过有关人事任免的议案。

12月17日 十四届县委2020年第三十一次常委会会议召开，会议研究全国脱贫攻坚先进集体和先进个人推荐事宜；研究全市“我身边的‘战疫’模范”集体和个人推荐事宜；研究全国扫黑除恶专项斗争工作先进集体和先进个人推荐事宜。

同日 团中央青年志愿者行动指导中心党委书记张朝晖一行，对西吉县青年志愿者参与支教、服务地方经济社会发展和基层团委建设情况进行专题调研。

▲十七届县政府第八十六次常务会议召开。会议传达学习全国安全生产工作电视电话会议精神和陈润儿、咸辉同志在《国务院安委办关于硝酸铵等危险化学品安全风险隐患专项排查治理督查检查情况报告》上的批示精神,听取全县第四季度安全生产工作情况汇报,研究部署相关工作;传达学习自治区基层治理经验交流视频会精神,听取全县扫黑除恶专项斗争工作汇报、全县污染防治攻坚战进展情况汇报、全县法治政府建设工作汇报,研究部署相关工作。

12月22日 由自治区文明办、政协办公厅、教育厅等单位共同主办,华兴时报报社承办的自治区第二届中华优秀传统文化进校园活动走进西吉县第三小学。华兴时报副总编辑陈伟、教育周刊负责人束蓉、县教育体育局相关负责人及西吉第三小学师生参加了活动。

12月26日 十七届县政府第八十七次常务会议召开。会议传达学习中共中央办公厅国务院办公厅印发《关于做好2021年有关工作的通知》、自治区安委会第四次全体会议精神,研究贯彻落实意见;研究审定《政府工作报告》《西吉县2020年民生计划执行情况与2021年民生计划(草案)的报告》等事宜。

12月27日 十四届县委2020年第三十二次常委会会议召开。会议听取县人大常委会党组工作汇报、县政府党组工作汇报、县政协党组工作汇报;研究关于召开中共西吉县委十四届八次全体会议有关事项,研究关于召开西吉县第十七届人民代表大会第五次会议有关事项,研究关于召开政协西吉县第十一届委员会第五次全体会议有关事项,研究关于召开县委人大工作座谈会有关事宜;研究审定《县委关于新时代加强和改进人大工作的意见》。

12月28日 十四届县委2020年第三十三次常委会会议召开。会议传达学习习近平总书记关于安全生产重要论述、在全面推动长江经济带发展座谈会、在浦东开发开放30周年庆祝大会、在全国劳动模范和先进工作者表彰大会、在中央政治局第二十六次集体学习、在中央全面深化改革委员会第十六次会议上的重要讲话精神,研究贯彻落实意见;传达学习自治区党委贯彻新时代党的组织路线、加强领导班子建设暨培养选拔优秀年轻干部工作座谈会精神,研究贯彻落实意见;传达学习全区推进基层整合审批服务执法力量改革现场会精神,研究贯彻落实意见;传达学习全国安全生产工作电视电话会议精神、全区安全生产工作电视电话会议精神,听取全县安全生产工作情况汇报,研究部署安全生产工作;听取全县机关党支部建设工作汇报、县伊协工作汇报、县科协工作汇报、县残联工作汇报、县文联工作汇报,研究部署相关工作。

12月29日 自治区民政厅副厅长、村(社区)“两委”换届工作第四指导组组长方仲权一行到西吉县检查指导村(社区)“两委”换届工作。

12月30日 政协西吉县十一届委员会第二十次常委会会议召开。会议传达学习习近平总书记在中央全面依法治国工作会议上的重要讲话精神、自治区党委十二届十二次全会精神;听取县政府关于县政协十一届四次全体会议委员提案办理工作的情况通报,审议通过县政协十一届委员会常务委员会工作报告、提案工作报告《政协西吉县第十一届委员会2021年度协商工作计划(草案)》、《关于召开县政协十一届四次全体会议的决定》,审议通过县政协十一届五次全体会议程序性材料。

是年 全县总户数128268户,总人口474658人。全县地区生产总值784640万元,其中第一产业228131万元、第二产业106889万元、第三产业449620万元。农作物播种面积194.15万亩,粮食总产39750万公斤、油料总产1400.7万公斤、蔬菜总产75836万公斤。地方财政收入18074万元,地方财政支出699687万元,社会商品零售总额195283.3万元。

2021年

1月1日 上午8时30分,西吉县在县委门口广场举行2021年元旦升国旗仪式。全体在家县级领导,县直各部门(单位)干部职工,区、市驻县各单位主要负责人参加升国旗仪式。

1月5日 十七届县人大常委会第三十四次会议召开。会议听取十七届县人民代表大会第五次会议筹备情况的报告;审议县第十七届人民代表大会第五次会议材料;审议县人大常委会《工作报告》;表决通过关于西吉县第十七届人民代表大会第五次会议召开时间的决定。

1月6日 十四届县委2021年第一次常委会议召开。会议传达学习中央经济工作会议精神、中央农村工作会议精神、自治区党委经济工作会议精神、自治区建设黄河流域生态保护和高质量发展先行区第三次推进会精神、市委四届九次全会精神,研究贯彻落实意见;传达学习自治区党委常委会暨应对新冠疫情工作领导小组第十六次会议精神,安排部署全县疫情防控工作;听取全县村(社区)"两委"换届工作推进情况汇报;研究西吉县"互联网+城乡供水"项目建设有关事宜;通报2019年度自治区污染防治攻坚战成效考核情况,听取全县2020年度污染防治攻坚战工作情况汇报;传达学习全区信访工作联席会议精神,听取全县信访工作汇报,研究部署信访工作;听取2020年全县经济指标完成情况和2021年及"十四五"全县经济社会发展主要预期目标测算情况的汇报;听取全县2020年债务化解情况汇报,研究相关事宜。

1月7日 十四届县委第八次全体会议召开。出席会议县委委员32人、县委候补委员7人。市委副书记、县委书记王学军代表十四届县委做工作报告,县委副书记、县长杨生俊安排2021年经济工作。会议审议通过《中共西吉县委员会关于制定国民经济和社会发展第十四个五年规划和二〇三五年远景目标的建议》《中国共产党西吉县第十四届委员会第八次全体会议决议》。全会根据《中国共产党章程》《中国共产党地方委员会工作条例》相关规定,决定批准谢国玉、祁刚、张尚祎、宋兆璐同志辞去中共西吉县第十四届委员会委员职务,递补县委候补委员马国荣、苏占成、苏忠义、鲜瑞芳、魏廷峰同志为中共西吉县第十四届委员会委员。

1月8日至11日 政协西吉县第十一届委员会第五次会议在会议中心会堂召开。应参会委员182人,实到委员166人。会议听取和审议政协西吉县第十一届委员会常务委员会向大会做的政协工作报告和提案工作报告。会议审议通过政协西吉县第十一届委员会提案审查委员会关于十一届五次会议期间提案审查情况的报告、政协西吉县第十一届委员会2021年度协商工作计划和政协西吉县第十一届委员会第五次会议决议。与会政协委员列席了十七届县人民代表大会第五次会议,听取讨论政府工作报告和其他各项工作报告。会议确定重点提案9件、提案13件。

1月9日至12日 西吉县第十七届人民代表大会第五次会议在会议中心会堂召开。大会应到代表220名,实到代表203名。会议听取和审议西吉县人民政府工作报告、西吉县人大常委会工作报告、西吉县法院工作报告、西吉县检察院工作报告、西吉县人大代表议案办理情况报告;会议表决通过《关于西吉县人民政府工作报告的决议》《关于西吉县国民经济和社会发展第十四个五年规划和二〇三五年远景目标纲要的决议》《关于西吉县2020年国民经济和社会发展计划执行情况与2021年国民经济和社会发展计划的决议》《关于西吉县2020年财政预算执行情况和2021年财政预算的决议》《关于西吉县2020年民生计划执行情况与2021年民生计划的决议》《关于县人大常委会工作报告的决议》《关于西吉县人民法院工作报告的决议》《关于西吉县人民检察院工作报告的决议》《关于代表议案的决定》;会议确定人大代表议案7件、建议8件。

1月11日 自治区政府副主席吴秀章带领调研组到西吉县调研重点工业经济发展情况。

1月12日 西吉县2020年度党(工)委书记抓基层党建工作述职评议考核会和党组织主要负责人述责述廉会议在会议中心第一会议室召开。

同日 西吉县任职命令宣布大会在会议中心第一会议室召开。固原军分区政治委员蒋刚彪宣布了中央军委国防动员部命令和固原军分区党委通知,单国典同志任西吉县人武部政治委员。

▲ 市委副书记、县委书记、人武部党委第一书记王学军在会议中心第一会议室主持召开全县党管武装工作会议。县委副书记、县长杨生俊宣读了《中共西吉县委　县人民政府　人武部关于表彰全县武装工作先进单位和先进个人的决定》;新营乡、西滩乡、什字乡党委书记先后作了党管武装工作述职;县委常委、人武部部长杨小会总结西吉县2020年党管武装工作,部署2021年工作。市委副书记、县委书记、人武部党委第一书记王学军对做好党管武装工作提出要求。

1月14日 政府县长、县新冠疫情防控指挥部指挥长杨生俊在会议中心二楼视频会议室主持召开全县新冠疫情防控工作会议。

1月19日 西吉县新冠疫情防控工作视频会议在会议中心第一会议室召开。会议学习贯彻习近平总书记关于新冠疫情防控工作的重要指示精神、全国新冠疫情防控工作会议精神、全区新冠疫情防控工作电视电话会议精神、全市新冠疫情防控工作会议精神，对全县新冠疫情防控工作进行具体安排部署。全体在家县级领导及县直各相关部门(单位)负责人在主会场参加会议，其他部门(单位)及各乡镇班子成员在各分会场参加会议。

同日 县安委会2021年第一次全体(扩大)视频会议在会议中心第一会议室召开。会议通报2020年全县安全生产情况，安排部署2021年度安全生产、应急管理及安全生产专项整治三年行动年度重点工作。

1月21日 县委理论学习中心组2021年第一次学习会议在县委五楼会议室召开。全体在家县级领导及相关部门负责人参加。会议传达学习习近平总书记在中共中央政治局民主生活会上的重要讲话精神、在中央农村工作会议上的重要讲话精神、在省部级主要领导干部学习贯彻党的十九届五中全会精神专题研讨班上的重要讲话精神，传达学习固原市第四届人民代表大会第五次会议精神、政协固原市第四届委员会第五次会议精神，传达学习《中共中央宣传部国务院扶贫办关于规范脱贫攻坚展馆建设和展览活动的通知》《宁夏回族自治区促进民族团结进步工作条例》，传达学习领导干部个人有关事项报告相关政策规定，研究部署相关事宜。

同日 政府县长、县应对新冠疫情工作指挥部指挥长杨生俊带领县领导李国英、刘克虎、李喜生、杨建仁及有关部门负责人到县中医院、县人民医院、河畔人家隔离点、高速公路查验点、民生家园社区检查指导全县疫情防控工作。杨生俊要求继续坚持和完善疫情防控工作机制，严格落实落细防控各项措施，确保全县冬春季疫情防控形势稳定。

1月22日 十七届县人民政府第八十八次常务会议召开。会议传达学习《宁夏回族自治区重大行政决策规定》(自治区人民政府令第115号)、自治区党委农村工作会议精神、市委四届九次全会精神、市“两会”精神、县委十四届八次全会精神，研究贯彻落实意见；研究审定政府工作报告、民生计划、人大议案建议和政协提案任务分工方案。

1月28日 西吉县在体育场开展新冠疫情防控应急处置模拟演练活动。

2月2日 十四届县委2021年第三次常委会议召开。会议传达学习自治区“两会”精神、固原市“两会”精神，研究贯彻落实意见；传达学习全国、全区安全生产电视电话会议精神，研究贯彻落实意见；传达学习全国宣传部长会议精神、全国“扫黄打非”工作电视电话会议精神、全区宣传部长电视电话会议精神，研究贯彻落实意见；听取全县疫情防控工作情况汇报，研究部署疫情防控工作。

2月4日 县委常委会召开专题民主生活会。自治区党委常委、市委书记张柱到会指导并提出要求。

同日 县委办公室党支部2020年度组织生活会在县委二楼会议室召开。市委副书记、县委书记王学军以普通党员的身份参加会议。王学军要求理论学习要再深入,文稿质量要再提高,内部管理要再规范,保密工作要再加强。

2月5日 县人民政府党组在政府三楼会议室召开2020年度民主生活会,政府党组书记、县长杨生俊主持会议并作总结讲话。县委副书记潘存国及县纪委监委、县委组织部相关负责人到会指导。

2月7日 西吉县推进基层整合审批服务执法力量改革动员会在会议中心第一会议室召开。市委副书记、县委书记、县改革工作领导小组组长王学军参加会议并讲话,全体在家县级领导及县直各部门(单位)负责人,各乡镇党委书记参加会议。

同日 十四届县委2021年第四次常委会议召开。会议传达学习习近平总书记在省部级主要领导干部学习贯彻党的十九届五中全会精神专题研讨班开班式和中央政治局第二十七次集体学习时的重要讲话精神,研究贯彻落实意见;传达学习十九届中央纪委五次全会精神、自治区纪委十二届五次全会精神,研究审定《关于召开县纪委十四届六次全会的请示》;传达学习全国、全区、全市组织部长会议精神,研究贯彻落实意见;传达学习全国、全区统战部长会议精神,研究贯彻落实意见。

2月8日 十七届县人民政府第八十九次常务会议召开。会议传达学习自治区“两会”精神、自治区政府全体(扩大)会议精神、固原市政府全体(扩大)会议精神,研究贯彻落实意见;传达学习全国、全区安全生产电视电话会议精神,研究贯彻落实意见。

同日 市委副书记、县委书记王学军带领县四大机关领导深入县消防救援大队、商场、超市、医院、供热站和疫情防控卡点,看望慰问坚守在疫情防控一线的工作人员,检查节前供水、供暖、物资保障和疫情防控措施落实情况。王学军要求各单位(企业)加强应急值班值守、严格落实疫情防控措施、保障水暖和物资供应,确保全县群众过一个平安祥和的新春佳节。

2月9日 政府县长、县应对新冠疫情工作指挥部指挥长杨生俊在会议中心第一会议室主持召开西吉县应对新冠疫情工作指挥部视频会议。县应对新冠疫情工作指挥部各工作组组长、副组长,各工作专班组长、副组长及县直各部门(单位)主要负责人在主会场参加会议,各乡镇班子成员及村干部在分会场参加会议。

2月18日 全县领导干部学习班在会议中心会堂开班,学习班以视频形式召开。县长杨生俊作动员讲话,全体县级领导,各乡镇党委书记、乡镇长,县直各部门(单位)、区市驻县各单位主要负责人在主会场参加,县委各部门(单位)、各群众团体其他班子成员在县委五楼分会场参加,政府各部门(单位)其他班子成员在政府三楼分会场参加,各乡镇其他班子成员、乡干部、各村党支部书记在各乡镇分会场参加。

2月23日 西吉县工程建设政府采购等重点领域突出问题专项治理工作动员部署会在会议中心第一会议室召开。政府县长、县专项治理工作领导小组组长杨生俊参加会议并讲话,县委常委、纪委书记、监委主任、县专项治理工作领导小组常务副组长宋亚俊主持会议。

2月24日 十七届县人大常委会第三十六次会议召开。会议传达学习自治区十二届人大四次会议精神、固原市四届人大五次会议精神;听取和审议县政府关于全县道路运输安全生产工作情况的报告、关于全县节前食品药品市场秩序监管工作开展情况的报告、关于全县新冠疫情防控工作开展情况的报告,听取审议县人大常委会关于以上三项工作的视察报告;审议通过县人大常委会2021年工作要点。

2月25日 政府县长杨生俊在会议中心第一会议室主持召开政府全体(扩大)会议暨廉政工作会议。会议传达学习中央纪委五次全会和区市纪委全会、区市县党委全会、区市"两会"、区市政府全体会议精神,征求《2021年西吉县政府工作报告主要目标任务分解清单》《西吉县2021年重点建设项目推进事项落实清单》意见建议。

2月26日 中共西吉县第十四届纪律检查委员会第六次全体会议召开。市委副书记、县委书记王学军出席全会并讲话。全体县级领导出席会议。

同日 十四届县委2021年第五次常委会议召开。会议传达学习全国脱贫攻坚总结表彰大会精神、习近平总书记在党史学习教育动员大会上的重要讲话精神、《中共中央关于在全党开展党史学习教育的通知》,研究贯彻落实意见;传达学习中央政法工作会议精神、自治区党委政法工作会议精神、自治区党委维护政治安全工作座谈会精神、市委政法工作暨平安固原建设工作会议精神,研究贯彻落实意见;传达学习全区领导干部学习贯彻党的十九届五中全会精神专题研讨班精神、自治区党委农村工作会议精神、市委农村工作会议精神,研究贯彻落实意见。

2月27日 十七届县人民政府第九十次常务会议召开。会议传达学习全国脱贫攻坚总结表彰大会精神、全国审计工作会议精神、全区审计工作会议精神,研究贯彻意见;研究审定《西吉县2021年春季义务植树及乡村道路绿化工作实施方案》,研究《关于申请采购兴隆镇第三幼儿园设备的请示》。

3月1日 县长杨生俊在政府三楼会议室主持召开全县重点建设项目推进会,传达学习固原市政府重点项目专题会议精神,听取全县项目总体情况和各项目实施单位项目推进情况汇报,研究部署重点项目工作。

3月2日 市委常委、组织部部长余剑雄带领调研组,到西吉县调研指导村(社区)"两委"换届选举工作。

同日 西吉县党史学习教育启动会暨县委理论学习中心组学习(扩大)会议在会议中心第一会议室召开。会议传达学习习近平总书记在党史学习教育动员大会上的重要讲话精神和全区、全市党史学习教育动员会议精神;宣读中共西吉县委《关于在全县开展党史学习教育的实施方案》。

3月4日 全县组织宣传统战政法工作会议在会议中心会堂召开。会议传达学习中央和区市组织、宣传、统战、政法工作会议精神,全面总结2020年组织、宣传、统战、政法工作,安排部署2021年组织、宣传、统战、政法工作。

3月5日 固原市2021年生态建设大会战启动。西吉县组织600余名干部职工在将台堡镇牟荣村后山植树点参加植树造林活动,市县领导李志达、成世杰、吴璞、杨生俊、李聪、李国英等一同参加。

3月9日 十七届县人民政府第九十一次常务会议召开。会议传达学习《宁夏农村乱占耕地建房问题专项整治行动领导小组办公室关于限期核查处置多起新增农村乱占耕地建房问题的函》,研究贯彻落实意见;研究审定《关于巩固脱贫攻坚成果全面推进乡村振兴加快农业农村现代化的实施方案》《西吉县2021年农业产业发展扶持政策》《西吉县2021年农业农村工作要点》,研究部署相关工作。

3月11日 县委党史学习教育专题研讨会暨县委理论学习中心组(扩大)会议在会议中心第一会议室召开。会议分为专题辅导和研讨发言两个环节。县委副书记、县长杨生俊主持并讲话。市委党校牛廷伟教授作专题辅导。

3月12日 西吉县2021年重点项目集中开工启动仪式在县第八中学建设项目工地举行。

同日 西吉县举行文化馆、图书馆新馆揭牌仪式,县长杨生俊、县委副书记李国英及部分县级领导参加揭牌仪式。

3月14日 县长杨生俊在会议中心视频会议室主持召开全县重点工作安排部署会议。在家县领导及各乡镇、各部门负责人参加会议。

3月16日 市委常委、纪委书记赵晓东带队,到西吉县调研检查纪检监察工作。

3月17日 县长杨生俊带队深入吉强镇、新营乡督查指导农村人居环境整治工作。杨生俊要求各乡镇和相关部门要学深悟透乡村振兴战略精神,因地制宜、精准施策,以攻坚态势抓好农村人居环境整治工作。

同日 政府县长、县域紧密型医共体管理委员会主任杨生俊在政府三楼会议室主持召开全县县域紧密型医共体管理委员会第一次全体(扩大)会议。研究审定《西吉县全面开展县域综合医改实施方案》,研究《关于设置西吉县医疗健康总院的请示》《关于设立西吉县医疗健康集团党委的请示》。

3月19日 市人大常委会副主任云生元带领市人大检查组,到西吉县调研检查《中华人民共和国水法》贯彻执行情况。

同日 县长杨生俊带领县领导李国英及相关部门负责人到白崖乡、沙沟乡、火石寨乡督查指导农村乱占耕地建房整治、农村人居环境整治、产业发展、生态建设、脱贫攻坚成果巩固等工作。

3月22日 县委党史学习教育学习研讨会暨县委理论学习中心组学习会在红军长征将台堡会师纪念园举行。市委副书记、县委书记王学军与全体县级领导一起重温党的历史,缅怀革命先烈,继承革命传统,接受党史学习教育思想洗礼。

同日 2021年度全县禁毒工作会议在会议中心二楼视频会议室召开,研究部署全县禁毒工作。

▲ 十四届县委2021年第六次常委会会议召开。会议传达学习习近平总书记在中共中央政治局第二十八次集体学习、在中央党校中青年干部培训班开班式上的重要讲话精神,研究贯彻落实意见;传达学习全国两会精神,研究贯彻落实意见;听取全县森林草原防火工作汇报,研究部署森林草原防火工作。

3月23日 市委副书记、县委书记、县扶贫开发领导小组组长王学军在县委五楼会议室主持召开县扶贫开发领导小组2021年第二次会议。传达学习《中共中央国务院关于实现巩固拓展脱贫攻坚成果同乡村振兴有效衔接的意见》、自治区扶贫开发领导小组2021年第2次会议精神、固原市扶贫开发领导小组2021年第一次会议精神,研究巩固拓展脱贫攻坚成果同乡村振兴有效衔接工作。全体在家县级领导及县扶贫开发领导小组成员单位主要负责人、各乡镇党委书记参加会议。

3月25日 市委副书记、县委书记王学军在会议中心会堂主持召开全县领导干部廉政警示教育大会暨县委理论中心组(扩大)学习会议。传达学习十九届中央纪委五次全会精神、自治区纪委十二届五次全会精神、固原市纪委四届六次全会精神、区市领导干部廉政警示教育大会精神。全体在家县级领导,各乡镇党委书记、乡镇长、纪委书记,县直各部门(单位)主要负责人,区市驻县单位负责人,县纪委监委派驻纪检监察组组长,政法系统副科级以上领导干部参加会议。

同日 市委副书记、县委书记、县政法队伍教育整顿领导小组组长王学军在县委五楼会议室主持召开全县政法队伍教育整顿领导小组第一次全体会议暨工作推进会。传达学习全国全区全市政法队伍教育整顿动员部署会议精神、全区政法队伍教育整顿领导小组第一次全体会议精神,安排部署全县政法队伍教育整顿工作。

同日 宁夏妇女儿童发展规划(2011—2020年)终期评估工作组第三小组对西吉县实施《宁夏妇女发展规划(2011—2020年)》《宁夏儿童发展规划(2011—2020年)》情况开展终期评估。

3月26日 十七届县人民政府第九十二次常务会议召开。会议传达学习全国两会精神,全国、全区新冠病毒疫苗接种工作电视电话会议精神,研究贯彻落实意见;传达学习《政府督察工作条例》《关于加强新形势下重大决策社会稳定风险评估机制建设的意见》,研究贯彻落实意见。

3月29日 自治区检察院检察长时侠联到西吉县调研指导政法队伍教育整顿工作。时侠联要求突出抓好清除害群之马、整治顽瘴痼疾、弘扬英模精神、提升能力素质"四项任务",推动教育整顿取得实效,建设一支党和人民信得过、靠得住、能放心的政法铁军。

3月30日 县长杨生俊带领相关部门负责人督查指导生态建设工作。要求全县高度重视生态建设项目,严把质量、保证进度,为西吉县生态建设高质量发展奠定坚实基础。

同日 县委在会议中心会堂举行党史学习教育专题辅导报告会,邀请宁夏党校公共管理教研部主任、教授李喆作专题辅导。报告会以视频会形式举行,全体在家县级领导、县直各部门(单位)、区市驻县各单位主要负责人在主会场参加,各乡镇党委班子成员、乡村干部在各自分会场参加。

3月31日 市委副书记、县委书记王学军在会议中心第一会议室主持召开全县森林草原防火工作视频会议。会议以视频会形式召开,全体县级领导、县直各部门(单位)、区市驻县相关单位主要负责人在主会场参会,各乡镇党委、政府班子成员及全体干部,派出所所长、司法所所长在各乡镇分会场参会,村"两委"班子成员、驻村第一书记、工作队员、村民小组组长、乡村护林员在各村分会场参会。

同日 市委副书记、县委书记王学军在县委二楼会议室主持召开县委领导班子党史学习教育读书班专题研讨会,深入学习贯彻习近平总书记在党史学习教育动员大会上的重要讲话精神,贯彻落实中央和区、市党委部署要求,示范引领全县各级党组织和党员干部以高度的政治责任学党史、悟思想、办实事、开新局。

4月1日 县长杨生俊带领县工业园区管委会主任马耀宏及发改局、人社局、统计局、商务工信局、人民银行等部门单位负责人,到工业园区调研企业在生产经营过程中遇到的实际困难,并现场办公,协调解决有关问题。

4月2日 共青团西吉县委联合县新时代文明实践中心、教育体育局及部分单位相关负责人和县城部分学校学生在北山烈士陵园开展清明节祭扫活动,瞻仰革命先烈、缅怀英雄事迹、传承红色基因。

4月6日 市委副书记、县委书记、县委全面深化改革委员会主任王学军在县委五楼会议室主持召开县委全面深化改革委员会第五次会议。会议传达学习中央全面深化改革委员会第十八次会议精神、自治区党委全面深化改革委员会第十二次会议精神、固原市委全面深化改革委员会第三次会议精神,听取全县重要改革任务整改落实工作汇报,研究审议《西吉县委全面深化改革委员会2021年工作要点》。

4月7日 十四届县委2021年第七次常委会议召开。会议传达学习习近平总书记在福建考察时的重要讲话精神,听取全县党史学习教育开展情况汇报,安排部署党史学习教育工作;传达学习全国政法队伍教育整顿工作推进会精神、全区政法队伍教育整顿督导工作座谈会精神,听取全县政法队伍教育整顿第一环节进展情况和第二环节工作安排汇报,研究部署政法队伍教育整顿工作。

4月8日 西吉县科级领导干部学习贯彻党的十九届五中全会精神专题培训班开班暨县委理论学习中心组2021年第五次学习会议召开。市委副书记、县委书记王学军作了题为《学习习近平总书记关于乡村振兴的重要论述,全面实施乡村振兴战略》的报告。培训班以视频形式举行,全体在家县级领导、乡镇党政负责人、部门副科级以上领导干部在主会场参加会议,乡镇其他副科级干部在文化馆三楼报告厅参加会议。

同日 十七届县人民政府第九十三次常务会议召开。会议研究审定《西吉县健康水平提升行动实施方案》《西吉县县内政策性移民致富提升行动实施方案》《西吉县农村居民收入提升行动实施方案》《西吉县基础教育提升行动实施方案》《西吉县2021年农村厕所改造实施方案》。

▲县委举办科级领导干部学习贯彻党的十九届五中全会精神专题培训班。培训班邀请固原市委党校教研室主任陈燕,自治区党校教授王娟、魏向前作专题讲座。培训结束后,全体参会人员参加了党的十九届五中全会精神理论知识测试。

4月9日 西吉县"庆祝建党100周年"第五届排球比赛在县体育馆开幕。

同日 市委副书记、县委书记、县政法队伍教育整顿领导小组组长王学军专题调研全县政法队伍教育整顿和工程建设政府采购等重点领域突出问题专项治理工作。

4月10日 西吉县在中国最美乡村——龙王坝村举办首届山桃花文化旅游节。

4月12日至13日 市委副书记、县委书记王学军带领县委副书记李国英及县委办、组织部负责人到硝河乡、将台堡镇、兴隆镇、什字乡、马莲乡,调研督导党史学习教育、政法队伍教育整顿、巩固拓展脱贫攻坚成果、农村人居环境整治、乡镇领导班子建设及村组干部考核管理等工作。

4月14日 十七届县人大常委会第三十七次会议召开。会议听取和审议县政府关于全县就业和再就业工作情况的报告、关于全县重点项目准备启动情况的报告、关于全县春耕备耕进展情况的报告,听取和审议县人大常委会关于以上三项工作的视察报告;会议表决通过《西吉县人民代表大会常务委员会关于西吉县县乡两级人民代表大会代表名额的决定》和有关人事任免议案。

同日 吉林省延边朝鲜族自治州政协主席韩兴海带领考察组,到西吉县考察文化与旅游业发展工作。

▲政府县长、县专项治理工作领导小组组长杨生俊在政府三楼会议室主持召开全县工程建设政府采购等重点领域突出问题专项治理工作推进会,通报专项治理工作开展情况,研究部署全县专项治理工作。

4月15日 西吉县政法队伍教育整顿领导小组全体(扩大)会议暨第二次推进会在会议中心第一会议室召开。全区政法队伍教育整顿第四驻点指导组西吉组组长李彬到会指导,市委副书记、县委书记、县政法队伍教育整顿领导小组组长王学军讲话,县委副书记、政法委书记、县政法队伍教育整顿领导小组常务副组长李国英通报全县政法队伍教育整顿学习教育环节工作开展情况,安排部署查纠整改环节重点工作。

同日 平安西吉建设协调小组2021年第一次会议暨国安委第三次(扩大)会议在会议中心第一会议室召开。会议传达学习习近平总书记在中央政治局第二十六次集体学习时的重要讲话精神,区、市平安建设工作会议精神,区、市命案防控会议精神,区、市国家安全宣传教育会议精神,区、市反邪教工作会议精神;听取县公安局、统战部、应急管理局、司法局工作汇报;研究审议《平安西吉建设2021年工作要点》《中共西吉县委国家安全委员会2021年工作要点》。

▲西吉县创建自治区卫生县城启动会在会议中心会堂召开。自治区卫生健康委健康综合处处长、区爱卫办专职副主任朱建忠等到会指导,全县副科级以上部门(单位)主要负责人参加会议。

4月17日　市委副书记、县委书记王学军带领县领导李国英、高耀明及县委办、组织部负责人深入乡村调研督导政法队伍教育整顿、脱贫攻坚动态监测帮扶、重点项目建设、农村人居环境整治、村组干部考核管理等工作。

4月18日　自治区党委常委、市委书记马汉成到西吉县调研指导生态经济发展及“四权”改革工作。

4月19日　十四届县委2021年第八次常委会会议召开。会议传达学习习近平总书记对深化东西部协作和定点帮扶、革命文物保护、打击治理电信网络诈骗犯罪工作作出的重要指示,在参加首都义务植树活动时的重要讲话精神,研究贯彻落实意见;听取县乡领导班子换届、党史学习教育、政法队伍教育整顿等重点工作汇报,研究部署相关工作。

4月20日　固原市人大常委会副主任杨大素带领市人大常委会执法检查组,对西吉县贯彻实施《中华人民共和国社区矫正法》情况进行执法检查。

同日　政府县长、县应对新冠疫情防控工作指挥部指挥长杨生俊带领政府副县长李喜生等,到湖滨社区卫生服务中心检查指导新冠疫苗接种工作并带头接种。

4月21日　自治区政协副主席许宁带领区政协调研组,到西吉县调研检查“推进我区黄河文化传承彰显区建设”工作。

4月23日　自治区政协调研组到西吉县调研“肉牛产业数字化建设”工作。

同日　县委党史学习教育专题研讨暨理论学习中心组2021年第六次学习会议在县委五楼会议室召开。会议传达学习习近平《论中国共产党历史》《毛泽东　邓小平　江泽民　胡锦涛关于中国共产党历史论述摘编》《中国共产党统一战线工作条例》有关篇目,对总体国家安全观进行专题学习。全体在家县级领导参加会议、相关部门负责人列席会议。

▲自治区党史研究室副主任饶彦久带领相关处室负责人,到西吉县调研并召开宁夏党史重大问题座谈会。县领导王万龙及固原市党史研究室、县党史和地方志研究室、档案馆、文广局负责人及相关人员参加座谈会。

4月25日　霍尼韦尔中国区总裁林世伟、中国商飞集团公司办公室副主任卢小安等到西吉县开展医疗物资捐赠活动。捐赠仪式在县人民医院举行,政府副县长李喜生及县卫生健康局、县医院负责人和部分科室负责人参加捐赠仪式。

4月29日 国家自然资源部法规司司长魏莉华带领调研组到西吉县调研国土空间开发保护立法工作。调研组先后到将台堡镇水发浩海集团现代农业基地、吉强镇龙王坝村,通过实地查看和听取情况介绍,详细调研西吉县国土空间开发保护立法工作。

同日 十四届县委2021年第九次常委会议召开。会议传达学习习近平总书记系列重要讲话精神、自治区建设黄河流域生态保护和高质量发展先行区第四次推进会精神、全区经济形势分析通报会议精神,听取一季度全县经济运行情况汇报,研究相关工作;传达学习全区脱贫攻坚总结表彰大会精神、中央定点扶贫单位座谈会精神、自治区实施百万移民致富提升行动会议精神,研究贯彻落实意见。

4月30日 十七届县政府第九十四次常务会议召开。会议传达学习国务院第四次廉政工作会议精神、区民政府廉政工作电视电话会议精神、全国防汛抗旱工作电视电话会议精神、全区防汛抗旱工作电视电话会议精神,研究贯彻落实意见。

5月9日 中卫市委常委、海原县委书记徐海宁带领海原县党政考察团到红军长征将台堡会师纪念地开展主题党日活动,并考察调研西吉乡村旅游、产业发展等工作。

5月11日 县委举行党史学习教育宣讲报告会,邀请宁夏社会主义学院统战理论教研室副教授李淑萍宣讲。报告会以视频形式举行,全体在家县级领导及县直各部门(单位)领导班子成员,各乡镇党政主要负责人,区、市驻县各单位主要负责人在会议中心会堂主会场参加;各乡镇班子成员及乡村干部在各乡镇分会场参加。

同日 十七届县政府第九十五次常务会议召开。会议学习贯彻《关于市县组织部署"四权"改革有关事项的通知》,研究部署全县"四权"改革工作;研究审议《西吉县开展城市品质提升三年行动实施方案》《关于西吉县"互联网+城市供水"特许经营协议的请示》,研究审定项目建设事项。

5月12日 西吉县政法队伍教育整顿领导小组第四次会议召开。市委副书记、县委书记、全县政法队伍教育整顿领导小组组长王学军讲话,县委副书记、政法委书记、全县政法队伍教育整顿领导小组常务副组长李国英主持。全县政法队伍教育整顿领导小组副组长、办公室主任、副主任,各工作组组长、副组长,各成员单位负责人参加会议。

同日 西吉县人民政府与水发浩海集团肉牛产业集群建设项目签约仪式在县会议中心第一会议室举行。水发浩海集团有限公司董事长王文涛及集团相关负责人,县领导杨生俊、李国英、李晓东、马耀宏及相关乡镇、部门负责人参加签约仪式。

5月17日至18日 政府县长杨生俊带领县发改局、交通局、住建局、教体局、水务局等负责人,督查指导G566上堡至夏寨公路、西部及西北部片区农村饮水管道县城过境段改造工程、第八中学建设项目、袁河公共交通综合服务站项目、县工业园区污水处理厂及集污管网建设项目、夏寨中型水库与下游小型水库连通工程、旧城区综合治理项目、县城市政基础设施建设项目,现场协调解决项目推进过程中遇到的困难和问题。

5月20日 十四届县委2021年第十次常委会议暨应对新冠疫情防控工作领导小组

会议召开。会议传达学习习近平总书记在河南考察时的重要讲话、在推进南水北调后续工程高质量发展座谈会上的重要讲话精神，研究贯彻落实意见；传达学习自治区党委应对新冠疫情工作领导小组第十七次会议精神，听取县应对新冠疫情工作指挥部关于疫情防控工作的汇报，研究部署疫情防控工作。

5月21日 县人大常委会主任李聪带领县人大视察组，在县委常委、政府副县长李林和政府办、生态环境局、农业农村局、水务局、文化旅游广电局等负责人陪同下，通过实地查看、听取汇报、查阅资料等形式，对全县重点工作开展情况进行视察检查。

5月24日 县委举行“传承党的百年光辉史基因 铸牢中华民族共同体意识”专题宣讲培训会。自治区党委统战部副部长陈建龙作专题培训。会议以视频形式召开，在家县级领导、县直各部门(单位)、区市驻县各单位负责人在主会场参会，各乡镇党委班子成员、乡镇干部、村“两委”班子成员、驻村工作队在各自分会场参加会议。

5月25日 市委副书记、县委书记王学军在县委五楼会议室主持召开“传承党的百年光辉史基因 铸牢中华民族共同体意识”专题学习暨县委理论学习中心组2021年第八次学习会议。

5月26日 政府县长杨生俊在政府三楼会议室主持召开全县重点项目建设推进会，对全县重点项目建设进行再安排再部署。

同日 政府县长、县应对新冠疫情工作指挥部指挥长杨生俊在政府三楼会议室主持召开全县应对新冠疫情工作指挥部第十三次会议。传达学习全国疫情防控工作会议精神、全区疫情防控工作会议精神，通报全县新冠疫情防控工作，对全县疫情防控工作进行再安排再部署。

▲县长杨生俊在政府三楼会议室主持召开全县创卫工作推进会。会议通报全县创卫工作进展情况，分析创卫工作中存在的问题与不足，并对创卫工作进行再安排、再部署、再要求。

▲十四届县委2021年第十一次常委会会议召开。会议传达学习习近平总书记在中央全面深化改革委员会第十九次会议上的重要讲话精神，研究贯彻落实意见。

5月27日 县政协视察组对全县民族团结进步创建工作开展情况进行专题视察。

5月28日 市委副书记、县委书记、全县政法队伍教育整顿领导小组组长王学军在县委五楼会议室主持召开政法队伍教育整顿领导小组第六次全体(扩大)会议，传达学习中央第四督导组下沉固原市督导反馈会议精神、全市政法队伍教育整顿领导小组第七次会议精神，通报督导组下沉西吉县督导政法队伍教育整顿工作发现的问题，对下一步整改工作进行安排部署。

同日 市委副书记、县委书记王学军在县委五楼会议室主持召开全县信访工作推进会，通报重复信访、化解信访积案专项工作情况，对信访工作进行再安排再部署。

5月29日 黑龙江省政协副主席、省作协主席迟子建带领调研组，到西吉县考察调研“基层文化建设和少数民族历史文化资源挖掘、保护和利用”工作。

5月31日 西吉县乡村振兴局正式挂牌成立。

6月1日 县委党史学习教育专题研讨会在县委五楼会议室召开。会议传达学习习近平总书记在广西考察期间重要讲话精神、在中央政治局第二十九次集体学习时的重要讲话精神、习近平《论中国共产党历史》和《毛泽东　邓小平　江泽民　胡锦涛关于中国共产党历史论述摘编》有关篇目。全体在家县级领导参加会议。县领导马天英、宋亚俊、高月琴分别围绕“总结历史经验”作了专题研讨发言。

6月5日 西吉县召开领导干部集体谈心会。会议以视频会的形式召开,全体在家县级领导,各乡镇、县直各部门(单位)党政主要负责人,退出领导岗位的四级及以上调研员在会议中心会堂主会场参会,各乡镇、县直各部门(单位)班子成员在文化馆分会场参会。会议传达学习自治区党委书记陈润儿在全区党委(党组)书记集体谈心会上的讲话精神,宣读《宁夏回族自治区加强作风建设八条禁令》。市委副书记、县委书记王学军讲话强调,要讲政治顾大局,要讲担当重实干,要讲情怀转作风,要讲团结聚合力,要讲纪律守底线。会议还对县乡领导班子换届、村组干部专业化绩效考核和退出领导岗位干部管理等工作进行安排部署。

6月6日 县长杨生俊带领县领导李国英、李喜生及招考委员会成员单位负责人对全县2021年高考准备工作进行检查。杨生俊要求牢固树立一切为了考生、一切服务高考的理念,强化组织保障、落实防控举措、严肃考风考纪,保证高考顺利进行。

6月8日 固原市防止干预司法“三个规定”大宣讲视频会议召开。自治区政法队伍教育整顿第四驻点指导组副组长宋弘阳讲解“三个规定”有关政策。全体县级领导、县直各部门(单位)党政主要负责人、县政法队伍教育整顿领导小组办公室主任、副主任在县会议中心二楼视频会议室收听收看了视频会。

同日 “红色百年路·科普万里行”科普大篷车庆祝建党100周年联合行动暨中国老科协西吉县医疗义诊活动在红军长征将台堡会师纪念广场启动。中国老科协副会长岳明生和来自北京的13名医疗专家、2位科普专家、区市科协负责人及县领导王万龙、高月琴参加启动仪式。

6月9日 自治区政协教科卫体委员会主任马清贵带领调研组,到西吉县专题协商调研“以四大提升行动为载体,推动巩固拓展脱贫攻坚成果与乡村振兴有效衔接”工作。

6月10日 以“唱支山歌给党听”为主题的全市庆祝中国共产党成立100周年群众红歌合唱比赛活动在红军长征将台堡会师广场启动。

6月11日 十七届县政府第九十七次常务会议召开。会议传达学习2021年全国“安全生产月”活动启动视频会议精神、全区“安全生产月”活动启动暨自治区安委会第二次全体会议精神,研究贯彻落实意见;传达学习全国、全区深化“放管服”改革着力培育和激发市场主体活力电视电话会议精神、闽宁协作第二十五次联席会议精神,研究贯彻落实意见。

6月17日 政府县长、县安委会主任杨生俊在会议中心二楼视频会议室主持召开全县“迎大庆、保安全”安全生产专题会议，传达习近平总书记、李克强总理就湖北十堰市“6·13”煤气爆炸事故作出的重要指示批示精神和全国、全区、全市安全生产电视电话会议精神，全面分析全县安全生产形势，对西吉县庆祝中国共产党成立100周年活动期间和安全生产重点工作进行安排部署。县安委会各副主任，县直各部门(单位)、区市驻县相关单位、各乡镇和重点企业主要负责人参加会议。

同日 西吉县委党史学习教育专题研讨会在县委五楼会议室召开。会议传达学习习近平总书记在推进南水北调后续工程高质量发展座谈会上的重要讲话精神、习近平总书记重要文章《学好“四史”永葆初心、永担使命》、习近平总书记关于生态文明建设重要论述、习近平《论中国共产党历史》和《毛泽东　邓小平　江泽民　胡锦涛关于中国共产党历史论述摘编》有关篇目。市委副书记、县委书记王学军及全体在家县级领导参加会议。

6月18日 十四届县委2021年第十二次常委会议召开。会议传达学习习近平总书记在青海考察时的重要讲话精神、习近平总书记对湖北十堰市“6·13”燃气爆炸事故作出的重要指示精神、李克强总理批示精神和全国、全区安全生产电视电话会议精神，研究贯彻落实意见。市委副书记、西吉县委书记王学军主持会议并讲话。

6月22日 市委副书记、县委书记王学军，县长杨生俊带队走访慰问部分获得党内功勋荣誉表彰的党员、老党员和生活困难党员、因公殉职党员遗属、烈士遗属等，向他们转达党的关怀和温暖。

6月23日 西吉县“四大提升行动”暨“四权”改革推进会在会议中心第一会议室召开。市委副书记、县委书记王学军主持并讲话，县长杨生俊作具体安排部署。全体在家县级领导，各有关部门(单位)负责人，各乡镇党委书记、乡镇长参加会议。

6月24日 十七届县人大常委会第三十八次会议召开。会议传达学习区、市县乡人大换届选举会议精神；听取和审议县政府关于县十七届人民代表大会第五次会议代表议案建议办理情况报告，关于全县“蓝天碧水净土”保卫战开展情况报告，关于全县农村人居环境整治情况报告，关于《宁夏回族自治区河湖管理保护条例》贯彻执行及葫芦河流域治理情况报告，关于县文化馆、图书馆、博物馆“三馆”运营情况的报告，听取和审议县人大常委会视察组、检查组关于以上五项工作的视察、检查报告；审议通过《西吉县县乡人大换届选举工作实施方案》，表决通过《县人大常委会关于西吉县2021年政府一般债务资金安排方案的决议》《县人大常委会关于成立县人大换届选举委员会的决定》《县人大常委会关于成立乡镇人大换届选举委员会的决定》和有关人事任免议案。根据《全国人民代表大会常务委员会关于实行宪法宣誓制度的决定》《宁夏回族自治区实施宪法宣誓制度办法》规定，新任命人员依法向宪法进行了宣誓。

同日 政协西吉县十一届委员会第二十二次常委会议召开。会议传达学习中共中央政治局常委、全国政协主席汪洋在宁夏调研时的讲话精神，传达学习自治区党委书记陈润儿作的《传承党的百年光辉史基因 铸牢中华民族共同体意识》党史学习教育专题党课报告，传达学习县纪委监委、县委组织部关于换届期间严肃纪律的有关文件精神；听取关于全县民族团结进步创建工作的情况通报，审议县政协视察组关于对全县民族团结进步创建工作的视察报告。参会人员围绕全县民族团结进步创建工作进行了专题协商，交流了感受体会，提出了对策建议。

▲ 县委党史学习教育专题研讨会在县委五楼会议室召开。会议传达学习习近平总书记在青海考察期间的重要讲话精神、对十堰市张湾区艳湖社区农贸市场燃气爆炸事故作出的重要指示精神、参观"'不忘初心、牢记使命'中国共产党历史展览"时的重要讲话精神，传达学习自治区党委常委(扩大)会议精神、《关于2020年全国窃密泄密案件情况的通报》《中国共产党机要密码工作条例》等内容。市委副书记、县委书记王学军讲话，全体在家县级领导参加会议。

6月25日 自治区党委常委、市委书记马汉成带领市领导到西吉县单家集革命旧址、红军长征将台堡会师纪念园开展主题党日活动，接受"传承党的百年光辉史基因，铸牢中华民族共同体意识"教育，重温入党誓词。

同日 十七届县政府第九十八次常务会议召开。会议传达学习自治区党委全面依法治区工作会议精神、全区禁毒工作先进集体和先进个人表彰大会精神、自治区生态环境保护专项督查固原市工作汇报会精神，研究贯彻落实意见；听取全县上半年法治政府建设工作情况汇报、全县上半年禁毒工作情况汇报、全县上半年环保工作情况汇报，研究部署相关工作。会议对加强灾害事故信息报告工作作具体安排。

▲ 西吉县县乡人大换届选举工作会议在会议中心第一会议室召开。县人大常委会主任李聪、副主任郭满福，县委组织部、纪委监委、县委宣传部及县乡两级人大换届选举联席会议单位负责人、各乡镇人大主席及工作人员、各社区负责换届选举的工作人员参加会议。

6月27日 县长杨生俊带领县领导李国英、高月琴、鲜瑞芳及招考委员会成员单位负责人对全县2021年中考准备工作进行检查。杨生俊要求提高思想认识、落实防控举措、强化工作措施，确保中考工作顺利进行。

6月28日 西吉县在文化旅游广电局报告厅举办"学党史 颂党恩 跟党走"红色经典诗歌朗诵会，庆祝中国共产党成立100周年。

6月29日 全国"七一勋章"颁授仪式在人民大会堂隆重举行，中共中央总书记、国家主席、中央军委主席习近平向"七一勋章"获得者颁授"七一勋章"并发表重要讲话。西吉县各乡镇、各部门(单位)组织收听收看了大会直播，习近平总书记的重要讲话在全县干部职工中引起强烈反响。

同日 经党中央同意,中组部对在县(市、区、旗)委书记岗位上取得优异成绩的103名同志,授予全国优秀县委书记称号。宁夏固原市委副书记、西吉县委书记王学军荣获全国优秀县委书记称号。

6月30日 全县优秀共产党员、优秀党务工作者和先进基层党组织表彰大会在县体育馆召开。各乡镇党委书记、副书记、组织委员,各村(社区)党支部书记,县直部门(单位)党政主要负责同志、党建专干,非公经济组织和社会组织、离退休干部党组织书记,受表彰的全县优秀共产党员、优秀党务工作者和先进基层党组织负责人,"光荣在党50年"老党员和党员代表共800余人参加会议。县委副书记、县长杨生俊代表县委向受到表彰的先进集体和先进个人以及获得"光荣在党50年"纪念章的老党员表示热烈的祝贺,向全县各级党组织和广大党员致以节日的问候。

同日 西吉县"脱贫小康感党恩 振兴共富跟党走"庆祝中国共产党成立100周年文艺演出在县体育馆举行。全体在家县级领导同广大干部群众一起观看演出,共同回顾中国共产党百年光辉历程,歌颂党的丰功伟绩,庆祝党的百年华诞。

7月1日 庆祝中国共产党成立100周年大会在北京隆重举行,中共中央总书记、国家主席、中央军委主席习近平发表重要讲话。西吉县各乡镇、各部门(单位)、村组(社区)干部群众收听收看直播,习近平总书记的重要讲话在全县干部群众中引起强烈反响。

7月2日 县委副书记、县长杨生俊在县委五楼会议室主持召开县委党史学习教育专题研讨会。会议传达学习习近平总书记在中央政治局第三十一次集体学习时的重要讲话精神、在"七一勋章"颁授仪式上和在庆祝中国共产党成立100周年大会上的重要讲话精神。全体在家县级领导参加会议。

7月3日 "我要上全运"全国第十四届运动会群众项目太极拳宁夏选拔赛在西吉县全民健身活动中心开赛。

7月4日 海南省政协主席毛万春带领住琼全国政协委员考察团,到西吉县考察红色教育基地建设情况。

7月5日 全县领导干部会议在会议中心第一会议室召开。市委组织部副部长、老干部局局长张亚萍宣布市委干部任职决定:邵剑波任西吉县委委员、常委、副书记,刘杏萍任西吉县委委员、常委,祁忠任西吉县委委员、常委、纪委书记、提名为监察委员会主任候选人,马生林任西吉县委委员、常委,冯玉宝提名为西吉县政府副县长人选。市委副书记、县委书记王学军代表县四套班子向调整提拔的同志到西吉任职表示热烈欢迎,并就做好当前和今后一段时间工作提出具体要求。

同日 十四届县委2021年第十三次常委会议暨县委农村工作领导小组会议召开。会议传达学习习近平总书记在庆祝中国共产党成立100周年大会上的重要讲话精神,研究贯彻落实意见;研究审定《西吉县2021年财政涉农资金统筹整合使用方案》《西吉县2021年农村人居环境整治工作要点》《西吉县防止返贫动态监测帮扶工作实施方案》,研究部署相关工作。

7月6日 自治区人大常委会副主任姚爱兴带领区人大调研组,到西吉县专题调研“互联网+教育”示范区建设工作。

同日 市委副书记、县委书记、县总河长王学军在县委五楼会议室主持召开县总河长第五次会议暨2021年第三季度联席会议。会议传达学习自治区总河长第五次会议精神,通报西吉县2020年河长制考核情况,安排部署2021年河湖长制重点工作。全体在家县级领导和相关部门(单位)负责人、各乡镇党委书记参加会议。

▲ 市委副书记、县委书记、全县政法队伍教育整顿领导小组组长王学军在县委五楼会议室主持召开全县政法队伍教育整顿第七次领导小组会暨第五次推进会。会议传达学习全国政法队伍教育整顿领导小组第三次会议精神、全国政法队伍教育整顿领导小组办公室第四次主任会议精神、中央第四督导组督导宁夏意见反馈会精神、自治区党委常委第二十二次会议精神、全区政法队伍教育整顿第四次推进会精神、全市政法队伍教育整顿第三次推进会精神,总结工作,分析问题,进一步推动查纠整改工作,切实做好总结提升工作,确保第一批教育整顿与第二批教育整顿有效衔接。

7月8日 晚7:35,西吉县《红色胜地·多彩西吉——在西吉,遇见诗和远方》8分钟宣传片,精彩亮相宁夏卫视《宁夏文旅荟》栏目。县长杨生俊作为主讲人出镜,推介西吉本地风物优品、特色文创产品和非物质文化遗产等,引领大家领略红色胜地·多彩西吉的魅力。

7月9日 晚10:00,宁夏卫视《宁夏有礼县(区)长访谈》上线播出,县长杨生俊作为主讲嘉宾和宁夏作协主席郭文斌等,聊西吉人文风貌、优品美食、旅游体验。

同日 县人大常委会主任李聪带领县人大视察检查组,在政府副县长、公安局局长杨建仁,县法院院长李军及相关部门负责人陪同下,对全县重点工作开展专题视察。

▲ 十七届县人民政府第九十九次常务会议召开。会议研究审议《关于申请政府购买有关服务人员的请示》《关于征收原运管所家属楼北侧房屋的请示》《关于回购西吉人家192套安置房源的请示》《关于申请变更中共西吉县委党校迁建项目相关内容的请示》。

▲ 西吉县首届“大飞机杯”航模挑战赛在县第七中学开赛。市委常委、政府副市长马煜洲,中国商用飞机有限责任公司新闻中心副主任、《大飞机》杂志社副总经理徐显辉,县委常委、副县长李林,副县长鲜瑞芳,西北工业大学航空学院副教授、西北工业大学航空科技创新基地主任郭庆,中国商用飞机有限责任公司C919项目常务总工程师助理许光磊,哈尔滨莱特兄弟科技开发有限公司副总裁刘忠亮及西吉县11所中学学生代表参加开幕仪式。

7月10日 中宁县政协党组书记妥大君带领考察组到西吉县考察文化旅游和马铃薯产业发展情况,并在红军长征将台堡会师纪念园开展党史学习教育。

7月11日 十四届县委2021年第十四次常委会议召开。会议传达学习习近平总书记在中央政治局第三十一次集体学习时的重要讲话精神、在参观“不忘初心、牢记使命”

中国共产党历史展览时的重要讲话精神,研究贯彻落实意见;传达学习区、市党委换届工作会议精神,研究贯彻落实意见。听取2021年上半年全县党的建设和党风廉政建设工作汇报,研究部署相关工作。

7月12日 十四届县委第九次全体会议在会议中心会堂召开。市委副书记、县委书记王学军主持会议并讲话。会议传达学习了习近平总书记在庆祝中国共产党成立100周年大会上的重要讲话精神,审议通过《关于召开中国共产党西吉县第十五次代表大会的决议》。

同日 县委召开庆祝中国共产党成立100周年座谈会。市委副书记、县委书记王学军主持会议并讲话。全体党员县级领导、各乡镇党委书记、县直各部门(单位)党组织书记,区市"两优一先"代表、各界代表参加座谈会。

7月13日 固原市"红色历史、生态文明、民族团结、脱贫攻坚"巡回宣讲报告会在县会议中心会堂举行。全体在家县级领导,各乡镇、县直各部门(单位)主要负责人和党史学习教育分管领导,区市驻县各单位主要负责人聆听了报告。

7月14日 政府县长杨生俊带领县领导鲜瑞芳、冯玉宝到部分市政工程项目建设现场,实地检查项目进展情况。杨生俊要求有关部门和施工单位加强监管力度,抓紧抓牢工期和质量,做好汛期应急防护,确保工程如期完工。

7月15日 市委副书记、县委书记王学军在县委五楼会议室主持召开县委理论学习中心组专题研讨会,深入学习贯彻习近平总书记在庆祝中国共产党成立100周年大会上的重要讲话精神。会上,县领导杨生俊、邵剑波、李西平、马耀宏围绕"弘扬伟大建党精神"作了研讨发言。

同日 十四届县委2021年第十五次常委会议召开。会议传达学习习近平总书记在中央全面深化改革委员会第二十次会议上的重要讲话精神,研究贯彻落实意见;传达学习自治区《关于严肃换届纪律的公告》,研究贯彻落实意见;研究审议《关于中国共产党西吉县第十五次代表大会代表选举工作的请示》。

7月16日 县委举行学习贯彻习近平总书记在庆祝中国共产党成立100周年大会上的重要讲话精神宣讲报告会。报告会以视频会议形式召开。市委副书记、县委书记王学军及全体在家县级领导,各乡镇党委书记、乡镇长,县直各部门(单位)主要负责人及党史学习教育分管同志,区、市驻县各单位主要负责人在主会场参会;各乡镇领导班子成员、全体乡干部,村"两委"班子成员、驻村工作队、党员在各自乡镇、村分会场参会。报告会邀请自治区宣讲团成员、宁夏社会科学院院长刘雨作宣讲辅导。

同日 市委副书记、县委书记王学军带领县领导杨生俊、马保师、邵剑波、刘杏萍、张杰、郑超等深入将台堡镇、硝河乡进行调研,听取两乡镇近期重点工作汇报,对乡镇新任领导班子提出工作要求。

7月21日 十四届县委2021年第十六次常委会议暨全面依法治县委员会2021年第

3次会议召开。会议传达学习全国、全区医改工作电视电话会议精神,听取全县医改工作汇报,研究部署医改工作;传达学习全区2021年上半年经济形势分析会议精神,听取全县上半年经济运行情况汇报,研究经济工作;听取2021年上半年意识形态和巡察工作汇报,研究部署相关工作;传达学习全区依法治区工作视频会议精神,审定相关方案,研究贯彻落实意见。

7月22日 市委副书记、县委书记王学军在县委五楼会议室主持召开县委理论学习中心组专题研讨会议。会议传达学习《中共中央关于印发〈中国共产党成立100周年庆祝活动总结报告〉的通知》。会上,县领导李聪、魏廷峰、马桂英、宋兆吉、李军围绕“回顾伟大历史成就,全面推进乡村振兴”主题作了研讨发言;祁忠、郭满福围绕“弘扬伟大建党精神,加快先行区建设”主题作了研讨发言。

7月23日 西吉县人民政府与福建泉州芳廷贸易有限公司在会议中心第一会议室举行服装生产项目签约仪式。福建泉州芳廷贸易有限责任公司董事长王芬、相关企业家与县领导杨生俊、邵剑波、林传烜、郑超、马耀宏及相关部门负责人参加签约仪式。

7月24日 十七届县人民政府第一百次常务会议召开。会议传达学习中央、自治区领导防汛救灾批示精神,安排部署全县防汛救灾工作;传达学习全国、全区医改工作电视电话会议精神,听取全县医改工作进展情况汇报,研究贯彻落实意见;传达学习全区2021年上半年经济形势分析会精神,听取上半年全县经济运行情况汇报,研究部署经济工作;听取2021年环保重点任务完成和环保督察反馈问题整改情况汇报,研究部署环保工作。

7月27日 自治区法治政府建设工作督察组,到西吉县督察法治政府建设工作。

7月28日 西吉县2021年国防教育形势政策报告会在会议中心会堂举行。全体在家县级领导,各乡镇、各部门负责人聆听了报告会。

同日 固原市委讲师团10位讲师分别深入西吉县部分乡镇和县直部门单位开展习近平总书记“七一”重要讲话精神集中宣讲活动。

7月29日 中国共产党兴隆镇第十三次代表会议召开。全县其他18个乡镇相继召开党员代表会议,完成乡镇党委换届选举工作。

7月30日 中国关工委常务副主任胡振民、中央国家机关美术家协会艺术顾问刘正刚一行,为红军长征将台堡会师纪念园捐赠巨幅画作《百鹰图》。县领导杨生俊、马保师、鲜瑞芳参加捐赠仪式。

同日 县领导杨生俊、邵剑波、刘杏萍、单国典、郭满福、李西平先后到固原军分区、县人武部、武警中队、县消防救援大队开展“八一”建军节慰问活动,向驻地官兵致以节日问候和崇高的敬意。

7月31日 西吉县在永清湖双拥广场组织开展《中华人民共和国退役军人保障法》《中华人民共和国军人地位和权益保障法》宣传活动,并对获得全市爱国拥军模范单位和模范个人、拥政爱民模范单位和模范个人、全市优秀退役军人、退役军人工作先进单位及个人进行表彰奖励。

8月1日 政府县长、县应对新冠疫情工作指挥部指挥长杨生俊在会议中心第一会议室主持召开全县应对新冠疫情工作指挥部(扩大)会议。会议传达学习自治区应对新冠疫情工作领导小组第十八次会议、自治区应对新冠疫情工作指挥部第十七次全体会议精神,安排部署全县疫情防控工作。

8月2日 十七届县人大常委会第三十九次会议召开。会议听取并审议县法院关于“分调裁审”改革工作报告、县检察院关于民事行政检察工作报告、县政府关于全县“交所合一”警务机制改革工作报告、关于全县基层社区治理情况报告,听取审议县人大常委会检查组、视察组关于以上四项工作的检查、视察报告;听取审议县政府关于2021年上半年国民经济和社会发展计划执行情况报告、关于2020年县本级财政决算草案和2021年上半年预算执行情况的报告,审查批准2020年县本级财政决算,通过有关人事任免议案。

8月3日 西吉县换届选举委员会第二次会议在会议中心第一会议室召开。县人大常委会主任李聪出席会议并讲话。县委常委、组织部部长刘杏萍及各乡镇人大主席、县选举委员会成员参加会议。会议听取各乡镇及部分选举委员会成员单位换届选举工作进展情况汇报,并就做好县乡人大换届选举组织、纪律工作进行具体安排部署。

8月5日 政府县长、县应对新冠疫情工作指挥部指挥长杨生俊带领县领导邵剑波、魏廷峰、林传烜、鲜瑞芳及有关部门负责人,到固西高速公路东入口查验点、县汽车站、润泽华府小区、县人民医院、盛世万家和超市、疫苗接种点、河畔人家隔离点等检查指导疫情防控工作。

同日 十七届县人民政府第一百零一次常务会议召开。会议研究审定《关于调整完善西吉县应急管理指挥机构的请示》《西吉县突发公共事件总体应急预案》《西吉县生产安全事故灾难应急预案》等12个专项预案;听取全县项目建设、乡村振兴、“四权改革”和“四大提升行动”、防汛抗旱、疫情防控等工作汇报,研究部署相关工作。

8月6日 十四届县委2021年第十七次常委会议暨应对新冠肺炎疫情工作领导小组会议召开。传达学习习近平总书记视察西藏时的重要讲话精神、在中共中央政治局第三十二次集体学习时的重要讲话精神、在党外人士座谈会上的重要讲话精神、关于防汛救灾工作重要指示精神,研究贯彻落实意见;传达学习全国疫情防控工作电视电话会议精神、自治区党委常委会议暨应对新冠肺炎疫情工作领导小组第十八次会议精神、自治区党委应对新冠肺炎疫情工作专题会议精神,听取全县疫情防控工作情况汇报,研究部署全县疫情防控工作。市委副书记、县委书记、县委应对新冠肺炎疫情工作领导小组组长王学军主持会议并讲话。

8月7日至8日 市委副书记、县委书记王学军带领县领导马保师、刘杏萍、张杰、李林、林传烜、鲜瑞芳等,先后到田坪乡、马建乡、红耀乡、西滩乡、王民乡、兴平乡、平峰镇、震湖乡,调研督导疫情防控、抗旱救灾、脱贫攻坚动态监测帮扶、农村人居环境整治重点工作。

8月9日 县长杨生俊在政府三楼会议室主持召开全县移民致富提升行动和城乡居民收入提升行动工作推进会,听取相关部门任务落实情况汇报,研究部署全县移民致富提升和城乡居民收入提升工作。县领导张杰、鲜瑞芳及相关部门负责人参加会议。

8月10日 十四届县委2021年第十八次常委会议暨审计委员会第三次会议召开。会议传达学习习近平总书记关于档案工作重要批示精神,研究贯彻意见;传达学习中共中央办公厅、国务院办公厅《关于建立健全审计查出问题整改长效机制的意见》《自治区党委审计委员会关于加强自治区各级党委审计委员会工作的实施意见》和自治区党委审计委员会第五次会议精神,研究审定相关方案。市委副书记、县委书记、县委审计委员会主任王学军主持会议并讲话。

同日 市委副书记、县委书记王学军在县委五楼会议室主持召开县委党史学习教育专题研讨会。传达学习习近平总书记视察西藏时的重要讲话精神、在党外人士座谈会上的重要讲话精神、关于防汛救灾工作重要指示精神和《自治区党委办公厅关于认真学习贯彻〈中国共产党领导国家安全工作条例〉的通知》。县领导马天英、刘杏萍、吴铁军、杨建仁、鲜瑞芳、马彦平分别围绕"践行伟大时代使命,扎实推进'四大提升行动'"主题作了专题研讨发言。

8月10日 西吉县政法队伍教育整顿总结会在会议中心第一会议室召开。会议深入学习习近平总书记"七一"重要讲话精神、全区第一批政法队伍教育整顿第八次调度会精神、全市政法队伍教育整顿总结会精神,观看政法队伍教育整顿专题片,听取政法英模先进事迹报告。政法各单位分别就政法队伍教育整顿开展情况做了交流发言。市委副书记、县委书记、县政法队伍教育整顿领导小组组长王学军出席并讲话。

8月11日 自治区党委常委、市委书记马汉成到西吉县督导习近平总书记"七一"重要讲话精神学习贯彻情况,调研党史学习教育、"四大提升行动"、抗旱救灾、疫情防控、乡镇换届等重点工作推进情况。

8月12日 市委副书记、县委书记王学军带领县领导邵剑波、刘杏萍、祁忠、马生林、鲜瑞芳、冯玉宝及各包乡县级领导,先后到兴隆镇、火石寨乡、吉强镇调研督导疫情防控、抗旱救灾、脱贫攻坚动态监测帮扶和农村人居环境整治等重点工作。

8月13日 县长杨生俊在政府三楼会议室主持召开全县"四大提升行动"和"四权"改革工作推进会,听取相关部门工作开展汇报,研究部署相关工作。

8月15日 西吉县召开疫情防控工作会议,深入学习贯彻习近平总书记关于疫情防控的重要指示精神,全面落实全国、全区疫情防控工作会议精神,分析疫情防控工作面临的新形势和新任务,对全县疫情防控工作再安排、再部署。市委副书记、县委书记、县委应对新冠肺炎疫情工作领导小组组长王学军出席会议并讲话。会议以视频形式召开,全体在家县级领导、县直各部门主要负责人在会议中心主会场参加会议,指挥部各成员单位负责人及班子其他成员在县委、政府、文广局分会场参加会议,各乡镇党委、政府班子成员、包村干部、派出所、司法所、卫生院主要负责人在各乡镇分会场参加会议,村“两委”班子成员、驻村第一书记、工作队员、疫情防控网格员、村医在各村委会分会场参加会议。

8月18日 十七届县政府第一百零二次常务会议召开。会议传达学习李克强总理关于做好防汛抢险救灾工作的讲话精神、全区抗旱减灾工作会议精神,研究贯彻落实意见;通报环保督查反馈问题整改进展情况,研究《固原市生态环境保护大调研大督查大起底交叉执法问题整改责任清单》,研究部署相关工作;传达学习《中共中央办公厅、国务院办公厅印发〈关于建立健全审计查出问题整改长效机制的意见〉的通知》《宁夏回族自治区重大决策社会稳定风险评估实施办法》,研究贯彻落实意见。

8月21日 西吉县向福建福清“点对点”输送务工人员110人,欢送仪式在县永清湖广场举行。县领导张杰、李林、林传烜及相关部门负责人参加欢送仪式。

8月26日 西吉县换届选举委员会第四次会议在县会议中心第一会议室召开。县人大常委会主任李聪主持会议并讲话,县领导刘杏萍、魏廷峰、郭满福、孙占新、郑超及县选举委员会成员、各乡镇党委书记和人大主席参加会议。会议传达学习固原市人大换届选举通报会精神,通报了西吉县2021年县乡人大换届选举工作开展情况,并就做好选民登记“回头看”、加大换届选举工作宣传力度,做好选举日投票选举工作、严明换届选举纪律,做好“选举日”常态化疫情防控工作、整理收集归档换届选举资料等进行详细安排部署。

同日 西吉县巩固拓展脱贫攻坚成果同乡村振兴有效衔接暨移民致富提升行动工作推进会在县乡村振兴局会议室召开。县委常委、政府副县长张杰及各乡镇、各部门(单位)、金融机构分管负责人、乡村振兴专干参加会议。

9月1日 十七届县人民政府第一百零三次常务会议召开。会议传达学习自治区黄河流域生态保护和高质量发展先行区建设第五次推进会议精神,研究贯彻落实意见;传达学习全区法治政府建设工作会议精神,通报全区法治政府建设督查反馈问题,研究部署全县法治政府建设工作。

9月2日 西吉县召开领导干部大会,自治区党委常委、市委书记马汉成出席会议并讲话。自治区党委组织部部务委员、干部二处处长张朝宣布自治区党委干部任免决定:王学军同志不再担任固原市委副书记、一级巡视员、西吉县委书记职务;白学贵同志任固原市委委员、常委、副书记、西吉县委书记。

同日 西吉县集中举行县乡两级人大代表换届选举工作。全县325752位选民在111个县级人大代表选区、470个乡级人大代表选区投票选举,选出西吉县第十八届人民代表大会代表247名、各乡镇新一届人民代表大会代表1171名。杨生俊、李聪等县级领导以普通选民身份参加投票选举。

9月3日 自治区政协办公厅二级巡视员张嵩一行,到西吉县专题调研“以四大提升行动为载体,推动巩固拓展脱贫攻坚成果与乡村振兴有效衔接”工作。

9月6日 市委副书记、县委书记白学贵带领县领导邵剑波、魏廷峰、冯玉宝及相关部门负责人检查指导老旧小区改造和道路建设工作。白学贵要求树牢以人民为中心的发展理念,切实加快工程进度,确保工程质量,不断提升群众的获得感、幸福感和安全感。

同日 县长杨生俊带领相关部门负责人对夏寨水库库坝连通工程、葫芦河中型灌区续建配套与节水改造工程、什字乡谢寨水库除险加固工程等重点水利工程建设进行调研检查。

▲市委副书记、县委书记白学贵在县委五楼会议室主持召开县委党史学习教育专题研讨会,集中学习习近平总书记在中央民族工作会议、在河北承德考察、在中央党校中青年干部培训班开班式上的重要讲话精神和《习近平论强军兴军》《中国共产党组织工作条例》;传达学习自治区黄河流域生态保护和高质量发展先行区建设第五次推进会精神。县领导高月琴、冯玉宝、张国义分别围绕“落实全党伟大号召,切实推进‘四权’改革”主题作了专题研讨发言。

9月7日 县人大常委会主任李聪带领县人大检查组,对全县重点工作开展情况进行检查。政府副县长鲜瑞芳及相关部门负责人陪同检查。

9月8日 市委副书记、县委书记白学贵在平峰镇、兴平乡调研指导产业发展、乡村振兴、人居环境等重点工作,要求充分发挥群众积极性、主动性、创造性,真正实现产业兴旺、生态宜居、乡风文明、治理有效、生活富裕。

同日 市委常委、政府副市长马煜洲带领督察组,到西吉县督察法治政府建设工作。

▲自治区审计厅厅长梁积裕带领有关人员到西吉县调研指导审计工作,并组织召开西吉县易地搬迁专项审计调查进点会。

▲十七届县人民政府第一百零四次常务会议召开。会议传达学习全市产业发展和招商引资大会精神,研究贯彻落实意见;传达学习自治区党委生态环境保护专项督察反馈意见和全区生态环境保护工作视频调度会议精神,观看全市生态环保问题警示片,通报全县生态环境保护目标任务完成情况,研究审定《西吉县贯彻落实自治区党委生态环境保护专项督察反馈意见整改方案》,研究部署全县生态环境保护工作。

9月9日 中组部、农业农村部2021年第二期农村实用人才带头人和到村任职、按照大学生村官管理的选调生示范培训班在西吉县龙王坝培训基地开班,来自全区22个县(市、区)100名学员参加了培训。中央农业广播电视学校副校长张丹梅、县领导张杰及相关部门负责人参加开班仪式。

同日 十四届县委2021年第十九次常委会议召开。会议传达学习习近平总书记重要文章《总结党的历史经验,加强党的政治建设》《党的伟大精神永远是党和国家的宝贵精神财富》,研究贯彻落实意见;传达学习自治区党委书记陈润儿在固原调研时的讲话精神、全区推进黄河流域生态保护和高质量发展先行区建设第五次推进会精神、全市产业发展和招商引资大会精神等内容,研究贯彻落实意见。市委副书记、县委书记白学贵主持会议并讲话。

▲市委常委、组织部部长余剑雄到西吉县调研百万移民致富提升行动工作,强调要弘扬伟大建党精神,提升工作精气神,转变思想观念,带领移民群众走向共同富裕道路。县领导刘杏萍、魏廷峰陪同调研。

▲全市审计工作会议在西吉县召开。自治区审计厅厅长梁积裕参加会议并讲话,副厅长张龙主持会议,审计厅农业农村处处长孟光军、第四派出审计处处长雍文选、秘书处副处长金飞尧、固原市及四县一区审计局局长、副局长及西吉县审计局全体干部职工参加会议。

9月10日 市委副书记、县委书记白学贵,县委副书记邵剑波,政府副县长鲜瑞芳分别带队开展教师节慰问活动,代表县委、县政府向广大教师和教育工作者致以节日的祝福和诚挚的问候。

同日 西吉县全民防范电信网络诈骗工作推进会暨全民注册"国家反诈中心APP"专项工作部署会在会议中心第一会议室召开。县领导吴铁军、孙占新及各乡镇、县直各部门(单位)、区市驻县相关单位、各中小学负责人参加会议。

▲山西省政协副主席张瑞鹏带领考察组,到西吉县调研考察推动黄河生态环境保护和高质量发展工作。

9月11日 福建省福清市委副书记、政府代市长吴永忠带领考察团到西吉县考察闽宁对口协作工作。

同日 中国农业科学院农业信息研究所调研组在西吉县召开防止返贫监测帮扶工作座谈会。中国农业科学院农业信息研究所国际情报室副研究员计晗及自治区乡村振兴局相关负责人,县委常委、政府副县长张杰及相关乡镇、部门负责人参加座谈会。

9月13日 市委副书记、县委书记白学贵带领县领导林传烜、马耀宏及相关部门负责人深入县工业园区调研指导工作。要求相关部门强化保障、靠前服务、主动作为,不断优化营商环境,推动企业做大做强做优。

同日 西吉县在永清湖广场举行2021年全国科普日活动启动暨科技志愿者服务队成立仪式。县领导刘杏萍、高月琴及市县相关部门负责人、科技工作者代表、科技志愿者服务队参加启动仪式。

9月14日 县长杨生俊带领县领导张杰、郑超及相关部门负责人调研检查百万移民致富提升行动推进工作。要求重点解决好移民村产业、就业和社会融入三件事,切实让广大移民群众生活越过越幸福。

9月15日 市委副书记、县委书记白学贵在县委五楼会议室主持召开自治区党委生态环保督察反馈问题整改情况汇报会。固原市生态环境局监察支队支队长俞发勇,县领导杨生俊、魏廷峰、祁忠、孙占新、郑超、冯玉宝及县直相关部门主要负责人、各乡镇党委书记参加会议。会议要求,切实抓好督察反馈问题整改,坚持举一反三,全面提升西吉生态环境保护工作水平。

同日 市委副书记、县委书记白学贵在县委五楼会议室主持召开座谈会,就县第十五次党代会报告广泛征求相关职部门、乡镇、村(社区)、非公企业负责人,退休老干部意见建议,集思广益,科学谋划西吉未来经济社会发展蓝图。

9月16日 市委副书记、县委书记白学贵带领副县长冯玉宝及相关部门负责人督导检查县城供热前期准备工作。要求供热企业提前做好燃煤储备、设备检修等各项前期准备工作,确保如期正常供热,让广大市民温暖过冬。

同日 兴隆镇召开第十九届人民代表大会第一次会议,选举产生兴隆镇十九届人大主席团和兴隆镇人民政府。全县其他18个乡镇相继完成乡镇人大、政府换届工作。

▲ 县长杨生俊带领副县长鲜瑞芳及相关部门负责人到兴隆体育场、兴隆三幼、县城五幼、九幼、六中、八中、七小和五小等教育重点项目建设现场督导检查。

9月18日 十四届县委2021年第十九次常委会议召开。会议传达学习《全区开展违规吃喝隐形变异问题专项整治工作方案》,研究贯彻落实意见;听取党史学习教育"三知三强"实践进展情况汇报,研究召开县委全委会和党代会有关事宜。市委副书记、县委书记白学贵主持会议并讲话。

同日 十七届县政府第一百零四次常务会议召开。会议传达学习全区2021年耕地保护督察部署会议精神,研究审定《西吉县耕地保护"田长制"实施方案》,研究《深入开展第八个五年法治宣传教育的决议(草案)》;研究部署巩固拓展脱贫攻坚成果、农民增收、安全生产、耕地保护等重点工作。

9月21日 中秋佳节,市委副书记、县委书记白学贵带领政府副县长、公安局局长孙占新看望慰问节日期间坚守在工作一线的公安民辅警,代表县委、政府向他们送去节日的问候和祝福。

9月22日 西吉县人民政府与中国商飞上海航空工业(集团)有限公司在政府三楼会议室举行牛羊肉采购项目签约仪式。中国商飞上海航空工业(集团)有限公司党委书记、董事长郭盛杰,企业相关负责人、市县领导马煜洲、李林、林传烜及相关部门负责人参加签约仪式。

9月23日 十四届县委第十一次全体会议在会议中心会堂召开。全会决定中国共产党西吉县第十五次代表大会于2021年9月24日至9月26日召开。出席会议县委委员31人、县委候补委员1人。县纪委委员,县委办公室、县委组织部主要负责人列席会议。全会听取《关于中国共产党西吉县第十四届委员会报告起草情况的说明》《关于中国共产党西吉县第十四届纪律检查委员会工作报告起草情况的说明》《关于中国共产党西吉县第十五届委员会委员、候补委员和中国共产党西吉县第十五届纪律检查委员会委员候选人预备人选建议名单的说明》;审议通过《中国共产党西吉县第十四届委员会报告(审议稿)》《中国共产党西吉县第十四届纪律检查委员会工作报告(审议稿)》;酝酿讨论中国共产党西吉县第十五届委员会委员、候补委员和中国共产党西吉县第十五届纪律检查委员会委员候选人预备人选建议名单;圈选确定西吉县出席中国共产党固原市第五次代表大会代表候选人预备人选。市委副书记、县委书记白学贵主持会议并讲话。

同日 固原市2021年中国农民丰收节在中国最美休闲村庄——西吉县吉强镇龙王坝村举办。

9月24日 中国共产党西吉县第十五次代表大会预备会议在会议中心会堂举行。会议应到代表296名,实到代表290名。市委副书记、县委书记白学贵主持会议。会议以举手表决的方式,通过了大会主席团名单、大会秘书长名单、代表资格审查委员会名单,通过大会议程。

同日 中国共产党西吉县第十五次代表大会主席团第一次会议在会议中心第一会议室举行。市委副书记、县委书记白学贵主持会议。会议以举手表决的方式,通过大会主席团常务委员会成员名单、大会副秘书长名单、代表资格审查委员会关于代表资格审查的报告,通过大会列席人员名单、大会日程、大会秘书处工作机构、大会执行主席名单。

▲中国共产党西吉县第十五次代表大会代表资格审查委员会会议在会议中心二楼会议室召开。县领导邵剑波、刘杏萍、祁忠参加会议。会议审查了各选举单位选出的西吉县第十五次党代会代表资格;通过了提交大会主席团会议审议的《中国共产党西吉县第十五次代表大会代表资格审查委员会关于代表资格的审查报告(草案)》。

▲县长杨生俊在政府三楼会议室主持召开全县创卫工作专题会议,通报近期全县创卫工作督查情况,对创卫工作进行再安排、再部署。各分管县级领导和成员单位负责人参加会议。

9月25日 中国共产党西吉县第十五次代表大会在会议中心会堂开幕。大会的主题是:高举习近平新时代中国特色社会主义思想伟大旗帜,走好新的长征路,全面推进乡村振兴,加快富民强县步伐,为西吉人民过上更加美好的生活而努力奋斗。白学贵代表中国共产党西吉县第十四届委员会向大会作了题为《全面推进乡村振兴 加快富民强县步伐 为西吉人民过上更加美好的生活而努力奋斗》的报告。

同日 中国共产党西吉县第十五次代表大会主席团第二次会议在会议中心第一会议室举行。白学贵主持会议。会议听取了十五届县委委员、候补委员,十五届纪委委员和出席固原市第五次党代会代表候选人预选建议名单的说明;通过了十五届县委委员、候补委员,十五届纪委委员和出席固原市第五次党代会代表候选人预选建议名单,提交各代表团酝酿。会议通过了大会选举办法(草案)。

▲中国共产党西吉县第十五次代表大会主席团第三次会议在会议中心第一会议室举行。白学贵主持会议。会议听取各代表团讨论十四届县委报告、纪委工作报告和西吉县党费收缴、使用和管理情况报告的汇报;听取各代表团人事酝酿和大会选举办法(草

案)讨论情况的汇报。会议以举手表决的方式,通过大会选举办法(草案),通过十五届县委委员、候补委员,十五届纪委委员和出席固原市第五次党代会代表候选人预选建议名单,通过总监票人、分团预选监票人和大会选举监票人建议名单。

▲ 中国共产党西吉县第十五次代表大会第二次全体会议在会议中心会堂举行。白学贵主持会议。大会应到代表296名,实到代表289名。会议以举手表决方式,通过《中国共产党西吉县第十五次代表大会选举办法》,通过总监票人、分团预选监票人和大会选举监票人名单。

9月26日 中国共产党西吉县第十五次代表大会在会议中心会堂闭幕。白学贵主持大会。市委指导组成员呼延俊杰、靳华斌到会指导。大会以无记名投票方式选举产生中国共产党西吉县第十五届委员会委员37名、候补委员8名,中国共产党西吉县第十五届纪律检查委员会委员17名和西吉县出席中国共产党固原市第五次代表大会代表68名。大会通过《关于中国共产党西吉县第十四届委员会报告的决议》《关于中国共产党西吉县纪律检查委员会工作报告的决议》。

同日 中国共产党西吉县第十五届纪律检查委员会在会议中心第一会议室举行第一次全体会议。

9月27日 市委副书记、县委书记白学贵在县委五楼会议室主持召开十五届县委2021年常委会议军会议。会议传达学习习近平总书记在中共中央政治局第三十二次集体学习时的重要讲话精神;听取全县国防动员、后备力量建设情况汇报,研究部署相关工作。

9月28日 市人大常委会视察组到西吉县视察重点产业发展情况。

9月29日 由中央网信办传播局指导,自治区党委网信办和央视网主办的"石榴花开 籽籽同心"网络主题活动宁夏行采访团走进西吉县。县政协党组副书记马保师陪同采访。

9月30日 西吉县在北山革命烈士陵园举行公祭活动,纪念为中国人民解放事业和共和国建设事业英勇献身的人民英雄,追忆革命历史,缅怀先烈英灵,铭记英雄业绩,汲取奋勇向前的精神力量。市委副书记、县委书记白学贵及全体在家县级领导,干部职工代表、烈属代表、老战士代表、立功受奖现役军人家属代表、优秀模范退役军人代表、学校师生代表、消防救援人员代表等各界代表参加了公祭活动。

10月8日 十五届县委2021年第一次常委会(扩大)会议召开。会议传达学习《中国共产党地方委员会工作条例》,研究贯彻落实意见;研究审定《中共西吉县第十五届委员会常务委员会工作规则》《关于西吉县第十五次党代会主要任务分工的通知》《西吉县科级及以上领导干部请假报告制度》。

10月11日 以"网络安全为人民,网络安全靠人民"为主题的2021年西吉县网络安全宣传周活动在永清湖广场启动。

同日 市委副书记、县委书记白学贵深入包抓乡镇硝河乡,围绕深入学习宣传贯彻中共西吉县十五次党代会精神进行专题宣讲。

▲自治区爱卫办国家卫生城市评审专家屈华带领相关人员对西吉县病媒生物防治工作进行现场初验并在政府三楼会议室召开反馈问题整改工作会。政府副县长鲜瑞芳及部分乡镇、县直有关部门(单位)、社区和企业负责人参加会议。

10月12日 十五届县委2021年第二次常委会议召开。会议传达学习习近平总书记在陕西榆林考察时、在中央人才工作会议上、在纪念辛亥革命110周年大会上、在中共中央政治局第三十三次集体学习时的重要讲话精神和习近平总书记重要文章《毫不动摇坚持和加强党的全面领导》,研究贯彻落实意见;传达学习自治区党委十二届十三次全会精神,研究贯彻落实意见;研究审定《2021年度西吉县效能目标管理考核方案》《西吉县抓党建促乡村振兴实施方案》《2021年度全县重大行政决策事项目录公开事宜》。市委副书记、县委书记白学贵主持会议并讲话。

10月13日 十七届县政府第一百零七次常务会议召开。会议传达学习自治区党委十二届十三次全会精神,研究贯彻落实意见;传达学习西吉县第十五次党代会、十五届县委第一次全体会议精神;通报2021年全县重点工作、创新性工作和重点项目完成情况;听取"四权"改革工作进展情况汇报;安排部署2022年医疗保险收缴工作。县长杨生俊主持会议并讲话。

▲县委理论学习中心组召开2021年第十五次学习会议暨全县党政干部法治思维和依法行政能力提升专题培训会。培训会特邀自治区党校副教授张苹作专题辅导。培训会以视频会议形式举行,全体在家县级领导、各乡镇党委书记、县直各部门(单位)领导班子成员、区市驻县各单位主要负责人在会议中心会堂主会场参加,全体乡村干部、驻村工作队在各自分会场参加。

10月14日 中国科协副主席、书记处书记孟庆海带领调研组到西吉县调研"旅游+科普"助力乡村振兴工作。自治区科协党组书记、主席陈红缨,市县领导成世杰、刘杏萍、李林及市县科协负责人陪同调研。

同日 西吉县"全民健身季"首届老年体育运动会在县体育馆开幕。政府副县长鲜瑞芳及县全民健身领导小组相关负责人、参赛人员参加开幕式。

▲全国政协常委、九三学社中央常委、江西省政协副主席李华栋带领考察组到西吉县考察"发挥红色资源优势、增强红色基因传承效果"工作。

10月15日 县委退役军人事务工作领导小组第三次全体会议在县委五楼会议室召开。会议传达学习王沪宁同志在中央退役军人事务工作领导小组第九次全体会议上的讲话精神、自治区党委退役军人事务工作领导小组第三次全体会议精神;听取县退役军人事务局2021年重点工作汇报;研究审议《西吉县委退役军人事务工作领导小组2021年度军地合力做退役军人工作"任务清单"》。市委副书记、县委书记、县委退役军人事务工作领导小组组长白学贵主持会议并讲话。

同日 市委副书记、县委书记白学贵在县委五楼会议室主持召开全县2022年重点工作、重点项目谋划部署会议。

10月16日 市委副书记、市长冼国义到西吉县督导调研重点工作、重点项目及民生实事等办理落实情况。

同日 中国教育发展基金会常务副理事长王立英一行到西吉县调研乡村小规模学校教师走教支持计划实施情况。

10月18日 福州市委副书记林建带领福州市考察团到西吉县考察闽宁协作工作。

10月19日 十七届县政府第一百零八次常务会议召开。会议研究审定《政府工作报告》《西吉县十七届人民代表大会第五次会议代表议案建议办理情况的报告》《政协西吉县十一届五次会议委员提案办理情况的通报》《西吉县2021年财政预算执行情况和2022年财政预算(草案)的报告》《西吉县2021年国民经济和社会发展计划执行情况与2022年国民经济和社会发展计划(草案)的报告》等事项。县长杨生俊主持会议并讲话。

同日 西吉县人武部党委第一书记、部长任职命令宣布大会在会议中心第一会议室召开。固原军分区大校政治委员蒋刚彪宣读了《关于白学贵同志党内任职决定》和《中央军委国防动员部关于刘震同志任职命令》,白学贵同志任西吉县人武部党委第一书记,刘震同志任西吉县人武部上校部长。

▲ 西吉县在会议中心第一会议室召开能源保供工作会议。市委副书记、县委书记白学贵主持会议并讲话。

10月20日 十五届县委2021年第三次常委会会议暨应对新冠疫情工作领导小组会议召开。会议传达学习习近平总书记在中央人大工作会议上的重要讲话精神,研究贯彻落实意见;听取县人大常委会党组、县政府党组、县政协党组、县法院党组、县检察院党组工作汇报;研究部署全县疫情防控工作。白学贵主持会议并讲话。

10月21日 十七届县常委会第四十一次会议在人大五楼会议室召开。会议听取县第十八届人民代表大会第一次会议筹备情况的报告,审议县第十八届人民代表大会第一次会议有关文件、名单草案等,决定提请县第十八届人民代表大会第一次会议预备会议、主席团会议、全体会议决定、选举;审议关于县第十七届人民代表大会第五次会议代表议案建议办理结果的报告、县人大常委会工作报告(审议稿),表决通过关于西吉县第十八届人民代表大会第一次会议召开时间的决定。

同日 政协西吉县十一届委员会第二十三次常委会议召开。会议听取县政府关于政协十一届五次会议提案办理情况的通报;审议通过《政协西吉县第十二届委员会委员名单和界别设置》《关于召开县政协十二届一次全体会议的决定》《政协西吉县第十一届委员会常务委员会工作报告》《政协西吉县第十一届委员会常务委员会提案工作报告》《政协西吉县第十二届委员会2022年度协商工作计划(草案)》《政协西吉县第十二届委员会第一次全体会议会务文件（草案）》；研究审定《政协西吉县第十二届委员会第一次全体会议选举办法（草案）》。县政协主席马天英主持会议并讲话。

10月22日 政府县长、县应对新冠疫情工作指挥部指挥长杨生俊在会议中心第一会议室主持召开全县应对新冠疫情工作指挥部会议。会议传达学习全国新冠疫情防控工作电视电话会议精神、自治区新冠疫情防控工作电视电话会议精神、固原市新冠疫情防控工作会议精神，研究部署全县疫情防控工作。

10月23日 西吉县在永清湖广场举行城乡人居环境综合整治志愿服务活动启动仪式，动员广大干部群众积极投身社会志愿服务。市委副书记、县委书记白学贵及全体在家县级领导、县直各部门（单位）主要负责人、志愿服务队和环卫工人代表参加启动仪式。各乡镇、各部门（单位）同步启动城乡人居环境综合整治志愿服务活动。县委常委、组织部部长刘杏萍主持启动仪式。

同日 自治区党委常委、市委书记马汉成到西吉县调研“四大提升行动”、促进乡村全面振兴、疫情防控工作和贯彻落实中央民族工作会议、自治区党委十二届十三次全会精神情况。

10月24日 市委副书记、县委书记白学贵及县领导杨生俊、邵剑波、鲜瑞芳分别带队深入西吉县河畔人家集中隔离点、西会高速公路西入口查验站、西会高速公路震湖入口查验站、兴隆下范查验站、固西高速公路东入口查验站、田坪查验站、平峰查验站，看望慰问疫情防控一线工作人员，对他们的坚守和付出表示感谢，并送去慰问品。

10月25日 县长杨生俊在政府三楼会议室主持召开全县经济运行分析会议，对全县经济运行工作进行研判分析，为全面完成第四季度及全年目标任务作出具体安排部署。

10月26日 政协西吉县第十二届委员会第一次全体会议在会议中心会堂举行预备会议。会议审议通过政协西吉县第十二届委员会第一次全体会议主席团成员名单、政协西吉县第十二届委员会第一次全体会议秘书长名单、政协西吉县第十二届委员会第一次全体会议议程、政协西吉县第十二届委员会提案审查委员会名单；会议宣读了大会临时党委和临时党支部名单。会议由政协主席马天英主持。

10月27日 政协西吉县第十二届委员会第一次全体会议在会议中心会堂开幕。会议应到委员196人，实到委员157人。大会由县政协党组副书记马保师主持，县政协主席马天英向大会作了题目为《全力助推乡村振兴、紧跟富民强县步伐，为县十五次党代会确定的目标广泛汇聚智慧力量》的工作报告。

同日 西吉县第十八届人民代表大会第一次会议预备会议在县会议中心会堂举行。县人大常委会主任李聪主持会议。会议听取关于西吉县第十八届人民代表大会代表资格的审查报告；选举产生大会主席团和秘书长；审议通过会议议程、议案审查委员会名单和计划预算审查委员会名单；宣布了各代表团组成和代表团团长、副团长。

10月28日 西吉县第十八届人民代表大会第一次会议在会议中心会堂开幕。大会应到代表245名,实到代表200名。县长杨生俊向大会作政府工作报告。大会由执行主席白学贵主持。

10月29日 西吉县第十八届人民代表大会第一次会议在会议中心会堂举行第二次全体会议。大会应到代表245名,实到代表200名。大会听取和审议县人大常委会工作报告、县人民法院工作报告和县人民检察院工作报告。大会由执行主席白学贵主持。

同日 政协西吉县第十二届委员会第一次全体会议选举大会在会议中心会堂举行。会议应到委员196人,实到154人。会议审议通过政协西吉县第十二届委员会第一次全体会议选举办法;审议通过政协西吉县第十二届委员会第一次全体会议总监票人、监票人名单,宣读了计票人名单;会议选举产生了政协西吉县第十二届委员会主席、副主席、常务委员。马保师当选为政协西吉县第十二届委员会主席,王自元、马桂英、马国荣、王庭孝当选为政协西吉县第十二届委员会副主席;马文海、何云等30名同志当选为政协西吉县第十二届委员会常务委员会委员。县政协主席马保师代表政协西吉县第十二届委员会领导班子作了表态发言。

▲ 政协西吉县第十二届委员会第一次全体会议举行闭幕大会。会议审议通过政协西吉县第十二届委员会提案审查委员会关于十二届一次全体会议期间提案审查情况的报告;审议通过政协西吉县第十二届委员会2022年度协商工作计划和政协西吉县第十二届委员会第一次全体会议决议。市委副书记、县委书记白学贵在闭幕大会上作了讲话。

▲ 西吉县第十八届人民代表大会第一次会议在会议中心会堂举行选举大会。大会应到代表245名,实到代表202名。大会由执行主席白学贵主持。大会审定通过大会选举办法,总监票人、监票人名单,宣布了计票人名单,公布了各职正式候选人名单。大会以无记名投票的方式,选举产生西吉县第十八届人大常委会主任、副主任、委员;选举产生西吉县人民政府县长、副县长;选举产生西吉县监察委员会主任、西吉县人民法院院长、西吉县人民检察院检察长;选举产生西吉县出席固原市第五届人民代表大会代表。李聪当选为西吉县第十八届人大常委会主任,王旭东、杨青鸿、王宏忠、刘宏霞当选为西吉县第十八届人大常委会副主任。杨生俊当选为西吉县人民政府县长,张杰、孙占新、鲜瑞芳、郑超、冯玉宝、马绍瑞当选为西吉县人民政府副县长。祁忠当选为西吉县监察委员会主任,李军当选为西吉县人民法院院长,马彦平当选为西吉县人民检察院检察长。白学贵为当选人员颁发了当选证书。随后,全体起立,面向国徽,奏唱国歌,新当选的同志向宪法进行了宣誓。

10月30日 西吉县第十八届人民代表大会第一次会议圆满完成各项议程,在会议中心会堂闭幕。大会应到代表245名,实到代表202名。大会由执行主席李聪主持。会议以举手表决的方式通过了关于西吉县人民政府工作报告的决议、关于西吉县2021年国民经济和社会发展计划执行情况与2022年国民经济和社会发展计划的决议、关于西吉县

2021年财政预算执行情况和2022年财政预算的决议、关于西吉县人大常委会工作报告的决议、关于西吉县人民法院工作报告的决议、关于西吉县人民检察院工作报告的决议、关于代表议案的决定。市委副书记、县委书记白学贵在闭幕大会上作了讲话。

11月1日 十八届县人民政府第一次常务会议召开。会议传达学习全区深入实施“四大提升行动”全面促进乡村振兴工作视频会议精神,研究贯彻落实意见;研究审定《县政府领导班子成员工作分工》《西吉县人民政府工作规则》和政府工作报告、人大议案建议、政协提案任务分工,并对新一届政府班子成员和组成部门提出要求。

11月4日 市委副书记、县委书记白学贵带领县领导张杰、林传烜、郑超及相关部门负责人深入硝河乡和美新村移民安置区进行调研并召开座谈会,现场办公协调解决问题,研究发展规划,强调要挂图作战,对账销号,真正把和美新村建设得和和美美,打造成致富产业有特点、人居环境有看点、整体工作有亮点的美丽新农村。

11月5日 市委副书记、县委书记白学贵主持召开县委应对新冠疫情工作领导小组暨应对新冠疫情工作指挥部会议。传达学习全国新冠疫情防控工作视频会议精神、自治区党委常委会议暨应对新冠疫情工作领导小组第二十次会议精神、市委应对新冠疫情工作领导小组暨应对新冠疫情工作指挥部会议精神和自治区纪委办公厅《关于进一步加强疫情防控监督工作的紧急通知》,研究解决全县疫情防控工作存在的主要问题,安排部署疫情防控工作。

11月6日 市委副书记、县委书记白学贵带领县长杨生俊、县人大常委会主任李聪、县政协主席马保师及全体县级领导对西吉县疫情防控一线工作人员开展集中慰问,把党和政府的温暖送到疫情防控的主战场。

11月8日 按照县委、县政府统一部署,西吉县共筹集55吨马铃薯、6吨蔬菜、200箱“西吉三粉”驰援银川抗击新冠疫情第一线。

11月9日 十五届县委2021年第七次常委会会议暨县委全面深化改革委员会第六次会议召开。会议传达学习习近平总书记在深入推动黄河流域生态保护和高质量发展座谈会上的重要讲话精神,研究贯彻落实意见;传达学习全区深入实施“四大提升行动”全面促进乡村振兴工作现场会精神,研究贯彻落实意见;传达学习中央全面深化改革委员会第二十一次会议精神和自治区党委全面深化改革委员会第十四次会议精神、市委全面深化改革委员会第四次会议精神,通报全县2021年全面深化改革工作进展情况,听取重点改革工作进展情况汇报,研究部署改革工作。市委副书记、县委书记、县委全面深化改革委员会主任白学贵主持会议并讲话。

11月10日 十八届县人民政府第二次常务会议召开。会议传达学习《关于印发宁夏回族自治区政府工作部门权责清单管理办法的通知》。县长杨生俊主持并讲话。

11月13日 市委副书记、市长冼国义到西吉县调研重点项目建设和疫情防控工作。

11月14日 市委副书记、县委书记白学贵到县公安局一大队和刑侦大队警犬基地进行调研并听取县公安局工作汇报。县领导吴铁军、孙占新参加调研。

11月15日 十五届县委2021年第八次常委会会议暨理论学习中心组第十七次学习会议召开。会议传达学习党的十九届六中全会精神,研究贯彻落实意见;围绕“坚持以铸牢中华民族共同体意识为主线,推进新时代西吉民族工作高质量发展”进行交流研讨;研究自治区巩固脱贫成果后评估工作,安排部署迎接验收事宜。

同日 县委举办禁毒知识讲座,市委副书记、县委书记、县禁毒委主任白学贵作专题讲解。县领导邵剑波、吴铁军、魏廷峰、孙占新、郑超、李军、马彦平及相关部门负责人、各乡镇党委书记聆听了讲座。

11月18日 市委副书记、县委书记白学贵,县长杨生俊分别带队,分两组到全县19个乡镇进行观摩,实地调研检查各乡镇城乡环境综合整治推进工作。

11月20日 西吉县召开城乡环境综合整治观摩评比推进会。市委副书记、县委书记白学贵出席会议并讲话,县长杨生俊主持会议,县人大常委会主任李聪点评。会议以视频会议形式召开,全体在家县级领导、县直各部门、各乡镇主要负责同志在会议中心第一会议室主会场参会;各乡镇班子成员、村党支部书记、驻村第一书记在各乡镇分会场参会;村“两委”班子成员、驻村工作队员、村民小组长、村民代表在各村分会场参会。

11月23日 县人大常委会主任李聪带领县人大视察组,对2021年全县重点项目完成情况进行视察。

11月24日 由中国商用飞机有限责任公司牵线搭桥,河南省皮革行业协会副会长蒋宗璋一行到西吉县考察牛羊皮加工投资事宜,并在政府三楼会议室召开座谈会。中国商用飞机有限责任公司工会副主席王深远,河南省皮革行业协会副会长蒋宗璋,市县领导马煜洲、李林、林传烜及市县相关部门负责人、企业家代表参加座谈会。

同日 县委、县政府召开大气冬防和生态环境工作推进会。市委副书记、县委书记白学贵出席会议并讲话。

11月29日 中国共产党固原市第五次代表大会开幕。西吉县广大党员干部群众通过电视、网络等多种形式收听收看大会实况,认真聆听党代会报告,热议发展成就。

12月2日 县妇联十二届四次执委(扩大)会议在会议中心第一会议室召开。

同日 固原市2021年宪法宣传周暨“八五”法治宣传教育启动仪式在红军长征将台堡会师纪念广场举行。市领导白学贵、位西北、任立新、褚一阳、杨大素、范霞、李志菊、童东、自治区司法厅二级巡视员张述荣参加启动仪式。本次宪法宣传周的主题是:一切为了人民——传承红色法治基因。

▲ 市委副书记、县委书记白学贵带领政府副县长马绍瑞及相关乡镇、部门负责人深入一线调研检查环保督察反馈问题整改工作。要求认真贯彻习近平生态文明思想,牢固树立“绿水青山就是金山银山”的理念,扎实开展环保督察反馈问题整改工作,立行立改、全面整改,确保交办一件、整改一件。

12月3日 固原市委讲师团11位讲师分别深入西吉县部分乡镇、部门单位开展党的十九届六中全会精神宣讲活动。

12月4日 西吉县新任职干部集体廉政谈话会在会议中心第一会议室召开。县领导刘杏萍、祁忠及新任职干部参加会议。

同日 由自治区党委宣传部、自治区文明办主办的“移风易俗”主题文艺节目巡演活动在西吉县震湖乡文化广场和兴隆镇下范村文化广场精彩上演。

12月5日 西吉县迎接中央第二轮第五批生态环境保护督察工作部署会在会议中心第一会议室召开。市委副书记、县委书记白学贵主持并讲话,县长杨生俊对做好迎接中央环保督察工作作了具体安排部署。

12月6日 十五届县委2021年第十次常委会会议暨全县实施乡村振兴战略工作领导小组会议召开。会议传达学习全国宗教工作会议精神,研究贯彻落实意见;传达学习自治区党委十二届十四次全会精神、固原市第五次党代会精神、全区贯彻落实习近平总书记在深入推进黄河流域生态保护和高质量发展座谈会上的重要讲话精神暨先行区建设第六次推进会精神,研究贯彻落实意见;传达学习《宁夏回族自治区重大决策社会稳定风险评估实施办法》,研究贯彻落实意见。

同日 十八届县政府第三次常务会议召开。会议传达学习全国宗教工作会议精神、自治区党委十二届委员会第十四次全体会议精神、固原市第五次党代会精神,研究贯彻落实意见;传达学习《中华人民共和国安全生产法》,全国、全区城镇燃气安全排查整治动员部署电视电话会议精神,研究贯彻落实意见;听取西吉县生态移民迁出区土地收归国有落实情况的汇报,研究审定《西吉县推进黄河流域生态保护和高质量发展先行区建设规划(2021—2025年)》《西吉县教育体育局事业发展“十四五”规划》。

12月9日 西吉县实施乡村振兴战略工作成效第三方评估汇报会在政府三楼会议室召开。宁夏大学地理科学与规划学院教授吴昕燕主持会议并讲话,县委常委、政府副县长张杰及相关部门负责人参加会议。

12月13日 市委副书记、县委书记白学贵在县委五楼会议室主持召开县委统一战线工作领导小组2021年第二次会议。县委统一战线工作领导小组各成员及相关单位负责人参加会议。会议传达学习中央民族工作会议精神、全国宗教工作会议精神、自治区党委十二届十三次全会精神、固原市委四届十二次全会精神,研究讨论《西吉县贯彻落实中央民族工作会议、自治区党委十二届十三次全会、市委四届十二次全会精神实施方案(讨论稿)》。

12月14日 县委召开党的十九届六中全会精神宣讲报告会。市委副书记、县委书记白学贵主持会议并讲话。会议特邀自治区党委讲师团团长张虎作专题辅导。会议以视频会形式召开,全体在家县级领导,县直各部门(单位)班子成员、区市驻县各单位主要负责同志在主会场参会,各乡镇领导班子成员、乡村干部、驻村工作队、农村党员代表在各自分会场参会。

12月16日 十五届县委2021年第十二次常委会会议暨理论学习中心组第十八次学习会议召开。会议传达学习中央经济工作会议精神、中央党史学习教育领导小组第五次会议精神,研究贯彻落实意见;传达学习自治区党委2021年第四十六次、第四十七次常委会会议精神,研究贯彻落实意见。会议围绕"铭记百年建党的艰辛历程与辉煌成就,坚决捍卫'两个确立'做到'两个维护'"进行交流研讨。会议听取全县经济工作、农民增收、乡村振兴、安全生产等工作汇报,研究部署相关工作。

12月17日 自治区人大常委会副主任、自治区总工会主席沈左权带领调研组,到西吉县专题调研公安机关开展打击防范网络电信诈骗犯罪工作。

12月18日 十五届县委第二次全体会议召开。全会深入学习贯彻党的十九届六中全会、中央民族工作会议、全国宗教工作会议精神,全面贯彻落实自治区党委十二届十三次、十四次全会精神,固原市委四届十二次全会和市第五次党代会精神;审议通过《西吉县学习宣传贯彻党的十九届六中全会精神和自治区党委十二届十四次全会精神工作方案》《西吉县贯彻落实中央民族工作会议、自治区党委十二届十三次全会、市委四届十二次全会精神工作方案》。

12月21日 西吉县新一届人大代表履职能力建设培训班在县文化馆三楼报告厅开班。县人大常委会主任李聪出席开班仪式并讲话,县人大常委会副主任王旭东主持开班仪式,全县175名县人大代表及人大机关全体人员参加培训学习。

12月22日 以"增强文化自觉·坚定文化自信·擦亮文学品牌·助力乡村振兴"为主题的中国首个"文学之乡"(西吉)命名十周年系列活动拉开帷幕。22日上午,西吉文学馆开馆仪式在县文学馆广场隆重举行。

12月23日 自治区党委常委、市委书记马汉成到西吉县调研巩固拓展脱贫攻坚成果同乡村振兴有效衔接工作。

12月24日 中国商用飞机责任有限公司党委副书记谭万庚一行到西吉县调研商飞公司帮扶工作推进情况。

同日 十五届县委2021年第十四次常委会会议召开。会议传达学习自治区党委经济工作会议精神、固原市应对新冠疫情工作领导小组暨指挥部会议精神,研究贯彻落实意见。市委副书记、县委书记白学贵主持会议并讲话。

12月25日 十八届县政府第五次常务会议召开。会议传达学习中央、自治区党委经济工作会议精神,研究贯彻落实意见;研究部署2022年元旦、春节期间有关工作。县长杨生俊主持会议并讲话。

12月26日 市委副书记、县委书记白学贵深入包抓乡镇硝河乡,就学习宣传贯彻党的十九届六中全会精神进行专题宣讲。政府副县长、硝河乡党委书记郑超及硝河乡全体干部职工、各站所负责人、各村党支部书记、驻村第一书记聆听了宣讲。

12月29日 县农业综合执法制式服装着装仪式在县农业农村局举行。

12月31日 西吉县社区矫正管理局挂牌仪式在县司法局举行。县委常委、政法委书记吴铁军,政府副县长、公安局局长孙占新及相关部门负责人参加挂牌仪式。

是年 全县总户数129187户,总人口474065人。全县地区生产总值806868万元,其中第一产业207383万元、第二产业113059万元、第三产业486426万元。农作物播种面积195.52万亩,粮食总产32194.4万公斤、油料总产1274.4万公斤、蔬菜总产58362万公斤。地方财政收入17404万元,地方财政支出655263万元,社会商品零售总额201914.2万元。

2022年

1月1日 由县住建局牵头,县城市管理综合执法大队联合电信、移动、联通三大运营商主动整治路面"挡道杆"、空中"蜘蛛网"。

同日 县市场监管局深入开展"双节"节前市场安全检查,为全县"双节"期间市场安全保驾护航。

1月3日 固原市政府副市长、西吉县委副书记、政府县长杨生俊带队深入吉强镇、硝河乡、兴隆镇,实地督查中央生态环境保护督察信访转办件整改落实情况。

1月5日 团县委联合县消防救援大队在县城区开展中小学生校外租住房屋安全隐患排查摸底工作。

1月6日 固原市消防救援队伍冰域救援技术培训班在西吉县将台堡镇张家嘴头水库开班。

同日 十八届县政府第六次常务会议召开。会议传达学习习近平总书记对"三农"工作作出的重要指示精神、李克强总理对"三农"工作提出的要求、中央农村工作会议精神,研究贯彻落实意见;研究审定《关于定向培养引进医学生实施方案》《关于定向培养引进公费师范毕业生实施方案》。

1月7日 自治区关工委、西吉县关工委携手"琅環爱心团队"在震湖乡幼儿园举行暖冬助学捐赠活动。

同日 西吉县爱心企业和爱心人士为西安疫情防控捐赠款物。

▲ 全县电子商务进农村吉强镇培训班在县电商孵化园举行。

1月8日 市委副书记、县委书记白学贵在县委五楼会议室主持召开西吉县征求市委常委会党史学习教育专题民主生活会意见座谈会,就开好市委常委班子2021年度民主生活会和县委常委班子2021年度民主生活会,认真听取各方意见建议。

1月10日 自治区政府副主席吴秀章到西吉县调研定点帮扶工作,看望驻村工作队员、慰问部分困难群众。

同日 宁报集团党委书记、社长、传媒公司董事长景瑜带领调研组，到西吉县调研宁报集团与县级融媒体合作共赢路径，并开展“新春走基层”采访活动。

▲ 备受社会关注的“3·28”特大跨境电信网络诈骗案由西吉县人民法院一审公开开庭审理。因新冠疫情防控要求，庭审以现场公开+远程视频提讯方式审理，庭审实况以网络直播形式对外公开。

▲ 西吉援心公益队携手西吉县榲环环境科技有限公司、西吉县黄菊花早餐店分别在永清湖广场、秀屿广场、工业园区广场开展2022年“浓情腊八·爱暖西吉”全国联动公益活动。

1月11日 十五届县委2022年第一次常委会议召开。会议传达学习国家主席习近平2022年新年贺词、习近平总书记在中共中央政治局民主生活会上的重要讲话精神、习近平总书记对“三农”工作作出的重要指示精神、习近平总书记对全国老干部工作作出的重要指示精神、中央农村工作会议精神、《中共中央　国务院关于做好2022年全面推进乡村振兴重点工作的意见》，研究贯彻落实意见；传达学习全区市域社会治理现代化试点工作推进会议精神，研究贯彻落实意见；听取2022年全县农业产业发展安排、文化旅游产业发展思路和重点项目推进情况汇报，研究部署重点项目建设和农业产业、文化旅游产业发展工作。

同日 自治区文化和旅游厅调研组到西吉县，专题调研文化旅游工作。

▲ 由西吉县爱心企业捐赠的320吨优质马铃薯及其他生活物资，载满11辆大货车，驰援西安抗击疫情第一线。

1月12日 中国共产党西吉县第十五届委员会第三次全体会议暨2021年度县（区）党委“一把手”述责述廉调查测评工作会议在县会议中心会堂召开。

同日 市委副书记、县委书记白学贵，副市长、县委副书记、政府县长杨生俊分别带队深入城中村和社区调研城市建设工作。县人大常委会主任李聪、县政协主席马保师及在家县级领导和相关部门负责人参加调研。

▲ 国家能源集团宁夏电力公司总经理是建新一行到西滩乡五岔村开展帮扶捐赠活动。

1月14日 县委教育工作领导小组在政府三楼会议室召开全县“双减”工作协调推进暨校外培训机构寒假专项检查会议，研究部署全县教育“双减”工作和校外培训机构专项检查工作。

1月16日 西吉县党史学习教育总结会议在县会议中心第一会议室召开。市委副书记、县委书记、县委党史学习教育领导小组组长白学贵出席会议并讲话，市委第二巡回指导组副组长雷宁，指导组成员惠庆到会指导，县委党史学习教育领导小组组长、副组长，各巡回指导组组长、副组长，各乡镇党委书记，县直各部门（单位）党组织书记参加会议。

同日 西吉县2022年就业援助月暨春风行动招聘活动启动仪式在民生家园社区

举行。

1月17日 市政府副市长、县委副书记、政府县长、县安委会主任杨生俊在会议中心第一会议室主持召开县安委会2022年第一次全体(扩大)会议暨消防安全、森林草原防灭火、春运工作会议,研究部署安全生产及森林草原防灭火和春运工作。

同日 县委涉粮问题专项巡察反馈会议在县会议中心二楼视频会议室召开,研究部署相关工作。

1月18日 县妇联、红十字会携手社会爱心企业、爱心人士走进袁河敬老院开展"人生都有夕阳红,尊老敬老树新风"送温暖献爱心活动。

1月19日 市委常委、市委秘书长、政法委书记位西北一行,到西吉县调研检查基层社会治理工作。

1月21日 县总工会在永清湖广场开展"迎新春、送万福、进万家"公益活动,为群众送春联、送"福"字。

1月22日 西吉县"西部福地·吉祥如意——喜迎新春"网上年货节在县电子商务公共服务中心启动,县委副书记邵剑波及相关部门(单位)负责人参加活动。

1月23日 西吉县获得2021年度自治区农田水利基本建设"黄河杯"竞赛一等奖,获得以奖代补资金300万元。

1月25日 2022年西吉县"迎冬奥"首届全民健身冰雪季暨龙王坝冰雪旅游节在龙王坝滑雪场启动。

1月26日 自治区党委书记、人大常委会主任陈润儿到西吉县慰问基层优秀党务工作者、离休老战士及全国劳动模范,看望脱贫群众和生活困难群众。

同日 宁夏银行普惠金融服务进乡村暨乡村振兴金融服务站启动仪式在兴隆镇玉桥村举行。宁夏银行首席风险官李学明、县委副书记邵剑波及相关部门(乡镇)、金融机构负责人参加启动仪式。

1月27日 县委常委会党史学习教育专题民主生活会在县委二楼会议室召开,市委副书记、县委书记白学贵主持会议并讲话。县人大常委会主任李聪,政协主席马保师列席会议。

同日 西吉县第一小学校本部人行天桥竣工通行,彻底缓解了一小路段交通压力、保障了学生通行安全。

1月28日 十五届县委2022年第二次常委会议召开。会议传达学习习近平总书记关于党内法规制度建设的重要指示、全国党内法规工作会议精神,研究贯彻落实意见;传达学习习近平总书记在省部级主要领导干部学习贯彻党的十九届六中全会精神专题研讨班开班式上的重要讲话精神、习近平总书记在十九届中央纪委六次全会上的讲话精神,研究贯彻落实意见;传达学习十九届中央纪委六次全会精神、自治区纪委十二届六次全会精神、市纪委五届二次全会精神,研究贯彻落实意见;传达学习自治区十二届人大五次会议精神、自治区政协十一届五次会议精神,研究贯彻落实意见。

同日 全县2021年度党(工)委书记抓基层党建工作述职评议考核会和党组织"一把手"述责述廉会议在会议中心会堂召开。

▲ 西吉县2021年度党管武装述职暨2022年度人武工作会议在会议中心第一会议室召开。

1月29日 市委副书记、县委书记白学贵带队调研检查全县消防安全、市场保供、安全生产等工作,并开展节前走访慰问活动。

同日 西吉县环卫工作者、城管工作者迎春茶话会在县住建局四楼会议室召开。市委副书记、县委书记白学贵及县领导魏廷峰、王旭东、马绍瑞、马桂英出席茶话会。

▲ 西吉县新冠疫情应急处置桌面推演会议在县卫生健康局四楼会议室召开,政府副县长鲜瑞芳,县疫情防控指挥部各工作组、工作专班,吉强镇、各医疗卫生健康单位负责人参加会议。

2月8日 市政府副市长、西吉县委副书记、政府县长杨生俊在政府三楼会议室主持召开全县春季农村劳务输出工作安排部署会议,研究部署农村劳务输出工作。

2月9日 全县农村党员冬季轮训"学习贯彻十九届六中全会精神"线上专题培训班开班。

2月11日 自治区农业农村厅副厅长王生林带领自治区党委督查组,到西吉县督查"四大提升行动"工作。

同日 全县领导干部学习贯彻党的十九届六中全会精神专题学习班在会议中心会堂开班。

2月13日 西吉县召开2022年春季"点对点"输送务工人员启动会,欢送首批150名务工人员赴福建务工。

2月14日 十八届县政府第八次常务会议召开。会议传达学习《中共中央办公厅、国务院办公厅关于印发〈地方党委和政府领导班子及其成员粮食安全责任制规定〉的通知》,研究贯彻落实意见;传达学习自治区党委书记陈润儿在全区新材料产业高质量发展现场会上的讲话精神、固原市政府全体(扩大)会议暨廉政工作会议精神,研究贯彻落实意见;研究《西吉县2022年巩固脱贫攻坚成果全面推进乡村振兴工作要点的请示》《西吉县肉牛养殖"出户入园"项目实施方案的请示》等事宜。

2月15日 西吉县2022年"文化进万家　视频直播家乡年"活动在县文化馆举行颁奖仪式。

同日 西吉县2022年"猜灯谜·闹元宵"活动在县文化广场举行,近万名群众参加"猜灯谜·闹元宵"活动。

2月17日 县工商联(民间商会)2022年度工作会议暨支援西安抗疫总结会在会议中心第一会议室召开。

2月18日 “中国体育彩票杯”宁夏西吉县第五届农民篮球争霸赛在县体育馆开赛。

同日 西吉县2022年“春风行动”招聘会暨春季“点对点”输送务工人员欢送会在县文化广场举行。

▲十五届县委2022年第四次常委会召开。会议传达学习全国组织部长会议精神、自治区党委人才工作会议精神、全区组织部长会议精神,研究贯彻落实意见;传达学习全国宣传部长会议精神、全区宣传部长会议精神,研究贯彻落实意见;传达学习全国统战部长会议精神、全国民委主任会议精神、全区统战部长会议精神,研究贯彻落实意见;传达学习《中共中央办公厅　国务院办公厅关于印发〈地方党委和政府领导班子及其成员粮食安全责任制规定〉的通知》,研究贯彻落实意见。

2月19日 市委副书记、县委书记白学贵在会议中心会堂主持召开全县经济和农村工作会议,传达学习中央经济工作会议精神、中央农村工作会议精神、自治区党委经济工作会议精神、自治区党委农村工作会议精神,总结2021年工作,部署2022年重点工作任务,动员全县上下统一思想行动、坚定发展信心、勇毅克难前行,稳住农业基本盘,推动全县经济高质量发展。

同日 中国共产党西吉县第十五届纪律检查委员会第二次全体会议在会议中心会堂召开。固原市委副书记、县委书记白学贵出席全会并讲话。

2月20日 全县科级领导干部学习贯彻党的十九届六中全会精神专题研讨班在县职业中学报告厅举办。

2月21日 西吉县“四权”改革专题培训班在县会议中心第一会议室举办。

同日 十五届县委2022年第八次常委会议召开。会议传达学习十三届全国人大五次会议精神、全国政协十三届五次会议精神,研究贯彻落实意见;传达学习近平总书记在中共中央政治局常务委员会会议上关于疫情防控工作的重要讲话精神、在中央全面深化改革委员会第二十四次会议关于全面深化改革工作的重要讲话精神、在中央政治局第三十五次集体学习时关于建设中国特色社会主义法治体系的重要讲话精神,研究贯彻落实意见;传达学习中共中央办公厅、国务院办公厅《关于更加有效发挥统计监督职能作用的意见》、全国保密工作会议精神、全区保密工作会议精神、全区机要密码和电子政务内网工作会议精神,研究贯彻落实意见;研究审定《中共西吉县委关于进一步改进作风大抓落实,切实为基层减负的七条措施》,研究《调整县级领导同志基层联系点的请示》。

2月22日 西吉县双拥主题银行揭牌暨西吉农商行“拥军贷”授信仪式在西吉农商行火石寨支行举行。

2月23日 十八届县人大常委会第二次会议召开。会议传达学习中央人大工作会议精神、十三届全国人大五次会议精神、全区领导干部廉政警示教育会议精神和《中华人民共和国各级人民代表大会常务委员会监督法》。审议通过十八届县人民代表大会常务委员会代表资格审查委员会关于县十八届人大一次会议以来代表变动及补选代表资格审查情况的报告以及有关人事议案。

同日 政协西吉县十二届委员会委员履职能力提升专题培训班在县文化馆三楼报告厅举行。

▲ 西吉县2021年教育教学质量监测分析暨2022年教学教研工作安排会在县职业中学报告厅召开。

2月26日 市委副书记、政府市长冼国义,到西吉县调研指导肉牛产业发展、高效节水灌溉、高标准农田改造等重点工作。

2月27日 十八届县政府第九次常务会议召开。会议研究审议《西吉县2022年"四权"改革任务清单的请示》《关于拨用集体建设用地的请示》《西吉县2022年度村庄规划编制计划的请示》等事宜。

同日 县政府党组理论学习中心组2022年第二次会议在政府三楼会议召开。会议传达学习习近平总书记在山西考察时的重要讲话精神、在2022年春节团拜会上的讲话精神、在十九届中共中央政治局第三十六次集体学习会上的讲话精神、对粮食安全的重要指示精神,专题学习《习近平法治思想学习纲要》和《中华人民共和国安全生产法》。

3月1日 甘宁两省(区)三市五县(区)第四十六届鼠疫联防工作会议在西吉县会议中心第一会议室召开。甘宁两省(区)白银市、固原市、中卫市、西吉县、原州区、平川区、会宁县、海原县相关领导,地方病防治办公室主任、疾控中心负责人及鼠防队队长和部分鼠防先进代表参加会议。

同日 西吉县2022年"学雷锋志愿服务月"活动在县文化广场启动。

▲ 西吉县"五进"宗教活动场所暨宪法和法律法规专题培训班在会议中心会堂举办。

3月2日 自治区政府副主席王和山带领相关厅局负责人,到西吉县调研指导蔬菜和肉牛产业发展工作。

同日 自治区政协副主席、自治区党委第四督查调研组组长冯志强带队督查调研西吉县贯彻落实中央和自治区党委政协工作会议精神情况。

▲ 县公安局举行"食品药品和环境安全保卫大队"揭牌仪式。

3月3日 《西吉文史资料》第四辑编纂工作第一次全体会议暨启动会在县政协五楼会议室召开。

3月4日 中国人民银行西吉县支行、西吉农村商业银行、宁夏新安康医院联合在县安康颐养老年人服务中心开展"关爱老人 情暖春天"主题党日活动。

同日 全县道路交通安全管理工作会议在县公安局四楼会议室召开,对做好道路交通安全管理进行部署安排。

3月5日 在全国第59个学雷锋纪念日,县老干部局组织西吉第二中学、西吉第四中学离退休干部党支部的党员在民生社区举办"雷锋精神永不断 老幼携手共传承"活动。

3月7日 西吉县建设领域复工复产安全防范暨警示教育会议在会议中心第一会议

室召开。

同日 自治区党委常委、宣传部部长李金科带领相关厅局负责人,到西吉县调研指导宣传思想文化工作。

▲十五届县委第一轮巡察工作动员部署会在会议中心第一会议室召开。

3月8日 福建省人大常委会副主任袁毅带领福建省人大调研组,到西吉县调研乡村振兴工作。

同日 自治区政府副主席刘可为带领相关厅局负责人到西吉县调研检查月亮山水源涵养林建设项目实施情况、保障性住房建设工作、中央生态环保督察典型案例通报问题整改情况。

▲由西吉县妇女联合会主办,县文化馆协办的“喜迎党的二十大 庆祝三八妇女节”活动在县文化馆三楼报告厅举行。

▲西吉县红十字会联合县义工联合会在商业广场开展“弘扬雷锋精神,无偿献血我先行”志愿服务活动,动员社会各界广泛参与到无偿献血及加入中华骨髓库的爱心公益活动中来。

3月9日 西吉县立功现役军人家属集中送喜报仪式在永清湖广场举行。

同日 全县2022年创建自治区卫生县城工作推进会在县会议中心第一会议室召开,对创建自治区卫生县城工作进行再安排再部署。

▲全县2022年“路长制”暨农村公路管养工作会议在会议中心第一会议室召开,对落实好“路长制”提升农村公路管养水平进行安排部署。

3月10日 固原市政协党组书记、主席余剑雄带领调研组,到西吉县调研指导政协工作。

同日 自治区政府副主席王道席带领相关厅局负责人到西吉县调研指导乡村旅游示范村发展和马其沟水库除险加固项目建设。

3月11日 西吉县主要畜禽监测调查工作培训会在会议中心二楼会议室召开。

同日 全县强化农村道路安全隐患突出路口路段治理攻坚整治行动部署会在县公安局四楼会议室召开。

3月12日 市政府副市长、西吉县委副书记、政府县长、县应对新冠疫情工作指挥部指挥长杨生俊在会议中心二楼会议室主持召开全县疫情防控工作会议。会议传达学习全国疫情防控工作视频会议精神、全区疫情防控工作视频会议精神,安排部署全县疫情防控工作。

3月14日 县委常委(扩大)会议在会议中心会堂召开。市委书记冼国义出席并讲话。市委常委、组织部部长杨继宏宣布自治区党委干部任免决定:杨生俊同志不再担任西吉县政府县长职务,马天峡同志提名为西吉县政府县长候选人。杨生俊、马天峡分别作了发言。

3月15日 受市委副书记、县委书记、县委应对新冠疫情工作领导小组组长白学贵委托,马天峡同志在政府三楼会议室主持召开县委应对新冠疫情工作领导小组暨县应对新冠疫情工作指挥部会议,传达学习全国和区、市疫情防控会议精神,听取县疫情防控指挥部各工作组、工作专班工作开展情况汇报,研究部署全县疫情防控工作。

同日 县政协主席马保师带领督导组围绕《西吉县2022年农业产业高质量发展实施方案》开展民主监督。

3月16日 西吉县开展重点人群新冠病毒核酸检测筛查工作。

3月17日 十八届县人大常委会第三次会议召开。会议听取县十八届县人民代表大会第二次会议筹备情况的报告;听取和审议县十八届人民代表大会第二次会议相关材料、县人民代表大会常务委员会代表资格审查委员会关于代表资格变动情况的报告、县人民代表大会常务委员会代表联络与选举工作委员会关于补选县人民代表大会代表有关情况的说明;表决通过相关决定和有关人事任免议案。

同日 西吉县2022年消防工作暨森林草原防灭火工作安排部署会在会议中心第一会议室召开。

3月18日 宁夏第一批重大项目集中开工现场推进会西吉分会场开工仪式在偏城乡上马村高标准农田建设项目施工现场举行。

同日 县领导对全县33个医疗卫生机构、121个查验点,295个行政村和8个社区疫情防控一线人员开展慰问活动。

3月20日 市委副书记、县委书记白学贵先后深入硝河乡、将台堡镇、马莲乡、兴隆镇,调研指导全县农业产业项目推进工作。

3月21日 县人武部组织春季入伍新兵到红军长征将台堡会师纪念园开展入伍前“感悟长征精神,争当红色传人”主题活动。

3月22日 宁夏农林科学院固原分院研究员、科技特派团团长常克勤带领科技特派团成员到西吉县开展对接工作。

同日 西吉县2022年春季新兵欢送仪式在县人武部举行,57名优秀青年步入绿色军营。

3月23日 县委理论学习中心组(扩大)学习会议在会议中心第一会议室召开。会议特邀自治区纪委监委宣传部舆情处处长杨博作专题辅导。

同日 宁夏报业传媒集团帮扶项目——西吉县偏城乡曹垴中型淤地坝工程开工建设。

▲ 自治区安委会第四巡查督查组组长陈钧带领巡查督查组,到西吉县开展安全生产巡查督查工作。

3月24日 市委书记冼国义带领市领导胡斌、杨生俊及相关部门负责人,到西吉县调研指导肉牛产业发展工作。冼国义强调要按照自治区党委九个重点产业和市委“5+4”

重点产业布局,加快推动肉牛产业转型升级,围绕饲料加工、规模养殖、屠宰分割、有机肥生产等重点环节,全产业链谋划布局,着力构建现代肉牛产业体系。

同日 县人大常委会主任李聪带领县人大视察组,视察全县重点工作。

3月25日 公安部挂牌督办、备受社会关注的"3·28"特大跨境电信网络诈骗案,由西吉县人民法院一审公开宣判,因疫情原因,宣判采取"现场+远程提讯+云庭审"方式进行。

3月26日 县科技局先后在什字乡唐庄村、兴隆镇单南村、震湖乡孟湾村、马建乡同化村开展"乡村振兴科技指导员项目技术培训会"。

3月28日 十八届县人民代表大会第二次会议召开。会议以无记名投票的方式选举马天峡为西吉县人民政府县长。

3月29日 西吉县工程建设政府采购等重点领域突出问题专项治理工作领导小组第九次会议在会议中心第一会议室召开。

3月30日 县委宣传部联合相关部门开展"平安清明,文明祭扫"志愿服务宣传活动,引导广大群众树立安全、健康、文明、环保的祭祀新风尚。

同日 西吉县应对新冠疫情工作指挥部暨新冠疫苗接种工作推进会在政府三楼会议室召开。

3月31日 市委书记冼国义带领固原市在职厅级领导干部,到西吉县党风廉政警示教育馆,通过集中参观学习和观看警示教育片接受党风廉政警示教育。

同日 市委副书记、县委书记白学贵先后走进西吉中学和西吉第四中学,为广大师生上了一堂精彩的思想政治课。

▲ 十八届县政府第十次常务会议召开。会议传达学习中央第四生态环境保护督察组督察宁夏情况反馈会精神、宁夏回族自治区中央生态环境保护督察报告,研究贯彻落实意见;传达学习全国安全生产电视电话会议精神、全区安全生产电视电话会议暨自治区安委会2022年度第二次全体(扩大)会议电视电话会议精神,听取全县第一季度安全生产工作汇报,研究部署安全生产工作;听取全县第一季度经济运行情况汇报,研究部署经济工作。

4月1日 全县组织宣传统战工作会议在会议中心会堂召开。会议传达学习全国、全区、全市组织部长会议、宣传部长会议、统战部长会议精神,全面总结2021年全县组织宣传统战工作,安排部署2022年组织宣传统战工作。

同日 县委政法工作会议在会议中心会堂召开,总结2021年政法工作,研究部署2022年政法各项工作。

▲ 固原市人大常委会副主任李建平、师淑莲带领市人大调研组,到西吉县调研《中华人民共和国未成年人保护法》《中华人民共和国预防未成年人犯罪法》实施情况和医疗卫生机构医疗废物收集处理情况。

▲ 县安委会第二次全体(扩大)会议暨全县清明、五一森林草原防灭火工作专题会议在会议中心第一会议室召开。

4月2日 十五届县委2022年第九次常委会议召开。会议传达学习全国安全生产电视电话会议精神、全区安全生产电视电话会议暨自治区安委会2022年度第二次全体(扩大)会议精神,研究贯彻落实意见;传达学习《中共宁夏回族自治区委员会关于新时代坚持和完善人民代表大会制度加强和改进人大工作的实施意见》,研究贯彻落实意见;传达学习自治区和固原市工程建设政府采购等重点领域突出问题专项治理工作领导小组第三次会议精神,研究贯彻落实意见;传达学习《自治区党委办公厅 人民政府办公厅印发〈关于改革完善宁夏粮食储备体制机制加强粮食储备安全管理的实施意见〉的通知》,研究贯彻落实意见。

同日 固原市退役军人事务局在西吉县北山烈士陵园开展“2022·清明祭英烈暨代烈士家属祭扫”活动。

4月4日 清明节前夕,自治区党委书记梁言顺,到红军长征将台堡会师纪念园、兴隆镇单家集革命旧址,向革命先烈敬献花篮,感悟习近平总书记关于走好新的长征路的伟大号召。

4月5日 市委副书记、县委书记白学贵到火石寨乡、新营乡调研指导农业产业项目进展情况。

同日 由县农业农村局牵头筹集的35吨优质马铃薯,驰援上海抗击疫情第一线。

4月6日 市委副书记、县委书记白学贵在县委五楼会议室主持召开县委常委会(扩大)会议,传达学习自治区党委书记梁言顺在固原调研时的讲话指示精神,研究贯彻落实意见。

同日 市委副书记、县委书记白学贵在县委五楼会议室主持召开县委应对新冠疫情工作领导小组暨指挥部会议,研究部署疫情防控工作。

4月7日 市委副书记、县委书记、县委应对新冠疫情工作领导小组组长白学贵在县委五楼会议室主持召开全县疫情防控工作调度会。传达学习自治区党委书记梁言顺、自治区政府主席咸辉在同心县督导检查疫情防控工作时的讲话精神,听取各工作组、各工作专班情况汇报,研究部署疫情防控工作。

4月10日 县委副书记、政府县长马天峡深入马莲乡、将台堡镇调研检查马铃薯、冷凉蔬菜、玉米大豆带状复合种植等产业发展情况。

4月11日 县公安局交通管理大队在兴隆镇和什字乡车辆通行量大及重要出入口等路段设置执勤卡点,开展道路交通安全整治“雷霆行动”。

同日 十八届县政府第十一次常务会议召开。会议传达学习自治区党委书记梁言顺在固原调研时讲话精神,研究贯彻落实意见;传达学习全国巩固拓展脱贫攻坚成果同乡村振兴有效衔接暨乡村振兴重点帮扶县工作推进会议精神、《固原市巩固拓展脱贫攻坚成果同乡村振兴有效衔接动态督导考评工作方案》,研究部署全县巩固拓展脱贫攻坚成果衔接乡村振兴工作。

4月12日 十五届县委2022年第十一次常委会议召开。会议传达学习全国巡视工作会议暨十九届中央第九轮巡视动员部署会精神,研究审定《中共西吉县委巡察工作规划(2022—2026年)》;传达学习《中国共产党政法工作条例》《中共宁夏回族自治区委员会贯彻〈中国共产党政法工作条例〉实施细则》、全区反诈人民战争工作部署会和全区打击整治养老诈骗专项行动部署会议精神,研究审定《中共西吉县委贯彻落实中共宁夏回族自治区委员会贯彻〈中国共产党政法工作条例〉实施细则任务分工方案》《中共西吉县委贯彻落实自治区党委办公厅印发〈关于维护全区政治安全工作的意见〉的任务分工方案》;传达学习自治区党委书记梁言顺在自治区应急管理厅调研全区安全生产、防灾减灾工作时的讲话精神,研究审定《西吉县深化应急管理综合行政执法改革实施方案》《西吉县2022年度城乡建设用地增减挂钩项目拆旧复垦方案》。

同日 政府县长、县安委会主任马天峡主持召开全县安全生产委员会会议,总结分析全县安全生产形势,对全县安全生产工作进行部署安排。

4月13日 市人大常委会副主任吴璞带领市人大调研组,到西吉县调研检查移民致富提升行动。

4月15日 县公安局、市场监督管理局、教体局、烟草局组成联合检查组,对校园周边环境开展专项整治行动。

4月16日 县委副书记、政府县长马天峡带领县领导张杰及相关部门负责人深入燃气、供水、交通、建筑等行业领域检查指导安全生产工作。

同日 西吉县65名支援同心县核酸采样医护人员圆满完成任务,平安归来。

4月18日 县新冠疫情防控指挥部组织开展新冠疫情应急处置演练活动,提升应对新冠疫情应急处置能力。

4月20日 十八届县人大常委会第五次会议召开。会议传达学习中央人大工作会议精神、《中华人民共和国各级人民代表大会常务委员会监督法》;听取和审议县政府关于全县重点项目建设进展情况报告、农村人居环境综合整治进展情况报告、关于全县肉牛产业发展情况报告、关于全县医保基金监管工作情况的报告,听取和审议县人大常委会视察组关于以上四项工作视察报告。

4月21日 西吉县政府与宁夏职业技术学院“深化‘双高校’建设 助力乡村振兴”政校合作签约暨揭牌仪式在吉强镇万崖村兴德移民安置点举行。

同日 自治区政协调研组到西吉县调研“延长农副产品产业链、价值链,提高农民收入水平”工作。

4月22日 县委在会议中心会堂举行“铸牢中华民族共同体意识”专题讲座。市委副书记、县委书记白学贵作《弄清铸牢中华民族共同体意识的深刻内涵》专题讲座。全体在家县级干部,各乡镇党委书记、乡镇长、分管民族宗教工作负责人,县直部门(单位)负责人聆听讲座。

同日 全县驻村(社区)第一书记和工作队员乡村振兴专题培训班在龙王坝实训培训基地开班。

▲ 西吉县道路交通安全管理工作推进会在会议中心二楼视频会议室召开。

4月24日 自治区党校常务副校长郝彤带领调研组,到西吉县调研县委党校迁建项目建设工作。

4月25日 市委副书记、县委书记白学贵深入红耀乡、吉强镇看望慰问困难退役军人和现役军人家属。

同日 县委巡察组联合平峰镇党委、平峰派出所、司法所在平峰镇街道"摆摊设点"开展巡察宣传活动。

4月26日 开斋节来临之际,市委副书记、政府代市长杨青龙带领市委常委、统战部部长胡斌一行到西吉县走访慰问部分群众。

同日 由县委宣传部牵头,多部门联合在县商业广场开展知识产权保护暨"绿书签"行动系列宣传活动。

4月27日 十八届县政府第十二次常务会议召开。会议传达学习习近平总书记在中央政治局常委会会议听取2021年度巩固拓展脱贫攻坚成果同乡村振兴有效衔接考核评估情况汇报时的重要讲话精神、国家乡村振兴局2021年度巩固拓展脱贫攻坚成果同乡村振兴有效衔接考核评估约谈提醒会议精神,研究贯彻落实意见;传达学习李克强总理关于防汛抗旱工作重要批示精神和全国、全区防汛抗旱工作电视电话会议精神,研究贯彻落实意见。

4月28日 市委副书记、县委书记白学贵在县委五楼会议室主持召开全县党的建设领导小组2022年第一次会议,深入学习贯彻习近平总书记关于全面从严治党的重要论述,认真贯彻新时代党的建设总要求和新时代党的组织路线,全面落实自治区党的建设领导小组2022年第一次会议精神、固原市党的建设领导小组2022年第一次会议精神,听取全县各领域党建工作情况汇报,研究部署2022年党建工作。

同日 县人民政府党组书记、县长马天峡在政府三楼会议室主持召开县人民政府党组会议暨理论学习中心组2022年第四次会议。传达学习习近平总书记系列重要讲话精神,对安全生产、防汛抗旱、疫苗接种等工作进行再安排、再部署。

4月29日 县安委会在应急管理局五楼会议室召开"五一"节前安全生产推进会议,对全县"五一"期间安全生产和防灾减灾工作进行部署安排。

同日 县应急管理局联合县住建局、文广局、公安局、消防队等部门(单位),对全县景区、车站、大型商超、建筑工地等安全生产领域开展"五一"节前安全生产大检查。

4月30日 市委副书记、县委书记、县委应对新冠疫情工作领导小组组长白学贵在县委五楼会议室主持召开县委应对新冠疫情工作领导小组会议,听取全县疫情防控工作汇报,安排部署疫情防控重点工作。

5月2日 政府县长马天峡在政府三楼会议室主持召开全县重大项目谋划情况汇报会,对全县重点项目谋划进行部署安排。

同日 中央广播电视总台大型直播报道《走进老区看新貌》聚焦吉强镇龙王坝村,通过视频连线直播的形式报道西吉县乡村旅游产业。

▲西吉县自建房等建筑安全隐患排查整治工作会议召开。会议传达学习习近平总书记对湖南长沙市望城区居民自建房倒塌事故作出的重要指示、李克强总理批示精神及全区自建房等建筑安全隐患排查整治工作视频会议精神;印发《关于开展全县自建房等建筑安全隐患排查整治工作的紧急通知》,签订《西吉县自建房等建筑安全隐患排查整治目标责任书》。

5月3日 市委书记冼国义带领调研组,到西吉县调研指导重点特色产业发展、群众增收致富工作。

5月5日 市委副书记、县委书记、县委全面依法治县委员会主任白学贵在县委五楼会议室主持召开县委全面依法治县委员会第四次会议,传达学习有关会议精神,安排部署2022年全面依法治县工作。

同日 市委副书记、县委书记、县总河长白学贵在县委五楼会议室主持召开全县总河长第六次会议,传达学习2022年自治区河湖长制工作第一次联席会议精神,听取有关工作汇报,安排2022年全县河湖长制重点工作。

▲全县禁毒工作会议在会议中心第一会议室召开。市委副书记、县委书记、县禁毒委主任白学贵及县禁毒委副主任、禁毒办主任、副主任,县禁毒委成员单位负责人和各乡镇党委书记参加会议。

▲自治区住建厅党组成员、总经济师杨普带领调研组一行,到西吉县调研检查自建房等建筑安全隐患排查整治工作。

5月6日 全县2021年度巩固拓展脱贫攻坚成果同乡村振兴有效衔接考核评估发现问题整改工作暨2022年重点工作部署会议在会议中心会堂召开。会议以视频会议形式召开。市委副书记、县委书记白学贵参加会议并讲话。县委副书记、政府县长马天峡主持会议。

同日 市委副书记、县委书记白学贵在会议中心第一会议室主持召开县委农村工作领导小组2022年第三次会议。

5月7日 市政协副主席剡小平带领市政协调研组,到西吉县专题调研"加强人才队伍建设,为先行区建设提供人才支撑"工作。

同日 由县委宣传部、文明办、妇联、新时代文明实践中心主办,团县委、民政局承办的"浓情五月天,感恩母亲节"志愿服务活动在震湖乡苏堡村举行。

▲ 市委副书记、县委书记白学贵在县委五楼会议室主持召开脱贫地区脱贫人口增收调度会议,对全县2021年度巩固拓展脱贫攻坚成果同乡村振兴有效衔接考核评估发现脱贫地区脱贫人口增收方面问题及整改措施进行再调度再安排。

5月8日 西吉县举行“铸牢中华民族共同体意识”专题教育第二专题授课。县委副书记、政府县长马天峡主讲。

5月9日 市委副书记、县委书记白学贵调研检查全县粮食安全工作。强调要切实提高政治站位,坚决扛稳粮食安全的重大政治责任,扎实做好粮食安全各项工作,筑牢粮食安全防线。

5月10日 自治区广电局党组书记、局长高瑞莉一行,到西吉县调研指导广播电视工作。

同日 福建省青年建筑师协会秘书长刘炳辉一行,到西吉县调研闽宁协作和文化旅游工作。

▲ 全县纪检监察机关“喜迎党代会 献礼二十大”暨“高素质专业化队伍建设年”主题演讲比赛在县文化馆三楼报告厅举行。

5月11日 市人大常委会主任李志达带领调研组,到西吉县调研指导县乡人大工作开展情况。

同日 在全国第14个防灾减灾日来临之际,西吉县在永清湖广场开展地质灾害防治科普宣传活动。

▲ 西吉县消防救援大队联合隆德县消防救援大队在西吉县兴隆镇开展地震救援拉动演练。

5月12日 西吉县社区建设服务中心揭牌仪式在吉强镇举行。

同日 西吉县启动第14个防灾减灾日宣传演练活动。

▲ 县人民医院举办庆祝“5·12”国际护士节护理知识竞赛暨表彰会。

5月13日 宁夏大学与西吉县人民政府校地合作签约仪式在吉强镇龙王坝村举行。宁夏大学党委书记李星,市委副书记、县委书记白学贵等领导出席签约仪式。

同日 西吉县在永清湖广场开展第32次全国助残日活动。

▲ 国家统计局宁夏调查总队总队长李强带领调研组,到西吉县调研产业发展情况。

5月14日 自治区党委常委、组织部部长石岱带领有关人员到西吉县,深入火石寨乡小红庄村、火石寨乡沙岗村、恒丰农业综合开发有限公司、吉强镇兴德村等地,调研基层党建、人居环境整治、民族团结、基层治理、农业产业发展工作。

5月15日 西吉县举行“铸牢中华民族共同体意识”专题教育第三专题授课。县政协主席马保师主讲。

同日 全县防汛抗旱暨地质灾害防治工作会议在会议中心第一会议室召开。

5月16日 市委副书记、县委书记白学贵在县委五楼会议室主持召开全县经济发展和安全稳定工作座谈会。会议深入贯彻党中央和区市党委决策部署，研究全县经济发展和安全稳定工作。

同日 政府县长马天峡带领相关部门负责人深入吉强镇、将台堡镇检查指导自建房安全专项整治工作。

▲ 市委副书记、县委书记白学贵在县委五楼会议室主持召开县委统一战线工作领导小组2022年第一次会议，传达学习相关文件精神，听取全县统一战线工作汇报。

5月17日 十八届县政府第十三次常务会议召开。会议传达学习《中共中央办公厅、国务院办公厅印发〈关于推进以县城为重要载体的城镇化建设的意见〉》，传达学习区、市工程建设政府采购等重点领域突出问题专项治理工作领导小组第三次会议精神，传达学习全国和区市自建房安全专项整治电视电话会议精神，研究贯彻落实意见；研究部署全县防汛抗旱、法治政府建设等工作。

同日 自治区妇联副主席郝晓红一行，到西吉县调研“美丽庭院”创建工作。

▲ 由县委宣传部、新时代文明实践中心主办，县教育体育局承办的“强国复兴有我”主题宣传教育系列活动在将台堡镇中心小学启动。

5月18日 政府县长、县应对新冠疫情工作指挥部指挥长马天峡在政府三楼会议室主持召开县应对新冠疫情工作指挥部会议，传达学习党中央和区市疫情防控有关会议、文件精神，对近期疫情防控工作进行再研究再部署再安排。

同日 庆祝“5·18”国际博物馆日暨“宁夏长城保护宣传日”活动在县博物馆广场举行。

▲ 市委副书记、县委书记白学贵主持召开县委专题会议，听取政府党组关于中央生态环境保护督察通报问题整改情况汇报，研究部署督察通报问题整改工作。

5月19日 2022年“中国旅游日”固原分会场暨第十二届西吉火石寨丁香花节活动在火石寨景区举行。

同日 市人大常委会副主任袁秉和带领市人大执法检查组，到西吉县检查《中华人民共和国环境保护法》《宁夏回族自治区环境保护条例》《宁夏回族自治区环境教育条例》实施情况。

▲ 福州市副市长林治良带领福州市考察团，到西吉县考察闽宁对口帮扶协作工作。

5月20日 全县巩固拓展脱贫攻坚成果同乡村振兴有效衔接重点工作推进会在会议中心会堂召开。

5月21日 西吉县在永清湖广场举行以“职等你来就业同行”为主题的“2022年民营企业招聘月百日千万网络招聘活动暨乡村振兴就业帮扶专项行动招聘会”。

5月22日 由自治区商务厅主办，市县商务部门和宁夏家电行业协会承办的“宁夏绿色智能家电惠民行动”走进西吉县并在县商业广场举行启动仪式。

5月23日 市委副书记、县委书记白学贵检查指导县纪委监委和县委组织部关于抓纪律作风促落实，进一步优化营商环境受理投诉举报的办理情况。

同日 西吉县打击整治养老诈骗专项行动成员单位在永清湖广场联合开展“严厉打击养老诈骗违法犯罪 坚决守好老年人钱袋子”宣传活动。

▲ 市委副书记、县委书记白学贵在县委二楼会议室主持召开全县群团工作座谈会，听取群团工作汇报，对群团工作提出明确要求。

5月24日 县委理论学习中心组召开2022年第五次集中学习（扩大）会暨习近平总书记视察宁夏重要讲话和重要指示批示精神宣讲会。

同日 西吉县创建“全国禁毒示范城市”安排部署会议在会议中心视频会议室召开。

▲ 宁夏书画院采风基地、宁夏秦腔剧院孵化基地在吉强镇龙王坝村举行揭牌仪式。

5月24日至25日 县政协调研专班对全县基础教育提升和健康水平提升两大行动及卫生县城创建、医疗保障体系建设工作开展专题调研。

5月25日 自治区党委统战部副部长、民委主任、宗教局局长陈建龙带领调研组，到西吉县调研指导民族团结进步示范县创建工作。

同日 固原市委书记冼国义来到西吉县调研基层治理及“1133”工作机制运行情况。冼国义强调要深入贯彻落实党中央和区、市党委决策部署要求，认真履行政法单位职能，创新实施功能型党支部牵头、综合治理平台支撑、问题责任和整改三个清单落实的基层治理“1133”工作机制，通过党支部牵头统事、多方面协调办事、硬制度规范管事，破解基层治理难题，提升基层治理效能。

▲ 全县“三区三线”划定工作推进会在会议中心第一会议室召开。

5月26日 自治区人大常委会副主任杨玉经带领执法检查组，到西吉县开展《宁夏回族自治区促进民族团结进步工作条例》执法检查。

5月27日 县委退役军人事务工作领导小组召开“崇军行动”启动会，研究部署全县“崇军行动”工作。

同日 西吉县与兴业证券股份有限公司在政府三楼会议室举行“一司一县”闽宁协作结对帮扶签约仪式。市委常委、政府副市长、第十二批援宁工作队领队陈论生，兴业证券党委办公室副主任、兴业证券慈善基金会秘书长梁谦，兴业证券宁夏分公司总经理霍斌，县领导张杰、林传烜及兴业证券有关部门、县乡村振兴局负责人参加签约仪式。

▲ 西吉县“奔跑吧·少年”暨第三届“体教融合杯”青少年田径运动会在县体育场开幕。

5月28日 西吉县在县商业广场开展以“美好生活·民法典相伴”为主题的集中宣传活动。

同日 全县2022年科技活动周暨主场宣传活动启动仪式在龙王坝乡村科技馆举行。

5月30日 固原市委副书记、县委书记白学贵带队调研指导全县抗旱减灾工作。白学贵强调要认清形势、突出重点、科学统筹，切实抓好农业抗旱减灾，精准施策促进农民增收,最大限度减少旱情造成的损失。

5月31日 县委、县政府以视频会形式召开全县抗旱减灾保增长工作动员部署会,分析研判旱情形势,安排全县抗旱减灾工作。

6月1日 市人大常委会主任李志达、市政协副主席杨银梅一行,到西吉县第三小学与同学们一起过“六一”儿童节,并向全县少年儿童致以节日的祝贺。

同日 西吉县在永清湖广场举行“六五”环境日暨全县环境教育宣传周启动仪式。

▲ 西吉县多部门联合在永清湖广场举行全民禁毒宣传月暨学习贯彻《禁毒法》,创建“全国禁毒示范城市”宣传活动。

6月2日 固原市政府副市长杨生俊带领市相关部门负责人到西吉县调研指导农业生产和乡村振兴工作。

同日 全县争创全国民族团结进步示范县工作推进会在会议中心第一会议室召开。

6月3日 由县委宣传部主办,县新时代文明实践中心、团县委、县文化旅游广电局承办的“强国复兴有我——我们的节日·端午”暨平峰镇庙坪村第六届民俗文化节在庙坪村张苟湾组举行。

6月5日 市委副书记、县委书记白学贵带队检查指导2022年高考准备工作,强调要以精益求精的理念、严而又严的纪律、细之再细的措施,全力做好高考期间的各项服务保障工作,确保高考顺利进行。

同日 市委书记冼国义到西吉县调研重点工作。强调要坚决贯彻党中央关于“疫情要防住、经济要稳住、发展要安全”的要求,高效统筹疫情防控和经济社会发展,做好高标准农田改造、特色农产品种植、肉牛养殖出户入园等各项工作,深入推进“三统三分”(农村土地统一经营与农民分项获利、高效节灌设施统一建设与分业配套、农业经营主体改革统一组织与分工协作机制)改革,加快农业产业现代化步伐。

6月6日 自治区人力资源社会保障厅副厅长肖生勤带领自治区第四督导组,到西吉县督促指导稳经济保增长促发展政策措施落实情况。

6月7日 十五届县委2022年第十三次常委会议召开。会议传达学习全国稳住经济大盘电视电话会议精神、区市稳经济保增长促发展电视电话会议精神、区政府主席张雨浦调研固原经济社会发展时的讲话精神,研究审议《西吉县稳经济保增长促发展35条政策措施》,研究部署全县稳经济保增长;传达学习《信访工作条例》、固原市2022年第二次信访联席会议精神,听取全县信访工作汇报,研究信访工作。

同日 自治区2022年度文化工作者培训班开班仪式在西吉县将台堡镇毛家沟红军寨举行。

▲ 十八届县政府第十四次常务会议召开。会议传达学习全国稳住经济大盘电视电话会议精神、自治区稳经济保增长促发展电视电话会议精神、固原市稳经济保增长促发展电视电话会议精神,审议《西吉县稳经济保增长促发展35条政策措施》,对全县稳经济

保增长促发展和安全生产等工作进行研究部署。

6月9日 县委全面依法治县委员会守法普法协调小组2022年第一次会议召开。

同日 市人大常委会副主任马有芳带领执法检查组，到西吉县检查《中华人民共和国工会法》贯彻实施情况。

6月10日 自治区财政厅副厅长杨冬梅、文化旅游厅副厅长赵明霞带领调研组，到西吉县专题调研非物质文化遗产发展和文旅融合工作。

6月11日 银川一中校长张永宏带领帮扶支教人员到西吉县第四中学开展帮扶送教活动。

6月12日 自治区安委会第四巡查督查组到西吉县开展安全生产巡查督查工作。

6月15日 自治区党委书记梁言顺带领自治区领导张雨浦、陈雍、艾俊涛、雷东生、李金科、石岱、马汉成、陈春平、买彦州、郭建军、赵旭辉、王刚，到红军长征将台堡会师纪念园，缅怀革命先烈、感悟长征历史、重温入党誓词，郑重宣示新一届自治区党委常委班子牢记领袖嘱托，坚守初心使命，重整行装再出发，始终沿着习近平总书记指引的方向，走好新时代长征路的必胜信念和坚定决心。

6月16日 市委副书记、县委书记白学贵到西吉县闽宁协作特色街区调研指导招商建设情况。

6月17日 十五届县委2022年第十四次常委会议召开。会议传达学习自治区第十三次党代会精神，研究贯彻落实意见；听取全县2022年上半年意识形态工作情况汇报，研究全县意识形态工作；传达学习全国物流保通保畅会议精神和区、市物流保通保畅会议精神，宣读《中共西吉县委办公室　县人民政府办公室关于建立西吉县物流保通保畅工作机制的通知》，研究审定《西吉县物流保通保畅工作方案》《西吉县应急物资运输中转站实施预案》《西吉县创建自治区园林县城工作实施方案》。

同日 全县常态化开展扫黑除恶斗争暨打击整治养老诈骗、预防打击电信诈骗推进会在会议中心第一会议室召开。

6月20日 自治区退役军人事务厅厅长范锐君带领相关处室负责人，到西吉县调研指导退役军人事务工作。

6月21日 自治区政协调研组到西吉县专题调研开展“铸牢中华民族共同体意识若干问题的建议”。

同日 市人大常委会副主任童全成带领市人大调研组，到西吉县调研工业经济发展和优化营商环境工作。

6月22日 自治区公安厅党委副书记、常务副厅长徐海宁带领相关处室负责人，到西吉县调研督导疫情防控及公安工作。

6月23日 石嘴山市政协党组书记、主席魏和清带领考察组，到西吉县开展“赓续革命精神、走好新时代长征路”主题党日暨政协工作学习活动。

6月24日 2022年西吉县“文旅杯”乒乓球、羽毛球比赛在县体育馆开幕。

同日 西吉县在商业广场开展以“喜迎二十大 奋进新征程”为主题的第35个国际禁毒日集中宣传教育活动。

6月26日 全县2022年高考质量分析座谈会在西吉中学五楼会议室召开。

6月27日 西吉县深入学习贯彻自治区第十三次党代会精神宣讲会在县委党校新址报告厅举行,市委副书记、县委书记白学贵作首场宣讲。

同日 政府县长马天峡带队检查全县2022年中考准备工作。

6月28日 全县乡(镇)领导班子巩固拓展脱贫攻坚成果同乡村振兴有效衔接专题培训班在县委党校新址报告厅举行。

同日 县政协十二届二次常委会议召开。会议听取县政府关于政协西吉县第十二届委员会第一次会议委员提案办理情况通报、关于全县基础教育质量提升行动工作通报、关于全民健康水平提升行动工作通报、关于民营企业发展情况的通报,听取县政协调研组关于以上四项工作的调研协商报告;部分委员围绕教育、健康、民营企业发展分别作了交流发言,与会委员针对三项议题涉及的问题短板提出对策建议。

6月29日 十八届县人大常委会第六次会议召开。会议传达学习中共十九届六中全会精神、自治区第十三次党代会精神;听取和审议法检两院2022年上半年工作开展情况的报告,听取和审议县政府关于全县高考综合改革工作报告、关于“县管校聘”教师管理体制改革工作报告、关于《中华人民共和国法律援助法》贯彻实施情况报告、关于公安机关打击防范电信网络诈骗工作报告、关于县十八届人民代表大会第一次会议代表议案建议办理情况的报告,听取和审议县人大常委会视察组关于以上工作的视察报告;表决通过《县人大常委会关于批准西吉县2022年新增政府一般债券资金(第一批)安排方案的决议》。

同日 市委副书记、县委书记、县规委会主任白学贵在县委五楼会议室主持召开城乡规划委员会2022年第五次会议。白学贵强调要科学规划设计、完善功能布局,确保项目早开工、早落地。

▲ 十五届县委第二轮巡察工作动员部署会在会议中心第一会议室召开,对县委第二轮巡察工作作出部署。

6月30日 市委副书记、县委书记白学贵带领县领导马天峡、邵剑波、庞子杰、张杰、李林、魏廷峰、马生林、林传烜、单国典及县委部门负责人,到红军长征将台堡会师纪念园开展主题研讨活动,深入学习贯彻自治区第十三次党代会精神,深切感悟革命先烈长征的艰辛历程和伟大成就,深刻领悟习近平总书记关于走好新的长征路的重要指示精神,牢记总书记的殷切嘱托,重整行装再出发,义无反顾扛起新的历史使命,继续走好新时代长征路。

同日 西吉县人居环境整治“月百户”行动推进会在县会议中心第一会议室召开。

7月1日 福州市委常委、福清市委书记叶仁佑带领考察团，到西吉县考察闽宁协作工作。

同日 宁夏职业技术学院宁夏开放大学党委副书记苏晓军一行到西吉县开展帮扶捐赠活动。

▲ 西吉县巩固拓展脱贫攻坚成果同乡村振兴有效衔接工作现场推进会在吉强镇万崖村召开。

7月4日 全国政协人口资源环境委员会主任李伟带领视察团，到西吉县专题视察新时代生物多样性保护工作。

7月5日 全区“听党话、感党恩、跟党走”宣传教育活动暨农民培训“提能力、强素质、促就业、促增收”行动现场推进会在吉强镇龙王坝村召开。

7月6日 中央广播电视总台农业农村节目中心“乡村振兴观察点”项目正式落地吉强镇龙王坝村。

同日 由中央农业广播电视学校主办的农业农村主体人才和支撑人才培训班在龙王坝乡村振兴学院开班。

7月7日 自治区党委统战部副部长、工商联党组书记周兆川带领调研组，到西吉县专题调研自治区稳经济保增长促发展50项政策措施在民营企业落实情况和民营企业参与乡村振兴情况。

同日 十五届县委2022年第十五次常委会会议召开。会议传达学习习近平总书记在中央全面深化改革委员会第二十六次会议上的重要讲话精神、习近平总书记在庆祝香港回归祖国25周年大会暨香港特别行政区第六届政府就职典礼时的重要讲话精神，研究贯彻落实意见；传达学习习近平总书记在中央政协工作会议暨庆祝中国人民政治协商会议成立70周年大会上的重要讲话精神、《中国共产党政治协商工作条例》、自治区《关于加强和改进新时代市县政协工作的实施意见》，听取县政协党组工作汇报，审议《自治区党委督查调研组督查西吉县贯彻落实中央和自治区党委政协工作会议精神情况反馈问题的整改方案》，研究贯彻落实意见；听取十五届县委第一轮巡察综合情况汇报，听取全县生态环境保护督察反馈问题整改情况汇报，研究相关事宜。

▲ 西吉县交通运输领域安全专项整治行动部署会议在会议中心第一会议室召开。

▲ 西吉县物流保通保畅工作机制指挥部会议在会议中心第一会议室召开。

7月8日 西吉县“喜迎二十大　奋进新征程”职工篮球运动会在县体育馆开幕。

7月11日 市委副书记、县委书记白学贵深入吉强镇大滩村居民点、西滩小学，实地调研指导防汛减灾和群众避险转移工作。

同日 西北农林科技大学党委常委、副校长房玉林一行到西吉县调研考察特色农业发展情况。

7月13日 自治区退役军人事务厅厅长范锐君带领退役军人事务厅全体党员干部

到红军长征将台堡会师纪念地开展主题党日活动。

7月14日 国家牧草产业技术体系首席科学家、中国农业大学草业科学与技术学院院长张英俊教授带领国家乡村振兴科技特派团到西吉县开展牧草产业技术培训。

7月15日 县委理论学习中心组2022年第九次集中学习(扩大)会暨自治区第十三次党代会精神宣讲会在会议中心会堂召开。

同日 固原市科技局联合自治区生产力促进中心,在吉强镇龙王坝培训基地举办全市企业家创新精神培育培训班。固原市各县(区)企业主要负责人、技术开发与财务管理业务骨干、市县科技部门工作人员、各类科技服务人员参加培训。

▲ 市委副书记、县委书记白学贵在会议中心第一会议室主持召开全县防汛工作专题视频调度会议,调度各乡镇防汛工作开展情况,部署安排全县防汛工作。

同日 中国文联主席、作协主席铁凝为西吉文学馆赠书交接仪式暨中国首个"文学之乡"夏令营活动结业仪式在西吉县将台堡镇红军寨举行。自治区文联主席、作协主席郭文斌,县领导刘杏萍及相关部门负责人和80多名夏令营学员参加仪式。

7月16日 市委副书记、县委书记白学贵带领县领导马天峡、张杰、冯玉宝及县应急管理局、水务局、交通局等相关部门负责人深入一线查看雨后受灾情况并现场办公,确保防汛减灾工作落到实处。

同日 宁夏大学党委常委、副校长李建设带领宁夏大学及自治区科技厅相关人员到西吉县检查指导科技部部省联动项目进展情况。

7月17日 政府县长马天峡深入民生家园小区调研检查小区管网改造提升工程建设工作。

7月19日 固原市人大常委会副主任袁秉和带领督查调研组,到西吉县督查调研市人大代表重点议案建议办理进展情况。

同日 西吉县"喜迎二十大 奋进新征程"2022年广场舞大赛在红军长征将台堡会师纪念广场举行。

7月20日 全县第二届"大飞机杯"航模挑战赛在将台中学开赛。

同日 自治区总工会副主席毛洪峰带领调研组到西吉县调研检查工会工作。

7月21日 国家乡村振兴局规划财务司规划统计处四级调研员董家齐带领调研组,到西吉县调研检查防止返贫动态监测和帮扶工作。

同日 自治区生态环境厅厅长平学智带领调研组到西吉县调研指导生态环境保护工作。

7月22日 西吉县新时代文明实践基地揭牌暨"星火"志愿服务队授旗仪式在将台堡镇红军寨举行。

7月24日 西吉县实施乡村振兴战略工作领导小组2022年第三次会议暨2021年度巩固拓展脱贫攻坚成果同乡村振兴有效衔接考核评估发现问题整改工作第四次调度会

在会议中心第一会议室召开。

同日 全县防止返贫动态监测和帮扶工作培训会在会议中心第一会议室召开。会议以视频会形式召开到村。

7月25日 政府县长、县应对新冠疫情工作指挥部指挥长马天峡在政府三楼会议室主持召开县应对新冠疫情工作指挥部会议，研究部署新冠疫情防控工作。

同日 西吉县2022年双拥工作领导小组暨创建全国双拥城（县）安排部署会议在会议中心会堂召开。

▲ 全区第六届中小学体育教师教学技能比赛在西吉县第七中学举行。

7月26日 十五届县委2022年第十七次常委会议召开。会议传达学习习近平总书记在新疆考察时的重要讲话精神、《中共宁夏回族自治区委员会关于广泛开展习近平总书记视察宁夏重要讲话和重要指示批示精神“大学习、大讨论、大宣传、大实践”活动的实施意见》《关于保持换届后乡镇党政正职任期内稳定的通知》，研究贯彻落实意见；传达学习全区上半年经济形势分析会精神，听取县政府党组上半年全县经济运行情况汇报，研究部署下半年经济工作；传达学习全区党的二十大维稳安保工作推进会精神、全区反邪教工作会议精神，研究贯彻落实意见；传达学习全区违规收送红包礼金和不当收益及违规借转贷或高额放贷专项整治工作动员会精神，研究贯彻落实意见。

7月27日 十五届县委第四次全体会议召开。市委副书记、县委书记白学贵代表县委常委会讲话。会议传达学习习近平总书记视察宁夏重要讲话精神、自治区第十三次党代会精神、固原市委五届五次全会精神，研究审议《西吉县深入学习宣传、全面贯彻落实自治区第十三次党代会精神工作方案》；研究递补十五届县委委员；县委副书记、政府县长马天峡分析了全县上半年经济运行情况，安排部署下半年重点工作。

同日 由自治区科协主办，西吉县科协及宁夏医院管理协会承办的科技志愿服务活动走进西吉县兴隆镇下范村。活动特邀自治区第五人民医院、宁夏医科大总医院、宁安医院的部分医疗专家开展义诊志愿服务活动。

▲ 固原市人大常委会主任李志达带领视察组，到西吉县视察产业发展、重点项目建设和城乡居民收入提升行动推进情况。

7月28日 全县安全生产“百日专项整治行动”动员部署会在会议中心第一会议室召开。

同日 十八届县政府第十六次常务会议召开。会议通报国家乡村振兴局调研组来西吉县调研巩固拓展脱贫攻坚成果同乡村振兴有效衔接工作情况；传达学习全区违规收送红包礼金和不当收益及违规借转贷或高额放贷专项整治工作动员会精神、中共固原市第五届委员会第五次全体会议精神，分析研判全县经济运行形势，对全县乡村振兴、经济工作进行再安排、再部署。

▲ 西吉县打击整治养老诈骗专项行动、打击电信网络新型违法犯罪第三次推进会在

县委五楼会议室召开。

▲国家乡村振兴重点帮扶县西吉县科技特派团大宗蔬菜产业组人才培训班在西吉县委党校开班。

7月29日 市委副书记、县委书记白学贵,政府县长马天峡分别带队到县武警中队、人武部、消防救援大队和部分退役军人家中开展"八一"建军节慰问活动,向他们送去节日的问候和崇高的敬意。

同日 安徽省政协副主席牛立文带领考察组,到西吉县调研考察生物多样性保护工作。

▲以"物通四海 流润万家"为主题的首届宁夏物流节第三场活动——"田野通达梦"宁夏农村寄递物流体系建设现场会在西吉县举办。

7月30日 市委副书记、县委书记白学贵带领县领导马生林、孙占新、冯玉宝走访慰问部分少数民族群众,向他们送去县委、县政府的问候和关怀。

7月31日 民盟福州市委会主委、福州经济技术开发区管委会副主任、福州市马尾区政府副区长林群慧带领民盟福州市委会考察组到西吉县考察企业发展工作。

8月1日 政府县长马天峡带领县领导冯玉宝及县农业农村局、乡村振兴局、自然资源局、财政局等部门负责人到将台堡镇、兴隆镇调研指导乡村振兴项目、肉牛屠宰加工项目实施情况。

同日 西吉县政法系统2022年政治轮训培训班在县委党校开班。

▲健康西吉建设暨全民健康水平提升行动推进会在县政府三楼会议室召开,对健康西吉建设和全民健康水平提升行动进行再部署再安排。

8月2日 西吉县创建全国民族团结进步示范县推进会在会议中心会堂召开,进一步动员全县上下坚定信心、笃定前行,用心用情、用力用智做好全国民族团结进步示范县创建工作。

同日 政府县长马天峡在会议中心会堂主持召开全县防溺水工作部署会议,对防溺水工作进行再调度、再安排。

8月4日 县委理论学习中心组2022年第十一次集中学习(扩大)会暨反腐倡廉警示教育专题讲座在会议中心会堂以视频会形式召开。

8月6日 市委书记冼国义带领调研组到西吉县调研疫情防控及重点工作开展情况。冼国义强调,要坚决贯彻落实习近平总书记"疫情要防住、经济要稳住、发展要安全"重要指示精神,快速行动、严格措施、精准防控,织密筑牢疫情防控防线,为更好发展县域经济创造良好环境,确保完成全年目标任务。

同日 全县农村道路交通安全专项整治推进会在县会议中心第一会议室召开,对农村道路交通安全专项整治工作进行安排部署。

8月8日 十五届县委2022年第十九次常委会议召开。会议传达学习习近平总书记在省部级主要领导干部专题研讨班上的重要讲话精神、习近平总书记在中央统战工作会议上的重要讲话精神，研究贯彻落实意见；听取党的二十大信访维稳工作情况汇报，研究部署信访维稳工作；听取部分县级领导关于2022年上半年争先创优及重点工作情况汇报，研究部署相关工作。

8月9日 市委副书记、县委书记白学贵带领县委、政府分管领导及相关部门负责人深入吉强镇、硝河乡，实地检查环保督察反馈问题整改完成情况。

同日 自治区文联党组书记、副主席黄明旭带领调研组到西吉县开展文学创作专题调研。

8月10日 县委理论学习中心组2022年第十二次集中学习(扩大)会暨习近平总书记视察宁夏重要讲话和重要指示批示精神“大学习、大讨论、大宣传、大实践”活动专题讲座在县委党校报告厅召开。

同日 固原市人大常委会副主任马有芳带领市人大调研组到西吉县调研检查公共法律服务体系建设情况。

8月11日 政府县长马天峡到硝河乡关庄村专题调研指导乡村振兴工作。

8月12日 县法院、检察院、司法局与工商联(民间商会)建立沟通联系机制工作推进会在会议中心第一会议室召开。

8月13日 市委副书记、县委书记白学贵，政府县长马天峡到县公安局对“6·25”专案组成员进行慰问。白学贵要求县公安局坚定信心、鼓足干劲，保持力度不减、节奏不变，彰显县委、县政府坚决打击损害群众切身利益的一切违法行为的决心和信心。

同日 闽宁协作食用菌现场观摩会和产业发展座谈会分别在马莲乡陆家沟村闽宁协作毛木耳试验示范基地和县委党校召开。

8月15日 政府县长马天峡在会议中心第一会议室主持召开全县2022年项目建设暨三季度经济运行调度会，部署安排第三季度经济和项目建设工作。

8月16日 县委农村工作领导小组2022年第五次会议暨全面推进乡村振兴观摩推进会在会议中心会堂召开。会议动员全县上下进一步振奋精神、真抓实干，加快推进各项重点工作，以优异成绩迎接党的二十大胜利召开。

同日 中组部、农业农村部农村实用人才带头人和到村任职选调生(能力建设)专题培训班在宁夏龙王坝乡村振兴培训学院开班。

▲ 中国商用飞机有限责任公司党委常委、纪委书记、国家监委驻中国商飞监察专员赵九方带领调研组到西吉县开展定点帮扶调研工作。

8月17日 自治区人大常委会副主任姚爱兴带领区人大调研组到西吉县调研检查农村人居环境整治工作。

同日 全区创建2021—2025年度第二批全国科普示范县座谈会在西吉县召开。

8月18日 十八届县人大常委会第七次会议召开。会议听取审议县政府关于全县生态林业建设情况报告、关于“互联网+城乡供水”工作情况报告、关于水权改革工作情况报告、关于服装纺织工作情况的报告,听取审议县人大常委会调研组关于以上四项工作的调研报告;听取并审议县政府关于2022年上半年国民经济和社会发展计划执行情况的报告、关于2021年县本级财政决算和2022年上半年预算执行情况的报告、关于2021年度县本级预算执行和其他财政收支情况的审计报告、关于2021年度国有资产管理情况报告、关于西吉县2022年新增政府一般债券资金(第二批)安排方案及调整安排历年政府一般债券结余资金方案,表决通过以上报告、方案。

8月19日 政府县长马天峡深入吉运客运公司、夏寨水库、吉源天然气加气站、格兰美景二期项目建设工地,对全县道路运输、防汛及防溺水、城镇燃气、建筑施工等行业领域的百日专项整治情况进行专题调研检查。

同日 固原市退役军人事务工作现场观摩推进会在西吉县召开。

▲以“喜迎二十大 奋进新征程 宁静的夏天 凉爽的固原 西部福地 吉祥如意”为主题的2022年固原·西吉乡村音乐节在西吉县文化广场举行。

8月22日 市委副书记、县委书记白学贵带队调研检查全县工业经济发展工作。

8月24日 全市党建引领基层治理“1+1+3”工作机制现场观摩推进会在西吉县召开。“1+1+3”工作机制即在基层治理功能型党支部引领下,以乡镇综治中心为平台、“心连心”警务室为载体,以“党建红”引领“公安蓝”,构筑起基层治理“第一道防线”,统筹协调解决基层治理中的基础信息摸排、矛盾纠纷调处、信访积案化解、诉源治理和平安建设等方面突出问题。

同日 自治区“万企兴万村”行动推进会议在西吉县委党校召开。

8月25日 市委副书记、县委书记白学贵在会议中心第一会议室主持召开全县生态环保问题排查整治推进会,安排开展生态环保问题排查整治专项行动。

同日 2022年中国商用飞机有限责任有限公司“大飞机助学金”发放仪式在会议中心第一会议室举行,向100名脱贫户及监测户家庭大一新生发放助学金30万元。

▲市委副书记、县委书记白学贵在会议中心第一会议室主持召开全县迎接2022年度自治区效能目标管理考核部署会,动员全县上下统一思想、鼓足干劲、晋位争先,全力打好效能目标考核翻身仗。

8月26日 自治区党委常委、统战部部长马汉成带队到西吉县调研指导新时代统战工作。

8月29日 市委副书记、县委书记、县委退役军人事务工作领导小组组长白学贵在县委五楼会议室主持召开县委退役军人事务工作领导小组第四次会议。专题学习《习近平总书记关于退役军人工作重要论述》,中央退役军人事务工作领导小组第十二次、十三次全体会议精神,审议通过相关文件,进一步明确相关部门及各乡镇退役军人事务工作重点任务。

8月30日 自治区统计局局长徐秀梅带领相关处室负责人,到西吉县调研指导驻村帮扶、产业发展和统计工作。

同日 全县2022年夏季高校毕业生现场招聘会在永清湖广场举行,来自区内外20余家用人单位为待业高校毕业生提供就业岗位和求职平台。

8月31日 以“弘扬长征精神 奉献乡村振兴”为主题的全区2022年“三支一扶”高校毕业生赴基层服务出征仪式在红军长征将台堡会师纪念广场举行。

同日 全县中长期青年发展规划实施工作联席会议第二次全体会议在县委五楼会议室召开。

▲ 西吉县弘扬中华优秀传统文化、铸牢中华民族共同体意识暨政协委员大讲堂、铸牢中华民族共同体意识专题培训班在会议中心会堂举办。

9月1日 宁夏农垦集团在西吉县什字乡什字村举行助力乡村振兴捐赠仪式。

9月2日 十五届县委2022年第二十次常委会议召开。会议传达学习《习近平的山海情》《中华人民共和国档案法》《习近平经济思想学习纲要》《习近平谈治国理政》《中国共产党宣传工作条例》,研究贯彻落实意见;传达学习全区“六权”改革推进会精神、《自治区党委 人民政府印发〈关于贯彻落实自治区第十三次党代会精神继续推进全面深化改革的意见〉的通知》,研究贯彻落实意见;传达学习《自治区党委 人民政府 宁夏军区关于加强和改进新时代全民国防教育工作的实施意见》,研究贯彻落实意见。

9月5日 县政协组织政协委员分四组对全县19个乡镇的重点项目、亮点工程和创新性工作进行观摩,感受城乡面貌新变化和经济社会发展好势头。

9月7日 以“迎接党的二十大 培根铸魂育新人”为主题的全县庆祝第38个教师节座谈会在县职业中学报告厅召开。市委副书记、县委书记白学贵出席会议并讲话,县领导马天峡、马保师、杨青鸿、冯玉宝、王自元参加会议。

同日 全县用水权改革工作推进会暨用水权证颁证仪式,在会议中心第一会议室举行。

9月8日 政府县长马天峡在会议中心二楼视频会议室主持召开全县安全生产百日专项整治行动推进会。

同日 第9个国家网络安全宣传周之日,县公安局联合县委宣传部、政法委、网信办等部门在永清湖广场开展网络安全集中宣传活动。

▲ 县委统战部在马建乡和怡秀社区开展2022年“民族团结进步月”宣传活动。

▲ 西吉县“喜迎二十大,奋进新征程”农村基层党组织微党课宣讲比赛在县文化馆举办。

9月9日 十八届县政府第十八次常务会议召开。会议传达学习习近平总书记关于气象工作重要指示精神、全国气象高质量发展工作电视电话会议精神、《气象高质量发展纲要(2022—2035)》,研究贯彻落实意见;传达学习自治区工程建设政府采购等重点领域突出问题专项治理工作领导小组第四次会议精神、固原市工程建设政府采购等重点领域突出问题专项治理工作领导小组第四次会议精神,研究贯彻落实意见;传达学习全区“六权”改革推进会精神、全区深化“放管服”改革持续优化营商环境电视电话会议精神、自治区安委会2022年第四次全体(扩大)会议精神,听取全县安全生产、信访维稳工作汇报,对“六权”改革、“放管服”改革、安全生产、信访维稳工作进行部署安排。

同日 西吉县2021—2022学年度第二学期教育教学质量分析会在职业中学报告厅召开。

▲ 政府县长、县应对新冠疫情工作指挥部指挥长马天峡在会议中心二楼视频会议室主持召开县应对新冠疫情工作指挥部会议,针对疫情防控新形势,对全县疫情防控工作进行安排部署。

▲ 全县工程建设政府采购等重点领域突出问题专项治理工作领导小组第十次会议暨工作推进会在县纪委一楼会议室召开。

9月13日 2022年度全区秋冬农田水利基本建设现场启动会在西吉县召开。自治区党委副书记陈雍出席会议并宣布全区秋冬农田水利基本建设启动,自治区政府副主席王和山主持会议。固原市委书记冼国义,政府市长杨青龙,市委副书记、西吉县委书记白学贵,政府副市长杨生俊等区市领导,自治区相关厅局负责人,贺兰县、青铜峡市相关负责人及全体县级领导参加启动会。

同日 西吉县根治拖欠农民工工资工作领导小组2022年第二次联席会议在会议中心第一会议室召开,对全县根治拖欠农民工工资进行部署安排。

9月14日 自治区人大常委会副主任沈凡带领区人大调研组,到西吉县调研指导人大代表联络站建设和产业发展情况。

同日 固原市人大常委会副主任童全成带领市人大调研组,到西吉县调研民族工作开展情况。

▲ “十四五”国家重点研发计划“六盘山区萝卜机械化、标准化节水栽培关键技术研究与示范”子课题2022年现场观摩会在西吉县吉强镇万崖村举行。宁夏大学农学院、县科技局、农业农村局相关负责人及县蔬菜协会、蔬菜种植新型经营主体参加现场观摩会。

9月15日 固原市政协副主席剡小平带领市政协调研组,到西吉县专题调研“持续挖掘‘红色资源’助推文旅产业深度融合发展”工作。

同日 西吉县食品药品安全委员会成员单位在县商业广场开展“共创食安新发展 共享美好新生活”为主题的食品安全宣传周集中宣传活动。

9月16日 政府县长马天峡深入施工现场调研检查县城集中供热设施改造工作。

同日 固原市2022年全民国防教育周启动仪式在西吉县第二小学举行。

9月19日 市政协副主席杨银梅带领市政协调研组,到西吉县调研落实“双减”政策、撤并小规模学校、深入推进基础教育提升行动开展情况。

同日 自治区督查组到西吉县督查推进使用正版软件工作,并召开问题反馈会议,提出整改措施建议。

9月20日 全国人大财经委副主任委员、预算工委主任史耀斌带领调研组,在自治区人大常委会副主任杨玉经陪同下,到西吉县调研乡村振兴和人大工作。

同日 政府县长、县应对新冠疫情工作指挥部指挥长马天峡主持召开县应对新冠疫情工作指挥部调度会议,听取工作汇报、分析研判形势,对全县疫情防控工作进行再安排、再部署。

9月21日 市委副书记、县委书记、县委应对新冠疫情工作领导小组组长白学贵主持召开县应对新冠疫情工作领导小组会议,听取各工作组情况汇报,分析研判疫情形势,对全县疫情防控工作进行研究部署,提出明确要求。

9月25日 市委副书记、县委书记、县委应对新冠疫情工作领导小组组长白学贵主持召开县委应对新冠疫情工作领导小组暨指挥部会议,传达联合应对"9·20"中宁突发疫情应急处置防控工作视频调度会议精神和有关文件精神,听取全县疫情防控工作情况汇报,进一步研判形势、总结工作、查漏补缺,安排部署全县疫情防控工作。

9月28日 市委副书记、县委书记白学贵在县委五楼会议室主持召开全县重点工作调度会,就全县项目建设、农业农村、工业经济等重点工作进一步明确责任、梳理问题、鼓劲加压,力促全县经济发展稳中向好。

9月30日 县委常委、政府副县长魏廷峰带领县安委办、交通局、市场监管局、消防救援大队等部门负责人开展国庆节节前安全生产大检查,进一步压紧压实安全生产责任,确保节日期间安全生产形势稳定向好。

同日 西吉县公安局在县文化广场举行应急处突实战演练。

10月1日 十八届县政府第十九次常务会议召开。会议传达学习李克强总理在全国稳经济大盘四季度工作推进会议上的讲话精神、《自治区党委办公厅 人民政府办公厅关于贯彻落实中央决策部署抓好当前经济工作的通知》,研究部署全县稳经济保增长促发展工作;听取全县疫情防控工作汇报,对国庆期间疫情防控工作进行部署安排。

10月2日 市委副书记、县委书记白学贵带领政府县长马天峡,县人大常委会主任李聪,县政协主席马保师及县委、县政府部分班子成员和相关部门负责人调研检查全县重点项目建设情况。

同日 西吉县50吨爱心蔬菜驰援中宁县疫情防控一线。

10月3日 十五届县委2022年第二十二次常委会议召开。会议传达学习李克强总理在全国稳经济大盘四季度工作推进会议上的讲话精神、《自治区党委办公厅 人民政府办公厅关于贯彻落实中央决策部署抓好当前经济工作的通知》,研究贯彻落实意见;传达学习《十九届中央政治局贯彻执行中央八项规定情况报告》《关于党的十九大以来整治形式主义为基层减负工作情况的报告》,研究贯彻落实意见;传达学习《中共中央办公厅关于浙江省嘉兴市违规改扩建南湖宾馆问题查处情况的通报》,研究贯彻落实意见。

10月7日 政府县长、县应对新冠疫情工作指挥部指挥长马天峡在县卫健局会议室主持召开县应对新冠疫情工作指挥部会议,结合疫情防控新形势、新任务、新要求,对全县疫情防控工作进行再研究、再安排、再部署。

10月11日 市委副书记、县委书记白学贵在会议中心第一会议室主持召开全县实施乡村振兴战略工作领导小组2022年第四次会议。会议以视频会形式召开。

10月12日 县领导吴铁军、祁忠、孙占新带队督导全县私家车非法营运查处工作开展情况。

10月13日 十五届县委2022年第二十三次常委会议召开。会议传达学习中共十九届七中全会精神,研究贯彻落实意见;传达学习《自治区党委办公厅关于印发〈宁夏回族自治区国家安全宣传教育工作规划(2022—2027年)〉的通知》,研究贯彻落实意见;研究审定《西吉县共青团基层组织改革工作实施方案》。

10月14日 市委副书记、县委书记白学贵带领政府副县长冯玉宝及相关部门负责人实地调研检查水利工程建设工作。

10月14日至15日 县四大机关领导白学贵、马天峡、李聪、马保师等分别带队,到县人民医院、西吉东高速收费站查验点、河畔人家集中隔离医学观察点、兴隆镇下范村查验点等地慰问疫情防控一线广大党员干部和工作人员,并检查指导疫情防控工作。

10月15日 自治区应急管理厅二级巡视员王廷文带领自治区第四巡查督查组,到西吉县巡查督查安全生产工作。

10月21日 县政协主席马保师、副主席王自元带领部分政协委员对全县教育重点项目建设情况进行调研检查。

10月24日 市委副书记、县委书记白学贵深入县城中心敬老院、兴隆中心敬老院,调研指导疫情防控、敬老院服务管理工作。

同日 政府县长马天峡在政府三楼会议室主持召开全县审计查出问题整改工作推进会议。

10月25日 县人大常委会副主任王宏忠带领县人大检查组对县十八届人民代表大会第一次会议确定的议案建议办理情况进行专项检查。

10月28日 十八届县人大常委会第八次会议召开。会议传达学习中国共产党第二十次全国代表大会精神;听取和审议全县深化三医联动改革工作情况报告、关于县人民医院三级乙等医院创建情况报告、关于深入打好污染防治攻坚战工作情况报告、关于“智慧法院”建设情况报告、关于未成年人司法保护工作情况报告、关于《中华人民共和国工会法》《中华人民共和国家庭教育促进法》贯彻实施情况报告、关于县十八届人民代表大会第一次会议代表议案建议办理情况报告、关于规范性文件备案审查工作情况的报告,听取和审议县人大常委会关于以上七项工作的视察、检查报告。会议任命李彦科为西吉县人民政府副县长、郭文全为县教育体育局局长、戴华盛为县农业农村局局长,新任命的同志进行了宪法宣誓。

10月31日 十八届县政府第二十一次常务会议召开。会议学习宣传贯彻党的二十大精神,研究贯彻意见;听取2022年1—9月全县经济运行情况汇报,对经济运行、生态环保、项目建设、法治政府建设等工作进行研究部署。

10月31日 县政协主席马保师带领县政协调研组开展"平安西吉建设、三线改造"专题调研和对口协商工作。

11月2日 市委副书记、县委书记白学贵带队调研检查全县重点项目和张家沟水库工程建设情况。

同日 西吉县召开迎接2022年度自治区巩固脱贫成果后评估档案资料查阅现场会。

▲ 市委副书记、县委书记、县总林长白学贵在会议中心第一会议室主持召开全县总林长第一次会议暨2022年秋冬季森林草原防灭火工作会议。

▲ 市委副书记、县委书记、县总河长白学贵在会议中心第一会议室主持召开全县总河长2022年第2次会议。

11月3日 市委副书记、县委书记白学贵在县委五楼会议室主持召开全县经济分析调度会议,强调要深入学习宣传贯彻党的二十大精神,在保持前三季度经济稳步增长的基础上,持续用力固优势、补短板、强弱项,冲刺四季度,打好全年经济工作收官战。

同日 市委副书记、县委书记、县规划委员会主任白学贵在县委五楼会议室主持召开全县城乡规划委员会2022年第六次会议。

11月6日 市委副书记、县委书记白学贵调研市政基础设施项目建设时强调,要始终坚持以人民为中心的发展思想,认真践行承诺,抢时间、赶工期,全力以赴保质量、保安全、保进度,有力、有序、有效推进市政基础设施项目建设,确保项目早建成、群众早受益。

11月9日 西吉县在永清湖广场启动主题为"抓消防安全　保高质量发展"2022年"119"消防宣传月活动。

11月10日 市委副书记、县委书记、县委应对新冠疫情工作领导小组组长白学贵在县委五楼会议室主持召开县委应对新冠疫情工作领导小组会议,传达学习习近平总书记关于疫情防控工作的重要指示批示精神及区、市疫情防控有关会议、文件精神,听取全县疫情防控工作汇报,结合疫情防控新形势、新要求,对全县疫情防控工作进行再研究、再安排、再部署。

11月14日 西吉县"文艺之家"维修改造竣工暨宁夏金曜塑业有限公司捐赠仪式在县城什字北街举行。

同日 十五届县委第三轮巡察工作动员部署会在会议中心第一会议室召开。

11月15日 西吉县教育系统党的二十大精神宣讲专题辅导讲座在西吉中学报告厅举行。

11月17日 十五届县委2022年第二十七次常委会议召开。会议传达学习中国共产党第二十届中央委员会第一次全体会议精神、习近平总书记在二十届中央政治局会议上的重要讲话精神、习近平总书记在二十届中央政治局第一次集体学习时的重要讲话精神、习近平总书记在带领中央政治局常委瞻仰延安革命纪念地时的重要讲话精神、习近平总书记在陕西延安和河南安阳考察时的重要讲话精神,研究贯彻落实意见;传达学习《国务院联防联控机制综合组关于进一步优化新冠肺炎疫情防控措施 科学精准做好防控工作的通知》和《自治区应对新冠肺炎疫情工作指挥部办公室关于优化有关新冠肺炎疫情防控措施的紧急通知》,研究贯彻落实意见;传达学习《中共中央 国务院关于印发〈全国国土空间规划纲要(2021—2035年)〉的通知》,研究贯彻落实意见;传达学习自治区党委十三届委员会第二次全体会议精神、固原市委第五届委员会第六次全体会议精神,研究审议《关于召开中共西吉县委十五届五次全体会议的请示》《中共西吉县委员会关于学习宣传贯彻党的二十大精神的实施意见》。

11月18日 县人大常委会主任李聪带领县人大视察组,对全县重点工作进行视察。

12月7日 十五届县委2022年第二十八次常委会召开。会议传达学习《自治区党委印发〈自治区党委常委会关于坚定维护以习近平同志为核心的党中央集中统一领导的若干规定〉的通知》,研究贯彻落实意见;传达学习《自治区党委印发〈自治区党委常委会关于贯彻落实中央八项规定及其实施细则精神的若干意见〉的通知》,研究贯彻落实意见;传达学习《中共宁夏回族自治区委员会贯彻落实〈中共中央关于加强新时代统一战线工作的意见〉的实施意见》,研究贯彻落实意见。

12月8日 市委副书记、县委书记白学贵,政府县长马天峡到西会高速西出口、金曜塑业有限公司、西吉县农贸市场、县医院、盛世万家和超市,实地调研指导疫情防控和生产生活秩序恢复情况。

12月9日 中共西吉县委第十五届第五次全体会议召开。会议传达学习党的二十大精神、自治区党委十三届二次全会精神、固原市委五届六次全会精神;研究审议《中共西吉县委员会关于学习宣传贯彻党的二十大精神的实施意见》,研究通过《中共西吉县第十五届委员会第五次全体会议公报》。市委副书记、县委书记白学贵作讲话。

12月11日 十八届县政府第二十三次常务会议召开。会议研究审议《西吉县2023年重点建设项目责任清单》《关于加快推进宁夏西吉县工业园区体制机制改革和高质量发展实施方案》,研究安排全县经济运行、项目谋划等工作。

同日 十八届县人大常委会第九次会议召开。会议听取和审议县政府关于全县移民致富提升行动工作开展情况的报告、关于西吉县吉强镇中街社区卫生服务中心建设情况的报告,听取审议县人大常委会视察组关于以上两项工作的视察报告;听取和审议县监察委员会关于开展廉政教育工作情况的报告,县政府关于西吉县2022年财政预算调整情况的报告,县人大常委会财政经济工作委员会关于西吉县2022年财政预算调整情况的审查报告。

同日 西吉县残疾人联合会第八次代表会议在会议中心会堂召开。

12月15日 全县学习贯彻党的二十大精神宣讲会暨县委理论学习中心组2022年第十六次集中学习(扩大)会议在会议中心会堂召开。会议邀请自治区宣讲团成员、自治区生态环境厅党组书记张柏森作专题宣讲。

同日 政府县长马天峡带领相关人员深入德立信药店、县城中心敬老院、吉强镇卫生院、县第六小学、县人民医院,调研督导全县贯彻落实国务院《关于进一步优化落实新冠肺炎疫情防控措施的通知》情况。

12月21日 西吉县公安局举行社区警务车辆配发仪式。

12月25日 西吉县新时代文明实践中心联合吉强镇党委、共青团西吉县委、青年志愿者协会在惠安社区举行免费发放抗疫药品活动,用实际行动守护群众生命健康安全。

12月30日 十五届县委2022年第三十次常委会召开。会议传达学习中央经济工作会议精神、中央农村工作会议精神、习近平总书记在"杂交水稻援外与世界粮食安全"国际论坛上的致辞、习近平总书记对非物质文化遗产保护工作作出的重要指示精神,研究贯彻落实意见;传达学习自治区党委十三届三次全会精神、固原市委五届七次全会精神,研究贯彻落实意见;传达学习固原市五届三次人代会精神、政协固原市五届二次会议精神,研究贯彻落实意见。

12月31日 市委副书记、县委书记、县委国家安全委员会主任白学贵在县委五楼会议室主持召开十五届县委国安委第六次会议暨年终岁尾安全稳定工作安排部署会议。

同日 政协西吉县十二届第三次常委会议召开。会议听取县政府关于县政协十二届一次会议提案办理情况的通报,审议通过关于召开政协第十二届西吉县委员会第二次会议的决定、政协第十二届西吉县委员会常务委员会工作报告、提案工作报告、2023年协商工作计划等。

是年 全县总户数129481户,总人口472758人。全县地区生产总值861047万元,其中第一产业229752万元、第二产业123517万元、第三产业507778万元。农作物播种面积201.93万亩,粮食总产32878.3万公斤、油料总产1293.8万公斤、蔬菜总产60120万公斤。地方财政收入19601万元,地方财政支出652102万元,社会商品零售总额202803.9万元。